NOTÆ UBERIORES
IN HISTORIAM DANICAM
SAXONIS GRAMMATICI

DANISH HUMANIST TEXTS AND STUDIES
Edited by the Royal Library, Copenhagen
Volume 2

Stephani Johannis Stephanii

NOTÆ UBERIORES IN HISTORIAM DANICAM SAXONIS GRAMMATICI

Sorø 1645

Facsimile Edition
with an Introduction by
H. D. Schepelern

MUSEUM TUSCULANUM PRESS
Copenhagen 1978

This facsimile edition of Stephanus Johannis Stephanius' *Notæ uberiores in Historiam Danicam Saxonis Grammatici,* one of the high-water marks of Danish scholarship in the 17th century, is published on the occasion of the centenary of the foundation of the *Carlsbergfondet,* since 1876 a never-failing sponsor of Danish humanistic studies.

ISSN 0105-8746
ISBN 87-980-1312-2

Printed in Denmark
by Special-Trykkeriet Viborg a-s

PREFACE

The last few decades have witnessed a considerably increased interest in medieval and Renaissance studies. No apology is therefore needed for republishing the work of a pioneer in medieval studies, which is at the same time a document of the very first importance in the history of learning in Europe.

The present facsimile edition of Stephanus Johannis Stephanius' *Notæ uberiores* to the *Historia Danica* (or *Gesta Danorum)* of the Danish medieval historian Saxo Grammaticus, should first of all be a stimulus to studies of the history of learning in Denmark and abroad in the Renaissance and early 17th century. But, because of the very wide range of interests reflected in the *Notæ,* and because of Stephanius' unmatched thoroughness in grammatical and stylistic matters, it should not be too bold to hope that, even today, the *Notæ uberiores* may inspire students of Saxo Grammaticus and of medieval history and institutions, to open up new fields of research on this author, considered to be one of the finest representatives of the European cultural revival of the 12th century.

Plans for a reprint of Stephanius' Saxo edition and *Notæ* were originally fostered by the "Humanistisk Litteratur-Societet" under its president, Dr. Skat Arildsen, but, due to special circumstances, it was left to the Royal Library to carry them out. It was eventually decided to publish a reprint of Stephanius' *Notæ* only, since all the textual corrections applied by Stephanius in his edition are recorded in the detailed *apparatus criticus* of the edition of Jørgen Olrik and Hans Ræder (Copenhagen 1931). In spite of its somewhat radical treatment of the text, this edition is now, after the publication of Franz Blatt's extremely useful *Index verborum,* the standard edition of Saxo. Consequently, references to page and line in the 1931 edition have been added in the margin of the present reprint for each one of the more than 1400 lemmata in the *Notæ uberiores.* The frontispiece and dedicatory letter of Stephanius' Saxo edition have, however, been added as an appendix to the reprint of the *Notæ.*

Dr. H. D. Schepelern kindly accepted to write a short introduction on Stephanius and his work on Saxo Grammaticus, and we wish to express our gratitude to him, and also to Ivan Boserup and Erik Petersen of the Royal Library, who have done all the practical work in connection with the present re-edition.

The Carlsberg Foundation has generously supported the publication, thus bringing its sales-price down to a reasonable level.

Palle Birkelund
National Librarian

CONTENTS

Introduction, *by H. D. Schepelern* 7
Facsimile of Stephanius' *Notæ uberiores* 17
Prolegomena 21
Notæ uberiores 79
Index rerum, vocum etc. 331
Index autorum 344
Mendæ typographicæ 351
Appendix: Frontispiece and Dedication of Stephanius' Saxo Edition 353

INTRODUCTION

By H. D. Schepelern

Great spirits in small countries tend to be neglected because of the fact that big countries produce their own great spirits. This has, to some extent, been the case with medieval Denmark's national historian, Saxo Grammaticus, who is relatively unknown outside Denmark.[1]

This, however, has not always been so. Saxo's *Gesta Danorum* (or *Historia Danica* as it is also called) was written around the year 1200 in sixteen books in a Latin that causes surprise even when seen in the context of the classical revival of the 12th century. It contains a very broad range of mythological, historical and poetical topics, and was printed as early as 1514, in Paris, by two humanist scholars, Christiernus Petri (Pedersen) and Jodocus Badius Ascensius. This reappraisal of Saxo's work, 300 years after it was written, was agreed with by Erasmus and other great men of that age, and had its background, partly in the renewed national interests of the humanists, and partly in Saxo's classicist, "pure" Latin.[2]

The first full treatment of all aspects of Saxo's *Gesta Danorum,* dealing with historical, literary, and antiquarian questions, appeared in the learned 17th century, when the Danish scholar Stephanus Johannis Stephanius (Staphen Staphensen) published the first critical edition of Saxo's work, and prepared a running commentary on all questions related to Saxo's text, the *Notæ uberiores in Historiam Danicam Saxonis Grammatici.* As a pupil of the famous Dutch scholars Gerhard Johann Vossius and Daniel Heinsius, Stephanius was well suited for the great task, and his work, published in 1645 in Copenhagen and Sorø, once more brought Saxo within the horizon of European scholarship and letters.[3]

Although outdated on a number of points, the *Notæ* of Stephanius are still of great value, particularly on points of vocabulary, grammar, and style. Indeed, much of the material they contain has been "forgotten" by later scholars.[4] Besides, the *Notæ* are remarkable as a pioneer work, for the first time in the modern period providing a medieval author with a commentary made according to the principles so far only followed in editions of the classics. For this achievement, too, Stephanius deserves to be remembered not only by students of Saxo but also by students of the history of learning in Europe.

We shall abstain from any attempt to give an account of the present state of scholarship

1. No complete translation into any other language than Danish has ever appeared. The first part of Saxo's work, containing *i.a.* the story of Hamlet, has been translated once into English and twice into German: *The first nine books of the Danish history of Saxo Grammaticus, translated by Oliver Elton, with some considerations on Saxo's sources etc. by Frederick York Powell,* London 1894, reissued in two volumes 1905; *Saxo Grammaticus: Die ersten neun Bücher der dänischen Geschichte. Übersetzt und erläutert von Hermann Jantzen,* Berlin 1900; *Erläuterungen zu den ersten neun Büchern der dänischen Geschichte des Saxo Grammaticus, von Paul Herrmann. Erster Teil: Übersetzung,* Leipzig 1901. For Danish translations, see below, note 17.
2. Erasmus' judgement is quoted by Stephanius in his *Prolegomena,* p. 33. The text of the *editio princeps* was reissued without alterations by Johannes Oporinus, Basel 1534, and by Philippus Lonicerus, Frankfurt 1576.
3. Stephanius' recension was reissued - without the *Notæ uberiores* - by Alfred Klotz, Leipzig 1771.
4. Copious Latin notes, completing the critical Saxo edition of Petrus Erasmus Müller and Johannes Matthias Velschow, Copenhagen 1839, were published in 1858; they deal more specifically with the problem of Saxo's sources. A German commentary to the first nine books by Paul Herrmann, *Erläuterungen zu den ersten neun Büchern der dänischen Geschichte des Saxo Grammaticus, von Paul Herrmann. Zweiter Teil: Kommentar. Die Heldensagen des Saxo Grammaticus,* appeared in Leipzig, 1922. A new critical edition by Alfred Holder was issued in Strasbourg, 1886. A Commentary was originally planned to complete the modern standard edition of Saxo, *Saxonis Gesta Danorum primum a C. Knabe et P. Herrmann recensita, recognoverunt et ediderunt J. Olrik et H. Ræder. Tomus I textum continens,* Copenhagen 1931, *Tomus II: Indicem verborum conficiendum curavit Franz Blatt,* Copenhagen 1935-57. However, only a *Specimen commentarii bibliographici ad Saxonis Gesta Danorum* was published, Copenhagen 1937.

on Saxo.[5] Concentrating instead upon Stephanius and his work, we shall try to give a sketch of the background against which Stephanius' Saxo edition and the *Notæ* should be seen.[6]

Stephanius' schooling and early studies

Stephanus Stephanius was the son of Johannes Stephanius (Hans Staphensen, 1561-1625), professor of dialectics in the University of Copenhagen and from 1608 principal of the Royal School at Sorø, about 50 miles SW of Copenhagen, until 1623, when the school was transformed into an Academy for young noblemen. His keen interest in Danish history left few traces in his printed production, but it was reflected in his well-furnished library, which his son inherited, and by the numerous marginal notes which he had inserted in his copy of Saxo's *Gesta Danorum.* This annotated copy of the *editio princeps* of Saxo, Paris 1514, is mentioned by the younger Stephanius, but unfortunately it has not been possible to trace it, although a great number of the books in Stephanius' library are preserved today in different Swedish libraries.[7] It cannot be doubted that Stephanius' vocation as historian was influenced by his father,[8] and possibly Stephanius' editorial and exegetical work on Saxo can be considered a spiritual legacy from his father, too.

The academic career of the younger Stephanius seems to have been normal in every respect. He was born in 1599 and his mother, who died in 1602, was a daughter of Peter Winstrup, bishop of Sealand, who until his death in 1614 highly favoured the bright boy. In 1607, when the bishop as Dean of the theological faculty presided at a doctor's promotion, he had his son-in-law instruct the boy to advance a series of theological *quæstiones* prefaced by a short Latin speech. Such early triumphs should not, in those times, be taken as a proof of unusual precocity but as one of the prerogatives reserved for the promising sons of learned families. Anyway, he remained at school till he was sixteen and began his studies at the University of Copenhagen where, two years later, he obtained his baccalaureate, a degree which implied a satisfactory knowledge of the seven liberal arts and the languages, *i.e.* Hebrew and Greek in addition to a full command of Latin. No doubt, the more advanced among the young bachelors had an extensive knowledge of the Classics, and had often tried their hand at Latin poetry, a juvenile sport exercised already at school. To judge from his later career, young Stephanius - or Stephanus Johannis as he called himself during his father's lifetime - belonged to that category.

Towards the turn of the sixteenth century, Denmark had achieved a considerable standard in science and medicine with men like Tycho Brahe, Petrus Severinus (Sørensen)[9] and Casparus Bartholin,[10] but none of Stephanius' university teachers have won special fame in philology or the humanities. Therefore, biographers of Stephanius have not, hitherto, connected his later interest in Saxo with any of them. But, as a matter of fact, Stephanius in his *Notæ* (p. 79) mentions by name "præceptor olim meus et hospes indulgentissimus" Johannes Alanus, and he adds a short versified eulogy upon his old teacher who died in 1631, using as pretext for expressing his gratitude a suggestion given to him by Alanus for the interpretation of the word *chelæ.*

Johannes Alanus was professor of dialectics from 1610 till 1621 when he took over the chair in Greek language. He had studied many years abroad, visiting the universities of Wittenberg, Helmstedt, Basel, Geneva, and Padua. His dissertations cover various fields of study, including linguistics and history. In 1627, the same year as Stephanius' first printed work on Saxo appeared,[11] he published a dissertation defending Saxo Grammaticus against

5. Cf. Ellen Jørgensen in *Dansk biografisk leksikon,* Vol. 20, Copenhagen 1941, pp. 591-598; Inge Skovgaard-Petersen in *Kulturhistorisk leksikon for nordisk middelalder,* Vol. 15, Copenhagen 1970, cols. 49-57; Anker Teilgaard Laugesen, *Introduktion til Saxo,* Copenhagen 1972; Ivan Boserup (ed.), *Saxostudier (Saxo-kollokvierne ved Københavns Universitet),* Copenhagen 1975; Inge Skovgaard-Petersen, *Saxo, historian of the Patria* in *Mediaeval Scandinavia,* Vol. 2, Odense 1970, pp. 54-77.
6. His biography was written by H. F. Rørdam, *Historiske samlinger og studier,* I, Copenhagen 1891; his importance as a historian was dealt with by Ellen Jørgensen, *Historieforskning og historieskrivning i Danmark indtil aar 1800,* Copenhagen 1931. Cf. also R. Paulli in *Dansk biografisk leksikon,* Vol. 22, Copenhagen 1942, pp. 579-582. H. Ehrencron-Müller, *Forfatterlexikon omfattende Danmark, Norge og Island indtil 1814.* Vol. 8, Copenhagen 1930, pp. 33-36.
7. Cf. below, p. 15.
8. In 1623, during his stay in Rostock, Stephanius completed a *Florilegium historicum* (preserved in manuscript), and later in the same year he enrolled at the University of Leiden as a student of history and antiquities, cf. below, p. 9.
9. He lived 1542-1602. His reputation was based on his *Idea medicinæ philosophicæ, fundamenta continens totius doctrinæ Paracelsicæ, Hippocraticæ et Galenicæ,* first published in Basel, 1571.
10. He lived 1585-1629. His *Institutiones anatomicæ,* Wittenberg 1611, appeared in numerous editions and was translated into many languages.
11. Cf. below, p. 11.

the less favourable views of his historical value expressed by Johannes Goropius Becanus.[12] Alanus may have realized the importance of history during his stay in Wittenberg and Helmstedt, the latter being the seat of a chair in history, held until 1595 by Reinerus Reineccius, then by Henricus Meibom who is quoted in the Saxo notes. It is thus probable that Alanus was able to give the young Stephanius good information about historical literature. The connection between them is further testified to by the fact that Stephanius was *respondens* at dialectical disputations held by Alanus in 1619 and 1620, and when Alanus is called "hospes" we may conclude that Stephanius stayed in his house during his studies in Copenhagen.[13]

After five years of study in Copenhagen, and being in a position which enabled him to travel abroad without support from public funds or private patronage, Stephanius went to Germany, first visiting Wittenberg, the usual goal of Danish students after the Reformation. He went there again in 1622 and, having spent a winter at the University of Rostock, finally came to Leiden where, on May 15th 1623, he entered his name, defining himself as "historiarum et antiquitatum studiosus". But the fact that he returned to Denmark next year to receive an appointment as headmaster of the grammar school in Slangerup, a small town about 20 miles NW of Copenhagen, where he spent the years 1624-26, may suggest that his aspirations were limited to a normal career as a servant of school and church; and in May 1625 he took his master's degree, thus qualifying for advancement. However, in 1626 he resigned his post and returned to Leiden.

Before following Stephanius to Leiden, we must draw attention to another person in Stephanius' surroundings, who, beside Stephanius' father and Johannes Alanus, may have had decisive influence upon the course of his studies, *i.e.* the eminent physician, collector, and antiquarian Olaus Worm, whose rich correspondence offers many examples of his encouraging of young talent.[14] He was only ten years older than Stephanius, who may have been among the audience at his lectures on Hesiod's *Works and Days* 1615-16, when Stephanius was a first year student and Worm a young professor of the Greek language. If so, Stephanius seems to have escaped Worm's attention at the time. Worm was mainly concerned with natural philosophy, and in these years Stephanius was probably more attracted by the dialectical exercises of Johannes Alanus.

But on Stephanius' return to Denmark in 1624, the conditions for their mutual relations had altered. Worm, with his marvellous versatility, had entered upon the study of runology, a field he continued to study even after he had taken over the chair of physics in 1621. About the same time he founded his famous collection of natural objects, the *Museum Wormianum*,[15] and in 1624 he took over the chair in medicine, but he did not abandon his runological studies.

The first letter from Stephanius to Olaus Worm is dated April 17th, 1626, when he asks his "Mæcenas et fautor" to let him join the friends wanting to adorn Worm's first runic work, *Fasti Danici* (Copenhagen 1626) with a Latin poem. From this letter it appears that only two years earlier, Stephanius had paid his first visit to Worm and seen his collections, and on this occasion Stephanius may have received further impulses for antiquarian and philological studies in Saxo.

The correspondence which was begun in 1626 continued until Stephanius' death in 1650 and, together with Gerhard Vossius' letters,[16] it allows us to follow the progress of Stephanius' Saxo studies. Worm contributed to Stephanius' work through his knowledge of the Old Norse language and through his collection of runic inscriptions which the King had ordered him to establish, a task he brilliantly fulfilled. Worm was to furnish the *Notæ uberiores* with runic inscriptions and Old Norse sagas translated into Latin by Worm's learned friends in Iceland. Stephanius, in return, assisted Worm with descriptions of coins and the results of his thorough and more comprehensive historical and philological reading.

12. *Ad criminationes Joh. Goropii Becani et aliorum similium, objectas Saxoni Grammatico, responsio brevis*, Copenhagen 1627. Cf. Stephanius' *Prolegomena*, p. 35.

13. Their titles are: *De definitione, notatione et testimonio topis postremis*, 1619, and *De natura propositionum et earum definitionibus*, 1620. H. F. Rørdam, *op. cit.* (note 6) failed to notice Stephanius' early relations with Alanus.

14. *Olai Wormii et ad eum doctorum virorum epistolæ*, I-II, Copenhagen 1751. For a Danish translation (with notes), see *Breve til og fra Ole Worm*, oversat af H. D. Schepelern under medvirken af Holger Friis Johansen, I-III, Copenhagen 1965-68.

15. Cf. H. D. Schepelern, *Museum Wormianum. Dets forudsætninger og tilblivelse*, Aarhus 1971.

16. *G. J. Vossii et clarorum virorum ad eum epistolæ*, Augsburg 1691.

Stephanius in Leiden 1626-1630

On July 30, 1626, Stephanius for the second time entered his name in the roll of the University of Leiden, this time as "litterarum studiosus". For the next four years, under the influence of Daniel Heinsius and Gerhard Vossius, he developed from a young man of creditable abilities into a ripe scholar of international rank. He is perhaps the first Danish humanist with a full education in philology, and one of the few who applied that knowledge to historical studies.

By the 16th century, if not earlier, history had become a practical instrument. No wonder, therefore, that the incessant flow of printed editions of classical authors since the end of the 15th century, was accompanied by the publication of all sorts of later sources illustrating lay and sacred history, including annals, national chronicles and topography. The printing in 1514 of Saxo's *Danorum Regum heroumque Historiæ* was no isolated phenomenon. In Paris, for example, Gregory of Tours was printed 1512, Sigebert of Gembloux 1513, Aimoin's *Historia Francorum,* Paulus Diaconus' *Res gestæ Longobardorum* and Saxo's work in 1514; Jordanes' *Historia Gothica* was printed in Augsburg 1515, the same year as Otto Frisingensis, followed in 1519 by a translation of the Greek author Agathias' *Gothic War.* The problems to be discussed in the fierce contests between representatives of the Catholic and the Reformed churches made it important to be familiar with historical arguments, and a historian trained in jurisprudence would be a great asset for princes and church authorities. The religious wars in France, for instance, were the occasion for Pierre Pithou to treat medieval historical texts according to philological principles, and all over Europe texts were edited and re-edited, both separately and in comprehensive joint editions. From quotations in Stephanius' *Notæ* it seems most likely that he profited from such collections as Savile's *Rerum Anglicarum scriptores* (London 1596), John Bale's *Illustrium Majoris Britanniæ scriptorum summarium* (Wesel 1548, Basel 1557), Melchior Goldast's *Alamanicarum rerum scriptores* (Frankfurt 1606), and similar publications by Fr. Lindenbrog and André Duchesne.

During the troubles of the Reformation period, Sweden under the house of Wasa had gained independence of the Danish king and the rivalry between the two kingdoms resulted in repeated wars and a cultural contest in which historical arguments were used in support of political claims. A national history written in Latin was considered an effective means to raise sympathy and support from abroad. In the mid 16th century the brothers Johannes and Olaus Magnus had met such national demands by writing Latin works, dealing with the Gothic traditions nourished in Sweden, whereas Denmark could point to the authority of Saxo's work, the stylistic superiority of which almost ranged it with ancient authors.[17] Several Danish scholars had failed in the attempt to write the history of Denmark in Latin[18], whereas the nobleman Arild Huitfeld, member of the Council and an active man of letters, had succeeded in giving to his country, before his death in 1609, a chronicle written in Danish, covering the period until the middle of the 16th century.[19]

At the University of Copenhagen history was hardly studied except as an appendix to humanities and to antiquarian studies in general. The successive scholars appointed as Royal Historiographers had accumulated considerable material, but a Latin chronicle continuing Saxo did not appear until contact had been established with two eminent Dutch philologists, Johannes Isaacius Pontanus and Johannes Meursius. Pontanus was born in Denmark of Dutch parents, but educated in the Netherlands and at foreign universities. Since 1604 he was a headmaster in Harderwijk, but during a visit to Denmark in 1618 he was prevailed upon to undertake the task of writing the history of Denmark. It appeared in 1631, carrying the account up to the year 1449[20]. Pontanus, who was still occupied with this work during Stephanius' Leiden years, took care of his younger colleague in the most friendly way. Johannes Meursius, with whom Stephanius was to be on very friendly terms

17. For the benefit of the Danish reading public, Andreas Vellejus (Anders Sørensen Vedel) had issued a translation of Saxo in 1575; it was reissued in 1610, 1845-51 and in 1967 (in facsimile). Other Danish translations are by Sejer Schousbølle (1752), N. F. S. Grundtvig (1818-22 and later), Fr. Winkel Horn (1898 and later), and Jørgen Olrik (1908-12 and later).

18. Poetical descriptions such as *Rerum Danicarum libri undecim* by Erasmus Lætus (Rasmus Glad), Frankfurt 1573, cannot be listed among historical works.

19. *Danmarckis Rigis Krønicke,* 9 volumes in quarto, Copenhagen 1595-1603. It was republished in two folio volumes in 1652. A facsimile edition of the quarto edition was published Copenhagen 1976-78.

20. *Rerum Danicarum Historia,* Amsterdam 1631.

after his return to Denmark, had been appointed professor of history in 1624 at the newly established Sorø Academy. He stayed there till his death in 1639. A chair in history was a must for an establishment preparing young noblemen for their future career in administration and diplomacy. As an officially appointed Danish historian, Meursius was commissioned with the preparation of a Latin chronicle, too, and having carried it up to the year 1523, he had it printed in 1638[21].

The urgent tasks within official Danish historiography thus having been assigned to others, Stephanius must have devoted himself to philological and historical studies with none of the brightest prospects for his future career, but the die had been cast and he stuck to his goal.

In the letters from the Leiden period and in the *Notæ* as well, he very often refers to his two teachers and patrons, Daniel Heinsius and Gerhard Johann Vossius, both of them eminent Greek scholars who led him to concentrate upon philology as the necessary basis for historical studies. And apparently his attitude was rather that of an antiquarian than that of a historian. The atmosphere must have been most stimulating in the circle of Vossius, who was preparing his *De historicis Latinis libri tres* (Leiden 1627) in those very years. Between Vossius and Stephanius the correspondence continued, whereas his connection with Daniel Heinsius ceased after his return to Denmark. Heinsius had entered into relations with the Swedes (in 1649 his son Nicholas Heinsius was officially engaged by Queen Christina as a diplomat and literary adviser), but Stephanius always mentions him with gratitude.

Only one year after his arrival at Leiden he published the first fruits of his Saxo studies in the form of two booklets, printed in Leiden 1627: *Breves notæ ac emendationes in nobilissimum rerum Danicarum scriptorem Saxonem Grammaticum* and *Florilegium sententiarum ex nobilissimo rerum Danicarum scriptore Saxone Grammatico,* the former furnished with grateful dedications to Heinsius and Vossius. Stephanius' *Breves notæ ac emendationes* were well received and he was encouraged to continue the work of which he had given such promising specimens.

Whereas the preparation of a new critical edition of Saxo's text may be considered a continuation of his father's work, it seems beyond dispute that it was his own idea to enrich it with elaborate notes according to the principles followed when commenting upon classical authors. It was in itself a patriotic deed to issue historical texts, and Stephanius certainly wanted to serve his country and to spread knowledge about it to a wider public. But his pioneer work of attaching *Notæ uberiores* to a medieval author was inspired by his philological experience in Leiden.

The practice of ancient scholiasts of furnishing texts with marginal notes was continued by grammarians from Donatus and Priscian and onwards throughout the Middle Ages; they worked hand in hand with authors of schoolbooks and *florilegia,* and thus kept alive important elements of ancient learning. The art of printing made it possible for a far wider circle to read the classical authors, and a profound and accurate knowledge of Roman history and antiquities lies behind the type of commentaries sometimes called "notæ uberiores", *e.g.* Janus Gruterus' edition of Tacitus (Frankfurt 1607) where 570 pages of text are followed by some 650 pages of notes, an index of about 350 pages not included. In less extensive authors, the proportions between text and notes would sometimes grow monstrous, as was the case with Persius' *Satires,* 23 pages in all, edited in Paris 1605 with 522 pages of notes by Isaac Casaubon. But it must be kept in mind that this type of commentary, with numerous and lengthy quotations, was partly intended to serve as a general guide to subjects hinted at by a classical author.

Stephanius must have set himself a similar goal when he set to work on commenting Saxo, thus breaking new ground for the study of the Middle Ages by collecting references to any sort of material associated with the text before him. It must have been his main occupation in Leiden to prepare the *Notæ* and to revise the text for a new edition.

Stephanius at Sorø Academy in the 1630'es

A young man approaching his thirties is often compelled to make reflections about his future, and in a letter to Worm, written in September 1628, Stephanius admits that he is not satisfied with his situation: "For three years I have lived here, disappointed in the distant

21. *Historia Danica,* Amsterdam 1638.

hope of promotion or bettering of my prospects, longing for my dear fatherland." Worm was surely the best contact imaginable if steps were to be taken to further Stephanius' career, but it appears to have been Pontanus who first encouraged him to draw attention to his historical studies through some sort of printed publication. In 1629 he therefore issued a collection of Latin sources, illustrating the history of Denmark and Iceland, with the title *De regno Daniæ et Norwegiæ ... tractatus varii* (Leiden 1629). It was sent to Worm together with a letter in which he earnestly entreats him to place it in the right hands. Stephanius may have had hopes of a vacant post at Sorø Academy, where the professor of geography and history, Christopher Heidtmann, formerly professor in Helmstedt, had died in 1627, and perhaps Worm had prevailed upon the Chancellor Christian Friis to reserve the appointment for Stephanius. Whatever the circumstances, in a following letter Worm instructed him to return immediately, and in the spring of 1630 Stephanius was installed as professor of eloquence in Sorø.

The Royal School established in Sorø after the Reformation was replaced in 1623, as already mentioned, by an Academy for young noblemen, and the professors were given the same rank as those of the University of Copenhagen which had been founded in 1479. The university had been re-established in 1537 after the Lutheran Reformation and had soon become a rather esteemed school of theological and medical studies. Many of the first Lutheran professors had been Germans by birth, but already the next generation was recruited almost exclusively among native-born citizens. As in other European universities, a group of learned families gradually established themselves as an élite exercising its authority by virtue of unmatched erudition.

The new *Academia Sorana* was founded by King Christian IV at the instance of the high nobility, possibly in order to break the academic dominance of Copenhagen. The circumstances of the times favoured the foundation, in so far as the outbreak of the great war in Germany in 1618 made it easy to prevail upon professors in the universities of northern Germany, endangered by the war, to take refuge in peaceful Sealand. Among the professors appointed after 1623, the majority were Germans. In the correspondence of Olaus Worm we now and then find evidence of the quite understandable rivalry between the Danish professors in Copenhagen and the "Germans" in Sorø, but as a representative of the Danish minority there, Stephanius proved to be well suited to act as a mediator, and the international atmosphere was certainly favourable to his philological and historical studies.

But for the Swedish occupation 1658-60 and its consequences, Sorø Academy might have survived as a second centre of academic life in Denmark. After the war, and the introduction of absolute monarchy, however, there was little interest in preserving an institution without long traditions. The Christian Albrecht University, founded in Kiel in 1664 as the second seat of learning within the old Danish monarchy, received its main character from the German cultural traditions of the ducal court of Gottorp.

With the appointment of Johannes Meursius as professor of history in Sorø, the young academy took the lead over the old university in Copenhagen within this field. This was to some extent counterbalanced in 1635 when Petrus Spormand became professor of geography and history in Copenhagen; but at Sorø antiquarian studies were also pursued by Stephanius whose official duties as professor of eloquence do not seem to have restrained his activities as a historian, or given him any trouble with his colleague Meursius, with whom he was on most friendly terms. Besides, he was in nó way negligent of his official duties. His printed works from the 1630'es include a series of Latin schoolbooks: *Colloquia, Phraseologia Latino-Danica,* and *Nomenclator Latino-Danicus,* still used in Danish grammar schools a century after his death. Even after his appointment as Historiographer to the King, after Meursius' death in 1639, he published his *Similia et dicta M. Fabii Quintiliani* (Sorø 1641).

But his lively correspondence with Worm and Vossius reveals that his favourite occupation were the Saxo studies, and the notes existed in manuscript as early as 1635. In that year they were sent to his brother-in-law, Jacobus Matthiæ (Madsen), and his friend Worm, who returned them to him with a series of valuable remarks on different problems, adding at the end: "See to it that we may soon have your Saxo". Negotiations were opened with the Copenhagen printer Joachim Moltke who, however, declined the commission on the pretext of scarcity of paper. Through Vossius an attempt was then made to place the order with some Dutch printer, but Stephanius was disappointed in this hope, too. The years passed, and new obstacles arose. The principal of Sorø Academy, an office always held by a member of the high nobility, died in 1639 and Stephanius failed in his attempts to obtain special favour with his successor.

Stephanius was forced to follow Horace's advice and hold back his work for nine years. But he turned the delay to his own advantage by revising his manuscript. A few examples picked out from the great number of annotated editions, to which he refers in the *Notæ*, will suffice to prove that he kept abreast of recent advances in scholarship, *e.g.* the editions of Latin historians issued by the young Strasbourg philologist Johannes Freinsheim. Stephanius used his Justinus edition (Strasbourg 1631), but also his Florus from 1637 and his Curtius from 1640.

Stephanius as Royal Historiographer

After the death of Johannes Meursius, Stephanius took over the task of writing the official history of Denmark in Latin. His contribution in this field covers the period 1550-59 and was edited after his death by his successor Hans Svaning (the younger) in 1650. But his most important work was the gathering and bringing to light of medieval historical sources. He was an antiquarian and a philologist, and in the Saxo notes, too, he prefers to point to problems by means of parallel texts rather than to solve them. Among Danish historians he represents a trend continued in the 18th century by Jacob Langebek, the editor of *Scriptores rerum Danicarum medii ævi*[22]. Stephanius' handwritten collections of historical sources, now in Swedish libraries[23], testify to his indefatigable zeal in fulfilling his duties, and reveal him to have conceived similar plans to those carried out by Langebek. His *editio princeps* of the works of Saxo's contemporary, the historian Sveno Aggonis (Sven Aggesen), printed in Sorø 1642[24], may today seem less important, as it was based upon a late and remodelled text, but it was not superseded until the edition of M. Cl. Gertz (Copenhagen 1915)[25], who had access to material unknown to Stephanius.

Nevertheless, the Saxo edition and the *Notæ uberiores* remain Stephanius' life-work. A noteworthy contribution to the *Notæ* are the illustrations, mainly reproductions of runic inscriptions put at his disposal by his friend Worm who, after his *Fasti Danici* (1626) had published *Runir seu Danica literatura antiquissima, vulgo Gothica dicta* in 1636 and, in 1628 and 1636, two further samples of inscriptions, forerunners of his great runic work now ready for publication under the title *Danicorum monumentorum libri sex,* which appeared in 1643. Worm's economic circumstances allowed him, when necessary, to have his works printed at his own expense. His purpose was to show the world that Nordic antiquities deserved publication no less than the ancient inscriptions published by Janus Gruterus in a huge volume entitled *Inscriptiones antiquæ totius orbis Romani* (Heidelberg 1601).

The illustrations for Worm's works were cut on tin plates, a technique which was cheaper than copper plate engravings and considered better than woodcuts. The designs were made by his assistants travelling about the country to gather information about ancient monuments.[26]

Saxo himself, in his *Præfatio* (4,25), refers to the Nordic tradition of "having graven upon rocks and cliffs, in the characters of their own language, the works of their forefathers, which were commonly known in poems in the mother tongue". No wonder, then, that the discussions between Stephanius and Worm should often deal with attempts to connect runic material with persons and events mentioned by Saxo. The result was that some of the plates made for the illustration of Worm's *Monumenta* were sent to Stephanius to be reproduced in his *Notæ,* too. In return, Stephanius also provided Worm with an illustration, a woodcut of a locality in Sealand (*Notæ,* p. 160), executed by an engraver working for the professor of Mathematics at Sorø. It was sent to Worm in 1641.

Illustrated commentaries were rare at that time, so in this respect, also, the *Notæ* are

22. Published in 9 volumes, Copenhagen 1772-1878 (reprinted 1969).
23. Cf. below, p. 15.
24. *Svenonis Aggonis primi Danicæ gentis historici quæ extant opuscula,* Sorø 1642.
25. After Stephanius, Gertz is the founder of medieval Latin philology in Denmark. His critical editions of sources for Denmark's medieval history include *Andreae Sunonis filii Hexaemeron libri duodecim,* Copenhagen 1892, *Vitæ sanctorum Danorum,* Copenhagen 1908-12, *Scriptores minores historiæ Danicæ medii ævi,* I-II, Copenhagen 1917-22 (reprinted 1970).
26. Cf. Erik Moltke, *Jon Skonvig og de andre runetegnere. Et bidrag til runologiens historie i Danmark og Norge,* I-II, Copenhagen 1956-58. (Bibliotheca Arnamagnæana. Suppl. I-II).

remarkable. In a few cases Stephanius borrowed an illustration from others, *e.g.* the boxing-gloves (*cæstus*) reproduced on p. 85. They were taken from Hieronymus Mercurialis' *De arte gymnastica* (Venice 1573) and sent to Worm by Stephanius in 1641 to be cut by his Copenhagen engraver. In the same letter he writes that their common friend, the court-preacher Jacobus Matthiæ, owns a rare edition of Apuleius by a certain "Pitschius", who in the notes reproduces a picture representing an Egyptian rattle *(sistrum),* which he asks Worm to let his engraver copy for the *Notæ* (p. 87).[27]

A series of illustrations were also envisaged for Saxo's text, but the rather ambitious scheme had to be given up. For the decoration of Kronborg Castle, which was under repair after a fire in 1629, the King had ordered a series of paintings representing scenes from ancient Danish history, and a list of episodes from Saxo was drawn up by Petrus Spormand, professor of history in Copenhagen. The paintings were commissioned from the Dutch painter Gerard Honthorst and other painters in Utrecht[28]. The Dutch engraver Simon de Pas, who had lived in Copenhagen since 1624, acted as negotiator between the Danish King and Gerard Honthorst. He had also undertaken the reproduction of the paintings in copper, but they were never made. Stephanius was eagerly looking forward to having the plates inserted into his Saxo, but had to give this up.

About 1640 when Stephanius had obtained an official position as Royal Historiographer, the prospects for his Saxo were not encouraging. The world of learning had suffered a heavy loss by the death in 1639 of the old patron, Christian Friis, the Chancellor. Stephanius made almost begging appeals to his friends and colleagues for assistance, and even Worm's patience was severely tried. But as it turned out, the new Chancellor, Christen Thomesen (Sehested), followed in the steps of his predecessor. His initiative seems traceable behind a Royal letter of December 16th, 1642, which puts a considerable sum at the disposal of Stephanius for the purchase of paper, the final obstacle to be surmounted before the printing could be carried out.

Two workshops were engaged. Saxo's text was typeset by Joachim Moltke in Copenhagen, the *Notæ* by Henrik Kruse, printer to the Sorø Academy. Patience and forbearance are qualities seldom encountered among authors who are having a great work printed. Stephanius was no exception and knew very well how to express his irritation. His letters to Worm betray his mortification caused by the slowness and apparent selfishness of his printers. The final result, however, is what counts, and today Stephanius' life-work stands as a monument of the high standard of scholarship in that epoch.

Also the outward appearance of the work shows all the characteristics of the time. The frontispiece to Saxo's text is engraved in copper, most probably by H. A. Greyss, engraver to the university. Then follow six pages in major type with a grand dedication to the King.[29]

450 years earlier, Saxo had presented to archbishop Andreas Sunonis (Anders Sunesen) a work relating how Denmark had arrived at her state of glory. Stephanius similarly addresses Christian IV, but in a situation when the sudden attack of the Swedish armies had put the country in a state of the utmost peril, thus making it most appropriate to remind the world of her glorious past. In Saxo's days, he says, heroic deeds challenged eloquence to fill the world with praise of Denmark's name, but our present King has outshone antiquity and would need more than Saxo's eloquence to be properly eulogized.

This may sound to us like an ordinary piece of servile flattery but, as a matter of fact, it had a background in real circumstances. The dedication was dated January 4th, 1645, and during the preceding summer Worm had written to Stephanius several times, telling him about the naval triumphs of the King, who commanded the Danish fleet in person. In the battle of Colberger Heide on July 1st, 1644, he was wounded and lost his right eye, so there was good reason to praise his personal courage.

The date of the dedication to the King proves that the text did not appear until 1645, although the engraved title page is dated *Hafniæ 1644*. The printed title page to the *Notæ* is correctly dated *Soræ 1645*.

27. It was, in fact, the edition of Johannes Pricæus (John Price), printed in Paris 1635.

28. A number of them were carried off to Sweden after the capture of Kronborg in 1658.

29. For the frontispiece and Stephanius' dedication, see the Appendix.

The fate of Stephanius' library

Stephanius' economic means had been drained by this edition. He had incurred personal debts and, in addition to this, he had to suffer the consequences of the war which had exhausted public finances, too. He would often have to wait for his wages. At his death in 1650 he left his widow in narrow circumstances.

Stephanius was married twice. His first wife died in 1633, and soon after he lost an infant daughter, "quæ jam risu cognoscere patrem incipiebat". His second marriage was childless. His widow tried in vain to sell his library and papers to the King - now Frederic III, who had succeeded his father on the throne in 1648. It probably included documents put at Stephanius' disposal in his quality of Royal Historiographer. But before serious negotiations had started the distressed woman gave in to a cash offer from the Swedish nobleman Count Magnus Gabriel de la Gardie who did not hesitate to have the whole literary equipment of the late Royal Danish Historiographer brought to Sweden. Over the following centuries the collection was absorbed by various Swedish libraries. Considering that Denmark was plundered by Swedish troops in 1658-60 and that the University Library in Copenhagen burnt in 1728, one may say that the whole deplorable arrangement in the end proved favourable to the preservation of that inestimable treasure.[30]

The polyhistor and his world

The Renaissance attitude towards written sources can be compared to that of contemporary experimental scientists towards ocular observation. The basic knowledge of the philologist and historian was a first hand familiarity with literary authorities, hence the full quotations which take up more space in the *Notæ* than discussions of problems. The interpretation of the text consists in the establishment of the correct meaning of words, of objects, of social and legal matters, to which parallels are drawn from ancient, medieval, biblical, exotic or northern institutions. The scholastic exercises of Johannes Alanus and his young students were things of the past. Presumably it would be in vain to try to trace a coherent philosophy determining the work of Stephanius or any other commentator in his time. It was made a point of honour not to swear allegiance to any system - *nullius in verba jurare magistri.* However dependent upon patronage, however humble in their dedications to princes and state authorities, these learned scholars seem to have felt more like guides and advisers than like servants and slaves of worldly power. In their studies and in the preservation of universal knowledge in letters, theology, law and antiquities - sometimes in science and medicine, too - they were rather independent of political and religious disputes. Reference works of all sorts were common property, and Stephanius betrays by occasional quotations that the reading of popular literary *amœnitates* was far from being beneath him. Seven times he refers to Philip Camerarius' *Horæ subcisivæ* (Frankfurt 1592 and several times later). Once he mentions a work, published in Paris 1620 by Louis Crésol, the General of the Jesuit Order, with the title *Vacationes autumnales,* in which three young men of noble birth spend a week's holiday discussing - over 706 pages in quarto - the problem of pronunciation and correct delivery of a speech. Another piece of random reading is Don Laurentius Ramirez de Prado's *Pentechontarchos* (Madrid 1612), a collection of popular passages about philosophical and cultural questions. Curious is the reference (in connection with the practice of ordeal by fire) to the weighty folio volume of the Antwerp theologian Martinus Delrio, entitled *Disquisitionum magicarum libri sex* (Louvain 1594), giving detailed practical instructions for the father confessor in witchcraft cases.

Within this international brotherhood of scholars, any publication of importance opened with congratulations and praise in prose and verse from friends and colleagues. In Stephanius' *Notæ,* chapter xxiv of the *Prolegomena* (pp. 45-47) consists of letters concerning Stephanius and his Saxo, written a.o. by Daniel Heinsius, Isaac Pontanus and Gerhard Vossius, and chapters xxv-xxvi (pp. 48-60) consist of Latin and Greek poems by a dozen of his countrymen.

30. In 1917, Otto Walde succeeded in identifying a large number of the books from Stephanius' library, tracing the volumes by means of marks of ownership, dedications or marginal notes made in Stephanius' or his father's handwriting: Otto Walde, *Stephanii bibliotek och dess historia* in *Nordisk tidskrift för bok- och biblioteksväsen,* Vol. 4, 1917, pp. 29-65, 261-301. For Stephanius' manuscripts, see Ellen Jørgensen, *Stephani Johannis Stephanii manuskriptsamling, ibid.* pp. 19-28.

In return, when referring to the authority of contemporary scholars, the author would often add some honorific epithet to their name. The above mentioned Laurentius Ramirez is called "Hispanorum doctissimus", the Jesuit General Louis Crésol "eximius orator", and another Jesuit, Heribert Rosweid, who died in Antwerp 1629, "vir pietatis doctrinæque fama illustri". One of the Leiden professors, Petrus Cunæus, is honoured as "vere seculi nostri Cicero", and another philologist from the same university, Geverhard Elmenhorst, who died in 1621 and is only mentioned once for his index to Apuleius, as "clarissimus vir". This somewhat worn-out expression is used in connection with four other authors who are only mentioned once, but also with the famous British antiquarian John Selden, to whom Stephanius refers four times. There was a rich store of such titles to be varied and used at random or to be omitted for no apparent reason. Homage might be paid in this way, too, to celebrities deceased before Stephanius' coming of age. Thus the late German jurist and philologist Conrad Rittershusen is called "doctissimus Germanorum" and the French historian J.-A. du Thou (Thuanus) "historicus incomparabilis"; similarly it is a compliment to the great Isaac Casaubon to call his son "magni parentis haud degener filius".

But in some cases valuable information may be drawn from the use of such stylistic ornaments. As we have seen, Stephanius refers to Johannes Alanus as his "præceptor et hospes" in Copenhagen, and his frequent references to the German philologist Caspar Barth sometimes happen to characterize their personal relations, *e.g.* "cum ante paucos annos consulerem C. B." or "C. B. in litteris ad me datis". When praising Caspar Barth's erudition he never lacks inventiveness, he is "lumen Saxoniæ suæ", "corculum Musarum", "sidus litterati orbis", "oceanus eruditionis" etc., but only once is he given the title "polyhistor", which is also bestowed once upon Olaus Worm, who is justly called "reconditæ eruditionis polyhistor", and once upon Cardinal Nicolas Caussin, S.J. and confessor to Louis XIII of France.

Polyhistor does not seem to have been a title rashly attributed to anyone having distinguished himself in learning. In the 16th and 17th centuries it would imply a literary rank comparable to that of Erasmus, Grotius or the Scaligers. Stephanius certainly used it only after due deliberation. The word itself is very seldom met with in classical Greek, but in late antiquity it was attached to the name of a few authors: Hyginus, Cornelius Alexander Grammaticus, Apion Alexandrinus and C. Julius Solinus, whose excerpts from the elder Pliny were entitled *Polyhistor sive collectanea rerum memorabilium.* In spite of the low esteem of Solinus as a writer, he became the best known among the ancient polyhistors after the edition of Claude Saumaise (Paris 1629), but still the word would only be used about men of stupendous learning, such as had realized the humanist ideal in gathering universal knowledge by incessant reading.

In the 18th century the highly esteemed title of polyhistor seems to have gradually fallen into disgrace, having too often been bestowed upon unworthy persons. As late as in 1751, however, the preface to the printed edition of Olaus Worm's letters calls him "excellentissimus medicus et polyhistor".

The later, almost exclusively derogatory use of the word was perhaps engendered by that famous comprehensive guidebook to scientific literature, the first among several encyclopedias and dictionaries to bring the whole compass of learning within the reach of wider audiences, the *Polyhistor sive de notitia auctorum et rerum commentarii,* written by the professor at the University of Kiel D. G. Morhof and issued partly after his death, Lübeck 1688-1708.

On the whole, the 19th century did not hold Renaissance learning in respect. Consulting an English dictionary, printed 1909, we find *polyhistor* defined as a person with out-of-the way learning, and among Scandinavian historians it became usual to brush aside most of our older scholars and scientists as *polyhistors,* busy-bodies spreading their studies over too many fields. After such a degradation it is difficult to re-establish the reputation of the true polyhistor who represents the summit of learning and genius in the period between the Renaissance and the Encyclopedists, and who was admired by his contemporaries as a rare prodigy.

With this reservation we venture, nevertheless, to call Stephanius' *Notæ uberiores* the achievement of a polyhistor who does not wish to show off his learning but makes the best of his own stock of reading and knows how to take advantage of the international world of learning and its store of universal knowledge.

Facsimile
of Stephanius'
Notæ uberiores

STEPHANI JOHANNIS
STEPHANII

NOTÆ VBERIORES IN HISTORIAM DANICAM SAXONIS GRAMMATICI.

UNA CUM PROLEGOMENIS AD
EASDEM NOTAS.

SORÆ

TYPIS HENRICI CRUSII,
ACADEM. TYPOGR.

ANNO MESSIÆ
cIↄ Iↄ C XL.V.

STEPHANI JOHANNIS STEPHANII
IN VBERIORES NOTAS SUAS AD SAXONIS GRAMMATICI HISTORIÆ DANICÆ LIBROS XVI.

PROLEGOMENA.

CAPUT I.

Varia Librorum fata. Saxo vicinus occasui. Ei Stator quidam Jupiter fuit M. Christiernus Petræus. Primæ Editionis occasio.

QUam cæteris mortalium operibus necessitatem pereundi severa fatorum lex imposuit: eandem quoq; egregiis doctorum virorum monumentis, invictâ quadam potentiâ, constituit. Varij etenim casus in Librorum perniciem ab omni memoriâ conspirârunt: nec ulla fortunæ sævientis rabies conficere destitit ingeniorum hosce partus. Plurimos ex oculis nostris vetustas, quæ omnia consumit, subduxit. Multùm in alios flammis licuit. *Quadringenta millia librorum Alexandriæ arserunt*, inquit Seneca, *pulcherrimum Regiæ opulentiæ monumentum.* Innumeros Bellonæ furor militum direptionibus objecit. Demq; non pauci, Invidiâ sic jubente, blattis ac tineis larga præbuêre pabula.

Hæc tàm violentæ sortis iniquitas florentissimum rerum Danicarum Scriptorem, SAXONEM GRAMMATICUM, pænè nobis eripuisset, nisi si eum diligens nostratium cura ab imminente interitu, non sine cœlesti Providentiâ, maturè vindicasset. Nam trecentos, & amplius, annos pulvere ac situ obrutus, in tenebris delituerat; priusquàm memorabili ad omnem posteritatem studio ac industriâ Clarissimi Viri, & eo nomine de patriâ universâ optimè meriti, M. CHRISTIERNI PETRÆI, diâs in luminis oras, veluti ex Orci faucibus, protraheretur. Cui primùm rei satis amplam dedit occasionem non itâ pridem reperta librorum typis excudendorum ars nobilissima; cujus beneficio cum popularis ille noster, bonis tùm literis in Academiâ Parisiensi operam navans, aliarum nationum Historicos, summo Reipubl. literariæ commodo, indies divulgari animadverteret; nihil magis in votis habuit, quàm ut pari ope revivisceret sepultum hoc patriæ decus, inq; manus hominum Auctor sinè exemplo maximus perveniret. Placuit vehementer illustribus in Daniâ Viris tàm laudabile institutum; & extitêre multi, qui præclaris adeò conatibus acriores subindè stimulos subderent. Quos inter præcipuus fuit genere ac virtute juxtà Nobilissimus Heros, LAGO WRNE, Episcopus Roschildensis: qui datis ad Petræum literis [quas posteà in medium proferam] ad maturandam Saxonis editionem magnoperè eum instigabat. Sed utilissimi propositi cursum, tanquàm validissimus obex, id unicè sistebat, quòd nullum planè divini istius Operis exemplar ad manum haberet Petræus, quod prælo committere posset. Quocircà non solùm proprijs sumptibus tabellarium bis in patriam ablegavit, qui exemplum adferret: verùm ipse etiàm illius causâ domum se contulit, Bibliothecas omnes sedulò excussit; nec tamen Saxonem eruere potuit: tàm arctâ custodiâ possessores eum occluserant. Tandem BIRGERUS, Archiepiscopus Lundensis, voti eum compotem reddidit, benignè communicato Codice Saxonis

a 2

nis manuſcripto: quem in Gallias reverſus, accedente auctoritate Sereniſſimi Danorum Regis, CHRISTIERNI II, imprimendum tradidit JODOCO BADIO ASCENSIO, Viro doctiſſimo, & Typographo ſuæ ætatis eminentiſſimo. Pariſiis igitur, Anno fundatæ ſalutis, cIↃ IↃ XIV, felicibus auſpiciis, primum in lucem prodiit Saxo noſter: quem, ſi per invidos ſtetiſſet, æterno ſqualore damnatum longinqua temporum ſpatia penitus aboleviſſent, ac notitiæ poſteritatis, irreparabili prorſus damno, ſubtraxiſſent.

Atq; hæc primæ Editionis occaſio fuit: quam ſequentes te literæ plenius, Benevole Lector, edocebunt.

CAPUT II.

Literæ Lagonis VVrne ad Chriſtiernum Petræum. Epiſtola amœbæa Petræi ad Lagonem. Epiſtola item Dedicatoria Jodoci Badij Aſcenſij ad eundem Lagonem: quæ hactenùs editioni Saxonis Pariſienſi præfixæ fuerunt.

I. INſcriptio prioris Epiſtolæ ità habet:

LAGO VVRNE, Dei gratiâ, electus ad Eccleſiam Roſchildenſem, Præſtantiſſimo Viro, Magiſtro CHRISTIERNO PETRI, Metropolitanæ Lundenſis Eccleſiæ Canonico, amico noſtro ſyncero, S.

Sequitur ipſa Lagonis Epiſtola:

Venerabilis Vir, Doctiſſimi ac Clariſſimi SAXONIS noſtri fulgentiſsimum opus, qui diviniſſimo dicendi genere Daniæ Regum Hiſtorias conſcripſerit, multis retro annis in obſcuro delituiſſe dolemus. Cujus digniſſimas laudes & præconia, cujus diſertiſſimum ac facundiſſimum ſcribendi genus, ſicuti nos ſtudioſiſſimo honore ſemper excoluimus & amplexati ſumus: ita quoq; univerſi docti & illuſtres Viri Saxonem, Danorum Hiſtoricum, ſummis venerationis officijs proſequuntur. Igitur, mi Chriſtierne, qui torpentibus commilitonibus tuis, percipiendarum litterarum gratiâ, ſicuti vetuſtatum es vigilantiſſimus indagator; ità etiam illuſtrandæ patriæ noſtræ pro viribus, deſiderio mirabili te flagraſſe comperimus: affectuoſiſſimâ prece rogantes, ut tam divinum latinæ eruditionis culmen & ſplendorem, Saxonem noſtrum Sialandicum, jam [ut accepimus] à te diligenter caſtigatum elimatumve, ut in lucem feliciter prodeat, ad manus accuratiſſimorum Bibliopolarum promoveas; ne vel tam eximius ſapientiæ fulgor atrâ poſthac nube deliteſcat, ne vel invicta perpetuò Danici nominis virtus oblivione invidâ obumbretur. Quo tibi honorem ſummum, & patriæ gloriam concilies immortalem. Vale. Ex caſtro noſtro Hiortholm, Decima Maji, Anno duodecimo ſuprà Milleſimum quingenteſimum.

II. Inſcriptio & Contextus ſecundi Epiſtolij hic eſt:

CHRISTIERNUS PETRI, liberalium artium Magiſter, Metropolitanæ Lundenſis Eccleſiæ Canonicus, Reverendo in Chriſto Patri, Dn. LAGONI VVRNE, Dei gratiâ Roſchildenſi Epiſcopo, Domino ſuo præſtantiſſimo, cum omni veneratione ac obſervantia, Salutem.

Curſitanti mihi ſponte, peneq; volanti, admovit Præſtantia tua, Præſul Clariſſime, non parvi momenti calcaria, dùm ad Saxonis noſtri Hiſtoriam Chalcographâ arte divulgandam excitare dignata eſt; ad quam provinciam, nemo [uti arbitror] mortalium me fuit unquàm propenſior paratiorq;: quippè qui Parrhiſiis agens, boniſq; litteris operam navans, proprio impendio tabellarium bis miſerim, qui exemplum fidele, quantivis emptum ad me referret. Quâ viâ cum nihil proficerem, ipſe illius ergò patriam repetij, bibliothecas omnes viſi & revolvi, nec tamen Saxonem blattis, tineis, ſitu & pulvere obſitum eruere potui; tàm obſtinato animo ejus poſſeſſores eum occluſerant. Unus omnium, & is religione ac doctrinâ inſignis, Sacræ Theologiæ Doctor ac Profeſſor eximius, Magiſter noſter Andreas Chriſtierni, natione Jutus, Profeſſione autem Carmelita, & provinciæ Daniæ, Ordinis intemeratæ virginis, ac Chriſti matris Mariæ, de monte Carmelo Prior digniſſimus, conatus meos miſeranti reſpexit oculo. Qui cum unllo ære redimendum videret exemplar; potius ſe id manibus ſuis tranſcripturum obtulit, quàm tantum totius Daniæ lumen ampliùs deliteſcere ſineret. Habui tamen tantæ dignitatis rationem, nec conditionem accepi, ſperans faciliorem alicundè tandèm emerſuram. Reverendiſſimus ergò in Chriſto Pater, Dn. Birgerus, Dei gratiâ Archiepiſcopus Lundenſis, Sveciæ Primas & Apoſtolicæ Sedis Legatus, mirabili ad Daniæ gloriam accenſus amore, exemplar pio tandèm repperit compendio, quod ad publicam utilitatem fidei meæ tranſcribendum, imprimendumq; commiſit. Deerat itaq; ſola auctoritas tanti operis divulgandi, quam liberaliſſimè mihi imper-

impertivit Illustrissimus Princeps, noster CHRISTIERNUS, *Dei providentiâ, Daniæ, Sueciæ, Norvagiæ, Sclavorum, Gothorumq; Rex potentissimus, Dux Slesvicensis & Holsatiæ, Stormariæ, ac Dithmarsiæ, Comes in Oldenburg & Delmenhorst; id solum imperans, ut à docto peritoq; Chalcographo excuderetur. Norat etenim indignum fore, tantum virum ineptis aut minus fidelibus characteribus impressum iri; præsertim id affirmantibus consultissimè, Reverendissimo in Christo Patre, Dn. Erico VValkendorff, Archiepiscopo Nidrosiensi, & Apostolicæ Sedis Legato dignissimo, nec non Regio Cancellario, Viro Nobilissimo, Magistro Avone Bilde, Ecclesiarum Lundensis & VVibergensis Præposito. Mandatis itaq; Regiis, Sapientiæq; tuæ, Præsul dignissime, adhortationibus gravissimis obtemperans, Saxonis imprimendi munus commisi Excellentissimo Viro, Magistro Jodoco Badio Ascensio, litterarum bonarum apud Parrhisios interpreti, chalcographoq; peritissimo, qui quale nunc vides opus, tuo nomini felicissimo præscriptum emisit, Regum omnium Catalogo, & totius Historiæ Indice literario illustratum. Quapropter effeci, ut qui ab unis, & ijs paucis Danis hactenus legi potuit; ad Italos Hispanos, Gallos, Germanos, omnes deniq; Christianos facilè possit perferri. Habe itaq; molimina mea commendata, ac Vale Danicæ decus, præsidiumq; meum. Ex Parrhisiorum Academia Clarissima. 14 Martij, 1514.*

III. Tertia & ultima Jodoci Badij Ascensij Epistola unà cum Inscriptione hæc est:

Jodocus Badius Ascensius LAGONI VVRNE, *longè Reverendo, & cum primis docto sapientiq; Roschildensis Ecclesiæ Antistiti S.*

Probabili plausibiliq; conjecturâ ducor, Præsulum Clarissime, ut Optimi Maximi Dei nostri providentiâ, arcanoq; fatorum calculo contigisse rear; inclytam Danicorum Regum Historiam à Saxone Grammatico Sialando, viro disertissimo, abhinc annos suprà trecentos conscriptam, ijs potissimùm diebus in lucem chalcographâ arte prodiisse, quibus invictissimo animo, præclaris pro ætate gestis & spe eximiâ, CHRISTIERNUS, *certissima Danorum Regis proles, Danica jamjam recturus est sceptra, accepturusq; regnorum insignia: Tuq; Heros, ut antiquâ* HURNORUM *nobilitate nulli secundus, itaq; facundâ sapientiâ, & magnarum rerum prudentiâ, apud Danos facilè primus, Roschildensis Ecclesiæ episcopalem susceperis gubernationem. Siquidem uti sub VValdemaro, Rege invictissimo, jubente Absolone, itidem Roschildensi Episcopo prudentissimo, & duce ac bellatore in Christiani nominis hostes incomparabili, olim edita est: ità sub Christierno, Illustrissimo Rege, VValdemarum illum & factis & animis æquante, tuo ejusdem diœceseos Episcopi meritissimi faustissimo auspicio nunc demum emittitur, non sinè melioris doctiorisq; in Dania seculi præsagio. Quemadmodum enim sub* CHRISTI *Domini nostri cunctis mortalibus adorandum natalem claruerunt Romæ summa Latinæ linguæ lumina M. Cicero, M. Varro, Q. Hortensius, & sexcenti alij; & inclyta cùm pacis, tùm belli culmina, Cn. Pompejus Magnus, C. Julius Cæsar, Octavius Augustus; alijq; præterea multi: In Daniâ verò, [quam diversam à Daciâ puto] Frotho tertius, belli pacisq; justitiæ & militaris disciplinæ splendor conspicuus: ità nunc Christierni Regis, vel nomine amabilis, singulari felicitate, tuoq;, Præsul generose, ductu & auspicatâ dexteritate, propediem fore confidimus, ut Dania non solùm armis & imperio, quibus semper excelluit, liberaq; fuit; sed & literis cultioribus evadat perspicua, multosq; Saxones & Canutos, viros, inquam, doctrinâ præstantes educet. Quod idcircò jamjamq; futurum autumo, quod ut illi, quos modò dixi, in Parrhisiorum clari evaserunt Academiâ: ita nunc quoq; non pauca in eadem è Daniâ conspicimus ingenia; quorum bona pars est Magister Christiernus Petri, Lundensis Ecclesiæ Canonicus, mihi longâ consuetudine & amicitiâ clarissimus: cujus præcipuâ curâ & singulari impendio hoc opus tuo nomini nuncupatum emittimus: illud Lectores ignotos, ne forsitan errent, præmonentes,* Saxonis *istius vocabulum, non patrium esse nomen [in Sialandia enim, quæ pars Daniæ, non in Saxonia, fuit ortus] &* Grammatici *titulum, professionis quidem esse, sed neq; leve, neq; contemptibile præconium. Enimvero, auctore Svetonio, Grammaticus est, qui diligenter, acute, scienterq; norit aut dicere aut scribere. Quo nomine Cornelius Nepos appellandos censuit Poëtarum Oratorumq; interpretes, qui tantum auctoritatis apud priscos obtinuerunt, ut censores & judices essent scriptorum omnium soli,* Critici *ob id vocati: sic ut non versus modo, [ità enim Quintilianus ait] censoriâ quadam virgulâ notarent: sed libros etiàm, qui falsò viderentur inscripti, tanquàm subdititios è familiâ submoverent. Ideoq; summi Poëtarum interpretes & urbium magistri, ut Servius, Donatus, alijq; non pauci, Grammatici nuncupatione contenti bracteatis phaleratisq; plus æquo abstinuerunt titulis. Quocircà iniquo ferendum est animo tantæ professionis gloriam ad ineptulos primorum elementorum recidisse præceptorculos. Curavi itaq; Saxonem non eo fraudandum titulo, quem tanto judicio sibi delegisse visus fuerit. Utcunq; autem hæc acceperint imperiti, præstantia tua, Pater doctissime, boni consulet, nostramq; opellam hanc probabit; quod præsertìm exoratum volui. Vale. E chalcographia nostrâ apud Parrhisios, ad Idus Martias. M. D. XIIII.*

CAPUT III.

Secundæ & tertiæ Editionis occasio. De ijs judicium nostrum. Quæ nos causa impulerit ad novam Editionem,

A primâ Saxonis editione anni circiter viginti effluxerant, cum alteram, Basileæ, Johannes Oporinus adornaret, consilio & adhortatione Johannis Sphyractis Basileensis, qui insignem hunc Historicum à Nobilissimo Juvene, ERICO KRABBE, Dano, Lutetiæ dono acceptum eo fine in patriam transmiserat.

Demum post annos quadraginta duos, Andreas Wechelus, Typographus & civis Francofurtensis, operâ Philippi Loniceri ac Johannis Fichardi adjutus, eximium hunc Scriptorem ex officina sua publicam in lucem, nitidissimis typis, emisit.

Magnæ equidem optimis istis viris debentur gratiæ, quod in conservando Saxone nostro tantopere desudare voluerint: verùm longè majores deberentur, si incomparabile hoc Opus paulo curiosiore limâ politum, nec tàm innumeris mendis deformatum, publici juris fecissent. Unde fit, ut potius turpis lucri cupiditate, quàm rei literariæ juvandæ studio, toties illud publicasse videantur.

Quæ cum invitus adverterem, toto animo in eam curam ac cogitationem incumbere cœpi ut Saxonem nostrum accuratius, quàm antehac, elimatum, debitæq; integritati restitutum, in vulgus, procuderem. Quapropter cum ante aliquot annos, Athenas Batavas, studiorum gratiâ, incolerem, optimum visum fuit, saltem contextus emendandi causâ, in antecessum, minutias quasdam NOTARUM præmittere; quibus diligentiam Typographorum ad novæ editionis laborem alacrius suscipiendum excitarem. Illis vero consuetæ desidiæ indormientibus, serio constitui, alias insuper Notas, quæ uberioris instar commentarij essent, consignare: certâ spe fretus fore, ut aliquando, veluti Jupiter ex machinâ, insperato emergeret, qui illis unà cum ipso Auctore excudendis propitiam admoveret manum.

CAPUT IV.

Quinam fuerint præcipui novæ hujus Editionis suasores & adjutores.

INtereà verò, dum erectus eam in spem animus vanâ ac inani defatigatur exspectatione, plus quàm totum circumagitur decennium.

Non defuêre tamen è proceribus ac Optimatibus inclyti regni hujus, qui crebris me exhortationibus incitârunt, ut novam hanc Saxonis Editionem, quam moliri me fando inaudiverant, quantum in me esset, maturarem. Sed ego quum contrà causarer, nevtiquam me sustinendis esse sumptibus, quos tanti operis consummatio requireret: nonnulli eorum, Boni publici juvandi causâ, haud exiguam argenti summam largâ & liberali manu suppeditarunt.

Quos inter facilè familiam ducunt, Perillustris & Magnificus Heros, νῦν ὁ μακαρίτης, Dominus CHRISTIANUS FRIIS, de Kragerup, Eques Auratus, Serenissimi Danorum Regis Cancellarius, & literati Ordinis, dum vixit, Patronus incomparabilis: Vir itidem Illustris, Generosus, & Magnificus, Dominus JUSTINUS HØEG, de Gjordslef, Eques Auratus, antehac Regiæ & Equestris Academiæ; Scholæq; Soranæ Præses atq; Director eminentissimus, nunc regni Daniæ Cancellarius, & Senator amplissimus; quem Deus Opt. Max. Ecclesiæ & Reipubl. commodo diu superstitem præstet ac incolumem! Generosus deniq; & Beatæ memoriæ Dominus, PALÆMON ROSENCRANTS, de Krenckerup, Vir sapientiâ & doctrinâ excellentissimus. Quorum nomina, jamdudum æternitati, egregia in patriam universam merita, consecrarunt.

His tandem accessit, veluti cœlo demissus, Heros Pietate, Eruditione, Prudentiâ, Gravitate, ac cæteris, quæ in generosi stemmatis Virum cadere debent, Virtutibus nulli secundus, Perillustris & Magnificus Dominus, Dominus CHRISTIANUS THOMÆUS, de Stougaard, Eques Auratus, Serenissimi Daniæ Norvegiæq; Regis Cancellarius Magnus, Regni Senator primarius, totiusq; literati Ordinis Mæcenas & Fautor benignissimus.

Cui de Typographorum tergiversatione, in novo Saxonis Opere propriis impensis excudendo, quum multoties conquestus essem; is suis consiliis Serenissimæ Regiæ Majestatis clementissimam voluntatem eo flexit atq; adduxit, ut non modicam vim pecuniæ, ad institutum nostrum celerius perficiendum, suo de fisco nobis erogandam imperaverit.

O verè

O verè Regiam, & ad omnem posteritatem summis evehendam laudibus munificentiam! Ibit in secula, fuisse in Dania Regem potentissimum, DN. CHRISTIANUM IV. cujus augusto sub imperio non solùm regna gentesq; Boreales exoptata pace & securitate, omniq; prosperitatis genere floruerint; sed & optimarum literarum studiis amplissimus honos, gratia, autoritas, præmia atq; decora constiterint.

Vestrum deinceps erit, quibuscunq; SAXONEM, Patrem Historiarum Septentrionalium, novo splendori nostrâ operâ utcunq; restitutum, evolvere contigerit, Patri patriæ munificentissimo immortales agere gratias, crebraq; pro salute tanti Principis vota nuncupare, ut diu mortalium cœtibus intersit, ac serus in cœlum redeat!

CAPUT V.

Breviter indicatur, quid in nova hac Saxonis editione præstare conati simus.

QUamvis autem non sum ità Suffenus, ut proprias in laudes diffundere me cupiam, & jactantius edissertare, quid in nova hac Saxonis nostri Editione præstiterim: nemo tamen vitio mihi vertet, si verbo uno aut altero subindicavero, quid saltem præstare conatus fuerim.

Omnem igitur industriam nostram in tribus præcipue duximus occupandam. Prima cura fuit, contextum, ut vocant, dare, quàm fieri potuit, emendatissimum, & variis corruptelis, quîs priores scatebant Editiones, omnimodis expertem.

Deindè vitiosam Interpunctionem, quâ perperam distincti erant Codices antehac excusi, hinc inde corrigendam censui, ne vel genuinum autoris sensum obscuraret, vel animo Lectoris spissiores offunderet tenebras.

Ad ultimum, Notis Philologicis, Historicis, atq; Politicis, Scriptoris sic satis intellectu difficilis, loca dubia & obscura illustrare tentavimus. Num verò propositi mei finem sim assecutus, aliis dijudicandum relinquo.

Nec ullus dubito, quin reperientur nonnulli, qui Chronologiam, Schemata Genealogica, singulorum librorum Breviaria, Notas marginales, & forsitan alia, desiderabunt. Verùm, ut paucis respondeam, ea quod attinet, actum, quod dicitur, agere, & aliorum labores, qui sedulitatem hac in parte meam prævenerunt, mihi vendicare nolui. Curiosi Lectoris desiderio abundè satisfacient editis antehac monumentis ac scriptis suis eruditissimis nostrates Historici, Viri famâ super æthera noti, M. Johannes Svaningius, M. Andreas Wellejus, D. Johannes Isaacius Pontanus, M. Claudius Lyschander, & M. Johannes Svaningius Junior, hodieq; in Samo Balthica Præpositus Regius dignissimus, cujus *Chronologiam Danicam* utinam segnities Typographorum nobis diutius nòn inviderent.

CAPUT VI.

De MS Codicis defectu querela: deq; infelici jacturâ duorum manu exaratorum Codicum, quam fecit Nobilissimus CASPAR BARTHIUS. Rogatur ad ultimum Lector, ut Catone nostro contentus sit.

CÆterùm quibus ego inpræsens querimonijs miserandum illum defectum manuscripti Saxonis prosequar; qui me hactenus ex difficilium locorum Labyrinthis, non secùs ac Ariadnæum filum, eduxisset, inq; spissis illis & plusquàm Cimmerijs rerùm Danicarum, præsertim antiquiorum, tenebris, sublustre saltem lumen mihi prætulisset! Mirernè an indigner detestandam majorum nostrorum incuriam, qui in propaganda Saxonis memoriâ tàm strenuè negligentes se præstitêre, ut ejus manuexarati in tota Dania, imo cæteris quoq; ad Arcton regnis, nec vola nec vestigium, quod equidem sciam, hodiè appareat?

De Tacito Imperatore memoriæ proditum est, quòd cognominem sibi Historicum *Patrem* suum appellaverit, tantùmq; dilexerit, ut in omnibus Bibliothecis libros ejus collocari juberet, instituer etq;, ut singulis annis decies publicè scriberetur, nè ejus monumenta perirent. Quanto majore curâ ac sollicitudine Dani popularem suum cum veterum quovis comparandum, antè exortum Typographicæ artis compendium, transcribere, & ad seram usq; posteritatem transmittere debuissent? Zonaras auctor est in Bibliothecâ Byzantinâ repertum Draconis intestinum CXX pedes longum, cui avreis litteris Homeri Ilias atq; Odyssea fuerunt inscri-

inscripta. Justiore certè jure in omnibus Daniæ bibliothecis, avreis literis avrea Saxonis Homero non inferioris Historia descripta extaret.

O nos felices, si bina illa exemplaria MS nobiscum tempestivè communicasses, quibus te, Nobilissime BARTHI, benignior fortuna beaverat! Id quod de humanitate tua facilè nobis polliceri licuisset, nisi si volubilis deæ inconstantia, eâdem, quâ dedit, celeritate invidendum hoc munus tibi abstulisset. Ità enim conqueruntur literæ ad me Anno Christi M. DC. XXXIII. scriptæ: *Saxonis vestri exemplaria duo manuexarata in villâ propè hanc civitatem* (Lipsiam) *cum ipso Codice, cui varia margines compleverant, & majore parte inclutæ meæ Bibliothecæ, funesto flebiliq; incendio perierunt.* O verè funestum ac flebile incendium! absque quo fuisset, Saxone castigatissimo, omnibusq; numeris absolutissimo [absit dicto jactantia] jamdudum literatus orbis frueretur. Hac vero expectatione meâ falsus,

Qualis populeâ mærens philomela sub umbrâ
Amissos queritur natos, quos durus arator
Observans nido implumes detraxit: at illa
Flet noctem, ramoq; sedens miserabile carmen
Integrat, & mæstis latè loca questibus implet:

talis ego nunc cogor insignem hanc jacturam in sinu dolere & plangere, omnemq; planè spem recuperandi tanti thesauri abjicere. Tuum propterea erit, Candide Lector, emendationibus hisce nostris, benignè acquiescere: quas licet ingenium nobis & conjecturæ dictârunt, spondeo tamen plerumq; tales esse, ut vel aliter scripsisse Saxonem vix dubitare poteris, vel certè ad scopum & mentem ejus quàm proximè collineare videantur. Nunc ad Vitam Saxonis breviter enarrandam orationem convertam.

CAPUT VIII.

Accedimus ad Vitam Saxonis enarrandam: ubi primùm agimus de progenitoribus Saxonis.

SI grata posteritas parem cum Saxone calculum posuisset, & saltim redhostimenti vice, quanquam sic satis exigui, de Vitæ ipsius ortu ac decursu aliquid comperti nobis tradidisset; nostræ jam operæ neutiquam relictus fuisset locus. Nunc quia non sint nulla, quæ industrium ac curiosum Lectorem pleniori aliqua earum rerum cognitione imbuere posse videantur, quæ hactenus altissimo obrutæ silentio publicam latuerunt noticiam: faciundum putavi, ut sequentia documentorum fragmenta hinc inde per Satyram edecumata, & veluti tabulas ex ingenti naufragio superstites, collecta, hoc loci in medium producerem.

Ac primùm omnium de Parentibus Saxonis nostri ut dispiciamus, nihil planè, quod equidem sciam, in literas de iis relatum extat, præterquam quod ipse Saxo sub initium Operis sui prodidit, videlicet in Præfatione ad Andream Sunonis, Archiepiscopum Lundensem, ubi Serenissimum Daniæ Regem Valdemarum, ejus nominis Secundum, his compellat verbis: *Cæterùm prisco atq; hæreditario obsequendi jure, saltem ingenij viribus tibi militare constitui, cujus clarissimi patris castrensem militiam parens avusq; meus fidissimis bellici laboris operibus coluisse noscuntur.*

Quibus apertè indicat Saxo avum patremq; suum sub Valdemari II. patre, qui Valdemarus Primus fuit, stipenda meruisse, ceu milites strenuos, & insignitâ fortitudine conspicuos.

Et fortean haud falsam capere conjecturam licebit, nobili ortos sangvine fuisse progenitores Saxonis; quales istâ potissimum ætate castrensem Principum militiam sectabantur.

Certè non desunt, qui constanter asserant, Saxonem genus & prosapiam ducere ex vetusta & splendida apud Danos familia LANGIORUM, quam nostrates de Langers appellant. Hos inter principem obtinet locum M. Claudius Lyschander, Historicus quondam Regius, qui idipsum in Præfatione Operi Genealogico Regum Daniæ, vernaculâ à se linguâ edito, præfixâ, disertis testatur verbis: sed quibus, ad firmandam hanc sententiam suam, nitatur documentis, fideli silentio prætermittit. Cui assentiri video Historicum itidem Regium, M. Jonam Venusinum, Virum cætera doctissimum, sed Saxoni, populari suo, nimis injurium, in Disputatione sua de Fabula, quæ pro Historia quàm sæpissimè venditatur, Thesi LXXIV. *Cupimus*, inquit, *nobis ignosci, si non omnia, quæ scriptis suis Saxo Longus consignavit, approbemus.* Quorum etiàm tuetur sententiam Excellentissimus Vir, Dn. D. Johannes Isaa-

Isaacius Pontanus, Historiographus Regius eminentissimus, in Chorographia sua Danica, de Saxone sic scribens: *Tunc etenim suis tantummodo notus, interq; frigora atq; Arcton studia fovens, sine exemplo maximus, longeq; admirabilis rerum Danicarum scriptor emicuit Saxo Grammaticus, Ecclesiæ Roschildensis Præpositus, è vetusta atq; inclyta Langiorum familia oriundus.*

Asservatur quidem in Regia Bibliotheca Hafniensi Codex Vetustus MS. cujus ad calcem hæc leguntur: *Saxo cognomine Longus, miræ & urbanæ eloquentiæ Clericus.* Quibus Lyschandrum pariter ac Venusinum, eosq; secutum Pontanum, in eam fuisse opinionem adductos arbitror, ut Saxonem ex nobilissima *Langiorum* stirpe oriundum statuerint.

Utcunq; se res habeat, non invidemus tanto viro tàm generosam originem, quâ se præstitit dignissimum: nec est, quòd rubori sibi ducat illustris Langiorum domus in sanguinis consortionem admittere, quem præclara ingenij monumenta, quâ viget eruditionis honos, nobilitarunt.

CAPUT VIII.

De nomine Saxonis.

SErvius, non ignobilis Grammaticus, rectè monet, primum interpretis munus esse, de Autoris, quem quis sibi explicandum proposuit, nomine inquirere. Qvum vero nobis jam liquidò & indubitanter constet, florentissimo huic rerum Danicarum scriptori, quem Notis nostris utcunq; illustrandum suscepimus, nomen SAXONIS, à parentibus inditum obvenisse: paucula admodum in præsens de eodem commentabimur.

Multis sanè nomen SAXONIS hucusq; imposuit, ansamq; non parvi erroris præbuit perperàm existimantibus, *gentilicium* illud esse, non *proprium*. Id quod inde factum arbitror, quòd cæteris nationibus rarissimo in usu hoc fuisse nominis animadverterent, & *Saxonem* Historicis, alijsq; autoribus, eum duntaxat dictum, qui ex gente Saxonica originem traheret. Unde & externi quidam scriptores vehementer hallucinati sunt, dum Saxonem hunc nostrum *Johannem de Saxonia* nominarunt: quemadmodum id antè me observavit Historicus olim Regius, Vir Clariss. M. Johannes Svaningius, in Prolegomenis Saxoni suo illustrato præfixis: *Nonnulli*, inquit, *quod cumprimis ridiculum videtur, ut gloriationem hujus autoris nobis Danis omnem præriperent, proprium ejus nomen in gentilicium convertentes, eum,* Johannem de Saxonia *appellarunt, ut non in Dania, sed in Saxonia eum natum esse, vulgò hominibus persvaderent.*

Meminerunt Cicero, Paterculus, Florus, & alij, SAXÆ cujusdam, qui legatus Antonij fuit in bello Philippensi, & in Syria contrà Parthos. *Accedit Saxa*, inquit Cicero Philippicâ XI, *quem nobis Cæsar ex ultimâ Celtiberia Tribunum plebis dedit, castrorum antea metator, nunc, ut sperat, urbis.* Et Philippica XII. *Saxam verò præterire qui possum? hominem deductum ex ultimis gentibus, ut eum tribunum plebis videremus.* Paterculus: *Saxa legatus, nè veniret in potestatem, à gladio suo impetravit.* Sed cognomen id fuit Decidiæ familiæ plebejæ, ex quâ oriundus etiam fuit Decidius hicce, cognomento Saxa, Antonij legatus.

Posteà Romanis Italisq; non inusitatum fuisse SAXONIS nomen, indicare videtur Baptista Platina in Vita Honorij II Pontificis Romani, ubi *Saxonis* cujusdam, Cardinalis S. Stephani, mentionem injicit, quem Calixto Papa defuncto, Anno M.C.XXIV. Populus Romanus Pontificem percupidè nimium optabat. Verba Platinæ ità habent: *Mortuo Calixto, cum de legendo novo Pontifice ratio haberetur, Leo Fregepanis omnibus Cardinalibus interdixit, nè usq; ad diem tertium, Pontificem crearent, quò & maturius deliberare, & Canones inspicere liceret. Quamvis non eâ mente id fecerit homo acutus, & ad fallendum vafer, quam verbis præ se ferebat: sed ei tantisper disponere hominum suffragia liceret, quibus Lambertus Pontifex crearetur. Nam populus ipse Saxonem, S. Stephani Cardinalem, Pontificem percupidè nimium optabat. Id quoq; se cupere Leo Fregepanis ostendebat, quò & populum & patres neglegentes & incautos in sententiam sui quâvis arte pelliceret. Atverò cum id velle Leonem Cardinales quidam cernerent, nè ex ejus sententiâ Pontificem legerent, omisso Saxone, Thebaldum, S. Anastasiæ Presbyterum Cardinalem, Pontificem deligunt, quem Cœlestinum appellarunt.*

Quin antiquis Germanis hanc frequentatam fuisse appellationem, ostendit Catalogus nominum propriorum, quibus Alamanni quondam appellati, ex vetustissimo Codice Monasterij S. Galli, ordine Alphabetico descriptus, qui extat Tomo II, parte prima Antiquitatum Alamannicarum, quæ ex Bibliotheca Melchioris Goldasti prodierunt, Cap. 1. & 2. pag. 133. & sequent. Lit. S: *Sadepreht, Sahso, Sasso, Shasso, Saxo, Saxo, Saxunus.*

Verum-

Verumenimverò vix ulli nationi idipſum, quod toties diximus, **SAXONIS** vocabulum, frequentiori in uſu fuiſſe reperio, quàm Danicæ genti ac nationi. Illud etenim apud noſtrates neutiquam hodiè aut heri natum eſſe, ſed ab antiquiſſimâ hominum memoriâ celebratum, & longo temporis uſu frequentatum, innumera nos Antiquitatum noſtrarum edocere poterunt monumenta. Inter quæ vix dari poſſe reor antiquiora, quàm muſcoſa illa ſaxa, quæ Runicis cælata literis, & priſcis Heroum buſtis, ſub liquido æthere, impoſita, undiq; ſecus in Dania noſtra hodieq; viſuntur. Tale eſt inprimis Monumentum Sjórupienſe in provincia Scaniæ Linuſia, vulgò Linnitzherrit/ quod nobis Vir Excellentiſſimus, & fugientis Antiquitatis veluti Stator Jupiter, D. OLAUS WORMIUS, Lib. III. Monumentor. Danicor. pag. 185. hunc in modum repræſentat:

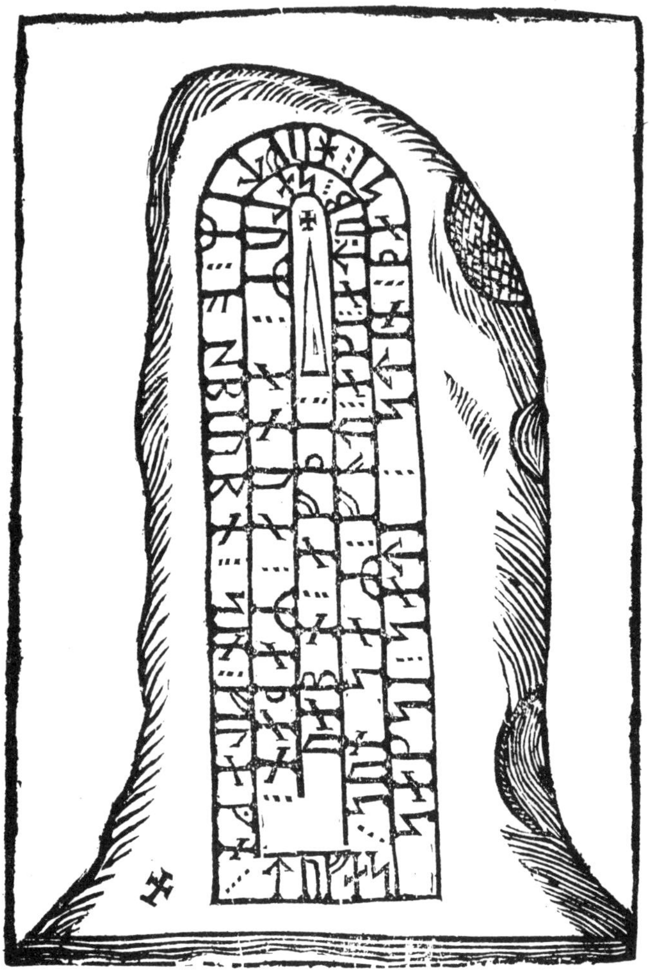

Inſcriptionis hæc interpretatio eſt :. *Sagſi ſeti Stin deſi euſtir Osbium ſin Filaga, Tufas ſun, ſem fóti egi at Upſalum: Anva maden vabn eſdi.* Hoc eſt: SAXO LAPIDEM HUNC POSUIT ESBERNO SOCIO SUO, TUFÆ FILIO, QUEM EGO UPSALIÆ ENUTRIVI; ANVA INSIGNIA ET ORNAMENTA ADDIDIT.

In qua inſcriptione loco X, pontiur ᚴ & ᛋ; quia Literatura Runica duplicibus dictis literis deſtituitur : & *Sagſi*, ſive *Saxi*, juxtà veterum pronunciationem effertur, quod nos jam *Saxe* dicimus.

Sic & in monumento Avinſlóenſi, quid in pago quodam Fioniæ Avinſløff/ in Vindingenſi provincia extat, & ab Excellentiſſimo D. Wormio Lib. IV. Monument. Danicor. pag. 245. expreſſum reperitur, manifeſta ejusdem appellationis veſtigia apparent; quamvis in voce ᛋᛆᛋᛁ, *Saſi*, per ſculptoris incuriam, omiſſa ſit litera ᚴ.

Hoc

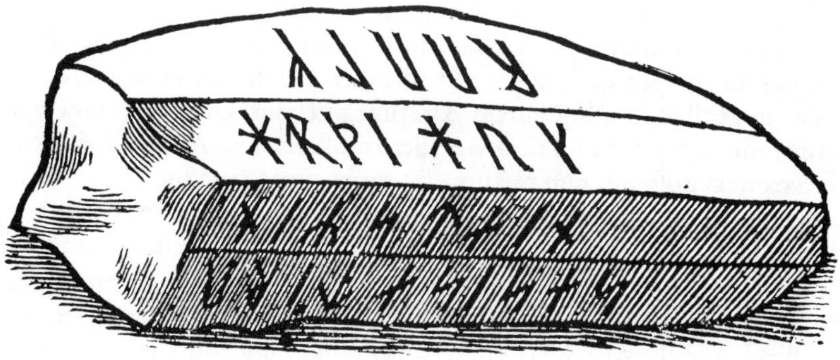

Hoc eſt : *Ruulff hardi hug : Saſi ſati Runir ſtein :* RUDOLFUS DURUS TUMULUM FECIT : SASI (pro SAXI) RUNICUM LAPIDEM POSUIT.

Sed clarius id nobis exhibet Oldgarenſe in Sognedalia Norrigiæ monumentnm à Wormio prolatum Lib. VI. Mon. Dan. pag. 501.

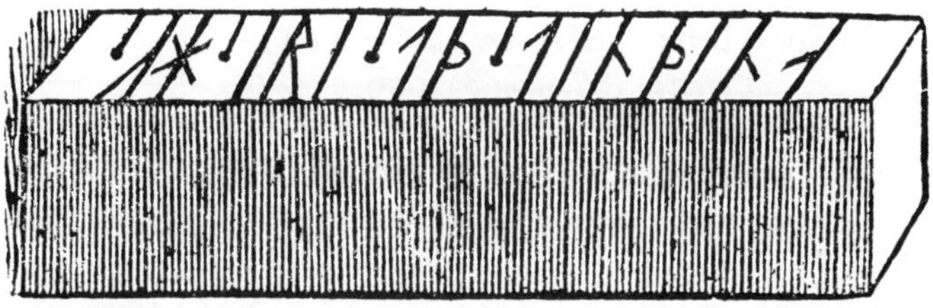

Sachſi riſtd ſtin dina : SAXO LAPIDEM HUNC POSUIT.

His proximâ vetuſtate accedunt nonnulla ipſius Saxonis noſtri loca, in Hiſtoria Danica hinc inde obvia, in quibus clara & luculenta SAXONIS agitur mentio. Sic Lib. VIII, in recenſu Ducum, qui Ringoni Sveciæ Regi adverſus Daniæ Regem Haraldum Hyldetand, in bello Bravico, militarunt, SAXI quidam inter cæteros occurrit : *At ex parte Ringonis,* inquit, *computantur* Ulf, *Abgi VVindar, Eyil luſcus, Gotar, Hildi, Guti Alf patre genitus, Stur robuſtus, Steen Vienicæ paludis accola. Applicantur hisdem Geert Alacer, Gromer VVermicus. Poſt quos ſeptentrionalis Albiæ finitimi ſupputantur, Saxi, Fletir, & Saligothus, Thor nutabundus, Throndar naſutus. &c.* Bellum autem hocce Bravicum incidit in annum Chriſti CCCXXVI, juxtà Lyſchandri calculum. Ita & Libro XIII, ſub Nicolao Rege, qui obijt A. C. M. C. XXXV. nominatur Magnus *Saxonis* filius : *In cujus apparatu Magnus Saxonis filius Erici miles, ſingulare fidei ſpecimen edidit.* Libro itidem XIV, regnante Waldemaro I, circà Annum Chriſti M. C. LVI. Saxoni & Juriſio navales copiæ committuntur : *Quod quum VValdemarus per transfugarum quendam expertus fuiſſet, auxiliaribus, quâ poterat celeritate, contractis, ad exturbandam hoſtium claſſem, Saxonem & Juriſium cum navalibus copiis mittit.* Libro deniq; XV, ſub finem imperij ejusdem Waldemari I. Anno Chriſti M. C. LXXX : *A quibus eundem precari rogatus, nè Saxonem, Achonem, Sunonem, & Esbernum, homines extrà Scaniam ortos, ejus rebus præeſſe pateretur.*

In mea quoq; Bibliotheca aſſervarur Codex membraneus MS. Novi Teſtamenti, charactere & Idiomate Ruſſico, antè quadringentos, ut videtur, & fortean plures, annos deſcriptus; cujus ad calcem adjuncta eſt vetuſtiſſima variorum cujuscunque ordinis hominum, deſignatio & recenſio, qui Monaſterio Fratrum Minorum, in urbe Roeſchildenſi, donaria & χαριστήρια olim contulerunt ; in qua etiam SAXONIS non omittitur mentio. Initium ſic habet :

Nomine ſignatos, & munere conciliatos
Fratribus exiguis, jungito, Chriſte, tuis.

Regem Haroldum, Reginamq; Margaretam. Seqvuntur longâ deinde ſerie aliorum beneficorum nomina : *Knuto Rex, Athala Regina. Eiric. Margaretâ Regina & Soror noſtra. Sveno Epiſcopus. Ricardus Præpoſitus. Sveino Decanus. Hermannus. Aſcerus. Luitgerus. Boſo. Livo. Iſaac. Arnfaſtus. Nicolaus. Saxi. Ako. Clemens. Toco. Joſeph. Kanutus. &c.* Ex quibus Saxo noſter Hermannum, Iſaacum, Arnfaſtum nominat Lib. XI. Hiſtor. Dan. ubi de tumulo Wilhelmi Epiſcopi Roſchildenſis, Aſcerianæ ſepulturæ gratiâ, ab iis violato, agit : *Quamobrem diu poſtmodum intactus VVilhelmi tumulus manſit, donec noſtris eum temporibus Hermannus majoris Sacrarij Præſes, Arnfaſtusq; Scholæ magiſterio functus, connivente Iſaaco, ruralis ſacerdotij Præpoſito, parabilem magis, & inter cæteros cultiſſimum advertentes, Aſcerianæ ſepulturæ gratiâ, aperiri juſſerunt.* Unde per conjectujecturam colligere posse videor, Saxonem illum, cujus Designatio superius adducta mentionem facit, nullum fuisse alium, quàm Saxonem Grammaticum, incomparabilem rerum Danicarum scriptorem, quippe qui disertis ostendit verbis violationem sepulchri Wilhelmiani suis contigisse temporibus. Obiit autem Ascerus Episcopus, cujus sepulturæ gratiâ, tumulum Wilhelmi, modò nominati Triumviri aperiri jusserunt, Anno Christi M. C. L. quo anno vixisse Saxonem nostrum tàm certum est, quàm quod certissimum.

Cæterùm priusquam finem Capiti huic imponam, hoc etiàm observationem nonnullam mereri videtur, videlicet, mediam hujus vocis syllabam in omnibus obliquis productè, non breviter, esse pronunciandam; qvum τὸ *Saxo*, quando gentilicium est, penultimam habet correptam. Hac de re elegantissimum nunc Epigramma exhibemus Nobilissimi Viri, Dn. Willichij Westhovij à Westhovven, Canonici Lundensis, Poëtæ Laurigeri, & Comitis Palatini Cæsarei, quod cum Beatissimo Parente meo M. Johanne Stephanio, tùnc temporis Regiæ Scholæ Soranæ Præside, communicavit, Anno Christi M. DC. XIV, ad diem XI Maji, ut ipsius Nobiliss. Westhovij Avtographum testatur, repertum inter Schedas ejusdem Parentis mei τοῦ μακαρίτου:

In Olonem Noricum Ἐπίγραμμα.

Saxonis *libros*, [*qui te compellat Olonem*]
Correpto Historiam Saxonis *ore vocas.*
Nominis at maribus proprij, cui terminus O est,
Flexibus obliquis, [*dummodò crescat ijs*]
Syllaba perpetuò longa est penultima, testes
Varro, Cato, Cicero, Scipio, Naso, Maro.

Quamvis diffiteri nequeam, medij ævi scriptores, SAXONIS vocem pro eo, qui ex gente Saxonica oriundus, mediâ productâ usurpasse. Sic Rosvita, Poëtria Saxonica, sub initium Historiæ suæ metricæ, de Vita & rebus gestis Othonum Imperatorum:

Postquam Rex Regum, qui solus regnat in ævum,
Per se cunctorum transmutans tempora Regum,
Jussit Francorum transferri nobile regnum
Ad claram gentem Saxonum [*nomen habentem*
A saxo, per duritiem mentis benè firmam]

Ità & Anonymus quidam Poëta Arnolfo Imperatori σύγχρονος, Lib. III. Annal. de gestis Caroli Magni, ad An. Chr. DCCXCV. Indict. II.

Cum nimium suspecta foret gens facta rebellis
Saxonum toties, crebro quoq; fœdere rupto
Sub justâ Regis ditione quiescere nolens.

Et paulò pòst eodem Capite:

——————— *Regem dum vellet adire,*
Incidit insidias, illi quas antè pararunt
Saxones, quoniam Francis novêre fidelem.

CAPUT IX.

De Cognomine Grammatici.

GRammatici cognomentum, quod Saxoni nostro in omnibus gentis nostræ Antiquitatibus passim ascriptum legimus, nemo existimabit, ipsum sibi ex superbia quadam, & φιλαυτίᾳ, instar jactabundi Palæmonis, arrogasse: sed potius hoc ipsi affinxisse istius ævi librarios, sive librorum recensitores ac descriptores, qui vel professionis, vel vitæ, vel morum, generisvè notandi gratiâ, autoribus cognomina quæpiam, è medio plerumq; sumta, in titulis apponere consveverant. Sic in manuexaratis libris Plauto inditum est vocabulum *Asinij*; quia videlicet rumor erat, Plautum ad participandum victum, ob egestatem, ad molam se vendidisse. Nam id genus lapideas machinas, veteres *Asinos* appellaverunt. Pari ratione *Getam* cognominaverunt Philologi veteres Ovidium, ex illo versu Elegiæ XIII. Lib. IV. de Ponto: *Carmina quæ facio pænè Poëta Getes.* Pari modo ab altitudine carminis & dicendi genere, Statius cognomen à librarijs *Aquilini* meruit. Avsonius cognominatur *Pæonius* in Fastis Græcis, cum pater ejus fuerit Medicus. Non alia ratione *Nautæ* cogno-

cognomentum Propertio quoq; affinxerunt, quia nescio quid tale carmine illi quopiam exciderat. Pari prorsus modo Cœlij libelli de re culinaria, *Apicij* titulum sunt sortiti, cum ad Apicium illum prodigum non pauca referantur. Ità & ingeniosissimo & disertissimo Poëtæ Martiali cognomentum *Cocus* adhæsit, quòd multa de *Coquis* loquatur, nec pauca recenseat, præcipuè ultimis libellis, quæ ad rem culinariam pertinere possunt. Ità Petronium non dubito ex Taciti loco, qui eum *Arbitrum* noctium voluptatumq; Neronis nominat, id cognomen obtinuisse. Ità veteres libri Persium *Severum*, ab austeritate castigandi, & invectione in malos mores, nominant. Sic luculentissimus Christi vates Prudentius à priscis descriptoribus *Amœnus* cognominatus est, quod omnium Christianorum Poëtarum amœnitate & varietate Lyricorum carminum longè sit princeps. Sic Apollinaris Sidonius à vita moribusq; *Modesti* nomen apud librarios accepit. Sic eloquens ævo suo & eruditus Declamator Radulfus, Normanniæ Ducis Concionator, *Ardentis* titulo conspicuus exstat. Sic Sulpicius Severus cognominatur *Rhetor*, quia comtius loquitur.

Ad eundem modum sequioris ævi librarij, quoties exempla Historiæ Danicæ à Saxone conditæ transcriberent, honorifico illo *Grammatici* cognomine, tantum scriptorem, ἐξοχῆς gratiâ, omninò condecorandum putarunt, non solùm ob variam, elegantem, & reconditam eruditionem, quæ tùm temporis, in summâ nempè barbarie, erat rara avis in terris, nigroq; simillima cygno; sed etiam propter sublime & inimitabile dicendi genus, quo Historiam suam contexuit.

Juxtà mecum sentit Clarissimæ Doctrinæ Vir, & verè ὁ πανεπιστήμων, Daniel Heinsius, in Prolegomenis suis ad Aristarchum sacrum: *Ætate sequiori*, inquit, *Saxo illustris ac ætate illa facundissimus Danorum Historicus, vir plurimarum rerum gnarus*, Grammaticus *dictus est*. Cui consentit Nobilissimus Vir, & Philologus eminentissimus, Caspar Barthius Adversarior. Lib. XXIV. Cap. VIII. *Conditore Annalium apud Danos suos Saxone, cui Grammatico, ab eruditione recondita, receptum est nomen, suo ævo nihil sperari majus potuit. In summa barbarie, in terrâ à cultu literarum tùm aversissima, Latinè, eleganter, eruditè scribit, citrà parem quidem omnia.*

Grammatici verò antiquis dicebantur, non solùm illi Technici, qui Grammaticam, & præcipuè τὴν τεχνικὴν, quæ de literis, de lectione, scriptione, ac pronunciatione agit, adolescentulos docebant; quos etiam *Grammatistas literiones, pædagogos literarios, magistros literarios* nominare solebant: sed & inprimis illi, qui plenam & exactam omnium disciplinarum cognitionem sibi comparaverant, qui omnis scientiæ liberalis periti, ac universæ eruditionis complexu instructi essent.

Hinc *Grammaticus* Svetonio Tranquillo, libello de Illustribus Grammaticis, is propriè dicitur, qui diligenter, acutè, scienterq; norit aut dicere, aut scribere. Quo nomine Cornelius Nepos appellandos censuit Oratorum Poetarumq; interpretes; qui tantum autoritatis apud priscos obtinuerant, ut soli scriptorum omnium Censores & judices essent, *Critici* ob id vocati, sicut non versus modò censoriâ quadam virgula notarent, sed libros etiam, qui falsò viderentur inscripti, tanquam subditítios è familia removerent. Ideoq; summi Poëtarum interpretes, Servius, Donatus, Acron, alijq; non pauci, *Grammatici* nuncupatione contenti fuere.

Idcircò & eodem nomine Appion, Joannes Philoponus, C. Julius Solinus, *Grammatici* passim ab antiquis vocantur. Joannes quoq; Balæus, Anglorum doctissimus, in Centuriis suis, quatuor recenset illustres suæ gentis scriptores, qui hoc titulo insigniti fuêre. Primus *Alfridus, sivè Ælfricus, Grammaticus*, Archiepiscopus Cantuariensis, qui obijt A. C. M. VI: alter *Galfridus Grammaticus*, qui claruit Anno M. CD. XC: tertius *Joannes Grammaticus*, & quartus *Serlo Grammaticus*, qui floruit Anno M. C. LX. Quorum duo priores ob studium Grammaticæ, præsertim τῆς τεχνικῆς, quod calidè tractarunt, scriptaq; Grammatica in lucem edita, *Grammatici* dicti sunt: sed posteriores illi, ob singularem & raram ista ætate eruditionem, cognomen ejusmodi, haud aliter ac Saxo noster, meruêre. Uterque enim Rhetor, & insignis sui seculi Poëta habebatur, teste eodem Balæo, pag. 198. & 325.

Sed ut hoc etiam obiter adjungam, paulò minus in spissum me errorem induxerat Nobilissimus Vir, ac illustre Britanniæ suæ decus, Henricus Spelmannus, ut existimarem, eundem hunc *Alfridum*, sivè *Ælfricum*, cujus modò mentionem egimus, Prologum, & forsitan Notas, atq; alia, in *Saxonem* nostrum *Grammaticum* scripsisse, & propterea *Grammatici* obtinuisse nomen. Nam in aureo isto Opere de Concilijs Ecclesiarum Britannicarum, [quod mihi nuper è Bibliotheca suâ, varijs ejusmodi Antiquitatibus refertissimâ, suppeditavit Excellentissimus Vir, D. Olaus Wormius, Regiæ Academiæ Hafniensis Professor celeberrimus] & quidem in Notis ad Capitula incertæ editionis, verba nonnulla adducit ex Prologo Ælfrici ad

b *Sax.*

Sax. Gram. [ità enim ad oram Codicis interiorem adſcriptum extabat, *in Prologo ad Sax. Gram.*] quæ ego deſumpta putabam ex *Prologo ad Saxonem Grammaticum.* At ubi rem paulò accuratius expendere cœpi, dimidiatas iſtas voces *Sax. Gram.* nequaquam de *Saxone Grammatico*, verùm potius de *Saxonicâ Grammaticâ*, ad quam fortè Prologum ſcripſiſſet Ælfricus, intelligenda duxi. Quam ſententiam meam validè confirmant Lelandus, Balæus, & Pitſæus, qui hunc ipſum Ælfricum, præter alia Opuſcula varia, Saxonicâ Linguâ conſcripta, *Grammaticam* quoq; *Saxonicam* edidiſſe teſtantur. Quinimò repugnat utriusque Scriptoris ætas, quò minus Prologum in Saxonem noſtrum ſcribere potuerit is, de quo Spelmannus loquitur, Ælfricus. Etenim hic ſummum obijt diem Anno Chriſti 1006, ſecundùm Balæum & ipſum Spelmannum. Saxo verò noſter integris poſt ducentis annis in fata conceſſit, nempè Anno Chriſti 1203. Quomodo igitur in Saxonis Hiſtoriam, quæ tum in rerum natura non erat, Prologum ſcribere potuerit Ælfricus, non video.

CAPUT X.

De Patria Saxonis, quæ Dania fuit, non Saxonia.

GEnte verò *Danum* ſe eſſe, multis in Hiſtoriæ ſuæ locis clarè & apertè profitetur Saxo. Sic Libro IV, ubi de ſcriptorum Danicorum penuria conqueritur, Danorum gentem, SUAM non obſcurè indigitat: *Tam brevi factorum ejus proſeqvutione animadverto, quot illuſtrium gentis NOSTRÆ virorum ſplendorem ſcriptorum penuria laudi memoriæque ſubtraxerit. Quod ſi patriam hanc fortuna Latino quondam ſermone donaſſet, innumera Danicorum operum volumina tererentur.* Clarius autem id ipſum innuere videtur Lib. V: *Dani igitur (ut PATRIÆ pace loquar) ſiccandis certatim calicibus aſſveti, ingenti ſe oneravêre vino.* Huc adde, quæ de feriarum ſerie apud Danos antiquos obſervata, juxta ac deorum gentilium nominibus, extant Lib. VI: *Quo evenit, ut legitima feriarum ſeries apud NOS* (id eſt, Danos) *eorundem nominibus cenſeatur.* Et mox: *Eos tamen qui à NOSTRIS* (noſtratibus Danis) *colebantur, non eſſe, quos Romanorum vetuſtiſſimi Jovem Mercuriumq; dixêre &c.* Et paulò poſt: *Ea enim, quæ apud NOSTROS Thor, vel Othini dies dicitur, apud illos* (Romanos) *Jovis vel Mercurij feria nuncupatur. Si ergò Thor, Jovem; Othinum, Mercurium; juxtà deſignatæ interpretationis diſtinctionem accipimus: manente NOSTRORUM aſſertione, Jovem Mercurij filium extitiſſe convincitur.* Ità & ſub finem Lib. VIII. quæ reperiuntur verba, idem omninò evincunt: *Quod ſi novum Saxonibus ducem variata rerum ſucceſſio peperiſſet, is quoq; prædictæ penſionis obſequio poteſtatis principium Danicæ majeſtatis titulis inclinaret: quò & gentis NOSTRÆ fateretur imperium, & ſubjectionis ſuæ ſolenne præberet indicium.* Illud etiam arguit votum Saxonis Lib. X. de religionis & Juſtitiæ cultu: *Et utinam adultæ jam religioni ea apud NOSTROS vis autoritasq; conſtaret, quam inter antiquos tenera atque enervis habuerat.* Et quæ mox ſeqvuntur de Anglia Danis fraudulenter erepta: *Ea nox parvulo temporis momento vetuſtam Danorum dominationem, diuq; majorum virtute elaboratum finivit imperium. Sed neq; id poſtera NOSTRIS fortuna reſtituit.* Huc refer & illa Libro XI: *Sed & gentis NOSTRÆ verecundia ſummam in vinculorum pœna turpitudinem reponere conſvevit.* Et nè plura hic accumulem, inſtar ἐπιμέτρου hoc erit, ex Libro XIV, de Friſia minore: *Adminiſtratio deinde provinciæ ſub NOSTRIS Regibus eſſe cœpit.* Sub NOSTRIS, inquit; id eſt, Danicis: ergò Saxo, Danus.

Natale autem ſolum *Selandiam*, (ſive ut veteres pronunciabant) *Sialandiam* ſe inſulam habuiſſe, inſulam dico cunctis regionis noſtræ provincijs amœnitate præcellentem, nuſpiam ab ipſo Saxone, quod equidem ſciam, diſertis verbis aſſertum conſtat: verùm antiquiſſimi patriæ noſtræ Annales, juxtà ac omnes Saxonis Editiones id firmiter ac conſtanter aſſeverant. Quibus ſuum addit calculum *Johannes Svaningius*, quem ſæpius laudavi, in Prolegomenis ad Saxonem illuſtratum: *Hiſtoriam de rebus geſtis Danorum, quam Saxo Grammaticus, juxtà vulgarem hominum noſtrorum opinionem Cimber, ſed juxtà antiquos regni Annales, natione Sialandus, deſcripſit, in XVI Libros digeſſit.*

Hinc non immeritò Nobiliſſimus ac Doctiſſimus Vir, Petrus Parvus Roſefontanus, Eques Danus, in Apologia ſua & Refutatione calumniarum Joannis Magni Gothi, Archiepiſcopi Upſalenſis, eundem vehementer ſugillat, quòd præter nefanda convicia, quibus inclytam gentem Danicam ubiq; in ſcriptis ſuis atrociſſimè proſcindit, etiàm nobis eximium illud decus præripere conatus ſit, dum Saxonem hunc noſtrum *Joannem de Saxonia* falsò nominet. Verba Roſefontani ita habent: *Quis, quæſo, tantum odij, mendacij, ac calumniarum, in eo viro* (Joanne Magno Gotho) *latuiſſe non obſtupeſcat, qui Archiepiſcopalis dignitatis titulo præfulgens,*

gens aliis pietate, innocentiâ vitæ, ac morum integritate prælucere debuerat, nisi hæc nefanda convicia ex Historia Saxonis, quem ille, nè talem nobis virum faveat, sed aliis persvadeat, eum sub hoc crassiore nostro cœlo natum minimè esse, Joannem de Saxonia *falsò quidem nominat: maximè, cum Saxo non gentilicium, nec familiæ, sed apud Danos sit nomen proprium: nisi, inquam, hæc calumniosè excerpta, ac diu occultata ipse tandem aliquando impudenti ore evomuisset, quis in tantam rabiem converti talem potuisse virum sibi persvadeat?*

I nunc, & Cimbris suas objice tenebras, Danis suam barbariem! Hic est ille Saxo Grammaticus Danus, qui toti terrarum orbi testatum fecit,

Claros posse viros, & magna exempla daturos,
Vervecum in patria, crassoq; sub aëre nasci.

CAPUT XI.

Quòd Saxo Præpositus fuerit Roëschildensis.

JAm quod attinet amplissimam illam sacri muneris dignitatem, ad quam, haud dubiè ob stupendam eruditionem, & admirandam eloquentiam, evectum fuisse Saxonem nostrum accepimus, videlicet, quod *Cathedralis Ecclesiæ Roëschildensis Præpositum* (ut Ecclesiastici Scriptores loqui amant) egerit: eam nemo unquam in dubium vocare jure poterit, qvum tot apud nos supersint incorruptæ fidei documenta, quæ de rei hujus veritate quemquam dubitare non facilè permittunt. Et è multis ut pauca saltim in medium adducam, primum omnium ad testimonium citabimus Vitam S. Wilhelmi Parisiensis, Abbatis Monasterij D. Thomæ, in Dioecesi Roëschildensi, à quodam ejus discipulo, qui Saxonem in Dania aut vidit, aut videre potuit, conscriptam, in quâ hæc inprimis occurrunt verba: *Per id tempus Roschildensi Ecclesiæ cum multâ laude præsidebat Absalon Episcopus, Vir magni consilij, Cleri decus, mœrentium & afflictorum consolator, religiosorum pius amator, totius populi rector modestus, advenarum & pauperum benignus sustentator, VVandalorum strenuus debellator, Religionis Christianæ ornamentum, exemplar sobrietatis, forma pudicitiæ, veræ nobilitatis & probitatis insigne speculum, lucerna fulgens in templo Dei, ejusque columna fortis & immobilis. In ejus Dioecesi erat Cœnobium Canonicorum, in Insula, quam Eschilsò vocant, non longè distante ab oppido Roschildensi, mari undiq; cincta. Et ipse quidem locus peramœnus erat, pratis virentibus, & diversis nemorum arboribus oblectans oculos animosq; illic degentium: attamen id temporis pauci illic morabantur Fratres, & ij ipsi frustrà Regulares dicti, cum à regulari disciplina multum deflexissent. Cernens autem Venerabilis Episcopus Absalon illorum mores ab omni religione prorsus abhorrere, moerebat animo, ferebatq; indignè Diabolica fraude deceptos vitam prorsus mundanam vivere. Cœpit itaq; crebrò secum pertractare, quâ ratione posset illi Ecclesiæ consulere, atq; illic degentium mores in melius reformare. Redit tandem in memoriam familiaritatis & amicitiæ, quæ illi olim intercesserat cum VVilhelmo, Viro religioso, cum literis Parisijs operam daret: sciensq; illum virtutibus & sanctis moribus ornatum, deliberavit illi ad se accito tradere locum memoratum. Mittit itaq; in Gallias Saxonem, Præpositum Roscildensem, virum honestum, qui ab S. Genovefæ Collegio petat D. VVilhelmum cum alijs tribus fratribus mitti in Daniam, quibus etiam locum opportunum se Episcopus daturum pollicebatur. Abbas verò Ecclesiæ S. Genovefæ animadvertens tanti Præsulis æquas & bonas esse preces, de Fratrum suorum consensu ablegavit VVilhelmum cum tribus alijs in Daniam, deducente eos Saxone Præposito.*

Deinde alterum indubitatæ fidei testimonium nobis suppeditat Codex antiqvus MS. qui in Bibliotheca Regiæ Academiæ Hafniensis asservatur, à quo sequentia excerpsimus: *Anno Domini M. C. LXI. misit Absolon, Episcopus Roschildensis, Saxonem, Præpositum Roschildensem, Parisios, ad Ecclesiam Beatæ Genovefæ; & adduxit Fratrem VVilhelmum, cum alijs tribus fratribus, in Daniam. Et factus est Abbas S. VVilhelmus in Eschilsiö, ubi erant Canonici Regulares, nihil præter nomen & habitum habentes, qui anteà habuerant Priorem pro Prælato. Obijt autem S. VVilhelmus XL anno, postquam curam Pastoralem suscepit, & sepultus in Monasterio D. Thomæ, in oppidulo Selandiæ Ebbelholt dicto, Anno M. CC. II.*

Sed quem, quæso, in hanc rem producamus majoris autoritatis, certiorisq; fidei testem, quam ipsum Saxonem? quippe qui suâ manu, Literis ac Codicillis Regijs & Episcopalibus subscriptâ, eminentissimum huncce dignitatis gradum sibi asseruit ac vindicavit. Bono etenim fato non ità pridem nactus sum Codicem MS. antiquissimæ notæ, cujus hæc erat Inscriptio: *Hæc sunt Rescripta Privilegiorum Sanctæ Othoniensis Ecclesiæ, quæ de sua dignitate & libertate, ante incendium, habuit.* Complectitur autem varia Diplomata literasq; Regum Daniæ, Pontificum Romanorum, Archiepiscoporum, & Episcoporum, quibus Ecclesiæ Othoniensi eximias olim Immunitates & Privilegia aut indulserunt, aut indulta confirmarunt.

b 2. In

In ijs unum aut alterum ſeſe offert, cui, unà cum cæteris teſtibus, nomen ſuum ſubſcripſit Saxo, tùm temporis *Præpoſitus Roſchildenſis.* Ejus generis illud eſt, quo Rex Daniæ, Waldemarus Primus, Othonienſi Eccleſiæ Privilegia à majoribus ſuis conceſſa confirmat. Id quod integrum, curioſi Lectoris in gratiam, heîc ſubjiciendum duxi, nè iſthic tantùm legeretur, nevè planè interiret, quod alioquin futurum avgurabar. Ita verò habet: *In nomine Sanctæ Trinitatis, & individuæ Unitatis! Ego VValdemar, Dei gratiâ, Rex Danorum, univerſis Sanctæ matris Eccleſiæ filijs, tàm futuris quàm præſentibus in perpetuum. Quoniam Regi Regum omnium, in cujus diſpoſitione Univerſitas rerum conſiſtit, ſceptrigeram regni Danorum cenſuram noſtro regimine gubernari complacuit, licet omnibus regionis noſtræ Eccleſijs neceſſariam defenſionem impendere debeamus; tamen ſanctæ Othonienſis Eccleſiæ profectui & proficuo attentius conſulere ac patrocinari ſpeciali jure advocatiæ tenemur: tum eò, quòd venerandæ Sanctorum Reliquiæ in eâ continentur; [quos ſicuti noſtros extitiſſe propinquos, ità pios apud Deum patronos eſſe gaudemus] tùm quòd non ſolum in Monaſticæ religionis cultu antiquior, verùm etiàm in animarum fructu cæteris fœcundior fuiſſe dignoſcitur, quod uterque ſexus tàm Monachorum, quàm Monialium, qui primordialem ſuæ profeſſionis normulam ab eâ contraxêre, veraciter conteſtatur. Exemplo igitur anteceſſorum noſtrorum regum admodum informati, qui eandem Eccleſiam conſervari fecerunt, & probabili Monachorum converſatione inſtitutam, ab omni jugo ſervitutis ac importunis Angarijs, alienam fore ſanxerunt: talem eidem Eccleſiæ, & Monachis ibidem Deo militantibus, libertatis legem promulgamus; ut univerſa ipſorum poſſeſſiones ſivè in villis, ſilvis, prædijs, pratis, ſivè in alijs quibuslibet terræ generibus, quas Regum, Epiſcoporum, aliorumq́ fidelium largitione, pecuniæ emptione, ſev terrarum cambtione, usq́ in diem hodiernum, id eſt, VIII. Idus Februarij, menſis videlicet ſecundi, Anni incarnationis Dominicæ, Milleſimi, Centeſimi, Octogeſimi, intrà Daciam, cum idoneo teſtimonio acquiſitas poſſediſſe dignoſcuntùr, ab omni jure exactionario, regijsq́ pertinentijs, immunes penitus, & omninò liberæ, perpetuò permaneant. Quodcunq́ itaq́ ad noſtram Curiam, apparatum, transvecturam, expeditionem, ſev ad aliud quodlibet regij juris, obſequij, vel obſequiale debitum, à præfatæ Eccleſiæ Colonis exigendum erat, & exhibendum, tàm in quadraginta, quàm trium Marcharum exactione; hoc totum, eodem jure & quantitate, ipſorum uſibus Monachorum, in perpetuum pertineat. Verùm ne jus regiæ dignitatis, ex tàm largâ conceſſa eis libertate, à noſtris Succeſſoribus exterminari videatur, Quadrantem terræ & dimidiam in Quarſtathe, & villam, quæ Sundrus nominatur, cujus collationem ſub tenore Privilegij, in computatione medietatis noſtræ capitalis portionis in Scania, à nobis habuerunt, noſtræ noſtrorumq́ Succeſſorum vendicationi, ipſorum conſenſu, mancipavimus. Et ut ijdem Fratres, quotieſcunq́ nos ipſi in propria Curia Othonienſi fuerimus, decem Equitaturas nobis habeant paratas eorum beneplacito diffinivimus. Statuimus etiam, ut decem Marchas Argenti de Inſula Sild annuatim reddendas, & Cenſum æſtivalem de Othenſee, quæ utraque ad ſupplementum veſtituræ, à noſtris anteceſſoribus habuêre; non noſter exactor, ſed ipſorum tutor àmodo ſuſcipiat. Quod ſi quis vel viventium, vel ſuccedentium, quocunq́ modo, quod hic ſtatuimus, infringere tentaverit; Dei omnipotentis indignationem incurrat, & Excommunicationis ſententiâ percellatur, & ejus qualiscunq́ calumnia infructuoſa & irrita permaneat. Cunctis autem eidem monaſterio juſta ſervantibus ſit pax Domini noſtri Jeſu Chriſti, quatenus & hic fructum bonæ actionis, & apud diſcretum Judicem præmia æternæ pacis inveniat. Datum Hiuleby, VIII Idus Februarij, Anno Dominicæ Incarnationis M. C. LXXX. Indictione XIII. In præſentia & aſſenſu filij Regis, Canuti: præſentibus idoneis teſtibus, Henrico Skerp, Thuri Skalmi filio, Nicolao Stigh filio, Petro Palni filio, Strangone Unge, Tako Algoti filio Rether, Esberno Haconis filio, Nicolao Torkilli filio. Ego Symon, Othenienſis Eccleſiæ Epiſcopus, propriâ manu ſubſcripſi; Ego Karolus, Cancellarius Regis, ſubſcripſi. Ego Einerus, Capellanus Regis, ſubſcripſi. Ego Jonas, Clericus Regis, ſubſcripſi. Ego Andreas, Clericus Regis ſubſcripſi. Ego Magiſter Johannes ſubſcripſi. Ego Baldvvinus, Clericus Regis, ſubſcripſi. Ego Esgerus Præpoſitus ſubſcripſi. Ego Thomas, Abbas Inſulæ Dei, ſubſcripſi. Ego Saxo, Roſchildenſis Eccleſiæ Præpoſitus, ſubſcripſi.*

Subjungam & aliud, in eandem ferè ſententiam, Diploma Regis Daniæ Canuti, Waldemari filij; cui itidem nomen ſuum ſubſcripſit Saxo noſter, cùm Præpoſitum ageret Roſchildenſem:

In nomine Sanctæ Trinitatas, & individuæ Unitatis! Ego Kanutus, Dei gratiâ, Rex Danorum, Univerſis Sanctæ matris Eccleſiæ fidelibus, tàm poſteris, quàm præſentibus, in perpetuum! Inter cætera regni noſtri negotia, & ſollicitudines, quibus occcupamur, Ecleſiarum dignitatibus, & piorum Cœnobiorum proficuo intendere, ſanctæq́ religionis amatoribus attentius conſulere, ſalutari ſuggeſtu juſtitiæ & æquitatis inſtigamur, divinæq́ autoritatis monitu inſtruimur. Inde eſt, quod Sanctam Eccleſiam Othenienſem ad honorem Dei, & ſalutem animarum, proficere cupientes, quam pij Patris mei, Regis VValdemari, Deo nota devotio ab omni ſervitutis gravamine liberam fecit, ſuæque hæreditatis con-

consortem eum hæredibus statuit: ejusdem Ecclesiæ Privilegia, pro dignitate sui & libertate, undecunq; sibi concessa, non solùm debito affectu approbamus, & regia autoritate confirmamus; verùm etiàm sub divinæ & nostræ qualiscunq; gratiæ obtentu, ea irrefragabili jure conservari decernimus. Cæterùm dilectis Deo famulis, præfatæ Ecclesiæ Monachis, ad votum satisfacere volentes, pro redimenda dimidietate totius capitalis portionis, secundum sui æstimationem in Phionia, quam memoratus piæ memoriæ pater meus eisdem Monachis solempni donatione contulerat, mansionem nostram in Vurotorp, & aliam in Syndrup, quam Saxo Grijs à patre meo emptam, pro animæ suæ salute, ipsis fratribus scottavit, quamq; itidem fratres, unà cum quadrante terræ & dimidia in villa Quarstatte dicta, pro possessionum suarum omnimodâ libertate obtinenda & privileganda, patri meo contulerunt, ipsis Monachis possidendas obtulimus. Enimverò ne perversorum cavillatione, de iterata ejusdem mansionis in Syndrup collatione, ulla calumniarum occasio in posterum nascatur; alias possessiones viciniores & securiores, quas pro majori sui commodo ac futurorum cautela maluerunt, pro duobus prædictis mansionibus ab Astrado Trugulsi filio satis carè emimus, & eas ab omni jure exactionario liberas, perpetuò eorundem Monachorum usibus contulimus: sex videlicet quadrantes terræ in Arstegtorp, dimidiumq; Mansum in Esetost, & prata, quæ Astradus ab hæredibus Gunneri empta possedit, terramq; dimidiæ Marchæ annonæ seminabilem, cum pratis XII plaustrorum, quæ à Petro Lukki emit, cæteraq; quæ idem Astradus ibidem habuit. Has possessiones, viginti scilicet Marcharum auri, secundum pecuniariam pretij earundem pensitationem, æterno Regi nostro Christo, Sanctoq; Martiri & Regi Kanuto, & fratrum eis militantium sustentatione, pro salute & remedio animæ patris mei, stabili jure possidendi & utendi, dedidimus. Deo itaq; auctore, cujus gratiâ Regio fungimur regimine, statuimus, ut si quis præsentium vel futurorum, præfatam Ecclesiam temerè perturbare, & has ejus, vel alias cujuslibet generis possessiones auferre, seu ablatas diminuere, vel aliquibus angarijs & injurijs opprimere præsumpserit, & non emendaverit; divinæ ultionis & perpetuæ maledictionis plagâ feriatur, & ejus qualiscunq; calumnia apud Deum & homines, irrita & annichilata habeatur. Igitur ne hujus donationis, vel deliberationis stabilitas alicujus contentionis turbine in posterum pulsetur, sigilli nostri testimonio corroboravimus, in præsentia & assensu Matris meæ, Sophiæ Reginæ, & fratris mei Valdemari. Hujus rei testes idonei interfuerunt, Pincerna Regis, Thuri Camerarius Regis, Henricus Skerp, & Tako Advocatus Ripensis, Strangi juvenis, Tove Hale, Ebbe Hirtorp, Esgerus villicus. Acta sunt hæc Hiulby, XII Kal. April. Anno Dominicæ Incarnationis M. C. LXXXIV. Indictione 1. Epactis Viginti quinque, Gloriosi Regis Danorum Kanuti IV Anno 1°. regnante Domino nostro Jesu Christo. Data per manum Eineri Capellani. Ego Simon, Otheniensis Ecclesiæ Episcopus SS. Ego Omerus, Ripensis Episcopus, SS Ego Svveno, Arusiensis Episcopus SS. Ego Nicolaus, Vibergensis Episcopus, SS. Ego Henricus, Hethlandensis Episcopus, SS. Ego Marcus, Abbas Ecclesiæ omnium Sanctorum, SS. Ego Thomas, Abbas de Insula Dei, subscripsi, propriâ manu. Ego Ako, Abbas de Herivatho, propria manu SS. Ego Goto, Abbas de Horó, SS. Ego Andreas, Ottoniensis Præpositus, SS. Ego Esgerus Præpositus SS. Ego Saxo, Præpositus Roskildensis, subscripsi. Ego Symon, Abbas de Sora, subscripsi.

Ad ultimum, pro asserendo sacro illo Saxonis munere & dignitate, producamus Diploma Absalonis, Archiepiscopi Lundensis, quo ad exemplum Regum Daniæ Waldemari & Canuti, Privilegia & Immunitates Ecclesiæ Othoniensis confirmavit; quod etiàm Saxonis, Præpositi Roskildensis, nomen subscriptum habet:

Absalon, Dei gratiâ, Lundensis Ecclesiæ Archiepiscopus, Apostolicæ sedis Legatus, Svvetiæ Primas, Universis Sanctæ matris Ecclesiæ filijs, tàm præsentibus, quàm futuris in perpetuum! Ex injunctæ dispensationis officio & sollicitudine nobis incumbere cognoscimus, ut ea, quæ rectè ac piè ordinata & facta comperimus, pio favore prosequamur atq; approbemus, approbata quoq;, nè quorumlibet iniquorum seu fraudulentorum versipelli malitia seu versutia perturbari, aut inmutari, vel irritari valeant, indultâ nobis à Deo autoritate confirmemus, & manenti stabilitati Apostolorum clave, id est, Banno, seu Anathemate, corroborando signemus: ut & perversitas, si contrà ea, quæ recto ordine sunt sancita, & justitiæ robore vallata, temerario ausu præsumere tentaverit, inveniat ubi offensa in se resiliat, & amplectenda religionis tranquillitas habeat, quò, scaturiente impetu malitiæ & assultu, secura refugiat. Proinde ergò nos ea, quæ à Dn. Valdemaro, Danorum Rege illustri, & venerando pietatis intuitu antecessorum suorum Regum laudabilibus ac probabilibus exemplis inducto ac informato, Ecclesiæ Othoniensi collata, & sancita cognovimus, nostri Sigilli attestatione, ac indultâ à sede Apostolica auctoritate confirmare decrevimus. Volens itaq; prædictus Rex præfatæ possessiones Ecclesiæ, vestigijs majorum suorum inhærendo, ab omni regiæ exactionis onere eximere, & Monachos in ea Ecclesia, sub regula & habitu Beati Benedicti constitutos, ut oratione & contemplationi sincerius vacare, & Deo liberius militare possint, sublatis Angarijs exactionarijs, quibus eos quorundam insolentia & incuria indebitè & importunè sollicitabat, & vexabat, liberos atq; securos reddere, adbibito honestarum & nobilium personarum, tam

b 3

tam Clericorum, quàm Laicorum, testimonio, quorum nomina in hac pagina inferius sunt annotata, nec non filio ejus Kanuto præsente & assentiente, libertatis & immunitatis legem eis decrevit statuere, & regiâ autoritate sancire. Statuit igitur, ut universæ possessiones prædictorum Fratrum, quas in Phionia habent, quæ juxta æstimationem, triginta mansorum numero respondent, sivè in villis, silvis, prædijs, pratis, & agris, ab omni jure exactionis, & quibuslibet angarijs penitus immunes & omninò liberæ perpetuò permaneant; ita tamen, ut quicquid prædictæ Ecclesiæ coloni exactionis Regiæ Curiæ prius erant exhibituri, scilicet, apparatum, transvecturam, expeditionem, aut quodlibet aliud regij juris obsequium, nec non satisfactiones tàm ad quadraginta, quàm ad tres Marcas pertinentes, hæc præmissa, eodem jure & quantitate, quo regiæ dignitati noscuntur pertinere, ijdem Monachi per suum tutorem exigant, recipiant, & in proprios usus convertant. Præterea decrevit, ut Decem Marcas argenti, de insula Sild annuatim eis reddendas, & censum æstivalem de Othense, quæ utraq; ad supplementum vestituræ constat collata fuisse, non regius exactor, sed eorum tutor amodò suscipiat. Verum tamen nè quasi ex tàm larga & affluenti immunitate ac libertate à regia munificentia eis concessa & indulta, regalis jura dignitatis amplius æquo imminuta & extenuata à suis successoribus fortè viderentur & causarentur, in hujusmodi recompensationem, quadrantem terræ & dimidium in Quarstathe, & villam, quæ Sundróse dicitur, quam à jam dicto Rege, sub æstimatione medietatis, sivè capitalis portionis, sub tenore Privilegij collatam & confirmatam receperant, ut diu aspiratam libertatem præscriptam consequi possent, ipsi & successoribus suis possidendam contulerunt. Insuper quotiens Rex in propria Curia Othense fuerit, ut Decem Equitaturas ad opus ipsius habeant paratas, ijdem Fratres ex Regis arbitrio diffinierunt. Porrò superius annotatis XXX Mansis præscriptæ libertate legis communitis, reliquæ possessiones seu terræ, quas præfata Ecclesia processu temporum, à Regum, seu Episcoporum, munificentia obtinuerit, aliorumq; fidelium largitione, vel pecuniæ emptione possederit, regio juri & exactioni subjacebunt, nisi quavis conventione à præfatis Fratribus fuerint ab Angarijs exemptæ, aut regiæ clementiæ largitate consimili libertatis lege in posterum extiterint donatæ & emancipatæ. Fuerunt autem huic regiæ constitutioni testes adhibiti hi: Henricus Skerp, Thuri Scalmi filius, Nicolaus Stigh filius, Petrus Palni filius, Strange Unge, Tako filius Algoti Vettier, Esbernus Haconi filius, Nicolaus Torkilli filius. Hi autem subscripserunt, Symon, Othoniensis Ecclesiæ Episcopus, Thomas Abbas, Karolus Cancellarius, & reliqui plures. Quisquis igitur Ecclesiastica secularisvè persona, annotatæ paginæ Constitutioni ausu temerario contra ire tentaverit, semel, ac secundò, tertiovè commonita, si non destiterit, autoritate Dn. nostri Jesu Christi, nec non autoritate Beatorum Apostolorum Petri & Pauli, anathematizamus, & à perceptione Corporis & Sangvinis Domini ac Redemptoris nostri Jesu Christi sequestramus, & à communione fidelium separamus, ut sortem cum Dathan & Abyron, quos terra vivos absorbuit, recipiant, & in opprobrium & scandalum vivi perveniant, nisi resipuerint, & condignè satisfecerint. Qui verò præmissa sancita servaverint, & inconcussa firmiter tenuerint, partem cum Sanctis Dei in cœlesti patria percipiant, diesq; suos in pacis tranquillitate perficiant. Ego Absalon, Lundensis Archiepiscopus, Apostolicæ sedis Legatus, Svvetiæ Primas, propria manu subscripsi. Ego Stenarus, VVexoniensis Episcopus, propria manu SS. Ego Marcus, Abbas Ecclesiæ Omnium Sanctorum, SS. Ego Johannes, Abbas Ecclesiæ Sanctæ Trinitatis, SS. Ego Hugo, Abbas de Tummetorp SS. Ego Nicolaus, de domo Sancti Laurentij Decanus, propria manu SS. Ego Ascricus, Prior Monialium Ecclesiæ Sanctæ Mariæ & Sancti Petri in Lundis, SS. Ego VValbertus, Abbas de Esrom SS. Ego Johonnes, Notarius Archiepiscopi Absalonis, SS. Ego Andreas, Diaconus Dn. Archiepiscopi, SS. Ego Pain, Abbas Rincstadensis, SS. Datum Lundis, IV Idus Maji, Anno Domini M.C.LXXX. Indictione XIII. Epacta XXII. Ego Saxo, Roskildensis Ecclesiæ Præpositus, SS.

CAPUT XII.

Quod Saxo in contubernio Absalonis Archiepiscopi Lundensis vixerit, & ab eo non solùm ad res magni momenti gerendas adhibitus, sed & ad scribendam patriæ Historiam impulsus fuerit.

AB omni memoria generosis id animis, ac illustribus præcipuè Magnatibus in more positum fuit, ut præcellentes ingenio Viros domi militiæq; circà se habuerint, eorumque quotidianâ conversatione impendiò sese oblectaverint. Sic Alexander Magnus Aristotelem, Scipio Africanus Polybium Panætiumq;, Pompejus Magnus Theophanem Mitylenæum semper secum habuerunt, eosq; non solùm eximiâ dignatione atq; honore affecerunt, verùm etiam amplissimis beneficijs præmijsq; ditarunt ac ornarunt.Ità nullum est dubium, quin Heros maximæ olìm apud Danos existimationis, dignitatis, & auctoritatis, ac elegans liberalium studiorum, omnisq; doctrinæ, inprimis Historiarum, admirator & fautor, ABSOLON HVIDE, Archiepiscopus Lundensis, Saxonem Grammaticum, magno

magno & excellenti ingenio virum, ob ſtupendam & incomparabilem eruditionem, prudentiam, ſapientiam, & in rebus gerendis dexteritatem, [quæ rariſſimæ erant iſta ætate dotes] in familiam ſuam aſciverit, & tanquam interioris admiſſionis amicum, ac individuum quaſi comitem, in eodem juxtà ſecum contubernro, familiarem & domeſticam vitam vivere voluerit. Id quod non obſcurè ipſe innuit Saxo, ſub initium Præfationis ſuæ in Hiſtoriam Danicam; dum *extremum ſe comitum* Abſalonis nominet: *Mihi*, inquit, *comitum ſuorum extremo, cæteris operam abnuentibus, res Danicas in Hiſtoriam conferendi negotium intorſit.* Ubi per *comites* intelligendos dixi, qui Principis aut Optimatis alicujus in contubernium aſciti, & in interiorem familiaritatem admiſſi, ei velut à conſilijs eſſent, rebusq; magni momenti gerendis præeſſent; in Notis meis ad eum Saxonis locum. Sed & Sveno Aggonis, primus Danicæ gentis Hiſtoricus, [cujus Opuſcula ante biennium publici juris feci] unà cum Saxone, in eodem Abſolonis Archiepiſcopi contubernio ſvaviter ſe vixiſſe teſtatur, in Hiſtoria Canuti Magni, Daniæ & Angliæ Regis: *Quorum geſta ſuperfluum duxi plenè recolere, nè idem crebrius repetitum faſtidium pareret legentibus: qvum illuſtri Archipræſule Abſolone referente, contubernalis meus Saxo, elegantiore ſtilo omnium geſta prolixius exponere decreverit.* Nonnihil huc facere videtur, quod in Teſtamento Abſalonis, quod extat in Codice MS. Regiæ Bibliothecæ Hafnienſis, Saxo, *Clericus Abſolonis* nominatur. Verba ità habent: *Saxoni Clerico ſuo, duas Marcas argenti, & dimidiam conceſſit, quas ſibi donavit. Clericus* autem, veteri loquendi conſvetudine, non is ſolùm dictus, qui ſacris Principum inſerviret: cujusmodi Clericos, certis diſtinctos gradibus, olim Conſtantinopolitana habuit aula: de quibus videatur Georgius Codinus Curopalata de Officijs magnæ Eccleſiæ, Cap. VI. verùm etiàm ille, qui *à Commentarijs* eſſet, ſive, *Commentarijs ſcribendis præfectus*, quem ὑπομνηματογράφον Orientales appellarunt; quâ notione Belgis hodieque vocabulum Klerck in uſu eſt. Tales verò Clericos propius circà Dominos ac Heros ſuos verſari, eos, velut contubernales, quocunq; irent, comitari, & gravioribus in negotiis tractandis frequentius adeſſe, neceſſe fuit. Certè Saxonem noſtrum ſæpenumero ab Archiepiſcopo Abſalone ad res magni momenti gerendas adhibitum conſtat. Ita illi Legatio in Gallias, Anno Chriſti M.C.LXI, arceſſendi in Daniam S. Wilhelmi Abbatis cauſa, tanquam Legato à latere, ut vocant, hoc eſt, fido Achati, & viro ad ardua negotia expediunda maximè idoneo, demandata fuit: cujus etiam partes ſumma cum prudentiæ laude exeqvutus eſt. Ejus meminit Caput proximè antecedens: *Mittit itaq; in Gallias Saxonem, Præpoſitum Roſchildenſem, virum honeſtum, qui à S. Genovefæ Collegio petat D. VVilhelmum cum alijs tribus fratribus mitti in Daniam &c.*

Sed nullum majus, nullum auguſtius, nullum ſplendidius tanto viro injungi potuit munus, quàm ſcribendæ Hiſtoriæ patriæ provincia.

Qvum etenim laudatiſſimæ memoriæ Heros, Abſalon invitis videret oculis, patriam noſtram, cujus illuſtrandæ maximâ ſemper cupiditate flagrabat, meliore ſui parte, hoc eſt, prudenti ac docto Hiſtoriarum ſcriptore, deſtitutam, finitimis interim factorum traditione gaudentibus, rerumq; ſuarum titulos, non ſinè magnâ inertiæ noſtræ exprobratione, jactantibus: in id omni cura ac cogitatione incumbere cœpit, ne regna Boream ſpectantia eo claritatis & monumenti genere diutius fraudarentur, neve ingenio vinceremur, quorum arma viceramus. Et quo maturius ſanctiſſimum propoſitum ſuum exequeretur, in fundatione Monaſterij Sorani, cujus cœptam à Patre & Patruo ædificationem, ſub Annum Chriſti M.C.LXI. unà cum fratre Esberno perfecerat, ſumptus planè liberales atq; magnificentiſſimos illorum deſtinavit ſuſtentationi, qui iſthoc loci à turba rerum hominumque ſemoti, quaſi in alto quodam ac pingui ſeceſſu, rebus Danicis in Hiſtoriam conferendis unicè vacarent. Inter alios inventus eſt *Sveno* quidam *Aggonis*, Vir prudentiæ ſingularis, &, ut illa fluebant tempora, egregiè diſertus, qui, ejusdem Abſalonis conſilio ac juſſu, Operi cuidam Hiſtorico manum admovit. Sed ei jam inchoato immortuus, pauca duntaxat ad poſteritatis noticiam transmiſit; quæ non ita pridem publicam per me lucem aſpexerunt. Hinc tandem mandatu itidem Abſalonis, ad *Saxonem Grammaticum* Hiſtoriæ patriæ contexendæ negotium devolvitur: qui, quod religio eſſet tanti Herois imperio, tanquam dedignatione quâdam parendi, refragari & obniti; fiduciam ab hortatoris amplitudine mutuatus, arduum illud opus aggreſſus eſt. Idipſum nos edocet Saxo ſub initium Præfationis ſuæ in Hiſtoriam Danicam: *Cum cæteræ nationes rerum ſuarum titulis gloriari, voluptatemq; ex majorum recordatione percipere ſoleant: Danorum Maximus Pontifex Abſalon patriam noſtram, cujus illuſtrandæ maximâ ſemper cupiditate flagrabat, eo claritatis & monumenti genere fraudari non paſſus, mihi comitum ſuorum extremo, cæteris operam abnuentibus, res Danicas in hiſtoriam conferendi negotium intorſit, inopemq; ſenſum majus viribus opus ingredi, crebræ exhortationis imperio compulit.* Et mox: *Quo*

b 4 *evenit,*

evenit, ut parvitas mea, quamvis se prædictæ moli imparem animadverteret, suprà vires niti, quàm jubenti resistere præoptaret. Et paulò post : *Igitur oneri cunctis præteriti ævi scriptoribus inexperto, rudes laboris humeros subjicere coactus, imperiumq; negligere veritus, audacius quàm efficacius parui; quamq; ingenij mei imbecillitas fiduciam negabat, ab hortatoris amplitudine mutuatus.*

Autore igitur & svasore Absalone Archiepiscopo Historiam patriæ scribendam suscepit Saxo Grammaticus. At quanta ingenij dexteritate, quo genio, qua Venere & venustate, quanto Musarum Gratiarumq; favore & dictamine, idem ille perfecerit, quis non videt, quem quid videre obtusior mentis non vetat acies?

O te felicem Daniam, quæ usq; eo vetustatis oblivijs respersa jaceres, donec divinum hocce & sinè exemplo maximum Saxonis tui ingenium illucesceret, quod tanto te famæ celebritatisq; splendore circumfunderet, & non aliter ac parva & exilia sidera validiorum exortus obscurat, omnium finitimarum gentium Historicis caliginem induceret! Certè de Saxone, optimo & florentissimo rerum Danicarum Scriptore, dicere licebit, quod de summo Philosopho Panætio olim jactare solebat Rutilius Rufus, ut est apud Tullium Lib. III. Officior. Ut nemo pictor est inventus, qui Veneris eam partem, quam Apelles inchoatam reliquit, absolveret; (oris enim pulchritudo reliqui corporis imitandi spem auferebat) sic ea quæ Saxo prætermisit, & non perfecit, propter eorum, quæ perfecit, præstantiam, nemo persecutus est. Quod & olim in mentem venisse video Clariss. Viro M. Johanni Svaningio, Historico Regio, qvùm ita de Saxone loquitur sub initium Commentariorum suorum : *A primo itaq; Danorum Rege Dan, descriptionem Historiæ exorsus, omnium Regum Daniæ, usq; ad Valdemari I, ejusq; filij Canuti tempora, res gestas adeò copiosè ornateq; descripsit, ut magis homines nostros, viribus ingenij diffisos, à scribendo absterruerit, quàm ad Historiam rerum posteà gestarum stylo continuandam suo invitaverit exemplo.*

CAPUT XIII.

Quando vixerit ac scripserit Saxo, & quousq; Historiam perduxerit suam.

Ex his jam omnibus, quæ ità strictim præmisimus, juxtà ac alijs indubitatæ fidei documentis, quæ modo subjungenda duximus, facilimo quis negotio tempus & ætatem colligere poterit, quâ vixerit, scripserit, & floruerit in Dania Saxo noster. Vixisse autem Saxonem circà Annum Christi M. C. LVI. ex illis evinci potest verbis, quæ exstant Lib. XI. Historiæ Danicæ, de tumulo Wilhelmi, Episcopi Roschildensis, quem SUIS TEMPORIBUS, Asccrianæ sepulturæ gratiâ, apertum scribit : *Quamobrem diu postmodùm intactus VVilhelmi tumulus mansit; donec NOSTRIS eum TEMPORIBUS, Hermannus, majoris Sacrarij Præses, Arnfastusq; Scholæ magisterio functus, connivente Isaaco ruralis Sacerdotij Præposito, parabilem magis, & inter cæteros cultissimum advertentes, Ascerianæ sepulturæ gratiâ, aperiri jusserunt.* Obijt autem Ascerus, Episcopus Roschildensis, Anno Christi M. C. LVI; vel ut alij supputant, M. C. L. Post quem eligitur Absalon, ipso teste Saxone Lib. XIV. Hinc clarum emergit testimonium de Saxonis ætate, nempè, quòd vixerit, qvum Absaloni, post defunctum Ascerum, sacri honoris culmen decerneretur.

At objiciat fortè aliquis, hunc minùs accuratè positum esse calculum; quum eodem loci commemoret Saxo Absalonem, tùm Maximum Pontificem, ad visendum Arnfastum accessisse, qui in lectulo æger, in pœnam violatæ Antistitis sepulturæ, graviter decumbebat. Ergò inter obitum & sepulturam Asceri minimùm viginti annos intercessisse. Absalon etenim sacram illam Pontificatus Maximi dignitatem suscepit Anno Christi M. C. LXXVII. Saxonis ità verba habent : *Nec leviorem Arnfastus excessum habuit. Qui quum impotentium nervorum hebetudini mederi vellet, potione per incuriam sumptâ, quo salutem conciliare debuerat, langvorem instruxit. Sed & rupti tandem jecinoris partes frustatim egestas vomitu protulit : quas à Medico pelvi exceptas Maximus Pontifex Absalon, dum ad visendum eum humanitatis officio venisset, aspexit. Quo præsente, æger, hæc se ob violatos VVilhelmi cineres perpeti protestatus, manifestas neglecti imperij ejus pœnas pependisse di bat.*

Respondeo, vero non absimile videri, quòd Arnfastus ille, aliquot annos, pòst violatam Ascerianam sepulturam, superstes fuerit, & fortean ad illum temporis articulum, quo jam creatus erat Archiepiscopus Absolon, quod contigit Anuo Christi M. C. LXXVII. Nisi si quis dicat Asceri funus totos viginti annos insepultum jacuisse; aut saltem Sarcophago inclusum in Sacrario quodam ad sepulturam fuisse sepositum; quomodo hodieq; Nobilium apud

apud nos funera aſſervari ſolent ; & tandem, poſt deſignatum Abſolonem Archiepiſcopum, terræ mandatum. De quo ſentiat ac judicet quisque, quid voluerit.

Deindè ætatis Saxonianæ momenta nobis aperit Codex MS. Regiæ Bibliothecæ Hafnienſis, quem ſuprà Cap. XII, & proxime ſequente XIII, ad teſtimonium citavimus. Is etenim Legationem Saxoni noſtro ab Abſolone commiſſam, ut ex Gallijs Wilhelmum Abbatem in Daniam arceſſeret, refert ad Annum Chriſti M. C. LXI. quo Pontificatum Roſchildenſem adminiſtravit Abſolon, & ab eodem Saxo, virtutis ſuæ ſummæq; eruditionis gratia, Roſchildenſis Eccleſiæ Præpoſiturâ donatus erat.

Sed inprimis floruit Saxo, rerum in Daniâ potiunte Waldemaro Rege, ejus nominis Primo, ejusq; filio Canuto, circà Annum Chriſti M. C. LXXIX. ac deinceps. Nam & ipſe Saxo tempora ſua ad imperium VValdemari reſtringit. Sic Lib. X. Hiſt. Dan. in Hiſtoria Svenonis Tiuffveskeg, VValdemari meminit, SUA ÆTATE regnantis : *Quem incurſationis morem*, *NOSTRIS ANNIS*, *VValdemari Regis, Maximiq; Pontificis Abſolonis, propenſæ pro civibus excubiæ domuerunt.* Et Libr. XI. Waldemarum SUI TEMPORIS Regem nominat: *Eidem poſtmodùm* [Waldemaro Rutenorum Regi] NOSTRI TEMPORIS *Rex*, [Waldemarus I.] *ut ſanguinis, ità & nominis hæres, ex filia nepos obvenit.*

Quo verò tempore Hiſtoriæ contexendæ primam Saxo impoſuerit manum, non adeò accuratâ aliqui licebit conjecturâ. At veriſimile videtur factum id eſſe poſt Annum Chriſti M. C. LXXI. Nam Lib. VII. Hiſtor. Dan. mentionem injicit oppidi ab Esberno Snare, Abſolonis fratre, conſtructi, nempè Kalundeburgi, quod illo anno conditum eſt : *Sed & Hako plus damni in fratrum nece, quàm pugilum defectione reponens, in portum, qui Danicè Herwig, Latinè Exercituum ſinus dicitur, claſſe collatâ, militem exponit. Quo loci* NUNC *oppidum ab Esberno conſtructum, munimine ſuo præſidium accolis facit, aditumq; barbaræ feritatis eliminat.* Ergo poſt hoc oppidum extructum ſcripſit Saxo. Cæterùm quo ea civitas tempore ſit condita, oſtendit Saxo Lib. XIV. Hiſt. Dan : *Eâ tempeſtate* [videlicet regnante in Dania Waldemaro I, & circà Annum Chriſti M. C. LXXI, ut Annales noſtri tradunt] *Esbernus urbem Kalundam molitus, novi munimenti præſidio, portum hoſtili piraticâ liberum præſtitit.*

Certe Saxonem ante Annum Chriſti M. C. LXXVII. vix ullam divino illi Operi ſuo admoviſſe manum, id confirmare videtur, quod mox in ipſo limine Hiſtoriæ teſtetur impoſitum ſibi hoc muneris fuiſſe ab Abſolone, Danorum tùm Maximo Pontifice. Pontificatus autem Maximi titulo inſignitus Abſolon, eo, quem dixi, Anno M. C. LXXVII. Archiepiſcopo Lundenſi Eſchillo, cui ſucceſſit, Pontificale culmen dimittente, & in Monaſterium Clarevallenſe diſcedente, ut ex Annalibus Eccleſiæ Lundenſis conſtat.

Quinimò circà Annum Chriſti M. C. XCIII. maximam partem Hiſtoriæ Danicæ à Saxone abſolutam, & fortaſſis ultimum finem ſpectaſſe totum Opus, indicare nobis videntur verba Lib. XI. propè finem, quæ ſic habent : *Hæc audiens Regina patriam cum filio impubere repetit, geminis poſt ſe relictis filiabus. Ex quibus Ingertha Folconi, Svetiæ gentis nobiliſſimo, nupta, Benedictum Canutumq; filium habuit, hisdemq; mediantibus, Birgerum, qui* ET NUNC EXSTAT, *cum fratribus ſuis nepotem accepit.* At Birgerus ille, Oſtrogothorum Dux, Regi Daniæ Canuto VI, Waldemari I. filio, σύγχρονος fuit ; qui regnare cœpit Anno Chriſti M. C. XCIII. Si igitur, hæc ſcribente Saxone, etiamnùm in vivis ſuperaret Birgerus, omninò poſt hunc Annum M. C. XCIII Undecim Libros Hiſtoriæ Danicæ, Saxonis operâ jam tùm elaboratos, & extremum ad colophonem perductos, reliquis tantùm Quinque ultimam exſpectantibus manum, non abſurdè colligas.

Cæterùm Hiſtoriam ſuam perduxit Saxo usq; ad Annum Chriſti M. C. LXXXVI, quo Bugiſlavus Senior, Pomeraniæ Dux, Homagium Canuto Daniæ Regi præſtitit, & cum conjuge ac liberis ad pedes Regis ſuppliciter flexis genibus procumbens, non ſolùm veniam diutinæ rebellionis precatus eſt ; verùm etiàm obſidibus ex parte datis, ex parte promiſſis, aviti paterniq; Ducatus præfecturam beneficij loco ab ipſo ſuſcipere haud recuſavit. Vehementer ergò fallitur Vir plurimùm Reverendus, Aubertus Miræus, qui ſub initium Chronici ſui, Saxonem ad Annum Chriſti M. CC. hiſtoriam ſuam perduxiſſe ſcribit : *Anno M. CC. Saxo Grammaticus, Sialandicus, floret, qui ad hæc usq; tempora hiſtoriam Daniæ perduxit.*

CAPUT

CAPUT XIV.

De Conjugio & prole Saxonis.

DE Conjugio Saxonis, & quæ ex conjugio progignitur, ſobole, altiſſimum in Antiquitatibus noſtris ſilentium eſt. Vir tamen Nobiliſſimus, Arwidus Hvitfeldius, Regni Daniæ quondam Cancellarius, Chronographus doctiſſimus & accuratiſſimus, nec non etiam de Hiſtoria patriæ noſtræ præclarè meritus, Saxoni geminam potioris ſexus prolem, neſcio quibus edoctus monumentis, attribuit, in Continuatione Saxonis, Parte prima, Pag. 112. *Eodem Anno M. CC. XXII*, inquit, *Archiepiſcopus Lundenſis Andreas, poſtquàm lepræ morbo infectus fuit, in ſacri muneris conſortium allegit Petrum Saxonis Grammatici filium, Præpoſitum Lundenſem, Virum admodùm literatum & ſapientem: qui unà cum eo Archiepiſcopatum integro biennij ſpatio, & pòſt ſolus toto quadriennio, adminiſtravit, conſecratus Anno M. CC. XXIV. mortuus Anno M. CC. XXVIII. Hic Petrus fratrem habuit Septimium, vel Siſſvendam, Canonicum Roſchildenſem, qui obijt Anno M. CC. XXV.*

Verùm, [ut Generoſiſſimi Domini pace & veniâ loqui liceat] Petrum hunc non *Saxonis*, ſed *Sunonis* de Knarderup filium fuiſſe, quem frater Andreas, leproſus jam factus, in ſocietatem muneris fortean aſſumſerit, ex Annalibus Eccleſiæ Lundenſis liquidò conſtat: vel, ſi fuerit *Saxonis* filius, haud equidem *Saxonem Grammaticum*, nobiliſſimum Scriptorem, quem uxorem unquam duxiſſe ex nullis documentis evinci poteſt, ſed alterum quempiam *Saxonem*, parentem eum habuiſſe, omninò exiſtimo: vel deniq; hunc Petrum, cum fratre Siffvenda, Saxoni Grammatico ex fratre, aut ſorore, nepotes fuiſſe, ſtatuendum erit. Rariſſimè etenim per ea tempora Eccleſiarum Præpoſiti, Canonici, ſivè in alio ſacræ dignitatis faſtigio conſtituti Viri, virgines vel fœminas ſibi matrimonio jungebant, ſed cœlibem plerumque vitam ducere ſolebant. Quid multis? *Fides ſit penes autorem*; quomodo de rebus dubijs dici ſolet. Mihi ſanè tanti Herois autoritati fideiq; quicquam derogare religio ſit.

CAPUT XV.

De Saxonis exceſſu, & ejus in memoriam conſcriptis Elogijs.

IN fata conceſſiſſe dicitur Saxo Grammaticus, (qui non modò longiore vitâ, ſed propè immortalitate dignus fuit) ſecundùm pleroſque Anno Domini M. CC. I. Sed accuratior certiorq; M. Andreæ Welleji, Hiſtorici quondam Regij, & aliorum noſtratium, calculus videtur, qui Saxonem Anno M. CC. IV. deceſſiſſe ſcribunt. Nam Hiſtoriam ſuam inſcribit Andreæ Sunonis, Archiepiſcopo Lundenſi, qui Abſoloni cognato ſuo ſucceſſerat circa Annum Chriſti M. CC. II. & ſimul in eadem Præfatione Sereniſſimum Daniæ Regem Waldemarum II compellat, qui ab exceſſu fratris Canuti, Anno M. CC. III. ſummam imperij Danici obtinuit. Nam poſtquam Abſalonis, ejusq; ſucceſſoris, Andreæ Sunonis Archiepiſcopi, jam modò laudati, mentionem feciſſet honorificentiſſimam, ſubjecit continuò, versâ ad Waldemarum oratione: *Te igitur, ſalutaris Princeps, ac parens noſter, cujus illuſtriſſimam à priſcis temporibus proſapiam dicturus ſum, clariſſima lux patriæ VValdemare.* Et ſtatim exinde ad eundem: *Tuo igitur ductu reſpectuq; &c.* ut nihil ſit certius, quàm mortuo ac conſecrato jàm Canuto, fuiſſe hæc à Saxone, de fratre ſucceſſore Waldemaro commemorata. Adde quòd Achilles Pyrminius Gaſſarus, Chronologus diligentiſſimus, Saxonem floruiſſe annotet ad Annum Chriſti M. CC. II. Tunc autem Scriptores *florere* dicuntur, qvum ſcribunt, non qvum moriuntur, aut propter ſenectutem, aut ἐλάττωμα, utiles eſſe deſierunt.

Saxoni verò noſtro tale Epitaphium à Nobiliſſimo Viro, Dn. Lagone Wrne, Epiſcopo Roëſchildenſi, ut putatur, poſitum, hodieq; in templo Cathedrali Roëſchildenſi aureis literis tabulæ ligneæ inſcriptum, & ad partem ejus Auſtralem parieti affixum viſitur:

Qui vivens alios æternum vivere fecit,
Saxo Grammaticus mortuus hic recubat.
Mortuus extincto ſed tantùm corpore, mente
Quâ valuit, magno vivit & ingenio.
Unde hanc, deſcripſit, gens Danica venit in oram,
Quæ jacet Arctoö proxima pæne polo:

Dano-

Danorum Regum repetens ab origine stirpem,
Et quæ quisque suo tempore fata tulit;
Qui regni tractus terraq; mariq; patentes,
Qui populi mores, vitaq; qualis erat:
Tùm quæ præstabant Heroum in pectore vires,
Quæq; Giganteæ corpora molis erant:
Quam sanctis patriæ firmatæ legibus urbes,
Quod studium veræ relligionis erat.
Hinc quâ DANUS erat virtute invictus & armis,
Qui tenuit regnis regna subacta suis:
Non modò vicinis metuendus gentibus; ipsa
Hoc ne Roma quidem libera ab hoste fuit.
Nec tantùm ista stylo deduxit facta soluto,
Sed vario ornatum carmine pinxit opus.
Quæ nunc perpetuâ premerentur nocte, nisi hujus
Conspicua ingenij lumine facta forent.
Ergò locum hunc, qui funus habet, venerare Viator,
Eximium patriæ nam decus ille fuit.

Huic adjungam aliud Epitaphium, quod nobis exhibet Vir Clariss. Laurentius Asserous, Inscriptionum Danicarum Lib. I, conscriptum, ut videtur, à Nobilissimo Viro, Dn. Willichio Westhovio, Canonico Lundensi, Poeta Laurigero, & Comite Palatino Cæsareo:

Epitaphium Saxonis Grammatici Dani, literatissimi (omnium sui temporis) viri, Anno M. CC. II. in patria mortui, ac Roeschildiæ, (ubi Canonicus erat) sepulti.

Historias quotquot Latij scripsêre triumphi,
Cedant in Latij nobis splendore cothurni.
Hinc mihi Grammatici *deductum ex omine nomen*
Adcrevit: quasi non, SAXONEM præter, haberet
Terra alium, pennam cui Svada Latina dedisset.
Me fera barbaries a Danis, vindice, migrat:
Vindice, mens cujus patrium tenet æthera, Christo:
Mentis at hospitium Roësontia contegit ædes.
Ringatur Latium! cœlo se Dania tollat.

W. W.

Et quis mihi vitio vertet, si sequentes de Saxone Versus Rhythmicos, in vetustissimo Codice MS. repertos, addidero? qui licet barbari sint & inficeti, suo tamen non carent genio:

DANIA flos florum, rosa mundi, spina malorum,
Fructibus, ætate, doctrinâ, Nobilitate,
Singula præcedit, & ei quasi mundus obedit.
Utilibus plenus, gratus locus est & amœnus;
Absit ibi luctus, ibi regnat copia fructus.
Ecce viros tales producit DANIA, quales
Vix modò nascantur, bello vel si arte probantur.
SAXO GRAMMATICUS, Danorum flos & amicus,
Gesta canit plura Regum, per carmina pura.
OVIDI, TULLI, VIRGILI, vos quasi muli
Illi cedatis, qui dum loquitur, taceatis:
ROSKILDIS viguit, Præpositusq; fuit.

Atq; hæc paucula de Vita Saxonis inpræsens dicta sufficiant. Reliqvum nunc est, ut ad alia nonnulla, quæ ipsam Historiam concernere videntur, stylum sermonemq; transferamus.

CAPUT

CAPUT XVI.

De Stilo Saxonis.

QUod ad Saxonis dictionem, in hoc Docti omnes consentiunt, scripsisse eum stilo eleganti, florido, terso, sublimi, splendido, atq; magnifico. Quâ de re nonnulla heic in medium producamus variorum autorum judicia & testimonia. Hos inter jure merito principem sibi locum vendicat magnus ille Des. Erasmus Roterodamus, cujus in Dialogo de optimo dicendi genere, quem *Ciceronianum* inscripsit, luculentissimum exstat de Saxone Encomium: *In Daniam navigare malo, quæ nobis dedit Saxonem Grammaticum, qui suæ gentis Historiam splendidè magnificeq; contexuit. Probo vividum & ardens ingenium; Orationem nusquam remissam aut dormitantem; tùm miram verborum copiam, sententias crebras, & figurarum admirabilem varietatem: ut satis admirari non queam, unde illâ ætate homini Dano tanta vis eloquendi.* Huic jam & alij succedant, non minus, quàm ille, de Saxonis dictione, rectè judicantes. Gerardus Joannes Vossius Lib. II. de Histor. Latinis, Cap. LV. *Quod ad Saxonis dictionem, tanta hujus est elegantia, ut ætatis illius captum planè excedat: imò cum antiquiorum, & nostri seculi plurimis certet.* Johannes Isaacius Pontanus Histor. Dan. Lib. VI. pag. 293. *Saxo Grammaticus, Præpositus Roschildensis, in gratiam ac decus suæ gentis, Historiam, quæ hodieq; est in manibus, Latinè contexuit, stilo ac dicendi genere, suprà quàm illud ferebat seculum, florenti ac terso: adeò ut Erasmus exinde haud satis mirari potuerit tantam eo ævo eloquij vim atq; elegantiam.* Caspar Barthius Lib. XXIV. Adversar. Cap. VIII. *Conditore Annalium apud Danos suos Saxone, cui Grammatico ab eruditione reconditâ, receptum est nomen, suo ævo nihil sperari majus potuit. In summâ barbarie, in terra à cultu literarum tùm aversissimâ, Latine, eleganter, eruditè scribit, citrà parem quidem omnia.* M. Johannes Svaningius Fionensis, Regis Daniæ Historiographus celeberrimus Lib. I. Commentar. *Historiam de rebus gestis Danorum, quam Saxo Grammaticus, natione Sialandus, descripsit, in XVI libros digessit, atq; à primo Danorum Rege Dan auspicatus, ad VValdemarum I, ejusq; filium Canutum, puro elegantiq; stilo accuratissimè eam persequutus est.* Joannes Oporinus in Epistola Dedicatoriâ ad Dominum Philippum, Episcopum Basileensem, præfixâ editioni Saxonis Basileensi: *Quâ quidem re, inter medij temporis Historicos, haud scio an quisquam alius, quantum ego judicare possum, hoc Saxone Grammatico, Danicarum rerum scriptore, excellat magis: quivè cum veterum etiàm quolibet, sivè dictionis elegantiam spectes, sivè rerum, consiliorumq;, ac eventuum varietatem requiras, conferri melius possit.* Philippus Lonicerus editioni Saxonis Wechelianæ hunc præfixit titulum: *Danica Historia, Libris XVI, summâ verborum elegantia, magnâ sententiarum gravitate, rerum deniq; admirandâ varietate, conscripta, autore Saxone Grammatico, Sialandico Dano, Historico laudatissimo, & quod eâ ætate mirandum, tàm verbis quàm rebus politissimo.*

CAPUT XVII.

Quos præcipuè autores imitatus sit Saxo.

DIonysius Longinus, Rhetorum Græcorum præstantissimus, in Libello περὶ ὕψους, rectè præcipit atq; hortatur, ut, quando utile & præclarum aliquid molimur, magnorum, qui ante nos scripserunt, Auctorum imitationem, tanquam scopum, firmiter antè oculos nobis proponamus.

Quemadmodum etenim (inquit) fama est Pythiam, Apollinis sacerdotem, tripodi admotam, divinoq; spiritu afflatam, numinis instinctu, consulentibus oracula reddere: sic ab illis priscorum magnis ingenijs in animos, imitantium ipsos, tanquam ex sacris ostijs, rivi quidam feruntur, à quibus afflati etiam, qui suapte naturâ non isto Phœbeo aguntur furore, aliorum magnitudine impulsi concitantur rapiunturq;. Sic Homeri, Principis Poëtarum, præter Stesichorum, Archilochum, Herodotum, omnium studiosissimus imitator fuit Plato, ab illis Homericis laticibus ad se deductos rivos quamplurimos transferens.

Demosthenes sanè quàm diligens fuerit Thucydidis imitator, cùm tàm multa indicant, quæ Pæaniensis ille Orator ex Thucydide desumsit, tùm quod eum octies sua manu descripserit. Virgilius Lucretium adeò imitatus est, ut non verba sola, sed versus propè totos, & locos quoq; ejus plurimos sectatus sit, teste A. Gellio Lib. I. Cap. XXI. Imo plurima carmina Virgilius ab Homero, Theocrito, Ennio, Pacuvio, Furio, Nævio, Vario, Catullo, & Actio mutuatus est. Quid dicam de Livio, qui integras non modo sententias, sed longam

gam rerum gestarum seriem, eisdem Polybij verbis è Græco conversis, sæpius narravit? Quid de Macrobio, qui totas paginas in opus suum ex Gellio transtulit? Sic Cicero Demosthenem, Ciceronem Valerius Maximus, Virgilium Silius Italicus imitando exprimere conati sunt.

Ità & duos præcipuè autores, ex omni antiquitate, imitandos sibi proposuit Saxo, ad quorum se dictionem exprimendam vel maximè conformavit: VALERIUM MAXIMUM; cujus non modo formulas loquendi, sed & argutias, in hoc præcipuè genere excellentis, per universæ Historiæ contextum repræsentavit: & MARTIANUM CAPELLAM, à quo voces hausit rariores, & abstrusiores dicendi modos.

Nè vehementer dubites, Benevole Lector, en tibi exempla luculentissima; sed tamen ex innumeris pauca!

CAPUT XVIII.

Παραλληλισμὸς variarum Locutionum & vocum singularium, in quibus Valerium Maximum imitatus est Saxo.

1. Saxo in Præfatione, pag. 1.	*1. Valerius Maximus in Prologo.*
QUo evenit, ut parvitas mea, quamvis se prædictæ moli imparem animadverteret, suprà vires niti, quàm jubenti resistere præoptaret.	Si excellentissimi Vates à numine aliquo principia traxerunt; mea parvitas eò justius ad favorem tuum decurrerit.
2. Saxo loco dicto:	*2. Valerius Maximus Lib. VII. Cap. IV.*
Quamq; ingenij mei imbecillitas fiduciam negabat, ab hortatoris amplitudine mutuatus.	Misertus est tunc profectò Jupiter Romanæ virtutis præsidium ab astutia mutuantis.
3. Saxo l. d.	*3. Valerius Lib. V. Cap. II.*
Cujus fatis cœpti mei metam præcurrentibus.	Ille, adventum Scipionis fasis suis præcurrentibus &c.
4. Saxo l. d.	*4. Valerius in Prologo:*
Te potissimùm, Andrea, penes quem saluberrimus suffragiorum consensus, honoris hujus successionem esse voluit, materiæ ducem deposco.	Te igitur huic cœpto, penes quem hominum deorumq; consensus, maris ac terræ regimen esse voluit, Cæsar, invoco.
5. Saxo l. d.	*5. Valerius Lib. I. Cap. I.*
Tu Galliam percipiendæ literarum disciplinæ gratiâ perscrutatus.	Ut decem principum filij singulis Etruriæ populis, percipiendæ sacrorum disciplinæ gratiâ, traderentur.
6. Saxo l. d.	*6. Valerius Lib. III. Cap. VII.*
Officium mediocritatis limitibus contentum, tantis industriæ operibus exornasti, ut idem postmodùm amplissimæ dignitatis viris beneficij nomine expetendum relinqueres.	Mirificâ deinde procuratione abjectissimum negotium pro amplissimo ornamento expetendum Thebis reddidit.
7. Saxo l. d.	*7. Valerius Lib. III. Cap. IV.*
Quamobrem Scaniam tripudio dissultare compertum est, quòd Pontificem potius à finitimis mutuata sit, quàm ex indigenis legerit.	Præclaris virtutibus effecit, nè hæc civitas pœnitentiam ageret, quòd Regem à finitimis potius mutuata esset, quàm de suis legisset.
8. Saxo l. d.	*8. Valerius Lib. V. Cap. VIII.*
Itaq; cum genere, literis, ingenioq; niteas.	Juvenem & ingenio, & literis, & formâ, inter æquales nitentem.
9. Saxo pag. 2.	*9. Valerius Lib. IV. Cap. III.*
Nec ignotum volo, Danorum antiquiores conspicuæ fortitudinis operibus editis.	Cum, editis conspicuæ fortitudinis operibus, apud milites laudatus.
10. Saxo l. d.	*10. Valerius Lib. V. Cap. II.*
Quorum thesauros historicarum rerum pignoribus refertos.	Massanissæ pectus grati animi pignoribus refertum.

c *11. Saxo*

11. Saxo l. d.

Quia propoſiti pondere conſtrictus, vereor ne magis ingenij debilitatem patefaciam, quàm tuam, ſicut par eſt, originem repræſentem.

11. Valerius Lib. II. Cap. VII.

Quia animadverto fore, ut pondere laudis, quam meruiſtis, obrutus, magis imbecillitatem ingenij mei detegam, quàm veſtram virtutem, ſicut par eſt, repræſentem.

12. Saxo l. d.

Cumq; fortitudine & liberalitate inſtructiſſimus habearis.

12. Valerius Lib. II. Cap. VI.

Vir ille, ut omnibus virtutibus, ità humanitatis quoq; laudibus inſtructiſſimus.

Et Lib. V. Cap. III.

Eloquentia & integritate inſtructiſſimus.

13. Saxo l. d.

Ex cujus ſanctiſſimis vulneribus plus virtutis, quàm cruoris, effluxit.

13. Valerius Lib. III. Cap. II.

In quâ ex fortiſſimis vulneribus tuis plus gloriæ, quàm ſangvinis manavit.

14. Saxo Lib. I. pag. 5.

Teſtis eſt Beda, non minima pars divini ſtyli.

14. Valerius Lib. VIII. Cap. XII.

Aſinius Pollio, non minima pars Romani ſtyli.

15. Saxo Lib. I. pag. 6.

Præcurrebat igitur Skjoldus virium complementum animi maturitate; conflictusq; geſſit, quorum vix ſpectator ob teneritudinem eſſe poterat.

15. Valerius Lib. III. Cap. I.

Præcurrit igitur Lepidus ætatis ſtabilimentum fortiter faciendi celeritate; duplicemq; laudem è prælio retulit, cujus eum vix ſpectatorem anni eſſe patiebantur.

16. Saxo l. d.

In quo annorum virtutisq; procurſu.

16. Valerius Lib. III. Cap. II.

Nos quia jam initia procurſusq; virtutis patefecimus.

17. Saxo l. d.

Primus reſcindendarum manumiſſionum legem edidit.

17. Valerius Lib. II. Cap. VI.

Qui tres in eodem manumiſſiones reſcindi permittunt.

18. Saxo l. d.

Affirmare ſolitus: pecuniam ad milites, gloriam ad ducem redundare debere.

18. Valerius Lib. IV. Cap. III.

Niſi operum ſuorum ad ſe laudem, manubias ad patriam redundare maluiſſet.

19. Saxo Lib. I. pag. 8.

Hunc pater ultimæ jam ætatis.

19. Valerius Lib. V. Cap. IV.

Quæ patrem ſuum jam ultimæ ſenectutis. *Lib. I. Cap. VIII.* Cumq; ad ultimam ætatem perveniſſet.

20. Saxo l. d.

Hunc pater, ultimæ jam ætatis, ob res egregiè geſtas, imperij conſortione donavit.

20. Valerius Lib. IV. Cap. II.

Ne ſi, diffidente animo, conſortionem imperij uſurpare voluiſſet.

21. Saxo Lib. I. pag. 9.

Henricum inter ſacra menſæ & amicorum amplexus obtruncat.

21. Valerius Lib. II. Cap. I.

Apud ſacra menſæ, & inter hilaritatem animorum.

22. Saxo l. d.

Inauditi generis miracula exercuiſſe.

22. Valerius Lib. V. Cap. VI.

Novi & inauditi generis prodigium incidit.

23. Saxo Lib. I. pag. 11.

Tanto juvenis amore flagravit, ut virili more culta proſequi non dubitaret, laboribusq; ejus ac periculis intereſſe voluptatis loco duceret.

23. Valerius Lib. IV. Cap. VI.

Hipſicratea Mithridatem conjugem effuſis charitatis habenis amavit: propter quem præcipuum formæ ſuæ decorem in habitum virilem convertere voluptatis loco habuit. Tonſis enim capillis equo ſe & armis aſvefecit, quò facilius laboribus & periculis ejus intereſſet.

24. Saxo Lib. I. pag. 13.

Statuam in crepidine collocavit.

24. Valerius Lib. IV. Cap. III.

Quemadmodum erat in crepidine collocatus.

25. Saxo l. d.

Hoc loci quid aliud adjecerim, quàm tale numen hac conjuge dignum extitiſſe?

25. Valerius Lib. IV. Cap. VI.

Hoc loci quid aliud adjecerim, quàm dignas fuiſſe, quibus Minyæ nuberent.

26. Saxo Lib. I. pag. 16.

Apud quam diverſante Hadingo, mirum dictu prodigium incidit.

26. Valerius Lib. V. Cap. VI.

Portam egredienti novi & inauditi generis prodigium incidit.

27. Saxo

27. *Saxo Lib. I. pag. 19.*
Extinctoq; superesse non passus, suspendio se, vulgo inspectante, consumpsit.

28. *Saxo Lib. II. pag. 22.*
Ut varijs periculorum generibus implicaret.

29. *Saxo Lib. II. pag. 29.*
Magna viri solertia, leniendi ardoris præsidium à clypeo mutuantis.

30. *Saxo Lib. III. pag. 49.*
Eoq; calliditatis genere ingenium texit.

31. *Saxo loco dicto*
Nec credi poterat obtusi cordis esse.

32. *Saxo l. d.*
Qui tàm exculto manus artificio calluisset.

33. *Saxo l. d.*
Fuere ergo, qui illum vegetioris ingenij afferentes.

34. *Saxo Lib. III. pag. 50.*
Pari igitur studio petitum ac promissum est silentium.

35. *Saxo l. d.*
Ut salutem Amlethi vaframenti sui beneficio constitisse monstraret.

36. *Saxo Lib. IV. pag. 55.*
Me tàm piæ ultionis æmulum patricio suscipite spiritu.

37. *Saxo Lib. IV. pag. 63.*
Subitò vulut ex muto vocalis evasit.

38. *Saxo Lib. IV. pag. 64.*
Ut se linguæ prorsus officio defectum.

39. *Saxo Lib. IV. pag. 66.*
Sed & paterna bona flagitijs disjiciebat.

40. *Saxo, loco jam dicto:*
Opes voracibus sumptuum impensis tribuens.

41. *Saxo Lib. V. pag. 70.*
Virginibus nubere non licebat, nisi quarum castitas eis ante delibata fuisset.

42. *Saxo Lib. VI. pag. 97.*
Sed quoniam tradita magis, quàm cognita referuntur, fidem arbiter penset.

43. *Saxo Lib. VI. pag. 98.*
Interfecti corpus auro se repensurum edixit.

44. *Saxo Lib. VI. pag. 113.*
Apparatissimis dapibus insistens, luxurioso mensas epulo cumulavit.

45. *Saxo l. d.*
Quibus cum Starchaterus oculos inseruisset.

27. *Valerius Lib. V. Cap. VIII.*
Silanus lucem ulterius intueri non sustinuit, suspendioq; se, proximâ nocte, consumpsit.

28. *Valerius Lib. III. Cap. I.*
Athenienses finitimo implicati bello. Lib. II. Cap. VII. Animis desperatione vitæ implicatis.

29. *Valerius Lib. VII. Cap. IV.*
Misertus est Jupiter Romanæ virtutis præsidium ab astutia mutuantis.

30. *Valerius Lib. VII. Cap. III.*
Eâq; fallaciâ maximas virtutes suas texit.

31. *Valerius l. d. & Lib. VI. Cap. IX.*
Obtusi se cordis esse simulavit.
M. Torquatus adeò hebetis atque obtusi cordis.

32. *Valerius Lib. VIII. Cap. XII.*
Qui quotidiano ejus usu callebant.

33. *Valerius Lib. VII. Cap. III.*
Fratrem suum, quòd vegetioris ingenij erat, interfectum.

34. *Valerius Lib. I. Cap. VIII.*
Pari namq; studio petitum ac promissum est præsidium.

35. *Valerius Lib. VII. Cap. III.*
Lampsacenæ verò urbis salus unius vaframenti beneficio constitit.

36. *Valerius Lib. VI. Cap. I.*
Virginius plebeji generis, sed patricij vir spiritus.

37. *Valerius Lib. I. Cap. VIII.*
Indignatione accensus vocalis evasit.

38. *Valerius Lib. V. Cap. IV.*
Quæ etiam Crœsi filium loquendi usu defectum.

39. *Valerius Lib. III. Cap. V.*
Dolenter enim homines ferebant, pecuniam flagitijs disjici.

40. *Valerius Lib. VII. Cap. I.*
Exercitus, & arma, & equitatum voracibus impensis onerosum.

41. *Valerius Lib. IX. Cap. I.*
Ac ne qua virgo ingenuo nuberet, cujus castitatem non antè ex numero ipsorum aliquis delibasset.

42. *Valerius Lib. I. Cap. VIII.*
Sed quia non nova dicuntur, sed tradita repetuntur, fidem autores vindicent.

43. *Valerius Lib. IX. Cap. IV.*
Quia Opimius Consul caput Gracchi auro se repensurum edixerat.

44. *Valerius Lib. IX. Cap. I.*
Cum immanibus epulis apparatissimos interponi ludos sinebat.

45. *Valerius Lib. III. Cap. III.*
Si huic miraculo Darius inseruisset oculos.

46. Saxo

46. Saxo l. d.

Erat enim fortitudo ejus frugalitatis amatrix, aliena nimiæ ciborum abundantiæ, & ab immoderato dapum usu aversa.

47. Saxo l. d.

Utpote quæ aliquo in momento ponendi luxuriam nunquam vacavit.

48. Saxo Lib. VI. pag. 114.

Famem eò sapidius, quò simplicius pepulit.

49. Saxo l. d.

Ne veræ virtutis nervos externarum deliciarum contagione remitteret.

50, Saxo l. d.

Postquam se Theutoniæ moribus permisit, effœminatæ ejus lasciviæ succumbere non erubuit.

51. Saxo l. d.

Benevolentiam ejus, quia virtutem hebetare nequiverat, mercari cupiens.

Et mox infrà:

Regina verò virtutem, quam debilitare nequiverat, stupens.

52. Saxo Lib. VI. pag. 115.

Nimio saturitatis usu oscitans.

53. Saxo l. d.

Adeò virtute vacuus, ut ne minimam quidem ejus umbram consectaretur.

54. Saxo Lib. VI. pag. 118.

Molli ac teneræ juventæ animositatis spiritum ingeneravit.

55. Saxo Lib. VII. pag. 128.

Omnia penè temporum momenta ad excolendam militiam conferebant.

56. Saxo l. d.

Ne virtutis nervos luxuriæ contagione hebetari paterenrur.

57. Saxo Lib. VII. pag. 142.

Quem familiaritatis gradum educationis & crepundiorum consortione adeptus fuerat.

58. Saxo Lib. VIII. pag. 143.

Neq; mihi multitudinem complectendi cupido incessit.

59. Saxo Lib IX. pag. 175.

Quâ quidem humanitate magnus Ruthenis injectus est rubor ulterius adversus eum sæviendi Regem, quem ne injuriarum quidem acerbitate ad infligendam captivis mortem impellere potuerunt.

60. Saxo Lib. IX. pag. 176.

Quem quid aliud, quàm duas inter se fortunas partitas esse dicemus? Alteram quæ ei incolumen classem, propensum imperium, præcipuas piraticæ vires adjiceret: alteram quæ claritatis ruinam, commilitonum necem, acerbissimum vitæ exitum irrogaret.

46. Valerius Lib. II. Cap. V.

Frugalitas inimica luxuriosis epulis, & aliena nimiæ vini abundantiæ, & ab immoderato Veneris usu aversa.

47. Valerius Lib. IV. Cap. III.

Quorum animus aliquo in momento ponendi pecuniam nunquam vacavit.

48. Valerius Lib. II. Cap. V.

Ex libamentis victus sui deos eò efficacius, quo simplicius placabant.

49. Valerius Lib. II. Cap. VI.

Tenacissimos patriæ nervos externarum deliciarum contagione solvi noluerunt.

50. Valerius l. d.

Ut primum se Asiæ moribus permisit, fortitudinem suam effœminato ejus cultu mollire non erubuit.

51. Valerius Lib. IV. Cap. III.

Benevolentiam Populi Romani mercari, quia virtutem debilitare nequiverat, cupiens.

52. Valerius Lib. IX. Cap. I.

Transmarinorum stipendiorum abundantia oscitantem.

53. Valerius Lib. VII. Cap. II.

Ut homines ipsam potius virtutem, quàm umbram ejus consectarentur.

54. Valerius Lib. V. Cap. III.

Qui æternum Romano Imperio spiritum ingeneraverat.

55. Valerius Lib. VIII. Cap. II.

Omnia temporum momenta ad percipiendam & exercendam doctrinam conferens.

56. Valerius Lib. II. Cap. VI.

Tenacissimos patriæ nervos externarum deliciarum contagione solvi & hebetari noluerunt.

57. Valerius Lib. IV. Cap. V.

Illorum amicitia in consortione delitiarum contabuit.

58. Valerius in Prologo:

Nec mihi cuncta complectendi cupido incessit.

59. Valerius Lib. I. Cap. I.

Quâ quidem constantiâ magnus cœlestibus injectus est rubor ulterius adversus eam sæviendi gentem, quæ nè injuriarum quidem acerbitate ab eorum cultu absterreri potuerit.

60. Valerius Lib. VI. Cap. IX.

Jam Alcibiadem quasi duæ fortunæ partitæ sunt: altera, quæ ei nobilitatem eximiam, favorum civium propensam, præcipuas potentiæ vires assignaret: altera, quæ damnationem, exilium, odium patriæ, violentam mortem infligeret.

61. Saxo

61. Saxo l. d.

Itaq; ex speciosissimo victore ad miserabilem captivi sortem deductus.

61. Vlearius Lib. I. *Cap.* I.

M. Atilius Regulus ex victore speciosissimo ad miserabilem captivi fortunam deductus.

62. Saxo Lib. IX. *pag. 178.*

Verùm quoniam hujusce muneris advocationem præstare plerisque vel invidiosum, vel arduum videbatur.

62. Valerius Lib. II. *Cap.* IX.

Accedit his, quòd etiam fortunâ longam præstandi hujusce muneris advocationem estis assecuti.

63. Saxo Lib. IX. *pag. 178.*

Nam fatis suis Romanæ legationis præcurrit adventum.

63. Valerius Lib. V. *Cap.* II.

Ille adventum Scipionis fatis suis præcurrentibus.

64. Saxo l. d.

Post hunc Gormo arcem obtinuit: *id est, rerum summam, imperium.*

64. Valerius Lib. VI. *Cap.* II.

Quo interfecto, aliquanto tetrior arcem occupavit.

65. Saxo Lib. IX. *pag. 179.*

Quippe profuso in somnum animo, existimavit.

65. Valerius Lib. I. *Cap.* VII.

M. Cicero, animo in somnum profuso, putavit.

66. Saxo Lib. IX. *pag. 180.*

Salus namq; Danorum in ultimas angustias deducta, ac penè desperationis periculis implicata.

66. Valerius Lib. II. *Cap.* VII.

Animis desperatione vitæ implicatis.

Et Lib. I. *Cap.* VI.

Tristitia implicatis militum animis.

67. Saxo Lib. X. *pag. 161.*

Voluntarium pro duce spiritum erogavit.

67. Valerius Lib. V. *Cap.* IV.

Pro parentum alimentis spiritum erogantes.

68. Saxo Lib. X. *pag. 183.*

Eadem quoq; cum sub specie fæminæ virilem animum gereret.

68. Valerius Lib. VIII. *Cap.* III.

Quam quia sub specie fæminæ virilem animum gerebat, Androgynem appellabant.

69. Saxo Lib. X. *pag. 188.*

Svenonis fortunam crebris detrimentorum incursibus lacessitam.

69. Valerius Lib. IV. *Cap.* VII.

Detrimentorum incursu quassatis solatia erogabantur.

70. Saxo Lib. X. *pag. 192.*

Nec solùm fortitudinem ipse plenissimam præbuit, sed etiam ex sociorum animis pæne profugam revocavit.

70. Valerius Lib. V. *Cap.* VI.

Pietatemq; non solùm ipse plenissimam exhibuit, sed etiam ex pectoribus aliorum abeuntem revocavit.

71. Saxo Lib. X. *pag. 193.*

Ut nuptiarum deformitatem seminis aptitudine coloraret.

71. Valerius Lib. VIII. *Cap.* II.

Libidinosam liberalitatem debiti nomine colorando.

72. Saxo Lib. X. *pag. 194.*

Adeò scrupuloso cultu levia quoq; religionis momenta servavit, cujus detractæ tristem à se ipso pœnam exigere cunctatus non est.

72. Valerius Lib. I. *Cap.* I.

Quod tàm scrupulosâ curâ parvula quoq; momenta religionis examinare videntur.

Et eodem Libro:

Hercules quoq; detractæ religionis suæ gravem pænam exegisse traditur.

73. Saxo Lib. X. *l. d.*

Cujus facti circumspectissimâ sanctitate æternam cognomine memoriam usurpavit.

73. Valerius Lib. I. *Cap.* XX.

Decretiq; circumspectissima sanctitate impium opus censoris retexuit.

74. Saxo loco dicto:

Ab eodem quoq; pauperibus protectio, pupillis tutela, sacerdotali ordini veneratio, detrimentorum violentiâ lacessitis subsidia præbebantur.

74. Valerius Lib. IV. *Cap.* VIII.

Et cum hæc universis, privatim alimenti inopiâ laborantibus, dotes virginibus paupertate pressis, detrimentorum incursu quassatis solatia erogabantur.

75. Saxo Lib. X. *pag. 196.*

A quo Ulvo, tempore, quo rerum autor nobiscum immortalitatem suam partiri voluit, annuo feriarum circuitu repetito.

75. Valerius Lib. II. *Cap.* I.

Quid attinet divino numini invidiam fieri, quod immortalitatem suam nobiscum partiri noluerit.

Et Lib. II. *Cap.* II.

Cujus hilaritatis memoria annuo circuitu feriarum repititur.

76. Saxo Lib. X. *pag.* 201.

Ejus famam gloriæ quæstu opulentissimam tenacissima posteritatis cognitio comprehenderit.

76. Valerius Lib. IV. *Cap.* I.

Quo evenit, ut reprehensionis morsu sit vacua, & laudis quæstu opulentissima.

77. Saxo Lib. X. *pag.* 203.

Nocte vero, quam belli dies insequutus est, quietem ejus certæ prædictionis species adumbravit.

77. Valerius Lib. I. *Cap.* VII.

Referam, quàm certis imaginibus multorum quies adumbrata sit.

Et paulò pòst:

Annibalis quoq; certæ prædictionis somnium fuit.

78. Saxo Lib. XI.

Post hæc Daniæ status varijs rerum casibus fluctuatus est.

78. Valerius Lib. IX. *Cap.* VIII.

Ità exiguo momento maximæ rei casus fluctuatus est.

79. Saxo Lib. XI.

Magno cum indolis experimento ætatem animo præcucurrit.

Et paulò pòst:

Rerumq;, quarum ob infirmam adhuc ætatem vix spectator esse potuit, auctor haberi præsumpsit.

79. Valerius Lib. III. *Cap.* I.

Præcucurrit igitur Lepidus ætatis stabilimentum fortiter faciendi celeritate, duplicemq; laudem è prælio retulit, cujus eum vix spectatorem anni esse patiebantur.

80. Saxo Lib. XI.

Nocte igitur, quam dedicationis dies insecuturus putabatur, Sacristæ somnum capienti, quidam per quietem præcepit.

80. Valerius Lib. I. *Cap.* VII.

Artorio somnum capienti nocte, quam dies insecutus est, quo Romani exercitus inter se concurrêre, Minervæ species oborta præcepit.

81. Saxo Lib. XI.

Abstersis lacrymis, depositisq; doloris insignibus, cultum regium resumere jussit.

81. Valerius Lib. I. *Cap.* I.

Abstersis lacrymis, depositisq; doloris insignibus, candidam induere vestem.

82. Saxo Lib. XI.

Hinc Danicis, inde Norvagicis oculis, incredibilem, nisi spectareris, operam edidisti.

82. Valerius Lib. III. *Cap.* II.

Hinc Romanis, illinc Britannicis oculis, nisi cernereris, spectaculo fuisti.

83. Saxo Lib. XI.

Exulasse hujus animum in nequitia non habitasse credimus.

83. Valerius Lib. VI. *Cap.* IX.

Peregrinatus est hujus animus in nequitia, non habitavit.

84. Saxo Lib. XII.

Quamobrem tanta ciborum penuria incessit.

84. Valerius Lib. VI. *Cap.* VI.

Tanta in Bosphorano tractu commeatus penuria incessit.

85. Saxo Lib. XII.

Nobilibus in eundem usum ingenuitatis insignia erogare rubori non fuit.

85. Valerius Lib. V. *Cap.* VI.

Pueri insignia ingenuitatis, ad sustentandam temporis difficultatem, contulerunt.

86. Saxo Lib. XII.

Inops epularum convivium principum oculis subjicere erubescebat.

86. Valerius Lib. I. *Cap.* IX.

Effectum religionis suæ oculis Regis subjecit.

87. Saxo Lib. XII.

Qvum non minorem personarum, quàm civitatum respectum egisset.

87. Valerius Lib. III. *Cap.* VII.

Majorem ejus autoritatis, quàm suorum alimentorum respectum egerunt.

88. Saxo Lib. XIII.

Ne patriam sumptuosa clientela, ac voracibus oneraret impensis.

88. Valerius Lib. VII. *Cap.* I.

Exercitus, & arma, & equitatum voracibus impensis onerosum.

89. Saxo Lib. XIV.

Lætatusq; est, quod salutem suam alienæ rati, quàm proprio navigio credere maluisset.

89. Valerius Lib. I. *Cap.* VII.

Ipse lætatus est, quòd vitam suam somnio, quàm navi credere maluisset.

90. Saxo Lib. XIV.

Quo evenit, ut obscura & ignobili cæde spiritum deponeret, quem honeste in acie profundere noluisset.

90. Valerius Lib. VI. *Cap.* III.

Effecitq;, ut quem honestè spiritum profundere in acie noluerat, turpiter in catenis consumeret.

91. Saxo Lib. XV.

Fridericus perfectissimum honestatis specimen.

91. Valerius Lib. IV. *Cap.* III.

M. Curius fortitudinis perfectissimum specimen.

92. Saxo

92. Saxo Lib. XV.

Publicæ religioni, quàm privatæ amicitiæ propiorem.

93. Saxo Lib. XV.

Igitur patricij spiritus Pontifex.

94. Saxo Lib. XVI.

Quo beneficio obligatus Bogislavus, Sclavorum animos Danis applicando, debitam Absolonis meritis gratiam retulit.

95. Saxo Lib. XVI.

Hisdem perfidiæ laqueis filij simplicitatem circumvenire studentis, quibus olim patris credulitatem implicatam habuerat.

96. Saxo Lib. XVI.

Quibus cum pulso manè somno oculos inseruisset.

97. Saxo Lib. XVI.

Bogizlai quoq; animus constantiæ pignoribus refertus.

98. Saxo l. d.

Accepti beneficij memoriam ad ultimum usq; vitæ tempus inviolabili fide exhibuit.

99. Saxo l. d.

Adeo ut cum supremo morbo correptus in lectulo laberetur.

100. Saxo l. d

Eumq; dividendi inter pupuillos regni autorem habituros.

101. Saxo l. d.

Et quod is statuisset, perinde ac testamento cautum, custodituros.

92. Valerius Lib. I. *Cap.* I.

Propior publicæ religioni, quàm privatæ charitati.

93. Valerius Lib. VI. *Cap.* I.

Virginius plebeji generis, sed patricij vir spiritus.

94. Valerius Lib. IV. *Cap.* III.

Quâ continentia Indibilis obligatus, Celtiberorum animos Romanis applicando, meritis ejus debitam gratiam retulit.

95 Valerius Lib. VII. *Cap.* IV.

Aciem Pop. Rom. compluribus astutiæ implicatam laqueis ad tàm miserabilem perduxit exitum.

96. Valerius Lib. III. *Cap.* III.

Si huic miraculo Darius inseruisset oculos.

97. Valerius Lib. V. *Cap.* II.

Massanissæ Regis pectus grati animi pignoribus refertum.

98. Valerius l. d.

Memoriam inclyti muneris ad ultimum vitæ finem constantissimâ fide perduxit.

99. Valerius l. d.

Ille qvum jam ætate deficiente in lectulo laberetur.

100. Valerius l. d.

Eumq; dividendi regni arbitrum haberent.

101. Valerius l. d.

Quod is statuisset, perinde ac testamento cautum, immutabile ac sanctum obtinerent.

CAPUT XIX.

Παραλληλισμὸς *Vocum & Locutionum rariorum, in quibus Martianum Capellam imitatus est Saxo.*

DE Martiano Capella idem esto judicium. Ejus tamen non tàm integra loca, nec diffusas Periodos, quàm voces rariores, & singulares loquendi formulas, quæ minimè publici sunt saporis, imitandas sibi proposuit Saxo. Ante omnia id clarum erit, si quis diligentem collationem instituerit inter ea, quæ Capella potissimùm Lib. VI, de latitudine, rotunditate, ac divisione Terræ, alijsq; eo pertinentibus, edisserit; & Daniæ illam descriptionem Chorographicam, quam Historiæ suæ præfixit Saxo. Profectò non lac lacti, non ovum ovo poterit esse similius, quàm utriusque Autoris, circà eandem ferè materiam occupata, oratio. Agedum, videamus.

1. Saxo Præfatione, pag. 2.

Hujus itaq; regionis extima propinqui maris fluctibus includuntur. Interna vero circumfusus ambit Oceanus.

2. Saxo pag. 3.

Subsidentium camporum recessu.

3. Saxo l. d.

Pari spatiorum intercapedine disparata.

1. Martianus Capella Lib. VI. p. 200.

Rotunditatis autem ipsius extima circumfusus ambit Oceanus.

2. Mart. Capella l. d.

Hinc defluxere per diversos sinus, subsidentesq; campos.

3. Mart. Capella l. d.

Quod cum antea natura terris maria disispararet.

4. *Saxo pag. 2.* Hujus itaq; regionis extima partim soli alterius confinio limitantur.	4. *MartinusCapella pag. 202.* Divulsoq; confinio camporum : *Et mox :* Asia itidem Nili alveo limitatur.
5. *Saxo l. d.* Ex his Jutia granditatis inchoamentiq; ratione Danici regni principium tenet.	5. *Mart. Capella l. d.* Evropæ tamen principium inchoamentiq; limen Hispaniæ contributum.
6. *Saxo l. d.* Fluminis Eydori interrivatione discreta.	6. *Mart. Capella l. d.* Iberi fluminis interrivata tractu. *Et pag. 213.* Verùm hæc angustiora quâdam interrivatione distenduntur.
7 *Saxo pag. 3.* In Norici freti littus excurrit.	7. *Mart. Capalla l. d.* In Gaditani freti littus excurrit.
8. *Saxo l. d.* Cum aliquanto latitudinis excremento.	8. *Mart. Capella pag. 203.* Diffusior adjacet in latitudinis excrementum.
9 *Saxo pag. 2.* Tevtoniæ finibus admovetur.	9. *Mart. Capella l. d.* Ex alio latere Galliarum finibus admovetur.
10. *Saxo pag. 4.* In hiantium rimarum penita provoluti.	10. *Mart. Capella pag. 205.* Mersus in penita telluris: *Et pag. 195.* Qui in ejus penita præcipitatur.
11. *Saxo l. d.* Scopulis undiq;secus obsita.	11. *Mart. Capella pag. 195.* Aëris halitus undiq;secus diffusus. *Et paulò post :* Tantundem undiq;secus à terris abesse cælum.
12. *Saxo l. d.* Multiplex diversitatis Barbaricæ consertio.	12. *Mart. Capella pag. 214.* Littus confertum multiplici diversitate Barbarica.
13. *Saxo l. d.* Ab hujus ortivo latere.	13. *Mart. Capella pag. 224.* Sol ortivus in læva conspicitur.

Plura heîc accumulare exempla, brevitatis causâ, in præsens supersedeo. Saxonem etenim Martiani Capellæ felicem ac diligentem fuisse imitatorem, Notæ & Observationes nostræ, si quis accuratius eas pervolverit, porro plenius certiusq; testari poterunt.

CAPUT XX.

Encomia & Testimonia Virorum Doctorum, nostri & superioris seculi, de Saxone Grammatico.

TAmetsi Saxo noster omni propè laude major sit, deq; eo præstet omninò tacere, quàm pauca dicere, quod olim de Carthagine Sallustius usurpavit; [quicquid enim dixeris, id omne incomparabili ipsius eloquentiâ, & eruditione longè admirabili, minus erit:] in medium tamen adducam luculenta quædam Virorum Doctorum de tàm divino Scriptore Encomia & Testimonia; ex quibus perspicuum erit, quanti Saxonem fecerint, etiàm illi, qui Danicis ingenijs non adeò benignos se fautores præbere solent.

Auctor Vitæ S. Wilhelmi Abbatis : *Mittit itaq; in Gallias Saxonem, Præpositum Roschildensem, VIRUM HONESTUM; qui ab S. Genovefæ collegio petat dominum VVilhelmum, cum alijs tribus fratribus, mitti in Daniam.*

Auctor vetustissimus, cujus meminit Codex MS. Regiæ Bibliothecæ Hafniensis : *Saxo cognomine Longus, miræ & urbanæ eloquentiæ Clericus.*

Cornelius Aurelius, magni illus Erasmi Præceptor, Lib. II. Bataviæ suæ, ubi de domo tributària à Gotrico Danorum Rege in Frisia erectâ loquitur : *De hac Saxo Grammaticus miranda ponit in Historia sua, quam de gestis Danorum ACCURATISSIME scripsit.*

Desid.

Desid. Erasmus Roterodamus Dialogo, cui titulus *Ciceronianus*, sive, *De optimo dicendi genere* : *In Daniam navigare malo, quæ nobis dedit Saxonem Grammaticum, qui suæ gentis Historiam splendidè magnificeq; contexuit. Probo vividum & ardens ingenium, orationem nusquam remissam aut dormitantem; tùm miram verborum copiam, sententias crebras, & figurarum admirabilem varietatem : ut satis admirari nequeam, unde illa ætate homini Dano tanta vis eloquendi suppetiverit.*

Albertus Crantzius Daniæ Lib. I. Cap. I : *Nunc Antiquitates renovaturi, rerum gestarum ordinem narratione complectamur; Saxonem, virum Sialandicum, mirâ diligentiâ suæ gentis Antiquitates perscribentem, sequentes autorem : cujus diligenti verborum curæ parem indagandæ veritatis credere promptum est vigilantiam extitisse.*

Idem Norvagiæ Lib. V. Cap. XIII : *Hæc ad verbum libuit ex Saxone nostro transferre & inserere, ut per intervalla, autoris, quem in his Antiquitatibus sequuti sumus, vocem intermisceamus: ut videant posteri, quæ cura scribendi fuerit, jam tùm eâ tempestate, Danici generis hominibus. Non vibebatur tanta literarum instructio neq; seculo congruere, neq; regioni : quando in ultimâ (ut vocant Itali) barbarie, illis temporibus, quando illustrium literarum memoria videbatur etiàm in Italia (bonarum artium matre) jamdudùm intermissa; Saxo tamen Danus in patria sua tùm ea scripsit, quæ admiramur. Et nisi manifestis attestationibus rem in propatulo cerneremus, non facile persvasum haberemus, illis temporibus, in eis regionibus tale aliquid compertum iri. Judicet quisque, ut volet. Ego temporum & locorum facta collatione, hominem demiror, & laude sua non fraudo.*

Idem Sveciæ Lib. I. Cap. I. pag. 204 : *Et quoniam promiscuè Gothorum atq; Sveonum res gestas in ordinem digerere propositum est, principium à Gothis sumere ex re visum est, quod eorum egressio vetustior est, quàm ulla rerum in Svecis commemoratio, ab autore, quem sequimur. Is est Saxo Grammaticus Sialandicus, vir inprimis disertissimus, & (ut confidimus) antiquitatum in gente sua fidelissimus renovator.*

Eodem Libro pag. 225 Saxonem vocat *memorabilem scriptorem* : *Nam Daniæ quoq; gesta memorabilis ille scriptor, per aliquot secula transilijt.* Et Norvagiæ Lib. I. pag. 352. *virum diligentissimum* : *Miror autem his de rebus Saxonis nostri silentium &c. Sed non est ea culpa viri diligentissimi, quod per eam ætatem (ut apparet) nulli annales scriberentur.*

Cardanus de rerum varietate Lib. XV. Cap. LXXX. *Neq; id vitiosum Historico : sed ubi Historia per se sterilis est, licet eam jocis ac fabulis exornare. Quamobrem & jure ab his abstinuit T. Livius, & Herodotus justè damnatur, & Saxo Grammaticus laudatur.*

Olaus Magnus, Archiepiscopus Upsalensis, Lib. II. Cap. XXIV : Histor. Septentr. *Hanc insulam Gotlandiam Saxo Grammaticus, Danorum insignis Historicus, in pluribus suis scriptis ad Sveciam sinè quavis hæsitatione spectare attestatur.*

Idem Lib. III. Cap. XII : *Saxo Danorum Historicus, Antiquitatum diligentissimus indagator.*

Idem Lib. V. Cap. I. *Quid verò Saxo Grammaticus, diligentissimus Historicus, de sua tellure Danica in hac materia asserat, curiosus Lector præfationem Historiarum ejus, circa finem, inspiciat.*

Et paulo post : *Fortè si superioris Svetiæ atq; Gothiæ cautes & saxa examinasset, præclarissima veterum gesta* MIRABILI SUO INGENIO *ad posteros transtulisset.*

Idem Lib. V. Cap. III : *Asserit clarissimus Danicarum rerum scriptor Saxo, superius allegatus, ac inferius frequenter allegandus.*

Antonius Possevinus Apparatus Sacri Pag. 197. Edition. Venetæ : *Saxo Grammaticus, Sialandicus, è Daniæ regno, Rothschildensis Ecclesiæ Præpositus, scripsit Historiæ Danorum Libros XVI. ad Andream Episcopum Daniæ, illos quidem perelegantes, si præsertim ævum, quo vixit, attendas. Quippe Philippo Cæsare vixit, deq; suæ gentis vetustate, usq; ad Annum 1200, quo vixit, eandem Historiam pertexuit; quæ Basileæ apud Bebelium Anno 1534, atq; Parisiis prodijt. In quâ licet, præter alia, intueri, quænam antè enatas Lutheri, & aliorum, Hæreses, religio, nempè Catholica, semper apud Danos, post illorum ad fidem Christianam conversionem, enituit.*

Christophorus Colerus Epist. de studio Politico ordinando : *Miror Saxonem Grammaticum, qui ævo barbarissimo eloquentissimè & comptissimè scripsit Historiam Danicam. Atq; utinam ita diligenter etiam, qui de rebus Germanicis commentati sunt : licet ipse multas fabulas miscuerit.*

Joannes Picartus in Notis ad Lib. II. Gvillelmi Nevbrigensis de rebus Anglicis : *Saxo Grammaticus Lib. I. Hist. Dan. à Dan, primo Danorum Rege, vult dici Danos. In quam sententiam pedibus eo lubens, quippe pronunciatam à Scriptore Dano diligentissimo juxta ac disertissimo.*

Thomas Dempsterus, Scotorum doctissimus, in Indice Scriptorum, quos in Paralipomenis suis ad Antiquitates Romanas Johannis Rosini, in testimonium advocat : *Saxo Grammaticus luculentus, ut tempora ferebant, Historicus.*

Daniel

Daniel Heinſius in Prolegomenis ad Ariſtarchum Sacrum : *Quod nomen* (Grammatici) *ſibi præſtantiſſimus Philoſophi interpres, qui Theologiam quoq; profeſſus eſt, aſſumpſit. Qui Grammaticus ab univerſæ eruditionis contemplatione ac complexu dictus eſt : quemadmodum ætate ſequiori Saxo, illuſtris ac ætate illa facundiſſimus Danorum Hiſtoricus, vir plurimarum rerum gnarus, Saxonem Grammaticum ſe dici voluit.*

Gerardus Joannes Voſſius Lib. II. de Hiſtoricis Latinis : *Saxo Grammaticus, Sialandicus, Rotſchildenſis in Dania Eccleſiæ Præpoſitus, ad Andream, Daniæ Epiſcopum, Hiſtoriam ſcripſit Libris XVI : in quâ non pauca ſunt fabuloſa : ut haud cuncta recipi debeant ἀβασανίστως. Nec tamen tantus eſt fabulator, ac nonnullis videtur, qui eum nullo habent loco. Inter hos eſt Goropius Becanus: de quo minus eſt mirandum, cum argumentum tractet, non παράδοξον modò, ſed etiam ἄδοξον. Rejicit igitur, non quicquid debet, ſed quicquid obeſt cauſæ ſemel ſuſceptæ. Quod ad Saxonis dictionem, tanta hujus eſt elegantia, ut ætatis illius captum planè excedat : imò cum antiquiorum, & noſtri ſeculi plurimis, certet. Perduxit Hiſtoriam ſuam usq; ad tempora Philippi Cæſaris, ſub quo non inglorius vivebat. Mentio ejus fit ab eo, qui Saxonem in Dania aut vidit, aut videre potuit ; diſcipulo dico S. Gvilhelmi, Roſchildenſis in Dania Abbatis, apud quem in præceptoris vita hæc legas : Mittit itaq; in Gallias Saxonem, Præpoſitum Roſchildenſem, virum honeſtum ; qui ab S. Genovefæ Collegio petat Dominum VVilhelmum, cum aliјs tribus fratribus mitti in Daniam.*

Johannes Iſacius Pontanus in Epiſtola Dedicatoria ad Sereniſſimum Daniæ Regem, Chriſtianum IV : *Eorum præcipuè priores* (Reges) *Saxo Grammaticus, Sialandicus Danus, illuſtri Langiorum proſapiâ oriundus, ante quadringentos, & quod excedit, annos, mirabili rerum varietate, nec minori dicendi ubertate &c. accuratius pertractans &c.*

Idem Hiſtoriæ rerum Danicarum Lib. VI. pag. 293 : *Quin & eo* (Abſalone Archiepiſcopo) *præcipuè impulſore & veluti ergodiocte uſus Saxo Grammaticus, Præpoſitus Roſchildenſis, in gratiam ac decus ſuæ gentis, Hiſtoriam, quæ hodieq; eſt in manibus, Latinè contexuit, ſtilo ac dicendi genere, ſuprà quàm illud ferebat ſeculum, florenti ac terſo ; adeò ut Eraſmus exinde haud ſatis mirari potuerit tantam eo ævo in homine Dano eloquij vim atq; elegantiam.*

Idem in Chorographica Daniæ deſcriptione, Cap. de Danorum ingenijs, ſtudijs, ac moribus, pag. 781 : *Talibus viris, ſivè ſidera potius appellem, lucentibus, nihil mirum & alia extitiſſe clara ingenia. Sanè Italiam, Galliam, Germaniam, cæteramq; ferè Europam univerſam, barbaries tum occuparat ; adeò ut in iſto propemodùm terrarum angulo, extremoq; Borea, quod mirandum, elegantia ac decus literarum ſteterit. Tunc etenim ſuis tantummodò notus, interq; frigora atq; Arcton ſtudia fovens, ſinè exemplo maximus, longeq; admirabilis rerum Danicarum ſcriptor emicuit Saxo Grammaticus, Eccleſiæ Roſchildenſis Præpoſitus, è vetuſta atq; inclyta Langiorum familia oriundus. Quem exinde ſeculis aliquot, ubi emergere è vepribus, ac tenebris ignorantiæ denſiſſimis cœpiſſet doctrina cultior,* admirati ſunt viri *doctiſſimi, & in his magnus ille Deſiderius Roterodamus, illo ævo hominem Danum non modò ſplendidè magnificèq; gentis ſuæ Hiſtoriam contexuiſſe, ſed ad id exſequendum attuliſſe inſuper ingenium vividum & ardens, orationem nusquam remiſſam aut dormitantem, tùm mirificam verborum copiam, ſententias crebras, & figurarum admirabilem varietatem ; ut exputare iterum iterumq; haud potuerint, unde homini ad axem propemodo extremi Boreæ poſito tanta vis eloquendi eâ ætate promanarit. Habuit ille operum ſuorumq; ſtudiorum impulſorem præcipuum, ac veluti ergodiocten, Abſalonem Hvide, Lundenſem Archiepiſcopum. In cujus quoq; gratiam, ac decus ſuæ gentis, Hiſtoriam, quæ hodieq; eſt in manibus, Latinè contexuit. Unum optandum fuiſſet, ſi adjectâ annorum ærâ, lucem majorem rebus addidiſſet, & inductis quoq; ævi illius incerti ac vetuſtiſſimi nonnullis, quod ad libros præſertim primores attinet, hiſtoriam magis, quàm fabulas, quod ei Vives impingit, poſteris tradidiſſet. Nam cætera ſanè (licet & iſta quibus tueatur, habet) ejusmodi ſunt, quæ à legibus legitimæ Hiſtoriæ nihil abeant. Eſtq; egregium hoc pacto felicemq; rerum ſuarum præconem nactus Rex VValdemarus, eiq; proximus Abſalon, qui haud ſatis exiſtimarunt ſumma cum gloria, maximoq; patriæ emolumento, res præclaras perpetraſſe, niſi earum quoq; egregium hunc ſcriptorem ſibi familiarem reddidiſſent &c.*

Caſpar Barthius, in Notis ad Claudianum, pag. 35 : *Ità Saxo Grammaticus, Latinus & diſertus Hiſtoriæ Danicæ conditor.*

Idem pag. 131 : *Scitum etiàm eſt illud Saxonis Grammatici, Hiſtoriæ Danicæ non adeò antiqui, ſed mirùm quàm diſerti & docti ſcriptoris.*

Idem pag. 436. : *Uſus hoc verbo, etiàm ævo extremo, Saxo Grammaticus, Danorum Hiſtoriæ auctor, ad priſcorum multos politus.*

Idem Lib. XVII Adverſariorum, Cap. IV : *Eodem uſus verbo Sidonius Panegyrico Majorani : ---- Craſſatur vertile tergum Flatibus. ---- & ævo ultimo ſcriptor admirandus, Saxo Grammaticus, Lib. 1. Daniæ ſuæ :*

Vertilis inq; novos converti cerea vultus.

Idem

Idem Lib. XXIV. Cap. VIII : *Conditore Annalium apud Danos suos Saxone, cui* Grammatico *ab eruditione recondita receptum est nomen, suo ævo nihil sperari majus potuit. In summâ barbarie, in terrâ à cultu literarum tùm aversissimâ, Latinè, eleganter, eruditè scribit, citrà parem quidem omnia.*

Idem Lib. L. Cap. XII : Vetustatem *pro* Senectute *dixit Saxo Grammaticus, Danorum eloquens & eruditus Historicus, Lib.* XIII. *his elegantissimis versibus :* Ipse ego quàm noceat, didici, damnosa vetustas.

Idem Epidorpidum Lib. VIII. qui inscribitur Bibliotheca; Epigr. LXXXVII:

SAXO GRAMMATICUS

Adoptat huncce Phœbus ultimum natum,
Sed ingenI vigore nobilem in multis.

CAPUT XXI.

SAXOMASTIGES.

A conditis literarum monimentis nemo tàm felicis industriæ fuit, in quocunque studiorum genere, quin ejus scripta ac lucubrationes in varias reprehensiones incurrerent. Sic Homerus Zoilum, Virgilius Carbilium, Horatius Mævium, Demosthenes Demadem, Cicero Antonium, Herodotus Plutarchum, Josephus Egesippum, alij alios, suorum scriptorum habuerunt obtrectatores. Ità & Saxoni nostro sui no defuerunt vituperones, vitiligatores, iniqui Censores, & acerbi nimis Aristarchi, qui se adversus memoriam ac merita tanti scriptoris prorsus malignè atq; impudenter gesserunt. In his præcipui sunt :

Hieronymus Cardanus Lib. XVII. de Subtilitate : *Poterat sanè hujus inventi autor silentio præteriri, quandoquidem nesciam, an in illis totis tribus libris, quos de Occulta Philosophia conscripsit, quicquam aliud veri sit. Adeò illum insanisse, dùm hæc scriberet, existimo : longè magis, quàm in Danòrum Historia, qui illam totam* (quod falsissimum est) *fabulis plenam conscripsit Saxo Grammaticus nescio quis.*

Ludovicus Vives, (cujus tamen de Saxone judicium cum temperamento mitioris censuræ conjunctum est) de tradendis disciplinis Lib. V. pag. 389 Edit. Colon. in 8 : *Saxo Grammaticus de Danis ea scribit, quæ fabulositatem resipiunt, ut in admirationem aliarum gentium conficta credas. Sed mireris quoq; in illo seculo, atq; illa regione, verba & elegantiam dictionis. Fabulosa sunt magis quæ de Britanniæ originibus quidam est commentus, à Bruto illo Trojano deducens, qui nullus unquam fuit.*

Johannes Goropius Beccanus, acerrimus omnium & iniquissimus Saxomastix, Lib. 7, quem Goto-Danica vocat, Edit. Antuerpiensis, anni 1569 pag. 708. *Hactenus certe, quæ Saxo Grammaticus, & eum secuti, prodiderunt, pro vanissimis delirijs habeo: propterea quod nihil prorsus cum Græcis scriptoribus, & migrationum Germanicarum perpetua quadam successione, apud idoneos autores celebrata, consentiant, sed meras nugas, & vana somnia, & aniles fabulas, citra omnem & utilitatem & eruditionem, inculcent.*

Idem pag. 755: *Sed excusetur hic error* (Cranzij) *cum cæteris quàm plurimis, Saxonis Grammatici autoritate, quos ex cæco quodam amore deprompsit ; nulla nec linguæ Cimbricæ, nec veterum Græcorum, è quibus Plinius suam Nerigon hausit, habita reverentia. Hos tamen potius ob insignem diligentiam & venerandam antiquitatem, & curiosam rerum externarum pervestigationem & sequi & interpretari, & si qua parte lapsi essent, adjuvare debuisset, quàm vanum illum fabulatorem, cujus historia minus habet, quàm Ariosti Orlandus, veritatis : similior certè veris Luciani narrationibus, & Apuleji milesiis fabulis, & Heliodori Æthiopicis, quàm veræ rerum gestarum expositioni.*

Hinc jam per aliquot paginas Saxonem ex professo refutare aggreditur. Longum nimis foret singula describere. Demum pag. 758 : *Multas nugas me legere & audire memini : sed oderit me Mercurius, si unquam ullas frigidiores, quàm egregius hic historiæ scriptor contexuit, æstimarim, &c.*

Joannes Bodinus Methodi Historiarum Cap. IV. de Historicorum delectu, pag. 96: ubi de Procopio agit : *Quæ prodigia sapiunt Græcam vanitatem, & historicis non modò profanis, verùm etiàm Ecclesiasticis, fidem sæpè derogarunt. Plenus est ejusmodi fabulis Nicephorus Callistus, quibus etiam Zonaras, alioqui probatus Historicus, & Nicephorus Gregoras sæpè delectantur ; ac interdùm Eusebius Cæsariensis. Talibus nugis referti sunt Antonini, Adonis, Saxonis Grammatici, Sigeberti, Freculphi, Naucleri, Mariani, Merlini, Urspergensis, Annonij, Turpini, Guagnini, ac veterum Annalium libri ; quibus omninò carere non possumus, in eo genere tamen alij alijs longè præstant.*

Scripto-

Scriptores Centuriarum Magdeburgensium Centur. X. Cap. XIII. pag. 693: *Inter Metamorphoses Ovidij referri posset, quod Saxo Grammaticus de Urso nugatur, quem ait in agro Svetico virginem quandam rapuisse, & in latebris suis ejus concubitu usum esse. &c.*

Joannes Wierus de præstigiis Dæmonum Lib. III. Cap. XV: *Stultitia hæc phantastica ut omnium oculis evidentissimè pateat, ex Joanne Grammatico* (ità perperàm Saxonem nostrum nominat) *asscribam bonâ fide Historiam, ab eo ut veram inter reliqua intextam: quam tamen merè mendacem, aut mendacijs egregiè excultam, (quod equidem cum docti alioqui viri venia dictum cupio) facilè is judicabit, qui ad rationis trutinam revocarit, num grato, imò virulento epuli gustu, rationis atq; eloquentiæ summum munus, ac manuum feliciter conserendarum donum consequi quis possit. Ità scribit Lib. V. Historiæ Danicæ &c.*

Et paulò pòst: *Mirandum interim summoperè, tàm manifesta mendacia à præclaris illis ingenijs inter res verè gestas describi citrà præmonitionem commenti alicubi lecti vel auditi: sic tutior earum foret lectio.*

Joannes Magnus, Archiepiscopus Upsalensis, Lib. IV. Cap. XXVII. Historiæ Gothorum Sveonumq;: *Neq; illud verum est, quod Saxo affirmat, hunc Ericum, primum ejus nominis Regem, Svecis præfuisse.* Ex mox: *Præterea non satis probabilis videtur illa Saxonis assertio, quâ Frothoni centum septuaginta Reges subjectos commemorat.* Ubi ad oram Libri excusum extat: *Saxo multa falsa suis Historijs immiscuit.*

Idem Historiæ Lib. VIII. Cap. XXVII: *Albertus Crantzius circà hunc passum insurgens, queritur Saxonem Danicas Historias nimis mutilatas tradidisse. Quod etiam nulla ratione negari potest.*

Idem Historiæ Lib. XVII. Cap. I: *At de illa ingenti auri summa, quam Saxo in expiationem necis vulpeculæ à Sveonibus expositam fuisse affirmat, ità sentio, ut potius sileam, quàm me indigna respondeam.* Ubi simul ad marginem legitur: *Saxonis Danici in Sveones impostura.*

Janus Douza Annal. Holland. Lib. I. fol. 71: *Magnus certè apud me Albertus ille, industriæq; ac fidei præclarus inprimis; nisi quà Saxonis illius, non indiserti quidem, quantùm potuit in tali ævo, sed verò nimiùm fabulosi scriptoris, sequitur autoritatem.*

Cromerus Lib. I. Polonicæ Histor. Cap. IX. *Saxoni parum fidei habendum* dicit, *cum de re à sua memoriâ remotâ, nullo autore, scribat.*

Johannes Lampadius in Continuatione Mellificij Historici Pezeliani, Parte III, pag. 62: *De Saxone extat Cardani judicium de Subtilitate Lib. 17. ubi inquit: Cornelium Agrippam in libris de occulta Philosophia non minus delirasse, quàm Saxonem Grammaticum, qui historiam Danorum totam fabulis refertam condiderit. Alij Lucianicis figmentis similimam esse dicunt, quibus D. Chytræus astipulari videtur. Verùm ut, quod res est, aperiam, vera falsis misceri contendo.*

M. Jonas Jacobus Venusinus, Historicus quondam Regius, in Thesibus de Fabula, quæ pro Historia sæpissimè venditatur; Thesi LXXIV: *Cupimus autem nobis ignosci, si non omnia, quæ scriptis suis Saxo Longus, vel alius quispiam consignavit, approbemus. Quædam enim ejusmodi sunt, ut apertæ veritati vim faciant; quæ si pro veris acceptaremus, næ nos in Historiâ nihil vidisse videremur.*

Idem Thesi CXXXV: *Fatendum igitur Saxonem Scaldrorum carminibus & cantilenis nimiùm tribuisse: neq; opere suo Historico, quod pollicetur, fidelem veritatis notitiam posteritati reliquisse.*

Idem Thesi CLVI: *Hos ego Historicos majoris profectò fecero, quàm Saxonem nostrum, qui ex meris hominibus regum Danicorum genus diducit. Immò, quod opinor ex Noricorum antiquitatibus hausit, Regum haud paucos originem ex bellua quadam, Urso nimirùm, detexit. Notius est enim quàm cuperemus, enorme atq; infandum illud commentum de Urso, qui raptam virginem Norvegicam compresserit, quæ deinde, occiso marito, Trugillum peperit &c.*

M. Andreas Fossius, Episcopus quondam Bergensis, in Epistola ad M. Desiderium Fossium: *Saxo noster autores scriptoresvè exterarum Historiarum vel nullos, vel paucos admodùm evolvisse, fideliterq; legisse mihi videtur; licet Bedam, Dudonemq; atq; Paulum Diaconum citet. Verùm si vel eosdem, vel alios legit; eorum tamen Historias narratione inversâ nimis corrumpit: ut cuivis sagaci historiarum variarum indagatori, sivè* πολυΐστωρ, *facile est videre. Quid autem Saxonem moverit, ut id faceret, aliud haud video, nisi ut gentis suæ Danicæ gloriam, non autem rerum, temporum, personarumq;, & similium circumstantiarum historicas annotationes veritatemq; venaretur. Finis enim scriptionis Saxoni propositus fuisse videtur, non ut veritatem delitescentem è tenebris in lucem erueret: sed ut Danicam nostram gentem non simpliciter illustraret, sed & ut Danos suos rerum gestarum magnitudine (à se tamen in Antiquitatibus suis primis omninò conficta) omnibus alijs, etiàm illustrissimis, gentibus atq; nationibus vel pares, vel etiàm superiores, imò Heroas, & tantùm non Deos faceret. At longè modestiores sunt plerique scriptores Germani, Galli, Hispani, Ungari, Boemi, Poloni, Angli, mei quoq; Norvegij. Ij enim veris ut plurimùm contenti, quæ in regnorum suorum initijs incerta aut incognita sunt, intacta quoq;*

quoq; relinquunt. At longè aliter fecisse mihi videtur noster Saxo. Et paulò pòst : *Nam & (ut ad Saxonem redeam,) est ubi suam is meretur laudem, veritatiq; ipsum satis consonare affirmavero : verùm id pro parte tantùm operis ipsius est. Atq; id in ultimâ saltim sui parte, qvantumq; ad 150 circiter annorum suo seculo proximum historias attinet, quas & dilucidè, & copiosè atq; verè conscripsit. At si 150 plus minus annorum antecedentium narrationes ab ipso conscriptas observes, pleraq; etiam illis vera scripsisse, in nonnullis verò etiàm hallucinatum fuisse deprehendo. Rursus 100 alios annos, qui prædictos antecedunt (nempè ab 800 ferè Christi, usq; ad 900 circiter) partim Historicâ, partim fabulosa falsâq; narratione persequitur. Reliqua verò ipsius (quæ vocatur) Historia, (a principio nempè regni Dan usq; ad 800 Christi annum, temporaq; Gottrici Regis) fabula potius Poësisq; est, quàm historia; Saxoq; in ista sui parte (si non in universum) fabulator magis est quàm Historicus. Maximâ enim ex parte (si non in universum) Poëticam atq; a semet ipso confictam conscripsit Historiam à Dan usq; ad Gottricum, (quod tempus plusquam 2000 annorum complectitur) non aliter quàm olim Virgilius Æneæ, Didonis, Turni, Nisi, Evriali, Mezentij, cæterorumq; suæ Æneidos Heroum confictas à se fabulas, tanquam Historias, carmine celebrat. Quid enim, quæso, aliud est Saxonis Torkillus per mare, per terras, per saxa, per ignes suum Ugartilochum quæritans, quàm Æneas ad inferos descendens? &c. Ut & innumera ejusmodi alia, quæ Saxo nobis pro Historijs venditat, cum tamen splendidissima sint mendacia, ipsiusq; Saxonis saltem commenta atq; somnia. Atq; breviter: Saxo est Oceanus fabularum, mendaciorumq; : imò mera continuaq; fabula totus ferè est à principio sui ad Gottricum usq; Regem. Et in tantâ sui parte, hoc est, 2000 circiter annorum descriptione non tantùm ut Poëtam, & non Historicum, ipsum reputo, sed & Poëtis ferè vaniorem. Poetæ enim ut plurimùm veras Historias suarum commentationum fundamentum habent, eisq; fabulosis involucris, figmentisq; suis, ad delectandum, interspergunt. At Saxo (meo judicio) nullam ferè habet veritati innitentem Historiam, antè annum Christi 800, aut circà id tempus. Id autem intelligi volo de Regibus ipsis, quos in Dania regnasse, his illisve temporibus asserit; deq; rebus illis gestis, quas ipsis, ex suis inventis, commentisq;, aut somnijs, Saxo affingit.*

CAPUT XXII.

Arngrimi Jonæ Islandi & Johannis Lyscandri Bramensis Censura & Judicium de Saxone Grammatico.

TAntum non hos etiam Duumviros in numerum eorum, qui Saxoni nostro rigidi nimis Aristarchi contigerunt, retulissem, nisi si paulo mitiores, & non de industriâ, sed nonnihil invitos, ad eum accessisse carpendum, re diligentius pensiculatâ, animadvertissem. Hoc igitur loco seorsim ipsorum Censuram & Judicium de Saxone nostro commemorare & in medium producere placuit.

Arngrimus Jonas Islandus in Supplemento Historiæ Norvagicæ MS : *Quamvis autem viro de sua patria benè merito, Saxoni Grammatico, nihil derogatum velimus, ac nè contradictum quidem, (in gratiam scilicet celeberrimæ Danorum gentis) si id per rerum veritatem liceret : tamen causam non subesse putamus, nec videmus, cur à nostrarum Antiquitatum, quas benè multas ad manus habui, unanimi consensu discedamus; idq; tantò minus, quod nullum occurrat uspiam, nè unum quidem, quod Saxonis narrationibus suffragetur, aut universali nostorum consensui, quoad rerum summam, contradicat; cum ille tamen interim asserat, multa se à nostris mutuatum. Nihil hic necesse discrepantia loca, seu narrationes, producere, vel operosè recensere. Id enim ex ipsa Historiarum collatione cuivis obvium. Unum tamen aut alterum attingam. Lib. VII. Hist. Dan. Saxo commemorat Ringonem quendam, Inghaldi filium, qui Haraldum Hyldetand prælio victum occiderit. Ille autem Ringo Haraldi Hyldetandi victor, fuit Sigvardus Ring, Lodbrochi pater, nostris id passim asserentibus. Id quod etiam Saxo nobiscum fatetur imprudens, eodem nomine loci, in quo depugnatum est; quem VVellejus Danicè vertit* Bravelse, *ut nos. Eundem hunc Sigvardum Ring affirmat Saxo natum patre Sigvardo quodam Norvego, Lib. IX : sed nevtrum verum est. Etenim Sigvardus Ring, Lodbrochi pater, parentem habuit Randverum nomine, debellavitq; patruum Haraldum Hyldetand, in loco* Braffuellse. *Itaq; hic Saxonem sibi contrarium judico, eundem Ringonem nunc Inghaldi, nunc Sigvardi filium, statuentem. Similiter Lib. X. crassi deprehenduntur errores. Svenonem* Tiuffaesteg / *Regem Daniæ, ait natum Gyrithâ, filiâ Biornonis, Sveciæ Regis; cum is vilem ancillam Foci Barenis in Fionia, Aasam nomine, matrem habuerit. (Æquè autem veteres legitimos ac illegitimos plerumq; curabant filios, præcipuè si qui legitimos nullos reliquerunt, ut istius Svenonis pater Haraldus) Bjorno autem ille, quem Sveciæ Regem appellat Saxo, qui alios nostris* Styrbiorn/ *à turbis, dicitur, (*Styr *enim* tumultum *notat) quamvis regnum Sveciæ nunquam adeptus est, sed conatus sit patruo Erico illud vi eripere, Haraldi Gormonis, Regis Daniæ, patris Tiuffgeskeg, gener fuit, non socer, non multò pòst nuptias cæsus à patruo.*

Sveno-

Svenonis etiam prius conjugium cum Gunhilda, Vandalorum Regis Burislai filia, Saxo omisit; ex quâ Canutum Magnum & Haraldum suscepit; non autem ex posteriore conjugio cum Sigrida Storrada, Erici Victoriosi, Regis Sveciæ, relicta vidua, quæ cum marito adhuc vivo divortium illegitimum fecerat, quam Saxo male Gyritham. Ex hac Sveno, Rex Daniæ, Astridam, Svenonis Estritij, vel Astritij, matrem, qui & Ulfonis Regis Daniæ. Eodem quoq; libro non ritè asserit Saxo, Emmam Angliæ Reginam, ex Canuto Magno, Daniæ Rege, Eduardum suscepisse; quem illa ex Adelredo, priore marito, quem Canutus debellavit, susceperat. Id quod Vellejum non animadvertisse miror. Hactenus Arngrimus.

Johannes Lyscander Antiquitatum Danicarum Sermone VIII. pag. 69: *De Gothico autem regno, rebusq; Gothicis, pauca nimis edita sunt, plurima & præcipua antiquorum negligentiâ intermissa, plurima incuriâ eorundem malè scripta.* Et cum unus sit Saxo Grammaticus, qui aliqua publicè reliquerit posteris, ex quo cæteri multa mutuò accipiunt; tamen ea ipsa in pluribus manca & imperfecta sunt. *In sermone summus ornatus est; ipsæ verò Antequitates minus diligenter investigatæ. Neq; qualis prima fuerit Aquilonarium populorum Politia, neq; quomodo regna enata sint, neq; qualiter eadem aucta & mutata sint, neq; migrationes populorum, neq; imperiorum conjunctiones, neq; temporum seriem uspiam exponit. Vix in toto opere Cimmeriorum aut Cimbrorum meminit, cum nemo unquam benè & convenienter de populis Arctois disserat, qui non usq; ad Annum Christi treecentesimum nonagesimum quintum continuam Cimmeriorum, Dacorum, & Getarum mentionem faciat. Reges tantùm à Danao Baltheo, qui initijs Regnorum Cimmericorum annis mille recentior est, descendentes recenset, quod non potest perfectam historiam absolvere. Nec sanè videtur ille Vir animadvertisse ullam unquam fuisse regnorum Borealium constitutionem aliam, quàm quæ tùm fuit, cum in Dania viveret. Igitur de multis gentibus parùm prosperè docet, Sveonasq; & Gothos inter se confundit, quod non erat faciundum. Ita enim laus Cimmeriorum & Getarum diminuitur, primumq; exiguis, & his minoribus, adscribitur. Ea in Saxone observanda sunt; & potius tantum infortunium, Scriptorumq; penuriam Cimbricæ condolemus genti, quàm ut in aliquam, qui quod sibi possibile erat, præstitit, ferociter invehamus.*

CAPUT XXIII.

Breves νυθεσίαι, sivè Aphorismi Apologetici pro Saxone Grammatico.

TOtum accusationis negotium, quâ nobilissimum & planè incomparabilem rerum Danicarum scriptorem, Saxonem Grammaticum, tàm acriter & acerbè insectantur maligni ipsius Aristarchi & Censores; duabus potissimùm nititur criminationibus: quòd *fabulas Historiæ suæ interseruerit*; &, *quòd Chronologiam neglexerit.* Quæ licet solidâ & prolixâ egeant refutatione; nè tamen vestibulum ipsis ædibus spatiosius hic exstruere videar, nevè longiore Procemio Lectorem ad alia properantem plus justo diutius in ipso quasi limine morer ac detineam: paucis hisce Aphorismis Apologeticis, quæcunque ad *Saxo-μαςίγων* cavillationes breviter respondenda duxi, tanquam cancellis includam, & uno veluti fasciculo complectar.

I. Nequaquam diffiteri possumus, quin priores Saxonis libri Historiæ Danicæ, pauca admodùm repræsentent, quæ prodigiosa, abstrusa, miranda, imò fabulis propriora, quàm veris rerum gestarum narrationibus, videntur: constanter tamen negamus, ea omnia prorsus incredibilia, aut impossibilia, esse dicenda.

II. Multa enim fiunt, quæ fieri posse negantur. Idcircò non omnia pro fabulis censenda, quæ fidem veri excedere primâ fronte videntur.

III. Aureola prorsus in hanc sententiam verba sunt Philosophi Madaurensis, L. Apuleji, Lib. I. pag. 2. Edit. Colv: *Minus herculè calles, pravissimis opinionibus ea putari mendacia, quæ vel auditu nova, vel visu rudia, vel certè suprà captum cogitationis ardua videantur: quæ si paulò accuratius exploraris, non modò compertu evidentia, verùm etiàm factu facilia senties.*

IV. Certè, sicut vetus & prima sapientiæ lex esse dicitur, NON TEMERE CREDERE: ita & culpâ non caret nimium obstinata ἀπιςία, præsertim quæ sine discrimine passim rejicit & ἀβασανίςως repudiat omnia illa, quæ in Historijs falsa aut fabulosa apparent, sub quibus tamen multa delitescunt vera.

V. Elegans hac de re locus est eminentissimi JCti, Francisci Baldvini, de Institutione Historiæ Universæ pag. 49. & 50: *In lectione*, inquit, *Historiarum adhibere oportet judicium & delectum, ut neq; confusè (quod quidam faciunt) vera cum falsis repudiemus; neq; rursus temerè falsa cum veris complectamur. Nam sicut fatua & temeraria est nimia & facilis credulitas: ità est etiam quædam nimium morosa, nimiumq; diffidens ἀπιςία. Quæ quidem nisi facessat, nullum ulli Histo-*

Historiæ locum relinquet. Et verò non ingenui, sed impudentis atq; præfracti hominis est, etsi quid probabiliter dicatur, quod & gravem autorem testemq; habeat, tamen id contumaciter, tanquàm falsum, repudiare ; cum quidem, neq; quod affirmatur, refellere, neq; cur illud repudiet, causam dicere possit. Quid pluribus opus est? Illud semper teneamus, & perpetuò meminerimus, nos in lectione Historiarum esse debere, quales ab Aristotele esse dicuntur, qui neq; pueri, neq; senes sunt, qui, inquam, ad credendum neq; nimium faciles, neq; nimium difficiles sunt : ὄυτε, inquit, πᾶσι πιςεύοντες, ὄυτε πᾶσιν ἀπιςοῦντες.

VI. Rectissimè igitur Philostratus lucrum esse putavit, neq; omnibus fidem adhibere, quæ ab Historicis proferuntur, neq; omnia, tanquam impossibilia, aspernari.

VII. Et singularem meretur observationem regula Clarissimi Historici, Bonfinij, Decad. IV. rerum Ungar. Lib. IV : *Quodcunque fieri potest, & per quàm verisimile est, à veritate non potest esse alienum.*

VIII. Audiamus, quæso, Doctissimum Virum, Fridericum Tilemannum, de fabulosis non temerè rejiciendis, sed cautè discernendis, egregiè disserentem Discursus Philologici pag. 258, & sequ : *Fabulositatis averruncandæ prima cura esse debet, ut constanter nobis persvadeamus, PLURIMA VIDERI INCREDIBILIA, QUÆ CERTISSIME CONTIGERUNT. Idq; scriptores historici haud raro profitentur. Ea nos fecimus, ait Plinius, quæ posteri fabulosa arbitrabuntur. Quæ loquendi formula apud Livium, Josephum, & cæteros, sæpè multumq; occurrit, ac hortatur omnem Lectorem, nè nimiùm incredulus judicio suo indulgeat, verùm rectissimâ sententiâ statuat, PLURA OLIM EVENISSE, QUAM QUÆ HODIE CREDIBILIA VIDENTUR. Neq; convenit illa ἀπίςως ἔχειν, ut loquitur eadem phrasi Pausanias in Bœoticis; sed à veteribus tradita ἱςορικῶς dijudicare convenientissimum est. Nonnè in omnibus disciplinis frequentissimè compertum est, quod penitissima illarum adyta imperiti tanquàm absurda rejiciant ac rideant? Imò, quod majus est, quotidiana, omniumq; sensibus obvia, non aliter ac si ἄδοξα essent, docti aspernantur.* Hinc recitat exempla quædam Geometrica & Astronomica, atq; ità demùm concludit : *Itaq; ex his, & alijs quamplurimis, aptè & conclusè definiemus, nihil mirum accidere, si in historicis narrationibus fabulosa putamus, quæ per se verissima sunt, quia idem accidere in omnibus disciplinis manifestissimum apparet.* Mox subjungit : *Quis Æthiopas, antequam cerneret, credidit? aut quid non miraculo est, cum primùm in notitiam venit? quàm multa fieri non posse, priusquam sint facta, judicantur?* ut habent verba Plinij Lib. VII. Natural. Histor. Cap. I. *Videlicet, quæ non vidimus ipsi, nec fieri potuisse suspicamur. Idemq; est, si quæ coràm intuemur, veterum historicorum traditis diffidere animadvertimus, mox omne judicium præcipitamus, & scriptores falsitatis* damnamus. Et post pauca : *Quod si ergò lector historiarum ad prædictum modum incredulus est, & quæ non videt esse, ea non fuisse concludit, næ ille vitiosè allucinatur, & stupidus merito suo redarguitur. Imperitiam quoq; ejusdem nonnunquam subaccusare, non de nihilo est. Reperiuntur enim, qui τὰ ἱςορικὰ judicaturi, judicium suum, vel si mavis, imperitiam suam maximis rebus dijudicandis facillimè sufficere putant, & quæcunque suo malesano cerebro nequeunt complecti, aut discernere, illa tanquàm fabulosa insectantur.* Sequuntur deinceps multa lectu dignissima, quæ brevitatis causâ silentio transmittere cogor. Tandem ità desinit : *Hactenus allata satis evincunt, quod diligentes historici, & imperiti rerum censores, inter se sordeant alteris ; ut pernecessarium sit, ad res dijudicandas adhibuisse non quodlibet atq; vulgare judicium, (hoc enim sæpius fallere certum est) sed judicium exactum Theologi ad explicandam divinam historiam, Physici ad naturalem, Politici ad humanam rectè censendam, adhibeatur oportet, siquidem omnem fabulositatis suspicionem cupimus extirpatam.* Hactenus Tilemannus.

IX. Inprimis verò id nescire non debent rigidi Saxonis Aristarchi, leviculâ temporum, locorum, personarum disparitate gravissima momenta maximarum rerum converti.

X. Circumstantiæ etenim variant actiones, quæ propterea in lectione Historiarum diligenter sunt considerandæ, utpote quæ historicam veritatem prorsus absolvunt.

XI. Sic illa, quæ apud Saxonem fabulosa videntur, si ad normam & trutinam circumstantiarum examinentur, non adeo absurda, incerta, & suspecta ijs erunt, qui æquo expendunt judicio, ad quæ tempora, loca, personas, ea sint referenda.

XII. Tempus quod attinet, in confesso est, Saxonem Grammaticum ab ultimâ antiquitate, rebusq; à sua memoriâ longissimè remotis, Historiæ suæ initia deduxisse.

XIII. At de Antiquitate, hæ tenendæ sunt regulæ :

1. In rebus antiquis, si quæ similia veri sunt, pro veris accipienda. Livius Lib. 5. Decad. 1.
2. Plura olim evenerunt, quàm quæ hodie credibilia videntur.
3. Antiqua nequaquam ex ijs, quæ jam geruntur, sunt examinanda ; quippe omnia temporum vicissitudinibus subjacent. Diod. Sicul. Lib. 4. Cap. 2.

d 2

4. Mori-

4. Moribus etiam nostris, tempora ac ingenia cultiora sortitis, multa antiqua abhorrent. Q. Curtius Lib. 7.

XIV. Nec humanis lectoribus mirum erit, magnam Diabolo fuisse potentiam in filios incredulitatis, multasq; ejus auditas & visas esse illusiones, ijs potissimum temporibus, quibus populus Borealis in tenebris sedebat, & sine luce veritatis cælestis, ab Otthino, Thorone, Frigga, Metotthino, Baldero, alijsq; impostoribus deceptus ambulabat.

XV. Quamobrem ad hæc tempora sunt referenda, quæ hinc inde in Saxone occurrunt varia incantationum & præstigiarum Magicarum exempla, queîs miseras mortalium mentes densissimis errorum tenebris obrutas & occæcatas, sic permittente Deo, vel ipse Sathanas, vel per organa sua, potenter ludificabat.

XVI. Deinde varius cultus, habitus, & situs locorum, summam conciliant rebus gestis varietatem.

XVII. Unde multa in Islandia, & in regionibus Boream spectantibus vera esse possunt, quæ Indiam utramque, vel Thraciam, aut Italiam incolentibus falsa & absurda omninò videbuntur.

XVIII. Varia deniq; hominum ingenia, mores, conditiones, dotes animi & corporis, qualitates & affectiones, rerum gestarum narrationibus veritatem sæpius addunt vel adimunt.

XIX. Ita inconsiderantiam suam atq; imperitiam manifestè prodit, si quis de ijs dubitaverit, quæ à Starchatero, Hartbeno, alijsq; Gigantibus, & monstrosæ staturæ, stupendiq; roboris ac fortitudinis hominibus, quorum subinde mentionem injicit Saxo, olim sunt patrata admiratione dignissima: vel si ea falsa & fabulosa pronunciaverit, quod ejusmodi rebus gerendis nevtiquam sufficiant.

Qualia nunc hominum producit corpora tellus.

XX. Adde quòd in nonnullis, quæ apud Saxonem fabulosa videntur, mirari liceat immensam summi Numinis omnipotentiam, providentiam, & sapientiam, & quæ indè emanat, Naturæ imperscrutabilem vim atq; ἐνέργειαν.

XXI. Unde tale emergit Axioma Historicum: NON OMNIA, QUÆ NOBIS INCREDIBILIA, DEO ET NATURÆ SUNT IMPOSSIBILIA.

XXII. Sed esto! Concedamus fabulas nonnullas inseruisse Saxonem Historiæ suæ, quas tamen non ipse studiosè, fallendi aut delectandi lectoris gratiâ, effinxit; verùm ex antiquissimis Septentrionalium gentium monumentis, bonâ fide, deprompsit. Sed quales? Haud equidem planè falsas, aut eas, quæ meræ nugæ & φλυαρίαι dici poterunt: at maximam partem VERISIMILES, & quæ totæ ἀλληγορούμεναι, hoc est, quæ vel ad vitam rectè informandam, vel ad naturam rerum cognoscendam comparatæ sunt, vel etiam sacra quædam mysteria occultant.

XXIII. Talis videri poterit narratio illa Saxonis de Gormone Daniæ Rege, qui Torchillum Adelfar ad inquirendam Geruthi Dæmonis sedem ablegaverat. Hæc etenim ostendit virtutem, fortitudinem, & industriam Regis in novis regionibus inquirendis, quod illo tempore insolitum fuit: demonstrat fidelitatem ministrorum tot tantisq; se periculis committentium amore Regis & patriæ illustrandæ: aperit detestabilem religionis Ethnicæ fœditatem; quæ circà tàm impuras & portentosas occupationes distinebatur: extollit laudabilia opera, & peracre, solers, atq; acutum ingenium Torchilli rerum exterarum peritissimi: cujus tamen seriæ ac salutares admonitiones cum parùm valerent apud stupidos & intemperantes comites ad deserendam gentilem religionem, opere ipso demonstravit, de Deo aliter esse sentiendum: monstrosum cultum Diaboli miseros conjicere admiratores in tristes tenebras & perpetuò duratura incendia; contrà, veri numinis, ac universi Creatoris cultum, cum summa conjunctum esse securitate, felicitate, & demùm æternâ beatitudine.

XXIV. Quod autem liceat ejusmodi fabulas Historijs interdum (sed admodùm parcè, cautè, & prudenter) immiscere, præsertim quòd & ad vitæ morumq; honestatem faciant, & lectorem sapientiorem melioremq; reddant, & sapientum animos svavissimâ jucunditate afficiant; non desunt, qui magnorum Historicorum exemplo & autoritate adducti, seriò contendunt.

XXV. Quos inter Hier. Cardanus est, cujus hæc verba legere est Lib. 15. de rerum varietate Cap. 80: *Neq; id vitiosum Historico: sed ubi Historia per se sterilis est, licet eam jocis ac fabulis exornare. Quamobrem & jure ab his T. Livius abstinuit, & Herodotus justè damnatur, & Saxo Grammaticus laudatur.*

XXVI. At

XXVI. *At objiciat mihi aliquis ista*: (inquit Joachimus Camerarius Procem. in Herodotum) *incorruptam, sanctam, castam, ut virginem, debere esse historiam. Non corrumpunt* (scilicet fabulosæ narrationes; de ijs etenim hæc præcesserunt: *Sed paulùm etiàm ad fabulas illas revertamur; quæ, obsecro, cur offendant animum cujusquam, qvum veritati & integritati historiæ minimè officiant?*) *non violant hæ illam, sed* EXORNANT, *ut aurum & gemmæ pudicissimarum quoq; corpora, purissima illa quidem. Nam ut malæ & profligati pudoris fæminæ insigniorem reddunt comptu turpitudinem suam: ità, quamvis varia copiosaq; sit quasi emblematis quibusdam, summa historiæ falsa & commentitia, meritò in sua hæc infamia quasi superba improbetur. Itaq; non inornatam, non nudam, non contractam, sed splendidam, vestitam, explicatam* (*dummodò integram, & ut ita dicam, probam & incorruptam*) *decet esse historiam.*

XXVII. Notatu sane dignissima sunt, & apprimè huc etiàm faciunt, quæ de fabulosis apud Herodotum narrationibus idem Camerarius paulo ante præmisit: *Nonnulli fabulosas quasdam narratiunculas insertas passim historiæ, ut hujus gravitate indignas, rejiciunt, & propter illas autorem mendacij damnant. Sed de ijs quæ memorantur ab Herodoto propter magnitudinem nobis incredibilia, periniqvum fuerit judicium, si non vera esse ideò statuemus, quod notis cuique rebus, moribus, disciplinæ non similia, neq; rationibus nostris congruentia esse videantur, siq;, nonnisi ijs, quæ facilè intelligere & animo complecti possimus, fidem habendam esse ducemus. Quàm multa illi ipsi, qui hæc antiquiora falsa fictaq; esse affirmare audent; se vidisse referunt, & pro certis commemorant, à quibus assensio legentium refugit? Etiam posteris hoc nostris accidet, ut multa, quæ nunc nimis verè fiunt atq; geruntur, expositione inflata & amplificata esse suspicentur. Sunt sanè quædam inaniora* (*non enim nego*) *in talibus, ut in peregrinatorum, qui adiére illa loca, quæ tellus extrema refuso summovet Oceano, sermonibus. Cujus inhumanitatis tamen fuerit, universum genus narrationum istarum semel abjicere, ut futile & vanum? Quod si fiat, omnem historiæ rationem confundi, habitumq; perverti necesse est.*

XXVIII. Et paucis interjectis: *Sunt autem hæc* (quæ fabulosa videntur apud Herodotum) *etiam distinguenda. Alia enim ad utilitatem aliquam legentium, vel explicationem eorum, de quibus narratio fit, referuntur atq; pertinent: ut Babylonis descriptio, & copiarum Xerxis enumeratio, de quorum altero facilè perspiceretur, meritò fuisse securos cives in tali & ita munita urbe: alterum & potentiam regni Asiatici, & in quod tùm periculum Græcia venerit, demonstrat. Utrumque autem documentum quoddam dat, nullas, quamvis magnas, vires, infractas, neq; opes invictas esse. In alijs nihil quæritur, nisi vel delectatio, vel ut audientium animi moveantur novâ mirabiliq; narratione: ut de gryphibus, formicis Indicis, Phœnice, & his similibus. Horum, ut illa omni equidem mendacij crimine planè libero; ita haud facilè concessero, in horum ullo mendacij manifesti autorem redarguendum esse: qvum tot derisa quondam, & exsibilata, penè jam comperta esse existimentur; qvumq; non minus istis a veritate abhorrentia multa asseverentur ab ijs, qui non audivisse de alijs, sed seipsos aspexisse dictitent; ut nihil sit tam absurdum, quin fidem reperire posse videatur.*

XXIX. Statim subjungit: *Ob fabulosas quidem narratiunculas, tantum abest ut quasi mendacem incessi vituperariq; autorem hunc* (Herodotum) *debere putem, ut etiàm, qvum & aptissimè illas inseruerit, & bellissimè concinnarit, & venustissimè composuerit, admirandus qvumq; instructionem in singulis aliquam vitæ, consiliorum, actionum, comprehenderit, eximiam gratiam quoq; ab omnibus meritus esse videatur.*

XXX. Idem de Saxone cujusvis candidi ac prudentis lectoris esse debet judicium; eum videlicet, non ideo carpendum, vellicandum, lacerandum venenatis calumnijs, quod fabulosas quasdam narratiunculas, quomodo à majoribus accepit, quæ tamen admodum paucæ sunt, & ipsi historiæ valde affines, Historiæ suæ inserere non dubitaverit.

XXXI. Vere & eleganter, ut omnia, Gerardus Joannes Vossius, seculi nostri Varro, causam expressit, cur ignosci debeat Historicis, si veritatis lineâ excidant, inprimis in rebus vetustis, aureo illo libello de Arte Historica, Cap. IX: *Quæcunque de historicis diximus, ità accipi debent, ut eos etiàm homines esse cogitemus, nec statim respuamus, si uspiam aliquid se immisecat falsi. Nam ut pauxillum aquæ marinæ, non dico Eridanum, aut Rhenum, sed ne fluentum quidem, salsum efficere potest:* ITA NEC HISTORIA MENDAX *dici debet,* CUI FABULOSI ALIQUID IRREPSERIT. *Imò nec fieri potest, ut non interdum fallamur in ijs, quæ longissimè à memoria nostra sunt remota, præsertim in exterarum gentium rebus. Ubique enim de patriâ quædam per manus incolæ à majoribus acceperunt, quæ & posteris suis ipsi tradunt: horum qui antiquitates scribere velit, haud aliter ea referre possit, quàm ab incolis ipsis acceperit. Ac eam quidem causam adfert Dionys. Halicarnass. cur historici veteres fabulosa quædam scriptis suis inserere haud dubitarint. &c.*

XXXII. Cum eo consentit doctissimus JCtus, Franciscus Baldvinus, de Institutione Historiæ universæ pag. 43. 44: *Atqui audio vix ullam historiam esse, cui non aliqua fabula, tanquam labes aspersa sit. Ità est fortasse. Sed aliud est, fabulam studiosè fingere: aliud, historiæ per imprudentiam aliquid interdum affingere. Non erubuit olim Flavius Vopiscus, cum historiam alioqui scribere instituе-*

d 3

stitueret, confiteri, nullum historiæ scriptorem esse, qui non sit aliquid mentitus. Sed minimè nos abduci propterea ab omnium scriptis debere, judicavit. Fieri profectò vix potest, quin aliquid falsi aliquando in historiarum monumenta irrepat. Sed nimis illi, non jam dico morosi, sed importuni & intemperantes Censores sunt, qui statim atq; quippiam ejus generis in aliquo scriptore notare possunt, totum scriptorem superbè ac fastidiosè abjiciunt, vel contumeliosè lacerant, non secus atq; qui cum aliquem in pulchro alioqui corpore nævum deprehenderunt, totum illud corpus tanquam deforme & fœdum cadaver conspuunt, sepeliendumq; & obruendum esse impotenter clamitant. Atqui si agere ita velimus, ecquam tandem historiam habebimus reliquam ? Notate diligenter hæc verba, ô Saxomastiges, & erubescite!

XXXIII. Sapienter profectò & graviter Cicero monet, non statim propter aliquod vitium abjiciendos esse historicos. Quis, (inquit) non dixit Eupolin ab Alcibiade navigante in Siciliam, dejectum esse in mare ? Redarguit Eratosthenes. Adfert enim quas ille post id tempus fabulas docuerit. Num idcirco Duris Samius, homo in historia diligens, quod cum multis erravit, irridetur ? Quis Zaleucum Locris leges scripsisse non dixit ? Num igitur jacet Theophrastus, si id à Timæo tuo familiari reprehensum est ? Timæum negasse ullum unquam fuisse Zaleucum: sed Theophrastum, auctorem meliorem, contrà affirmare, ait libro II de Legibus. Non rectè ergo Theophrastus à Timæo reprehensus erat. Sed fingamus eum, & merito, aliquâ in re esse reprehensum, & aliquando falsum esse atq; fefellisse; tamen negat Cicero propterea abjiciendum planè esse. Cur enim reliqua, quæ bona sunt, amitteremus ?

XXXIV. Idem Cicero eodem libr. 1. de Legibus, Herodotum vocat patrem historiarum. Atqui libro 2. de Oratore, non negare videtur, multas apud eum esse fabulas. Sed nimis profectò intemperanter sæviunt, qui illius libros & Musas eo nomine supprimere vellent. Nam quales tenebras, hoc lumine extincto, antiquissimis historijs offunderent ? Imo verò quàm atrocem injuriam facerent historiæ Propheticæ, cum quâ Herodotus habet communia plura, quàm ullus scriptor Ethnicus ?

XXXV. Haud igitur temerè abjiciendus est Historicus, si quædam in eo reperiantur peccata & παρεράματα: sed simul considerandum, quàm multa recta, præclara, eximia, & utilia in historiam retulerit; & saltem propter illa amplectendus & in numerum probatorum scriptorum recipiendus erit. Id quod de Saxone nostro dictum cupimus: qui licet quasdam narrationes, ab alijs acceptas, recitet, fabulis non absimiles; totum tamen Historiæ corpus singulari fide, & diligenti veritatis studio coagmentatum est.

XXXVI. Ut verba conferam ad compendium, si propter paucas admodùm narratiunculas, quæ fabulosæ videntur, atro carbone notandus ac rejiciendus Saxo: profectò eodem exemplo non pauci Historici tàm veteris, quàm medij & inferioris ævi, planè conculcandi sunt penitusq; jugulandi.

XXXVII. Herodotum, antiquissimum scriptorem, omnis antiquitas mendacij coarguit. Julianus Desertor λογοποιὸν vocavit, quasi fabulas fecerit, non historiam condiderit: qua ratione & ab Agellio, Lib. 3. Cap. 10. audit homo fabulator.

XXXVIII. Ex libris XL Diodori Siculi, quorum vix duodecim integros habemus, quinque priores pænè ex fabulis conflati videntur, ut Lud. Vives nihil eo scriptore nugacius esse putet: tametsi primus est inter Græcos, qui Plinij judicio nugari desijt.

XXXIX. Plutarchus sæpè incredibilia & planè fabulosa narrat: licet utatur verbo Φασὶ, nè quis temerè assentiatur. Ut in Licurgo scribit puerum Lacedæmonium crudelissimam lacerationem ad necem usq; pertulisse, ne vulpis furtum detegeretur.

XL. Cæsar ipse prodigia interdum planè incredibilia narrat; ut cum bello civili Tralibus statuas sudasse scribit.

XLI. In quo genere T. Livius, nimis religiosè dicam, an superstitiosè, omnes superavit. Nihil enim frequentius, quàm boves loqvutos, scipiones arsisse, statuas sudasse, quod pluvio cælo frequenter accidit: Deum Annibali apparuisse, infantem semestrem triumphum clamasse &c.

XLII. Cornelium Tacitum, Tertullianus, gravis & severus scriptor, dixit aliquando, esse mendaciorum loquacissimum: Orosius adulatorem appellavit.

XLIII. Quid dicam de Diodoro, de Strabone, de Trogo vel Justino, clarissimis historicis ? Quid illi de Mose, deq; Judæis ? Quàm ineptè, quàm falsò, quàm impudenter!

XLIV. Procopius sæpè commemorat, quæ omnium fidem superant. Ità cineres Vesuvij montis, qui citrà Neapolim situs est, Byzantium usq; vento delatos scribit. Sic finxit unum aliquem Isaurum, vel Thracem suâ sagittâ fugasse universum Gothorum exercitum.

XLV. Ple-

XLV. Plenus est ejusmodi fabulis Nicephorus Callistus; quibus etiam Zonaras, alioqui probatus Historicus; & Nicephorus Gregoras sæpe delectantur; ac interdum Evsebius Cæsariensis.

XLVI. Talibus etiam nugis referti sunt Antonini, Adonis, Sigeberti, Freculphi, Naucleri, Mariani, Merlini, Ursbergensis, Annonij, Turpini, Gvagnini, ac veterum Annalium Libri.

XLVII. Historias itidem portentis ac miraculis refertas scripserunt Gregorius Turonensium, & Gulielmus Tyri Pontifex.

XLVIII. Paulus Venetus (ut ad secula nobis propiora descendamus) de Tartarorum gestis exigua, sed fabulis confusa, composuit: cujusmodi sunt, quod mare Caspium piscibus semper vacuum sit, præterquam jejunij temporibus: quod urbis Quinseæ ambitus superat milliaria septuaginta: quod eadem duodecim millia pontium habeat, tantæ altitudinis, ut naves onerarias explicatis velis facilè admittant. &c.

XLIX. Paulus Jovius, quæ verissimè scriberè potuit, noluit; puta res in Italia gestas: quæ voluit, non potuit; scilicet externa. Quàm vera sunt illa, quæ ipse affirmat, ducentos amplius leones à Muleasse interfectos: ex agro Brixiano sexcenta millia minoris pecoris, majoris vero ducenta millia à Gallis abducta.

L. Petrus Bembus multa falsa pro veris tradere convincitur: ut cum scribat in Apulia, bello Veneto, corvos ac vultures tanta ex aere vi, tantisq; agminibus inter se conflixisse, ut carri duodecim eorum cadaveribus explerentur.

LI. Quid multis? Actum est de præcipuis omnium ferè seculorum historicis, si propter paucas narratiunculas fabulosas, historijs, varijs de causis, admixtas, rejiciendi sint, & contemptim ac negligenter habendi.

LII. Sin autem retinendi, & eo, in quo hodieq; sunt, pretio æstimandi, profectò non video, cur eodem jure Saxonem nostrum æquus & candidus rerum æstimator privaverit.

LIII. Heic jam manum de tabula, ut est in proverbio; nisi si unicum etiamnum crimen, meo judicio gravissimum, cujus Saxonem reum faciunt maligni quidam Censores, refellendum nobis ac refutandum superesset: quod omnia, quæ apud Saxonem fabulosa videntur, ab ipso sint, decipiendi lectoris gratiâ, studiosè conficta; vel ut ipsorum verba habent, quod ipsius sint mendacia, figmenta, inventa, somnia, commenta &c.

LIV. Sed facilis & in expedito est responsio. Nonne ipse Saxo, nè fucum facere aut Lectori imponere videatur, fabulasvè pro veris narrationibus de industria venditare; in Præfatione Operis sui ad Andream Sunonis, ingenuè fatetur, & longâ serie recenset omnia documenta, quæ in contexenda historia Danicâ seqvutus sit: videlicet 1. Carmina patrij sermonis à Danorum antiquioribus vulgata. 2. Inscriptiones veteres hinc inde in saxis ac rupibus repertas. 3. Islandorum (quos ille suo more & loquendi modo *Thylenses* vocat) Antiquitates. 4. Absalonis Archiepiscopi asserta & narrationes. Et rationem addit: *Quia præsens opus non nugacem sermonis luculentiam, sed fidelem vetustatis noticiam pollicetur.*

LV. Carmina quod attinet, (id vero antiquissimum fuisse Annalium genus tàm apud Romanos, Gallos, Germanos, Britannos, quàm Danos, & alias nationes, nemo adeo hospes in historia est, qui ignorat) non ea fuerunt frivola ac futilia τερετίσματα, à quovis Poetastro sive Rhythmista, à quavis anicula, vel tibicine decantata: sed potius Odæ Rhythmicæ, juxta leges veterum Poetarum, concinnè & artificiosè compositæ & elaboratæ à viris Danicæ Poeseos peritissimis, quos *Scaldros* & *Runas* appellarunt, complectentes res sui seculi præclaras & memoria dignissimas.

LVI. Hi etenim SCALDRI, graves & magnâ autoritate viri, fortium Heroum res præclarè gestas rhythmis ejusmodi Poeticis consignarunt: eoq; loco apud Reges ac principes antiquitus fuerunt, quo jam consiliarij, literati, alijq; prudentiâ ac rerum usu præstantes. Nam quo quis laudis & æternitatis amore ardentius flagrabat, eò plures ac præstantiores in hoc genere sibi devinxit, secumq; domi forisq; tàm pacis, quàm belli tempore circumduxit, ut res gestæ melius, aptius, ac illustrius describi ac delineari ab illis possent.

LVII. Interdum tamen hi ipsi Scaldri aliquid humani patiebantur. Nam vel principum metu territi, vel præmio corrupti, vel odio aut gratiâ distracti, veritatem apertam in lucem proferre, disertisq; verbis exprimere nolebant, verùm fabularum involucris & obscuris figmentorum integumentis res verè gestas occultabant. Et hic fons atq; origo est unius aut alterius fabulosæ narrationis, quam fortean in Saxone reperire licebit. Maluit etenim Saxo narrationes ejusmodi, quomodo à majoribus acceperat, itâ ad posteritatis noticiam transmittere, quàm committere, ut eas penitus ignoraret.

d 4 LVIII. Sic

LVIII. Sic narratio ista Lib. X. Saxonis, de urso, qui vitium virgini attulerit, nihil aliud innuit, quàm raptorem & insidiatorem, ursi, seu Bjórnonis nomine. Fuit etenim hic ursus, latro aliquis nobilis, qui id facinus perpetravit: postea hoc seclus Poetæ tali modo pinxerunt, & cum Saxone ut loquar, colorarunt, cum autorem potentem aperte non auderent reprehendere.

LIX. Islandorum monumenta, quibus usus est Saxo, præter Scaldrorum carmina, quorum paulò aute facta est mentio, constabant partim varijs Mythologijs, partim varijs & integris Historijs in certa volumina redactis. Cunctarum quippe nationum res gestas cognosse memoriæq; mandare, voluptatis loco reputarunt Islandi; non minoris gloriæ judicantes alienas virtutes disserere, quàm proprias exhibere; ut Saxo ait in Præfatione.

LX. Mythologijs ut apud alias gentes, sic & Islandos, veteres sapientes vel deorum gentilium mysteria, vel arcana naturæ, vel philosophiæ dogmata, vel aliarum rerum vitæ humanæ necessariarum scientias comprehendere solebant.

LXI. Tales Mythologias abundè suppeditat Liber veteri Islandica linguâ à Snorrone Sturlæsonio, Islandiæ Nomophylace, circà Annum Christi M. CC. XV, conscriptus, qui EDDA vulgò dicitur, variarum Antiquitatum penu instructissimum. Quâ tamen longè antiquiorem EDDAM in Islandia extitisse ipsi non diffitentur Islandi, eamq; Otthino autori ascribunt.

LXII. Deindè (ut porrò ad criminationem superius allatam respondeam) nè Saxo falsa & fabulosa pro veris obtrudendo ignarum incautumq; lectorem circumveniat, quàm verecundè fabulosa commemorat, quoties, ad exemplum Herodoti, fidem suam in his liberat; quàm crebrâ utitur præmonitione!

LXIII. Herodotus enim, ne quis simplicior decipiatur, addit semper hujusmodi quiddam; *Ut ferunt*, *Ut ego audivi*, *Quod veri mihi quidem simile non sit*. In Polymnia verò, quod meminisse in tota historiâ vult lectorem, *Ego*, inquit, *quæ fando cognovi, exponere narratione mea debeo omnia: credere autem esse vera omnia, non debeo*.

LXIV. Ità & Saxo, si quid fabulosi, aut incerti, subindè occurrat, candidè præmunit. Sic mox sub initium Libri 1, pag. 5: *Verùm à Dan (ut fert antiquitas) regum nostrorum stemmata &c profluxerunt*. Eodem Libro pag. 10. in vita Svibdageri, cum de Magis Danorum operosius egisset, tandem subjicit: *Hæc idcircò tetigerim, nè cum præstigia portentavè perscripsero, lectoris incredula refragetur opinio*. Lib. VI. pag. 97. ubi agit de cane Bjornonis, inusitatæ ferocitatis bellua: *Sed quoniam tradita magis, quàm cognita referuntur, fidem arbiter penset. Hæc siquidem, ut accepi, deliciarum quondam loco habita*. Eodem Libro, pag. 103. de ortu & origine Starchateri: *Fabulosa autem & vulgaris opinio quædam super ipsius ortu rationi inconsentanea, atq; à veri fide penitus aliena confinxit*. Eodem libro, pag. 110: *Si famæ credi fas est*. Et pag. seqv: de saxi cavâ superficie, ac si illam Starchateri decubantis moles conspicuâ corporis impressione signasset: *Ego autem hanc imaginem humanâ arte elaboratam reor; cum veri fidem excedere videatur, insecabilem petræ duritiam ità ceræ mollitiem imitari potuisse, ut solo innitentis contactu sessionis speciem repræsentaret, habitumq; perpetuæ concavitatis indueret*. & id genus alia passim per totum Opus.

LXV. Venio nunc ad alteram criminationum partem, de Chronologia neglecta. Optandum equidem esset temporum seriem expressam fuisse à Saxone, ut minus obnoxius esset cavillationibus adversariorum. At quomodo Saxo annos & tempora assignare potuit rebus obscuri & incerti ævi, & à sua memoria longissimè remotis? Deindè arbitror illum exiguam temporum rationem habuisse, quia non adeò usitatum fuit illo tempore, & antè, tempora consignare: vel quia difficile esset, quòd certas non haberent Epochas, à quibus numerarent Ethnici, præsertim nostrates, qui ignorarunt Græcorum Olympiadas, aut aliarum nationum Chronologias. Ideò Saxo illa præterijt, contentus mentione vicinorum Regum, Principum, Ducum & fortium virorum; qui cum ex se essent celebres, Æram videbantur constituere peculiarem. Verbi gratia: Gotrici Danorum Regis tempora à Carolo Magno sunt perspicua: Hemmingi, à pace cum Ludovico Cæsare initâ: & Haraldi, qui ab eo ad fidem Christianam conversus: Haraldi itidem, ab Otthone, à quo Ottesund.

LXVI. Sic olim, qui tempore Herculis vixerunt, illum ceu metam habuerunt, ad quam Antecessores & posteri limitari poterant. Quem morem sequitur etiam Plutarchus in Vitis illustrium virorum, à Theseo, Lycurgo, Romulo, Numa, ad Ottonem Imperatorem. Cum enim illa habentur certa, licet ab illis exordiri & continuare historiam quamvis. Sic cum Romanorum Imperatorum fit mentio, facilis reductio temporum illic est perspicua. Ità Livius orditur historiam Romanam, ab Ænea, Latino, Rege Aboriginum, & Ascanio, ad Sylvios & Romulum. Ac Libr. 2. à Bruto. Tertio à Consul. T. Æmylio & Q. Fabio. Et ita dein-

deinceps: & si tertia decade tempus attingat conditæ Romæ. Quare non debet in Saxone esse insolitum, quod cum alijs multis habet commune.

LXVII. Concludam tandem Epigrammate Clariss. Viri, M. Erici Pontoppidani, P.L.C. in Saxonem Grammaticum:

Grandisonis DANUS se tollit SAXO cothurnis,
Et, nisi sint hominis saxea corda, movet;
Vindice barbaries exul SAXONE recessit,
Et culte hic didicit barbara lingua loqui:
Est dignus SAXO diuturnâ luce beari,
Qui patrijs lucem fœnerat historijs.
QUISQUIS SCRIPTA FERO CARPIS SAXONIA MORSU,
ADMORDES SAXUM: DENS TIBI FRACTUS HEBET.

CAPUT XXIV.

Vota, εὐφημίαι, acclamationes, applausus, gratulationes, Carmina encomiastica & epidictica in novam hanc Saxonis editionem, à Viris doctis & Amicis, tàm in exteris, quàm in patria, conscripta.

I. Εὐφημίαι & Acclamationes &c. Virorum doctorum & Amicorum in exteris.

1. Danielis Heinsij, in Epistola ad me scriptâ Lugd. Batavor. XVIII Novembr. cIↃ IↃ CXXVI.

Præstantissime Vir,

A*Nimo attollor & assurgo, quoties præclarum aliquod ingenium emergere ad æternitatem video. Quod de te pronuntiare possum, quem & candor dictionis, & susceptain scriptore magno* (Saxone) *opera, talem esse ostendunt. Quem ante annos aliquot cum tanta admiratione legi, ut toti suo seculo convicium dixisse, sic scribendo, videretur.*

Et paulo post: *Saxonis præter unicam Basileensem penes me editionem nullam habeo. Tua si momento unico carere poteris, de loco, de quo quæris, respondebo. Quod serius respondeam, ignosces si me amas, & si occupationes meas cogitas. Aristarchum nostrum sacrum, Orationes, Scaligeri Epistolas, & alia typographi excudunt. Adhæc infinita alia accedunt, quæ non patiuntur, subinde ut sim meus; & quod gravius hoc ipso duco, ut sim amicorum. In quorum numero & eruditio & virtus tua, suo te merito reponunt. Vale Vir amicissime, & me ama.*

Tui studiosiss.
Daniel Heinsius.

2. Gerardi Joannis Vossij Carmen inscriptum Albo meo, Lugd. Batav. Postridie Eid. Jan. Anno cIↃ IↃ CXXX.

Multa tibi Saxo, Stephani doctissime, debet;
At totum optamus debeat ille tibi.
Dimidium cœpisse fuit. Nunc incipe rursus,
Perficies illud, quod superesse vides.

Optimo, doctissimo, amicissimo STEPHANO STEPHANIO, Liberalium Artium Magistro, eruditissimi historici Saxonis Grammatici Sospitatori, magnum affectum minuto hoc symbolo testabar

Gerardus Joannes Vossius.

Ejusdem εὐφημισμὸς in literis ad me suis, Amstelodami, Anno cIↃ IↃ CXXXVIII. Prid. Jd. Junias.

D*E Saxone Grammatico jam uni alteri Typographorum sum locutus. Sed nihil certi responderunt. Negant se quicquam statuere posse, priusquàm constiterit, quantum id est, quod præstiteris in nobilissimo gentis vestræ scriptore. Dixi ego, quicquid molitus sis, sine dubio non deterius*

rius fore egregijs Notis, *quas elucubrasti jam ante annos pluſculos. Ajunt ad iſtoc, non diffugere ſe judicium meum de tuis ; ſed tamen neceſſum eſſe, ut videant, quæ futura ſit moles operis, & ſtatuere queant, quæ expenſarum futura ſit ratio, & quantum chartæ unius generis ſit comparandum. Non potui ijs hac parte ſatisfacere, quia neſcirem Mercatorem, cui ſuperiori autumno theſaurum illum commiſeras. &c.*

Ejusdem, in literis Amſtelodami ſcriptis eodem Anno, III. Kal. Octobr. Stylo Gregoriano.

De Saxone Grammatico edendo nondum hic cuipiam potui perſvadere. De præſtantia ſcriptoris non vocant in dubium, quæ dixi : ſed ajunt opus fore perpaucorum hominum : ſe autem omnia ſplendido illo luto metiri. Debebat is ſcriptor non alibi edi, quàm in ipſa Dania, idq; luculentis & elegantibus typis ; chartâ etiàm optimâ. Hoc ex honore eſſet Daniæ : ac ſi typographi non ſufficiunt, impenſis Regijs, vel Nobilitatis, aut Academiarum ſumtibus, fieri conveniret. Quæſo ſi quid horum jam fuerit decretum, vel ſimile aliud, fac me quamprimùm certiorem. Jam à multis annis ſic amo Saxonem, ut nihil æquè exoptem, quàm eum eſſe in plurium manibus : nec alium ſcio, qui medicam illi manum admovere felicius poſſit, quàm te popularem ejus doctiſſimum, & jam à tàm longo tempore non minore judicio, quàm induſtria, in hoc verſatum. &c.

Ejusdem, in literis Amſtelodami ſcriptis Anno cIɔ Iɔ CXLI. X. Auguſti.

Clariſſime & amiciſſime Stephani, Multa me in literis tuis delectarunt, præcipuè quòd ſcribis, jam totum te eſſe in Saxone tuo, eumq; propediem viſurum lucem. Benè de te operâ hac mereberis; melius de patria Saxonis, tuaq; ; optimè de omni Rep. literaria, ac poſteris univerſis. Semper mirificus me amor tenuit tàm nobilis ſcriptoris ; nec mirari ſatis potui, eum dictionis cultum barbaris temporibus conſpici in gente adeò ad Arctum remota, quem fruſtrà deſideraremus ijs in locis, ubi vernaculus fuiſſet ſermo Romanus. Nec debuit ſcriptor ille debere alteri ſalutem, quàm civi ſuo, inq; his, ante omnes, Stephanio ; cùm multis alijs nominibus, tùm inprimis τὸν ϛέφανον promerenti ob civem ſervatùm. Quid enim aliud cenſeam, qui jam ante annos XIV ex Caſtigationibus tuis, Heinſio mihiq; (qui & illo tempore amor ergà nos fuit tuus) inſcriptis, imò ut tu ſcribere non dubitas, dicatis, ſatis perſpicere mihi viſus fui, nihil à te profecturum, niſi ingenio tuo doctrinaq; dignum, ac magnâ induſtriâ elaboratum. Applauſum totius eruditæ caveæ jamnunc tibi auſim polliceri. &c.

Ejusdem in literis Amſtelodami ſcriptis Anno cIɔ Iɔ CXLII. VI. Kal. Martias.

Tandem à tui amantiſſimo Voſſio magni ac veteris amoris minutum novumq; ſymbolum accipe, libros quatuor de Theologia paganica, & Philoſophia Chriſtiana. Placituros confido. Cur inquies? Quia confido affectui tuo, quo & me aliquem eſſe putas. Et ſi eloquendum, quod ſentio, etiàm confido exactiſſimo judicio tuo. Probè enim mihi conſcius ſum permulta me attuliſſe ad hoc opus vel alia, vel aliter dicendo. De hoc nolim me ſubmittere judicio hominum exiguæ lectionis: quales diſtinguere neſciunt inter dicta, indictaq; ; noſtra & aliena. Ipſi interim ſibi placent, licet nihil adferant, niſi millies dictum, quia ſperant latere poſſe, quæ exſcripſerint. Malim igitur tui ſimilibus placere : quia jam ab eo tempore, quo Lugduni unà viximus, abundè memini, quàm φιλομαθὴς καὶ πολυμαθὴς fores. Eoq; avidè deſidero noſſe, quid de Saxone tuo fiat. Hic ſcriptor & genti tuæ multum gloriæ, & tibi æternum parabit decus. Tantùm nè moras ulterius necte, ne & patriæ, & propriæ gloriæ malè conſulas &c. Vale ſumme Vir, & porrò amemus nos inter nos.

3. Johannis Iſacij Pontani, in literis ad me ſuis, Hardervici, Anno cIɔ Iɔ CXXVII. XXIX Junij.

Domo aberam, Vir ornatiſſime, cum ad ædes tuæ literæ perferrentur. Abijtq; triduum aut quatriduum circiter, priusquam ad lares regreſſus eas videre ac legere potuerim. Legenti autem omniaq; circumſpicienti oppidò acceptum ac volupe accidit intelligere præclarum illud tuum in illuſtrandis patriæ rebus non ſtudium modò, ſed induſtriam quoq;, teſtatam Notis, quas ſimul mittis, in popularem noſtrum, rerum Danicarum florentiſſimum ſcriptorem, Saxonem Grammaticum. Nam & ipſe eum authorem, cum antiquis certantem, diurnâ, ut ſic dicam, nocturnâq; manu jamdudum verſando haud temerè mihi charum familiaremq; reddidi, dùm præſertim hiſtoriam Danicam, per prima illa ſeculorum volumina ad noſtra uſq; deducendam tempora, texo retexoq;. Et verò illud non ſemel in animo fuit, ut ipſum Saxonem, ſummarijs unicuiq; librorum additis, tum & obſervatâ Regum ſerie, nomini-

nominibusq; ipsorum majusculo charactere præscriptis exornatum evulgarem cum annotationibus sub calcem nostris. Sed otium hucusq; obfuit, aliisq; factum curis, quo minus utilissima hæc opera optimo authorum præstita fuerit. Tibi, Vir eruditissime, cui ingenium & liber animus otiumq; superest, ut omittam esse civis servare civem, eam exornandam Spartam libenter tradimus : quamvis nec defuturi interim simus nostra observata tuis jungere, aut communicare tecum, ut lubet. Unus est locus, quem à te, præter cætera, adnotatum reperio, nec aliter quàm explicas, explicandum semper putavi, Regem nimirùm Svenonem, vulgò Tiweskeg *dictum intelligi libro XIV, ubi inquit :* Quam *(Svantoviti statuam)* Rex etiam Danorum Sveno, propitiandi gratiâ, exquisiti cultus poculo veneratus est &c. cujus postmodùm sacrilegii infelici nece pœnas dedit : *nisi quod postrema ea verba,* ob id sacrilegium infelici nece pænas dedisse, *pugnent cum verbis ac relatione, quam idem, de extremis ejusdem Svenonis loquens, prodit lib. X, ubi hæc legas.* Cæterùm Sveno senilis animæ laboribus fessus divinis rebus infatigabilem ultimi temporis curam tribuit, nec spiritu, quàm religione diuturnior fuit. Siquidem omni humanâ concussione vacuus, in ipso perfectissimæ vitæ fulgore decessit. *En Rhodus saltusq;. Nam superioribus ea planè contraria vides, Vir humanissime. Et plura talia, aliaq; sunt ; quorum à te haud pauca feliciter animadversa ; & multa præterea animadvertenda superant.*

4. Johannis Kirchmanni, in literis Lubecæ scriptis Anno cIↄ Iↄ CXXXIV, Cal. Junij.

CLariss. Vir, domine & amice honorande, Cum doctorum virorum amicitias ultrò expetere soleam, certè valdè inhumanus sim, & instituti mei immemor, si non oblatam à te amicam voluntatem lubens amplectar atq; exosculer. Ego verò id facio, & meam tibi benevolentiam vicissim offero, si modò aliquid à me proficisci possit, quod tàm honorifica tua de me opinione sit dignum. Quod Saxonem Grammaticum Notis illustrare decrevisti, laudo propositum tuum, & de illarum specimine mecum communicato, plurimùm te amo. &c. *Quare nihil est, quod te ab hoc proposito deterrere possit ; tu modò manum operi seriò admove, & Saxonis Notis illustrati nova editione Daniam tuam, atq; adeò totum orbem literatum tibi obstringe.*

Ejusdem, in literis Lubecæ scriptis, eodem Anno XVIII Augusti.

DEus clementi oculo nos respiciat, & te, Vir Clarissime, diu sospitet, ut quam paras, Saxonis editionem bonis avibus absolvere, & benè de Repub. literaria mereri possis. &c.

5. Francisci Vossij, G. F. Carmen inscriptum Albo meo, Lugd. Bat. Kal. Jan. Anno cIↄ Iↄ CXXX.

Allusio ad nomen STEPHANI.

VIderat in cœlo Tellus splendere coronam,
Atq; ait, hæc quondam nostra corona fuit.
Nunc aliâ capior, Cimbris quæ venit ab oris,
Quamq; polus vellet me tribuisse sibi.
Astrologi laudent Cretensis signa coronæ :
Gratior historicis Cimbrica semper erit.

Magnæ eruditionis, majorisq; expectationis Viro,
STEPHANO STEPHANIO, amicitiæ
μνημόσυνον posuit.

Franc. Vossius, G. F.

CAPUT

CAPUT XXV.

II. Applausus & εὐφημίαι &c. Doctorum Virorum, & Amicorum in patria; & primò quidem

Clariss. Professorum Regiæ Academiæ Hafniensis pariter ac Soranæ.

Quæ ceteri voce aut stilo Tibi vovent,
Optantq;, Amice, prospera.
Optantur & voventur à me millies:
Vota expleat summus pater.

HENRICUS ERNSTIUS, J. U. D.
& Profess. Reg. Acad. Soranæ.

Meritis

Viri Clarissimi,

DN. M. STEPHANI STEPHANII,

Historici Regij, & in Academia Sorana
Profess. P.

Notas doctissimas

IN SAXONEM GRAMMATICUM EDENTIS.

HActenus ingenti, quis volvit pondere Saxum,
Et poliit gemmas, maxime Saxo, tuas?
Queîs proceres ornas Danos, queîs divite venâ
Regum priscorum facta stupenda refers?
Hactenus intactum jacuisti nobile Saxum,
Rerum magnarum pondere, mole grave.
Scilicet antiquos ritus, monumentaq; Patrum
Non erat è tenebris tollere qui potuit.
Aut dignè doctæ scrutari momina linguæ:
Abdiderat flores Danica Suada suos.
Donec in hoc magnâ sudaret laude Theatro,
Aonij STEPHANUS docta corona chori.
Eddicus hunc Scalder, sapiens quoq; Runa beavit,
Cimbrorum linguâ nobiliore loqui.
Quâ fretus docuit SAXONIS mystica primus,
Quicquid & obscuri Dania prisca tulit.
Majorum ritus, mores, decretaq; pandens,
Quæ tenebris fuerant obsita Cimmerijs.
Est igitur dignus quem Dania tota coronet
Laudibus, & meritis hoc ferat alloquium:
Unus homo priscam scrutando restituis rem:
SAXONIS saxum volvis & unus homo.

OLAUS WORM, Med. D.
& Profess. Reg. Acad. Hafniens.

Ιστορεῖ ἱστορέοντα βορειάδος ἔργματα γαίης
Ἀρχαίη στέφανος παγκλυτὸς ἠνορέη.
Ἀγλαΐη φωτίζει ἀφεγγέα τὴν πάρος οὖσαν
Πατρίδ', ἑῆς στέφανος πατρίδος ἀγλαΐη.
Οὐ τάδε γηράσκοντος ἔην παραλήρεα κόσμου,
Ἀλλ' ἥβης θαλερὸς θαρσαλέης κάματος.

Γήραϊ

Γήραϊ δ' ἁμετέρη γενεὴ ναρκῶσ' ἀπόφασι
Τοῖσι τοπρὶν πίστιν, τοῖσι τονῦν σοφίαν.
Ὧτινι δ' οὐ τάδε τερπνὰ παλαίφατα θυμὸν ἰαίνῃ,
Ἢ φρέσιν, ἢ νεαροῖς ἤθεσίν ἐστι παῖς.

HIstoricè explicat historicè explicantem Borealis gesta terræ
Antiquâ STEPHANUS inclytus virtute:
Splendore illustrat obscuram olim existentem
Patriam, suæ STEPHANUS patriæ splendor.
Non hæc senio confecti fuerunt deliramenta mundi,
Sed florens juventæ animosæ labor.
At senectute nostra ætas torpens, denegat
Rebus antiquitùs gestis fidem, ijs quæ nunc geruntur, sapientiam.
Cuicunq; autem hæ jucundæ antiquitates non oblectant animum,
Aut ingenio aut novitijs moribus est puer.

JOANNES LAURENBERGIUS D.
Mathem. in Regia Sorana Profeß.

DAnia læteris, tua gaudia facta perissent,
SAXO GRAMMATICUS si modò nemo foret.
Incola Grammaticus, Rhetor, juxtaq; Poëta,
Primus qui Patriæ scripserat Historias.
En nihil abjectum, dormitans, atq; remissum,
Nil rude, SAXONIS pagina docta dabit.
Hoc olim fuerat, quod te commouit, ERASME,
Navigio Danos visere velle magis.
Sed licet abjectum, dormitans, atq; remissum,
Nil tibi SAXONIS suave recenset Opus:
Dum tamen interdum varias res ordine gestas
Tempore neglexit commemorare suo:
Quis non gestiret, STEPHANI Doctissime, doctas,
Quas Huic addideras, posse videre NOTAS?
Sic magno MAGNUS SAXO cumulatur honore,
Intricata nimis dum tua lima polit.

Christianus Severini f. Longomontanus,
Mathem. in Reg. Acad. Hafniensi Profess.

Ad
Clarissimum & Excellentissimum Virum,
DN. M. STEPHANUM STEPHANIUM, In Equestri ac Regia Sorana Academia Historiarum Professorem P. Regium Historiographum, Floridi ac profundi Danorum Scriptoris
SAXONIS GRAMMATICI
Felicem vindicem, fidelem interpretem, ac primum in Dania editorem, amicum plurimùm honorandum,
ELEGIDION
Gratulabundus scripsit
THOMAS BANGIUS Sanctæ Ebr. Linguæ Prof. P.
in Regia Havniensi Academia.

NUlli audita cano. Fuerat mea DANIA priscis
Temporibus LATIUM: DANque LATINUS erat.
Ut vili latuit Latialis Jupiter Alba;
Ut LATIUM dicta est terra latente Deô:
Sic latuit longîs ævi damnata tenebrîs
DANIA, perpetuæ noctis imago fuit.
Mox rutilô fulgens surgit jubar aureus ostrô:
Mox radiant Phœbô squalida sceptra novô.

GRAMMATICUS mox unus erat, qui dispulit umbras:
SAXO suâ DANOS luce micare docet.
DANORUM priscâ repetens ab origine gesta,
Condidit augustum Martis & artis opus.
GRAMMATICO magno Laurô sed texta CORONA
Defuit: en STEPHANUS florida scripta legit.
Aurea mox torques, viridisq; CORONA NOTARUM
Nectitur: est STEPHANUS LAUREA GRAMMATICI.
O quem te memorem! te vindice SAXO revixit:
Est STEPHANUS patrij magna CORONA soli.
Est STEPHANUS meritæ studiis pars maxima laudis:
Est patriæ Historiæ Bibliotheca loquens.
Stabit honos DANIS, redivivaq; gloria gentis
Te auspice SAXO cluet, dum vehit astra polus.
Stabit ovans DANUS folijs ornatus olivæ:
Te scriptore ætas DANICA sceptra fugit.
Annorum secura, nec ulli obnoxia seclo
Clarescet scriptis DANIA sera tuis.
Quæq; triumphavit juvenis de gentibus olim,
Per te de seclis cana triumphet anus.
Si ignari jactet Tempus spolia orbis opima:
Tu spolia è gnaro Tempore opima refers.
Sicq; triumphatô tibi Tempore adorea parta:
Tempora victoris clara CORONA beat.
Romuleô posthac non horret PORTUA culmô:
Non stabunt humiles in Jovis arce casæ.
DANIA non LATIUM posthac erit, haut rudis Alba
HAVNIA: SORA ROSA EST, HAVNIA ROMA NOVA.

Ἱστορίας ΔΑΝΩΝ ἀρχαίας τ' ὠφελίμους τε,
Οὐνόμαθ' ἡρώων κυδίστων ἠδ' ἀγακλειτά,
Τῶν τε καλιπτολέμων ἀναγνῶναι ὅστις ἐέλδῃ
Ἔργα παλαιγενέων πολεμήϊα τ' ἀξιάγαστα;
Χ' ὅσσα πρὸ παμπόλλων ἐτέων περικαλλέ' ἄεθλα
Θῆκαν ΧΡΙΣΤΙΑΔΩΝ ἡγήτορες ἠδὲ μονάρχαι,
Ῥυσσάμενοι τε πάτρην στῆσαν τ' ἔνδοξα τροπαῖα.
Δεῦρ' ἴθι, τὴν βίβλον τοῦ ΣΑΞΟΝΟΣ ἠδ' ἀνελίττε
ΓΡΑΜΜΑΤΙΚΟΥ προγόνων δηλοῦντος πρήγματ' ἀγαστά.
Κάλλος γὰρ τάδε γ' ἐστὶ καὶ ἐσσομένοισι πύθεσθαι.
Ἐξήγησιν ἀτὰρ ΣΤΕΦΑΝΟΣ, φῶς πατρίδος, ὧγε
Κρείσσω, ἐπισταμένως κατέλεξέ τε ἠὲ πάροιθεν,
Καὶ σχολίοις οὐ μὴν σκολιοῖς, πινύτοισι δὲ μᾶλλον
Ἐξεπόνησε σαφῶς τὸν ΣΑΞΟΝΑ, εὖ κατὰ τάξιν.
Ἐνθάδε καλλίστῃ μεθόδῳ ξυναπάντα ἔγραψεν
Ἱστοριῶν τε θύρας πατρικῶν νῦν κλεῖθρα ἀνοίξας.
Εὖγε, φέριστε Ἄνερ κλυτοδαίδαλα γράπτα παλαιῶν
Ἔκφερε εἴσγε φάος παμπόλλα καὶ ἔξοχα πάντα
Σπέρχεο ἐς πάτρης ἐρικυδέος εὖχος ἀγαυόν
Εὐπρεπέει τάξει Συγγράμματα πλεῖστα φαείνειν.
Οὕτω σεῖο κλέος μεγάλην δόξαν τε ἀέξεις.
Οὕτω μουσόφιλοι μέλλουσιν ὁμόφρονες αὖθις
Πλέξαι τε στεφάνους περί τε κεφαλῆφι βαλέσθαι.
Ἠδὲ πόνων δώσει ἀγαθὴν θεὸς αὖθις ἀμοιβήν,
Στέμμα δικαιοσύνης καὶ μακροῦ κλῆρον Ὀλύμπου.

εἰς τὸ τῆς φιλοφιλίας τεκμήριον παρέθηκε Collegæ Collega
ALBERTUS MEJERUS G. L. P.

Hostiles:

Hoſtiles dum bis REX MAXIMUS æquore utroq;
Perſequitur claſſes claſſe fugatq; ſuâ:
Armaq; fert contra tumidos ultricia Suecos:
Atq; animi validus dira pericla ſubit.
Ad quæ poſt ſeros ſtupeat Gens nata nepotes,
Vix credens, talem ſecla dediſſe VIRUM.
Tu, STEPHANE, interea priſcorum facta recenſens
Danorum, Errori bella ſubinde moves.
Obductas ſiquidem tenebras & menda Librorum
E Saxone tuo mente ſagace fugas.
Unde reviviſcens emuncto redditur orbi
Splendidior curâ, ſplendidus ipſe, tuâ.
Limpidior multò celſis de montibus amnis
Ut, bene purgato fonte, meare ſolet:
Sic, quando illuſtras noſtræ primordia Gentis,
Nupera quæq; dehinc lucidiora dabis.
Pergat, ſic voveo, REX AUGUSTISSIMUS acri
Mavorte & famâ digna patrare ſuâ.
Perge, Vir Excellens, multâ cum laude patrata
Genteq; condignè ſcribere digna tuâ.

GEORGIUS FROMMIUS
in Academiâ Hafnienſi Prof. P.

CAPUT XXVI.

Applauſus, εὐφημίαι, Carmina Encomiaſtica &c. Amicorum aliorum in patria.

PRiſca juſſit exulare Barbarorum factio
Res & acta perduellis, ex & eſſe finibus
Territorij, quod armis Rex Odinus obruit
Qui tumultus Herculanam poſterorum ſeculis
Intulit cum nube noctem, quam nec ille ſterteret.
Paſſer usq; delicatus quem Diana deperit
Vi coacta jure ceſſit inficeto vindici
Aſſerente parta nuper regna plebe fortiter.
Lingua gentis ad triones pulſa fuſtuario
Vidit, ac miſertus ibat reſtitutum ſupplices
Sordidatos *Saxo* Danus, Regularis arbiter.
Non ovilis arma ſpurci, nec moratus impetum.
Sed duobus implicatus nemo contra ſufficit,
Deficitq; in univerſis ſingulos qui deſpicit,
Hoc probaſſe Literator adſtruet periculo.
Hoſtium qui præda nuper factus & manubiæ,
Difficulter expeditum corpus ex injurijs
Reddidit, nec illud ipſis agnitum domeſticis.
Tum redux ab hoſte cæpit hoſpitali teſſerâ
Viſitare civitatem præferentes indigo
Et lubentiam penates. Urbs in urbe quæritur.
Gratis: Iſta namq; ſimplex tum fuit: nunc advenam
Quisq; poſtulare pergit ſymbolam pro teſſera.
Quæ ſubiſſet. Ille vocis obticeſſit inſolens,
Deſeritq; non ſolentes moris incolas ſui,
Attrahentes à remotis quicquid eſt in gentibus
Exteri, velut colores à ſolo chamæleon.
Unus inter hos & alter obſtitere ſeculo
Decidenti, ne ruina prorſus omne perderet
Nomen ævi, quod retrorſum noſtra miſit vanitas.
Tu Stephani, Wormiusq;, dignitati Danicæ
Hi fuiſtis, afferentes Æſculapias manus.
Ille Faſtos atq; Runas excitavit inferis,

Aut Asarum, quæ Valhalla dicitur, collegio,
Quo per ingens utriusq; major usus verterat.
Dedecus patrum, nepotes qui domi dant hospites
Tu fovendum & obligandum gentis ejus historem.
Sustulisti, quam reliquit Baldus Hælam persequens,
Clinicum prius, salute nunc recepta Virbium.
Reddidisti. Quò volucrem candidam parario
Debeat tibi, daturus justa sostra gloriam,
Civicamvè nascituris quæ diurnet messibus.

M. BRYNOLFUS SVENONIUS ISLANDUS,
Episcopus Scalholtensis in Islandia Australi.

JOHANNIS SVANINGI
Ripensis, Præpositi Regij in Samo Balthica,
POEMATA,
ad
Virum Clarissimum & Excellentissimum,
DN. M. STEPHANUM JOHANNIS STEPHANIUM,
Serenissimæ Regiæ Majestatis Historiographum & Professorem ordinarium, **SAXONIS GRAMMATICI Vindicem, Affinem, Compatrem** & amicum, optatum, pium & fidelem:

¶ Disertissimi *Saxonis* & Cl. *Stephanij* comparatio.

SAXONI multum, STEPHANO plus DANIA debet:
LUNA etenim SAXO est, SOL patriæ STEPHANUS.
SAXONI multum, STEPHANO plus DANIA debet:
SAXO etenim fulget, sed radijs STEPHANI.

¶ Disertissimi *Saxonis* & Cl. *Stephanij* commendatio.

SAXONI STEPHANUS, STEPHANO sua DANIA debet:
SAXO cui carus, carior huic STEPHANUS.

¶ Judicium de Notis Cl. *Stephanij* Opera *Saxonis* illustrantibus.

SAXO fuit tantum, Momo jurante, *disertus:*
GRAMMATICUS STEPHANI luce fit Historicus.

Secundum.

GRAMMATICO est STEPHANUS, quod Sol cœlo solet esse:
Cœlo Sol lux est, GRAMMATICO est STEPHANUS.

Tertium.

Ornas SAXONEM, & REGES diademate cingis:
Te STEPHANUM meritò quilibet esse monet.

Quartum.

Regibus antiquis Stephanum *dum porrigis arte:*
Ipse tibi Stephanum *tu (mihi crede) paras.*

Quintum.

Nemo tibi Stephanum; Stephanum *nec te neget esse*
Ullus: nam priscis Regibus es Stephanus.

Sextum.

Parta tibi in terris est Sedulitate *Corona:*
In cœlis firmâ sed tibi parta fide.

Pro Cl. *Stephanio* Votum.

Nominibus multis Stephani *modò nomine gaudes:*
Utq; alijs Stephanus, *sit tibi sic* Stephanus.

Acclamatio ad Illustrissimam DANIAM.

Prima.

Illustres quondam meruerunt Marte *coronam:*
Arte *sed Illustris jam meruit Stephanus.*

Secunda.

Secunda.

ROMA dedit dignis quas promeruere coronas:
DANIA quem meruit da STEPHANO Stephanum.

Tertia.

DANIA redde tuo STEPHANO famamq; coronam;
Nam Stephanum *priscis Regibus ipse dedit.*

ΔΑΝ, ΦΡΩΤΩ, ΡΕΓΝΗΡ, ΚΝΟΤΤΩ, κοσμήτορες ἔθνους,
Καὶ λοιποὶ Βασιλεῖς κλεινότατοι ΔΑΝΙΑΣ,
Τῶν φήμη πέταταί νυ ἐπὶ χθόνα εὐρυάγυιαν,
Καὶ διὰ ἁλμώδους ὕδατος οὐνόματα,
Κείμενοι ἐν δνοφεροῖς, ἄφατοι ὡς, κεύθεσι γαίης,
Μῦθον φθεγξάμενοι ἄμβλεπον ἠδὲ στένον.
Τίς μέλος ἡμετέροις ἐγκώμιον ἔργμασι ζεύξει
Ἄξιον; ἢ προσάγει πατρίδι κόσμον ἑῇ;
Τίπτε δὴ ἀιδίαν ἡμῶν κατεκρίνετε λήθην;
Μηδεὶς γηρύει τὸ κλέος ἡμέτερον.
Ηρώεσσι κλυτοῖς ὅδε πρόσφορός ἐστιν ὁ μισθὸς,
Τῶν κλέος ὡς ποταμοῦ λείβεται αἰὲ ῥοή.
Ὣς ἔφαν. Αὐτὰρ ἐπὶ μήκιστον ἐγείνετο σιγὴ,
Καὶ μηδεὶς πτερόεν φθέγξατο αὖθις ἔπος.
Ὕστερον ἠγέρθη ἀνδρῶν ἀντάξιος ἄλλων
Σαιδλάνδος ΣΑΞΩ δόξα ἑῆς πατρίδος.
Θευμόρῳ οὗτος ὀπὶ μεγάλοις ἔργοισιν ἐγείρων
Ἀγλαΐαν, πολλὸν πατρίδ᾽ ἔτευξε κλέος.
Ἀσφαλεῖ ἀμφ᾽ ἀρετᾷ Ηρώων πολλὰ καμόντων
Ἄθλους θεσπεσίῳ κ᾽ ἆθλα ἀνῆρε πτερῷ.
Ἀλλ᾽ ἔμπης τούτῳ μὲν ἐμίχθη καὶ κακὸν ἐσθλῷ,
ΣΑΞΩ ἀμαυροῦται ὥσπερ ἄδηλος ἐὼν,
Ῥίπτεται εἰς μιαρὰς ἀποθήκας, καὶ ποτὶ σιλφῶν
Πιτνεῖ, καὶ στέρεται πατρὶς ἑοῖο κλέους.
Ἀλλά μιν ἀντείλας ΠΕΤΡΑΙΟΣ ἐς ἠελίοιο
Ηγε φάος, κ᾽ ἀστοῖς ἔργον ἔδειξε μέγα.
Καὶ κατὰ μὲν πόδας ἀλλογενεῖς ἄλλοι τῷ ἕποντο,
Σπουδῇ ἐνίκησεν τοὺς δὴ ἐμὸς ΣΤΕΦΑΝΟΣ.
Μάρτυρ ἐμοὶ πιστὴ βίβλος ἔσσεται ἥδε παροῦσα,
Ὅττι μιν ἐχθίστοις ψεύδεσι μὴ μιανῶ.
Ηδίστη πατρὶς μήπου ἀναβάλλεο εἴρειν
Σπουδαίως ΣΤΕΦΑΝΟΝ καλὸν ἐμῷ ΣΤΕΦΑΝῼ.

Historiæ Princeps Danorum, gloria Gentis
Arctoæ SAXO, sordibus eripitur.
Splendidus in lucem prodit, quem nuper avarâ
Paucorum texit Bibliotheca manu.
SAXO CORONATUS prodit, STEPHANUSq; CORONAT,
Egregius cultor Principii Historici.
Scilicet inscripsit SAXIS sua gesta vetustas
Corporis atq; animi non peritura situ.
Eruit hæc SAXO SAXIS, ingentia linquens
Divini ingenij non peritura bona.
Hoc opus ingenij STEPHANUS mira arte CORONAT,
Qui roseo SERTO dignus & ipse suo est.
Sparge rosas, florem violarum, necte CORONAS
SAXONI & STEPHANO, Patria, sparge rosas.

Inſcribatur opus SAXIS, & plena perennent
Laudibus æternis hæc monumenta tuis.
Sculpe opus in SAXIS, SCRIPTORIBUS adde CORONAS:
Conveniant rebus nomina clara ſuis.

Bono affectu ſcribebam.

ERASMUS PAULI VINDINGIUS
Regiæ Scholæ SORANÆ Rector.

Hiſtoriæ lumen priſcæ invidioſa vetuſtas
Quondam in Letheas præcipitarat aquas.
Obruta Danorum populi monumenta jacebant
Sordibus, & longo pene ſepulta ſitu.
Ipſe ſuæ Gentis vates ſub nube latebat
Arctoâ SAXO primus in hiſtoriâ.
Omnia erant denſis annorum immerſa ruinis,
Barbaries tanti maxima cauſa mali.
Non tulit hoc ultra generoſi cura LAGONIS,
Ecquis, ait, Gentis tot bene geſta meæ
Vindicat à tenebris, & clara in luce reponit,
Geſta vel æternos vivere digna dies?
Quisquis eris, pro vindicijs tibi juſta Camænæ
Præmia, ſed quondam, quanta merêre, dabunt.
Quin & poſteritas olim te multa loquetur,
Et nunquam in laudes deſinet ire tuas.
Dixerat: ecce ſubis tantos, Petræe, labores,
Primus & inviſis eruis è tenebris
SAXONEM, veterum qui res & fortia facta
Danorum haud humili condidit hiſtoria:
Cimbria quo famam tellus æquavit Olympo,
Cedere ſe & dominæ jam negat Auſoniæ.
Quis ſatis hoc laudet? tumulo veteri excitus Heros
Suſtulit ingenuum rurſus ad aſtra caput.
Sed fædus maculis, quas longa adleverat ætas,
Intactum patiens nil ſupereſſe diu,
Nunc huc, nunc illuc æger, miſerabilis ibat,
Flens ſibi non ullas rite vacare manus.
Sic miſerè truncus lucem vix hactenus ipſam
Pertulit, innumeris ſqualidus ora notis.
Nemo ſalutiferâ potuit ſuccurrere dextrâ,
Qui vellet nævos tollere, nemo fuit.
Sæpe alios fruſtra, Stephani doctiſſime, ſed non
Ille tuam fruſtra ſollicitavit opem.
Ergo ne ſeries ſeclorum incognita, totq;
Magnanimûm fallant inclyta facta ducum;
Tu faculam alluces, tu nobis lampada præfers
Clare Vir, Arctoæ lumen amorq; plagæ.
Atq; ita limatum SAXONEM didis in auras,
Poſſit ut à pueris & ſine nube legi.
Omnia nunc oculis occurrunt obvia noſtris,
Ille tua poſtquam pene revixit ope.
Nunc legimus paſſim, pariterq; addiſcimus omnes,
Nec tantum obſtringis tempora noſtra tibi:
Poſtera quin quoq; ſe debere fatebitur ætas,
Barbaries nobis nec metuenda venit.
Barbaries, quæ nunc facto velut agmine Muſas
Paulatim ad Scythicas cogit abire caſas.
Hoc ſatis eſt. Te fama manet, nos commoda; jamq;
Par pretium tantæ ſedulitatis habes.
SAXONI lucem tu pulſa nocte dediſti:
Luce nova famam reddidit ille tibi.

PARO-

PARODIA

Ad XII Libri II Carminum Odam Q. HORATII FLACCI.

Nolo longa feræ bella Alemaniæ,
Nec Celtæ furias, nec profugum Scythen,
Nec pacis dubium Thraca perennibus
Aptari citharæ modis:
Nec vafros Batavos : & nimium sibi
Confisos, domitos Cæsarea manu
Arctoos Sveonas : unde periculum
Præsens contremuit domus
Magnorum Austriadum ; tu pede libero
Regum gesta prius Martia Danicûm
Evolves melius, per sua tempora
Annales veteres putans.
Me dulcis bifidi Musa cacuminis
Cultrix, me voluit dicere floridum
Præstantes animas, & proprijs tuum
Fœtum pectus honoribus.
Quem nec ferre pedem dedecuit choris
Vatum Pierijs, nec dare lintea
Torrenti Oceano grandia Rhetorum
Doctrinâ celebrem suâ.
Antiquam Latio seu decus asseris,
Et quæ Barbaries intulit horrida
Ostendis populis : seu dare candidas
Tot chartis animas lubet,
Quæ claro ingenij lumine Daniam il-
lustrarunt STEPHANI, Macte agè gloriâ has,
Quam nec livor edax, iravè temporis
Æternùm eripiet tibi.

JOHANNES MEJERUS
Poëta Coron. Cæs. Scholæ Cathedralis Ripensis Rector.

ΠΑΡΟΡΜΗΣΙΣ

SAXONIS GRAMMATICI & STEPHANI STEPHANII ad scribendum.

Orbis dictator, splendentis rector Olympi
JUPPITER, ut rerum cumulatas pectore curas
Diluat, & mixtis fallat sermonibus horas,
Altisonâ sacrum conclamat voce Senatum.
Ne mora nectatur, TEGEÆUS laxa movendis
Subnectit VOLUCER plantis talaria, pernix
Nubila perrumpit, varias ac transvolat oras,
Divinoq; citat Sanctissima Numina jussu.
Res haud impediunt: pictis vestita tapetis
Stelligeri plenis properatur ad atria tecti
Hinc atq; inde vijs. Venientibus aurea divis
Porta patet ; structis speciose fulta columnis,
Irradians auro, nitidis clarissima gemmis
Admittitq; domus : pulchrum mirantur ocelli
Ornatum, quali nec terra nec unda superbit.

JUPPITER, obductis precioso vestibus auro
Incinctus residet crebris radiante smaragdis
In solio, gravitate potens regalia vibrat
Sceptra manu, superamq; Dijs intrantibus aulam
Assurgit. Gemmans solerti mensa paratu
Instruitur; puras manibus pro more lavandis
Dat chrystallus aquas: discumbunt ordine: digna
Subtili patinis sistuntur fercla palato,
Nectareum fundit Ganymedis prompta liquorum
Dextra. Nihil desit quidquid dulcedine lectos
Exhilarare potest convivas, suppetit. Omnis,
Qui videt, ignotam stupefactis haurit ocellis
Regifici luxus faciem. Diversa, locatô
Conciliô, alternis tractantur seria verbis:
Interdum jucunda fluunt. Venerabilis HOSPES,
Res immmota, rogat, quô cardine fata volutent
Cœlo subjectas? humiles quæ sidera tractus
Respiciant? incepta quibus molimina stellas
Auspicijs infra succedant? Dicta capessunt.
Phocaica vitreos devinctus APOLLO capillos
Lauru, præfulgens gemmis auroq; nitenti
Amplifico & Tyriæ velatus tegmine vestis,
Cum Musis, ostro contecta sede levatur,
Dicendiq; petit veniam. Lavinia nobis
Præ reliquis, inquit, meritò, Rex maxime divûm,
Regna placent. Felix ceu quondam Græcia, doctis
Sunt impleta viris. Crebro Parnassius haustu
Si fons depleri posset, qui largus aquarum
Sacros depromit latices semperq; redundat,
Funditus epotis tandem siccesceret undis:
Itala nam plenis gens potat avariter inde
Faucibus, extingui liquido quum nescia rivo
Torqueat ora sitis. Latiæ facundia linguæ
Hyblæis est mixta favis. Romana cothurno
Rostra tonant. Vatum numerosus carmina cœtus
Fundit Musæo stillantia melle, Sophorum
Oenotrijs exculta plagis turba abdita rerum
Pandit Sacra, diu Clario doctiq; recessu
Exercent medicam cum laude Machaones artem.
Hæc silet effatus, repetitq; sedilia Phœbus.
Majestate gravis, sancto spectabilis ore,
Stellatas baccis nec non subtemine flavi
Discretas auri vestes induta profatur
Dictæi Matrona Jovis sic JUNO: Marite
Et frater duplici mihi devinctissime nexu,
Hesperias alijs ego longe præfero terras.
Gemmarum, argenti tanta est fulviq; metalli
Copia, vicinos, aliàs qui fortè carerent,
Effusè populos ut ditent. Profluus illic
Egerit aurifluo rutilantia gurgite grana
Despumando Tagus, felicem provocat Hermum
Bætis, & auriferi rubicunda lacessit Iberus
Flumina Pactoli. Nunquam non seria morum
Elucet gravitas: Hispani regia promunt
Verba cothurnatis, quæ possint flectere, linguis.
Nil triviale sonat: tetrici sunt maxima vultus
Pondera. Formoso sine mendis corpore bella,
Scintillans oculis ultro citroq; rotatis
Et solito pallam cesto religata fluentem,
Hinc infit Cytherea VENUS: Gratissima sedes

Est

Est mihi vina ferens laxati Gallia luxus
Nutrix. Incensas à me langvescere flammas
Non unquam patitur: prædulces explet amores
Incola gens, natas & solvit in otia curas.
Mellitus sermo, captandam factus ad auram,
Gestus, & insolito variè formata tenore
Vestis, philtrorum vicibus funguntur. Aperta
Sponte cupidineas admittunt corda sagittas,
Atq; subinde novas capiunt incendia vires,
Quæ nec festinos obliquans Sequana cursus,
Si vel præstet opem sociato Matrona fluxu,
Nec Ligeris, nec Arar, collectis evalet undis
Sedare: admoto succensus pascitur ignis
Fomite. Votivo semper mihi thure litatur.
Prolixus barbam, viridi præcinctus amictu,
Et capripes amplam meritis PAN laudibus effert
Pannoniam, multo quod gramine fœta torosi
Prata boves implent, & lectæ plena bidentes
Pascua. Lucrosam tradens feliciter artem,
MERCURIUS doctor, tumido circumflua ponto
Et prædives, ait, laudanda Britannia. Multæ
Permutantur ibi magno cum fœnore merces,
Adstrictæ impatiens fortunæ marcida vitat
Otia mercator, dubijs vitamq; procellis
Objectat. Tenues augent commercia census.
Adspectu torvus, cristata casside, duro
Umbone, atq; latus gladio munitus eburno,
Et varijs textam nodis auroq; trilicem
Loricam tectus, sua MAVORS ora resolvit,
Et sibi devinctos extollit vocibus orbes:
Nobilitata viget crebris Germania pugnis,
Atq; reportata lauro victrice triumphat.
Dania, vastorum genitrix fœcunda gigantum.
Progressi, adfulgens quò spes atq; ira vocavit,
Cimbri pugnaces domuerunt undiq; gentes,
Horrendæ & factos calcârunt stragis acervos
Illæsis pedibus. Non pollentissima mundi
Extitit ancipiti dominatrix Roma timore
Immunis, pectus trepidavit forte, secuta est
Et formidatam præstantis bellica famam
Virtutis clades. Compresso substitit ore
Hæc, fuso exultans hominum MARS sangvine, fatus.
Ut facili dictas percepit JUPPITER aure
Laudes, arctoûm miratur facta virorum,
Condigno, dicens, cur belligerando peractæ
Res scriptore carent? vivax expersq; sepulchri
Fit nomen scriptis: indepta est quælibet aptos
Præcones Regio. Sed forsan debita tantis
Cultura ingenijs defecit. APOLLO moraris?
Extimulato virum, divino concitus œstro
Danorum illustret doctis qui gesta libellis.
Nec mora. Castalidum princeps festinat ad Arctos,
Et ciet illustri LANGORUM sangvine natum
SAXONEM, patriæ motus qui vindice penna
Asserit obscura mersas caligine laudes,
Et memoranda notat victuris nomina chartis,
Magnificum laxatq; stilum. Sunt robora verbis,
Ut stupeat lector, multis oratio gnomis
Atq; animata movet, res & designat agendas.
Æmulus irriguæ fudit torrente Roæus

Gur-

Gurgite ſacratos Aganippes inde liquores
Fons, & grandiloquam ſurgens Roeſckildia Romam,
Eſt imitata: ſuo celeberrima Præſule tangit
Exerto demum ſublimes vertice cœlos.
Luſtrat hyperboreas peragrans dum Delius oras
PHOEBUS, in Hauniaca ſedem ſibi deligit urbe,
Et Sorana videt ſtudijs aptiſſima tempe,
Atq; fatigatus ſubmiſſis ſæpe clientum
Votis, quum SAXO non ſat proclivia ſcitu
Quædam proponat, Danorum & nixa vetuſtis
Tantum figmentis, divina concitat aura,
Adferat ut calamo libris interprete lumen,
Præclaris STEPHANUM doctrinæ dotibus auctum,
Emeritæ & gnarum linguæ ritusq; ſepulti,
Conveniente ſibi recte qui nomine gaudet,
Dignus honoriferam ſemper geſtare coronam.

ERICUS ERICIUS PONTOPPIDANUS,
P. L. C. & Ph. M.

Fortia Danorum SAXO dum conderet acta,
Creditur aërij montis adiſſe jugum,
Quo ſaxa & ſalebras dehinc ſparſit longius ævum,
Hac facie damnans horridiore viam.
Aſcenſum inſtituit cupidus ſpectator: at ille
Offenſat digitos; hæret hic; iſte labat.
Ut vidit STEPHANUS, ſaxa atq; obſtacula quævis
Summovet, ac plano tramite pandit iter.
Dat montis ſuperare apicem, dat lumine certo
Luſtrare optatas Martis & Artis opes.
Quid STEPHANO pretij? Clario ſuadente Senatu,
Æternæ frondis tempora cinxit honos.
At tu parce chelyn Vatis jactare Riphæi,
Fabula, ſolertem ſaxa movere loco:
Saxa movere loco ſeris memorabitur annis
Non Orphea chelys, ſed STEPHANI Calamus.

PETRUS NICOL. MEHRNERUS.

HActenus externas tantum ſpectavimus arces
Quæq; peregrino ſub Jove nota latent:
Barbara Pyramidum ſi quæ miracula Memphis;
Si qua levis jactet culmina celſa Pharos;
Aut ſtruat invictos meretrix Babylonica muros
Oenotrioq; calent amphitheatra foro:
Miramur Dani. Turpe eſt curare Quirites
Si faciant propriæ dememiniſſe domus.
Altius erigitur STEPHANUS: patriæq; tiaras,
Et proavum illuſtrat ſecula priſca nepos:
Ecce iterum antiquum titulis ſublimibus ævum
Pullulat, atq; nova luce reſultat avus;
Imperij redeunt tot faſces, ſigna, ſecures;
Et diadema ſuam vibrat in orbe facem,
Ingreditur veteres regalis adorea frontes,
Atq; triumfalis tempora lambit honos;
Deniq; Grammatico redit auguſtiſſima fandi
Svada, paludatis invidioſa togis.
Laus STEPHANE illa tua eſt: ſecli penetrale revolvens
Authorem toto jam facis orbe capi. Si

Si quæ Pythagoræ constat reverentia turbæ,
Illa tuum petijt flamma diserta sonum.
Hoc fatale solum est; hæc tradux lingua potentis
Vocis; & hos habitat vox spatiosa lares,
Quæ rediviva meat sceptrorum fusa per actus,
Et docto Danum flumine tollit ebur;
Hic est, hic dignus reparata voce cothurnus,
Et gravitas natam sensit adesse tubam.

Epigramma posthumum
in laudem
SAXONIS GRAMMATICI,
ingentis historici, & optimi patriæ civis.

HEroum laudes; & linguæ grande sonantis
Fulmen; & Arctoi sceptra verenda soli;
Grammatici quod cernis opus; Quæq; ore beato
Flumina facundi concaluere viri.
Vidit Roma stupens: iterum pulsabimur, inquit:
Jam redit, & tanto vindice Cimber ovat;
Ausonio Cimber nomen fatale timori,
Incæpit Latio doctius ore loqui.
Imperio cecidisse leve est. Nunc sceptra parantur
Eloquij, & regni quæritur inde decus;
Majestas Romana tremit; gentisq; togatæ
Rostra peregrino succubuere polo.
Sic est. Grammaticum *Dani veneramur alumnum*
Atq; ipsi quicquid fertile lingua dedit.
Sive Aquilas & signa refert; animasq; capaces
Martis; hyperboreo classica mota mari.
Seu patriæ fastos: uno dictator ab ore est,
Et regale suum pulpita pondus habent.
Nos sapimus commune alij: pendemus ab ævo,
Et novat inceptum proximus author opus.
Saxo sed emeriti sublimior incola mundi,
In tenebris sparsit barbarieq; diem:
Est aliquid latialis honos, & pagina Livi;
Plus tamen est seclo desipiente loqui.
Collige Roma patres. Laus una est propria Pellæ,
Grammaticoq;: ævi non habuisse parem.

VITUS BERING.

PRæclare Rhetor, flos decusq; Danorum,
Cui jura fandi ac eloquentiæ fasces
Rex Christianus, ille duplicis regni
Ac seculi splendor, Paterq; Musarum
Helicona totum & quicquid est Camœnarum,
Ac eruditæ Antiquitatis indulsit;
Gaude triumphis Victor improbæ curæ,
Et plaude mecum; quodq; laudis est summum
Expone nobis Posterisq; Saxonem,
Illustre pignus, nec diutius differ
Tot Candidatis Arbitrisq; Virtutum,
Et quisquis est æternitatis & Suadæ
Humanioris cultor, id quod expectant:
Nec ipse clarum Nomini tuo nomen,
Et non labantis posthumum decus famæ,
Quam quisq; doctæ mentis Hospes exoptat
Animæq; grandis. Fallor an tuus tandem
Nosterq; Saxo in publicam redit lucem,
Seq; esse gaudet qualis haud potest nasci,
Sublimis Autor, quo nec Alter hoc cœlo
Aut verba rebus rectiora perpendit,
Aut explicatos doctius sinus Regum,
Et quod Deorum est, & quod est Deos infra,
Recludit ævo. Et jam Tibi Novenarum
Princeps Sororum gratulantium voces,
Priscasq; lauros, præmiumq; doctrinæ
Immune lethi nomen, & procul vulgo,
Ignaviaq; dissitas legit laudes;
Nec invidendâ fert in arduum pennâ.
Admitte felix quod mereris, & quod jam
Præstantius laude est, ubiq; Terrarum
Assuesce amari. Si quid Accolæ Belgæ,

Gens

Gens literarum gloriæq; fœcunda,
Debere forsan Vossio meo gaudent,
Quo nil Virorum fama doctius vidit,
Si Meursij Manes coluntur à Danis,
Et qui renasci vester jam solet Saxo:
Hæc tota passim patria, Insulæq; non victæ
Et si quid audis, nulla non suum Civem
Te Terra credit, nulla non colit doctum.
I macte saltem liberalium Vindex
Et Arbiter diserte disciplinarum
Tuasq; laudes publicis bonis junge,
Et quo sacræ Te mentis ille cœlestis
Accendit ardor, desidisq; jamdudum
Ignara vitæ, inglorijq; languoris
Erecta virtus, Indolesq; non vilis,
Assurge felix altioribus curis,
Et si quid est, quod scire publicè refert,
Debere nobis ac Nepotibus perge.
  Hac arte pollens altius Deûm sedes,
Cœliq; tractus, arduæq; securum
Æternitatis clarus invehes portum.
Et nos tuarum turba particeps laudum
Quos possumus sacros litabimus plausus,
Lenesq; gratæ mentis Indices versus,
Et quos juvat nunc addidisse Scazontes
  Si plura poscis, Docte Regis interpres,
Omnisq; tutor gratiæ & venustatis,
A seculis ac conscientiâ sume,
Quæ sola compensatio sui fertur,
Et digna merces, præmiumq; non vanum.

GODEFRIDUS CRETSCHMARUS.

Magnis magna placent, animosus ad ardua tendit
Spiritus, in gravibus sudor anhelus ovat.
Laus in sublimi prostat, vestigia retro
Ferre pudet, refugos maximus error habet:
Impetus in lucro est, nullum tentasse pigebit,
Asperat egregium palma severa decus.
Est honor ingenio trahere in suffragia Divos,
Et merita arbitrio ferre brachia poli.
Ecce tuis, Stephani, *crevit reverentia chartis,*
Divinumq; Helicon totus inumbrat opus.
Saxonem Latiæ commendant syrmata Svadæ,
Sublimemq; decet pompa decora stylum.
Ante quidem galeis Tyberim victricibus hausit
Cimber, & invasit rostra diserta Gothûs:
Heic Marti certant Musæ, nam maxima grandis
Æquiparat tumido Saxo trophæa sono.
Duplex noster honor, dominas pepulisse phalanges,
Terribilesq; aliis hic tremuisse globos;
Et Latiæ ancipitem linguæ fecisse Quirino
Palmam, & convelli munere rostra suo.
Carpit at ignavum facunda volumina tempus,
Atq; rudes metuit pagina docta manus.
Saxoni hæc peperit tristes incuria nævos,
Indignas patitur dictio pura notas.
Emendat tantæ Stephanus *dispendia cladis:*
Dediscitq; apices fida litura nothos:
Attollunt numeros rediviva emblemata priscos,
Atq; gravis solito dictio more tumet.
Et ne difficilem involvat facundia sensum,
Interpres totum cura recenset opus.
Negligit obscuros jam lucida pompa cothurnos,
Lectoriq; patent verba rotunda suo.
Hæc duplicem Stephano *molitur adorea laurum,*
Perpetuoq; caput flore corona ligat.
Sis igitur στέφανος, *soboliq; merere futuræ,*
Agnoscent studium secula grata tuum.

CHRISTIANUS AAGARDUS.

Qvum monumenta spargi
  Eruditorum videam, mordeo sæpe labra.
Non imitor bonorum
  Facta, sed culpo potius, qui meruere laudem,
Egregios labores.
  Danicus Heros, patiens pulveris atq; Solis,
Fortiter occupavit
  Orbis extremi populo plurima regna victo.
Quæ sua buccinantem
  Sæpe Saxonem soleo rodere dente acuto,
Atq; viris peritis,
  Credulis illum rudibus reddere fabulosum.
Ut mea comprimantur
  Labra, *Soranus* faciet *Vir, Stephanus*, coronâ
Perpetuo virenti
  Myrthea dignus. Dubito, laus erit Absoloni
Atq; suo Clientum
  Maximo, an detur *Stephano* gloria major! *Ære,*
Rupe, perenniores
  Temporum æternâ serie sint Stephani labores.

Invidiam sic loquentem producit
GABRIEL CHRISTOPHORI
S S. T. St.

STEPHA-

STEPHANI JOHANNIS STEPHANII
NOTÆ VBERIORES
IN HISTORIAM
DANICAM SAXONIS GRAMMATICI.

Et primò quidem in Præfationem.

3,2 SCitè Pindarus Olymp. VI, & ex eo Lucianus in Hippia; Ἀρχομένου ἔργου, πρόσωπον χρὴ θέμεν τηλαυγές: *Incipiente opere, frontispicium oportet facere præfulgidum.* Certè non potuit illustrius frontispicium, vel ut ita dicam, antepagmentum, Historiæ suæ præfigere Saxo, quàm adeo eruditam, & omnibus præclari Exordij numeris absolutam Præfationem. In eâ potissimum hæc tractat: Primo avtorem sibi condendæ Historiæ Danicæ, Absalonem, Lundensem Archiepiscopum, fuisse ostendit. Post ejus se obitum, Andreæ Sunonis, qui Absaloni in Archiepiscopatu successit, Opus suum inscribere coactum. Descendit deinde ad lavdes ipsius Andreæ; quem commendat ab eruditione & sapientiâ, à studio peregrinationis, à duplici munere, uno apud exteros, altero in patriâ lavdabiliter administrato; & demum à religione, fide, & avtoritate, quâ in sacrâ illâ dignitate versatus fuerit. Hinc pavcis edocet, quæ potissimum documenta in contexendâ Historiâ sequvutus sit: nempe 1. Carmina patrij sermonis, à Danorum antiquioribus vulgata. 2. Inscriptiones veteres hinc inde in saxis ac rupibus repertas. 3. Islandorum Antiquitates; quorum simul singularem in Annalibus consignandis, & rerum vetustarum memoriâ conservandâ, diligentiam extollit. 4. Absalonis Archiepiscopi asserta & Narrationes. Mox Waldemarum II Regem Daniæ compellat: cujus etiam virtutes breviter perstringens, favore suo ut præsens Opus complectatur, rogat: ubi simul brevis S. Canuti Regis commendatio adjungitur. Transit deinceps ad Chorographicam Daniæ descriptionem: in quâ primum attingit Jutiam, utpote Danici regni principium. Cui subtexit provincias cæteras, Fresiam minorem, Fioniam, Sælan-A diam, Scaniam, Hallandiam, & Blekingiam. In Blekingia meminit rupis admirandis literarum notis exaratæ: quam frustrà Waldemarus I perscrutandam curavit. Persequitur statim Svetiæ Norvagiæq; situm. Tùm Islandiam, ejusq; admiranda describit. Ad ultimnm Svetiæ Norvagiæq; descriptionem altius repetens, Gigantesq; in Daniâ olim fuisse demonstrans, orationem ad institutum convertit.

B Pag. 1. vers. 9. *Qvum cæteræ nationes rerum suarum titulis gloriari*] Nulla gens non est lavdis avida; nec ulla est natio, quæ non ardentius gloriã, quàm divitias diligat. Inprimis vero, si quæ præclara mortales cupiditate gloriæ gesserint, eorum memoriam, ad seros usq; nepotes, literarũ beneficio prorogari cupiunt. Hinc fit, ut, quomodo Saxo loquitur, unaquæque natio non proprias tantùm jactet virtutes, sed & egregijs majorum meritis impendio delectetur. Cæte-C rùm priusquam Historiæ suæ primam admoveret manum Saxo, omnes fere nationes suos nacti erant Scriptores, qui res ab ijs gestas victuris annalium monumentis consignaverant. Ne dicam de Græcis & Romanis, quos sua antiquitas ad ulteriora retro secula removit, inde ab Anno Christi Qvingentesimo habuêre Galli *Gregorium Turonensem*, *Secundum*, *Avtmarum*, *Eginhardum*, *Freculphum*, *Theganum*, *Nithardum*, *Aimoinum*, *Adonem Viennensem*, *Rheginonem*, *Dudo-D nem Nevstrium*, *Ivonem*: Hispani *Joannem Gerundensem*, *Maximum Cæsaravgustanum Episcopum*, *Isidorum Hispalensem*, *Hildefonsum Archiepiscopum Toletanum*, *Gavfredum*: Angli *Gildam Sapientem*, *Nennium*, *Samuelem Benlanum*, *Bedam Venerabilem*, *Alfricum*, *Sulcardum*, *Ethelverdum*, *Turgotum Dunelmensem*, *Gvilielmum Rhievallensem*, *Gvilielmum Malmesberiensem*, *Henricum Huntingdonensem*, *Simeonem Dunelmensem*, *Gavfridum Monemutensem*: Germani *VVidichindum*, *Hrosvitham*, *Meginfridum*, *Albertum Metensem*, *Glabrum Rodulphum*, 3,2 *phum, Hermannum Contractum, Lambertum Schafnaburgensem, Sigebertum Gemblacensem, Othonem Frisingensem, Radevicum, Marianum Scotum, Brunonem, Guntherum Poëtam*: præter innumeros alios, quorum largam sanè copiam curioso Lectori suppeditabit Clarissimæ doctrinæ Vir, seculi nostri decus, & illustre Belgij sidus, Gerardus Joannes Vossius in avreo Tractatu de Historicis Latinis. Solis Danis non licuit esse tàm beatis. Nam ante Aimoinum, Adamum Bremensem, Helmoldum Butzoviensem, Ælnothum, & pavcos Scriptores Anglicos, qui res Danicas obiter & aliquâ ex parte tantum attingunt, vix unus aut alter inventus erat, ex Danis certè nemo, quod equidem sciam, qui Regum Daniæ absolutam atq; integram nobis Historiam dederat. Cavsam hujus defectus ipse Saxo nos edocet in ipsa hac Præfatione: *Quis enim res Daniæ gestas literis prosequeretur, quæ nuper publicis initiata sacris, ut religionis, ità Latinæ quoq; vocis aliena torpebat. At ubi cum sacrorum ritu Latialis etiam facultas accessit, segnities par imperitiæ fuit, nec desidiæ minora, qvam antea penuriæ vitia extitêre.* Et infrà Lib. IV. *Qvod si patriam hanc fortuna Latino qvondam sermone donasset, innumera Danicorum operum volumina tererentur.*

3,2 Ibid. *Rerum suarum titulis gloriari*] Non solùm Græci sua μνημεῖα, sed & prisci Romani varia habebant *Monumenta*, ut statuas, trophæa, fumosas imagines, & id genus alia, quæ posteros avitæ virtutis admonerent. Hæc ut plurimum inoperosis *titulis* & splendidis inscriptionibus insignita erant, quæ rerum à majoribus præclarè gestarum lavdes amplissimas complectebantur. Hinc *Tituli* vox usurpari cœpta est, non modo pro nudâ ἐπιγραφῇ; verùm etiam pro lavde existimatione, encomio, elogio, gloriâ, celebritate, illustri famâ, & quicquid nomen alicujus æternitati consecraret. Ovidius Lib. II. Fastorum:

At tua prosequimur studioso pectore, Cæsar,
Nomina, per titulos ingredimurq; tuos.

Lucanus Lib. VIII. v. 72:

Nobile cur robur Fortunæ vulnere primo
Fœmina tantorum titulis insignis avorum
Frangis? habes aditum mansuræ in secula famæ.

Valerius Maximus Lib. III. Cap. II. *Reddendus est nunc Romanæ juventuti debitus honos, & gloriæ titulus, quæ hostium exercitum rupit.* Inprimis creberrimus vocis hujus usus eo significatu fuit apud scriptores medij & posterioris ævi. Avrel. Prudentius Psychomachiâ, versu 206:

Non pudet, ô miseri, plebejo milite, claros
Attentare Duces? ferroq; lacessere gentem
Insignem titulis? veteres cui bellica virtus
Divitias peperit? ———

Sic enim cum Victore Giselino legere malo, quàm cum Johanne Weitzio, Viro alioquin doctissimo, & de Prudentio optimè merito,

A *insignem telis.* Hericus, Monachus Altissiodorensis, qui claruit circà tempora Caroli Crassi, Anno Christi, DCCCLXXX, Libr. II Vitæ S. Germani:

Moribus & meritis spectatus Amator opimis,
Vivere cui Christus fuit, & sors ultima lucrum,
Virtutum plenus titulis ———

Guntherus Lib. I. Ligurini, vers. 354:

Pars operum titulos jactant, æviq; minoris
Vix æquanda viris. ———

B Eodem Libro, vers. 608:

— ambo pares factis insignibus, ambo
Majorum titulis. ———

Et versu 561.

——— *cunctos simul ore venusto*
Lavdat, & egregios titulis exaggerat actus.

Et Libr. X. v. 575.

Muneribus lætos, titulis dimittit onustos.

Galterus Libr. II. Alexandreidos. Fol. XX.

C *Pro patria stare, & patriæ titulis, & honore*
Invigilare decet. ———

Columbanus in Monostichis:

Hæc præcepta legat devotus, & impleat actu,
Virtutum titulis vitam qui quærat honestam.

Ad quem locum Doctissimus vir, & cui plurimas melioris notæ Antiquitates debemus, Melchior Haimisfeldius Goldastus, hæc adjunxit aliorum avctorum loca. 1. Isambardi Diaconi, in charta Traditionis, quam Wago contulit
D Monasterio: *cujus vita multis virtutum titulis claruit.* 2. Arnulphi Lexoviensis Epitaphio Mathildis Imp.

Virtutum titulis humani culmen honoris
Excessit Mulier. ———

3. Papiæ Gloss. *Titulus dicitur inscriptio, vel signum laudis & honoris, vel laus.* Solens verò hac voce utitur eminentissimus seculi sui Scriptor Johannes Sarisberiensis, qui claruit sub Friderico I. Imperatore. An. Ch. M. C. XL. Ut li-
E bro III Policratici, cap. X. *Inter cætera clarioribus Augusti titulis connumeratur, quòd in tantæ pestis congressu manserit invictus.* Et paginâ versâ: *Tractum est hinc nomen, quo Principes virtutum titulis & veræ fidei luce præsignes se Divos audeant, nedum gavdeant, appellari.* Idem Lib. IV. Cap. XI. *Quis enim illos ambigit alijs præferendos, qui quasi naturali probitatis privilegio ampliati majorum titulis invitantur ad virtutem.* Et Libr. VI. cap. VI. *Haraldus quidem armis strenuus, & laudabilium ope-*
F *rum fulgens insignibus, & qui tàm suam, quàm suorum posset apud posteros gloriam dilatare, nisi meritorum titulos nequitiam patris imitans, decoloraret.* Et Lib. VII. cap. XXIV. *Nunquid tanti parricidij labes, omnes non modò fortunæ dotes, sed quamvis magnificos virtutis titulos non obliterat?* *Titulus* etiam alicujus Sancti est Basilica, vel Ecclesia, aut Capella [ut Barbari amant loqui] ejus honori dicata & consecrata. Hinc Cardinalium Ecclesiæ Roma-

Romanæ *tituli.* Ecchehardus Junior Cap. 1. A *In titulo Apostolorum conditum.* Et statim: *ad titulum S. Petri, qui est in Cœmiterio S. Galli.* Et Cap. 9. *In cella Salomonis circa parietem tituli S. Georgii.* Walafridus de S. Othmaro, Cap. 1. *Cuidam Ecclesiæ, titulo S. Florentini Confessoris, prælatus est. Titulandi* verbo usus est Petrus ille verè Chrysologus, Sermone CLV. de Calendis Januariis, quæ variâ gentium superstitione polluebantur: *Quorum formant adulteria in simulachris, quorum fornicationes imaginibus mandant, quorum titulant incœsta picturis.* Item Tertullianus libro de judicio Domini:

Quis mihi ruricolas aptabit carmine Musas
Et vernis roseas titulabit floribus auras?

Ad quem locum Georg. Fabricius: *Titulare, est veluti insigni quodam ornare. Detitulare* etiam novè dixit mirus verborum artifex, sed tamen Poëta suâ tempestate florentissimus, Josephus Devonius Iscanus Anglus Libr. II. De Bello Trojano, pag. 43.

——— *Propriæ nam venditor artis*
Detitulat titulos, quos ingerit ———

3,2 *Ex majorum recordatione*] Ex memoriâ rerum præclarè à majoribus gestarum. Formula imitationem Valerianam referens.

3,3 10. *Danorum Maximus Pontifex Absalon*] *Maximum Danorum Pontificem* Saxo hic vocat, qui aliàs *Archiepiscopus Lundensis* vulgò dicitur. Hic verò ille est Absalon, qui ex illustri & generosa *Candidorum* familiâ, quam vernacula **de Huiders** nominat, oriundus, jam ante Roschildensis Episcopus, post quendam Ascerum, svadente Eschillo Archiepiscopo, qui in Galliam profectus Pontificatu se abdicaverat, approbantibus id simul Valdemaro magno Rege, & Ecclesiasticis atq; plebejis universis, in locum Eschilli surrogatur, fitq; Lundensis Archiepiscopus, retentâ nihilominus, indultu Romani Pontificis, Ecclesia Roschildensi. Ejus rei ipse Saxo meminit infrà Libro XIV. *Absoloni Lundensem Pontificatum assumere jussum, & Roschildensem administrare permissum. Ita geminum Ecclesiæ regimen in ejus jus ditionemq; concessit, alterum præcepto, alterum indulgentiâ fortientis.* Vixit Absalon sub Regibus Daniæ Valdemaro I. & Canuto VI hujus filio, quibus bonam operam navavit in bellis, maximè Wandalico, in quo præclara multa gessit, terrâ mariq;, semper

Consilio pollens, & linguâ promptus & armis.

De qua re Saxo prolixè Lib. XIV. Historiæ suæ, & sequentibus. Cæterùm hic non alienum erit locum quendam de morte Absolonis, ejusq; laudibus, adducere ex Arnoldi Abbatis Lubecensis Chronico Slavorum Lib. IV. Cap. XVIII. *Hoc dierum curriculo ex hac vita subtractus est Dominus Absalon, Lundensis Archiepiscopus, vir religiosus & magni consilij sive discretionis, & præcipuæ honestatis. Hujus industriâ omnes Ecclesiæ totius Daniæ, prius discordantes, uniformes in officiis divinis factæ sunt. In Cathedrali sede Crucifixum superaffigi præcepit, ut accedentibus & recedentibus reverentia Crucifixo magis quàm sibi fieri videretur. Præterea largè sua Ecclesiis & monasteriis conferens, maximè Cathedralem Ecclesiam B. Lavrentii Martyris Lundis ditare & ornare studebat Coronis preciosis, & campanis maximis, ut nunc cernitur, & diversis ornamentis. Et quia erat, ut dictum est, vir religionis amator, monasterium Cistercensium Monachorum in Sora ædificare & ditare satagebat, ubi etiam circà finem dierum suorum molestiâ corporis tractus ægrotabat. Ordinatis autem Ecclesiæ rebus, in die B. Benedicti Abbatis, diem clausit extremum. Cujus morte omnis Dania non parum indoluit, & quia multos discordantes ad pacem in vita sua reformaverat, ipsius exitum Jesu Christo, pacis auctori, commendabat.* Multa etiam de Absalone Chronicon MS. quod penes me est, continens seriem Archiepiscoporum Lundensium, in vita Absalonis.

12. *Cujus illustrandæ maximâ semper cupiditate flagrabat.*] Post sincerum Dei cultum, & ingenuum libertatis amorem, nullam equidem viro bono digniorem judico virtutem amore patriæ: cui non solùm vitam impendere, sed & omnia vitæ momenta ad eam ornandam conferre decet. Ea laus verè Absoloni nostro debetur; qui non modò à cervice patriæ externorum hostium vim invicto animi robore sæpenumero propulsavit, proq; Danico imperio augendo custodiendoq; pertinaci semper vigilantiâ excubuit: sed &, ne inimica & infida semper memoriæ noverca oblivio Danorum fortia facta, & laudabilium operum fulgentissima insignia penitus obrueret, scriptorum beneficio æternitatem illis conciliare omni ope conatus est. Eo fine, ut memoriæ proditum extat, in inclyti illius monasterij Sorensis recens à se conditi fundatione, sumptus planè liberales atq; magnificentissimos illorum destinavit sustentationi, qui ibidem loci à turba rerum hominumq; semoti, quasi in alto quodam ac pingui secessu, rebus Danicis in Historiam conferendis unicè vacarent. Hinc tandem mandatu itidem Absolonis, ad Saxonem Grammaticum Historiæ patriæ contexendæ negotium devolutum est. 3,4

13. *Eo claritatis & monumenti genere fraudari non passus.*] Cicero Oratione pro Archia: *Plena Exemplorum vetustas: quæ jacerent in tenebris omnia, nisi literarum lumen accederet.* 3,5

Horatius Lib. 4. Ode IX.

Vixêre fortes ante Agamemnona
Multi: sed omnes illacrymabiles
Urgentur, ignotiq;, longâ
Nocte: carent quia vate sacro.

Inutiliter, ait Sarisberiensis Prologo in Policraticum suum, *Heroicis viris geruntur egregia, perpetuis tenebris obducenda, nisi literarum luce* CLARESCANT. Nec pigebit & cætera adjungere in hanc sententiam verba illius verè aureola: *Jocundissimus*, inquit, *cùm in multis, tùm in eo maximè est*

A 2

est literarum fructus, quod res situ dignas situ aboleri non patiantur. Exempla majorum, quæ sunt incitamenta & fomenta virtutis, nullum omninò erigerent aut servarent, nisi pia sollicitudo Scriptorum, & triumphatrix inertiæ diligentia, eadem ad posteros transmisisset. Quis enim Alexandros sciret aut Cæsares, quis Stoicos aut Peripateticos miraretur, nisi eos insignirent momumenta Scriptorum? Quis Apostolorum & Prophetarum amplexanda imitaretur vestigia, nisi eos posteritati divinæ literæ consecrassent? Nullus enim constanti gloriâ claruit, nisi ex suo vel alieno scripto. Eadem est asini, & cujusvis Imperatoris post modicum tempus gloria, nisi quatenus memoria alterutrius, Scriptorum beneficio prorogatur. Quot & quantos arbitraris fuisse Reges, de quibus Sermo nusquam est, aut cogitatio? Nihil ergò consiliosius est [ita loquitur more sui seculi] *captatoribus gloriæ, quàm literatorum & Scribentium maximè gratiam promereri.* Hæc Sarisberiensis.

3,5 14. *Mihi comitum suorum extremo.*] Varia vocis hujus apud notæ melioris autores usurpatio. *Comites* olim dicti, qui Magistratus in Provincias euntes comitabantur, quiq; erant ex cohorte Prætoria. Cicero 1. ad Q. Fratrem: *Hos inter, quos tibi comites & adjutores negotiorum publicorum dedit ipsa Respublica, duntaxat finibus his præstabis.* Catullus.

Pisonis comites, cohors inanis,

Horatius Sat. 7. lib. 1.

— Laudat Brutum, laudatq; cohortem,
Solem Asiæ Brutum appellat, stellasq; salubres
Appellat comites. ————

In tumulo Titi Plautij: LEGATO ET COMITI CLAUDII CÆSARIS IN BRITANNIA. Sic Celsus vocatur ab Horatio *Comes & Scriba Neronis.* Plinius Lib. IX. ubi de Trebio Nigro: *L. Lucullo Procos. comperta, quæ Trebius Niger è comitibus ejus prodidit.* Suetonius in Julio cap. 42. *Nev quis Senatoris filius, nisi contubernalis aut comes magistratus peregrè proficisceretur.* Juvenalis Sat. 8. *Si tibi Sancta cohors comitum.* Videatur Ludovicus Aurelianus in Novis Cogitationibus ad Taciti Annal. Lib. 1. pag. 99. Ejusmodi ferè & illi, qui *Comites & amici Augustorum*, dicebantur, nempe qui à consiliis erant, eosq; in bellicis expeditionibus sequebanter: de quibus Spartianus in vita Adriani: *Quum judicaret in consilio habuit, non amicos suos aut comites solùm, sed juris consultos.* Vetus Saxum Mediolani:

C. SENTIO
SEVERO
QUADRATO
C. V. COS
AMICO. ET
COM. AVG. N.

Ubi *amicus* & *Comes* Augusti simul ponitur. Alioquin nomina officiorum erant; *Comes rei militaris: Comes rei privatæ: Comes thesaurorum:* de quibus operæ erit pretium consulere luculentissimum commentarium Viri doctissimi, Cl. Salmasii in Hist. Augustæ Scriptores. Itaq;

A hoc loco per *Comites* intelligendi forte veniunt non tàm illi, qui lateri alicujus individui adhærent, & tantùm non contubernales sunt; sed potiùs ejus dici possunt comites esse, quem veluti superiorem agnoscunt, & cui obsequium debent. Sic infrà Lib. VI. Starchaterus se *Frothonis comitem* nominat: *Quandò Frothonis Comes annotabar.* Simili ferè ratione se *Comitem Senatûs* vocavit M. Tullius in Oratione de Aruspicum responsis. Et Lucretius Libro III Poëtas,
B *Comites Heliconiadum*, hoc est, Musarum, admirabili venustate dixit. Sic Philippum Medicum *comitem Alexandri* nominavit Valerius Maximus Lib. III. cap. VIII. *Qui cum ad unam potionem sententiam direxissent, atq; eam Philippus Medicus suis manibus temperatam Alexandro* [*erat autem ipsius amicus & comes*] *porrexisset.* Plautus Psevdolo Actus 1. Scenâ 1.

———— *nam tu me antidhàc*
Supremum habuisti comitem consiliis tuis.

C Ita & condiscipuli Persio dicuntur *Comites* Sat. III. v. 7.

Unus ait comitum

Ad quem locum optimè commentatus est Isaacus Casavbonus: *Fuere*, inquit, *qui unum Comitum putarunt dici Persio, Philosophum, qui superioribus verbis discipulos suos stertentes increpuit: qui magnus est error. Nam comites heìc sunt condiscipuli. Falluntur nimis, qui ad Philosophos referunt, quos Proceres Romani in suo comitatu soliti erant habere.*
D Fuit etiàm apud veteres Danos honestissima *Comitis*, [qui illis ᚠᛁᛚᛅᚴᛅ, *Filaga*, dicebatur] appellatio, quâ eos duntaxat insignire solebant, quos in bellls & expeditionibus gravioribus, aut fortasse omni in vita, variorum periculorum & laborum socios se habuisse testarentur. Documento nobis erit Inscriptio monumenti *Gorstangensis*, in Nomarchia Scaniæ *Pherosta*, vulgo *Frosteherrit*, *quæ sic habet:*

E

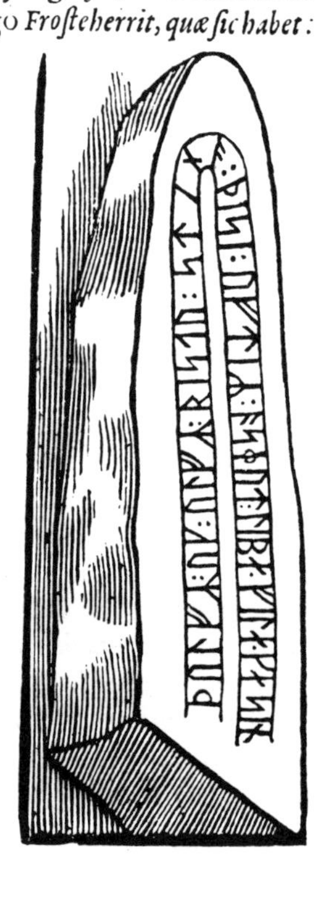

F

Hoc

Hoc est: *Dulfr ug Ulfr ridi stino disi uftir Osmut liba filaga sin*

DULFR ET VLFR POSUERUNT LAPIDEM HUNC OSMUTO DILECTO COMITI SUO.

Ubi ᛚᛁᛒᛆ, *Liba,* charum dilectumq; notat, quomodo Germanis τὸ Liebe: pro quo nostrates hodieq; Kiere / vel Elskelige dicunt. Multa enim vocabula mere Germanica Danis antiquis in usu, quæ jam exoleverunt; ut Wiff pro fœmina, & id genus alia. Nisi forsan ᛚᛁᛒᛆ, *Liba, vitam* indicet, quam nos Liff dicimus; ut significet Osmutum talem fuisse comitem, cui in summo vitæ discrimine & gravissimis periculis tuto fidere liceret; eâdem ratione, quâ Liffdreng/ famulum, qui vitæ alicujus curam gerit & quasi excubias agit: Liffancker/ *sacram anchoram*, nominamus. Sic Martinus Opitius Notis in Rhythmum de S. Annone, ad illa verba *Wi sich liebin wineschte*, notat A Otfrido S. Galli Monacho in Evangeliorum Libro ante DCCLXXX annos rythmis linguâ Francicâ conscripto, *Lib* idem esse, quod Germanis Leben/ Belgis Leven / Anglis Live / Danis Liff/ *Vita.* Vocem autem ᚠᛁᛚᛆᚴᛆ *Filaga,* nobis jam minus tritam, à verbo Jeg følger/ quod comitari, ac socium se præbere indicat, traductum suspicor: ut sic ᚠᛁᛚᛆᚴᛆ, *Filaga*, comitem aut socium denotet, qui fidus Achates, B præcipuè adversa in fortunâ, cuipiam extiterit. Cæterùm de genuino hujus monumenti sensu videatur Clarissimus Vir, & incomparabilis Antiquitatum Septentrionalium vindex atque assertor, D. Olaus Wormius, in aureo Monumentornm Danicorum opere Lib. III. Cap. IV. Qui etiam eodem Libro, Cap. XII. aliud nobis repræsentat Monumentum, in quo vox ᚠᛁᛚᛆᚴᛆ, *Filaga*, occurrit:

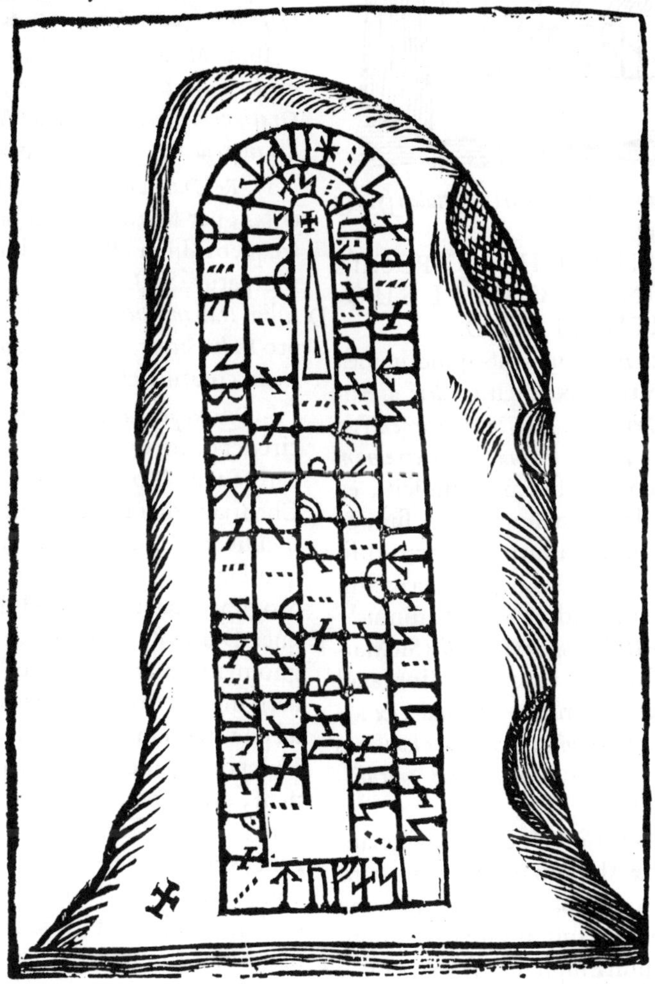

Sagsi seti stin desi euftir Osbjurn sin filaga, Tufas sun, sem foti egi at Upsalum, anva maden vabn efdi. Hoc est:

SAXO LAPIDEM HUNC POSUIT ESBERNO COMITI SUO, TUFÆ FILIO, QUEM EGO UPSALIÆ ENUTRIVI: ANVA INSIGNIA ET ORNAMENTA ADDIDIT.

Sic in Historia Canuti Regis MS. prisco nostro idiomate: C ᚦᛆ ᛘᛁᛚᛏᛁ ᚦᛆᚱᚦᚱ ᛋᚴᛆᚱᛁ ᚢᛁᚦ ᛏᛆᛚᛆᚼ ᚢᛁᚱᛒᛁᛚ ᚠᛁᛚᛆᚴᛆ ᛋᛁᚿ: *Tunc dixit Thoro Skori ad Tolarum Verpil, comitem suum.* Eandem vocem in Hobroensi altero monumento, quod exstat Lib. V. Cap. III. Monumentorum Danicorum Wormij, invenio; sed literis paululum mutatis:

A 3 Thurir

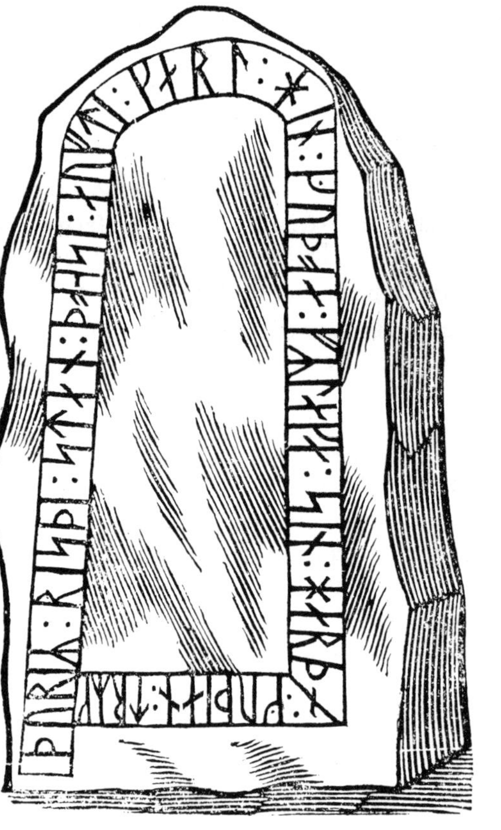

Thurir risdi stan doasi ufti Karl hin gudoa fylaka sin, herde gudian tryg.

THORO LAPIDEM HUNC POSUIT CAROLO BONO COMITI SUO, DIIS EXERCITUUM FIDO.

In Testamento Absalonis MS. quod in mea Bibliotheca asservatur, Saxo dicitur *Clericus* Absalonis: *Saxoni Clerico suo duas marcas argenti & dimidium concessit, quas sibi donavit. Extremum* verò *Comitum* Absolonis se Saxo agnoscit, ex solenni illâ formulâ, quam humilitatis suæ, & honoris alieni gratiâ de se usurpabant vetustissimi Scriptores Christiani. Exempla quia passim obvia, hoc loci ea accumulare non est animus.

3,6 15. *Res Danicas in Historiam conferendi.*] Sic Marcus Junianus Justinus præloquio Historiæ ad Antoninum Imperatorem: *Qvum multi ex Romanis, etiam Consularis dignitatis viri, Res Romanas Græco peregrinoq; sermone in Historiam contulissent.*

3,7 Ibid. *Negotium intorsit.*] Hoc est, provinciam Historiæ scribendæ Absolon mihi summo cum Imperio, cui sine omni parendi dedignatione submittere me coactus fui, injunxit ac imposuit. Singularis enim Emphasis est in voce hac *intorsit*, quæ violentiam quandam denotat, cui affinis videtur mox adjuncta formula: *Crebræ exhortationis imperio compulit.* Et videtur Metaphora sumpta à telo, quod in hostem intorquere dicimur. Simili significatione *τὸ impegit* usurparunt Ammianus Marcellinus, & Julius Firmicus. Hic præfatione Lib. 5. ad Mavortium Lollianum: *Da veniam, quod gracilis sermo ad numinis tui secreta pervenit. Non enim sacrilega cu-* A *piditas, aut profanæ mentis ardor, ad hoc nos studium nuper impegit.* Ille Lib. XV. pag. 42. Edit. Lindenbrogianæ: *ut absenti æmulo, quem quietum superesse adhuc gravabatur, periculosæ molis onus impingeret.*

3,7 16. *Inopemq; sensum.*] Venantio Fortunato, *angusti sensus ingenium* idem est quod Saxoni *inops sensus*, in Præfatione ad Gregorium Papam. *Sensus* hic pro ipso animo, sive mente, quæ varios expromit sensus, ut Lucretius Lib. 2. ait, B poni videtur. Glossarium: *Sensus, αἴσθησις, νοῦς.* Math. Martinius in Etymologico suo: *Sensus* est *1. actus sentiendi,* hoc est *cognoscendi corporalia, eaq; singularia. 2. Facultas sentiendi. 4. Intellectio, conceptus mentis. 5. Vis intelligendi, ratio. 6. Anima quæ sentit. 7. Sententia animo concepta. 8. Voluntas, qua sensa volumus. Usitatissimè de sensibus externis dicitur. Inopem* verò, ni fallor, dixit, quasi destitutum omni facultate ea concipiendi, quæ digna luce essent & celebratione. Sic C *inopem lingvam*, Cicero 3. de Finibus.

3,7 Ibid. *Majus viribus opus ingredi.*] *Ingredi*, pro *Aggredi. Disputationem ingredi*, Cicero pro Cecin. *Orationem ingredi*, Idem ad Atticum lib. 15. *Studia ingredi.* Quintilian. lib. 1. cap. 16.

3,8 17. *Res Daniæ gestas.*] Pro *Danorum*, sive *à Danis gestas*, per Metonymiam Subjecti, quæ longè frequentissima est, cum locus pro ipsis incolis usurpatur. Sic Cicero in oratione pro Lege Ma- D nilia, *Italiam, Siciliam, Galliam, Hispaniam* posuit, pro *Italis, Siculis, Gallis, Hispanis.* Et *Roma* pro *Romanis* crebrum est.

3,9 18. *Quæ nuper publicis initiata Sacris.*] Ante Annos circiter centū & quinquaginta, quùm hæc scriberet Saxo. Non etenim respicit primam illam Christianismi in Daniam introductionem, quæ incidit in annum à nato Christo DCCCXXVI, quo Haraldus, Klack dictus, cum Erico fratre Moguntiæ baptizatus: sed illa potius tempora, E queîs Daniæ Rex Sveno, cui à furcatâ barba cognomentum *TyffveSkeg* incessit, Christianorum acerrimus persecutor, per varia pericula & mala ad pœnitentiam perductus, tranquilla Ecclesiæ Halcyonia concessit. Nam post ejus conversionem, non modò templa exstrui frequentia, verùm etiam Episcopi per Daniam ordinari cœperunt, universo ferè populo sine tergiversatione complexo fidem Christianam; abjuratis impietatibus & cultibus Ethnicis: ut liquet ex Saxo- F nis nostri Libro X.

3,9 19. *Latinæ quoq; vocis aliena.*] Id est, expers, ignara. Sic *aliena consilij domus*, Sallustio in Catilin. *Torpebat* autem extremam quasi barbariem denotat, quâ Dania, proh dolor! tot seculis oppressa jacebat: sicut Ingenium *torpere* dicitur incultu atq; socordiâ.

3,10 Ibid. *Latialis etiam facultas accessit.*] Hoc est, cognitio, peritia, & usus lingvæ Latinæ. A *Latio* est *Latialis*, sev potius *Latiaris*. Unde *Jupiter Latialis* olim

olim dictus, quod Latio præeſſet, ſive in Latio coleretur. Lucanus:

Et reſidens celſâ Latialis Jupiter Albâ.

Cicero pro Milone: *Tuq; ex tuo edito monte Latialis Sancte Jupiter.* Ubi pro *Latialis* omnino *Latiaris* legendum eſſe contendit Freigius in notis ad hanc Orationem. pag. 324. & indicaſſe ſibi Cl. Puteanum commemorat, in Lactantio ſuo MS. Lib. 1. cap. 21. planè ſcriptum fuiſſe *Latiaris Jupiter*, ubi vulgò legitur *Latialis*. Idem ex Julio Firmico locum profert, Lib. de er. prof. relig. qui ſic habet: *Humanarum te etiam victimarum frequenter ſangvine cruentaſti, & Latiaris templi cruore, vel arâ Carthaginis, rabies tua, & ſiccarum faucium venena nutrita ſunt.* Ubi in Libris vulg. pro *Latiaris* impreſſum fuit, *Satiaris*. Græci hunc Jovem λαπάριον δία vocant. Halicarnaſſæus Lib. 4. θυσίας τε συντελεῖσθαι κοινὰς τῷ καλουμένῳ λαπαρίῳ διΐ. Theophilus quoq; Lib. 3. & Tatianus λατεάριον Δία nominant. Hinc Plinius quoq; Lib. 37. Cap. 7. *Latiarium* appellat: *Amplitudo tanta eſt, ut conſpiciatur à Latiario Jove.* Saxo verò Martianum ſuum Capellam hic expreſſit, cujus hæc ſunt verba, Lib. IV. pag. 96. *Quicquid noſſet illa, Latiali promere cœpit facultate.* Et obvium paſſim apud eundem hoc vocis eſt. Sic loco jam dicto: *Ni Varronis mei inter Latiales glorias celebrati mihi eruditio induſtriaq; ſuppeteret.* Item *Latialiter diſſertare*, pro *Latinè loqui* dixit Lib. IV. pag. 98. *Qui Grajam diſſertare Latialiter compuliſtis.* Et alibi, Lib. nempe VI. pag. 189. *Inſpirans nobis Grajas Latialiter artes.*

3,11 20. *Quàm antea penuriæ vitia*] *Penuriam* intelligit Scriptorum, ſive *Latinæ vocis*, quâ rerum Danicarum monumenta conſignari poſſent. Transfertur etenim ad res varias *penuriæ* vocabulum, ſicut & *inopiæ*. Ita *penuriam conſilij* dixit Plinius Lib. VIII. cap. 6.

3,12 21. *Quo evenit, ut parvitas mea.*] *Parvitatem* Saxo pro vilitate ſeu humilitate ponit: quâ in ſignificatione rarò hac voce, quod equidem ſcimus, uſi ſunt veteres. Primus, ni fallor, Valerius Maximus in prologo ad Tiberium Cæſarem, civitate donavit: *Nam ſi priſci Oratores à Jove Opt: Max: benè orſi ſunt; ſi excellentiſſimi vates à numine aliquo principia traxerunt; mea parvitas eò juſtius ad favorem tuum decurrerit.* Quam ob cauſam multi in dubium vocare non verentur ætatem Valerij, ſtatuentes, eum minimè Tiberio Imperatore vixiſſe, cum caſtitas floreret Linguæ Latinæ; ſed potius auctorem eſſe ævi ſequioris. Utitur etiam hoc vocabulo Tullius de Univerſitate, ſed in ſignificatione quantitatis: *Quæ cerni non poſſunt propter parvitatem.* Juſtus Lipſius in brevibus ad Valerium Notis vocem hanc omnino vult expunctam, ut Barbaram & minus elegantem: quam audaciam & Stephanus Pighius optimè de Valerio meritus, & Chriſtophorus Colerus, rectè improbant. Intelligit verò Valerius [inquit Colerus] μεταφορικῶς paupertinum ingenium ſuum, ſicut *parvum ingenium* apud Plinium in Epiſtola quadam. Et *Parvus* etiam pauper, ſive egens dicitur. Philargyrus ad illud Virgilij:

——————— *Tibi Delia parvus.* hoc eſt, vel *puer*, vel *pauper*. Sic Horatius:

——————— *parvi properemus & ampli.*

Id eſt, *divites ac pauperes.* B. Ennodius Epiſcopus Ticinenſis, qui floruit ætate Zenonis & Anaſtaſij Imperatoris, Lib. VII. Epiſt. 24. ad Senarium: *Reddat pro parvitate mea altiſſimus, quod agnoſcit à vobis fuiſſe collatum.*. Rhabanus Maurus, qui floruit Anno Chriſti DCCCLV. In Præfatione Libro Pœnitentium præfixâ ad Othgarium Archipiſcopum: *De cætero quoq;, quia quando hic præſentialiter fuiſtis, placuit Sanctitati veſtræ cum parvitate noſtra aliquid tractare ac conferre.* Item Epiſtola ad Humbertum Epiſcopum: *Igitur quia à mea parvitate voluiſti, quid ſentirem de hac re, tibi reſcribi.* Paulus Diaconus rerum Longobardicarum ſcriptor vetuſtiſſimus Lib. 1. Cap. XXVI. *Ego quoq; pro parvitate ingenij mei ad honorem tanti Patris ſingula ejus miracula contexui.* B. Eligius Epiſcopus Homilia 1. *Quam nunc à mea parvitate coram ipſo prolatam efficiat exaudibilem Caritas veſtra.* Deprimendi ſui gratia Chriſtiani auctores ſæpè iſta Phraſi utuntur. Ita Theodoſius, cujus beneficio quædam Dionis habemus apud Xiphilinum non comparentia, nomini ſuo ubiq; aſcripſit ὁ μικρὸς: quod ineptiunt, qui ad Theodoſium Juniorem Auguſtum trahunt. Eâdem notatione voculam *Batzar* uſurpaſſe videtur Severus Patriarcha, Libro de ritibus ſacris: cujus hæc ſunt verba, pag. 23. *Miſce, Domine, aquas iſtas per deprecationem*, Debatziruthi, *parvitatis meæ.* Eleganter, ut omnia, auctor cum veterum quopiam comparandus, Johannes Sariſberienſis Policratici Lib. 11. Cap. 22. *Primò, quia divinæ majeſtatis immenſitatem parvitatis humanæ modulo circumſcribis, & æternitatis immutabilem ſtatum, labentium rerum imagine, & ſuccedentium ſibi temporum varietate diſtinguis.* *Parvitatis* vox uſitatiſſima eſt Lupo Abbati Ferrarienſi in Epiſtolis, qui vixit Carolo Calvo Imperatore. ut Fol. 2. Epiſt. 1. *Quemadmodum vos meæ parvitati veſtra tùm probitas, tùm ſapientia fecerat claros.* Fol. XI. Epiſt. 4. *qui abſq; reſpectu veſtræ magnitudinis cum mea parvitate conferre tàm ſeria non horruiſtis.* Fol. XII. Epiſtolâ 5. *Atq; ſi vobis hinc à parvitate mea quicquam perſuaderi potuerit.* Fol. XXI. Epiſt. 14. *Verùm quia meam parvitatem à veſtra Excellentiâ ſeparat continens.* Fol. XXII. Epiſtolâ 16. *parvitatem verò meam ad veſtrum amorem ſinceriſſimo affectu invitando.* Fol. XXIV. Epiſt. 18. *Quod parvitatem meam duplici onere gravari, non provehi facilè ſentiebam.* Fol. XXVII. Epiſt. 20. *Ex parvitate mea digneris ſalutare Præpoſitum.* Et ſic deinceps,

inceps, Fol. XXX. XXXI. XXXIV. XL. XLIII. LVIII. LXV. LXXXVII. LXXXVIII. XCVIII. CV. & CVI. Non aliter Caroli Magni nepos, cordatus sanè scriptor, Nithardus alicubi: *Vos verò difficultates, quæ ex eâdem modestiâ parvitati meæ obstiterunt, inspicere deposco.* Rupertus Tuitiensis Prologo in Apocalypsin Johannis: *Agebat hic per nimiam suæ mentis benevolentiam, quâ jamdudum de parvitate meâ sentire cœperat altius, quàm se habet ingenij mei impossibilitas.* Arnulphus Lexoviensis, qui vixit circiter annum Christi MCLXX. Epistola 4. *Licet autem majestas beneficij modulum nostræ parvitatis excedat, dignissimus profectò dicendus est, quisquis totum quod potest, ad gratiarum congerit actionem.*

3,13 22. *Supra vires niti, quam jubenti resistere.*] Valerius Maximus Lib. IV. Cap. 8. *Proni studij certius indicium est supra vires niti, quàm viribus ex facili uti.*

3,14 23. *Factorum traditione.*] *Traditio* significare videtur continuatam celebrationem, & quandam quasi per manus & scripta traditam, & veluti propagatam commemorationem. Gellius Lib. XIII. Cap. 21. *Apparet non esse id Poëticè à Plauto dictum, sed eam quoq; traditionem fuisse, ut Nerio à quibusdam uxor Martis esse diceretur.*

3,14 Ibid. *Hujus gentis opinio.*] *Opinio*, id est, fama & celebritas; ad imitationem Valerij Maximi, qui solens eo significatu hanc vocem usurpat. Seneca Rhetor Lib. 2. Controversiarum: *Fabianus Philosophus adolescens admodùm, tantæ opinionis in declamando, quantæ posteà in disputando fuit.* Sidonius Apollinaris, ardentissimi vir ingenij, Epistolâ 1. Lib. 1. *Contenti versuum felicius quàm peritius editorum opinione.* Epist. V. Lib. I. *Aut urbes mœnium situ inclytas, aut montes nominum opinione vulgatos.* Sic Epistola X. Lib. 3. & XIV. Lib. 8. IV & XIII, Lib. 7. Paulus, V. Sententiarum, titulo IV. §. XIII. *Interest enim publicæ disciplinæ opinionem uniuscujusq; turpi carminis infamiâ vindicare.* Lib. VII. Quemadmodum testamenta aperiunt. *Optimæ opinionis viri.* Arrianus in L. unicâ Cod. Theodos. de his qui veniam ætat. impet. *honestatis commendat opinio.* Lex ait: *Certa fama commendat.* *Opinio* ergo est *fama*: Unde *opinati Philosophi* Julio Firmico Lib. 3. Cap. 3. id est famosi & celebres. Sic Cassiodorus in Chronico: *opinatissima civitas.* Eidem Lib. 8. Epistolâ XXXIII. *Opinatissimum Ephesi Dianæ templum.* Jordanes Histor. Gothica: *Hilarion opinatissimus Palæstinæ solitudinis accola.* Aldhelmus de laudibus virginitatis: *David opinatissimus Regum.* Ælnothus de vita S. Canuti, pag. 4. *Et quæ de opinatissimo progenitore vestro, gloriosorumq; germanorum tuorum temporibus adhæc usq; præsentia magnificentiæ vestræ tempora colligendo perstrinxi.* Andreas Abbas de vita Othonis Imperatoris Lib. 3. Cap. 2. *Hic itaq; civitatis Stetinensis gloriâ ex divitiis inter suos opinatissimus.* Helmoldus Chron. Lib. 1. Cap. 15. *Elapsus est ad civitatem opinatissimam Sclavorum, nomine Winnetam.* *Opinio* item pro fama non raro occurrit apud auctores alios. Lupus Servatus in vita S. Wigberchti, Cap. 3. *Dumq; felix illius ubertim spargeretur opinio, ad clarissimi viri, Bonifacij aures usq; nutu divino pervenit.* Et Arnobius Lib. VI. *Exemplarium fuisse perhibetur cunctarum, quæ in opinione sunt, Venerum.* Galterus Lib. VII. Alexandreidos. Fol. 77.

> *Qvam si distulerit, vel fortè remissius æquo*
> *Egerit, illustris minuetur opinio Regis*
> *Decolor, & famæ multùm diversa priori.*

Evgippius in vita S. Severini, Cap. XI. pag. 14. *Tam celeberrima Sancti Severini flagrabat opinio, ut certatim eum ad se castella singula pro suis munitionibus invitarent.*

26. *Audacius quàm efficacius parui.*] Paulus Orosius 3,17
Præfatione Chronici sui ad Augustinum: *Præceptis tuis parui, beatissime pater Augustine, atq; utinam tàm efficaciter, quàm libenter.*

29. *Cujus fatis cœpti mei metam præcurrentibus.*] 3,19
Hoc est, Qui cum in fata concederet, antequam ultimam Historia mea reciperet manum. Obiit enim Absolon Archiepiscopus Anno Domini clↃ. CC. I. die Martij XX, vel quod eòdem redit, XII KL. Aprilis, Archiepiscopatus sui Lundensis anno XXIII. Episcopatus sui Roschildensis Anno XLIII. Soræ sepultus.

Ibid. *Te potissimùm, Andrea.*] Andreas natione 3,19
Sialandus, Sunonis filius, Ebbonis nepos, Schialmonis Candidi Pronepos, Absoloni mortuo in Archiepiscopatu Lundensi succedit. Vir erat hic admodum Literatus, & Theologiæ ac fortasse etiam Juris Doctor, qui post pervagatas à se regiones varias Italiæ, Galliæ, Germaniæ, Angliæ, Regi tandem Canuto Valdemari filio à secretis libellis fuit. Sedit Canuto & Valdemaro II. Regibus. De eo Chronicon Slavorum Arnoldi Lubecensis Lib. IV. Cap. 18. hunc in modum loquitur: *Absoloni successit Dominus Andreas, regalis aulæ Cancellarius, vir Literatissimus, nec minore gratiâ præditus. Erat autem à primo juventutis suæ tempore studiis deditus, & morum gravitate ornatus. Et cum esset in negotiis regiis continuè occupatus, magnâ tamen abstinentiâ se constringebat. A qua nec in Romana curia negotiis deditus temperabat, ut omni sexta feria nihil gustans crucis Dominicæ bajulus existeret. Ordinatus autem ipsam morum gravitatem non deseruit, humilis & quietus, & pudicus & abstinens permansit. Unde æmulatione sua plurimos provocavit. Doctrinæ etiam adeò insistebat, ut nonnullos tàm clericos, quàm Laicos divini amoris flammâ succenderet, & ipse eis candela existens, scintillas verbi Dei ubiq; spargeret. Avaritiam quoq;, quæ est Idolorum servitus, omninò detestans, nihil per vim rapere curabat, sed suis contentus, beatius dare quàm accipere ducebat.*

31. *Qui maximè conspicuis rebus insultat.*] Juxta 3,22
illud Ovidij sub finem Lib. 1. de remedio amoris, p. 284. Tomo 1. Editionis Heinsianæ:

Summa

Summa petit livor: perflant altissima venti:
Summa petunt dextrâ fulmina missa Jovis.

Livius Lib. VIII. *Invidia, tanquam ignis, summa petit.* Et Lib. XLV. *Intacta invidiâ media sunt, ad summa fermè tendit.* Ammianus Marcellinus Lib. XVII. *Solet amplissima gloria objecta esse semper invidiæ.* Vetus dictum est: τοῖς διὰ τοῦ ἡλίου πορευομένοις ἕπεται κατ᾽ ἀνάγκην σκία, τοῖς δὲ διὰ τῆς δόξης βαδίζουσι ἀκολουθεῖ φθόνος. Josephus Devonius ad Librum suum, Lib. VI. & ultimo de Bello Trojano; versu penultimo, pag. 173.

Sis utinam invidiâ dignus, quæ summa lacessit.

Gemella est Vellei Paterculi illa γνώμη: *Assidua eminentis fortunæ comes altissimisq; adhærens invidia.*

3,22 31. *Tanti cognitoris præsidio*] *Cognitor* vocabulum Juris est, & propriè significat, qui alterius causam defendit & tuetur, ut suam. Eleganter Asconius Pedianus, vetus Grammaticus, in Orationem Ciceronis, quæ Divinatio dicitur, pag. 19. *Qui defendit alterum in Judicio, aut Patronus dicitur, si orator est; aut Advocatus, si aut jus suggerit, aut præsentiam suam commodat amico; aut Procurator, si negotium suscipit; aut Cognitor, si præsentis causam novit, & tuetur ut suam.* Nonnullis *Cognitor* Judicem denotat. Ita Prudentius:

Tùm cognitor pronunciat,
Claudatur infans carcere.

Petrus Chrysologus, suavissimus & eruditissimus Scriptor, Sermone XVII. *Interrogat, non ignorat, sed implet Judicem, servat ordinem cognitoris.* Glossæ Isidori: *Cognitor à cognoscenda causâ dictus, executor.* B. Ennodius Declamat. 12. *Ibi cognitoris, quò potissimùm vergeret, hæsit deliberatio, ubi sors extitit delicti.* Item Declam. 13. *Purgare se existimat innocentia cognitorum, & aliquid de manifesti facinoris absolutione surripere.* Sidonius Carm. VIII. Quomodo hic Saxo, pro *Censore* utitur, loquens de Prisco Valeriano.

Cognitor hoc nullus melior, benè carmina pensat
Contemptu tardo, judicio celeri.

Vide lexicon Juridicum Joh. Calvini, pag. 198.

3,24 33. *Cœlestium opum Sacrarium*] *Sacrarium*, ædicula sacra. Ammianus Marcellinus Lib. 26. pag. 337. *Subitò dilapsus confugit ad ritus Christiani Sacrarium.* Johannes Sarisberiensis Lib. VII. Policratici cap. 4. *Pythagoræ tanta admiratio fuit, ut ex domo ejus templum facerent, ipsumq; pro Deo colerent, nacti fortè occasionem, ex verbis ejus dicentis:* MENTEM PHILOSOPHANTIS ESSE SACRARIUM SAPIENTIÆ, ET VERISSIMUM DEI TEMPLUM. Eâdem translatione *fida hominum pectora*, Valerius Maximus, *templa Sancto Spiritu referta*, appellare non dubitavit, Lib. IV. cap. 7. Operæ erit ipsa verba plenius apponere, quia notatu dignissima: *Hæ sunt vires amicitiæ, mortis contemptum ingenerare, vitæ dulcedinem exstinguere, crudelitatem mansuefacere, odium in amorem convertere, pœnam beneficio pensare potuerunt: Illis enim publica salus, his privata continetur: atq; ut illarum ædes sacra domicilia, ita harum* FIDA HOMINUM PECTORA, QUASI QUÆDAM SANCTO SPIRITU REFERTA TEMPLA SUNT. *Sacrarium* igitur veteres appellabant locum in templo, in quo res sacræ reponebantur, ut docet Servius in XII Æneid. Eleganter Seneca Lib. V. Quæst. Natural. *Arcana illa rerum naturæ sacra, non promiscuè & omnibus patent: reducta & in interiore clausa sunt sacrario.* Alioquin pro Sacello usurpatur. Svetonius Augusti Cap. V. *Natus paulò antè solis exortum, regione Palatij, ad capita bubula, ubi nunc sacrarium habetur.*

34. *Percipiendæ literarum disciplinæ*] Specimen & hoc est imitationis Valerianæ. Nam eadem ferè verba Valerij Maximi sunt Lib. 1. Cap. 1. *Decem principum filij S. C. singulis Etruriæ populis percipiendæ sacrorum disciplinæ gratia tradebantur.* 3,25

36. *Splendidissimum externæ Scholæ regimen*] Intelligendum haud dubiè de summo illo magistratu Academico, qui nonnunquam externis etiam hominibus, præsertim qui genere, literis, ingenioq; eniteant, deferri solet. Clariss. Vir Andreas Vellejus, qui Saxonem in vernaculam fideliter ac feliciter transtulit, de Professione publicà interpretatur: alii de titulo Doctoris in Theologia & utroq; Jure. 3,27

37. *Ut potius magisterio ornamentum dare, quàm ab ipso recipere videreris*] Sic Justinus Libr. VI. pag. 71. de Epaminonda Thebanorum duce: *Recusanti omnia imperia ingesta sunt: honoresq; ita gessit, ut ornamentum non accipere, sed dare ipsi dignitati videretur.* *Magisterium* vero hoc loco significare videtur vel publicum docendi munus, vel Magistratum illum Academicum, quem vulgo *Rectoratum* vocant. Nam *Magisterium* pro *Magistratu* sæpe usurparunt veteres. Petrus Chrysologus Sermone XV. *Videtis centurionem, antequam discipulatus subiret officium, locum magisterij fuisse sortitum.* Svetonius Domitiano cap. 4. *Ex quo forte ducti magisterio fungerentur.* Idem Caligula cap. 31. *Magisteria Sacerdotij* dixit. Apulejus Metamorph. Lib. 1. p. 113. de Ædilitate: *Jam enim faxo scias, quemadmodum sub nostro magisterio mali debeant coërceri.* Et Lib. VII. pag. 197. *Jam se nequitiæ meæ proclamans imparem, miserrimumq; istud magisterium renuens.* Plautus Bacchid. Actus 1. Scen. 2, v. 40. 3,28

Jam excessit mihi ætas ex magisterio tuo.

Symmachus Lib. IV. Epist. 45. de Censura: *Nolo mireris gravissimum ordinum magisterium respuisse.* Hinc *Magisteria vini* Cicero alicubi dixit, quæ Horatius *regna vini* indigitavit: potestatem illam scilicet, quam quis olim in conviviis *Magister* seu *Modimperator* creatus obtinebat. Alioquin *magisterij* vox pro *consilio* & *monitu* sumitur; ut in Plauti Mostell. Act. 1. Sc. 1, v. 32.

Virtu-

Virtute id factum tuâ, & magisterio tuo. Frequentius vero pro *Disciplina, doctrina*, & *ipso erudiendi actu*. Apulejus: *Tantùm à cautelâ Pamphiles absfui, ut etiam ultrò gestirem tali magisterio me volens amplâ cum mercede tradere.* Julius Firmicus Maternus Præfatione Lib. 1. Matheseos: *Hæc cum omnia mihi à te, Mavorti, ornamentum bonorum, facili demonstrationis magisterio traderentur.* Et paulò post: *Quicquid Ægyptij veteres, Sapientes ac divini viri, Babylonijq; prudentes, de vi stellarum ac potestatibus, divinæ nobis doctrinæ magisterio tradiderunt.* Et Cap. 1. Lib. 1. *Cur erectâ mente, sublimiq; constantiâ, & divinarum virtutum magisterio formati.* Cap. II. ejusdem libri: *Nec facili possumus consequi ratione, quicquid non præcedentia nobis magisteria tradiderint.* Cap. III. ejusd. lib. *Patiebatur hæc Alcibiades, Socratis divinis magisterijs institutus.* Et mox de Pythagora: *Peregrinis etiam magisterijs imbutus.*

3,29 38. *Hinc ob insignium culmen meritaq; virtutum*] Exprimit hic Saxo Martianum suum Capellam, cujus diligentem fuisse lectorem, nemo non animadvertit, qui binos istos scriptores cum cura inter se committere sustinuerit. Totidem enim verbis ille Oratores commendat, Lib. V. qui est de Rhetorica p. 138. *Post hos tamen*, inquit, *in diversis agminibus oratores emeritos, ac præ se ferentes insignium culmen meritaq; linguarum, Æschinem, Isocratem, Lysiamq; conspiceres.*

3,30 Ibid. *Regius Epistolaris effectus.*] *Epistolaris*, hoc est, à libellis secretis, sive *Secretarius*, ut vulgo dicitur. Andreas enim Canuto VI. Valdemari filio, Regi Daniæ à Secretis fuit. Clariss. Dns. Pontanus *Regij Sigilli custodem* fuisse tradit. Arnoldus Lubecensis, ut antea vidimus, Andream *regalis aulæ Cancellarium* vocat, Lib. IV. Cap. 18. *Cui successit Dominus Andreas regalis aulæ Cancellarius.* Cæterum Martianus Capella hanc Saxoni nostro subministravit voculam. Ità enim ille Lib. VIII. pag. 303. *Post has verò astabit decens illa sidereisq; fulgurans luminibus, quæ Epistolaris tua & dicta est & probata. Ab Epistolis* inter officia domus augustæ olim fuisse constat. Inscriptio Romana, quam ex Appiano & Boissardi schedis deprompsit Janus Gruterus pag. 482. Num. 5.

T. VARIO. CLEMENTI.
AB. EPISTULIS. AUGUSTORUM.
PROC. PROVINCIAR.

Et pag. 586. Num. 5.

FLAVIUS. AVG. L. PROTOGENES
AB EPISTULIS.

Sic dicebantur *ab Epistolis Græcis, ab Epistolis Latinis*. Gruterus Inscript. Pag. mox citatâ: Num. 8.

M. AURELIUS ALEXANDER.
AVG. LIB. AB EPISTULIS
GRÆCIS. VIVUS FECIT SIBI
L. L. P. QUE. EORUM.

Item pag. 272. Num. 1.

- - P. CÆSARI.
- - - ONIO GORDIANO

A FELICI INVICTO
AUGUSTO
PONTIF. MAX. TRIB. POT. II.
COS. PROCOS. P. P.
NUMITIUS QUINTIANUS. V. P.
AB EPISTULIS LATINIS
DEVOTUS NUMINI MAJESTATIQUE
EJUS.

Ut alias ejusmodi Inscriptiones nunc sinam brevitatis ergò præterfluere. *Epistolaris* vero, nî B fallor, idem est qui *Scriba* apud Græcos; qualis fuit Eumenes Cardianus, de quo locus est notatu dignissimus Æmilij Probi: *Hic peradolescentulus ad amicitiam accessit Philippi, Amyntæ filij: breviq; tempore in intimam pervenit familiaritatem. Fulgebat enim jam in adolescentulo indoles virtutis. Itaq; eum habuit ad manum Scribæ loco: quod multò apud Grajos honorificentius est, quàm apud Romanos. Nam apud nos reverâ, sicut sunt, mercenarij existimantur: at apud illos è contrario, nemo ad id* C *officium admittitur, nisi honesto loco, & fide & industriâ cognitâ*, QUOD NECESSE EST OMNIUM CONSILIORUM EUM ESSE PARTICIPEM.

40. *Beneficij nomine expetendum relinqueres*] Hæc mens est Auctoris: Etsi Secretarij Regij munus non adeò speciosum aut amplæ dignitatis officium antehac fuerit: tamen illud summa fide & diligentia administrans, Spartam, quam nactus eras, tantoperè exornasti, ut posteaquàm D ad Pontificium evectus esses, alij, licèt maximæ dignitatis viri, idem munus ambire non erubuerint, sed potiùs tanto prædecessori succedere summi beneficij loco duxerint. Nullum est dubium, quin Saxo noster respexerit ad exemplum Epaminondæ, quod commemorat Valerius Maximus Lib. III. Cap. 7. de fiducia sui. *Siquidem cum ei cives irati sternendarum in oppido viarum contumeliæ causâ curam mandarent* [*erat enim illud ministerium apud illos sordidissimum*] *sine* E *ullâ cunctatione illud recipit, daturumq; se operam, ut brevi speciosum fieret, asseveravit. Mirificâ deinde procuratione abjectissimum negotium pro amplissimo ornamento* [nota hæc verba] *expetendum Thebis reddidit.* 4,2

42. *A finitimis mutuata sit*] Videlicet Sialandensibus. Andreas enim natione Sialandus, Sunonis de Knardorp filius fuit; quomodo paulò ante nobis dictum. 4,4

44. *Fœcundissimis doctrinæ stipendijs.*] A Valerio F Maximo, ejusq; imitatore Saxone Grammatico variè adhibetur *stipendij* vocabulum. Exempla plurima apud utrumq; suppetunt. Sic ille Lib. IV, cap. 7. *Totumq; beatæ turbæ gregem, qui vestro ductu veneranda sinceræ fidei stipendia peregit.* 4,6

Ibid. *Gregis amorem.*] Id est, Plebis Pontificio tuo subditæ. Tò *Grex* enim respicit suavissimum illud *Pastoris* vocabulum, quo insigniri solent, qui animarum curam gerunt, sacrisq; summâ cum potestate præsunt. 4,7

Gloriosa

4,8 45. *Gloriosæ executionis fiducia*] *Executio*, hic fidelem sacri muneris administrationem, curam & disciplinam significat, quam adeò diligenter ac severè gessisse Andream innuit Saxo, ut nihil planè omiserit, quod ad suscepti ministerij partes ritè recteq; obeundas pertineret. Sic Tacitus Annal. XV. *Executionem Syriæ* pro *administratione* posuit: *Syriæq; executio Cintio, copiæ militares Corbuloni permissæ.* Idem; *Exequi partes* Dialogo de oratore dixit: *Nam & ego & Secundus exequemur partes, quas intellexerimus, te non tam omisisse, quàm nobis reliquisse.*

A

B

4,10 46. *Obsitasq; curis opes decenter abjicere.*] Morem gessit Andreas veteri monito, quod inter octo venustissima Epigrammata primus publicavit vir Bono Reip. Literariæ natus Casp. Barthius Adversar. Lib. 45. Cap. XXII.

Qui salvus cupis esse, sequare per omnia Christum:
Vincla te opum retinent? abjice, vita fuga est.

Eandem laudem Andreæ Archiepiscopo supra tribuit Arnoldus Abbas Lubecensis Chron. Slav. Lib. IV. Cap. 18. *Avaritiam quoq;, quæ est Idolorum servitus, omninò detestans, nihil per vim rapere curabat, sed suis contentus, beatius dare, quàm accipere ducebat.*

C

4,12 47. *Mirificum reverendorum dogmatum opus complexus*] *Hexameron* scripsit Andreas, Carmine Heroico, opus, continens explicationem præcipuorum locorum doctrinæ cœlestis; sed inprimis agens de Creatione Mundi, & Operibus sex dierum; ad imitationem Sactissimi Patris Ambrosij, qui ejusdem argumenti Libros VI. conscripsit. Ejus MS. in membranâ exemplar, non ità pridem mihi suppeditavit Illustris & Generosus Heros, Dns. Christophorus Ulfeldius, de Svenstrup, Eques Auratus, Regni Daniæ Senator amplissimus, Arcis Helsingburgensis in Hellesponto Danico Præses ac Dynasta Regius, summus literatorum fautor atq; patronus. Certè luce publicâ dignissimum est Poemation, cùm propter ipsam Antiquitatem, cujus magna solet esse apud omnes, qui bonam mentem amant, veneratio; tùm ut documento sit, illud etiàm seculum doctos homines habuisse, hasq; aquilonares regiones non ità barbaras, ut quorundam fert opinio, fuisse: cum tamen vicinis in locis magna ubiq; tum temporis fuerit Barbaries. Meminit ejusdem Operis Nobilissimus Vir, Arnoldus Huitfeldius, Regni Danici quondàm Cancellarius magnificus, deq; patriâ nostrâ universâ præclarè meritus, in Præfatione, quam Legibus Provincialibus terræ Scaniæ à se editis præfixit: *Cum antè aliquot annos undiq; hic in regno investigarem de documentis & antiquitatibus, quæ ad Historias Danicas ornandas & conscribendas usui esse possent: eaq; de causa tàm publicas, quàm privatorum Bibliothecas lustrarem; repperi quoq; vetustum hunc legum Scaniæ in membranâ manuscriptum codicem, quem ante annos 400, ex Danico Latinum fecit Archiepiscopus Lundensis Andreas, non quidem verbum verbo reddens, sed sensum & materias sub certis titulis comprehendens. Fuit is Sunonis de Knarderup filius, pronepos ex fratre Absalonis, illius omnis ævi celeberrimi, qui Sorense monasterium condidit, ejusdemq; in Archiepiscopatu successor. Saxo in præfatione librorum suorum, quos eidem dedicavit, ait eum sigilli regij custodem, sivè à secretis Regi Canuto fuisse, atq; ad id doctrinæ fastigium pervenisse, quod publicam Lutetiæ professionem faceret. Sanè non vulgaris doctrinæ fuisse ostendit præter hoc opus, etiàm aliud ipsius Hexameron, sivè de Creatione mundi carmen Heroicum elegantissimum, quod suo tempore quoq; in lucem dabitur.* Idem Archiepiscopus Andreas Leges Scaniæ municipales, prius linguâ vernaculâ & vulgari editas Latinâ oratione reddidit: quas primus publici juris fecit Nobiliss. Vir, Arnoldus Hvitfeldius, Anno Christi 1590.

D

E

F

49. *Pertinentium ad eam rerum*] Id est, decimarum, aliorumq; redituum. Nam sanè ita comparatum est cum bellvâ illa multorum capitum, quem vulgum appellamus, ut nullum impendij genus gravius ducat, quàm quod in divinos usus erogatur. Imò sæpenumero juris Ecclesiastici pertinax patrocinium plurimis Regum & Principum sangvine stetit. Id quod edocet Historia Canuti Sancti, quæ exstat Lib. XI. Saxonis. 4,13

Pag. 2. vers. 2. *Splendidissimis frugalitatis exemplis*] Ad hanc abstinentiam & frugalitatem Andreæ Archiepiscopi, referenda sunt verba ista, quæ supra adduximus ex Arnoldi Abbatis Lubecensis, Chronico Slavorum, Lib. 4. Cap. 28. *Et cùm esset in negotiis regiis continuè occupatus, magnâ tamen abstinentiâ se constringebat. A quâ nec in Romana curia negotiis deditus temperabat, ut omni sextâ feriâ nihil gustans crucis Dominicæ bajulus existeret. Ordinatus autem ipsam morum gravitatem non deseruit, humilis & quietus & pudicus & abstinens permansit. Unde æmulatione suâ plurimos provocavit. Doctrinâ etiam adeò insistebat, ut nonnullos tàm Clericos, quàm Laicos divini amoris flammâ succenderet, & ipse eis candela existens scintillas verbi Dei ubiq; spargeret.* 4,17

8. *Veluti Poëtico quodam opere perstrinxisse*] Enumerat jam Saxo varia documenta, quibus in contexenda Historia sua sit usus. Inter quæ principem locum carminibus seu Rhythmis antiquis tribuit, quibus vetustissimi Danorum Poetæ, *Scaldri* dicti, res gestas sui seculi, Heroumq; illustria facta complexi sunt. Ejusmodi verò carmina antiquitus dicebantur ᚢᛁᛁᛋᛅ, *Viisa*; eorumq; infinita ferè genera fuerunt. In his tamen eminent ᚦᚱᛅᛏᛏᚴᚢᛅᛏ, *Dróttquæt*; ᛋᚴᛁᛅᛚᛏᚢᚾᚴᛅ ᚢᛁᛁᛋᚢᚱ, *Skioldunga Viisur*; ᛒᛁᛅᚱᚴᛅᛘᛅᛚ *Bjarkamál*. *Dróttquæt*, quasi vulgo cantabile. *Drótt* enim turbam significat, & O brevi, Dominum ac Regem. Hoc igitur nomen inde quoq; obtinuisse 4,24

nuisse videtur, quod Heroum res gestas eo decantaverint Poetæ. *Quæde* enim cantare significat. *Skioldunga Viisur*, sunt Rhythmi Regum quorumvis encomia continentes. *Skioldungur* etenim, nomenclatura Regibus solis Synecdochicè data & debita. Inprimis ità dicti Daniæ Reges: *Viisur* autem carmina. *Biarkamál* genus fuit carminis sic dictum quasi *Bjarkæ Sermo*, á vetustissimo Poëta seu Scaldro *Bjarka*, qui hoc genus carminis excogitavit. His adde & cœtera carminum genera: ᛒᚱᛆᚠᛆᚱ ᛒᛆᛏᛏ, *Bragarbott*; ᚱᚢᚿᚼᛂᚿᚦᛆ ᚦᚱᛆᛒᛆ, *Runhenda drapa*; ᚠᛂᚱᛋᚴᛂᛁᛏ ᚢᛁᛁᛋᛆ, *Ferskeit Viisa*; ᛋᛏᚢᛏᚼᚭᛚᛆ, *Stutthola*; ᛏᚭᚢᛒᚱᛆᚠᚢᚱ, *Toubragur*; ᛚᛁᚢᚠᛚᛁᚿᚠᛋᛚᛆᚠ, *Liufling-slag*; ᛚᛁᛚᛁᚢᛚᛆᚠ, *Liliulag*; ᚼᛆᚴᛆᛒᚱᛆᚠᚢᚱ, *Hakabragur*; ᛋᚴᚭᛏᚼᛂᚿᛏ, *Skothent*; ᚼᛂᚱᚿᛆᚦᛆᚱᚦᚱᛆᛒᛆ, *Hernadardrapa*; ᛏᚭᚠᛚᛆᚠ, *Toglag*. Cæterùm Poëtæ, qui olim versibus & Rhythmis consignabant, quicquid memoria dignum domi forisve occurrebat, *Scaldri*, ut modo dixi, sive *Runæ* nominati sunt; qui eodem loco apud Reges & principes antiquitus fuère, quo jam Consiliarij, literati, alijq; prudentiâ ac rerum usu præstantes. Hinc etiam res magnifice à se gestas, Rhythmis ejusmodi Poeticis ad posteros propagari operose studebant Magnates. Ac quo quis laudis & æternitatis amore ardentius flagrabat, eo plures ac præstantiores in hoc genere sibi devinxit, secumq; domi forisq; tam pacis, quàm belli tempore circumduxit, ut res gestæ melius, aptius, ac illustrius describi ac delineari ab illis possent: ità nos edocente Excellentissimo Viro, & cui multa debent Antiquitates nostræ, D. Olao Wormio, in appendice ad Literaturam Runicam. Danorum autem celebriores Scaldri fuère, Starkaterus Senior, cujus Rhythmi sunt vetustissimi, & adhuc extant. Ille vero potissimum res gestas Danorum versibus complexus est. Hjarno Rex, qui ob Epitaphium Frothoni positum regio diademate ornatus. Regnerus etiam Lodbrog, ut & uxor ejus Aslaug, omnesque ejus filij, aliiq; quam plurimi, quorum insignem Catalogum videre licet adjunctum ad calcem libri de literatura Runica D. Wormij nostri. Operæ autem videtur pretium hoc loco in medium adducere Dissertatiunculam quandam Dn. Magni Olavij, Pastoris olim Laufasiensis in Islandia dignissimi, de Poësi antiqua Danica; ex qua quanti artificij, quantive ingenij sit, doctum, juxta leges Scaldrorum nostrorum, condere carmen, liquido patebit; simulq; quanto in pretio in hac arte artifices Regibus & principibus olim extiterint, elucebit. Sic autem ille: *Si nostram Poësin omnium vulgarium linguarum Rhythmos arte & effectu superare di-*

A *cerem, nihil fortaßis proferrem absurdi, & si cum reliquis, eam certare opinarer, vanâ prorsus opinione me duci fortè non censeret is, qui illis instructus nostram etiam perfectè calleret. Tot enim hæc Poësis peculiares sibi habet orationis flosculos, figuratas formulas, appellationes rerum diversas, ab antiquis fabulis, venustè, variè, obscurè deductas, ut in nostra lingua peregrino explicari id vix posse existimem. Quid? Ipsi Islandi, poëtico non aflati spiritu, veterum Rhythmos, aut etiam recentiores ex Eddico compositos fundamen-*
B *to, non percipiunt. Et ejusmodi Rhythmicum à communi remotum sermonem antiquitas nostra* Asamal, *id est Asiaticum vel Asarum sermonem appellarat, qui tamen noster est, sed obscurior, & vulgi minus obvius intellectui. Hæc causa est, cur viris magnis & eruditis, quibus lingua nostra ignota est, interim tamen quid Edda nostra Poeseos aliquale fundamentum tractet, inquirere non dedignantur, in illius translatione, uti debemus, gratificari facile non possumus. Etsi enim formulæ Eddicæ appellationes rerum multiplices &*
C *longe petitæ, quodam modo describi & Latinè nominari queant: vocum tamen splendor, elegantia grandis, & genuina proprietas, prout in lingva nostra sonat, exhiberi & ostendi nequaquam potest; dulcius hic ex ipso fonte bibuntur aquæ. Est etiam Edda tantùm conscripta in usum nostræ linguæ, & maximè ad illius donum singulare Poëseos, quo illam præ aliis quam plurimis ornatam puto accommodata. Tot in nostra Poësi sunt Rhythmi certa genera, ut numero comprehendi vix possint, tot & tam eleganter sibi in-*
D *vicem respondentes literarum, syllabarum & dictionum consonantiæ, ut audientes mirè afficiantur & delectentur. Observatur enim literarum cardinalium trium in qualibet stropha inviolata series, par numerus syllabarum, vocis tractus sive accentus longus aut brevis, & similia. Nec in nostra Poësi pauciores cautiones, licentiæ, tropi & figuræ usurpantur, quàm in re metrica apud Latinos Poëtarum principes. Tot præterea in veterum cantilenis (quod illi studiosè affectarunt) pulchra inveniuntur hyperbata, ut unico sæ-*
E *pè Rhythmo duas vel plures materias alternatim sibi respondentes concluserint. Tot in illis Logogryphi & lusus metaphorici ingeniosè confecti animadvertuntur, ut ipsis etiam Rhythmistarum corypheis nodus penè sit Gordius, & Lectores, verba quidem intelligentes, rei parum aut nihil sapiant. Nostram autem Poësin tantoperè non evebo, quod in hac lingua natus sim, & ab hoc Rhythmico affectu non omnino alienus, sed quia verè singularis est & plena artis & ingenij. Quod nostras aliquis literatus Rhythmista & ad hanc rem*
F *exemplis instructus, viro sapienti, etsi nostrum non intelligat idioma, præsens facilius ob oculos ponere posset. Deinde & hoc nostra Poësis peculiare habet; quòd cum in vulgaribus linguis quilibet pro more gentis suæ Rhythmos condere, verba in numeros aliquales cogere, usq; id sibi promptum reddere possit: in nostra, nemo Poëta existat, nec facillimum genus Rhythmi sine magno negocio connectat, etsi maximè affectat, nisi qui Poëtico Spiritu singulariter afflatus est. Qui quidem afflatus, ut cæteri naturæ motus, aliis acrior, aliis remissior*

remissior contingit. Quidam præmeditati Rhythmos feliciter edunt, aliqui ferventiori quodam impetu omnia genera Rhythmi spontè profundunt, ut Rhythmus sit quicquid conentur dicere, ut ingeniosissimus olim apud Romanos Poëta de sua vena profitebatur, nec soluta oratio, quàm ista ligata, illis promptior est. Adde quod in primâ statim infantiâ ejusmo di natura manifestis se proferat indiciis. Nec prætereundum, quòd motus ille ingenij in Novilunio sit ferventissimus, & Rhythmistam notabilem res Poëticas aliis enucleantem, aut in Rhythmis fundendis occupatum, vino madentem, Melancholia graviore infestatum, aut furore quodam correptum dixeris. Et sæpius hæc indoles etiam in ignotis ex singulari aliquo gestu conspicitur, quem nos Skaldvijngl/ *id est, Poëticam vertiginem appellamus. Sunt qui nostram Poësin in malis avertendis & inducendis mirabiles effectus habere existiment, quæ res fortassis non careat exemplis. Similem quandam energiam carminibus tribuit is, qui hoc asserere non dubitavit:*

Carmina vel cœlo possunt deducere Lunam.

*Unde cordatiores ex nostris antiquis tanquam morale reliquerunt, Poëtam non esse lacessendum (*Ei skal Skald erta*) Socratis etiam monitum citatur; quod si cui salus & fama maximè curæ sunt, illaq; servare cupiat illæsa, is caveat ne Poëtam aliquem inimicum habeat. Quanto in pretio & honore apud Reges & Principes exteros, ubi linguæ nostræ viguit cognitio, nostrates fuerint Poëtæ, qui ipsorum res gestas Rhythmis heroicis posteritati commendarunt, ex eo patet, quòd ab iis aureos annulos, arma deaurata, vestes preciosas & alia magnifica dona, ac ipsorum inprimis Regum favorem & amicitiam meruerint, ut veteres passim testantur historiæ. Et ut ex plurimis paucos nominem, habebat in aula sua laudatissimus heros Olaus Tryggonius, Norvegiæ Rex, inter alios Halfrodum quendam Rhythmistam Islandum, quem ab ethnicismo ad Christianam convertit fidem, & baptizato ipse compatris officium præstitit; quem homicidium in aula regia temerè committentem, donatâ vitâ & placatis cæsi cognatis, in gratiam recepit, & plurimis regiis auxit muneribus. De hoc Halfrodo tradit historia, quòd post regem devictum nunquam apparuerit hilaris; desideriumq; optimi regis præcipua mortis ipsius causa fuisse traditur. Habuit & Olaus Haraldi filius, domi militiæq;, individuos comites ex nostris tres insignes Rhythmistas, Sigvardum, Thormodum & Girunum ob formæ venustatem* Gulbra/ *id est, aureum supercilium appellatum. De Sigvardo refertur, quòd solutis verbis loquendo, impeditioris fuerit linguæ, in Rhythmis autem sponte fusis promptissimus. Haud secus ac de Virgilio scribitur, quòd tardus fuerit in loquendo, adeò ut indoctus & agrestis videretur. Thormodus autem in conflictu Stiklastadensi Regi prædicto militans, noluit post illum in acie cæsum superstes vivere, sed in confertissima hostium turba fortissimè dimicabat, donec lethali percussus telo, ex prælio discederet, & moribundus Regis sui beneficia, fortitudinem,*

A *& magnanimitatem etiam, in ultimo periculo Rhythmis celebravit, qui etiamnum extant. Habuit deniq; bellicosissimus Norvagiæ Rex Haraldus, Sigurdi filius, in sua aula & expeditionibus sibi familiarissimum notabilem Rhythmistam Thiodolphum Huverska, à provincia Borealis Islandiæ in qua natus est, sic dictum. Floruerunt præterea in aulis Regum Daniæ, Sueciæ, Angliæ, & aliorum Principum, Poëtæ Islandi; quod longa referre mora est, & qui ab illis ingentes honores & magnifica dona reportarunt. Principes etiam ira-*
B *tos Rhythmicis sæpè placaverunt elogiis, & vitam iisdem redemerunt. Sic Egillus Skallagrimus apud Ericum Blodóxjum, Norvegiæ Regem, sed tunc in Northumbria Angliæ desidentem [in cujus conspectum jussu Reginæ Gunhildæ ex Islandia protractus fuerat] Rhythmis in honorem ejus editis, liberam impetravit dimissionem, etsi antea filium Regis, & amicos multos, injuria Erici lacessitus trucidavit. Eodem modo Brago cuidam capitis damnato à Biornone Sueciæ Rege vita donata est, ob Rhythmicum encomium Regi exhi-*
C *bitum. Quin etiam ipsi Reges & Principes Norvegiæ & vicinarum provinciarum, Rhythmos eximiè composuerunt, qui in illorum citantur historiis. Rogualdus quidem Orcadum comes, princeps egregius, inter alias nobiles dotes, quibus ornatus est, præstantissimus & promptissimus fuit Rhythmista, & clavem Rhythmicam, quæ adhuc extat, confecisse dicitur. Habuit etiam ille in Palæstinam navigans itineris comites Rhythmistas duos Islandos, qui unà cum ipso res quotidie gestas Rhythmis comprehenderunt, & magnâ apud*
D *illum in æstimatione fuerunt. Quamvis autem vetus illa & genuina, sivè Danica, sive Norvegica lingua, ex illis regnis maxima ex parte jam dudum sese removerit, ideoq; & illic talium Rhythmistarum perierit dignitas, quia ignoti nulla cupido: adhuc tamen in Islandia, ubi linguæ ejus usus præcipuè conservatur, magno numero Poëtæ extant, prompti & ingeniosi, qui non tantùm res prophanas, ubi Edda potissimum locum habet, sed etiam sacras historias simplici orationis venâ in numeros convertunt Rhythmicos, Psalmos*
E *& Cantilenas pias & graves componunt, & Ecclesiæ Dei apud nos utiliter communicant. Utinam divinum hoc donum grati omnes amplecterentur. Sed ut in patria sua Propheta, sic vix acceptus est Poëta.* Hactenus M. Olavius. Porrò de Scaldris notatu dignum, quod Rhythmos sive carmina, de clarorum virorum virtutibus à se composita, in epulis, aliisq; conventibus solennioribus, vel assâ voce, vel interdum etiam adhibito tibicine & lyrista, decantare soliti fuerint; non secus
F ac olim Gallorum Germanorumq; illi vates, quos *Bardos* vocarunt; de quibus Ammianus Marcellinus Lib. XV. *Bardi fortia virorum illustrium facta heroicis composita versibus cum dulcibus lyræ modulis cantitarunt.* Et Lucanus Lib. I.

Vos quoq;, qui fortes animas, belloq; peremptas,
Laudibus in longum, vates, dimittitis ævum,
Plurima securi fudistis carmina Bardi.

Strabo Lib. IV. de Gallia : Βάρδοι μὲν ὑμνηταὶ A
καὶ ποιηταί. *Bardi* igitur, sicut & nostri Scaldri, nihil aliud fuêre, quàm ποιηταὶ μετ' ᾠδῆς ἐπαίνους λέγοντες, ut è Possidonio scribit Athenæus, Lib. VI. Tales etiam fuerunt apud Persas *Magi*, quorum mentionem facit Q. Curtius Lib. V. ubi tradit, quâ pompâ Alexander Babylonem ingressus sit : *Magi deinde suo more carmen canentes. Post hos Chaldæi, Babyloniorumq; non vates modò, sed etiam artifices, cum fidibus sui generis ibant. Laudes iĳ regum canere soliti.* B

4,26 9. *Linguæ suæ literis*] Lingvam Danicam antiquam, cujus in Rhythmis usus fuit, veteres appellarunt ᛅᛋᛅᛘᛅᛚ, *Asamal*, id est, Asiaticum, vel Asarum sermonem, quod eum ex Asia Odinus secum in Daniam, Norvegiam, Sveciam, aliasq; regiones Septentrionales invexerit. De quo Edda sub initium Lib. 1. hunc in modum disserit : *Postquam Odinus colonias suas per Saxoniam, Cimbriam, Sveciam & Norvegiam duxisset, filios ac socios conjugio cum incolis co-* C
pulatos ibidem reliquit. Qui multiplicatâ progenie, lingvam Asiaticam vicinis regionibus intulerunt. Quod vel ex propriis liquet nominibus & appellationibus, quæ linguam hanc sunt comitatæ. Hinc factum, quòd Asiatica hæc lingua familiaris adeò reddita sit regionibus Septentrionalibus, Norvegiæ, Sveciæ, Daniæ. Hæc autem lingva fuit nonnihil à communi illa remota, quæ nuspiam in Septentrione purior adhuc asservatur, quàm D
in Islandia, Daniæ Insula famosissima. Cujus incolæ, præterquàm quod exterorum commerciis minus eam depravari sint passi : ab omni ævo varias tùm popularium suorum, tum reliquorum Aquilonarium res gestas, eâ consignando, incorruptam & apud se servarunt, & ad posteros transmiserunt. Literas vero suas Dani antiquitus vocabant ᚱᚢᚾᛁᚱ, *Runer*; de quarum origine, usu, proprietate, E
causis, natura, aliisq; ad Danicam Literaturam antiquissimam illustrandam pertinentibus, elegantissimum libellum, ante quinquennium, edidit Clarissimus Vir, & nunquam sine laude mihi in Notis hisce dicendus, D. Olaus Wormius. Nos earundem literarum unum aut alterum Schema, ex eodem Wormiano opere petitum, Lectoris oculis subjiciendum putavimus :

Ab amicis & M.SS. petitæ.

RUNÆ

Typis divulgatæ.

Ex

Ex monumentis excerpta.

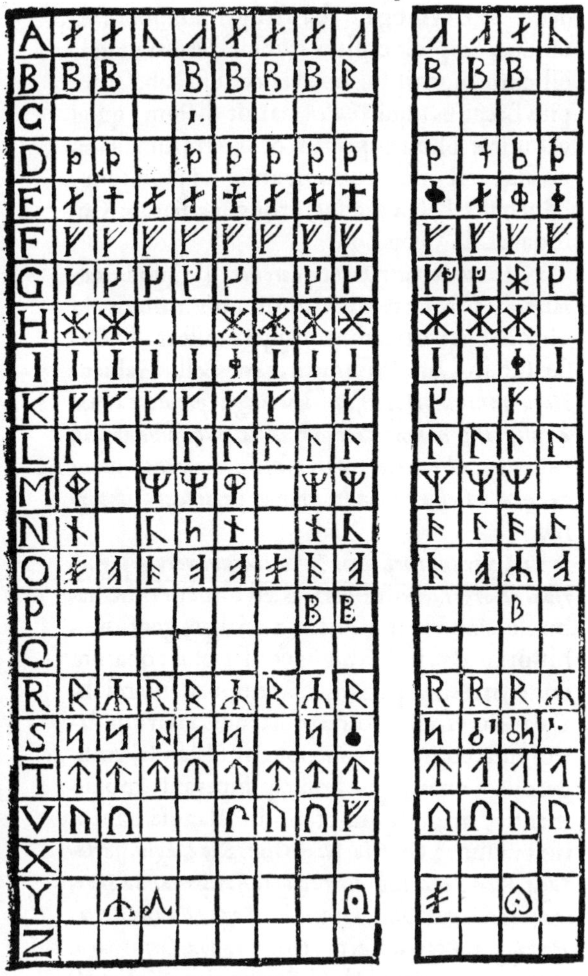

Varietas universa collecta.

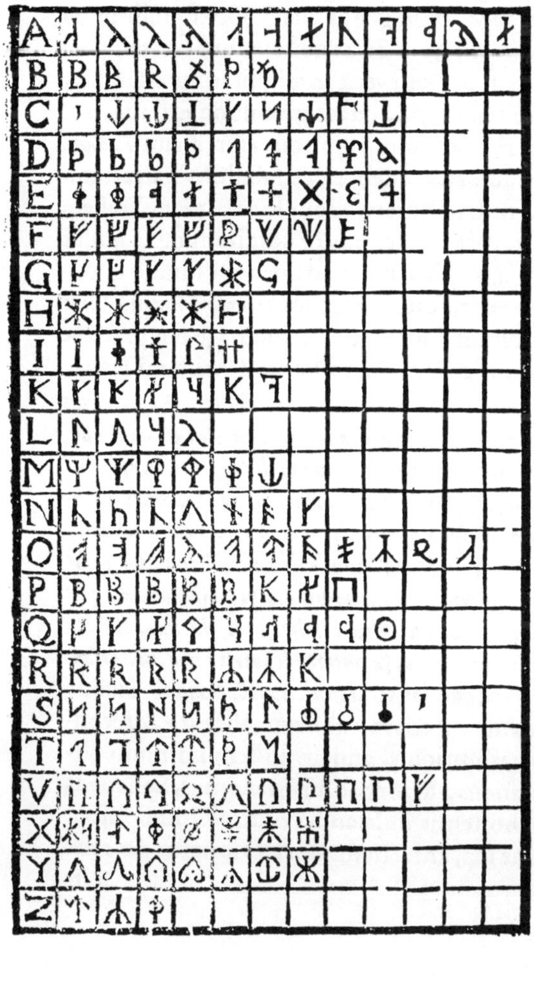

A Ibid. *Saxis ac rupibus insculpenda curasse*] Loquitur hic Saxo non de illis tantum Saxis, quæ veteres RUNÆ in illustrium virorum tumbis & sepulcris erexerunt, variisq; inscriptionibus artificiose ac decore exornarunt, (quas prisci Dani ᚼᛅᚢᚴᛒᚢᛅᛚᛁᛏᚢᚱ, *Haugbualetur*, quasi diceres, Hogboeſtrifft vocabant. Haugbue enim dicebantur defunctorum manes tumulos illis extructos inhabitantes) quarum Inscriptionum Runicarum insignem nobis copiam exhi- 4,26
B bebit Vir ad ornatum seculi natus, & de patriæ Antiquitatibus præclare meritus D. Olaus Wormius, in divino opere Monumentorum Danicorum; quod non ita pridem bono publico, in lucem edidit: verum etiam de illis rupibus ac saxis, quæ hinc inde variis terrarum Borealium in oris, tanquam trophæa & arcus quidam triumphales erecta ad miraculum usq; visuntur, præsertim ubi prœlia & conflictus olim celebriores commissi fuere. Quæ saxa linguâ
C Danicâ antiquâ ᛒᛅᚢᛏᛁᛋᛏᛅᛁᚾ, *Bauteſtene* dicebantur. Talis fuit rupes apud Blekingiam, cui Rex Daniæ Haraldus Hyldetand res gestas patris sui per artifices mandare curæ habuit. Ejus infra statim in eadem hac præfatione mentionem injicit Saxo, & postea Lib. VII. Sic & Regnerum *Lodbrog*, Regem animosissimum, in Bjarmia victorias suas saxis incidi curasse refert Lib. IX. hac verborum periodo: *Bjarmorum Rege interfecto, Finnorum vero fugato, Regnerus*
D *saxis rerum gestarum apices præ se ferentibus, hisdemque superne locatis, æternum victoriæ suæ monumentum affixit.* Hoc etiam vetustissimis Græcorum in more positum fuit. Nam ut temporis injuriam propulsando, posteritati tutius consuleretur, cippis saxeis, στήλοις seu κύρβεσι, veluti libris seu tabulis publicis, tam res veterum gestas, & temporum rationes, quam Leges, Pacta, Deorum & mortuorum titulos, vota, incidi solenne erat. Euhemerus Siculus res gestas Jovis,
E & cæterorum, qui Dij putabantur, collegit, Historiamq; contexuit ex titulis & inscriptionibus sacris, quæ in antiquissimis templis habebantur; ut diserte meminit Lactantius de falsa religione Cap. XI. Etiam columnæ aureæ in fano Jovis Triphylij positæ, quibus perscripta erant ejusdem numinis gesta. In Sicyone item ἀναγραφὴ erat seu Descriptio ejusmodi sacrata, unde Heraclides in librum suum de Musicis, Junonis Argivæ Antistitum, Poetarum etiam
F & Musicorum celebriorum nomina traduxit. Testis est Plutarchus lib. de Musica. Columellæ item, quibus Cretenses sacra descripserant Corybantum, à Porphyrio in Secundo περὶ ἀποχῆς ἐμψύχων memorantur. Quin obvium est, quod de columnis illis Sethi nepotum, latericiâ alterâ, alterâ saxeâ, quibus sideralis scientiæ inventa sua mandarunt, habet Josephus. Sic anno fundatæ salutis cIↄ Iↄ CXXVIII, mar-

marmora aliquot satis ampla Græcè incisa auspiciis & impensis Herois illustrissimi Thomæ, Comitis Arundelliæ, in Angliam ex Asia advecta sunt: quorum primum Epochas veterum Græcorum nobiliores, seu insigniora temporum intervalla ferè universa complectitur: alterum fœdus Smyrnæorum & Magnetum in fano Veneris Stratonicidis olim sacratum: Tertium C. Antonij Septimij Publij Citharoedi victorias: ut alia silentio transmittam. Hæc vero tam veneranda priscæ Orientis gloriæ rudera primus publicavit, & Commentarijs doctissimis illustravit Clarissimus Vir, Johannes Seldenus. Ita & fortissimus Pœnorum Dux Annibal, postea quàm Alpes Grajas, quæ hodie S. Bernardi dicuntur, ignibus acetoq; perfregisset, literas hujus trajectionis suæ testes rupibus inscribendas curavit: quas etiamnum apud *Barrum*, ejus itineris pagum, ipsis cotibus incisas extare tradit Paulus Jovius Lib. XV. Histor. pag. 168. Cæterum, ut hoc obiter addam, binas istas tabulas lapideas, quas Deus Opt. Max. suo digito incisas Moisi in monte Sinai tradidit, Salvianus Massiliensis Lib. 1. de Gubernatione Dei, *rupices paginas* & *Saxeum volumen* indigitat.

4,30 13. *Quia præsens opus*] In eandem ferè sententiam ad Eusthatium filium præfatus est Macrobius mox in ipso limine Saturnaliorum: *Quia præsens opus non Eloquentiæ ostentationem, sed noscendorum congeriem pollicetur. Et boni consulas oportet, si notitiam vetustatis, modò nostris, modò ipsis antiquorum verbis, fideliter recognoscas.*

4,30 Ibid. *Sermonis luculentiam*] *Luculentia*, splendorem, & λαμπρότητα orationis significat: quam Sallustius *orationem luculentam* nominat. Arnobius Lib. III. *A quo si res sumere judicij veritate conscriptas, non verborum luculentias, pergeretis, perorata esset & hæc causa.* Venantius Fortunatus Lib. V. Epistola ad Gregorium: *Cum in me non inveneris, quod dictionis luculentiâ diligeres.*

4,30 Ibid. *Non nugacem sermonis luculentiam*] De his verbis, quæso te, judica examine pensiore, mî candide Lector, & velut caput quoddam Gorgonis obtende iniquis Saxonis obtrectatoribus, ut tandem ἄμουσον illam suam θρασυκακογλωσσίαν, quâ ergegium huncce & de omni Republ. literariâ optimè meritum scriptorem tam crudeliter traducunt, quasi fibulâ injectâ cohibeant. Nam ubi omnia fecerint, ne hilum quidem proficiunt; sed instar muscarum, quæ facem accensam volando circumstrepunt, ambustas alas reportant, & cum œstro in petram spicula defigente sese ipsi omnimodis exarmant & elumbes reddunt.

5,1 17. *Nec Thylensium industria*] Ex opinione magis vulgari, quàm rei veritate, *Thylenses* ubiq; nominat Saxo, qui *Islandi* rectius dicerentur. Nam *Thulen*, veteribus memoratam Insulam, A ab Islandiâ longè diversam, abundè probatum dedit in Crymogæâ suâ Arngrimus Jonas Islandus, & ipse loci situs evincit. Frustrà igitur est cum ingenij sui luxuria & lusu Joh. Goropius Becanus, qui *Thulen* statuit dictam, quod vel instar Tholi cujusdam orbi terrarum sit imposita, vel quod eò navigantes ad ploratum [Tothülen Belgæ dicunt] proficiscerentur: Gotodan. Lib. VII. p. 696.

18. *Luxuriæ nutrimentis carentes*] Quod Saxo 5,2
B Islandis sobrietatem & notitiam vetustatis, id olim Belgis fortitudinem ingenerasse tradit Cæsar sub initium Commentar. de Bello Gallico: *Horum omnium fortissimi sunt Belgæ, propterea quod à cultu atq; humanitate provinciæ longissimè absunt, minimeq; ad eos mercatores sæpè commeant, atque ea, quæ ad effœminandos animos pertinent, important.*

23. *Quorum thesauros Historicarum rerum pignoribus refertos*] Nihil certius est, quàm olim ha- 5,6
C buisse Islandos innumeras variarum gentium historias, & à se, & ab aliis conscriptas: quarum tamen maxima pars injuriâ temporis intercidit. Quanto vero studio cognoscendis aliarum nationum rebus gestis incubuerint Islandi, colligere licet ex iis, quæ hodieq; superant, monumentis, magnoq; in pretio in Islandia habentur; ut sunt: *Grettla, Nial, Olufs Saga, Eglu, Jarla-Saga, Bica Saga, Iisfirdinga Saga, Bardam anna Saga, Halfreds Saga, Oluf Tryggesöns Saga, Rauds detti,*
D *Eyrbyggia, Rógvalds detti, Orcknu Saga, Orms Saga, Ragnars Saga, Arnon Skald, Knitling saga, Krokarefs saga, Sigvart Skald, Viglunder saga, Sigurd Hafvisbani saga*, & id genus alia. Certè nullum est dubium, quin Saxo noster plura suo tempore viderit & versaverit Antiquitatum Islandicarum volumina, quàm quæ nunc exstant, aut reperiri possunt. In primis eum aliam *Eddam*, antiquiorem videlicet, & fabulosis narrationibus instructiorem habuisse eâ, quam hodieq;
E tantopere suspicimus & admiramur, nullus ambigo. Talem autem Eddam omninò quondam extitisse juxtà mecum fatetur Magnus Olai ad calcem Eddæ Latinâ civitate à se, in gratiam Magnifici Dn. Cancellarij, Christiani Frisij, τῦ μακαρίτου, donatæ, his verbis: *Ex veterum Rhythmis, ut etiam appellationibus Asarum nonnullis, ac inprimis Odini, & aliarum deniq; rerum, apparet, aliam fuisse Eddam antiquiorem, aut volumen fabularum ab ipsis Asis confectum, aut eorum nepotibus,*
F *quod interierit, & cujus hæc nostra Edda aliqua de sit compendium; quia nominum paucissimorum, quæ Odino ex variis casibus indita sunt plurima, ut Edda profitetur; ex ejus fabulis reddi potest ratio, nec etiam plurium, quæ ibi occurrunt, appellationum.* Hac de re consentit etiam nobiscum, Vir raræ & reconditæ eruditionis, amicus noster plurimùm honorandus, M. Brynolfus Svenonius, Episcopus Scalholtensis in Islandia Australi, in Epistola ad me sua, ante triennium ferè scripta: *Ut enim Nor-*

Norvegorum, Danorum, Suecorum hominum acta, A *infinitam materiam ex rebus domi forisq; fortissimè prudentissimeq; gestis prætercam; ipsa velut collapsæ sapientiæ rudera rerum Normannicarum Lectoribus semet spectanda exhibent, quæ tamen paucissima de pluribus supersunt. Ubi enim ingentes thesauri totius humanæ sapientiæ conscriptæ à Sæmundo Sapiente? & in primis nobilissima illa Edda, cujus vix millesimam partem reliquam, nunc præter nomen habemus? atq; id ipsum quod habemus omninò fuisset deperditum, nisi Snorronis Sturlonij Epitome umbram potius* B *& vestigia, quàm verum corpus Eddæ illius antiquæ reliqua fecisset. Ubi verò ingens volumen Historiarum ab Odino ad sua tempora contextum ab Ario Polyhistore dicto? Ubi præstantissima Gunlógi Monachi scripta? Ubi regiorum per totum arctoum orbem Poëtarum admiranda carmina? Nolo Ethnicos alios & in paganismo viventes nominare, Thorallum de Sidó, ejusq; vaticinia; Ericum Rufum, ejusq; posteros, & qui navigationes eorum in occidentem periculosissimas annotarunt.* Hactenus M. Brynolfus. C Cæterum ut constet exteris, & harum antiquitatum ignaris, quænam fuerit, quam toties laudamus, *Edda*, eam utcunq; describendam hoc loco duximus, quomodo ab ipsis Islandis edocti sumus. Interpres Eddæ Latinus in ipso limine Libri: *Edda est fons & fundamentum fabulosum, unde veteres Islandicæ gentis Rhythmistæ obscuras rerum appellationes, & copiosos Poëticæ elegantiæ modos extruxerunt.* Vel, *Edda est ars ex antiquissimis ingeniosorum hominum fabellis, variè ad-* D *inventis rerum appellationibus, docens Danicam Poësin antiquam, vulgo obscuram, sapientibus auditu jucundam & artificiosam, exercere & exhibere, quæ, instar jugi fontis, veteres suggerit, & novas semper gignit voces, ad rem Rhythmicam facientes, omnibus insignibus Poëtis utilis, qui illam dextrè volunt scrutari. Unde Edda ab Edo, compono, meditor, nomen accepisse videtur.* Edda semper adjunctam sibi tanquam individuam assestricem habet *Scaldam*, quæ Danicæ Poëseos vetustissimæ ingenio- E sum quoq; promptuarium est. De utraq; sic Arngrimus Jonas, Senex venerandus & optimè de patriæ suæ Antiquitatibus meritus, in Epistola ad D. Wormium disserit: *Scalda est liber de arte Poëtica Islandorum, qui est quasi praxis Eddæ; ut Edda inventionem, Scalda usum vel artem adjuvet.* Summatim ut dicam: *Edda* est Mythologia Poëtica veterum Islandorum, *Scalda*, verò Metrica, sive de ratione Metrorum, variisque carminum generibus. Ex his duobus Co- F dicibus emanavit quicquid apud Saxonem nostrum, tanquam fabulosum, tantopere à multis culpatur. Unde liquet ea non esse Saxonis, quæ de mirandis quibusdam narrat, figmenta, sed fabulosæ Antiquitatis asserta.

5,10 25. *Absolonis asserta sectando*] *Asserta* substantivè positum; quomodo sæpè auctores medij ævi, præsertim Afri. Martianus Capella Lib. V. *Quo conspecto, asserta determinans, ad Philologiæ consessum fiduciâ promptiore perrexit.* Fulgentius: *Præcluis eruditionis asserta cognoscere.* Idem sub initium Virgilianæ Continentiæ: *Ad hæc ego: si me tuæ Orationis asserta non fallunt, vates clarissime.* Ità & ipse Tullius noster, *prædicta* Substantivè pro *prædictionibus* usurpavit, Epist. 6. Lib. 6. ad Famil. *Ego quoq; augur publicus ex meis superioribus prædictis constitui apud te auctoritatem augurij & divinationis meæ.*

28. *Te ergo salutaris Princeps*] Compellat his verbis Saxo Regem Daniæ Waldemarum II, cujus tamen Historiam non attingit, in Canuto desinens. 5,14

30. *Quia propositi pondere constrictus*] Heìc rursus extat luculentum imitationis Valerianæ indicium. Sic etenim Valerius Maximus Lib. 2. Cap. VII. *Quia animadverto fore, ut pondere laudis, quam meruistis, obrutus, magis imbecillitatem ingenij mei detegam, quàm vestram virtutem, sicut par est, repræsentem.* 5,16

36. *Ne Romani quidèm Imperij partes*] Nam regni Danici pomœria totius fere Nordalbingiæ & Vagriæ adjectione protulerat victoriosus ille princeps. 5,23

38. *Tuus quoq; fulgentissimus avus*] Sanctus Canutus Rex Daniæ, interfectus Anno cIↄ CXXXI. 5,25

40. Ex *cujus sanctissimis vulneribus*] Ità & Valerius Maximus Lib. 3. Cap. 2. *In qua ex fortissimis vulneribus tuis plus gloriæ, quàm sanguinis manavit.* 5,28

42. *Saltem ingenij viribus tibi militare constitui*] Promptissimam hic operam suam Waldemaro Regi offert Saxo; sed quoniam ad exemplum parentis aviq; sui, qui castra Waldemari secuti fuerant, armis ipse militare non possit: se res ipsius præclarè fortiterq; gestas literarum monumentis, pro ingenij sui mediocritate, consignaturum pollicetur; quam longè potiorem esse militiam illâ castrensi existimat. In eandem ferè sententiam Guntherus, Poeta illo ævo mirandus, sub finem Lib. X. Ligurini sui, se castra Friderici I. Imperatoris, non armis, sed carmine secutum, eleganter innuit, eamq; clariorem fuisse militiam statuit, quàm si aliquot hostium millia cecidisset, dum ita infit: 5,30

Me quoq; non armis, sed carmine castra secutum,
Hactenus egregij decursâ parte laboris
Si benè promerui castrorum præmia miles
Non illaudatum, vel munera nulla ferentem
Spero quidem magni dimittet gratia Regis.
Nec spernenda meæ (liceat modò vera fateri)
Munera militiæ, nec clarius arbitror esse,
Paucâ probè gessisse manu, quàm multa referre,
Nec minor hic illo labor est ————

46. *Dicendorum inchoamenta deduxerit*] Hoc est, Initia, principia. Martianus Capella Lib. V. pag. 39. *Hæc inchoamentorum primordia detrectaret excurrere.* 6,2

48. *Sinuosis interstitiorum anfractibus*] Hos an- 6,5

fractus veteres Dani suâ lingvâ dicebant ᚿᛆᚠᚼᛦᛆᚱᛁᚴ, *Vógskórin*. Eglu: **Solunder eru magar Eyar og suo vogstornar**: Hoc est, *Sunt insulæ permultæ & per frequentiores sinus dissecatæ.*

6,9 52. *Ex his Jutia*] Daniam ingredientibus ab Austro, primùm occurrit *Jutia*, quæ à Ptolomæo, aliisq; Cosmographis, *Cimbrica Chersonesus* dicta est, à *Cimbris* populis, qui in eam primò commigrarunt. Johannes Svaningius, Sereniss. Regis Daniæ Divi Friderici II. quondam Historiographus, in Descriptione Daniæ, quæ MSta etiamnum asservatur in Bibliotheca Regia Academiæ Hafniensis; unde multa notatu dignissima (quod ingenuè præ me fero) excerpsimus, & in commentarios nostros retulimus.

6,11 54. *Theutoniæ finibus admovetur*] Inprimis Holsatiæ, & Saxoniæ inferioris: quibus Cimbria, seu Jutia, proximo colliminio (ut cum Solino loquar) adhæret.

6,11 Ibid. *Fluminis Eidori interrivatione discreta*] *Eidora* flumen in saltu profundissimo, qui est in finibus Ithzeho, initium capiens, longo spatio in Oceanum Britannicum influit. Svaningius.

6,13 Pag. 3. vers. 1. *In Norici freti littus excurrit*] Jutia ad austrum latius diffusa, paulatim in linguæ formam sese in Wendilam contrahit, atq; ab Eidorâ flumine, octo dierum itinere, aut paulò ultrà etiam, ad fretum, quod Wendilam à reliqua Cimbriâ disjungit, porrigitur. Hinc protensa Wendila mare Noricum attingit: in cujus littore, SKAWEN, extremum in Cimbria, versus Boream, oppidulum situm est: in quo clarâ luce, in Boream, è littore Cimbrico, paulo editiore loco prospicientibus, scopuli Norvagiæ apparent. Svaningius.

6,13 2. *Sinus, qui Lymicus appellatur*] Quem Saxo infrà Lib. IX. *Lymfiortinum fretum* indigitat: *Exactâq; hyeme, cum Jutis, prope Lymfiortinum ejus regionis fretum habitantibus, secundis eventibus dimicavit.* Danis dicitur *Limfiord*, vel *Lónvig*.

6,16 3. *Fresia minor*] Hanc luculentius describit Saxo infrà Lib. XIV. *Interea Kanutus Frisiam minorem, quæ & ipsa Danicarum est partium, cum paucis exilij comitibus petit. Dives agri provincia & pecoribus opulens. Cæterum confinis Oceano patet humilis, ita ut ejus interdum æstibus eluatur. Qui ne irrumpant, vallo littus omne præcingitur: quod si fortè perfregerint, inundant campos, vicos & sata demergunt. Neq; enim illic locus naturâ alius alio editior exstat. Plerumq; agros ab imo convulsos aliò loci trajiciunt, locum eorum occupante lacunâ, in quorum consederint præsidiis, possidendos. Inundationem comitatur feracitas. Gramine tellus exuberat: torrefacta in salem gleba decoquitur. Hyeme continuo celatur æstu, stagni speciem præbentibus campis. Unde & in qua rerum parte locanda fuerit, pene ambiguum natura fecit: cùm aliâ anni parte navigationis pa-*

A *tiens, aliâ aratri capax existat. Incolæ ejus naturâ feroces, corporibus agiles, anxiam & gravem armaturam contemnunt, ancilibus utuntur, missilibus dimicant. Agros scrobibus cingunt, saltus contulis edunt. Penates in editum subjecto glebarum acervo provehunt. Hos à Frisonum gente conditos nominis & linguæ societas testimonio est. Quibus novas quærentibus sedes, ea fortè tellus obvenit. Quam palustrem primum ac humidam longo duravêre cultu. Administratio deinde provinciæ sub nostris Regibus esse cœ-*
B *pit.* Ad eundem ferè modum de Fresia majore loquitur Saxo, sub finem Lib. VIII. *Ac primo quidem classe Fresiam domat. Quæ Provincia admodum situ humilis; quoties sæviente oceano, objecta fluctibus æstuaria perrumpuntur, totam inundationis molem patentibus campis excipere consuevit.*

4. *Gremij devexioris inclinata recessu*] *Gremium terræ, tergum terræ*, & id genus pluria, dicebant veteres. Lucretius Lib. VI. vers. VII. Ubi varias terræ motus adfert causas: 6,17

C ——— *multosq; lacus, multasq; lacunas*
In gremio gerere, & rupes deruptaq; saxa,
Multaq; sub tergo terrai flumina tecta
Volvere vi fluctus, submersaq; saxa putandum est.

Et Lib I.

Postremò pereunt imbres, ubi eos pater æther
In gremium matris terrai præcipitavit.

Virgilius Moreto, *gremium molarum* dixit:

Perverrit caudâ silices, gremiumq; molarum.

Apulejus *gremium Oceani* dixit Lib. V. Meta-
D morphos. Prudentius Hymno X. Cathemerimon:

Nunc suscipe terra fovendum,
Gremioq; hunc suscipe molli.

Sed aliud est *gremium Patriæ* apud Silium Lib. IV.

Interea tibi prima domus atq; unica proles
Heu gremio patriæ Stygias raptatur ad undas.

Ubi *gremio Patriæ* pro *Patria*. Vide Notas magni illius Heinsij. In hanc mentem ipse Saxo inferius Lib. XIV. *Amœnissimæ patriæ gremio relicto,*
E *tot inclyta locorum spacia pererrare liberet.* Hericus Monachus Altissiodorensis Lib. I. vitæ S. Germani pag. 17.

Excipiuntq; virum, dictâ acceptâq; salute,
In gremium duxêre suæ solenniter urbis.

Gremium Urbis pro mediâ Urbe dixit. Modoinus ad Theodulphum:

——————— *Populorum*
Doctor erat Paulus carceris in gremio.

F Sic Lib. VI.

Delubri gremio pacis subeunte triumpho.

Gremia navium infrà Lib. VIII. ipse Saxo usurpavit.

10. *Angusti admodum æquoris interjectus abrumpit*] Æquor hoc angustum nostrâ linguâ **Medelfarsund** dicitur. Quo quum Fionia à Jutia separata sit, à Selandia verò freto Balthico, quod veteres *Beltis-Sund* dixêre: sunt qui existimant amœnissimam hanc Daniæ provinciam *Fioniam* 6,24

Fioniam nomen accepisse ab antiquissima di- A ctione ᚠᛁᚬᚾ, *Fion*, quæ separationem denotat. Unde in veteri cantilena de Navigatione Ragvaldi Comitis in terram Sanctam; ᚠᚢᚦ-ᚠᛁᚬᚾ ᛂᚱ ᛏᚼᛅᛏ ᛚᛁᚬᚾᚢᛘ, **Gudfion er that lionum.** Ad quæ verba sic commentatur Vir Cl. Magnus Olavius, Pastor olim Laufasensis in Islandia. **Gudfion**] *Antiquissima dictio separationem denotans: quòd à Deo separentur, qui jurata non præstant. Hinc nomen accepisse existimo* B *provinciam Daniæ Fioniam, quæ in veteri nostra lingua* ᚠᛁᚬᚾ, **Fion** *(voce disyllaba) appellatur, quasi separata terra, quia à Jutia disparata est freto Medel farsund, à Sialandia freto Beltis-Sund. Utor enim antiquis horum fretorum & terrarū nominibus.* *Interjectum* vero Saxo dixit, pro *Interjectione*. Sic infrà: *Ne sibi noticiam temporis interjectus eriperet.* Cicero Lib. II. de Natura Deorum: *Interpositu interjectuq; terræ.* Martianus Capella Lib. VIII. pag. 281. *In quo fit, ut major sit circulus ab eodem interjectu, pari spatio.* Et paulo post: *Alia interca-* C *pedo inter solstitialem æquinoctialemq; Circulos minos est à superiore interjectu, quantum quatuor ad sex.* Tacitus Annal. Lib. 3. *Igitur petito paucorum dierum interjectu, defensionem sui deseruit.*

6,25 11. *Sialandiam prospectat*] *Selandia* nonnullis dicta est *Sædlandia*, quasi seminis terra, à læto segetum proventu & ubertate, quas Dani **Sæd** vocant. Alij à circumfuso Oceano deducunt, ut *Seelandia* sit. Quos inter Ælnothns de vita D S. Canuti pag. 17. *Insulam maritimam, quæ pro eo, quod maximè mari circumcingitur, Linguâ Danicâ Seeland nuncupatur.* Saxoni, alijsq; veteribus, ubique *Sialandia* scribitur, ab antiquo *Siá*, vel *Sió*, quod nunc dicimus **Søe** / pro mari vel Oceano, ut **Østersøen** / **Vestersøen**. Antiquioribus Danorum Sclandia dicta fuit ᛋᛅᛂᛚᚢᚾᚦᚢᛦ *Sælundur*, quasi maris lucus. In Edda, Fabula 2, bis occurrit vocabulum *Sælund*, hujusq; insulæ origo ex professo docetur figmentis Eddicis conso- E na. Ità namq; differit: ᚠᚢᛚᚠᛁ ᚴᚬᚾᚠᚱ ᚱᛂᚦ ᛐᚼᛅᚱ ᛚᚬᚾᚦᚢᛘ, ᛂᚱ ᚾᚢ ᚼᛂᛁᛐᛂᚱ ᛋᚢᛁᛐᛁᚬᚦ. ᚠᚱᛅ ᚼᛅᚾᚬᛘ ᛂᚱ ᛏᚼᛂᛐ ᛋᛅᚠᛅ, ᛅᛐ ᚼᛅᚾᚦ ᚠᛅᚠ ᛅᛂᛁᚾᚢᛘ ᚠᛅᚱᛅᚾᚦᛁ ᚴᚬᚾᚢ ᛅᛏ ᛚᛅᚢᚾᚢᛘ ᛋᚴᛂᛐᛅᚾᛅᚱ ᛋᛁᚾᛅᚱ ᛅᛂᛁᛐ ᛒᛚᚬᚠᛋ ᛚᛅᚾᚦ ᛁ ᚱᛁᚴᛁ ᛋᛁᚾᚢ, ᛐᚼᛅᛐ ᛂᚱ ᚠᛁᚬᚱᛂᚱ ᚬᚴᛋᚾ ᚦᚱᛅᛂᚠᛁ ᚢᛒ ᚦᛅᚠ ᚬᚠ ᚾᚬᛐ. ᛂᚾ ᛋᚢ ᚴᚬᚾᛅ ᚢᛅᚱ ᛂᛁᚾ ᛅᚠ ᛅᛋᛅ ᛅᛂᛏ. F ᚼᚬᚾ ᛂᚱ ᚾᛅᛂᚠᚾᛅᚦ ᚠᛂᚠᛁᚬᚾ. ᚼᚬᚾ ᛐᚬᚴ ᚠᛁᚱᛂ ᚬᛂᚴᛋᚾ ᚾᚬᚱᚦᛅᚾ ᚬᚱ ᛁᚬᛐᛅᚾᚼᛂᛁᛘᚢᚾ, ᛐᚼᛅᛐ ᚢᛂᚱᚢ ᛋᚢᚾᛋ ᛁᚬᛏᚢᚾᛋ ᚾᚬᚴᚴᚢᚱᛋ ᚬᚠ ᚼᛂᚾᚾᛅᚱ, ᚬᚠ

A ᛋᛂᛐᛐᛁ ᚢᚼᛅ ᚠᚬᚱ ᛒᛚᚬᚠ. ᛂᚾ ᛒᛚᚬᚠᚱᛁᛁᚾ ᚠᛂᚴᚴ ᛋᚢᛅ ᛒᚱᛂᛁᛐ ᚬᚠ ᚦᛁᚬᛒᛐ ᛅᛏ ᚢᛒᛒ ᛚᛂᛁᛋᛐᛁ ᛚᛅᚾᚦᛁᛐ, ᚬᚠ ᚦᚱᚬᚠᚢ ᚬᛂᚴᛋᛁᚾᚢᛘ ᛏᚼᛅᛐ ᛚᛅᚾᚦ ᚢᛏ ᚢᛘ ᚼᛅᚠᛁᛏ ᚬᚠ ᚢᛁᛋᛐᚱ, ᚬᚠ ᚾᛅᛘᛁ ᛋᛐᛅᚦᚢᚱ ᛁ ᛋᚢᚾᚦᛁ ᚾᚬᚴᚴᚢᚱᚢ. ᛐᚼᛅᚱ ᛋᛂᛐᛐᛁ ᚠᛂ ᚠᛁᚬᚾ ᛚᛅᚾᚦᛁᛏ ᚬᚠ ᚠᛅᚠ ᚾᛅᚠᚾ ᚬᚠᚴᛅᛚᛚᛅᚦᛁ ᛋᛅᛂᛚᚢᚾᚦ. B ᛂᚾ ᛐᚼᛅᚱ· ᛋᛂᛘ ᛚᛅᚾᚦᛁᛐ ᚼᛅᚠᚦᛁ ᚢᛒᚠᛂᚾᚠᛁᛐ, ᚢᛅᚱ ᚾᚼᛅᚱ ᛂᚠᛐᛂᚱ ᚢᛅᛐᚾ. ᛏᚼᛅᛐ ᛂᚱ ᚾᚢ ᛚᚬᚠᚱᛁᛁᚾ ᚴᛅᛚᛚᛅᚦᚱ ᛁ ᛋᚢᛁᛐᛁᚬᚦ. ᚬᚠ ᛚᛁᚠᚠᛁᚾ ᛋᚢᛅ ᚢᛁᚴᚱ ᛁ ᛚᛂᚠᛁᚾᚢᛘ ᛋᛂᛘ ᚾᛂᛋ ᛁ ᛋᛅᛂᛚᚢᚾᚦᛂ.

Id est: **Gylfi Kongr red thar londum / er nu heiter Svitiod. Fra hanom er thet sagt / at han gaf æinum farand i Konu at launum stetanar sinar æit plogsland i Riki sinu / that er fiorer Oxn drægi up dag og nott.** C **En su Kona var æin af Asa ætt. Hon er næfnd Gefion. Hon tok fire oxn nordan or Jotanheimun / that verusyns jotuns nokkurs og hennar / og setti tha for plog. En Plogriin gekk sua breit og diupt at upp læisti landit / og drogi oxinum that land ut um hafit og vestr / og nama stadar i sundi nokkuru. Thar setti Gefion landit / og gaf nafn / og kalladi Sælund. En thar sem landit hafdi upgangit / var thar epter Vatn.** D **That er nu logriin kalladr i Svitiod. og liggia sua Vikr i leginum / sem Nes i Sælund.** Hoc est Latinè: *In Svecia Rex quidam imperium tenebat nomine Gylfi. Hic fæminæ peregrinæ adventanti & svaviter canenti, tantum dono dedit terræ, quantum quatuor boves unius diei & noctis spatio aratro proscindere possent. Illa igitur ascitis è Cimbria Septentrionali quatuor filiis suis, quos ex gigante quodam susceperat, atq; in boves conversis [erat namq; è familia Asiana, & vocabatur Gefion] eos aratro junxit. Hi verò adeò latè ac profundè vastum terræ tractum sulca-* E *bant, ut non solùm à continenti eum separarent, sed & occidentem versus per mare traherent, usq; dum in fretis quibusdam consisteret. Ubi quiescere eum jussit Gefion. Nomen verò huic terræ imposuit* Sælund. *Eo in loco ubi extractum erat solum, successit aqua, quæ jam mare vocatur in Svetia, ejusq; ita dispositi sunt sinus, ut promontoria in Sælund.* Sic & in Cantilena, quam Sigvaldus, Olai Sancti Scalder, in laudem Canuti Magni cecinit, quam *Hernadar drapu*, id est, **Een Krigß Viisse** vocavit, non generis *Drottquæt*, sed *Toglag*, eadem vox extat:

F
Knutr var ad Himnum
ᚴᚾᚢᛐᚱ ᚢᛅᚱ ᛅᚦ ᚼᛁᛘᚾᚢᛘ
Hyggek æt at frett
ᚼᚢᚠᚠᛂᚴ ᛅᛂᛐ ᛅᛏ ᚠᚱᛂᛐᛐ
Haralds i her
ᚼᛅᚱᛅᛚᚦᛋ ᛁ ᚼᛂᚱ

Hug vel duga
ᚼᚢᚴ ᚢᛁᛚ ᚦᚢᚴᛆ
Let lygotu
ᛚᛁᛏ ᛚᚢᚴᛆᛏᚢ
Lid sudan or Nid
ᛚᛁᚦ ᛋᚢᚦᛆᚿ ᛆᚱ ᚿᛁᚦ
Olafur iofur
ᛆᛚᛆᚠᚢᚱ ᛁᛆᚠᚢᚱ
Arsal fare
ᛆᚱᛋᛆᛚ ᚠᛆᚱᛁ

Hoc est: *Canutus sub aperto cælo strenuum se præbebat: Haraldi progenies id experta est. Olaus Rex optimus classe mare sulcabat, austrinum Nidæ linquens amnem.* Mox sequitur:

Thurdu nordan
ᛏᚼᚢᚱᚦᚢ ᚿᛆᚱᚦᛆᚿ
Namst thad med Gram
ᚿᛆᛘᛋᛏ ᛏᚼᛆᚦ ᛘᛁᚦ ᚴᚱᛆᛘ
Til slets svaler
ᛏᛁᛚ ᛋᛚᛁᛏᛋ ᛋᚢᛆᛚᛁᚱ
Silunr kylir
ᛋᛁᛚᚢᚿᚱ ᚴᚢᛚᛁᚱ
Ena med annan
ᛁᚿᛆ ᛘᛁᚦ ᛆᚿᚿᛆᚿ
Onundur Dönum
ᛆᚿᚢᚿᚦᚢᚱ ᚦᛆᚿᚢᛘ
A bender at ha
ᛆ ᚼᛁᚿᚦᚢᚱ ᛆᛏ ᚼᛆ
Her sanskan fer.
ᚼᛁᚱ ᛋᛆᚿᛋᚴᛆᚿ ᚠᛁᚱ

Id est: *Naves frigidæ ausæ sunt è Septentrione in Sælandiæ planitiem navigare, dirigente Rege: sed alia Svetica classis, Onundo duce, contrà Danos pugnavit.* Hic notat Paraphrastes; *Silunr* esse Genetivi casus à *Sælundur*, id est, *Sælund*, quod *maris lucum* notat: additq; in veteribus MS. Sælandiam Danorum passim *Sælundur* vocari. Cæterum heic quoq; inserenda videntur, quæ in Conjectaneis suis eruditissimis in aliquot Saxonis nostri loca notatu digna, de eadem hac Sælandiæ appellatione, observavit, mecumq; perhumaniter communicavit Vir plurimum Reverendus, & Clarissimæ doctrinæ, M. Brynolphus Svenonius, Episcopus Scalholtensis in Islandia Australi dignissimus, Amicus meus conjunctissimus. Ea vero sic habent: *Constantissimè Danici regni Insulam florentissimam, & de me optimè meritam, SIALANDIAM, non modò Saxo per hoc Opus universum, verùm omnes antiquæ membranæ, non SÆLANDIAM, scribunt. Quarum non paucissimas fortè cum viderim, varias Historias complexas, omnes in tantâ rerum varietate de nomine insulæ SIALANDIÆ consensum servant. Prædonum Julinensium Historia, quam* ᛁᛆᛘᛋᚢᛁᚴᛁᚿᚴᛆ ᛒᛆᚱᚦᛆᚴᛆ, Jomsviikinga bardaga

A *nos vocamus, in plurali numero,* ᛋᛁᛆᛚᛆᚿᚦᛁ, Sialönde / *& antiquiora alia monumenta nominant: quo Sveno Tiufskegg Piratas istos invitavit & magnificè habuit, ubi illos per vinum ad conjurationem Norvegianam compulit. Postea verò linguæ puritate inclinante, SÆLANDIA pro SIALANDIA scripta est; eâdem nominis tamen notatione conservatâ, videlicet à circumflui maris, cui velut immersa regio jacet, viciniâ, & incolarum à maritimis negotiis, piscatu, mercatura, prædationibus, perceptis commodis, deductâ nominatione.*
B *Quam penitus adulterarunt novelli, dum SÆLANDIAM à frugum proventu sic dictam, quasi SÆDLANDIAM, maluerunt, contra Antiquitatis, ut modò nunc diximus, fidem, quæ constanter SIALANDIAM, quasi dicas* χῶραν πάραλον, maritimam regionem, *& vocavit & scripsit. Neq; tàm licenter literam D extrivisset, atq; novitij crediderunt, si SÆDLANDIAM unquam nominassent. Quare* Codicum omnium [*dicere audebo*] *fide subnixus, & Analogiæ probabilitate,*
C *& incolarum studio, quod antiquitus splendidius longè habitum est, si prædationibus & incursionibus navalibus insumeretur, quàm si in agricultura, re nimiùm ab illis moribus ob innocentiam & quietem alienâ despectâque, collocaretur, nostram hanc sententiam affirmare non verebor. Quod dum facio, dilectissimæ nobis insulæ sua bona à felici terræ proventu nequaquam invideo; sed militiæ, præsertim navalis, negotiationis laudem, atq; studium piraticæ, rei illis temporibus laudatissimæ, nobilitatem illi asserere videbor.*
D Hactenus Episcopus Scalholtensis. Ad eandem vero SIALANDIÆ, vel SÆLUND, appellationem videtur allusisse Julius Cæsar Scaliger de Subtil. ad Cardan. Exercit. CCXXVI. Distinct. 2. *Ad insulam maris Balthei, Halecum ingens capitur vis, qui ab illis* Selgt [Danis hodieq; Sild] *à Gallis Haran* [Belgis Haring] *nominantur. Soluc* [forte *Seluc*, vel *Selund*, id est, maris lucus] *illa dicitur insula maris Balthei.* Hujus insulæ nomen credibile est famâ quâdam obscura audivisse
E celeberrimum Geographum Ptolomæum, cum supra Cimbricam Chersonesum tres alias insulas ponat *Alocias* dictas: quas intelligendas existimo Fioniam, Sælandiam & Scaniam: quam ipsam quoq; insulam facit, nondum explorate cognito ejus in arctum procursu, & ad reliquum orbem continuitate. Verba Ptolomæi ita habent Lib. II. Cap. XI. In quarta Europæ tabula. Ὑπὲρ δὲ τὴν κιμβρικὴν χερσόννησον, ἄλ-
F λαι τρεῖς νῆσοι ἀλοκίαι καλούμεναι. Has, inquam, tres, audito nomine unius, scilicet Sælandiæ, eodem omnes suâ linguâ appellasse verisimile videtur. Ἄλοξ enim, sulcus est & inde ἀλοκίζειν, sulcum ducere, id est, arare; & generaliter, totum opus agricolationis exercere. Clarissimus Vir D. Olaus Wormius, in literis ad me suis, *Alsam* insulam Alociis omninò accensendam existimat: *Inter insulas Alocias primariam omissam video, quæ reliquis omnibus nomen dedisse*

dedisse videtur, & me potissimùm in hanc pertraxit sententiam, ALSAM nempe. Quid enim propius, Alsa, Alos, Alsia, Alosia? Flexus namq; vocis peregrina est & Romana, Als, Alocia. Consule, quæso, Marcianum Heracleotem in Germaniæ descriptione, ubi manifestissimè inter Insulas Scandicas & Alocias distinguit, easq; quo ad situm ita describit, ut à mea opinione discedere non videatur. Verba hæc sunt; Supra Chersonesum verò sitæ sunt Insulæ tres ἀλοκίαι καλȣ́μεναι, estq; ad eas à Chersoneso navigatio stadiorum 550. stad. 500. Ad ortum verò illius Chersonesi sitæ sunt Insulæ quatuor, αἱ καλȣ́μεναι Σκανδίαι. Harum tres quidem parvæ sunt, estq; ad earum mediam à Chersoneso intervallum Stadiorum. 2000. stad. 1700. Una verò maxima, maximeq; orientalis, quæ propriè vocatur Scandia, quæ ad ostia Vistulæ fluvij sita est, à quibus ad ipsam sunt stadia 1600. stad. 1200. Vides ipsum Insulas Alocias viciniores longè Chersoneso ponere (ultra quadruplum ut puto) quam Scandicas, atq; hasce ab illis manifestè distinguere. Hasce quoq; ad ortum ponit, illas supra Chersonesum. Adeò ut non possim, quin hujus auctoris sententiâ statuam quasdam ex iis, quas tu Alocias esse putas, Scandicas esse. Fionia Alociis annumeranda videtur. Scandia certè inter Alocias poni nequit, cùm hic expressè ponat primariam inter Scandicas, ad quas forsan Selandiam retuleris. Hic verò Marcianus ex præstantissimis Geographis, Arthemidoro, Ptolemæo, & Protagorâ, se sua conscripsisse fatetur.

6,28 Pag.3.v.14. *Pari spaciorum intercapedine disparata*] Pro *disperata*, quod in excusis hactenus Codicibꝰ fuit, lege *disparata*, id est divisa, disjuncta, abrupta. Martianus Capella Lib. VI. pag. 201. *Cum antea natura terris maria disparet.* Et Lib. 1. p. 5. *disparata prolixitas.* Ammianus Marcellinus Lib. XIV. pag. 8. *Batne municipium ab Euphrata flumine brevi spatio disparatur.* Eodem libro pag. 21. *Et hæ quidem regiones velut in prominenti lingva positæ, ab orbe Eoo, monte Amano disparantur.* Sulpitius Severus Lib. 3. Dialogor. *Monasterium Sancti viri duobus erat millibus à civitate disparatum.* Pariter in fine ejusdem: *quod si vel me, vel Martianum imitatus fuisset, nunquam à me tam crudeliter disparatus ignoti pulveris religione teneretur.* Plautus Prologo Rudentis; Versu X:

Qui est Imperator Divûm atq; hominum Juppiter
Is nos per gentes alium in alia disparat.

6,31 16. *Sinus omnis*] Intelligit fretum Danicum, quod veteres Scaldri ᛂᛁᚱᛂᚱ ᛋᚢᚾᛑᛂ, *Eirer sunde*, appellarunt, nos hodieq; Øresund vocamus. In Epicedio Regneri Lodbrog, Regis Daniæ, quod infra ad ipsius vitam & res gestas citabimus:

ᚼᛁᚢᚴᚴᚢᛘ ᚢᛁᛂᚱ ᛘᛂᚦ ᚼᛁᛅᚱᚢᛁ
ᚼᛂᛚᛑᚢᚱ ᚢᛅᚱ ᛂᚴ ᚢᚿᚴᚢᚱ ᛂᚱ
ᚠᛂᚿᚴᚢᛘ
ᛅᚢᛋᛏᚢᚱ ᛁ ᛂᛁᚱᛅᚱ ᛋᚢᚾᛑᛂ
ᚢᚾᛑᛅᚱᚿ ᚠᚱᛂᚴᚢᛘ ᚢᛅᚱᚴᛂ.

Hiuggum uier med Hiorvi
Heldur var ek ungur er fengum
Austur i Eirar sunde
Undarn frekum varge.

Hoc est:

Pugnavimus ensibus,
Multùm juvenis fui, quando acquisivimus
Orientem versus in Oreonico freto
Vulnerum amnes avidæ feræ.

18. *Sed simplici manus officio capiatur*] Non aliter ac fretum Constantinopolitanum describit Petrus Gyllius: *Piscium verò redundantiâ excellit Massilia, Venetia, Tarentum: sed omnia superat Constantinopolis, quà, velut per portam, pisces duplicis maris transeunt, neq; modò per Bosporum transeunt, sed ad Byzantium feruntur relictâ Chalcedone, ut uno reti viginti navigia impleas, atq; sine retibus, sæpè manibus ex continenti capias; atq; adeo cum verno tempore in Pontum ascendunt densi greges, jactu lapidis velut aves ferias. Ex fenestris quoq; urbis calathis ex chorda appensis mulieres piscantur: hamisq; piscatores sine esca Pelamydes capiunt tot & tantas, ut sufficiant toti Græciæ, & magnæ parti Asiæ, Europæq;.* 6,33

21. *Apta meantibus rupes mirandis literarum notis*] Hujus etiam rupis meminit Saxo Lib. VII. Ubi Haraldo Regi, cognomine *Hyldetand* opus hoc ascribit: *Idem in monumentum Patris, ejus res gestas, apud Blekingiam, rupi, cujus memini, per artifices mandare curæ habuit.* Hujus monumenti delineationem talem, qualis hodieq; visitur, utcunq; nobis repræsentavit Vir diffusæ eruditionis & Antiquitatum Danicarum peritissimus, Dns. D. Olaus Wormius Lib. III. Monument. Danicorum, ubi & hæc addit ad verba Saxonis: *Hæc Saxo: cujus ævo cum tantum detrimenti passum sit tam præclarum monumentorum decus, quid nobis sperandum facilè liquet. Interim ne intentatum quippiam relinqueremus, ad locum eum Reverendum & Doctissimum virum, Dn. Jonam Skonvigium in hisce versatissimum, cujus etiam in plurimis usi sumus operâ felicissimâ, ante annos paucos ablegavimus, cuncta diligentiùs ut perlustraret, reliquias characterum notaret, totiusq; monumenti conditiones modernas accuratiùs perscrutatas ad nos deferret. Qui rediens retulit in provincia Bregneherrit inter Ronneby & Hoby rudera extare monumenti nobis à Saxone exhibiti, quæ ejus descriptioni exactè quadrent. Arcta enim semita equis & peditibus, nequaquam verò curribus, pervia, durissimam transcurrit cautem, accolis* Runemo *dictam, ac in ipso transcursu literarum Runicarum hinc inde ostendit fragmenta, nullo ingenio colligenda, nisi unico in loco, ubi integra hæc apparent* ᛚᚢᚾᛑ Lund. 7,4 Tractus verò qui literas continet, & semitam secat, unicus est, longitudine triginta quatuor ulnas excedens, latitudine quartam unius ulnæ; quam quantitatem etiam literæ obtinent. Ejus delineationem hanc cape:

RUNE-

RUNEMO/ sivè, RUPES HARALDINA.

7,7 24. *Undiquesecus exaratum*] *Undiquesecus* uno A verbo. Sic *Utrinquesecus, postsecus, antesecus, Undiqueversum*, & ejusmodi, dixit Martianus Capella. Priorem illam vocem habes Lib. VI. pag. 195. *Aërisq; halitus undiquesecus circa terræ stationem diffusus*: alteram Lib. VI. pag. 228. *Quæ tamen lineæ utrinquesecus punctis includuntur.*

7,20 35. *Tam vocis, quàm situs affinitate*] *Vocis*, id est, *linguæ*. Sic suprà: *Ut religionis, ita Latinæ quoque vocis aliena torpebat.* Idem Lib. XII. fol. 121. *Danicæ vocis homines primum militiæ gradum obtinent.* Et mox ibidem: *Subornaverat Imperator utriusq; vocis peritos.* Notum vero est trigam illam regnorum aquilonarium hodieq; ejusdem sermonis communionem habere longè maximam: imo unâ eâdemq; lingvâ uti, licet Dialectis varient.

7,27 41. *In cujus parte extima ne noctu quidem diurnum sydus occulitur.*] Ita & loquitur Saxo infrà Lib. XIV. *Post hæc eò loci processum, ubi solstitij æstivalis tempore insuitatæ claritatis noctes sensêre, dieiq; tam similes, ut minimum temporum discrimen videretur. Ad quarum lumen Solis beneficio procuratum levi contemplatione exiles literæ legi poterant.* Idem de Norvagia tradit Paulus Warnefridus Diaconus Lib. I. Cap. V. de Gestis Longobardorum: *Quibus in locis circa æstivale solstitium per aliquot dies, etiàm noctu clarissima lux cernitur, diesq; ibi multò majores quàm alibi habentur.* Sic de Britanniâ Tacitus in vita Agricolæ: *Dierum spatia ultrà nostri orbis mensuram, & nox clara, & extremâ Britanniæ parte brevis, ut finem atq; initium lucis exiguo discrimine internoscas. Quod si nubes non officiant, aspici per noctem Solis fulgorem, nec occidere & exurgere, sed transire affirmant.* Dionysius Periegetes de Thule insula:

Πολλὴν δ᾽ προτέρωσε ταμὼν ὁδὸν Ὠκεανοῖο,
Νῆσον κεν Θούλην εὐεργέϊ νηῒ περήσαις.
Ἔνθα μὲν ἠελίοιο βεβηκότος ἐς πόλον ἄρκτων
Ἤμαθ᾽ ὁμοῦ καὶ νύκτας ἀειφανὲς ἐκκέχυται
B Πῦρ.

Multam autem ulterius ubi secueris viam Oceani,
In insulam Thulen benè ædificatâ nave trajicies:
Ubi quidem Sole progresso ad polum Ursarum,
Interdiu simul ac noctu semper conspicuum effunditur lumen.

43. *Utriq; tempori*] Diei pariter & noctis. 7,29

44. *Insula quæ glacialis dicitur*] *Islandiam* intelligit insulam, cui à glacie, quâ viderat ipsam cingi, primus nomen fecit Floki Norvagus, 7,30 C quum eo quondam appelleret. De ea placet adducere verba Optimi & Clarissimi viri Arngrimi Jonæ Islandi Parte I. Comment. de Islandia: *Tria nomina consequenter sortita est Islandia. Nam qui omnium primus ejus inventor fuisse creditur, Naddocus genere Norvagius, cum versus insulas Farenses navigaret, tempestate validâ ad littora Islandiæ Orientalis fortè appulit: ubi cum fuisset aliquot septimanas cum sociis commoratus, animadvertit immodicam nivium copiam montium quorundam cacumina obtegentem. atq; ideo à nive, nomen insulæ,*

insulæ, Snelandia, indit. Hunc secutus alter Gardarus, famâ quam Naddocus de Islandia attulerat, impulsus, insulam quæsitum abiit, reperit, & nomen de suo nomine Gardarsholme, id est, Gardari insula, imposuit. Quin & plures novam terram visendi cupido incessit. Nam & post illos duos, adhuc tertius quidam Norvagus, qui Floki nomen habuit, contulit se in Islandiam, illiq; à glacie, quâ viderat ipsam cingi, nomen fecit.

7,31 45. *Obsoletæ admodum habitationis tellus*] Ad quæ verba rursus Arngrimus: *Ego ex istis verbis Saxonis hanc sententiam nequaquam eruo, ut inde ab initio habitatam esse Islandiam, seu, Islandos autochtonas esse, dicam, cum constet vix ante annos 718 incoli cœptam.* Hæc vero scripsit Arngrimus Anno Christi 1592. à quo tempore anni fluxerunt 49. Sunt igitur à primis annis inhabitatæ Islandiæ ad hunc annum 1641, quo hæc annotavimus, anni 767.

7,32 46. *Illic fons est, qui fumigantis aquæ vitio*] Nuspiam in Islandia hujusmodi fontem reperiri, C videtur M. Brynolphus noster Svenonius his verbis Conjectaneorum suorum innuere, ubi sic infit: *Ubi locorum ille sit fons, qui hoc eximiè & in universum præstet, Islandorum, credo, novit nemo: ut mirum sit, quâm simus foris omnes & in exteris lyncei atq; oculati, præquàm sunt illi ipsi, ad quos attinet.*

7,34 48. *In lapideæ naturæ duritiam transmutatur*] Tali ingenio fontem non in Islandia, sed in Norvegia extare tradit auctor Saxoni nostro D σύγχρονος, Silvester Giraldus Cambrensis, in Topographia Hiberniæ, Cap. VIII. quod est de mirandis fontium naturis: *Est fons,* inquit, *in ulteriore Boreali Ultoniæ parte, qui ob nimiam sui frigiditatem ligna imposita per septennij spatium in lapides obdurat. Est & in Norvagia fons similis naturæ, sed tantò tamen efficaciæ majoris, quantò ad frigidam Zonam magis accedit. In hoc enim non tantum ligna, sed & lina, lineæq; telæ, per annum imposita, durissimum in lapidem congelantur. Unde E & VValdemaro Danorum Regi, nostris diebus regnanti, quidam Episcopus Norvagiæ Asloensis, quod anno præterito probandi causâ ab eodem susceperat, naturæ jam retulit bipartitæ. Parte enim mediâ fonti impositâ lapis erat, alterâ parte, quæ extrà jacuerat, in sua permanente naturâ.* Sed Venerandus ille Senex & præclarè de patria meritus, Arngrimus Jonas Islandus, in commentario suo de Islandia, Parte I, pag. 37. testatur accepisse se famâ, quod similis in Islandia fons existat, non F procul à sede Episcopali Scalholt, apud villam nomine Havkadal. Simile tribuit Ovidius Ciconum flumini, Lib. 15. Metamorph.

Flumen habent Cicones, quod potum saxea reddit
Viscera, quod tactis inducit marmora rebus.

Plinius etiam refert in Piceno lacu Velino dejectum lignum lapideo cortice obduci. Georgius Agricola commemorat in Elbogano tractu, juxta oppidum à falconibus cognomina- A tum, integras cum cortice abietes in lapidem conversas. Et Domitius Brusonius, in Sylare amne, qui radices montis ejus, qui est in agro urbis Ursentinorum olim, nunc Contursij, lambit, folia & arborum ramos in lapides transire, non fide aliorum, sed propriâ (ut qui incola sit regionis) narrat.

52. *Qui modò crescentis lymphæ copiis adaucti*] 8,2
Hunc locum ita illustrat jam dictus Arngrimus, Comment. pag. 36: *Attingendum,* inquit, B *hoc loco duxi, quòd tradit Saxo Grammaticus, Danorum celebratissimus Historicus, Islandiæ fontes quosdam nunc ad summum excrescere, & exundare: nunc adeo subsidere, ut vix fontes agnoscas. Qui etsi rariores apud nos inveniuntur, ascribam tamen similes, etiam alibi à natura productos, nè quis hic monstri quippiam imaginetur. Hos autem recitat Plinius. In Tenedo insula unum, qui semper à tertiâ noctis horâ in sextam, solstitio æstivo, exundet, brumali tempore siccetur. Refert etiàm de fonte quodam satis largo, qui singulis horis intumescat & residat. Nec id magis negligendum, subire terras flumina, rursusq; redire: ut Lycus in Asia, Erasinus in Argolica, Tigris in Mesopotamia; quibus Cardanus addit Tanaim in Muscovia: & quæ in Æsculapij fonte, Athenis, immersa sunt, in Phaletico reddi. Et Seneca scribit esse flumina, quæ in specum aliquem subterraneum demissa, ex hominum oculis se subducunt, quæ consumi paulatim, & intercidere constet, eadem post intervallum reverti, reciperéq; & nomen & cursum priorem. Et iterum Plinius; fluvium in Atinate campo mersum, post 20 millia passuum exire. Quæ omnia, & his similia, Islandiæ fontes, miraculo nullo præ cæteris esse debere, ostendunt.* Verumenimvero M. Brynolphus Svenonius, in Conjectaneis ad Saxonem suis, quæ sæpius à me deinceps citanda sunt ad testimonium, disertis verbis affirmat, non expertem omninò esse Islandiam fervidorum fontium, quales hic describit Saxo: *Porrò,* inquit, *quod subjungit Saxo, de fervidis fontibus, qui modò crescentis lymphæ copiâ adaucti, plenisq; exundantes alveis crebras in sublime guttas jaciant, modo torpentibus scatebris vix ab imo conspecti, profundis subductioris terræ latibulis absorbeantur: Saxoni attestor, qui anno superiore tale Naturæ miraculum his oculis non sinè maximâ admiratione conspexi in Haukadal, quod Scalholto duobus milliaribus cum semisse distat, prædium Cathedrali templo subjectum. Paulatim namq; ebulliens aquæ fervor in cratere profundissimo subsiluit, & incremento sensibili intumuit, donec craterem impleret ad labra prorsus. Tùm verò magno cum tumultu ingenitus fervor aquam in sublime evomuit, præsentissimo propius astantium cum periculo, quos, nisi caverent, ignitæ guttæ in delapsu ad internecionem comburerent. At verò exacto, ut arbitrabar, horæ spatio, pariter & æstus defervere, & aqua subsidere atq; detumere. Nos autem cùm primùm accedere sumus ausi, vacuefactum repentè craterem animadvertimus, & prorsus jam exsiccatum: nec usquam aquæ*

aquæ vestigium, præter hoc ipsum exinanitum conceptaculum, comparuit. Eruptionem autem Rusticus alteram, intra viginti quatuor horas exspectare se dictitabat. Tanto namq; spatio intermittere ut plurimùm, & recipere.

8,6 Pag. 4. vers. 1. *Nullo visus ingenio*] Id est, acumine. Nam *Ingenium* ad alia etiam eleganter transferri solet. Sic *Ingenium herbarum*, Tertull. dixit cap. 2. de habitu muliebri. Et Salustius: *Ingenium loci* Apulejus: *Crines ingenio flexi*, hoc est, sponte aut natura flexi. Eucherius Epistola de laude B Eremi. *Quicquid eorum necessitati locorum ingenium non obtulerat, manifesta Dei munificentia suggerebat.*

8,6 2. *In hac itidem insula mons est*] *Hecla* videlicet mons, Æthnæi ignis imitator: Islandis **Heklefiall.**

8,6 Ibid. *Qui rupem sideream*] Putabam aliquando heîc legendum *Sicaneam* pro *Sideriam*, respiciens ad Æthnam Siciliæ montem, quem *καταχρηστικῶς rupem* dici posse existimabam. Nisi si C *Siderea rupes* erit præalta & in cœlum usq; elata rupes, & quæ vertice tantum non ipsa sydera contingit: quomodo Martialis *Sidereum Colossum* pro alto dixit Lib. 1. Epigr.

Nunc ubi sydereus propius videt astra colossus.

8,7 3. *Incendia sempiterna jugi flammarum eructatione continuat*] Saxonem hic refutare videtur Arngrimus: *Quicunq;*, ait, *perpetuam flammarum eructationem Heclæ adscripserunt, toto cœlo errarunt, adeò, ut quoties flammas eructârit, nostrates in an-* D *nales retulerint, videlicet Anno Christi* 1104. 1157. 1222. 1300. 1341. 1362. & 1389. *Neq; enim ab illo anno de montis incendio audire licuit, usq; ad annum* 1558; *quæ ultima fuit in illo monte eruptio. Intereà non nego fieri posse, quin mons infernè, latentes intùs flammas & incendia alat, quæ videlicet statis intervallis, ut hactenus annotatum est, eruperint, aut etiam fortè posthac erumpant.* His adde, quæ in eandem sententiam de Hecla monte in Conjectaneis suis annotavit Dn. M. Brynolfus Sve- E nonius, Episcopus Scalholtensis, cujus hæc sunt verba: *Quæcunque de Hecla monte & hic autor, & plurimi alij, nisi quòd ignem nonnunquam eructet, literis & lectoribus tradunt, fabulosa ferè sunt. Id quod testari possum, qui non tàm longè ab Hecla habito, quin domo egressus illam quotidiè conspiciam. Cumq; prius Scalholti sexennium sim commoratus, nunc postea etiam biennium egerim: toto hoc tempore ignis eruptio nulla contigit. Quò magis autoris pudeat, perpetuas flagrationes, sempiterna incendia* F *jugi flammarum eructatione continuata, scribentis fingentisq;, ut & ignium perennitatem, æternumq; incentivum commenti. Neq; verò sola Hecla ignes & flammas emittit; sed plures alij, regionis Australis præsertim & Orientalis loci, montes, deserta, & quod magis mirere, lacus, imò ipse quandoq; circumfluus Oceanus, si quidem Annalibus nostris fides est, & oculos incurrentibus signis, atq; experientiæ, quæ testatur lapides de marino fundo extractos, igne con-* A *sumtos & ambustos quandoq; ignem devorasse. Confirmat nomen Insularum Australium, juxta Rijkianes, quæ nobis* **Eldeyar** *dicuntur ab eventu: quas Annales antè aliquot centenos annos, exorto prius è mari incendio, è mediis fluctibus erupisse, nunquàm antea conspectas memorant.*

Ibid. *Incendia sempiterna jugi flammarum eructatione continuat*] Ita *incendia* Æthnæi montis dixit autor rarus, antiquus, & insignis Mathematicus, Julius Firmicus Præfatione ad Mavortium Lollianum: *Quid faciunt ignes, qui ex Æthnæ vertice erumpunt? quæ natura eorum, quæve substantia? ex quâ origine, sine jactura montis, tanta proficiscantur & anhelent incendia?* Et Martianus Capella Lib. VI. de Sicilia: *Montis Æthnæ miracula noctibus totis vomentis incendia.* Solinus quoq; Cap. XI. *Et licet vastis exundet incendiis, apicis canitie perpetuâ brumalem detinet faciem.* Ubi & *eructandi* voce, quomodo hic Saxo, usus est: *In Æthnæ vertice hiatus duo sunt Crateres nominati, per quos eructatus erumpit vapor.* 8,7

5. *Æternumq; fovendis ardoribus præbeat incentivum*] Hoc est, Incendij augmentum, ignisq; sempiternam materiam suppeditet. Alio sensu usurparunt voculam hanc veteres scriptores; nimirum pro irritamento, incitamento, stimulo, aut quodcunq; animum hominis ad hoc vel illud instigat. Sic Salvianus Massiliensis Lib. 1. de Gubernatione Dei: *Non turpibus flammis medullæ æstuent, non malèsanam mentem latentia incentiva succendant.* Item Lib. 1. de Avaritiâ: *Incentiva vitiorum.* Sic Sidonius Apollinaris Lib. VI. Epist. 1. *Per carnalium vitiorum incentiva flammati.* Sic Ammianus Marcellinus Lib. XIV. mox initio: *Cujus acerbitati uxor grave accesserat incentivum.* Græci *Ενδόσιμα* vocant. Panegyricus Constantino Aug. Const. Fil. dictus: *Si in rebus bellicis ipsisq; prœliis, non tubæ solùm, sed etiam Spartanæ tibiæ, incentivum aliquod habuisse feruntur.* Angelomus, Monachus Lexoviensis, qui floruit sub Ludovico & Lothario ejus filio, Anno Christi DCCCXXX, inq; libros Regum opus scripsit excellentissimum, quale me in scripturis sanctis aliàs non legisse, cum Trithemio ingenuè fateor, pag. 115. *Quantò magis calescente corporis juventute, inter bella corporis, & inter incentiva vitiorum, sapientiam discere debemus?* Galterus Lib. IV. Alexandr. Fol. 33.

Præteriti pudor, & spes incentiva futuri
Rursus in arma vocat. ———

Marbodæus, sive Merboldus, de Alectorio, Cap. III.

Hic etiam Veneris facit incentiva vigentis.

9. *Quamobrem animas*] Vanam illam & Christiano homine prorsus indignam persuasionem de carcere damnatorum, pœnarumq; loco, sive Orco ac Inferno Islandico, quem non solùm in monte Heclâ, ejusq; cavernis; sed & in insanâ 8,14

insanâ hac glaciei mole nonnulli collocarunt, egregiè refutat Arngrimus Commentar. de Islandia: ubi etiam inter alia hæc addit colophonis loco: *Scimus & tenemus de impiorum animabus, non in montanos focos & cineres, vel glaciem nostris oculis expositam, deflectere: sed in extremas mox abripi tenebras, ubi est fletus & stridor dentium; ubi est frigus, ubi est ignis ille non vulgaris, sed extra nostram scientiam & subtilem disputationem positus.*

8,16 v. 11. *Quantiscunq; nodorum condylis obseretur*] *Condylus*, κόνδυλος, digiti articulus, nodus, junctura, incurvatura, qua digitus flectitur, & eminens ac stricta in pugnum palma. Hinc tralatè, pro quavis nodorum consertione. Saxo iterum Lib. VI. *Cujus altera mox sagitta comes mediis digitorum condylis impacta successit.* Martianus Capella de Nuptiis Phil. & Merc. Lib. 1. pag. 21. *Eudemq; quibus fuerat eblandita ictibus crebris verticem, complicatisq; in condylos digitis vulnerabat.* Domitius ad illud Martialis Lib. V. Epigr. LXXX.

Sed quod non grave sit, nec infacetum
Parvi tibia condyli sonabit.

Condylus, inquit, *in Musicis dicitur digitorum curvatura, usq; ad dimidium orbem.* Catholicon Fr. Johannis de Janua in voce *Condylus*: *A Condo*, ait, *dicitur condylus, id est, nodus, & præcipuè, qui apparet in articulis digitorum, pugno clauso, quo solemus quandoq; capita puerorum percutere ludendo, & maximam læsionem inferre.* Hesychius: Κονδυλίζει, κολαφίζει. Κόνδυλος, ἕτερόν τι τοῦ κολάφου. Julius Pollux Lib. VIII. cap. 7. Ὑπερίδης ἢ καὶ κονδυλίζειν ἔφη. καὶ τὸ παθεῖν κονδυλίζεσθαι. Hoc est: *Hyperides verò, nodos digitorum infringere dixit & illud pati, articulis contundi.* Cœlius Rhodiginus Lect. Antiq. Lib. IV. Cap. 3. *Digitorum verò partes hæ: Quod prominet in commissura, vocatur Condylus: dicitur & eodem vocabulo percussus eo inflictus; & inde verbum* κονδυλίζειν. *Sunt qui hoc nomine pugnum intelligant. Hinc est illud Plutarchi in Junioris Catonis vitâ, formâ proverbij enunciatum: Erat, inquit, ei* χαρίεις ὁ παιδαγωγός, καὶ λόγον ἔχων τοῦ κονδύλου προχειρότερον. *Erat Præceptor ejus urbanus, promptiorq; ad inducendum ratione, quàm pugno.* Condylo interemptum ab Hercule, in Oenei convivio, puerum legimus, qui manibus aquam infundebat; quem *Archiam* Hellanicus nuncupatum scribit. Thersitem quoq; Condylis ab Achille interfectum Græci scribunt, quoniam Penthesileæ à se interemptæ oculum hastâ percussisset. Lexicon Græcolatinum Vetus, quod unà cum aliis Glossariis edidit Bonav. Vulcanius: Κόνδυλος, *Colafus.* κόνδυλος ποδὸς ἢ χειρὸς, *hoc Talitrum.*

8,20 15. *Molis, cujus pars erat, discessum insequitur.*] Mira glaciei hujus Sympathia, si vera, esset. *Atqui sæpè vidimus*, inquit Arngrimus Commentarij de Islandia, pag. 33. *ejusmodi solitariam molem, post abactam reliquam glaciem, nullis vectibus, nullis machinis detentam ad littus multis septimanis consistere. Palàm est igitur, illud de glacie miraculum fundamento niti, quàm est ipsa glacies, magis lubrico.*

17. *Versili quadam mutatione transponi*] A Martiano Capella vocem hanc Saxo mutuatus est, prout multa ab eo auctore passim habet. Is igitur Lib. IV. p. 135. 8,23

Facessat ergò versilis profunditas,
Reliquumq; tempus liqueris sororibus.

Ubi pro *Versilis* Cl. vir, & Philologus eminentissimus, Caspar Barthius legit *vertilis*; quod tamen eodem recidit: adducitq; locum Tibulli Panegyrico Messalæ:

Vixerit ille senex, quamvis dum terna per orbem
Secula vertilibus Titan decurrerit horis.

Sic enim restituit; ubi anteà legebatur, *fertilibus.* Sidonius Panegyrico Majorani.

———— *Crassatur vertile tergum*
Flatibus. ————

Sic ipse Saxo infrâ:

———— *nunc laxo poplite tendor*
Versilis, inq; novos converti cerea vultus.

In quo versu Gerardus Vossius, quo nihil unquam doctius Belgium tulit, Lib. II. de Analogia. pag. 400. contendit pro *versilis* legendum *vertilis*, cum sit à præsenti *verto*, ut, *ago, agilis; facio, facilis.*

20. *Quos fundæ glacialis urna desorbuit*] Insolens tralatio. Voragines quæ homines inopinanter absorbent, comparat Saxo cum fundâ, seu urnâ, ob profundam & vastam capacitatem. Sic fontem quendam in Sosthenis horto similem fundæ facit Eustathius Lib. 1. pag. 9. Φρέαρ ὡς εἰς πήχεις ὀρώρυκτο τέσσαρας. σφενδόνη τὸ σχῆμα τοῦ φρέατι. *Fons quatuor aut circiter cubitos altus in fundæ figuram assurgit.* Ita & orbem terrarum Oceano cinctum, fundæ assimilat Dionysius Afer mox sub initium Cosmographiæ suæ: 8,27

———— ἐν γὰρ ἐκείνῳ
Πᾶσα χθὼν, ἅτε νῆσος ἀπείριτος ἐστεφάνωται
Οὐ μὴν πᾶσα διαπρὸ περίδρομος, ἀλλὰ διαμφὶς
Ὀξυτέρη βεβαυῖα πρὸς ἠελίοιο κελεύθους
Σφενδόνη εἰοικυῖα. ————

———— *In illo enim*
Tota terra, velut insula intermina cincta est.
Non quidem tota continuò orbivia, verùm utrinq;
Acutior, vergens contra solis vias
Fundæ similis. ————

C Eodem

Eodem ferè sensu ipsum mare, *puteum aquarum* appellavit Monachus Florentinus, Acconensis Episcopus, de expugnatâ Ptolemaide libro:

Nam dum illos sorbuit puteus aquarum
Esca fuerunt volucrum atq; belluarum.

8,29 21. *Pestilentis undæ laticem*] Ejusmodi fontem nullum planè in Islandia agnoscit Arngrimus, Commentarij de Islandia fol. 40. *Nos Islandi*, inquit, *hunc fontem, ut antehac semper, itidem etiàm nobis hodiè penitus ignotum testamur, Deoq; immortales gratias agimus, quòd ab ejusmodi fontibus pestiferis & contagiosis esse nos immunes voluerit.* At verò Plinius auctor est juxta Nonarim Arcadiæ esse aquam, quæ epôta illico necat: & in Berosô Taurorum colle tres esse fontes, sine remedio, sine dolore mortiferos.

8,30 23. *Cerealis poculi proprietatem*] *Cereale poculum* cerevisiam nominat, quæ ex Cerere, hoc est, frugibus, coquitur. *Cereale gramen* fruges dixit Galterus Lib. 1. Alexandreidos pag. 10. qui floruit circiter annum 1160.

Emicat extemplò castris, & in ardua montis
Erumpens, Asiæ metitur lumine fines:
Hinc ubi vernantes, cereali gramine campos
Tot nemorum saltus, tot prata virentibus herbis
Lascivire videt. ———————

Ejusmodi verò fontem, qui sapore cerealem liquorem referat, alicubi in Islandia inveniri, non diffitetur Arngrimus pag. 38. Commentarij sui; quum verisimile sit aquas eam sæpè referre qualitatem terræ, in qua generantur, & per cujus venas transitum atq; excursum habent. Tales sunt fontes, quos Seneca tradit vini saporem & virtutem repræsentare. Et Plinius testatur in Andro insula fontem esse, in templo Liberi, qui Nonis Januar. vini sapore fluat. Arngrimo astipulatur M. Brynolfus Svenonius in Conjectaneis suis: *Cerealis aquæ mentionem apud nos factam, quæ propè Stadarstad, Occidentem versus, sit sita, non diffiteor*, inquit. *Acida dicitur & tenuis, ab ipsis, qui degustarunt; caput verò non petit, neq; ullo effectu in corpore nobilis audit, quod hominum forsan ruditati est transcribendum. Ex venâ salire crediderim, quæ Vitrioli contagio acescat.*

8,31 Ibid. *Qui cum linum consumere nequeant*] Ignem linum non consumentem, aquam sulphuratam depascentem, non mirabitur, qui linteum spiritu vini madefactum, admoto igne, non comburi, vinum duntaxat lambi & libari conspexit. Pabuli nimirùm subtilitas noxam à crassiore submovet: ignis pabuli tenuitatem persequutus, liquidior est, quàm ut terreum corpus infestet. *M. Brynolfus.*

8,32 24. *Est & Saxum*] *Id qui credere volet*, inquit Arngrimus, *quid incredibile ducet? Est enim commentum tàm inauditum, ut nullum ejus simile fabulatos fuisse Epicuræos (qui tamen multa incredibilia excogitasse Luciano visi sunt) constat. Nisi forte hominem qui Islandis proprio nomine* Steiñ *dicitur, sentit Historicus rupes quasdam circuisse vel circumreptasse. Quod etsi ridiculum est in Historiam miraculosam referre, hominem scilicet moveri vel ambulare, tamen ad salvandam Historici fidem, simulandum: ne figmentum illud, per se satis absurdum, nec dignum quod legatur, durius perstringamus.*

27. *Oceani vicinantis includitur*] Martianus Capella Lib. VI. pag. 197. *Quarum una vicinantis plaustri algore crustatur.* 8,35

28. *Regionem ignoti situs*] Procul dubiò hæc de *Grönlandia* commemorat Saxo, quæ non adeò, 8,36 istâ ætate, in vulgus nota.

37. *Harum ortivas partes Scricfinni incolunt*] Va- 9,12 riè hoc nomen ab Historicis effertur. Apud Procopium in Gothicis nunc Σκριθίφικοι, nunc Σκριθίφινοι; ab aliis *Scritofingi* vocantur. Paulus Diaconus Lib. 1. cap. V. *Scritobinos* nominat. Verba ejus ita habent. *Huic loco Scritobini, [sic enim gens illa nominatur,] vicini sunt. Hi à saliendo, juxta linguam barbaram, etymologiam ducunt. Saltibus enim utentes, arte quâdam, ligno incurvo, ad arcus similitudinem, feras assequuntur.* Fridericus Lindenbrogius, qui Warnefridum recensuit & observationibus illustravit, vocem hanc esse puramputam Germanicam existimat. Nam, inquit, Schriten *est divaricare & diducere pedes, à Græco σκιρτᾶν: &* Bein / *Crus. Inde ergò rectè* Scritobini: M. Adamus Bremensis: *In confinio Sveonum vel Nordmannorum, contrà Boream, habitant Scritefinni.* Jornandes in Gothicis, his verbis de Scanzia loquens: *Aliæ verò ibi gentes Scretofennæ; qui frumentorum non quæritant victum, sed carnibus ferarum atq; avium vivunt.* Sic in privilegio Hludevvici Imperatoris, Archiecclesiæ Hammaburgensi concesso, sunt *Scredevindon*; & in diplomate quodam Friderici Imperatoris *Scredevindones*; Item in Confirmatione Ansgarij, Archiepiscopi Hammaburgensis per Papam Gregorium IV. factâ, *Scredevindan*: Item in Literis Papæ Innocentij II. ad Adalberonem, Archiepiscopum Hamburgiensem, ipsa regio *Scridivindia*. In quibus omnibus litera v est consona, duriter sonans ut f, vulgari etiamnunc Germanorum more. Hujus gentis majorem partem Regi Daniæ tributa pendere puto, quatenus videlicet hæreditaria Norvegiæ sceptra moderatur. De Scricfinnis hæc habet Andreas Buræus in descriptione Sveciæ p. 43. *Scricfinnia, quam Saxo Sialandicus, aliiq; veteres, hic uspiam posuerunt, nulla est: Sed Skidhfinnorum appellatio omnibus Finnonibus Lapponibusq; competit, qui soleis illis ligneis, quas nostri Sveci* Skidh/ *Finnones verò Suksi vocant, solent uti; celerrimèq; super altissimos nives currendo feras insectari, hostemq; insequi, institutumve iter peragere possunt. Cujus rei peritiam maxima pars Nordlandicorum populorum, omnes Finnones Lapponesq; habent.* De Etymologia nominis semper in eadem cum D. Wormio nostro fui sententia. Skricfinner enim dictos putavi quasi Scriefinner / quod prærupta montium pandis trabi-

trabibus, ut Saxo loquitur, vel *Nartis*, ut ab Alexandro Gvagnino vocantur, celerrimo impetu quasi prætervolent. Hinc, at skrie paa Iis/ phrasis puerulis nostris familiaris.

9,13 38. *Inusitatis assueta vehiculis*] Per inusitata vehicula intelligendæ forte erunt, vel soleæ illæ ligneæ, quas Sveci Skidher/ Islandi Skydi sive Andrur vocant, quarum modò facta mentio est: vel curriculi istud genus, instar cymbæ, clavis ligneis compactum, quod Norvagi Kørris dicunt. Ejusmodi unicum penes me est, visu non injucundum.

9,13 Ibid. *Montium inaccessa*] Græco more. Apulejus Lib. I. Metamorph. *Postquam ardua montium, & lubrica vallium, & roscida cespitum, & glebosa camporum emensi.* Sic Lucretius, *clausa viarum, densa domorum, munita viai*, dixit: Tacitus, *subjecta vallium*, & sexcenta talia.

9,14 39. *Dispendio lubricæ flexionis*] Quia scilicet per varios anfractus & circuitus, non recto tramite ad montium cacumina eniti soleant. Compendium verò esset, si absq; ambagibus eo pertingere possent.

9,24 45. *Giganteo quondam cultu exercitam*] Qui obstinatè negant, vastâ quadam corporum mole, & extra communem sortem, proceræ staturæ homines olim, & præcipuè in Dania, cæterisq; regnis Borealibus, extitisse; conanturq; omnia, quæ non solùm in prophanis, sed etiam sacris literis de Gigantibus leguntur, nunc figmentorum Poëticorum nomine, nunc per allegorias Physicas, interdum etiam Morales, eludere: sanæ illi cum ratione insaniunt; nec magis sapiunt, quam benè olent, qui in culina habitant, ut cum Petronio loquar. Nobis vero intra has Notarum angustias coactis in præsentia sufficiat benevolum Lectorem ablegasse ad præstantissimos quosque & indubitatæ fidei Scriptores, qui pravam hanc opinionem nervosè coarguent. Quos inter familiam ducunt Cæsar comment. Belli Gallici Lib. I. Tacitus de moribus Germanorum, & Annal Lib. II. Florus Lib. III. Cap. 3. Augustinus Lib. XV. Cap. 9. Quid de Hectore Boetio, luculentissimo Scotorum Historico, dicam? Lib. XI. pag. 240. In agro quodam Scotiæ *Crojudain* vulgo dicto (quod tantundem valet, ac si diceres *mortem Danorum*, quia ibidem innumeri quondam Danorum, in acerrima illa pugna, inter Malcolmum Scotiæ & Canutum Daniæ Reges commissa, occubuerunt) ossa quædam eruta, anno Servatoris nostri altero à vicesimo supra millesimum quingentesimum, & à se ipso spectata, ingenti plerisq; fuisse miraculo scribit. Nam calvariæ dentes, mandibulæ, cæteraq; manibus astantium tractata, non quanta nunc hominum est, sed giganteam molem præ se ferre apertissimè videbantur. Neq; dissimilia variis regni Scotici locis veterum detecta cadavera, sæpe frequentius mortalium oculis offerre spectanda affirmat: argumento illius ætatis homines, eos qui nunc nascuntur, mole corporum longè superasse.

50. *Post diluvialis inundationis excursum*] Martianus Capella Lib. VIII. pag. 274. 9,31
Atq; utinam post diluvialis inundationis excursum, Athenarumq; urbem longâ intercapedine restitutam, nullæ me in Græciæ terrestres illecebræ cognovissent.

53. *Cujus supra mentionem fecimus.*] Paginâ nimirum eâdem, his verbis: 9,36
Eadem à Septentrione regionem ignoti situs ac nominis intuetur &c. usq; ad illa verba: *perpaucis eam ingredientibus salutarem reditum tribuit.*

55. *Nunc Stylum ad propositum transferam.*] Formula post Digressionem reveniendi ad propositum non invenusta: qualis est illa Taciti Lib. II. Histor. *Sed me veterum novorumq; morum reputatio longius tulit. Nunc ad rerum ordinem venio.* 9,38

HACTENUS NOTÆ IN PRÆFATIONEM;

SEQUUNTUR NOTÆ IN LIBR. I.

HISTORIÆ DANICÆ SAXONIS GRAMMATICI.

Pag. 5. vers. 4.

10,2 D*An igitur & Angul*] Non fuisse ante Danum hæc loca deserta, aut cultoribus vacua, famæ vetustati credi par est, quæ per tot secula literis prodita, haud temerè ita tenuit. Sed separatæ naturâ, ac imperio disjunctæ insulæ & provinciæ, diversos ferè singulæ antiquitus habuêre Regulos, qui populo jus reddebant. Nam hoc muneris præcipuè, nondum scriptis legibus, ex arbitrio usurpantes, *Judicum* nomine appellari elegerunt, haud ambitioso aut invidioso in vulgus honore qualemcunq; suam imperandi potestatem complexi. Eorum tamen aliàs alius præ cæteris eminebat, & modò in continenti provinciâ, modò in aliqua Insularum regnans præstabat, prout quisque aut prudentiâ sibi auctoritatem paraverat, aut potentiam auctis viribus dilatârat.

Ibid. *A quibus Danorum cæpit origo*] Nunquam 10,2
igitur ab illa nos opinione divelli patiamur, quin *Danum Humbli* filium principem gentis nostræ ὀνοματοῦργον agnoscamus. Nam quod ad illam attinet appellationem, quâ plerique Scriptorum veterum, inprimis seculi sequioris, nos *Dacos* indigitent: in eâ semper persisto sententiâ longe fuisse alios, quàm nos *Danos*; & *Dacorum* nomen in mediâ barbarie ab homi-

num imperitia genti *Danorum* impositum, sicut A *Daciæ*, regno. Certè quis nescit Adamum Bremensem, qui longè antè Saxonem nostrum scripsit, & Paulum Diaconum, quem citat Saxo, nunquàm *Dacos* gentem nostram nominare? Et Saxo ipse cum valdè sit varius in vocabulo gentis vicinæ, *Svecos, Sveones, Svethos*, & nescio an uspiam *Svevos* nuncupans, *Danos* nos suos populares constanter vocat. Quod autem Danorum Rex, *Dacorum* se Regem, non *Danorum*, in antiquis Diplomatibus scribat, id vitio æta- B tis, atq; hominum incuriæ planè ascribendum erit, qui sæpè propter dictionum similitudinem alteram, quemadmodum fieri solet, pro alterâ imperitè usurparint. Hinc quoq; in fumum jam abeunt cæteræ hujus vocis origines, quamlibet speciosæ, & veri nonnulla allusione munitæ, qualis est illa viri cujusdam docti, qui *Danos* à *Dahis* & *Scythis* deducit. Nam Joh. Goropium Becanum cum suo gallo gallinaceo jam dudum explosêre, quibus *de meliore luto finxit præcordia* C *Titan*. Sunt qui à Julio Cæsare Daniam à *dando* dictam esse existiment, quod quum Cimbri lebetem magnæ æstimationis ei donassent, non mediocrem ab eo liberalitatis laudem abstulerint.

10,2 *5. Patre Humblo procreati*] De Humblo nihil admodùm in Antiquitates nostras relatum, præterquàm quòd Scaniæ & Selandiæ summâ cum potestate præfuerit, & variis ejusdem Insulæ locis, ut *Humbleore, Humblebeck*, aliisq; nomi- D na imposuerit. Vulfgangus Lazius Lib. 9. de migrat. Gent. ab hocce Humblo, quem *Humelum* vocat, *Amalam* gentem, sive familiam Gothorum famigeratissimam processisse contendit. Johannes Magnus Historiæ Gothicæ Lib. I. Cap. V. Humblum, sivè, ut ipse appellat, *Humelum*, XVI. Gothorum Regem fuisse tradit, Humulphi filium, Beriçonis nepotem, eumq; ex Gesilda, nobilissimâ conjuge Svetica, duos suscepisse filios Danum & Angulum. Sed quàm E rectè, ipse viderit. Vir incomparabilis, & Historicus eminentissimus, mihiq; dum vixit, Collega, Compater, & Amicus conjunctissimus, D. Joannes Meursius, ὁ μακαρίτης, sub initium Libr. I. Historiæ Danicæ de Humblo hæc commemorat: *Erat autem Humblus iste è prosapiâ giganteâ, & in Sialandia auctoritate ac potentiâ eminebat. Neq; Sialandiam tantùm, verum etiam Langelandiam, item Monam, insulas in mari Balthico, uno omnes Viteslettæ nomine dictas,* F *suâ in potestate habebat. Ædes illi permagnificæ; quarum hodie etiam vestigia exstant, juxta silvam, quæ nunc quoq; velut tantæ monumentum antiquitatis, Humbli dicitur, inter Ringstadium & Roschildiam, pari ferè intervallo, ubi hodie Svenstrupium. Etiam ad Oresundæ freti ripam pagus quidam Humblebequa.* Videatur etiam de Humblo Joh. Isac. Pontanus, celeberrimus Historiographus, Historiæ Danicæ Lib. I. Porrò quod *Vitesletta* nomenclaturam attinet, certissimum est sic dictas Sialandiam, Falstriam, Laulandiam, Langelandiam, Mœoniam, Balthici maris insulas, quasi *Latam planitiem*, vel *Vitarum campum*: priusquam Dan, devictis Saxonibus, Cimbria etiam potitus, quicquid intra Eydoram flumen versus aquilonem continetur, indeq; ad ortum longo retrocedit tractu, usq; ad fines Gothiæ Svecicæ, de suo nomine Daniam, vernacula Linguâ nostrâ **Danmarck**/ incolasq; regni *Danos*, de nomine suo appellaret.

10,4 *7. Quanquam Dudo rerum Aquitanicarum Scriptor Danos à Danais ortos*] Dudo iste, super Congregationem S. Quintini Decanus, scripsit de moribus & actis primorum Normanniæ Ducum Libros III. eosq; Adalberoni Episcopo Laudunensi inscripsit. Hunc unà cum aliis rerum Normannicarum antiquis Scriptoribus divulgavit Andreas Duchesnius Turonensis. Verba autem, quæ ad testimonium citat Saxo, mox in limine operis exstant, & sic habent: *Igitur Daci nuncupantur à suis Danai, vel Dani, gloriantürq; se ex Antenore progenitos; qui, quæ Troja fuerunt, depopulatis, mediis elapsus Achivis, Illiricos fines penetravit cum suis.*

10,6 *10. Ob egregia fortitudinis merita*] Sic omninò erat. Neq; ulla ferè virtus togata perinde in pretio erat, atq; animi corporisq; robur, & quæ ad hostium ingentem stragem faciendam spectabat. Cæteræ magnâ ex parte contemptim habitæ, & ut viris principibus indignæ, vulgares, mollicellæ, ac rejiculæ videbantur. Quam opinionem, quo firmius agrestium animis imprimeret Odinus, priscæ simplicitatis atq; ruditatis interpolator, σοφὸν φάρμακον excogitavit, svadens, post animæ à corpore separationem, eos demùm apud se, & alios divos, qui, à morte, Valicæ aulæ imperitarent, perpetuâ voluptate fruituros esse, qui sangvinariam mortem intrepidè oppeterent, nec per ignaviam lecto affixi exspirarent, velut convivas Asianorum epulationis deceret. Tùm quò quis plures in bello obtruncaret, eò locum honoratiorem in compotatione illa immortali consequuturum, persvasum erat, pocillatoribus & ministris futuris occisori, quotquot occidisset. Hac miserâ vanitate se, mortem solatur sub ipsam, Rex Daniæ, Ragnarus Lodhbrok. *M. Brunolfus.*

10,10 *15. Provinciæ, cui præerat*] *Angliæ* nimirum Cimbricæ, non Britannicæ. Illa autem provinciola est inter Jutlandiam & Holsatiam, sev inter sinum Flensburgensem & Sliam fluvium interjecta, hodieq; ANGLEN dicta. Inspiciat Lector Chorographicam Holsatiæ Tabulam nuper ab Hondio accuratè editam. Situm illius tractus confirmat etiam vetustus Scriptor Ethelverdus abnepos Adulphi Regis, qui floruit circa Ann. Chr. DCCCCL. Cujus hæc sunt verba: *Anglia vetus sita est inter Saxones & Giotos* (Jutos intel-

intellige) *habens oppidum capitale, quod ſermone Saxonico* S L E S V I C H, *ſecundùm verò Danos* HAITEBY *dicitur.*

10,13 18. *Teſtis eſt Beda*] Videlicet Lib. 1. Hiſtoriæ Eccleſiaſticæ, Cap. XV. *Anno ab incarnatione Domini* CCCCIX. *Anglorum ſive Saxonum gens, invitata à Rege præfato* (Vortigerio) *Britanniam tribus longis navibus advehitur, & in orientali parte inſulæ, jubente eodem Rege, locum manendi, quaſi pro patria pugnatura, re autem verâ hanc expugnatura, ſuſcepit.* Et paulò poſt: *Advenerant autem de tribus Germaniæ populis fortioribus, id eſt, Saxonibus, Anglis, Vitis.* Ubi rectè *Jutis* legit Matthæus Veſtmonaſterienſis, & Gu. Cambdenus ita ſe in MS. inveniſſe fatetur. Et mox idem: *Porrò de Anglis, hoc eſt, de illa patriâ, quæ Anglia dicitur, & ab eo tempore usq; hodiè manere deſerta inter provincias Vitarum & Saxonum perhibetur, Orientales Angli, cæteriq; Anglorum populi ſunt orti.* Hactenus Beda. Obſervationem vero meretur, quod Cambdenus tradat circà Ann. Chr. DCCC. Egbertum quendam occiduorum Saxonum Regem, ſeptem illa Regna, in quæ Britanniam Anglo-Saxones diſtribuerant, cum in unius imperium deveniſſent, promulgato edicto ENGLELOND vocari juſſiſſe, id eſt Anglorum terram. Unde Latinè *Anglia* dicta, ab *Anglis* facta appellatione, qui ex tribus hiſce populis & numeroſiſſimi erant & fortiſſimi. A quibus longo jam anteà tempore in univerſum *Angli*, & ſuâ linguâ *Engla-theod, Anglcynne, Englcynne,* & *Engliſcmon* dicti fuerunt, licèt quodlibet Regnum ſuo ſeorſim gaudebat nomine: *Tunc temporis*, inquit, *Britanniæ nomen obliteratum inter hujus Inſulæ incolas jacuit, & tantum in libris ſuperfuit.* Unde injurius nimium eſt Saxoni noſtro Albertus ille Crantzius, qui perperàm intellecto contextu, de Angulo ipſo, non de poſteris ejus hoc accipit.

10,19 24. *Grytha ſummæ inter Teutones dignitatis*] Gretam hanc Ducis Saxoniæ filiam fuiſſe Svaningius noſter Lib. 2. Commentar. teſtatur.

10,21 26. *Lecturi Regem veteres affixis humo ſaxis inſiſtere*] De antiquo electionis ritu notatu digna ſunt, quæ Svaningius loco jam dicto in medium adducit: *Quum de ſepultura Cimbrorum, & quem in ſepeliendis ſuis defunctis morem olim ſervarint, nonnulla ſunt annotata: pari modo, quâ ceremoniâ in eligendo Rege antiquitus Cimbri uſi ſint, breviter oſtendam. Locum igitur publicæ regiæ electionis poſtquam incolis convenientem, ad quem nullâ obſtante itineris difficultate, omnes, qui erant vocati, venire poſſent, elegiſſent, ſaxa grandia ſingulari operâ atq; ſtudio conquiri, atq; in eundem locum, quem electioni regiæ deſtinarant, comportari curarunt. Neq; enim tùm, quemadmodum hodiè, deſtinata electioni regiæ certa erant loca, ſed pro arbitrio ſententiaq; eorum, qui autoritate potentiaq; alios antecellebant, eligebantur. Huc comportata ſaxa conſcendentes hi, quibus eligendi jus commendatum erat, circumſtante populo, ſuffragia ex iis ferebant, ſignificantes per ſe hoc, quod quemadmodum ſaxa ſuo pondere gravitateq; immobilia ſint, nec abſq; magno labore ab uno loco in alium dimoveantur, ita ſuffragia in electione regiâ data, & viciſſim promiſſa jurataq; regis, modò in honorem Dei, & in utilitatem regni cedant, firma, immutabilia, atq; inviolata eſſe oportere, nec ad quemlibet vulgi ſtrepitum atq; popularem motum leviter ſic mutari, ut cui ſemel deliberato animo data ſint, poſtea levi de cauſa eidem ſuffragia adimantur, modò ne ſit talis, qui cum Deo & natura belligeratur. Fides enim, quæ inde nomen ſuum habet, ut fiat quod dictum factumq; eſt, cum ſit fundamentum omnium ſuffragiorum, fœderum, pactorum, atq; omnium actionum humanarum, tàm publicarum, quàm privatarum, inſtar graviſſimi ſaxi ponderoſa ſit neceſſe eſt, ſi imperia, regna, reſpublicæ, imò ſi Oeconomia quamlibet parva in flore & honore ſuo debito maneat ac conſervetur.* Cæterum ejusmodi ſaxa, quæ ut plurimum duodecim fuerunt, hodieq; multis in locis apud nos conſpiciuntur, in Sælandia noſtra prope Lethram, vulgo LEIRE, civitatem olim Regiam, locus extat KONGSTOLEN, ſeu ſedes regia, grandi ſaxo inter reliqua conſpicuus, qui eligendo Regi olim fuit deputatus, & etiamnum ſeniorum hac de re relationibus nobilitatus. Operæ erit pretium conſulere Libr. 1. Monumentor. Danic. Cap. XII. Viri Doctiſſimi, Dn. D. Olai Wormij, cui patriæ Antiquitates è profundis tenebris erutæ æternam lucem debent. Parilis exemplum ritus in Sveticâ extat Hiſtoriâ. Nam extra civitatem Upſalenſem, ad unum milliare, in plano campo ſitus fuit lapis, quem MORASTEEN appellant, Regiæ electioni ab antiquiſſimo tempore dedicatus. Johannes Magnus Hiſtoriæ Gothicæ Lib. XXI. Olaus Magnus Lib. VIII. Cap. I. Johannes Meſſenius in Paraphraſi Theatri Nobilitatis Svecanæ, p. 108. Hector quoq; Boëtius Lib. 1. Hiſtor. Scot. mentionem facit marmoris cujusdam, cui Gathelus inſidens, Brigantiæ, ubi Scotorum regiam inſtituerat, populo jura dixit. Fuit is lapis cathedræ inſtar fatalis, ut qui ubicunq; inveniretur, Scotis regnum portenderet. Hinc uſu venit, ut de Hiſpania in Hiberniam vecti, & de Hibernia in eam Albionis partem, quæ nunc Scotia appellatur, Scotorum Reges in eo marmore inſidentes, usq; ad Roberti primi, Scotorum Regis, tempora coronarentur. Inſcriptio lapidi longa poſt ſecula, [uti res ipſa indicat] hæc eſt inſculpta:

Ni fallat fatum, Scoti quocunq; locatum
Invenient lapidem, regnare tenentur ibidem.

10,22 27. *Subjectorum lapidum firmitate*] Petrus Chryſologus Sermone LXXIV. de reſurrectione Chriſti: *Sedebat* (angelus) *ſuper petram, ut ſoliditas ſedis daret credentibus firmitatem.*

10,26 31. *Fraternis injurijs imperium abdicare coactus*] Exclamat heic Crantzius: *Quàm ſimilem Romano, hujus regni conſtitutio nanciſcitur originem! Sed ibi:*

Fraterno primi maduerunt ſangvine muri:

hìc autem modeſtiori exitu, regno cedens frater germano, privatus vixit.

10,27 32. *Ut plus ſplendoris, ità minus ſecuritatis aulis, quàm tuguriis ineſſe.*] Egregia ſanè dubiæ aulicorum ſortis repræſentatio: quam deſumptam omninò arbitror ex Lib. VII. Cap. I. Valerij Maximi. *Cum enim Gyges regno Lydiæ armis & divitijs abundatiſſimo inflatus, Apollinem Pythium ſciſcitatum veniſſet, an aliquis mortalium ſe eſſet felicior? Deus ex abdito ſacrarij ſpecu voce miſſa, Aglaum Pſophidium ei prætulit. Is erat Arcadum pauperrimus, ſed ætate jam ſenior: terminos agelli ſui nunquàm exceſſerat, parvuli ruris fructibus contentus. Verum profectò beatæ vitæ finem Apollo, non adumbratum, oraculi ſagacitate complexus eſt. Quocircà inſolenter fulgore fortunæ ſuæ glorianti reſpondit, magis ſe probare* SECURITATE RIDENS TUGURIUM, QUAM TRISTEM CURIS ET SOLICITUDINIBUS AULAM: *paucas glebas pavoris expertes, quàm pinguiſſima Lydiæ arva metu referta: & unum aut alterum jugum boum facilis tutelæ, quàm exercitus & arma, & equitatum voracibus impenſis oneroſum: & uſus neceſſarij horreolum nulli nimis appetendum, quàm theſauros omnium inſidijs & cupiditatibus expoſitos. Ita Gyges dum adſtipulatorem vanæ opinionis Deum habere concupiſcit, ubinam ſolida & ſecura eſſet felicitas, didicit.* Lucanus Lib. V. verſ. 527.

——— ô vitæ tuta facultas
Pauperis, anguſtiq; laris! ô munera nondum
Intellecta Deûm! ———

Seneca Tragicus Hippolyto:

Quanti caſus humana rotant,
Minus in parvis fortuna furit,
Leviusq; ferit leviora Deus.
SERVAT PLACIDOS OBSCURA QUIES,
PRÆBET SOMNOS CASA SECUROS.

Huc facit inſignis ille D. Cypriani locus Lib. II. Epiſt. 2. de lubrica fortunâ aulicorum: *An tu,* inquit, *vel illos putas tutos, illos ſaltèm inter honorum infulas & opes largas ſtabili firmitate ſecuros, quos regalis aulæ ſplendore fulgentes armorum excubantium tutela circumſtat? Major illis, quàm cæteris metus eſt: tam ille timere cogitur, quàm timetur. Exigit pœnas pariter de potentiore ſublimitas: ſit licèt ſatellitum manu ſeptus, & clauſum ac protectum latus numeroſo ſtipatore tueatur. Quàm ſecuros non ſinit eſſe ſubjectos, tám neceſſe eſt non ſit & ipſe ſecurus. Ante ipſos terret poteſtas ſua, quos facit* A *eſſe terribiles. Arridet, ut ſæviat; blanditur, ut fallat: illicit, ut occidat: extollit, ut deprimat.*

34. *Ut honoris damno tanquam beneficio gratulari crederetur*] 10,28 *Gratulari* Saxoni noſtro frequenti in uſu eſt pro *gaudere & vehementer lætari.* Ita ſub finem Libri II. *Oblato VViggone perinde ac munere gratulatus.* Et Lib. IX. *Parcius gratulatus eſt:* & alibi paſſim. Laurentius Valla Elegant. Lib. V. cap. 45. *Gratulari,* inquit, *eſt verbo teſtari, te gaudere fortunâ ac felicitate alterius, apud eum* B *ipſum, qui affectus eſt felicitate: nonnunquam apud te ipſum, ob tuam felicitatem. Poëtæ nonnunquam prætereunt Dativum. Quæ fuit cauſa, ut quidam exiſtimarent hoc verbum idem ſignificare, quod gaudeo.* Ovidius in Heroid.

Gratulor Occhaliam titulis accedere noſtris.

Idem Libro III. Κακοτεχνίας:

Priſca juvent alios, ego me nunc deniq; natum
Gratulor. ———

Quintilianus: *Gratulemur jam, quòd nulla civi-* C *tas fame laboret.* Apulejus in Apologia: *Quod ego gratulor neſciſſe iſtos, legiſſe me.* At crebrius uſurpant eodem ſignificatu medij ævi ſcriptores. Gariopontus, Medicus antiquus, Lib. 3. Cap. 19. *Hoc & nos utimur ſemper, & de ejus effectu gratulamur.* Ælnothus de Vita S. Canuti: *Gratulare illum cœlis evectum.* Lupus Abbas Epiſtola III. *Atq; in eo cenſent mihi gratulandum, in quo nullum gaudij valent demonſtrare veſtigium.* Et mox Epiſtola IV. *Quum eorum quidam ſuper ex-* D *ceſſu gratiſſimæ uxoris gratulandum monerent.* Ennodius Lib. IX. Epiſt. XXVI. *Facite me de proſperitatis veſtræ ſignificatione gratulari.*

39. *Patriæ conſternatione perimitur*] Hoc eſt, 11,5 A conjuratis, quibus odium Tyranni crudele erat, acerq; metus, ſubito circumventus trucidatur. *Conſternatio* interdum ſeditionem, conjurationem, tumultum, turbas notat. Svetonius in Julio Cap. 20. *Nec quoquam reperto, cui ſuper tali conſternatione referre auderet.* Et E Claudij Cap. 12. *Magnâ conſternatione, populus militem quaſi proditorem inceſſere non ante deſtitit.* Valerius Maximus Lib. 4. *Subitâ rerum conſternatione, & gravi dolore corporis, partum ejicere coacta eſt.* Tacitus Hiſtoriar. Lib. 2. Cap. 49. *Atq; illum ſupremas jam curas animo volventem repens tumultus avertit, nuntiatâ conſternatione ac licentiâ militum:* Et Hiſtoriar. IV. Cap. 50. *Sed ubi Feſto conſternatio vulgi, centurionis ſupplicium, veraq; & falſa, more famæ in majus innotuêre.* Cur- F tius Lib. X. *Verùm ego tam furioſæ conſternationis oblitus remedia inſanabilibus conor adhibere.* Et paulò antè: *Ille, quid hæc, inquit, repens conſternatio, & tàm procax atq; diffuſa licentia denuntiat?* De origine vocis videatur omninò Ludovicus Aurelianus ad Lib. 1. Annal. Taciti. p. 157. Cœterum eleganti Epiphonemate Lotheri vitam concludit Cl. Meurſius: *At Lotherus, fratris metu liberatus, regno malè comparato pejus utens, cum in quosvis deſæviret, à quibusdam conjuratis, ut tyrannis fieri*

fieri solet, interficitur: Cæteros exemplo docens, regna scelere acquisita, ut habentur cum opprobrio, & non sine insolentiâ ac sævitiâ exercentur: ita odio subditorum concitato, cum ludibrio tandem amitti.

11,8 42. *Cuncta paternæ contagionis vestigia ingeniti erroris devio præteribat.*] Videtur Saxo verba Dudonis paululùm immutata in suum usum transtulisse, quæ extant Lib. 3. Ubi loquitur de genere humano, à Creatore suo per peccatum descíscente: *Vario & diverso itineris callè devius error illud abducit, ne revertatur ad Creatorem suum:* Quemadmodum infrà Lib. 6. in eadem Metaphorâ persistit, ubi luxuriam Ingelli Regis describit: *Degenerem spiritum, atq; à parentum vestigiis obliquo longè calle distortum in obscænissimas fœditatum voragines præcipitare gaudebat.*

1,15 49. *Cingulo, cujus usum habebat, religandum curavit*] Crantzius existimat hunc insolitæ granditatis ursum ad generosum Skioldi conspectum omnem exuisse feritatem, & veluti subitâ consternatione mansvefactum se in manus venatorum religandum sponte obtulisse. Id quod non ità planè fando inauditum. Ferunt namq; ingenui roboris nobilitatem feras bestias in homine deprehendere, illi parere, cervicesq; submittere, quas erigunt in degeneres. Sic Henrico, Holsatiæ Comiti, Leo nobilitatis testimonium perhibuit. Crantzius Saxon. Libr. IX. Cap. XXIV. Videantur similia exempla apud Camerarium Hor. Subsicivar. Cap. XXII. Centur. 1. Sed & vero propius, Skioldum immanem hanc beluam, excellenti corporis robore fretum, subegisse: quomodo Heriulfus filius Sigmundi Saunhöffda, Magnatis Norvegiæ, jam tantùm octennis, ursum, qui è grege caprarum unam fortè discerpserat, stravisse perhibetur; ac jam duodecennis, indignam patris cædem ultus esse, multaq; alia facinora patrasse, & fortitudinis documenta reliquisse posteris. Arngrimus Jonas in Specimine Islandiæ Historico p. 34.

1,20 Pag. 6. v. 6. & 7. *Ut ab ipso cæteri Danorum Reges communi quodã vocabulo Skioldungi nuncuparentur*] Longè aliam appellationis hujus origine adducit *Edda*, quòd videlicet ex *Skioldo* quodam *Odini* filio, dicti sint Reges Daniæ *Skioldungi*. Verba Eddæ sic habent, p. 7. **Tha byriade Odin ferd sina nordur fra Saxlandi/ og kom i thad land er their kolludu Reidgotaland: og eignadis i thui lande alt thad hañ villde; Hañ setti thar til landa Son siñ/ er Skioldur hiet: hans Son var Fridleifur. thadan er suo ætte komiñ / er Skioldungar heiter/ thad eru Danakongar. Og thad heitir nu Jotland / er tha var kallad Reidgotaland.** Eadem Latinè: *Tùm iter Odinus à parte Saxoniæ Boreali suscipiens, pervenit in terram tunc dictam* Reidgotaland. *Ubi omnia ex voto & animi sententia successerunt. Huic regioni præfecit filium suum Skioldum, cui filius fuit Fridleifus. Ab ipso genus & prosapia Sioldungorum profluxit, hoc est, Regum Daniæ.*

A *Jutia autem nunc appellatur, quæ tunc Reidgotorum terra dicebatur.* Hactenus Edda. At Arngrimus Jonas, doctissimus Islandorum; Reges *Skioldungos* dictos existimat, quasi *Clypeatos*, quod hi clypeis & armis præ reliquis polleant: **Skioldur** enim *Clypeum* linguâ Islandicâ significat. Verba ejus in literis ad Clariss. D. Wormium hæc sunt: *Vox* **Skioldur** *Clypeum sonat: Unde* **Skioldunger**/ *quasi Clypeatus: nomenclatura Regibus solis Synecdochicè data & debita, quòd hi* B *clypeo & armis præ reliquis pollerent. Dicti ita præcipuè Daniæ Reges. Inde ad alios etiam Reges apellatio à Rhythmistis extendi cœpit.* Sed & locum hic meretur M. Brynolfi Svenonij, Episcopi Scalholtensis, de *Skjoldungis* observatio, quam Conjectanea ipsius nobis suppeditant: *Moris videlicet tunc erat, ut insignem ab aliquâ virtute Principem cum celebrarent, Poëtæ inprimis; etiam posteris ejus, nomen, quo visi erant ipsum honorasse, tribuerent. Sic à* Budlone, *Brynhildæ Atlonisq; pa-* C *tre,* Budlungi; *à* Giukone, *Sigurdi Fanesbani socero,* Giukungi; *à* Scatone, *Rege liberali, quivis liberaliores,* Skatnar *dicebantur. Verùm Poëtica ista fuerunt & elogia & epitheta. Ità per Synecdochen speciei, Reges omnes a* Gramo, *Skioldi filio, denominati: quod ipse Saxo posteà docet, & plenæ sunt horum novæ juxtà ac veteres Cantiones.*

9. *Præcurrebat igitur Skioldus virium complementum animi maturitate*] Sensus est: Tàm egregiâ fuit indole Skioldus, ut præcoci sapientiâ, 11,21
D virtute, prudentiâ, & admirandâ ingenij solertiâ, debitum virium incrementum longè anteverteret. Eleganter *maturitas* à frugibus ad ingenium & animum transfertur. Inprimis apud Ciceronem occurrit *Maturitas virtutis, maturitas orationis, maturitas dicendi, maturitas audaciæ, ingenium celeriter maturitatem assecutum*, & id genus alia. Verè Quintilianus: *Festinata maturitas occidit celerius.* Alioquin *maturitas* absolutè, medij & sequioris ævi scriptoribus in usu E frequenti est pro prudentiâ, sicut *maturus* pro prudente. Julius Firmicus Lib. 1. Cap. 2. *Jupiter facit maturos, bonos, benignos, & modestos.* Am. Marcell. Lib. XIV. *Non maturitate vel consilijs mitigabat, ut aliquoties celsæ potestates iras Principum molliverunt.* Qui & ipse Lib. XVI. eandem maturitatis ac roboris laudem Serapioni cuidam tribuit, quam Saxo huic Skioldo: *Latus verò dextrum*, inquit, *Serapio agebat, etiam-tum adultæ lanuginis juvenis, efficaciâ præcurrens æta-* F *tem.* Ubi *efficacia*, ni fallor, virtutem, audaciam, robur corporis animiq; denotat.

12. *Cum Scato Alemanniæ Satrapa*] *Satrapa*, & 12,10
Satrapes, Persicâ voce dicitur, qui Latinis Princeps, Præses, Prætor, aut præfectus provinciæ. Est autem Persica vox *Achaschdrapan*, Ester. 9. v. 3. Ezræ 8, v. 36. ex qua per aphæresin literarum, formatur Latina. Videatur Index locupletissimus in totum opus Curtianum diligentissimi ac accuratissimi Bonorum autorum Editoris,

Editoris, Viriq; longè Clarissimi & Doctissimi, A Joannis Freinsheimij. Sanctus Pagninus è Syriaco *Asdarpan* per *μετάθεσιν* deducit. Usurpatur Terentio Heavtonim. Act. 3. Sc. 1. Plinio Lib. 5, c. 5. & aliis. Matth. Raderus, Vir Reverendus, in eruditissimis Commentariis ad Lib. 3. Q. Curtij Cap. 25.

11,27 19. *Primus rescindendarum manumissionum Legem edidit*] *Rescindere manumissiones* hoc loco est manumissiones irritas facere, planeq; abrogare, & perpetuum servitutis jugum sancire: B non, ut perperàm interpretatur Vir cætera doctus, *primùm manumissionis consvetudinem introducere & instituere.* Id quod ex sequentibus patet. Exsertis enim verbis dicit Saxo, ob insidias, quas servus, anteà libertate donatus, Skioldo Regi struxerat, perpetuæ servitutis pœnam non solùm ipsi esse irrogatam, sed etiam unius crimine in omnes libertos eandem redundasse, adeò, ut in posterum omnis libertatis donatio penitus aboleretur. Ita crimen C unius, multorum sæpè est pœna. Et sanè imitatus est Saxo, sicut solet, suum Valerium Maximum, apud quem parilis loquendi ratio occurrit Lib. II. Cap. 6. *Indè Massilienses quoq; ad hoc tempus usurpant disciplinæ gravitatem, prisci moris observantiâ, charitate populi Romani præcipuè conspicui: qui tres in eodem MANUMISSIONES RESCINDI permittunt, si ter ab eodem deceptum dominum cognoscunt.*

12,4 23. *Ægros fomentis prosequi*] Ælius Spartia- D nus de Hadriano Cæsare: *Ægros bis ac ter visitavit, solatijs refovit, consilijs sublevavit, convivijs suis semper adhibuit; omnia deniq; ad privati hominis modum fecit.* Et paulò pòst: *Ægros milites in hospitijs suis visit.* Idem Hadrianus & in concione, & in Senatu sæpè dixerat: *Ita se Rempublicam gesturum, ut sciret populi rem esse, non propriam*: quomodo hic de Skioldo Saxo loquitur.

12,2 26. *Pecuniam ad milites, gloriam ad ducem redundare debere*] Singulare prorsus & egregium E continentiæ de se nobis exemplum hic repræsentat Skioldus: cujusmodi in Romanis Ducibus & Imperatoribus multa quoq; agnoscit Valerius Maximus Lib. IV. Cap. II. quæ respexisse videtur Saxo. Nam inter alia, ubi Valerius Pauli laudat continentiam, qui cum, Perse Rege devicto, Macedonicis opibus veterem atq; hæreditariam Romæ paupertatem eò usq; satiasset, ut illo tempore primùm Pop. Romanus tributi præstandi onere se liberaret, penates suos nulla F ex parte locupletiores fecit; hæc subjungit: *Præclarè secum actum existimabat, quòd ex illa victoria alij pecuniam, ipse gloriam occupasset.* Et mox de Scipione Æmiliano, qui septem servis sequentibus officio legationis functus est: *Puto*, inquit, *Carthaginis ac Numantiæ spolijs comparare plures poterat, nisi operum suorum ad se laudem, manubias ad patriam redundare maluisset.* Tali quoq; animo divitiarum contemptore præditus fuit Canutus, Patruelis S. Canuti Regis Daniæ, qui *eam demùm quæstuosam esse militiam ratus, quâ gloriæ & claritatis stipendium possit acquiri.* Saxo Lib. 13. Hoc etiam nomine potentissimus Danorum Rex Frotho ejus nominis tertius, captivam ex Hibernis subactis prædam militi dispertivit; *uti se totum avaritiæ expertem, & nimiâ rerum cupiditate aversum, SOLIUS GLORIÆ lucrum appetere testaretur.* Sic Saxo Lib. 16. de Absolone Archiepiscopo: *Quos Absolon eo usq; vacuo cunctationis remigio insecutus, vespera ad socios, qui prædæ incubuerant, revertit. Cujus ne particeps quidem fore sustinuit, gloriam ad se, spolia ad milites redundare speciosum ducendo.* In eandem mentem Silius Italius Lib. XI. de Satrico:

—— mihi magna satis, sat vera superq;
Bellandi merces sit GLORIA: Cætera vobis
Vincantur: quicquid diti devexit Ibero,
Quicquid & Æthnæis jactavit Roma triumphis.
Quin etiam Libyco si quid de littore raptum
Condidit, in vestros venient sine sortibus enses,
Forte domos, quod dextra dabit, nil victor honoris
Ex opibus posco ——————

Ità etiam de Scythis Justinus Lib. II. pag. 20. *Gens laboribus & bellis aspera, vires corporum immensæ, nihil parare quod amittere timeant, nihil victores præter gloriam concupiscunt.* Galterus Lib. II. Alexandreidos, de Alexandro milites prælium inituros cohortante:

Me duce signa duces producite, me duce vallum
Sternite, confertos incedite cæde per hostes,
Prælia, non spolium mecum dividite, cedant
Prælia, præda meis, MIHI GLORIA SUFFICIT UNA
REM VOBIS, MIHI NOMEN AMO ——

Hinc apud Plutarchum præclarissimus ille militiæ Dux Themistocles, quum fortè apud mare obambulans conspiceret ingentem vim variarum prædarum, torques, armillas, littori allidi, convertebat se ad comitem inquiens; *tolle tu ista*: denotans militi prædam esse relinquendam, ducis gloriam esse propriam.

34. *Ut in vetustissimis Danorum Carminibus ipsius vocabulo Regia nobilitas censeatur*] Habemus 13,1 in Edda, ubi de Regum agit Synonimiis, trium præstantissimorum Poëtarum autoritates, in quibus pro Rege ponitur *Gram.* Primus est Arnerus Skald, qui de Barone Thorfin hæc cecinit:

Obser-

Observet cohors quæ spectatum venit
generosum regem Baronum.
Non defecisse ad littus
acerrimo Regi resistere.

Alter est Ottarus Niger, ex quo hæc citantur:

Godmennis darf eg gunar
ᚵᚬᚦᛘᛁᚾᚾᛁᛋ ᚦᛅᚱᚠ ᛂᚵ ᚵᚢᚾᛅᛦ
Gud briotanda ad mota
ᚵᚢᚦ ᛒᚱᛁᚬᛏᛅᚾᚦᛅ ᛅᚦ ᛘᚬᛏᛅ
Har er alnemen ini
ᚼᛅᚱ ᛂᚱ ᛅᛚᚾᛂᛘᛂᚾ ᛁᚾᛁ
In drot med Gram *suinum.*
ᛁᚾ ᚦᚱᚬᛏ ᛘᛂᚦ ᚵᚱᛅᛘ ᛋᚢᛁᚾᚢᛘ

Perito opus habeo ô viri,
Intercessore.
Milites bellicosi intus sunt
Satellitesq; apud Regem celebrem

Tertius est Halfrodus, cujus hi sunt versus:

Grams *Runi letur glymia*
ᚵᚱᛅᛘᛋ ᚱᚢᚾᛁ ᛚᛂᛏᚢᚱ ᚵᛚᛦᛘᛁᛅ
Gunrikur hin er huot likar
ᚵᚢᚾᚱᛁᚴᚢᚱ ᚼᛁᚾ ᛂᚱ ᚼᚢᚬᛏ ᛚᛁᚴᛅᚱ
Hogni hamri slegnar
ᚼᚬᚵᚾᛁ ᚼᛅᛘᚱᛁ ᛋᛚᛂᚵᚾᛅᚱ
Heipt bradur um sik vader.
ᚼᛂᛁᛒᛏ ᛒᚱᛅᚦᚢᚱ ᚢᛘ ᛋᛁᚴ ᚢᛅᚦᛂᚱ

Regis aulicos excitat strepitum,
Gunericus ubi receptui canitur,
Hugonis malleo diverberatos
Iracundus invadit.

In Epinicio quoq; Egilli Scallagrimi duo habemus exempla: quorum primum est in Stropha V.

Var at villustadar
ᚢᛅᚱ ᛅᛏ ᚢᛁᛚᛚᚢᛋᛏᛅᚦᛅᚱ
Vafur Daradar
ᚢᛅᚠᚢᚱ ᚦᛅᚱᛅᚦᛅᚱ
Of Grams *gladar*
ᚬᚠ ᚵᚱᛅᛘᛋ ᚵᛚᛅᚦᛅᚱ
Geir vangs radar
ᚵᛂᛁᚱ ᚢᛅᚾᚵᛋ ᚱᛅᚦᛅᚱ
Dars i blóde
ᚦᛅᚱᛋ ᛁ ᛒᛚᚬᚦᛂ
I brimla mode
ᛁ ᛒᚱᛁᛘᛚᛅ ᛘᚬᚦᛂ
Flaustur of drunde
ᚠᛚᛅᚢᛋᛏᚢᚱ ᚬᚠ ᚦᚱᚢᚾᚦᛂ
Vad um glumde
ᚢᛅᚦ ᚢᛘ ᚵᛚᚢᛘᚦᛂ

Pergebat avij loci	*Ubi in cruore*
Tela Daradi	*In mari*
Per Regis læta	*Navis pernavitavit*
Cadavera	*Vulnus circum sonuit.*

A Alterum in secunda Stropha conclusionis:

Bar eg deingils lof
ᛒᛅᚱ ᛂᚵ ᚦᛂᛁᚾᚵᛁᛚᛋ ᛚᚬᚠ
A dagna rof
ᛅ ᚦᛅᚵᚾᛅ ᚱᚬᚠ
Kan eg mæla miot
ᚴᛅᚾ ᛂᚵ ᛘᛅᛚᛅ ᛘᛁᚬᛏ
I manna siot
ᛁ ᛘᛅᚾᚾᛅ ᛋᛁᚬᛏ
B
Or hlatra hami
ᚬᚱ ᚼᛚᛅᛏᚱᛅ ᚼᛅᛘ
Hrodur ber eg Gram
ᚼᚱᚬᚦᚢᚱ ᛒᛂᚱ ᛂᚵ ᚵᚱᛅᛘ
So for dat fram
ᛋᚬ ᚠᛅᚱ ᚦᛅᛏ ᚠᚱᛅᛘ
Ad flestur opnam.
ᛅᚦ ᚠᛚᛂᛋᛏᚢᚱ ᚬᛒᚾᛅᛘ

C

Protuli Regis laudes	*Ex risus exsuvijs*
In silentij ruptura.	*Encomiasticon fero Regi:*
Novi loqui in medio	*Ita processit*
Ut plurimi exciperent.	*Ut plurimi exciperent.*

36. *A gladiatoribus vitandi inferendiq; ictus consvetudinem*] Elegans certè gladiatoriæ artis περίφρασις, quam Saxoni suppeditavit Valerius Maximus Lib. II. Cap. 3. *Ex ludo C. Aurelij Scauri doctoribus gladiatorum accersitis, vitandi atq; inferendi ictus subtiliorem rationem legionibus ingeneravit.* 13,3

D

37. *Educatoris sui Roarij filiam*] *Educatoris*, hoc est, nutricij. Observationem hic meretur, quod educandis Heroum liberis non mulieres solùm, verùm etiam viri olim adhibiti sint: cujusmodi *Educatorum* crebra extat in Saxone nostro mentio. His nec Græci caruêre, nec Romani. Apulejus Lib. 2. Metamorph. p. 17. *Ego sum Byrrhena illa, cujus fortè sæpiculè nomen inter tuos frequentatum educatores retines.* Idem Lib. 10. *Ad quendam compertæ gravitatis educatorem senem protinus refert.* Justinianus Lib. 1. Institut. Tit. 6. §. V. *Aut pædagogum, aut nutricem, aut educatorem, aut alumnum.* Quem locum ita expressit Theophilus: Καὶ τὸ εἰπεῖν ὅτι παιδαγωγός μου ἐστὶν, ἢ τροφεὺς, ἢ ἀλῦμνος. Aliàs *Nutricij* dicti sunt *Educatores*. Glossarium: *Nutricius*; τροφεὺς. Inscriptio vetus: 13,4

E

MEMMIA TERTULLA
NUTRICIO SUO ET MATRI
BENE MERENTI POSTERISQ.
SUIS ET SIBI.

F

Ibid. *Coævam sibi collactaneamq;*] Glossæ veteres Latino-Gr. *Conlactaneus*, σύντροφος, ὁμογάλακτος. Et Gloss. Græco-latinæ: σύντροφος, *Conlactaneus*. Historia S. Savinæ Virginis, quæ extat inter Antiquitates Tricassinas, p. 395. *Beata verò Savina evigilans ait ad Maximinolam, collactaneam suam.* Collacteam dixit 13,5 dixit Martianus Capella Lib. 1. pag. 3. *Sed quod sororis ejus collactea, & indiscreto amica fœdere videretur.* Et Lib. 2. pag. 27. *Pedissequa ejus Periergia, utrum matre virginis missa an sua, utpote ejus collactea, trepidatione sollicita, quid ageret, conspicatur.*

13,10 42. *Qui cum forte*] Bessus, aut ipse Gram, rectiùs. Ad Gramum etenim referenda sunt sequentia ferè omnia.

13,12 44. *Herculeæ virtutis exemplo monstrorum nisibus obstaturus*] Herculi per omnia similem Gramum facere conatur Saxo, comparatione inter utrumque institutâ non adeò absurdâ. Quemadmodum etenim Hercules (quod vel illi norunt, qui nondum ære lavantur) & pellem leonis, & clavam gestavit, & præter alia monstra, etiàm gigantes domuit: ita & Gramum non solùm caprinis tergoribus amictum, sed & horrifico clavæ gestamine armatum, adversus monstrosum illum gigantem, cui filiam Sictrugi Regis desponsatam fuisse ægerrimè ferebat, ad pugnam processisse commemorat.

13,14 46. *Variis ferarum pellibus circumactus*] *Circumactus* ἀντὶ τοῦ *Circumamictus*. Odiosa enim ταυτολογία hæc esset: *caprinis tergoribus amictus*; quod mox præcessit: ac *variis ferarum pellibus circumamictus*, quod subsequitur. Rarò quippe solet Saxo idem dicere per idem, aut verba semel posita, statim eâdem notione resumere. Dura equidem illa vox prima fronte videtur; sed habet suum auctorem. Nam sic Martianus Capella, quem in succum & sangvinem convertit Saxo, loquitur sub initium Libri V. qui est de Rhetoricâ, pag. 137. *Ingens illustrium virorum sequebatur agmen; Inter quos proximi eidem duo diverso habitu, nationeque prænitentes: quorum unus erat pallio circumactus, alterque trabeatus.* Rectius itaq; infrà Libro V. Saxonis nostri de Frothone III. sic legitur: *Rex humido nudatus cultu, siccâ circumactus veste contegitur.* Et Lib. VII. *Orbus oculo obvius extitit, qui hispido etiàm amiculo circumactus.*

13,14 47. *Horrificumque dextrâ gestamen complexus*] *Gestamen* absolutè positum vel pro *Clavâ*, cujus statim fit mentio, vel quocunq; teli genere, quod manu gestatur. Alioquin *gestaminis* vocem plerumq; usurpant auctores, pro eo, quod geritur, quicquid tandem sit. Virgilius Lib. 3. Æneidos, pro *Clipeo*:

Ære cavo clipeum, magni gestamen Abantis,
Postibus adversis figo ———————

Pro *sceptro*, Valerius Flaccus Lib. 3.

Sceptra manu veterum retinet gestamen avorum:

Idem pro *Saxo*, Lib. VI.

——————— *Saxumque prehensum*
Illius & dextræ gestamen, & illius ævi
Concussâ molitur humo ———————

A Pro *gladio* Lib. 1.

Sic curæ subière ducem, ferrumne capessat
Imbelle, atque ævi senior gestamina primi.

Pro *monili* Lib. VI.

Ac sua virgo Deæ gestamina reddit.

Pro *Conto*, suprà eodem libro.

Ante aciem celsi vehitur gestamine conti.

Pro *vestibus* Papinius Lib. Silvarum 2.

Quum tibi, quas vestes, quæ non gestamina mitis
Festinabat herus?

B Et Thebaidos Lib. 5.

——————— *Sceptrum super, armaque patris*
Injicio, & notas, regum gestamina, vestes.

Idem pro *Disco*, Thebaidos Lib. VII.

Erigit assuetum dextræ gestamen

Ammianus Marcellinus Lib. XVI. pro *pila argentea* posuit, quam manu tenebat Alexander Magnus; *Ille namque ænea concha supposita, brachio extra cubile protento, pilam tenebat argenteam, ut cum nervorum rigorem sopor laxasset infusus, gesta- C minis lapsi tinnitus abrumperet somnum.* Apulejus pro *flagro*, Lib. VIII. *Arrepto denique flagro, quod semiviris illis proprium gestamen est.* Sic Lib. XI. recenset *gestamina Lunæ*: *Jam gestamina longè diversa. nam dextera quidem ferebat æreum crepitaculum: lævâ verò cymbium dependebat aureum.* Sed alibi *gestamen* Apulejo idem est quod *Sarcina*. Φόρημα. Ut Lib. 3. *Sed gestaminum modus numerum gerulorum excedit.* Et Lib. VII. *Illicò disturbato gestamine furem incurrit.*

D 54. *Nam tegmine sæpè ferino Contigit audaces delituisse viros*] Locum hunc ità illustrat in Conjectaneis suis M. Brynolfus: *Antiquus Heroum mos, à priscis aliarum etiàm gentium magnatibus frequentatus, integendi ferinis pellibus corpora, hic inculcatur: ac* γνώμη παροιμιώδης *subest: quæ qualis fuerit, confidenter non dixerim. Suspicor tamen hoc diverbium, aut non multò diversum, fuisse:* 14,3

ᛆᛘᛏ ᛂᚱᛆ ᚢᛆᚿᛉᛆᚱ ᚼᛂᛚᚦᚢᚱ ᚢᛚ-
E ᚦᛂᚱ ᚢᛆᚱᚠᚿ ᛒᛂᛚᚠᛁᛂ: Oft ero vaſtar hendur under Vargs belgie: Hoc est ad verbum: *Sæpè fortes manus ferinis exuviis subsunt.*

Pag. 7. v. 10. *Quove paratur Præstite bellum*] *Præstes*, προστάτης, πρόμαχος. Sic Saxo Lib. VIII. *Plutonem Orci præstitem* nominat, id est præsidem. Martianus Capella Lib. 2. pag. 38. *Specialis singulis mortalibus Genius admovetur, quem etiam præstitem, quòd præsit gerundis omnibus, vocaverunt.* F Ita *Lares præstites* dicti, quòd ædibus præstarent, id est præessent. 14,36

Ibid. *Agmina fratris*] Frater iste Gro virginis, quisnam mortalium fuerit, juxtà scimus cum ignarissimis, quòd nulla omnino ejusdem præcesserit mentio. Fortè habuit Gro fratrem, cui pater Sigtrugus exercitum tanquam Duci committere solebat. Nisi si *fratris* vocabulo intelligendus Gigas ille, cui Gro virgo desponsata fuit, quem Johannes Magnus, Historiæ Gothicæ 16,7

Gothicæ scriptor, lib. 2. Cap. 5. *Sumbli Finnorum Regis fratrem* fuisse tradit. Hunc forsitan Gro velut amasium suum *fratris* nomine, quod erat blandissimum, appellabat. *Fratres* enim puellæ blandientes vocabant interdum amatores suos, & eos, quibuscum consueverant; ut contrà adolescentuli amicas suas, easque, quibuscum caput aliquando collimârant, *Sorores* blandè appellabant. Docet hoc apertè Martialis ad Ammianum, quem incesti cum matre arguit:

O quam blandus es, Ammiane, matri!
Quàm blanda est tibi mater, Ammiane!
Fratrem te vocat, & soror vocatur.
Cur vos nomina nequiora tangunt?
Lusum creditis hoc jocumq;? non est
Mater, quæ cupit esse se sororem,
Nec matrem juvat esse, nec sororem.

Et Tibullus Lib. 3.

Hæc tibi vir quondam, nunc frater, casta Neæra
Mittit, & accipias munera parva rogat.

Quos versus à multis frustrà tentatos, de amatorio hoc ritu eleganter & rectissime exponit Rex Criticorum Justus Lipsius Variar. Lect. Lib. 2. Cap. 1. & Antiquar. Lection. Lib. 3. *Fratris* igitur & *Sororis* nomen inter lasciva & ἐρωτικὰ olim fuit. Huc pertinet locus Quintiliani in Declamatione 321. *Certè quoties blandiri volumus his, qui esse amici videntur, nulla adulatio procedere ultrà hoc nomen potest, quam ut Fratres vocemus.* Verùm quid si legendum statuamus hoc loco *patris* pro *fratris*? ut Gro loqui videatur de copiis Sigtrugi patris jamjam adfuturis, & novos hospites ingrato officio excepturis. Sed suum cuiq; stat arbitrium & sententia.

16,16 19. *Nec tua bilis Pectora pulset*] Bilem pro *irâ* sumi, notissimum est. *Bilis* enim nihil aliud est, nisi fellis humor, qui jecori adhæret, quem *choleram* quoq; dicunt, ex qua ira movetur. Sicut in Proverbio notatur: *Fames & mora bilem in nasum conjiciunt.* Quod de ijs dicitur, qui famis impatientes & moræ fastidio conciti, in iram effervescunt. Hinc *bilem* Horatius *difficilem* vocat; quia reddit homines difficiles, id est morosos & iracundos: Lib. 1. Carmin. Oda XIII.

——————— væ, meum
Fervens difficile bile tumet jecur

Pulsare autem & heic & alibi Saxo usurpat pro *vexare, inquietare, defatigare*, & simili ferè significatu, ad imitationem scriptorum sequioris & medij ævi. Hericus Monachus Antissiodorensis, de Vita S. Germani Lib. VI.

Tu Regem precibus pulsatus memento benignis.

Idem paulo antè *pulsatum verbere febris* dixit:

Is tamen immodicæ pulsatus verbere febris
Tabuit infelix: furit ossibus intima pestis.

Ammianus Marcellinus, Lib. XXI. *Quem suspiciones contiguæ veritati pulsabant.* Lib. XIX.

A *Explorabat modestius percunctando, quamobrem illi palarentur varij, limitesq; contra interdicta pulsarent?* Lib. XVIII. *Ut apud Principis aures nimium patulas existimationem viri fortis invidiâ gravi pulsarent.* Lib. XV. *Memor enim somnij, quo veti us erat per quietem, pulsare quemquam insontem.* Ibidem: *Hunc fascem ad arbitrium figmenti compulsit, vitam pulsaturus insontis.* Ibidem: *gravi mole criminis pulsabat.* Et Lib. XIV. *Pulsatæ majestatis imperij reus.* Julius Firmicus Lib. 1. Cap. 1. *Im-*
B *peritia tantùm illius, temeritasq;, non Mathesis ipsa pulsanda est.* Idem Lib. 3. *Solent gravi infamiæ pulsare dedecore.* Et mox: *Ex incestis amoribus gravi pulsat infamiâ.* Et Lib. IV. *Qui ob res Venereas frequenti pulsentur infamiâ.* Et mox infrà: *Et qui assiduis ob hoc pulsentur infamijs.* Et Lib. VI. *Aut enim gravi pulsantur infamiâ.* Petrus Chrysologus Serm. XI. *Diabolus semper boni primordia pulsat.* Et Serm. XXXI. *Sic Christum persequebantur insidijs, tentabant dolis, interrogatione pulsabant.*
C Huc referenda sunt illa, quæ infrà notamus ad illa Lib. XIV. *Perfidiæ exprobratione pulsabat.*

21. *Namq; petenti Aspera primùm*] Γνώμη παροιμιώδης *& hæc est, quâ dictum, quo prius illam Groâ compellârat, Bessus compensare studet, ac par pari referre. Desitum tamen nunc, si formulam spectes, credam, Conjicio tale quid fuisse:* ᛒᚢᛋᛏ ᚼᚱ ᛒᚱᚢᚦᚢᚱ ᛅᚦ ᚠᚢᛋᛏᚢ ᛒᛁᚦᛚᚱ; ᚼᛅᛅ ᚢᛁᚴᛅᚱ ᛋᛁᚦᛅᛅ: Byst er Brut ne 16,18
D ad fystu Bidlr/ eñ viknar sidan: Id est, *Principio dura proco Virgo, non rarò posteà mollescit.* M. Brynolfus.

31. *A Grip missus enim*] Qui verò *Grip* hic fuerit, quem se misisse ad Virginum raptum, Gramus dicit, nec ego, nec mei alter similis dicat. Neq; enim verbum de hac missione præcessit; imò sponte suâ in Sveoniam venisse perhibetur. Proinde meam conjecturam, donec alia melior incidat aut inculcetur, si delectat 16,28
E audire, hæc ea est: nempe προσωποποιεῖν heic Gramum, & tectè suum studium negotiumq; Virgini significare, quod sit, raptum, aut ereptum venire illam è præsentaneo periculo, & à *Gripo*, id est, raptu, qui finis sit instituti itineris, missum, hoc est, instigatum adesse. Juvat conjecturam, quod sequitur γαυρίαμα, quo, Herorum illis temporibus usitato more, de suo robore magificè gloriatur, dum se nunquam
F frustrà fuisse, quoties rapiendi studium incessit, [quod ego à *Grip*, hoc est, rapinæ desiderio mitti intelligo] deprædicat. Sed alteri felicius Gripum hunc explicanti parebo. *M. Brynolfus Svenonius in Conjectaneis.*

31. *Nunquam nisi compare voto*] Ergo non inferre se vim dicit Gramus; sed facilem potius Groæ virginis in vota sua consensum exoptare. 16,28

32. *Fulcra puellarum*] *Fulcra* pro lectis, pro thala- 16,29

thalamô & ipso conjugio usurpant nonnunquam autores, præsertim Poetæ. Sic Prudentius Hamartigeniâ:

Ruth, dum per stipulas agrestis aburitur æstu,
Fulcra Booz meruit, castoq; ascita cubili.

Ipse Saxo infra Lib. V. *Corruptis quoq; matronarum fulcris, ne thoris quidem virginalibus abstinebant.*

16,33 36. *Quæ conjux fore Dæmonum*] Carmen est tetrastrophon, tetracolon: cujus primus versus est Glyconicus, alter Asclepiadeus; tertius Jambicus dimeter; quartus Alcmanius, duobus dactylis constans & totidem trochæis. Ideoq; sic dirigendi omninò sunt:

Quæ conjux fore Dæmonum
Possit monstrigeni conscia seminis?
Suum giganti quæ fero
Consociare velit cubile?
Quis spinâ digitos fovet?
Quis sincera luto misceat oscula?
Quis membra jungat hispida
Lævibus impariter locatis?
Cum natura reclamitat,
Haud plenum Veneris carpitur otium:
Nec congruit monstris amor
Fœmineo celebratus usu.

Tertio, inquam, versu legendum, *suum giganti quæ fero*, pro *suumq; gigantifero.*

17,6 43. *Lævibus impariter locatis*] Similitudines illæ procul dubio Proverbiales fuerunt. Quâ solebant ratione Virgines, principes inprimis, Juvenum animos tentare, quò procaci & argutâ rotundâq; dicacitate acutiores viderentur. Cujus acuminis in dictis eleganter & scitè dandis & referendis, perindè atq; ex armis viri, laudem captabant. *Impariter* autem *locata membra* dicit, quæ iniquâ conditione sociantur. *M. Brynolfus.*

17,12 49. *Regum colla potentium*] Ita & hi versus ordinandi.

Regum colla potentium
Victrici toties perdomui manu,
Fastus eorum turgidos
Exuperans potiore dextrâ.
Hinc aurum rutilans cape,
Quo perpes maneat pactio munere:
Ac firma consistat fides
Conjugijs adhibenda nostris.

Sed pro *meorum*, *manu* legendum: pro *reorum*, *eorum*: pro *exuperatis*, *exuperans.* Ita sententia omnino exigit. At *meorum*, pro *manu*, nec metrum ferat. Horatius Ode. XII. Lib. 2.

ductaq; per vias
Regum colla minacium.

Ælnothus Monachus Cantuariensis de Vita S. Canuti: *Hostium vires virtute divinâ subvertere, contumacium colla potentiæ pede proterere.* Cæterùm *collum* pro fastu & superbia usurpatum frequenter apud varios legere est auctores.

A Solenne autem victorum quondam erat, eorum quos devicerant, colla pedibus conculcare. Id allusit Claudianus VI. Consul. Honorij:

Colla triumphati proculcat Honorius Istri.

Corippus de Justino Juniore Lib. 2. v. 104.

Cruraq; puniceis induxit regia vinclis
Parthica Campano dederant quæ vellera fuco:
Queîs solet edomitos victor calcare tyrannos
Romanus princeps, & barbara colla domare.

Tzetzes Grammaticus Chiliad. 3.

B *Τοὺς τὸν Ῥωμαίων ἄνακτα ἡττήσουσιν οἱ Πέρσαι*
Τραχήλῳ ἢ πατήσουσιν, οἷα δεδουλωκότες.

Michael Glycas parte IV. Annal. de Diogene: *Sed ô casum infelicem, in hostium deniq; potestatem venit, & vinctus ad Sultanum ducitur. Ille verò solio suo desiliens pro more calcatâ Diogenis cervice, mox eum de terrâ erigit, & amanter complexus: Formidinis, inquit, expers esto, Imperator.* Eodem alludit ultimo ævo Gerbertus Epistolâ XVIII. C *Qui regulam S. Benedicti professi estis, & pastorem deserendum abjecistis, colla tyrannis sponte subdidistis.* Et Alanus ab Insulis de planctu Naturæ ad Deum:

Calcare si vis colla superbiæ,
Pensa caducæ pondus originis.

Petrus Chrysologus Sermone XVI. *Nos ergò aut vitiis nostris facimus, ut illi accipiant potestatem nocendi, aut virtutibus subjecta nobis Dæmonum colla, Christo triumphante, calcemus.* Sic in Sacris Literis, Libro nempe Josvæ Cap. X. v. 24. D jussu Josvæ, Principes exercitus imposuerunt pedes collis quinque Regum, videlicet Jeruschalaimorum, Chebronis, Jarmuthi, Lacischi, & Heglonis. Quod autem quis per alium facit, ipse fecisse judicatur, præsertim si authoritate præcipiendi polleat. Ab hoc more defluxit usus verbi *calcare*, pro contemptui prorsus habere, & velut pedibus conterere. Claudianus

Eripe calcatis non prospera cingula Musis

E 50. *Victrici toties perdomui manu*] Iosephus Devonius Lib. V. de bello Trojano, p. III. 17,13

Quinque Arabes, septem Nabatheæ gentis alumnos
Consumit victrice manu ——————

Pag. 8. vers. 3. *Amatoriis donis prosequi*] Mirum profectò per equidem est, quanti ab antiquis illis omnis ævi Normannis factum aurum! Cujus donatione nihil non venale creditum est. Cædes enim parentum, fratrum, cognatorum, non maximâ pecuniarum erogatione expiatas passim F legimus. Cujus pensionis modos varios Vetustior Codex Norvagianarum Legum, *Graagaas* dictus, præscribit, & multu scitu non injucunda colliges ex *Nialu.* Ità notes licet heîc, concubitum auro parario inter principes conciliari. *M. Brynolfus.* 17,22

Pag. 8. vers. 12. *Qui cum ab aruspicibus accepisset, nisi auro Sigtrugum superari non posse*] Hac de re fusius agit Johannes Magnus Historiæ Gothicæ Lib. 2. c. 5. *Sigthunius, quem alij Sigtrugum vocant,* 17,32 *vocant, Gothilæ Regis nepos, ejusq́; in regno Svetiæ* A *successor, dum à suscepti regni principio sacrificia & libamina Diis suis apud Upsalam metropolim offerret, suorumq́; fatorum seriem, ac futuros rerum eventus solicitè inquireret, accepto per Victimarios responso, didicit, sibi ab auri metallo supremam perniciem & mortem fatali necessitate imminere, ideoq́; summoperè ab eo cavendum esse: à ferro, aut chalybe, cæterisque metallis, nunquam violari vel occidi posse. Quocircà cùm se Deorum immortalium beneficio invictum putaret, magno atq́; imperterrito animo multa* B *bellorum discrimina aggressus est.* Svaningius noster ad hunc locum: *Sigtrugus promissis Vodani Idoli sui confisus, cujus responso insuperabilem se, aut nunquam ferro periturum acceperat, plus spei in Idolo, quam in armis collocavit.* Clarissimus Vir, M. Brynolfus Svenonius, Episcopus Scalholtensis, refert ad incantationes, quibus olim corpora adversus vulnera durabant: *Incantationibus*, inquit, *& parentum Nutricumq́; devotionibus, solebat illa ætas novelli partus corpora, contrà omni-* C *genas plagas & ictus, solidare atq́; indurare; maximè contrà ferrum & ignes. Multa hujus farinæ in veterum monumentis invenies. Ità* Jomsvikinga Saga *pugiles duos ferro invictos describit, Hagvardum Hogvanda, & Aslacum Holmscallum; & horum alterum à Thorlevo Skinna Islando, clavâ ligneâ comminutum narrat. Sic etenim ferè ἀτρώτους illos clavis, ut pistillo, conterere necesse fuit.* Memini apud Virgilium tale quid exstare de Bitia, Æneid. IX. D

> *Tùm Bitiam ardentem oculis, animisq́; frementem,*
> *Non ferro, [neq́; enim ferro vitam ille dedisset]*
> *Sed magnum stridens contorta phalarica venit*
> *Fulminis acta modo, quam nec duo taurea terga,*
> *Nec duplici squammâ lorica fidelis & auro*
> *Sustinuit: collapsa ruunt immania membra.*

Similiter Mesappus induratus contrà ferrum & ignes introducitur Æneid. VII. E

17,33 14. *Ligneæ clavæ nexilem auri nodum adjecit*] Variè explicant hunc locum Interpretes. Johannes Magnus Lib. 2. Cap. VI. hunc in modum exponit: *Clavam, quam more giganteo gestabat, auro infuso ponderosiorem effecit, eaq́; imminentem audacius capiti suo Sigthunium non solùm repressit, verùm etiam multis ictibus contusum occidit.* Svaningius noster loco jam citato: *Quòd cùm Gramus cognovisset, clavâ, cui globum aureum alligârat, armatus, in bellum proficiscitur. Prælio verò com-* F *misso Sigtrugum aureo globo tam diu crebris ictibus pulsat, donec in terram prostratus animam efflaret.* Cui consentit Cl. Meursius in Compendio Histor. Danicæ. *Verùm Gramus rei gnarus, clavâ suâ aureo munitâ globo crebris ictibus contusum sternit tandem & occidit.* Sunt qui existimant Gramum clavam suam aureâ laminâ undiquesecus obduxisse, atq; ita Sigtrugum eâ peremisse. Clariss. Vellejus ità exponit: Da lod hand giøre en Kølffue med eet Guldhoffuet / oc slog hannem der med ihiel.

17. *Gram ferus clavæ gerulus beatæ*] *Beatam clavam* vocat, vel quasi divitem & locupletem, quia auro nexa & circumdata: vel felicem, quia victoriam peperit Gramo, interfecto, hujus clavæ beneficio, hoste suo Sigtrugo Sveciæ Rege. *Gerulus* autem est ὁ βαςάζων, qui aliquid gerit. Veteribus etiam *geruli* dicti, οἱ μισθοῦ φέροντες, qui mercedis gratiâ vecturas onerum suo corpore factitabant: quos *bajulos*, & *gerones* Cicero & Apulejus vocarunt. ICti *gerulum nuntiorum* appellant, qui novi aliquid nuntiat, quem Ammianus Marcellinus *rumigerulum* nuncupat, Apulejus *gerulum verborum*. In sequiore sexu *gerulam* usurpat infrà Saxo; *fœmina quædam cicutarum gerula*: quomodo Tertullianus adversus Judæos: *Nec ex equo, vel de muro; sed de nutricis & gerulæ suæ dorso, sive collo hostem designaturus:* Et Libro de Anima: *Non enim exinde & matrem Spiritu probat, & nutricem Spiritu examinat, & gerulam Spiritu agnoscit.* 18,1

18. *Celebrabat ictu Ensis obtentum*] Locus planè obscurus: de quo quum ante paucos annos consulerem Clariss. Virum & Philologum incomparabilem, Casparum Barthium, hoc ab ipso responsi retuli: *Secundo versu non* celebrabat, *sed* terebrabat *legimus, indicio optimi libri, quem laudavimus. Dixit autem* terebrare *pro cædere, comminuere, pessundare. Ut eorundem temporum Scriptor Robertus Monachus Historiæ Palæstinæ Lib. VIII. Cap. XI. hominem saxo tempora perforatum, qui eo dejicitur e catapulta.* Obtentus ictu ensis, *qui illi imminebat eo modo.* Obtinere *Saxoni est occupare alibi Lib. II* 18,2

> *Cumq́; boum nusquam vestigia certa paterent,*
> *Obtinuit mœstus sontia corda pavor.*

Sed vicinitatem & imminentiam ensis hic dicit. quomodo idem Robertus Monachus Lib. II. Cap. I. Cum quo Stephanus Comes Carnotensis. qui bonis initiis pravos deinceps exitus obtinuit; id est, junxit, continuavit. Sed & obtinere *simpliciter sæpè vincere sonat. Guilielmus Tyrius Lib. XXI. Cap. 7. In talibus experientia usu comparata longævo & continuo, adversus indoctas vires industria sæpè solet obtinere; Quomodo* obtentus *victum notat etiam meliori ævitati. Victor Junior, seu Victorinus in Salonino; Novissimè adversus Aureolum profectus est. Quem cum apud pontem, qui ex ejus nomine Aureolus appellatur, obtentum detrusumq́; Mediolanum, obsedit.* Hæc Barthius in literis ad me suis. Ex his verò colligere licet, hanc esse mentem Barthii, atq; ita hæc verba capienda, quasi dicat Saxo: Gram ictu ensis terebrabat *obtentum*, hoc est, devictum Sigtrugũ. Id quod è diametro pugnare videtur cum ipsis Saxonis verbis, quæ præcesserunt; quibus innuit Gramum omnis ferri nescium, solo clavæ ictu occidisse Sigtrugum. Nam τὸ *ictu* referendum puto non ad *ensis*, sed subintelligendum *clavæ*,

D

clavæ, ut sit *ictu clavæ*. Itaq; alium latere sensum arbitror, qui respondere poterit sequentibus: *Pepulitq; trunco tela potentis*. Ergò si locus conjecturæ detur, ita lego: Gram nescius ferri *temerabat*, pro *celebrabat*, hoc est, eludebat ictu, subintellige, clavæ beatæ, *obtentum* ensis, hoc est, *objectum* ensis, quem obtendebat, sive intendebat Sigtrugus Gramo, jamjam eum percussurus: vel potius: Gram *celebrabat obtentum ensis ictu clavæ*, hoc est, Gram loco gladij, quem obtendere sive objicere capiti, cæterisq; membris in certaminibus, vitandi ictus causâ, solent, defendebat se ictu clavæ, dum imminentem sibi Sigtrugum, omnis ferri expers, clavâ aureâ contudit. Nam *celebrare obtentum ensis* formula videtur ex re gladiatoriâ desumpta, & idem notare, quod hodieq; in dictatis dant Lanistæ, & Pareren dicunt. Vox eadem occurrit infrà sub finem Lib. III. *Nec solùm propriæ salutis obtentum ab astutia mutuatus*.

18,9 25. *Namq; pugnaces meditatus artes.*] Sic emendandum duxi, pro eo quod anteà legebatur: *pugnaces arces*. *Artes* namq; *pugnaces* vocat scientiam & peritiam rei militaris; quæ *ars imperatoria* Quintiliano dicitur Lib. 2. Cap. 17. & *ars armorum* eidem, Lib. 2. Cap. 7.

18,17 33. *Clarius, pòst, hoc Agathon manebit*] Ordo & sensus verborum hic est: *Hoc Agathon*, id est illustre hoc nomen, quod jam re tam præclarè adversus Sigtrugum gesta sibi conciliavit Gramus, *cui* scilicet *Agatho, suus auctor*, hoc est perpetuus laudator, semper *arrogat*, pro tribuit, addit, assignat, [quomodo Horatius 2. Epist. *Arrogat pretiumq; rei*.] *laudem decorisq; culmen*, adeo ut nunquam non in majus augeat, tam illustre facinus; *pòst*, id est, posthàc, posteà, in posterum, *manebit clarius*, illustrius; non aliter ac Ennius de Q. Fabio Maximo:

Ergo postq; magisq; viri nunc gloria claret.

meliore famâ latè agnitum, & quà viget virtutis honos, diditum. Cæterùm pro *Agathum* scribendum potius *Agathon*. Nam *clarius Agathon* est λαμπρότερον ἀγαθὸν, illustrius nomen. Hesychius: Ἄγαθον, ἀνδρεῖον, γενναῖον. Alij hic legendum contendunt, *agedùm*. Nam inquiunt, rarenter in florentissimo hoc scriptore Græca occurrunt vocabula. Sed quàm proclive est eos refutare! Nonne etenim Græca sunt, licet ad incudem Latinam reformata. 1. *τὸ Chaos*. 2. *Schema*. 3. *Dyas, tetras, ogdoas*. 4. *Syngraphus*. *Hypogæum*, *Cauterium*, & ferè sexcenta talia? Et quid usitatius fuit illis scriptoribus, qui seculo uno aut altero ætatem Saxonis vel præcesserunt, vel secuti sunt, quàm Græcas dictiones sive nudas, sive latina civitate donatas, præcipuè versæ orationi inserere, quùm tamen Latina vocabula non minus ἐμφατικώτερα suppeterent? Abbo de obsessâ à Normannis Lu-

A tetiâ Parisiorum, præfatiuncula ad Magistrum suum Aimoinum:

O Pædagoge sacer meritis
Aimoine pius radians
Digneq; sydereo decore:
Perrogitat mathites liniens
Ore pedes, digitosq; tuos.

Et paulò pòst:

Agnita cujus ut orbe vago
Sepiat æthera palma volans
B *Doxaq; regnet ubiq; micans*
Ore tuo gradiente super.

Quos versus de industria expressisse videtur hic Saxo noster. Idem Abbo Lib. 1. Ubi de Parisiensi urbe loquitur:

Sum polis ut Regina micans omnes super urbes.

Sic mox de Carolo Imperatore:

Urbs mandata fuit Karolo nobis basilêo
Imperio cujus regitur totus propè Cosmus.

C Ut innumera alia loca ejusdem silentio inpræsens transmittam. Jam Dudo S. Quintini Decanus, quem ipse noster Saxo non diligenter solùm versavit, sed & in multis imitatus est, passim etiam Græca versibus suis admiscet. Sic præfatione ad Præsulem Robertum:

Præsul amande,
Onoma cujus
Hoc quoq; metrum
Non capit usquàm.

D Item paulò pòst:

Atq; salubri
Somatis artus.

Sic Hericus Monachus Altissiodorensis de Vita S. Germani Lib. VI. pag. 65. *pnevmata ventorum* dixit:

Pnevmata ventorum tempestatumq; tumorem.

Pag. 68. ejusdem libri, *polyformia munera*:

His tu stelligero dispensans omnia sceptro
Partiris propriis polyformia munera servis.

E Pag. 69. *Cavma*, pro æstu:

Quem sua collatis celebrat plasmatio bombis
Astra, poli, nubes, & machina cuncta polorum,
Solq;, sor orq;, nives, lymphæq; & Spiritus omnis,
Cavma, geluq;, dies, & densæ nubila noctis.

Et quid attinet pluria hoc loco exempla nil nisi tædium Lectori paritura accumulare? Nequeo tamen, quin hic etiam subjungam Nobiliss. Barthij de hoc loco sententiam, expositam literis ad me suis, quarum anteà mentionem in-
F jeci: *Nihil aliud cape quàm quod Græca vox sonat τὸ ἀγαθὸν. Affectatio enim talium in hoc genere Poëtarum mirifica est. Scilicet unâ Græcâ voce adhibitâ, opinio eos transmarinæ doctrinæ etiam in rudi barbarie sequebatur, quo in studio nemo tam bonum carmen mediâ ætate scripsit, quin seq; & illud traduceret. Sic Agalma, ornatus est, honor, apud Dudonem præfatione Historiæ Normanicæ:*

Alloquio celebris, virtutum agalmate pinguis.

Et

Et Lib. III.

Relligione carens, probitatum agalmate fulgens.

Et Amadæum Lauſanenſem Homil. 3. in B. Virginem: Libet ipſum divinum agalma, ipſum pretioſiſſimum vas, in quo Dei verbum eſt conceptum, apoſtrophando interrogare. Hujus generis infinita ſuppeditant Poëmata Valafridi Strabi, Bedæ, Herici Altiſſiodorenſis, Dudonis modò nominati, Galteri, Gulielmi Aremorici, Alani, Althelmi. Fortunatum jam ipſum, alioſque omitto, qui nominibus, nedum locis aſcribendis, paginam compleverint.

18,24 40. *Impari dimicationis genere*] Si ad Gramum id erit referendum, indicat Saxo non unâ vice, ſed pluribus in certamen deſcendiſſe ipſum cum fratribus Svarini: ſin vero ad ipſos fratres, vere dici poteſt *impar dimicationis genus*, quo ſedecim unum & ſolum aggreſſi ſunt.

18,24 Ibid. *Fraternæ necis ultionem petentes*] Solebant plurimi ſuorum cujusque interfecti pretium ab interfectore requirere, & ſatisfactionem depoſcere. Quod illi, ᛅᛏ ᛒᛁᚦᛅᚢᛏ ᚢᛁᚴᛋ ᛒᛅᛏᛅ, At beidaſt Vigs Bota; Danicè, At kræffue Boder for Mandſlet / dixerunt. Quæ expenſæ pro conditione & dignitate interfecti auctæ vel imminutæ ſunt, prout etiàm ſpes aut metus erat ab amicitiâ vel inimicitiis eorum, qui mortuum genere contigerunt. Id ſi ab occiſore negatum eſt, conſveverunt quàvis ratione, inſidiis an virtute non referebat, occiſorem trucidare: nec antiquius quicquam illis erat, quàm vindictam maturare: nec ſi ſegneſcerent, alia res turpior atq; deſpicatior. Iſta namq; ſecordia dicam an ignavia, probri loco paſſim objecta eſt, & vulgi ludibrio expoſita, ut neceſſe eſſet in ultionem properare. Paucisſimi quidam, ijq; præter leges, pecuniariam ſatisfactionem à ſe ſpreverunt; quam quidem accipere, ᛅᛏ ᛏᛅᚴᛁ ᚠᚱᛅᚾᛏᛅ ᚼᛁᚾ ᛁ ᚼᛁᛅᚦ, At tacke Franda ſin i Stod / hoc eſt, *In crumenam cognatum deponere*, per contemptum dixerunt. *M. Brynolphus.*

18,26 42. *Imperij conſortione donavit*] *Conſortionis* vox pro *Conſortio* Saxoni familiaris & uſitata. Infrà Lib. 7. ſub finem: *Quem familiaritatis gradum educationis & crepundiorum conſortione adeptus fuerat.* Et Lib. XI. *Decreti circumſpectioris induſtria Principum eis conſortionem indulſit.* Habet hanc vocem Saxo, ut pleraq; ex ſuo Valerio Maximo. Sic etenim ille Lib. IV. Cap. 6. *Nec dubito, quin, ſi quis modò extinctis ſenſus ineſt, Plautius & Horeſtilla, fati conſortione, geſtientes vultus tenebris intulerint.* Ejusdem libri Cap. 7. *Siquidem illorum amicitia in conſortione deliciarum & luxuriæ contabuit.* Et Cap. eodem: *Lucius quoq; Petronius hujuſce laudis conſortionem meritò vindicat.* Utitur etiam Livius Andronicus incertâ Tragœdiâ:

Quænam iſta ſocietas, quænam conſortio eſt?

Imò nec Tullius noſter vocabuli raritatem refugit Lib. III. de Officijs, ut ex Nonio obſervat Clariſſimus & maximus ille Gerardus Voſſius in edecumatis ſuis ad veter. Poet. Fragmenta Notis. Cui hac parte favent omnes libri veteres: ne quis illos moretur, qui *Conſociatio* in Cicerone ediderunt. Quin & apud Vellejum Paterculum ſemel atq; iterum eandem vocem legere eſt: ut Hiſt. Lib. 2. Tib. *Nero duobus Conſulatibus, totidemq; triumphis actis, tribunitiæ poteſtatis conſortione æquatus Auguſto.* Et Paulo poſt: *Pòſt utriusq; adoleſcentium obitum facere perſeveravit, ut & tribunitiæ poteſtatis conſortionem Neroni conſtitueret.* Et apud Livium Libro XL. *Sociabilem conſortionem inter binos Lacedæmoniorum Reges, ſalutarem per multa ſecula ipſis patriæq;.* Eâ quoq; voce utitur Cornelius Celſus, Medicorum Cicero, Lib. VII. Cap. 27. *Non ignoremus orto cancro ſæpè affici ſtomachum, cui cum veſica quædam conſortio eſt.* prout in optimo codice MS. ex quo variantes lectiones excerpſi, legitur. Vulgata exemplaria habent *quoddam conſortium.*

Ibid. *Occiduæ vitæ ſtatu*] *Occiduum*, idem eſt quod occaſui vicinum. Ovidius 15 Metamorph. *Senectæ occiduæ iter declive* dixit. Hericus Monachus Altiſſiodorenſis Lib. VI. de Vita S. Germani: 18,27

Sic pater occiduæ ſortis ſuprema canebat

Cæſarius Hiſterbachcenſis Lib. VI. Cap. 5. in Vita Enffridi Decani ad S. Andream Coloniæ: *Etiàm cùm eſſet in ætate occiduâ, usq; ad diem mortis ſuæ, non patiebatur ſe aliquam hebdomadam divini ſervitij præterire.* Alias *occiduum* pro eo, quod ad occidentem ſpectat, uſurpari ſolet. Joſephus Devonius de bello Trojano: Lib. V.

Preſſerat occiduum Phœbus jubar ———

Hericus Monachus de Vita S. Germani Lib. VI:

Phœbus ab occiduis remeans illuſtrior undis.

Ad eundem modum *Aquas occiduas*, *Solem occiduum*, apud Ovidium; & *Orbem occiduum* apud Claudianum invenies.

47. *Infirmam utriusq; ætatem cauſatus*] Ætatis opportunitatem multos rerum novarum ſtudio & ſpe prædæ transverſos egiſſe, etiam Rex Numidarum Micipſa apud Salluſtium abundè teſtatus eſt: qui cum Jugurtham Maſiniſſæ fratris filium non ſe luxui, neq; inertiæ corrumpendum dare, ſed virtutis viâ ad gloriam graſſari animadverteret, initio lætus fuerat, exiſtimans virtutem Jugurthæ regno ſuo gloriæ fore: tamen poſteaquam hominem adoleſcentem, exactâ ætate ſuâ, & parvis liberis, magis magisq; creſcere intelligebat, vehementer eo negotio permotus, multa cum animo ſuo volvebat. *Terrebat eum natura mortalium avida imperij & præceps ad explendam animi cupidinem; præterea opportunitas ſuæ liberorumq; ætatis, quæ etiam mediocres viros ſpe prædæ transverſos agit.* Verba Salluſtij ſunt ſub initium belli Jugurthini. 18,30

50. *Nullam ætatis partem virtuti incongruam*] Id 19,1

D 2

Id suo exemplo multi apud Saxonem comprobarunt. Sic Starchaterus ille Lib. VI.

In viro forti numerosa nemo
Tempora culpet.
Albicet quanquam senio capillus,
Permanet virtus eadem vetustis:
Nec fluens ætas poterit virile
Carpere pectus.

Sic Haldanum senecta non vetuit Grimmonis immanitatem compescere, Lib. VII. Et ibidem Haldanus Borcari ex Drotta filius, adolescens admodum, pugilem ingenuæ famæ oppressit. Et rursus ibidem Olo Vegetus duodecim pugiles interimendo, majus adolescentiâ opus perpetravit. Ivarus, Regneri Lodbrog filius, septimum agens annum, insigni pugnâ editâ, puerili corpore grandævum robur exercuit. Saxo Lib. IX. Josephus Devonius Lib. 1. de bello Trojano:

——————— *Tempora certe*
Virtutem non prima negant, nec ultima donant.

In hanc sententiam aurea planè verba sunt, ut omnia tanti viri, Erycij Puteani, Oratione 1. quâ Senatui Mediolanensi pro titulo Professorio gratias agit: *Iniqui prorsus & ignari humanæ conditionis simus, si Annariarum legum tenaces, indolem virtutemq; omnem temporis limitibus concludamus. Quemadmodum fruticem interdum fructu lætum ac floridum, arborem contrà proceram vetulamq; infelicem: sic in puero virum vidimus, & puerum in viro. Erras, erras, si Virtutis, quàm ætatis, cursum tardiorem existimas. Veteres illi, (ut Marcus Tullius ait) Leges Annales non habuerunt, quas multis post annis attulit ambitio, ut gradus essent petitionis inter æquales. Quâ re factum fuit, ut magna sæpè indoles virtutis, priusquam Reipublicæ prodesse possit, extincta fuerit.*

19,8 Pag. 9. vers. 2. *Propior Virginis, quàm militum charitati*] Hoc est, propensior in Virginis, quàm militum amorem, addictus magis Virgini, quàm militibus. Valeriana locutio est. Extat Lib. 1. Cap. 1. pag. 25. *L. Albinius plaustro conjugem ac liberos vehens cum Vestales aspexisset, propior publicæ religioni, quàm privatæ charitati, suis, ut plaustro descenderent, imperavit.* Eundem in modum Saxo sæpè loquitur: ut Lib. III, & XIV. *Propior privatæ copulæ, quàm publicæ vindictæ.*

19,11 5. *Medendi solertiam profitetur*] Inter alias artes, quibus se veteres ᚱᚢᚾ *Runi* simplici vulgo venditabant, *medendi* quoq; *solertiam* profiteri solebant. Quæ sanè non tam in artis Machaoniæ exquisita scientia, quàm Runica illa & planè magica vulnerum morborumq; curatione consistebat. Usurpabant etenim etiam hanc ad rem Runas suas ᛚᛁᛘᚱᚢᚾᛅᚱ, limrunar dictas, quarum infrâ extabit mentio. Inprimis vero circumforaneis hisce Medicis in aulas Regum subinde irrepere, aut in pugilum conventicula, quæ sine cæde & sangvine sæpe non peragebantur, sese ingerere, opemq; suam ultro offerre, mos erat. Exempla in Antiquitatibus nostris quamplurima occurrunt. Sic Lib. III. Saxonis nostri ipse Magorum Borealium princeps Othinus, Rindæ Ruthenorum Regis filiæ medicam præstitit operam, quam tamen paulò post ad stupri licentiam transtulit.

Ibid. *Ad postremum*] Formula Justino usitatissima, unde desumpsisse Saxonem nulli dubitamus. Sic etenim ille Lib. VI. Cap. 2. prout vir Clariss. Berneggerus in exquisitissima & utilissima Editione sua distinxit. *Ad postremum ipse ad eum pergit.* Item Lib. XIII. Cap. 8. *Ad postremum tamen Perdicca occiso.* Iterum Lib. XIV. Cap. 3. *Ad postremum cum Antigonum venire cum exercitu nuntiatum.* Rursus Lib. XVI. Cap. 4. *Ad postremum adversus plebem nimio otio lascivientem auxilia petivere.* Denuò Lib. XXIV. Cap. 3. *Ad postremum tamen petente eo, induciæ duorum mensium datæ.* Et tandem Lib. XLIV. Cap. 4. *Ad postremum laqueo captus, Regi dono datus est.* 19,12

9. *Solus in octo pariter spicula mortis egi*] *In octo*, id est, Svarinum & septem ejus fratres, de quibus modo dictum. Versus autem sunt Choriambici alcaici tetrametri acatalecti, constantes ex tribus choriambis & Bacchio, sive Amphibrachio. At in quarto versu omninò pro *conciliantis* reponendum erat *conciliantem*, sententiâ sic efflagitante. 19,16

10. *Gladio corripui reducto*] Ad eundem loquitur modum Saxo infrâ Lib. VII. *Cujus immorantem ictui dextram Haldanus nihil hæsitans obvia ferri celeritate corripuit.* Fortean τὸ *corripere* idem Saxoni valet ac *invadere*; quomodo utitur Justinus Lib. XV. Cap. 1. *Præmia victoriæ corripuit*; aut simili significatione. 19,17

15. *Timuiq; nunquam Ad crepitus ensiculi*] Idiotismi formula videtur, *timere ad.* Nam rarò apud alios occurrit autores. 19,21

16. *Nunc malè me projiciens*] *Projicere* hoc loco est rejicere, contemnere, despicere. Undè *projectus*, pro contempto & vili. Sic Tacitus 1. Annalium: *Milites ne appellem, an cives? quibus tam projecta Senatus autoritas?* id est, vilis, abjecta. Injustè verò conqueritur Gramus de fluxâ Signes sponsæ suæ fide, quum & ipse in amore inconstantissimus fuerit, utpote qui non solùm priorem conjugem educatoris sui Roarij filiam repudiaverit, verùm etiam alterius, Groæ nempe, repudium promiserit, ut Signe potiretur. Quare rectè concludit 19,23

cludit his verbis vitam Grami Clarissimus Meursius : *Tandem Gramus mox à Suibdagero cæditur. Princeps magnus & in quo nihil reprehendas , quàm amoris conjugalis inconstantiam & repudia, etiam regibus indecora, & illicita, neq; à Deo ut autore matrimonij, ita quoq; assertore, impunita, quanquam sæpè per libidinem usitata.* Svaningius permissa olim Regibus fuisse repudia commemorat : *Fuit autem* , inquit , *in Borealibus hisce regnis in gentilitate olim polygamia libera vulgo , sed nequaquam Regibus , quibus tamen repudiare uxores permissum fuisse, multorum Regum exempla testantur.*

19,26 19. *Fœmineæ dat levitatis facinus notandum*] Sic in vetustis versibus qui Q. Ciceroni ascribuntur :

Crede ratem ventis, animum ne crede puellis :
Namq; est fœmineâ tutior unda fide.

Petronius Arbiter:

Fœmina nulla bona est , sed si bona contigit ulla,
Nescio quo fato res mala facta bona est.

Non aliter de Phyllide suâ conqueritur Lycidas apud Calphurnium Eclogâ 3.

———— *Lycidam ingrata reliquit*
Phyllis amatque novum post tot mea munera Mopsum.

Cui respondet Jolas:

Mobilior ventis ut fœmina, sic tua Phyllis.

Et paulò pòst :

Hi tamen ante mala figentur in arbore versus:
CREDERE , PASTORES , LEVIBUS NOLITE PUELLIS.
Phyllida Mopsus amat , Lycidas habet ultima rerum.

Galterus Lib. V. Alexandreidos, fol. 65.

Pectore fœmineo, vernalis certior aura,
Mollior est Adamas. ————

19,31 24. *Et cum dicto*] Sæpenumerò occurrit hic loquendi modus in Martiano , ut Lib. VIII. *Et cum dicto, resupina paululùm se permisit amplexibus voluptatis, &* alibi centies, imò millies.

19,31 Ibid. *Inter sacra mensæ*] Mensâ nihil sacratius apud veteres. Hinc illa fluxit formula, *inter sacra mensæ.* Valerius Maximus Lib. 2. Cap. 2. *Si qua inter necessarios querela esset orta, apud sacra mensæ, & inter hilaritatem animorum, fautoribus concordiæ adhibitis tolleretur.* Quintilianus Declamatione CCCXXI. *Venenum aliquis inter lares suos, inter sacra mensæ , coronatis pariter , quos celebramus , Dijs immortalibus , hilaris hilari dedit ?* Tacitus Lib. XV. *Sed abnuit Piso, invidiam prætendens, si sacra mensæ, Dijq; hospitales cæde qualicunq; principis cruentarentur.*

A Sic *sacra legationis* idem Lib. 1. Annal. *Hostium quoq; jus, & sacra legationis, & fas gentium rupistis.* Ita & *Sacra regni* Annal. Lib. 2. *Postquam dolum intellexerat, sacra regni, ejusdem familiæ Deos, & hospitales mensas obtestantem, catenis onerat.* Mensas verò olim maximâ in veneratione habitas, & velut sacras fuisse, Synesius docet Epist : LVII. Τράπεζα μὲν ἱερὸν χρῆμα, δι' ἧς ὁ θεὸς τιμᾶται φίλιός τε καὶ ξένιος. *Mensa quidem sacra res est, per quam Deus honoratur, præses amicitiæ &*
B *hospitij.* Pindarus Nemeon. Od. XI.

— ξενίου Διὸς ἀσκεῖται θέμις ἀενάοις ἐν τραπέζαις ————

Hinc Juvenalis Sat. 2.

— *Nullus verbis pudor, aut reverentia mensæ.*

26. *Igitur nuptijs in exequias versis*] Seneca Lib. VI. Declamat. 6. *Versæ sunt in exequias nuptiæ, genialisq; lectus mutatus est in funebrem.* Si- 19,33
C lius Italicus Lib. II.

———— *Tædæq; ad funera versæ.*

Hoc est, nuptiales faces versæ in usum funeris.

27. *Alienis amoribus manus injici non oportere*] *Amor* etenim juxtà Max. Tyrium Dissertat. X. est ἀκοινώνητος πρὸς ἀλλήλους, nullamq; admittit societatem. Sic & Ovidius Lib. 3. Amor. 19,34

Non benè cum socijs regna Venusq; manent.

D Et Seneca Agamennone: *Nec regna socium ferre, nec tædæ sciunt.*

36. *Ne publicæ existimationi contraria*] Tametsi Saxo nihil minus quàm anilibus nugis Lectori fucum facere , aut pro verâ Historiâ φλυαρίας venditare constituisset : quum tamen multa deinceps ex fabulosâ antiquitate deprompta producturus esset , præsagâ mente divinans, quid sibi objici poterat à nimis rigido Censore : maluit heîc denuò προεπιπλήττειν, 20,7
E quàm iniquam nasutuli Momi reprehensionem exspectare.

38. *Triplex quondam Mathematicorum genus*] *Mathematici* hoc loco sunt Magi & præstigiatores. Μαθηματικοὶ propriè dicebantur , qui altiores istas disciplinas , quas Græci veteres μαθήματα appellarunt, edocti erant. Posteà vocabulo tam honesto vulgus abuti cœpit, ac tantùm de Magis, hariolis, præstigiatoribus, &
F divinandi scientiâ callentibus usurpare. Huc facit Agellius Cap. IX. Lib. 1. ubi de Discipulis Pythagoræ loquitur : *Hi dicebantur in eo tempore μαθηματικοί; ab artibus scilicet, quas jam discere atq; meditari inceptaverant: quoniam Geometriam, Gnomonicam & Musicam , cæterasque item disciplinas altiores μαθήματα veteres Græci appellabant. Vulgus autem , quos Gentilitio vocabulo Chaldæos dicere oportet, Mathematicos dicit.* Insignis est locus Joannis Sarisberiensis, Policratici 20,9

Lib. 1. Cap. 9. qui huc apprimè facit: *Eos*, inquit, *qui nocentiora præstigia artesq́; magicas, & varias species Mathematicæ reprobatæ exercent, jam pridem Sancti Patres ab aula amoveri jusserunt.* Ecce, *Mathematicæ reprobatæ* facit mentionem: unde *Mathematici* dicti sunt ejusmodi malefici. Videantur etiam tria illa vel quatuor sequentia capita Sarisberiensis, quæ varia de Magis & Mathematicis tradunt. Auctor Queroli, Præfatione ad Rutilium: *Oblitus doli Parasitus navem ascendit, ad Querolum venit, & rupit fidem, Magum Mathematicum se fingens, & quicquid mentiri fur potest.* Et rursus: *Ego magos Mathematicos novi, talem prorsus nescio.* Et paulò inferius idem auctor Mathesin & Magicam conjungit, quasi artes ferè easdem: *Proper te*, inquit, *feci omnia* (de thesauro loquitur) *mathesin & magicam sum consecutus, ut me sepulti fallerent?* Est eriam in Jure Civili, libro X. nempe Codicis, Tit. XVIII. de Maleficis & Mathematicis, ubi inter alia hæc leguntur: *Artem Geometriæ discere atq́; exercere, publicè interest; Ars autem Mathematica damnabilis est, & interdicta omninò.* Et paulò pòst: *Si quis Magus, vel magicis carminibus assuetus, qui maleficus vulgi consuetudine nuncupatur: aut aruspex, aut ariolus, aut certè augur, vel mathematicus, aut enarrandis somniis occultans artem aliquam divinandi, aut certè aliquid horum simile exercens, in comitatu meo vel Cæsaris fuerit deprehensus, præsidio dignitatis exutus, cruciatus & tormenta non fugiat.*

20,14 43. *Primam physiculandi solertiam obtinentes*] *Physiculandi* hoc est, divinandi solertiam, & præcipuè ex animantium extis. Tales omninò fuerunt Cimbrorum veterum fæminæ Vates, quæ ex intestinis spectatis victoriam suis vaticinabantur. Eas hunc in modum describit Strabo Lib. VII. pag. 294. Ἔθος δέ τι τῶν Κίμβρων διηγοῦνται τοιοῦτον, ὅτι ταῖς γυναιξὶν αὐτῶν συστρατευούσαις, παρηκολούθουν προμάντεις ἱέρειαι πολιότριχες λευχείμονες, καρπασίνας ἐφαπτίδας ἐπιπεπορπημέναι ζῶσμα χαλκοῦν ἔχουσαι γυμνόποδες. Τοῖς οὖν αἰχμαλώτοις διὰ τοῦ στρατοπέδου συνήντων ξιφήρεις. καταστρέψασαι δ' αὐτους ἦγον ἐπὶ κρατῆρα χαλκοῦν ὅσον ἀμφορέων εἴκοσι. Εἶχον δὲ ἀναβάθραν, ἣν ἀναβᾶσα ὑπερπετὴς τοῦ λέβητος ἐλαιμοτόμει ἕκαστον μετεωρισθέντα. Ἐκ δὲ τοῦ προχεομένου αἵματος εἰς τὸν κρατῆρα, μαντείαν τινὰ ἐποιοῦντο. ἄλλαι δὲ διασχίσασαι, ἐσπλάγχνευον ἀναφθεγγόμεναι νίκην τοῖς οἰκείοις. *Morem hunc fuisse Cimbris usitatum ferunt. Sequentibus eos in bellum uxoribus, vates quædam comitabantur canæ, albo vestitu, Carbasinis supparis desuper fibulis affixis, cinctu æreo, pedibus nudis. Eæ per castra captivis occurrebant strictis gladiis, prostratosq́; ad Crateram æneam adducebant amphoras circiter XX capientem. Super eam pulpitum erat, quo conscenso vates sublimis, singulis supra lebetem elevatis guttur incidebat. E sanguine in crateram fuso suam captabant quandam divinationem: reliqua cadavera sic cæsorum scindebant, intestinisq́; spectatis victoriam suis vaticinabantur.* Ejusmodi quoq; fuisse simile vero est *Celtarum Eubages*, quorum meminit Ammianus Marcellinus Lib. XV. *Eubages verò scrutantes summa & sublimia naturæ, ea pandere vulgò conabantur.* Strabo Lib. IV. de Gallia: Εὐβάγεις δὲ ἱεροποιοὶ καὶ φυσιολόγοι. Tales etiam quondam Celtarum *Druidæ*: è quibus Cicero Lib. 1. Divinat. Divitiacum Æduum fuisse ait, qui & naturæ rationem, quam Physiologiam Græci vocant, notam sibi esse profitebatur, & partim augurijs, partim conjecturâ, quæ essent futura, dicebat. *Physiculatores* autem, vel ut Saxo loquitur, *physiculandi solertiam obtinentes*, non sunt alij, quàm quos Martianus Capella, eâdem utens voce, refert, *physiculatis extorum prosiciis, vaticinia fudisse obliquis ambagibus.* Hæc etenim sunt verba Martiani Lib. 1. pag. 5. *Ipse pedibus talaria nectit aurea, & nunc in fanis, quibus aut vaticinia obliquis fundebantur ambagibus, aut denunciatâ pecudum cæde physiculatis extorum prosicijs viscera loquebantur.* Idem Lib. 11. pag. 38. *Hæ aruspicio exta physiculant admonentia quædam, vocesq́; transmittunt, auguratisq́; loquuntur ominibus.* Ad priorem Capellæ locum ita Clariss. Vir, Hugo Grotius ex Scaligero: *Physiculare* ὑποκοριστικῶς pro *Physicare*, φυσικεύειν. Gloss: Isidori: *Physiculo, propitio divos. Physiculator, augur* NATURAS *in extis animantium quærens.* Apulejus de Deo Socratis: *Per hos eosdem, ut Plato in Symposio autumat, cuncta denuntiata, & Magorum varia miracula, omnesq́; præsagiorum species reguntur. Eorum quippe de numero præditi curant singuli eorum providè, ut est cuiq́; tributa provincia: vel somniis confirmandis, vel extis physiculandis, vel præpetibus gubernandis, vel oscinibus erudiendis, vel nubibus coruscandis, cæterisq́; adeò, per quæ futura dignoscimus.* Ubi Petrus Colvius, Mercerus, & alij, legunt *extis fissiculandis*; quos ego suo sensu abundare permitto, & omninò cum Saxone meo antiquam retineo lectionem, qualem ipse in MStis invenit. Nam *physiculandi solertia* ea est, quam ἡπατοσκοπίαν Græci, Latini *Extispicinam* nominarunt: de qua notatu digna sunt verba Petri verè Chrysologi Homil. V. *Occidebatur pecus, ut quod vivum nil scierat, divinaret occisum, & loqueretur ex fibris mortuum, quod nunquam fuerat ore prolocutum.*

44. *Artem possedêre Pythonicam*] Afflati erant spiritu Pythonico. *Python* etenim δαιμόνιον μαντικὸν, cujus afflatu futura prædicebant. Talis fuit puella illa habens *Spiritum Pythonicum* Act. 16. v. 16. In Græco est πνεῦμα πύθωνος, *Spiritum Pythonis*, id est, Dæmonij fatidici. Hinc *Pythonicus*, diviniloquus, Levit. 20, v. 27. *Vir sive mulier, in quibus Pythonicus, vel divinationis fuerit spiritus.* 20,14

ſpiritus. *Pythomantis* dicebatur Pythicus vates, & ἐγγαστρίμαντις. Heſychius: πύθων, ὁ ἐγγαστρίμαντις. Ἐγγαστρίμυθοι erant genij è ventre hariolantes, quod ſpiritus immundus ex turgeſcente vatum ventre obſcurè tanquam ex utre loquebatur, & oracula dabat.

20,19 48. *Per ſummam ludificandorum oculorum peritiam*] Sic Sigurdus Fabnisbanus, Ragnari Lodbroci ſocer, fruſtratus, Brynhilldam Budloniam, cui fidem conjugalem dederat, Gunnaro Giucungo, uxoris fratri, cupiens illam conciliare, cum aliter ad ipſam pervigili igne circumdatam irrumpere nequiret, [quem ignem circum aulam Brynhilda aluerat, vocavitq; ᚢᛅᚠᚢᚱᛚᛅᚠᛅ, Vafurloga] nemo verò præter Sigurdum tàm animatus eſſet, ut ignem tranſire auderet, aut ſi auderet Gunnarus, cujus intererat ſponſam incluſam videre, Equum tamen, præter Sigurdi illum *Grana*, qui intrepidè perrrumperet difficultatem, conſequi nullum potuit. Atqui is omnis alius ſeſſoris, quàm domini impatiens, Gunnarum repulit. Quare ut equum pariter & ſponſam Sigurdus falleret, vultum faciemque cum Gunnero commutaſſe dicitur. Quod illi περίσπασμα, ᛅᛏ ᛋᚴᛁᛒᛏᛅ ᛚᛁᛏᚢᛘ, At ſkipta litum/ *Colores mutare*, dixerunt. Quin imò, non humanos modo vultus aſſumere & deponere; ſed beſtiarum & ferarum formas, quas volebant, induere noverant: uſi ad hanc rem incantationis & characteris genere, quod ᚠᛁᚾᚢᛁᚴᛅ, Finvika nominarunt, quaſi *Finnorum motum* dicas: credo, quòd illud artificium Finnis frequentiſſimum fuerit. Sanè Gunhilda, Erici Blodöxij uxor, ab illiusmodi præſtigiis malè audivit, Finlandica & ipſa, Ozuri Totonis filia. *M. Brynolfus.*

20,21 50. *Illicibus formis*] *Illices oculos* Apulejus dixit, quorum aſpectu ad libidinem incitamur. Et *Illices voluptates* Lactantius Lib. VII. Cap. ult. *Omittendæ ſunt hujus præſentis vitæ illices voluptates.*

20,27 Pag. 10. verſ. 2. *Cum Latinorum quoq; prudentiam pellexerit*] Ità eſt. Nulla fere gens tantæ ſuperſtitionis fuit, ac ipſa Gentium victrix Romana, quæ neutiquam vernaculos Deos coluiſſe contenta, univerſa etiam aliarum nationum numina ſua intrà mœnia recepit. Jam verò totum illud Deorum Dearumque agmen ex magnâ illâ matre, hoc eſt, terrâ proſatum, & illorum in numero cenſendum, qui terræ munere veſcuntur, Antiquitates Romanæ abundè teſtantur. Imò ſacra omnia, omnis auguralis diſciplina, ancilia, Libri Sibyllini, & id genus alia, arcana tantùm quædam Reipublicæ Romanæ fuêre, quibus vel populus in officio teneretur, ſi quando ſeditionem moveret, vel Imperatores ad ardorem militibus ingenerandum uterentur. Sed ne videar heic actum agere velle, & quæ eximij ſcriptores Tertullianus, Arnobius, Lactantius, Minutius Felix, & alij de Diis Ethnicis luculenter & copiosè tradiderunt, quaſi compilare, verbum non amplius addam.

14. *Sedulâ affirmatione certabat*] Pro inſtabat, contendebat, perſvadere conabatur: quomodo Virgilius *certet ſuperare*, hoc eſt, ſtudeat, conetur; Ecloga V. Et Horatius *certare quodcunq; facit Mæcenas*, hoc eſt, certando conari, Sermon. Lib. 2. Stat. 3. Niſi fortè *certabat* erit, certiorem reddebat, vel ut Barbari loquuntur *certiorabat*, ut ſit à *certus*. Nam *incertare*, pro incertum reddere Plautus uſurpavit Epidico: *Longa dies animum incertat meum.* 21,2

30. *Dum Venerem coluiſſe piget*] Non putandum *Duram illam manum* [ſic namq; *Hartgrepa* interpretatur] tàm invenuſtè & ruſticè atq; apertè ad Venereas voluptates Juvenem generoſum provocaſſe, quin libidini ſuæ frontem prætexeret, & luteum velamen, virginum more. Sumſit verò illud ſuum πρόσχημα ex intimâ hominum illorum religione, quibus Divarum haud poſtrema fuit FREYA, Amatorum προξενήτις, & illarum voluptatum promaconda: quam violare aut contemnere, Skapto vel Thorballus Sidenſis [nunc enim uter eſſet, non exactè memini] parùm aberat, quin capitali diſcrimine didicit, ut erat periculoſum: qui ad Chriſtianam fidem converſus, parùm honorificè de Freya, in carmine hoc ſuo, fuerat locutus: 21,18

ᚢᛁᛚ ᛁᚴ ᚢᛘ ᚴᚢᚦ ᚴᛁᛅ
ᚠᚱᛁᛁ ᚦᛁᚴᛁᛁᚱ ᛘᛁᛁᚱ ᚠᚱᛁᛁᛅ.

Vil eg um God geya
Grey thikier mier Freya.

Hoc eſt; *De diis latraturus, Freyam inſtar caniculæ, vel vulpeculæ, judico.* Quæ res continuò ut increbuit, ἀποσυνάγωγος factus, in capitis periculum inciderat, niſi divinitus accidiſſet, ut illo ipſo anno, quo in eum maximi quique Viri conjurarant, Chriſtiana fides in foro univerſali recepta fuiſſet. Nialam conſule. Numinis hujus ſeu Divæ monumentum adhuc Danica lingua conſervat, quæ Veneris diem, Fredag/ id eſt, *Freyæ diem*, appellat: & Dominas, Nobiliumq; fœminas Fruer/ ab eâdem dictas eſſe, nulli dubitamus. Quin etiàm Fryd/ *Voluptas*, & Frø/ *Semen*, indidem venerunt; notatione à cauſis: & nos matremfamilias Hußfreyu vulgo nominamus. *M. Brynolphus.*

32. *Adveniat pius ille calor*] Blandus ille & caſtus amor. Sic Ovid. XI. Metamorph. *Trahere pariter calorem*; id eſt, unà incipere amare. 21,20

39. *Cujus Naturæ contextum*] Sic Valerius Maximus Lib. IX. Cap. 14. *Contextum ſanguinis* dixit: *De ſimilitudine autem oris & totius corporis altiore* 21,27

altiore doctrinâ præditi subtilius disputant: eorumq; alij in ea sunt opinione, ut existiment illam origini & contextui sangvinis respondere. Aliter fortè usurpavit Ammianus Marcellinus Lib. XVI. *Hærebat attonitus, per giganteos contextus circumferens mentem, nec relatu effabiles, nec rursus mortalibus appetendos.*

21,29 41. *Nunc affluentis substantiæ*] Ità omninò legendum existimo, ipso contextu eò me ducente, qui totus merâ constat verborum ἀντιθέσει. Sic *contractior* opponitur *capaciori*; *exilis*, *affluenti*; (nam *exilis* & *defluens* non sunt ἀντίθετα) *corrugatum*, *explicato*. *Affluens* autem est *crescens*.

21,30 43. *Nunc proceritate cœlis invehor*] Parilem planè in modum Philosophiam, quæ instar fœminæ sibi supra verticem astare visa est, describit Boëthius Lib. 1. de Consol. Philosoph. *Statura erat discretionis ambiguæ. Nam nunc quidem ad communem sese hominum mensuram cohibebat, nunc verò pulsare cœlum summi verticis cacumine videbatur.*

21,31 Ibid. *Nunc in hominem, angustioris habitus ditione, componor*] Ita hunc locum distinguendum censui, qui alioquin paulò videbatur obscurior. Nam *in hominem componor*, hoc est, depositâ monstruosâ illâ & giganteâ magnitudine, in humanam staturam, pro eâ, quâ polleo potestate, me transformo. Nimirum *monstra* opponit *hominibus*, quomodò mox infrà loquitur.

Et fortes complexa duas, majore feroces
Territo concubitus, hominum breviore capesso.

Ditio autem heic denotare potest divinitatis quasi quoddam arbitrium, nutum & potestatem. Iterum Saxo Lib. II.

Res petit & par est, quæcunq; per otia summâ
Nacti pace sumus, belli ditione mereri.

Idem Lib. VII. *Alterum terris, alterum aquis regiâ ditione præesse voluit.* Dudo S. Quintini Decanus Præfatione in Acta Normannorum:

Fidens in Domino mundum ditione regente,
Quicquid vult faciens cœlo, terrâq;, mariq;.

Cæterùm erat cum hoc loco olim legerem *conditione*. Imò *ditionem*, *conditionem* designare auctor est Polyhistor nostri seculi incomparabilis Caspar Barthius Lib. XVIII. Adversf. Cap. X. ad Prosperi illos versus:

Perpulit à vetitis pomum decerpere ramis
Queîs inerat recti & pravi experientia major
Tunc ditione hominis. ————

Sic Prudentius Trecensis de Christo Domino:

Emittens animam propriâ ditione beatam.

21,37 49. *Diverso schemate formas*] Galterus Lib. 1. Alexandreidos. pag. 12. v. 4.

Pectoris in medio bis seni schemate miro
Ardebant Lapides. ————

A Et Lib. IV. Fol. XL. fac. 2.

———— *Tumulumq; in vertice montis*
Imperat excidi, quem structum schemate miro
Erexit celeber digitis Hebræus Apelles.

50. *Nunc sidera cervix Æquat*] Virgilius Æneid. Lib. III. de Cyclope: 21,38

———— *Ipse arduus altaq; pulsat*
Sydera ————

B Pag. 11. vers. 4. *Converti cerea vultus*] Horat. *Cereus in vitium flecti.*

5. *Qui Protea novit*] Horatius Lib. 1. Epist. 1. 22,9

Quo teneam vultus mutantem Protea nodo?

Et Sermon. Lib. 2. Sat. 3.

Effugit tamen hæc sceleratus vincula Proteus,
Fiet aper, modò avis, modò saxum, & quum volet, arbor.

Eum ob varias mutationes *ambiguum* Ovidius eleganter vocavit Lib. II. Metamorph. quas
C etiam recenset, Lib. VIII Metamorph.

Nam modò te juvenem, modò te vidêre Leonem:
Nunc violentus aper, nunc quem tetigisse timerent,
Anguis eras; modò te faciebant cornua taurum.
Sæpè lapis poteras, arbor quoq; sæpe videri.
Interdum faciem liquidarum imitatus aquarum
Flumen eras, interdum undis contrarius ignis.

D Et alibi:

Utq; levis Proteus modò se tenuabat in undas
Nunc Leo, nunc arbor, nunc erat hirtus aper.

Notum est adagium: *Proteo mutabilior.* Enthea Venefica apud Petronium:

Proteus esse solet, quicquid libet ————.

Sed nos cum Johanne Tzetze rectè judicamus Protea huncce tantoperè veteribus celebratum, insignem Magum & veneficum fuisse, qui arte
E Diabolica & vi magica in tam varias se formas subindè mutaverit. Id quod hæc verba Tzetzis Chiliad. III. testantur.

Ὃς μαγικαῖς δυνάμεσι μετέβαλλεν εἰς πάντα
Εἰς πῦρ, ὕδωρ, εἰς δράκοντα, δένδρον, εἰς πᾶσαν φύσιν

14. *Virili more culta*] Imitatus est Saxo Valerium Maximum, qui Lib. IV. Cap. 6. persi- 22,18
F mile Exemplum commemorat de Hipsicrateâ Reginâ Mithridatis, quæ ut in exilium maritum suum sequeretur, *præcipuum formæ suæ decorem in habitum virilem convertere voluptatis loco habuit. Tonsis enim capillis, equo & armis se assuefecit, quò facilius & laboribus & periculis ejus interesset.* Expendat hæc verba benevolus Lector, & cum Saxonis contextu conferat. Nî fallor, Valerij hunc locum in animo & oculis habuisse Saxonem nostrum ultrò fatebitur. Amoris etiam con-

conjugalis notabile exemplum de Epponinâ Julij Sabini conjuge refert Petr. Victorius Lib. 18. Variar. Lect. Cap. XV. ex Plutarthi ἐρωτικῷ, & Cornelij Taciti Lib. XX. Cui convenit illud S. Asterii, Amaseæ Episcopi, Homiliâ, *An liceat dimittere uxorem* : Ἔγνων ἐγὼ γυναῖκα καὶ τὴν κώμην κείρασαν, καὶ ἀνδρικὴν περιθεμένην ἐσθῆτα, καὶ ταύτην ἀνθεινὴν, ἵνα ἀνδρὸς φεύγοντος μὴ χωρισθῇ. *Novimus ipsi mulierem, quæ attonsâ comâ, vestem virilem, camq; floridam induit, ut ne virum fugientem latentemq; deserere cogeretur.*

22,22 18. *Diris admodum carminibus ligno insculptis*] Hoc loco primum occurrit *Runomagiæ*, sive *Necromantiæ Runicæ* exemplum, quod amplum nobis de *Runis* Veterum Danorum, & *Magiâ Runicâ* disserendi suppeditat occasionem. Vox itaq; ᚱᚢᚿᛆᚱ, Runar / duo significat, & veterem Literaturam, quæ etiamnum passim exstat, & Magiam Runis expeditam. Runicarum etenim Literarum duo primaria fuerunt genera. Unum eorum, quibus ad animi sensa exprimenda, res gestas consignandas, Heroum fortia facta deprædicanda, aliaq; necessaria indicanda, utebantur *Runæ*, atq; in hoc genere literati. Ab hisce Runis lingua Danica antiquitus ᚱᚢᚿᛆ ᛘᛆᛆᛚᛁ Runa Maalt appellata fuit. Alterum genus quibusdam, magicis incantationibus cumprimis deditis, familiare extitit. Hisce enim Runis, præstigiis Diabolicis miserrimè inescati, in aliorum perniciem plerumq; abutebantur Magi & incantamentis celebres. Tantam namq; earum vim & efficaciam esse sibi persvadebant miseri, ut ijs hostes necare, ursos ac feras ligare, ventos ac grandines concitare, imbres ciere, homines dementare, manes elicere, aliaq; incredibilia perpetrare valerent. Hisce Othinus ille Rindam puellam mentis ac rationis usu privavit. Quod ita persequitur Saxo noster Lib. 3. *Quam cortice carminibus annotato contingens lymphanti similem reddidit, receptam toties injuriam modesto ultionis genere insecutus.* Hisce Guthruna, de qua Idem Lib. VIII. *effecit, ut regiæ partis propugnatores subitò oculis capti in se ipsos arma converterint.* Hisce pollebat illa *augurij perita fœmina, cujus carminum tanta vis erat, ut rem quantalibet nodorum consertione perplexam, è longinquo sibi soli conspicuam, ad contactum evocare posse videretur.* Saxo Lib. VII. Hisce tandem Hartgrepa, *ligno incisis & linguæ demortui hospitis suppositis eum loqui fecit, diraq; carmina effari*; Cujus rei hoc loco mentionem facit Saxo. Hosce autem Characteres ᚱᛆᛘᚱᚢᚿᛂᚱ Ramruner / seu Runas amaras & acerbas vocârunt, eò quod molestias, dolores, morbos, aliaq; pernitiosa hisce infligere inimicis soliti sint Magi. Hæc maximam partem desumpsimus ex Literatura

A Runica Excellentissimi viri, D. Olai Wormij Cap. 5. Porro Runas istas Magicas Glossarium veteris Islandicæ linguæ dispescit in aliquot species, ut in ᛋᛁᚵᚱᚢᚿᛂᚱ, Sigruner / id est, *Runas victoriales* : ᛒᚱᚢᚿᚱᚢᚿᛂᚱ, Brunnruner / *Runas fontanas* : ᛘᛆᛚᚱᚢᚿᛂᚱ Mâlruner / *Logo Runas* : ᛆᚢᛚᚱᚢᚿᛂᚱ, Aulruner / *Runas Cerevisiarias* : ᛒᛁᛆᚱᚵᚱᚢ-
B ᚿᛂᚱ Biargruner / *Runas auxiliatrices* : ᛚᛁᛘ-ᚱᚢᚿᛂᚱ Limruner / *Runas arboreas* : & ᚼᚢᚵ-ᚱᚢᚿᛂᚱ Hugruner / *Runas Cordiales*. Singularum Runarum usum ita exprimit : 1. Sigrunar skalltu kunna / ef thu villt Snotur vera: rist a hialte hiørs / a vettrunum / og a valblystrum / og nefna tvisiar Tyr. Hoc est, *Runas victoriales callere debes, si sapiens, astutus, atq; callidus evadere cupias. Incide eas capulo, vel retinaculo ensis tui, item*
C *Chirothecis, & lituo bellico; & bis nomen Tyr ingemina.* 2. Brunrunar skalltu giora / ef thu villt borgan hafa a sunde seglmaarum. a stafn skall thær rista / og a Stiornarblade. tha komst heill af hafe : *Runas fontaneas adhibe, si quando merces tuas sartas tectas maritimisq; periculis exemptas habere cupias. Eas puppi incidas, & gubernaculo, atq; ita incolumis è mari evadas.* 3. Mâlrunar skall thu kunna / ef thu at mage ther heiptum giallda harm : thar um vindur / thar um væfur / thar um sætur / allar samen
D a thui tinge er men Skulu i fulla døma fara : *Logorunas usurpato in pensandis & ulciscendis injurijs. Eas incidito sæpimentis, tentorijs & sedilibus fori, ubi judicia peraguntur.* 4. Aulrunar skalltu kunna ef thu villt ad annars Quen vxte thig ecke / trygd ef thu truer : a horne skall thad rista og a handar baka / oc merkia a naagle Naud : *Runas cerevisiarias adhibeto, ne te aliena mulier decipiat. Eas cornu potatorio insculpito, & exteriori parti manus tuæ, notatâ simul in ungue Litera* ᚿ, *quæ Naud dicitur.*
E 5. Biargrunar skalltu nema ef thu villt borgit faa og leisa kind fra konu. a løfa skall thær rista / og um lida spenna og bidia Dysie duga. *Auxiliatrices Runas addiscas, si fœminam onere partus facilè levari cupias. Insculpito eas in vola manus, ijsq; artus & membra cingito, opemq; Parcarum, quæ Dysæ vocantur, implorato.* 6. Limrunar skall tu kunna / ef thu villt lækner heita / og kunna saar at sia. a a beke skall thær rista og a bare vidar thess er lute austur limer. *Runas arboreas nosse debes, si egregij*
F *Medici nomen sustinere velis, vulneraq; ex arte curare. Eas incidito cortici & folijs arborum, quæ se versus Austrum potissimum flectunt & inclinant.* 7. Hugruner skalltu nema / ef thu villt huerium vera gedhoskare guma / ther of ræd / ther of reist / ther of hugdo. *Runas cordiales scire debes, si quolibet virorum animosior esse velis. Eas delineato in pudendis, & pectore tuo.* Hæc plena superstitionis antiquæ documenta, propterea heic in medium adduxi, ut Runarum Magicarum aliqua exsta-

exstaret ad locum hunc Saxonis illustrandum A notitia, non ut earum detestandum usum quemquam edocerem. Cæterùm *Runæ Necromanticæ*, quibus defunctorum umbras è sepulchris evocabant, dictæ sunt etiam ᚺᚢᚨᚱᛏ-ᚱᚢᚾᚱ, Suartruner/ id est, furvæ Runæ: & baculus, sive lignum, cui insculpebant ejusmodi Runas, dicebatur ᚱᚢᚾᚨᚱᚴᛁᚨᚠᛚᛁ Runarkiæfle. Mathematici volunt Necromanticos in horoscopo habere ☿. Julius Firmicus B Cap. 1. Lib. 1. *Illum quiescentium securas animas, etiam lethæi fluminis oblivione purgatas*, ☿ *cogit nefarijs carminibus excitare. Nefarijs carminibus*, quomodo Saxo *diris carminibus*. Cæterùm heîc etiàm locum meretur eruditissima Dissertatiuncula Viri Clarissimi, & nunquàm sinè laude dicendi, M. Brynolfi Svenonij, quæ nostra Observata non parùm illustrat: *Nullus dubito, quin* Runas *Saxo intellectas velit. Quas incidere lignis pro effectus varietate, varijs & alijs generibus rerum,* C *solens erat. Documentum dedit non nihil Brynhilda Budlonià, Sigurdo Fabnesbano, ut in Ragnari Historia observavit. Lignum porrò hoc* κεχαραγμένον, *breviculum & exiguum ferè,* Runakefle *dicunt, quasi claviculum Runicum dicas, &* Rista Runer/ *incidere Runas, propriè, vel ut Saxo, insculpere; non scribere, aut pingere, dixeris. Enimverò priusquàm in honorem Romanæ Ecclesiæ, cum Religione, literas etiàm Sacerdotes & Principes certatim in Septentrionem invexerunt, quibus hodieq; omnes utimur: an-* D *tiquiores illæ gentium Normannicarum propriæ creditæ sunt omnes [multiplices namq; fuerunt]* δύναμιν *quandam possidere non modo* σημαντικὴν τῆς φωνῆς, *ut loquitur Aristoteles; verùm* ἐνέργειαν *etiàm* τῶν διανοουμένων ἐπιθυμηθέντων ἀποτελεσματικήν. *Ideò singulos characteres singulis Deastris, aut Dæmoniis adscripserunt, velut* ἐν θεραπείας μοίρᾳ; *ac ut quemcunq; effectum à quovis Dæmone procurari crediderunt, ità certum characte-* E *rem certæ materiæ suo & legitimo modo, loco, tempore, & instrumento, additis propriis carminibus, nonnunquàm & sacrificiis, incidendum judicarunt. Quæ omnia qualia fuerint, vix nunc quisquam mortalium, ac nè vix quidem, novit. Ego tamen, hæc tantùm, quæ conjicio, partim ex antiquitatis monumentis, partim ex diligenti ex nostris hominibus inquisitione collegi. Quò minus jam miremur, quemadmodum fieri potuerit, ut tantillo annorum spatio, quod à conversione Septentrionalium excurrit, vix ulla super-* F *sit priscorum religionis, rituumq; ac nè characterum quidem, firmior memoria. Videlicet maximè à Christianis est laboratum, ut scripta & monumenta vetustatis gentilis penitus obruerentur, æternâ oblivionis humo sepulta. Quià videlicet persvasum erat, quamdiu vestigium cultus & characterum antiquiorum, hominum animis obversaret; negotium conversionis non satis procedere, hominibus ad pristinas præstigias pronis & facilibus. Ideoq; nè obstrueret veri-*

tatis luminibus potestas tenebrarum, nec tamen ferret rude vulgus subtiliorem, quàm pro suo captu, usus ab abusu distinctionem, & accederet Zelus verbi ministrorum Pontificiis consvetus, & cupido Romanam Ecclesiam omnibus modis propagandi: literas Romanas, ut sanctiores, Normannicis, tanquàm gentili superstitione pollutis, commutare consultum visum est. De quo facto meum judicium non requiri ut certò scio, ità libenter contineo.

19. *Linguæ defuncti per Hadingum suppositis*] 22,23
Operæ erit pretium feralem illam scenam recolere, quæ apud Apulejum Lib. II. Methamorph. exstat, de adolescente quodam redivivo, quem cum Zachlas Ægyptius, Propheta primarius, ex inferis reducere conaretur, *herbulam quampiam, ter ob os corporis; & aliam pectori ejus imponit.* Videatur omnino totus iste locus, qui claram Saxoni lucem affundit.

21. *Inferis me qui retraxit, execrandus oppetat*] 22,25
Carmen est tricolon; cujus duo priores versus Trochaici tetrametri seu octonarij Catalectici: reliqui quindecim Alcmanij, qui primâ parte habent duos pedes Choriambicos (hoc est Spondæum cum Choriambo) posteriori autem Adonium. Hinc redit ad Trochaicos duos: illis subjunguntur Pentametri decem, & clauditur duobus rursus Trochaicis.

Ibid. *Inferis me qui retraxit.*] Ita & profa- 22,25
tur adolescens iste redivivus, loco jam dicto Apuleji: *Quid, oro, me post Lethæa pocula, jam Stygijs paludibus innatantem, ad momentaria vitæ reducitis officia? Desine, ac me in meam quietem permitte.* Ejusmodi querelas fundere Manes elicitos testatur etiam Statius Papinius Lib. III. Thebaidos, ubi de fœmina Thessalica loquitur, *Cui gentile nefas hominem revocare canendo:*

——— Animarum mœsta queruntur
Concilia, & nigri pater indignatur Averni.

Ubi vetus interpres Pl. Lactantius: *Queruntur*, id est, *dolent sibi requiem tolli.*

Ibid. *Inferis me qui retraxit*] Odas illas suas, 22,25
veteres, quibus virtutem & valentiam insigniorem inesse voluerunt, carmine intercalari distinxerunt, simul ut Poëma ornarent ac digererent, nè continua μονῳδία tædium crearet; maximè verò ut velut novo spiritu afflati, totâ mente & pectore propositum urgentes preces ingeminarent, ineffabili fervore, & tantùm non furore acti. Sic Bussa saga Bosam alumnum & Herrodum filium è carcere, in quem compacti suo quædam ob facinora fuerunt, frustra diu liberare conata, Regem in cubili quiescentem improvisa accedit, & continuò diro carmine, quod Busslubaen dicitur, execratur, intercalari versu subindè insito, ᚾᛁᛘᚨᚱ ᛏᚼᚢ ᛒᚢ-ᛋᚨ ᛒᛁᚨᚱᚴᛁᚱ ᚢᛁᛏᛁᚱ, Nemar thu Bosa biarger veiter etc. *Nisi Bosæ opem feras.* Videatur *Bosa saga.* Sed enim Carminibus inesse

eſſe efficacem virtutem, vel ſolis vel cum ſacrificiis, ritibus, & characteriſmis, præſertim αὐτοσχεδίοις, cum animus ab affectu recens calet; præter Græcos & Latinos, qui illud ſæpè fatentur; veteres Normanni, & recentiores quidem, conſtanter credunt, tanta fiduciâ, ut evelli deſperem; neq; effectu ſemper ſibi videntur fruſtrati. *M. Brynolfus.*

22,26 22. *Tartaroq; devocati ſpiritus*] *Devocare* eſt defunctorum umbras è ſepulcris *evocare* quod veteres *elicere* dicebant: & hinc *Elicia*, carmina, quibus animas alienis elicerent locis. Tertullianus de anima Cap. 28. *Scimus enim Magos elicere explorandis occultis per catabolicos, & paredros & pythonicos ſpiritus.* Hac de re dignisſima lectu eſt Declamatio X. Quintiliani, quæ *Sepulcrum Incantatū* inſcribitur. Inprimis huc facit locus, quo Magum deſcribit, qui *barbaro carmine* & *horrentibus verbis* animas & evocare & præcludere ſolebat: *Sic Magum, cujus horrido murmure imperioſisq; verbis Dij Superi, Maneſq; torquentur, advocat, non ut exorati manes deducerentur, nec ut evocata nocturnis ululatibus umbra properaret,* & quæ ſequuntur. Apulejus Lib. II. Metamorph. de Zachlâ Ægyptio Prophetâ: *Zachlas adeſt, Ægyptius Propheta primarius, qui mecum jam dudum grandi præmio pepigit reducere ab inferis Spiritum, corpuſq; iſtud poſtliminio mortis animare.*

22,26 Ibid. *Pœnas luat*] Raro Necromanticis feliciter ceſſit Manium evocandorum curioſitas. Illuſtre inter alia exemplum habemus apud Heliodorum Lib. 6. Æthiopicorum, ubi necromanticum Ægyptiacæ anus actum prolixè deſcribit; cujus ille fuit eventus, ut anus inter cadavera diſcurrens extantis haſtæ fragmento per ingven trajecta exanimis corrueret. Vide etiam hac de re Lib. 2. Barbaricæ Philoſophiæ Otthonis Heurnij, Cap. XXIX. pag. 260.

23,8 42. *Atq; manus vivos verrerit ungve fero*] Hoc eſt, cum turba illa monſtrorum injectis ungvibus vel fruſtillatim diſcerpſerit. Singularem violentiam denotat *Verrendi* vocabulum. Martiano Capellæ *procella mare verrere* dicitur Lib. IX. pag. 307.

Et licet indomiti dira procella Noti
Spumea Scyllæi verreret ima maris.

Appoſitè Ammianus Marcellinus Lib. XIV. pag. 4. *Quibus mox Cæſar acrius efferatus, velut contumaciæ quoddam vexillum altius erigens, ſine reſpectu ſalutis alienæ vel ſuæ, ad VERRENDA SUPPOSITA inſtar rapidi fluminis irrevocabili impetu ferebatur.*

23,18 52. *Compacto ramalibus tecto*] *Ramale*, ramus inutilis ex arbore deciſus. Ovidius:

——————— *Ramaliaq; arida tecto.*

Perſius:

Ut ramale vetus vegrandi ſubere coctum.

Martianus Capella Lib. III. pag. 59. *ne denſis obumbrata ramalibus.*

A Pag. 12. verſ. 20. *Ex cujus teterrimis vulneribus plus tabi, quàm cruoris manavit*] *Tabes* interdum aliquid cruentum ſignificat, quod propriè *Tabum* nominant: eſtq; ſanies & ſangvis corruptus: qualem ex Deorum vulneribus manare olim Poëtæ finxerunt, & ἰχῶρα vocarunt. Clemens Alexandrinus Admonitione ad Gentes: *Εἰ δὴ τραύματα, καὶ αἵματα. οἱ γὰρ ἰχῶρες οἱ ποιητικοὶ, εἰδεχθέστεροι καὶ τῶν αἱμάτων. σῆψις γὰρ αἵματος, ἰχὼρ νοεῖται.* *Quod ſi ſunt* B *vulnera, eſt etiam ſangvis. Sanies enim Poetica, quam ἰχῶρα vocant, eſt etiam ſangvine turpior. Putrefactio enim ſangvinis, ſanies vocatur.* 23,22

6. *Grandævus fortè quidam altero orbus oculo*] Non eſt mihi dubium, quin tàm luculentæ, ſi Dîs placet, formæ mentione inſignem illum præſtigiatorem OTHINUM, heic nobis quaſi digito demonſtret Saxo. Tali namq; ſchemate, nempe *Unoculi* cujusdam Polyphemi, & capu- C laris ſenis, plerumq; apparuit, quoties evanida imaginarij hujus Dei majeſtas ſeſe faſcinato offuciis ſuis vulgo ſpectandam exhibere dignata eſt. Niſi ſi reverâ tali oris deformitate præditus fuerit. Sic expreſſa magis ejusdem habitus indicina exſtat Lib. II. pag. 21. 23,26

Et nunç ille ubi ſit, qui vulgo dicitur OTHIN
Armipotens, uno ſemper contentus ocello?

Et Lib. VII. *Cujus eventum Haraldo oraculis explo-* D *rare cupienti ſenex præcipuæ magnitudinis, ſed orbus oculo, obvius extitit, qui hiſpido etiam amiculo circumactus, Othinum ſe dici, bellorumq; uſu callere teſtatus.* Verùm cauſam hujus in Othino μονοφθαλμίας edocere nos videtur Edda. Fingit enim Odinum veniſſe aliquando ad Mimerum, fontis ſapientiæ poſſeſſorem, atq; hauſtum expetiſſe; quem eum impetrare haud potuit, oculum ſuum oppignoravit. Conceſſâ facultate ubi bibit, ſapientia & intellectu eximio ornatus eſt. E Quum igitur unum oculum oppignoraverat Othinus, quem forte nunquam receperat, haud adeo mirandum, quod uno deſtitutus oculo toties apparuerit. In eandem ſententiam de hac Odini forma commentatus eſt in Conjectaneis ſuis M. Brynolfus Svenonius: *Magorum omnium unus inſtar Odinus, poſteris fidem fecerat, opem laturum ſe ſuis, cum in periculis conſtituti auxilium poſtularent. Cujus rei eventus, poſt illius exceſſum, non raro miſeros mortales deluſit. Sæpius* F *enim conſpectus eſt vario indutu: læna plerumque talari, nunc verſicolore, ut Sigmundo naviganti; nunc coeruleâ, ut cum ad nuptias venit, atq; enſem ligno impegit, ac tacitus diſceſſit, quem nemo poſtea præter Volſungum extrahere potuit. Quum autem ſæpius appareret, ſemper ab hac, quam Saxo narrat, formâ cognitus eſt, canitie venerandâ, & luminis orbitate, quod ſcilicet vendidiſſe dicitur ſaxicolæ cuidam fatalis mulſi potu, qui inexhauſtam ſapientiam attulit, ut Eddam volventibus notum eſt.*

Veſtigia

23,28 8. *Vestigia sua mutui sangvinis aspersione*] Hancce per sangvinem humanum firmandæ amicitiæ consvetudinem, fœderisq; feriendi ritum, apud alias etiam nationes viguisse, ex varijs liquet auctoribus. De Armenijs habes apud Tacitum Lib. XII. Ubi mentio fit fœderis icti inter Mithradatem Armeniorum Regem, & Rhadamistum Pharasmanis Hyberorum Regis filium: *Mos est Regibus,* ait, *quoties in societatem coëant, implicare dexteras, pollicesq; inter se vincire, nodoq; præstringere. Mox ubi sangvis se in artus extremos effuderit, levi ictu cruorem eliciunt, atq; invicem lambunt. Id fœdus arcanum habetur quasi mutuo cruore sacratum.* Cui subscribit Valerius Maximus Lib. IX. Cap. XI. pag. 416. Nam cum Sariaster adversus Patrem suum Tigranem, Armeniæ Regem, cum amicis conspiraret, ità cum iis consensit, ut omnes dextris manibus sangvinem mitterent, atq; eum invicem sorberent. Hoc quoq; apud Scythas usitatum fuisse apparet ex Luciano, in Dialogo suo, cujus Titulus est *Toxaris,* sive Amicitia, ubi eorum fœdus ac jusjurandum, quod maximum appellat, recensetur: *Etenim,* inquit Scytha ille Lucianicus, *simulatq; incisis digitis sangvinem in calicem destillaverimus, summisq; intinctis gladiis, ambo pariter admoventes biberimus, non est quicquam, quod deinde nos queat dirimere.* Huc quoq; Solinus Polyhistor spectasse videtur, ubi de Scythis ita scribit, Cap XX. *Haustu mutui sangvinis fœdus sanciunt, non suo tantùm more, sed Medorum quoq; usurpatâ disciplinâ.* Simile quiddam tribuit Posidonius apud Athenæum Carmanis: *Ferunt,* inquit, *hos in symposiis benignè complexos, venas in fronte abscindere, & sangvinem defluentem in poculo miscentes bibere, summum amicitiæ terminum attigisse existimantes, quùm sangvinem vicissim inter se degustarint.* De Scythis quoq; eundem in modum loquitur Pompon. Mela Lib. II. Cap. I. *Ne fœdera quidèm incruenta sunt: sauciant se qui paciscuntur, exemptumq; sangvinem, ubi permiscuêre, degustant. Id putant mansuræ fidei pignus certissimum.* In Palmaria Insula, sicut recensent peregrinatores, quum novos hospites in amicitiæ fœdus suscipiunt, sibi ipsis novaculâ, vel gladio lapideo, sangvinem ex linguâ, manu aut lacerto, aliave corporis parte, inspectante hospite, eliciunt, non veram amicitiam interpretantes, quæ pro amico vitam profundere renuit Phil. Camerarius Horar. Subcisivar. Cent. 1. Cap. 6. Sic apud Sallustium Catilina sociis conjurationis in patera sangvinem humanum propinat. Adde, quæ de Medis, Lydis, Carmanis, Scythis, annotavit Vir Clarissimus, & diffusæ Lectionis Philologus, Hermannus Lignaridus, Oblectationum Academicarum Cap. XXII. pag. 206. Ubi eundem etiam in modum hos populos fœdera sua percussisse demonstrat. *Medi enim & Lydi brachia circa humeros gladio feriebant, & per vices cruorem ità elicitum lingebant: quod fœderis vinculum illis sanctissimum habebatur. Carmani in epulis percussâ faciei venâ, profluentem cruorem vino miscebant, atq; invicem propinabant, summum hoc amicitiæ fœdus esse rati. Idem & Scythæ observabant, nisi quod eodem quoq; cruore, sagittas & gladium imbuebant.*

10. *Lokero Curetum tyranno*] Saxo *Curetes* passim indigitat Livoniæ accolas, quos nunc *Curlandos* dicimus. Alioquin *Curetes* Straboni Ætolica gens, quam fusè persequitur Lib. X. 23,31

11. *Quibus superatis*] Lisero nempe & Hadindo, quos Lokerus Curetum tyrannus, temerè sibi bellum inferentes, devicit. 23,31

25. *Ferro rimare potenti*] Sic potius legendum existimo, quàm *patenti. Potens* enim *ferrum* hic erit illud, quod vim & efficaciam subito perimendi habeat. 24,9

27. *Corporeamq; dapem mordacibus attere malis*] Hoc est, Comede carnem ejusdem Leonis, cujus modo sangvinem hausisti. Autor est Plinius Agriophagos Leonum carnibus maximè vivere, Lib. VI, Cap. 30. Persvasissimum vero gentilibus erat Leonis, aut Vrsi, vel robore præcellentis animalis cujuscunq; epotum sangvinem, sive carnem comestam, novum membris ingenerare vigorem: excepto cruore Taurino, qui veneni loco habebatur. 24,1

31. *Famulosq; sopore Conficiam, & lentâ stertentes nocte tenebo*] Et quæ præcedunt de haustu calidi sangvinis Leonini, & cordis esu Cyclopico, ad robur & audaciam conciliandam, aliis exemplis confirmata sunt: [Ita Sigurdus Fabnesbanus serpentis corde comesto, avicularum voces intellexit,] & quæ sequuntur, sæpè ab hoc impostore, atq; hoc genus aliis, tentata & effecta sunt. Idem enim Odinus Brynhildam Budloniam, quoniam Amazonum more contrà quempiam suorum dimicaverat & debellaverat, profundissimo somno demulsit. Hunc porrò incantandi morem, ᛅᛏ ᛋᛏᛁᚴᚠᛅ ᛋᚢᛂᚠᚿ ᛏᚼᚮᚱᚿ, at stinga Swefn thorn/ hoc est, injicere aut immittere soporiferum characterem Thorn, vocitarunt: [Virgilius Æneid. VII. de Umbrone: 24,15

Spargere qui somnos cantuq; manuq; solebat.

Et de Mercurio prius:

Dat somnos adimitq;, & lumina morte resignat.

Homerum imitatus, qui de eodem sic: τῇ δ' ἀνδρῶν ὄμματα θέλγει τῶν καὶ ἐθέλει etc.] aut etiam claviculum [vox enim Thorn utrumque denotat] soporifero charactere signatum. Dani hodieq; dicunt, At taste Søffneprýn paa een. *M. Brynolphus.*

34. *Amiculi ejus rimas, sub quo trepidus delitebat*] Amiculum hoc ex eo genere fuisse existimo, quod veteres Dani ᚦᚢᛚᛅᚱᚴᚢᚠᛚ *Dularkufl* appellarunt: cujus exemplum nobis exhibet *Grettla,* hoc est, Historia Gretteri Asmundij: Gretter var i dularkufle/ so han kiendist ei: *Grette-* 24,18

Gretterus indutus erat amiculum, sub quo delitescere potuit, ne à quoquam agnosceretur.

24,19 35. *Animadvertit equinis freta patere vestigiis*] Reverà Magorum iste antesignanus Odinus, virtute ac potestate Diabolicâ fretus, seu potius ipse Diabolus, sub specie capularis senis, Odini jussu, Hadingum per aera vexit. Illo namque tempore, quia dæmones totum fere mundum deceptum habebant, laxasq; potestatis habenas eis Deus reliquerat, non secus atque equi alati, homines ad longissima loca per aerem portasse leguntur; ut de Pasete, Exagono Oblogenum legato, Circe, Medea, Canidia, Tyridate, Apuscoro, Tarato, Marmaridio, Hippoco, Arnuphi Ægyptio, & innumeris aliis, scriptum invenimus, qui veluti volucres, dæmonum ope, advolasse perhibentur. Videatur Leonardus Vairus de Fascino Lib. II. pag. 177.

24,23 39. *Handuvanum Hellesponti Regem*] Ad hunc locum ita Crantzius commentatur: *Hellespontum quem dicat Saxo, non satis compertum habemus. Nam in trajectum ex Europa in Asiam navigando pertingere non potuit, nisi magnâ mundi parte circumitâ. Et erat ea navigatio nondum Danis pertentata, quâ multis post seculis Normanni ex mari Britannico in mediterraneum penetrantes Constantinopolim usq; devenere.* Sed tanti nobis non erit Crantzij auctoritas, ut de rei gestæ veritate derogare vel minimum debeat. Nam *Hellesponti Regem* per Synecdochen pro Thraciæ aliquo Rege Saxonem dixisse, confirmant verba sequentia, de multo illo Orientalium robore, post hanc victoriam ab Hadingo debellato. *Orientis* autem nomine totum illum in Evropa tractum Hellesponto finitimum complecti solent Historici antiqui. Quin poterat OTHINUS ille, qui ex Asia in Europam & regna Aquilonaria magnis cum copiis advenerat, Hadingum Regem de se benè meritum, expeditum quoddam itineris compendium, & quasi regiam viam edocuisse, quâ facilimum esset tàm longinqua terrarum spatia assequi, & ipsum in Orientem penetrare. Imô fortasse hunc in finem Hadingo piratam illum Liserum, qui varias exterarum regionum oras diu rapinis peragraverat, velut ducem quendam hujus itineris adjungere voluit. Quid quod illâ tempestate tritum iter à principe Thraciæ urbe Bizantio in Daniam fuerit, quo scilicet, à majorum gentium Dijs, qui ibidem loci quasi summum quoddam numinum Collegium instituerant, ad OTHINUM, & reliquos per totum Septentrionem dispersos consentes, συνθεῶνες & Synedros præstigiatores creberrimi commeare nuncij solebant.

24,24 41. *Mœnibusq; non acie, resistentem*] Quis non videt legendum ità esse pro *novatiæ*? quæ vox nihili est. Sic infra Lib. VIII. ubi de bello iti- A dem cum Hellesponti quodam Rege gesto: *Rex mœnibus, quàm acie, tutiùs dimicandum existimans.* Inter decem Prætores, ab Atheniensibus olim in magno tumultu creatos, magna fuit contentio, *Utrum mœnibus sese defenderent, an obviam irent hostibus, acieq; decernerent?* auctore Cornelio Nepote in Miltiade, Cap. VI. Et hodieque Problema militare est, multis impeditum cautelis. Interdum etenim ratio necessitatis svadet, ad pugnam rem deducere: interdum B præstat exspectare hostem intrà urbem & castra, hisq; munimentis eum infringere. Necessitas, inquam, hic legem ponit. Unde & nascitur generalis illa confligendi regula: Boni duces publico certamine nunquam nisi ex occasione, aut nimiâ necessitate confligunt. Vegetius III. 26. Id quod L. Æmilij Pauli dictum erat, vel ex Sempron. Asel. Histor. libr. citat Agellius Lib. XIII. 3. Ità Æneas, cum ab Turno Mezentioq; bello peteretur, *licet mœnibus bellum* C *propulsare posset, in aciem tamen,* necessitate adductus, *copias eduxit.* Verba sunt Livij Lib. 1. 2. 5. Vide sis Commentarium Juculentissimum Balthazaris Ayalæ, de Jure & Officiis Bellicis, & disciplina militari, Lib. 2. Cap. 8. & passim.

43. *Earumq; pennis accensos igne fungos suffigi curavit*] Eodem Stratagemate Fridlevus Daniæ Rex Duflinum Hiberniæ oppidum occupat, infrà Lib. IV. 24,27

45. *Eâ tempestate cum Othinus quidam*] De 25,1 D Othino hocce, juxta ac alijs Danicæ vetustatis numinibus, proprius erit, & destinatus dicendi locus infrà, ad illa Lib. VI. verba: *Olim enim quidam magicæ artis imbuti, Thor videlicet & Othinus, alijq; complures.* Ubi de industria de Diis Borealium nationum agit Saxo. Nequaquam tamen committere possum, quin opinionem Clarissimi Viri, M. Brynolfi Svenonij, in medium hic adferam, qui in Conjectaneis suis statuit, duos tresvè fuisse Odinos; de quibus hunc E in modum disserit: *Atqui prius unoculum illum Odini defuncti similem genium asseruimus. Cujus nos equidem sententiæ nondum pœnitet: qui arbitramur ut minimùm duos Odinos, si non plures, extitisse. Primum* Asianum, *Thoro Asiano antiquiorem, qui* Priscus *dicitur, à Trojanis Regibus, à Saturno Cretensi originem traxisse: si fides est Genealogiæ vetustæ membranis inscriptæ, quam inter frivola templi Cathedralis Scalholtini superiore anno erui. Hunc Europam nunquam vidisse arbitror: ideoq; illum* F **Odin hin gamla** / *hoc est priscum, qui discrimen perpenderunt, nominant. Alterum* Upsalinum *hunc credam, cujus numen in Sveonia & Septentrione eximiè cultum est. Norvagiam non accenseo, quæ licet Odinum coluit, non videtur illi tamen, sed Thoro, tanquam tutelæ, præcipuos honores detulisse. Verumenimverò auctâ superstitione miserorum hominum, & Dæmonum astutiâ superbiam ex vanitate aggerante; utriusque numen in unum confusum puto, & in commune, quod singulis prius erat proprium,* colla-

E

collatum. Quin imò tertium ex his Saxonis verbis elicere videor: Cujus secessu Mithothin quidam præstigiis celeber: *&c. dictus à suis, Odinus; verùm quia in Odini prioris numen cultumq; irruperat,* Mid-Odinus, *id est, medius Odinus, ad differentiam dictus, cum confusus ille commistusq; ut opinor, è prisco Asiano, & posteriore Asiano quidem etiàm illo, sed profugo Europæo, & Upsalense facto, antè Mid-Othinum relligiosè cultus sit, & posteà etiàm ab exilio regressus, omnes, qui per vim aut malam fraudem, nomen & numen hoc usurarium obtinuerunt, velut tenebras superveniente numinis sui fulgore discusserit, ut Saxo loquitur. Atqui cum Mith-Othinum in Feoniam, jam nunc, ut puto, in ordinem redactum, ut lateret, dicat secessisse: videant Fioni, an suam Othoniam ab illo præstigiatore, an ab illo altero archimago, denominatam malint.*

25,6 Pag. 13. vers. 5. *Statuam suæ dignationis indicem*] *Dignationis*, id est, cultus & honoris, quem Othino præstabant. Justinus Lib. XXVII. de Cleomene, qui cum conjuge & liberis in Ægyptum ad Ptolomæum profectus, *ab eo honorificè susceptus, diu in summâ dignatione regis vixit.* Utitur Tacitus passim. M. Tullius ad Atticum Epist. 10, Lib. X. Curtius, Seneca, & alij. Higinus Gromaticus: *Si latior fuerit, proxima quadraturæ sequens est dignatio:* Ad quem locum ita Barthius, lumen Saxoniæ suæ, Adverf. Lib. 2. Cap. XX. *Dignatio significat æstimationem, pretium, opinionem, dignitatem.* Glossa: *Dignatio,* ἀξία. Plinius Lib. XIV. Cap. 7. *Gratia ante omnia est vino Clazomenio: ab his dignatio est Sicyonio, Cyprio, Telmesio.*

25,10 9. *Adscitis fabris aurum statuæ detrahendum curavit*] Non aliter ac de Sacerdotibus Idolorum loquitur Jeremias in Epistola ad eos, qui agendi erant in Babyloniam à Rege Babyloniorum, quæ extat Baruc. Cap. VI. & quidem vers. 9. & 10. *Comparant coronas, imponuntq; capitibus deorum suorum: aliquandò verò etiam subducentes Sacerdotes à dijs suis aurum & argentum, in usus suos consumunt, donantq; etiam ex illis meretricibus, quæ sub tecto ipsorum sunt.* Et quæ sequuntur. Videatur totum caput, quod Idolorum vanitatem luculenter exponit.

25,11 10. *Quam etiam mirâ artis industriâ ad humanos tactus vocalem effecit*] Nimirùm, ut si quis posthàc iteratis ausibus tàm divitem statuam furto violare præsumeret, voce & clamore simulachri, ἐπ' αὐτοφόρῳ proderetur: vel, ut statua, præter morem, subito vocem humanam edens, fures ac lavernas horrore quodam ac metu ingenti percelleret. Sed nec alienum vero videtur, Othinum huncce præstigiatorem & Magum illâ tempestate nulli secundum, vel ad certos Siderum positus, vel etiam per Dæmonum περιηγήσεις, qui à Magis invocati simulachra ingrediebantur, eo quoq; fine statuam suam vocalem reddidisse; nempe ut futura

A prædiceret, oracula depromeret, fidemq; divinitatis sibi apud imperitum vulgus astrueret. Ità Snoro Sturlæsonius Historiæ Norvagicæ Cap. 1. testatur, eundem Othinum Mimeri Scythici caput, ab Asianis sibi transmissum, balsamo condivisse, arteq; Magicâ ita præparasse, ut articularè loqueretur, & arcana, quæcumque scire discuperet, sibi revelaret. Hujusmodi statuarum frequens apud Scriptores mentio. Talis erat apud Ægyptios statua Memmo-
B nis magicè consecrata, de quâ Juvenalis Sat. XV. Ubi vide Notas Grangæi. De ea Tacitus Annal. Lib. II. *Cæterùm Germanicus alijs quoq; miraculis intendit animum, quorum præcipua fuit Memnonis saxea effigies, ubi radiis solis icta est, vocalem sonum reddens.* Aureas juxtà ac argenteas Chaldæi faciebant, de quibus Rabbi Moses Ægyptius in More Nebochim. Lib. III. Cap. 30. sic scribit: *Et ædificaverunt Palatia & posuerunt in eis Imagines, & dixerunt, quod splendor potentium stellarum dif-*
C *fundebatur super illas imagines, & LOQUEBANTUR CUM HOMINIBUS & annunciabant eis utilia.* Hermes Trismegistus in Asclepio statuarum quoq; meminit, quæ futura prædicerent. Gvil. Malmesburiensis de gestis regum Angliæ Lib. 2. Cap. X. *De Gereberto* (qui posteà Pontifex Max. Sylvester II. dictus est) *fama dispersit, fudisse sibi statuæ caput, certâ inspectione Syderum; quod non nisi interrogatum loqueretur, sed verum, vel affirmativè, vel negativè, pronunciaret. Verbi*
D *gratiâ, cùm diceret Gerebertus, ero Apostolicus? responderet statua, Etiàm. Moriar antequam cantem Missam in Hierusalem? Non.* Sed responso de mortis tempore deceptus est. Cogitavit enim ille urbem Jerusalem; Oraculum autem sacras ædes sic dictas Romæ voluit. Illic, postquàm Dominico, cui titulus, *Statio ad Jerusalem,* Pontifex ille oraculi mentem non assecutus sacra celebrasset, miserè vitam finivit. Hujus generis fuêre imagines illæ, sive TERAPHIM Labanis,
E quas furata est Rachel, Genes. Cap. XXXI. Com. 9. Item *Matzebah,* id est, Statua, de quâ Hoseas Cap. 3. Com. IV. Vide sis Clariss. Virum, Johan. Seldenum, de Dis Syris Syntagmatis Lib. I. Cap. 2. Cui equidem multa debemus accepta eorum, quæ hêic signavimus. Qui ejusmodi Imagines aut conficiunt, aut consulunt, *Imaginarij* dicuntur Johanni Sarisberiensi Lib. 1. de Nugis Curial. Cap. XII. *Imaginarij sunt, qui Imagines, quas faciunt, quasi in possessio-*
F *nem præsidentium Spirituum mittunt, ut ab eis de rebus dubiis doceantur.* Idololatriæ speciem artem hanc appellat idem auctor, Lib. 2. ubi de Imaginariis istis ità porrò agit: *Ad tantam quidam pervenêre insaniam, ut ex diversis stellarum positionibus dicant imaginem ab homine posse formari; quæ si per intervalla temporum, & quadam ratione proportionum in constellatione servata formetur, stellarum nutu recipiet spiritum vitæ, & consulentibus occultæ veritatis manifestabit arcana.*

Quod

Quod verò Diabolus imagines facere loquentes possit, & quod ipsius arte imagines olim in templis locutæ sint, testatur etiam Rupertus Tuitiensis Lib. VIII. Commentar. in Apocalypsin Johannis, & imprimis ad illum Cap. 13. versum: *Et datum est illi, ut daret spiritum imagini bestiæ, & ut loquatur Imago bestiæ. Si*, inquit, *Imaginem hic vulgari sensu velis accipi, quales possunt ab hominibus fieri in ligno & lapide, sive quocunque æramento, multò magis miraculum istud diabolicæ malitiæ usitatum fuit, ut loqueretur imago hujusmodi. Hujusmodi namque imagines loquebantur in templis, arte Spiritus maligni cavernas patentes irrepentis, ante exaltatum signum crucis Christi.* Huc addi poterunt, quæ Johannes Turpinus de statua Mahumet commemorat Cap. IV. Mythologiæ suæ potius, quàm Historiæ, de Vita Caroli Magni & Rolandi: *Tradunt Sarraceni, quod Idolum istud Mahumet, quem ipsi colunt, dum adhuc viveret, in nomine suo proprio fabricavit, & Dæmoniacam legionem quandam sua arte magica in ea sigillavit: quæ etiam tantâ fortitudine illud Idolum obtinet, quod à nullo unquam frangi potuit. Cum enim aliquis Christianus ad illud appropinquat, statim periclitatur: sed cum aliquis Sarracenus causâ adorandi vel deprecandi Mahumet accedit, ille incolumis recedit. Si fortè super illud avis quælibet se deposuerit, illicò moritur. Est igitur in maris margine lapis antiquus, opere Sarracenico optimè sculptus, suprà terram deorsum latus & quadratus, desursum strictus, altissimus scilicet, quantum solet volare in sublime corvus: super quem elevatur imago illa de auro optimo, in effigie hominis fusa, super pedes suos erecta, faciem suam tenens versus Meridiem, & manu dextrâ tenens quandam clavam ingentem: quæ scilicet clava, ut ipsi Sarraceni ajunt, à manu ejus cadet, quando Rex futurus in Gallia natus fuerit, qui totam terram Hispanicam Christianis legibus, in novissimis temporibus, subjugabit.*

25,36 35. *Posthæc Othinus conjugis fato*] Hoc est, Uxoris morte, seu posteaquam defuncta esset Frigga Othini uxor. *Fatum* pro morte ipsa: quomodo τὴν εἱμαρμένην Plato & alij dixêre.

26,5 41. *Qui se cœlis tam nequiter ingerebant*] Qui sibi cœlestes & divinos honores tam fraudulenter arrogabant.

26,11 47. *Cassis vacillanti nitens*] Hæc de se ipso jam vitæ pertæsus Asmundus pronunciat. Confert autem se cum re aliqua *vacillante*, hoc est nutante & labante, indicans se lapsui vicinum esse, & proprio in ruinam pondere devergere, ut infra loquitur Ulvilda.

26,12 48. *Lorica jam nec commodè fusum tegit*] Ordo est: *Lorica non commodè tegit fusum*, id est, peremptum. Nullo etenim indiget munimento, qui jam mortem oppetiit. Sed intelligenda hæc sunt de eo, ὅς μέλλει κινδυνεύσειν, ἢ μελλήσων τι παθεῖν; de eo nempe, qui mortem læto animo exspectans, nihil pensi habet, quibuscunque se exponere periculis. *Fusum* igitur hic erit, tantùm non fusum, ferè peremptum, & cui fixa stat animo sententia, non diutius usura hujus lucis frui post interfectum filium.

26,22 Pag. 14. vers. 3. *Fugâque fractus conquiescat impetus*] Hæc ἀποφατικὰ existimo; quasi diceret: *Nec fuga fractus conquiescat impetus*: ut sensus sit: Non committam, ut generosus ille & Martius impetus, quem avido mortis animo concepi, turpi fugâ *fractus* & debilitatus, *conquiescat*, & tandem in nihilum recidat, vel in fumum ac favillas abeat. Aptè igitur *Impetum fugâ frangi* dicit: quomodo Propertius Eleg. 20, Lib. 3.

——— *Non turpi fractus amore*:

Et Petronius Arbiter in carmine de mutatione Reipubl. Romanæ:

Scorta placent, fractique enervi corpore gressus.

Symmachus Epist. 47. Lib. 1. *Virtutem puto fregisse delicijs.* Quintilianus Lib. 1. Institut. *Mollis illa educatio, quam indulgentiam vocamus, nervos omnes & mentis & corporis frangit.* Svetonius Julio Cap. 68. *Ne patientiâ & pertinaciâ hostis animi suorum frangerentur.* Ita mox infrà *fugam solvere ferocem vim* dixit: *Nam cum ferocem vim fuga solverit, Et præliorum pars vaga labitur.*

26,25 6. *Vagnoftus partibus ejus propugnaturus advehitur*] Raro sanè τὸ *propugnare* cum dandi casu positum invenies. Utitur tamen Apulejus & alicubi Horatius. Illius Lib. IX. hæc sunt verba: *Lepidum crebris jactibus propugnare fratri, atque abigere canes aggrediuntur.* Ammianus Marcellinus Lib. XVIII. pag. 140. *Quorum avaritiæ, ne tua quidem excelsa illa fortuna, propugnans miserijs meis, potuit refragari.* Cæterùm hic deplorare potius quàm demirari licebit immensam gentilium cœcitatem, qui vana illa numina sua, sive dæmonia, prœlijs & conflictibus interesse, & opportuna cultoribus suis auxilia præstare crediderunt. Huc refer primùm quæ Saxo infrà Lib. III. de Sylvestribus commemorat virginibus, *quæ suis ductibus & auspicijs maximè bellorum fortunam gubernari testabantur. Sæpè enim se nemini conspicuas prælijs interesse, clandestinis subsidijs optatos amicis præbere successus; quippe conciliare prospera, adversa pro libito infligere posse.* Unum aut alterum exemplum Romana recenset Historia de malis genijs, qui in acie visi sunt hostiles fudisse copias. Valerius Maximus Lib. I. Cap. VIII. *Cùm apud Lacum Regillum A. Posthumius Dictator, & Tusculanorum Dux Manilius Octavius, magnis viribus inter se concurrerent, ac neutra acies pedem aliquamdiu referret: Castor & Pollux Romanarum partium propugnatores visi, hostiles copias penitus fuderunt.* Sic in prælio, quod cum Brutijs & Lucanis, Thurinæ urbis defendendæ ergo, Romani gesserunt, cognitum pariter atque creditum est, Martem Patrem tunc populo suo adfuisse; teste eodem Valerio, loco

E 2 citato.

citato. Ejuſmodi propugnatores, qui in diffi- A
cili & ancipiti anguſtiâ conſtitutis, & gravi
aliquo periculo afflictis, præſtò erant, & libe-
raturi ſubveniebant, Græcis dicebantur θεοὶ Σωτῆρες, *dij ſalvatores*, ſive παραςάται, *opitulan-*
tes, opem ferentes. Ælianus Lib. 1. Var. Hiſtor.
Cap. 30. Σαυτὸν ὠκύτερον ἐπιδιώξαντες διόσκουροι, τοῖς δειλαίοις γενώμεθα Σωτῆρες ἔνθα, καὶ
ἀγαθοὶ παραςάται, τοῦτο δὴ τὸ λεγόμενον ἐπὶ
τῶν θεῶν τούτων. *Velocius perſequentes apparea-* B
mus miſeris quaſi Dioſcuri Salvatores, & opiferi ſa-
lutem ferentes, quod communi Proverbio de his dijs
vulgatum eſt. Heliod. Æthiop. Lib. 9. θεοὶ σωτῆρες ἀνεβόησαν, *dij Salvatores exclamarunt.* Lucanus *auxiliare numen* appellat, Lib. VI.

——— *Nec cantu ſupplice numen*
Auxiliare vocat ———

De bonis autem Genijs, quos pijs ſuis Deus ille
Zebaoth periclitantibus auxilio ſubmiſerit, loquuntur paſſim Hiſtoricorum monumenta. C

26,41 22. *Haſtâ trajicit amentatâ*] *Amentatâ*, hoc
eſt, loris aſtrictâ, qualibus telis hodie utuntur
Grönlandi. Utitur Cicero eâdem voce Lib. 1.
de Oratore. Lucanus Lib. VI.

Cum jaculum parvâ Libys amentavit habenâ.

27,5 27. *Spiritum ſibi ferro ſurripuit*] Geminum
amoris conjugalis exemplum habemus Libro
ſequenti, de Svanhvitâ Regneri conjuge. Plura
congeſſit Valerius Maximus Lib. IV. Cap. 6.
Memorandum eſt vetus hac de re monumen- D
tum in Hypnerotomachiâ Poliphili:

D. M.
PUBL. CORNELIA. ANNIA.
NE. IN. DESOLATA. ORBITATE. SUPERVI-
VEREM. MISERA. VIVAM. ME. UL-
TRO. IN. HANC. ARCAM.
CUM. VIRO DEFUNCTO.
INCOMPARABILI. AMORE. DILACE-
RATA. DAMNATAM DEDO
CUM. QUO. VIXI. ANNOS. XX. E
SINE. ULLA: QUERELA.
VALE. VITA.

27,26 48. *Haud parvum vitandæ credulitatis docu-*
mentum reliquit] *Credulitas* etenim vitium eſt
perquàm affine ſtultitiæ, non conſiderantis hominum vanitatem, & fallendi ſtudium. *Pru-*
dentis eſt, inquit Seneca, *examinare conſilia, &*
non citò facili credulitate ad falſa prolabi. Hinc Petronius: *Nequaquàm rectè faciet, qui citò credit.*

27,33 Pag. 15. verſ. 1. *Sylveſtribus fungis famem lenire* F
cœperunt] Quintilianus Declamatione XII: *Nos*
per arentes effuſi campos morientium herbarum ra-
dices evellimus. Amaros fruticum cortices, & ramo-
rum malè arentium pallidas frondes decerpimus. Mor-
bida quicquid fames coëgit, corpus admiſit. Ita &
Lucanus Lib. VI. eleganter deſcribit famem,
quam paſſi ſunt Pompeji milites:

Sed patitur ſævam, veluti circumdatus arctâ
Obſidione, famem: nondum ſurgentibus altam
In ſegetem culmis, cernit miſerabile vulgus
In pecudum cecidiſſe cibos, & carpere dumos,
Et morſu ſpoliare nemus, lethumq; minantes
Vellere ab ignotis dubias radicibus herbas:
Plurimaq; humanis antehac incognita menſis
Diripiens miles, ſaturum tamen obſidet hoſtem.

Huc facit etiam Livij locus de Petellianis Bru-
tiis ab Himillone Annibalis præfecto oppugna-
tis agens Lib. XXIII. & tandem per famem ex-
pugnatis: *Nec ulla magis vis obſeſſos, quàm fames*
expugnavit. Abſumptis enim frugum alimentis, car-
nisq; omnis generis quadrupedum, ſutrinæ poſtremò
coriis, herbisq; & radicibus & corticibus teneris, ſtri-
ctisq; rubis vixêre: nec antequam vires ad ſtandum
in muris ferendaq; arma deerant, expugnati ſunt.

2. *Commanducatis equis*] Nemo illud extre- 27,34
mæ neceſſitatis argumentum Saxoni credat,
ſi illud ſimpliciter vult referri, qui nullum ſub
Gentiliſmo alimentum familiarius equinâ, ex
omnifaria Hiſtoria didicit; cujus in viſceratio-
ne ſacrificiali uſus erat non modo populi nobilis perinde ac vulgi, verùm Regum & Principum etiam. Vide Chronica Haquini Adelſtens-
foſtri; quem cogere voluerunt, jam prius in
Anglia ad Chriſtianam fidem converſum, in
Comitiis equinâ veſci, ut ſecum in religione
conſentire fateretur: ne quid de aliis dicam.
Verum ſic & Saxonis fidem, & rei veritatem
conciliabo, ut ſtatuam, illum de bellatoribus
& clitellariis, atq; iis aliis, quibus ſinè maximâ
neceſſitate carere non poterant, loquutum eſſe.
Nam nec tàm poſſum eſſe malignus, ut exiſti-
mem eum ad ſuam ætatem, quâ equinâ inter-
dictum eſt Pontificum decreto non uno, iſtos
mores contrà fidem Hiſtorici, & ſuam autoritatem, accomodaſſe. De Canibus verò & hominibus alia longè res eſt, nec unquam eorum
uſum ſinè abominatione ſeculi memini legiſſe.
M. Brynolfus.

4. *Neq; humanis artubus veſci*] Quintilianus 27,35
loco dicto: *Confitendum eſt, devoravimus homines,*
& quidem avidè, quia diu nihil ederamus: et quæ
ſequuntur, per totam Orationē ſparſa de infau-
ſtis & inſolitis cibis, quibus famem propulſare
coacti ſunt miſeri mortales. Sic de Numantinis
horrendum eſt, quod tradit Valerius Maximus
Lib. VII, Cap. 6. *Numantini,* inquit, *à Scipione vallo*
& aggere circumdati, cum omnia quæ famem eorum
trahere poterant, conſumpſiſſent, ad ultimum huma-
norum corporum dapibus uſi ſunt. Quapropter captâ
jam urbe, complures inventi ſunt artus & membra tru-
cidatorum corporum ſinu ſuo geſtantes. Horum per-
tinaciam ſupergreſſa eſt Calagurritanorum exe-
crabilis impietas: qui quò perſeverantius obſi-
dionem Cn. Pompeji fruſtrarentur, quia nullum jam aliud in urbe eorum ſupererat animal,
Uxores ſuas, natosq; ad uſum nefariæ dapis verterunt,
ait idem Valerius loco jam dicto. Ità & Sagun-
tini oppreſſi ab Hannibale humanas edêre car-
nes, Livius Lib. 24. Petronius Arbiter.

Quæ

28,4 9. *Quæ cæca ſenſus corripuit fides*] *Fides* pro fiducia, ſeu confidentia. Nam à *Fido*, quod & ſignificat fidem adhibeo, & interdum amplam foveo ſpem, (cujus contrarium eſt *diffido*, id eſt, deſpero) fit *Fides* & *Fidentia*, hoc eſt, audacia & temeritas: item *Fiducia*, quod ſimiliter ſere audaciam ſignificat bonis in rebus, quamvis aliquando in malam partem accipiatur, ſed perraro. Virgilius:

Cernis quæ Rutilos habeat fiducia rerum;

id eſt, temeritas. Item à *Fido*, *confido*, quod ſignificat Audeo. Capiturq; interdum in bonam partem, ut apud Vigil.

——— *Et afflictis melius confidere rebus.*

Interdum in malam, Cicero: *Qui fortis eſt, idem fidens: quoniam confidens, mala conſuetudine loquentium, in vitio ponitur.* Virgilius: *Nam quis te juvenum confidentiſſime noſtras Juſſit adire domos?* *Confidentiſſime*, inquit, hoc eſt, impudentiſſime, & maximè temerariè. Unde *Confidentia* pro temeritate ponitur. Terentius; *ô ingentem confidentiam*!

28,12 17. *Marte prioribus*] Superioribus, qui victoriam obtinent, qui ſuperiores & victores evadunt. Dani dicerent: De ſom beholde Marken.

28,15 20. *Cum ſors rebellem præcipitem fugat*] *Fatum* univerſus Septentrio, & Stoicam de neceſſitate opinionem, magno affirmavit conſenſu; contra quam nec res, nec conſilium, nec humana virtus ulla, quicquam poſſet. Hinc adeo omnium Heroum in extremis vitæ periculis, unanimis vox erat, quâ præſentem ſtatum ſolarentur:

ᛂᛁ ᛘᛆ ᚠᚱᛁᚵᚢᛘ ᚠᛆᚱᚦᛆ
ᚿᛁ ᛆᚠᚱᛁᚵᚢᛘ ᛁ ᚼᛁᛚ ᚴᛆᛘᛆ

Ei mâ frigum forda
Ne Ofrigum i Hel koma.

Id eſt; *Nec qui morti deſtinatus eſt, fugere: nec non deſtinatus, morti addici poteſt.* Quam ſententiam, fallor, an extremi verſus hi ſapiunt. *M. Brynolfus.*

28,20 25. *Quid me ſic Uſſo provocat*] Carmen eſt Dicolon, diſtrophon. Primus quisque verſus eſt jambicus Dimeter: ſecundus Dactylicus Archilochius Dimeter hypercatalectus, conſtans duobus Dactylis & ſyllaba. Igitur hunc in modum legendi:

Quid me ſic Uſſo provocat
Seditione gravi,
Pœnas daturus ultimas?
Confodietur enim.

28,38 43. *Duo ſenes humano habitu tetriores*] Ita cum Aulus Poſtumius Dictator, contra Latinos, qui in Romanos conjuraverant, ad Lacum Regillum pugnaret, & victoria jam nutaret, duo juvenes candidis equis, inſigni virtute, apparuerunt, pro Romanorum ſalute fortiſſimè dimicantes: quos Dictator poſt victoriam quæſitos, ut dignis muneribus honoraret, non invenit, Caſtorem & Pollucem ratus. Julius Obſequens Cap. X.

51. *Seu pede rura teras*] Æque diris imprecationibus quendam devovit olim Ovidius Exul, quem proprio nomine ſuppreſſo *Ibin* appellat in Invectivâ ſat acri & mordaci, quæ etiamnum extat: 29,5

Terra tibi fruges, amnes tibi deneget undas:
Deneget afflatus ventus & aura ſuos.
Nec tibi Sol clarus, nec ſit tibi lucida Phœbe:
Deſtituant oculos ſidera clara tuos.
Nec ſe Vulcanus, nec ſe tibi præbeat aër
Nec tibi det tellus, nec tibi pontus iter.

Et paulò poſt:

Lapſuramq; domum ſubeas ————

Pag. 16. verſ. 3. *Diro pecus occidet algu*] Per *Pecus* nonne intelligendi ſoli *Equi*, an vero ſimul *Oves*, *boves*, cunctaq; animalia domeſtica? *Algu*, non eſt dubium pro algore ſeu frigore hic poni. Lucretius Lib. III. verſ. 5 29,11

Sollicitæ volitant morbis, alguq; fameq;.

Et Lib. V.

Tandem bruma nives affert, pigrumq; rigorem
Reddit. Hyemſ ſequitur, crepitans ac dentibus algus.

Ad priorem verſum ſic ſatis rectè commentatus eſt Dionyſius Lambinus: *Priſcianus Lib. V.* inquit, *aut vetus neſcio quis apud eum Grammaticus, docet uſurpari à latinis algor, is, in tertiâ inflexione, & algus us, in Quartâ: ut minimè dubitandum ſit, quin ita legendum ſit, non algoq;. Nam quamvis ſic habeant Libri manuſcripti, nihil hoc me movet, cum ſciam librarios illos ſæpè O pro U, & U pro O ſcribere ſolitos eſſe. Adde quod Soſipater Chariſius Lib. I. notat algu dictum eſſe à Latinis, profertq; locum ex Plauto in Rudente:* Tu vel ſuda, vel peri algu. *Idem ille Grammaticus apud Priſcianum citat alium locum Plauti in Vidularia:* Inopiam, luctum mœrorem, paupertatem, algum, famem. *Obſtat his Nonius, qui hunc locum proferens, legit* algoq; fameq; *docetq; algo pro algore uſurpatum eſſe à veteribus. Ego hoc tantùm reſpondere poſſum, vel Nonium uſum eſſe corruptis libris, vel ipſum Nonium eſſe mendoſum, atq; apud eum legendum algu pro algore, & locos omnes, qui ab eo proferentur, ſic eſſe reſtituendos.* Plautus Moſtellariâ Actus I. Scena. 3. verſ. 35.

Dij Deæq; omnes me peſſimis exemplis interficiant,
Niſi ego illam anum interfecero ſiti, fame, atq; algu.

5. *Ut ſcabies fugiêre nocens*] *Nocens Scabies* hic eſt, quam Horatius *malam* dixit, in Arte Poetica: 29,13

Ut mala quam ſcabies & morbus regius urget:

Ubi *malam Scabiem* interpretes exponunt *feram*, quam Græci ψώραν ἀγρίαν vocant, credebantque veteres Romani contagione ad alios tranſire. Itaq; ut Hebræi vitiliginoſos averſabantur,

bantur; sic & Romani scabiem, quæ summam cutem, ut vitiligo & lepra, lædit & inficit, abominati sunt. Alioquin in eâdem Arte Poetica illud ex ludo puerorum occurrit: *Occupet extremum scabies*; de re non minus detestanda.

29,15 Pag. 16. vers. 7. *Quippè unum è superis*] Cum inter homines dij agerent, crediti sunt corpus demortui cujusdam assumtũ induere, pro cujus modo vires exercere; & ad illius conditionem vulnerari posse, obtinuit. Violato proindè conceptaculo & assumptitio hoc numinis domicilio, conjunctionem destrui putarunt, non ipsam numinis vitam, ne quis existimet tàm immanes fuisse; ut deos mortales colerent. *M. Brynolfus.*

29,18 10. *Carceris Æolici*] Æolum veluti carcere quodam conclusos habere ventos, eisq; laxas, si quando voluerit, dare posse habenas, ut cum Poeta loquar, finxit vetustas. Virgilius 1. Æneidos:

——— Hic vasto Rex Æolus antro
Luctantes ventos, tempestatesq; sonoras
Imperio premit, ac vinclis & carcere frenat.

Et paulo post ibidem:

——— Illâ se jactet in aulâ
Æolus, & clauso ventorum carcere regnet.

29,19 11. *Te Zephyrus Boreasq; ruens*] Virgilius loco dicto:

Una Eurusq; Notusq; ruunt, creberq; procellis
Africus ———

29,20 12. *Et conjuratos certabunt edere flatus*] Claudianus de Victoria Theodosij 1.

O nimium dilecte Deo, cui fundit ab astris
Æolus armatas hiemes, tibi militat æther,
Et conjurati veniunt ad classica venti.

Sedulius Presbyter Lib. 1. Carminum de statione Solis sub Jesu filio Nave:

——— donec populantibus armis
Fervidus ingentem gladius consumeret hostem,
Conjurante polo. ———

Galterus Libr. IV. Alexandreidos, Fol. XXXIII.

Conjuratus adest in prælia mundus.

29,24 16. *Proprio turbidabat adventu*] Turbidabat, id est, turbida reddebat. Martiani peculium est id vocis. Sic namq; ille Lib. 1. pag. 18. de divâ quadam: *Hæc commutationum assiduarum nubilo crebrius turbidabatur.* Libro item 2. pag. XL. *Circa ipsum verò terræ circulum aër ex calore supero, atq; ex halatu madoreq; infero turbidatus.* Ita alibi Capella *Stupidare* dixit, pro stupidum reddere, nempe Lib. VI. pag. 188.

Quod pavidum stupidet sapiens solertia vulgus.

Et Lib. VII. pag. 233.

Seria marcentem stupidant commenta maritum.

29,28 20. *Frö Deo*] Rectè sanè Frö deo rem divinam fecit, ejusq; numinis iram placandam censuit, cujus oppressus fuerat. Etenim Frö deus tempestatum & aëris potens fingebatur: A ut ex Historia Gislai Sursonij observavi; quæ narrat Thorgilsum Thorsteni Thorskabiti filium, Frö dei sacerdotem, Froeyrsgoda/ id est, flaminem Frö dei occisum, & adhuc inultum, numinis iram hoc signo subsequutam esse, quod tumulus occisi, integra hyeme, utcunq; ningeret, intactus tamen mediâ sui parte semper manserit. Eyrbyggia conferatur. Testantur nomina Germanica, Fro/ *Mane*; & Frieren/ *Algere*; unde nostrum etiàm at Frysse/ & Frost: B quod in Septentrione frigore, ut vindice manu, & frigoris comitibus violentis aliis tempestatibus, Deaster ille sit usus, ex illorum quidem hominum opinione. Proinde convenienter & πρεπόντως, cum intemperiis aëriis Hadingus infestaretur, ventorum Regem, tempestatumque potentem, placandum sibi duxit. *M. Brynolfus.*

Ibid. *Rem divinam furvis hostijs fecit*] *Furvis*, id est, nigris. Festus: *Furvum bovem, id est, ni-* 29,28
C *grum, quem immolabant Averno.* Bellonæ rem olim sacram furvis etiam hostijs fecisse Britannos, auctor est Spartianus in vita Severi: *Et in civitatem veniens* (Eboracum scilicet) *cum rem divinam vellet facere, primùm ad Bellonæ templum ductus est errore aruspicis rustici, deinde hostiæ furvæ sunt applicitæ.* Nigris quoq; hostijs Proserpinæ sacrificatum. Silius Italicus Lib. 1.

——— tum nigra triformi
Hostia mactatur divæ ———

D Hinc quoq; Tibullus Eleg. XI. vers. 64.

Concidit ad magicos, hostia pulla, deos.

Valerius Maximus Lib. II. Cap. 4. *Patriq; indicaverunt, vidisse se in somniis quos nescio deorum spongiâ corpora sua pertergere, & præcipere, ut ad Ditis patris & Proserpinæ aram furvæ hostiæ immolarentur.* Censorinus de die natali, Cap. 17. ex Varrone de scenicis Originibus Lib. 1. *Cum multa portenta fierent, & murus ac turris, quæ sunt intrà portam Collinam & Esquilinam, de cœlo essent* E *tacta, & ideo libros Sibyllinos Xviri adijssent, renuntiarunt, ut Diti Patri & Proserpinæ ludi Terentini in campo Martio fierent, & hostiæ furvæ immolarentur.*

22. *Fröbloth Sveones vocant*] Subintelligè hunc 29,30
sacrificandi ritum. Fröbloth tantundem valet, ac si diceres sacrificium, quod in honorem Frô dei, sangvine vel humano, vel pecudum, peragitur. Nam ᛒᛚᚮᛏᚼᛁᚴ, Blothen/ Danorum F vetustissimi, præsertim extrà civitatis divinæ pomoeria constituti, dixerunt *sacrificia & oblationes*, ᛒᛚᚮᛏᛆ Blota/ sacrificare. Hinc Gubs bloth/ Dei sacrificium. Unde Othinus in Antiquitatibus Norvagicis ᛒᛚᚮᛏᚼᛘᛆᚦᚢᚱ Blothmadur/ id est, Sacrificulus, augur, seu Pontifex, vocatur, quia ille primus dicitur ritus sacrificiorum populos Septentrionales edocuisse. Ità quoq; apud Latinos Scripto-

Scriptores *Sangvis* dicitur sacrificium, quod humano sangvine peragebatur. Tertullianus:

— *lacerant corpus, funduntq; cruorem*
Quale sacrum est vero quod fertur nomine sangvis.

30,11 41. *Refuga secum sub terras abduxit*] Possent equidem ex hac quoq; narratione vitilitigatores ansam arripere obstrigillandi Saxonis, quasi & hic denuo veritatis confregisset tesseram. Verùm si micam habeant candoris, fateri coguntur, Hadingi huncce ad inferiora terræ loca raptum, nihil aliud fuisse, quàm meras Satanæ præstigias & illusiones, quibus Hadingum ad cædes & sangvinem humanum fundendum animare voluerit, veluti per nebulam, aut phantasiam, ostendendo, in campis Elysiis, post suprema fata, locum aliquem assignatum esse viris militaribus & Marti addictis: quum Hadingus interim haud verius ad inferos descenderit, quàm Orpheus aut Hercules. Hanc sententiam meam validè confirmant eruditissima Conjectanea Reverendi plurimùm & Clarissimi Viri, Dni. M. Brynolfi Svenonij, Episcopi Scalholtensis, quæ inter alia sic habent: *Scio de facti hujus veritate disceptari & dubitari inter illos solere, qui omnia ad qualitates illas, Physicis manifestas dictas, & alias occultas referunt, quòd corporum penetratio nequeat evenire: contrà quos quicquam disputare nec animus, nec otium est. Illud saltem ad animum sumant licet, fieri nè possit, ut Dæmonum arte terra, & terrena corpora diducantur, & diducta præbeant transitum corpori etiam naturali? Equidem Saxonem ab antiquâ hominum Septentrionalium opinione nihil alienum referre, tàm certò scio, quàm nunc serenare: qui à multis accepi, persvasum fuisse, ut spectrum confidenter insecuto, saxa, tumuli, parietes, pervia pateant; tàntùm caveat modò, nè respectet. Sic etenim hærere aquam, & omnia in pristinum statum reduci, manente, qui insecutus fuerat, illic loci, ubi respectârat. Fides penes auctores esto. Nobis satis est Saxonis fidem liberasse.*

30,17 47. *Liventis aquæ fluvium*] Martianum Capellam hoc loco, sicut & millies alibi, imitatus est Saxo noster; cujus hæc exstat amnium quorundam descriptio Lib. 1. pag. 6. *Verùm eosdem amnes diversicolor fluentorum discrepantium unda raptabat. Quippè primus diffusioris ac prolixi ambitus gurges LIVENTIS AQUÆ VOLUMINE nebuloso atq; algidis admodùm pigrisq; cursibus hæsitabat. Alius instar lactis candidæq; lucis mitis per omnia quietoq; motu undas volvebat argenteas. Tertius verò rubeo igne rutilantes festinataq; rapiditate præcipites fragrososq; cursus anhelâ sulphureus celeritate TORQUEBAT.* Huc etiàm refer aliam Saxonis nostri καταγραφὴν, quam legere est Lib. VI. *Cujus aquæ lapsus tàm incito ac præcipiti volumine defertur:* & quæ sequuntur: *Liventes spumas* Palico lacui tribuit Julius Firmicus Maternus, Præfatione Lib. 1. ad Mavort. *Qualis sit lacus, qui prope alveum Symeti amnis ostenditur, cui Palicus nomen est, qui semper crassitudine luridâ sordidus liventibus spumis obatrescit, & strepente conluvio stridulus argutum murmur exibilat.* Nam ita Firmici hunc locum anteà corruptum restituere placuit. De Palico lacu videatur Macrobius Lib. V.

48. *Diversi generis tela rapido volumine detor-* 30,17
quentem] Haud secus ac Simois apud Maronem 1. Æneidos:

— *Ubi tot Simois correpta sub undis*
Scuta virûm, galeasq;, & fortia corpora volvit.

Pag. 17. vers. 5. *Celeri navigatione cassavit*] Hoc est, 30,28
irritas reddidit, frustratus est, evasit. Sic infra Lib. XIV. *Profectamq; à crapula indulgentiam solâ animadversione cassavit.* Galterus Lib. 2. Alexandr. fol. 21.

— *verum ratione potentior omni*
Discussit fortuna procax, quæ sola tuetur
Tuta, gravata levat, cassat rata, fœdera rumpit.

Fulbertus Carnotensis Epist. LXI. *Læti perpendimus, Pater, quod Pastoris nomen negligentiâ non cassatis.* Et Sermone de Nativitate Beatissimæ Virginis Mariæ: *Cui pronum est Sanctos Angelos in ministerium mittere, & ad beneplacitum suum inferorum pacta cassare.* Matthæus Paris in Historia Henrici II. Angl. Regis: *Hanc sententiam irritam penitus esse censemus, & eam autoritate Apostolicâ cassamus.* Ivo Carnotensis Epist. LIX. *Cujus electio si justa vobis videbitur, petimus ut nullas moras innectatis: si injusta, quâ lege differenda sit, vel cassanda, me & suffraganeos meos literis vestris instruatis.* Et Epist. LXXXVII. *Si enim & in hoc cassata fuerit expectatio nostra.* Et XCV: *Ut & Judicia Synodalia non nisi summâ ratione cassentur.* Et CLV: *Virtutem Sacramentorum cassare non possunt prava merita usurpatorum.* Radulphus Ardentius Homilia XV. Post Trinit. *Hæc autem gloria inanis sivè vana dicitur, quia à gloria verâ æternæ retributionis cassatur.* Adamus Bremensis Lib. I. Cap. XLI. *Synodo ante Triburcam cassata sunt Apostolicæ sedis Privilegia.*

14. *Centuriandi exercitus auctorem habuit*] 30,37
Centuriare exercitum, pro in Centurias digerere dixit, imitatus Valerium Maximum, cujus hæc sunt verba, Lib. III. Cap. 2. *Reddendus est nunc Romanæ juventuti debitus honos, & gloriæ titulus, quæ equis delapsa seipsam centuriavit, atq; hostium exercitum rupit.* Livius Lib. V. *Eam juventutem ex industriâ centuriaverat, & armaverat ad tales casus.* Eodem verbo utitur infrà Saxo Lib. VII. *Utilissimum ei centuriandi in acie exercitus documentum porrexit.*

16. *Ut prima per Dyadem phalanx*] In genui- 31,1
no horum verborum sensu enucleando, petenti mihi,

mihi, facilem præstitit operam, D. Johannes A
Laurenbergius, Mathematum in Regia Academia Sorana Professor, & Collega fidelissimâ mihi gratiâ conjunctissimus, cujus hæc est, quæ sequitur, commentatiuncula: *Ad expeditius intelligendam centuriandi Exercitus rationem, Hadingo monstratam à sene, apud Sax. Lib. 1. Auctor* περὶ τάξεως παλαιᾶς *facem prælucebit, ita inquiens:* Διχότομος παράταξις ἄρχεται ἀπὸ τοῦ τετραγώνου· ὅταν θάτερον τοῦ τμήματος B
μέτωπον προστίθεται θατέρου τῷ μετώπῳ, ὥστε τοῦτο τεταρτημόριον γίνεσθαι τοῦ βάθους. παρεκτείνεται δὲ ἐφεξῆς ἡ διχοτομία μέχρι ἱμαντίου, πρὸς τὴν τῶν πυλῶν διάβασιν. *Bisecta acies incipit à Quadrato, cum alterutra segmenti frons applicatur alterius fronti, ita ut hæc fiat quadrans lateris. Continuatur autem hæc bisectio usq; ad corrigiam ad portarum transitum.* Idem: προμηκής, ἤτοι ἱμάντιον, δυοῖν ἐπὶ μετώπῳ ἑστηκότοιν. *Explicatio hæc est, conformis utriq; Au-* C
ctori. Quadrata acies apertum & patentem campum postulat, ut quacunq; ingruat hostilis incursus, levi flexu frontem illi possit obtendere: Agmen verò procinctum, plerumq; πλαίσιον *est, seu in oblongiorem formam diductum. Quantò autem viæ, quas transire opus habet, angustiores sunt, tantò magis frons agminis contrahitur. Itaq; secto in æquas partes Quadrato, antica pars frontis posticæ parti alterius frontis adstituitur accopulatur: atq; hac ratione* D
latus quadruplum est frontis. E. gr. Cohors capitum 256 in quadratam aciem statuta, tàm in fronte quàm latere numerat capita 16: a, b, c, d. Eâdem per διχοτομίαν *distinctâ in duas turmas a, e, c, g. & e b g d; & parte e b applicatâ parti c g oritur* πλαίσιον *a e h f, cujus frons subdupla est frontis aciei quadratæ, subquadrupla autem proprij lateris: & comprehendet frons 8, latus autem 32. Porrò secto rursus toto ordine a e h f bifariam in a g h i, & g e i f; applicitâq; parte g e, parti h i, nascitur plæsium a g m o contractioris frontis, lateris autem prolixioris: illa enim habebit 4, hoc verò 64: eritq; prioris fons dupla hujus ultimæ. Deniq; diviso etiam hoc plæsio, statutisq; partibus ut superius, formabitur* προμηκὴς τάξις *a r p q, quam vocarunt* ἱμάντιον, *propterea quòd angustiore fronte, latere verò in longum porrecto, speciem corrigiæ aut lori repræsentet: binos enim in fronte tantum habet, in latere verò 128.*

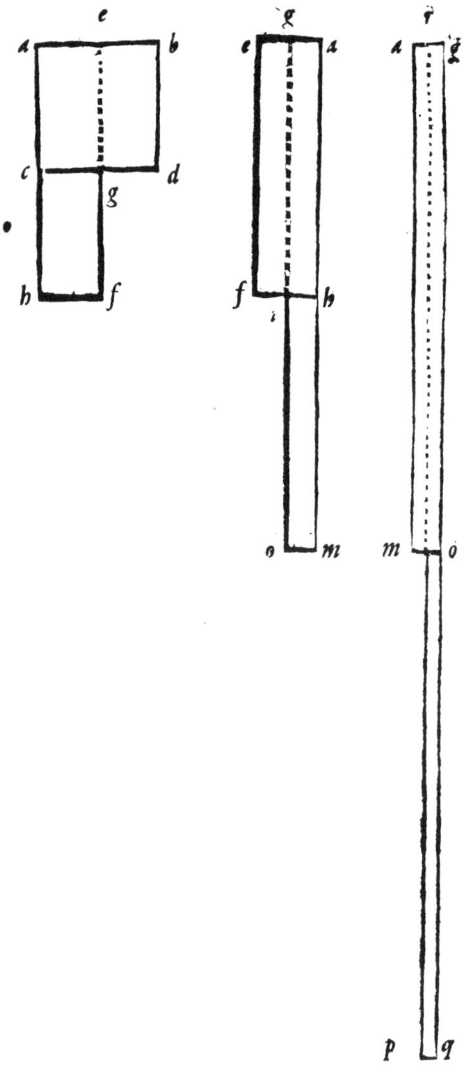

Hac ratione per dyadem prima phalanx, per tetradem secunda, tertia verò ogdoadis adjectione succrescit, semperq; priorem insequens duplicitatis augmento transcendit. In Hunnorum classe contra Frothonem educta (Saxo Libro X) singulæ alæ constabant è mi- E
litibus 300. Illi si distributi fuissent in ordines jam memoratos, transpositis ex ogdoade in ἑκδεκάδα *quatuor* ἐπισάκτοις, *sequentem tenuissent singulæ alæ tenorem, formatâ ad duplicitatis augmentum serie.*

	Frons.	Latus.		Frons.	Latus.
Dyas	2.	128.	Dyas	2.	150.
Tetras	4.	64.	Tetras	4.	75.
F Ogdoas	8.	32.	Ogdoas	8.	37.
Hecdecas	16.	16.	Hecdecas	16.	19.

Cæterùm quòd in Auctore jam adducto dicitur, ἱμάντιον *commodè adhiberi ad transitum* πυλῶν: *id non tàm de portis urbium intelligendum arbitror, (cùm nulla penè adeò sit angusta, quin quaternos aut quinos transmittat) quàm de pylis seu faucibus montium, quales sunt Thermopylæ in Oetâ, quarum angustias transituri Celtæ ab Atheniensibus eas occupantibus*

pantibus prohibiti sunt ; aut τέλμα οἰταῖον, *per quod Ephialtes Trachinius Persas traduxit : itidem pylæ Amanæ & Caspiæ in Tauro monte. Et quotidie comperimus, quòd inter crepidines montium & silvarum densitatem, per angustissima viarum, non nisi binis, interdum vix singulis, permeabilium, exercitus sit ducendus.*

31,4 18. *Funditorum alas*] In omnibus ferè veterum prælijs *funditores* militasse nullus ignorat. Sic autem dicebantur, qui in prælijs lapides fundis in hostem jaciebant, tàm robustè, ut scuta, galeas omneq; armorum genus confringerent, & letalia simul vulnera infligerent. Fundarum vero usum primi Balearium Insularum habitatores & invenisse, & ità perite exercuisse dicuntur, ut matres filios parvos nullum cibum contingere sinerent, nisi quem ex fundâ destinato lapide percussissent: teste Vegetio Lib. 1. Cap. 16. Videantur Notæ Steuvechij ad Vegetium, & Lipsius Lib. 1. Poliorcet. Cap. 2, & 3.

31,5 19. *Sagittariorum ordines*] Quantum etiam utilitatis boni *Sagittarij* olim in prælijs habuerint, docet Vegetius Lib. 1. Cap. 15. exemplum producens Scipionis Africani, qui cum adversum Numantinos, qui exercitum Pop. Romani sub jugum miserant, esset acie certaturus, aliter se superiorem futurum non credidit, nisi in omnibus centurijs lectos sagittarios miscuisset. Vide Lipsium Lib. V. Poliorcet. Dialog. 6. Certè in omnibus præliis sagittarios adhibuerunt Romani Imperatores, Cæsar inprimis, juxtà ac alij : ut ex Livio, cæterisq; Historicis Romanis liquido satis constat.

31,5 Ibid. *Digestis in cuneum catervis*] *Cuneum* ita describit Vegetius Lib. 3. Cap. 19. *Cuneus dicitur multitudo peditum, quæ juncta acie primò angustior, deinde latior procedit, & adversariorum ordines rumpit.* Isidorus Lib. IX. Etymolog. Cap. 3. *Cuneus est collecta in unum militum multitudo ; unde propterea quod in unum coit, & ipsa coitio in unum, cuneus nominatus est, quasi couneus, eò quòd in unum omnes coguntur. Cuneus* igitur est, cum angusta in fronte acies, trigoni formâ, paulatim se retrorsum pandit. Unde & *Trigonum* vocarunt : *In Trigonum, quem cuneum vocant, acies mutanda est :* Vegetius. Repræsentat autem Literam Δ. Agathias Lib. 2. *Erat eis forma aciei velut in rostrum. Literæ enim* Δ *assimilabatur.* Dixêre & *Caput porcinum*, quia assimilatur, & quia velut fodit & ruit invadendo. Lipsius Lib. IV. de Militia Romana, Dialogo VII.

31,6 20. *Folliculo*] *Follis* idem quod saccus aut pera ; Glossarium Vetus, πήρα, *mantica, Follis.* Juvenalis ;

——— *Et tenso folle reverti.*

De eo qui benè numatus rediret. Unde *Folliculus.* Livius Lib. IX. *Eques folliculis in castra frumentum veheret.* Autor ad Herennium : *Parricidæ os lupino folliculo obvolvebatur.*

22. *Denos nervo calamos adaptavit*] Quod etiàm memini in Julinensium Piratarum pugnâ legisse ; evocatas parricidiali sacrificio, ab Haquino Norvegiæ Comite, Striges & Chimæras, Thorgerdam, Holgabrudam, & sororem Yrpam, in naves Norvagianas, ad numerũ digitorum tela in hostes intendisse, illâ certitudine, ut singuli singulis confixi occumberent. Ibidem etiàm legas procellam ingentem à monstris illis contrà piratas excitatam, quod post Yrpa Jell dictum est ; id est, *Yrpana procella.* Hac machinatione nempè, tenebrarum rector uti, & suis adesse amavit. Porrò Bjarmenses incantationibus nobilissimos, & Finnis ἐφαμίλλους, passim & ubiq; memoriarum invenies notatos esse. *M. Brynolfus.* 31,7

24. *Carminibus in nimbos solvere cœlum*] Eandem vim Thessalidum carminibus tribuit Lucanus Lib. VI. 31,10

Cessavêre vices rerum : dilataq; longa
Hæsit nocte dies : Legi non paruit æther.
Torpuit & præceps AUDITO CARMINE *mundus :*
Axibus & rapidis impulsos Juppiter urgens
Miratur non ire polos. NUNC OMNIA COMPLENT
IMBRIBUS, ET CALIDO PRODUCUNT NUBILA PHOEBO,
Et tonat ignaro cœlum Jove, Vocibus ijsdem
Humentes latè nebulas, NIMBOSQUE *solutis*
Excussêre comis. ———

25. *Tristi imbrium aspergine*] Sic *asperginem nimborum* dixit Lucretius Lib. V. vers. 25. 31,10

Hinc ubi sol radijs tempestatem inter opacam
Adversâ fulsit nimborum aspergine contrà.

41. *Cumq; sublato jàm æmulo*] *Æmulus* Saxoni passim est inimicus, adversarius, hostis. Sic infrà Lib. XIV. *Quem Ericus ob relictum ab ejus æmulo matrimonium supplicem recepit.* Et paulò post : *Qui si parem animi virtutem à naturâ traxisset, nequaquam se inter amplexus pellicis æmulo obruendum dedisset :* imò alibi sæpiùs. Utitur in eâdem significatione Salvianus Massiliensis Lib. IV. Contrà avaritiam. pag. 168. *Penè omnis sermo divinus habet æmulos suos : quot genera præceptorum sunt, tot adversariorum.* Hinc *æmulum* eidem est contrarium, inimicum, adversum, repugnans. Ut Lib. 1. contrà Avaritiam, pag. 21. *Quid enim tàm ferum, tàm inhumanum, tàm legi æmulum, quàm si non amandos dicamus filios, qui amandos fatemur inimicos?* 31,25

45. *Quid moror*] Hos Rhythmos, quos Saxo παραφραστικῶς vertit, Edda Mythologia 21, vel aliis 26, tribuit Niordo cuidam, & uxori ejus Skade : Nam ita orditur Niordus: 31,29

Leid

Leid eru fioll varka
ᛚᛂᛁᚦ ᛂᚱᚢ ᚠᛁᚮᛚᛚ ᚢᛆᚱᚴᛆ
Ek lengi a naetr aeinr niu
ᛂᚴ ᛚᛂᚿᚵᛁ ᛆ ᚿᛆᛂᛏᚱ ᛆᛂᛁᚿᚱ ᚿᛁᚢ
ulfa thytr mier thotti
ᚢᛚᚠᛆ ᚦᚤᛏᚱ ᛘᛁᛂᚱ ᚦᚮᛏᛏᛁ
Illr vera hia songvi suana.
ᛁᛚᛚᚱ ᚢᛂᚱᛆ ᚼᛁᛆ ᛋᚮᚿᚵᚢᛁ ᛋᚢᛆᚿᛆ

Hoc eſt:

Mihi ingrata ſunt montana;
Longæ fuerunt noctes novem;
Ululatum ego Luporum cenſui
Malum, præ Cygnorum cantu.

Reſpondet Skade:

Sofa ek ne matta ſianr
ᛋᚮᚠᛆ ᛂᚴ ᚿᛂ ᛘᛆᛏᛏᛆ ᛋᛁᛆᚿᚱ
Bedium a fugls jarmi
ᛒᛂᚦᛁᚢᛘ ᛆ ᚠᚢᚵᛚᛋ ᛁᛆᚱᛘᛁ
Fer ſa mik vekr en af vindi
ᚠᛂᚱ ᛋᛆ ᛘᛁᚴ ᚢᛂᚴᚱ ᛂᚿ ᛆᚠ ᚢᛁᚿᚦᛁ
Kemr morgin hervian mair.
ᚴᛂᛘᚱ ᛘᚮᚱᚵᛁᚿ ᚼᛂᚱᚢᛁᛆᚿ ᛘᛆᛁᚱ

Nec ego obdormire quivi in ſtratis
Maris, propter avis balatum:
Somnum excuſſit, à ſalo,
Mane quolibet, mergus veniens.

31,29 Ibid. *Quid moror in latebris opacis*] Metrum eſt Dactylicum Alcaicum Catalecticum, uti illud Venuſini vatis:

Flumina conſtiterint acuto.

Ideoq; verſ. 18. legendum, *Æquoreis inhiare lucris*, non *Æquoris*.

31,33 49. *Agminis increpitans lupini Stridor*] Ejusmodi vocibus ferarum aviumq; Lucanus murmura Magæ Theſſalicæ comparat, Lib. VI.

Latratus habet illa canum, GEMITUSQUE LUPORUM,
Quod trepidus bubo, quod Strix nocturna QUERUNTUR,
Quod STRIDENT, ululantq; feræ, quod ſibilat anguis,
Exprimit. ——————

32,1 53. *Triſtia ſunt juga vaſtitasq; Pectoribus truciora fiſis*] Tuos hic compello Manes, ô beate cœli incola Pontane, cujus

Molliter oſſa cubent, cineres quoq; flore tegantur!

Tibi, inquam, mi optime amicorum, dum viveres, Pontane, lucem debet obſcurus hic Saxonis locus, quem in literis ad me tuis, ante quinquennium, & quod excurrit, hunc in modum exponere, non es dedignatus. *De altero illo ejusdem apud Saxonem noſtrum Libri 1, loco, ubi hæc leguntur:*

Triſtia ſunt juga vaſtitasq;
Pectoribus truciora fiſis.

A *ità ſtatuo, ut intelligatur verbis ijs Hadingus Rex indicare, injucundum eſſe ſibi otium, perq; montium juga & nemorum ſolitudines inerrare, ſibi præſertim truciora ac glorioſiora tolerare ac patrare fiſo auſoq;. Eum enim in modum accipio* Pectoribus truciora fiſis, *ut ſcilicet* fiſis, *à verbo* fido, fiſus ſum, *archaicôs atq; Elliptice eo pacto uſurparit. Hocq; verum videri firmant, quæ continuè ſubjungit, iſta nimirum:*

B *Officiunt ſcopuli rigentes*
Difficilesq; ſitus locorum
Mentibus æquor amare ſvetis.

Nam quomodo ante dixerat Pectoribus truciora fiſis, *ità & hic*, Mentibus æquor amare ſvetis. *Elliptice autem, quod dixi, prolatum*, fiſis truciora, *pro* fiſis tolerare, aggredi, atq; exequi truciora, majoraq;; *rarum quidem, ſi receptum Latinè loquendi uſum ſpectes, at ſecundùm morem ac conſvetudinem antiqui ſermonis, rarum aut novum haud ſit. Nam illud Tibulli:*

C Sed bene Meſſalam ſua quisq; ad pocula dicat,

quis rectè exponat niſi ad illud Plauti Sticho:

Bene vos, benè nos, benè te, benè me.

mentem vertat? itemq; ad illud Ovidij;

Et bene te, benè me, patriæ pater optime Cæſar.

Subintelligi enim, Vivere precor, *aut ſimile quid debet. Sic & Salluſtij iſtud* Catilina: Alia omnia ſibi cum Collega ratus, *ecquis dextrè etiam explicet, niſi ſubintelligat*, communia; *ut ſit*, alia omnia ſibi cum Collega communia ratus? *Grammaticus*
D *ergo noſter Saxo, verè eſt hic Grammaticus; aut potius ſe ſuper Grammaticum, ejusq; regulas extulit. Qui & tùm demum felix, ut inquit ille, ſi excedat Grammaticos Canones. Notum quippe Auſonij Epigramma, feſtivum ſane illud:*

Felix Grammaticus non eſt, ſed nec fuit unquam,
Nec quisquam eſt felix nomine Grammaticus;
At ſi quis felix præter fatum extitit unquam,
E Is demum exceſſit Grammaticos Canones.

52. *Æra aliena ſequi locello*] Alienas opes magnâ ſolertiâ, & aſſiduo ſtudio eum in finem quærere & venari, ut mei juris facere poſſim, ut meam in poteſtatem redigam, ut meam bulgam & crumenam ijs impleam, & ſic per alienam jacturam diteſcam. *Locellus*, parvus loculus, ſeu crumenula eſt. 32,8

53. *Æquoreis inhiare lucris*] *Lucra æquorea* ſunt, quæ quis per loginquas navigationes & F maritimas negotiationes adipiſcitur. Nam ut eleganter Petrus Chryſologus Sermone LXXI: *Nauta mare non intraret incertum, ſi ſe lucris ſequentibus compenſaturum viarum diſcrimina non ſperaret.* 32,9

Pag. 18. verſ. 2. *Quantum in ſilveſtrium locorum uſu voluptatis reponeret*] Maxima vis eſt conſvetudinis, quæ etiam nobis tantum locorum ingenerat amorem, ut nullibi nobis melius eſſe exiſtimemus, quam ubi diutius viximus. Apprime 32,14

Apprimè huc facit illustris ille Tullij locus in Lælio: *In ijs etiam, quæ sunt inanimata, consvetudo valet: cùm locis etiàm ipsis montosis delectemur, & silvestribus, in quibus diutius commorati sumus.*

32,16 4. *Immorantem littori*] In locis maritimis diuturnas trahentem moras. Prudentius Præfat. Psichomachiæ, vers. 15.

Victum feroces fortè Reges ceperant
Loth, immorantem criminosis urbibus
Sodomæ & Gomorrhæ.

Ad quem locum sic habent Glosiæ Isonis Magistri: *Immorantem*] *habitantem.*

32,20 8. *Nec sinit pausare noctu*] *Pausare* est hoc loco dormire, requiescere, quâ significatione usurpavit Aldhelmus de Laudibus virginitatis Cap. XII. Ubi de Ambrosio loquitur: *Infantulus cum in cunis supinus quiesceret, ex improviso examen apum ora labraq; sine periculo pausantis complevit.* Hinc Christianis auctoribus *pausantes* illi dicuntur, qui pausâ vivendi factâ in Domino requiescunt. Johannes Cassianus Eremita, Collat. II. Cap. 5. *Vix à Paphnutio*, inquit, *potuit obtinere, ut non inter biothanatos reputatus etiàm memoriâ & oblatione pausantium judicaretur indignus.* Inscriptio vetus inter monumenta Christiana à Grutero relata pag. 1550 quæ extat Mediolani, ad D. Franciscum:

AURELIÆ. PUM. VITALIÆ. MATRI.
PIISSIMÆ.
QUÆ. VIXIT. ANNIS. XX. JULIANÆ.
CONIUGI.
SANCTISSIMÆ. QUÆ. VIXIT. ANNIS. XX.
ET. DOMINÆ. SORORI. QUÆ. VIXIT.
ANNIS. II. AURELIUS. EUSEBIUS.
CONTRA. VOTUM. FIDEL.
PAUSANT.

Id est, *Fidelibus pausantibus*: aut quomodo Scaliger in Indice suo, ad opus illud vastissimum annotavit: *Fideliter pausanti.* Julio Firmico Materno mortui dicuntur *quiescentes*, Lib. 1. Matheseos Cap. 1. *Illum quiescentium securas animas, etiàm Lethæi fluminis oblivione purgatas, Mercurius cogit nefarijs carminibus excitare.* *Pausare* Plinio Valeriano est desinere. Ita enim ille Lib. 2. Cap. 22. *Folia Lauri masticet, & succum ejus glutiat, ipseq; folia in umbilicum ponat, & statim pausat.* *Pausat*, hoc est, *desinit.* Neq; vox adeo barbara est, ut delicati illi putant. Plautus Trinummo: *Pausa, vicisti castigatorem tuum.* *Pausanæ* ævo barbaro dicebantur induciæ, ut apud Luitprandum in Legat. Constant. *Pausa*, est quies, sive finis. Apulejus Lib. XI. in Oratione ad Lunam: *Tu sævis exantlatis casibus pausam pacemq; tribue.* Lib. VIII. *Sed ubi tandem fatigati, vel certè suo laniatu satiati, pausam carnificinæ dedêre.* Idem Lib. IX. *Concursu familiarium cohibita pausam luctui fecit.*

32,25 13. *Quis major quietis usus*] Legendum; *Quis minor quietis usus*, ut constet sibi versus. A Sensus est: Longe tutius dulciusq; censeo sylvis frui, in quibus major usus quietis die ac nocte conceditur, quàm in mari.

25. *Terrestri negotio*] Hoc est, terrestri prælio, seu pugnâ, quam terrâ commiserat. Vix hanc vocem memini me eâ significatione alibi legisse. Arnobius quidem Lib. VI. *Negotia Thespiaca*, pro rebus Thespiacis dixit: *Phryne illa Thespiaca, sicut illi referunt, qui negotia Thespiaca scriptitarunt, cum in acumine esset pulchritudinis.* B Sed illa notio naturæ vocis propior est: hic videtur alienior. 32,37

27. *Perfossis lateribus*] Naves eodem Strategemate perforantur, Lib. 2. Lib. 5. & Lib. 13. 32,38

35. *Et spoliorum reliquiis avidius incubantem*] Id est, dùm Tosto toto animo opimæ prædæ inhiaret & incumberet: vel dum Tosto spoliorum à se partorum pertinaces excubias ageret, veritus scilicet, ne Hadingo iterùm lacessente, amitteret. *Incubare* etenim sumitur pro pertinaciter C inhærere, incumbere. Florus Lib. 2. de Histris: *Nam quum Cnæi Manlij castra cepissent, opimæq; prædæ incubarent.* Idem Lib. 2. *Sic factum est, ut inhærentem atq; incubantem Italiæ extorqueret Annibalem.* Et Lib. 1. de Persona: *Quamvis occupato Janiculo ipsis Urbis faucibus incubaret.* *Incubare* divitiis suis, atq; thesauris dicuntur avari, qui sibi soli eos servant, & nemini prosunt, tanquam canis Æthiopicus in præsepi, quod dicitur. Virgilius II. Georgic. 33,8

D *Condit opes alius, defossoq; incubat auro.*

Salvianus Massiliensis Lib. 1. de Avaritia: *Incubant defossis a me talentis.* Lib. 2. pag. 82. *Argenti & auri ponderibus incubarint.* Item Lib. 3. pag. 114. *Opibus ac talentis ejus germani divites incubant.* Livius Lib. VIII. *Incubantes publicis thesauris.* Seneca Lib. 1. de Irâ. Cap. ult. *Acervis auri argentiq; incubat.* Cyprianus de Eleemosyna: *Qui divitiis tuis solus incubas.* Et B. Hieronymus de Institut. E Mon. ad Paulinum: *Nos suffarcinati auro Christum pauperem sequimur, & sub prætextu Eleemosynæ pristinis opibus incubantes.* Vide & Savaronem, doctissimum Cujacij discipulum, ad Sidon. Lib. 2. Epist. XIII, ibi: *Raptis incubans opibus.* *Incubantes plebi*, Concilij Carthaginensis 3. Cap. XLIII: qui plebem vexant & exhauriunt, Idcirco Tyranni *incubatores* dicti. Servius Æneid. VII. Macrobius Lib. 1. in Somn. Scip. Cap. X. F Sidonius Epist. VII. Lib. 8. *Quiq; sic vitijs, ut divitijs incubantes.* Ubi plura.

37. *Nam cum ob accepti vulneris magnitudinem*] Id est, acceptæ cladis. Quâ notatione vox hæc Saxoni perquàm usitata. Sic Lib. 2. *A quibus etiam manu, quantam per eos amiserat, donatus, deforme vulnus speciosò beneficio pensatum gaudebat.* Item Lib. IV. *Ubi par utrosq; vulnus implicuit*: Ibidem paulo post: *Ubi nihil ex ejus specie tanto vulnere detractum videretur.* Et alibi passim: Sic Tacitus in vita Agricolæ: *Nisi frequens ubiq; Agricola validas & expeditas cohortes sylvas perlustrare* 33,10

strare jussisset, acceptum aliquod vulnus per nimiam fiduciam foret. Justinus Lib. 2. *Zerxes duobus vulneribus terrestri prælio acceptis, experiri maris fortunam statuit.* Florus Lib. 3. *Ad Orientem grave vulnus à Parthis populus Romanus accepit.*

33,29 Pag. 19. vers. 1. *Cuidam conjecturarum sagaci*] Hoc est, somniorum interpreti, qui inde *Conjector* dicebatur. Glossæ Vet. Cyrillo olim additæ: Ὀνειροκρίτης, *Conjector, somnij solutor, somniorum interpres.* Svetonius in Cæsare, Cap. 7. *Conjectores ad amplissimam spem incitaverunt.* Quintilianus Lib. 3. Cap. VII. *Conjectura dicta est à Conjectu, id est, ductione (sive directione) quadam rationis ad veritatem: unde etiam somniorum atq; ominum interpretes, conjectores vocamus.* Fulgentius Lib. 1. Mythologicôr. *Oneirocritem soporis nugas ariolantem vocat.* Sic iterùm Saxo sub finem Historiæ: *Quo eventu Sclavici regni interitum portendi à conjecturarum sagacibus existimatum est.*

33,32 5. *Cuidam Guthormo denupta*] Vox est Apulejo familiarissima: ut Lib. V. pag. m. 166. *Quòd si viri sui faciem ignorat, Deo profectò denupsit.* Et Lib. IX. *Die sequenti filia ejus accurrit è proximo castello, in quo pridem denupserat.* Idem Apologiâ: *At tu dum eam putas etiamnunc Claro fratri tuo denupturam.*

33,38 10. *Cujus nobilitatem dispar copulæ nexus obtenebrat*] Matrimonia inter inæquales personas contrahi non debent: raro etenim felicia. Hinc Calpurnius Flaccus Declamat: XXVIII. *Ducat dives aliquam, sed æqualem; ducat volentem. Velis enim nolis suspecta res est amator inimicus, squallor & mœror, gemitus & luctus inimici. Filia talis adamatur? pauper & dives? inimicum est matrimonium.* NE PECORA QUIDEM JUGUM, NISI PARIA, SUCCEDUNT. Monet itaq; Ovidius in Epist. Dejaniræ ad Herculem:

Si qua velis aptè nubere, nube pari.

Nec enim, inquit Saxo alibi, *stabilis dissonos jungit nexus; cum apud excelsos humilium semper fortuna sordescat, & abundantiæ ac egestatis dividuum sit contubernium, neq; inter splendidas opes, obscuramq; pauperiem firma societatis jura consistant.* Adi, si placet, Observata Politica Cl. Viri. Jac. Zeuecotij ad Svetonij Cæsarem.

34,23 33. *Capitis cultui intentus, fabulis mentem, barbæ manum intulerit*] Convenienter omnino, & ad illius seculi mores! quod ubi genium curabat, antiquorum res gestas, quà prorsâ, quà vorsâ oratione, quamvis hac magis, concinnatas, audire studiose cupiebat. In quam finem Antiquarios, & inprimis Poetas, comiter benigne aluerunt; qui nec unquam ab Heroum illorum latere discesserunt: quin etiàm in consiliis adhibiti, magnâ æstimatione vixerunt. Chronica Norvagica passim. Porro comæ studium, & barbæ cura, non mediocris ejus ætatis hominibus fuit. ut Jomsvikinga Saga de A Buonis Crassi filio decollando docet, qui ne coma sanguine conspurcaretur, sollicitus duntaxat apparuit. Conjicio & hinc, quod cum personæ in Historiis describantur, nunquàm fere comæ, ejusq; structuræ, coloris, & cincinnorum mentionem satis anxiam desideres. Verùm illud studium, præsertim in conviviis & solennitatibus viguit: alioqui nonnihil intermisit. *M. Brynolfus.*

34. *Crinali spico*] Per *Crinalem spicum* intelligit *pectinem*: quomodo mox seipsum interpretatur Saxo. Habet vero hanc vocem e suo Martiano depromptam, cujus hi sunt versus Lib. IX. 34,24

B

Crinalem spicum pharetris deprome Cupido,
Livens capillum solvere.

Ubi Doctissimus ille Grotius legendum censet *Crinale spiculum. Spicum* antiquis *Spica.* Sic Cicero 2 de Natura Deorum:

Spicum illustre tenens splendenti corpore Virgo.

C

Quod etiàm Masculino genere usurpatum docet Festus Pompejus: *Spicum*, inquit, *masculinè antiqui dicebant, ut hunc stirpem, & hanc amnem.* Versus est antiquus:

Per messem unusquisq; spicum colligit.

Spicum verò per translationem à spicarum acie dictum pro ferro in cuspidem desinente, quales sunt radij sive dentes pectinis alicujus. Hinc diminutivum *Spiculum*, missile nempe telum, D acutum habens mucronem: quod & pro sagitta, interdum pro ipsa cuspide sagittæ sumitur. Unde verbum quoq; *Spicare* originem trahit, quod est spiculo & ferro asperare. Gratius de venatione:

Quid Macedûm immensos libeat si dicere contos,
Quàm longa exigui spicant hastilia dentes?

Despicare fores nove dixit Johannes Sarisberiensis, E Policratici Lib. II. Cap. V. pag. 50. pro spiculis sive contis fores effringere: *Et statim ut clausas cujuspiam conspexisset fores, indicium credebat hoc esse, quod intrinsecus positi ederent: & repentè despicatis foribus, præcipites irruebant.* Belgæ hodieq; usurpant Spijcker/ sive Spieker; pro clavo in modum spicæ vel spiculi acuto. Nos Speger eâdem significatione dicimus, unde Spegerboor/ pro terebrâ manuali.

Ibid. *Discreverit*] Hoc est, simplici pectinis 34,25 F officio discriminaverit, capillos turbatos restituerit, compserit, ornaverit, extricaverit. Nam hic verus pectinis usus. Varro de L. L. Lib. 4. *Pecten, quòd per eum explicatur capillus.* Sic Apulejus Lib. 2. Metamorph. *Capillum arguti pectinis dente tenui discriminatum* dixit. Nisi si hoc de muliebri illo capitis cultu forte erit intelligendum, qui viris erat vituperationi. Nam crines longi & discreti proprie mulierum. Hinc Dio Chrysostomus Oratione de pulchritudine, agens

agens de Sporo: Ἀλλὰ ἐκεῖνός γε καὶ τὰς ἐν A τῇ κεφαλῇ τρίχας διεκέκριτο. *At ille etiam capillos discretos habuit*, nempe, ut mulier. Tertullianus Cap. XII. de Virgin. velandis. *Vertunt capillum, & in acu lasciviore comam sibi inferunt, crinibus à fronte divisis, apertam professæ mulieritatem.* Quam lectionem animose defendit Theodorus Marcilius in Odam XV. Horatij. Discretioni autem illi crinium utebantur acu crinali sive discriminali, quam *acum ornatoriam* Petronius vocat; sive discerniculum. Varro Lib. B IV. de ling. lat. *Discerniculum, quo discernitur capillus.* Ab hac discretione crines appellatos vult Festus: *Crines à discretione dicti, quam Græci κρίσιν appellant. Nam ideò eos crines vocant*: quomodo hunc locum restituit magnus ille Scaliger in Castigationibus suis.

34,10 20. *Aptius honores meritum, quàm natura conciliat*] Principatus enim non sangvini debetur, sed meritis: et inutiliter regnat, qui Rex nascitur, & regnum non meretur. Idcirco Helius C Romæ ex Senatore Imperator creatus, obsecrante Senatu, ut filium Cæsarem, quem habebat, Augustum appellaret; *sufficere*, inquit, *debet, quòd ego ipse invitus regnaverim, cum non mererer.* Joh. Sarisberiensis Policratici Lib, IV. Cap. XI. Sic & Philippus Rex Macedonum, ubi rescivit Alexandrum filium queri, quod pater ex pluribus fœminis gigneret liberos, ita illum hortatus est: *Ergò cum plures habeas regni* D *competitores, da operam, ut honestus ac probus evadas, ut non per me, sed per teipsum regnum obtinuisse videaris.* Vir prudentiâ verè regiâ præditus; non consolatus est filium, sed metum illius auxit, quo magis extimularet ad virtutem: indicans illi non aliter sperandum paternum regnum, nisi se successore dignum præberet, nec tàm magnum esse regnum adipisci, quàm regnum promeruisse.

34,13 23. *Lapsui vicinum est quicquid senio constat*] Huc pertinet Proverbium veterum Danorum E ᚠᛆᛚᛋ ᛁᚱ ᚢᛆᚴ ᛆᚦ ᚠᛆᚱᚴᚢ ᛏᚱᛁᛂ. **Falls er von ad fornu trie**: *Ligno nutanti casus sperandus.* Cui convenit illud Starchatheri, Lib. VIII. *Arbor alenda recens, vetus excidenda.*

34,18 28. *Proximum sibi quemque natura constituit*] Notum est illud Terentij, Andriæ Act. IV. Sc. I. *Proximus sum egomet mihi.* Verum quoq; est illud Dionis ad Dionysium: *Nemo non suis in rebus, quàm alienis diligentior est.* Vide sis alium F Saxonis locum sub finem Lib. XIII. qui apprime facit ad hujus γνώμης illustrationem de miserando spectaculo civium, qui à navigiis repellebantur: *Quo experimento quantum quisque salutem suam alienæ præferret, fortuna detexit. Taceant nugaces adulantium voces, quæ spiritum amicorum proprio chariorem astruere non erubescunt.* Huc etiam referri potest fabula Æsopi Phrygis de ave Cassitide apud Gellium.

31 *Nullo melius quàm affinitatis nomine insidiæ teguntur*] Cicero 2 Verrina: *Nullæ sunt occultiores, neq; pestilentiores insidiæ, quàm eæ, quæ latent sub simulatione officij, aut aliquo necessitudinis nomine. Eum etenim, qui palàm est adversarius, facilè cavendo vitare possis: at hoc occultum, intestinum, & domesticum malum non modò non exstat, verùm etiam opprimit, antequàm perspicere atq; explorare possis.* In hanc sententiam eleganter, ut omnia, Johannes Sarisberiensis, Anglorum suo seculo Doctissimus, Lib. III. Policratic. Cap. 6. *Venena*, inquit, *non dantur, nisi melle circumlita: nullæque occultiores sunt insidiæ, quàm hæ quæ latent in simulatione officij, aut aliquo necessitudinis nomine. Nec, ut est in fabulis, Juno Semelem deceptam in incendium impulisset, si non esset nutricis indulta faciem & mentita affectum.* Sic & Radulphus Ardentius, Guilielmi IV. Aquitaniæ Ducis Concionator, qui in Evangelia Dominicalia breves, pias, & elegantes scripsit Homilias, floruitq; circa tempora Philippi I. Francorum Regis, ab Anno Christi M. XL. ad M. C: Homiliâ in Evangel. Matth. VII. de falsis Prophetis, p. 63. *Facilius nos supplantat, qui sub specie amicitiæ & obsequij fraudem occultat. Proprium enim doli est, se dissimulare. Veneficus sub melle tegit venenum; proditor sub obsequio fraudem; Hypocrita sub religione malitiam; Hæreticus sub veritate falsitatem.* Ut verba succingam: 34,21

Tuta frequensq; via est per amici fallere nomen;
Tuta frequensq; licèt sit via, crimen habet.

47. *Dolium cereali liquore completum*] Vetustiores Danorum epulum ferale in defuncti honorem institutum appellarunt ᛆᚱᚠᚢᛆᛁᛚ **Arfueol.** Hinc formula **at dricke erfve**, quam in hac ipsa Historia adhibet Chronicon Rhythmicum vernaculâ nostrâ multoties editum. Gothi *Stravam* nominarunt; quam vocem nonnulli de exuvijs hostium, quibus tumulos olim exornarunt, perperam exponunt; quum potius convivium & comessationes in defuncti honorem celebratas denotet; ita rectè monente Doctissimo Wormio nostro, in libro Monumentor. Danicor. Cap. 6. Jornandes de funere Attilæ: *Postquam*, inquit, *talibus lamentis est defletus, stravam super tumulum ejus, quam appellant ipsi, ingenti comessatione celebrant.* Ad quem locum porro hæc adducit ibidem Excellentiss. Dns. Doctor Wormius: *Stravæ affine fuit illud, quod* **Arfveol** *olim nostrates vocabant. Convivium nempe solemne, quod Reges & Magnates in parentis defuncti celebrabant honorem, cum Regnum & hæreditatem capesserent. Fas enim nulli fuit, parenti succedere, nisi tali convivio & solemnitatibus, magnates & amicos exciperet, ubi hoc potissimùm observabatur, quòd in defuncti honorem vasti exhauriendi essent crateres, & se voto, ad facinus aliquod eximium perpetrandum, adstringeret. Hujus exemplum eximium* 34,37

eximium cernere licet in gestis Haquini Baronis, Historiæ Norvagicæ vernaculo sermone à nobis editæ, p. 331. Ubi Sveno Tiuskeg, aliàs Svenotto dictus, ab obitu parentis Haraldi regnum occupaturus, non solùm regni proceribus, sed & Julinensibus pyratis ad hoc suum convivium invitatis, priusquam sedem patris capessit, memoriam patris plenis haustibus propinando, votum addit, se intra triennium Angliam occupaturum, & Regem Adelradum aut interfecturum, aut regno expulsurum. Cujus exemplo Julinenses singuli, post haustum cratera, item vovent ea, B *quæ sine vitæ discrimine præstare demùm non potuerunt. De quibus consule Historiam ipsam.* Arfveøll/ *Hæreditaria cerevisia; ut* Festensøll/ *locationis aut conductionis cerevisia, latinè expromitur; quod ut hìc Sponsa à Sponso conducitur, mediante tali convivio; ita ibi hæreditas à filio capitur solemniter eodem modo.*

A 51. *Deditque pœnas sive Orco*] Hunc locum quis è Justino negabit expressum? Eàdem namque clausulâ Librum Historiæ XXXV finit: *Deditq; pœnas & Demetrio, quem occiderat, & Antiocho, cujus mentitus originem fuerat.* 35,1

54. *Suspendio se, vulgo inspectante, consumpsit*] Ut omnibus compertissimum fieret, ipsum plus promissam semel fidem, quam caducam vitam, & tandem necessariò perituram, existimasse. *Affirmat Albertus Crantzius hanc duorum Regum mortem perquàm ridiculam fuisse: at ego eam parem puto præcipuæ virtuti magnorum Græciæ & Latij principum, qui voluntariam in mortem, ne fidem promissam violarent, se tradiderunt.* Johannes Magnus Histor. Gothic. Sveon. Lib. 2. Cap. XIV. 35,4

NOTÆ VBERIORES IN LIBRUM II.
HISTORIÆ DANICÆ SAXONIS GRAMMATICI.

36,10 Pag. 20. vers. 11. ET *opimæ conscia prædæ*] Eleganter τὸ *Conscium* ad inanimata, & præcipue loca, significanda, transferre solent Poëtæ. Valerius Flaccus Argonautic. Lib. 1. v. 26. C

——— Veteris stat conscia luctus
Silva Padi. ———

Et Lib. 3.

——— Pavet omnis conscia latè
Silva: pavent montes. ———

Et Lib. 4.

Antraq; deprensæ tremuerunt conscia culpæ.

Sed *Conscia fati sidera* dixit Manilius sub initium Lib. 1. Astronom.

Carmine divinas artes, & conscia fati
Sidera, diversos hominum variantia casus:

imitatus Virgilium IV. Æneid.

Testatur moritura Deos, & conscia Fati
Sidera. ———

36,11 12. *Hic tenet eximium montis possessor acervum Implicitus gyris serpens*] Veterum Gentilium fabulas de Draconibus & Serpentibus auro in cavernis montium incubantibus, inde primùm natas verisimile videtur, quod ut plurimùm Serpentes, dracones, & id genus alia animalia subterranea in aurifodinis reperiantur. Philippus Presbyter, auditor B. Hieronymi (qui moritur Martiano & Avito regnantibus, Anno Christi CCCCXXX. secundùm Gennadium: sed Adoni Viennensi mortuus dicitur anno circiter CCCCLVII) Lib. 3. Commentarior. in Jobum, & quidem illa verba Cap. XLI. *Sternet sibi aurum quasi lutum*] *Dicuntur dracones in locis secretis & terrarum abditis finibus vel maximè commorari, ubi metallum auri sit, & stabulari maximè juxtà aurifodinas.*

13. *Implicitus gyris serpens*] Martianus Capella sub initium Lib. IV. *In lævâ quippe serpens gyris immanibus involutus.* Multa etenim Saxo noster huic debet autori; & præcipuè ratiores loquendi formulas, & novatæ significationis vocabula. 36,1

14. *Caudæ sinuosa volumina ducens*] *Sinus* propriè serpentum. Virgil. 3. Georgic. de angue, qui Calabros saltus colit: 36,1
D

——— extremæq; agmina caudæ
Solvuntur, tardosq; trahit sinus ultimus orbes.

19. *Sanies, quod conspuit, urit*] *Urit*, id est, lædit, exitium adfert. Virgilius Lib. 2. Georg. ubi caprarum morsum frugibus & fructibus exitialem, maleficum, & noxium esse docet; 36,1

Sin armenta magis studium, vitulosq; tueri,
Aut fœtus ovium, aut urentes culta Capellas.

E Ad Virgilij verba allusit Symmachus Lib. 1. Epist. 25. *An vereris æmuli venena Lectoris, ne Libellus tuus admorsu duri dentis uratur. Saniem* verò, ipsum virus, in serpentibus quoq; agnoscit Lucanus Lib. IV. v. 729.

Aspidas ut Pharias caudâ solertior hostis
Ludit, & iratas incertâ provocat umbrâ:
Obliquansq; caput vanas serpentis in auras
Effusæ tuto comprendit guttura morsu
Letiferam citrà saniem ———

F Et Silius Italicus Lib. 12. v. 10.

Evolvit serpens arcano membra cubili
Et splendente die novus emicat, atq; coruscum
Fert caput, & saniem sublatis faucibus efflat.

20. *Lingua trisulca micans patulo licet ore resultet*] 36,19

altet] Id est, licet linguam subinde motitando exertet. Virgilius de eodem Angve:

——— *Linguis micat ore trisulcis.*

6,22 23. *Spinosi dentis acumen*] Martianus Capella, loco suprà dicto: *Qui tamen mox emergens spinosorum dentium acumine venenato, & assiduis hominem morsibus affligebat.* Ita mox infrà: *Clypeo spinosum oris acumen impegit.*

6,24 25. *Tela licet temnat vis squamea*] Id est, Consertio squamarum, quibus terga serpentum sunt obducta. Virgilius loco jam dicto:

Squamea convolvens sublato pectore terga.

6,28 29. *Perfossos scrutare cavos*] Recurrit eadem vox infrà Lib. IV. *Extractum cavo gladium filio porrigit.* Et Lib. VII. *Puella cum repositis inibi spoliis cavo extrahitur.* *Cavus* est locus quilibet excavatus, velut in speluncam. Horatius Lib. 2. Sermon. Sat. VI.

Rusticus urbanum murem mus paupere fertur
Accepisse cavo, veterem vetus hospes amicus.

Et mox eâdem Satyrâ:

Est opus hac, ait, & valeas: me sylva cavusq;
Tutus ab insidiis tenui solabitur ervo.

Ad quem locum sic Acron. *Cavusq;*] *Foramen, ubi ante habitabat.* Et Jodocus Bad. Ascensius: *Cavo, id est, loco cavato, subterraneo videlicet.* Et paulo post: *Cavus tutus, id est, cavernula, in quâ vivo tutus ab insidiis.* Phædrus Fab. 64. Lib. IV.

D *Cum victi mures mustellarum exercitu,*
Fugerent, & arctos circùm trepidarent cavos.

Glossarium Græco-barbarum V. C. Johannis Meursij pag. 98. Γάβ©, *Cavus, Fossa, Scrobs.* Codinus in Orig. Constantinop. Ἐποίησε ᾗ καὶ γάβους ἐγχορηγοὺς ἐπὶ πᾶσαν τὴν πόλιν, βαθεῖς τῷ ὕψει ὅσον τῶν ἐμβόλων. *Abstrusum cavum* eleganter dixit Festus Avienus in orâ maritimâ:

E *Jugum inde rursus & sacrum infernæ Deæ*
Divesq; fanum penetrat abstrusi cavi
Aditumq; cæcum ———————

Cavum pro puteo posuit elegantissimus & inculpatæ Latinitatis Poëta, Terentianus Maurus, in Præfatione:

Donec lubrica sarcina
Tanti per spatium cavi
In lucem superam exeat.

36,28 Ibid. *Mox ære crumenas Imbue*] Locutio F non adeò protrita. Tacito tamen quibusdam in locis nonnihil frequentata; Sic Lib. 1. Annal. *Imbutæ prædâ manus.* Et Lib. Histor. 3. *Ut civili prædâ miles imbueretur.* Ità Hist. Lib. 4. *Imbuere aures sermonibus honestis. Imbuere ingenium cæde,* & id genus alia. Annal. 13. *Imbuta armis civilibus juventa.* Et Valerius Flaccus Lib. 1. Argonaut.

——— *Ignaras Cereris qui vomere terras*
Imbuit. ———————

A Sed videtur id verbi hoc loco vim *explendi* habere, & insignitam aliquam copiam seu abundantiam significare. Igitur *Crumenas ære imbue,* erit, *imple eas thesauro reperto ad summum usq;.*

31. *Solitarius in insulam trajicit*] *Solitarius,* 36,30
id est *solus, nulli comitatus. Solitarius* etenim est, qui frequentiam vitat. Glossar. Μονήρης, *Solitarius.*

32. *Quàm Athletas aggredi moris fuerat*] Ath- 36,31
B letæ semper singulari certamine congredi solebant, & inter duelli leges erat, ut singuli cum singulis dimicarent. Maximo vero sceleri affine habebatur impari dimicationis genere pugnare, cùm duo unum adorirentur. De hoc more & consvetudine Saxo Lib. 17. hunc in modum loquitur; ubi agit de duobus Frowini filiis Ketone & Wiggone, qui mortem patris ulcisci cupientes, Athislum Seciæ Regem ad certamen provocant: *Progredi illum jubet* [nempe Keto Athislum] *& si quid virium sit,* C *solitario secum experiri congressu.* Nam *& se, remoto fratris adminiculo, propriis acturum viribus, ne manu impari pugna conseri videatur infamis. Duos siquidem cum uno decernere, ut iniquum, ita etiam probrosum apud veteres credebatur. Sed neq; victoria hoc pugnæ genere parta laudabilior habita, quòd potius dedecori, quàm gloriæ juncta videretur. Quippe unum à duobus opprimi, ut nullius negotij, ita maximi ruboris loco ducebatur.* Quare cum Wiggo D fratre graviter vulnerato, Athislum aggressus interfecisset; *eo facto,* inquit porro Saxo, *plus opprobij quàm laudis contraxit, quòd in juvando fratre statutas duelli leges solvisset, eidemq; utilius quàm honestius opem tulisse videretur.* Hinc, *in Proverbium apud exteros ductum, quòd priscum dimicandi jus regius labefactasset interitus.* Imò & apud Danos. Nam sic habet vetus Rhythmus:

Athisles Bane brod gamle Kempers vane.

37. *Crebris deinde linguam micatibus ducens*] 37,3
E Martianus Capella sub initium Lib. IV. *Anguis assurgens allambere fœminam crebris linguarum micatibus attentat.*

40. *Curetum partibus*] Frequens Saxoni 37,5
est *partes,* pro *orâ, plaga, climate, regione, terrâ, provinciâ,* aut simili notione usurpare: ut hic *Curetum partibus,* id est, *regioni, terræ, ditioni.* Sic Lib. XI. *Apud Suddathorp Juticarum partium oppidum.* Idq; occurrit sæpius in medij & sequioris ævi Scriptoribus. Ælnothus de vita S. F Canuti in Prœmio: *Jam verò Daciæ partibus quatuor quinquenniis demoratus.*

42. *Totius fermè occidentis armis opibusq; suc-* 37,8
cinctum] Justinus Lib. XXXV. *Igitur Alexander, admirabili rerum varietate, pristinarum sordium oblitus, totius fermè orientis viribus succinctus, bellum Demetrio infert.*

43. *Salutarem pugnæ cunctationem*] Fortè 37,8
ad illud Ennij de Fabio respicit. *Unus homo nobis cunctando restituit rem.*

F 2 Ibid.

37,9 Ibid. *Inediæ viribus obtinendum curemus*] Saxo infrà Lib. V.

Qui obtinere gestit, obniti debet.

Obtinere idem esse ac vincere, in potestatem redigere; eâq; notione apud optimos Latinitatis ICtos usurpari contendit Philologus incomparabilis, Caspar Barthius Lib. XXX. Adversar. Cap. VIII. Galterus Lib. III. Alexandreidos. Fol. XXXII.

Destitit incœpto Macedo, sed prodigus auræ
Vitalis, scindit cuneos, ipsumq; tyrannum
Obtinet, & victis urbem tradentibus intrat.

37,9 44. *Internum hoc malum est*] Vegetius Lib. III. *Fames, ut dicitur, intrinsecus pugnat, & vincit sæpius, quàm ferrum.*

37,11 45. *Melius adversarium esurie, quàm armis tentabimus*] Fame invictissima quæque expugnantur. *Sæpius enim penuria, quàm pugna, consumit exercitum, & ferro sævior fames est.* Vegetius Lib. III. *Superatis omnibus humanis malis, famem unam natura vinci non sinit.* Livius Lib. V. Eleganter idem Livius Lib. XXI. *famem* appellat *ultimum humanorum supplicium*: *Licuit*, inquit Scipio in Oratione ad milites, *si voluissemus, ad Erycen clausos, ultimo supplicio humanorum, interficere.*

37,15 Pag 21. vers. 1. *Exsangues præstare*] Id est, interficere. Insolens formula: sed cui venustatem conciliat continuata Paronomasia. Nam ità integrè & eleganter dictum: *Exsangues absq; sanguinis detrimento præstare poterimus.*

37,24 10. *Taliter indemnes aliis damnorum auctores fore poterimus*] In prioribus Editionibus erat: *Indemnes aliis Danorum auctores.* Quem locum Cl. Vir, & egregiè de re literariâ meritus, Casp. Barthius ad Claudian. in Ruf. 2. 110. ità emendavit: *Indemnes à telis Danorum victores fore poterimus.* Eam lectionem verissimam esse putat Doctissimus itidem Vir, & ad juvandas literas natus, Joh. Freinsheimius Comment. in Q. Curtij Lib. III. Cap. 4. num. 3. Verùm si bonâ cum veniâ tantorum virorum liceat, levi mutatione, sic lego: *Taliter indemnes alijs damnorum auctores fore poterimus.* Nam omninò heic considerare oportet perpetuam illam & vix interruptam Paronomasiam, quâ totam hanc orationem Dornonis exornat, & unam post alteram periodum insurgere facit Saxo noster: qualis etiam in his vocibus reperitur: *Indemnes damnorum*: Est verò sensus: Si hostem fame potius, quàm armis debellare tentaverimus, facilior nobis ad victoriam aditus patebit: & nos hoc pacto omnis periculi immunes, omnis damni expertes, alijs exitium adferre, alios damnis ingentibus afficere poterimus. Tò *fore* autem pro *esse* vel *fieri*

A positum, abusu Latinitatis primùm inclinatæ, mox collapsæ, rectè animadvertit Barthius.

14. *Ut nihil, quod à supervenientibus occupari posset, intactum relinqueret*] Tale multorum fuit consilium, ubi jam immineret hostis, & plerumq; salutare. Ita *Arsanes, qui Ciliciæ præerat, reputans, quòd initio belli Memnon suasisset, quondam salubre consilium serò exequi statuit.* 37,2
B *Igni ferroq; Ciliciam vastat, ut hosti solitudinem faciat: quicquid usui esse potest, corrumpit: sterile ac nudum solum, quod tueri nequibat, relicturus.* Sic & Anno Christi cIɔ Iɔ XXXVI. *Techmases uti facultatem sui persequendi Osmanicis adimeret, suam ipsemet regionem vastavit, annonam omnem corrupit & exussit, subditos suos passim abegit.* Levenclavius Annal. Turc. Vide Freinsheimij Commentar. in Lib. III. Q. Curtij, Cap. IV. num. 3. Et Libr. 14. Cap. 14.
C num. 3.

19. *Quem dolum crebro cespite fossis superaddito occultandum curavit*] Ejusmodi strategemate quamplurimos feliciter usos fuisse, varia testantur Historicorum monumenta. Regino Abbas Prumiensis Lib. 2. de Nordmannis urbem Parisiorum obsidentibus, hæc refert: *Miserat ad solvendam obsidionem Imperator Carolus exercitum suum, duce Henrico quodam, viro nobili & strenuo. Is propius solebat* 37,3
D *hostium castra frequentius accedere, ut & quid ipsi agerent, & quâ ratione in ipsos ageret, exploraret. Id quum animadverterent Nordmanni, foveas foderunt in circuitu castrorum, quæ latitudinis erant pedis unius, profunditatis verò trium. Has stipulâ & pulvere cooperuerunt, ne ab hostibus facilè deprehendi possent. Itaq; cum ex more, Henricus, Dux exercitus Gallici, circa Nordmannorum castra obequitaret speculabundus, obvios habuit eorum paucos, qui deditâ operâ eum ipso velita-*
E *re cœperunt, atq; tantisper eum dubiâ fugâ ludificarunt, donec collapso in foveam ipsius equo, ipsum pariter luctantem atque surgere annitentem obtinuerint.* Accidit hoc Anno Christi DCCCLXXXVII. Ita quum Florentius, Hollandiæ Princeps, Anno Christi cIɔ LVIII. bellum cum variis & potentissimis hostibus gesturus, convocatis Dordrechtum Senatoribus, quid in rem maximè videretur, consuleret, Vir quidam provectâ ætate, insignis pruden-
F tiâ & belli artibus, sic orsus est: *Sedem belli hanc nos urbem delegimus, quò haud dubiè hostes mox venturi sunt. Itaq; suadeo egestis latè campis fossæ ducantur, & primùm perticis, mox stramine & humo ità inæquentur, ut cavata à solidis discernere hostis ignarus, simul accurrerit, præceps in eas ruat.* Nec multo post ille adfuit urbi sensim propinquans. Et jam suffossa omnis multitudo supergradiebatur, tolerantibus primum tignis, dum margine campi sustinebantur.

bantur. Ut longius provecti, oneratæ immenso pondere perticæ cessêre, simul præcipites lapsi equi viriq; miserabili specie, cuncta clamoribus & confuso strepitu complebant. Atq; ita Quadraginta millia occidioni data; exemtis sex & viginti millibus, quos fossæ hauserunt: prout hæc bonâ fide commemorat egregius Vir ingenio, bonisq; omnibus disciplinis ornatus, Matthæus Vossius, magni illius Gerardi Vossij haud degener filius, Libro I. Annalium Hollandiæ, Zelandiæq; Pag. 44. & 45. Inter alias vero insidias, quas Friderico Imperatori struere parabant Cremonenses, dolosas ejusmodi foveas recenset nobilissimus & eximius Poëta Guntherus Lib. X. Ligurini sui, v. 306.

Præterea densis scrobibus tellure cavatâ
Præcipites fodêre dolos, fossasq; latentes
Injectu texêre levi, quas incidat hostis
Inscius, & subito pateat discrimine morti.

Quin & eas luculenter describit Prudentius in Psychomachiâ, v. 257. & sequent. pag. 237.

Sed cadit in foveam præceps, quam callida fortè
Fraus interciso suffoderat æquore furtim:
Fraus intestandis vitiorum è pestibus una,
Fallendi versuta opifex, quæ præscia belli
Planiciem scrobibus violaverat insidiosis,
Hostili de parte latens, ut fossa ruentes
Exciperet cuneos, atq; agmina mersa voraret.
At ne fallacem puteum deprendere posset
Cauta acies, virgis adopertas texerat oras,
ET SUPERIMPOSITO SIMULARAT CESPITE CAMPUM.

Tandem nobis scrobem graphicè depictam exhibet suavissimus scriptor Longus Sophista ποιμενικῶν Lib. 1. sed non hominibus capiendis, verùm Lupis aptem. Λύκαινα τρέφουσα σκύμνοις νέοις ἐκ τῶν πλησίον ἀγρῶν ἐξ ἄλλων ποιμνίων πολλάκις ἥρπαζε, πολλῆς τροφῆς ἐς ἀνατροφὴν τῶν σκύμνων δεομένη. συνελθόντες οὖν οἱ κωμῆται νύκτωρ σιρροὺς ὀρύττουσι τὸ εὖρος ὀργυιῶν - - - τὸ βάθος τεσσάρων. τὸ μὲν δὴ χῶμα τὸ πολὺ σπείρουσι, κομίσαντες μακράν. ξύλα δὲ ξηρὰ μακρὰ τείναντες ὑπὲρ τοῦ χάσματος, τὸ περιττὸν τοῦ χώματος, κατέπασαν τῆς προτέρας γῆς εἰκόνα. ὥστε κἂν λαγὼς ἐπιδράμῃ, κατακλᾷ τὰ ξύλα κάρφων ἀσθενέστερα ὄντα, καὶ τότε παρέχει μαθεῖν, ὅτι γῆ οὐκ ἦν, ἀλλὰ μεμίμητο γῆν. τοιαῦτα πολλὰ ὀρύγματα, κἂν τοῖς ὄρεσι, κἂν τοῖς πεδίοις ὀρύξαντες, τὴν μὲν λύκαιναν οὐκ εὐτύχησαν λαβεῖν: αἰσθάνεται γὰρ καὶ γῆς σεσοφισμένης· πολλὰς δὲ αἶγας καὶ ποίμνια διέφθειραν, καὶ Δάφνιν παρ' ὀλίγον ὧδε. *Lupa quæ catulos recentes alebat, ex vicinis agris aliorum de gregibus sæpè pecudes rapere solebat, quod alimento copioso ad enutriendos catulos opus haberet. Conveniunt igitur Pagani, noctuq; scrobē effodiunt latitudine orgyiarum - - - - altitudine quatuor, & quidem humum adgestam longè lateq; portatam plenâ manu spargunt, lignis autem aridis oblongis super voraginem extentis, terra deniq; eâ, quæ supererat, soli faciem conspergunt, ut vel lepus si supercurrere tentaret, ista ligna stipulis ipsis fragiliora confringeret, tumq; clarum faceret, quod istud solum non esset, sed tantùm solum adsimilaret. Ejusmodi pluribus fossis per montes, per campos cavatis, lupam tamen haudquaquam capere potuerunt (sensit enim ipsa quoq; terram commentitiam) multas verò capras atq; oves juxtà perdiderunt, parumq; abfuit, quin & Daphnin casu hujusmodi.*

26. *Iisdemq; carabum onerat*] Eadem vox 38,2
infrà se offert Lib. VI.

——————— *Percurrimus undas*
Permensore maris carabo ———

Carabus, linter, navicula. Isidorus Orig. Lib. XVIII. c. 1. *Carabus, parva scapha ex vimine facta, quæ contexta crudo corio, genus navigij præbet.* Papias Vocabulista: *Carabus, navicula discurrens in Pado, id est, linter. Est autem ex vimine & corio.* Grónlandi hodieq; eo navigij genere utuntur; quod constat ex ijs, quæ huc allata cum incolis. Talia quoque fuisse *Oestrumnidum* navigia conjicio, quæ eleganter describit Festus Avienus in orâ maritimâ:

Non usq; cymbis turbidum latè fretum
Et belluosi gurgitem Oceani secant,
Non hi carinas quippè pinu texere
Fecêre morem, non abjete, ut usus est,
Curvant faselos: sed rei ad miraculum,
Navigia junctis semper aptant pellibus,
Corioq; vastum sæpè percurrunt salum.

Glossarium Camberonense MS. *Carabus, est quædam navicula.* Joannis Moschi pratum Spirituale, Cap. 76. *Ecce ego ascendo in carabum.* Florentius Vigorniensis in Anno 892. *Occultè de Hyberniâ fugerunt, carabumq; qui, ex duobus tantùm corijs & dimidio factus erat, intraverunt, mirumq; in modum sine velo & armamentis post septem dies in Cornubia applicuerunt.* Videatur Onomasticon, quod Vitis Patrum subjunxit Vir pietatis doctrinæq; famâ illustris, Heribertus Rosvveidus. Græcis Κάραβος, seu Καράβιον. Auctor Etymologici: Ἄκατος τὸ μικρὸν πλοιάριον: παρὰ τὸ ἄγω, ἐξ οὗ τὸ ὑποκοριστικὸν Ἀκάτιον, ὃ τινὲς μὲν ἐπακτρίδα, τινὲς δὲ πορθμίδα, τινὲς δὲ κάραβον ὀνομάζουσι. Suidas: Ἐφόλκια, καράβια μικρά. Hebræis GARAW.

Vide Harmoniam Etymologicam Stephani A Gvichardi pag. 759. & 765. Fragmentum Glossarij MS. quod penes me est; in Litera D: *Dromo, longa navis. Musculus; parva navis: Barcha, navis mercatoria.* Et paulò Post: *Parvæ naves dicuntur cimba, carabus, caupulus, lembus, scapha, linter.* Forte illud est, quod veteres olim Islandi ᛦᛅᚱᚠᛁ dixerunt. Glossarium Islandicum: ᛦᛅᚱᚠᛁ, Karfe; *Masc. Gen. Genus navis.* B

38,22 46. *Aquæ molem novâ rivorum diversitate partitus*] Ita & Persarum Rex Cyrus, cum Babylonem oppugnaret, Gynden fluvium, ne impetum ejus sisteret, conatumq; impediret, *per magnas concisum deductumq; fossas in 460 alveos comminuit: Euphratem etiam longè validissimum & mediam Babyloniam interfluentem, derivavit. Ac sic meabilibus vadis siccum, etiam patentibus alvei partibus, iter fecit.* Verba sunt Pauli Orosij Lib. 2. Cap. VI. pag. 76. C

38,24 48. *Dividuo minoratus excursu*] Hoc est, diminutus. Ità loqui amant istius & superioris ævi Scriptores. Radulphus Ardentius Homilia in Dominicam VII post Trinitatis: *Non minorabitur defectibus, sed omni perfectione abundabit.* Joh. Sarisberiensis Policratici Lib. VII. Cap. 13. *Qui cognatione temporalium, quibus quodammodo ingenitus est, pedem sui figit affectus, servit & minoratur.* Gvillermus Armoricus Philippidos Lib. I.

Ut meritum Regis motu quocunq; minoret. D

Petrus Chrysologus Serm. LXXXV. *Quia nec minoratur Deus in homine; nec virtus attenuatur in fimbria; nec cœlestis natura membrorum variatur officijs.* Sermone LXV. *Nemo ergo sic filium minoret precibus, ne patrem circa salutem hominnm sic minoret.* Et Sermone LXVI. *Qui divitias suas non miserando pauperi dedit, sibi misericordiam sic minorat.* Sermone LXXVI. *Cur homo aut minoratum Deum in carne judicat, aut in passione existimat ejus defecisse virtutem?* E

38,27 51. Ad urbem Paltiscam] Quæ, nî fallor, Rutenis *Polotzka*, nunc *Plescovia* dicitur.

38,29 53. *Extinctumq; se, quo minùs hosti terroris afferret, vulgò nunciari præcepit*] Eodem usus est stratagemate, Hastingus Dux Normannorum, cum Lunam urbem, quam Romam esse putârat, fraudulenter occupare tentaret: cujus rei luculentam facit mentionem Dudo Veromandensis de moribus & actis Normannorum, F Lib. 1. pag. 64. & 65.

38,39 Pag. 22. vers. 8. *Peritam se pugnandi puellam simulat*] Quasi una esset ex Amazonibus illis Danicis, quas luculenter describit Saxo Lib. VII. *Fuêre quondam*, inquit, *apud Danos fœminæ, quæ formam suam in virilem habitum convertentes, omnia penè temporum momenta ad excolendam militiam conferebant.* Ad quem locum plura annotabimus σὺν θεῷ.

6. *Transfugæ titulo oppidum petit*] Svaningius 39,1
noster aliter commemorat, non ipsum videlicet Frothonem in oppidum transfugisse, sed militem puellari indutum veste, qui, quo in statu essent omnia, exploraret, in oppidum à Frothone submissum, tradit.

12. *Urbs somno sepulta diripitur*] Elucet hic 39,3
imitatio Virgiliana. Maro enim Æneid. II.

Invadunt urbem somno vinoq; sepultam.

Et Lib. IX.

——— Rutuli somno vinoq; sepulti
Conticuêre. ———

13. *Nihil in re militari perniciosius*] Securitas 39,5
nimium quantum nocet militari fortunæ! Testis est Vellejus Paterculus Lib. 2. in clade Variana: *Neminem celeriùs opprimi, quàm qui nihil timeret, & frequentissimum initium esse calamitatis securitatem.* Barthius in Notis ad Lib. IV. Claudiani. p. 131.

35. *Monstra quidem video*] Spectra no- 39,2
cturna intelligit, quæ νυκτερινὰς φόβους Athenæus Lib. IV. dixit. Apulejus vero in Apologia *noctium occursacula* eleganter vocavit. Eorum pleraq; nomina talia ibi sunt, qualia hic recenset Saxo. *At tibi*, inquit, *Æmiliane, pro isto mendacio duat Deus iste superum & inferûm commeator, utrorumq; Deorum malam gratiam, semperq; obvias species mortuorum, quicquid Umbrarum est usquam, quicquid Lemurum, quicquid Manium, quicquid Larvarum, oculis tuis oggerat! omnia noctium occursacula, omnia bustorum formidamina, omnia sepulchrorum terriculamenta, à quibus tamen ævo & merito haud longè abes.* Ubi simul notagravissimum satis & dirum imprecandi genus quondam fuisse, cum nocturnis illis spectris & monstris caput alicujus devoverent. Videatur Lavateri de spectris Libellus eruditissimus, Cap. 2.

47. *Accedunt Fauni Satyris*] Utinam ipsum 40,1
Carmen, quod autor transtulit ac Latinum fecit, superesset, videremus quæ voces his Latinis responderent, & tùm fortean tenebroso veterum sermoni de variis Alforum, Thussorum, Dvergorum, Draugorum, Vanorum generibus, quæ nunc sola sunt nomina, lucem fœnerassemus. Hoc certum est duntaxat, diversas istas sive Dæmonum, sive animalium, sive quod inducor ut credam, medij inter ista cujusdam, naturas fuisse habitas: quo veterum Septentrionalium Philosophiam penitus intelligeremus. Sed hoc votum saltem est. *M. Brynolfus.*

49. *Silvanis coeunt Aquili*,] Monstra quæ- 40,3
dam sunt, forte sic dicta ab *aquilo*, hoc est, nigro colore. Nam ità Gloss. *Aquilum*, μέλαν, ὡς ἀκύλλιος. Glossar. Isidori: *Aquilum; fuscum, nigrum.* Saxo noster Lib. 8. *Quem comitibus foris præstolari jussis, ingressus, duos eximiæ granditatis Aquilos conspicatur.* *Aquilos* inter Hemitheos, qui à medietate aëris usq; in montium terræq; confinia

confinia verſantur, recenſet Martianus Capella Lib. II. p. XL. *In his*, inquit, *locis Sumanes, eorumq; præſtites Mana atq; Manuana: dij etiam, quos Aquilos dicunt.* Gloſſarium Papiæ: *Aquili, ſpecies dæmonum, qui in ſimilitudine aquilarum apparent.* Catholicon Fr. Joannis de Janua in voce *Aquila*: *Ab aquila eſt Aquilus, qui naſum habet curvum in ſummitate, ut aquilæ roſtrum.*

40,6 52. *Quas Simis Fantua juncta premit*] *Fantuæ* meminit Capella Lib. 2. pag. XLI. *Ipſam quoq; terram, quæ hominibus invia eſt, referciunt longævorum chori, qui habitant ſilvas, nemora, lucos, lacos, fontes ac fluvios. Appellantur Panes, Fauni, Fones, Satyri, Silvani, Nymphæ, Fatui, Fatuæq;, vel Fantuæ, vel etiam Fanæ, à quibus Fana dicta, quòd ſoleant divinare.* Caſp. Barthius, corculum Muſarum, Lib. XXIV. Cap. 8. Fantuam *Fatuam, gratiâ Carminis, dictam autumo. Sed & antiquiores ità dicebant. Gloſſæ veteres*: Fatuus quaſi fantuus, à fando, qui Faunis oracula edebat. *Simos verò à facie ſimâ dixit Satyros, quorum talis pictura apud veteres. Non aliâ de causâ veteres Delfinos* Simones *vocaſſe obſervamus. Idem Gloſſarium*: Simones, Delphines. Quæ verba apud Papiam etiam ſuperſunt. *Nares ſimatas* cadaveri eleganter attribuit Sulpicius Lupercus de Cupiditate; Lib. 1. Epigr. Vet.

Simatæq; jacent pando ſinuamine nares.

40,22 Pag. 23. verſ. 14. *Virgæ vulnus pœnale verentes*] *Pœnale* dicitur, quodcunq; pœnæ loco infligitur, vel quo pœna infligitur. Sæpè utroq; ſignificatu reperire licet apud Ammianum Marcellinum. Sic Lib. XXII. *Retracti ſub vinculis morte periere pœnali.* Et Lib. XIX. *Quorum aliquos vinculorum afflixêrunt nexus, alios clauſtra pœnalia comſumpſerunt.* Lib. XV. *Juſſi ſunt retineri pœnalibus clauſtris.* Lib. XIV. *Cum abjecto conſorte pœnali eſt morte mulctatus.* Et paulo ſuperius eodem Libro: *Nonnullos gladij conſumpſere pœnales.* Petrus Chryſologus pro *reo*, & qui pœnam meretur, uſurpat Sermone XVI. *Quid nobis & tibi? quod Judici & reo: quod vindici & pœnali: quod Regi & deſertori.*

40,32 24. *Forma proſapiam pandit*] Quaſi non falleret hoc argumentum de vultu conjectandi, ſic illo veteres, loco non uno, confidenter invenio uſos; & præter lineamenta, atq; cuticulæ tincturam, aliud neſcio quid ſpirituale in vultu notaſſe; quod nos etiamnùm Svip/ *Genium*, vocitamus. *M. Brynolfus.*

40,34 26. *Certiſſima nobilitatis index pulchritudo commendat*] Publius Mimus: *Formoſa facies muta commendatio eſt.* Certè pulchritudo formæ nunquam non grata, jucunda, & laude digna. Maximianus, Cornelij Galli nomine editus, Elegia I.

Nec minor huic aderat ſublimis gratia formæ,
Quæ, vel ſi deſint cætera multa, placet.

A Ovidius VIII. Metamorph.

———— Quem non; ut cætera deſint;
Forma movere poteſt? ————

Plato III. de Legibus: τὸ κάλλιστον, ἐρασμιώτατον; *Maximè pulchrum; maximè amabile.* Dicebat Ariſtoteles; τὸ κάλλος παντὸς ἐπιστολῆς συστατικώτερον: *Pulchritudinem plusquam Epiſtolas omnes valere ad commendationem.* Plato etiam *pulchritudinem* appellabat προτέρημα φύσεως; *Privilegium Naturæ.* B Hinc veteres Philoſophi pulchritudinem origine divinam; nihilq; pulchri temerè & fortuito naſci, ſed ab arte aliqua effici, putarunt. Plutarchus Lib. 1. de placitis Philoſoph. Cap. 6. Pacatus Drepanus in Panegyrico: *Non fruſtra planè opinione ſapientium, qui naturalium momenta cauſarum ſubtilius ſciſcitati, arcanis cœleſtibus nobiles curas intulerunt, auguſtiſſima quæq; ſpecies plurimum creditur trahere cœlo. Sive enim ille animus divinus, venturus in corpus,* C *dignum prius metatur hoſpitium, ſive cum venerit, fingit habitaculum pro habitu ſuo, ſive aliud ex altero creſcit.*

37. *Sordido cultu robuſtam obtegi manum*] 41,10
Huic affine eſt Cœcilianum illud apud Ciceronem Lib. 3. Tuſcul. Quæſtion. *Sæpè eſt etiam ſub palliolo ſordido ſapientia.* Sed magis convenit illud autoris noſtri, infrà Lib. VI. *Quem faber, non ſatis doctus, vili interdum amiculo validas ſubeſſe manus, objurgatum æde ocyus excedere jubet.* Cæ- D terum Adagium eſt hodieq; Iſlandis frequentatum: Opt eru vaſkar Hendur undir vondre/ aut, vorügre/ Kåpu/ id eſt, *Sæpè validæ manus lacerâ, vel vili, aut ſordidâ togâ teguntur.*

38. *Fortemq; dextram atrâ veſte concludi*] 41,11
Diſco hinc atrum veſtimenti colorem, ferè ut Romanis, ſordidum habitum & ignobilem. Alibi non memini obſervaſſe. *M. Brynolfus.*

44. *Momentaneum corporis habitum ab aëris teneritudine mutuari*] Lucretius Lib. IV. multis 41,17
E explicat, ultro citroq; per auras volitare tenuiſſimas quaſdam omnium formarum exuvias. Multa ac varia à doctis pariter atq; indoctis, cum de aliis rebus diſputantur, tùm de ſpectris, quæ noctu & interdiu, terrâ mariq; in agris & ſilvis, item in domibus conſpiciuntur atq; audiuntur, hominesq. territant: de quibus operæ erit pretium conſulere elegantiſſimum libellum Ludovici Lavateri, qui hoc argumentum ſolidè & nervosè pertractat, oſtendens non ſo- F lùm quod Spectra appareant, ſed & quid ſint illa, quæ videntur & audiuntur. Cui non ſine fructu adjungi poterit Joh. Wieri de præſtigijs Dæmonum Tractatus, item Peucerus de Divinationum generibus, Nicolai Remigij Dæmonolatreia, Ricardus Argentinus Anglus de Incantationibus, Bodini Dæmonomagia, Delrio Diſquiſitiones Magicæ, Malleus Maleficarum, & alii autores. Inprimis lectu digniſſima eſt Epiſtola C. Plinij XXVII, Lib. VII. quâ quærit à Sura;

F 4 Sura;

Sura, an veræ sint apparitiones, quæ Græcè A *phantasmata* dicuntur, & exemplo Curtij Rufi ac Athenodori Philosophi, postremo suorum, confirmat esse vera. Initium tale est: *Et mihi discendi & tibi docendi facultatem otium præbet. Igitur perquàm velim scire, esse phantasmata, & habere propriam figuram numenq; aliquod putes: an inania & vana ex metu nostro imaginem accipere?* Ne verò quæstionem hanc de spectris & nocturnis apparitionibus [quas & phantasias, phantasmata, phasmata, idola, lemures, ma- B nes, umbras appellant] an sint aliquid, an vero inania & vana ex metu nostro imaginem accipiant, planè intactam relinquamus, decidamus eam verbis Clarissimi Viri, & longiore vitâ dignissimi, Matthiæ Berneggeri, in Diatribe ad Svetonij Augustum, Cap. VI. *Etsi,* inquit, *in re tàm ambiguâ Socraticos ἐπέχοντας imitari præstat, tutiorq; est Academiæ aporia, quàm reliquarum sectarum juratissima dogmata: tot tamen exempla, non soli vulgo, qui decipere & decipi potest, sed ma-* C *gnis etiàm viris observata, literisq; prodita, de veritate quorundam spectrorum, quibus Deus fideles exercet, infideles punit, vix dubitare sinunt. Interim illud quoq; Livij XXIV, verum credimus, utplurimùm oculorum auriumq; ludibria credita pro veris: dum aut naturalia fortuitave, ignoratione causæ, pro spectris habemus, quod meticulosis & melancholicis utplurimùm accidit: aut impostorum strophis decepti, fucum non olfacimus. In talibus spernendis dignam homine Philosopho constantiam præstitit Democritus,* D *qui ad convincendam spectrorum vanitatem, sæpè solitarius vixit, atq; etiam sepulchra incoluit, ut scribit in ejus vitâ Laërtius: cumq; in tenebris per lasciviam quorundam adolescentulorum, è sepulcris noctu veluti larvis infestaretur, impavidus, & semper sui similis, illos statim admonuit, ut ineptire desinerent. Quin & Horatius Lib. 2. Epist. 2. umbrarum contemptum inter cætera boni fortisq; animi argumenta collocans,*

Num es avarus? inquit, *abi: quid cætera? num* E
simul isto
Cum vitio fugêre? caret tibi pectus inani
Ambitione, caret mortis formidine & irâ?
Somnia, terrores magicos, miracula, sagas,
Nocturnos lemures, portentaq; Thessala rides?

42,30 Pag. 24. vers. 44. *Qui & ipse Scottici nominis conditor fuit*] Gvilielmus Cambden, Vir excellentis ingenij, & gravissimus Historiæ Britannicæ autor, de Origine Scotorum varias vario- F rum recenset opiniones atq; sententias, in Britanniæ Descriptione pag. 87. & sequ. Nonnulli etenim *Scotam* quandam, Pharaonis Ægypti filiam, Scoticæ nationis conditricem fuisse tradunt. Quæ opinio è superstitione & imperitia rudis antiquitatis enata, jure rejicitur. Alij fortissimæ huic genti nimis injurij, Scotici nominis appellationem à Græco fonte deducunt; quod Scoti dicantur quasi Σκότιοι, id est, furto concepti: quæ etiam non injuriâ exploditur. Florilegus è Saxonicâ Linguâ Originationem petit, Scotos nimirùm appellari, quod ex confusâ gentium colluvione prognati fuerint. *Scot enim,* inquit, *illud dicitur, quod ex diversis rebus in unum acervum aggregatur.* Ipse Camdenus cum Cisnero & Reineccio, à *Scythis Scotos* derivat. Quisnam verò fuerit hic *Scottus*, Saxone tacente, prorsus ignoramus. Si Danus, fraudi non erit Scotico nomini Danorum se prolem agnoscere, qui olim se à Gothis, qui origine Dani, genus suum ducere gloriati sunt, ipso Camdeno teste. Certe Imperator Carolus Quintus è Scandiæ & Gothiæ tractibus, totius Europæ nobilitatem exortam fuisse serio dictitare solebat.

45. *Tori varietatem supplicij loco reputans*] 42,31 An illud genus pœnæ suo primus arbitratu, an alterius exemplo invitatus, an solito more gentium, indixerit, diligentioribus considerandum in medio relinquo. *M. Brynolfus.* Ego autem omnino existimo Frothonem suo primum arbitratu illud genus pœnæ Sorori male de se meritæ injunxisse. Haud etenim majori pœnâ eam afficere potuit, quàm cum è charissimi mariti amplexibus invitam violenter abstraheret, & cogeret alteri nubere, quem anteà nè de facie quidem novisset.

50. *Segniter enim deserere solet*] Proverbium est Islandis notum & usitatum: 42,37 **Thad er huerium tiidt / sem han temur**: Vel; **Thad er huerium tamt / sem han tiidkar**: Id est: *Expeditè quivis id exequitur, cui insuevit.*

51. *Fluidis annis*] Per *fluidos* hìc *annos* abq; 42,38 dubio intelligenda erit *ætas*, quàm *lubricam* alias dicimus. Id quod sequentia innuere videntur; cum mox *teneræ ætatis* mentionem faciat. Putabam aliquando legendum esse *fervidis annis*, sicut *fervidam adolescentiam* Seneca Octav. appellavit. Sed prima lectio etiam tolerabilis. Respexit Saxo Proverbium istud Danicum: **Hvad man vng nemmer / det man gammel icke forglemmer.**

52. *Primævam quippè mentem*] Aliud Adagium antiquæ notæ: 42,38 **Tamur er Barns vande:** Id est, *Cui à pueris adsueveris, facilè adhærebis.*

Pag. 25. vers. 23. *Aurum quod ab eis gestaretur,* 43,28 *passim per arva disjiciendum edixit*] Consimili usus est stratagemate maximus Regum Mithradates, Romanæq; avaritiæ pertissimus, cum spargi à fugientibus sarcinas & pecuniam juberet, quâ sequentes moraretur. Florus Lib. III. Cap. 5. Cicero Orat. pro Lege Manilia. Sic de Stilicone Claudianus Libro de Bello Getico.

Purpureos cultus, assumptas igne valentes
Exuvias, miserisq; graves Craterus ab Argis
Raptaq; flagranti spirantia signa Corintho,
Callidus ante pedes venientibus objicit hostis.

Tale

ſale in Literis Sacris Lib. IV. Reg. Cap. 7. de A
Aramæis fugientibus, qui vaſa & veſtimenta totâ projecerant viâ, ut ſcilicet Iſraelitæ prædæ dediti, eorum vindictam negligerent, & tempus aufugiendi palantibus darent. Idem Triphon Syriæ Rex feciſſe videtur, qui victus, per totum iter fugiens pecuniam ſparſit, eâq; inſectandâ Antiochi equites moratus effugit. Frontinus Lib. 2. Cap. XIII.

43,35 30. *Capite galeâ nudato, clypeo innixus*] Habitum militis eleganter deſcribit, detectumq; B caput, quo videretur imperium agnoſcere; in clypeum vero incumbere ſolens erat, qui Ducibus pro tribunali fuit aut pulpito, quo militarem alacritatem & fortitudinem oſtenderent. Confer hunc Septentrionis morem cum Romanorum ſuggeſto, & vide, quantum interſit. *M. Brynolfus.*

44,22 Pag. 26. vers. 2. *Mannos quoq; variæ ſuppellectilis gerulos*] *Manni* ſunt equi puſilli, inter delitias Magnatum haberi ſoliti: quos vulgò C ſuo ſeculo *Buricos* appellatos teſtatur Porphyrio. Horatius Lib. III. Carm. Ode XXVII.

Rumpat & ſerpens iter inſtitutum,
Si per obliquum, ſimilis ſagittæ,
Terruit mannos ———

Martialis Lib. XII.

Nusquam eſt mulio? mannuli tacebunt.

Manilius Lib. 5. p. 124.

Aut mulos aget, aut mannos, miſtosq; jugabit D
Semine quadrupedes. ———

Quomodo bonâ fide legendum contendit Scaliger in Caſtigat. Ovidius in Amoribus:

——— *Rapientibus eſſeda mannis.*

Plinius Secundus Epiſtolâ II, Lib. IV. de filio Reguli defuncto: *Habebat puer mannulos multos, & junctos & ſolutos: habebat canes majores, minoresq;: habebat pſittacos, luſcinias, merulas.* Gloſſar. *Mannis*, Βερίχοις. Iſidorus Lib. XII. *Mannus, equus brevior eſt, quem vulgò brunitum & bru-* E *nitium vocamus.*

44,34 15. *Latentis hami fraude*] Elegans Metaphora à piſcatorum hamis deſumptâ: qualis in illo Platonis apud Ciceronem Libro de Senectute: *Divinè Plato, eſcam malorum, Voluptatem appellat, quòd eâ videlicet homines capiuntur, ut hamo piſces.* Et Petronij: *Sic eloquentiæ magiſter, niſi tanquam piſcator eam impoſuerit hamis eſcam, quam ſcierit appetituros eſſe piſciculos, ſine ſpe prædæ moratur in ſcopulo.* Ubi eloquentiæ magiſtrum compa- F rat piſcatori, qui niſi dixerit, quæ adoleſcentuli probent, & niſi inſidias quasdam auribus eorum fecerit, ſolus in ſcholis relinquetur. De pecunia autem verè dici poteſt, latere ſub ſplendido illo luto pernitioſiſſimum hamum, quo multi mortalium ità capiuntur, ut ſe in omnium malorum voraginem ipſi præcipitent. Vide omninò Petri Chryſologi Serm. XXIX.

17. *Quæ raptorem captivant*] *Captivant*, eſt, 44,36
capiunt, captivum reddunt, ducunt, tenentq;. Guillermus Armoricus Philippidos Lib. IV.

——— *Et fortis armati fortior arma*
Captivans, victor ſpolijs aſcendit in altum.

Petrus Chryſologus Sermone XXIX: *Aurum Judaicum populum ſic ſuo captivavit aſpectu, vicit illecebris, ſpecie decepit, ut hoc eſſe Deum crederent, & Deum verum, Deum tot beneficijs cognitum, denegarent.* Et Sermone VII. *Hypocriſis dum cupit captivare oculos, oculis fit ipſa captiva.* Dudo S. Quintini Decanus Lib. II. de moribus & actis Normannorum: *Uxores & ſemen eorum captivabo, & armenta eorum devorabo.* Et mox ibidem: *Reſpublica & captivatur, & occiditur.*

42. *Quando peregrina prædabimur?*] Quaſi 45,19
regnum & rapina res una eſſet. Sic homines iſti latrociniis & deprædationibus indulgebant, & univerſam ætatem, meliorem certè ætatis partem, inſumebant. Nec ullus verè nobilis eſt habitus, niſi qui ſub hyberna, aliquot navibus prædâ onuſtis in ſtationem reverteret. Vasdælam conſulas juxtà initium. Hoc illi ſtudium, honeſtiſſimum ſcilicet ac regium, **ad leggiaſt i Viiking**/ vocarunt. *M. Brynolfus.*

42. *Si propria refutamus*] *Refutare*, eſt re- 45,19
jicere, contemnere, recuſare. Cicero pro Rabirio: *Non modò non aſpernari ac refutare, ſed amplecti etiam, & augere debetis.* Salluſtius in Fragmentis: *Se Regibus devovent, & poſt eos vitam refutant.* Salomo Lexicographus, quem ad teſtimonium citat Doctiſſimus Germanorum, M. H. Goldaſtus in Notis ad iſtum Columbani verſum:

Spernit avaritiam, vanosq; refutat honores.

Refuto, recuſo. Amœnus Enchiridio:

Æſtimat accipiens viva, & terrena refutans.

Auctor de Contemptu mundi:

——— *Sed non mea dona refutes.*

Hieronymus in Agone: *Pro me ſudaſti ſanguinem pretioſum, non me refutes.* Julius Capitolinus in vita Antonini Pij: *Circenſes natali ſuo dicatos non reſpuit, alijs honoribus refutatis.* Ammianus Marcellinus Lib. XVII. p. 104. *Non refutamus hanc, nec repellimus.* Gloſſ. Vet. *Refuto, repudio, reſpuo.* Egeſippus Lib. II. *Ne pro ſe ſacrificarent, qui ſacrificium Cæſaris refutaviſſent.* Solinus Cap. 25. Nundinas ac numum refutant. Novell. Theodoſ. XXV. *Solidum aureum integri ponderis refutandum.* Quo ſignificatu in Hiſt. Aug. & Legibus Longobardorum aliquoties uſurpatur. Italiq; in ſuo Idiomate retinent, *Refiutare la pace, Refutare pacem.* Doctiſſimus Lindenbrogius Obſervation. in Am. Marcellini Lib. XVII. Andhelmus de Laudibus Virginitatis. Cap. IV. *Qui contempta mundi blandimenta velut quisquiliarum peripſemata ſpuens, & carnalis luxus lenocinia refutans, in ſancto propoſito ſucceſſor extiterat.*

Pater-

45,20 43. *Paternâ avitâq; pecuniâ*] Cùm pecuniis omnia sacra & profana venalia prius dixerim, cujus adquirendæ causâ quiduis facere & pati sacrosanctum vulgo habebatur: tùm verò inprimis hæreditarium aurum admodùm religiosè priscos coluisse observo; quod illi **Erffdagull** dicunt: sive quòd parentum sangvine ac sudore parta, liberis naturâ quadam commendata credebantur; sive ut honestâ causâ turpitudinem avaritiæ palliarent. *M. Brynolfus.*

45,37 Pag. 27. vers. 5. *Silvam, quæ Scotiam Britanniamq; secernit*] Hanc reor esse silvam, quam veteres *Caledoniam*, & *Saltum Caledonium* nominarunt. Ptolemæo est Καληδόνιος δρυμός. Hujus nostrâ ætate vix reliquiæ supersunt, olim verò in immensum spatium diffusa, procerisq; arboribus invia. Ab hac silva, quam Buchananus *Silvam Corylorum* interpretatur, *Caledonia* dicta fuit pars insulæ Borealis, quæ hodie *Scotia* vocatur. Meminit Tacitus in Vitâ Agricolæ. Florus autem Lib. 3. Cap. X. de Cæsare in Britanniam transfretante: *Reversus igitur in Galliam, classe majore, auctisq; admodùm copijs, in eundem rursus Oceanum, eosdemq; rursus Britannos, Caledonias sequutus in silvas.* Et Lib. I. Cap. XVII. *Ciminius interim saltus in medio, antè invius, planè quasi Caledonius, vel Hercynius.* Plinius Lib. 4. Cap. XVI. de Britannia & Hibernia: *Triginta propè jam annis notitiam ejus Rom. armis non ultrà vicinitatem silvæ Caledoniæ propagantibus.* Videatur porrò hac de Silva Cl. vir Cambdenus in Scotiæ Descriptione, pag. 744.

46,8 17. *Celeberrimum insulæ oppidum Lundoniam*] *Lundoniam* vocat Saxo, Britannici Imperij sedem, quam *Londinum* hodiè; Tacitus, Ptolemæus, & Antoninus *Londinium* & *Longidinium*; Ammianus *Lundinum* & *Augustam* appellarunt: Incolis est *London.* Oppidum hoc ante Constantini Max. tempora communitum fuisse dubitat Camdenus: eumq; tradit, rogatu Helenæ matris, primùm mœnibus è lapide structili & latere Britannico obsepsisse. At Saxo nos edocet, etiam ante natum Salvatorem generis humani, hac civitatem, tanquam Metropolim totius Britanniæ, murorum firmitate tantùm non fuisse inexpugnabilem.

46,27 36. *Contusis commolitisq; auri fragminibus*] Inde Veteres Rhythmistæ aurum appellarunt ᚠᚱᛆᚦᛆ ᛘᛁᛆᛏ **Frøda Miøl** / *Frothonis farinam.* Egillus Scallagrimi, in **Hofudlausnar Visur**/ sive Cantilena, quâ caput redemit; Strophâ 2.

Hrytur (*Brytur*) *bog huita*
ᚼᚱᚢᛏᚢᚱ(ᛒᚱᚢᛏᚢᛘ) ᛒᛆᚠ ᚼᚢᛁᛏᛆ
Biodur hram thuita
ᛒᛁᛆᚦᚢᚱ ᚼᚱᛆᛘ ᚦᚢᛁᛏᛆ

A *Muna hódd ofa*
ᛘᚢᚿᛆ ᚼᛆᚦᚦ ᛆᚠᛆ
Hringbriótar lofa
ᚼᚱᛁᚿᚵᛒᚱᛁᛆᛏᛆᚱ ᛚᛆᚠᛆ
Gladdist flotna fiól
ᚠᛚᛆᚦᚦᛁᛋᛏ ᚠᛚᛆᛏᚿᛆ ᚠᛁᛆᛚ
Vid Fróda miól
ᚢᛁᚦ ᚠᚱᛆᚦᛆ ᛘᛁᛆᛚ
B *Miók er hilme fól*
ᛘᛁᛆᚴ ᛂᚱ ᚼᛁᛚᛘᛂ ᚠᛆᛚ
Hauk strandar mól.
ᚼᛆᚢᚴ ᛋᛏᚱᛆᚿᛏᛆᛋ ᛘᛆᛚ

Frangit jacula	*Lætatus est nautarum asser*
Præcipiens auri Rex:	*Ex Regis farre*
Meminerint Regem	*Valde Regi venales*
Annuli fractores laudare.	*Manus lapilli.*

Boghuita] propriè est, *arcus pluvia*: tela indicat, C quæ confertim instar nimbi quandoq; in hostes jaculantur. **Hram thuita**] **hramur** / *manus*, **thuita** / *lapis*. *Lapidem regum*, aurum vocat: reddendum igitur, *auripotens Rex vel Imperator.* **Munna**/] *memini*, **hodd** / *aurum*, **offe** / *studiosus*. Vult indicare Regem fuisse auri studiosum. **Hringbriotar**/] *fractores Clypeorum.* Sic Regis milites præstantiores vocat, seipsum verò innuit, qui in ejus laudes hic est diffusus. **Fiol**/] *asser* pro, *nave*. Lætati sunt nautæ. **Froda**] De D Rege Frothone ferunt, quòd tantâ abundaverit auri copiâ, ut in pulverem illud redegerit, & farinæ miscuerit. Hinc per **Frodamiøl** / *Frothonis far*, aurum intelligit. **Haukstrandar møl**/] id est, *aurum*. **Haukur**] *falco, accipiter.* **Strønd**] *terra*. Hic notat manum, cui falco ut terræ insidet. *Manus Lapilli*, sunt aurum, cui lapilli in annulis aureis insunt. Cujus tamen loci alia extat versio Biornonis, Jonæ filij, de **Gerdsaa**:

E
Projecta est arcus acies,
O Imperator manus lapidis.
Animus ergo est mihi auri largitorem
Militi celebrare.
Lætata est nautarum multitudo
Frodonis farre.
Admodùm est à Rege parabilis
Falconis regionis lapis.

qui & hanc addidit commentatiunculam, **Frøda miøl**] **Frode hiet Kongur / sa sem gulled** F **liet mala/ og thui heiter gullet miøl hans.** *Frodo Rex erat, qui aurum molere instituit, unde aurum dicitur illius far.* Vide Eddam.

Ibid. *Contusis commolitisq; auri fragminibus cibos respergere solitum*] *Auri* nobile metallum adversus quævis venena, & alios quoscunque morbos perniciosissimos, qui ipsa vitalia maximè infestare solent, efficacissimum esse remedium, præcipuè si in pulverem (quem Chymici *Alcool* vocant, Lucretius venustè *micas auri* dixit) rediga- 46,27 redigatur, vel igne candens vino demergatur, antiquiſſimi Medicorum unanimi conſenſu paſſim atteſtantur. Nicander Colophonius Libro Alexipharmacôn, inter alia amuleta, quæ aconito ſumpto opitulantur, auri quoq; mentionem facit, ubi ſic loquitur:

Ἄλλοτε δὲ χρυσοῖο νέον βάρος ἐν πυρὶ θάλψας
Ἠὲ καὶ ἀργύρεον, θολερῷ ἐνὶ πώματι βάπτοις.

Quin etiam argenti fuit utile pondus & auri,
Ignibus accenſum, & merſum ſtridentibus undis.

Dioſcorides Lib. V. Cap. 70. *Argentum vivum potum vim pernicialem habet; ſuo enim pondere interna exeſt. Auri limata ſcobs, id eſt, ramentum quàm tenuiſſimum, epotum, mirabili eſt auxilio.* Plinius Lib. XXXIII, Cap. 4. Circà finem: *Aurum plurimis modis pollet in remediis. Vulneratis enim & infantibus applicatur, ut minus noceant, ſi quæ inferantur, veneficia.* Serapio Arabs de Temperamentis Simplicium Cap. 415. de Auro: *Limatura auri confert cordiacæ melancholiæ & debilitati cordis.* Lib. 3. ad Manſorem. Cap. LII. *Aurum tremori cordis, & melancholiæ adjutorium præbet*, Avicenna Lib. 2. Canonis Tractat. 2. Cap. 78. de Auro: *Limatura ejus ingreditur in Medicinis Melancholiæ, confert doloribus cordis & tremori ipſius, & malitiæ animæ, & ei qui ſolus loquitur.* Meſve Lib. 3. de Antidotis citat duo Electuaria, nempe Electuarium de Gemmis, & Electuarium ex granis tinctorij, quod *Confectionem Alchermes* vocamus, in quibus magnâ ſatis copiâ aurum ingreditur. Cæterum frequentem auri in cibo uſum Principibus olim fuiſſe, adeò ut in luxuriam quoq; verterit, oſtendit Johannes Hantvillenſis, Architrenij Lib. 2. Cap. VII. Ubi invehitur *contrà veſcentes auro*, quomodo inſcriptio habet:

O furor, inq; nefas egreſſa licentia menſæ,
Prodigiumq; gulæ, labor eſt in prandia quamvis
Flectere naturam, mollis fit cœna metallum,
Ingenitusq; rigor epuli peregrinat in uſus,
Principibusq; cibum mentiri cogitur aurum.

46,27 Ibid. *Commolitisq; auri fragminibus*] *Commolere*, eſt, ad extremam tenuitatem redigere, propemodùm nihilo mutare, in pulverem tenuare; ut antè me Doctiſſimus Barthius obſervavit ad illum Eſaiæ Prophetæ locum Cap. 3. *Quare atteritis populum meum, & faciem pauperis commolitis, dicit Dominus Deus Exercituum.* Videatur Adverſar. Liber XXII. Cap. 20.

47,3 49. *Senectute vitam, non ferro finierit*] Nam juxta Venuſinum Vatem:

Ad generum Cereris, ſine cæde & ſanguine, pauci
Deſcendunt Reges, & ſiccâ morte Tyranni.

47,4 51. *A Roë Roskilda*] Conſentaneum eſt urbem *Roëskildiam*, à *Roë* Daniæ quondam Rege,

A & *fonte*, qui admirandus iſto in loco cernitur, nuncupatum eſſe. Danis etenim *fons*, Kilde/ indigitatur. Hic editiori loco ebulliens perennes undarum ſcatebras declivi lapſu emittit: quarum decurſu, ſeptem molendinorum rotæ ſufficienter in gyrum propelluntur. Civitatis verò celebritatem, magnificentiam & antiquitatem, multorum Divûm delubra diruta, regiarum, monaſteriorumq; rudera arguunt. Inibi etiam Haraldi VI. impenſis extructum eſt B Sacrarium magnificentiſſimum; in quo multorum potentiſſimorum Regum ac Principum buſta elaborata conſpiciuntur. Pluribus ejus deſcriptionem perſequitur *Jonas Coldingenſis* in Theatro orbis Arctoi, parte 12, p. 108. & ſeq. Alij originem vocis petunt à *Roſa*, quaſi *Roſæ fons*, nobis Roſe Kilde/ rectiùs diceretur. Quam opinionem non hodie aut heri natam animadverto. Nam penes me eſt Codex MS. vetuſtiſſimus membraneus, continens Salutationem C B. Virginis, per *quendam Scholarem de regno Daciæ*, ut habet inſcriptio; in quo inter alia hæc leguntur:

Salve vas reliquiarum,
Mons, quo ſurgit fons roſarum,
Fons aquarum, flumen clarum,
Regnum Roë reficiens.

Ad oram Libri, & has voces, *fons roſarum*, notatum exſtat, *Roskildis*· & ad vocem *Roë*] *Roë,* D *quondam Regis Danorum.*

Pag. 28. verſ. 1. *Maris poſſeſſionem ſortitus*] 47,7
Huc facit elegans iſta ἐξήγησις, Cap. XXIV. Lib. 2. Adami Bremenſis, quâ rationem reddit Cl. Vir, & de Hiſtoria gentis noſtræ optimè meritus, M. Andreas Vellejus, Hiſtoricus quondam Regius, quare Piraticam olim tanto ſtudio exercuerint Nordmanni: *Danis pariter atq; Norvagis*, inquit, *hoc in more poſitum antiquitus comperimus, quod frequentes ſuſceperint, non invi-* E *cinas tantùm, ſed etiam remotiſſimas terras, expeditiones. Quod inde (ut alia nunc taceam) factum eſt, quòd ſæpè copioſam pòſt ſe reliquerint ſobolem Reges: ac quum ſingulis liberis pro dominandi libidine non ſufficere viſa ſit patria, alij eorum domi Regnum patrium adminiſtrarunt, alij claſſe atq; commeatu inſtructi* [exemplum hic habemus] *maris imperium ex uſu & commodo ſuo gubernandum ſibi vindicarunt. Neq; etiam dubium, ipſos plagæ hujus Septentrionalis incolas, bellis continuis aſſuetos &* F *quaſi innutritos, quum domi pace multò maximè creſcerent, nec quo Marte clarerent, haberent, foris gloriæ & nominis illuſtrandi materiam, bello atq; armis quæſiviſſe.*

12. *Procurationemq; Heſcæ, Eyr Ler ducibus com-* 47,17
miſit] Legendum fortè Eſke & Eyler: quorum alteri Septentrionalis, alteri vero Auſtralis Jutia ceſſiſſe intelligatur.

Pag. 29. verſ. 26. *Affectatæ libertatis imagine* 49,11
colorabat] *Colorare* eſt velare, palliare, ſub prætextu

textu aliqiud excusare, aliquid prætendere. Sic A aliquoties loquitur Saxo. Johannes Sarisberiensis, Saxoni ferè coævus, Lib. 1. Policratici, Cap. 4. *Opera singulorum ex eventu & proposito colorantur: res quippe decora est, si honesta causa præcesserit.* Lactantius Libro de falsâ Religione pag. 68. *Evidens, ut opinor, incestum, quod nullo modo possit colorari.*

49,23 38. *Fratri soror suendi obsequium neget*] Pro *fratri* hactenus in excusis Codicibus corruptè legebatur *fatu:* quam propterea obelo dignam B censuimus vocem. Loquitur verò Saxo ex consuetudine Septentrionalium populorum, & præcipuè apud Summates olim vigente, quâ nimirum Matres filiis, Sorores fratribus, vestes tàm linteas, quàm laneas, ipsarum confectas manibus, suppeditabant. Sic. Lib. V. Contubernales Frothonis circà indumentorum usum fœmineâ admodùm ope defecti, quùm non haberent unde nova assuere, aut lacera reficere possent, Regem celebrandi conjugij mo- C nitis adhortantur. Ità & Regnerus laneum à nutrice sagulum, infrà Lib. IX, petit. Et adhuc in Islandia nullos habent Sartores, sed fœminæ tàm laneas, quàm lineas, conficiunt vestes. Idq; olim & hìc in usu fuisse, valdè probabile. Siquidem Islandi ut linguam priscam, ità mores adhuc retinent. Solebant etiam nobiliores Macedonum fœminæ, imò & Principum filiæ, aliquo sibi necessitudinis vinculo conjunctis, vestimenta proprijs manibus elaborata, dono D dare, inprimis si quandò extrà patriam militiæ agerent: id quod Persarum fœminæ sibi maximo duxerunt probro. Testis est elegans & nervosus Scriptor Q. Curtius, cujus hæc sunt verba notatu dignissima, Lib. V. *Ac fortè Macedonicas vestes, multamq; purpuram dono ex Macedonia sibi missam cum ijs, qui eam confecerant, tradi Sisigambi jussit, admonerique, ut si cordi quoque vestis esset, conficere eam neptes suas assuefaceret, donoque doceret dare. Ad hanc vocem lacrymæ obortæ pro-* E *didêre animum aspernantis id munus: quippè non aliud magis in contumeliam Persarum fœminæ accipiunt, quam admovere lanæ manus. Nunciant, qui dona tulerant, tristem esse Sisigambem, dignaque res excusatione & consolatione visa. Ipse ergò pervenit ad eam, & mater, inquit, hanc vestem, quâ indutus sum, SORORUM NON SOLUM DONUM, SED ETIAM OPUS VIDES: nostri decepêre me mores.* Quid de Romanorum matronis dicam, quæ laneas vestes maritis suis & fratribus domi con- F ficiebant, cum illi in expeditionibus essent constituti? Exemplo est Lucretia, & aliæ; de quibus videantur Livius, Halicarnasseus, plures.

49,30 45. *Patientiam nominavit*] Quam ex fortitudine natam contendit Valerius Maximus Lib. III. Cap. 3. *Egregijs*, inquit, *virorum pariter ac fœminarum operibus, fortitudo se oculis hominum subjecit, patientiamq; in medium procedere hortata est, non sanè infirmioribus radicibus stabilitam, aut minus generoso spiritu abundantem; sed ità similitudine junctam, ut cum ea, vel ex ea, nata videri possit.*

48. *Qui cum igni applicaretur*] Eodem experimenti genere patientiam suam probarunt 49,3 Scævola, qui injectam foculo dextram exuri passus est: Pompejus, qui ardenti lucernæ admotum digitum cremandum præbuit; & Puer Macedo, in cujus brachio carbo ardens cum delapsus esset, dolorem tamen silentio pressit, & brachium immobile tenuit, etsi ita ureretur, ut adusti corporis odor ad circumstantium nares perveniret, ne sacrificium Alexandri aut concusso thuribulo impediret, aut edito gemitu regias aures aspergeret. De quibus videatur Valerius Max. loco jam dicto.

Pag. 30. vers. 1. & 2. *Egestâ dolio Clepsedrâ*] 50,2 *Clepsedra*, sivè potius *Clepsydra*, à κλέπτειν ὕδωρ dicitur, & horologium olim significabat, in quo aqua per exile foramen, quod in fundo erat, sensim & quasi furtim destillabat. *Ad Clepsydram* magnæ olim lites & causæ agitabantur. Heic vero *Clepsydra* epistomium denotat. Catholicon Johannis de Janua, in voce Clepsedra: *à* Clepo, *is, dicitur hæc* Clepsedra, *dræ, id est ducillus, qui obdit foramen dolij, quod per illum quis furatur liquorem. Et videtur esse compositum à* Clepo *&* ὕδωρ, *quod est, aqua, sive liquor. Unde quidam dicunt* Clepsedra, *penultimâ productâ, & per y, quasi* clepens ydor. *Sed potius videtur ety. quàm compositio. Sed sive sit ety. sive compositio, dicendum est* Clepsedra *penultimâ correptâ, & per e, secundum Hugonem. Item* Clepsedra *dicitur quoddam instrumentum, quod immittitur in dolium, per foramen superius, causâ furandi vinum. Item* Clepsedra *dicitur illud instrumentum, per quod horæ colliguntur; unde* Clepsedrarij, *dicuntur illi, qui per illud instrumentum horas colligunt.* Clepsedræ *etiam dicuntur vasa perforata, quæ habebant Philosophi ad dimetiendam quantitatem. Unde Martianus Capella in sua Astrologia; Monstratum est omnia signa paria spacia continere, multiplici appositione clepsedrarum.* Hactenus Catholicon. Est igitur *egestâ dolio Clepsedrâ*, idem quod educto, exempto, seu pertuso epistomio, obturaculo, vel vertibulo, quod dolio infixum, admittebat, vel arcebat, aquam, prout hoc vel illo modo versabatur.

24. *Affixis humi genibus*] Antiquitatum Islan- 50,25 dicarum monumenta rem hanc ità commemorant. Discedentes Upsalâ Danos Atislus statim numerosissimo exercitu insecutus est: & assecutus quidem fuisset, nî illi Danus pulchro strategemate illusisset, quod tale erat. Rolfo enim, cum Svecos sibi imminere videret, aureos nummos, quos à sorore Ursa acceperat, in viâ disseminabat: quibus colligendis hostis magis quàm persecutioni intentus fuit. Demùm eâ calliditate animadversa, Atislus suos magnopere frustrà hortatus, ipse equum proprium calcari-

calcaribus adactum cogit reliquum agmen præcurrere. Quod cernens Danus Atislum nummulis aureis non inescari, promit annulum ingentis pretij, quem majores ipsius prædæ loco à devictis olim Sveciæ Regibus reportarant, eumq; Atislo obviam projecit. Tum Atislus auro inhians, rem tàm pretiosissimam non putabat contemnendam. Converso igitur equo ipse incurvatus, poterat annulum hastâ attollere. Nomen annulo fuit **Suijagriis**/id est, *Succula Svecorum*. Atislo ad annulum tollendum incurvato, Rolfo acclamans ait: **Nu hef eg Suinbeygt hañ/ sem rikastur war med Swijen:** Hoc est: **Nu haffuer jeg ladet hannem bucke sig som eet Swiin/ den der var mechtigst iblant de Svenske.**

50,38 48. *In Jaltonem quendam nodosa passim ossa conjicerent*] Gigantum hunc morem fuisse & immanium hominum, docuit me Historia Bardi Snæfellsasi, qui unà cum filio Gesto, & aliis multis gigantibus, ad convivium Hitæ, gigantei generis fæminæ, in antro **Hundaheller** dicto, vocatus & invitatus est. Ubi postquàm cœnati sunt convivæ, & ut ille ait, πόσιος καὶ ἐδητύος ἐξ ἔρον ἕντο, post epulas eo se lusus genere oblectarunt ac provocarunt, ut carnibus denudata ossa, equina credo & bubula, nodosa, unus in alterum jaceret pro viribus: quod oblectamenti genus duorum triumvè gigantum morte constitit. Ossa autem ista nodosa vocamus **Hnutur**/ quasi Danicè **Knyttede Been**: & ludum ipsum **Hnutukast**/ id est, jactum ossium nodosorum. *M. Brynulfus.*

50,39 49. *Bjarco nomine*] Hic est insignis ille Athleta, Danorum fortissimus, qui eidem tumulo cum Rolvone Krake Rege illatus legitur. Quem longo post tempore [credo nongentis non minus annis] Skeggo Midfiordensis, vir fortissimus, subiens, invenit utrumque integrum, sedentem, gravi armaturâ indutum, & insignem stupendæq; speciei gladium tenentem; cujus cum cupiditate arderet Skeggo, forte fortuna Bódvarum Bjarconem [Bódvari enim nomine dictus erat, Bjarco cognomen fuit] principio adortus, manibus illis, anteà quidem robustissimis & invictis, nunc autem à nongentis annis, mortuis torpidisq;, erepturus, nullis viribus avellere potuit. Sed à Bjarconis gladio repulsus, Rolvonis Regis, *Skófungum* dictum, maximo cum labore reportavit: qui gladius omnium præstantissimus, à seculo in Islandiam venisse creditur. *M. Brynolfus* ex Skeggiasaga, Thordi huædæ saga, Laxdæla.

51,17 Pag.31. vers.2. *Morientem Agnerum soluto in risum ore*] Talem ego risum non tam fuisse existimo doloris dissimulationem, ut Saxo interpretatur, aut contemptum mortis; quàm animi furenter irati & vindictæ cupidi indicium. Solent etenim irati *sævum ridere*, ut Silius loquitur Lib. 1. Ejusmodi est Ajacis risus apud Homerum Lib. IX. Ità Jovem iratum ridentem facit Hesiodus Lib. 1. ἔργ ; Plura nobis exempla suppeditat Gallorum doctissimus Bourdelotius ad Petronij Satyricon pag. 144.

Pag. 31. vers. 5. *Gladio, quem Lóvi vocabat*] 51,21
Ex hoc loco Saxonis elucet usitatissimum fuisse veteribus athletis nomina gladiis imponere. Sic infrà *Snyrtir* gladius, & *Hóthingus*. *Skrep* gladius Vermundi. *Liusing* & *Huiting* gladij. *Lócthi* gladius Olonis Vegeti. Sic Rolandus Filius Berthæ Sororis (ut vulgò existimant) Caroli Magni, gladium habuit *Durendam* vel *Durandulum*, quo plurimam faciebat hostium stragem. Videatur Camerar. Horarum Subcis. Cent. 1. Cap. 76. & Cent. 2. Cap. 29. Ita & *Caliburne* dictus est gladius celebris Arthuri Regis Britannorum nominatissimi. Hoveden in Richardo 1. *Et contrà Rex Angliæ Richardus dedit Regi Tancredo gladium illum optimum, quem Britones Caliburne vocant.*

20. *Quisnam esset iste Krage?*] Nonnihil 51,36
diversam Rolvoni nostro cognominis impositi occasionem commemorat Edda Mythologiâ LXIII, quæ fuit ejusmodi: **Kongr ætn i Danmorck er nefndr Hroslr Kraki / han er agiettarfr forn Konga. Fyrst af mildi og fræknleik oc litilsæti. thet er aent inck um littaleti hans er imoge fært i frasogn/ at ænim litil Svein og fatækr er nefn Voggr / han kom i holl Hrolfi Kongs/ tha var Kongr en vngr ad alldr og granligr a voxt. Tha gek voggr for ham og sa vp a ham. tha melte Kongr/ huat viltu mæla Svein er thu ser sa vp a mik. voggr s. tha er ek var heima hæirda ek sage at Hroslr Kongr i Hleidru var mestr madur nords landum/ en nu sier han i ha sæti Kraki ænim litill og kalla ther than Kong sin. Tha s. Kongr: thu Svin hefr gefit mir nafn at eg skal heita Hroslr Kraki/ en that er vit met os/ at giof skal fylgia nafn festi. Nu se ek thick enga giof hafa t' at gefa mir at nafnfesti. Tha eg mir se dagilig/ nu skal sa gefa ordrum er ther tefr/ togh gulhring af hendi ser og gaf hanom. Tha mælti Voggr. hef du alra Konga heilatr og thess strengi ek heitat verda. dess mans bani er thin bank verdr. Tha mælti Kongt/ oh hlo at: Litlu verdur Voggur fei ginn.** Id est: *Quidam Daniæ Regum dictus est Hrolfo Krake, qui antecessores suos omnes, liberalitate, fortitudine & humanitate antecellebat. Humanitatis ejus indicium certum hoc est. Erat juvenis quidam pauper nomine Voggur, hic aulam Rolfonis intravit, cum junior adhuc rex esset, & staturæ minoris, cumq; accedens intentè in vultum ejus lumina figeret: id animadvertens Rex, quid inquit, vis Juvenis, cum attentè adeo me aspicias? Respondit Voggur: Domi cum essem, omnes Rolfonem Regum*

G Septen-

Septentrionalium maximum deprædicabant : sed jam in solio Regis parvum video Cornicem (Krake) *quem Regem vocant. At ille, Tu juvenis cognomen mihi primus dedisti, ut vocer* Hrolfo Krake; *moris verò apud nos est, ut is cui cognomen datur, à dante, cum nomine, donum accipiat. Quod verò mihi jam dabis, siquidem videam te nullum munus me dignum adferre. Æquum igitur esse duco, ut det qui habet: mox detractum à digito annulum ei obtulit. Gratias habeto, inquit Voggur, Rex fortunatissime. Votum hoc solemne vicissim jam voveo. Quicunque vitâ te privaverit, meâ cadet dextrâ. Cui Rex subridens.* Litlu verdur Voggur feggin. id est, *Parvo contentus est parvus Voggur.* Vel ut alius Eddæ interpres vertit: *Rex quidam Daniæ Hrolfus Krake dictus est, Regum priscorum, propter liberalitatem, fortitudinem, & humilitatem celeberrimus. In ejus aulam adolescens pauperculus aliquando venit, nomine Voggus* (Voggur) *regem fixis intuens oculis. Cui Rex; quid, inquit, adolescens vis effari, quum ità me accuratè contempleris? Tum ille: Domi meæ audivi Hrolfum, Regem Hledræ, maximum esse virorum, qui in Aquilonaribus conspiciuntur terris: sed nunc in solio hic sedet exiguus pusio* (Nu situr hier i håsæti Krake litill) [Krake, pusio est, vel adolescentulus) *Tu adolescens, Rex ait, cognomen mihi dedisti, ut Hrolfus Krakius appeller. Sed moris est, ut cognomina dono aliquo confirmentur. Te verò, quod dones, nihil habere video. Dabit ergò qui habet, annulumq; aureum digito extractum ipsi concessit. Tùm Voggus: Omnium, inquit, regum felicissimus dederis, Votumq; voveo ejus viri interfector fieri, qui te occiderit. Rex autem arridens addebat:* Litlu verdur Woggur feigiñ / *parvo Voggus gaudet.*

51,37 21. *Faceto cavillationis genere inusitatum proceritatis habitum prosequutus*] Solent plerumq; ingenti corpore homines aliorum salibus exagitari. Ità Vespasianus Imperator procerum hominem irridens, eum nominavit δολιχὸν ἔγχος, *longam hastam*, adducto è Poëtarum Principe Græco versiculo. Svetonius in Vespasiano Cap. 23. Galli hodieq; proceræ staturæ hominem *perticam* & *Longurium* indigitant, teste eximio Oratore Lud. Cresollio, Vacation. Autumn. Lib. 2. Sect. 3. Sic Proculus propter eximiam & Colosseam corporis granditatem, *Colosseros* fuit nominatus. Et Corbulo quondam Cornelium Fidum civem Romanum, quod longo esset corpore, tenui & angusto collo, & notabili crurum gracilitate, in senatu per contumeliam appellavit *Struthiocamelum*, autore Svida. Pisandrum ob corporis magnitudinem *Cnidium Asinum* vulgò nuncupaverunt. Cum etiam Mimus quidam Anthiochenus, qui eximiâ corporis mole in sublime assurgebat, in theatro saltaret Capaneum, & Thebarum etiam muros jam adjecturus videretur: Antiocheni omnes unâ voce exclamarunt, *ut transcenderet, nihil enim scalis esse opus tàm magno.* Sane bellè Sidonius Apollinaris negat in homine proceritatem esse vehementer laudandam, *quæ trabibus congruentius*, inquit, *aptetur.*

52,9 32. *Consentaneum priori munus obtinuit*] Eâdem calliditate usus est Refo quidam infrà Lib. VIII. Qui à Gotrico Rege, torque donatus, confestim eum brachio applicans, *id cunctis auro præditum ostentabat, reliquum verò perinde atq; ornamenti inops occultius habuit, eoque acumine ab invictæ munificentiæ dexterâ consentaneum priori manus accepit.*

52,11 34. *Arctissimâ voti nuncupatione pollicitus est*] Quod & perfecit, ut Saxo testatur sub finem hujus libri, dum Wiggo traditi sibi gladij *cuspidem per Hiartvarum egit; ultionis compos, cujus Rolveni ministerium pollicitus fuerat.*

52,14 37. *Alicujus magnæ rei voto*] Factum hoc observavi semper ferè inter decumana pocula, idq; majorum more. Quod Heroes illi facturi, poculum corneum manu tenentes ingens, de sede surgentes, ad lignum antè mensam constitutum, ad modum trabis in pavimento transversariæ, consistebant, ac votum hac ferè formâ nuncuparunt: Thess streinge eg heit: Vel; Stiig eg â Stock og streinge: Id est: *Ejus rei voto me obstringo*: Vel; *Accedo ad trabem & voveo.* Ejusmodi ritus exempla suppeditat Jomsvikinga Saga; id est, Historia Pyratarum Julinensium.

52,23 46. *Lethram pergitur*] Antiquissima Regum Daniæ sedes & arx munitissima fuit Lethra; cujus, juxtà ac adjuncti oppidi, conditorem Saxo Rolvonem Regem facit: *Quod oppidum*, inquit, *à Rolvone constructum, eximijsq; regni opibus illustratum, cæteris confinium privinciarum urbibus regiæ fundationis & sedis auctoritate præstabat.* Ab hac *Lethra* Daniæ Reges in antiquissimis monumentis semper nominantur *Lethrarum Reges & Domini*, Kongur aff Ledru. Sita verò fuit urbs hæc & arx ferè in meditullio Selandiæ, non longè ab oppido Roschildiâ, ubi hodieq; ab incolis monstrantur manifestissima ejus vestigia. Ejus meminit Sveno Aggonis in Compendiosa Regum Daniæ Historia: *Huic in regno successit filius Rolf Kraki, patriâ virtute pollens, occisus in Lethra, quæ tunc famosissima Regis extitit Curia, nunc autem, Roschildensi vicina civitati, inter abjectissima fermè vix colitur oppida.* Situm loci utcunq; heic repræsentandum duxi.

ANTI-

ANTIQUISSIMÆ IN DANIA ARCIS ET OPPIDI LETHRÆ TOPOGRAPHIA

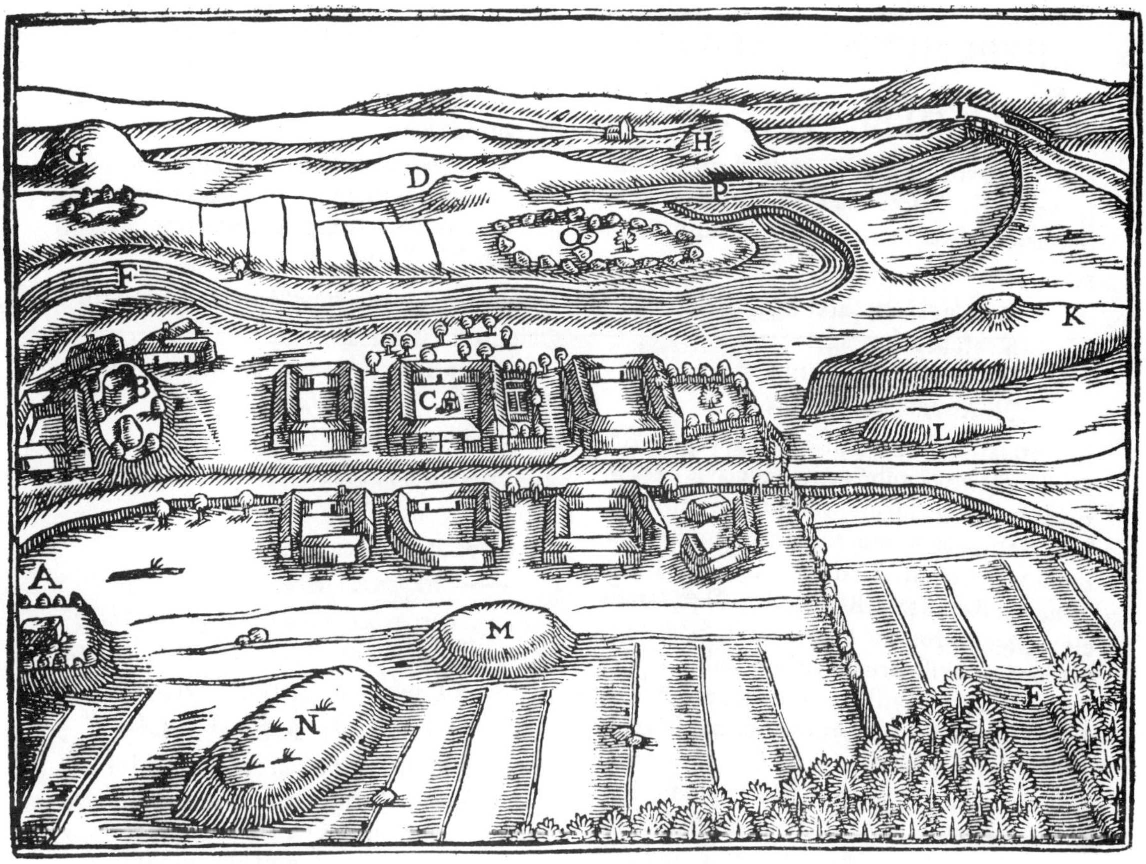

A. Sepulchrum Haraldi Hyldetan.
B. Sella Reginæ, Dronningſtenen vulgò.
C. Locus, ubi Regia olim erat,
D. Hyldehøy / forſan ibi homagia Regibus præſtita.
E. Vallis Herthæ Deæ, vulgò Ertedall.
F. Amnis Lethræ, olim fluvius vaſtus.
G. Steenhøy/ collis lapidibus cinctus.
H. Olufshøy / Regis Olai ſepulchrum.
I. Pons major, Maglebroe vulgò.
K. Equile olim regium, Heſtebierg.
L. Stabulum pullis deputatum olim, Folehøy.
M. Kirckehøy.
N. Frijshøy.
P. Amnis Kornerupio defluens, Kornerup Aae dictus

53,9 Pap. 32. verſ. 16. *Confertiſſimis ſe globis immergit*] *Immergere ſe in confertiſſimos hoſtes*, Juſtinum dixiſſe, in Indice ad hunc autorem à Berneggero accuratè editum, annotavit Doctiſſimus Johan. Freinshemius : verùm in contextu legitur : *ubi confertiſſimos hoſtes acerrimè pugnare conſpexiſſet, eò ſe ſemper ingerebat.* Lib. XI. Cap. 14. Virgilius ſignificantius *injicere* dixit Æneid. 2. & 10.

53,17 25. *Noxq; hæc aut finis erit, aut vindicta malorum*] Galterus Alexandreidos Lib. VI. Fol. 67.

———————— Sua dextra cuiq;
Aut modò finis erit, aut ultio digna malorum.

54,15 Pag. 33. verſ. 8. *Enſes Teutonici, galeæ, armillæq; nitentes, Loricæ talo immiſſæ, quas contulit olim*

A *Rolvo ſuis*] Recenſet hîc Hialto varia dona, quæ ex veteri more militibus & aulicis ſuis liberaliter contulit Rolvo Rex Daniæ. Solebant etenim Reges Daniæ aulicos ſuos ejusmodi muneribus beare & mactare, ut eos in fide retinerent, & ad quævis pericula pro ſe obeunda redderent alacriores. Ex his donarijs Rolvo in vetuſtiſſimis Rhytmis, quos ᛋᚴᛁᚯᛚᛚᚦᚢᚿᚴ-ᚵᛆ ᚢᛁᛋᚢᚱ Skiolldunga Viſur appellarunt, B ᚢᛂᛁᛐᛂᚱ ᛒᛂᛚᛚᛆ, Veiter pella / id eſt donator byſſinarum veſtium, & ᚼᚱᛂᛁᛐᛂᚱ ᚼᚯᚦᚦᛆ, Hreiter hodda / ſpargens aut diſtribuens aurum, dictus eſt : & ipſum aurum, ac numi, Poëtico vocabulo, etiamnùm apud Iſlandos

G 2

dos ᚴᚱᛅᚴᛅᛋᛅᛅᚦ, Krakasaad / hoc est, *Sementis Kracæ*, Rolvonis nempe hujus, quam liberaliter spargere solebat, dicitur:

Haki Kraki hoddum broddum
ᚼᛅᚴᛁ ᚴᚱᛅᚴᛁ ᚼᛅᚦᚦᚢᛘ ᛒᚱᛅᚦᚦᚢᛘ
Særdi nærdi seggi leggi
ᛋᛅᛁᚱᚦᛁ ᚾᛅᛁᚱᚦᛁ ᛋᛁᚴᚴᛁ ᛚᛁᚴᚴᛁ
Veiter Leiter vella pella
ᚢᛁᛁᛏᛁᚱ ᛚᛁᛏᛁᚱ ᚢᛁᛚᛚᛅ ᛒᛁᛚᛚᛅ
Bali Stali beittist heittist
ᛒᛅᛚᛁ ᛋᛏᛅᛚᛁ ᛒᛁᛁᛏᛏᛁᛋᛏ ᚼᛁᛁᛏᛁᛋᛏ

Hic prima vox cujusq; lineæ cum ultima conjungenda est, & secunda cum tertia, ut sensus obtineatur, licet metrum vel Rhythmus exspiret, hoc modo:

Haki broddum særdi leggi
Kraki hoddum nærdi seggi
Veiter pella bâli heittist
Neiter vella stali beittist.

Interpretatio. Haki/ id est, Haco antiquus, Rex Daniæ; Særdi/ vulneravit, sauciavit, Leggi/ tibias, vel quævis membra hominum, scilicet in bello: Broddum/ mucronibus, (omissâ Præpositione Med/ in Ablativo Instrumenti.] Kraki/ nempe Rolf Kraki, Rex Daniæ; Nærdi/ refecit; Seggi/ viros; hoddum/ numis. Veiter pella/ donator byssinarum vestium, id est, ipse Rex, Rolf Kraki, byssinas vestes donare solitus; Bâli heittist/ incendio tostus vel excalefactus est, scilicet, der hand blef brent inde af sin Svoger paa Ledru i Sæland. Neiter vella / Rex Rolvo, vel potius fruens auro; beittist/ sauciatus est; Stali/ Chalybe, id est, ense, quando scilicet ab Hiartvaro confossus occubuit.

Haki Kraki hamde framde
ᚼᛅᚴᛁ ᚴᚱᛅᚴᛁ ᚼᛅᛘᚦᛁ ᚠᚱᛅᛘᚦᛁ
Geirum Eirum Gotna flotna
ᚴᛁᛁᚱᚢᛘ ᛁᛁᚱᚢᛘ ᚴᛅᛏᚾᛅ ᚠᛚᛅᛏᚾᛅ
Hreiter neiter hodda brodda
ᚼᚱᛁᛁᛏᛁᚱ ᚾᛁᛁᛏᛁᚱ ᚼᛅᚦᚦᛅ ᛒᚱᛅᚦᚦᛅ
Brendist endist bale stale,
ᛒᚱᛁᚾᚦᛁᛋᛏ ᛁᚾᚦᛁᛋᛏ ᛒᛅᛚᛁ ᛋᛏᛅᛚᛁ

Hic iterum voces alternatim conspirant, & ita in prosam quasi redactæ, sonant:

Haki hamde geirum Gotna
Kraki framde eirum flotna
Neiter brodda endist stale
Hreiter hodda brendist bale.

Interpretatio: Haki/ Hako Rex; hamde/ coercuit; Gotna/ viros: Geirum/ Ensibus vel armis Kraki/ Rolvo Rex, cognomento Kraki; framde/ promovit; flotna/ viros nautico vitæ generi addictos; Eirum/ Auro vel opibus. Neiter brodda/ utens mucronibns, id est, bellator A Haco; Endist/ finem vitæ accepit; Stale/ chalybe vel ense. Hreitter hodda/ spargens aut distribuens aurum, nempe Rolvo Rex: brendist bâle / conflagravit, sive exustus est flammâ vel incendio.

21. *Omnia quæ poti temulento prompsimus ore*] Nempè, ad vota, quæ, ut ante docuimus, inter pocula fundere consveverunt, alludit: quoniam per ἐπεξήγησιν subnectit: *& vota sequamur*: quia semet ipsos, & sua omnia Prin- 54,2(
B cipi, cui se probare cupiebant, devoverunt, largiore animo, cum incaluit vino circum præcordia jecur.

23. *Procul hinc procul este fugaces*] Imitatur Saxo antiquam illam & solennem formulam, quâ profanos sacris arceri moris erat. Virgilius Lib. VI. Æneid. 54,3(

——— *Procul ô procul este profani.*

Ovidius XVII. Metamorph.

C *Hinc procul Æsonidem, procul hinc jubet ire ministros.*

Silius Italicus Lib. XVII.

Et procul hinc, moneo, procul hinc, quæcunq; profana.

Tit. Calphurnius Eclogâ 2.

—— *Ite procul, sacer est locus, ite profani.*

36.37. *Certamina primâ Fronte gerunt Aquilæ*] 55,4
Antiquissimum hoc est Proverbium, quod prisca linguâ Danicâ sic effertur: ᛅᚾᚦᚢᛁᚱ-
D ᚦᛁᚱ ᛋᚴᚢᛚᚢ ᛁᚱᚾᛁᚱ ᚴᛚᛅᛅᛋᛏ: Andverdir skulu Erner kloast: id est, Danicâ hodiernâ: Ret imodvend skulle Ørnene rifvueß. Id ipsum responsi loco Olao Crasso, Norvegiæ Regi, olim reposuit Erlingus Skjalgsonius, Vir & corporis & animi viribus fortissimus, quum ab ipso interrogaretur, quare tàm animosè ac fortiter hostibus suis resisteret? Quum etenim Olaus Rex classe sua Erlingum adoriretur, &
E acerrimâ coörtâ pugnâ, non solùm Erlingi classiarij fortiter se defenderent, verùm ipse Erlingus quæcunque tela, lanceas, sagittas, in ipsum jacularetur hostis, gladij sui obtentu frustraretur atq; eluderet: Rex admirabundus itâ Erlingum alloqui cœpit: Ondverdur horffer thu oß i dag Erlingur; id est, *Adversus intueris tu nos hodiè, Erlinge*: quasi diceret; Adverso te pectore hodie nobis opponis, Erlinge. Cui respondet Erlingus: Ondverder skulu Erner
F kloast; Id est; *Adversæ debent Aquilæ se unguibus impetere.* Idem Adagium occurrit infrà Lib. V: *Extremis se aquilæ scalpunt; anterius altes certant.* Cæterùm usurpatum hoc fuit de viro magnanimo & imperterrito, qui esset

Hosti non tergo, sed forti pectore notus.

Pag. 34. vers. 2. *Extremam jam degustavimus escam*] Solenne hoc summorum Imperatorum fuit incitamentum, quo milites suos ad prælia alacri 55,26

alacri animo capeſſenda olìm exhortari conſve- A
verant. Sic Leonidas ille Spartanus apud Thermopylas trecentos cives, quos Xerxi totius Aſiæ armis ſuccincto objicere non eſt veritus, hunc in modum allocutus eſt : *Sic prandete commilitones, tanquam apud inferos cœnaturi.* Valerius Maximus Lib. III. Cap. 2. Herodotus Lib. VII. Juſtinus Lib. 2.

55,32 8. *Niveum caput exere Ruta*] Ruta hæc Soror erat Rolvonis nupta Biarconi, qui priorem ejus maritum Agnerum duello vicit & interfecit. B

55,36 12. *Dirumpitur hamus nexilis*] Id eſt, Lorica hamis nexilibus compacta, Erat enim lorica hamata. Virgil. *Loricam conſertam hamis auroq; trilicem.* Vel etiam *hamus*, ſingul. pro *hamis*, quibus arma connectere ſibi ſolent milites. Unde mòx, *nexile ferrum*, arma vocat, & *hamatum metallum.*

56,10 25. *Igne urſos arcere licet*] Nihil adeò terret beſtias, quàm ignis. Sic Livius ſcribit Lib. XXVI. Elephantos à Pœnis in Romanos emiſſos, *igni è caſtris exactos.* C

56,21 26. *Pauper erat*] Verè etenim avarus *Magnas inter opes inops*, ut ait Horatius Lib. 3. Carm. Ode 16. Et Seneca, *Avaro tàm deeſt quod habet, quàm quod non habet.*

56,38 53. *Pondera fudit opum*] Legendum omninò cum Clariſſ. Barthio *fudit.* Senſus eſt : Qui prius detrectabat minutos vilesq; annulos dare, mox coactus immenſam opum vim dedit. Sic paulò poſt : D

> *Cui nil tam pulchrum fuit, ut non funderet illud.*

Fundere autem dictum quaſi *Effundere*, hoc eſt, largâ & liberali manu donare. Quanquam non ſim neſcius τὸ *Effundere* malam in partem ſumi pro prodigere & conſumere : ut apud Terentium in Adelphis : *Effundere patrimonium.* Et Ciceronem Lib. 2. Offic. *Multi patrimonia effuderunt inconſultè largiendo.* Bernhardus Morlanenſis Lib. 3. de contemptu mundi : E

> *Das mihi, do tibi, quisq; cavet ſibi, ne ſua fundat.*

Ubi etiam : *grandia pondere lucra*, vocat, quæ Saxo *opum pondera.* Monachus Florentinus, Epiſcopus Arconenſis, Libro de recuperata Ptolemaide : F

> *Multi qui divitias ſuas aliquando*
> *Fuderant, pauperibus eas erogando,*
> *Nihil ſumunt, exules facti mendicando.*

Cæterùm, quomodo hìc Saxo *fundere opum pondera* dixit : ſic Galterus Lib 1. Alexandreidos, p. 4. v. 8. *pluere donativa*:

> *Theſauros aperi, plue donativa maniplis.*

57,15 Pag. 35. verſ. 19. *Ecce per infuſas humana na tabe lacunas*] *Tabes* hìc pro *tabo* dicitur. Pomponius Mela Lib. III. Cap. 9. *Putiſcentium membrorum tabe concreſcens.* Statius Lib. VIII.

> *Atq; illum effracti perfuſum tabe cerebri*
> *Aſpicit, & vivo ſcelerantem ſangvine fauces.*

21. *Scabris limantur arenis*] *Limantur*, hoc eſt, atteruntur, & veluti limâ expoliuntur, dum arenis alliduntur. Firmant ſequentia : *Splendeſcunt limo alliſi.* Gloſſæ Veteres : Limatur, *Rimatur, terit*, ζητεῖ. Ubi & alia ſignificatio τοῦ *Limare* emergit, nempè ut tantundem valeat ac *Rimari, ſcrutari, quærere*, Cujus exemplum Phædrus nobis exhibet Fab. XLIX. Lib. 3. 57,17

> ———————— *Si mendacium*
> *Subtiliter limaſſet à radicibus.*

Et Lucretius Lib. 3.

> *Floriferis aut apes in ſaltibus omnia limant.*

Quomodo ex MS. Codicibus legit Vir excellenti doctrinâ Nicol. Rigaltius. Ideoque in Gloſſis mendum ſubeſſe reor atq; ità ſcribendum : Limat, *Rimatur* [vel ut Gaſpar Schoppius antiquè dictum exiſtimat, Rimat, *Quærit*, ζητεῖ.

24. *Stagnatq; cruenta Latius eluvies*] Joſephus Devonius Lib. V. de Bello Trojano, pag. 121. 57,20

> *Hinc capitum largus ſtagnat cruor, inde relicti*
> *In cumulum ſurgunt trunci, curruſq; retardant.*

30. *Frothonis nepotem*] Rolvonem ; quem Helgo Frothonis filius ex filia ſua Urſa, quam Thora mater ignoranti patri proſtituerat, ſuſcepit ; de quo antea dictum. 57,26

31. *Qui Sirtvallinos auro conſeverat agros*] Cum nempe è Svetia in Daniam unà cum filiâ Urſa aufugiens, aurum per agros ſpargeret, quo fuga celerius carperetur: cujus itidem paulo ante meminit Saxo. 57,27

39. *Signum dubij præſtare timoris*] Maximum dedecus atq; vitium ab antiquis Heroibus in timore poſitum videbatur ; adeò ut qui timidum alterum appellaret, perinde ac ſi maximâ contumeliâ affeciſſet, ſic eum, quem appellaverat, acerbum inimicum habiturus eſſet. Nec rarò quis probroſam hanc appellationem morte ſuâ luit. 57,35

41. *Gloria defunctos ſequitur*] Galterus Lib. VI. Alexandreidos, pag. 66, & 67. 57,37

> *Vivere per famam dabitur poſt fata ſepultis,*
> *Sola mori neſcit eclypſis neſcia virtus.*

Et Lib. VII. Alexandr. pag. 78.

> ———————— *miſeris mortalibus inquit*
> *Hoc ſolum ſolamen ineſt, quod gloria mortem*
> *Neſcit, & occaſum non ſentit fama ſuperſtes.*
> *Si vitæ meritis reſpondet gloria famæ,*
> *Nulla tuos actus poterit delere vetuſtas.*

G 3 Pag.

58,14 Pag. 36. v. 3. *Nemo magis clauſis refugit penetralibus uri*] Hoc etiàm priſcis Heroibus & Martiis viris contumelioſum abjectumq; viſum eſt. Id patet ex Skarphiedini, Niali filij, dicto, cum pater claudi domum, ſi inimici noctu afforent, conſultum judicaret. Skarphjedinus contrà ſub dio exſpectare adventum eorum maluit, addens indecorum eſſe, more vulpecularum, intrà luſtrum latebramq; comburi. Niala conſulenda. *M. Brynolfus.* A

59,22 51. *Non humile obſcurumvè genus*] Non Bjàrco dicit, tenuiores & pauperes non mori; verùm, ut opinor, nullam eorum apud inferorum Regem Odinum, atq; ejus contubernales Heroas alios, rationem futuram. *M. Brynolfus.* B

59,31 Pag. 37. verſ. 7. 8. 9. *Ut imagine collis Editus è truncis excreſceret artubus agger, Et ſpeciem tumuli congeſta cadavera ferrent*] Tantam ſe ſtragem hoſtium edidiſſe Biarco ſignificat, ut corpora cæſorum unum in locum congeſta ingentes acervos, imò colles & tumulos, repræſentare poſſent. C Sic eleganter loquitur Tullius noſter Orat. pro P. Sextio: *cædem verò tantam, tantos acervos corporum extructos, quis unquam in foro vidit?* Ita Xenophon Lib. IV. de rebus Græcanicis Corinthiam cladem deſcribit, οὕτως ἐν ὀλίγῳ πόλλοι ἔπεσον, ὥστε ἀθισμένον ὁρᾶν οἱ ἄνθρωποι σωροὺς σίτου, ξύλου, λίθων, τότ' ἐθεάσαντο σωροὺς νεκρῶν. *Tam multi pauco tempore ceciderunt, ut homines acervos frumenti, ligni, lapidum videre ſoliti, tùm acervos corporum adſpexerint.* D Catullus de Nuptijs Pelei & Thetidos:

Cujus iter cæſis anguſtans corporum acervis
Alta tepefaciet permixtâ flumina cæde.

Lucanus Lib. VIII.

——————— *Cernit propulſa cruore*
Flumina, & excelſos cumulis æquantia colles
Corpora, ſidentes in tabem ſpectat acervos.

Joſephus Devonius loco mox citato:

——————— *Indè relicti*
In cumulum ſurgunt trunci, curruſq; retardant.

Sic & infrà Lib. VIII. magnitudo ſtragis deſcribitur: *Jacebant circa currum Regis, innumera extinctorum corpora, rotarumq; faſtigium congeries funeſta vincebat. Temonem quoq; cadaverum cumulus exæquaverat.* Cæterùm aggerem illum, ſivè ſtruem cadaverum bello cæſorum Dani olim vocarunt ᚢᛅᛚᚴᚯᛋᛏ, Valkøſt. F

60,5 21. *Prima ſibi teſtis res eſt*] Proverbium Iſlandicum conſonat: Raunen er obygnuſt: *Experientia verax eſt.* Item: *Fama oculo cedit*: Sion er Sogu rykare: *Præſtat famæ viſus.* Item: Alle er Svipur nema Sion: hoc eſt: *præter viſum idola ſunt reliqua.*

60,6 22. *Viſuſq; fidelior aure eſt*] Pluris eſt oculatus teſtis unus, quàm auriti decem.

29. *Multa moras afferre ſolent.*] Proverbium & hoc videtur egregij Herois fortè dictum: Tyneſt til tafar: id eſt: *Incidunt multa, quæ morentur.* 60,13

38. *Uno ſemper contentus ocello*] Juvenalis Sat. VI. 60,22

——————— *Ocyus illud*
Extorquebis, ut hæc oculo contenta ſit uno.

Joannes Hantvillenſis Architrenij Libro I.

Eſt quoq; & unoculo vultu contentus ——

Illa verò referenda ſunt, ad ea, quæ ſuprà diximus, de Odini apparitionibus: quandoquidem alterum oculorum Mimero vendidit, ut liceret de ſapientiæ hauſtu, quantum vellet, percipere. Edda Fab. XIV.

41. *Adde oculum propius*] T. Calphurnius Siculus *Lumina propius ferre* dixit Bucol. Eclog. I. quæ Delos inſcribitur: 60,25

Ornite fer propius tua lumina ——

Ibid. *Et noſtras proſpice Chelas*] Diu me hic locus planè obſcurus exercuit. Variè quoq; eundem expoſuerunt excellenti doctrinâ viri, quos in Belgio, & alibi, de eo conſulere viſum fuit. Nobiliſſimus Vir, Daniel Heinſius, hunc in modum interpretabatur: χηλαὶ *ſunt Cancrorum forcipes, aut forfices, acutæ & dentibus armatæ, quæ cum committuntur, quicquid premunt, collidunt. Ruta ergò conſulta, ut fatidica, obſcurè reſpondet: Si Biarco Martem præſentem, hoc eſt, felicem, experiri vellet, antè omnia diſcordias patriæ reſpiceret, hoc victrici ſigno oculos imbueret; ità futurum, ut tutò Martem experiretur.* Aliter verò Vir ſummus, Gerardus Jo. Voſſius, verba hæc explicavit: *Jubet,* inquit, *Ruta, Rolvonis ſoror, ut Biarco propius accedat, ac ſe intueatur. Nam proſpice noſtras chelas, valet, conjice oculos tuos in meos.* Chelæ *propriè in paguris, aſtacis, cancris, ac ſimilibus piſcibus vocantur, quæ Ovidio IV. Metamorph.* flagella *appellantur; Plinio etiàm dicuntur* acetabula & brachia. Κατὰ μεταφορὰν *transfertur ea vox ad extimas ciliorum oras, idq; propterea, quia ut acetabula in cancris, ità in nobis, quando dormimus, ciliorum crepidines ſe contingant, ac quaſi complectantur. Hoc docere nos poteſt doctiſſimus Medicus, Rufus Epheſius* Lib. I. Cap. 4. Τὰ δὲ ψαύοντα ἀλλήλων πέρατα ἐν τῷ καθεύδειν ἡμᾶς, στεφάναι καὶ χηλαί. *Ubi Julius Craſſus Patavinus,* Chelæ, *inquit, hoc eſt,* Ungulæ. *Ineptè ſanè. Quid enim ſimile inter Ciliorum crepidines ac Ungulas belvarum? Sed inter acetabula ac dormientium Cilia ſimilitudo eſt: uti jam dictum.* Hactenus Voſſius meus. Cæterùm mentem verſus hujus ità intelligendam cenſuit eminentiſſimus Philologus & Hiſtoriographus incomparabilis, D. D. Joannes Iſaacius Pontanus: *Saxonem noſtrum loco iſto,* Et noſtras proſpice Chelas, *manifeſtò imitatum puto, aut ſaltem reſpexiſſe Lucanum; cujus verba ſunt.* Lib. I. v. 659. 60,25

Tu

———— Tu qui flagrante minacem
Scorpion incendis caudâ, Chelasq; peruris,
Quid tantum, Gradive, paras? nam mitis in alto
Juppiter occasu premitur, Venerisq; salubre
Sidus habet, motuq; celer Cyllenius hæret,
Et cœlum Mars solus habet ————

Chelæ itaq; Saxoni fuerint pro Scorpione positæ, quod Signum apud Astrologos est Martis. Atq; itâ signo prò ipso Marte accepto, invocandum ante omnia Mavortem domesticum Ruta vult adversus Hialtonem Svecum, cùm Othinum, Deum peregrinum, sibi auxiliarem Biarco requireret. Qui quidem Othinus, licèt totâ Europâ titulo divinitatis censeretur; apud Upsalam tamen, Sveciæ Metropolim, crebriorem, ut ante dixerat idem Saxo, diversandi usum habebat. Biarconem idcircò non deos exteros, sed suos & patrios, respicere Ruta monet, si exitum certaminis auspicatum experiri velit. Et id præcipuè innui his verbis existimo; Et nostras prospice Chelas: *tùm & illis, quæ ab ipso Biarcone prolata paulò antè:*

Et nunc ille ubi sit, vulgo qui dicitur Othin,
Armipotens uno semper contentus ocello?
Dic mihi, Ruta, precor, usquàm si conspicis illum.

Quibus continuò respondens Ruta inquit:

Adde oculum propius, & nostras prospice chelas.

Quasi diceret: non est quod Othinum requiras invocesve; nostrum potius auxilium, nostrosq; ac proprios Deos respice; Hæc indubiè vera loci mens est. Caspar Barthius, Polyhistor nostrâ ætate nulli secundus, & verè Criticorum Germanicorum Alpha, in Literis ad me suis *Chelas* exponit *Brachia. Crucis imagine,* inquit, *se signabat Ruta, aut alio signo, hoc dicens: itaq; observare brachia sua jubet Biarconem, æmulaturum idem signum, siquidem in Dœmonis illius conspectum venire vellet. Chelæ, brachia sunt, vel Papiâ Interprete. Et eas Latio donavit notissimo Georgicorum Versu Virgilius.* Subjungam longè diversam horum verborum explicationem à Clarissimo Viro, & magni apud nos nominis Medico & Philologo, D. Olao Wormio, mecum communicatam. *Quid Chelæ, quid item Chelys, vulgò notum. χηλήν, Ungulam bovis vocat Cœlius Rhodiginus Lect. Antiq.* Lib. XIII. Cap. 36. *de Polydamante ubi sermo: Idem hic Leonis domitor, ait, boum ingressus armentum, inibi taurum magnitudine insignem ac præcipuè ferum conspicatus, ex posterioribus alterum arripuit pedem, retinensq; pertinacissimè ferocientem, ac impetu prærabido prosilientem, non dimisit prius, quàm indignabundus ac furens, tandem in Polydamantis manu χηλήν, id est, Ungulam reliquit. Utrumq; non incommodè ad vasa cava accommodatur. Tàm enim Astacorum, Gammarorum, & Scorpionum Chelæ, quàm testudinum Chelys, & boum Ungulæ concavæ sunt. Per chelas itaq; vasa concava, conchas, aut pel-*

A *ves aquâ repletas, in quibus arte ὑδρομαντική Otthinum repræsentabat Ruta, Saxonem nostrum intelligere arbitror. Non secus ac Varro notat puerum quendam in aqua effigiem conspexisse, quæ quinquaginta versibus omnem Mithridatici belli eventum expresserit. Et Appion Grammaticus memoriæ prodidit, se umbram Homeri evocasse, ut ab eo percunctaretur cujas esset, & quibus parentibus editus. Saxo ipse Lib. VII, fœminam describit, cujus carminum tanta vis erat, ut rem quantalibet nodorum con-*
B *sertione perplexam, è longinquo soli sibi conspicuam, ad contactum evocare posse videretur. Nostras, ait, non cœlestes, nec alienas, sed quas manu versabat, prospice, procul venerabundus intuere, sed ut propius aliquantò accedens diligenter attendas. Alludit verò Auctor ad priscam superstitionem, quâ Magnates, qui bello occubuerunt, ab Othino suscipi, aulæ inferorum magnâ solemnitate & pompâ inferri, conviviisq; magnificis excipi, crediderunt. Extat in hujus rei testimonium vetus cantilena, in quâ de-*
C *scribitur, quâ pompâ & solemnitate ab Othino apud inferos exceptus sit Ericus Blodóxe, Norvegiæ Rex, cùm jàm fatis concessisset. Inscriptio hæc est:* Hvorsa Oden fagnede Kong Erikur Blodoxar. *Biarco igitur quàmplurimis vulneribus saucius & morti vicinus, à Ruta quærit, an videat Othinum advenientem, qui ipsum ad inferorum deferat portas: Cui illa respondet; profanis oculis cerni non posse, sed sacris ritè peractis, in concha, quam tenebat, ejus se demonstraturam Idolum.* Et quidni addam adhuc
D aliam loci hujus interpretationem, quam paulò antè obitum suum nobis suppeditavit Clariss. Vir, M. Johannes Janus Alanus, Græcæ Linguæ in Academia Hafniensi Professor, Præceptor olim meus, & Hospes indulgentissimus,

Quem nunc emeritæ permensum tempora vitæ
Secreti pars orbis habet, mundusq; piorum.

Ea vero talis est: *Per* Chelas *arbitror significari*
E *forcipes, in altaribus frequentes, ad gubernandas victimas ab uno loco in alium, & ab igne in alium, quò faciliùs & melius adolere possent.* Hic omnibus tandem accedet hujus loci ἐξήγησις, quam mecum per literas ante aliquot annos communicavit Islandiæ decus, & non inficiandum patriæ nomen, Arngrimus Jonas, quæ ità habet: *Vocem* Chelas *quod attinet, de quâ in Saxone ambigitur, vix occurrit, quod scribam. Interim tamen hæc mea est conjectura, illum per* Chelas, *non ipsum*
F *Odinum, sed Parcas indigitare Odinicas, quasi ipsius præsentiæ pignora; quarum nomina speciatim recensentur in Edda, Apologo XXXI. Sed generali nomine* ᚢᛅᛚᚴᛦᚱᛁᚢᚱ Valkyriur / *appellantur, id est,* morticanæ. *Has moribundis, vel post Sacrificiorum singulares ritus, vel etiàm spontè ostentasse Sathanam, facilè credidero, qui variè cum Gentilibus istis collusit. Id quod ex Rhythmico Elogio Haddingi cujusdam militis exspirantis apparet:*

G 4 Sia

Sia kan ek fogdfader fiol-
ᛋᛁᛅ ᛦᛅᚿ ᛁᛦ ᚠᛅᚠᚦᚠᛅᚦᛁᚱ ᚠᛁᛅᛚ-
nis mejar
ᚿᛁᚿ ᛘᛁᛅᚱ
Yder hefir mer odin sendar
ᛁᚦᛁᚱ ᚼᛁᚠᛁᚱ ᛘᛁᚱ ᛅᚦᛁᚿ ᛋᛁᚿᚦᛅᚱ
Villat gladur i Vingolf
ᚢᛁᛚᛚᛅᛏ ᚠᛚᛅᚦᚢᚱ ᛁ ᚢᛁᚿᚠᛅᛚᚠ
fölga
ᚠᛅᛚᚠᛅ
Ok med Einherium *öl drecka*
ᛅᛦ ᛘᛁᚦ ᛁᛁᚿᚼᛁᚱᛁᚢᛘ ᚠᛚ ᚦᚱᛁᛦᛦᛅ

Videre possum mortis præsentiâ amictus, Odini
Virgines:
Vos ad me Odinus misit:
Volo vos hilaris in locum beatorum Odini se-
qui
Et cum Einheriis cerevisiam bibere.

Item ex illo Regneri in Epicedio:

Heimbioda mier dysir
ᚼᛁᛁᛘᛒᛁᛅᚦᛅ ᛘᛁᛁᚱ ᚦᚢᛋᛁᚱ
Sem fra Herians hollu
ᛋᛁᛘ ᚠᚱᛅ ᚼᛁᚱᛁᛅᚿᛋ ᚼᛅᛚᛚᚢ
Hefur Odinn mier sendur.
ᚼᛁᚠᚢᚱ ᛅᚦᛁᚿᚿ ᛘᛁᛁᚱ ᛋᛁᚿᚦᚢᚱ.

Invitant me Dysæ, [Sic Parcas vocat]
Quas ex Othini aulâ
Othinus mihi misit.

Sed Valkyrias *Saxonem* Chelas *vocasse in fluxu Poëtico conjicio vel ob cognationem aliquam soni, vel etiam significationis; quia sicut hoc Scorpionum genus, quod Chelas vocant, suis cancrinis alis, quicquid apprehendit, enecat: ita harum VValkyriarum apprehensio inextricabilis. Nec in præsentia verisimiliorem ullam afferre possum rationem, quum Rhythmo destituamur.* Sed quid mihi in tanto doctissimorum virorum dissensu statuendum? Cogor omnino ἐπέχειν: nisi si cum Wormio meo capienda sit vox hæc de vasis quidem concavis, conchis aut pelvibus, sed non aquâ repletis, verùm sangvine potius, ex quo Sacrificuli, & extispices Ethnicorum, de futuri belli eventu conjecturam capere solebant. At Marbodæus Gallus Cænomanensis, qui de Gemmarum Naturis ac viribus scripsit, *Chelæ* voce utitur, nisi fallor, pro brachio; Cap. XIX. de Chelidonio:

Ex lino facto decet hunc involvere panno,
Et sic sub Chelâ, clausum portare, sinistrâ:

Quemadmodum & Barthius Papiam id vocis exponere, paulo ante indicavit. Unde adducor, ut existimem, latere in his versibus vestigia Magici istius ritus, quo eos solent initiare, quos mirâ oculorum perspicacitate imbuere

A cupiunt. Etenim in terris hisce Borealibus & olim fuisse, & hodieq; in Islandia reperiri perhibent homines incredibili visus acumine, suprà naturam pollentes, adeò ut non solùm interdiu, sed & noctu, haud aliter, ac luce clarâ contueantur varia phantasmata, variasq; volitantium per auras figurarum apparitiones, quas nefas est alioquin ulli homini mortalibus cernere oculis. Id nostrates dicunt, **At være Siunst.** Hi creduntur arte quâdam in alios
B singularem hancce perspiciendi vim, quâ ipsi præditi sunt, transfundere posse, ut & illi, passim vagantes formas videre queant. Hos enim lateri sinistro, interdum utriq; admotos, pone tergum consistere, *perq; Chelas,* hoc est, brachia in latus reflexa prospicere tantisper jubent, dum carmina quædam demurmurent. Id quod ubi ter aut sæpius factitatum, statim tam Lyncei evadunt, ut nulla non spectra, imò tenuissimas omnium formarum exuvias ultro
C citròq; in aëre oberrantes, tàm noctu quàm interdiu, conspiciant. Quum igitur Biarco Othini videndi cupiditate duceretur, & ex Ruta conjuge, quæ forte tam stupendâ oculorum acie prædita fuit, diligenter quæreret, si uspiam conspiceret illum: illa existimans maritum, auxilij implorandi causâ, de Othino percontari, respondit: *Si vis præsentem tutò cognoscere Martem*, hoc est, Othinum, præsidem bellorum: (Othinum enim pro Marte colebant
D Septentrionales populi) *propius adde* & admove *oculos*, & *prospice*, sive transpice, *per nostras Chelas*, id est brachia mea: ut anteà *lumina* tua quasi consecrare possis conspecto *signo Victrici*, hoc est, Othino, qui victorias conferre solet, quiq; profanis oculis cerni non potest. At contra Biarco ideo Othinum sibi obvium dari cupit, ut cum ipso manus conserat, quem noverat partes Svecorum propugnare; ut belligero Deo prostrato, Svecisq; superatis, Dani victores fo-
E rent. Hæc mea conjectura est, quam idcircò nulli obtrudo; sed unumquemque suo sensu abundare permitto. Cæterùm posteaquam hæc à me literis prodita essent, en nactus sum Collectanea Clarissimi & Doctissimi Viri, M. Brynolphi Svenonij, Episcopi Scalholtensis, mihi inscripta; in quibus Saxonis hæcce verba hunc in modū exponit: *Hic scilicet,* inquit, ***est locus ille,*** *qui doctissimorum virorum ingenia hactenus torsit, & quod pace illorum dixero, fefellit; à te primùm,*
F *quantum scio, Vir Clarissime, rectè & ex autoris mente, ut opinor, intellectus expositusq;. Enimverò nihil est certius, quàm petere Bjarconem ab uxore, ut spectrum Odini suis oculis permittat, jamdiu rebus humanis adempti. Quod officium Ruta marito præstitura, quibus opus erat factis præmonet, atq; ut hoc spectaculum ritè & impunè curioso spectatori sit, duarum rerum commonefacit. Primò, ut si ritè spectrum Odini conspecturus sit, debeat ad se, prius conspicientem idem, accedere, his verbis: Adde oculum propius,*

propius, atq; sub ala sua, credo sinistrâ, cum fœmina A inesset, positum vultum ad conspiciendum collocare: quem locum, brachium inter & latus, Metaphoricè χηλὴν, & numero multitudinis, voce latina prius factâ, Chelas appellat. Porrò quod hic mos & modus eorum, qui conspecta spectra aliis ostendere voluerunt, fuerit, non modò antiqui, verùm nostri etiàm adhuc homines, quotidiè in ore habent, nè dicam in usu: ut vix ullus inter nos inveniatur, quin hunc ostendorum spectrorum morem inaudiverit: id quod bonâ fide testari possum. Quare vel B meo periculo, Vir optime, contrà maximos illos viros, qui secus hunc versum exponunt, in sententiâ permaneto. Ego namq; nullus dubito, quin, si pro eo, quo præstantissimarum lingvarum & scientiarum notitiam habent; Normannicarum etiàm memoriarum & sepultarum antiquitatum cognitionem exactam possiderent, pedibus in nostram sententiàm essent ituri. Quibus hoc saltem ex bona gratia concedant æquum est; ut Normannicæ vetustatis custodes, licet nimiùm negligentes, fateor, custodes tamen C habeamur, ut nos illis de eximia eruditione gratulamur.

60,26 42. Antè sacraturus victrici lumina signo] Deindè, postquam rationem proposuit Ruta, quemadmodum ritè Martem Bjarco conspiceret; videlicet, si inter thoracis latus & brachium suum prospectaret: nunc deinde, ut Odinum tutò & securè videat, consilium reddit tale; ut priusquam ad prospiciendum pervacuum axillæ locum accedat, oculos signo consecret muniatq;. Quod quale sit, id verò est, de quo D maximo dubitamus opere. Memini te, Vir Clarissime, cum jucundissimè domi tuæ tecum viverem & fabularer, de his rebus: victrici signo oculos consecrare vel sacrare, contrà periculum visionis ex curiositate forsan imminentis, talem habere sensum judicasse, ut victrix signum, constructionis convenientiâ, sic dictum à fine sit: quam locutionem contrà sugillatores, ut Latinam, ex bonorum autorum usu adstructum ivisti. Memini tùm meam sententiam, E haud illam Areopagiticam, sed qualis tùm incidit, satis audacter, ut amicis soleo, ingessisse, hanc; ut Rutam tale quid præcepisse crederem, priusquam axillam ad contemplandum Bjarco accederet, oculos signo, id est, charactere, debere victrici, quo nomine Hildam, seu Bellonam putabam notari, consecrare: quæ scilicet illos contrà injurias defensura si esset, usus foret. ut victrici, in dandi casu ad Participium sacraturus referrem. non ad signi vocem: cum crederem characteres in honorem deorum ad usus Ma- F gicos cum precibus & sacrificiis adhibitos esse, singulorum singulos. Atq; sic signum, quo Victrici, id est, Bellonæ vel Hildæ, oculos sacraret, lumina illo κεχαραγμένα contrà omnes injurias præstare. Nunc deinde, quanquam illus sententiæ non admodùm me pœnitet; nescio tamen, quomodo prior interpretatio de victrici signo magis ac magis se mihi probare cœpit: maximè postquam admirandum illud de Runis Brynhildæ Budloniæ cum Sigurdo Fafnisbanæ colloquium in Ragnari Lodbroci Chronicis perlegi, ubi inter alia Runarum genera, quæ nominant, memoratur illud etiàm genus, quod Sigrunas appellat. Quæ si à nomine Sigur, quod victoriam notat, notationem finalem obtinuerunt, ipsa vel vocis considerata interpretatio, Sigrunas, ad verbum, victoriæ destinatos characteras, aut ut Saxo loquitur, victricia signa; reddere invitat, & tantum non cogit. Proindè jam proximus sum, ut tibi consentiam de victrice signo, Sigruna aliquâ oculis prænotanda, priusquam in spectaculum hoc Bjarco descendat, locum præsentem accepturo. Veruntamen, ut dixi, prioris sententiæ ut non admodùm pigeat, quin identidem in illam mentis aciem reflectam. Tu, Clarissime Vir, videas quod probes: mihi indicasse satis est, tibiq; & tui similibus, hoc est, doctis, amicis, & candidis, benignè cognitionem deferre.

42. Ante sacraturus victrici lumina signo] 60,26
Victrix signum hactenus illud esse credidi, quod olim ex victimâ de eventu belli captabant. Ethnici enim Sacerdotes vel ex sangvine victimarum, vel ex intestinis earundem inspectis, victoriam suis aut stragem vaticinabantur. De Cimbris elegans est locus & notatu dignissimus Lib. VII, Strabonis, pag. 294. Morem fuisse hunc Cimbris ferunt usitatum, sequentibus eos in bellum Uxoribus, vates quædam comitabantur canæ (nobis RUNÆ dictæ) albo vestitu, carbasinis supparis desuper fibulis affixis, cinctu æreo, pedibus nudis: eæ per castra captivis occurrebant strictis gladijs, prostratosq; ad crateram æneam adducebant amphoras circiter XX capientem; super eam pulpitum erat, quo conscenso, vates sublimis, singulis suprà lebetem elevatis, guttur incidebat: ἐκ δὲ τοῦ προχεομένου αἵματος εἰς τὸν κρατῆρα, μαντείαν τινὰ ἐποιοῦντο: E sangvine verò in crateram fuso suam captabant quandam divinationem: ἄλλαι δὲ διαχίσασαι, ἐσπλάγχνευον ἀναφθεγγόμεναι νίκην τοῖς οἰκείοις: aliæ cadavera sic cæsorum scindebant, intestinisq; spectatis victoriam suis vaticinabantur. Et quid si talis fuerit Ruta nostra? Hac notione oth Hebræis signum est, unde colligebant aliquid certò eventurum, Ut Psalm. LXXIV. v, 4. Posuerunt signa sua, signa: ubi Franciscus Vatablus; Repetit nomen ad certitudinem & varietatem rei. Nam signa certa habebant, quibus sibi persuadebant se capturos templum sanctum. Ezech. XXI. v, 21. traditur, quomodo consuluerint exta, cum in destructionem templi Sancti proficiscerentur. Quasi diceret, ea signa, quibus adducebantur, se capturos templum, crediderunt esse vera. Julianus Apostata ante expeditionem Persicam viscera humana de futuro eventu scrutatus est, teste Herodoto, Lib. 3. Cap. XXI. Videatur omninò hac de re Camerarius Horar. Subcisiv. Cent. 1. Cap. 59. quod totum est de nefandis sacris Juliani Apostatæ. Sunt qui victrix signum capiunt de salutari crucis Dominicæ signo, quod olim optimo Imperatori Constantino in nubibus apparuisse tradunt

tradunt Historici, cum hac inscriptione; IN HOC SIGNO VINCES: verùm illi, ni fallor, toto aberrant cœlo: quum Ruta, quæ hæc protulit verba, nondum sacris Christianis initiata esset. A

60,30 47. *Altum flectat equum*] Multipedem illum & æripedem *Sleipnerum*, quo non solùm remotissima orbis terrarum loca brevissimo spatio emetiri, verùm in cœlos etiam ipsos vehi, per Iridem, quæ regia deorum in cœlum via creditur, & **Bifrøst** *dicitur*, à Poëtis antiquis fingitur, statuitur, traditur. Edda consulatur. B

60,35 50. *Studeamus honestè posse mori*] Nam ἄνανδρον ἀκλεῶς τὸ κατθανεῖν, inquit Euripides Oreste, Act. 2. Hoc est, *Invirile est ingloriè mori*: vel, *Turpis mors ingloria.*

61,9 Pag. 38. vers. 7. *Danici cujusdam carminis compendio*] Ex hoc Carmine pauci adhuc in Antiquitatibus Islandicis supersunt Rhythmi, quos veteres vel ab uno Collocutorum Biarcone, vel à vetustissimo Scaldro **Biarka**/ qui hoc genus carminis excogitavit, ᛒᛁᛅᚱᚴᛁᛘᛅᛚ, **Biarkemål**/ nec non à metri ratione ᛚᛁᚢᚠᛚᛁᚾᚴᛚᛅᚴ **Liuflinglåg**/ quia sic Fauni auditi sunt cantare, appellarunt. Eorum autem primi quatuor à Saxone omittuntur, fortè quod referendi erunt ad illam exhortationem, quâ se invicem Sveci ad arma capessenda excitarunt. Nam hunc in modum habent: C D

Dagur er upkomen
ᚦᛅᚴᚢᛘ ᛁᚱ ᚢᛒᚴᚢᛘᛁᚾ
Dynia hana fiadre
ᚦᚢᚾᛁᛅ ᚼᛅᚾᛅ ᚠᛁᛅᚦᚱᛁ
Mal er vilmógum
ᛘᛅᛚ ᛁᚱ ᚢᛁᛚᛘᚢᚴᚢᛘ
Ad vinna erfide
ᛅᚦ ᚢᛁᚾᚾᛅ ᛁᚱᚠᛁᚦᛁ

Interpretatio: **Dagur**/Dies; **er opkomen**/ exorta est; **Hana fiadre**/ Galli pennæ; **Dynia**/ strepitum edunt; **Mål er**/ Tempus est; **Vilmogum**/ Vili filijs, id est, Svecis. Unus autem filiorum Odini **Vile** dictus, cui in Sveciam colonias potissimum ducendas commiserat; **Ad vinna erfide**/ facere officium, vel laborem. Illos autem, qui sequuntur, expressit Saxo metris Latinis, sed more suo, tanquam Paraphrastes, quod ex collatione liquidò patebit; Nam Danici sic sonant: E F

Vake æ eg vake
ᚢᛅᚴᛁ ᛅᛁ ᛅᚴ ᚢᛅᚴᛁ
Vina hofud
ᚢᛁᚾᛅ ᚼᛅᚠᚢᚦ
Aller hiner ædstu
ᛅᛚᛚᛁᚱ ᚼᛁᚾᛁᚱ ᛅᛁᚦᛋᛏᚢ
Ædil Sveinar
ᛅᛁᚦᛁᛚ ᛋᚢᛁᛁᚾᛅᚱ
Har hin hardgreipe
ᚼᛅᚱ ᚼᛁᚾ ᚼᛅᚱᚦᚴᚱᛁᛁᛒᛁ
Hrolfur Skiotande
ᚼᚱᚢᛚᚠᚢᚱ ᛋᚴᛁᚢᛏᛅᚾᚦᛁ
Ættum goder menn
ᛅᛁᛏᛏᚢᛘ ᚴᚢᚦᛁᚱ ᛘᛁᚾᚾ
Their ed eke flyia.
ᚦᛁᚱ ᛁᚦ ᛁᚴᛁ ᚠᛚᛁᛅ.
Vek eg ydur ad vine
ᚢᛁᚴ ᛁᚴ ᚢᚦᚢᛘ ᛅᚦ ᚢᛁᚾᛁ
Ne ad Vifs runum
ᚾᛁ ᛅᚦ ᚢᛁᚠᛋ ᚱᚢᚾᚢᛘ:
Heldur vek eg ydur
ᚼᛁᛚᚦᚢᛘ ᚢᛁᚴ ᛁᚴ ᚢᚦᚢᚱ
Ad hordum hildur leike.
ᛅᚦ ᚼᛅᚱᚦᚢᛘ ᚼᛁᛚᚦᛅᚱ ᛚᛁᛁᚴᛁ.

Interpretatio: **Vaka æ og vaka**; Evigilent, ohe, evigilent; **Vina hofud**/ amicorum capita, (Sic Capitaneos appellat, quibus exercitus favet & amicus est.) **Aller hiner ædstu**/ omnes supremi: **Adil Sveinar**/ Adilli servi; **Har hardgreipe**/ Tu Hare, qui duris es manibus; **Hrolfur Skiotande**/ & tu Rolvo jaculans: **ætgoder meñ**/ boni sttemmatis homines: **Vek eg yder**/ excito vos; **ad vine**/ non ad vinum; **ne ad Vifs runum**/nec ad mulierem attingendam; **Heldur**/ potius; **veg eg ydur**/ Excito vos; **ad hordum**/ durum; **hildar leike**/ bellum. Quos ità superius vertit Saxo:

Ocyus evigilent, quisquis se Regis amicum,
Aut meritis probat, aut solâ pietate fatetur:
Discutiant somnum proceres, stupor improbus absit,
Incaleant animi vigiles ——————

Et mox:

Non ego Virgineos jubeo cognoscere ludos,
Nec teneras tractare genas, aut dulcia nuptis
Oscula conferre, & tenues astringere mammas;
Non liquidum captare merum, tenerumve fricare
Fœmen, & in niveos oculum jactare lacertos:
Evoco vos ad amara magis certamina Martis.
Bello opus est, nec amore levi, nihil hic quoq; facti
Mollities enervis habet, res prælia poscit.

14. *Eiq; morte jungi vitâ jucundius duceretur*] 61,1
Tacitus de moribus Germanorum: *Jam verò infame in omnem vitam ac probrosum, superstitem Principi suo ex acie recessisse. Illum defendere, tueri, sua quoq; fortia facta gloriæ ejus assignare, præcipuum sacramentum est. Principes pro victoria pugnant, comites pro Principe.* Tales fuêre comites & amici Chonodomarij Germanorum Regis, qui flagi-

flagitium arbitrati post Regem vivere, vel pro Rege non mori. Ammian. Marcellinus Lib. XVI. Curtius Lib. IV. *Curru Darius, Alexander equo vehebatur: utrumq; Regem delecti tuebantur, sui immemores: quippe amisso Rege nec volebant salvi esse, nec poterant.* Servius Grammaticus ad illos Virgilij versus Georgic. IV. qui de Apibus agunt:

> ——————— *Et corpora bello*
> *Objectant, pulchramque petunt per vulnera mortem:*

Pulchram mortem, inquit, *Gloriosam: quippe quæ pro Rege suscipitur. Traxit autem hoc de Celtiberorum more, qui ut in Sallustio legimus, se Regibus devovent, & post eos vitam refutant.*

62,1 36. *Eadem itaq; dies Hjartvari regnum finivit ac peperit.*] Ita Hjartvarus jure merito dici potuit REX DIALIS, hoc est, unius diei,

A quia vix integrum diem in regiæ dignitatis fastigio transegit. Talis etenim jocus Votacilij Pitholai in Caninium Consulem, qui paucis tantum horis eo honore fruebatur, olim extitit: *Ante Flamines, nunc Consules Diales fiunt.* Latet enim aculeus joci in voce *Dialis*, quæ & dici potest de *Flamine Diali*, id est, à *Dio*, sive *Jove*, dicto; & à die; de eo, qui uno tantum die fuerit in magistratu. Huc etiam accomodare possumus jocum Ciceronis in eundem Consulem: B *Vigilantem habemus Consulem Caninium, qui in Consulatu suo somnum non vidit.* Et; *Consulem habuimus tam severum, tamq; censorium, ut in ejus Consulatu nemo pranderit, nemo cænaverit, nemo dormierit.* Ita Hjartvarus Rex neq; ipse somnum brevissimo illo imperij dialis tempore vidit, neq; ipso regnante, quisquam aut pransus est, aut cœnavit, aut dormivit.

NOTÆ VBERIORES IN LIBRUM III. HISTORIÆ DANICÆ SAXONIS GRAMMATICI.

63,2 Pag. 39. vers. 5. I*Demq; Gevari Regis alumnus*] Rex erat Norvegiæ Gevarus, cujus se mentionem dicit præmisisse Saxo, Libro nempe præcedenti, ubi hæc verba habentur: *Atulum & Hotherum filios procreavit. Hisdem Gevarum quendam, egregijs sibi meritis devinctum, pædagogum adscivit.*

63,3 7. *Utriusq; regni imperium sumit*] Danici pariter ac Svetici; idq; legittimo successionis jure.

63,10 14. *Quippe natationis, arcus, cæstuumq; peritia*] Varia apud diversas gentes nationesq; Exercitationum genera fuêre, quibus Juventus, quæ ad militiæ labores muniaq; obeunda educabatur, à teneris assuescere solebat. Inter hæc magna, & ferè incredibilis, apud veteres fuit semper *Natationis* existimatio; tantumq; per plura secula illius usus viguit, ut non minus pueri natandi artem, quàm prima literarum Elementa edocerentur. Quo tempore, cum nulla major ignorantiæ nota inuri posset, quàm dum aliquis *nec literas, nec natare scire* dicebatur, factum fuit, ut posteriores illud in Proverbium contrà bardos ac prorsus inertes continuò receperint; atq; adhuc eadem loquendi consvetudo permaneat, quando natandi peritia, si non eosdem honores obtinet, quibus anteactis seculis afficiebatur, saltem nec penitus neglecta, nec inutilis jacet. Ratio autem, quâ impulsi majores nostri, natandi scientiam tanti fecerunt, hæc una exstitit, quòd primis illis temporibus apud Respub. quascunq; viri fortes præ cæteris, ut scribit Aristoteles, honorabantur, quasi ab

C his solis, & civitatum salus, & Imperij propagatio, penderet: & ob id quisq;, vel saltem major nobilium, atq; etiam aliorum pars comparandæ fortitudini, usq; à primis incunabulis incumbebat. Quocirca ut in navalibus quoq; pugnis, quæ tunc frequentius committebantur, in transeundis vadis ac fluminibus homines nandi arti confisi pericula magis evadere possent, minusve formidarent, (quando sæpenumero milites mare ingredi coacti ob nandi D ignorantiam suffocabantur, quemadmodum exercitui Cyri evenisse, memoriæ prodidit Xenophon) sicq; fortiores inter aquarum pericula fierent, natationis peritiam extulerunt. Qua etiam ratione Romani veteres, ut Vegetius scribit, quos tot bella & continua pericula militarem disciplinam docuerant, campũ Martium Tiberi vicinũ delegerunt, in quorum altero sudorem pulveremq; diluerent, ac simul natare E perdiscerent. Ex his C. Julius Cæsar natatoriæ artis tàm peritus fuit, ut Alexandriæ, circa oppugnationem pontis, eruptione hostium subitâ compulsus in scapham, pluribus eodem præcipitantibus, cum desilijsset in mare, nando per ducentos passus evasit ad proximam navem, elatâ lævâ, ne libelli, quos tenebat, madefierent, paludamentum mordicus trahens, ne spolio potiretur hostis: referente Svetonio in Julio Cap. LXIV. Ità & apud veteres Danos, F vicinosq; populos, nandi scientia laudabili semper in usu fuit. Inprimis eâ imbuebantur Principum liberi. Documento esse potest & Hotherus hicce noster, & Ericus ille cognomento

mento disertus, qui Frothonem Regem inter undas periclitantem nando servavit: de quo Saxo Lib. V. & Sivardus ille Norvagicus, qui singulari nandi peritia præditus fuit, cujus meminit Saxo Lib. XIV. Alterum illud militarium exercitationum genus, *Sagittandi ars* fuit, quam *arcus* hic *peritiâ* exprimit Saxo. Clemens Alexandrinus Lib. I Pædagog. Cap. VIII. de Persarum pueris. Ἀλλὰ τοξεύειν μόνον οἱ παῖδες αὐτοῖς μανθάνουσι. Est autem τοξεύειν, arcu sagittas mittere, seu *Sagittare*. Quin & Parthi à prima pueritia, nervo sagittas aptare, arcuque emittere edocebantur, teste Dionysio in Poëmate de situ Orbis. Romani etiam Tyrones suos sagittis diligenter exercendos curabant; autore Vegetio, de re milit. Lib. 1. Cap. XV. Cujus hæc sunt verba: *Sed prope tertia, vel quarta pars juniorum, quæ aptior potuerit reperiri, arcubus ligneis sagittisq; exercenda est. Ac doctores ad hanc rem artifices eligendi: & major adhibenda solertia, ut arcum scienter teneant, ut fortiter impleant, ut sinistra fixa sit, & dextera cum ratione ducatur: ut ad illud quod feriendum est, oculus pariter animusq; consentiant, ut sivè in equo, sivè in terra, rectum sagittare edoceantur.* Sagittandi peritiam in Theodorico Gothorum Rege laudat Sidonius Apollinaris Epist. II. Lib. I. his verbis: *Si venatione nuntiata procedit, arcum lateri innectere, citrà gravitatem regiam judicat: quem tamen si cominus avem, feramq; aut venanti monstres, aut vianti, manui post tergum reflexæ puer inserit, nervo lorove fluitantibus: quem sicut puerile computat gestare thecatum, ità muliebre accipere jam tensum. Igitur acceptum, modò insinuatis è regione capitibus intendit, modò ad talum pendulum, nodi parte conversa, langventem Chordæ laqueum vagantis digito superlabante prosequitur: & mox spicula capit, implet, expellit: quidve cupias percuti, prior admonet. Eligis quid feriat; quod elegeris, ferit; & si ab alterutro errandum est, rarius fallitur figentis ictus, quàm destinantis obtutus.* Occurrunt etiam in Saxone nostro, juxta ac aliis Antiquitatum Danicarum monumentis, præter Hotheri hujus, quem tantoperè à sagittandi peritia commendat autor, quâm plurima exempla eorum, qui arcus scitè tractandi scientiâ calluerint. Talis fuit *Enarus*, Olai Sagittarius, *qui adeò certo ictu destinata feriebat, ut quicquid impetebat, offenderet.* Saxo Lib. X. Talis itidem fuit *Toko Trylle*, qui *tàm copioso se sagittandi usu callere jactabat, ut pomum, quantumcunq; exiguum, baculo è distantiâ superpositum, primâ spiculi directione feriret.* Cujus mentio extat eodem libro. Tertium demùm illud in gymnastica militari, apud veteres Danos exercitium, erat certamen, quod *Cestibus* peragebatur, planè simile pugilatui, vel potius ejus quædam species. *Cestus* autem erant laminæ æreæ manibus alligatæ. Quibus autem alligabantur, erant lora quædam punctis interstincta; quæ manibus circumcirca & brachijs alligabantur, ut non modò pondere aliquo & crassitie, verùm etiam soliditate cestibus certantes seipsos ferirent. Unde patet hos aliqua ex parte diversos fuisse à pugilibus propriè vocatis, nempè qui solis manibus in pugnos conjunctis inter se dimicabant. Propertius Lib. 3. in Palæstris Spartanornm puellas etiam cum *cestibus* exerceri consvevisse, in hunc modum scribit:

Nunc ligat ad cestum gaudentia brachia loris:

In hac exercitatione homines nudi pugnis laminâ circumseptis sese invicem percutiebant, modò caput, modò dorsum, modò brachia petentes, neq; unquam se mutuo complicantes: in qua pugna superabat, qui vel adversarium cestuum ictibus in terram prosternebat, vel gravius & damnosius feriebat. Hoc certaminis genere athletas veteres non parùm delectatos hinc conjicere possumus, tum quia maximè populum hujuscemodi pugnæ delectatione afficiebat, tùm quia gloriam & præmia ex ea populi voluptate in amphitheatris & sacrificijs comparabant. *Cestibus* enim clarum fuisse Amycum Bebryciorum Regem, Neptuni filium à Polluce occisum scripsit Valerius Flaccus 4. Argon.

Sparta terapnæa pugilem cum gymnade pinguem
Stratum Bebrycijs Amycum suspexit arenis.

Similiter Virgilius Entellum ac Daretem, & Ovidius Brotheam ac Amnonem cestibus valuisse scribunt. Pugilium autem qui cestibus certabant, nec non cestuum ipsorum varias picturas hic damus, quas nobis vel ex sepulcrorum, vel ex gemmarum antiquarum sculpturis dedit Hieronymus Mercurialis de arte Gymnastica Lib. II. Cap. IX. Pag. 112. & sequent.

CAESTUS

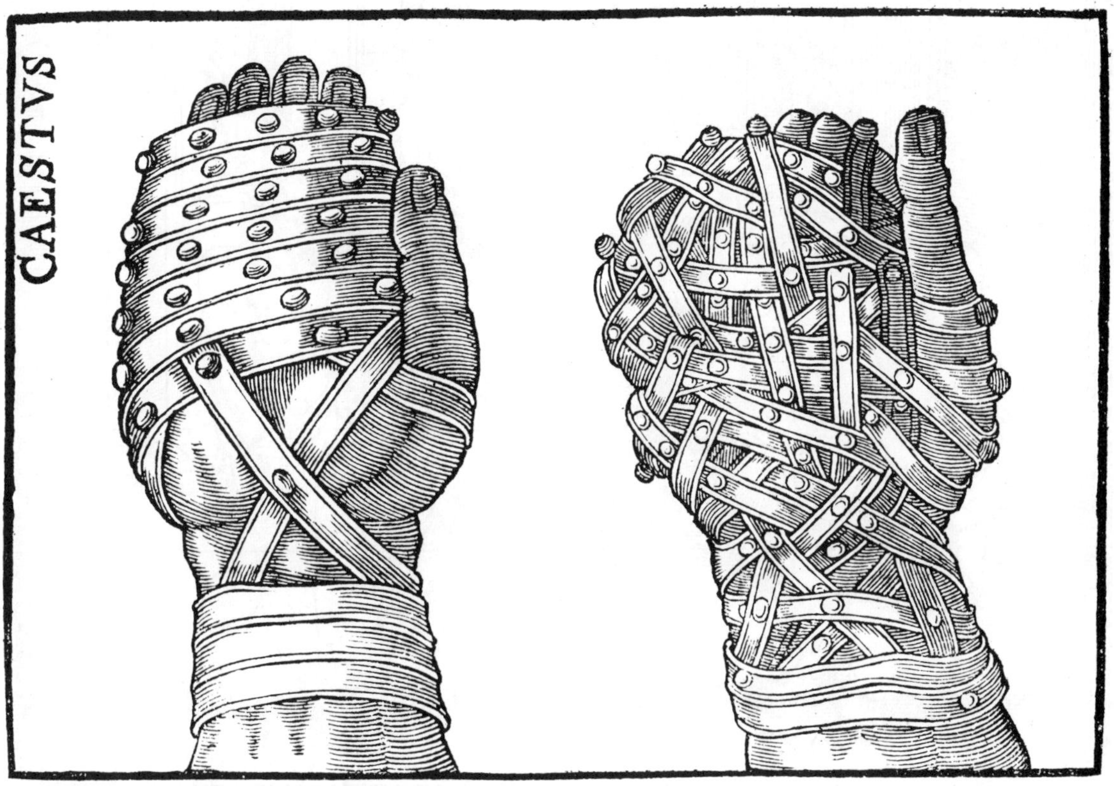

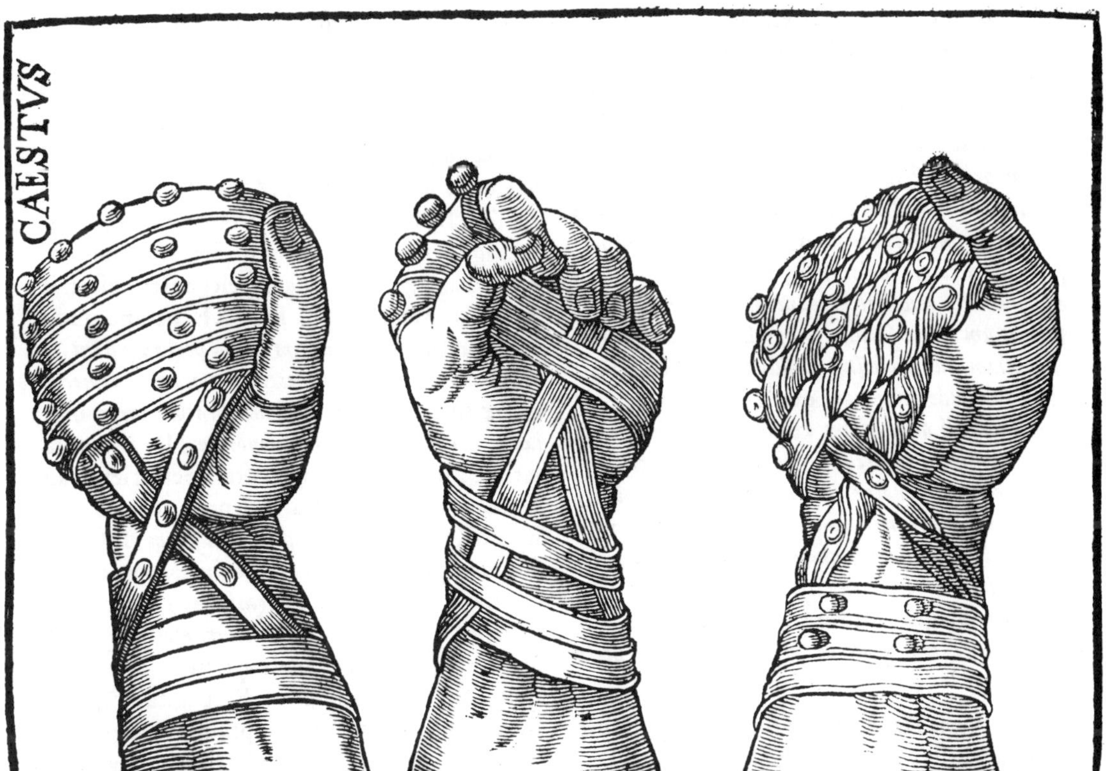

H Cæterum

Cæterum quod attinet *agilitatem,* quâ polluisse A Hotherum commemorat ulterius Saxo, eam referendam existimo ad cætera exercitationum genera, quæ in *Cursu* & *saltu* consistebant, ad quæ magnâ agilitate opus esse nemo ignorat. Utrumq; velut futuro militi utilem commendat Vegetius de re militari Lib. I. Cap. IX. *Ad cursum præcipuè assuefaciendi sunt Juniores, ut majore impetu in hostem procurrant, ut loca opportuna celeriter, cum usus advenerit, occupent; vel adversarijs idem facere volentibus, præoccupent: ut ad* B *explorandum alacriter pergant, alacrius redeant: ut fugientium terga facilius comprehendant. Ad saltum etiam, quo vel fossæ transiliuntur, vel impediens aliqua altitudo superatur, exercendus est miles: ut cum ejusmodi difficultates evenerint, possit sine labore transire. Præterea in ipso conflictu ac dimicatione telorum bellator cum cursu saltuq; veniens, adversarij perstringit oculos, mentemq; deterret, priusq; plagam infligit, quàm ille ad cavendum vel resistendum certè se præparet.* De exercitio Cn. C Pompeji Magni Sallustius memorat: *Cum alacribus saltu, cum velocibus cursu, cum validis vecte certabat.*

63,12 17. *Nemo illo chelis, aut lyræ scientior*] Hinc constat Musicæ expertes non fuisse veteres Danos; sed vel in aulas principum penetrasse svavissimam hanc artem, eâq; imbutos Principum ac Regum liberos. Et non injuriâ: Nam autore Plutarcho, *Musica ad fortitudinem, audaciam, mortisque contemtum animat, ac rectè educatos implet divino quodam instinctu & impetu.*

Ibid. *Præterea sistro ac barbito*] *Sistrum Musicum erat instrumentum oblongum, manubriatum, in ima sui parte cancellatum trajectis virgulis, & ut uno verbo dicam, laminæ, & præterea nihil.* Verba sunt Doctiss. Viri, τοῦ μακαρίτου, Laurentij Pignorij, in aureo illo de Servis Commentario, Pag. 87. *Sistrum quoq;* eleganter describit Apulejus Metamorph. Lib. XI. nempè quod fuerit *æreum crepitaculum, cujus per angustam laminam, in modum balthei recurvatam, trajectæ mediæ paucæ virgulæ, crispante brachio tergeminos jactus, reddebant argutum sonorem.* De sistro ita scribit Lupus Abbas Monasterij Ferrariensis in Gallia, qui Carolo Calvo Imperatore vixit, Epist. XX. pag. 26. *Sistrum Musicum est Instrumentum, quod Isis manu gestare fingebatur, accessus & recessus Nili fluminis eo significans; Undè Cleopatram Virgilius, ut commentitiam ejus potestatem sibi arrogasse solitâ subtilitate aperiret: Patrio,* inquit, *vocat agmina sistro.* Erat igitur *Sistrum* Musicum Instrumentum, peculiare Ægyptiorum, quo utebantur in Isidis Sacris, argutum & sonorum, dum percuteretur. Et en tibi figuram Sistri ex Pritcæo in Apologia Apuleji: 63,13

Hinc

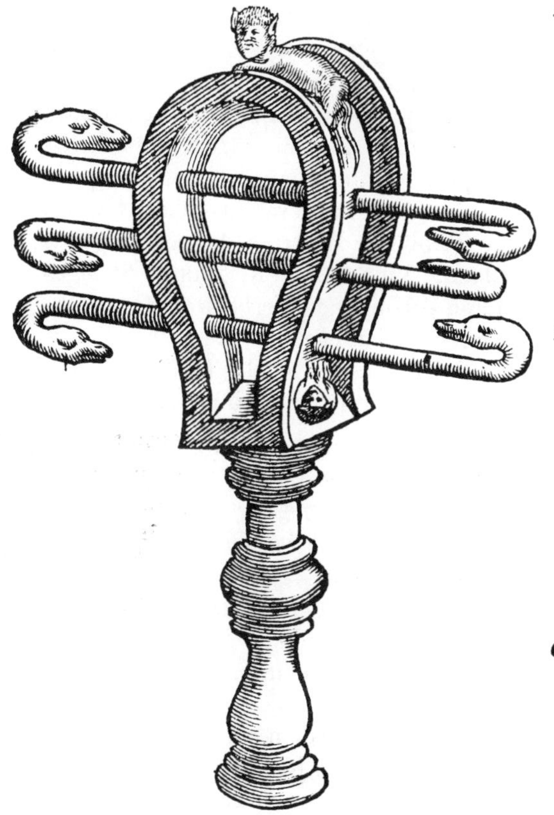

Hinc turpiter errant, qui tympani formam *Sistro* tribuunt, ut & illi, qui cornu recurvum interpretantur. Nebrissensis quoq; tubæ genus; ineptè. quod etiam indicant Epitheta à Poëtis illi data, *tinnulum* & *crepitans*, apud D Propertium: & Σεῖστρον Plutarcho dicitur, παρὰ τὸ σείεσθαι, hoc est, quati, Libro de Iside & Osiride. Et Apulejus *argutum* sistro *tinnitum* adscribit, Lib. XI. *Magnæ religionis terrena sidera, æreis, argenteis, imò verò aureis etiam sistris argutum tinnitum constrepentes.* Ovidius.

Jactantem Phariâ tinnula Sistra manu.

An tale Instrumentum fuerit, cujus usu calluisse Hotherum Saxo scribit, juxtà cum ignarissimis scimus: aut si fuit, certè jam Septentrionali populo in usu esse desijt. Existimo autem *Sistrum* heic sumi pro Sambuca, aut alio quovis Instrumento, quod fidibus tenditur. Cæterum *Barbiton*, vel *Barbitos*, & *Barbitus*, Lyricum est instrumentum plectro solitum percuti. Græc. Βάρβιτον, Βάρβιτος: Polluci Βάρύμιτον, ob graviores fortassè fidium sonos: Cujus inventi gloriam Terpandro tribuit Pindarus, ut Anacreonti, Neanthes & Antipater. Martianus Capella *multiforme Barbiton* dixit, ob varietatem sonorum. Vellejus reddit: **Harpe oc Hackebret.** Et rectè quidem. M. Henricus Faber Malmogius *Sistrum* interpretatur **een Skrerre/** hoc est, Crepitaculum. Alioquin *Sistrum* non ineptè assimilatur Instrumento in vulgus notissimo, quod **een Mundharpe** dicimus, nisi, quod in hoc ligula **non** transversim sit locata.

A 18. *Omniq; fidium modulatione callebat*] Hîc observandum, quod verbo *Calleo* passim sextum attribuat casum Saxo noster. Sic Lib. V. *exquisitis dictorum sententijs callere cognoscens.* Et Lib. XIV. *Solerti historiarum narratione callebat.* Non aliter ac Sulpitia in Satyra: 63,13

Tuq; quibus princeps & facundissima calles.

Ita Septimius Serenus in Opusculis ruris:

——— *callet senium arte vivendi.*

Petronius:

B ——— *his ego callens*
Artibus, Idæo frutices in vertice sistam.

Martianus Capella Lib. III. pag. 50. *Hanc igitur fœminam multorum curatione callentem.* Ammianus Marcellinus Lib. XVI. pag. 86. *Alios item bellandi usu diutino callentes aptiùs ordinans his exhortationibus adjuvabat.* Hericus Monachus Altissiodorensis Lib. 1. Vitæ S. Germani, pag. 11.

Usibus innumeris Romanus calluit orbis.

C Apulejus Lib. 3. Floridorum: *Equidem etsi fidibus apprimè callerem, non nisi confertos homines consectarer.*

Ibid. *Ad quoscunq; volebat motus*] Longum hic foret, nimisq; tædiosum, omnia coacervare, quæ in laudem Musicæ dici possent. Operæ tamen pretium videtur, luculentum ejus Encomium ascribere, quod apud Cassiodorum, Epistola XL. Lib. II. hunc in modum reperitur: *Quid Musicâ præstantius? quæ cœli machinam sonorâ dulcedine modulatur, & Naturæ convenientiam ubiq; dispersam, virtutis suæ gratiâ comprehendit. Quicquid enim in conceptum alicujus modificationis existit, ab harmoniæ continentia non recedit. Per hanc competenter cogitamus, pulchrèq; loquimur, convenienter movemur: quæ quoties ad aures nostras disciplinæ suæ lege pervenerit, imperat cantum, mutat animos, artifex auditus & operosa delectatio. Hæc cum de secreto Naturæ, tanquam sensuum Regina, tropis suis ornata, processerit, reliquæ cogitationes exiliunt: omniaq; facit ejici, ut ipsam solummodò delectat audiri.* E *Tristitiam noxiam jucundat; tumidos furores attenuat: cruentam sævitiam efficit blandam: excitat ignaviam, soporantemq; languorem: vigilantibus reddit saluberrimam quietem: vitiatam turpi amore ad honestum studium revocat castitatem: sanat mentis tædium, bonis cogitationibus semper adversum: perniciosa odia convertit ad auxiliatricem gratiam: & quod beatum genus curationis est, per dulcissimas voluptates expellit animi passiones.* F *Incorpoream animam corporaliter mulcet, & solo auditu, ad quod vult, deducit, quam tenere non prævalet verbo; tacita manibus clamat, sine ore loquitur, & per insensibilium obsequium prævalet sensuum exercere dominatum.* 63,14

24. *Alijs decor oris*] *Est etenim quædam formarum voluptas*, ait Calpurnius Flaccus Declamat. 2. Legendum hic putavi *decor Oris*. *Oris* etenim *decor* pro egregia forma, sive pulchritudine, bonis authoribus in usu est. Tacitus 63,21

H 2 Lib. 2.

Lib. 2. Histor. Cap. 1. *Erat Tito decor oris cum quadam majestate.*

63,33 36. *Illæ suis ductibus auspiciisq; maximè bellorum fortunam gubernari*] Vir plurimùm Reverendus, M. Brynolfus Svenonius, Episcopus Scalholtensis, in Conjectaneis suis, existimare se testatur, virgines istas Hothero conspectas, longè alias fuisse, quàm Amazonas illas Danicas, Skioldmeyar dictas, quæ bellis à teneris annis assvetæ plurimùm præstabant, ut viros non rarò ipsos exarmarent: verùm nescio cujus commentitij, medij inter homines atq; spiritus, generis; quale frequens in opinione antiquorum extitisse, potest liquido evinci. Et quia suis ductibus auspiciisq; bellorum fortunam gubernari docent, fuerint sanè de illa divarum mediastinarum gente, quas ᚢᚢᛅᛚ-ᛦᚢᚱᛁᚢᚱ, Walkyriur/ hoc est, Parcas, antiqui dixerunt: quarum potestatis erat stragem bellicam, in quas vellent, partes convertere, & viros militares pro arbitrio ad cædem legere; unde nomen obtinuerunt. Walur namq; cæsorum prælio stragem significat, à verbo Welia / quod *legere, eligere* est: quia eligebantur à Walkyriis è militari numero viri fortissimi, qui ad Valhallam Asarum à morte ad epulas deducantur & mensas Saliares: & Kyria/ à verbo Kiøra/ *optione possidere, eligendo obtinere,* descendit. Unde Kiør etiam conditio expetenda & optabilis appellatur. Harum Parcarum militarium *Hilda* fuit una ac præcipua. Eò spectant, quæ sequuntur, quando se virgines illæ nemini conspicuas præliis interesse gloriantur; & temporaria illa scena, quæ paulò postea cum ipsis virginibus disparuit.

64,13 51. *Nam nè ferro quidem sacram corporis ejus firmitatem*] Non ferro tantùm, sed ne ullo quidem telorum genere lædi potuisse sacrosanctum Balderi hujus corpus, testis est Edda Mythologiâ XLIII. Frygg tok suardaga til theß ad eira skyldi Balldri / elldur / vata / Járn / og allskonar Málmur/ Steinar/ Jordin/ Viderner/ Sotternar/ Dyren/ Fuglarner/ Eitur/ Ormarner. Enn er thetta var giort og vitad / tha var thad skemtun Ballderß og Asanna ad hann skylldi standa vpp á thingum / enn Asar sumer skyldi skiota á hann/ sumer hoggva til/ sumer beria grioti/ enn huad som ad var giort / skadadi hann ecki og thotte ollum thetta mikil frami. etc. *Frygga jurejurando adegit omnia, ut Baldero parcerent; videlicet ignem, aquam, ferrum, ac omne metalli genus, lapides, terram, ligna, morbos, animalia, volucres, venena, & serpentes. Quod ubi factum erat, experimentum rei Balderus & Asæ fecerunt, ut ille quidem velut scopus in foro consisteret, alij verò telis illum peterent, alij gladijs ferirent, alij lapidibus tunderent. At verò quicquid ingererent, nihil ipsi nocere potuit. Non exiguus hic censebatur honos, sed res valde magnifica.*

Pag. 40. vers. 5. *Jubet itaq; cervis jugalibus currum instruat*] *Cervi jugales* hoc loco intelligendi veniunt, qui linguâ Norvagicâ Reensdiur vocantur: quibus hodieq; vice jumentorum Lappi utuntur. Eorum incredibilis celeritas est, utpote qui uno die tantum itineris peragere possint, quantum validus Equus vix toto triduo absolvit. Albertus Magnus *Rangiferos* appellat. Vide Olaum Magnum, & Sigismundum Baronem ab Herbenstein Commentar. Rer. Muscovit. pag. 118. Svavissimus Poetarum T. Calphurnius Siculus Ecloga VI. quæ *Litigium* inscribitur, de cervo jugali: 64,20

———————— en aspicis illum
Candida qui medius cubat inter lilia cervum:
Scit frenos, scit ferre jugum, sequiturq; vocantem.

25. *Quippe divinandi doctissimus erat*] Non tantùm diis suis facientes, & e sangvine consecrati animantis, conjecerunt futuros eventus prisci: sed aliis etiàm artibus; quæ nunc omnino, quales fuerint, nesciuntur. Sed nec illi, qui magicis artibus malè audiverunt modò, divini fuerunt: verùm quædam etiam familiæ velut suum & domesticum hoc habuerunt, ut præsagâ mente præciperent obventura. Cujus rei quamplurima exempla ex Antiquitatibus Islandicis recenset Vir plurimum Reverendus, M. Brynolfus Svenonius, in Conjectaneis àd me suis: quibus inpræsentia commemorandis, brevitatis causa, supersedeo. An verò fuerit illa divinatio sine arte & techna, vix ausim pronunciare. Nisi fortè suspicio est, pueros, quò divinationem consequerentur, à parentibus devotos esse. Hoc certum est, nunquam ab hac divinatione, ejus peritos malè audivisse: at ab incantatione semper audiisse, in Ethnica etiammùm cæcitate versatos. Rursus hoc certum & indubitatum est, quamvis prudentes ac sapientes viros divinis illis & fatidicis semper fuisse postpositos. Sed enim animum ipsum homini cuique non negligentissimo abjectissimoq; satis esse divinitatis argumentum crediderunt; ut in diverbium etiàm abierit: Fatt er forspárra enn hugurenn: hoc est, *Non est res alia temerè divinior mente.* Et illud etiam in Historiis quàm frequens: So senger mier hugurum. Quæ forsan Homeri etiàm sententia fuit Οδ. Σ. Κακὸν ὅστο θυμῷ &c. Unde tàm frequens suum illud ὀΐω inculcat. 64,41

28. *Rostratas admoveat falces*] In navali prælio magnus olim *Falcium* usus fuit. Et recenset eas inter arma bello navali necessaria Vegetius Lib. V. de re militari, Cap. 15. *In hujusmodi certamine tria armorum genera solent plurimùm ad victoriam prodesse, asseres, falces, bipennes. Asser dicitur, cum trabs subtilis ac longa, ad similitudinem antennæ, pendet in malo, utroq; capite ferrato. Hunc sive à dextra sive à sinistra parte adversariorum se junxerint naves, pro vice arietis vi* 65,3

vi impellunt; qui bellatores hostium, sive nautas, sine dubio prosternit ac perimit, ipsamq; navem sæpius perforat. Falx *autem dicitur acutissimum ferrum, curvatum ad similitudinem falcis, quod contis longioribus inditum, funes, quibus antenna suspenditur, repente præcidit, collapsisq; velis Liburnam pigriorem & inutilem reddit.* Bipennis *est securis habens ex utraq; parte latissimum & acutissimum ferrum. Per has in medio ardore pugnandi, peritissimi nautæ vel milites cum minoribus scaphulis secretò incidunt funes, quibus adversariorum ligata sunt gubernacula. Quo facto statim capitur tanquam inermis & debilis navis.* Et Lib. II. Cap. ult. earundem mentionem facit, enumeratq; inter ferramenta & machinas legionis: *Habet ferreos harpagones, quos Lupos vocant, & falces ferreas confixas longissimis contis.* Cæsar quoq; Lib. III. belli Gallici meminit: *Una erat,* inquit, *magno usui res præparata à nostris, falces præacutæ, insertæ affixæq; longurijs, non absimilis formâ muralium falcium. His eum funes, qui antennas ad malos destinabant, comprehensi adductiq; erant, navigio remis incitato prærumpebantur; quibus abscissis antennnæ necessariò concidebant.*

65,13 38. *Consertâ clypeorum testudine*] Quid sit *Testudo,* docet Isidorus Lib. XVIII, Cap. de Fundis: *Testudo, series armorum, umbonibus inter se connexorum.* Idem Libro eodem, Capite de Clypeis: *Est & testudo scutorum connexio curvata in testudinis morem.* Item vetus Onomasticon: *Testudo, connexio Scutorum.* Hujusmodi testudinis sæpius à militibus factæ exempla quamplurima Romana occurrunt in Historia. At de testudine in navali prælio composita luculentum est testimonium apud Ammianum Lib. 26. *Conjunctis,* inquit, *tribus navigijs, testudinem hac specie superstruxit; densatis cohærentes super capita scutis, primi transtris instabant armati, alij post hos semet curvantes humilius: tertijs gradatim inclinatis submissè, ita ut novissimi suffraginibus insidentes, formam ædificij fornicati monstrarent. Quod machinæ genus, contrà murales pugnas ideò figuratur hac specie, ut missilium ictus atq; saxorum, per decursus cadentes, labiles instar imbrium, evanescant.* Figura Testudinis videatur in Commentarijs Stevechij ad Vegetij Lib. II. & Justi Lipsij Poli. Lib. I. Dialog. V.

65,16 42. *Mali cacumen puniceo scuto complexus*] Indicium id pacis olim fuisse dicit Saxo, si quis in mali cacumine puniceum erigeret scutum: quomodo & infra Lib. V. Hithinum tradit, erecto in malum scuto, sociorum, non hostium adventum significasse. Apud Massilienses juxtà ac Carthaginenses signum pacis erat navis velata infulis & olivæ ramis. Livius Decad. 3. Lib. 10. *Non procul aberat, cum velata infulis ramisq; Olivæ Carthaginensium occurrit navis. Decem Legati erant Principes civitatis, missi ad petendam pacem.* At contrà, apud Athenienses puniceo paludamento è navi prætoriâ contrâ Lacedæmoniorum classem, pugnæ signum sæpe datum est. Lysander æreo clypeo è navi elato, irruptionis signum dedit. In castris Hannibalis, sicut & Romanis, vestem purpuream certaminis fuisse signum scribit Plutarchus in Pompejo, & Fabio Maximo; & præsertim tabernaculo ducis protentam. Illyrijs quoq; rubicunda tunica sarissæ apposita pugnæ certissimum erat indicium. Videantur Alexander ab Alexandro Genial. Dier. Lib. IV. Cap. 2. & 7. & simul Notæ Tiraquelli.

Pap. 41. vers. 6. *An proco allubesceret*] Insolens hæc & rara admodum locutio esset, nisi si suum inveniret autorem. Martiano etenim Capellæ haud infrequens est. Ita sub initium Lib. VII. 65,33

Nec vobis abnegabo
Furtis modo allubescat;
Ut clàm roseta parvæ
Liliaq; det papillæ.

25. *Amica siquidem in adversis collocutio*] Severus Sanctus, sive Endeleichus Rhetor de Mortibus Boum; ubi Ægon Buculum hortatur, ut ipse doloris sui causas aperiat: 66,13

Nam divisa minus sarcina fit gravis,
Et quicquid tegitur, sævius incoquit;
Prodest sermo doloribus.

32. *Thoro inusitato clavæ libratu cuncta clypeorum obstacula lacerabat*] Malleum Islandicæ antiquitates Thoroni tribuunt, quo nihil non creditus est minuere posse, quantæcunque duritiei foret; atq; nomen illi inde Mjølner inditum est: quandoquidem Mylia / *terere & in frustilla comminuere* significat, & inde Miølner / *comminutor,* ut sic dicam, dictus. Edda Mythologiâ XIX: Han á og thria kostgripi: eirn er Hamarin Miølner / er Hrim thussar og Bergrisar kienna / er hann kiemur a lopt. Id est: *Possidet* (Thoro) *insuper clenodia tria; Malleum videlicet* Miøllner *dictum, quem Cyclopes & gigantes vibratum sentiunt.* Videatur etiàm Edda Mythologia LIX. quæ est de ludicro Loki: Hammaren gaf hann Thør / og kuad: ei mundi bila Thrøl ad liøsta / og ef hañ yrpi honum til tha / mundi hañ aldri missa / og aldri fliuga so langt / ad ei mundi hañ sækia hond heim / og ef thad vildi / tha var han so littil ad hafa matti i Serck sier. Id est: *Malleo Thorum donavit (Lokus) dicens: eum ad pulsandum gigantes valere, nec projectum in ictu deceptum iri, reversurumq; celerius in manum jacientis, etsi istar catapultæ longissimè avolarit. Et si quis velit, tàm parvum futurum, ut in pera servari possit.* 66,20

38. *Clavam præciso manubrio inutilem reddidisset*] Clarissimus Vir, & præclarè de Republ. literaria meritus, Joannes Meursius, Collega olim meus, & amicus nulli secundus, Glossarij Græco barbari pag. 318. contendit hancce Thor dei 66,26

dei clavam telum ejusmodi fuisse, quod Μαγκλάβιον Græci, *Maniclavium* seu *manualem clavam* Latini dicunt; Veteres verò Aclidem appellabant. Servius Æneid. 7. Aclides *sunt tela quædam antiqua, ut nec usquam commemorentur in bello. Legitur tamen quòd sint clavæ cubito & semis factæ, eminentibus hinc inde acuminibus, quæ ita in hostem jaciuntur religatæ loro & lino, ut peractis vulneribus ad dominos possint redire. Putantur tamen esse teli genus, quod per flagellum immensum jaci potest.* Cæterùm clavis pugnare mos est antiquissimus: imò clavam primum omnium fuisse teli genus, patet ex eo, quod Herculi bellatorum primo, bellorumq; deo, nihil aliud armorum tribuit antiquitas. Unde *Clavigerum numen* Herculem vocat Silius Italicus Lib. 3.

Exin clavigeri veneratur numinis iras.

Ejusmodi clavæ ex *robore* potissimùm conficiebantur. Undè *robur* pro ipsâ clavâ Poëtis: ut Silio Lib. II. de clavâ Theronis, quam Numades in funere ejus unà cum exuvijs hominis in rogum jaciebant:

Hinc lethale viri robur, tegmenq; tremendum
In flammas jaciunt. ——————

Et Lib. VIII.

—————— *Quæ Buxentia pubes*
Aptabat dextris irrasæ robora clavæ.

Et plerumq; ex *nodoso robore*: undè proprium hoc Epitheton est Clavæ. Idem Poëta:

—————— *altèq; resultant*
Æra illisa cavo nodosæ pondere clavæ.

Interdùm ære, ferro, aut claviculis ferreis obducebantur. Strabo Lib. XVI. Οἱ δὲ μεγαβάροι Αἰθίοπες τοῖς ῥοπάλοις καὶ τύλους προστιθέασι σιδηροῦς. Id est: *Æthiopes Megabari clavas ferreis nodis armant.* De Assyrijs Herodotus testatur Lib. VII. inter alia arma habuisse & ῥόπαλα ξύλων τετυλωμένα σιδήρῳ, id est, *clavas ligneas ferro munitas.* Idem paulò pòst de Æthiopibus: Εἶχον δὲ καὶ ῥόπαλα τυλωτά. Id est: *Habebant & clavas præferratas.* Talis etiam fuit Haldani clava, cujus mentio extat Lib. VII. *Postquàm pugilem ejus Haquinum hebetandi carminibus ferri peritum didicit, eximiæ magnitudinis clavam ferreis consertam nodis, tunsionis usibus adaptavit, perindè ac præstigij vires ligneo robore debellaturus.* Sic in acerrimo illo prælio inter Haraldum & Ringum ferratis clavis dimicatum fuisse idem hic noster tradit Lib. VII. *Clavæ* etiam *Cateja* dicebantur, quas Teutonicæ genti attribuit Virgilius Æneidos VII.

Et quos maliferæ despectant mœnia Abellæ,
Teutonico ritu soliti torquere catejas.

66,28 41. *Deos potiùs opinativè, quàm naturaliter dicimus*] *Opinativus* opponitur *reali.* Verè & eleganter Joannes de Weathamsted, Abbas S. Albani, qui floruit Anno Christi 1440, de fictitio illo Britannorum conditore Bruto: *Totus processus de Bruto isto poëticus est potiùs quàm historicus, opinativusq; magis propter causas varias, quàm realis.* Sensus est: Nos hic Otthinum, Thoronemq; Deos vocamus, non quòd naturâ & Essentiâ verè esse deos, quibus divinus cultus debeatur, existimemus: sed more gentilium hic loquimur, quæ falsâ quâdam opinione, & vanâ credulitate divinitatem fictitijs suis numinibus tribuebant. *Scimus enim, quià nihil est Idolum in mundo, & quòd nullus sit Deus, nisi unus. Et licèt sint, qui dicantur Dij, nobis tamen unus Deus, Pater, ex quo omnia, & nos in illo; & unus Dominus, Jesus Christus, per quem omnia, & nos per ipsum.* D. Paulus I. Corinth. Cap. VII. vers. 4, 5, 6. Tota verò Idololatria Ethnicorum, nihil aliud, quàm opinio erat & persvasio. Elegans est locus Radulphi Ardentij Homilia IX in Cap. X. 1. Epist. Pauli ad Corinthios: *Duæ sunt species,* inquit, *Idololatrarum: Alij sunt Idololatræ opinione, ut illi, qui opinione attribuunt Soli vel Lunæ, vel alicui Craturæ, divinitatem: alij sunt Idololatræ moribus, ut illi, qui præponunt creaturam Creatori: quod enim quisq; plus diligit, hoc sibi Deum constituit.* Apprimè quoq; huc facit illud Angelomi Lexoviensis in Lib. 1. Regum, p. 12. *Etsi sunt, qui dicuntur Dij multi, & Domini multi, nullus tamen eorum est naturaliter id quod Deus est. Quid est enim umbra ad comparationem corporis, & fumus ad comparationem ignis?* Et vetustissimus auctor Compendij Theologici, quod penes me est, Cap. 2. *Hoc nomen* Deus, *tripliciter accipitur; scilicet naturaliter, adoptivè, nuncupativè. Primo modo soli Deo convenit: secundo modo convenit bonis hominibus, qui divinæ bonitatis participes sunt per gratiam providentiæ, vel per doctrinam, vel per potestatem prælationis, vel per potestatem miraculorum. Unde Psalm. Ego dixi, dij estis. Tertio modo Dij dicuntur, Idola, sed solo nomine, quia res nominis, scilicet divinitatis, non covenit illis.*

Ibid. *Deos potiùs opinativè, quàm naturaliter dicimus*] Quales Deos non mirum ab hominibus victos esse. 66,28

48. *Ac rogo navigijs exstructo*] Locus hic postulare videtur, ut quæ de varijs sepeliendi ritibus, apud nostrates olim usitatis, in Antiquitatibus nostris reperiantur, breviter exponam. 66,36 Ab antiquis igitur Epochæ quædam à sepeliendi ritibus, apud Septentrionales introductæ; qui cum varij fuerint, & illæ, eorum habitâ ratione, mutatæ. Tres enim numerari solabant hominum ætates, quæ ab inferiarum modo denominationem acceperunt. Prima ᚱᛆᛁᛋᛆᛚᚦ, Roisold; Secunda ᚼᛆᚢᚵᛆᛚᚦ, Haugold; Tertia ᚴᚼᚱᛁᛋᛐᛁᚿᚦᛆᛘᛋᛆᛚᚦ, Christendomsold. Primitus namq; defunctis justa soluturi, in campo plano, juxta regiam aut defuncti prædium sito, circulum miræ magnitudinis lapidibus efformabant, oblongum tamen; viginti circiter orgiarum longitudine,

tudine, latitudine trium. In hoc defuncti cremabant cadaver. Cineres collectos urnis in- includebant, ac in circi meditullio locatos grandioribus undiq; stipabant saxis; superinjecto latiori, quo cætera tegerent. Hinc totum circum lapidibus, arenâ, glebâq; terrestri replebant, ac in formam monticuli desuper collem exstruebant, quem demum cespitibus tegebant, ut viriditate sua oculos prætereuntium recrearet. Hæc sepulcra ᚱᛅᛁᛋᛁᚱ, Roiser/ ut & hunc sepeliendi ritum ᛅᛏ ᚱᛅᛁᛋᛁ, atroise/ dixerunt. Regibus saltim hunc honorem habitum fuisse volunt; minori tumulati alii pompâ. Hæc tumulorum structura ex ruderibus adhuc colligitur, præsertim circa littora maris, ubi partem terræ marini æstus absorpsit violentia, partem verò intactam reliquit. In locis saxosis & maritimis ex lapidum & arenæ congerie monticulos struxerunt, in pinguioribus ex terra fertili, rarioribus additis saxis, basin aut coronam cingentibus. Ex ejusmodi collibus nostra ætate sæpius effossæ sunt urnæ, partim ex cærulea argilla confectæ, partim cylindricæ & rubicundæ, cineribus & ossium combustorum fragmentis refertæ. Regios verò tumulos, ad magnitudinem & figuram carinæ maximæ navis, ex ijs quas possidebant, fabricatos volunt. Secunda ætas ᚼᛅᛁᚴᛅᛚᚦ, Høigold dicta, ea fuit, quâ cadavera integra & non cremata, cum suis ornamentis, in circulo, ex grandioribus confecto saxis, locabant, alijs circumquaq; tegebant, arenam & glebam terræ exaggerando, usq; dum in justam monticuli exsurgeret altitudinem, qui cespitibus & alijs saxis, demum exterius exornabatur. Et quandoq; in summitate, structura ingentium saxorum receptaculum mortuis præbebat. Interdum in monticuli summitate cripta confecta erat, 30 pedes longa, 15 lata, ex grandioribus saxis, quorum latera interiora polita satis erant, exteriora inæqualia: tam arctè verò invicem conjuncta, ut ubi inæqualitas rimas quasdam relinquebat, minoribus saxis stipata, ut muro ex cæmento ad libellam coagmentato non cederet politura. Tertia & ultima ætas ᚴᚼᚱᛁᛋᛏᛁᚿᚦᛆᛘᛋᛆᛚᚦ, Christendomsold/ ex modo, quo jam nos Christiani demortuos sepelire solemus, determinatur. De quo non attinet multa dicere, cum omnibus sit notissimus. Tumulis verò suis non solùm cadavera aut cineres inferebant veteres; sed arma, hastas, equos, aurum, argentum, aliaq; defunctis charissima Κειμήλια: quod & Germanis in usu fuisse indicat Tacitus de moribus Germanorum: *Struem rogi nec vestibus, nec odoribus cumulant; sua cuiq; arma; quorundam igni & equus adjicitur.* Nec planè abludit ab eo funerandi ritu, quem describit Virgilius II. Æneid.

A *Hinc alij spolia occisis direpta Latinis*
Conjiciunt igni, galeas ensesq; decoros,
Frenaq;, ferventesq; rotas: pars munera nota
Ipsorum clypeos, & non felicia tela.

Et apud Homerum Elpenoris umbra Ulyssem rogat, ut se cum armis comburat, Odyss. Λ.

Ἀλλά με κακκῆαι σὺν τεύχεσιν, ὅσσα μοι ἐστίν.

Sed me combure cum armis, quæcunq; mihi re-
B *stant.*

Hercules apud Senecam in Hercule Oetæo, clavam suam, quâ tot monstra perdomuit, unà secum in rogum ut conjiciant sic decernit:

Hic nodus, nulla quam capiet manus,
Mecum per ignes flagret: hoc telum Herculem
Tantum sequetur. ———

Ornamenta verò, & varia Κειμήλια, tumulis Regum unà cum cadaveribus illata fuisse, testa-
C tur Historia Olai Tryggonis Norvagiæ Regis, qui multa antecessorum suorum demoliri curavit busta ac tumulos, ut inclusos thesauros in meliores converteret usus. Ex quibus grandem ipsum corrasisse auri argentiq; summam, relicta loquuntur monumenta. Et ante annos haud ità multos, in tumulo propè Lethram Sclandiæ magna denariorum argenteorum copia urnæ cum aliis pretiosis inclusa, à rustico quodam reperta est. Ex his nonnulli hanc o-
D stendunt ἐπιγραφήν: CNUT REX ANGLOR. Item; ETHELRED REX ANGL. Cæterùm quod attinet Νεκροκαυσίαν, quam apud nos quondam viguisse diximus, ex veteri quodam MS. constat, Ungvinum primum fuisse, qui ritum cadavera cremandi introduxerit. Sic enim ibi habetur: *Prima ætas vocabatur* Brende tid/ *seu* Jldtid / *id est, combustionis, seu ignea ætas. Tum cadavera cremabant, ac cineres saxis mi-*
E *ræ magnitudinis cooperiebant, donec in acervum aggesta assurgerent. Hæc tumulandi ratio, cum Freyer Ungvinis filio, exsequiæ pararentur, Upsaliæ primùm incepit. Sed postquam magnanimus ille Danorum Rex Dan, sibi collem magnitudinis conspicuæ extruxisset, cui post obitum, regio diademate exornatum, armis indutum, & equo omnibus ornamentis instructo impositum, inferendum esset cadaver, additis multis auri argentiq; talentis, abrogari cœpit prior tumulandi ratio, & nova hæc introducta, quam ultrò amplexi sunt ejus posteri & amici. Tùm demùm*
F *incepit secunda hæc ætas, dicta* Højelsetid / *seu tumulorum ætas. Quamvis in Svecia & Norvegia prior illa diutius duraverit.* Verum id nequaquam cum Saxone nostro convenit, qui Libro V. Historiæ Danicæ, Frothonem Magnum, (qui longè ante Ungvinum vixit, utpote tempore nati Christi) de hisce cadavera cremandi ritibus leges tulisse memorat inter reliqua hæc proferens: *Frotho, convocatis, quas vicerat, gentibus, lege cavit, ut quisquis paterfamilias eo con-*

cideret bello, cum equo omnibusq; armaturæ suæ insignibus, tumulo mandaretur. Quem si quispiam vespillonum sceleſtâ cupiditate tentaſſet, pœnas non solùm ſangvine, ſed etiam inhumato cadavere daret: buſto atq; inferijs cariturus. Siquidem par eſſe credebat, ut alieni corruptor cineris, nullo funeris obſequio donaretur, ſortemq; propriò referret corpore, quam in alieno perpetraſſet. Centurionis verò vel Satrapæ corpus, rogo propriâ navè conſtructo, funerandum conſtituit. Dena autem gubernatorum corpora unius puppis igne conſumi præcipit: Ducem quempiam, aut Regem interfectum proprio injectum navigio concremari. Tam ſcrupuloſam ducendis interfectorum funeribus obſervationem præſtari voluit, ne promiſcuos exequiarum ritus exiſtere pateretur. Ex quib⁹ facili negotio quis collegerit, etiam hujus Regis ætate utrumq; funerandi modum in uſu fuiſſe, ſiquidem Patresfamilias cum ornamentis, non crematos, tumulis inferri decrevit; centuriones verò, duces ac Reges rogo imponi. Hiſtoria Norvagica, mox in principio, cadavera cremandi ritum Othino aſcribit. Refert namq; Othinum legem condidiſſe, ut omnes mortui cnm bonis & ornamentis potioribus igne comburerentur, addens ſuperis eò gratiores futuros, quo plura ſecum in flammas traxiſſent. Si quis verò accuratius ſcire geſtiat, quâ pompâ, quâve ſolennitate Regum ſtrui ſolita ſint buſta, toties laudatum authorem noſtrum conſulat Lib. VIII. Ubi eleganter omnes ritus proponit, quibus Ringo, occiſi à ſe Haraldi corpus rogo imponi curavit. Sic autem ille: *Poſthæc Sveonibus paſſim inter promiſcuas cadaverum ſtrues Haraldi corpus exquiri præcepit, ne regium funus debitis fraudaretur inferijs. Igitur revolvendis interfectorum cadaveribus, avida plebs injicere operam cœpit. In hanc curam dimidium diei extractum eſt. Tandem cum corpore reperta clava, Haraldi manibus parentandum ratus, equo, quem inſidebat, regio applicatum currui, aureisq; ſubſellijs decenter inſtratum, ejus titulis dedicavit. Inde vota nuncupat, adjicitq; precem, ut Haraldus eo vectore uſus fati conſortes ad tartara antecederet, atq; apud præſtitem Orci Plutonem ſocijs hoſtibusq; placidas expeteret ſedes. Deinde rogum exſtruit, Danis inauratam Regis ſui puppim in flammæ fomentum conjicere juſſis. Cumq; ſuperjectum ignis cadaver abſumeret, mœrentes circuire proceres, impenſiusq; cunctos hortari cœpit, uti arma, aurum, & quodcunq; opimum eſſet, liberaliter in nutrimentum rogi, ſub tanti, taliterq; apud omnes meriti Regis veneratione tranſmitterent. Cineres quoq; peruſti corporis urnæ contraditos Lethram perferri, ibiq; cum equo & armis, regio more funerari præcepit.* Hæc omnia Lib. I. Monument. Danic. Cap. VII. fuſius perſequitur Clariſſ. Vir D. Olaus Wormius, lectione multa exercitus: cui pleraque omnia veterum literarum quæſita, meditata ſunt, & evigilata.

67,1 53. *Plenis liberalitatis officiis proſequutus*] In omni Antiquitate hoc obſervo, nunquam ferè viros honeſtos & amicos conveniſſe, ac ne ad convivia quidem, quin magnificè ac φιλοφρόνως cum hoſtimento Xenioq; liberali ſint dimiſſi.

Pag. 42. verſ. 8. *Sempiterno firmata vocabulo*] In Selandia noſtra propè Roſchildiam pagus eſt Balders brynd dictus, quaſi Balderi fons aut puteus: ſed an fontis ſuperſint veſtigia, non adeò liquido conſtat. 67,1

15. *Fró quoq; deorum Satrapa*] Non Satrapa tantùm, ſed deus etiàm creditus, Sveciæ tutelaris, ventorum tempeſtatumq; potens & aëris univerſi: cui etiam pro felicitate annonæ & proventus, factum olim in Iſlandia. 67,1

17. *Siquidem humani generis hoſtias mactare*] Qui apud Septentrionales horrendum huncce & deteſtandum ritum humanis victimis numina placandi primus inſtituit, Othinus fuiſſe videtur, Idololatriæ & Magiæ in his oris magiſter. Is enim bellis præeſſe creditus, exiſtimabatur, nullo modo melius placari poſſe, quàm ſangvine hoſtium, eorumq; quos captivos ſecum abduxerunt. Sic enim Olaus Magnus Lib. III. Cap. III. *Othinum, qui bellis præſidebat, cruore & morte captivorum placabant, opinantes bellorum præſidem aptius humano cruore placari.* Hinc bello cæſos *Othino mactatos* dicebant, teſte Arngrimo Crymog. Lib. 1. Cap. 6. Et Saxo noſter Lib. VIII. Haraldum introducit promittentem ſe proſtratorum manes muneris loco dedicaturum Othino, modò victoriâ potiatur optatâ. Poſteaquàm verò Othinus huic ſacrorum ritui ſatrapam ſuum, Fró dictum, præfeciſſet: ei à noſtratibus abominanda hæc humani cruoris libamenta, tanquam authori, ſunt adſcripta. Adeò verò cruenta hæc ſacrificia invaluiſſe accepimus, ut nec proprijs filijs pepercerint Reges ipſi. Haquinum enim Norvagiæ Regem, ut de Haraldo victoriam reportaret, proprios filios ſacrificio deſtinaſſe refert Saxo Lib. X. *Haquinum*, inquit, *perſpectis copijs, cum intolerabile rebus ſuis onus imminere cognoſceret, excipiendi ejus materia non ſuppetente, tanquam humanæ opis diffidentia divinam amplexus, ſuperos inuſitato piaculo propitiandos curavit. Duos ſiquidem præſtantiſſimæ indolis filios hoſtiarum more aris admotos potiundæ victoriæ causâ, nefariâ litatione mactavit, nec ſangvinis ſui interitu regnum emere dubitavit, patrisq; nomine, quàm patriâ carere voluit.* Cæterum apud noſtrates olim fœdum hoc ſacrificij genus viguiſſe, teſtatur etiam Dithmarus, Epiſcopus Merſburgenſis Lib. 1. Chron. *Sed quia ego*, inquit, *de hoſtijs eorundem* [Danorum] *antiquis mira audivi, hæc indiſcuſſa præterire nolo. Eſt unus in his partibus locus, caput iſtius regni*, Lederum *nomine* [Lethram intelligit], ſedem Regum Danorum antiquiſſimam] *in pago qui* Selon *dicitur* [ea Selandia eſt, Daniæ regio

regio fertilissima] *ubi post novem annos, mense Januario, post hoc tempus, quo nos Theophaniam Domini celebramus, omnes conveniunt, & ibi diis suis XCIX homines, totidem Equos cum canibus, & gallis, pro accipitribus oblatis, immolant; pro certo, ut prædixi, putantes, hos eisdem placaturos.* Et Dudo de S. Quintino sub initium Lib. I. Historiæ Normannicæ: *Cæterùm sacrificabant olim venerantes THUR Deum suum: cui non aliquid pecudum atq; pecorum, sed sangvinem mactabant hominum, holocaustum omnium putantes pretiosissimum.*

57,24 21, *Quod vix spe complecti posset, casu sibi collatum dicebat*] Ità est; *Quod non exspectas, ex transverso fit,* inquit Petronius. Et, *sæpè fortè temerè eveniunt, quæ non audeas optare.* Terent. Phorm. Act. V. Sc. I. *Sæpè quod quærenti non comparuit, aliud agenti præstò est.* Seneca pater Præfat. Lib. 1. Controvers. Plautus Mostell. Act. 1. Sc. 3. *Insperata magis accidunt, quàm quæ speres.*

57,28 24. *Si ritè majorum stemmata revolvantur*] Nam avia paterna Hotheri Svanvitha, soror erat Frothonis, Daniæ Regis: id quod ex sequenti Genealogia clarius innotescit:

Hadingus, Rex Daniæ,
cui ex Regnilda nati

1. Frotho — 2. Vlvilda

Regnerus Rex Sveciæ — 3. Svanhvita

Eorum filius
Hothbrodus,
cui duo filij

Atislus, *Rex Norvagiæ.* — Hotherus *Rex Daniæ.*

58,14 47. *Consveverat autem in editi montis vertice consulenti populo plebiscita depromere*] Vetus equidem priscis Normannorum Heroibus mos erat, in editis montium colliumq; fastigiis conciones celebrare, deq; gravissimis Reipublicæ negotiis deliberationes instituere, auguria captare, populo plebiscita depromere, & id genus peragere alia: sivè id factum ex veteri superstitione, quâ montes, haud secus ac lucos, silvas, fontes, religiosè colebant: sivè augendæ majestatis, conciliandæq; sibi autoritatis gratia, ex loci eminentioris sublimi culmine. Sic autor est M. Brynolfus in Conjectaneis suis, in monte quodam Islandiæ, Helgafell/ dicti moris vestigia hærere, quem accolæ devoto cultu venerati quondam erant. Hunc montem Snorro Gode/ quoties de re graviore deliberaturus aut consulturus erat, conscendisse legitur, non sine magna autoritatis opinione apud novellos etiam Christianos.

69,9 Pag. 43. vers. 28. *Solidativæ confectionis epulum*] Epulum simile à Craca Venefica præpa-

A ratur infrà Lib. V. Martianus Capella de poculo, quod Philologiæ miscebat Athanasia, Lib. II. pag. 36.

Continuoq; novo solidantur membra vigore,
Et gracilenta perit macies, vis terrea cedit,
Æternumq; venit sine mortis legibus ævum.

Epulum igitur *solidativæ confectionis* illud erat, quod solido vigore membra imbueret, quod validas vires artubus ingeneraret, seu *corporei roboris incrementa augeret*, ut mox seipsum exponit

B Saxo. *Confectionem* Medicorum filij vocant compositionem medicamentorum, quæ Græcis σκευασία dicitur. Undè Dioscorides: σκευασίαι φαρμάκων, *confectiones medicamentorum.* Sumitur etiam pro quavis conditura & apparatu, Plinio Lib XIII, Cap. 12. & Columellæ Lib. IX. Cap. 14. *Confectura* vocatur. Hinc *Confectura mellis, confectura papyri,* & ejusmodi. Valerianus Cemeliensis Homiliâ V. de oris insolentia, videatur.

C 35. *Calle, quo venerat, repedaret*] *Repedare,* idem quod redire, reverti. Vocabulum mediæ ætatis scriptoribus usitatissimum. Ammianus Marcellinus Lib. XVII. pag. 67. *Nihil amplius ausa repedavit ad suas.* Lib. XXIV. p. 296. *Ad signa ocyus repedavit miles.* Lib. XXVI. p. 340. *His cognitis Valentinianus repedare ad Illyricum destinabat.* Johan. Sarisberiens. Lib. VII. pag. 375. *Ut ad patriam suam saltem in senectute Ulysses repedaret.* Venantius Fortunatus Lib. V. pag. 122. 69,16

D *Tempore, quo Christi repedavit ad alta potestas.*

Ivo Carnotensis Epist. X. *Ut ergò valeatis de exilio ad patriam repedare.* Flodoardus Lib. 1. pag. 39. *Remos cum gaudio repedavit.* Adamus Bremensis Lib. 1. Cap. 9. *Villehadus in Galliam repedavit.* Ordericus Vitalis Lib. XIII. pag. 891. *Aliiq; plures ad natale solum repedarunt.* Dudo Lib. 2. pag. 80. *Cæde maximâ peractâ repedavit ad suos.* Et pag. 81. *His dictis quiq; repedarunt ad sua.* Et

E pag. 92. *Propter amorem Regis Alsteni Anglos iterum repedavimus.* Et pag. 120. *Exterminati Daciam celeres repedabuut.* Gvilielmus Armor. Lib. VIII. pag. 325.

Perq; vadum deforme luto repedare parabant.

36. *Obvii sibi Balderi latus hausit*] Dissentire à se ipso videtur Saxo, quum superius sacram corporis Balderi firmitatem ne ferro quidem cessisse perhiberet; hoc verò loco ab Ho- 69,16

F thero eum vulneratum, & quidam lethaliter, asserat. Sed non adeo inviolabili corporis firmitate præditum fuisse Balderum, quin aliquo telo lædi potuerit, & inprimis spinâ Mistilteirn dictâ, docet utraque Edda, & illa genuina Rhytmica Sæmundi Sigfusonij, vulgo Froda/ vel Polyhistoris dicti, quam non ita diu è latebris eruisse præ se fert M. Brynolfus Svenonius; & vulgatior Snorronis Sturlonij, qui Sæmundinam illam priscam interpolavit, certoque consilio

consilio ad Poësin accommodavit. Prior itaq; A sic loquitur carmine Voluspâ: Eg sa Baldre blodgum twor/ Odins barn ørløg følgin. Stødu vaxen vollu hærre miør og miøg fagur Mistilteirn/ vard af theim/ meide er mier syndest harm flaug hættleg. Haudur nam Skiota. Baldurs Brøder var offborenn snema Sa nam Odins son emnætt vega. Id est: *Ego vidi Baldero Odini filio, Asæ cruore perfuso, fata destinata. Stetit enim campo, altùm crescens, tenera ac speciosa spina Mistilteirn: qua de* B *spina, ut mihi quidem visum est, evenerunt (Baldero) plagæ deplorandæ. Haudus enim jaculari cæpit, Balderi frater ante diem natus: Atq; ità Odini filius noctem nactus, cædem (Balderi) commisit.* Paulò autem prolixius posterior illa Edda exitum Balderi commemorat Mythologiâ XLIII. Enn er thetta sa Loki Laufeyarson/ tha lykadi honum illa. Hann gick til Fryggiar/ og bra sier i konu lyki. tha spyr Frygg ef su Kona vissi/ huad Æser hefdust ad a thingum? Hun sagdi/ ad aller skutu ad C Balldri/ og thad hann sakadi ecki: Tha mælti Fryggi/ ey mundu vopn edur vider granda Balldri/ eyda hefe eg tekid af ollum theim. Vngvidi vex firir Vestan Vallhøll/ er kallast Mistilteirn; sa thotte mier vngur ad krefia eidsins. Thui næst huarf Konan burt. Enn Loki sleit upp Mistilteirn/ og gieck til Things; enn Hodur stod vtarliga i Mannrhinginum/ thi hann var blindur/ Tha mælti Loki; hui skytur thu ecki ad Balldri? Hann suarar/ thui eg sie ecki huar hann er/ og thad annad eg er vopnlaus. tha mælti Loki/ gior D i Liiking annara manna og gior Baldri sæmd/ eg munn visa thier hua hanu stendur/ skiot ad honum Vendi thessum. Hodur tock Mistilteirn og skaut ad Balldri ad til visan Loka/ flaug skotid igiegnum hann/ og fiel Baldur daudar til Jardar/ og hefur thad mest ohapp giort verid/ med gudum og monnum. Id est: *Hoc cum videret Lokus Laufeysonius, invidiâ sufflatus,* [quòd nempe per adjurationem Friggæ immunis ab omni vitæ discrimine esset Balderus] E *Fensalam iter suscepit, ubi Frygga degebat, mulierisq; peregrinæ formam assumpsit. Hanc Frygga interrogavit, an sciret, quid in foro judiciariò potissimùm Asæ agerent? Respondit mulier, omnes in Balderum absq; ulla ejus læsione & periculo jacula mittere. Baldero, inquit Frygga, nec arma, nec ulla ligna damnum inferent. Juramenta enim ab istis in universum accepi, præter arbusculam ad latus occidentale Valhallæ crescentem, quæ Mistilteirn appellatur. Nam hæc mihi perquam juvenis videbatur, à qua jusjurandum exigerem. His* F *auditis mulier illa disparuit. At Lokus arbusculam Mistilteirn eruens ad forum properavit. Hoderus autem in extremo astitit circo, quia luminibus captus erat. Hunc adortus Lokus, cur, inquit, in Balderum tela non dirigis? Quia, ait alter, cæcus sum, & insuper inermis. Facito, ait Lokus, ad exemplum aliorum, exhibe Baldero honorem, & hanc in illum virgulam projice; ego ubi stet, te docebo. Hoderus itaq; accepta arbuscula, Loko manum ejus dirigente, Balderum hoc missili transfodit. qui protinus exanimis concidit. Quo scelere nullum inter deos & homines atrocius perpetratum fuerat.* Hactenus utraque Edda. Cæterùm ut hoc obiter addam, spinam illam, sive arbusculam, quam hic Edda Mistilteirn, nostratium vulgus appellat *Viscum quercinum*; quo nihil sacratius apud veteres Druidas olim fuit teste Plinio Lib. XVI. alii *tiliam* interpretantur.

44. *Facto colle condendum curavit*] Suspi- 69,25
cantur nonnulli hunc esse collem, qui in Chersonesi Cimbricæ provincia *Fleschomherrit*, & quidem in Parochia Gunderupensi, hodieq; extat, impositum sibi habens grande saxum literis Runicis inscriptum hunc in modum:

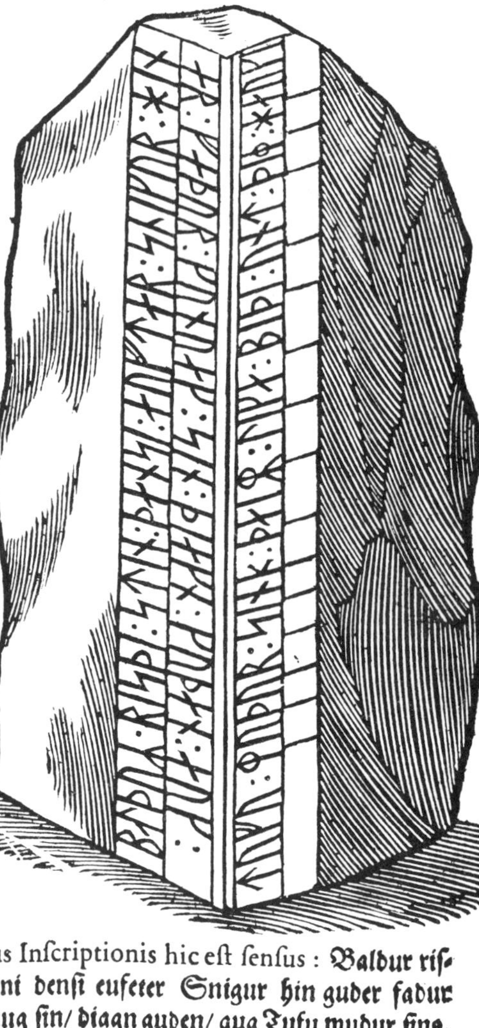

Cujus Inscriptionis hic est sensus: Baldur risdi stini densi eufeter Snigur hin guder fadur Kunug sin/ diagn guden/ aug Tufu mudur sina. deir liga bedi unt dis haugi. Hoc est: *Balderus lapidem hunc posuit in memoriam boni Regis Snigonis patris sui, Viri eximij, & Tufæ matris suæ. Ambo sub hoc tumulo recubant.* Quum igitur heîc *Balderi* nomen expressum legatur, Ohini filio Baldero, quem Hotherus interfecit, illustre hocce monumentum erectum esse arbitrantur. Sed vehementer falluntur. Inscriptio etenim disertis verbis edicit Balderi hujus patrem fuisse Snionem, Regem nempè Daniæ, Sivardi filium, cujus sub imperio fame compulsi novas quæsituri sedes è Dania migrarunt illi, qui exteris dicti sunt *Longobardi*: de qua migratione Saxo Lib. VIII

Lib. VIII. Fuit & alius quidam Balderus, ab exteris magis quàm nostratibus celebratus, quem Annales Frisici ob probitatem, & res domi forisq; præclarè administratas *Ethelbalderum* vocant. Hunc vero Biornonis, Daniæ itidem Regis, qui Omundo successit, filium fuisse, Lyschander contendit in Genealogia Regum Daniæ, pag. 174. Verisimilior itaq; eorum videtur conjectura, qui Balderum Othini filium, ab Hothero prostratum, in eo conditum colle existimant, qui bifurcato apice, medio inter Hafniam & Roschildiam itinere, non procul à pago **Baldersbrønd** / conspiciendum se præbet.

59,18 Pag. 43. vers. 47. *Danis Balderi fortunam publico mærore prosequentibus*] Non solùm homines fatū Balderi deplorasse; sed & res fere omnes alias etiamnùm lacrymis cordolium testari, cum repente ex hyberno frigore in vaporarium illatæ sudant, Edda docet Mythologia XLIII. & sequent. cujus narrationem, utpote lectu jucundissimam, heic integram adducere [rara etenim Libri hujus copia est] operæ duxi pretium. Sic itaq; Edda Snorronis Sturlonij: **Enn er Balldur war daudur/ fiaust allum Asem Ordtok oc hendur at taka til hans/ og ei mattu their hefna/ thar var suo mikil gridastadur. Var tha hinn mesti gratur med Asum/ Enn Odin bar theimmun vest thennann stada/ sem hann Kunni mesta Skyn/ huorsu mikill aftaka/ og missa Asunum war i fra falli Balduen. Aserner toku lyk Baldurs og fluttu til Siafar. Hringhorni hiet skip Baldurs/ allra skipa mestur/ hann villdu gudin framsettia og giora thar a bálfør Baldurus/ En skipid gieck huorgi framm: Tha varsendt i Jothunheima epter Gigi theire er Hirrokni er nefnd: enn er hunn kom oc reid vargi oc hafdi soggorm a thaumi. tha sliop hunn af hestinum/ enn Odin kalladi till Berserckt fiora ad giæta hestsins/ og feingu their ei halldid/ nema their felldu hann/ Tha giek Hirrokin a framm stafnen/ og hrat framm nockvanum i fyrsta vidbragi/ suo ad elldur hrant ur hlununum/ end lønd øll skulfu. Tha vard Thor reydur/ og greip Hamarinn/ og mundi tha briota hofud hennar/ adur oll Gudin badu henni fridar. Tha var borid ut a Skip lyk Baldurs/ en Nanna Nefs dotter kona hans Sprack af harmi/ og var hun borin a balid. Tha stod Thor ad og vigdi balid med Miolne/ en fyrer fotum honum ran duergur nockur er littur nefndur. En Thor spirndi fæti synum a hann/ og hrat honum i elldinn/ og brann hann. Vid thessa brennu var Odin/ Frygg/ og Valkyriur/ og hrasnar hans. Freyr ogk i Kerr'u og hafdi spendt fyrer gollt thann er Gullinbuste heiter/ eda Slidrugtanne. Heimdallur reid heisti theun er Gulltoppur heiter/ enn Freya kottum synum. Thar keimur og mikid folck Hrymthussa og Bergrisa. Odin lagdi a balid Gullhring thann er drinpner heiter / honum filgdi sydan sir natura ad sina Nyundu huoria Nott / drupu af honum atta hringar hasn gofger: Hestur Ballburs var leiddur a bald med honum. Sem Baldur var fallin/ spurdi Frygg huor sa væra med Asum/ er eignast villdi aster hennar/ og villdi ryda a Helveg/ og freysta ef hann feingi fundid Baldur/ oc bioda Heliu utlansn; enn sa er Nefndur Hermodur hinn Hriatti son Odins/ er thil theirar sendifarar vard/ tha var tekin Sleipner/ hestur Odins/ og steig Hermoder a thann/ og hleypti a burt/ og reid Nyn Nætteir deckva dali og diupa. Suo hann sa ecki fyrr enn hann kom til Aartnar Giallar/ og reyd a Giallar-bruna. Hunn er thokt lysigulli. Modguder er nefnd mær su er giætter bruarinnar/ hun spurdi hann ad Nafni og ætt/ og sagdi: Hin firra dag ridu vmm bruna/ finn filki daudra manna. Hui rydur thu hier a Helvig? Hann suardi/ eg leita Baldurs. Hefur thu nockud sied hann a Heliar vegi? Hunn sagdi Baldur hefdi thas ridid vmm Giallarbru. En nidur og Nordur liggi Helvegur. Tha reid Hermodur thar till hann kom ad hellgrindum/ tha steig hann af hestinum girdi hann fast/ Steig vpp og Keirdi hann Sporum/ enn hesturinn flior suo hart yfer grindina/ ad han kom huorgi nær: Tha sa hann sitia Baldur brodur sinn i ondvegi i hollunne. thar dualdi Hermodur vmm Nottina/ ad morne beiddist hann af Heliu ad Baldur skildi ryda heim med honum/ oc sagdi huorsu mikill gratur var med Asum: En Hell sagdi/ ad thad Skaldi suo reina huor Baldur væri suo astsæll sem sagt er. Og ef aller hluter i Heiminum knicker og dauder grata hann/ tha skal hann fara til Asa aptur/ enn halldast med Heliu/ ef nockur mæler vid / ella vil ei grata. Tha stod Hermodur vpp/ enn Balldur leiddi hann vt ur holline/ og tok hringen drupner og sendi Odin til menia: En Nanna sendi Frygg fingurgull/ og fleyri giafer; Tha reid Hormodur leyd syna i Asgard og sagdi øll tidindi sem hann hafdi heyrt og sied. Thuinest sendu Æser vmm allann heim erindreka/ ad vidia Baldur værigratinn vr Heliu/ enn aller giordu thad/ mennerner/ kuskindin/ Jordin/ Steinaraer/ tre op allur malmur/ suo sem sia ma thesser hlutter grata aller/ tha their koma vr frosti i hita/ tha er sendimenn foru heim/ og hofdu vel rekid erindi syn/ finna their i helli nockrum huar Gygur var/ su nefndist Thock: their bidia hana grata Baldur ur Heliu/ hun suaradi suo:**

> **Thock mun grata'**
> **Thurrum tarum**
> **Baldurs Bálfarer**
> **Halldi thar fyre Hil**
> **Thui er hefur.**

Enn theß gietta menn ad thar hafi verid Locki Laufeyrson / er flest hefur illt giort med Asum: hann olli thui ad Balldur var veigin/ og suo thui/ han vard et Leystur fra Heliu. Id est: *Mortuo Balldro, verbis & viribus destituebantur Asæ, nec ob reveren-*

*verentiam loci necem ejus ulcisci poterant. Eratq; tunc temporis inter Asas luctus acerbissimus, etsi Odinus cædem ejus tanto gravius ferret, quantò acceptum damnum reliquis melius intelligeret. Luctu autem aliquid defervente, corpus Balldri ad mare deduxerunt, ubi navis ejus Hringhorne omnium navium maxima constitit. Hanc Dij ex navali protrahere volentes, ut in illa Baldro pyra extrueretur, nusquam dimovere potuerunt. Gygem igitur quandam ex Jotunheimis accersi curarunt, quæ Hirrokin vocatur. Hæc adveniens, feram equitabat (*reid warge*) & pro habenis serpentibus usa est. Cumq; ab Equo desiliret, Odinus quatuor advocatis Æthiopibus, ut Equum custodirent, mandavit, quod nisi illum prosternerent, præstare non valerent. Gyges verò in proram incumbens, unico nisu in aquas navem compulit, ut ex subjectorum lignorum lapsu ignis emicaret, omnesq; terræ tremerent. Funus deinde Balldri in navim portatum pyræ imposuerunt: Nanna verò Nevij filia luctu extincta communem cum marito sortita est rogum. Thorus assistens & ignem Miollnere consecrans, Nanum quendam qui* litur/ id est, *color, appellabatur, ante pedes suos cursitantem pedicâ in flammam deturbavit, qui ibi conflagravit. Stabant ad hunc rogum Dij Deæq; omnes, præterea ingens numerus Hrymthussorum & Cyclopum. Odinus annulum aureum, qui Drupner dicitur, rogo imposuit, cui hæc deinceps adjecta est natura, ut nona qualibet nocte, octo ab illo destillarent annuli, ipsi pondere pares. Equus Balldri in eadem, quâ ille, consumptus est flamma. Balldro è vivis sublato inquirere Frygga cœpit, num quis esset, qui omnes suos amores demereri, viam Hecateam ingredi, Balldrum convenire, & pro ipso Helæ Lytron offerre vellet? Sed qui istam obire voluit Legationem, Hermodus* Hvati/ id est, *acer, vocatus est, filius Odini. Adductus est ergo Equus ipsius Odini Sleipner, quem Legatus conscendens, novem continuas noctes per opacas & profundas valles cursu concitato iter habuit: donec ad amnem Giallam (alias Stygen) perveniret, in cujus pontem lucente tectum auro, equum sine mora adegit.* Modguder *appellatur virgo, quæ pontem custodit; hæc illum de nomine & genere interrogavit; pridie, inquit ipsa, tres legiones mortuorum per hunc equitabant pontem; qui non minus sub te uno concutitur & tremit, nec tu defunctorum vultus gestas, & cur tu hanc viam tentas? Respondet ille: Balldrum fratrem meum quæro, tunc ipsum in hac via vidisti? Vidi, inquit Virgo, illum per pontem Giallarum equitantem, sed deorsum & in Boream via Hecatis extenditur. Iter porro Hermodus usq; ad Averni clatratam januam confecit, ubi Equum calcaribus pungens, cancellos ut nihil attingeret, transilire fecit; ibiq; Balldrum fratrem dignissimum in aula locum occupare conspexit, & inibi pernoctavit. Proximo matutino maximis ab Hela votis contendit, ut domum ad Asas Balldro secum remeare liceret, & quàm acerbè mortem ejus deflerent significavit. Hela ajebat sic comprobatum iri, an Balldrus tàm charus & acceptus extiterit omnibus, ut de ipso*

A *dictum fuerat. Si universæ in mundo res vivæ & inanimatæ Balldrum lacrymis prosequantur, ad Asas revertetur. Si quæ vero contradixerit & flere renuerit, ipsum Hela retinebit. Surrexit igitur Hermodus, quem ex aula Balldrus eduxit, Odinoq; Drupnerum annulum mnemosynon remisit, sed Nana ejus uxor Fryggæ monile succineum mittebat (*Nanna sendi Frygg Rypti*) Fullæ aureum digitale. Post hæc viam suam remensus Hermodus Asgardiam venit, visaq; omnia & audita fideliter retulit. Asæ* B *deinde per omnem mundum cursores emiserunt, qui peterent, ut Balldrus ab Hela generali redimeretur fletu: quod libenter fecerunt non solum omnes homines, sed etiam bestiæ, terra, lapides, ligna, & quævis metalla, sicut omnes hæ res lacrymantur, quando ex gelu in calorem veniunt. Cum autem Legati domum revertentes, negotium bene expedivisse viderentur, in antro quodam Gygem sedentem inveniunt, quæ se Thokk nominabat: quam etiam petunt ut Balldrum ab Hela ploratu liberet. Sed hæc illis* C *talia regessit verba:*

Tokk siccis plorabit lacrymis
Rogum Balldri, Hel, quod habet, retineat.

Hoc autem pro vero habetur, Gygem hanc Lokum fuisse Laufeysonium, qui plurima inter Asas mala effecerat; ipse causa erat quod Balldrus interfectus esset, quod etiam ab Hela redimi non posset.

42. *Eidem Proserpina per quietem astare aspecta*] Quam Proserpinam hic dicit Saxo, *Hæla*, Eddæ est. Ad illam enim Balderus divertisse D dicitur, Mortæ Romanorum similem. 69,22

46. *Spe reperiendæ pecuniæ nocte adorti*] Erat illud etiam priscæ superstitionis non minimum, existimare, mortuis rei pecuniariæ usum superesse in altera vita. Quare novis vestibus cadavera induerunt, ac diligenter calceatos pecuniis pro conditione instruxerunt, tenuiores æneis, alios argenteis, summos viros aureis; nè forte rerum egentes in peregrinatione ad Valhallam necessariis destituerentur, E donec ad locum pervenirent. Illuc namq; usq; curandum erat superstitibus necessariis, nè per suam tenacitatem & avaritiam defunctus mendicaret, vel sordidè colligeret. Porrò thesaurum posteriore seculo, cum sepeliri integra corpora cœperunt, sub humeris præsertim & genubus deponere potissima cura fuit, credo, quò tutior esset à malis Harpyjarum manibus. Ac omnes plerique Heroum tumuli hoc nomine celebrati sunt, quod divites essent; ac F proinde nulli non sollicitati. Plerique sentiunt incantationibus tumulos antiquitus munitos ac velut obsignatos esse, quo sacrosancti forent contrà omnium seculorum habendi cupidines. Tale aliquid, miraculum, quod insequitur, subiti torrentis, præ se fert. 69,28

Ibid. *Diis loci præsidibus*] Dœmonas illos intelligit, qui in tumulis ac sepulcris mortuorum, & circùm, habitarunt: quos prisca superstitio nimium quàm studiosè coluit, ac à locis inhabi- 69,34 inhabitatis, ᚼᛅᚢᚵᛒᚢᛅ, Haugbua / nominavit. Illi nonnunquam tumulorum ſcrutatoribus terriculo fuerunt, variisq; præſtigiis illuſerunt.

0,25 Pag. 44. verſ. 27. *Fabriliumq; rerum officio callere*] Clariſſimus Vir, & ſubacti judicij Criticus, Caſpar Barthius, pro *officio*, legit, *opificio*. Fortè erit *artificio*: quomodo Saxo infrà eodem hoc Libro loquitur: *Cui tàm exculto manus artificio calluiſſet.*

71,8 47. *Verſili vultu varios habitus præ ſe ferendi*] Veriſſimè hoc Saxo de veneficio priſcorum annotat, poteſtatem eos habuiſſe vultus lineamentorum, cum quolibet mutandorum, ut quem vellent, mentiri poſſent. Nec homines modò pro arbitratu exprimebant, quod *colores mutare*, at ſkiffta litum / dixerunt; ſed beſtiarum etiàm formas aſſumſerunt; quales artifices, Hamſkeypur / id eſt, cute vel corpore excurrentes, ac velut deſultores quidam, appellati erant. Sic Odinus inſignis veterator, & architectus harum omnium præſtigiarum extitit, qui nunc ut accipiter, nunc aquila, nunc ſerpens, apparuit, teſte Edda. Ita & Locas, anus, equa, eſox, & nihil non, quoties placeret, eſſe potuit, eàdem teſte.

2,13 Pag. 45. verſ. 31. *Præcipua apud Byzantium ſedes habebatur*] Non injuriâ Clariſſimus Vir, M. Brynolfus Svenonius, illuſtre in hac *Byzantij* voce mendum eſſe, juxtà mecum ſuſpicatur, ortum ab imperitis rerum Normannicarum librariis, qui inſano ſtudio, quicquid obſoletum viderunt ac deſitum, maluerunt pervertere, quam ignorantiam fateri. Niſi forſan affectavit Græciam Latiumq; in nomine Saxo: quod Monachis per quàm ſolens erat. Accedit, quod Odinus collegio Byzantiorum deorum nunquam fuerat aſcitus: quare nec inde per contumeliam ſubmoveri potuit. In Septentrione, & extremis Scythiæ magnæ oris, divinitatis opinionem habuit: Byzantij ne natum quidem noverunt; tantum abeſt, ut primatum illic unquam exercuerit. Proinde aliud loci nomen quæratur neceſſe eſt. Quid enim Aſis hoc tempore cum Byzantio rei fuit?

2,25 43. *In divinitatis infulas ſubrogavère*] *Infulæ* propriè quidem Sacerdotibus, rebusque ſacris tribuuntur. Juſtinus Lib. 24. Cap. VIII. *In hoc partim certamine repentè univerſorum templorum antiſtites ſimul & ipſi vates, ſparſis crinibus, cum inſignibus atq; infulis, pavidi vecordesq;, in primam pugnantium aciem procurrunt.* Alioquin pro regiæ dignitatis inſignibus ea vox accipitur. Iterùm Juſtinus Lib. XI. Cap. 10. *Tunc in Syriam proficiſcitur: ubi obvios cum infulis multos Orientis Reges habuit.* Trebellius Pollio in Gallienis Cap. X. *Odenatus Rex obtinuit totius Orientis imperium, quod ſe fortibus factis, dignum tantæ majeſtatis infulis declaravit.* Interdum generalius ſumitur. Ut apud Spartianum in Adriano, Cap. 6. *Infulis ornatus Pannoniæ*, hoc eſt, titulo præfecturæ Pannonicæ. Ammianus Marcellinus Lib. XV. *Die quinto, antequam inſulas ſuſciperet principatus.* Seneca Conſolat. ad Helviam, Cap. 13. *Vir conſtans ipſas miſerias infularum loco habet.* Et Epiſt. 14. *Literæ etiam apud mediocriter malos infularum loco ſunt:* quomodo hunc locum reſtituit Vir conſummatæ Eruditionis, Joh. Freinsheimius, in Notis eruditiſſimis ad Juſtinum. Ità Valerius Maximus, *Infulis miſericordiæ permulcere* dixit Lib. IV. Cap. 7. *At quo ſeceſſu quosdam fugeris, aut quibus infulis miſericordiæ permulſeris; non cohibebis, ne alienis malis, perinde ac bonis ſuis lætentur ac geſtiant.* Et Alhelmus de laudibus Virginitatis Cap. III, *Infulas virtutum*, & Cap. X, *Infulam virginalis pudicitiæ.*

Pag. 46. verſ. 20. *Nocturno vivum igni incenderat*] 73,19
Valdè fuerunt olim Normanni omnes huic perfidiæ dediti, ut leviſſimis quandoque de cauſis, præſtantes viros nocturnis ignibus oppreſſerint. Sexcenta licet ex antiquitatibus noſtris exempla proferre, quibus indignis modis incendiarij ſunt graſſati. Sed vero nobilioribus ingeniis hoc maleficij genus ſemper diſplicuit.

27. *Cum Bòo congreſſus occiditur*] Hothe- 73,26
rum hunc Regem à Boo oppreſſum, ſunt qui funeratum volunt in eleganti ac magno tumulo illo, qui in cœmiterio pagi *Horleſ*, propè Tryggeveldium Selandiæ, conſpicitur, fraxinis undiq; cinctus: quem etiam, lapidem tali inſcriptione inſignitum, olim exornaſſe conjiciunt:

Denne Høi er giord uden meen/
Her i huiler den rige Kong Hothers been:
Denne Steen er ofuer ham ſet/
Viiſer hans Graf / hannem ey forget:
Jeg hafde nock trette oc Krig/
Met Bo den Afguds Søn Ottin:
Jeg blef ſlagen oc døde bort/
Oc huilis her i Jorden ſort.

Hotherus, Regum decus, hic tumulatus, aviti
Promeruit ſaxi hoc decus, & monumenta decora.
Tanta viri virtus nam vinci neſcia, quamvis
Impiger Othini Bo dictus filius, altam
Turbaret regni pacem: nunc oſſa quieſcunt
Ceſpite ſub viridi, telluris pondere preſſa.

Pag. 48. verſ. 10. *Nec mora: circulatur campus*] 75,39
Longe rectius ità legendum exiſtimo, quàm *Circuatur*. *Circulari* enim dicitur *campus*, cum orbiculatum aliquod terræ ſpatium, circuli in modum, deſignatur, vel etiam lapidibus circumdatur, aut hominum aſtantium turbâ, ſive circulo circumſcribitur, in quo athletæ manus conſerunt. Ejusmodi ſpatium ità circi in modum circumſcriptum, noſtratibus hodieq; dicitur een Kreedts. Unde formula de Athletis uſitata, at ſlaa en Kreeds. Antiqua lingua Danica Spar-

I

Spatium, in quo pugiles dimicabant, dicebatur *Holmur*. Glossarium Islandicum: ᚼᚬᛚᛘᚢᚱ, **Holmur** / *spatium, in quo pugiles concurrunt. Unde* **Holmganga** / *singulare certamen* : **at gange a Holm** / *in arenam descendere* : **Holmganga log** / *leges dimicationis*. Cæterùm non abs re erit, quæ in Conjectaneis suis ad hunc locum M. Brynolfus noster commentatus est, in medium producere. Palos, inquit, ex arbore certa, solo in circuitu impegerunt, campum hac ratione metantes: quem nemo, præter ipsos gladiatores, impunè intraret, nec ipsi, qui duello decernebant, sine perpetua infamia egrederentur. Erat autem, unde palorum constitit materia, *Corylus* arbor. Unde hos vallos **Heslis Steingur** vocitarunt. Et **Heslisvoll**/ campum duello destinatum: & **ad hesla** / in campum gladiatorium provocare. Hucusq; M. Brynolfus. Circulari autem Columellæ Lib. XII. est *circumdari: Isq; debebit ante circulari fossula, quæ & repleatur lapidibus & calce*. Eâdem notatione vox non ignota Martiano Capellæ Lib. VIII. Cap. de Circulo Antarctico: *Quem quidem meantem, quibus sideribus circuletur, ego poteram memorare*. Porrò de hac voce videatur Petrus Victorius Lib. VIII. Var. Lect. Cap. 13. Ubi ejus vim atq; usum explicat, ex Evripide in Andromacha, Cicerone in Bruto, & Epistola ad Q. Fratrem.

76,8 18. *Per summam rerum gloriam piraticæ incubuerat*] Maximæ sibi laudi, nobilissimi fortissimiq; Normannorum, *Piraticam* duxerunt, ut olim Athenienses & Spartani. Tacitus de moribus Germanorum: *Nec arare terram, aut exspectare annum, tàm facilè persvaseris, quàm vocare hostes, & vulnera mereri. Pigrum quinimo & iners videtur sudore acquirere, quod possis sangvine parare.*

76,26 35. *Invicem humanitati deferendum est*] Sensus est; Habenda est ratio humanitatis, tribuendum aliquid est humanitati, honor habendus & respectus est aliquis humanitati. *Deferre* etenim absolutè positum, hujus ævi scriptoribus idem est, quod *honorem deferre, rationem alicujus rei habere, magni aliquid æstimare*. Lambertus Schafnaburgensis: *Nec manibus in eos furor populi temperasset, nisi paucorum sapientium moderatio, propter jus gentium, quo legatis est deferendum, intercessisset.*

76,31 40. *Ut victum victor inferijs prosequatur*] Erat apud veteres pugiles atq; gigantes in tanto pretio sepultura, ut ne inimicis & apertis suis hostibus eam denegârint, sed pro piaculo apud ipsos sit habitum, hostes cæsos prostratosq; insepultos relinquere. Ac si quando accidit, ut inter adversarios res ferro aut duello, quod usitatissimum eo seculo erat, dirimenda esset, tùm priusquam certamen inirent, inter se paciscebantur utrinq; adversarij, quòd victor honestam sepulturam victo procuraret: quam pro-

A missionem fallere, aut negligere, infamiæ loco habitum est. Svaningius in Prolegomenis ad Histor. Dan. D. Olaus Wormius Lib. I. Monum. Danicor. Cap. VI.

42. *Facessat post fatum livor, simultasq; funere sopiatur*] Quintilianus Declam. IX, quæ *Gladiator* inscribitur: *Decet simultates, quas maximè omnium mortales esse voluêre sapientes, in his desinere, in quibus nascuntur.* Et Declamatione CCLVII. *Non oportet immortales esse inimicitias:* B *Et ità demum tutum perpetuumq; esset humanum genus, si amor ac fides nullam haberent oblivionem: ea rursus, quæ aliquo incommodo commutantur, brevi morte deficiant.* Ovidius: *Pascitur in vivis livor, post fata quiescit.* 76,3

Pag. 49. vers. 31. *Stoliditatis simulationem amplexus*] Multis dementiæ simulatio feliciter cessit, ejusq; beneficio varia pericula, imò præsentissimam sæpè mortem evalêrunt. Junius Brutus, ille Libertatis Romanæ auctor, ut Tarqui- C nij avunculi sui tyrannidem eluderet, non aliter ac Amlethus hic noster, *obtusi se cordis esse simulavit, eâq; fallaciâ maximas virtutes suas texit.* Valerius Maximus Lib. 7. Cap. 3. Regius quoq; vates David ad Acischum Regem Gadi adductus, amentiæ simulatione sævitiam ejus evasit, quam Sacræ nobis literæ describunt 1. Samuel. XXI. v. 14. & seqv. *Quapropter mutavit sibi speciem suam in oculis eorum, & agebat insanum in manu eorum,* D *& signabat valvas portæ, demittebatq; salivam suam in barbam suam.* De Solone etiam tradit Justinus Lib. 2. quòd cum non auderet legem, de vindicanda Salamina insula, ad populum Athenisem ferre, subitam dementiam simulaverit; cujus veniâ non dicturus modò prohibita, sed & facturus erat. Ita Drusus alienationem mentis simulans, quasi per dementiam, funesta Tiberio imprecatur. Tacitus Annal. 6. 77,3

35. *Ridiculæ stoliditatis dementiam figurabant*] 78,2
E Id est, indicabant, exprimebant. Sic Lib. XIV. *Læva arcum, reflexo in latus brachio, figurabat.* Usus est etiam hac voce purissimæ Latinitatis impurus autor, Petronius Arbiter, pag. 47. *Uniusq; hominis vestigium ad corporis mei mensuram figuravi.* Item Q. Curtius Lib. VII. *Utinam prudentius sollicita esset pro filio, & non inanes quoq; species animo figuraret.* Quintilianus Declamatione IX pro Filio: *Est quidam felicibus difficilis miseriarum vera æstimatio: figurare tamen potestis, qui tunc ani-* F *mus mihi, quæ cogitatio fuerit.* Sed apud sequioris ævi scriptores nihil invenitur frequentius; & præsertim Ordericum Vitalem, Monachum Uticensem, qui Ecclesiasticam scripsit historiam, aliosq; numero innumeros.

46. *Nec credi poterat obtusi cordis esse*] Hoc est, animi diminuti. Itâ & infrà Lib. XVI, & ultimo loquitur: *Haraldum quendam regij sanguinis, sed obtusi cordis, è Svetia adsciscunt.* Phrasis est Valeriana. Sic etenim Valer. Max. Lib. VII. 78,1

Lib. VII. Cap. 3. Ubi de Bruto agit: *Obtusi se cordis esse simulavit, eâq; fallaciâ maximas virtutes suas texit.* *Cor* verò pro *animo* posuerunt veteres, Metonymiâ quadam. Nam in corde animi sedem quosdam olim collocasse, diligentissimè monuit Athenæus Lib. XIV. atq; ità Homerus καρδίαν, seu κραδίαν, usurpat. κραδίη δέ οἱ ἔνδον ὑλάκτει. Vid. Obertus Gifanius in Conlectaneis ad Lucretium.

78,25 Pag. 50. vers. 3. *Inter quos fortè quidam Amlethi collacteus erat*] *Collacteus* idem est, qui *Collactaneus, coævus*, qui ijsdem mammis est nutritus, qui eandem nutricem simul bibit, & in nexu germanitatis simul coaluit: ut loquitur Apulejus Lib. 2. Metamorph. Glossarium Vetus: ὁμογάλακτος, *Collactaneus.* Danis antiquis **Fosterbroder** dicebatur. Solent autem plerumque ejusmodi ὁμογάλακτοι ardentius inter se amare, quàm ipsi fratres germani: adeò ut à teneris mox ungviculis, cum ipso lacte nutricis, igniculos quosdam amoris suxisse videantur, qui deinceps cum ætatis incremento indies magis magisq; gliscit & augetur. Illustre hujus rei specimen de se juvenis ille præbuit, qui imminentes Amletho insidias quovis modo detegere conatus est. Consentaneâ quoq; fide & amore nutrices & collactaneos suos prosequi Hibernorum nationem, autor est elegantissimus Scriptor, Richardus Stanishurstius Lib I. de rebus Hibernicis: *Nutrices*, inquit, *ad extremum vitæ spatium in loco parentum habent. Eorum natos, quos vocant Collactaneos, magis ex animo, quàm germanos fratres amant, singula illis credunt, in eorum spe requiescunt, omnium consiliorum sunt maximè conscij. Collactanei etiam eos fidelissimè & amantissimè observant. Nihil perfidiosum & insidiosum, nihil fallax in illis invenies; quin etiam parati sunt offerre capita sua, pro lacteorum fratrum, ut appellant, salute, periculis omnibus. Cæstibus hominem contundas, eculeo excrucies, ignitis laminis amburas, omnia exquisita supplicia vehemens feroxq; tortor in illum expromas: tamen nunquam eum de insitâ mentis fidelitate deduces, nunquam ut officium prodat, induces.*

78,27 5. *Inter deputatos comites*] *Deputare* interdum notat *assignare.* Solinus: *Propter dies impares dijs superis Januarius dicatur, & propter pares Februarius, quasi abominosus dijs inferis deputatur.* Sulpitius Lib. 1. *Turba inutilis servitio exercendis colendisq; agris, ne incultum esset solum, deputata.*

78,29 7. *Sensati animi*] *Sensatus*, est sensu valens, intelligens, prudens. 2. Chronic. II. v. 12. *Filium sapientem, & eruditum, & sensatum, atq; prudentem.* Robertus, Rex Franciæ XXXVI, qui obijt Anno Christi cIɔ XXXI, Princeps pientissimus, in Hymno mellitissimo, & verè flammeâ Odâ, quam in laudem Spiritus Sanctî cecinit, Commate VI: *Amator* **sancte** *sensatorum semper cogitatuum.*

17. *Faceto imprecationis genere*] Amlethus enim per ὀξύμωρον Patruo suo Fengoni, interfectori parentis sui, imprecatur non solùm luporum gregem, aliaq; noxia animalia, quæ & ipsum, & quicquid possideret pecorum armentorumq;, laniarent, lancinarent, funditusq; devastarent; sed & quodvis exitium, imò extremam inopiam. 78,39

Pag. 51. vers. 5. *Arcanam juvenilis industriæ seram patefacere*] Translatio Saxonis dictioni conveniens, petita à rebus, quas arcis recondimus & seris occludimus. Nihil etenim est, à quo non similitudo, ac proinde Metaphora duci potest. *Industria* autem positum pro *prudentia.* 80,5

49 *Præteritosq; ignes*] Id est, præteritum amorem, nempe conjugalem illum & castum, quo juncta Horvendillo marito fuerat. *Ignis* pro *amore* poëticum est. Virgilius 4. Æneid. *Cæco carpitur igni.* Claudianus de nuptijs Honorij: *Insolitos ignes hauserat virginis.* 81,8

Pag. 52. vers. 9. *Textilibus aulam nodis instruat*] Jubet Amlethus, ut totius aulæ suæ parietes aulæis suspensis, & nodis quibusdam sibi invicem connexis & colligatis, undiq; secus exornet & circumducat; veteri ex more, quo magnatum aulæ, imminente solennitate aliquâ, cultius instrui solebant. *Textiles* autem *nodos* hic usurpat fortè Saxo pro *aulæis*, textilibus sigillorum quasi nodulis elaboratis. Sed & aliquando legendum putavi: *textilibus aulæam nodis instruat.* Nam sic infrà: *Aulæam dormientibus injici.* Et Lib. 5. *Post aulæam consistere jussos.* Quin & ipse se explicat Saxo sub finem hujusce libri: *Deinde ædem, in quâ proceres passim fusis humi corporibus permixtam somno crapulam ructabantur, ingressus, compactam à matre cortinam, quæ etiam interiores aulæ parietes obducebat, rescissis tenaculis, decidere coëgit.* Sic Lib. V. *Eædem deintus pensilibus per totum aulæis obductæ erant.* 81,22

11. *Nam id celebre quondam genus chartarum erat*] Non una in materia scribebant veteres. Nam primò quidem in arborum stirpiumq; folijs scriptitatum fuit. Sic de palmarum, vel ut alij legendum censent, malvarum folijs, loquitur Plinius Lib. XI. *Ante chartarum usum in palmarum folijs primò scriptitatum.* Et Virgilius Lib. 3. innuit, ità de Sibylla canens: 81,24

Insanam Vatem aspicies, quæ rupe sub imâ,
Fata canit, folijsq; notas, & carmina mandat.
Quæcunq; in folijs descripsit nomina Virgo,
Digerit in numerum, atq; antro seclusa relinquit:
Illa manent immota locis, neq; ab ordine cedunt.

Juvenalis Sat. VIII.

Credite me vobis folium recitare Sibyllæ,

Idem Virgilius alibi:

——— *folijs ne tantùm carmina manda*
Ne turbata volent rapidis ludibria ventis.

I 2 Et

Et hunc quidem ſcribendi morem ab ipſis etiamnum Indis ſervari affirmat Hieronymus Oſorius Lib. 2. de rebus Emanuelis Luſitaniæ Regis: *In ſcribendo*, inquit, *neq; chartâ utuntur, neq; papyro, ſed ſtylo in folijs arborum ſylveſtrium literas exarant.* Et penes me eſt palmæ folium, cui ſtylo ferreo literæ ſunt impreſſæ, ex India huc allatum: quod mihi dono dedit Ampliſſimus Vir, Dn. D. Olaus Wormius, cujus non poſſum non, ob ſingularem ejus erga me humanitatem, honorificam ſemper in hiſce Commentarijs mentionem facere. Is etiam aliquandò, cum Pinacothecam ejus, varijs & viſu dignis refertam monumentis, perluſtrarem, exemplum literarum amatoriarum Runicis Characteribus ligneæ virgulæ inciſum, mihi oſtendere dignatus eſt. Deinde ſcribi cœptum in tenuioribus arborum philyris ſive libris, qui pars corticis ſunt ligno adhærens; ut Platani, fraxini, aceris, populi albæ, itèm fagi & ulmi. Nonnunquam in ipſo cortice. Hieronymus Epiſtola 1. Lib. 1. *Rudes illi Italiæ homines, quos Caſcos Ennius appellat, qui ſibi, ut in Rhetoricis Cicero ait, ritu ferino victum quærebant, ante Chartæ & membranarum uſum, aut in dedolatis è ligno codicillis, aut in corticibus arborum, mutua Epiſtolarum alloquia miſſitabant. Undè & portatores earum tabellarios, & ſcriptores à libris arborum, librarios vocavêre.* Huc pertinent illa Venantij Fortunati Lib. VI, de literis in fagi cortice ſcribendis, & fraxineis tabulis:

Scribere quò poſſis, diſcingat faſcia fagum,
Cortice dicta legi, ſit mihi duce tui.
Barbara fraxineis ſculpatur Runa tabellis,
Quodq; papyrus agit, virgula plana valet.

Scitè vereq; dixit Venantius *fraxineis tabellis ſculpendas* eſſe Runas. Etenim antiqui ſuas Runas, hoc eſt, literas, tabellis ligneis, quas Spiöld & Speldeſtie nominarunt, commiſerunt, non atramento, pigmento, aut colore illitas, verùm cultellis inciſas. Atq; hanc inciſionem ad rita/ vel, ad riſta/ vocitaverunt, quod eſt, leviter incidere. Atq; ità & literas ligno inſculpebant. Tales fuerunt Solonis Ἄξονες, hoc eſt, Leges, quas ità Athenienſes appellarunt, quod illæ in ligneis tabulis eſſent inſcriptæ: teſte Svida & alijs. Ejuſmodi fuit etiam Epiſtola, cujus hic Saxo mentionem facit. Poſteà in linteis ſcribendi modus inventus: de quibus Livius diſertè Decad. primâ Lib. IV. *In diſcrepanti*, ait, *editione & Tubero & Macer Libros linteos authores profitentur.* Et mox: *Licinio Libros haud dubiè ſequi linteos placet.* Et paulo ſuperius: *Nihil enim conſtat, niſi in libros linteos utroq; anno relatum inter præfectos nomen.* Vopiſcus in Aureliano: *Et ſi his contentus non fueris, lectites Græcos, libros etiam linteos requiras, quos Ulpia tibi Bibliotheca, cum volueris, miniſtrabit.* Hinc tandem in tabulis ceratis, ſeu cerâ obductis, ſtylo ferreo aut oſſeo, literas pingebant. Hæ tabulæ *Pugillares* diceban-

A tur, quod pungendo ſcriberentur; & à planâ formâ, *tabellæ*; & quia ex codice arborum conſtarent, *Codicilli*; imò & *Ceræ*, quia cerâ obducerentur. Plinius Lib. 1. Epiſt. *Erat in proximo non venabulum, aut lancea, ſed ſtylus & pugillares: meditabar aliqua, enotabamque, ut ſi manus vacuas, plenas tamen ceras reportarem.* Plautus Curculione:

Dum ſcribo, explevi totas ceras quatuor.

B Etſi autem tabulæ ſive pugillares ex variâ ligni fiebant materiâ, buxeas tamen frequentiſſimo in uſu fuiſſe video. Ut taceam quod in ære, plumbo, lapidibus, inteſtinis animalium, ebore, veteres ſcripſiſſe memoriæ proditum ſit. Demum Membranæ ſcribendi materiam veteribus ſuppeditabant. At ultimum Chartæ ſeu papyri genus inventum eſt, quæ ex linteolis concerptis & aquâ maceratis, & poſteà in lanuginem contritis conficitur; quæ hodieq; in uſu eſt. Atq; C hæc breviter hoc loco dicta ſufficiant de materiâ ſcripturæ concinnandæ aptâ & idoneâ. Plura qui deſideret, adeat Gvidonem Pancirollum Lib. 2. de Novis repertis, Titulo XIII. de Chartâ. Guilandinum de Papyro: et Alexandrum ab Alex. Lib. 2. Genial. dier. Cap. 30. Chriſtoph. quoq; Brovverum in Notis ad Lib. 7. Venantij Fortunati. p. 190. Item Hermannum Hugonem Cap. X. de prima ſcribendi Origine, & univerſa rei literariæ Antiquitate.

D 12. *Quibus Britannorum Regi transmiſſi ſibi juvenis occiſio mandabatur.*] Tales erant Literæ, quas Prœtus ad Jopaten hoſpitem deferendas Bellerophönti commiſit. Unde Proverbium ortum eſt: Βελλεροφόντης τὰ γράμματα: quod extat apud Zenodotum, & Eraſmum Chiliadis II. Centur. VI. Neq; diſſimilis eſt hiſtoria apud Hebræos, de Vria. 81,25

Pag. 53. verſ. 8. *Neminem ſe præter regem paſſam*] 82,36
E Proteſtatur Regina ſe cum alio caput non colliſiſſe, aut concubuiſſe, quàm Rege. *Pati* de rebus Venereis frequenter adhiberi, notiſſimum eſt. Ovidius III. de arte: *Concubitus pati.* Quà in ſignificatione uſurpare videtur Cæſar apud Salluſtium, deſcribens belli effectus: *In bello*, inquit, *videmus rapi virgines, liberos avelli à parentum complexu, matresfamilias pati, quæ victores volunt.* Hinc *paſſivi amatores* Julio Firmico Lib. VII. Cap. 18. & Lib. VIII. Cap. 23. *Paſſivæ* F *libidinum nundinatio.* Aldhelmo quoq; Cap. 1. de Laud. Virginit. *Paſſivus* dicitur Impudicus, inhoneſta patiens, qui alijs autoribus *paticus*, ſive *pathicus*; ut ſit à Græco πάθος. Juvenalis Sat. II.

Ille tenet ſpeculum pathici geſtamen Othonis.

Vetus Vocabularium: *Pathicus, Sodomita, impudica patiens.*

Clàm

83,14 26. *Clàm cavatis baculis infundendum curavit*] Sic & Brutus Delphos profecturus cum Tarquinij filijs, quos ad Apollinem Pythium muneribus sacrificijsq; honorandum ille miserat, *aurum Deo nomine doni* (verba hæc sunt Valerij Maximi Lib. VII. Cap. 3.) *clàm cavato baculo inclusum tulit*. Eadem de Bruto legere est apud autorem de Viris illustribus : *Juvenibus* A *regijs Delphos euntibus, ridiculi gratiâ, comes ascitus, baculo sambuceo aurum infusum Deo donum tulit.* Ita & Annibal, callidissimus Imperatorum, ad Prusiam Regem contendens, aurum suum in statuis, quas secum portabat, infudit; ne conspectæ opes vitæ nocerent : teste Justino, Lib. XXXIII.

NOTÆ VBERIORES IN LIBRUM IV.
HISTORIÆ DANICÆ SAXONIS GRAMMATICI.

85,18 **Pag. 54. vers. 42.** Quibus in Regem fides] *Regis* Vocabulo hic, non totius Daniæ Regem Roricum; sed Jutiæ Præfectum seu Proregem, seu Vicarium Regium, intelligendum esse, manifestum erit & planum ei, qui superiora simul & sequentia attentius considerârit. Nam præter alia & suprà, Fengo Rórici Regis metu à cæde Amlethi abstinuisse dicitur : & infrà, Rórico defuncto, ei successisse in regno Viglethus expressè narratur. Et sic infrà quoq; Lib. V. sub Rege C Frothone Hóginus Jutorum Regulus appellabatur. *Rex* itaq; non est Βασιλεὺς hoc loco; verùm ἄναξ. Ἄναξ autem ὁ φροντιστής, curator & inspector. Ἀνακῶς enim est ἐπιμελῶς, diligenter, & cum curâ : id quod antè me observavit Rex ille Criticorum Daniel Heinsius in Notis ad Oden 36. Lib. I. Venusini Vatis. Ejusmodi Proreges sivè Vicarij Regij Danis dicebantur antiquitùs Under Konger sive Skatte Konger : quales habuit multos olim Norrigia, attestante passim Snorrone Sturlesonio, in Chronico Norvagico lectu dignissimo.

86,6 Pag. 55. vers. 11. *Incineravi ego alios*] *Incinerare* hoc loco est, in cineres redigere. Invenio etiàm vocem hanc apud Cæsarium Heisterbachsensem, qui Saxoni nostro σύγχρονος fuit, Lib. IV. Histor. Memorab. Cap. 99. Ubi de Juvene quodam sermo est, qui ab adulterâ muliere, quod in illius amorem consentire noluerit, stupri accusatus, & ignis supplicio necatus est. *Juvenem hunc*, inquit, *luxuria per fœminam pervasit, corpus ejus incineravit, sed non superavit.* Et Lib. X. Cap. 67. *Vidit bufonem extinctum sua sequi vestigia, quem cum denuò transfodisset, & multoties concremando incinerâsset, non tamen profecit.* Usus hac quoque voce Gvillermus Brito Armoricus Lib. 1. Philippidos :

——— *Captumq; solo prostravit, & iræ*
Motibus indulgens radicitus incineravit.

B Et pag. 241.

Quotquot apud Brajam Judæos repperit omnes
Igni supposito, Domini pugil incineravit.

Et Lib. II. pag. 245.

Dùm pro Ferrando, sua mœnia versa, recepto
Turritasq; domus viderunt incineratas.

Et pag. 246.

Non cessat populos populari, ducere prædas,
Incinerare domos, in vincula trudere captos.

Et Lib. III. pag. 260.

Dum per circuitum fumos videt undiq; volvi,
Ruraq; tot subitis simul ignibus incinerari.

Et Lib. IV.

Ebroicas primò sic incineravit ———

Et alibi passim. Joannes item Hantvillensis Architrenij, Lib. 6. Cap. 3.

Audit & incinerat gelidis fornacibus ignes,
Et sepelit vivam prius Architrenius iram.

Atq; ità Pagninus juxta ac Vatablus verbum illud Hebræum *Jedasch-ne* interpretati sunt, quod D extat Psalm. XX. v. 3. *Et holocaustum tuum incineret.* Germani hodiè dicunt Einäschern.

24. *Ab amicis consputus*] *Consputus*, pro contemptus. Plautus : *Ab omnibus derisus atq; consputus.* 86,18

30. *Quem non passionum mearum compassio molliat:*] Par hic occurrit vocum inventu rarum, & usu ferè incognitum. Earum tamen ultimam usurpare non dubitarunt Petrus Chrysologus Sermone XX. de sedatâ à Christo maris tempestate, ad hæc verba : Domine, salva E nos perimus. *Nec tamen*, inquit, *ulla compassio, pietas ulla, ullus pavor, quicunq; pudor nos vel compunctio exsuscitat ad dolorem.* Et mox sequenti Homiliâ XXI. ad hæc verba : Et erat in puppi dormiens : *Ad dormientem confugiunt vigilantes, & credunt obsistere sævientibus Elementis eum, cui somnum dominari sua compassione conspiciunt.* Ivo Carnotensis Epist : XXXVI. *Hæc ratio mihi* E *servanda videtur, ut nihil eis detur, nisi intuitu & compassione humanæ indigentiæ.* Hericus Monachus Altisiodorensis Vitæ S. Germani Lib. III. 86,24

Verùm nota bonis fessi compassio fratris
Cui non ferre manum pars est indigna reatus.

Compassio igitur idem hic erit, quod *condolescentia*; quæ Germanis **mitleiden**.

86,39 44. *Patricio suscipite spiritu*] Hoc est, forti ac præsenti animo. Sic infrà Lib. XV. Absolon Archiepiscopus *patricij spiritus Pontifex* dicitur. Imitatus est Saxo Valerium suum, qui Lib. VI. Cap. I. ad eundem locutus est modum: *Virginius plebeji generis, sed patricij vir spiritus.* Ità & Livius Lib. 4. Decad. 1. *Hortensius ad Sempronium conversus, Ubi illi patricij spiritus, ubi subnixus & fidens innocentiæ animus esset, quærebat.*

87,14 Pag. 56. vers. 5. *Rex alacri cunctorum acclamatione censetur*] *Rex*, id est, Jutorum Præfectus, non Daniæ Rex: quomodo suprà hanc vocem exposuimus. Róricus etenim tum legitimus Daniæ Rex erat & Monarcha; *cui dignitatum jura dandi tollendiq́; jus erat*, ut Saxo mox loquitur.

87,19 9. *His apud Daniam gestis*] In Jutia nempè, potissima Daniæ provincia: ut cognoscere licet ex illis, quæ libro præcedente fuerunt, verbis: *Ut Jutiam attigit.*

87,25 15. *Exquisitis picturæ notis adumbrandum*] Solenne fuit & usitatissimum vetustissimis Heroum, res gestas suas, aliorumq́;, in clypeis scutisq́; militaribus depingi jubere. Sic conditæ Carthaginis contextum habes in clypeo, quem Calleci dono Annibali miserant, de quo Silius Italicus Lib. II. pag. 81, & 82. ab illo versu: *Condebat primæ Dido Carthaginis arces*: usq: ad, *Pœnorum populos Romana in bella vocabat.* Integrum enim heic locum adscribere, brevitatis causâ, supersedeo. Quin & in Græcia communissimum fuisse studium scuta clypeosq́; pingendi, elaborandi, & fortium virorum factis ornandi, testis est Homerus Iliad. Σ. de clypeo Achillis:

Ποίει δὲ πρώτιστα σάκος μέγα τε στιβαρόν τε
Πάντοσε δαιδάλλων ——————

quod latè modo posteà prosequitur, ut cum inquit: — αὐτὰρ ἐν αὐτῷ Ποίει δαίδαλα πολλὰ ἰδυίῃσι πραπίδεσσιν. Sic & Virgilius VIII. Æneid. Æneam admirari scribit elegantiam divini operis in armis, inprimis vero

——————— *Clypei non enarrabile textum:*
Illic res Italas, Romanorumq́; triumphos,
Haud vatum ignarus, venturiq́; inscius ævi,
Fecerat ignipotens ——————

87,28 18. *Isthic depingi videres Horvendilli jugulum*] Hiulca videtur & deficiens Oratio, nisi si voce aliquâ suppleatur. Itaq́; vel sic legendum existimo: *Horvendilli jugulum confossum*; *aut abscissum*; vel, *Horvendillum jugulatum*, vel tandem, *Horvendilli jugulationem.* Ipse expendas, Lector.

88,21 53. *Juratoria præponderavit fides*] *Juratoria fides* procul dubio hic erit *fides jurata*, seu pactio jurejurando firmata, cujus paulò antè meminit. Quæ vox paucis, quod equidèm sciam,

A usitata est autoribus. In Codice quidem Legum Scanicarum, quas ante 450 annos Latinas reddidit Andreas Sunonis, Archiepiscopus Lundensis, fit mentio *juratoriæ cautionis*, quam Lingua patria **Trygeed** appellat. Lib. V. Cap. IV.

54. *Hospitalitatis sacra violare nefas credebatur*] Antiquissimi fuit instituti, ut hospitij necessitudo non modò inter privatos, sed etiam inter populos contraheretur: neq; id quidem modo, sed etiam inter singulos privatosq; hómines & civitates: quod genus amicitiæ Græci 88,23

B προξενίαν, Latini, *hospitium publicum* nominarunt. Nam quod hospitium inter privatos contrahebatur, Græcè ἰδιοξενία, Latinè *privatum hospitium* dicebatur; cujus erat nota pignusque *tessera hospitalis.* Unde & illud apud Plautum in Pœnulo: *Deum hospitalem & tesseram mecum fero.* Et in Cistellaria: *Abi quærere, ubi tuo jurejurando satis siet subsidij, Hic apud nos*

C *jam fidei confregisti tesseram.* Lucianus: Οὔτε Ἀκραγαντίνων πρόξενος ὤν, οὔτε ἰδιόξενος αὐτοῦ Φαλάριδος. Demosthenes in nobili illa Oratione pro Ctesiphonte, objicit Æschini, quod Legatos quosdam Philippi hospitio susceperit, & quod hospitij jus cum eis contraxerit: καὶ σὺ προὐξένεις αὐτῶν. Livius Lib. V. de Timasitheo Liparensi loquens, qui Legatos Romanos hospitio exceptos reduxerat: *Hospitium*, inquit, *cum eo, ex Senatus consulto, factum est, do-*

D *naq́; publicè data.* Idem Lib. VIII. de Bello Macedonico: *Princeps Legationis, expositis initijs amicitiæ cum Pop. Romano, meritisq́; Rhodiorum; Nihil, inquit, nobis tota nostra actione, Patres Conscripti, neq́; difficilius, neq́; molestius est, quàm quod cum Evmene nobis disceptatio est, cum quo uno maximè Regum, & privatum singulis, & quod magis nos movet, publicum civitati nostræ hospitium est.* Cicero in Verrem act. Ult. de Senatu Syracusano verba faciens: *Decernunt statim, ut fratri meo hospi-*

E *tium publicè fieret.* Cæsar de Hœduis loquens: *Quibus prælijs calamitatibusq́; fractos, qui & sua virtute, & Populi Romani hospitio atq́; amicitia plurimum antè in Gallia potuissent, coactos esse Sequanis obsides dare.* Arctum autem necessitudinis hujus fuit olim vinculum, atq; etiam divini numinis reverentiâ sanctum, quod juris hujus disceptationi præfecit antiquitas, *Jovem hospitalem* appellans & invocans, quasi hospitij præsidem & Vindicem: Græci ξένιον & ἐφέστιον

F dicunt, quasi contubernalem aut Lararium. Cicero in Verrem actione proximè citatâ: *Pater aderat Dexio Tindaritanus, homo nobilissimus, hospes tuus, cujus tu domi fueras, quem hospitem appellaveras. Eum quum illâ authoritate & miseria videres præditum, non te ejus lacrymæ, non senectus, non hospitij jus atq́; nomen, à scelere aliquam ad partem humanitatis revocare potuit. Sed quid ego hospitij jura in hac tàm immani belluâ commemoro, qui Sthenium absentem, & hospitem suum in reos*

retulerit.

retulerit. Idem in Verrem III. hoſpitij neceſſitudinem *arctiſſimam* appellat. Et nullam veteres perfidiam ſceleratiorem eſſe meritò cenſebant, quàm quæ in hoſpitem admittitur, ab eo, qui hoſpitio alicujus crebrius exceptus fuit. Videatur Guilielmus Budæus Annotation. Poſterior. in Pandectas ad Legem poſtlim. De Captivis, pag. 165, & 166. Indè & *hoſpites* olim in gradu atq; ordine officiorum tertium obtinebant locum: quâ de re elegans eſt locus A. Gellij Lib. V. Noct. Attic. Cap. XIII. *Conſtabat,* inquit, *ex moribus Populi Romani, primum juxta parentes locum tenere pupillos debere, fidei tutelæq; noſtræ creditos: ſecundùm eos, proximum locum clientes habere, qui ſeſe itidem in fidem patrociniumq; noſtrum dediderunt: tunc in tertio loco eſſe hoſpites; poſteà eſſe cognatos affineſq;.* Itaq; juſtiſſima illa hoſpitis ingrati pœna fuit, quam commemorat Seneca Lib. IV. de Beneficijs, Cap. XXXVII. *Philippus Macedonum Rex habebat militem manu fortem, cujus in multis expeditionibus utilem expertus operam, ſubindè ex præda aliquid illi virtutis causâ donaverat, & hominem vænalis animæ crebris auctoramentis accendebat. Hic naufragus in poſſeſſiones cujusdam Macedonis expulſus eſt. Quod ut Macedoni illi nunciatum eſt, accucurrit, ſpiritum ejus recollegit, in villam illum ſuam tranſtulit, lectulo ſuo ceſſit, affectam ſemianimemq; recreavit, diebus triginta impensâ ſuâ curavit, refecit, viatico inſtruxit ſubindè dicentem: Gratiam tibi referam: videre tantum mihi Imperatorem meum contingat. Narravit Philippo naufragium ſuum, auxilium tacuit, & protinus petijt, ut ſibi prædia cujusdam donaret. Ille quidam erat hoſpes ejus, is ipſe, à quo receptus erat, à quo ſanatus. Philippus illum in bona, quæ petebat, induci juſſit. Expulſus bonis ſuis ille, non, ut ruſticus, injuriam tacitus tulit, ſed Philippo Epiſtolam ſtrictam ac liberam ſcripſit. Quâ acceptâ ità exarſit, ut ſtatim Pauſaniæ mandaret, bona priori domino reſtitueret. Cæterùm improbiſſimo militi, ingratiſſimo hoſpiti, avidiſſimo naufrago, ſtigmata inſcriberet, ingratum hoſpitem teſtantia. Dignus quidem fuit, cui non inſcriberentur illæ literæ, ſed inſculperentur, qui hoſpitem ſuum, nudo & naufrago ſimilem, in id, in quo jacuerat ipſe, littus expulerat.* Hactens Seneca. Ergò non injuria inter vitia ferreæ ætatis id quoq; recenſet Ovidius Lib. I. Metamorphos. Fab. IV.

Vivitur ex rapto, non hoſpes ab hoſpite tutus,
Nec ſocer à genero, fratrum quoq; gratia rara eſt.

89,6 Pag. 57. verſ. 24. *Ex affixis notulis argumenti ſummā elicuit*] Hoc ait, non tàm ex artificio ipſo, quàm lemmatis aſcriptis, rem à Regina & quidem curioſius contemplatam, agnitam. Ruditatis hoc ſeculi indicium erat, ac pictoriæ artis infantiæ, quæ niſi notoriis titulis agnoſci non poterat.

90,33 Pag. 58. verſ. 34. *Subarmalem veſtem indutus*] Sic paulò poſt: *Ni ferrum ſubarmalis togæ* A *duritiés reppuliſſet.* Papias: *Subarmales tunicæ dicuntur ſuccinctæ, id eſt curtæ.* Math. Martinius Etymolog. *Subarmalia, quæ ſub armis induuntur.*

36. *Adeò honeſtatem in cunctis obſervandam putavit*] Recte obſervavit in Conlectaneis ſuis Cl. Vir, M. Brynolfus, Epiſcopus Scalholtenſis, *honeſtatem*, quam hic Amletho Saxo adſcribit, ad fortitudinem animi transferendam. Noluit enim Amlethus timoris aut ignaviæ opinionem B facere Britanniæ Regi, convivium inſidiosè paratum detrectando, quaſi vitæ nimium ſolicitus, & ſalutis cautus fuiſſet. Nam ſi ſubterfugiſſet, certus erat, formidinem ſibi objectam iri, vitium illis temporibus plusquam capitale. Etenim ſæpè, quo repellerent hanc maculam, præſentaneo mortis diſcrimini ſe objecerunt. Adeo necem certiſſimam pati, quam hoc verbum *timidi*, maluerunt. Quod cum hoſtes probè noſſent, ſæpe hac techna Heroas numero ſuorum oppreſſerunt, objectantes timorem, niſi C congrederentur. Cujus dicti fere ſemper impatientes vitam amiſerunt, dum fortes videri volunt, prudentiam deſerentes. 90,35

Pag. 59. verſ. 8. *Fraudato Lethrarum Rege.*] Qui idem Rex Daniæ eſſet. Nam ſic κατ' ἐξοχὴν dicebantur Daniæ Reges, à totius Daniæ Metropoli, & regiâ arce atque ſede *Lethra*; de quâ abundè ſuperius dictum nobis. 91,21

9. *Jutiæ regnum occupaſſe conqueſtus*] Di- D ligenter notandum opinor, quod hêic Saxo ſcribit, tyrannidi ſuæ Vigletum, quâ in filij abſentia, matrem Amlethi divexavit, σοφὸν φάρμακον, & ſapiens commentum inveniſſe, quo ſe purgaret, ac ſi opus eſſet, excuſaret; videlicet, ſe prius ab Amletho læſum jus ſuum repetere. Etenim Daniam primis temporibus regulos plures habuiſſe, adeo ut in Jutia unus, in Sælandia unus, in Scania, ac Fionia, itidem unus E fuerit, ex Jomſvikinga Sogu/ & alijs monumentis, liquido conſtat: qui tamen omnes ſub univerſali Daniæ Monarcha, & potiſſimùm Lethrarum Rege, ſua imperia adminiſtrarunt, atq; ejus beneficio regna obtinuerunt. Ideoq; eos *populi Reges*, Fylkiſkonga/ vocarunt, quod certo populo, non univerſæ genti, imperitarunt; cæteros autem, *Reges gentium*, Thodkongum. Erant itaq; illi quidem Reges, ſed diſparati à regibus gentium. Quod ubi diligenter obſervamus, duo nobis, ſatis alioquin infeſti F tolluntur ſcrupuli: unus, quod Daniæ Regum nonnulli in Hiſtoriis nominantur, quorum tamen neq; Saxo, neq; alius, qui univerſalem Hiſtoriam ſcripſit, meminerunt. Nimirùm, hi beneficio regnum, non ſucceſſione aut electione tenuerant, atque alicui majori Regi, inprimis Lethrarum principi, quodam modo obnoxij erant. Alter, quod illorum poſteritatis, quæ etiàm regnarit, rara ſit mentio. Indidem hoc factum opinor. Quando- 91,22

quidem enim penes Lethranos poteſtas erat regni tribuendi adimendiq; ; ut promotos volebant illi ſuos, vel propinquos, vel amicos, ità illis, tanquàm præmia virtutis, regna iſta minora aſſignarunt. Sæpius verò ſine aliis regibus partes illæ manebant, & univerſalis illius Lethrani duntaxat imperio parebant: nempè, ſi vel non erat, qui ſceptris dignus putabatur, vel ipſe dominandi cupidior, non ferebat alium, quàm ſe in patria regem ſalutari. Quam obſervationem diligenter tenere convenit. Non tàm causatur ergo Vigletus, quòd Amlethus Rex in Jutia dictus fuit, quàm quod iniuſſu Lethrarum Regis, regnum in Jutia occupaverat, cum ejus autoritate beneficioq; ratum illud regnum eſſe conſveviſſet. Proinde majeſtatis imminutæ cauſam tyrannidi prætexit Vigletus. *M. Brynolfus.*

91,26 14. *Ad locum, cui Undenſakre nomen eſt*] Fortè intelligit Schytiam, ſive Tartariam, quæ Idiomate Norvagico antiquitus dicebantur Sercf-land. Nam veriſimile eſt in longinquas terrarum oras conceſſiſſe Fiallerum, demendæ ignominiæ causâ, *ubi nec Pelopidarum facta, neq; nomen audiret.* Clariſſimus Vir, M. Brynolfus Svenonius, exiſtimat Saxonem ſcripſiſſe Udaensakur: quem ſibi commenti ſunt antiqui agrum ſolo fertiliſſimo, quem bonos & quietos homines ab hac vita excepturum crediderunt, ubi immortales manerent juſti & pacifici homines, quiq; ſtrepitum Valhallæ non affectarent, verùm in vita ad præclara pacis ac togatæ virtutis merita à ſago tranſiiſſent, ac mortalibus hac ratione publicè profuiſſent, ubi in alternis delicijs ac voluptatibus verſarentur, ſine labore, metu, ac moleſtia, ipſaq; adeò morte. Unde nomen accepit Udaensakur/ id eſt, *Ager immortalium*, aut, *Vitalis ager*, aut, *Ager Superſtitum.* Ille verò ager bonis tantùm, ut dixi, viris, & qui juſtitiâ, aliiſq; magnis, præſertim togatis virtutibus, illuſtres fuêre, patuit, ut ſangvinariis & cruentis *Valhalla.* Nam Gimbell in cœlo, deorum immortalium, ac bonorum Dæmonum locus credebatur: Huergemell/ perditiſſimorum ac peſſimorum: Helgrindur/ vulgi turbæque mortalium ignobilis: Valhalla/ Regum, Heroum, Aſarum, Ducumq; in bello fortiter occumbentium: Udaensakur/ optimorum virorum, ac virtutum claritate præclarè de genere humano meritorum. Jam vero, quamvis alicubi terrarum locum hunc exiſtimabant; ubi tamen eſſet potiſſimùm, vulgò neſcitum eſt. Antiquitates Iſlandicæ innuunt opinionem fuiſſe, ultrà Grandvicum, Norvegiæ terminum, ubi *Jotumheimos* ponunt, eſſe: ac potiſſimùm Glasſevoll/ id eſt, ſplendidos campos. Hinc erant, qui peregrinationem ſponte ſuſceperunt Udaensakurs inquirendi cauſa. Ex quorum numero Fiallerum Saxonianum extitiſſe opinor, qui poſt rem non è ſententia bello geſtam, militaribus artibus & Reipublicæ ſe ſubduxerit, atq; peregrinationem longinquiſſimam ſuſceperit. Ex qua quia nunquam redierit, verùm in remotiſsimis, ac diſsitiſsimis locis diem ſuum obiverit, unde certus nuncius ad populares & gentiles non pervenerit; hominum familiaris ſuperſtitio, omnia in majus fingens, Fjallerum non reverſum, in hoc immortalitatis agro verſari credidit, ac amicorum deſiderium conſolata eſt.

39. *Inſignis ejus nomine ac ſepulturâ campus apud Jutiam extat*] Qui hodieq; appellatur Amlets Hede/ teſte Cl. Viro, M. Andrea Vellejo, Saxonis interprete non infelice. 92,16

49. *Ut labiorum continentiam jugi ſilentio premeret*] Simile exemplum refert Cuſpinianus de Maximiliano Primo Imperatore: cujus coronationem pater Fridericus III. cum lacrymis ſpectaſſe dicitur, eò quod ab infantiâ pæne in nonum ætatis annum, quaſi elinguis fuiſſet, ut pleriſq; mutus judicaretur; qui tamen in perfecta ætate, facundiâ fuit admirabilis. Nempè quemadmodùm præcocia ingenia raro ſolent ad frugem pervenire: ità contrà quæ initio plurima habent vel ſenſuum obſtacula, vel ſentiunt alia incommoda, poſtmodùm tarditatem alacritate & magnitudine rerum geſtarum compenſare videmus. Et juxtà Baptiſtam Mantuanum: 92,27

Omne quod excellens opus & ſublime futurum,
Difficiles ortus habet incrementaq; tarda.

Pag. 60. verſ. 26. *Frovvini filios VVermundus paternæ dignitatis honoribus evehit*] Ex his verbis colligas, Slesvicenſem Præfecturam olim precariam & beneficiariam à Danorum Regibus extitiſſe. 93,18

41. *Felicem recentis vulneris ultionem*] Id eſt, Cladis acceptæ cæde Frovvini. Frequentiſsima Saxoni eſt hac in ſignificatione vocis hujus uſurpatio, quomodo ſemel aut iterùm monuiſſe me memini. Scilicet Valerium Maximum etiàm hac formula expreſsit, apud quem ſimilis planè τȣ̃ *Vulneris* notatio ſæpius occurrit. Libro II. Cap. 8. *Piget tædetq; per vulnera Reipublicæ ulteriùs procedere.* Et Lib. VI, Cap. 2. *Obducta jam vietis cicatricibus bellorum civilium vaſtiſſima vulnera revocare.* 93,32

Pag. 61. verſ. 7. *Receptum à Rege craterem*] Ità legendum duxi pro *cruorem*, quod in ante excuſis erat. *Craterem*, id eſt, *poculum* à Rege donatum. 94,12

21. *Hos ſiquidem eſſe*] In prioribus ità legebatur editionibus: *Hos ſiquidem, quos diuturna armorum experientia.* Sed omnino ſupplenda oratio erat τȣ̃ *eſſe*, quæ alioquin obſcuritatis nonnihil contraxiſſet. 94,24

Pag. 62. verſ. 6. *Patriamq; cædis causâ liquiſſe teſtantur*] Cædis, ſcilicet non perpetratæ, ſed ulciſcendæ. Nam in paternæ cædis ultionem conjuraverant. Et ſequitur: *Quod Rex eos, non de* 95,27 *de patrandi facinoris voto, sed de patrati noxâ astruxisse credebat.* A

96,9 8. *Arenam pressit*] Substitit, pedem eo in loco, ubi Keto & Wigo eum occuparunt, ex improviso fixit, quod imminentes vitare deforme existimaret. Locutio est ab Athletis desumpta. Sic *gradum & vestigia premere* Poëtæ usurparunt. Valerius Flaccus II. Argonaut. *Gradum pressêre attoniti.* Virgilius VI. Æneidos: *Sic effatus vestigia pressit.* Ità & Livius Lib. VIII. *Pedem premere*, pro *figere* dixit. Dani dicerent: **Hand holt stand.** B

96,25 45. *Duos siquidèm cum uno decernere ut iniquum*] Nam, ut in Proverbio est: *Ne Hercules quidèm adversus duos.* Et erat hæc apud veteres pugiles duelli lex, ne duo unum aggrederentur; verùm singuli cum singulis dimicarent.

97,16 Pag. 63. vers. 24. *In proverbium apud exteros ductum*] Quod & apud nostrates inolevit, hanc in sententiam: **ᛅᛏᛁᛋᛚᛁᛋ ᛒᛅᚾᛁ** C **ᛒᚱᛅᛁᚦ ᚠᛅᛘᛚᛁ ᚴᛁᛘᛒᛁᚱᛋ ᚢᛅᚾᛁ.** **Achisles bane brœd gamle Kempers vane.**

98,1 50. *Subitoq; velut ex muto vocalis evasit*] Sic apud Gellium Lib. V. Cap. 9. legere est de filio Crœsi Regis, qui diu mutus & elinguis habitus est. Cùm verò in patrem ejus bello magno victum, & urbe, in quâ erat, captâ, hostis gladio deducto Regem esse ignorans, invaderet: diduxit adolescens os clamare nitens: eoque nisu & impetu spiritus vitium nodumq; linguæ rupit; planeq; & articulatè elocutus est, clamans in hostem, ne Rex Crœsus occideretur. Item de Samio quodam Athletâ, qui cum anteà non loquens fuisset, ob similem dicitur causam loqui cœpisse. D

98,12 Pag. 64. vers. 7. *Nec mora, condicitur pugnæ locus*] Hic non injuria quæritur, An in bello, à parte utriusq; exercitus, unus aut plures eligi possunt, à quorum fortitudine universa debet stare victoria? Affirmativa videtur probabilis. I. Exemplis ubiq; obvijs, ut Davidis cum Goliatho, 1. Reg. 17. & militum Abneri atque Joabi, 2. Reg. 2. Item Romanorum & Albanorû, ut legere est apud Livium Lib. III. Sic Monomachias sæpius de rerum summa olim à nostratibus & vicinis nationibus institutas, non solùm præsens hoc Uffonis, qui cum Saxoniæ principe de imperio, duello conflixit, exemplum, verùm etiàm aliorum Historicorum monumenta testantur. II. Ratione, quia sine magnâ clade & multo sangvine finis obtinetur, nempe victoria. Sed hodie hunc morem merito deserendum esse putamus. Nam I. periculosum est universæ gentis imperium unius virtuti & fortunæ committere. II. Hoc nostro seculo magis periculosum est, quia bombardæ usu, minimo negotio, vel à vilissimo cacula interficitur vir fortissimus. E F

19. *Tantoq; ætatis spatio*] Nempè ad tricesimum ætatis suæ annum. Sic etenim de Uffone Sveno Aggæi, Saxonis σύγχρονος, Cap. 1. Histor. Dan: *Hujus filius extitit VVermundus; qui adeo prudentiæ pollebat virtute, ut indè nomen consequeretur. Undè & Prudens dictus est. Hic filium genuit Uffi nomine, qui usq; ad tricesimum ætatis suæ annum fandi possibilitatem cohibuit.* 98,24

26. *Danis opprobrio extabat*] Hic etiàm audis, Slesvicensium delictum, quo contrà unum & solum duo dimicarunt, Danicæ gentis convitio ludibrioq; adscribi. Quare Slesvicenses Danos olim habitos esse, hinc firmiter colligas. Quod annoto contrà quorundam opinionem, qui regni Danici terminos, citrà quàm par est, migrant, Holsatos Germaniæ adscribentes, quos jure meritissimo prius sibi Dania vendicavit. Nam quorsum alioqui Slesvicensium dedecus homo Danus genti suæ ignominiosum dixisset? 98,31

45. *In profunda defoderat*] Recepta consvetudine charissimas rerum usibus mortalium interverterunt. Atqui enses & gladios, secundum corpus, gens illis solis tota dedita, diligebat: ac proinde, vel secum sepeliverunt gloriæ suæ ac fortunæ vindices, quod multæ nos Historiæ docent; vel quovis modo alio abdiderunt. Erant etiàm, qui famam post fata aucupantes, vel saxis subdiderunt ingentibus, vel in puteos ac profundas voragines demerserunt, positis prœmij vice depositis armis, si quis postea tanta virtute exsurgeret, qui superatis obicibus ac difficultatibus, illa sibi assereret. Similiter Wermundus exspes futuri successoris, *Screp* gladium ante diem absconderat, melius illum sic perire arbitratus, quam si vel promiscuo vulgo publicaretur, vel in hostium manus, & pessimè meritorum hominum, traderetur, qui illo ad vexandam patriam abuteretur. Illa fuit ejus temporis ζηλοτυπία. 99,10

Pag. 65. vers. 37. *Nimietate gaudij vultum fletu solvit.*] Hoc est, præ gaudij magnitudine, abundantiâ, vehementiâ. Apulejo, Arnobio, Ammiano Marcellino, Martiano Capellæ, alijsque medij ævi sciptoribus, vox non inusitata. Apulejus Lib. II. *Oppidò formido, ne nervus rigoris nimietate rumpatur.* Et Lib. III. *Hi gaudij nimietate gratulari, illi dolorem ventris manuum compressione sedare.* Et Lib. IX. *Insignis tutelæ nimietate instinctus atq; inflammatus.* Arnobius Lib. IV. p. m. 78. *Quæ vel cursim perstrinximus, vel nimietatis non attigimus tædio.* Et Lib. VII. pag. 137. *Sequitur ut de thure deq; mero, aliquid sine ulla nimietate dicamus.* Ammianus Marcellinus Lib. XIX. pag. 149. *Nimietatem frigoris aut caloris, vel humoris, vel siccitatis, pestilentias gignere, Philosophi & illustres Medici tradiderunt.* Martianus Capella Lib. VI. pag. 196. de Zonis loquens: *quarum tres intemperies multa à contrariorum nimietate relega-* 100,17 *relegavit.* Johannes Caſſianus Collat. 2. Cap. 16. *Omni igitur conatu debet diſcretionis bonum virtute humilitatis acquiri, quæ nos illæſos ab utraq; poteſt nimietate ſervare. Vetus namq; ſententia eſt, ἀκρότητες ἰσότητες, id eſt, nimietates æqualitates ſunt. Ad unum enim finem nimietas jejunij & voracitas pervenit.* Eugippius in Vita S. Severini, Cap. IV. pag. 6. *Ad cujus immanitatem frigoris comprobandam, teſtem conſtat eſſe Danubium, ità ſæpè glaciali nimietate concretum, ut etiam plauſtris ſolidum tranſitum ſubminiſtret.*

100,22 42. *Ità Saxoniæ regnum ad Danos translatum*] Regnum hic diſertè Saxoniam vocat, & veriſſimè. Nam Odinus filiorum ſuorum Baldum illo donavit, teſte Edda. Illud notatu dignum, quod gentes illæ omnes, quibus Odiniani filij imperitabant, eandem linguam ſervaverint, Sveones, puta, Dani, Norvegi, Saxones, etc. In illis etenim omnibus miram deprehendent convenientiam, qui radices ac fontes vetuſtatis eruere velint. *M. Brynolſus.*

100,34 54. *Tetro ſuperbiæ ſqualore fuſcavit*] Undè & *Superbi* cognomen meruit. Hunc etenim eſſe Danum puto, cujus meminit Snoro Sturleſonius in antiquiſſimo illo Norvagiæ Chronico, quod egregio publico in lucem edidit Studioſiſſimus Antiquitatum Patriæ conſervator D. Olaus Wormius, pag. XVIII. **Vdi diſſe forbenefnde Kongers tid udi Vpſal/ vare diſſe Konger i Danmarck 1. Dan/ den Stolte eller Storſindede/ hand blef ſaare gammel / 2. Hans Søn Frode hin Stercke.** [Nam ità legendum arbitror pro **Frode hin Fredgode**/ ut ſeries Regum & Genealogia ſibi accuratè conveniat.] 3. **Frodis Sønner vare Haldan och Fridlef.** In Odini quoq; Genealogia MS. **Dan** hic dicitur ᚦᛆᚿᚢᚱ ᛘᛁᚴᛁᛚᛆᛏᛁ. **Danur mikilate.** Sequentem verò *Danum*, qui Saxoni poſt Frothonem Vegetum regnaſſe traditur, non *Danum*, ſed *Haldanum*, dicendum eſſe, omninò exiſtimo, antiquâ illa Genealogia adductus.

101,1 Pag. 66. verſ. 6. *Hómothum & Hógrinium*] Reſcribe *Hógrimum*: aut ex noſtro Idiomate *Hæmodum* & *Hægrimum*; quibus familiare eſt æ diphthongum, ut *ai* pronunciare, ubi Dani ø proferunt. *M. Brynolſus.*

101,18 22. 23. *Fronsq; nullis armorum veſtigijs exarata*] Hoc eſt, Frons nulla vulnerum, quæ ab armis infligi ſolent, ſigna oſtendens; frons nullis cicatricibus inſignita. Poeticè hoc dictum, quomodò multa in Saxone; ductâ Metaphorâ à ſulcis, quos aratrum ducit. Virgilius VII. Æneid.

Et frontem obſcænam rugis arat ———

Ovidius Lib. III. Metamorphos.

——— *poſuitq; ad tempora canos,*
Sulcavitq; cutem rugis ———

Et alibi:

Jam venient rugæ, quæ tibi corpus arent.

A Et:

Jamq; meos vultus ruga ſenilis arat.

Horatius:

Cum ſit tibi dens alter, & rugis vetus
Frontem ſenectus exaret. ———

Plautus in Bacchidibus: *rugæ conſulcant frontem.* Apulejus Apologetico ſuo: *frontem ſulcis rugarum inaratam*, dixit. Petrus Chryſologus Sermone CLIV. de Sarâ: *Si vetula conciperet exa-*
B *rata jam rugis.* Hieronymus ad Heliodorum: *Forſitàn & laxis uberum pellibus mater, aratâ rugis fronte, antiquum referens mammæ lallare congeminet.* Item Epiſtolâ II. *Nunc jam cano capite, & aratâ rugis fronte.* Et ad Furiam: *Fronte rugis aratâ, vicina eſt mors in foribus.* Et in Eſaiæ Cap. 40. *Pulchra mulier, quæ adoleſcentulorum poſt ſe trahebat greges, aratâ rugis fronte contrahitur, & quæ prius amori, poſteà faſtidio eſt.* Vide eundem in Cap. VII. Zachariæ: & Joſephum
C Devonium de Bello Trojano Lib. IV. pag. 1 2.

24. *Bina quadratæ formæ ſpatia*] Apud veteres Danos duello pugnaturi areas quadratas lapidibus prius deſignare ſolebant, extra quas ſi quis fuiſſet robore adverſarij pulſus, pro victo habebatur. Videatur Clariſſimus Vir, *multaq; tenens vetuſta ſepulta*, ut cum Ennio loquar, D. D. Olaus Wormius, Profeſſor in Regiâ Aca- 101,1
demia Hafnienſi, mihique Affinis & amicus
D conjunctiſsimus, Monument. Danicorum Lib. 1. Cap. 9.

39. *Perinde ac continuo ponte juncta puppium tabulata præſtarent*] Navibus pontes fecerunt 101,3
antiqui hoc modo. Naves plures parvo intervallo in ordinem collocarunt rectâ lineâ: deinde tabulis omnes inter ſe & cum terra conjungentes, tranſitum liberum ab unâ parte ad alteram præſtiterunt. Quod ſuum temporarium opus, cum placebat, ſubitò diſſolvere po-
E terant, reductis undique tabulis, & in naves tantillo intervallo diſsitas compoſitis, ut nulli, niſi cum vellent, trajicere licitum eſſet, nec tamen claſſem loco moveri neceſſe eſſet. *M. Brynolſus.*

43. *Hvirvvillus Hallandiæ princeps*] Ità cum 102,4
Svaningio, Meurſio, Pontano, imò & Parente meo beatiſsimæ memoriæ, M. Johanne Stephanio [cujus breviſsimis ad oram Libri ſui, quo ego nunc fruor, aſcriptis Notis & Emendatio-
F nibus, non parùm me adjutum ingenuè profiteor] emendandum duxi, pro eo, quod in antehac divulgatis extabat Codicibus, *Hollandiæ princeps.* Notatu verò digna eſt hoc de loco Obſervatio Pontani, Hiſtoriæ Danicæ Lib 1. *Hvirvvillum*, inquit, *Hallandiæ, ut ſuprà indicatum, principem, perperàm Hollandiæ principem, Latini Saxonis Exemplaria typis excuſa præferunt. Et perperàm ſimiliter, qui Saxonem Danicè tranſtulerunt,* **aff Holland**/ *item,* **Hollender**/ *reddiderunt, reclamantibus præter alia, eamq; verſionem arguentibus ſatis, ipſis illis*

illis, quæ posita sunt, Buggonis & Gunholmi, cæterorumq; nomenclationibus, Svetiam Hallandiamq; Daniæ Norvagiæq; conterminas, non Hollandiam, ævo adhuc Saxonis parùm notam aut nominatam, redolentibus. Sed & in ea fui sententia legendum hic esse *Halogalandiæ princeps.* Est autem *Halogalandia*, quæ hodieq; Incolis Helieland / vel Helgeland dicitur, Saxoni alicubi *Halogia*, Provincia quædam in ea Norvagiæ plaga, quæ *Nordlandia* appellatur. Norvagiæ vero Imperium inter A multos olim principes divisum fuisse, ex Chronico Norvagico antè citato liquidò constat. Adde quòd nomina illa *Broddonis, Bildi, Buggonis, Fanningi, Gunholmi, Finni*, idioma potius Norvagicum, quàm Hollandicum resipiant.

17. *Hostile ferrum carminibus obtundere solitum*] Modum hunc aciem ferri obtundendi, at deyffa eggiar / nominarunt antiqui, crebrò lectum in priscorum actis. Dani hodieq; dicunt; at døffue Suerd. 102,33

NOTÆ VBERIORES IN LIBRUM V. HISTORIÆ DANICÆ SAXONIS GRAMMATICI.

104,6 Pag. 67. verſ. 44. R*Erum exciderent summâ*] Ità unicâ literâ vocem hanc auxi & locupletavi, quâ eam priores Editiones spoliaverant. Exstabat enim pro *exciderent*, quod ipse contextus flagitat, *τὸ excideret*, sensu genuino prorsus reclamante.

104,18 Pag. 68. vers. 7. *Fallaciarum laqueis strangulabat*] Imitatus est Martianum Capellam suum, qui ferè eundem in modum loquitur sub initium Lib. IV. *Donec nexilis complexio circumventos ad interrogantis arbitrium strangularet.*

104,23 12. *Hos simul conceptos idem partus absolvit*] Hic quidem locus esset dicendi de numerosâ prole simul uno partu edita: sed ne multis exemplis benevolum Lectorem detineamus, sufficiat in præsentia meminisse, quæ Gellius Lib. X. Cap. 2. ex Aristotele de numero puerperij commemorat: *Aristoteles*, inquit, *Philosophus memoriæ tradidit, mulierem in Ægypto, uno partu quinque enixam pueros: eumq; esse finem dixit multijugæ hominum partionis; neq; plures unquam simul genitos compertum. Hunc autem esse numerum ait rarissimum. Sed & divo Augusto imperante, qui temporum ejus historiam scripserunt, ancillam Cæsaris Augusti, in agro Laurente, peperisse quinque pueros dicunt; eosq; pauculos dies vixisse; matrem quoq; eorum, non multò post quàm peperit, mortuam; monumentumq; ei factum, jussu Augusti, in via Laurentina, inq; eo esse scriptum numerum puerperij ejus, de quo diximus.* Unicum saltem addam de miraculoso illo puerperio filiæ Florentij, Comitis Hollandiæ, quod contigit Anno Christi 1278, secundùm Mejerum, ex cujus Annal. Lib. IX. sequentia ascribenda duxi: *Anno 1278 obijt Mathildis, filia Florentij Comitis Hollandiæ, ea quæ uno partu liberos peperit CCCLXV; qui omnes ab Othone, Episcopo Trajectensi, sacris abluti sunt fontibus, in pelvi simul jacentes, ac deindè obierunt. Hoc Mathildi accidisse putatur, ideò quod pauperculæ cuidam mulieri geminos exprobrasset, perindè atq; adulteræ, quæ conscia pudicitiæ suæ: Oro, inquit, Deum, ut tot parias ipsa, quot dies continet annus. Erat au*-B *tem Mathildis, uxor Comitis Hennebergensis, Hermanni; mater illi Mathildis, filia Ducis Brabantiæ Henrici; frater Gulielmus, Hollandiæ Comes, qui ad Imperij apicem electus est contrà Fridericum II. Sepulta est apud Losdunum in Monasterio à matre fundato. Errant, qui eam Margaretam Comitem Hollandiæ vocant, eumq; partum anno 1314 asscribunt.* De partu hoc prodigioso ità & Junius Bataviæ Cap. XX. *Losdunum duobus passuum millibus ab Haga-Comitis dissidet, à collibus, quos inter habita-* C *tur, nomen adeptum: Bernardi institutum sequitur, à Mathilde constructum. Ubi ostenditur inter alia monumentum Margaretæ Principis fœminæ, quæ Florentij IV. Comitis è Mathilde, jam dictâ uxore, filia, Comiti Hennebergensi nupta, uno pauciores, quàm annus vertens dies habet, liberos, partu portentoso edidisse memoratur: quæ res, ut compendio absolvam, ad hunc habet modum. Pauperculam gemellos enixam, & pendentes utrinq; ab uberibus lactantem, quæ Comitis uxori se fortè obtulerat, stipem flagi-* D *tans, probro incessebat ipsa princeps, & adulterio concepisse incestam prolem ajebat; fieri enim posse, ut uno ex marito bina stirps nasceretur, pernegabat. Illa pudicitiæ intemeratæ Deum testem citans, imprecatur illi sobolem, quæ numerum solidi anni dierum æquet, si pudicitiæ suæ constaret honos. Precum efficaciam comprobasse eventui fides dicitur, partu incredibili, nisi publici monumenti auctoritatem convellere, fidemq; tabulæ, ad testandam sempiternam rei memoriam positæ, dissolvere nefas putarem. Epi-* E *graphen non abs re fuerit hoc loco ascribere, servatâ ejus seculi lexi, ut Saliorum & Carmentæ obsoleta verba religiosè retinenda duxit antiquitas, & conservanda, ne fides periclitetur. Illustris Domini Florentij Comitis Hollandiæ filia, cujus mater fuit Mathildis, filia Henrici Ducis Brabantiæ, fratrem quoq; habuit Guilielmum Alemanniæ Regem. Hæc præfata Domina Margareta, anno salutis 1276, ætatis suæ anno 42, ipso die Parasceves. hora IX. ante meridiem,* E *peperit infantes vivos, promiscui sexus, numero trecentos sexaginta quatuor; qui postquàm per Venerabilem Episcopum, Dominum Guidonem Suffraganeum*

neum, præsentibus nonnullis proceribus & Magnati- A
bus, in pelvi quadam, baptismi Sacramentum percepissent, & masculis Joannes, fœmellis verò nomen Helisabeth impositum fuisset, ipsorum omnium, simul cum matris, animæ ad Deum æternaliter victuræ redierunt, corpora autem sub hoc saxo requiescunt. Consimilis exempli in partu numeroso observati fides, (ne quid Dei potentiæ derogetur) adnotata legitur ab Annalium Brunsvicensium scriptore: consentientibus Alberto Cranzio in Vandalicæ Historiæ Commentarijs, & Ernesto Anhaltinorum Principum B
historiographo: quorum consensus testatur, tricesimo septimo post prædictum prodigium anno, Margaretam, huic, de qua loquimur, cognominem, Holsteinij Comitis conjugem, totidem capitum sobolem maturo partu enixam edidisse, in quo fœtus omnes humanam manifestè speciem repræsentantes, in baptisterio salutari undâ abluti fuerint. Hæc vir Clariss. Hadrianus Junius: cui concinit Ludovicus Gvicciardinus in Descriptione Galliæ Belgicæ. Verùm hodie Tabula illa aliter legitur, ad hunc C
videlicet modum:

En tibi monstrosum nimis & memorabile factum,
Quale nec à mundi conditione datum.
Hæc lege, mox animo stupefactus Lector abibis.

Margareta, Hermanni, Comitis Hennenbergiæ, Uxor, Florentij quarti, Comitis Hollandiæ & Zelandiæ, filia, Gvilhelmi Regis Romanorum, ac posteà Cæsaris, seu D
Gubernatoris Imperij, atq; Aleitheiæ, Comitis Hannoviæ, soror, cujus patruus Episcopus Trajectensis, avunculi autem filius, Dux Brabantiæ, & Comes Thuringiæ. Hæc autem illustrissima Comitissa annos quadraginta duos circiter nata, ipso die Parasceves, nonam circiter horam, anno millesimo ducentesimo septuagesimo sexto, trecentos sexaginta quinq; enixa est pueros, qui priùs à Gvidone, Suffraganeo Trajectensi, omnes in duobus ex ære pelvibus baptisati sunt, quorum masculi, quotquot erant, Joannes, puellæ autem Elisabethæ vocatæ sunt; qui simul omnes cum E
matre uno eodemq; die fatis concesserunt, atq; in hoc Lausdunensi templo sepulti jacent. Quod quidem accidit ob pauperculam quandam fœminam, quæ ex uno partu gemellos in ulnis gestabat pueros, quam rem ipsa Comitissa admirata, dicebat; Id per unum virum fieri non posse, ipsamq; contumeliosè rejecit. Unde hæc paupercula animo perturbata, ac perculsa, mox tantum prolium numerum ac multitudinem ex uno partu ipsi imprecabatur, quot vel totius anni dies numerarentur; quod quidem præter naturæ cursum F
obstupendâ quadam ratione ita factum est; sicuti hìc in perpetuam hujus rei memoriam, ex vetustis, tàm manuscriptis, quàm typis excusis Chronicis, breviter positum & enarratum est. Deus ille ter maximus, hac de re suspiciendus, honorandus, ac laudibus extollendus in sempiterna secula, Amen.

104,25n 15. *Proximo necessitudinis ordine contingebat*] Quippe qui Frothonis fratre genitus erat, ut mox sequitur in contextu: *Eodem tempore quidam Frothonis fratre genitus pro tuendâ patriâ gerebat rei nauticæ summam.*

27. *Violensq; amplexuum usus extabat*] Id est, 105,
Violentus, & raptim petitus, ut mox loquitur Saxo.

28. *Publicata est Venus*] Diffusus erat & pro- 105,
miscuus libidinis usus, nec se *Venus*, sive concubitus, intra limites conjugalis amoris continebat. Hic satis constat per *Venerem* significari τὰ ἀφροδίσια, sive ipsam μίξιν, quam *corporale concilium* Arnobius appellat. Idem Arnobius in extremo Libro V. *In usu sermonis vestri Martem pro pugna appellatis, pro aquis Neptunum, Liberum patrem pro vino, Cererem pro pane, Minervam pro stamine, pro obscœnis libidinibus Venerem.* Notandum etiàm, quod *Veneris* vocabulo utatur Saxo noster, tanquam inter illa esset, quæ μέσα dicuntur, seu ancipitia; hoc est quæ tàm in bonam, quàm in malam partem interpretari possunt; ut, *Valetudo, gratia,* & similia. Non possum, quin hoc loco adducam verba Quintiliani ex Declamatione XV, quibus eleganter nobis ob oculos ponit discrimen honesti & meretricij amoris: *Amoris*, inquit, (*si sapientiæ sequamur auctores*) *antiquissimum numen, & cui se naturæ debet æternitas. Sed ille mitis & serius, honestis cupiditatibus & viribus sacræ charitatis exultans, ut qui cuncta priscæ noctis opertâ caligine diduxerit primùm, deindè miscuerit. Hic verò, quo perditis visceribus adhæremus inquieti, lascivientis adhuc ætatis instinctu, tumultuosus ac petulans, telis funereis facibusq; armatus. Præstat igitur ille mortalibus liberos hac usitatâ conjugij pietate; hic incœsta, libidines, adulteria, meretrices.*

29. *In causa otium erat*] Undè Ovidius. 105,

Otia si tollas, periere Cupidinis arcus:

Otium certe incentivum est libidinis, & variorum flagitiorum radix, fons, & origo. Nam sicut aquæ, quæ non moventur, putrescunt & fœtorem contrahunt: ità & animus marcessit, corpusq; langvescit, quum utrumq; agitationis expers est. Virtus autem exercitio perseverat. Petrus Chrysologus Sermone XXVIII. Sic mox infrà auctor: *Cujus contubernales otio petulantiam nacti.*

31. *Errabundæ Veneris portum*] Quam Lu- 105,
cretius Lib. IV. eleganter *Vulgivagam Venerem* appellavit, hoc est, mixtionem meretriciam, & cum scortis. Saxo ipse paulò pòst *Vagabundam atq; erroneam Voluptatem* vocat. Valerius Maximus Lib. II. Cap. I. *Venerem inconcessam: Proximus à Libero patre intemperantiæ gradus, ad inconcessam Venerem esse consuevit.* Julius Firmicus *erraticos amores*; Lib. VI. *Luna si in Veneris domo fuerit inventa, faciet infamibus semper amoribus implicatos, impuros, libidinosos, & qui erraticis semper amoribus inhærescant*: qui & paulò antè, *furtivam Venerem agitare* dixerat.

34. *Ità à populari prolem regiam*] *Popularis* 105,
& hoc loco, & alibi passim apud Saxonem nostrum,

nostrum, nequaquàm significat, quem *conterrineum* vulgo dicunt; sed hominem vulgarem, ex infima plebis sorte, & abjectæ conditionis. Sic infrà: *Indignum regiæ stirpis puellam thoro popularis astringi.*

5,11 35. *Septum vallo conclave petivit*] Ejusmodi conclavia, sivè potius carceres, in quos se Virgines ambitiose pulchræ, partim suo, partim parentum fastu, se incluserunt, ut à conspectu promiscuæ multitudinis tectæ ac semotæ forent, veteres Dani **Stemmur** vocarunt; & custodes, quæ virgines plerumq; cum nutricula maximam partem pro more fuerant, **Stemmu Meyar** dicebantur.

6,13 Pag. 69. vers. 24. *Lævâ tanquam dextrâ utentem*] Summa hæc olim apud nostrates viri fortis ac robusti laus erat & commendatio, *ambimanum*, sivè περιδέξιον censeri. Et de tali fortitudinis nota multos Heroas commendat Snoro Sturlesonius in Chronico suo Norvagico, ut Haraldum Tryggonis, & alios. Quin etiam *Ehud*, quem populo Israelitico salvatorem suscitavit Dominus, *utrâq; manu pro dexterâ utebatur.* Lib. Judicum Cap. 3. v. 15. Sic & habitatorès Gabaa, *Septingenti erant viri fortissimi, ità sinistrâ, ut dextrâ præliantes.* Judic. Cap. XX.

6,32 43. *Ad præcordialem puellæ sententiam relegatus*] Westmaro injunctum, ut ipse mentem & interiorem animum puellæ exploraret. Eo sensu voce hac solens utitur Saxo noster. Sic *præcordialem amicum* Absolonis Archiepiscopi, infrà Lib. XV. nominat Fridericum Episcopum Slesvicensem, id est, quem ex penitissimis cordis recessibus dilexit. Cæsarius Heisterbacensis Lib. VIII. Cap. 13. *Servum suum amplexatus est, & tanquam præcordialem sibi, in mutuæ familiaritatis signum eum ad pectus suum attrahendo strinxit.* Sic Henricus II Anglorum Rex Fridericum Cæsarem in Epistola quadam sua *præcordialem amicum* vocat, notante Joh. Balæo Cent. 3. Scrip. Britan. Hinc Ivo Carnotensis *præcordialiter diligere* dixit. Epist. CXXI, & *præcordialiter dolere*: Epist. CXV.

6,33 44. *Ità versilis esse propositi*] Comicus Hecyra:

Itidem Mulieres sunt fermè ut pueri, levi sententiâ.

7,13 Pag. 70. vers. 10. *Pendulâ corporum impulsione vexabant*] Non secus ac olim, delectabilis exercitationis gratiâ, corpora funibus per aërem jactabantur; quod genus ludi sub *Oscellarum* aut *petauri* appellatione à veteribus significatum puto: de quo Juvenalis Sat. 14.

An magis oblectant animum jactata petauro
Corpora, quiq; solent rectum descendere funem.

Quanquam credo *petauro* valde similem esse jactationem illam, quæ hodie apud multas puellas & pueros efficitur, assere funibus quatuor ad laquearia suspenso, & ibi sedentibus pueris,

A aut puellis, veluti per aërem jactatis. Atq; id forsan est, cujus meminit Avicennas prima quarti tract. II. Cap. XIII. Ubi ad coercendum sudorem laudat, ut æger ponatur super instrumentum, quo pueri vel juvenes solent in aëre concuti. Sago pariter consvevisse jactare alios per ludibrium in aëra, præter Martialem id hoc versu testantem:

Ibis ab excusso missus in astra sago

est etiam testimonium Svetonij in Othone,
B Cap. 2. *Ferebatur & vagari noctibus solitus, atq; invalidum quemq; obviorum, vel potulentum corripere, ac distento sago impositum in sublime jactare.* Videatur Hieron. Mercurialis de arte Gymnastica, Lib. III. Cap. VIII. ubi simulacrum petauri, sive Oscellarum egregie repræsentat.

24. *Adeò sub rege puero*] Hinc non injuriâ exclamat Ecclesiastes, Cap. X. v. 16. *Væ tibi terra, cujus rex puer est; & cujus optimates manè comedunt*, id est, diem à voluptatibus & luxu in- 107,27
C choant. Et v. 17. *Felicem te, ô regio, cujus Rex est filius ingenuorum*, id est, claris & generosis majoribus ortus; *& cujus optimates suo tempore comedunt ad robur*, id est, reficiendo corpori, *& non ad compotationem*, id est *non ad luxum*. Quos versus tali paraphrasi illustravit Theodorus Beza: *ô te infelicem regionem, cui Rex dominatur, sive ætate, sive mente sensus & usus rerum experte puer: & cujus Principes à voluptatibus diem in-*
D *choant, quem à consilijs capiendis auspicari oportuit: At tu contrà, quam es beata ditio, cui Rex contigit generosa stirpe ac indole: & cujus sobrij primores opportunè cibum capiunt, non ut gulæ satisfaciant; sed ut corpus validum, & rebus gerendis accommodatum, reficiant.* Heroico autem carmine ità reddidit Jacobus Lectius, Ictus Genuensis:

O terram miseram, si cui puer imperat infans,
Et cujus primo proceres epulantur Eoo!
Felicem, ingenuo cui rex è sangvine, terram,
E *Et nullo proceres vini tanguntur amore,*
Sed tempestivo curant qui corpore victu.

Quantum vero regnis noceat, si regum filij etiam impuberes, in regno succedant, tutorum arbitrio subjecti; vel Caroli Gallorum Regis exemplum ostendit, qui cum solo nomine rex esset, æmulatione factionum Gallia intestinis bellis miserè agitata: Angli à Burgundione evocati, regnum occuparunt; & regi in suam potestatem redacto, quas volue-
F runt, fœderis conditiones scripserunt. Paul. Æmilius, Lib. X. Polydorus Virgilius Lib. XXIII. & Frothonis hujus nostri, sub quo Rege impubere Dania miserrimè improborum præsidum tyrannide oppressa est. Sed hic non incommode quæri potest; Num in magistratu legendo ætatis ratio habenda? Juvenibus ne ille an senibus committendus? Resp. Etsi ob multas rationes, quas adducit Melchior Junius parte I. Quæst. Polit. Quæst. XIV: Senibus magi-

magistratus gerendus, resq; capessenda publica; tamen & juvenes ad honores & magistratus admittendi. Sunt etenim animosi & fortes, sunt laudis & gloriæ cupidi, inq; rebus agendis honestatem, non utilitatem, propositam habent. Aristoteles 2 Rhetor. Nec annorum spatium, sed ingenium ac diligentia in causa, ut alios prudentia superent. Isocrates in Archidamo. Et juvenes ad imperia & magistratus fuerunt evecti. Sic David, fratrum suorum minimus, Rex est Judæorum electus; I. Sam. Cap. XVI. Salomon duodecim natus annos, 3. Regum, Cap. 3. Alexander Magnus, cum res magnas gessisset, tertio ac trigesimo anno mortem obijt. Romæ Corvinus, Marius Junior, Scipio Africanus, Pompejus, Augustus, ante tempus, Consulatum, & alios honores consecuti sunt. Alexander Severus puer adhuc à Senatu Cæsar est factus. *Lampridius.* Gordianus anno ætatis decimo tertio, vel ut alij, decimo sexto. *Julius Capitolinus.* Ottho III. annos vix undecim natus, *mirabilia mundi* dictus, propter sapientiam ipsam ætatem superantem. *Sigebertus Gemblacensis.* Carolo V ætate non magnâ prædito, diadema impositum est. *Sleidanus* Lib. I. Carolus VIII. Francorum Rex, anno decimo tertio regnum inijt. *Ricius Lib. 3. Franciæ Regum:* Raimerus III. annum ætatis quintum agens patri in Hispania successit. *Ricius Lib. 2. Hisp. Reg.* Henricum proceres Angliæ novennem Regem crearunt. *Polydorus Virgilius Lib. XVI.* Et sanè si in magistratibus ætas certa observanda sit, fit, ut magna Virtutis indoles prius extinguatur, quàm prodesse Reipubl. possit. Cicero V. Philipp. cujus & notatu digna sunt verba: *Cursus ætatis non est expectandus in festinatione virtutis.* Cui consentit Nazarius Panegyrico Constant. *Iniquum est eum honori nondum tempestivum videri, qui jam virtuti maturus est.*

107,33 30. *Ut cum Regina commercio libidinis habito*] Eleganter dictum. Quomodo & Julius Firmicus Lib. VI. Cap. XII. loquitur: *Qui sic Venerem habuerint, facinus suum latenter exercent, ut prostituti pudoris scelerata commercia, absconsis libidinum impuritatibus, protegantur.*

107,37 35. *Opinio sceleris primùm susurris alita est, dehinc excepta rumoribus*] Apprimè huic loco illustrando faciunt versus Herici, Monachi Altissiodorensis, Lib. I. Vitæ S. Germani. p. m. 15. quibus Famam prolixè describit; indigni certè, qui ibi tantùm legantur:

Fama quid in cœlo rerum pelagoq; geratur
Et tellure, videt, totiq; est conscia mundo:
Quod usquàm est, toto quanquàm sit ab orbe remotum,
Inspicit, inq; cavas penetrat male fida latebras.
Omnia cum didicit, mox omnibus omnia pandit.
Et quia dicentem sequitur nonnulla venustas
Verborum, crescitq; novis facundia causis,
Multa fides illi vulgò præbetur ab omni.
Non ea rem clamore gerit, sed MURMURE VOCIS
Nescio quid raucum & grave cornicatur inepta
MILLE TRAHIT SECUM RUMORES, MILLE SUSURROS,
Mixtaq; cum veris pariter quoq; falsa feruntur.
Cumq; novis vacuas implet sermonibus aures
Succedunt comites, nonnunquàm gaudia cassa,
Nunc timor, interdùm rabies invisa furoris.

Hactenus Hericus, qui claruit circà tempora Caroli Crassi Imperatoris, Anno DCCCLXXX. Casparus Barthius, sidus literati orbis, & fugientis Antiquitatis destina, in Animadversion. ad Claudiani in Rufin. Lib. I. v. 20.

Dissensu alitur rumor ———

Rumoris vocabulum, obscurum aliquem & incertum notare strepitum contendit; ità Ausonius Mosella:

Subterlabentis tacito rumore Mosellæ.

46. *Ni munera detulisset*] Quemadmodum qui Reges Persarum olim adibant. Nam ità apud Persas moribus comparatum erat, ut Regem absq; munere adiret nullus; ac vel tenuiorum munuscula, & quæcunq; pro viribus offerebantur, à Rege summâ facilitate & humanitate excipi consveverant. Barnabas Brissonius Lib. I. de Regno Persarum, pag. 26. Eumq; morem, postquàm Persæ in Parthorum potestatem venerunt, retinuerunt. Seneca Epistolâ XVII. ità scribit: *Reges Parthos non potest quisquam salutare sine munere.* Nicolaus Lyranus in Caput II. Evangel. Matth. *Dicitur,* inquit, *quòd Reges Persarum semper cum muneribus solent adorari. Quo more & Magi Christum adorantes ei munera obtulerunt.* 108,

50. *Ingruentem calumniam*] *Calumnia* mediæ ætatis Scriptoribus est ἀδικία. Hinc *calumniam facere,* significat opprimere vi, vel fraude, damno afficere. Græci exponunt ἀδικεῖν, θλίβειν. Luc. 3. v. 14. *Neq; calumniam faciatis;* id quod Beza exponit, *Ne dolo opprimite.* Indè existimo Saxoni, alijsq;, usurpatum vocabulum hoc pro afflictione, calamitate, oppressione. Cæteroquin ICtis *Calumnia* est vendicatio, seu Juris in re aliqua postulatio. Formula vett. secund. L. Rom. Cap. V. *Quælibet Persona, quæ contra hanc venditionem aliquam calumniam vel repetitionem generare præsumpserit, illud quod repetit, non vindicet.* Videatur Archæologus Nobiliss. & Doctiss. Viri, Henrici Spelmanni in voce *Calumnia.* Saxo mox infrà: *Si inflictas vobis calumnias muneratis.* 108,

51. *Dolor hoc acrius, quò occultius lacerabat*] Idem Phocensibns olim accidit, quos ruptâ fide, calcatoq; sacramento, Philippus Macedonum Rex, omni injuriarum genere divexavit. De his etenim egregius & insignis Historicus Paulus Orosius ità loquitur Lib. III, Cap. XII. pag. 151. *Premebat miseros inter injuriarum stimulos* 108,

los superfusus pavor, ipsáq; dissimulatione dolor crescebat, hoc altius demissus, quò minus profiteri licebat, timentibus, ne ipsæ quoq; lacrymæ pro contumacia acciperentur. Quæ ipse verba à Justino mutuatus est, miserandum Græciæ statum pari modo describente. Lib. VIII. p. 86. P. Syrus:

Heu dolor quàm miser est, qui in tormento vocem non habet.

Ovidius:

Strangulat inclusus dolor, & cor æstuat intus.

Huc pertinent illa Severi Sancti, sive Endelechi Rhetoris, de Mortibus Boum; quibus Ægon Buculum hortatur, ut ipsi tristitiæ suæ causas adaperiat: Nam inquit:

——— *divisa minùs sarcina fit gravis:*
Et quicquid tegitur, sævius incoquit;
Prodest sermo doloribus ———

In quam Sententiam & Seneca Agamemn.

Lacrymas lacrymis miscere juvat;
Magis exurunt, quos secretæ lacerant curæ,
Juvat in medium deflere suos.

Est autem major consolatio in querelarum usurpatione liberiore, & in accusationum & expostulationum libertate, cum speciem quandam habeant vindictæ. Undè Ovidius:

Expletur lacrymis, egeriturq; dolor.

Latinus Pacatus Drepanus Panegyrico, quem Theodosio Seniori dixit: *Est aliquod calamitatum delinimentum dedisse lacrymas malis, & pectus laxasse suspiriis: & nulla major est pœna, quàm esse miserum, nec videri.*

108,23 Pag. 71. vers. 3. *Sæpè inquiens, alieni appetitores*] Brevis equidèm, sed elegans est Oratio hæcce Erici; quæ imitando effingi atq; exprimi poterit, quoties Regi alicui suadere volumus, ne alienum in regnum expeditionem suscipiat, temereq; bellum moveat. Constat vero his argumentis. 1, Aliena qui appetunt, sua sæpè amittunt. 2, Discordes ac dissentientes in regno facilè hostium adventus conjungit ac conciliat. 3, Prudentèr hic agendum; ne qua, sed sera nimis, pœnitentia subsequatur. 4, Ipse quiete fruatur, belli negotium proceribus demandet. Ad conciliandum valet, & est ἠθικὸν: cum & prudentiam suam Ericus ostendit, & testatum studium ac benevolentiam facit: pericula sese futura prævidere indicat: de rege regnoq; esse solicitum docet. Collocatio & tractatio dissvasionis hujus primùm argumentis, deindè προτροπῇ, adhortatione, absolvitur; ut quiete & tranquillitate suâ contentus temerè bellum non moveat. Loci observandi: de alienis non appetendis; de syncretismo, reconciliatione, ac concordiâ acerrimorum hostium, hoste, aut malo aliquo communi imminente: de fugiendo periculo, à quo immunes esse possimus.

108,23 Ibid. *Sæpè alieni appetitores proprio privari solere meminimus*] In eandem sententiam de Demetrio, fratre Antiochi, Ægypto A bellum inferre statuente, eleganter Justinus Lib. XXXIX, Cap. 1. *Sed dum aliena effectat, ut assolet fieri, propria, per defectionem Syriæ, amisit.* Ita Tartarorum Princeps, victi à se & occisi Moschi calvariæ, in scyphum formatæ, inscribi jussit: *Hic amisit propria, dum appetit aliena.* Jacobus Zevecotius Observat. Polit. ad Sveton. C. 43.

4. *Sæpè amborum captator, utriusq; perditor fuit*] Juxtà Proverbium: ὅ δύο πτῶκας διώκων, οὐδέτερον καταλαμβαίνει. Id est, *Qui duos* B *insectatur lepores, neutrum capit.* Erasmus Chiliad. III. Centur. 3. Adagior. *Hujus*, inquit, *Proverbii sensus est: Qui simul duplex captat commodum, utroq; frustratur.* Effertur in Græcorum Collectaneis, & citrà figuram, Δυοῖν ἐπιθυμήσας, οὐδετέρου ἔτυχες, id est, *Ambo concupiscens, neutrum assecutus es* 108,24

8. *Crebrò corrixantes porcos conciliavêre lupi*] Hinc Axioma Politicum: *Nec semper tutum dissidentes aggredi.* Nam ut Livius Lib. 2. Decad. 1. C de plebe Romana, Patribusq; dissidentibus, scribit: *Externus timor, maximum concordiæ vinculum, quamvis suspectos infensosq; inter se jungit animos.* Sic Tacitus Lib. V. Historiar. p. 622. eleganter de Judæorum ducibus Joanne, Simone, & Eleazaro, in hanc sententiam scribit: *Erant*, inquit, *inter se discordes, donec propinquantibus Romanis, bellum externum concordiam pareret.* In eandem ferè sententiam Paulus Orosius Lib. 2. Cap. 16. *Otio discordiæ nutriuntur: at ubi necessi-* D *tas incubuit, postpositis privatis causis atq; odiis, in commune consulitur.* Undè Tacitus Annal. Lib. 1. *Fas est privata odia publicis utilitatibus remittere.* 108,28

Ibid. *Patrium quisque ducem extero præfert*] Eodem usi sunt inter alia argumento Scythæ, in Oratione ad Alexandrum Magnum elegantissima, quæ extat Lib. VII. Curtii: *Nam ut major fortiorq; sis, quàm quisquam, tamen alienigenam dominum pati nemo vult.* 108,29

12. *Pœnitentiâ vacuum debere contuitum esse* E *prudentis*] Innuit autor eum, qui prudentis nomen cum laude & dignitate sustinere cupiat, ità debere consilia, sua & actiones moderari, nè quid agat, cujus pòst ipsum pudeat aut pœniteat. Non enim Sapientis est dicere, *Non putâram. Contuitum* etiam ad animum transtulit Cicero Orat. pro Sestio: *Facit, Judices, vester iste in me animorum oculorumq; contuitus, ut cogitem remissiore uti dicendi genere. Contuitus* igitur hic erit *acumen ingenii & animi perspicacia.* 108,32

F 13. *Per alios gerendi sanè belli facultatem*] Apprimè huc facit Quæstio illa diu inter Politicos agitata, *An ipsum principem belli interesse expediat?* Sunt equidem qui statuant, melius fore, si seponatur, quàm si ipse pugnæ intersit Imperator: quia princeps nullo modo objici periculo debet; verùm dubiis præliorum exemptus, summæ rerum & Imperii reservari. Nam in milite tantum unius sors versatur: at verò in Imperatore omnium periculum agitur. Hinc multi Impera- 108,34

K 2

Imperatores per Legatos bella sibi gerenda esse existimarunt, quia dignitatem Imperij sui prostituere noluerunt. Sic Antoninus Imperator in Palatio urbis residens, bellorum auspicia Legatis suis demandavit. Eodem modo Justinianus Belisarij & Narsetis operâ vicariâ usus, Italiâ Gothos, Africâq; Vandalos ejecit. At contrà sæpe numerò juxta istud Plautinum:

——— Ubi summus Imperator non adest ad exercitum,
Citius quod non facto est usus, fit, quàm quod facto est opus.

Et Imperator præsentiâ suâ militi robur addit, & non leviter animum firmat, Unde Virgil. IX. Æneid.

——————— Urget præsentia Turni.

Verùm totam hanc controversiam prudenter decidit Mutianus apud Tacitum Hist. Lib. IV. *Si nimirum Imperij status aut provinciæ alicujus salus, in discrimen vocaretur, debere principem in acie stare. Minoris verò momenti bella minoribus deleganda. Quin in urbem limitaneam se recipiat, illinc vim fortunamq; principatus è propinquo ostensurus: nec periculis parvis mixtus, neq; magnis defuturus.* Et hoc ipsum Alexandrum, temere periculis se quibuscunq; objectantem milites monent apud Curtium Lib. IX. *Obscura bella, & ignobiles pugnas nobis deposcimus: temet ipsum ad pericula ea serva, quæ magnitudinem tuam capiunt. Citò gloria obsolescit in sordidis hostibus, nec quicquam indignius est, quàm consumi eam, ubi non possit ostendi.* Porro de hac Quæstione consule Melch. Junium Parte 2. Quæst. Polit. Quæst. LXXII. & Joannem Meursium Quæst. Polit. VIII.

108,38 17 *Manus cauterium cavet*] *Cauterium* hic positum pro adustione, à καίω, *uro*. Quid autem aliàs *Cauterium* sit, probè norunt Medicorum filij. Ità *Cauma*, pro Calore, usurpavit Hericus Monachus sub finem Lib. VI.

Astra, poli, nubes, & machina cuncta polorum,
Solq; sororq; nives, lymphæq; & Spiritus omnis,
Cauma, geluq;, dies, & densæ nubila noctis.

110.5 Pag. 72. vers. 8. *Parvulumq; foramen furtivâ luminis applicatione trajiciens*] Id quod Petronius Arbiter sic extulit: *Quartilla per rimam improbè diductam applicuerat oculum curiosum, lusumq; puerilem libidinosâ speculabatur diligentiâ.*

110,28 33. *Ut etiam ferinarum pecudaliumq; vocum interpretationem calleret*] Inveterata fuit gentilium opinio, inter se colloqui bruta, & eorum sermones à multis intelligi. Undè ars οἰωνικὴ, vel interpretandi voces animalium: in qua excelluisse dicuntur apud Veteres Melampus, Tiresias, Thales Milesius, Apollonius Thyanæus. Democritus autor quoq; est, quod dentur aves, quarum ex confuso sangvine nascatur serpens, quem si quis ederit, avium linguas & colloquia interpretaturum, teste Plinio Lib. X. Cap. 49, & Lib. XXIX, Cap. 4. Cæterùm de loquelâ brutorum fusè disseruit peculiari tractatu Hieronymus Fabricius ab Aquapendente. De Apollonio Thyanæo refert Porphyrius, quòd Brutorum sermones intellexerit. De Solomone hoc constanter affirmant Doctores Hebræi. Porphyrius, suprà nominatus, censuit, omnia bruta inter se sermocinari. Canes & Equi intelligunt humanas voces, sistunt, accedunt, vadunt, prout jusseris. Cervus educatus à Ptolemæo Philadelpholo, quentes Græcè intelligebat. Historia Norvagica meminit Rustici cornicum sermones exponentis. Sed non abs re fuerit, in medium adducere eruditissimam dissertatiunculam Viri Clariss. & verè seculi nostri Maronis, Augusti Buchneri, de avium & cæterarum animantium vocibus, ad istum Hymni Venantiani versum:

Hinc tibi nunc avium resonant virgulta susurro.

Aves, inquit, *in id canere, ut Dei conditoris sui laudes personent, etiam D. Cyprianus sensit Orat. pro Martyribus:* Cui, *inquit,* (*Deum intelligens*) omnes aves canunt laudes. Huc pertinet & illud incerti autoris de Philomela, in fine:

Sed cunctas species animantum nemo notavit,
Atq; sonos ideò dicere quis poterit?
Atq; suo domino depromunt munera laudum,
Seu semper sileant, sive sonare queant.

His non absimilia ex Davidicis Psalmis & alijs sacris Libris adduci possent, si res posceret. Quæ tamen omnia eâ de causâ scripta existimanda sunt, ut invitarentur hominum animi ad laudes divinas persolvendas promptius, quum ipsa etiàm bruta in eo laborare videri possunt. Minimè enim omnium arbitrandum est, pios & sanctos illos Scriptores, quum talia mandarent libris, credidisse, communi quadam cum hominibus ratione animantes esse præditas, cujus ductu Numen cognoscant & celebrent, atq; putasse adeò, earum voces ità esse comparatas, ut tùm ipsæ eas inter se, tùm homines quoq; intelligant, hoc est, articulatas atq; intelligibiles esse, non autem confusas, quod quosdam Philosophorum antiquitus, Pythagoreos præcipuè, qui hominum animas in bruta transmigrare sciscebant, opinatos, ex ijs quæ Sextus Empiricus *Lib. 1. Pyrrhoniarum Hypotyp. Cap. 14. Item* Porphyrius *Lib. 3.* περὶ ἀποχῆς ἐμψύχων *memoriæ prodidit, eruditos latere non potest. Quin refert Porphyrius eo loci, unum atq; alterum, qui intellexerint, quid inter se garrirent aves: ac eâ scientiâ & Apollonium Thyanæum præstitisse commemorat. Sed eum ipsum Apollonium famosissimum magum sui temporis, & hominem omnium jactantissimum vanissimumq; fuisse, luculentissimi Scriptores satis superq; docuerunt. Quin ipsum Pythagoram tale quidpiam de se existimari voluisse, pellepida illa, historiane an fabula, videtur arguere, quam* Jamblichus *narrat in Sophi illius vita Cap. 13. Tarenti enim in publicis pascuis conspicatus bovem, fabas attingentem, bubulcum monuit, ut pecori id interdiceret. Ridente*

dente effusè bubulco, & dicente, se quidem βοΐσι, A
bovinè, *nescire; cæterùm si ipse quid amplius calleret, suâ pace licere, moneret bovem, quæ facta vellet: accessit, inq; aurem nescio quid armento insusurravit: & sic effecit, ut bos confestim fabas relinqueret, iisq; in perpetuum abstineret. Plinius Lib. X. Natur. Hist. c. 49. & Lib. XXXIX. cap. 4. auctor est, tradidisse Democritum, facultatem intelligendi avium voces, comparari esu certi anguium generis. Philostratus quoq; Lib. 3. de Vita Apollonij Thyanei scribit, incolas Bacaræ, Indorum urbis, jactare, eum qui cor & epar* B
Draconis comedisset, omnium animalium conceptus & voces intellecturum. Quod ipsum de Arabibus scribit Lib. 1. ejusdem operis. Ericum quendam comesto epulo, ex serpentibus, à Cracâ quadam magâ, confecto, sibiq; apposito, omnium scientiarum copiam consequutum; ità ut ferinarum pecudaliumq; vocum interpretationem calleret, Saxo Grammaticus Lib. V. Histor. Danic. narrat. Sed hæc certè nugamenta, opinor, sunt, & fabulæ meræ. Et perstringit hos nugatores meritò, Georgius Pisides, præclaro illo carmine C
de mundi Opificio v. 994, & seqq. quos Latinos, uti Morellus vertit, quum Græcorum copia nunc non sit, non pigrabor adscribere. Sunt autem isti:

——— quisvè linguam garrulis,
Velut organum, formavit avibus tinnulum?
Ut inde rentur fabulatores novi,
Ipsos habere cognitos vocum sonos.

Quinimò Saxonem nostrum (quem perperàm *Joannem Grammaticum* nominat) vehementer D
suggillat & acerbè insectatur Joannes Wierus Lib. III. de præstigijs Dæmonum Cap. XV, quod virulento epuli gustu, rationis atq; eloquentiæ summum munus, ac manuum feliciter conserendarum donum, consequi aliquem posse, non dubitavit asserere præsenti hac historiolâ, de Erico & Rollero, ab eo, ut verâ, inter res verè gestas descriptâ & intextâ. *Nam* inquit, *quòd nulla creatura, multò minus virulenta anguium tabes extillaticia, gignat rationis & eloquentiæ summum do-* E
num, aut prosperitatem in bellis donet, sed peculiaria illa Dei esse munera, tàm est manifestum, ut bonarum horarum malè impensarum meritò insimulari debeam, si huic convellendæ historiæ diutius immorer. Verùm πανοῦργον illum Satanam, permissu omnipotentis Jehovæ, multa efficere posse, ijs similia, quæ muneris loco, hominibus sibi dilectis, numen cœleste conferre solet, extrà controversiam est; & infinita ferè exempla testantur, quamplurimos gentilium (quos inprimis F
internecinus ille generis humani hostis perfidiæ suæ laqueis circumvenire studebat) magicâ quadam arte hostes suos, aliàs vinci nescios, superasse. Ergò & hoc loco strigilem obtrectatorum suorum evadit autor, quem potius venerandæ antiquitatis respectu venerari & admirari meritò deberent, quàm toties calumnijs impetere, vocantes eum Scriptorem fabulosum, spermologum, logodædalum. etc.

47. *Concham transpositam*] *Concha* hèic patellam denotat, in qua appositum erat magicum illud pulmentum. *Concha* propriè piscis est genus testâ contectum: à cujus similitudine quævis vasa concava, & superius patula, *Conchæ* dicuntur. Cato de re Rustica Cap. XIII. *In cellam Oleariam hæc opus sunt; dolia olearia, labra olearia XIV. Conchæ majores duæ, & minores duæ.* Juvenalis Sat. VI. 110,34

Quum bibitur conchâ, quum jam vertigine tectum
Ambulat ————————

Ubi commentarius antiquissimus: Conchâ, *id est, ex amplo vase. Erat autem vas vinarium, in quod è dolijs hauritur vinum. Conchæ* etiam sunt vasa ampla balneatoria, quibus olim lavabantur. Juvenalis Satyrâ eâdem:

——————— Conchas & castra moveri
Nocte jubet ————————

Veteres quoq; Commentarij, quos edidit P. Pithœus, ad versum hunc Juvenalis, Satyra III:

Ut sint contentæ patulas defundere pelves,

Pelves interpretantur *Conchas, in quibus pedes lavant, ut vasa fictilia,* ποδόνιπτρα. Quin & aliæ quædam Glossæ veteres manu exaratæ ad versum illum Juvenalis Satyrâ VI.

Tot pariter pelves, tot tintinnabula dicas
Pulsari ————————

Pelves dicit *Conchas æreas. Tanto, inquit, strepitu loquitur, ut ille qui adest, dicat multa vasa ærea, & conchas inter se collidi.* Hinc nata est vox Barbara *Inconchare*, quod est, absorbere. Chronic. Cameracense Lib. III. Cap. XXII. *Ad quandam Tabernam de more profectus, cerevisiam nimiam inconchavit.* Vide sis Archæologum Nobilissimi Viri, Henrici Spelmanni, p. 374. Ammianus Marcellinus Lib. XVI. p. 68. de Alexandro Magno: *Ille namq; ænea conchâ suppositâ brachio extrà cubile protento, pilam tenebat argenteam, ut cum nervorum rigorem sopor laxasset infusus, gestaminis lapsi tinnitus abrumperet somnum.*

48. *Ericus se ad astandum fratri*] *Astandum* dixit, pro, *assistendum. Astare advocatus alicui* apud Plautum est in Casinâ. Et vix eâ significatione apud bonos & probatos auctores obvia vox est. In Bernhardo Morlanensi, qui claruit Anno Christi MCXL. extat Lib. 2. de contemptu Mundi, pag. XLVII. 111,6

Censor adest, labra vendit, amat lucra, censet iniquum,
Astat habentibus, obstat egentibus, os inimicum.

49. *Probrosum referens alitem, qui proprium polluat nidum*] Proverbium est antiquum, quod etiamnum Islandis in usu: Sa er fuglenn verstur / sem i sialffs sins hreidur dritur / simili prorsus, cum Saxoniana, sententiâ. 111,7

111,22 Pag.73. verſ. 11. *Cætera quæ acceperant, intimantes*] (A) *Intimare* eſt ſignificata denunciare, ſeu occultè ad aliquem deferre. Livius: *Intimaſſe fertur filio, ut milites ſcriberet.* Prudentius Hymno XIV. Periſtephan. verſ. CXI.

Geſta intimaſſe cuncta fertur Principi,
Præfectus, addens ordinem voluminum.

Hinc *Intimatio*, quâ voce utitur Feſtus Avienus in Oræ maritimæ deſcriptione:

Ut aperta verò tibimet intimatio
Sudoris hujus & laboris ſit mei,
Narrationem opuſculi paulò altius
Exordiemur ——————

Idem ſuperiùs dixerat:

—————— *eſſe te præ cæteris*
Memorem intimati ——————

Eugippius in Vita S. Severini, Cap. IX. p. 12. *Addens, ut quidquid reperta ei diceret perſona, reverſus ſibi maturius intimaret.* Uſitatiſſima vero vox hæc eſt Julio Firmico: in quo centies, & pluries, occurrit. Gloſſarium Vetus: *Intimare*, Γνωρίσαι, ἐμφανίσαι, Φανερῶσαι.

111,33 22. *Receptum immodicè fretum urceis egeri jubet*] Priusquam tubo receptum eſt aquâ naves exonerare, conſveverunt priſci vaſis, amphoris, urceisq;, magno numero viribusq;, ſed immenſo labore, exhaurire. Grettla nos luculenter docet, & quemadmodū iſto labore fungi ſoliti ſint; videlicet, nautis juxtà navis magnitudinem bipartito vel tripartito diſtributis; quorum ordines alij ſuperſtabant, ac à ſubjectis porrectos urceos excipiebant, ac ſuperioribus adhuc tradebant: illi vero, qui omniū ſupremi ſtabant, in mare profundentes, eodem modo verſa vice reddiderunt inferius conſtitutis, ac ſic deinceps reciprocatis atq; alternantibus elevandi deferendiq; vicibus, ſentinam omnem exantlarunt. Id quandoq; perquam difficile & laborioſum fuerat, cum aperta & non fororum tabulis undiq; contecta navigia decumanos fluctus paſſim exciperent, nec firmis veſtigiis nautæ in fluctuante & jactata nave conſiſtere poſſent. Hunc antlandi modum Hiſtoriæ Bytttauſtur vocitarunt. Grettla conſulatur. *M. Brynolfus.*

112,7 Ibid. *Diſcurrentes per littora nautici, pecus ſternere aggreſſi ſunt*] Diripientes videlicet maritima loca & littora, prædam abegerunt, more piratis conſveto: quod frequens & ſolens erat in hoſtium ſolo. Sic verò littora deprædari, at höggua Strandhögg/ id eſt, *cædere littus*, nominabant.

112,23 45. *In lapſu fauſtum ominatus eventum*] Non aliter ac Divus Julius Cæſar, qui prolapſus etiam in egreſſu navis, verſo ad melius omine, *Teneo te*, inquit, *Africa*. Svetonius in vita Cæſaris.

112,31 Pag. 74, verſ. 7. *Stulte quis es?*] Itâ ignotos compellare ſolebant veteres. Virgilius Æneid. VIII. verſ. 114.

—————— *Quò tenditis, inquit,*
Qui genus? unde domo? pacemq; huc fertis, an arma?

Alcimus Avitus Lib. IV.

Qui genus? undè patres?

Et Græci: τίς πόθεν; εἰς ἀνδρῶν; πόθεν τοι πόλις, ἠδὲ τοκῆες.

36. *Optavi ſapere tantum*] Hunc quoq; locum, ſicut & alia multa Saxonis, vitioſa corrupit interpunctio. Sic etenim in prioribus erat (B) Editionibus: 112,

Optavi ſapere tantùm diſcrimina morum,
Luſtravi varium per loca nactus iter.

Quis jam hic tàm Oedipus eſt, qui ſanum aliquem ex his verbis ſenſum elicere poterit? niſi ſi faculâ diſtinctionis adhibitâ, ità mecum legat:

Optavi ſapere tantùm, diſcrimina morum
Luſtravi, varium per loca nactus iter.

Hoc vult dicere Ericus: Hæc mihi ſumma votorum, ſumma currarum ſemper fuit, ut ſuprà (C) vulgus ſaperem, & civilem aliquam mihi prudentiam compararem. Eam verè non exiguam conſecutus videor; quippe qui varias peragrando regiones, multarum gentium, nationumq; mores ac ingenia accuratè exploravi atq; expertus ſum: non ſecus ac ille apud Horatium:

Qui mores hominum multorum vidit & urbes,

adeò ut non ſim neſcius, ſed probe internoſcere queam & diſcernere, quid diſtent erva lupinis, (D) quid ſit diſcriminis inter ſapientem & ſtultum, inter malum & bonæ frugis hominem.

20. *Remorum ductus velorum vincitur uſu*] Forte tale aliquod vulgo jactatum fuit olim Proverbium, quale extat in Anonymi Chronico Norvagico: quod utinam diutius non invideret nobis, Vir ad omnem humanitatem factus, & reconditæ eruditionis, Joh. Kirchmanus, amicus meus: ᛒᛁᚦᛅᚾᚦᚢᚱ ᛒᛁᚱ (E) ᛂᛁᚵᛅ ᛂᚱ ᛒᚱᛅᚦᛂᚱ ᚼᛅᚾᚦᛅᚱᚯᚦᚢᚱ. Bydandur byr eiga er brader handarødur: *Expectantes ventum ſecundum, feſtinantius properant, quàm remigantes*: de kommer ſnarere frem ſom Seiler / end de der Roer. 113

23. *Iſtas ore premi conſtat, at illa manu*] Obſcurior nonnihil hic locus, niſi ſi quis ad genuinum proverbialis hujus locutionis ſenſum, animum diligentius advertat. Comparationem inſtituit noſter inter *mendacium* & *tempeſtatem*, (F) edocere nos cupiens, non minori damno mendacia homines afficere, quàm miſeros nautas ſævientem in mari tempeſtatem. *Tempeſtas* etenim paucas quaſdam naves disjicit, funditusq; evertit; ſed *mendacium* regnis, urbibus, totisq; nationibus perniciem adfert. Porro ſicut freta remigiis, quæ manibus premuntur & agitantur, urgente tempeſtate pulſantur; ità & *terræ*, hoc eſt, variæ gentes & nationes *premuntur*, & interdum opprimuntur, *ore*, id eſt, mendaci linguâ, ſeu menda- 113

mendacio, quod ore profertur. *Neq; enim manuum vi duntaxat, sed linguâ, æquè ac acuto gladio, jugulari inimicos,* rectè monuit Emanuel Comnenus apud Nicet. Chon. Lib. V. Et Demosthenes Oratione de falsâ legatione: *Nullâ re populus lædi gravius potest, quàm audiendis mendacijs.* Hinc verè Petronius in Trojæ halosi vocat *Mendacium in damna potens.*

13,9 *26. Sorde gravis putes*] Vanum hominem, & nullius frugi, suâ linguâ, veteres Dani probrosè appellabant ᛂᚿᚦᛂᛘᛂ, Endeme/ id est, Sterquilinium, & ᚦᚼᚱᛂᛋᛂ, Ohrese/ quæ vox propriè ramenta & quisquilias significat, item lutum, sordes. Hinc per contemptum & convicium vilem aliquem, despectum, & abjectissimum mortalium; præcipuè quando aliquis stultè loqui ausus fuerat, ità compellabant: ᚼᛂᛁᚱ ᛂᚿᚦᛂᛘᛂ, Heyr Endeme/ id est, audi cœnum. I Jarla Sogu: thall Jarl sagdi: Heyr Endeme/ id est, audi sterquilinium. Bua Søgu: En hitt Ohræsid er thar sita a stølnum og hlyder a tall manna. Men det andet Skarn/ som der sidder paa Stolen/ oc hører paa Folckens tale. Hodieq; nobis eadem formula in usu in convicijs est, quum hominem nullius frugi nominamus det Skarn/ det Møg; Hand er eet skarn/ eet møg/ eet droog/ etc. Itidem Romani olìm loquebantur, hominem impurum, flagitiosum & sceleribus coopertum appellantes *lutum, cœnum, labem, sordes.* Tullius Oratione pro P. Sextio de Calpurnio Pisone: *Habeo, quem opponam labi illi atq; cœno.* Et in L. Pisonem: *O Pestis, ô scelus, ô labes.* & eâdem Oratione: *ô tenebræ, ô lutum, ô sordes!* & mox: *Cùm se Philosophum esse diceret, istius impurissimæ atq; intemperatissimæ pecudis cœno ac sordibus inquinavit.* Plautus in Persa, Sc. *curate*

——— Eho lutum lenonium
Commixtum cœno sterquilinium publicum,
Impure, inhoneste, injurie, illex, labes populi.

Item:

Possum te facere, ut argentum accipias, lutum?

Catullus Epist. XXXIX.

Non assis facis, ô lutum, ô lupanar,
Aut si perditius pote est quid esse.

13,27 44. *Esca feris, avidæ præda futurus avi*] Minatur Grep Erico ipsius sepulturam *in Volucrum potestatem fore,* quod Augustus olim respondisse dicitur captivo cuidam suppliciter sepulturam precanti; innuens, aves facultatem habituras cadaver relictum discerpendi & recondendi intrà ventrem, tanquàm sepulchrum. Qualem sepulturam Curioni tribuit Lucanus Lib. IV.

——— Libycas en nobile corpus
Pascit aves, nullo contectus Curio busto.

Et Euryalo Virgilius Æneid. IX.

Heu, terrâ ignotâ, canibus data præda Latinis,
Alitibusq; jaces ———

Quanquam mos, imò honos fuerit alijs gentibus, ut Caspijs, Iberis, Barchœis, Indis, Persis, Parthis, inhumata cadavera abjicere. Cl. Vir Berneggerus ad Sveton. August. Cap. XIII. Apud Iberos Vultures erant pro sepulchro. Unde Silius in XVI. Punic.

Tellure, ut perhibent, is mos antiquus, Iberâ,
Exanima obscœnus consumit corpora vultur.

53. *Non ego reginam*] Suo ipsius indicio perijt Sorex. Ericus nullam planè injecit Reginæ mentionem à Greppo stupratæ, priusquàm ipse se prodat. Scilicet hæc vis malæ est conscientiæ, de quâ verè Polybius in fragmentis: Οὐδεὶς οὕτως οὔτε μάρτυς ἐστὶ φοβερὸς, οὔτε κατήγορος δεινὸς, ὡς ἡ σύνεσις, ἡ κατοικοῦσα ταῖς ἑκάστων ψυχαῖς: *Nullus neq; testis tàm formidabilis, neq; Judex tam gravis, quàm Conscientia, quæ mentibus cujusquè insidet & inhabitat.* 113,36

Pag 75. vers. 6. *Decipitur, servum quisquis sibi poscit anicum*] Proverbium est, de fortissimo viro Grettero Asmundio servi negligentiâ decepto, prolatum & usurpatum: Illt er ad eyga thræl fyrer einka Win. *Inconsultum est, cui servitium in summa amicitia est. M. Brynolfus.* 114,2

13. *Improvida plerumq; nocere consilia*] Præcocium consiliorum infelix & tristis solet esse exitus. Hinc rectè Livius: *Consilijs,* inquit, *nulla res tàm inimica, quàm celeritas. Celer enim pœnitentia, sed eadem sera atque inutilis, sequitur, cum præcipitata raptim consilia, neq; in integrum restitui possunt.* Quare rectè præcipitur, ut antequam res magnæ, & ardua negotia suscipiantur, animus, repudiatis præcocibus actionibus, consilio maturo & prudenti in omnem eventum diligenter sit muniendus. Benè itaque Tacitus monet: *Omnes, qui magnarum rerum consilia suscipiunt, æstimare debent, an quod inchoatur, Reipubl. utile, IPSIS gloriosum, aut promptum effectu, aut certè non arduum sit.* 114,9

23. *Immolati dijs equi abscissum caput conto excipiens*] Heic denuo Magici cujusdam apparatus luculentam scenam habemus. Modus autem & formula talis maleficij peragendi hæc erat. Apud veteres Danos, juxtà ac Boreales ferè gentes omnes, Ethnicismi superstitionibus adhuc imbutas & incantationibus deditas, qui caput inimicis devovere, vel etiam qui hostilem impetum à se & fortunis suis averruncare, cupiebat, contum quendam, sive oblongam hastam ex corylo, vel alia quavis arbore, sibi anteà ritè conficiebat. Hujus hastæ summitati cranium equi, quem prius dijs inferis solenni sacrificio immolaverat, cadaveri abscissum ità infigebat, ut distentis faucibus, hiantiq; rictu, ingentem terrorem visentibus incuteret. Hanc deinde hastam *Runis,* id est, magicis characteribus inscriptam, in colle, seu alio quocunq; loco editiore, interdum etiàm in promontorio aut Isthmo, qui è diametro oppositus erat regioni 114,18

isti, sive loco, in quo hostis versabatur, vel per quem eum irrupturum putabat, erigebat, adhibitâ insuper certâ diræ imprecationis formulâ. Hunc contũ nominabant ᚾᛁᚦᛋᛏᛅᚾᚴ, Niidstong/ hoc est, Hastam imprecatoriam; à ᚾᛁᚦ, Niid/ quod priscâ linguâ Danica significat diram imprecationem, & ᛋᛏᛅᚾᚴ, Stong/ id est, contus, hasta. Inde formula loquendi, At opsette/eller reise/ Niidstang mod een. hoc est, contum, seu hastam imprecatoriam, vel mali voti, adversus aliquem erigere. Illustre hujus rei exemplum extat in Historia antiquâ Egilli Skallegrimi, quæ EGLA veteribus dicta est; cujus meminit Glossarium priscæ Linguæ Danicæ, quod penes me est, MS. hunc in modum: Egill Skallagrimson riste niid Eirycke Konge. det er: Egill Skallegrimson reiste forbandelse mod Erick Konge; nemlig som efterfølger: Han tok i hond sien hesleslong/ og gick fram a Bergnos eina/ tha er viiste til lands up/ tha tok han Hroshofud/ og veitta thar formåla/ og mållte suo: Hier set eg up niidstong/ og sny eg thettu niid a hond Eirycke Konge og Gunhillde: sny eg thessu niid a landvætter/ ther er thetta land byggia/ so ad allar fare ther a villa vega/ ad einge hitte sitt inne/ fyr een ther reka ur lande Eirycke Kong/ og Gunhillde: Epter thad staut han nider stonginemi Biargrifu eina/ og let thar standa: hand suere Hroshofud land up/ en riist Runa a stonginem/ og sagdi thar thennann formåla. Det er: Hand tog sig i Haand Hesselstang/ oc gick frem for en Bieranæs/ som viiste op til Landet/ da tog hand et Horse Hoffuet/ oc giorde denne Fortale: Her opsetter Jeg Niidstang/ oc vender Jeg dette Niid Kong Erick och Gunhilde/ til haande. Jeg vender dette Niid paa Lande/ oc alle de som boe i dette Land/ Saa at de skulde alle fare paa villde weye oc ingen skulde kunde finde sin Bolig/ førend de driffue Kong Erick oc Gunhilld aff Landet. Effter det stiod hand stangen neder i en Biergreffue/ oc lod den staa der: Siden vente hand Horse Hoffuedet op til Landet/ oc riistede Runer paa stangen/ oc sagde der denne Fortale/ etc. Oc stackit der effter bleff Erick meget hadelig aff alle/ oc rømbte aff Landet.

114,22 27. *Obscœnitatis apparatum*] Ità propriè expressit noster vocem antiquam ᚾᛁᚦᛁᚾᚴᛋ-ᛣᛅᛒᚢᚱ, Nidingskapur/ quæ infamiam & nefandum scelus significat. Exemplum suggerit Glossarium modò laudatum ᚾᛁᚦᛁᚾᚴᛋ-ᚢᛁᚱᛦ, Nidingswerk/ detestanda scelera, quorum mentio occurrit etiam in Codicibus legum Danicarum.

115,1 47. *Nudum habere tergum fraternitatis inopem*] Hoc est, subsidio fraterno destitutum. Statius IV. Thebaid. *Inops comitum.* Tacitus VI. Annal. *Inops sociorum.* Apulejus de Deo Socratis: *Inops veritatis.* Et Apologia: *Omnium peccatorum inops.* Prudentius Hamartig. vers. 364. *Mens vulgi rationis inops.* Et Psychomach. v. 12. *Magnarum virtutum inopes.* Hilarius Genesi: *Qui natalis inops.* Ubi vide elegantissimæ eruditionis Weitzium, pag. 26.

25. *Ardebat intra ædem ignis*] Non est, quòd hoc tempestati Saxo ascribat, quod in priscis monumentis, sine temporis mentione passim occurrit. Amarunt antiqui Heroës ad focum epulari, quem in medio pavimento, secundum ædis longitudinem, aluerunt: ipsi cum senatu, optimatibus, & legatis, in interiore domus parte, & loco sublimiore considentes, inferius utrinq; ad focum satellites & ministri. Crebrò antiquitates Lång-ellda meminerunt, hoc est, *longorum ignium*; & crebrò, ellda brenna a Studum/ id est, *ignes in lignis splendidè arsisse* narrant. *M. Brynolfus.* 115,5

52. *Ignis vultui temporis haud indebitus*] Κατάχρησις est hic nimis dura. Ità durius dicitur πρόσωπον ὀρανοῦ: quomodo Evangelista Matthæus loquitur Cap. XVI. Cui simile est, quod Ovidius initio Metamorphos. *Naturæ vultum* dixit. Item Virgilius nunc *feris* tribuit vultum, nunc *mari*. 115,5

Pag. 76. vers. 19. *A Rennesö prodij*] Inter insulas, quæ magno numero fretum Buchenfiord/ quod civitatem Norvegiæ Stavangriam alluit, complent, unam hoc nomine Rennesø animadverti exstare in Tabula Chorographica Diœcesis Stavangriensis, editâ ante annos XXVII. à Viro Clarissimo, & insigni Mathematico, M. Laurentio Scavenio; quæ forsitan illa esse poterit, è quâ se prodijsse hic commemorat Ericus, Et infrà, Rennesø/ disertim insulam fuisse tradit. Et vero totus hic sermo Erici plane ænigmaticus; quo tamen nihil aliud indigitare existimo, quàm iter illud maritimum à se in Daniam cum fratre Rollero susceptum. 115,2

Pag. 77. vers. 8. *Nec diu manum ictu exhilarari solere*] Hodieq; regium hoc dictum Islandis in ore est, quoties significant, intempestivè quempiam jus suum manu persequi: Stutta Stund verdur hond hogge feigen: hoc est, *Breve, nec diu est, cum ob ictum illatum manus exultat. M. Brynolfus.* 116,2

16. *Laboranti optima est mali mora*] Adagium itidem est, quod viget, quoties in magnis & impendentibus malis, in dilatione & incertitudine eventus requirimus: Frestur er a Illu bestur. Vel, Frest er a Illu best. *M. Brynolfus.* 116,3

24. *Campum gelati maris*] Eleganter & Poëticè dictum. Sic non absimili loquendi modo Virgilius *liquentes campos*, pro *mari* dixit VI. Æneid. Et Ovidius Lib. 1. Metamorph. *Latum aquarum campum.* Iterum Virgilius VI. Ænid. *Latum aëris campum.* 117,3

30. *Nec pœnam infligendum esse*] Græcismus est evidentissimus, quo usos video antiquos sæpe, 117,9

sæpè, non Poëtas modo, sed alios etiam scriptores. Varro Lib. 3. de re Rusticâ: *Acus substernendum gallinis parturientibus.* Virgilius:

——— pacem Trojano à rege petendum.

Cicero in Catone Majore: *Volumus sanè nisi molestum, Cato, tanquàm longam aliquam viam confeceris, quam nobis quoq; ingrediundum sit.* Varro eodem libro ferè ità: *Eas horas substernendum paleâ.* Sic Lucretius Lib. 1. v. 23.

Æternas quoniam pœnas in morte timendum.

Et ibidem vers. 18.

Multa novis verbis præsertìm cum sit agendum.

Pag. 13.

Aut igitur motu privandum est corpora quæq;.

Id quod Græci dicerent: φοβητέον τὰς ποινάς, πρακτέον πολλά, τὰ σώματα στερητέον. Plures ejusmodi formulas congessit Obertus Gifanius in conlectaneis ad Lucretium.

7,11 32. *Epulaturi in convivio militis*] *Miles* hoc loco per Synecdochen numeri, & quidem Singularis pro plurali, positum est, pro *Militibus*: ut mox: *Assoletne Gótari miles?* Eundem ad modum loqui amat Florus Lib. 1. *Adactus miles suâ sponte jurejurando, nisi captâ urbe remearet.* Et Lib. II. *Sic redacto in disciplinam milite commissa acies.* Et Lib. IV. de voce, quâ usus Cæsar: *Miles, faciem feri.* Ità & *Eques* pro *Equitibus* in eodem ponitur, Lib. 2. *Quippè nebulâ lacus, palustribus virgultis tectus eques.* De hujusmodi sermone ità B. Augustinus Lib. 2. Locutionum S. Scripturæ, qui de Exodo est: *Et extendit Aaron manum super aquam Ægypti, & eduxit ranas, & educta est rana, & operuit terram. Repetitio à Plurali ad singularem numerum trajecta est. Nam utiq; rana pro multitudine ranarum positum est. Nescio, quo autem modo, per loquendi consuetudinem, imbutis sensibus hominibus sæpè plus videtur, quod Singulariter, quàm quod Pluraliter dicitur. Nam plus accipitur, cum dicitur, verbi causâ: Est illic miles, quàm sunt illic milites; est illic piscis, quàm sunt illic pisces.*

7,29 50. *Nemo non natum*] Ità scitè expressit Proverbia illa Danica hodieq; in vulgus nota: Hart er wfød Hest at binde ved Krybbe. Et, Ont er at baase for wfød Fee. Quorum postremum versu planè barbaro, ut omnia, reddidit Petrus Laglandicus (vulgò Lolle) Legista, Parabolarum Fol. 58.

Non natæ pecudi rude fit bostaria cudi.

Ubi *Bostaria*, bovis stabula, interpretatur Ascensius, in Notis ad istum authorem. Sensum autem horum adagiorum fortè Metahpysicum hoc Axioma revelabit: *Non entis nulla datur affectio*, sive, *nulla sunt accidentia.*

118,6 Pag. 78. vers. 12. *Inania pacta revocare*] Consentit πολυθρύλλητον illud: *In malè promissis haud turpe est fidem rescindere.*

118,7 Ibid. *Maturitati potiùs quàm inconstantiæ*] *Maturitas* hic est prudentia. Usus est eodem significatu Ammianus Marcellinus Lib. XIV. pag. 3. *Ipse quoq; arrogantis ingenij incitationem ejus ad multorum augeri discrimina, non maturitate vel consilijs mitigabat.*

15. *Crustatum glacie æquor*] Ammianus Marcellinus Lib. XIV. pag. 57. *Hyeme verò humus crustata frigoribus, & tanquàm levigata, ideoq; labilis, incessum præcipitantem impellit.* 118,9

20. *Altercandi collibitum sibi fore certamen*] Id Veteres Dani nominabant ᛅᚱᚦᛅᚼᚾᛁᛒᛒᛁᚾᚴ, Ordahnipping. Gloss. Island. MS. ᛅᚱᚦᛅᚼᚾᛁᛒᛒᛁᚾᚴᚢᚱ, Ordahnippingur / Verborum pugnæ seu contentiones. 118,13

24. *Quando tuam limas*] Non injuriâ spurcum hoc, & honestis indignum auribus carmen, priscâ linguâ Danicâ ᚾᛁᚦ, Nid / appellares, de quo Glossarium Islandicum MS: ᚾᛁᚦ, NID, Neutr. Gen. Spurca Poesis, qualis apud Latinos, Martialis, Catulli, & consimilium. Rhyt. Minst er fryd sa mærdar smid / margan tid at yrkia Nid. id est, Minimè est pulchra ista Poesis, multoties edere obscœna carmina. Hinc ad Niida nockurn: id est, Obscœnis vel infamibus cantilenis aliquem lædere. Grettla: Morium totthi illa er han Nidde Haflida Bonda / det er: Dette tockttis Folck ilde / at hand quad slemme Viiser om Haflide Bonde. Dicitur etiam ᚾᛁᚦᛋᚴᛅᚱ, Nidskár / promptus ad tales cantilenas, & aliam infamem Poësin. Halfredur Saga: Halfredur var Skald thegar a unga aldre / og al nidskár. det er: Halfred var strax Skalldr in sin unge dage / oc meget rede til at quæde slemme Viiser. 118,18

29. *Remigijs homines*] Cl. Vir, & Philologus eminentissimus, Caspar Barthius, in literis ad me suis Anni cIↄ Iↄ CXXXIII. ex MS exemplari Saxonis nostri, ita hunc Versum emendat: *Videbantur*, inquit, *ævi sui pede benè hæc conciliata ire. At in optimo codice erat.* Res Veneris homines. *Scribendum vides*: Re Veneris. *Et ultimis verbis*: Quid ad hæc addere mas runit? *Omninò scribendum*, mas renuit? *Pessimè qui ediderunt primùm, non intellectis veteris scripturæ ductibus.* 118,23

30. *Motus quippe suos nam labor omnis habet*] Pleonasmus est, *quippe* & *nam*: quo tamen gaudent interdum Scriptores. Plautus Menæchmis Actus V. Sc. IX. *Vænibit uxor quoq; etiam.* Sic Florus Lib. 1. *rursus redire.* Svetonius in Vitâ Cæsar. Cap. 2. *rursus repetere.* Claudianus in Ruffin. 118,24

——— revocataq; secula rursus.

Justinus; *rursum recipere.* Livius; *Legati deinde posteà missi.* Barthius loco jam dicto: *Quarto versu ex usu seculi,* τὸ quippè *abundat, nè de mendo quis argutetur. Quo pacto positum invenies apud Augustinum pag. 29, Libri de gestis Pelagij. Guilielmum Armoricum Lib. IV. Philippidos, vers. 465, Historicos Nordmanniæ à Duchesnio editos. pag. 106, 108, 138. &c.*

Agoni-

119,2 46. *Agonizans Ericus*] Græcis Α'γὼν, *Certamen.* Unde ἀγωνίζομαι, *certo, pugno.* Hinc mediæ ætatis Scriptores formarunt Verbum Latinum *Agonizo,* eâdem significatione; & secundùm Papiam, *Agonizor.* Adamus Bremensis Lib. I. Cap. VIII. de S. Vinifrido, seu Bonifacio, primo Germanorum Apostolo: *Gesta ejus, à Discipulis plenariâ manu edita sunt; quæ eum ferunt agonizasse, cum aliis quinquaginta, & amplius, commilitonibus suis.*

119,3 47. *Arduum reor contra fortem fune contendere*] Quid si rescribamus *funem contendere?* ut propius ad certaminis formam respiciamus. Sic enim suadet nobis Proverbium hoc integrum adhuc & superstes: **Ill er ved Rammañ reip ad draga.** *M. Brynolfus.*

119,24 Ibid. *Perquam utile referens rebus integris incolumi redire curru*] Accedat hoc item ad proverbiorum nostratium censum: **Hollast er heilum wagne heim ad aka**: quod in alium sensum, verbis tamen ex parte retentis, Dani verterunt: **De haffue gott/ som kiøre med heele Vogne.** *M. Brynolfus.*

119,7 52. *Imagine profligatus*] Nî fallor, sensus erit: Consimili mortis genere, quo cæteri perierunt, peremptus. Sic infrà loquitur: *Quis hanc prior imaginem præbuit.*

120,6 37. *Frustrà volentem perire servastis*] Quasi diceret. Parvam à me refertis gratiam, qui mori cupientem prohibetis. Huc facit illud πολυθρύλητον: *Qui servat invitum, idem facit occidenti.* Item: *Invito non confertur beneficium.* At contrà Seneca Lib. 2. de Beneficiis: *Pulcherrimum opus est etiàm invitos nolentesq; servare.* Et Calpurnius Flaccus Declamat. XLI. *Misericordiæ maximum munus est servare nolentem.*

122,28 Pag. 81. vers. 37. *Suam nec dùm cautibus abstitisse fortunam*] Hoc est, fortunam adversam suam nondum planè expiatam; nondum adversâ fortunâ se defunctum; adhuc se in cautibus versari ac scopulis. *Absistere bello, absistere pugnâ,* antiquis usitatum est. Vicina huic locutio est Lucretii sub finem Lib. II. *ad scopulum ire,* pro ad interitum:

Nec tenet omnia paulatìm tabescere, & ire
Ad scopulum, spatio ætatis defessa vetusto.

Metaphorâ scilicet à navi sumptâ, quæ infligitur scopulo: quomodò rectè ad illum locum Dion. Lambinus, optimè de Lucretio meritus, commentatus est. pag. 286.

122,29 38. *Fascem labilem esse, qui vinculo non firmetur*] Proverbium antiquum tale fuit: **Lauß er bandlauß bagge.** *M. Bynolfus.*

122,35 44. *Manum siquidem capitis periculo objici*] Cum præsenti periculo occurrenti, vel ob vicinitatem, vel debitum naturæ, ignoscimus, & quodammodo excusamus, hoc proverbio uti convenit: **Skyllt er hende aff hoffde bera.** Quod

A hoc Rhythmo comprehendit avus maternus, Paulus Jonæ filius, Vir in illis talibus rari exempli: **Ill er hond sem aff ei ber/ eff ytar a hoffuded kasta**: *Turpe manus jactum quæ non defendit ab ore. M. Brynolfus.*

Pag. 82. vers. 38. *Litharfulki quoq; provinciam tradit*] ᚠᚢᛚᚴᛁ, **Fylke**/ seu juxtà veterem pronunciationem ᚠᚢᛚᚴᛁ, **Fulki**/ priscis Danis in usu fuit pro Normarchiâ, sive Provinciâ, B quam hodie **Læn** nominamus, sed adeò refertâ, locuplete, & copiosâ, ut justus inde exercitus colligi ac conscribi potuerit. Singulis ejusmodi provinciis unus summâ cum potestate præerat Regulus. Propriè autem **at fylcke**/ aciem instruere significat; & **Fylcking**/ aciem instructam, sicut **Fylckingearm**/ cornu aciei dextrum vel sinistrum. Cæterùm tota olim Norvvegia in XXIII. **Fylckas**/ sive provincias, divisa fuit, quas hoc ordine recenset Chorographica Norvagiæ C Descriptio, ante decennium linguâ vernaculâ Hafniæ edita: 1. **Elfvar fylcke.** 2. **Vingulmorck fylke.** 3. **Raumaricks fylke.** 4. **Dalvig fylke.** 5. **Hadelands fylke.** 6. **Westfylda fylke.** 7. **Grenlands fylke.** 8. **Austaregda fylke.** 9. **Westeregda fylke.** 10. **Rygia fylke.** 11. **Sundherda fylke.** 12. **Hardenara fylke.** 13. **Nordhaurda fylke.** 14. **Sygna fylke.** 15. **Fiala fylke.** 16. **Firda fylke.** 17. **Sundmøra fylke.** 18. **Raumdola fylke.** 19. **Nordmøra fylke.** 20. **Tronheim fylke.** [sub D se comprehendens octo Provincias. I. **Auna fylke.** II. **Sparbyggia fylke.** III. **Werdøla fylke.** IV. **Skauna fylke.** V. **Stiørdals fylke.** VI. **Strinda fylke.** VII. **Gauldøla fylke.** VIII. **Orkdøla fylke.**] 21. **Naumdøla fylke.** 22. **Halogaland fylcke.** 23. **Findmarken.** Has inter non occurrit nostrum **Lithar fylke**; ideoq; legendum puto **Listar fylki**/ quæ nunc dicitur **Listelæn.**

Pag. 84. vers. 9. *Sclavorum mandatur irruptio*] 126,3
Mandatur hic positum pro *nunciatur*, significa-
E tione medii ævi Scriptoribus usitatâ. Gallus Confessor, Cap. XXII. *Serò quoq; cum factum est, ipsâ die apparuit Apostolis suis, & eis gaudia pacis mandans, insufflavit.* Ad quem locum ità Clariss. Vir, Caspar Barthius: Gaudia pacis mandans, *id est, Spiritus Sancti adventum nuncians. Pax enim, in Evangelio B. Johannis, Spiritum Sanctum notat. Mandare autem nunciare est illi seculo Scriptorum. Sic usurpant Sidonius, Ennodius, Fortunatus, Fulgen-*
F *tius, Marculfus Monachus, alii innumeri.* Alioquin *mandare* ejusdem commatis Scriptoribus *mittere*, *ablegare* significat. Fulgentius Fab. XLV. *Postquàm in Thraciam redit, Philomelam mandat ad Lynceum Regem.*

42. *Regem deindè manum spargere hortatus*] 126,3
Manum spargere, id est, exercitum dividere: quomodo *bellum spargere* dixit Silius Italicus, Lib. IX.

Scindent se turmæ, prædicit spargere bellum.

Et

Et *agmina spargere* Lucanus Lib. VI.

Ipse quoq; à tutâ deducens agmina petrâ
Diversis spargit tumulis, ut Cæsaris arma
Laxet, & effuso claudentem milite tendat.

Q. Curtius sub initium Lib. VIII. *Cùm propter vagum hostem spargendæ manus essent, in tres partes divisit exercitum.*

6,38 *46. Ut compendij gratiâ complanasse montes*] In eandem sententiam de Xerxe loquitur Justinus Lib. II, qui *fiducia virium, veluti naturæ ipsius dominus, & montes in planum deducebat, & convexa vallium æquabat, & quædam maria pontibus sternebat, quædam ad navigationes commodum per compendium ducebat.*

27,6 *53. Quisquis primam feliciter militiam gesserit*] In primo certamine & conflictu cum hoste parta victoria, vel opinio virtutis, magnum ad terrendum hostem, & ad totum reliquum bellum conficiendum, illiusq; victoriam, posteà momentum habet & affert. *Bella* etiam ut plurimùm *famâ constant*: & timetur ille potissimum, qui sibi jam opinionem virtutis ac strenuitatis comparavit. Unde Janus Gruterus in Commentar. super aliquot loca Taciti: *Pro belli initijs Dux aut timetur aut spernitur.* Adeò ab initijs haud temerè præsumitur de fine. Et per initia sæpè de eventu decernitur. Hinc etiam Tacitus memorat de Cæcina Lib. 2. Histor. *Consilia curasq; in oppugnationem Placentiæ magno terrore vertit: gnarus, ut initia belli provenissent, famam in cætera fore.* Et in Vita Agricolæ: *Cæsâq; propè universâ gente, non ignarus, instandum famæ; ac prout prima cessissent, fore universa.*

27,30 Pag. 85. vers. 22. *Quarum præsens quasdam ritus usurpat*] Paucas admodùm ex legibus hisce Frothonianis hodierna apud nos consvetudo celebrat: sed maximam partem vel sunt prorsus abolitæ, inq; desuetudinem venerunt; vel hodieq; in usu sunt, sed quo ad formam, si non quà materiam, immutatæ. Sic illa quæ ordine Septima Lex est de Fure impunè non dimittendo, extat in Volumine Legum Cimbricarum, Cap. XCI. Lib. II. sub hoc titulo: **Bonden maa en lade Tyff lobe.** Illam verò, quæ sequitur, de fuga non capessenda, non tàm expressa legis scripta verba, quàm ipse pudor & honestas confirmat. Jam eas quod attinet leges, quas Frotho in Daniam rediens tulit, ejus, quæ ordine secunda est, de fœminâ liberâ amittente libertatem, si servum duxerit, exemplar exstat in *Recessu* Christiani III, Regis Daniæ, Articulo XXXVI. **Om frij Quinde tager wfrij Mand.** Tertia item, quæ mox subjungitur, de eâ ducenda, cui vitium primus attulit, confirmatur Novellis Constitutionibus Friderici II. Regis Daniæ, Tit. de Stuprat. Virg. nec non Legg. Cimbricar. Lib. 1. Cap. XXXIII. & Lib. 2. Cap. XVI. XVII. XVIII. Octava deniq; de eo, qui ad exequendum Regis Imperium ob animi contumaciam piger extiterit, Nobiles hodieq; aliquâ ex parte

A obligat, sicut videre licet in Recessu Christiani III. Articulo II. §.2. **At Adelen skal vere plictig/ at vere Kongen hørig oc lydig/ oc tiene med Hest oc Harnisk/ oc affverie Kongens oc Rigens Skade.**

26. Dignitatis causâ captivum concessit aurum] 127,33 *Aurum captivum*, opes significat ab hoste captas: quomodo *agros captivos* olim dixit Tacitus Annal. Lib. 12. *Captivam vestem* Virgilius; *Captiva thura* Ovidius in Fastis: *Captivum ebur* Horatius Epistol. 2. & noster mox infrà: B *Captiva navigia.*

33. *Si quis in acie primus fugam capesseret*] Digestor. 128,1 Lib. XLIX. Tit. XVI. §. VI. *Qui in acie prior fugam fecit spectantibus militibus, propter exemplum capite puniendus est.* Quam Legem mihi suppeditavit Excellentissimus Vir, D. Henricus Ernstius, Collega meus plurimùm honorandus. Ἀισχρὸν τὸ φεύγειν: *Turpe est pedibus vitam redimere.* Aristid. Orat. 2. Manuel Comnenus apud Nicetâ, Lib. II. C Θάρσος γὰρ μερόπεσσι μέγα κλέος, φύζα δ' ὄνειδος: *Fortitudo enim ingens hominibus gloria, sed fuga dedecus.* Cointus Smyrnæus Lib. VI, v. 46. Calvinus Domitius, primipili Centurionem nomine Vibillium, ob turpem ex âcie fugam, fuste percussit. Vellejus Paterculus Lib. 2. Historiar. Crassus quingentos primos, à quibus initium fugæ ortum fuerat, decimavit. Plutarchus in Crasso. Hinc Polybius Lib. 3. *Est hoc unum ex institutis disciplinæ militaris apud Romanos, quod diligentissimè observant, NON FUGERE,* D *neq; ordines deserere.*

40 *Quamcunq; primitùs cognovissent*] *Cognoscere* Latinis Scriptoribus est de nuptiis verbis. 128,8 Ovidius Epist. VI. Heroid.

Turpiter illa virum cognovit adultera virgo.

Lampridius Alagabalo: *Antonino Caracallæ stupro cognita.* Eutropius Lib. VII. de Caligula: *Stupra Sororibus intulit, ex una etiàm filiam cognovit.* Sed etiàm Græcis: Plutarchus in Evmene E non longè à principio: Βαρσίνην γὰρ τὴν Ἀρταβάζου πρώτην, ἐν Ἀσίᾳ γνοὺς ὁ Ἀλέξανδρος ἐξ ἧς υἱὸν ἔσχεν Ἡρακλέα. In Alexandro: Οὔτε τούτων ἔθιγεν scil: τῶν γυναικῶν, οὔτε ἄλλην ἔγνω γυναῖκα πρὸ γάμου πλὴν Βαρσίνης. In Pompejo. Ὅσαι δὲ τῶν Μιθριδάτου παλλακίδων ἀνήχθησαν οὐδεμίαν ἔγνω. Imò & Hebræi, ad significandum viri cum muliere congressum, hoc verbo utuntur, ut mille patet Sacrorum Bi- F bliorum locis. Videatur Caspar Barthius Advers. Lib. XXIII. Cap. 9.

Ibid. *Ducendi legem inflixit*] Lex divina 128,9 Deuteronom. Cap. XXII. v. 28. *Si invenerit vir puellam virginem, quæ non habet sponsum &, apprehendens concubuerit cum illa, & res ad judicium venerit. v. 29. Dabit, qui dormivit cum ea, patri puellæ quinquaginta siclos argenti, & habebit eam uxorem, quia humiliavit illam, non poterit dimittere eam cunctis diebus vitæ suæ.* Jus Canon. Cap. 1. de Adult.

Sagitta

128,19 49. *Sagitta lignea ferreæ speciem habens*] Apud Veteres Islandos conventus habendi signum erat ᚦᛅᚱᛋ ᚼᛅᛘᛅᚱ, Thors hamar/ *Malleus Thor Deastri.* Deindè post annum à nato Christo millesimum, quum jam in fidem Christianam jurassent, pro ejus temporis religione, *Crux lignea*, quam quilibet Colonus ad suum vicinum perferret, die, loco, & causâ conventus indictis; cujus signi neglecti aut intermissi certa pœna. Posteà in usu fuit ad cogendos provinciales conventus, *forma securis Norvagicæ lignea*, eâdem ratione circumlata inter provinciales concives, ut de cruce lignea jam dictum. Conventus autem, quem hæres occisi intrà triduum cogebat ad sepulcrum cadaveris, index fuit *telum ligneum.* Arngrimus Jonas Islandus, Rerum Islandicarum Lib. I. Cap. III.

128,29 Pag. 86. vers. 6. *De qualibet verò controversiâ ferro decerni sanxit*] Sensus est, Frotho Rex, inter alias leges, hanc etiàm tulit, quâ nimirùm sanxit, ut subditi sui inposterum lites armis dirimerent, & pleraq; causarum judicia duello, sive singulari certamine, decernerent. Quæ consvetudo primùm abrogata legitur à Rege Danorum *Svenone* cognomento *Tivveskeg*, in ejus locum substituto ferri candentis usu: ut tradit Saxo Lib. X. donec eam funditus everteret Haraldus, qui non armorum usu, neq; testium, sed solâ sacramenti fide & jurejurando defendendi potestate subniti voluit: prout verba Saxonis habent Lib. XI. Talis etiàm *Lex* fuit *Gundebadica*, à Burgundiæ Principibus lata; quam ut planè impiam, atq; scelestam abolendam esse, Epistolâ verè lectu dignissimâ suadet S. Agobardus, Episcopus Lugdunensis fol. 103. Cæterùm hìc locus postulare videtur, ut de varijs *probationum*, sive *purgationum* modis, nonnihil inpræsens, quantum fert ratio instituti nostri, agamus. Varia igitur olim apud varias gentes *Probationum*, sive *purgationum* genera fuerunt; quibus veritas culpæ, vel innocentiæ, decidenda permittebatur. Nulla verò frequentior erat *Monomachia*, quod *duellum* vocant; Saxo *Singularem congressionem*; Agobardus *Singulare certamen.* Cujus inventionem quidam Mantinæis tribuunt; alij volunt antiquiorem esse. Sed post Barbarorum in Italiam irruptionem truculentus ille mos inolevit apud *Longobardos*, *Germanos*, *Francos*, *Anglos*, *Hispanos*, *Moschos*, & nostros quoq; *Danos.* Et extendebatur tàm ad causas criminales, quàm civiles. De hujusmodi purgatione illustria extant exempla apud Lambertum Schafnaburgensem, & alios Historicos. Fuit & purgatio vulgaris per *Ignem*, quæ triplex: per *rogum*, per *prunas*, per *ferrum ignitum*, hoc est, *vomeres*, sive *laminas*, vel *chirothecas candentes.* Ac *ferrum ignitum*, sive candens, quod attinet, meminère ejus variæ leges Septentrionalium. Apud Radevicum Lib. 1. Cap. 26. fit men-

A tio legis militaris, quâ Servus non deprehensus in furto, sed accusatus jubebatur vel domini juramento, vel igniti ferri judicio se purgare. Leges Francicæ & Longobardicæ jubebant per novem vomeres ignitos, homicidij accusatum se purgare. Sic & Sclavi ad veram religionem conversi offerebant criminosos Sacerdoti ferro vel vomeribus examinandos, ut habet Helmoldus Chronic. Sclavor. Lib. 1. Cap. 84. In Flandria quoq; hanc legem Philippus Comes tulit

B Ann. Christ. 1164. *Si quis vulnus in nocte acceptum alij imputaverit, ferro candenti se excusabit.* Mejerus in Chron. Flandriæ. Nostrates Sterß Jern appellabant: cujus etiàm Leges Scanicæ antiquissimæ fusè meminerunt. Exempla hujus purgationis suppeditant nobis passim Historicorum monumenta. Caroli III. Imperatoris uxor Richarda fuit insimulata adulterij; sed candenti ferro crimen diluit; Aventinus Lib. IV. Sic Cunigundam Henrici II. uxorem se

C purgasse constat, Crantzius Lib. IV. Saxon. Cap. 32. Emmam quoq; Angliæ Reginam nudis pedibus super ignitos vomeres, ad contestandam pudicitiam, ambulasse scribit Polydorus Virgilius Histor. Angl. Lib. 8. Inprimis singulare est, quod refert Saxo noster Lib. X. de Poppone; & Lib. XIII, de Haraldo Hibernico, de matronâ quadam in Rugiâ per injuriam à conjuge adulterij insimulatâ. Lib. XIV. Hunc morem Honorius Papa, ejus nominis III rectè

D abolevit. Nam isto modo purgare, non levis est Dei tentatio: quam tamen Deus optimus in multis tulit. Qui *rogum*, sive pyram ingressi probandæ innocentiæ causâ, multos recensent Historiæ. Paulus Æmilius Histor. Francor. Lib. 4. de Petro Massiliensi Episcopo videatur. Non dissimile fuit judicium per *prunas*; quas vel in sinum conjiciebant, vel manu ferebant, vel calcabant. Leontius in vita Joannis Eleemosynarij. Gregorius Turonensis Histor. Lib. II. Cap. I.

E Fiebat etiàm purgatio per *aquam* vel *calidam* vel *frigidam.* De *Calida* vel *fervente* constat receptum Legibus Longobardorum, Saxonum, Rhenariorum, & Frisiorum. Hanc aquam ore non bibebant, sed in eâ ad examen innocentiæ brachium nudum immergebant. Dictum est autem judicium ferventis aquæ *aënum*, seu potius *Æneum.* Hinc *mallari ad æneum* in Lege Salica, pro citari ad judicium ferventis aquæ. Dictum est etiam *Ordalium*, & *Judicium Dei*: quod

F tamen nomen commune fuit omnibus probationum modis. Qui plura de hoc argumenti genere scire desiderat, adeat Martinum Delrium, Disquisit. Magicar, Lib. IV. Cap. 6. Quæst. VI. Sect. 2. Henricum Spelmannum, Equitem Britannum, Glossarij Latino-barbari, pag. 118. Johannem Seldenum Libr. 2. Jani Angl. pag. 115. Nicolaum Hemmingium Commentar. in Psal. 15. p. 373. Jvonem Carnotensem Epist. 74. & ad eandem Notas Doctissimi Jureti,

Jureti. Cæterùm operæ duxi pretium heic nonnulla aſcribere de Judicio *Candentis ferri* ex codice LL. Scanicarum, Cap. XV. *Geſtaturus ferrum, lota manu, nihil debet contingere, priusquàm ferrum levet, nec caput, nec crines, nec aliquod veſtimentum, ne per tactum alicujus ſucci vel unguenti per fraudem potius, quàm per innocentiam, ferri candentis effugiat læſionem. Triplex autem ferri Judicium, quod uſus recipit, invenitur. Unum, quod in duodecim ignitis vomeribus calcandis conſiſtit. Eſt item aliud ferri judicium illi ſoli conveniens, qui pro furti crimine convenitur, quod* Trygß Jern *in linguâ patriâ nominatur, ab alveolo, qui per duodecim pedum veſtigia, debet à baculis, quibus ferrum ſuperponitur, elongari. Quod accenſum, prius præſtito ab adverſario juramento, quod* Aaſuoren Eed *appellatur, ſumptum à baculis, in ipſum alveolum nudâ manu debet immittere reus ipſe, & immiſſum, ſi fortè reſilierit, vel extrà ceciderit, reſumet iterùm, & pronunciet, donec ipſum ibi contigerit contineri. Eſt item tertium ferri Judicium, illis geſtaturis ferrum attinens, quibus prædicta judicia non incumbunt, quod ignitum ſumptum à baculis, reus ipſe, donec proceſſerit novem veſtigijs, deferre tenetur, & tunc primò à ſe jactare. A quo jactu ipſum lingua patria* Skuds Jern *appellat, & ſi dicatur ab adverſario inſufficienter vel minus legitimè detuliſſe, probet duobus teſtimonijs ſe deferendi modum legitimum obſervaſſe. Hoc eſt autem circà quodlibet ferri judicium obſervandum, ut nullum eorum debeat in ſeptimana, quæ diem feſtum habeat, exerceri. Duobus quidem primis diebus, in ſecunda, videlicet, & tertia feria, reus in pane & aqua & veſtimentis laneis jejunabit, & in quarta ſubibit judicium. Hoc completo in continenti, vel pedes, ſi vomeres calcati fuerint, vel manus, ſi ferrum geſtatum fuerit, panno aliquo involventur, cui diligenter aſtricto, ſigillum etiam apponetur, ne quid adveniat fraudulenter, quod vel poſſit extinguere uſtionem, vel auferre ſaltem apparentiam uſtionis. Hoc velamen in pedibus vel manibus usq; ad Sabbathum permanebit, eodem die coram actore adverſario usq; ad ſolis deſcenſum poſt meridiem expectando. Et ſi nec tunc advenerit, coram aſtantibus auferendum, qui ſtatim cum nudam manum, vel pedes, conſpexerint, vel innocentem reum, vel culpabilem judicabunt.*

129,28 45. *Quicquid contingit primò, ſemel accidit*] Involutus eſt ſermo, & mentis ſubobſcuræ; quæ hæc tamen eſſe videtur: Nullam fortunam ejus conſtantiæ eſſe, ut poſſis affirmare, nihil unquam ſequius obventurum; quin eam hujus naturam eſſe, quæ ludum omnem ludere ſoleat, ut nihil hèic inexſpectatum eſſe conveniat, quicquid unquam evenire poſſit. Noſtrum Proverbium eſt: Einu ſinne verdur allt fyrſt: id eſt, *Quicquid evenit, aliquando accidit. M. Brynolfus.*

129,36 53. *Ericus ſe ubiq; adventantem, nec usquam compertum vocitari*] Si divinare licet, forſitan Normannico idiomate dixit: Wiidkuæmur/ okiendur. *M. Brynolfus.*

Pag. 87. verſ. 3. *Nec hoſtem in ædibus opperitur*] Tale quid dixerat: Fer mot fiondum fiode ur ſoñde et ſier oyne innan gätta. Quod ſit de Rhythmo, veteribus uſitato, Liod dicto, quartum membrum: totum autem hoc Erici reſponſum, prius virtute continet. Vaka verdur/ vægnreke Siſſt i Sueffne ſigraſt vargar/ ut integrum Erici dictum, eodem genere, quo cæpit, deſinat. *M. Brynolfus.* 129,39

4. *Nemo ſtertendo victoriam cepit*] In eandem prorſus ſententiam Valerianus Cimelienſis, qui floruit ſub An. Chr. CDL. Libr. de Bono diſciplinæ, pag. XXIV. *Quis unquam otioſus trophæa compoſuit? aut quis circumſtantibus undiq; hoſtium legionibus, ad victoriam dormitando pervenit?* 130,1

13. *Earumq; quamlibet quina navium millia complectentem*] *Vocato ad rationem calculo, reperiuntur in agmine Hunnorum capita 9000000. Etenim ſex Claſſes, ſingulæ quinquies millenûm navium, comprehendunt naves 30000. Atq; hæ ſingulæ 300 habuerunt remiges: fuere ergò remigum ſeu militum 9000000, nongentæ myriades. Totus exercitus in millenarios ſeu chiliarchias diviſus, (ſic ut Chiliarchia contineat duodecies centena capita) comprehendit Chiliarchias 7500 conſtantes è quaternis alis. Proindè numerabantur alæ 30000, totidem ſcilicet, quot fuere naves. Atq; ità alam fuiſſe trecentorum militum, rectè enuntiatum eſt. Quod autem Millenario ſeu Chiliadi non mille, ſed duodecies centena capita incluſa ac cenſita ſunt, id non tantùm in re militari uſitatum fuit, ſed etiàm in Agrimenſoriâ. Nam Centurioni 120 milites ſuberant: Centuriam verò caſtrenſem Metatores 120 perticis conſtratis finiebant. Centuria etiam Urbana in aſſignationibus 120 comprehendebat jugera. Retinetur etiamnum & populariter uſurpatur hæc ſupputandi ratio in mercimoniorum, è Norvagia, viciniâq; venientium, dinumeratione. Centuria enim abjegnarum trabium, tigillorum, aſſerum, clavorum ferreorum, piſcium arefactorum, ſex continet εἰκάδας (*ſneſſe*) chilias 60 εἰκάδας, hoc eſt, 1200. Ingens hæc multitudo non usq; adeò mirabilis & incredibilis eſt æſtimanda. Nam in expeditione Xerxis longè plures fuiſſe homines memorantur. Stipendia enim facientium numerus fuit 5283220: onera autem geſtantium multitudinem nemo potuit comprehendere aut numerare. Tamberlani quoq; exercitus hunc longè ſuperavit.* Vir Clariſs. & mihi Collega amiciſſimus, Joh. Laurenbergius. 130,10

25. *A macro & tenui petendus eſt cibus*] Quoties parva & exigua contemnenda non eſſe docemus, uſus erit hujus Proverbij: aff Mogru ſtall mat haffa: ex macro etiàm convenit eſuriem ſatiare, nec ſemper opima & pinguia, flagitante potiſſimùm neceſſitate, exſpectanda. *M. Brynolfus.* 130,21

26. *Raró pingueſcet, qui cadit*] Adagium ſanè utile & elegans: quo ſcilicet denotare voluit, hos Rutenos, licet nunc abjecti contemptiq; vide- 130,21

L

viderentur, nec digni, in quibus vires regia claſſis experiretur; poſſe tamen conjunctos hoſtilibus copiis non ſolùm formidabiles, verùm etiàm exitiales exiſtere. Proinde occupandum eſſe, ne poſteà periculo erepti vires ſumerent. Quidvis enim de ſuperſtite & vivo fieri & expectari poſſe; mortuos hac eſſe conditione, ut indubitatum ſit, nihil pericula ex ijs timendum eſſe. Proinde ſatius eſſe hos mortuos, quàm vivos relinquere. Nobis hoc ſonat: **Stalldan ſittnar hynn ſallne.** *M. Brynolfus.*

130,22 27. *Neq; enim mordendi potens eſt, quem vaſtus occupaverit follis*] Tertium hoc ejusdem Proverbium eſt, quo ſignificat ἐξ ἐναντίας, mortuos nulla ratione vivis incommodare; ut prius à vivis cujuscunque conditionis timendum eſſe monuit. Nobis hoc ità ſonat: **Ecke biitur ſa J Belg liggur.** Vel: **Ecke biitur thad i belg liggur:** id eſt: quod ſacco incluſum contines, id te non mordet *M. Brynolfus.*

133,32 Pag. 88. verſ. 4. *Ne quis uxorem, niſi empticiam, duceret*] *Empticia uxor*, eſt, quam quis ſibi dato pretio, aut ſicut Romani ſolebant, *per æs & libram*, deſponſavit. Matrimonij emptio non modò apud Danos, ſed & Gothos, Francos, Romanos, aliasq; nationes, quondam fuit uſitatiſſima. Teſtis ipſe Saxo noſter Lib. VIII. *Jarmericus ex eo genitus, cum ſororibus admodùm parvulis, præda hoſtibus fuit: quarum altera Norvagienſibus, altera Germanis, quòd venalia quondam ſolebant eſſe connubia, pretio vendita eſt.* In Codice Legum antiquarum, quem bono ſeculi in lucem edidit Fridericus Lindenbrogius ICtus, Lex exſtat Wiſigothorum Tit IV. *Si inter Sponſum & Sponſæ parentes, aut cum ipſa forſitan muliere, quæ in ſuo conſiſtit arbitrio, DATO PRETIO, ſicut conſvetudo eſt, & antè hoſtes facto placito, de futuro conjugio facta fuerit definitio.* Lex Salica Tit. XLVI. de Sponſalitijs Viduarum: *Ille qui viduam accipere vult, cum tribus teſtibus, qui adprobare debent, tres ſolidos æquè penſantes & denarium habere debet, & hoc facto, ſi eis convenit, viduam accipiat.* Lex Saxonum Tit. VII. de Hæredibus & Viduis: *Qui Viduam ducere velit, offerat tutori pretium emptionis ejus, conſentientibus ad hoc propinquis ejus. Si tutor abnuerit, convertat ſe ad proximos ejus, & eorum conſenſu accipiat eam, paratam habens pecuniam, ut tutori ejus, ſi fortè dicere aliquid velit, dare poſſit; hoc eſt, ſolid. CCC.* Et alia de Conjugio Titulo, XVII. *Lito Regis liceat uxorem emere, ubicunq; voluerit, ſed non liceat ullam fœminam vendere.* Eſt autem *Litus* idem qui dediticius, ſeu homo Regis. Collectio Chron. ex Thoromacho apud Caniſium Tom. 2. Antiquar. Lect. pag, 681. *Eam ſe daturum ſpondet* [ſcilicet in matrimonium] *legato offerens ſolidum & denarium, ut mos erat Francorum, eam partibus Chlodovei deſponſavi. Solidus* autem quis fuerit, & cujus valoris, explicat Lex Saxonum Tit. XVIII. *Solidus, inquit, eſt duplex: Unus habet duos tremiſſes, qui*

A *eſt bos anniculus XII menſium vel ovis cum agno: alter ſolidus tres Semiſſes, id eſt, bos XVI menſium vel ovis cum agno: alter ſolidus tres ſemiſſes, id eſt, bos XVI menſium. VVeſtfalajorum & Angrariorum & Ooſtfalajorum ſolidus eſt, ſecalis ſceffila XXX, hordei XL, avenæ LX.* Cæterùm hic omitti non debent, quæ hunc ad locum in Conjectaneis ſuis obſervauit Cl. Vir, M. Brynolfus Svenonius. *Emptitiam*, inquit, *uxorem, hoc eſt liberam ac ingenuam, nè promiſcuis connubiis nativa ſobolis*
B *indoles pollueretur. Si enim uxoria dote emi dicerentur, illis certæ pecuniæ ſumma dotis cauſa aſſignabatur, atq; expenſa ferebatur: quod nunquam factum erat, niſi cum liberas uxores ducere ſe palam ſunt teſtificati. Hanc rem appellarunt* **ad kaupe munde:** *& uxorem hac ratione ductam* **Munde keyffta konu/** *hoc eſt, dote empticiam, ac proinde liberam ac legitimam uxorem, non concubinam aut ancillam. Attigit de moribus Germanorum Tacitus hoc modo:* Dotem non uxor marito, ſed uxori maritus offert.
C *Et poſt paulo:* In hæc munera uxor accipitur, atq; invicem ipſa armorum aliquid viro offert. Hoc maximum vinculum, hæc arcana ſacra, hos jugales deos arbitrantur.

7. *Supplicia abſciſſis corporis partibus lueret*] 133,3

Nempè vel genitalibus, vel naribus, vel auribus; quibus olim multatos fuiſſe adulteros, non pauca Hiſtoricorum nos edocent monumenta. Et quoniam hæc tàm commoda emerſit occaſio, operæ mihi videtur pretium exempla nonnulla
D de varijs adulterorum pœnis, ex Sacris juxta ac prophanis monumentis huc inpræſens congerere, quæ argumento ſint nobis, adulterij crimina apud omnes ferè nationes ſeverâ ſemper animadverſione coercita fuiſſe. Antiquiſſima adulterij pœna eſt, quam ab ipſo Jehova Opt. Max. promulgatam, cœleſtis ille aulæ Cancellarius Moiſes tradit Deuteron. Cap. XXII. v. 24. nimirùm, ut is qui Virgini vitium intuliſſet, *extra portam civitatis lapidibus obrueretur.* Apud
E Ægyptios, ei, qui mulierem liberam violaſſet, virilia exſecabantur: quoniam uno crimine tria haud parva ſcelera complexus eſſet, injuriam, corruptelam, & liberorum confuſionem. In adulterio ſpontaneo deprehenſus virgis cædebatur ad mille plagas; mulier naſo mutilabatur. Quo dedecore vultus maculatus eâ multaretur parte, quâ maximè facies exornatur. Joannes Boemius Lib. 1. de moribus Gentium pag. 44. Apud Græcos, primus Hyettus Argivus
F Molurum Ariſbantis filium, in uxoris adulterio deprehenſum, interfecit. Sed multò poſt Dracon, cùm Leges Athenis in magiſtratu ferret, de adulteris quoq; liberè capitis pœnas ſumi poſſe promulgavit. Pauſanias Lib. IX. Solonis lege deprehenſum mœchum interimere licebat. Plutarchus in ejus Vita. Apud Homerum Antinous Iro interminatur narium, aurium, & genitalium abſciſſionem, Odyſſ. 18. & 22 Apud Græcos quoq; Didymus tibicen teſticulis ſuſpenſus

ipensus ex nomine mulctam tulit. Laërtius in Diogene. In Tenedo lege erat sancitum, quam Tennes quidam tulerat, ut adulter securi percuteretur. Heraclides in Politijs. Hippomenes Archon Atheniensium IV. adulterum cum Limone filia deprehensum, equis discerpsit: hanc vinctam unà cum equo carceri inclusit, neutri alimentũ præbens. Unde equus actus in rabiem puellam vivam devoravit. Svidas in Ἱππωμένης. Apud Athenienses mœchi inopes deprehensi, quia non habebant in ære, luebant in pelle; itaq; publicè illis cinere calido inspersо, depilabant nates & pudenda: atq; id suppliciũ παρατιλμὸς dicebatur: meminitq; Aristophanes Pluto, & ibidem Scholiastes. Impingebant etiam rhaphanos in anum, atq; id Ῥαφανίδωσις & Ἀποραφανίδωσις dicebatur. Meminit idem Aristophanes in Nubibus: ubi etiam Scholiastes & auctores item alij. De hac pœna sic Svidas in voce Ῥαφανὶς. Ῥαφανιδωθῆναι, καὶ τέφρᾳ τιλθῆναι, παρὰ Ἀριστοφάνει, ἐπὶ τῶν ἀσελγῶν. οὕτω γὰρ τοὺς ἁλόντας μοιχοὺς ᾐκίζοντο. ῥαφανίδας λαμβάνοντες, καθίεσαν ἐπὶ τοὺς πρωκτοὺς τούτων. καὶ παρατίλλοντες αὐτοὺς, θερμὴν τέφραν ἐπέπαττον, βασάνους ἱκανὰς ἐργαζόμενοι. Hoc est: Ῥαφανιδωθῆναι, id est, *raphanis in podicem injectis puniri.* Et τέφρᾳ τιλθῆναι, est *evulsis pilis podicis cincere calido aspergi. De impudicis dicitur. Sic enim Mœchos in adulterio deprehensos fœdè tractabant. Raphanos capiebant, quos in eorum podices immittebant, & eos pilis evulsis nudabant, & calidos cineres aspergebant, eos abundè sic excruciantes.* Et rursus Aristophanes in Nubibus pag. 108. & 109. Scholiastes Annotat. 15. & pag. 109. Annot. 1. Zeleucus adulteros oculis privabat. Valerius Maximus Lib. VI. Cap. V. Apud Cumæos deprehensam in adulterio mulierem in forum producebant, & in lapide omnibus conspicuo sistebant, deindè asino impositam circà urbem circumducebant. Posteà rursùm in eodem lapide astare coacta, infamis per totam habebatur vitam, & vocabatur ὀνοβάτις. Lapidem autem ob eam rem, ut pollutum abominabantur. Plutarchus in Quæstion. Græcis, p. 520. Thuriensium Legibus rectè cautum erat, ne ulli cives in Comœdijs traducerentur, præterquàm adulteri & curiosi. Plutarchus de Curiositate p. m. 144 Lepreatæ adulteros comprehensos triduo per urbem vinctos circumducebant, & per totam vitã infames habebant. Mulierem autem adulteram indutã perlucidã veste sine cingulo, in foro per undecim dies statuebant, atq; ità ignominiâ notabant. Heraclides in Politijs p. 24. Gortynæ in civitate Cretæ adulter deprehensus, inq; judicium adductus, criminisq; convictus lanâ coronabatur. Hæc verò coronatio significabat, eum esse hominem mollem & effœminatum. Ælianus Lib. XII. Cap.

A 12. Variæ Historiæ. Sed & apud Romanos adulterij pœnam ex Catonis Oratione recitat Aulus Gellius Lib. X. Noct. Att. Cap. 23. quod fuerit jus marito *uxorem in adulterio deprehensam impunè necare.* Sempronius Musca C. Gallum deprehensum in adulterio flagellis cecîdit. C. Memmius L. Octavium similiter deprehensum nervis contudit. Carbo Accienus à Vibieno, item Pontius à P. Cernio deprehensi, castrati

B sunt. Valer. Maximus Lib. VI. Cap. I. De gravi hac pœnâ Horatius:

——————— Quin etiam illud
Accidit, ut cuidam testes, caudamq; salacem
Demeteret ferrum ———————

Apud Romanos etiàm, sicut & apud Athenienses, vetus mœchorum supplicium fuit *Mugile plecti.* Et autem *Mugilis* piscis magno capite, cætera gracilis, qui solebat ipsis adulteris per podicem vel anum immitti. Sed id privatim fa-

C ctum, & nullâ lege, ut apparet ex Catulli carmine ad Aurelium:

Ah tum te miserum, maliq; fati,
Quem attractis pedibus, patente portâ,
Percurrent raphaniq; mugilesq;.

Et cui ignota est *Lex Julia?* non tamen à Julio, sed ab Augusto lata, quæ pœnâ capitis omninò adulteros puniendos ædicit. Recentiorum Imperatorum Constitutionibus variè id interpolatum.

D Si quis enim per vim puellam depudicasset, jam alij pactam, ut adulter puniebatur, qui facinus perpetrârat: si vero ἀμνήστευτοι, tum ducere eam, licet pauperrimam, cogebatur. Quod si vero nuptias illa stupratoris non optaret, naribus abscissis triente bonorum reus mulctabatur. At vero si solis blandimentis in fraudem pellecta in Venerem consensisset, aut ducebat eam, aut suarum facultatum partem dabat: sin secùs, verberatus & tonsus relegabatur.

E Zonaras & Balsamon in Canon. Apost. 67. Eclogâ Βασιλικῶν Lib. LX. Harmenopulus Lib. XI. Tit. 3. Non absimile Græcorum scitum: ἢ γάμος, ἢ θάνατος, apud Aphthon. Sopatr. & Quintilian. in Controversijs. Apud Arabes aliasq; nationes, adulteris semper capitis pœna fuit. Strabo Lib. XVI. Eusebius Præparat. Evang. Lib. VI. Cap. 8. Saraceni seu Turcæ justitiæ exactores strenuissimi, in adulterio deprehensum cum adulterâ, absq; misericor-

F diâ, absq; morâ, lapidatione interficiunt. Johannes Boemus de moribus gentium. p. 124, Tartari similiter, licèt incontinentissimi omnium sint hominum, in adulterio tamen deprehensos, tàm Virum, quàm mulierem occidunt. Idem pag. 108. Indi virgines, quæ non castè vixerint, clavis cruci affigunt, & in fluvium dejiciunt Hydaspen: ut memorat Plutarchus Libello de Fluminibus. De Germanis ità Tacitus in

L 2

in Lib. de moribus German. *Paucissima in tam* A *numerosâ gente adulteria; quorum pœna præsens & maritis permissa. Accisis crinibus nudatam coram propinquis expellit domo maritus, ac per omnem vicum verbere agit: publicatæ enim pudicitiæ nulla venia.* Fridericus II. Imperator villicum jubebat mutilari vasis seminarijs, qui domini sui pedissequam & uxorem violaverat, ac corruperat: *ut ejus acerbæ, sed justæ vindictæ terrore, rustici, quin etiam quilibet familiares addiscerent luxuriæ suæ frænum imponere: & non tantùm in uxoribus domino-* B *rum, sed in focarijs etiam, cùm pudicitiâ fidem, & cum fide pudicitiam observare.* Petrus de Vineis Lib. V. Epist. Cap. 9. Luitbrandus Lib. VI. Cap. ult. *Presbyterulus, qui ad dominæ asseclas adhinnivit, virilibus amputatis dimittitur.* Nimirum uti quâ parte peccavit, eâdem multetur. Nicephorus Hist. II. *δι' ὧν γὰρ τις ἁμαρτάνει, δι' αὐτῶν ἢ παιδεύεται.* In LL. Alfridi Regis Cap. 25. *Servus si ancillam stupraverit, virga virilis ei præciditur.* Adulterorum pœnam apud Polonos C hanc fuisse scribit Dithmarus Episcopus Lib. VII. *In pontem mercati ductus* (adulter) *per follem testiculi clavo affigitur, & novaculâ propè positâ, aut moriendi, aut se de his absolvendi dura electio datur.* Et paulo post de Meretricibus, non leviora addit, quæ referre pudor vetat. Quin etiam Jure Græco-Rom. *οἱ κτηνοβάται* caulis abscissione plectebantur. Attaliat. Synop. Tit. 72. pag. 63. Saxones etiam Ethnici, si virgo in paternâ do- D mo, vel maritata sub conjuge, fuisset adulterata manu propriâ strangulatam cremabant; & suprà fossam sepultæ corruptorem suspendebant; aut cingulo tenus vestibus abscissis flagellabant eum castæ matronæ, & cultellis pungebant, & de villa in villam missæ accurrebant novæ flagellatrices, donec interimerent. Bonifacius Archiepiscopus in literis ad Ethelbaldum Regem Angliæ, apud Wilhelmum Mamelsbur. Lib. 1. pag. 28. Mavricius Dux Saxoniæ inter E alias salutares Leges, quas tulit Anno 1548, hæc etiam fuit, quâ adulteros gladio feriri jubet. Sleidanus p. 428. Lex Canuti Daniæ & Angliæ Regis extat Cap. 50. Uxor si vivo marito cum alio quocunq; corpus miscuerit, infamis omni tempore esto. Maritus res ejus habeto; mulieri verò tùm nasus, tùm auris præciduntor. Lindenbrogius in Glossario ad Codicem Legum Antiquarum, p. 1349. Apud Anglos quoque [teste Henrico de Bractonâ, antiquissimo Juris F Anglici Scriptore, cujus mentionem facit Johannes Seldenus, patriæ antiquitatis callentissimus, Lib. 1. Jani Anglorum, pag. 46.] eorum libidinem, qui intemeratæ pudicitiæ vim olim & vitium inferebant, *mantabat amissio membrorum, ut sit membrum pro membro. Quià virgo cum corrumpitur, membrum amittit, & ideò corruptor puniatur in eo, in quo deliquit. Oculos igitur amittat, propter aspectum decoris, quo Virginem concupivit: amittat & testiculos, qui calorem stupri induxerunt.* Nimirùm, *illam præcipuè partem,* ait Heraclides Ponticus in Allegorijs Homericis, *Legislatores consueverunt mutilare, quæ scelus commisit.*

Et pereant partes, quæ nocuére ———

canit aliquis. Festivè Martialis Lib. III. Epigr. 43.

Quis tibi persuasit nares abscindere mœcho?
Non hac peccatum est parte, marite, tibi.

Olim, ut est apud Ovid. Metamorph. Lib. VII.

Aut lignum, aut oculos, & quæ tibi membra pudorem
Abstulerant, ferro rapiam ——————

Et Plautus in Pœnulo:

ST. Facio quod manifestò mœchi haud fermè solent.
MI. Quid id est? ST. Refero vasa salva.

Sed nos latis exspatiati, ad lineas redeamus, quod dicitur, & in gradum.

Pag. 89. vers. 24. *Sundmoriam & Nordmoriam*] Hoc nomine duæ sunt hodieq; in Norvagia insignitæ provinciæ, divites, & incolis refertæ, multisq; hinc inde Insulis distinctæ, [Sunnmør / och Nordmør /] in Diœcesi Nidrosiensi sitæ. Antiquitus hæ provinciæ *Comitatum* complectebantur, cui summo cum imperio præerat Rolleri pater *Rangvaldus*, regnante Haraldo Pulchricomo, qui propterea More Jarl dictus est. Videatur descriptio Chorographica Norvagiæ linguâ vernaculâ Hafniæ edita, An. cIɔ Iɔ C XXXII. 132,2

26. *Jamtorum atq; Helsingorum Regem*] Pro *Jamitorum*, quod nobis priores obtruserant Editiones, omnino heic, sicut & paulo infrà scribendum duxi *Jamtorum*. Intelligit enim noster incolas duarum provinciarum *Jamtiæ & Helsingiæ* [Jamteland / och Helsingeland] quas olim Regibus Norvagiæ paruisse, rerum Norvagicarum Scriptores testantur. In utramq; vero provinciam primi Coloniam deduxerunt, pater & filius, ex Norvagia oriundi, *Kietillus Jamte & Thorus Helsing*: unde appellationem istæ provinciæ sortitæ sunt. Etenim regnante in Norvagia Haraldo Pulchricomo, qui nimis impotenter & crudeliter rem administravit publicam, multi Norvagiæ incolæ, ipsius tyrannidem fugientes, novas sedes quæsituri in varias terrarum oras, insulasq; longè dissitas, habitandi gratia, concesserunt: quæ res etiam *Kietillo* huic ex patriâ suâ aliò migrandi occasionem dedit; quem tamen Chronica Norvagica Oisteni Sveciæ Regis, qui Nidrosiensem Diœcesin occupaverat, metu *Jamtiam* incolere cœpisse commemorant: Kiettel Jamti heit madr / Son Anundar Jarls aff Sparabo Trantheimi. Hand flydde firi Oistein Jlrada / Svia Konung / austr om Kiol; hand ruddi marker / og bygdi dar / som heiter Jamtaland. Item, Son Keitels het Thorir Helsingir / er vid erkient Helsingaland tui ad hand bygdi /

hygdi / da en ad er Haraldr Harfagr ruddi ser til Rikis / etc. Hoc est: Kietillus Jamte *filius Arundi Comitis de Sparebo, provinciæ Trontheimensis, fugiens sævitiam Oisteni Ilrade, Sveciæ Regis* [qui districtum Trontheimensum per vim occupaverat] *versus orientalem partem montis, Kiól dicti, concessit, silvasq; exscindens, primus regionem illam, quæ nunc dicitur* Jamtelandia [*seu Jamtia*] *incolere cœpit. Ejus filius* Thorus Helsing *erat; cujus de nomine* Helsingia *dicta est; quòd primus ille, Haraldo Pulchricomo Rege, totam Norvagiam suam in potestatem redigere moliente, hanc provinciam novis incolis instruere cœpit.*

34,23 Pag. 90. vers. 23. *Alrico Sveonum Regi adversum Gestiblindum*] *Gestiblindus*, sivè potius, Giestur Blinde / linguâ Danica antiquâ, significat *Hospitem cæcum.* Quo nomine vetustissimi Islandorum Annales Regem celebrant, cui perpetuæ cum Sveonum Rege Heidrico [qui forsan est ipse Alricus, cujus hic mentionem facit Saxo] intercesserunt inimicitiæ, quæ tandem in apertum bellum eruperunt. Tradunt insuper monumenta Islandica evocatum aliquando fuisse ab Heidrico Gestiblindum, ut Logogriphis & Ænigmatis secum contenderet. Quum verò huic se certamini longè imparem agnosceret, Gestiblindus, Odino sacrificat, ipsumq; in subsidium advocat. Qui sub personâ Gestiblindi in aula Heidrici Regis comparens, varia proposuit Ænigmatâ; quæ ordine omnia soluit Heidricus, præter ultimum, ex quo ipsum Odinum adesse cognovit. Sed cum evaginato gladio eum impeteret, Odinus in formâ accipitris avolavit. Unde inter alia synonyma, quæ Odino assignat, etiam istud ᚵᛁᛋᛏᚢᚱ ᛒᛚᛁᚿᛏᛁ, Giestur blinde / ipsi contribuit. Cæterùm Ænigmata ista, Heidrico ab Odino proposita, penes me MS. asservantur, quæ fortasse olim cum Deo & die lucem videbunt publicam.

35,23 Pag. 91. vers. 10. *Humanæ siquidèm cupiditatis more, quo plura possederat plus, affectans*] Totidem ferè verbis Justinus Lib. VII. pag. 66. *Lacedæmonij more ingenij humani, quò plura habent, eò ampliora cupientes, non contenti accessione Atheniensium opum vires sibi duplicatas, totius Asiæ imperium affectare cœperunt.*

35,30 17. *Cum cane & equo terreno mandatur antro.*] Equum veteres Danorum Heroes ac Proceres tanquam bellatoris insigne, canem ceu venatoris, unà secum condi volebant, ut quibus in vita rebus ac studiis se oblectassent, iisdem in morte comitati deponerentur, aut etiam in altera vitâ ex illis usum exspectabant. Viva autem hæcce animalia sepulta esse credo. *M. Brynolfus.*

36,12 *Mala soli gravis uni manet omnis domus orbis*] Sensus est: Quum ego in horrendum hunc specum spontè me abdiderim, ut in ea cum amico meo Asuito vivus contumularer, odisse cœpi lucem, tenebrisq; adeò insuescere, ut amœnissima hæc orbis totius domus, quæ cæteris mortalibus suavis atq; jucunda esse solet, mihi uni & soli gravis, mala, atq; molesta permaneat. Eleganter vastam hanc mundi machinam cum domo pulcherrimâ comparat, ad exemplum multorum melioris notæ autorum. Ità Macrobius Lib. I. Cap. 23. mundum *deorum domum* vocat ex Platonis Timæo: Μένει ἡ ἑστία ἐν θεῶν οἴκῳ μόνη: *Terra sola manet immobilis intrà domum deorum*, id est, intrà mundum. Petrus Chrysologus Sermone CXLVIII. *Nonnè tota ista, quam vides, tibi facta est mundi domus?* Minutius Felix Octavio: *Nos gentes nationesq; distinguimus: Deo una domus est mundus hic totus.* Lactantius Lib. IV. Cap. XXIX. *Hic mundus una Dei domus est.* Et Senecæ de Beneficiis Lib. IV. Cap. XXIII. *Mundus humani generis domicilium dicitur.* Et Varroni Tellus *æviterna hominum domus.*

Pag. 92. vers. 9. *Perfodiq; nocens stipite corpus*] 136,36
Quoties infernali tenebrarum potestate factum est, ut mortuorum hominum corpora suscitata, mala damna darent; [quod sæpius in Historiis contigisse legimus] variis modis obviam ire conati sunt, quibus Manes illi infesti videbantur. Vel enim corpus universum, receptum humo, concremarunt; vel in cineres minutissimos redegerunt, vel caput abscissum partibus obscœnis applicuerunt, & corpus reliquum, stipite palove, humo affixerunt, quem vi quadam immani per corpus adegerunt. *M. Brynolfus.*

Pag. 92. vers. 14. *Viritim lapide in acervum misso*] Ità & Cecrops, Atheniensium Rex, postquam Atticam, quam desolatam acceperat, frequentem hominibus animadverteret; scire cupiens multitudinem incolarum, cum allatum singulos in locum unum lapidem jussisset ferre, atq; numerum inijsset, viginti eos millia esse deprehendit. Sholiastes Pindari Olymp. Od. IX. Φιλόχορος ἢ φησὶ, Κέκροπα, θέλοντα τὸν τῶν Ἀθηναίων δῆμον, καὶ τὸ πλῆθος, ἐπιγνῶναι, κελεῦσαι αὐτοὺς λίθους εἰσφέρειν, καὶ βάλλειν εἰς τὸ μέσον, ἐξ ὧν ἐπιγνῶναι δισμυρίους αὐτοὺς ὄντας: *Philochorus verò refert, Cecropem cupientem scire Athenienseṁ populum, atq; ejus multitudinem, jussisse ipsos afferre lapides, & in medium projicere: inde autem comperisse, viginti eos mille esse.* Eustathius ad Iliad. α. Κέκροψ πολυανθρωποῦσαν ἰδὼν τὴν Ἀττικὴν, συγκαλεῖται τὸν ὄχλον. καὶ παρασημαίνεται τὸν ἀριθμὸν λίθοις, ἑκάστου ἕνα ῥίψαντος. *Cecrops, cum videret frequentem hominibus Atticam esse, convocat multitudinem: & unoquoq; lapidem unum jaciente, indè numerum observat.* Vide sis aureum illum de Regibus Atheniensium Tractatum Collegæ & amici nostri, heu! olim conjunctissimi, D. Joannis Meursij, cujus obitum totus orbis literatus immenso dolore prosequitur.

L 3 Ut

137,32 45. *Ut malitiam hominis acerbitate belluæ similitudo exæquaret pœna*] Solenne quondam fuit, sceleratos tali pœnâ afficere, quæ malitiam & animi pravitatem proximè assimilaret. Exempla in authoribus subindè occurrunt. De nocturno illo grassatore Ballistâ, qui lapidibus obrutus perijt, elegans est locus Phocæ Grammatici, Lib. 2. Epigrammat. Veter. pag. 47.

Ballistæ vitam rapuit lapis: ipse sepulchrum
Intulit; umbra nocens pendula saxa tremit.
Crimina Latronis dignissima pœna coërcet,
Duritiam mentis damnat ubiq; lapis.

Sic ipse Saxo suprà Lib. II. *Duos ex cubicularijs palam insidiarum convictos, ingentibus saxis affixos pelago obruit; ponderosum animi crimen annexa corporibus mole mulctando.* Ità Lib. VIII. de Slavorum optimatibus, quorum quadraginta captos, applicatis totidem lupis, laqueo adegit Jarmericus Daniæ Rex: *Quem supplicij modum, inquit, olim parricidis debitum, ob hoc circà hostes peragere voluit, ut quantæ in Danos rapacitatis extiterint, ex ipsâ atrocium belluarum communione videntibus conspicuum foret.* Et mox eodem libro, ubi de Sclavorum quoq; ducibus captis agit, quos itidem Jarmericus, trajectis fune tibijs, equis in diversa raptantibus præbuit lacerandos. *In hunc modum consumpti principes, corporum suorum distractu pertinacis animi pœnas dederunt.*

138,6 Pag. 93. vers. 6, *Grandibus & latis sagittis dimicant*] Finnos ab usu sagittarum, & à venationibus commendat quoq; Tacitus sub finem Libri, de morib. German. *Fennis* [qui nostri Finni sunt] *mira feritas; fœda paupertas, non arma, non equi, non penates: victui herba, vestitui pelles, cubile humus. Sola in sagittis spes, quas inopiâ ferri ossibus asperant. Idemq; venatus viros pariter ac fœminas alit. Passim enim comitantur, partemq; prædæ petunt.* Venatibus incumbere Finnos, itidem tradit Procopius re-

A rum Gothicarum Lib. II. ὅτε γὰρ αὐτοὶ γῆν γεωργοῦσιν, ὅτε τι αὐτῶν αἱ γυναῖκες ἐργάζονται. ἀλλὰ ἄνδρες ἀεὶ ξὺν ταῖς γυναιξὶ τὴν θήραν μόνην ἐπιτηδεύουσι. Hoc est: *Neq; illi*, [subintellige, Finni] *terram excolunt, neq; uxores eorum quicquam operantur; sed cum ijs viri semper venatibus student*, De Finnis passim Olaus Magnus in Historia Septentrionali. Nobilissimus Vir, Caspar Barthius, Libr. Adversar. XXVIII. Cap. 13.
B pro *Venationibus*, legit *Venenationibus*. Sed mihi placet priorem retinere lectionem.

8. *Pandis trabibus vecti*] Loquitur hic Saxo de *Xylosoleis*; sive ligneis soleis oblongis, quas veteres ᛋᚴᚢᚦᛁ, Skydi/ sive ᛆᚿᚦᚱᚢᚱ, Ondrur/ vocarunt, Svecci Skidher/ Norvagi Skier. His populi Septentrionales ferè omnes in transmittendis montium jugis nive obtectis olim utebantur; sed inprimis Finni, qui & hodieq; affabrè eas conficere norunt. Eas sic describit Ma- 138,8
C gnus Olavi Islandus, Eddæ interpres: *Skydi sive Ondrur/ asseres sunt oblongi, & antrorsum sublevati, quinq; vel ad summum sex ulnarum longitudine, latitudine verò transversam plantam non excedentes. His etiamnum pedibus inductis nostrates per superficiem profundissimarum nivium, & infirmæ glaciei, si alias corporis humani pondus non sustineant, ingrediuntur. Usi etiam sunt veteres Norvagi in terrâ planâ & nudâ ejusmodi Xylosoleis, subjectis rotulis: & sic plus itine-*
D *ris unâ die, quam absq; illis, tribus confici potuit; habitusq; est hic modus proficiscendi inter præcipuas agilitatis artes.* Asservatur inter ἀξιοθέατα mea par ejusmodi solearum, trium duntaxat ulnarum longitudine, ab aversâ pate, quâ solo ad currendum applicantur, pellibus vituli marini subductum. In medio earum pedes vinculis alligantur, ut firmius planta insistat, nec inter currendum vacillet, quomodo in adjuncto Schemate videre licet.

SCHEMA XYLOSOLEARUM,

quas Veteres Dani Ondrur/ *Norvegi* SKIJER *appellarunt.*

A B C D. longitudo trium ulnarum.
E. Vestigia pedum.
F F. Vincula, quibus pedes alligantur.

Pag.

40,8 Pag. 94. verſ. 32. *Adultas oleo lampades*] In eandem mentem Apulejus, *flammis adultam facem*, dixit, XI. Metamorph. *At manu dextrâ gerebam flammis adultam facem, & caput decor Coronæ cinxerat.* *Adultum incendium* Nazarius Panegyrico: *Maxima benignissimi Imperatoris fuit cura, non modò ut incendium non adultum ſeneſceret, ſed oppreſſum emori poſſet:* quemadmodum hunc locum restituit Petrus Colvius in Notis ad Apulejum. Alioquin variè hanc vocem inanimatis tribui, notiſſimum eſt & protritum: quomodo dicimus, *adultam peſtem, ſeditionem, noctem, civitatem, hyemem, authoritatem, æſtatem : adultum ver, adulta vitia*, & ſexcenta id genus alia.

40,17 42. *Nec bubalinorum cornuum*] Nihil in lectione Hiſtoricorum occurrit frequentius, quàm variorum animantium cornua poculorum uſum vel vetuſtiſſimis mortalium præbuiſſe, eaq; argento, vel auro, à labris, ornatus gratiâ, circumclusa fuiſſe. Et *Bovinum* quidem *Cornu* pro poculo adhibuiſſe Bacchum, auctor eſt C
Nonnus Dionys. Lib. XII. p. 339.

——————— καὶ οἰνοχύτου Διονύσου
Λευκὰ, διαινομένων ἐρυθαίνετο δάκτυλα χειρῶν
Καὶ δέπας ἀγκύλον εἶχε βοὸς κερας ——
——————— *Et vinum fundentis Bacchi*
Albi madefactarum rubebant digiti manuum,
Et poculum curvum habuit bovis cornu ——

Hinc etiàm Bacchum taurinis cornibus effingebant veteres, quia ijs poculorum vice utebantur. A
Imò *Taurum* vocat Bacchum Lycophron Caſſandra:

Ταύρῳ κρυφαίας χέρνιβας κατάρξεται.
Tauro abſtruſa liba offert. id eſt, Baccho.

Ad quem locum vide ſis Notas D. Meurſij, Viri ſummi, & Collegæ olim conjunctiſſimi. Nicandri Scholiaſtes ἀλεξιφαρμακοῖς : Οἱ παλαιοὶ κέρασιν ἐχρῶντο ἐν τῇ πόσει ἀντὶ τῶν ποτηρίων, ὅθεν καὶ τὸ κεράσαι εἴρηται. ἢ διὰ τὸ
B ταυρωτικὸν τῶν πινόντων, τουτέστι τὴν ἀπὸ τοῦ οἴνου ἰσχὺν. ὁ γὰρ διόνυσος καὶ ταυροκέρως. Idem Nonnus de Satyris paulò poſt:

Καὶ βοέοις ἀρύοντο κεράασιν ἀντὶ κυπέλλων.
Et bubulis hauriebant cornibus loco poculorum.

Quod & de Satyris tradit Nemeſianus, Ecloga III, quæ Bacchus inſcribitur:

Tum Satyri, laſciva cohors, ſibi pocula quisq;
Obvia corripiunt: quod ſors dedit, hoc capit uſus.
Cantharon hic retinet, cornu bibit alter adunco,
Concavat ille manus, palmasq; in pocula vertit.

Urorum cornibus Septentrionales pro poculis utebantur. Plinius Lib. XI. Cap. 37. *Urorum cornibus barbari Septentrionales potant, urnasq; binas capitis unius cornua implent.* Cæſar Lib. VI. de Bello Gallico: *Tertium eſt genus eorum, qui Uri appellantur. Hi ſunt magnitudine paulò infra Elephantos, ſpecie, & colore, & figura Tauri. Magna vis eſt eorum, & magna velocitas : neq; homini, neq; feræ, quam conſpexerint, parcunt. Hos ſtudioſè foveis captos inter-*

L 4

interficiunt. Hoc se labore durant adolescentes, atq; hoc genere venationis exercent: et qui plurimos ex his interficiunt, relatis in publicum cornibus, quæ sint testimonio, magnam ferunt laudem. Sed assvescere ad homines & mansvefieri, ne parvuli quidem excepti, possunt. Amplitudo cornuum, & figura, & species, multum à nostrorum boum cornibus differt. Hæc studiosè conquisita, à labris argento circumcludunt, atq; in amplissimis epulis pro poculis utuntur. Hactenus Cæsar. Isidorus Lib. XII. Orig. Cap. 1. *Uri agrestes boves sunt in Germania, habentes cornua in tantum protensa, ut regijs mensis, propter insignem eorum capacitatem, ex eis pocula fiant.* Bonasi Cornua Anglis in usu fuisse, testis est Johannes Cajus Britannus libello de rariorum animalium Historia, quem Conrado Gesnero inscripsit, Pag. 14. *Multa*, inquit, *hujus generis animalia olim fuisse in nostra Anglia [silvestri olim & nemorosâ insulâ] verisimile est, quòd nobis adhuc pueris, multus erat usus hujusmodi animalium cornuum, in mensâ, solennioribus epulis, loco poculorum. Sustinebantur pedibus ex argento tribus, & ab oris itèm argento concludebantur.* Inprimis vero *Bubalina cornua* in magnatum mensis poculorum vices supplebant, quippè quæ omnibus alijs insigni venustate antecellerent. Hinc vel cælaturæ artificio, vel exquisito gemmarum fulgore, operosius culta visebantur. Imò inter thesauros reponebantur: quod utcunq; colligi posse videtur, ex loco Saxonis Lib. VIII. Sic inter alia anathemata, quæ Gulielmus II Angliæ Rex, sub Annum Christi MLXVIII. Monasterijs Normanniæ dono obtulit, fuerunt etiàm *vasa aurea vel argentea, item bubalina cornua fulvo metallo circà extremitates utrasq; decorata*: teste Orderico Vitali Historiæ Ecclesiasticæ Lib. IV. pag. 507. Notandus verò etiàm ille est ritus, quo antiquitus prædia & alia bona, exhibitione & propinatione cornuum abalienabantur. Hujus meminit Clariss. Vir, D. Olaus Wormius, præclarè de me ac studijs meis meritus, Fastorum Danicorum Lib. 1. pag. 44. ex veteri MS. *Ulphus Thoraldi filius Eboracum divertit, & cornu, quo bibere consvevit, vino replevit, & coràm altari, Deo, & B. Petro Apostolorum principi, omnes terras & reditus flexis genibus propinavit.* Mamelsburiensis Lib. II. Cap. 2. *Pusca* [inquit] *illi qui de Pusci nominati, adhuc tenent, per cornu majoribus olìm à Rege Canuto Danico donatum.* De Cornuum usu plura qui desiderat, adeat eruditissimam dissertatiunculam ejusdem D. Wormij, de aureo illo Serenissimi Principis Electi Cornu.

140,22 48. *Quos maximè venatica referserat præda*] Sic M. Junianus Justinus Lib. XXIII. pag. 226. de Lucanis: *Cibus his præda venatica, potus mellis, &c.*

140,26 51. *Ut patriæ pace loquar*] Honestus hic est reprehendendi modus, multis bonæ notæ authoribus usitatissimus, quo veniam prius captare solent. Catulus apud Ciceronem Lib. 1. de A Natura Deor. p. m. 17. ubi Roscium laudat:

Pace mihi liceat, cœlestes, dicere vestrâ,
Mortalis visus pulchrior esse Deo.

Petronius Arbiter: *Pace vestrâ liceat dixisse.* Arnobius Lib. I. pag. 10. Edit. Antverp. *Cum pace hoc vestrâ, & cum bona veniâ dixerim.* Marius Victor Præfatione in Genesin:

Porrò etiàm [mihi si fas est hoc dicere salvâ
Pace tuâ genitor] majus fortassis apud te est.

Inprimis Saxo videtur Ciceronem expressisse in B Oratione pro Milone; ubi sub finem ità loquitur: *Utinam Dij immortales fecissent [pace tuâ, patria, dixerim; metuo enim ne scelerate dicam in te] ut P. Clodius non modò viveret, sed etiam Prætor, Consul, Dictator esset.*

Pag. 95. vers. 17. *Totum occipitij crinem abradit*] Solennis olim fuit, & usitata militaribus viris, capillorum abrasio, imò & barbæ. Itâ Abantes natura pugnaces, & cominus pugnandi periti, anteriorem capitis partem tondebant, C ne ullas hostibus ad accipiendum ansas darent. Similiter Curetas & Ætolos tradunt abrasisse frontem, & ab occipite cæsariem nutrisse, ne ab hoste crinibus raperentur. Ob eandem rem suis ducibus, ut barbas raderent, imperavit Alexander, ut scribit Plutarchus in Theseo. Certè Ambrosius Lib. VI. Hexamer. dixit comam esse terribilem in bellatoribus, sed tamen barbam rasisse erat militare volentis; ut ille ait: 141,7

Si quem recisâ fortè barbâ videris
D *Mihi videtur militare velle.*

Alioquin, ut Doctioribus notum est, cùm sacris in literis, tum profanis, mos tondendi caput & barbam jam mœroris & luctus fuit, jam vero lætitiæ & melioris fortunæ. Quin & in Sacrificijs usurpatur capillorum abrasio; & morituri comam abscindebant. Quâ de re videantur aurei Commentarij Johannis de Pineda in Jobi Cap. 1. vers. 20. num. 12. & Pentecontarchus Ramirezij, pag. 205. Cæterùm de crinium & barbæ E tonsurâ apud Cambrenses [quæ gens Hyberniæ vicina est] usitatâ, Giraldus Cambrensis, author vetustissimus, in descriptione Cambriæ Cap. XI. pag. 259. *Barbam viri præter gernoboda solùm radere solent. Et hanc non de novo, sed ab antiquo, longisq; retrò seculis consvetudinem tenent, sicut ex Libro de Gestis Julij Cæsaris ab ipso conscripto, perpendi potest; ubi & hæc verba reperies: Britanni capillo sunt promisso, omniq; parte corporis abrasâ, præter caput & labrum superius. Solent* F *etiàm, ut agiliores fierent, & comis capita nudare, casum Absolonis, quoniam sylvas & nemora sæpè percurrunt, vitare volentes. Unde & usq; in hodiernum gens hæc quoq; præ gentibus alijs, pilositatem magis abradit.*

20. *Post tergum lanceas jaculari*] Id quod alijs quoq; nationibus usitatum, varij tradunt autores. Inprimis Parthi, qui sagittandi arte ac peritia cæteris semper gentibus præstiterunt, non tantum in aciem adversus hostes consistentes, 141,1

verum

verùm etiam terga vertentes, fugamq; capientes, sagittas adversus insequentes emittere norant. Plutarchus in Crasso: *Fugientes Parthi, sagittas simul emittebant, quod post Scythas nemo ijs melius novit: estq; id optimum inventum, quòd salutem defendentibus etiam fuga turpitudine caret.* Unde Virgilius Lib. III. Georgic.

Fidentemq; fugâ Parthum, versisq; sagittis.

Ad quem locum Servius: *Benè*, ait, *fidentem: tunc enim melius jaculantur sagittas.* Inde & Horat. Ode II. Lib. I. *Versis animosum equis* Parthum appellat. Ubi Interpres *Versis* ait, *id est, versis in fugam.* Sic,

Et missam Parthi poscunt in terga sagittam,

Atq; hinc Ovidius *Parthos fugaces* Lib. I. de Remed. Amor. dixit. Leo Imperator in Tactico Cap. XVIII. num. XXXVIII. *Quidam enim ex hostibus, ut Persæ, cum aciem dissolvere nolint, facilè terga sua objiciunt iis, qui contra eos conversi sunt, & quasi fugiendo pugnant.* Id etiam Turcis ac Tartaris in more positum est.

1,27 38. *Magni ponderis auream armillam trivijs affigi curavit*] Consentanea de Ælfredo Anglorum Rege tradit Matthæus Westmonasteriensis ad annum gratiæ D CCC XC II. Is etenim salutaribus quibusdam legibus latis tantam infudit provincijs suis pacem, *ut eas* [verba sunt Florilegi] *per publicos aggeres, ubi semitæ findunturin quadrum, armillas juberet aureas appendi, ut viantium aviditatem irritaret, cum non esset, qui eas acciperet.*

1,39 50. *Cum jam terræ sopitis bellorum incendijs*] Christum Dei filium, veræ pacis auctorem, in tranquillissimo rerum statu, & cum inauditâ pace, mirabili modo, totus orbis frueretur, natum fuisse, plurimi testantur historici. Inprimis notatu digna sunt verba Pauli Orosij Lib. III, Cap. 8. Ubi de Jani portis clausis agit: *Liquidissimâ probatione est manifestum, pacem istam totius mundi & tranquillissimam serenitatem non magnitudine Cæsaris, sed potestate Filij Dei, qui in diebus Cæsaris apparuit, extitisse; nec unius urbis Imperatori, sed Creatori Orbis universi, orbem ipsum generali cognitione paruisse: qui sicut Sol oriens diem luce perfundit, ità adveniens misericorditer extentâ mundum pace vestierit.* Freculphus Tom. II. Lib. I. Cap. 2. de Anno Nativitatis Christi: *Qui etiam annus quantis, quàm novis, quàmq; inusitatis bonis abundaverit; satis, etiam me non proferente, compertum haberi arbitror. Toto terrarum orbe una pax, omnium abolitione bellorum, clausæ Jani Gemini*

A *portæ, extirpatis bellorum radicibus.* Ottho Frisingensis Lib. III. Cap. 7. *Itaq; jam sedatis omnium seditionum motibus pace inauditâ seculis redditâ, JESUS CHRISTUS Filius Dei nascitur.* Pax itaq; fuit ubiq;, in Daniâ, Sveciâ, Scotiâ, Britanniâ. In Sveciâ quidem sub Erico qui XXXVIII. annis regnavit pacificè. Johan. Magnus Lib. IV, Cap. 31. In Scotiâ sub Metellano Rege Scotiæ; Hector Boëtius Lib. III, pag. 35. In Britannia sub Kymbalino. Boëtius ibidem.

B 53. *Divino ortui famulatam*] Chistus etenim erat, de quo Psalm. LXXII. *Orietur in diebus ejus justitia & abundantia pacis.* Ubi Hieronymus: *Quod in diebus Augusti Cæsaris est impletum, cum Dominus de thalamo Virginali processit. Nam ita his diebus omnia bella quieverunt, ut etiam illud impleretur, quod alius Propheta cecinit, dicens: Convertent gladios suos in vomeres, & lanceas suas in falces.* 142,1

Pag. 96. verf. 22. *Hujus egestis visceribus salitum corpus*] Variæ apud Veteres cadaverum humanorum conditura fuerunt. Potissimum adhibebant Salem, Mel, Ceram, Myrrham, Balsamum, Gypsum, Calcem. De Sale Plinius Lib. XXXI. Cap. 9. *Salis*, inquit, *natura est per se ignea, omnia erodens, corpora verò astringens, siccans, alligans: defuncta etiam à putrescendo vindicans, ut durent ità per secula.* Apud Ægyptios, ut putrefactio caveretur, corpora sale condiebantur: quomodo de Amasi Herodotus scribit. Vide sis etiam Diodorum Siculum Lib. I. de ritibus sepulcralibus Ægyptiorum. Et Eunapius salita Martyrum corpora irridet de Vitis Philosophorum. Plura de his qui desiderat, adeat Clariss. Virum, ac illustre patriæ decus & ornamentum Johannem Kirchmannum de Funeribus Romanorum Lib. I. Cap. VIII. Petrum Bellonium de Sepulcris Veterum, & Laurentium Pignorium in Epistolis. Nolo etenim hic actum agere. 142,26

(C, D)

E 32. *Secus VVeram Selandiæ pontem*] Locus tumuli adhuc conspicuus, & paucis in Sælandia ignotus. Quà enim Roschildi a Slangendorpium itur, medio fermè itineris tractu, pons hic extat, per quem transeundum eodèm tendentibus. Nomen adhuc obtinet priscum à Saxone notatum, vulgo Were Broe. Prope collis ostenditur ab accolis, quâdam sui parte quasi collapsus, ubi tumulatum referunt Frothonem, Frode Hoy dictus, de quo mira ac varia vulgò fabulantur. D. Olaus Wormius Monument. Danicor. Lib. II. Cap. I. 142,35

NOTÆ

NOTÆ VBERIORES IN LIBRUM VI. HISTORIÆ DANICÆ SAXONIS GRAMMATICI.

143,3 **Pag.** *96.* **verſ.** 40. R*Egnum hæredis inopiâ claudicare*] A Tralatè dictum. Ità Cicero ſæpiſſimè locutus. Lucretius Lib. III. verſ. 14.

Claudicat ingenium, delirat linguaq; mensq;.

Elegans eſt locus in Juſtino, Lib. VI. p. 67. qui vocis hujus uſum Metaphoricum confirmat. Cum enim mittendus eſſet Imperator idoneus contra Conona Athenienſium Ducem, *poſtulantibus ſociis Ageſilaum ducem, Regem tunc Lacedæmoniorum: propter reſponſum oraculi Delphici, diu Lacedæmonij, an eum ſummæ rei præponerent, deliberaverunt, quibus futurus imperij finis denunciabatur, cum regium claudicaſſet imperium, erat enim pede claudus. Ad poſtremum ſtatuerunt melius eſſe inceſſu Regem, quàm imperio regnum claudicare.* B

143,3 Ibid. *In regia gente*] In regia familia. Svetonius Auguſti Cap. 1. *Gentem Octaviam Velitris præcipuam olim fuiſſe multa declarant.* Quamquam gens aliquanto latius patet, & familias, ſeu ſtirpes, ſeu domos, ſub ſe complectitur. Ità Svetonius in Nerone Cap. 1. *Ex gente Domitia duæ familiæ claruerunt, Calvinorum & Ænobarborum.* Et in Cæſare Cap. 6. *A Venere Julij, cujus gentis familia eſt noſtra.* Videantur Cl. Viri, Matthiæ Berneggeri ad Svetonij Octavium Notæ. C

143,6 44. *Specioſo poſteris titulo commendaret*] Jam tùm ſcilicet exiſtimantes, *nihil in mauſoleis & marmoribus, nihil in ſculpturis, aut ullo metallo, perpetuum aut duraturum exiſtere, niſi id ingenij & Muſarum tubâ commendaretur.* Pontanus Hiſtor. Dan. Lib. 2. D

143,7 45. *Danicæ admodum Poëſis peritus*] Hiarnus hic Poëtici ſpiritus vir, ejus fuit ſectæ & Ordinis, qui Celtis olim à ſono & murmure, quod canendo edebant, *Bardi* dicti, quosq; *Skaldros* ob eandem cauſam, Dani Veteres vocitabant. Hinc noſtratibus dictus eſt **Hiarne Skald** / inq; vetuſtiſſimo **Skaldatal** / hoc eſt, Poëtarum veterum nomenclatione, principem obtinet locum. E

143,11 Pag. 97. verſ. 1. *Longùm vivere*] Paucis verbis expreſſit immenſum illud deſiderium, & flagrantia vota Danorum, quibus Frothonem, principem longiori vita digniſſimum, uſurâ lucis hujus frui exoptaſſent. *Longùm* adverbialiter poſitum: quomodo apud Virgil. 10. Æneid. *Nec longùm lætabere.* Idem Ecloga 3. & Claudianus Lib. 2. de Rapt. Proſerp. *Longùm vale.* F

143,12 2. *Tulêre diu*] Triennio nempè. Supra: *Hujus egeſtis viſceribus ſalitum corpus triennio proceres aſſervandum curabant.*

5. *Autorem Dani diademate munerati ſunt*] Imitati hac in parte Athenienſes, qui olim Phrynichum, propter unicum Poema, belli Ducem crearunt. Plane eſt geminum, quod de tibicine quodam, qui ita populum delectârit, ut Rex fieret, ex Varrone refert Auguſtinus Libello de Quantitate animæ. 143,

8. *Divus ſiquidem Julius*] Quis hic fuerit Scriptor rerum geſtarum Cæſaris, quem municipio donârit, nuſpiam me invenire potuiſſe, equidem ingenuè fateor. Suſpicor ævi ſequioris auctorem hic ſecutum Saxonem; cujus generis Chronica tunc plurima extabant. 143,

11. *Sed ne Africanus quidem*] P. Scipio Africanus Poëtam Ennium, à quo res ſuas celebratas videbat, gaudebatq;, & vivum benevolentiâ omni complexus eſt, & mortuum ſtare in effigie juſſit, in ſuo & Corneliorum monumento. Opus ipſi inſcriptum dicebatur SCIPIO: de quo vide Clariſs. Virum, Belgarumq; Doctiſſimum, Gerardum Voſſium, de Hiſtoricis Latinis Lib. I. Pag. XI. Cicero Oratione pro Archia: *Carus fuit Africano ſuperiori noſter Ennius: itaq; etiam in ſepulcro Scipionum putatur is eſſe conſtitutus è marmore.* Livius Lib. XXXVIII. *Romæ extrà portam Capenam in Scipionum monumento tres ſtatuæ ſunt, quarum duæ L. & P. Scipionum dicuntur eſſe, tertia Poëtæ Q. Ennij.* Ovidius in tertio de Arte: 143,

Ennius emeruit Calabris in montibus ortus
Contiguus poni, Scipio magne, tibi.

Valerius Maximus Lib. VIII, Cap. 15. *Superior Africanus Ennij Poëtæ effigiem in monumentis Corneliæ collocari voluit.* Cæterum & aliorum Principum ac magnatū in doctos viros, & inprimis Poëtas, liberalitas celebratur. Pompejus Magnus Scriptorem rerum ſuarum Theophanem Mitylenæum Græcum, in frequenti concione militum, civitate donavit. Auguſtus Cæſar quinq; ſcutatorum aureorum millibus Virgilium donavit, propter unum & viginti carmina ab eo compoſita, atq; in Æneide citata: in quibus ipſe Virgilius mentionem fecerat de Marcelli morte, ejusdem Cæſaris ex ſorore nepotis, adoptiviq; filij. Budæus de Aſſe Lib. III. Veſpaſianus eximio Poëtæ, Salejo Baſſo, unâ donatione HS. quinquaginta dedit, hoc eſt, juxta calculum J. Lipſij, duodecim millia Philippicorū & quingentos. Stupenda quoq; eſt illa Antonini Caracallæ, qui delectatus elegantiâ carminum Oppiani, quæ illi inſcripta leguntur, in ſingulos verſus ſingulos aureos juſſit rependi. Et quid dicam de Venetorum munificentiâ, à quibus

quibus Actius Sincerus Sannazarius Sexcentos aureos consecutus est ob sex illos versus, quos hic subjeci:

Viderat Adriacis Venetam Neptunus in undis
Stare Urbem, & toto ponere jura mari:
Nunc mihi Tarpejas quantumvis Juppiter arces
Objice, & illa tui mœnia Martis, ait.
Si pelago Tibrim præfers, urbem aspice utramq;,
Illam homines dices, hanc, posuisse Deos.

3,27 17. *Norvagiæ oriundorum*] Insolens locutio, & quæ seculi istius sordes trahit. Simili usus est Aurelius Victor libello de Cæsaribus: *Statim Aurelio Alexandro, Syriæ orto, potentia delata.* Et Lambertus Schafnaburgensis, Chronographus doctissimus & accuratissimus, ad annum Christi MLIX: *Abbatiam VVideradus obtinuit ejusdem cœnobij monachus, ejusdem quoq; familiæ oriundus.* Ipse Saxo Lib. 13. *Per eadem tempora Haraldus Hybernicarum partium oriundus.* Et Libro sequenti: *Fioniam usq;, cujus erat oriundus, concessit.*

43,33 23. *Intra insulam*] Quam summæ vir Eruditionis, & Historicus incomparabilis, Andreas Vellejus, nescio quibus fretus documentis **Valdis Holm** indigitat; & manifestissima ejusdem munitionis vestigia hodieq; in eadem insula extare contendit.

43,36 26. *Continentem petere*] *Continens* ea terræ pars dicitur, quæcunq; non est insula. *Terram firmam* vulgo vocant. Svetonius Octavij Cap. XVI. *Cum partem reliquam copiarum continenti repeteret*; ubi *continentem*, scil. terram, Italiam vocat.

144,1 27. *Funiculorum regimine moderari*] Elegans certè descriptio *pontis versatilis*, cujus usum ignorasse Veteres Romanos pariter ac Græcos, quod vix unicum ejus exemplum in Antiquitatibus istarum gentium reperire mihi licuerit, omnino adducor, ut certo mihi persvadeam. Affine quidem nonnihil habet Machina illa cum ponte, quam repræsentat Lipsius ex Herone, Poliorceticῶn Lib. 1. p. 499. verùm in usu magnum est discrimen. At nostrâ ætate nulla fere civitas est, nulla arx aut propugnaculum, quod non ejusmodi pontem, & munimenti loco, & simul ingentis commodi ac opportunitatis, habeat.

44,10 35. *Obstrepentem indefessus vorticem*] Julius Firmicus Præfatione ad Mavortium Lollianum, *qualis sit lacus, qui propè alveum Symeti amnis ostenditur, cui Palicus nomen est, qui semper crassitudine sordidâ luridus, liventibus spumis obatrescit, & strepente conluvio stridulus, argutum murmur exibilat.* Nam ità hunc locum emendandum censeo. Anteà legebatur: *cui Paliscus nomen est.* De *Palico* Macrobius videatur Saturn. Lib. V. Cap. 19. ad hos Virgilij versus:

——— genitor quem miserat Arcens
Eductum matris luco Symetia circum
Flumina, pinguis ubi & placabilis ara Palici.

A Deinde pro *Conjugio stridulus*, melius puto *Colluvio* vel *Conluvio*. Glossæ: *Collubium*, Σύγχυσις. *Collubium* est *Colluvium*. Dixit autem *Colluvium*, sicut *diluvium*.

50. *Inter pascua tuebatur armentum*] In Norvegia, ab omni memoria, incolæ canes armentorum custodes aluêre, qui vim & rapacitatem ursorum ac luporum propulsarent. Nobis dicuntur **Fæ Hunde**/ à tutando pecore. Sed & alibi terrarum idem obtinuisse certum est. De 144,26
B Ægypto sic Oppianus Lib. 1. de Venatione, ubi Canes præcipuè insignes, & qui maximè à venatoribus curantur, recenset:

Ὅσσοι τ' αἰγύπτοιο πολυψαμάθοισιν ἐπ' ὄχθαις
Βȣκολίων ȣ̓ϱοὶ ———

Et quotquot Ægypti arenosas ad ripas
Armentorum custodes sunt.

Longo etiam Sophistæ ποιμενικῶν Lib. I.
C commemorantur: Καὶ οἱ κύνες οἱ τῶν προβάτων ἐπιφύλακες, καὶ τῶν αἰγῶν ἑπόμενοι. *Canes ovium & caprarum custodes Chloën sequuti*: qui Dorconem pelle Lupinâ circumamictum, & in frutetis, Chloës rapiendæ causâ, latitantem, morsibus malè mulctarunt. Apud Romanos ejusmodi *canes*, *Pecuarij* & *Pastorales* dicti sunt, teste Columella Lib. VII. de re Rust: Cap. XII. Justinianus in LL. Georgicis Tit. VI. mentionem facit καὶ ποιμαίνοντ@, καὶ τῆς ποίμνης
D κυνός. Glossarium Lindenbrogij inter varia canum genera meminit etiàm canis, qui *custos est pecoris*, & *ovile sequitur*, itèm, qui *lupum mordet*, & canis *Ursaritij*, qui ursos persequitur. Videatur Joh. Cajus in libello eruditissimo de canibus Britannicis, pag. 6.

Pag. 98. vers. 3. *Pontem secum trajicere non audebat*] Synechdochicè, pro *per pontem*, vel *cis* aut *ultrà pontem*. Sic Livius: *Trajecit copias Iberum.* Et Plancus ad Ciceronem Lib. 10. *Trajeci-* 144,32
E *mus exercitum Rhodanum.*

13. *Exuvias mutuatus*] Sicut *Induviæ*, ab induendo; undè *Indumenta*, vestimenta: ita *Exuviæ*, ab exuendo dictæ, itidem vestimenta notant, quæ exuuntur. Hac significatione solens hoc vocabulum usurpat author noster; ut Lib. XIV. *Exuvias* Absolonis à muribus corrosas tradit. 145,4

14. *Periclitationis regiæ species daretur*] Ut obvij ex cruento cadavere undis innatante con- 145,4
F jecturam facerent, quasi Fridlevus Rex illic vitâ periclitatus esset. Sed mirum, cur Saxo hic Fridlevum *Regem* nominet, & regio exornet titulo, quum nondum Daniæ Rex esset constitutus; quamvis ut legitimus regni hæres, paulo pòst defuncto parenti, expulso Hiarno Poeta, successerit.

17. *Eoq; superato amne, delapsus*] Valerius Maximus Lib. 3. Cap. 2. de juventutis Romanæ fortitudine: *Ne acies nostra jam inclinata propelleretur,* 145,7

leretur, equis delapsa; se ipsam centuriavit. Equo *delabi*, est equo descendere, & se in pedes sistere. Justinus Lib. XXXIII. *In ea pugna M. Cato, Catonis Oratoris filius, dum inter confertissimos hostes insigniter dimicat, equo delapsus, pedestre prælium aggreditur.*

145,11 20. *Levi suspensoq; vestigio petit*] Apulejus Metamorphos. Lib. 3. *Ad illud superius cubiculum suspenso & insono vestigio me perducit.* Julius Firmicus: *Molliter ambulantes, vestigia sua, cum delicata quadam moderatione, suspendant.* Quintilianus, sive quis auctor alius, Declamatione 1, quæ *Paries Palmatus* inscribitur: *Gradu suspenso ponere certa vestigia, & in omnem timoris sui partem, solicitum circumagere vultum.*

145,30 39. *Mente altius repositam*] Virgilium imitatus est Lib. 1. Æneidos:

Nec dum etiam causæ irarum, sæviq; dolores,
Exciderant animo, manet altâ mente repostum
Judicium Paridis, spretæq; injuria formæ.

145,31 41. *Intercutis tantùm cruoris*] *Intercus* adjectivè sumitur, & inter carnem & cutem existens, quicquid sit, significat. Hinc *aqua intercus*, pro hydrope: cujus meminit Cicero 3 Officior. *Si quis medicamentum cuipiam dederit ad aquam intercutem. Intercutia vitia* Gellius dixit Lib. XIII. Cap. 8. quæ non foris apparent, sed penitus sunt imbibita: sicut *Intercutia stupra* nominat Cato.

146,1 51. *Pontem continenti committere.*] Nempe illum versatilem, cujus anteà facta mentio; non recens à se extructum.

146,4 54. *Collegam adscivit*] In pugilum seu militum suorum collegium ac societatem, non in consortium imperij, assumpsit.

146,23 Pag. 99. verf. 18. *Adulterinus possessor*] *Adulterinus* est falsus, alienus: quo sensu frequenter hanc vocem usurpat Saxo. Sic Tertullianus de Pallio: *Aufidius Lurco primus saginâ corpora vitiavit, & coâctis alimentis, in adulterinum provexit saporem.*

146,29 24. *Vocabulum ex ejus nuncupatione sortita*] Dicta enim inposterum est Hiarn Øe / prope Hothersnesium in Cimbria.

146,34 29. *Decoquendi salis opificem*] Frequentes in Dania tum temporis Salinas fuisse, haud temerè crediderim; nisi quis fortè contendat moris fuisse, ut ex aqua marina salem decoxerint, & ardore solis congelatum, in usus suos adhibuerint. Ex alga marina salem coctum viderunt, qui Cæsareos milites ante decennium in Cimbria concives habuerunt. Salem verò ex aqua marina decoxisse veteres, Vegetius ostendit Lib. IV, Cap. XI. obsessos edocens, quid illis faciendum, si sal defuerit: *Si*, inquit, *maritima sit civitas, & sal defuerit, liquor ex mari sumptus, per alveos atq; patula vasa diffunditur, qui à calore solis duratur in salem. Quod si hostis ab unda prohibeat,* [*nam hoc sæpè accidit*] *arenas, quas exagitatum ventis mare effuderat, aliquando colligunt, & dulci*

A *aquâ eluunt, quæ sole siccata nihilominus mutatur in salem.*

47. *Totam ponti faciem*] *Facies* hoc loco vel pro superficie, vel habitu & forma ponitur. Apposite Gellius Lib. XIII. Cap. 28. *Non solùm in hominum corporibus, sed etiam in rerum cujuscemodi aliarum, facies dicitur. Nam montis, & cœli, & maris facies, si tempestivè dicatur, probè dicitur.* Sic *Stagni faciem*, Tacitus, Lib. 21. *Cœli faciem*, Sidonius, Lib. VIII. Ep. 12. *Exæstuantis fluctus minacem* B *faciem*, Quintil. Declamat. 387, dixêre. Ipse mox Saxo: *Prodigialem illam maris faciem.* 147,9

48. *Mox puniceis fluctibus intumescens*]. Geminum gemellum est illud Ovidij Lib. IV. de Ponto, Eleg. 7. 147,1

Non negat hoc Ister: cujus tua dextera quondam
Puniceam Getico sanguine fecit aquam.

Pag. 100. verf. 12. *Trium olorum supernè clangentium*] Rectè dixit *olores clangentes. Clangor* C etenim propriè Olorum & anserum est. Elegantissimus est locus Sidonij Apollinaris de vocibus avium quarundam, Epistola 2. Lib. 2. ubi prædium suum describit: *Hic jam*, inquit, *quàm volupe auribus insonare cicadas meridie concrepantes, ranas crepusculo incumbente blacterantes, Cygnos atq; anseres concubiâ nocte clangentes, intempestâ gallos gallinaceos concinentes, oscines corvos, voce triplicatâ, surgentis auroræ facem consalutantes; diluculo autem Philomelam inter frutices sibilantem, Prognem inter asseres minurientem. Clangor* verbum D fictum à sono vocis. Carisius Lib. II. Livius de anseribus Capitolinis Lib. V. *Namq; clangore eorum, alarumq; strepitu, excitus M. Manlius.* 147,3

14. *Dum mare verrit Hythin, rabidosq; intersecat æstus*] *Verrere mare, æquora*, usitata maximè Poetis loquendi forma. Maro, Poëtarum princeps, Lib. III. Æneid. de nautis: 147,3

Adnixi torquent spumas, & cœrula verrunt.

E Et rursus eodem Libro:

Certatim socij feriunt mare, & æquora verrunt.

Qui versus totidem verbis recurrit Lib. V. Æneidos. Catullus:

Cœrula verrentes abiegnis æquora palmis.

Secare quoq; fretum, mare, æquora, usurpant Poetæ: Virgilius Lib. VIII.

Et circum argento clari delphines in orbem
Æquora verrebant caudis, æstumq; secabant.

F Et Lib. X. de Nymphis:

——— *Innabant pariter, fluctusq; secabant.*

Lib. V. Æneid. pro *navigare*:

Intereà medium Æneas jam classe tenebat
Certus iter, fluctusq; atros Aquilone secabat.

Lib. X. Æneid.

——— *Mediâ Æneas freta nocte secabat.*

Festus Avienus in oræ maritimæ descriptione:

Non usq; cymbis turbidum latè fretum
Et belluosi gurgitem Oceani secant.

Regis

7,37 19. *Regis Thialamarchiæ filium*] Videtur hic legendum *filiam*. Nam paulo post dicitur Fridlevus Hythini filiam, quam monstro exemerat, Haldano Regi Sveciæ impetrasse: sed confusis nominibus Regis & Gigantis. Nam hic Gigantem, illic Regem Hythinum, nominat. Nisi fortè alia sit historia puelli liberati, quæ hic narratur, alia vero puellæ exemptæ, ad quam illic respicitur nusquàm narratam.

48,5 26. *Cygnico fuisset carmine lacessitus*] Ità legendum pro *Cynico*. *Cygnicum carmen*, fuit *trium olorum supernè clagentium carmen*, de quo paulò antè Saxo: quod cum Athenæo Lib. XIV. κύκνειον ἆσμα, seu μέλος dicere liceat.

48,7 27. *Cum sis gigas tricorpor*] Epitheton hoc referendum videtur ad monstrosam Gigantêi corporis molem, & immensam staturæ longitudinem, quâ angustiorem humanæ mensuræ habitum longè excedebat Hythin Gigas: non autem ità capiendum, quasi triplici corporum compagine constaret. Sic de Geryone Silius Italicus Lib. III.

Geryonis peteret cum longa tricorporis arva.

48,12 32. *Habitusq; corporalis instar negligis*] *Instar* hic non Adverbialiter, sed Substantivè positum, pro forma, seu specie: quomodo & infrà Lib. VII. *Si propinquæ mortis instar alicujus imagine spectaculi pervidisset.* Ubi pluria illustrandæ voci exempla vide notata.

48,39 Pag. 101. vers. 5. *Raptu violavimus aurum*] *Violare*, verbum est ad vim faciendam accommodatum; quod alioquin de rerum sacrarum abusu, & violento contactu, usurpari solet. Juvenalis de aureo seculo:

Fictilis & nullo violatus Juppiter auro.

Pedo quidam apud Senecam Rhetorem Svasoriâ primâ:

——— *aliena quid æquora remis*
Et sacras violamus aquas, divumq; quietas
Turbamus sedes? ———

48,40 6. *Tonsis everrimus æquor*] *Tonsis*, id est, remis. Lucretius Lib. II.

Sed quasi naufragijs magnis multisq; coörtis,
Disjectare solet magnum mare, transtra, guberna,
Antennas, proram, malos, tonsasq; natantes.

Lucanus Lib. III. Pharsaliæ:

——— *Impulsæ tonsis tremuêre carinæ.*

Et paulò post:

Ut tantum medij fuerat maris, utraq; classis
Quo semel excussis posset transcurrere tonsis.

Statius Lib. V. Thebaidos:

Ast ubi suspensis siluerunt æquora tonsis.

149,7 13. *Quàm roseum liquidis Titan caput exerat undis*] Varios hic imitatur Saxo Poëtas. Ut I. Lucretium Lib. V.

Forsitan & roseâ Sol altâ lampade lucens.

Et in eodem inferius:

Dum roseâ face Sol inferret lumina mundo.

A II. Virgilium Lib. VI. Æneid.

Hac vice sermonum, roseis Aurora quadrigis,
Jam medium ætherio cursu trajecerat axem.

Eundem Lib. VII. Æneid.

Jamq; rubescebat radijs mare, & æthere ab alto
Aurora in roseis fulgebat lutea bigis.

Iterum eundem Lib. XI. Æneid.

Ni roseus fessos jam gurgite Phœbus Ibero
Tingat equos. ———

III. Valerium Flaccum Lib. II. v. 261.

B *Regina ut roseis auroram surgere bigis*
Vidit. ———

IV. Tibullum Lib. 1. Eleg. III.

Hoc precor, hunc illum nobis aurora nitentem
Luciferum roseis candida portet equis.

V. Martianum Capellam Lib. IX.

Aurora exoriens roseis spectabit ocellis
Floris resecti præmia.

29. *Sequioris ordinis viro*] Sic omninò legendum hoc loco arbitror, pro eo, quod priores repræsentarunt editiones, *Sequestris ordinis viro*. Quis etenim, quæso te, vir *sequestris* est *ordinis*? Fortè dicas eundem esse ac sequestrem & arbitrum. Si id statuas, toto aberras cœlo. Nam Biórno nequaquàm se tanquàm sequestrum aut arbitrum interposuit, ut Fridlevum & Avonem in gratiam reduceret, vel de jure provocationis cognosceret. Nonnullis heîc placuit reponere, *equestris ordinis viro*. Sed & illi D falluntur. Biórno enim non fuit vir equestris dignitatis, cujus usum, nulla tunc temporis, apud nostros, consvetudinum frequentabat auctoritas; verùm potiùs Fridlevi assecla & Commilito. Mihi vero, *vir ordinis sequioris*, pro, obscuriore loco nato, & vilioris sortis ac conditionis homine, rectiùs dici videtur. Siquidem se Biórno Rege Fridlevo longè inferiorem agnoscit, ideoq; certamini cum Avone, viro ex ultima fæce plebis, ineundo aptiorem; quum Regi nefas E esset cum plebejo homine congredi. Et convenit prorsus hoc Biórnonis monitum cum illo Starchateri, quod mox eodem hoc libro adducit Saxo. Quum etenim Saxones, duello Frothonem opprimere tentantes, mitterent, qui Regem ex provocatione lacesserent: Starchaterus piraticâ regressus, ex hoc maximè provocationis habitum reprehendit, quod diceret *Regibus non nisi in compares arma congruere, eaq; adversus populares capienda non esse: per se verò tanquam* F *obscuriore loco natum* [hoc est, sequioris ordinis virum] *pugnam rectius administrandam existere.* Idem Hunnorum Rex respondit Westhmaro se ad pugnam provocanti, Lib. V. *Non decere amplitudinem regiam, quem honore præcelleret, æquare conflictu, nec oportere dignitate impares, pugnæ paritate conferri.* Et ejusmodi omninò est, quem infrà Lib. VII. Saxo *inferioris ordinis virum* nominat. *Adhæc Guritha adduci se non posse retulit, ut regiæ nobilitatis reliquias inferioris ordinis viro copu* 149,23

lare sustineat. *Sequior* autem Latinis Scriptoribus deteriorem significat. Undè Apulejo Lib. VII, & X, *Sexus sequior* est minus præstabilis, muliebris. Et eleganter Ammiano Marcellino Lib. XVIII. *Sequior fortuna*, pro adversa, dicitur Hinc Adverb. *Sequiùs* est deteriùs. Seneca Lib. VI, de Beneficijs Cap. 42. *Vereor ne homines de me sequius loquantur.* Ibi Lipsius: *Sequius*, deteriùs, sinistrius.

149,25 31. *Chordæ summa transfixit*] Hoc est, supremam nervi, quo arcus tenditur, partem transfixit. Itaq; pro τοῦ *Cordis*, quæ vox in priorem Saxonis editionem malè irrepsit, omnino legendum erit *chordæ*. *Chorda* autem idem est, quod fides seu nervus: quem νεῦρον passim appellat, & ex muliebribus crinibus optimè confici tradit Hero Ctesibius in Belopœecis. Ità etiàm vocat Sidonius Apollinaris Epistolâ II. Lib. 1. pag. 6. ubi sagittandi peritiam in Theodorico Gothorum Rege laudat: *Igitur*, inquit, *acceptum arcum, modò insinuatis è regione capitibus intendit, modò ad talum pendulum nodi parte conversâ languentem chordæ laqueum vagantis, digito superlabente, prosequitur, & mox spicula capit, implet, expellit.* Sic ipse Saxo infrà Lib. VIII. *Emisso per chordam spiculo trajicit.*

150,13 Pag. 102. vers. 3. *Arbores stirpitus evertebat*] Ad eundem modum Livius Lib. XXI. describit serpentem mirâ magnitudine, quem ad Etovissam urbem vidit Annibal *cum ingenti arborum ac virgultorum strage ferri.*

150,17 7. *Pecuniam hypogæo erutam*] *Hypogæum*, locum quemcunq; subterraneum, antrum sive speluncam significat. Græcis ὑπόγαιον est. *Hypogæa* olìm dicebantur subterranea illa ædificia, arcuato opere extructa, pavimentis strata, ac parietibus circumsepta, in quæ tanquam in cellas quasdam mortuorum cadavera inferebantur & condebantur. Petronius Arbiter de matrona Ephesinâ: *Positumq; in hypogæo, græco more, corpus, custodire, ac flere totis noctibus diebusq; cœpit.* Tertullianus de Anima, Cap. VIII. De Sepulchro Pythagoræ: *Respice ad hypogæum, & si capit, crede.* Hesychius: Ὑπογαίδιον, ὑπόγαιον τύμβον.

150,27 17. *Deorum ædes precabundus accedit*] Nequaquam verisimile videtur, fuisse ijs temporibus ædem ullam visendæ magnitudinis extructam, vel operosioris cultus sacellum. Cave putes. Sed intelligit hìc fortè Saxo antrum quoddam vel speluncam, quæ sacrata Nymphis sedes erat. Porphyrius de Nympharum antro: *Sicut Dijs quidem cœlicis templa, ædes & altaria constituebantur: terrenis autem & Heroibus foci, ac inferis foveæ, hypogæa & cryptæ: sic Nymphis antra, speluncæq; dedicabantur.* Imò & cæteris numinibus. Porphyrius ibidem: *Speluncas & antra antiquissimi homines, antequam templorum structura inventa esset, numinibus dedicabant. Itaq; in Creta Curetes Jovi specum sacrarunt. In Arcadia Lunæ & Pani*

A *Lycæo sacrum erat antrum. In Naxo Insula, Dionysio. Mithræ quoq; cultus, ubicunq; Deus hic notus erat, in speluncis fiebat.* Ità & Vetustissimi Danorum gentilium in antris & specubus Nymphas habitare credebant, & ex ijs oracula consulentibus depromere. Habebant utiq; Septentrionales populi, etiam dum Ethnicismi tenebris altùm immersi, Fana, Delubra & Lararia Idolis suis dicata, & sumptuosè satis extructa; quale fuit Upsaliense illud, totum auro fulgens, cujus luculenta
B exstat descriptio apud Olaum Magnum, Lib. 3. Cap. VI. & Albertum Crantzium in Præfatione Libri 1. Sueciæ: qualia etiàm fuerunt delubra veterum Islandorum: quorum duo leguntur fuisse CXX pedum longa; unum in præfectura Watzdal Islandiæ Borealis: alterum in Kialarnes / Meridionalis Islandiæ, & hoc quidem pedes latum LX, teste Arngrimo Jona Crymogææ Lib. 1. Cap. 7. Verùm hæc ipsa omnia, aut quotquot alibi locorum, in Arctoo
C hoc orbe reperiri potuerunt templa seu lararia, vix puto ultimæ antiquitatis fuisse, sed posterioribus condita seculis, quum jam undiq; secus invalesceret profanus ille numinum cultus. Ante illa tempora cryptas quasdam subterraneas sacrorum usibus destinatas fuisse, in quibusdam monumentis invenio. Cujusmodi nonnullas etiamnum in quibusdam Norvegiæ locis conspici, partim durissimis petris incisas, partim ingentium saxorum accumulatione congestas,
D testatur Excellentissimus Vir, D. Olaus Wormius Monumeutor. Danicor. Lib. 1. Cap. 3. Ejus generis illæ sunt, quæ in ditione Assloënsi, juxta Parochiam *Quille* adhuc ostentantur. Nec non illæ in *Sodenes* parochia Astind / aliæq; alibi. Quin & antiquitus Idola sua inde ᛋᚴᚢᚱ-ᚴᚢᚦᛁᚱ, Skurguder dicta, mapalijs & tuguriolis tegebant. Quum verò sacrificandi tempus instaret, in lucos & campos, ubi aræ
E ipsis instructæ, efferebant. Tandem crescente luxu, magnifica ipsis ædificabant Delubra, Lararia, & Fana. Wormius dicto loco.

18. *Ternas sedes totidem Nymphis occupari cognoscit*] Quæ hoc loco Saxo noster de Parcarum Oraculis, & Nympharum sedibus ac responsis, in medium adfert, omnia ex Mythologia veterum Islandorum, unde tàm multa alia in Historiam suam retulit, deprompsisse manifestum est. Sic enim nos edocet Edda, Fabula 150,2
F XV. *Multæ sunt in cœlo amœnæ urbes, & omnes illarum munitiones divinæ. Prima est Regia eximiæ pulchritudinis sub fraxino, ex qua tres prodeunt virgines, quæ sic nominantur* ᚢᚱᚦᚢᚱ, ᚢᛁᚱ-ᚦᛅᚿᛏᛁ, ᛋᚴᚢᛚᚦ, Vrdur / Verdande / Skuld. *Has* ᚿᚮᚱᚿᛁᚱ, Norner / *id est*, Fatidicas *vocamus, quæ hominum ætates dispensant. Sunt plures adhuc tales* Nornæ / *ad hominum quemlibet in mundum natum venientes, ut fatales illi dies determinent.*

minent. Harum quædam ſunt divinæ, quædam ex A *Faunorum, quædam ex Nanorum genere*, ſicut dicitur: Sundur borner miog ſeigi eg ad Norner ſie: ægiu ther æi æt ſaman / ſumar er Aſtungar; ſumar Alffkungar; ſumar Dualins dætur. Id eſt, *Diverſè natas dico Nymphas: non commune capiunt genus. Sunt Fraxineides, Fauneides, & filiæ Dualini. Id nomen Nani eſt. Nornæ bonæ felicem tribuunt vitam: ſed ſi quis ſiniſtris premitur fatis, hoc malæ efficiunt. Hinc dicimus*: ᚾᛆᚱᚾᛆᛋᚴᛆᛒ, B Nornaſtøp / *Parcarum fata.* Undè in Epicedio Regneri Lodbrog:

Hitt ſiuniſt mier ranvar
ᚼᛁᛏᛏ ᛋᛁᚢᚾᛁᛋᛏ ᛘᛁᛆᚱ ᚱᛆᚾᚢᛆᚱ
At forlogum fylgium
ᛆᛏ ᚠᛆᚱᛚᛆᚠᚢᛘ ᚠᚢᛚᚠᛁᚢᛘ
Fær geingur um Skop
ᚠᛆᛁᚱ ᚠᛁᛁᚴᚠᚢᛦ ᚢᛘ ᛋᚴᛆᛒ
Norna. C
ᚾᛆᛋᚾᛆ.

Id eſt:

Hoc videtur mihi revera,
Quòd fata ſequimur;
Rarus transgreditur fata Parcarum.

150,34 24. *Permixta liberalitati parcitas tribueret cognomentum*] Quod etiam cognomen poſtea ſortitus eſt, ut dictus ſit Olaff hin Nidſte. Nidſt enim noſtratibus tantundem eſt ac deparcus. D

151,5 33. *Ut ne humi quidem incedere aut conſiſtere toleratus*] Mollis hæc educatio fuit; quam jure in ſuis Romanis reprehendit Quintilianus Inſtitut. Orat. Lib. 1. Cap. 2. *In Lecticis creſcunt: ſi terram attigerint, è manibus utrinq; ſuſtinentium pendent.*

151,13 42. *Opes in propatulo habere*] Quintilianus Declamat. CCLX: *Opes ſuas in publico poſuit, quo locuplete nemo pauper eſt, nemo eget.*

151,15 44. *Quod difficillimum eſt, virtute invidiam vincere contendebat*] Plane affine eſt illud Micipſæ E in Oratione ad Jugurtham, apud Salluſtium Belli Jugurthini Cap. X. *Poſtremò, quod difficillimum inter mortales eſt, gloriâ invidiam viciſti.* Verè item vetus Panegyriſta, quem laudat Clariſs. Vir, & Bonis literis juvandis natus, Johannes Freinsheimius in Notis ad Curtij Librum VIII. Cap. 5. *Difficillimum eſt invidiam virtute ſuperare.* Nam in omni laudis genere, ait porro ibidem Freinsheimius ex Polybij 1, 36. *Illuſtres atq; ad-* F *mirandæ actiones graves invidias, & acres calumnias conflare ſolent.* Et ipſa Virtus parit Invidiam, ſecundum illud Juſtini Lib. V. Cap. 2. *Virtus Alcibiadis plus invidiæ, quàm gratiæ contraxit.* Rerum tamen amplitudine Invidiam ſuperari idem Juſtinus docet, extollens res geſtas Semiramidis Lib. 1. Cap. 2. *Magnas deindè res geſſit, quarum amplitudine, ubi invidiam ſuperatam putat, quæ ſit, fatetur.* Ideo Cleo, quamvis Græculus adulator,

in Oratione in laudes Alexandri inſtitutâ apud Curtium Lib. VIII, Cap. 5. commemorat: *Ne Herculem quidem & Patrem Liberum prius dicatos deos, quàm viciſſent ſecum viventium invidiam,*

Pag. 103. verſ. 9. *Inuſitatâ manuum numeroſitate prodiderit*] Vulgare eſt Poëtarum & aliorum Mythicorum commentū, quo monſtroſam membrorum multitudinem Gigantibus, fortitudinis ſignificandæ gratia, affingere ſolent. Unde non eſt dubium, quin fabuloſa Danorum de Starchatero profluxerit opinio. Hinc *Centimani* ſunt dicti Telluris hi filij; cujusmodi fuiſſe Cottum, Briareum, & Gygem, refert Heſiodus in Theogonia. 151,35

Ἄλλοι δ᾽ αὖ Γαίης τε καὶ Οὐρανοῦ ἐξεγένοντο
Τρεῖς παῖδες μεγάλοι καὶ ὄβριμοι, οὐκ ὀνομαστοὶ
Κόττος τε, Βριαρεώς τε, Γύγης θ᾽, ὑπερήφανα τέκνα,
Τῶν ἑκατὸν μὲν χεῖρες ἀπ᾽ ὤμων ἀΐσσοντο
Ἄπλαστοι, κεφαλαὶ δ᾽ ἑκάστῳ πεντήκοντα
Ἐξ ὤμων ἐπέφυκον, ἐπὶ στιβαροῖσι μέλεσσιν.

Alij rurſus è tellure & cœlo prognati ſunt
Tres filij magni, & prævalidi, non nominandi,
Cottusq; Briareusq; Gygesq; ſuperba proles;
Quorum centum quidem manus ab humeris impetuosè movebantur
Inacceſſæ: Capita verò unicuiq; quinquaginta
Ex humeris prognata erant, ſuper robuſtos artus.

De Briareo Virgilius VI Æneidos; qui Homero dicitur ἑκατόγχειρος:

Et centum geminus Briareus, ac bellua Lernæ.

De Gyge Horatius Lib. II, Ode 17.

Me nec Chimeræ ſpiritus igneæ,
Nec ſi reſurgat centimanus Gyges,
Divellet unquam ————

Et Lib III, Od. 4.

Teſtis mearum centimanus Gyges
Sententiarum notus. ————

De Typhæo Ovidius Lib. 3. Metamorphos.

Nec quo Centimanum dejecerat igne Typhæa.

Pindarus eundem Ode IV. Olymp. ἑκατογκέφαλα vocat. Notetur Adagij forma, quâ uſus Nazianzenus Orat. XIX. Βριάρεω χεῖρες: *manus Briarei*: de homine avide appetente lucrum, & veluti centum manibus inhiante ad quæſtum. Sic de Geryone Lucretius:

Atq; tripectora tergemini vis Geryonäi.

Et cui Poetæ non cantatus Geryon? Silius Italicus Lib. 1.

Tres animas namq; id monſtrum, tres corpore dextras
Armarat, ternâq; caput cervice gerebat.

16. *Thor videlicet & Othinus*] Heic jam conſentaneum eſt, ut memor promiſſi, quo me in Notis ſuperioribus Lectori obſtrinxi, fidem meam utcunq; liberem, traditurus in præſenti, quæ- 152,3

M 2

quæcunq; ſe mihi diligenter ſatis inquirenti, in Antiquitatibus noſtris, alijsq; autoribus, de Danicæ vetuſtatis numinibus, hactenus obtulerunt. Satius vero duxi, ipſa monumentorum juxtà ac autorum verba in medium adducere, quàm ijs immutatis, novam quaſi deorum Septentrionalium Hiſtoriam condere; quod hominis videretur nimis curioſi & otio abutentis. Inter vetuſtiſſima igitur documenta, illud præcipuum eſt, quod de Othino nobis ſuppeditat *Edda*, [Liber de Re Poëtica vetuſtiſſimus, cujus nonnulli autorem faciunt Snorronem Sturlæſonium, alij Semundum Frode, id eſt Sapientem,] Cap. VI. VII. VIII. & IX: **Jnorthr halfo heimſins fan H. Spakonu eina/ er Sibil het/ en vir kollum Sif. Engi viſſi æt har/ ſonr thera het Lorrithi. Hanß Sun Vingithor / hans Sun Vingen'. H. S. Mage: H. S. Seffsmeg. H. S. Bedvig. H: S. Atra / er vir kollum Annan. H. S. Jtrman. H. S. Eremoder H. S. Skialldun/ er vir kollum Skiolld. H. S. Biaf er vir kaullum Baur. H. S. Jat. H. S. Gadolfr. H. S. Finr. H. S. Frialafr / er vir kaullum Fridleif. H. S. Vodden/er vir kaullum Othin. Theſr Othin H. mikin Spadom/ Kona hans het Frigida/ er vir kaullum Frig. Han fyſtiz northr i heim mit miken her og Stormle fe. Og hur ſem thrū foru thoti mikils vm tha v't og likr gothum en manum. Ther komu i Saxlande og eignadir Othin thar vitha landit. Og thar ſeti han til Landtß gezlo iij Syni ſin. Vegdreg reth fir auſtr Saxlandi. Annar ſyn hans het Veldeg/ er vir kollum Balldr/ han ati veſtrfal/ ther riki er ſa heitr. Trithi ſun hans het Sigi / H. S. Rerir fathr Volſungs/ er Volſungar ero fra komr. ther retho fir Francklandr. fra ollum ther ero ſtorar ætir komnar. Tha for Othin i Reithgotaland og eignadis ther/ og ſeti thar Sun ſin Skiolld fathr Fridleifs/ er Skiolldungr ero fro komnir. That heitr nu Jotland/ er var kaullothu Reidhgotaland. Tha for Othin i Suithiod/ thar var ſa Kong er Gylfi het/ og er h' feti til Aſia manne er Æſir voru Kallathir. for han i moti ther og bauth ther i ſit Riki. En ſa timi fylghi fith thera huar ſem ther duolſus i Loudum/ tha var thar ar og fithr. Og trothi man at ther vari fyr rathande. thui at rikis m̄ ſa tha olika fleſtum mannum othrum at fegrð og viti. Thar thoti Othin fagr Vellir og Lans Koſtir gother / og kauß ſi thar bugar Stath / ſem nu heitr Sigtun. Skipathi thar Haufkongia i tha liking ſem i Trojo voru / ſetir Xij Haufkongiar at dæma Landſlog.** Hoc eſt: *In plaga Septentrionali fœmina quædam erat Vatidica, ſeu Sibylla, quam nos vocamus SIF, ejus nemo progeniem noverat. Filius ejus erat LORRITHI: ejus filius erat HEMREDE: ejus VINGITHOR, ejus VINGENER, ejus filius MODA; ejus filius MAGE, ejus filius SEPHSMEG, ejus filius BEDVIG, ejus filius ATRA, quem nos vocamus ANNAN. Ejus filius ITRMAN, ejus filius HERMODER, ejus filius SKIALDUN, quem nos vocamus SKIOLD,*

A *ejus filius BIAF, quem nos vocamus BAUR, ejus filius JAT, ejus filius GUDOLF, ejus filius FIN, ejus filius FRIALAF, quem nos vocamus* Fridlevum. *Hic filium habebat, quem vocant VODEN, quem nos ODEN ſeu OTHIN vocamus. Is erat eloquentiſſimus & inter omnes formoſiſſimus. Uxor ejus erat FRIGIDA, quam nos vocamus FRIG. OTHINUS vates erat, ut & uxor ejus, Hinc illuſtre ſibi peperit nomen, adeò ut in plaga Septentrionali poſtmodùm omnium Regum celeberrimus fuerit. Inceſſit igitur,* B *ipſi cupido primùm Turciam relinquendi, undè ſecum duxit magnum exercitum juvenum, virorum & mulierum, cum ingenti theſauro. Quocunq; pervenit, multa præclara de ipſo relata erant, ut ſimilior videretur Dijs quàm hominibus. Nec prius ſedem fixit, quàm in Saxoniam perveniret. Ibi per aliquod temporis ſpatium commoratus eſt, & ejus territorij magnam partem in ſuam redegit poteſtatem, ſibiq; aſſeruit & vindicavit. Ibi tres ſuos filios conſtituit Præfectos: quorum unus erat VEGDER vel VEGDREG,* C *qui opulentiſſimus erat, & Orientalem Saxoniæ plagam poſſidebat. Ejus filius fuit VITRGUT, ejus filius erat PITTA pater HEMGELSTS, & SIGAR pater SVEBDEG, quem nos vocamus SVIPDAG. Alter filius Odini erat BELDEG, quem nos vocamus BALDER. Hic poſſidebat terram dictam Veſtphaliam, ejus filius erat BRANDER, ejus filius FRIODIGAR, quem nos vocamus FRODA, ejus filius FREAVIN, ejus filius YVIS, ejus filius GENIS, quem nos vocamus GAVE. Tertius Odini filius dictus HENGIR, ejus* D *filius HERIR, illorum Majores tenebant terram dictam FRANKELAND, Inde traducta eſt familia dicta* Volſunger, *ex his magnæ ortæ ſunt & præclaræ familiæ. Tunc Odinus iter Septentrionem verſus direxit, & venit in REIDGOTALAND ſeu* Cimbriam, *& ſibi totam terram pro lubitu ſubjugavit. Huic præfecit filium SRIOLD dictum; Filius ejus erat FRIDLEVUS; Hinc familia orta* Skioldungorum, *qui ſunt Regum Danorum, jam verò vocatur Jutlandia, quæ olim erat REITGOTALAND. Hinc Septen-* E *trionem verſus migravit in SVIDIOS ſeu Sveciam: Ibi erat Rex dictus* Gylfr, *ubi percepit is adventum Aſianorum, qui vocabantur ÆSAR, eis obviam factus, obtulit Odino, ut Regnis ſuis pro lubitu uteretur. Hoc pactum proſperè adeò ſucceſſit, ut quocunq; pervenirent, & ubicunq; commorarentur, fertilitas & pax abuudaret. Hinc credebant omnes in eorum poteſtate hæc eſſe: omnes videbantur ſuperare homines ſapientia & pulchritudine. Hæc regio viſa eſt Odino commodiſſima. Elegit igitur ſibi hic locum civitati ex-* F *truendæ idoneum, quem vocabat SIGTUM de filij ſui nomine, ſibiq; Regis titulum aſſumpſit, & vocabatur NIORDUR. In annalibus namq; extat, quod primus Rex Svecorum dictus ſit NIORDUR, Succeſſorum omnium maximus, & Rempublicam ibidem conſtituit talem; qualis erat in TROJA, duodecim eligens viros, qui Judicum officia ſuſtinerent, & ſic leges omnes, quæ olim erant in Troja, rogavit, & quibus uti ſolebant Turcæ.* Et hæc quidem Edda. Accedamus jam ad aliam de eodem Othino Narrationem ex Chro-

Chronico Norvagico itidem antiquiſſimo deſumptam, cujus autor putatur Snorro Sturlæſonius Iſlandus, quam nos utcunq; Latio donavimus, inſiſtentes veſtigijs Interpretis recentioris, Petri Undallenſis. Ea pars Aſiæ, quæ Orientem verſus fluvio Tanai alluitur, Metropolin quondam habuit dictam ASGARD. Huic ſumma cum poteſtate præfuit Heros quidam nomine OTHINUS: qui Sacrorum gentilium in eadem civitate, ſummus erat Antiſtes, cum crebra illic Sacrificia in cultum & venerationem Idolorum celebrarentur. Duodecim verò ex Senatoribus urbanis, qui cæteris pietate & ſapientia præſtarent, non ſolùm religioni ceremonijsq; ritè curandis, ſed & litibus dirimendis, juriq; dicundo præfecerat. Hi nominati ſunt ᚦᛁᛅᚱ, Diar/ id eſt, Dij ſive divini; & ᚦᚱᛅᛏᚾᛅᚱ, Drotnar/ id eſt, Domini: quibus per vices ſervire, & ad quævis munera præſtò eſſe, totus tenebatur populus. Othinus magnanimus & fortis erat bellator, multasq; per orbis terrarum oras & regiones victricia circumferens arma, innumera regna ditionesq; ſuam redegit in poteſtatem: utpote Victor & triumphator feliciſſimus, ſemperq; pugnâ ſuperior excedens. Quare in omnibus prælijs victoriam ipſi ſingulari quadam cœlitum indulgentiâ tribui, vulgo erat perſvaſiſſimum. Quotieſcunq; Ducibus ſuis bella gerendo committeret, vel alia munia alicujus momenti obeunda injungeret, manus vertici eorum imponens, quaſi eos conſecrabat. Quod illi pro fauſto omine arripiebant, nihil credentes ſibi infortunij exinde eventurum. Quin etiàm Othini nomen inter quæcunq; pericula nuncupantes, promptum neceſſitatis remedium experti ſunt. Undè & omnem in illius auxilio, quocunq; in diſcrimine conſtituti, fiduciam collocabant. Othino duo fratres erant, quorum natu major ᚢᛂ, VE; minor ᚢᛂᛚᛁᚱ, VELIR, ſive Vuli, appellatus fuit. Hi peregrè abſente, vel bellis occupato Othino, vicarium gerebant imperiũ, cunctaq; regni negotia magnâ curâ atq; induſtriâ adminiſtrabant. Ea occaſione aliquando contigit eum diuturniorem in exteris moram trahere, quàm illi ſperaverant. Ideoq; diviſis inter ſe provincijs & regionibus, quibus frater hactenus præerat, regni legitimo principe deſtituti, jus & poſſeſſionem ſibi vendicabant, Othini uxoris Friggæ ſimul ſuſcipientes tutelam & patrocinium. Mox è loginquâ peregrinatione rèdux Othinns, unà cum reſtituta ſibi à fratribus uxore, expeditionem ſuſcepit adverſus Scythas Tanai contiguos, VANER dictos: qui tamen Othino animosè reſiſtentes, patriamq; fortiter tutati, victoriæ palmam ipſi ſæpe numerò dubiam fecerunt, & maturo ſibi reditu conſulere coëgerunt. Ex illo

A tempore crebris incurſionibus & ingentibus invicem prædis actis, mutua ſibi damna intulerunt; quorum tandem pertæſi, datis utrinq; obſidibus, firmam inter ſe pacem fœdusq; pepigerunt. Scythæ Othino ampliſſimos viros, *Niordum* cognomento divitem, unà cum ipſius filio *Frói*, obſidis locò tradiderunt. Sed Aſiani viciſſim Scythis ſelectiſſimum par virorum, tam corporis dignitate & formâ verè Imperatoriâ, quàm virtute, ſapientiâ, alijsq; animi dotibus

B eminentiſſimorum, *Heinerum* videlicet, quem ſummi Imperatoris munere rectè defungi poſſe aſſerebant, & magiſtratibus gerendis eſſe aptiſſimum: & alterum *Mimerum*, omnium mortalium ſapientiſſimum, transmiſerunt. Cui officio ut paria facerent Scythæ, inſuper & alium Heroa, cui *Quaſir* nomen erat, qui apud illos cæteris mortalibus ſapientior habebatur, ad Aſianos ablegarunt. Heinero ſtatim in Scythas imperium obtigit; qui fidem & pruden-

C tem nactus conſiliarium Mimerum, nihil ferè ipſo geſſit inconſulto. Varios etenim mores, ritus, leges, inſtituta, quibus in judicijs alijsq; negotijs uteretur, ipſum edocuit. Sed eo deſtitutus, cum in conventibus graviores controverſiæ pro tribunali ſedenti exhiberentur, quibus ille dirimendis non eſſet, crebrò jactabat illud: Vos jam ipſi in medium conſulite, quicunq; conſilio valetis, in me nullum vobis præ-

D ſidium. Tum Scythæ cognito ſe ab Aſianis in æquali permutatione obſidum deceptos, Mimeri abſciſſum caput eis mittendum curarunt, Quod Othinus balſamo conditum magicis carminibus vocale reddidit, adeò ut quævis ipſi arcana & rerum abdita revelaret. Dehinc Niordum & Frói divinitatis participes factos in Deorum Aſiaticorum numerum aſcripſit. Frói quoq; filia Freja in Dearum cœtum & conſortium aſſumptâ. Quæ præſtigias, veneficia, &

E incantamenta ab Aſiaticis edocta, Scythis mirificè placuit. Niordus autem inter Scythas vitam degens, ſororem ſuam duxit uxorem, quod ipſorum lege permittebatur; cum apud Aſiaticos nefas ſit eas matrimonio ſibi jungere, quæ tam arcto ſangvinis gradu ſe contingant. Cæterùm prærupti & editi montes à Septentrione Auſtrum verſus in longitudinem procurrentes, majorem Scythiam à vicinis regionibus velut naturali limite ſeparant: qui-

F bus à meridie circumjectæ nationes Othini imperio omnes parebant. Sub idem tempus Romani rerum Domini innumeris gentibus devictis, victricibus armis longè lateq; graſſantes, vaſtiſſima regna, fortiſſimos populos, florentiſſimas urbes, clariſſimasque civitates ſub jugum Imperij Romani redigere cœperunt. Quare multi procerum & magnatum, patriâ ſpontè excedentes, Romanis ſubditos ſuos, deditione factâ, prodiderunt. At

M 3 Othinus,

Othinus, Magus insignis, & præcipuâ divinan- A di solertia præditus, gnarus se, progeniemque suam, ad seros usq; nepotes, in Boreali mundi plaga imperitaturum, fratribus suis VE & VELIR regimen Asgardiæ demandavit; ipse in Russiam profectus, & illinc in Saxoniam concedens, eam sibi ferè subjugavit, subjugatamq; filijs suis regendam commisit. Quos inter Skioldum Daniæ præfecit, qui deinceps Lethram imperij sui arcem, sedemq; regiam habuit. Cùm verò Othinus fando comperisset B Gothiam Sveticam, cui regia cum potestate præerat Gylvo, regionem esse fertilem, copiosam, multisq; incolis alendis sufficientem, ad ipsum invisit, ictoq; cum eo fœdere, novas sedes & domicilia in istis oris quærendi facultatem veniamq; obtinuit. Metus enim Gylvonem incesserat potentiæ Asiaticæ, quippe qui verebatur, ne summo cum periculo novos advenas lacesseret, quibus se viribus & fortitudine longè impares, agnosceret. Intereà Gylvo & Othinus C præstigiorum & incantationum quasi certamen quoddam instituerunt: undè Othinus cum Asiaticis suis semper victor discessit. Hinc Othinus ad fluvium *Loger* incolere cœpit; ubi civitatem condidit Sigtunensem [quo nomine oppidum in Svecia majorum ætate fuit] Basilicamq; extruxit magnificentissimam, Sacrificijs ibidem secundum ritus & ceremonias Asianorum institutis. Quin & regione ista undiq; secus D occupatâ, in eam quasi coloniam quandam deastrorum deduxit, quibus certas sedes & delubra assignavit. Ità Niordo Moatun, Frejo Vpsala, Thoroni Trudvanger, Heinero Hundbierg, Baldero Bredeblik cesserunt. Tandem Othinus Arctoas Sveciæ partes cum agmine Idolorum suorum repetens, inauditi generis miracula varijs exercuit præstigijs, & simul veluti publicum magisterium Magiæ percipiendæ instituit; cujus usus anteà planè nullus isthoc loci extiterat. Quod habitum Othini & formam attinet, vul- E tu semper hilari, jucundo, & ad omnes lepores, facetiasq;, ad jocum, atq; lubentiam composito, amicis se conspiciendum præbuit; hostibus verò truculentum se exhibuit; quippè in varias formarum species, instar Prothei cujusdam, se transmutare noverat. Tantâ etiam Svadâ & eloquij dulcedine audientes demulcere poterat, ut ipsius dictis nullam non fidem adhiberent. Rhythmis etiàm & carminibus inter loquendum crebrò prolatis miram sermoni gratiam F conciliabat. Undè & ipse & complices ipsius Schialdri & Poëtæ dicti. Prætereà solebat Othinus vi quadam magicâ omnem sensuum usum hostibus eripere, & immensum illis terrorem incutere; imò cum hostili exercitu manum conferens, ità gladiorum aciem carminibus retundebat, ut sui milites absque scuto & lorica, tanquam efferi canes & lupi, adversarios lancinantes, vulnerantes, & pecudum instar trucidantes, incederent, ipsi omnium vulnerum & damnorum expertes. Undè posteà Berserkerorum incessus, hoc ferociæ genus appellatum fuit. Adhæc Othinus tantâ ludificandorum oculorum peritiâ callebat, ut sæpenumero corpus suum, veluti suppresso spiritu, humi exanime prosterneret, quod interea nunc in piscis aut volucris, nunc in serpentis formam mutatum apparebat. Evigilans se longinquas terrarum oras peragrasse, & quid ibi rerum gereretur, exactè & accuratè comperisse, asseverabat. Incendia restinguere, tempestates sedare, inundationes sistere, ventos ad arbitrium suum immittere, unico verbo potuit. Defunctorum manes subindè eliciens, aliò translatos collibus & monticulis inclusit: Unde ᚦᚱᚮᚢᚵᛆ ᚦᚱᚮᛐᛐᛂᚿ, Drouga Drotten/ vel ᚼᚮᚢᚵᛆ ᚦᚱᚮᛐᛐᛂᚿ, Houga Drotten/ hoc est, Lemurum Dominus dictus est. Binos habuit corvos humani eloquij usum ab ipso edoctos, qui dissita loca pervolantes, hero suo copiosam rerum novarum seriem renunciabant. Apertis deniq; vi magicâ montibus aurum & argentum ex abditis terræ venis pro lubitu deprompsit, & absconditos insuper thesauros, nemine monstrante, eruit. Ad summam, Othinus Runis suis & Carminibus ac incantationibus [quæ ᚵᛆᛚᚦᚱᛆᚿ, Galdran/ ᛋᛂᛁᚦ, Seid/ ᛚᛁᚮᚦ, Liod/ ᛦᛁᚮᛚᛉᚢᚿᚵᛆ, Stolkynga/ dicebantur] incredibilia patrando, tàm clarum sibi ubiq; nomen peperit, ut fama sapientiæ & potentiæ Othinianæ, juxtà ac Asianorum per omnes gentes & nationes brevi spatio sit didita. Quare hostes ità conterruit, ut nihil adversus eum moliri ausi fuerint. Sed è diverso socios & amicos ità in fide retinuit, ut raro aut nunquàm ab eo desciverint. Quo evenit, ut Sveci, alijq; populi Boreales, Othino pariter ac duodecim ipsius complicibus, solennia sacrificia dependerent, & cultum vero cœli terræq; Domino debitum exhiberent. Eorum quoq; nomina liberis suis recens natis adaptabant, vocantes Audun & Ovden, ex Othino; Thord, Thore, & Toraren, Steintor, & Haftor à Torrone; quorum adhuc quædam apud Norvagos in usu sunt nomina. Varias porrò Leges tulit Othinus; quas inter has fuisse præcipuas memoriæ proditum est. Edixit namq; ut mortuorum, vel in bello cæsorum cadavera igne consumerent, unà cum bonis & ornamentis potioribus: cineres verò aut defoderent in terram, aut in fluvios spargerent. In memoriam Procerum & magnatum, colles erigerent, monumentis impositis, quæ defunctorum res gestas celebrarent. Ter singulis annis solennia sacrificia peragerent; Brumali tempore pro anni felicitate; mediâ hyeme pro fertilitate; circa finem hyemis pro Victoriâ. Scythæ quotannis

Othino

Othino denarium tributi loco ſolvebant, in ſingula capita: cujus propterea eſſet viciſſim officium, tueri eos contrà adverſarios ac hoſtes, & cultum Deorum religionemque propagare. Niord uxorem duxit nomine Skade/ quæ priore relicto marito, paulò poſt Othino nupſit: ex qua plurimos filios ſuſtulit: quorum uni nomen erat Semming. Tunc nova Scythia, videlicet Svecia, dicta eſt Manheim/ & magna Scythia Gudheim. Demùm Othinus vitæ ſatur in Svecia ſupremum obijt diem. Jam fato vicinus omnia membra & artus novem cicatricibus inſigniri juſſit, quas ᚵᛂᛁᚱᛋ ᚮᚦᚧᛂ, Geirs odde/ antiquitus vocabant. Imperavit etiam, ut bello proſtratos ſibi mactarent. Hoc etenim ſibi gratiſſimum fore placaminis & Sacrificij genus prædicabant. Poſt obitum multis apparuit, præſertim ſi grave aliquod prælium immineret. Multis victoriam contulit; alios in Valhalden/ hoc eſt, Palatium Plutonis, invitavit. Cadaver ipſius ſolenniter combuſtum, epulumq; funebre & ſacrificia in honorem defuncti inſtituta. Hactenus Chronicon Norvagicum. A quo cum diſceſſerimus, vix ſuperant antiquiora monumenta, quæ nos de vetuſtisſimis Danorum numinibus aliquid ſcitu dignum edocere poterunt. Idcirco nunc reliquum eſt, ut ad inferioris ævi Scriptores deſcendamus. Hos inter familiam ducit Olaus Magnus Svecus, cujus hæc ſunt verba Hiſtoriæ ſuæ

A Libro III. Cap. 3. *Erant apud veteres Gothos paganos, tres dij, primâ veneratione obſervati: quorum primus erat potentiſſimus* Thor: *qui in medio triclinio, ſtrato pulvinari, colebatur: cujus hinc inde latera, duo alio numina,* Odhen/ *videlicet &* Frigga *cingebant.* Thor/ *inquiunt, præſidet in aëre tonans, & fulgurans, ventos & nubes, ſerenitatemq; gubernans, fruges adminiſtrans cum fructibus univerſis, peſteſq; tollens. Alter* Odhen/ *hoc eſt fortior, bellis præſidet, hominibus in hoſtes auxilia ſubminiſtrans:*

B *ipſi Thor a dextris collocatus: tanto opinionis fulgore clarus, ut ipſum non ſecus, quàm datum mundo lumen omnes gentes amplecterentur, nec ullus orbis locus extaret (Saxone teſte) qui numinis ejus potentiæ non pareret. Tertius* Frigga *pacem, voluptatemq; moderabatur: cujus etiam ſimulachrum turpitudinem Sexus præ ſe ferebat: & ob id tantum apud Gothos, quantum Venus apud Romanos venerabatur; Diemq; Veneris usq; ad noſtra tempora ſibi retinet conſecratum. Pingebatur gladio, & arcu cum armis,*

C *quòd in illis terris, uterq; ſexus ſemper ad arma promptiſſimus eſſet.* Thor *autem cum Corona & ſceptro ac duodecim Stellis deſignabatur: cujus magnitudini nihil digna æqualitate conferri poſſe exiſtimatum eſt. Obtinuitq; diem hebdomodatim, imò & menſem primum totius anni, quem Januarium dicimus. Odhen verò armatus ſculpitur, uti Mars, ſimili gentilium ſuperſtitione, apud Romanos, diemq; obtinuit æternâ memoriâ ſuo nomini conſecratum.* Et en tibi Imagines Deorum veterum.

De ijsdem Vir Cl. Johannes Svaningius, Historicus quondam Regius, Lib.III. Commentarior. priorum de Rebus gestis Danorum, in hunc modum disserit: *Dani antiquitus vicinarum gentium exemplo, Deorum numero eos solùm habuerunt, quos & præsentes viderunt, & quorum auxilijs apertè adjuti essent. In quorum omnium numero primi Magi erant, dicti etiam gigantes, quod corporum vastissimâ mole cæteros homines longè excellerent. Inter quos nonnulli mediæ staturæ homines quoq; erant, magicarum rerum peritiâ, gigantes multis modis superantes. Qua de re inter duos hos præstigiatorum ordines, perpetuum de dignitate certamen erat, donec medij, gigantibus superatis, divinitatis opinionem sibi apud plebeculam usurparent. Hi per summam ludificandorum oculorum peritiam, proprios vultus transformantes in varias figuras, se Deos esse, simplici vulgo, illusionis errore decepto, persvaserunt; quale genus hominum hodie in Turcia quoq; esse, ex illorum descriptione constat, qui ejus gentis mores & religionem literis mandarunt. His accesserunt & Harioli, qui nec corporum granditate, nec artis magicæ scientiâ prioribus æquales: quibus tamen opinio divinitatis, vel ob beneficia, quibus se vulgo commendabant, vel ob rerum futurarum præscientiam, tribuebatur. Ab his in gentilitate apud Danos primum totius religionis ratio pendebat. Ad hos, qui gravioribus morbis correpti erant, & in periculis versabantur, confugiebant. His sacrificabant, ac donaria offerebant, interdum pro victimis homines vivos immolarunt, aut immolaturos se voverunt. Tandem, ut fieri solet, quod homines facilè ab una Idololatria in aliam relabuntur, his contemptis successerunt alij, qui dij & dicti & habiti ab incolis sunt. Quorum primus dictus est OTHINUS, per omnem Europam priscis illis temporibus cum primis celebris. Is Vpsaliæ, quod Sveciæ oppidum est, nunc summi Pontificis ejus regni metropolitana sedes, templum habuit nobile, quod foris catena aurea maximi ponderis circumquaq; ornatum erat. Intus trium Deorum statuæ aureæ stabant, Othini, quem alij Vodanum appellant, Thoris, & Friconis, ita collocatæ, ut Othinus supremum locum obtineret. Othinus armatus erat, Marti assimilatus, quòd bello eum præesse credebant. Thor sceptrum tenebat, Jovi comparatus, quòd illorum opinione, fulmina & tempestates regeret. Frico verò cum ingenti pudendo sculptus stabat, quem pacem voluptatemq; hominibus adferre duxerunt. Porrò singuli dij suos habebant Sacerdotes, quos more Gallorum Druides nominabant, qui sacrificijs atq; immolationibus præerant. Si pestis aut fames immineret, Thoro sacrificabant; si bellum, Othino; si nuptiæ celebrandæ, Friconi litabant. Quin etiam, in summis necessitatibus, homines nonnunquam immolabant, quod pro salute hominis, nisi vita hominis redderetur, non posse Deorum iram placari arbitrarentur, publiceq; ejusdem generis institutum in Svecia habebant. Vpsaliæ Sacrificium, ad quod nono quoque anno reges Aquilonares, primates, ac populus conveniebant, aut donaria sua transmittebant, novem dies commessando sacrificabant, singulis ex ditioribus, qui eò venerant,*

A *novem capita diversi generis animantium, offerentibus. Immolatorum autem sangvinem ante Deorum statuas effuderunt, cadavera verò in proximo luco, qui illis sacer erat, de arboribus, hominum ac brutorum animantium, mixtìm simul, suspendebant. Porrò Othini statua aurea Bizantium à Svecis olìm transmissa, omnibus admirationi fuit; ubi diu ostentationis gratia, inter cæterorum Deorum imagines, quæ multæ & admirandæ per ea tempora Bizantij erant, servata est. Cujus rei gratia, eidem Othino, ex Græcia, & alijs*
B *nationibus, votiva in Sveciam non rarò missa sunt. Erant & alij dij, Mathethis & Vgarthilocus, cæteris, quos præscripsi, longè deformiores, quos antiquitus etiam Dani coluerunt: de quibus qui plura scire volet, Saxonem consulat. Mihi quidem fidem excedere videntur pleraq;, quæ de ijs scripta extant. Tales olìm gentilibus sub regibus dij culti sunt in Dania, tales etiam fuerunt religiones, quibus etiam nationes pleræq; Septentrionales subjectæ erant, quales breviter sunt præscriptæ. Ad quos non modò incolæ, sed magni Reges, preces suas*
C *fuderunt, hos ut in periculis haberent propitios, complura placendi genera invenientes, quibus non solùm pecudes, sed & homines uti dictum est, immolarunt. Turpes sanè & indigni dij, quibus humanarum rerum cura demandaretur: quos si cæterarum gentium Idolis comparaveris, ejusdem generis omnes omnium gentium Deos esse, cum ad juvandum impotentes, tum ad ferendã opem implorantibus difficiles fuisse intelligas; postquàm mens humana à Deo deserta suo feratur arbitrio, & sibi pro rationis captu cultus sine verbo insti-*
D *tuat. Meruit parentum primorum nostrorum lapsus, perquàm gravis, hanc tantam tamq; horribilem cæcitatem, ut à vero Deo aversi, cui non auscultabant, illorum posteri ad Idola converterentur, ac secundum illusiones mentis suæ Deos sibi quærerent alienos, eosq; inter se dissimiles, alij feles ac bruta animantia, alij arbores, truncos, lapides, herbas, alij sydera, alij deniq; præstigiatores, veri numinis loco, aliaq; monstra adorarent. Quâ in re magnitudo divinæ iræ, quæ peccatum consecuta est, conspici potest. Nam si primorum*
E *Parentum inobedientiam tantâ cæcitatis pœna Deus punire voluit, ut hominem ad similitudinem suam creatum, in tantam cæcitatem abjiceret, profectò ad nostra peccata, in quibus perduramus securi, haud connivebit. Est autem res commiseratione inprimis digna, considerare diligenter hanc mortalium calamitatem, quòd oppressi cæcitate, verâ Dei cognitione olìm caruerint, Deosq;, pro errore judicij sui, varios atq; inutiles prorsus, quæsierint; donec summus atq; omnipotens rerum opifex Deus, nostri misertus, misso de*
F *cælo suo verbo, ab errore in rectam viam genus humanum revocavit. Hoc ingens Dei beneficium, pluris æstimare, quàm totius mundi opes, pij omnes debebunt; maximè autem omnium, Reges, Principes ac, Magistratus, qui regnis, ducatibus, ac civitatibus præsunt, quòd ijs erroribus atq; idololatricis cultibus modo liberati sint, in quibus olim illorum prædecessores excæcati hæserunt, idq; beneficio verbi divini, quod Dominus sub extrema hæc mundi tempora, pro ineffabili sua bonitate erga humanum genus mundo denuò patefecit.*

Quid

Quid, quæso, gentilibus regibus sceptra, quid stemmata, A *quid opes, quid regna profuerunt? qui nulla vera imbuti religione, sine certa cognitione Dei hinc emigraverunt, post hanc temporalem vitam, ubi, aut quo in statu essent mansuri, prorsus incerti. Quâ incertitudine cum jam sincera divini verbi notitia nos liberet, certosq; nos seriò pœnitentiam agentes, de æterna vita reddat; profectò studium provehendi verbi, tantæ rei, tamq; diu mundo absconditæ, inæstimabilis thesaurus, in bonis principibus excitare debebit, ut Deo pro pura doctrina sua grati sint, eamq; suis tradi subditis, atq; ad* B *posteritatem purissimè transferri, summo studio curent. Neq; bonos principes, ad studium propagandæ pietatis, parùm incendat utriusq; religionis collatio; si cum vero Dei cultu, istam impuram Idolorum culturam conferant, quibus in Boreali hac plaga omnes gentes servierunt: in quibus ut nihil opis omninò extitit, ità tanta illorum erat deformitas, atq; turpitudo, ut monstra terræ potius, quàm Deos fuisse, verisimilius sit. An non humanus animus hoc tempore magis aversetur Vgarthilocum, illud immane monstrum, ut à* C *Saxone depingitur, quàm adoret? aut divinitatem sic vinculis irretito ac squaloribus obsito, tribuat? quòd quidem in Fabulis Poëtarum Deorum nemo deformior reperiatur. Attamen in tanta hominum cæcitate, & in tot ludibrijs Sathanæ, quibus, varijs modis, in hac ora Boreali, in gentilitate, homines est ludificatus, pro Deo suis temporibus cultus est. Equidem monstrum tale sub cœlo nunquam fuisse existimo, sed si fuit aliquando quisquam sub hoc nomine habitus, cultusq; pro Deo, ludibrio Diaboli id accidisse verisimile est, quo* D *mentes hominum ità fascinavit, ut nihil videntes, tamen fascinatis oculis ejusmodi aliquod portentum, cernere se multi crediderint. Quid enim in tanta tyrannide, in qua totum mundum captivum tenuit Sathanas, non potuit in Septentrione, nimirum sub cœlo crassiore? Cujus portenta, illusionesq; jam multas & varias apud Orientales gentes fuisse legimus, Soli propiores, & propterea sagaciores ac prudentiores. Sed hæc de dijs gentilibus, quos ab initio Regni Daniæ, ad tempora usq; Ludovici Pij Cæsaris, Dani coluerunt,* E *attigisse sufficiat.* His subjungamus, quæ Arngrimus Jonas Islandus, vir præclarè de patria meritus, Crymogææ suæ Lib. 1. Cap. 4. de Othino suppeditat: *Anno XXIV ante natum Christum facta est prima Asiaticarum gentium in orbem Arctoum immigratio, duce & antesignano Othino; regnante in Svecia Gylvo; Romanis exercitibus, auspicijs Pompeji Magni in Asiæ parte, Phrygiâ minore, grassantibus.* Et Cap. VII. ejusdem Libri: *Porrò* F *in singulis tertijs, ut & Borealis Quartæ quartis, quas olim (Thyng, hodie etiam* Sysslu/Herrad*) præfecturas appellabant; tria loca insigniora designabant, foro sacrata & judicijs. Præter ea etiam sacris Ethnicis dicata, illis* Hoff/ *nobis Lararia, & delubra; Lararium quodlibet, pro ratione hujus terræ, magnificè extructum erat. Quorum duo leguntur fuisse 120. pedum longa; unum in præfectura* Watzdal/ *Islandiæ Borealis: alterum in* Kialarnes *meridionalis Islandiæ: & hoc quidem pedes latum 60. Singula, adhæc, Lararia, Fanum, in Sacelli morem, sibi adjunctum habebant. Hic locus sacratissimus. Hic idola & dij manu facti, in suppedaneo seu ara quadam consistebant quos circum pecudes ijsdem mactandæ disponebantur. Deorum autem princeps & medius Juppiter; illis* Thor/ *à quo Septentrionalia hæc regna, diem Jovis,* Thorsdag/ *etiamnum indigetant. Huic reliqui Dij collaterales; quorum nec numerum certum accepi, nec nomina. In veteri tamen juramenti formula, tres, præter Thorum nomine notantur:* Freyr/ Niordur/ As. *Quorum tertium, nempe* As/ *existimo esse Odinum illum famosum, inter Divos Ethnicos non postremum habitum, dictum* As/ *Synecdochicῶs: quod is Asianorum huc in Septentrionem migrantium princeps fuerit. Singulariter namq;* As/ *at multitudinis numero* Æsar, *vel* Æser *dici cœperunt. Hic Odinus, ob insignem Magiæ diabolicæ peritiam, quâ Divinitatem, ut Machomet alter, adfectabat; post obitum, in Deorum numerum relatus est: à quo hodie, dies Mercurij* Odens dagur/ *Odini dies: undè fortasse, Odinum Mercurium, ut Thorum Jovem, non malè appellavero. Odinum tamen Martis loco colebant veteres: & bello cæsos, Odino mactari dicebant. Odini autem socij sive filij fuerunt,* Freyr/ & Niordur: *ijsdem artibus, quibus pater aut princeps Odinus, Divinitatis opinionem adepti.* Idem in Literis ad me suis, Anno Christi 1632. *Quod autem ulterius exigis, ut Numinum Ethnicorum, Orbis Arctoi, Catalogus à me suppleri possit; id sane est, in quo, Viro præstantissimo, mihiq; suo merito amicissimo, minus satisfacere valeo: ut scil. gratiam aut venustatem aliquam habeat; nec sane aliter, quàm in hac ipsa charta cernere est. Habet autem Crymogæa, migrationem quandam populi ex Asia, in plagam Europæam factam, cujus Princeps fuerit* Odinus *vel* Othinus, *in hoc Orbe famosissimus, & Magiâ diabolicâ celebratissimus: cujus Socij ac posteri ejusdem farinæ, si non vivi, certè post fata, Numinis cultum, in his oris, à stultis mortalibus meruerint. Nominatim illic tanguntur,* FREYR & NIORDUR *isti Odino συγχρόνοι καὶ ὁμοψύχοι, juxta Odinum, pari cultu adorationis invocati & pro Dijs habiti: ut ex Veteri Juramenti formula, ibidem annotaveram. Quod ipsum, si paulò prolixius commemorari non sit ingratum, sic habeas. Migrationis Asiaticæ Principes,* ÆSER, *Asiatici dicti sunt: cujus singulare est* AS, *vel* AAS: *ipsi Odino κατ᾽ ἐξοχὴν attributum: cum adjecto:* den Almegste Aaß. *Hi fuisse traduntur numero XV, vel eo plures, quorum etiam nomina, hæc extant.* I. ODINUS; *alio nomine,* Yggur. II. Thor/ *sive* THOR. III. Yngve/ *vel* Yngvar. IV. Freyr. V. Vidar. VI. Balldur. VII. Tyr. VIII. Niordur. IX. Bragie. X. Hoddur. XI. Forsete. XII. Loke. XIII. Vale. XIV. Vllur. XV. Hænir. *Quin etiàm Fœminæ Asiaticæ, illa immigratione contentæ, &* Asyniur *dictæ, divinos honores sortitæ sunt, & quidem numero plures:* I Frygg/ *Odini Conjunx.* Freya/ *altera.* III. Fulla IV. Snotra. V. Gerdur. VI. Gefiun. VII. Gna

VIII. Loffn

VIII. Loffn. IX. Skade. X. Jord. XI. Idun. XII. Ilmur. XIII. Bil. XIV. Niorun vel Jorun. XV. Hlin. XVI. Hnoß (*vide quomodo L & N, veteres aspirârunt*) XVII. Nanna. XVIII. Rindur. XIX. Siøfn. (*Monosyllabum*) XX. Sol. XXI. Saga. XXII. Sygin/ vel Signy. XXIII. Vør. XXIV. Var. XXV. Thrudur. XXVI. Ran. XXVII. Hilldur. XXVIII. Gøndull. XXIX. Hløck. XXX. Mist/ vel Nist. XXXI. Skøgull. XXXII. Hrind/ vel Hrund. XXXIII. Hrist/ vel Rist. XXXIV. Skulld. XXXV. Nipt. XXXVI. Dis vel Disa. *Harum fœminarum appellationes sive nomina, nostrum quoq; ævum usurpat; quasdam mulieribus proprias: ut* Gerdur: *item* Thorgerdur (*à Toro & Gerdur/ composit: item* Idun/ Jorun/ Signy/ Thrudur/ Hilldur etc. *Quasdam appellationes: ut* Hrund; Nanna; Nipt; Dijs: *Unde etiam* Thordijs/ *à Thor compos:* Herdijs; Viggedijs/ *à Viggone, hoc est, Odino, ut supr.* Asdijs/ *ab* Aß/ *Odino.* Arndijs/ *ab Aquila.* Geirdijs/ *à gladio,* Freydijs/ etc. *Odini prætereà filij (etiam fortè in his, nepotes) multi recensentur:* 1. Balldur. 2. Meile. 3. Vijdar. 4. Nefur. 5. Vale. 6. Ale. 7. Thor. 8. Hilldulfur. 9. Hermodur. 10. Sigge. 11. Skiøldur. 12. Asabragur. 13. Oldner. 14. Jtrekur. 15. Heimdallur. 16. Semingur *vel* Hemingur. 17. Haudur. 18. Brage. 19. Ennilangin. 20. Eindreide. 21. Biørn. 22. Hlodide. 23. Hardveor. 24. Sonnungur. 25. Vingthor. 26. Rymur. *Reliquorum Principum Asiaticorum filios, nominatim expressos non inveni. Horum Principum alij, alijs rebus præstabant; ut scientiâ vel magiâ Odinus: animositate* Tyrus: *formâ Balderus, è cujus nomine, herba vulgaris, sed pulcherrimi aspectus, nobis dicitur* Baldenbraa. *id est, Supercilium Balderi. Quomodo autem ab his, dies hebomadæ 4, nomen acceperint, notum est:* Tyrßdagur/ Odensdagur/ Torsdagur/ Friadagur. *Inter simulachra, Thori fit mentio super aram collocati:* Thar var Thor á stalle -- der vaar Thor sat paa en Steel/ eller Alter. *Vid. Crymog. Præter hos autem cæci Ethnici & Diabolo mancipati, alia sibi numina fingebant: de quibus non ità constat: ut Haquinus, Baro Norvegicus* (Lade Jerll) *apostata, & Regi Danorum fœdifragus ac Regni Norveg. invasor, simulacrum fœminina specie & nomine colebat,* Thorgerdam, Horga Brugur/ *quia in* Horgaland/ *Norvegiæ quadam Præfectura, præcipuam adorationem haberet: unde Præfectura nomen, ab* Hørgis/ *id est, Idolis, accepit: &* Hørga Bruder: *Idolorum Sponsa. Hanc, inquam, dictus Baro, humi profusus & projectus colebat, varijs immolationibus, etiam humanis; ità ut à proprijs filijs non abstineret, quin eos Thorgerdæ, ut Molocho alteri, sacrificaret; ut piratis Jomsvvichsensibus prævaleret, Norvegiam invadentibus. Piratæ isti, oppidum* Jomsburg/ (*quod Julinum, Chytræus, ut credo, vocat) non procul Stralsundio, occupabant, in Syrtibus Neptuni extructum, sed avorum memoriâ, undis absorptum, ità tamen, ut tranquillis undis, rudera op-*

A *pidi sub aquis conspici possint. Vide Saxoniam D. Chytræi. Ex hoc oppido incolæ bellicosissimi sæpius excurrentes, viciniam, & simul Norvegiam infestabant. Quibus ubi Haquinus ille Baro, impar, aliquot conflictibus navalibus, esset factus, ad prædicta Thorgerdæ sacra confugium habuit, & ope diaboli superior factus est. Horum Piratarum Historiam, in Archivis Dn. Hvitfeldij, veteri linguâ Norvegica, in membrana perscriptam vidi: quam etiam, ipso mandante, latinè vertebam; sed non est mihi exemplar. Nec jam*

B *plura occurrunt hujus generis, in gratiam Dn. Magistri, scribenda: nisi aliquid ejusmodi, in Crymogæa reperiatur, hic frustrà repetendum: ut de Opplandorum Svecorum Idolo,* Freyero: *& ejusdem cultu, &c. Lib. 2. Crymog. de Augmundo quodam Islando.* Cui per omnia consentit Excellentiss. Dns. Doctor Olaus Wormius, in Annotatis MS. *Septentrionales hasce gentes omnes ab Odino descendisse volunt Islandi. Hic autem Odinus, tempore Pompeji Magni, ex Asia pulsus, in Europam migravit, ac in Saxo-*

C *nia primò sedem fixit. Deinde in Cimbriam se contulit* Reitgotaland *dictam, cui filium Sciold præfecit, unde Reges Scioldungi. Mox in Sveciam migravit, ac Ingonem filium Regem constituit. Unde Sveci* Ingliðer. *Hinc in Norvegiam ivit, cui H---- præfecit. Odinus autem hic primus non fuit, qui has terras occupavit, sed ex Asia fugiens, ad Septentrionales deveniens populos, leges & politiam Asianorum docuit, undè tanto in pretio habitus. Ferniottus enim Rex Finlandiæ ante tempora Odini celebratur, No-*

D *rus item, Rolfo de Rupe, Sogne, Gorus, Snæro, Gylvo. alijq; de quibus in Islandicis fit mentio.* Verum plenius & diffusius hæc eadem persequitur Lib. I. Monument. Danicor. Cap. IV. *Deorum, quibus vota sua nuncupare consveverunt majores, ut numen frivolum, ità numerus incertus; interim in majoris & minoris pretij distinctos fuisse classes, historiæ testantur. Saxonem nostrum de præcipuis audiamus disserentem, ac quibus artibus & machinis mortales hi, apud Septentrionales divinitatis gloriam sint asse-*

E *cuti, disertis exponentem. Olim, inquit, quida magicæ artis imbuti, Thor videlicet & Othinus, alijq; complures, miranda præstigiorum machinatione callentes, obtentis simplicium animis, divinitatis sibi fastigium arrogare cœperunt. Quippè Norvegiam, Sveciam, ac Daniam, vanissimæ credulitatis laqueis circumventas, ad cultus sibi pendendi studium concitantes, præcipuo ludificationis suæ contagio respersêrunt. Adeò namq; fallaciæ eorum effectus percrebuit, ut in ipsis cæteri quandam numinum potentiam venerantes, eosq;*

F *Deos, vel Deorum complices, autumantes, veneficiorum auctoribus solennia vota dependerent, & errori sacrilego, respectum sacris debitum exhiberent. Quo evenit, ut legittima feriarum series apud nos eorundem nominibus censeatur, cum ipsis Latinorum Veteres, sive à Deorum suorum vocabulis, sive à septeno Planetarum numero, nuncupationem singillatim adaptasse noscantur. Duobus hisce numen tertium adaptarunt, quod masculini aut fœminei num extiterit sexus, incertum: licet fœmineo choro plures illud*

illud aſcripſerint. Hoc *juxta quoſdam*, Fricco, *vel* A Frigo, *juxta alios* Frigga, Frea, *vel* Freya, *vocatum invenio, qui Otthini uxorem ſcortationibus & furtis celebrem eam fuiſſe volunt. Ab hac dies Veneris* Fredag/*vel*, Freidag/*noſtratibus indigetatur. Hæcce tria primaria & majorum gentium fuiſſe numina pleriq; arbitrantur. Ac Othinus quidem, ab alijs* Vodanus, *ab alijs* As *dictus; eò quod Aſianorum huc in ſeptentrionem migrantium princeps fuerit. Singulariter namq;* As; *at multitudinis numero* Æſar *vel* Æſer *dici cœperunt, teſte Arngrimo Crymog. Lib. 1.* B *Cap. 6. Armatus ſculpi ſolet, cum enſe, Martis inſtar. Ejus effigiem Septentrionis Reges aureo complexi ſimulacro, ſtatuam ſuæ dignationis indicem, maximâ cum religionis ſimulatione, Byſantium transmiſerunt, cujus etiam brachiorum lineamenta, confertiſſimo armillarum pondere perſtringebant. Saxo Lib. 1. & paulò pòſt. Othinus ſtatuam in crepidine collocavit, quam etiàm mirâ artis induſtriâ ad humanos tactus vocalem reddidit. Ex quo, quantâ polluit arte præſtigiatrice, liquidò conſtat. Inſtar ſenis* C *monoculi albo clypeo tecti & equo inſidentis, quandoq; ſuam implorantibus opem, ſe conſpiciendum præbuiſſe, non uno in loco docet Saxo noſter. Hinc illud Lib. 2.*

Et nunc ille ubi ſit, qui vulgo dicitur OTHIN
Armipotens, uno ſemper contentus ocello?

Atq; huc trahendum quod Lib. 1. ait. Spoliatum nutrice Hadingum, grandævus forte quidam altero orbus oculo, ſolitariam miſeratus, &c. Item Lib. 7. Cujus eventum Haraldo oraculis explorare cupienti, Senex præcipuæ magnitudinis, ſed orbus oculo, obvius D *extitit, qui hiſpido etiam amiculo circumactus, Othinum ſe dici, bellorum uſu callere teſtatus. Hiſtoria Norvagica refert ab hoc Odino ad regni adminiſtrationem adſcitos duodecim ex præcipuis ſuis in Magia complicibus, qui poſtmodùm, non ſecus ac ipſe, divinis honoribus à rudi plebe culti ſunt. Thor cum Sceptro Regis inſtar fingebatur, de quo poſteà plura. Apud Vpſalenſes in Svecia eorum præcipuus vigebat cul-* E *tus, ubi etiam inauratum ijs dicatum fanum, in quo ſtatuæ trium horum ſingulari devotione colebantur; quod his docet Albertus Crantzius in præfatione Libri primi Sveciæ: In hoc templo (quod totum fulgebat ex auro) ſtatuas trium venerabantur Deorum, antequam Chriſto crederent. Potentiſſimus Thor, in medio, triclinio ſtrato pulvinari, colebatur. Hincindè latera ejus cingunt VVodan atq; Fricco. Thor, inquiunt, præſidet in aëre, tonitrus & fulgura, ventos & imbres, ſerenitatemq; gubernans, fruges ad-* F *miniſtrat, cum fructibus univerſis. Alter VVodan (hoc eſt fortior) bellis præſidet, hominibusq; fertur in hoſtes vires ſubminiſtraſſe. Tertius Fricco pacem & voluptatem moderatur, cujus etiam ſimulachrum turpitudinem præ ſe ferebat. VVodanem ſculpunt armatum, ut alij Martem, Thor autem cum Sceptro Jovem videbatur exprimere. Hæc maxima ex parte ex Johanne & Olao Magno deprompta video. Addit verò Olaus Lib. 3. Cap. 3. Friggam depictam etiam fuiſſe cum gladio & arcu, cum armis, quòd in*

illis terris uterq; ſexus ſemper ad arma promptiſſimus eſſet. Thor verò cum Corona & Sceptro ac duodecim, (alij ſeptem) ſtellis. Statua Thorronis, quam cum ſocijs venerabatur Dala Gulbrandus, loco ſceptri, malleum manibus tenebat, docente Hiſtoria Olai Craſſi, quem inter divos retulerunt Norvagi. Per hunc ſolennia juramenta præſtitiſſe veteres comperio. Unde etiamnum multis familiaris hæc formula: Nei Thore gud/ *ex mala conſvetudine in uſum tracta. Quanvis hi tres ſemper primarij habiti ſint Septentrionalium Dij, vetus tamen & ſolennis jurandi formula, quæ extat apud Arngrimum Crymog. Lib. 1. Cap. 4. & 7. quartum ijs annumerat* Niordur *nomine, qui primus Norvegiæ ſtatuitur monarcha, multis luſtris ante Haraldum Pulchricomum. Juramenti formula inter reliqua hæc habet:* Hialpi mier suo Freyr/ og Niordur/ og hinn Almachtke As. *Sed nec hoc Idolorum numero contenta fuit Septentrionalis ſuperſtitio, verùm more aliarum gentium plures adhuc, quamvis minoris pretij, ſibi ſelegit Deos atq; Deas. Inter has &* Diſa *vel* Thiſa *locum invenit, Thorronis uxor, quæ quòd juſtitiæ ſingulariter favere credebatur, non minus locum inter Deas promeruiſſe videbatur, quàm Frigga Othini conjunx. Ab hac quidam volunt ſecundum Septimanæ diem dictum* Tiisdag. *Ei Vpſaliæ magnâ pompâ & ſolemnitate annuatim ſacra fiebant,* Tisting *dicta. Quibus cum interfuiſſet Adels Regulus Sveciæ XXII, ab equo delapſus, ad lapidem caput ità confregit, ut paulò pòſt vitam cum morte commutarit, atteſtante Hiſtoria Norvagica. Ab eâ quoq; appellationem ſumpſit Pagus* Thiſewelde *propè Fridricsburgum, à ſcaturigine & fonte Thiſæ dicato ſic dictus. Fonti verò ipſi, pontificiæ religioni addicti, nomen mutarunt, ac D. Helenæ ſacrarunt. Quò etiamnum & hodie confugiunt multi, morborum variorum curationes ſibi pollicentes. Fuit &* Tiis, *Anglis* Teves, *Latinis* Teutas, *de quo Lucanus in hunc modum:*

Et quibus immitis placatur ſangvine diro
Teutades, &c. ——————

Refert namq; Lactantius Lib. VII. Gallos Heſum *&* Teutadem *humano ſangvine placaſſe. Hiſce affinis* Tyr *fuit, Odini filius, audaciâ & manuum promptitudine divinitatis honores adeptus, cui pro victoria, ſive ſingulari certamine, ſive aliter certandum eſſet, ſupplicationes fiebant. Ab hoc Islandi diem Latinis Martis, nobis* Tiisdag *dictum volunt.* Tyrsdag *enim ſe legiſſe memorat Arngrimus. De hiſce conſulatur Lib. 1. Faſt. Dan. Cap. XV.* Goëam *quoq; Nori filiam, à Svecis pro Dea habitam, eiq; pro victoria conſequenda, annuatim in Februario ſacra facta eſſe, Arngrimus noſter in ſupplemento Rerum Norvagicorum MS. teſtatur. Ab ea menſis anni ſecundus, quem nos Februarium vocare ſolemus,* Goëa *dictus. In hunc cenſum relatus* Frô *Deorum Satrapa, qui ſedem haud procul Vpſala cepit, ubi veterem litationis morem tot gentibus & ſeculis uſurpatum, triſti infandoq; piaculo mutavit: Saxo Lib 3. Hujus etiam claſſis,* Metothin *Deorum Pontifex,* Vagnofthus, Hadingus, *aliaq;*

aliaq; ejus generis monstra hominum quamplurima. Quò enim quis eo seculo audacia & sceleribus promptior, eò ad divinos honores viam adeptum esse compendiosiorem, credebant miseri. Fuisse etiam apud nostrates Idolorum terrestrium & aquatilium quoddam discrimen, in MSto quodam inveni. Nam pro annonæ fertilitate, & frugum copia, quandam sollicitabant, ut Latini Cererem, cujus nomen expressum non inveni. In mari imperium obtinere Noccam quendam credebant, instar Neptuni; unde aquis suffocatos à Nocca abreptos spargebant. Nocken tog hannem bort/ etc. Tandem ultimo loco ascribere operæ pretium duxi Joannis Vastovij Gothi de Idolis Borealibus Collectanea, in Præfatione Operi de Vitis Sanctorum præfixa. *Solem, Lunam, suosq; Reges, quemadmodum Persæ ac Chaldæi, ut numina colebant: animantes etiam quasdam cum Ægyptijs: Duces, Heroas, qui cæteris sapientia præstiterant, cum Græcis: cum Romanis omnium gentium serviebant erroribus, & magnam sibi videbantur assumpsisse religionem, quia nullam respuebant falsitatem. Soli ac Lunæ primos hebdomadæ dies dedicatos habebant; Disæ tertium; Othino seu Odino quartum; Thoroni quintum, eidemq; primum anni Mensem; Friggæ sextum; Flammæ ultimum; quorum nominum, omni reliqua superstitione sublatâ, etiamnum usus est. Et Thor quidem, Odinus ac Frigga, Majores Dij dicebantur, non septentrioni tantùm, sed etiam reliquo ferè orbi noti. Minores verò dicti fuere: Goëa Thoronis filia, cui secundus anni mensis nuncupatus: Vagnoftus & Hadingus præsidiarij in bellis Dij: Rostiphus, exquisitis præscientiæ studijs celebris: Rostarus stupendæ immanitatis; Fro, seu Froto, Deorum Satrapa: Methotin summus Deorum pontifex, dignus & ipse, qui coleretur, judicatus, quòd Sacrificia Ceremoniasq;, quibus reliqui dij colerentur, distinxerit & ordinaverit: Mara,* [nobis Mare/ unde Maren rider ham] *nocturnum spectrum, & dormientibus insidiosum: Neccus* (qui Nicken est) *nullam beneficam Divinitatis opinionem adeptus, sed certa tantum pernicie metuendus, quòd aquis suffocaret. Et ne Gothico Oceano suus deesset Neptunus, ignoti nominis Virgini de Blakulla, ventorum ac maris imperium concessit antiquitas. Fatales Sorores, seu Nymphæ, in sylvis, montibus & speluncis, sua templa nullo humano artificio, præstigiosis quibusdam carminibus extructa habebant. Ab his oracula & consilia dubijs in rebus petebantur, eisq; vota solenni ritu nuncupabantur. Lares, Lemures, Fauni, Satyri inter quos Mimmingus quidem clarus, Larvæ, Stryges, Lamiæ, Manes (Gastæ dicti) & similes monstrorum greges, Eluarum chorea dicebatur. Quid dicam de Lucis, arboribus ac fontibus, quibus etiam divinitatem quandam inesse credebant.*

152,30 44. *Paganâ Superstitione*] Quinam olim *Pagani* dicti sint, & quâ ratione ad gentiles nuncupandos id vocis translatum sit, egregiè, ut omnia, exponit Vir celeberrimus, & fati iniquitate heu! nobis & bonis literis maturè nimis ereptus, Matthias Berneggerus, in Notis suis eruditissimis ad Svetonij August. Cap. XXVII.

A Commate 6. *Pinarium, Equitem Romanum, cum concionante se, admissâ turbâ paganorum, apud milites subscribere quædam animavertisset, curiosum ac speculatorem ratus, coràm confodi imperavit.* Sic in Galba Cap. XIX. *Ibi Equites, quibus mandata sc. cædes erat, cum per publicum, dimotâ paganorum turbâ, equos adegissent.* Ubi *Pagani*, non sunt, ut Sabellico placet, agrestes rustici: sed quicunq; Romani *non milites*, quomodo non solùm in Juris Civilis libris *Pagani* sæpius *militibus* opponun-B tur: sed & apud Juvenalem Sat. XVI.

———— Citius falsum producere testem
Contra Paganum possis, quam vera loquentem
Contrà fortunam armati, contraq; pudorem.

Et Tacitum Hist. II. *Manente legionum auxiliorumq; discordiâ, ubi adversus paganos certandum foret, consensu.* Ità *cultu pagano* homines *armatis* opponit Plinius Lib. VII. Epist. 25. *Sunt enim ut in castris, sic etiam in literis nostris, plures cultu pagano,* C *quos cinctos & armatos, & quidem ardentissimo ingenio, diligentius scrutatus invenies.* Cur autem *Pagani* dicantur, qui tamen urbani sunt, invenies in Dionys. Halicarn. Lib. IV. 19. Appiano ἀπόλεμοι sunt: Plutarcho & Herodiano ἰδιῶται. Atq; hinc in Constitutionibus Impp. Christianorum, & Patribus, alieni à fide Christiana Pagani quoq; dicuntur, quod scilicet militiæ Christi nondum nomen dederint. Sed longè aliam vocis hujus originationem adducit ὑπέρ-D σοφος Casp. Barthius Advers. Lib. XIII, Cap. 4. Blennum *Græcum Francicum* Villein *fecisse credat, qui nescit in omnibus ferè linguis* rusticum, *crassi cerebri, segnem, obtusum, minusq; civilem sonare. Ab eo, quod qui pagos habitabant, aërem non mutabant ferè, sed avitis moribus contumaciter inhærentes, extra conversationem humaniorem educabantur. Undè & opponitur horrido & stupido* civilis. *Nec alia ratio videtur Christianorum apud Latinos primorum fuisse, cur Idolorum cultui sine rationis &* E *veritatis respectu inhærentes,* Paganos *appellarent. Et quidem non serios aut curiosos, qui promptius religioni divinæ obsistebant, sed pervicaces, velut rustico stupore pugnantes. Sane &* paganica numina *sunt, quæ comparata cum alijs Idolis crassi intellectus & obtusorum sensuum dici possint. Ut Ausonius Ethnicæ phraseos nimium retinens, Faunos* Paganica numina *vocat, ex bestijs & hominibus mixtos.*

Pag. 104. vers. 27. *Ferrum hoc quatuor stilis dispertitum*] Graphicè heic describit Saxo *Murices* 153,2 F illos ferreos, qui in quamcunq; partem incubuerint, unum, aut plures, aculeos infestos protendunt. Eorum usus est in militiâ ad prohibendas hostium vel incursiones, vel eruptiones, sive illi pedites, seu Equites adventârint. Flavius Vegetius *Tribulos* appellat, Lib. III. Cap. 24. ubi de quadrigis seu curribus falcatis & Elephantis, quâ ratione ipsis in acie obsisti possit. *Maximè*, inquit, *hac Romanorum arte perierunt.* (in bello scilicèt adversus Antiochum & Mithridatem) *ubi ad pugnam ventum est, repentè toto campo*

campo Romani tribulos abjecerunt, in quos currentes quadrigæ cum incidissent, deletæ sunt. Subjicit deindè Instrumenti hujus talem descriptionem : *Tribulus autem est quatuor palis confixum propugnaculum, quod quoquo modo abjeceris, tribus radijs stat, & erecto quarto infestum est.* Eorum quoq; mentionem fecit Herodianus Lib. IV, ubi de Macrino Imperatore, & bello Parthico adversus Artabanum : *Romani quoties pedem conferebant, facilè adversarios superabant. Posteà verò quum ab equitatu & Camelorum multitudine premebantur, fugâ simulatâ tribulos, aliaq; machinamenta ferrea acuminata projiciebant. Quæ sub arenis latentia, nec cuiquam conspecta, perniciem Equitibus & Camelorum insessoribus afferebant. Quippe illis calcatis, equi, potissimùm verò Cameli (quoniam huic generi mollissimæ sunt ungulæ) succiduè claudicabant, excussis tergo insessoribus.* Hos etiàm Persæ contrà equitatum Alexandri Magni spargebant. Q. Curtius Lib. IV. *Nondum ad teli jactum pervenerant, cum Bion quidam transfuga, quàm maximo cursu potuerat, ad regem pervenit, nunciaans murices ferreos in terram defodisse Darium, quâ hostem equites emissurum esse credebat; notatumq; certo signo locum, ut fraus evitari à suis posset.* Sic Valerius Maximus Lib. 3. ubi de Scipione Æmiliano : *Suadentibus quibusdam, ut circa mœnia urbis, quam obsideret, ferreos murices spargeret, nè subita eruptione hostes impetum in præsidia nostra facere possent.* Plutarchus in Apophtegmatis: *καταπεῖραι τριβόλους σιδηροῦς ὅπως μὴ διαμθύοντες οἱ πολέμιοι προσμάχωνται τοῖς χώμασιν.* Hoc est: *Spargere tribulos ferreos, ne hostes aggeribus insistentes pugnam illinc ciere possent.* Salvianus Massiliensis Lib. VI. de Gubernatione Dei: *Exercitus pugnaturi ea loca, per quæ venturas hostium turmas sciunt, aut foveis intercidere, aut sudibus præfigere, aut tribulis infestare dicuntur; scilicet ut etiamsi non in omnia ea quispiam incidat, nullus tamen penitus evadat.* Nostrates Foed Angell dicunt, & circa ambitus hortorum frequenter spargere solent, ne fures nocturni sepes inpunè transiliant, & pomaria, aliave loca custodibus destituta violent. *Tribulos* verò Robertus Walturius de re militari Lib. X. egregiè deformatos Lectoris oculis subjicit.

54,3 37. *Haconem Daniæ tyrannum*] Intellige Dynastam, aut Satrapam, aut virum armorum laude præstantem, sub imperio Frothonis.

4,14 49. *Circâ mimos ac joculatores*] *Joculatores* sunt scenici illi artifices, & circumforanei agyrtæ, qui varijs corporum motibus, & stupenda ludificandorum oculorum peritiâ se ostentantes, miserum quærunt quæstum. Julius Firmicus Lib. II, Cap. 12. ubi de signo Virginis loquitur: *Significat viros sapientes, industrios, & joculatores.* Johannes Sarisberiensis, Lib. I. Policratici, Cap. VIII. *Hinc mimi, salij vel saliares, balatrones, æmiliani, gladiatores, Palæstritæ, gignadij, præstigiatores, malefici quoq; multi, & tota joculatorum scena* A *procedit.* Unde Firmico, *Joculationes*, Lib. V. Cap. 5. *Erunt enim tunc læti, alacres, jocundi, sed joculationibus dediti.* Et Cap. VI. *Tunc in jocosis conviviјs, lætisq; sodalitijs vocabuntur, tunc joculationes cantusq; exercebunt.* Iterum Lib. VI. Cap. 29. *Venus & Mercurius si in unum pariter fuerint collocati, joculationem ac ludorum amorem inducunt.* Saxo mox infrà : *Ità jocularis ministerij sordidæq; conditionis catervam probroso animadversionis genere insecutus.*

Pag. 106. vers. 26. *Cum ergò Svertingi facinus* B *planè ab honesto desciverit, nè utile id quidem extitisse constabit*] Respexit Saxo ad illa Valerij sui verba Lib. VI, Cap. 5. *Nihil utile, quod parum honestum videri possit, ducitur.* Cicero quoq; Lib. 3. Officior. multis argumentis contendit, nihil esse revera utile, quod non honestum idem fuerit. 156,28

28. *Odiumq; in propatulo exercere*] Quod eleganter Seneca Controvers. Lib. IV. Cap. 28. *professas inimicitias cum aliquo gerere*, dixit. 156,30

50. *In obscœnissimas fœditatum voragines præ*- C *cipitare gaudebat*] Ammianus Marcellinus Lib. XIV. p. 14. *Mensarum enim voragines, & varias voluptatum illecebras, ne longius progrediar, prætermitto.* 157,14

51. *Fartores, lixas, frixoria*] Inter sordidissimos luxuriosæ gulæ ministros, *Fartores*, etiàm recenset Comœdiæ Latinæ Scriptor undecunq; elegantissimus, Terentius, Eunucho. Actus II. Sc. II. 157,15

Concurrunt læti mî obviàm Cupedinarij omnes D
Cetarij, lanij, coqui, fartores, piscatores, aucupes.

Ubi Ælius Donatus, insignis Grammaticus : *Fartores, qui insitia & farcimina faciunt.* At vetus Scholiastes Eugraphius de ijs intelligit, qui altiles aves assiduè farciunt, ut citius pinguescant: quod ipsum in anseribus, columbis, Gallinis Indicis hodieq; fieri, tàm apud nos, quàm alibi gentium observavimus. Nam sic habent verba Eugraphij ad hunc locum : *Aucupes sunt Cupedinarij omnes. Fartores dicimus, qui farciunt, ut in* E *meliorem sagenam pinguescant, putà aves.* Columella Lib. VIII. Cap. 7. *Pinguem quoq; facere gallinam quamvis fartoris, non rustici sit officium; tamen quia non ægrè contingit, præcipiendum putavi.* *Frixorium*, vasis est genus, in quo frigitur: Sartago etiàm fictilis, in qua farra torrebant. Hesychio est *φρύγετον* vel *φρύγετρον*. Apicius Cœlius Lib. VII. quem *Politeles* inscripsit, Cap. V. p. m. 28. *Fretale* vocat: *Elixatur & infunditur in fretale piper.*

F Pag. 107. vers. 2. *Indigestam ventris saniem fœtido oris anhelitu ructabatur*] Martianus Capella Lib. III. pag. 49. *Fœtidos ructus vitiosi oris exhalant.* Cyprianus Epist: 7. Lib. 1. de ijs, qui Ecclesiam veram deseruerunt, & Dominum negaverunt : *Cœnis atq; epulis etiàm nunc inhiant, quarum crapulam, nuper superstite indies cruditate, ructabant.* Illustrissimus super hac re locus est Senecæ Epistolâ XCV. quem totum ascribere, quum prolixior sit, supersedeo. 157,20

157,27n 9. *Ex quâ filios susceptos*] Corruptissimus hic in prioribus Saxonis Editionibus locus fuit. Vitiose etenim in omnibus ità legebatur : *Ex quâ filios susceptos Frothonem, Fridlevum, Ingellum, atq; Olavum, quem quidem ipsius sorore editum asseveranter antiquitas perhibet.* Nullo planè sensu. Quare hunc in modum restituendus omninò erit, si quid sani inde elicere velis : *Ex quâ filios susceptos Frothonem, Fridlevum, Ingellum, atq; Olavum* [*quem quidam ipsius sorore editum asseverant*] *antiquitas perhibet.* Firmant hanc lectionem, quæ sequuntur sub initium Lib. VII. de eodem Olavo : *Ingello quatuor filios fuisse, ex iisdemq; tribus bello consumptis, Olavum solum post patrem regnasse, perita rerum prodit antiquitas : quem quidam Ingelli sorore editum incerto opinionis arbitrio perhibent.*

158,7 29. *Exerto quoq; lumbari*] *Lumbare* hic *subligar*, sive *subligaculum* denotat, vel femoralia, quorum mox mentionem facit Saxo. Glossæ Isidori : *Lumbare, subligar.* Gloss. GræcoLat. περίζωμα, *Cinctum, Lombare, ventrale.* Onomast. GræcoLat. *Lumbare,* περίζωμα. Catholicon Joannis de Janua : *Lumbare, quod & Lumbar dicitur, cingulum circà lumbos, quòd eo lumbi religentur, vel quòd lumbis inhæreat. Idem dicitur & coxale, & bracarium, & renale.* Sed de tali cingulo hic non agitur ; nisi si interpremur Et Skiødskind / eller Forklæde / som Guldsmidde haffuer for sig. Jerem. Cap. 13. v. 11. *Sicut adhæret lumbare ad lumbos viri, sic agglutinavi mihi omnem domum Israel.*

158,13 35. *Libidinosæ contrectationis petulantiam*] Convenientibus hic utitur verbis Saxo. Nam *contrectare, pertrectare, attrectare,* in rebus Venerijs, sæpè occurrunt apud melioris notæ Auctores. Videatur Bourdelotius, Vir Clarifs. ad Petronij illud : *pertractato vasculo tàm rudi. Petulantia* est juvenilis in Venerem impetus. Petronius Arbiter : *Obstupui ego, & nec Criton verecundissimum puerum sufficere huic petulantiæ affirmavi.*

158,28 50. *Medias cæsus nates*] Ejusmodi vulnus, sive plaga, antiquissimis Danorum dicebatur ᚴᛚᛅᛘᚼᛅᚵᚵ, Klamhögg. Glossarium Islandicum MS. ᚴᛚᛅᛘᚼᛅᚵᚵ, KLAM-HØGG / *Fœm. Gen. Obscœnitatis verber, à* ᚴᛚᛅᛘ, Klam / id est, *fœdus, obscœnus sermo ; &* ᚼᛅᚵᚵ, Högg / id est, *ictus, verber, percussio.* Knitlinga Saga : Hañ slô ham̃ Klámhögg vin thiô thuer : hoc est : Hand slog ham Skende-hug twerß offuer Rumpen. Tali etiam plaga affectus fuit Hildigislæus quidam, de quo Saxo infrà Lib. VII. *Hildigislæus ambas nates telo trajectus, elabitur* : & Haraldus, *cujus dependentis pygam sagitta aliquis confixit,* eodem hoc libro.

158,30 51. *Turpissimi cinistonis exitio*] Non injuriâ id genus fabri, qui auro, argento, æri, ferro flando feriundo operantur, *Cinistones* dicuntur,

A eò quòd vel flatu oris, vel folliculis adhibitis, sopitos cinere ignes excitent : ut luculentum sui ipsius interpretem mox agit Saxo. Acron ad illud Horatij Lib. 1. Sermon. Sat. 2.

Custodes, lectica, cinistones, parasitæ.

Cinistones, inquit, *& Cinerarij eâdem significatione apud veteres habebantur, ab officio calamistrorum, id est, veruum in cinere calefaciendorum, quibus matronæ capillos crispabant. Dicti autem Cinistones ab eo, quod in cinerem flant, ad calefaciendum ferrum.*

B *Cinistones* etiàm dici merentur focarij, qui focum lignis extruunt, seu, ut Juvenalis loquitur, *foculum buccâ excitant.* Joh. Sarisberiensis Lib. VII, Policratici. p. 409. *Hi sunt, qui magnarum domuum, non modò officiales, sed cinistones, rogant, ut cum locum viderint, meminerint sui.* Nostra vernacula quàm proximè exprimit, dùm Aske-pustere eos appellat.

Pag. 108. vers. 5. *Aut ubi nunc uxorius ille quiescit?*] *Uxorius,* nî fallor, hoc loco est muliero- 158,

C sus, φιλογύνης, vel ut Homerus Iliados N. γυναικομανής. Sic infrà Lib. VIII. Inter proceres, qui Ringoni Regi Sveciæ militarunt, Rolf quidam numeratur, cui cognomentum *uxorij* incesserat. Nam aliæ vocis hujus notationes vix huc facere videntur : qualis illa est apud Virgilium :

——————— *pulchram uxorius urbem*

Extruis ———————————

D Ubi quidem *uxorius* eum denotat, qui uxori nimis inservit, γυναικοκρατούμενος : sicut & apud Horatium Od. 2. Lib. 1.

——————— *Vagus & sinistrâ*

Labitur ripâ, Jove non probante,

——— ——————— *Uxorius amnis.*

Aut quando id significat, quod ad uxorem pertinet, ut apud Ciceronem : *In arbitrio rei uxoriæ melius est.*

19. *Castoreo cui tegmen erat chlamys obsita limbo*] Significantibus equidem verbis, vivisq;, quod ajunt, coloribus, intolerabilem aurifabri hujus luxum depingit hic Saxo noster, dum illi vestimenta attribuit tàm vilis atq; abjectæ conditionis homine prorsus indigna. Ità hoc loco *chlamydem* ipsi assignat, quod indumentum erat Imperatorium, idemq; cum paludamento : de quo videatur Lazarus Bayfius Libro de re Vestiaria, pag. 203. Hanc *chlamydem* dixit *obsitam* fuisse *Castoreo limbo,* hoc est, limbum in circuitu habuisse ad oram extremam adsutum, vel ex pilis Castoris animalis contextum, undè hodieque confectos pileos, magno ubiq; esse in pretio constat : (Galli vocant *un castor,* nos Ein Beffuerfilt dicimus) quemadmodùm etiàm ex pilis camelorum conficiuntur vestes : vel ex pelle Castoreâ in fascias dissectâ, quam olim non minus fuisse pretiosam testantur Plinius, Isidorus, & Johannes de Janua, cujus in Catholico hæc sunt verba : *Dentes habet accutissimos, pellem pretiosam.* 159,

tiosam. Est autem *Castor*, qui & *Fiber*, & *Canis* A *Ponticus* dicitur, animal ex eorum genere, quæ Græci ἀμφίβια vocant, quòd tàm in terra, quàm in aquis vivant. Isidorus Lib. XII. Cap. 2. Origin. *Castores*, à *castrando* vult dictos. Nam *testiculi eorum*, inquit, *apti sunt medicaminibus; propter quod, cum præsenserint venatorem, ipsi se castrant, & morsibus vires suas amputant. De quibus Cicero in Scauriana: Redimunt se à parte corporis, propter quod maximè expetuntur. Juvenalis:* B

——— Qui se
Eunuchum ipse facit, cupiens evadere damnum
Testiculi ———

Hactenus Isidorus; qui hæc ad verbum ex Servio descripsit: cujus eadem sunt verba ad Lib. 1. Georg. Virgilij. A *Castore* est *Castoreum*, Substantivum. *Castorea*, autore Plinio Lib. XXXII. Cap. 3. vocantur *testes Castoris*. Unde *virosa castorea*, Virg. 1. Georg. *Grave Castoreum*, Lucretius Lib. 6. Est & adjectivum Castoreus; ut Castoreus odor. Plin. Lib. XII, Cap. 24. C *Limbus* vero fascia est, quâ extremitates vestium ambiuntur & ornantur. Græci κύκλον vocant. Hinc κυκλὰς tunica, quæ Limbum habet. Glossæ: *Limbus*, πέζα, κύκλος, περιπόδιον. Dicitur etiam Latinis *Instita*. Virgilius:

Sidoniam picto chlamydem cirumdata limbo.

Et Ovidius:

——— Quam limbus obibat
Aureus, ornabant aurata monilia collum. D

Statius Papinius:

At tibi Mæonio fertur circumflua limbo
Pro meritis, Admete chlamijs, repetitaq; multo
Murice ———

59,13 20. *Instratæ gemmis crepidæ*] Mirus olim in calceamentis lusus luxusq; fuit. Ut nihil de calceis lunatis, lineis, albis, coccineis dicamus, inprimis multo auro calceos, crepidasq; ornatas gestabant. Justinus Lib. XXXVIII. de exercitu Syriæ Regis Antiochi: *Argenti certè auriq; tantum, ut etiàm gregarij auro caligas* (hoc est, calceamenta) *figerent, proculcarentq; materiam, cujus amore populi ferro dimicant.* E Quod intelligendum est de clavis aureis, quos circumcircà soleis infigere solebant; ut patet è Clemente Alexandrino Pædagog Lib. II. Cap. XI. Non autem hic stetit luxus; itum est ulterius, & gemmæ quoq; adhibitæ, quas vel superiori calceorum parti, quâ pedes vestiuntur, hinc inde annectendas curabant, vel etiàm soleis suffigebant, ut sic F gemmæ quoq; calcarentur. Curtius de Sophite Libr. IX. *Vestis erat auro purpurâq; distincta, quæ etiam crura velabat: aureis soleis inseruerat gemmas.* Flavius Vopiscus de Carino: *Habuit gemmas in calceis.* Sed nòn magnum hoc in Principibus: affectârunt etiàm pauperes. Plinius Lib. IX. Cap. 35. *Quin & pedibus gemmas, nec crepidarum tantùm obstragulis, sed totis socculis addunt. Neq; enim gestare jam margaritas, nisi calcent, ac per uniones etiam ambulent, satis est.* Plura de hoc calceamentorum luxu congessit Philippus Rubenius in Caput 14. Lib. II. Electorum. Videatur quoque Benedicti Baldvini Calceus antiquus & mysticus. Hic itaq; superbi juxtà ac effœminati hujus ciniflonis luxuria atq; mollities liquidò apparet, qui non tantum crepidis, quod muliebre, sed & densâ gemmarum serie planè *instratis*, hoc est, tectis, ac coopertis uteretur, quod suprà fortunam ejus gestamen erat.

Ibid. *Toga cultior auro*] Ut potè quæ vel filis 159,13
aureis in tela contexta, vel signis & clavis aureis intexta & acupictilis. Illam Græci τὴν διάχρυσον, hanc χρυσόπαστον, χρυσῷ κατάπαστον & κατάστικτον dici monet Doctissimus Salmasius ad Ælium Lampridium, pag. 224. Ubi quoque ad priorem significationem illud Virgilij referendum esse ait: *Et picturatas auri subtemine vestes.* ad posteriorem vero hoc ejusdem.

——— pallam signis auroq; rigentem.

Lampridius eleganter *pallium auro sparsum* vocavit, hoc est, auro distinctum, vel signis aureis acupictum.

21. *Splendida nexuerant tortum redimicula cri-* 159,14
nem] Solebant veteres Germani, Galli, & nostri Dani, crines à fronte ad verticem, atq; inde ad cervicem retorquere, vel, ut Tacitus de Svevorum gente refert, *obliquare crinem, nodoq; substringere.* Hinc *tortus crinis* Poëtis dicitur in posteriorem verticem flexus atq; reductus, & in nodum coactus. Martialis libro Spectaculorum, Epigram: 3.

Crinibus in nodum tortis venêre Sicambri.

Quod autem redimiculis & vittâ capillos constrinxerat mollis ille & delicatus Aurifaber, id insolitum effœminati cultus ornamentum repræsentabat. Nam mox infrà Starchaterus: *virilibus comis muliebre redimiculum injici non oportere*, rectè monet.

27. *Magni se credere cœpit*] Forte tantun- 159,20
dem erit, ac *magni æstimare.* Nisi dicamus legendum esse *magnis*, scilicet parem, se credere cœpit.

54. *Atq; puellæ Ora premens pugno*] Hujus 160,8
castigationis mentio paulò antè videtur desiderari. Nam suâ potius pœnâ, quàm fabri, ad melioris vitæ studium, animum intendisse puella videtur.

Pag. 109. vers. 7. *Digna molâ*] Digna, quæ 160,16
in pistrinum detrudaris, ut ibi molam trusatilem versando te excrucies: quod ancillarum olim fuit. Videatur Plautus, & alij.

9. *Uber inops lactis*] Rarò etenim virguncu- 160,18
lis in mammis lac, antequàm virum passæ fuerint. Varro Andabatis: *Candidum lacte* (pro *lac*) *è papilla cum fluit, signum putant partuis* (pro *partus*) *quòd hic sequatur mulierem à partu liquor.*

10. *Sed noli suspicionis Ferre notas, aut te falsis* 160,19
permittere linguis] Nam *magnus Pudicitiæ fructus*

N 2 *est*

eſt, pudicam credi: & adverſus omnes illecebras, atq; omnia delinimenta muliebris ingenij, eſt veluti firmamentum, in nullam incidiſſe fabulam, ait Seneca Lib. 2. Controverſ. Cap. 15. Eleganter Auſonius:

——————— *Parum diſtare videtur*
Suſpectus, vereq; reus ———————

Conſimile eſt illud Quintiliani dignum memoratu: *Carendum non ſolùm crimine turpitudinis, verùm etiàm ſuſpicione.*

161,9 40. *Subducunt aurea maſſis*] *Maſſa* dicitur adhuc rude metallum, quod nondum formam recepit. Sic Lucanus Lib. VI.

Primus Theſſalicæ rector telluris Ithonus
In formam calidæ percuſſit pondera maſſæ;
Fudit & argentum flammis, aurumq; monetâ
Fregit, & immenſis coxit fornacibus æra.

Juvenalis Sat. X.

Quem pater ardentis maſſæ fuligine lippus
A carbone, & forcipibus, gladiosq; parante
Incude, & luteo Vulcano ad Rhetora miſit.

Perſius Sat. II.

Hæc baccam conchæ raſiſſe, & ſtringere venas
Ferventis maſſæ crudo de pulvere juſſit.

Et Idem Sat. V.

Tu neq; anhelanti, coquitur dum maſſa camino,
Folle premis ventos ———————

161,9 Ibid. *Subducunt aurea maſſis cruſtula*] Nota fraudem Aurifabrorum; qua etiam Chymici hodierni, vel ſi fortè Alcumiſtæ ſint dicendi potius, egregiè uti norunt. Hanc luculenter deſcribit magnus ille Eraſmus Roterodamus colloquio, quod inſcribitur, ni fallor, *Convivium fabuloſum.*

162,19 Pag. 110. verſ. 35. *Diali itinere*] Hoc eſt, unius diei itinere, quantum viæ uno die confici poteſt. *Dialis* enim à die eſt; quomodò olim Otacilius Pitholaus Caninium per jocum *Conſulem Dialem* nominavit, quòd ultimo anni die conſul à Cæſare factus eſſet.

162,33 48. *Idem*] Starchaterus ſcilicet, non Helgo ipſe, quomodo perperàm exiſtimant interpretes.

163,28 Pag. 111. verſ. 30. *Pergenuans*] Id eſt genibus repens. Græci unico vocabulo eleganter efferunt γονυπετέω. Matthæi Cap. XVII, verſ. 14. προσῆλθεν ἄνθρωπός τις γονυπετῶν αὐτῷ.

164,6 48. *Præconis partibus*] Hoc eſt, rabulæ forenſis. Noſtratibus een Deelefoget/een Tingſtud.

164,16 Pag. 112. verſ. 3. *Emancipandæ conjugis gratia*] *Emancipare* hoc loco ſumere videtur Saxo pro è ſervitute vindicare. *Emancipari* dicebantur, qui patris poteſtate exibant: & id propriè de liberis, ut manumittere de Servis: etiamſi hoc diſcrimen non usquequaq; obſervetur. *Emancipare* etiam veteres dicebant pro alienare & vendere. Plinius Epiſt. Lib. VII. *Agrum ex meis longè pluris actori publico emancipavi.* Svetonius in Othone: *Adhibitus arbiter totum agrum redemit* A *emancipavitq;*: id eſt: ſuum jam factum mancipio tradidit illi. Ad quem locum ità Læv. Torrentius: *Emancipare, eſt quovis modo alienare, & in alienum transferre dominium rei alicujus.* Plautus: *Emancupo me tibi*: id eſt, tuæ me poteſtati trado. *Emancipati*, inquit Feſtus, *duobus modis intelligantur; aut ij qui ex patris jure exierunt, aut ij, qui aliorum fiunt dominij.*

23. *Qui nimirùm quæſtum non noſſent*] M. Cato de re Ruſtica: *Majores noſtri virum bonum* B *cum laudabant, ità laudabant*: BONUM AGRICOLAM, BONUMQUE COLONUM: *ampliſſimè laudari exiſtimabatur, qui ità laudabatur.* Et paulò poſt: *Ex agricolis & viri fortiſſimi, & milites ſtrenuiſſimi gignuntur, maximeq; PIUS QUÆSTUS, ſtabiliſſimusq; conſequitur, minimeq; invidioſus. Minimeq; malè cogitantes ſunt, qui in eo ſtudio occupati ſunt.* Ariſtoteles in Politicorum libris multoties illud iterat, optimam eſſe rempublicam, cujus cives ex re ruſtica atq; ex paſtione vivunt. C Cujus rei hanc cauſam reddit: ὅτι πολιτεύονται κατὰ νόμους. ἔχουσι γὰρ ἐργαζόμενοι ζῆν· οὐ δύνανται δὲ σχολάζειν: *quia ex lege ſeq; resq; ſuas regunt. Habent enim ex opere ſuo quantum ſatis ad vivendum ſit. Et tamen eis otioſis eſſe non licet.* Cæteras reſpublicas, quas opificum & mechanicorum multitudo tenet, longè deteriores judicat, cum ignava eorum deſesq; vita ſit, neq; ullum opus eorum cum virtute congruat. Ita D & Flavius Joſephus, rerum Judaicarum ſcriptor, maximam genti ſuæ laudem tribuiſſe ſe putat, quod eam ab agriculturæ ſtudio commendat. χώραν ἀγαθὴν νεμόμενοι, ταύτην ἐκπονοῦμεν: *terram fertilem habitamus, atq; in cultura ejus operam ſumimus*: quem locum debemus Juriſconſultorum eminentiſſimo, Petro Cunæo, Viro profundæ eruditionis, & propter puriſſimæ dictionis elegantiam ac venuſtatem verè ſeculi noſtri Ciceroni, & ſi quid Cicerone eloquentius eſſe poterit.

E Pag. 113. verſ. 8. *Hebetudinem ad acuminis habitum carbonibus*] Ineſt huic Starchateri reſponſo tranſlatio deſumpta à fabrorum officinis, qui ferrum ignis beneficio ità torrent ac recoquunt, flatiliq; ardore ſic procudunt, ut quævis inde tela, quævis arma, aliq; inſtrumenta inde conficere queant; imò ad eam interdum redigunt duritiem, ut proximè ad chalybis naturam accedat: quod Dani at Hærde. Ad eun- F dem modum & Starchaterus ſignificabat, ſe eum in finem in Daniam appuliſſe, ut crebris exhortationibus effœminato Ingelli animo faces ad virtutem ſubderet, eumq; ad ulciſcendum parentis necem inflammaret. Quod ipſum feliciter confeciſſe, teſtantur illa, quæ inferius leguntur, verba: *Tantum autem monitus ſui incitamento profecit, ut ab enervi & frigeſcenti animo, veluti quadam reprehenſionis ſilice, flagrantiſſimum fortitudinis ignem extunderet.*

Rapi-

5,36 10. *Rapidum ac præceps iter explicuit*] Plinius Junior Lib. VIII. Epist. I. *Iter commodè explicui; excepto, quòd quidam ex meis, adversam valetudinem, fervescentibus æstibus, contraxerunt.*

7,12 Pag. 114. vers. 1. *Aliquo in momento ponendi luxuriam nunquam vacavit*] Insolens locutio, sed Valerianam redolens ἀκυρολογίαν. Sic enim totidem ferè verbis Valerius Maximus Lib. IV. Cap. 3. *Deinceps ex ijs vocemus, quorum animus aliquo in momento ponendi pecuniam nunquàm vacavit.*

7,25 14. *Postquàm se enim Teutoniæ moribus permisit*] Thori videlicet sociam asciscendo Svertingi, Saxoniæ Ducis, filiam, ejusq; filios in intimam familiaritatem & convictum admittendo. Rectè monent Politici, tria peregrinorum connubiorum incommoda existere solere. Primum, quod gens propria, sincera, suiq; similis, aliarum nationum connubiis inficitur, & ut sangvinis, ità morum labem trahit. Alterum, quod per ea in habitum exoticum Respublica fœdari solet. Tertium, quod concordia, præcipuum conjugij bonum, vix inter eos, qui gente, ac proindè genio, ingenio, moribusq; discrepant, locum habere potest. Hinc de Germanis scribit Tacitus, quod nullis aliarum nationum connubiis infici voluerint, *ut propria, & sincera, & tantùm sui similis gens existeret.*

58,11 33. *Inextricabilibus amicitiæ hamis*] Sic Dudo S. Quintini Decanus Lib. 3. *Inextricabile amicitiæ vinculum* dixit: *Varijs donis & muneribus vicissim ditati, inextricabili amicitiæ vinculo connexi sunt & fœderati.*

58,25 47. *Fortunæ magis, quàm charitati cultum tribuunt*] Huc pertinet insignis ille Taciti locus Libr. 1. Histor. Cap. XV. *Fidem, libertatem, amicitiam, præcipua humani animi bona, tu quidem eâdem constantiâ retinebis, sed alij per obsequium imminuent. Irrumpet adulatio, blanditiæ, pessimum veri affectus venenum, sua cuiq; utilitas. Etiàm ego ac tu simplicissimè inter nos hodieq; loquimur; cæteri libentius cum FORTUNA NOSTRA, quàm NOBISCUM.*

58,30 52. *Musam instituit*] Cantilenam exorsa est, quâ animum Starchateri deliniret, & ad hilaritatem flecteret. Poëticè dictum. Virgil:

Silvestrem tenui Musam meditaris avenâ.

169,1 Pag. 115. vers. 2. *Statuæ magis, quàm homini canere putaretur*] Statuæ hominem frequenter comparant authores, qui omnis veluti sensus expers, nullâ re commoveri potest. Nota est historia Thaidis meretricis, cui cum juvenes exprobrarent, quod Demosthenis animum suis blanditijs emollire nequiverat, sibi rem fuisse cum homine putasse, non cum statua, respondit apud Agellium, Valer. Max. & alios. Vide Adagium: *Statuâ taciturnior.*

69,12 14. *Tibicini tibiam erogavit*] Non tibiam, quam inflare poterat, sed tibiam carne nudatam; hoc A est, os, quod inter vescendum carne spoliaverat, inq; frontem gesticulantis tibicinis impegerat. Est itaq; hic in voce *tibiæ* elegans ἀμφιβολία. Cæterùm *tibiam*, instrumentum Musicum, à tibijs animalium, unde prima tibiarum materia, sic dictam esse, olim cum Bono Deo, in Tractatu meo de Tibijs, quem inter schedas etiamnum certis de causis asservo, luculenter demonstrabo.

Pag. 116. vers. 1. *Albicet quanquam senio capil-* 170,15
B *lus*] Martianus Capella sub initium Lib. 1. *Respersum capillis albicantibus verticem, incrementisq; lustralibus decuriatum, nugulas ineptas aggarrire non perferens.*

2. *Permanet virtus eadem vetustis*] Hoc est, 170,16
senio confectis: quomodo etiàm Latini Scriptores alij usurpant. Claudianus de Eutropio:

——— *Vetustum*
Mancipium, semperq; novum ———

C Dudo de S. Quintino Lib. III. Cap. 91.

Cernuus hic senio probitatis prole gaudebat,
Et soboles luculenta ætatis patre vetustæ.

Undè Saxo *Vetustatem* pro *Senectute* dixit Lib. VIII.

Ipse ego quàm noceat, didici, damnosa vetustas.

Ità Laberius Mimographus in Prologo, apud Macrobium Lib. II. Saturnalium:

Ut hedera serpens vires arboreas necat,
Ità me vetustas amplexu annorum enecat.

S. Aldhelmus, Ænigmate IV. pag. 59. de A-
D quila:

Corpora dum senio corrumpit fessa vetustas,
Fontibus in liquidis mergentis membra madescunt.

Et Aldhelmus de Laudibus Virginitatis Cap. VIII. *Licèt moribundæ carnis fessa fragilitas fatiscat, & propinquante fati termino, cernuâ curvâq; vetustate senescat.* Quin & *Veteres* pro senibus positum in Inscriptionibus, quas Clariss. Vir, mihiq; quondam Collega amicissimus, D. Joh. Meursius, Exercitation. Criticar. Parte I. Cap. 3.
E exhibet.

1. ARCOBRICENSES. JUVENES. ET. VETERES. STATUAM. IN. FORO. POSUERE.
2. ARUNCITANI. VETERES. ET. JUVENES. OPT. CIVI.
3. TURIASON. VETERES. ET. JUN. STATUAM. IN. FORO. MINERVÆ. OPT. CIVI. P.

F Plautus *Vetulos* appellat Epidico Actus II. Sc. 2.

Sed eccum ipsum ante ædes conspicor Apæciden
Qualis volo, vetulos duos: ———

quemadmodum & Saxo ipse hoc in carmine:

Cedat imbellis vetulo juventus.

Et Lib. VII. *Vetulum acrius dimicantem non memini.*

8. *Prærogat escis*] Ità fortè rectius legendum pro *Prorogat*: *Prærogare* est præferre. Expendat cordatus Lector. 170,22

N 3 Stoma

171,18 38. *Stomachum reclinas*] Innuit, ni fallor, morem prandendi veterum, quo reclines mensæ accumbebant.

172,2 18. *Cujus enitar vitium ferire*] *Ferire*, latius hic sumitur, pro reprehendere, quod ipse autor sæpius *pulsare* vocat, aut *castigare*.

172,3 19. *Ne cutis curam sequar*] Respexit illud Poëtæ: *In cute curanda plus justo operata juventus.*

173,3 47. *Dùm nates versans volucris rubellæ*] *Volucris rubellæ* est ad rubedinem usq; tostæ. Nos diceremus, **Een Fugl som er smuct rode Bruun stegt.** Nam de uxore Ingelli hæc minimè capienda. Id quod sequentia firmant in eandem dicta sententiam:

Non ego magnum memini Frothonem
Dexteram fibris voluerum dedisse;
Podicem cocti lacerasse galli
Pollice curto.
Quis prior regum potuit gulosus
Viscerum putres agitare sordes?
Aut manu carptìm fodicare fœdam
Alitis anum.

A *rubro* est *rubellus, a, um*: & *rubellulus, a, um*. Persius Vejentanum vinum *rubellum* vocat, Sat. V:

——— *Vejentanumq; rubellum*
Exhalet vapidâ læsum pice sessilis obba?

Martialis:

Et Vejentani bibitur fex crassa rubelli.

Sic Martianus Capella Lib. VIII. p. m. 271. *rubellum calvitium* dixit: *Cupido hilarus accurrit, atq; ut depile rubellumq; calvitium senex baculo acclinatus afflixerat.* Et Lib. V. pag. 187. *rubellulum umbilicum.*

Tandèm loquacis terminata paginæ
Afferta cursim, quæ tamen voluminis
Vix umbilicum multâ opertum fasciâ
Turgore pinguis insuit rubellulum.

Cæterùm hæ duæ partes *clunes* & *pectus*, semper in avibus expetitæ fuerunt. Seneca Epistolâ XLVII: *Alius pretiosas aves scindit, pectus & clunes, certis ductibus circumferens eruditam manum, in frusta excutit.*

173,31 Pag. 117. vers. 24. *Ordinesq; conchyliorum*] *Conchylia* olim inter mensæ luxuriosæ delitias; sicut & ostrea. Petronius Satyrico:

——— *Inde Lucrinis*
Eruta littoribus vendunt conchylia cœnas.

Nam Romani *ostrea* & *conchylia Lucrina* maximè amabant. Martialis Lib. III. Epigr. 60.

Ostrea tu sumis stagno saturata Lucrino.

Seneca Epist. LXXXVIII. *O infelicem ægrum! quare? quia non ostrea illi Lucrina in ipsa mensa aperiuntur.* Vide Cl. Meursij de Luxu Romanor. Tractatum. Cap. XIV.

173,35 27. *Podicem cocti lacerasse galli*] *Lacerandi* verbo usus est consimili in re Petronius Arbiter, ubi de convivio Trimalcionis agit: *Processit statim scissor, & ad symphoniam ità gesticulatus* A *laceravit obsonium, ut putares Darium, hydraule cantante, pugnare.* Sic ubi Saxo mox *carptìm fodicare* dixit, itidèm Petronius vocabulum *carpendi* usurpavit: *vides*, inquit, *illum, qui obsonium carpit.*

29. *Quàm vorax lactis vacuare sinum*] Hoc est, vas lacte plenum deplere, seu exhaurire. 174,1
Sinum, vel *sinus*, vasis genus est ventris tumidioris & rotundioris, galeolæ cujusdam formam habens. Virgilius Eclogâ VII.

B
Sinum lactis, & hæc te liba, Priape, quotannis
Exspectare sat est. ———

Ubi Servius: Sinus *genus est vasis, quod cùm significamus, producitur: cùm verò gremium significamus, corripimus.* Varro Lib. IV. de LL. *Sinum à sinu, quòd sinum majorem cavationem, quàm pocula, habeat.*

24. *Exhibens sumptum tenui salino*] Horatius Lib. II. Od. 16. 175,

C
Vivitur parvo benè, cui paternum
Splendet in mensa tenui salinum.

Et Lib. 1. Sermon. Sat. 3.

——— *Sit mihi mensa tripes, &*
Concha salis puri. ———

Nempè sic optat, qui paucis est contentus.

33. *Nec cibis lancem cumulavit olim*] Sensus est: Nec olim in frugali illâ Frothonis aulâ, comptus agaso, & minister altè præcinctus, patinam varijs ciborum generibus, tanquam in D cumulum assurgentibus oneratam, mensis intulit, nec ut Plautus loquitur, *struices concinnavit patinarias*; vel ut propius ad mentem Saxonis, Eubulus Comicus apud Athenæum, πατανίων σωρεύματα extruxit. 175,2

34. *Comptus agaso*] *Agaso* Græcum est, ἄγω, ἀγάζω, ἀγάζων: & propriè significat ἱπποκόμον, seu custodem equorum, equisonem, vel mulionem. Verùm Saxo latius vocabulum usurpat, & *agasonem* ponit inter servos fortè lautiores, & ministros convivales, ad imitationem Horatij Lib. 2. Sat. VIII. 175,2

E
——— *Si patinam pede lapsus frangat agaso.*

Ubi rectè Acron: *Agaso propriè dicitur servus, qui jumenta curat. Hìc autem satyricè escarum ministrum Agasonem appellavit, quem vulgò dicunt Infertorem. Comptum* verò *agasonem* vocat ornatum convivali habitu & vestimentis nitidioribus, imò coma ipsa decorum, non aliter ac ibidem Horatius:

F
——— *Ut omnes*
Præcincti rectè pueri, comptiq; ministrent.

Pag. 118. vers. 20. *Despuit Ursam*] Quid si legendum *despicit*? ut Lucanus Lib. 1.

——— *Certè populi, quos despicit Arctos,*
Felices errore suo ———

5. *Sorte tum barbam quaties sinistra*] Inter mœsti animi indicia fuit veteribus, comas lacerare, barbam vellere, caput foribus allidere, femur 177,1

mur percutere, & id genus alia. Videantur passim apud autores exempla.

7,17 9. *Cum pavor mentem gelidus repigret*] Hoc est; cum effœminata illa timiditas, quæ animum tuum occupavit, retardet, inhibeat, & prohibeat te, ne præclarum aliquod facinus aggredi audeas, ne audeas ulcisci necem parentis tui. *Repigrare* etenim hoc loco significat remoram injicere, cohibere, retardare, & id genus alia. Apulejus Lib. I. Metamorph. *Amatoris sui uxorem, in sarcinam prægnationis obsepto utero, & repigrato fœtu, perpetua prægnatione damnavit.* Et Lib. VIII. *Cum & ipso lumine, dirarum bestiarum repigratur impetus.* Martianus Capella Lib. I. *Stimulabat paululum Jovem, ne Cyllenius uxoris fotibus repigratus, somnolento repentè marcore torperet.*

79,39 Pag. 119. vers. 50. *Dicere sæpè foro*] Sic omninò lego prò *discere*, quod in prioribus fuit editionibus. Nam *dicere*, hoc loco, est *causas agere*, quod forense & oratorium est verbum. Seneca de morte claudij.

Deflete virum, Quo non alius
Potuit citius Dicere causas;
Unâ tantùm Parte auditâ,
Sæpè & neutrâ.

Hinc *Causidici* dicti, & *Dicentarij*: Glossæ Philoxeni: *Dicentarius*, δικαςικός.

180,2 52. *Venali celebrans commissa negotia linguâ*] Oceanus eruditionis Caspar Barthius Adver. Lib. XXVI, Cap. 19. *celerans* legit. Alioquin τὸ *celebrare* passim Saxo pro facere, peragere, curare, exercere, præstare, perficere, aut simile ferè notione, usurpat. Lib. I. *Nescius ferri celebrabat ictu Ensis obtentum.* Et paulo ante: *Nec congruit monstris amor Fœmineo celebratus usu.* Lib. IV. *Complura rerum novarum officia sedulo frequentationis studio celebranda curavit.* Lib. V. *Regem celebrandi conjugij monitis adhortantur.* Et paulò post: *Futuri quoq; soceri majestatem amplissimis honoribus celebravit.* Et eodem libro: *celebrare bella*, pro bellis incumbere. Imò hoc ipso libro:

Dum gravem gemmis nitidamq; cultu
Aureo gaudes celebrare nuptam,
Nos dolor probro sociatus urit.

Et alibi centies. Lexicon Græco-Lat. Vetus. p. 471. ἐπιτελῶ, *celebro, perago, perficio, agito.* *Celebrare solutionem*, prò debitum repræsentare, seu solutionem præstare, dixit aureus scriptor Joh. Sarisberiensis Policrat. Lib. VII. p. 413. *Et eo constat esse inopem debitorem, qui solutionem celebrare non potest, nisi novi gratiâ creditoris.* Ovidio alijsq; Poëtis, idem est quod *frequentare* Lib. IV. Metamorp. de Thebanis sororibus in vespertiliones conversis,

Tectaq;, non silvas celebrant, lucemq; perosæ
Nocte volant, seroq; tenent à vespere nomen.

Et paulò pòst de exanguibus umbris in regia Ditis:

Parsq; forum celebrant, pars imi tecta tyranni,
Pars aliquas artes, antiquæ imitamina vitæ,
Exercent. ———

Et Lib. VII.

Inde lacus Hyrias videt, & Cycneia tempe
Quæ subitus celebravit olor ———

Et Lib. X.

Isq; metu vacuus, naturaliq; pavore
Deposito, celebrare domos ———

Et Lib. XIV.

Najades æquoreæ, summisq; in montibus ortæ
Molle fretum celebrant. ———

Lactantius de Opificio Dei, pag. 705. *Illud quoq; præstat ut in lavacris celebrandis, quia nares calorem ferre non possunt, aër fervens ore ducatur.* Vincentius Lirinensis Commonitorio: *Antiquitatem verò ità, si ab ijs sensibus nullatenus recedamus, quos sanctos majores ac patres nostros celebrasse manifestum est.* Gariopontus, Medicus Vetustissimus Lib. III. c. 61. de Lithiasi: *Quando supini jacuerint ægrotantes, facilius mictus celebrant.* Sic ejusdem Libri Cap. 70. *In usu etiam Venereo, in quo difficiles sunt, plurimus sudor relaxatur, & seminis jactum non facilè celebrant.* Cæterùm eleganter Saxo *venalem linguam* dixit eorum, quibus lingua in quæstu est, ut loquitur Quintilianus. Lucanus Lib. I. vers. 268:

Hos jam mota ducis, vicinaq; signa petentes
Audax venali comitatur Curio linguâ.

Seneca de morte Claudij *Causidicos* non minore venustate *venale genus* appellavit. Apprimè verò huc faciunt, quæ ex alijs autoribus huic loco illustrando collegit Nobilissimus Barthius: ut illa Manilij Lib. III.

Judiciorum opus in quarto natura locavit,
Fortunamq; fori: vendentem verba patronum
Pendentemq; reum linguâ ———

Et Senecæ Hercule Furente:

Hic clamosi rabiosa fori,
Jurgia vendens, improbus, iras,
Et verba locat ———

Item Statij Papinij Lib. IV. Silvarum:

Est & frementi vox hilaris foro,
Venale sed non eloquium tibi.

Nec minus Martialis Lib. V. Epigramm. XVI.

Nam si falciferi defendere templa tonantis,
Solicitisq; velim vendere verba reis.

In eandem Sententiam Petronius Arbiter Satyrico:

Ipsi qui cynicâ traducunt tempora cœnâ
Nonnunquam nummis vendere verba solent.
Ergò judicium nihil est, nisi publica merces.

Accedat his vetus Epigrammatarius in detestationem Avaritiæ ità scribens:

Hinc est, quòd populus aurum quasi numen adorans,
Audet in ignotum spontè venire nefas:
Speq; lucri totiens excedere jus & honestum
Sustinet, ut gratis nunc juvet esse reum

N 4 *Jus*

Jus ruit, ordo perit, sceleri placet ora manusq;
Vendere, quamq; inopem, tàm pudet esse probum.

Auctor Queroli de togatis, hoc est, Causidicis: *Vende vocem, vende linguam, iras atq; odium loca.* Fulgentius Planciades in Continentia Virgiliana; ubi forensem Causidicum Cerbero, cum Petronio, comparat: *Ergò tunc jurgij calumnia dicitur, & venalis lingua in alienis exercetur negotijs, dùm studij doctrina profecerit; sicut in advocatis nunc usq; conspicitur.* Ità apud Livium Lib. XLV. C. Decimius Oratores, qui pro Perseo Rege adversus Romanos dixerant, *Concitatores vulgi, venalem linguam habentes*, rectè appellavit. Quibus ego adjungam, Epimetri loco, unicum hoc Bernhardi Morlanensis, de sui seculi censoribus & Judicibus, Lib. 2. de Contemptu Mundi. pag. 47.

Censor adest, labra vendit, amat lucra, censet iniquum:
Astat habentibus, obstat egentibus, os inimicum.

Notatu quoq; dignum est, quòd Antistitum ille Antistes, B. Augustinus, qui Mediolani Rhetoricam docuit, se ipsum *venditorem verborum* appellaverit: & ipsam Professionem suam, sivè Eloquentiam, *Nundinas loquacitatis.* Hæc etenim verba ipsius sunt ex Libro IX. Confessionum: *Renunciavi, peractis Vindemialibus, ut Scholasticis suis Mediolanenses venditorem verborum alium quæ-*A *rerent.* Et: *Placuit tibi* (Deus) *in conspectu tuo, non tumultuosè abripere, sed leniter subtrahere ministerium linguæ meæ Nundinis loquacitatis.* Et iterum Lib. IV. Confess. Cap. 2. *Docebam in illis annis artem Rhetoricam, & victoriosam loquacitatem, victus cupiditate, vendebam.*

Pag. 120. vers. 4. *Testudine nullâ*] Auctoris hanc esse mentem puto: Hunc ego mentis parum compotem, & cordis planè obtusi hominem dixerim, qui ullis latebris aut munimentis B fatum evitare se posse confidit. Quamvis etenim in profundissima valle, & quidem consertâ clypeorum testudine tectus, recubet, mortis tamen spicula minimè effugiet. Firmant sequentia: 180,

———— *Latebrâ letum depellere non est.*

Et paulo superius dixit:

Occidet nequam pavidumq; pectus,
Nec fugax fati stimulum refellet,
Valle condatur licet, aut opacis
C *Incubet antris.*

Testudinem facere, vocant rei militaris Scriptores, cum milites consertis scutis se tegunt, adversus impetum lapidum, aliorumq; telorum desuper incidentium. Ità Livius: *Galli testudine factâ conferti stabant.* Huc vero pertinere videtur illud Martialis Lib. IV. Epigram. 47.

Nullo fata loco possis excludere, cùm mors
Venerit, in medio Tibure Sardinia est.

NOTÆ VBERIORES IN LIBRUM VII. HISTORIÆ DANICÆ SAXONIS GRAMMATICI.

181,7 Pag. 120. vers. 22. *Alterum terris, alterum aquis regiâ ditione præesse*] Huc facit illud, quod suprà notavimus de Piraticâ veterum Danorum, quòd cum Reges sæpè copiosam post se relinquerent sobolem, singulisq; liberis pro dominandi libidine non sufficere videretur patria; alij eorum domi regnum patrium administrarint, alij classe atq; commeatu instructi, maris imperium, ex usu & commodo suo gubernando, sibi vindicarint. Cæterùm ut hoc etiam ὡς ἐν παρόδῳ adjungam, illi, qui olim pyraticam exercebant, antiquis Danis dicti sunt ᚢᛁᚴᛁᚾᚴᛁᛦ, Vikinger. De qua voce Vir Excellenti Doctrinâ, & incomparabili Antiquitatum nostrarum peritiâ, D. Olaus Wormius, ad Monumentum Tirstadense, hunc in modum commentatus est. *Pyratica olim honesta ac licita erat, atq; in ea se crebrò Reges ipsi, aut eorum liberi, exercebant; ascitis famosioribus athletis, corporis robore & virtute præstantibus. Constabat autem Pyratica hæc certis legibus. Non imbelles, aut simplici navigatione victum quærentes, aggredi licitum erat: sed ij, qui VIKINGORUM superbiebant* D *titulo, hostes saltem, aut alios hac arte celebres, quiq; pyraticâ magnam opum vim corrasissent, debellabant. Dictos sic volunt a VIG, quod Danis maris sinum notat. In ijs enim delitescebant à tempestatum injurijs tuti, ut hostibus commodius insidias struere possent. Eâdem hac voce etiam homicidia & cædes olim notarunt; ac eo sensu pyratæ hi VIKINGER rectè dicuntur: quos enim devicerunt, vitâ mulctabant. Inter omnes verò* Vikingos, *quos Historiæ nostræ celebrant, famosissimi erant* Jomsvikinger *dicti; qui Julini,* E *olim* Jomsburg, *sedem fixam, & Rempublicam certis ac firmis legibus constitutam, habebant. Hi ex regiâ Danorum orti prosapiâ, omnibus semper erant formidabiles, & præclaro animi & corporis enitebant robore, ut fusè varijs in locis docet Historia Norvagica. Cambdenus refert, rerum Anglicarum Latinis Scriptoribus Danos dictos fuisse* Viccingos, *quòd Pyraticam exercuerint.* Wiccingar *enim Saxonicâ linguâ, teste Alfrido, pyratam denotat.* Viccingos *autem vocat, quos nos* Vikinger. Hactenus Wormius. F Ex ejusmodi Vikingorum numero erat Doalir, cujus meminit Monumentum Tirstadense, modo laudatum:

Fritt

Friki ſiodi Doalir Vikigar diaudu aug Vaſſur/ Sinian hand vard Taudun ſun. Sinian han vard Doſoing. Eftr Froda fronti ſin reisdu ſtein denſi Oſrad aug Hiltur. Hoc eſt: *FRIKI Piratam Doalir occidit & Vasfur. Sinian erat Tauduni filius. Sinian Dofonis erat Servus. Frotoni cognato ſuo lapidem hunc poſuerunt Oſradus & Hiltur.*

181,11 25. *Deformis evaſit*] *Deformis* hoc loco, nî fallor, pro contempto, abjecto, vili, ſeu infelici, infortunato & infami poſitum: ut mox; *Deformem ſe fieri, contemptumq; ſibi ſtrui judicans.* Pro *turpi* ſolens utitur Valerius Max. Ut Lib. 2. Cap. 1. *Hac turpi & erubeſcenda ſentina vacuefactus noſter exercitus, qui paulò ante metu mortis deformi ſe fœderis ictu maculaverat.* Et paulò poſt: *Quid enim tàm difficile factu, quàm copulato ſocietate generis & imaginum, deformem in patriam reditum indicere?* Et Lib. 2. Cap. 2. *Eorum dignitatem domi collabi indignum, ſibiq; deforme eſſe arbitrabantur.* Et alibi ſæpius.

181,34 Pag. 121. verſ. 1. *Subtellibus annectentes*] Hoc eſt, pedum volis. *Subtel*, τὸ κοῖλον τοῦ ποδός. Papias: Subtel, *ima pars pedis, vel medietas.* Priſcianus Lib. V. *In EL correpta neutri generis ſunt; ut; mel, fel, ſubtel.* Perottus: Subtel, *vel* Subtal, *concavum pedis, ſicut vola, quod ſcilicet ſub talo ſit.* Saxo mox infrâ:

Quid miri tenerum nobis dureſcere ſubtel;

182,9 11. *Latrantum quoq; ijs vocabula indita*] *La-* A *trantes* Subſtantive heic Saxo noſter poſuit: quomodo etiàm loqui amat elegans Poeta Phædrus, Fabulâ ultimâ Lib. V.

——————— Hic tùm venator dolens
Canem objurgabat. Cui ſenex, contrà, latrans.

Senex latrans, id eſt, vetulus canis. Sic apud eundem *Laniger* pro *agno*, Fab. 1. Lib. 1. *Barbatus* pro *Capro*. Fab. 66. Lib. 4. & id genus alia paſſim occurrunt. Æmilius Macer Lib. 3. Cap. 2. de Folijs Agrimoniæ: B

Morſus ſerpentis, pariter rabidiq; latrantis,
Atq; venena fugant. ———————

Svaviſſimus quoq; Poëtarum Guntherus Lib. V. Ligurini:

Portavit ſcapulis paſſus plus mille latrantem.

Pindarus de Bello Trojano, mox ſub initium Libri:

Iram pande mihi Pelidæ, diva, ſuperbi,
C *Triſtia qui miſeris injecit funera Grajis,*
Atq; animas fortes Heroum tradidit Orco,
Latrantumq; dedit roſtris volucrumq; trahendos
Illorum exangues inhumatis oſſibus artus.

Ipſe Saxo infrà: *Dum obnixos latranti vertices inclinaret.* Sic *morientes* pro *mortalibus* uſurpavit Sulpitia in Satyra:

Quasq; dedit quondam, morientibus eripit artes?

Et Johan. Sarisberienſis carmine, quod Nugis Curialium præfixit, *pennata* pro *avibus*:

Retia

Retia pennatis nequeunt prævisa nocere.

Natantes pro *piscibus*, Ammianus Marcellinus sub finem Lib. XXVI. *Mare dispulsum retrò fluctibus evolutis abscessit, ut retectâ voragine profundorum, species natantium multiformes limo cernerentur hærentes.* Et Lib. XXVII: *Atq; ut natantium genus elemento suo expulsum haud ità diu spirat in terris.*

182,12 14. *Rem quantalibet nodorum consertione perplexam*] Id est, Rem abstrusam, & veluti nodis quibusdam intricatam & absconditam, qualis ille *nodus Gordius* fuit, cujus finem & exitum nemo invenire potuit, ob latentem vinculorum cohærentiam; de quo videatur omninò Curtius. Rem igitur sic vocat per Metaphoram, haud secus ac vincula, quæ adeò in nodum arctè colligata sunt, ut difficulter, summoq; non sine labore dissolvi queant.

182,18 20. *Auri incussione perfundunt*] Significantissimo usus est vocabulo, ad abundantiam quandam auri denotandam, quâ veneficam placarunt, nè Haraldi filios proderet.

182,34 35. *Ad vigilias evocare*] Prò è somno excitare, & facere, ut evigilet. Nova loquendi formula.

183,2 42. *Lymphantium more se gerere cœperunt*] Ità legendum duxi; & rectius, ut opinor; quàm quomodo priores Editiones repræsentabant; *Lymphantibus morem gerere cœperunt.* Vel si mavis: *Lymphantium in morem se gerere cœperunt.* *Lymphantes* autem, ut notissimum est, dicuntur mente capti. Nam *Lympha* Latinis aqua est, quæ Græcis Νυμφὴ: undè *Lymphaticus*, furiosus, insaniens, qui vitium mentis ex imagine Nymphæ in aqua conspectæ contraxit, autore Festo. Hinc *Lymphari*, insanire, desipere.

183,14 54. *Svetiæ manus injecit*] Valeriana locutio. Valerius Max. Lib. 2. Cap. IX. *Expugnentur urbes, corripiantur gentes, regnis injiciantur manus.* Alioquin *manus injicere*, significat inhibere, sistere, revocare, reprehendere: ut apud eundem Valerium Lib. 3. Cap. 1. *Ad externa jam mihi exempla transire conanti, M. Bibulus vir amplissimæ dignitatis, & summis honoribus functus, manus injicit.*

183,19 Pag. 122. vers. 5. *Cæteris conspicuo virtutis habitu præmineret*] Cum cæteros virtute antecelleret, anteiret, præcelleret, superaret. *Præmineret*, pro *præëmineret*, id quod est, suprà alios emineret. Solent enim Latini interdum vocales confundere.

184,1 23. *Conspectioris ingenij pugile*] Justinum hic expressit Saxo noster, quem solens imitatur. Sic etenim ille Lib. XI. *Reges stipendiarios conspectioris ingenij ad commilitium secum trahit: segniores ad tutelam regni relinquit.* Ubi nota *Segniores* opponi illis, qui *conspectioris* essent *ingenij*, hoc est, in quibus ingenij vegetioris, & ad res maximas gerendas aptioris, nota atq; indicium se exsereret.

A 34. *Aciem in occiduo constitutam oppressit*] 184,1
Fortè hoc significat, in summo discrimine & extremo periculo versantem, hærentem quasi inter scopulos, inter sacrum & saxum, ut vulgò dicitur, quæ evadere non poterat, cui nullum patebat effugium. Aut *in occiduo constituta acies* forsitam erit, in inferiore & depressiore loco, nempe in convalle, constituta, ideoq; lapidum ictibus undiq; exposita.

37. *Ex montium & feritatis nuncupatione*] 184,
B Nobis enim *Mons*, Bierg: & *Ferus*, Gram: ut intelligatur hoc cognomine, qui in montibus feritatem exerit, ferociamq; exercet.

45. *Ità dum injuriam inferre, quàm repellere maluit*] Varie agitata fuit olim hæc quæstio; 184,2
An præstet bellum domi excipere, an verò in hostilem agrum inferre? Certè Q. Fabius Max. cum Africam provinciam sibi decerni peteret, inter alia retulit, satius esse ultrò metum inferre hosti, & à se remotò periculo, alium in discri-
C men adducere: & multum interresse, alienos populari fines, an proprios uri excindiq; videas. Plus enim animi esse inferenti periculum, quam propulsanti. Adde quod melior procul à domo futurus sit miles, ubi nullum est refugium, & necessitas pugnandi imminet. Sed & tantò audacius fortiusq; pugnaturus est miles in hostili agro, quanto major spes, majorq; animus inferentis est bellum, quàm arcentis. Huc accedit,
D quod hostes devicti extra fines suos, facilè restaurare bellum possint, & fines suos tueri: ubi si domi suæ hostes superaveris, nullo spatio recreandi dato, facile eos opprimere possis, & bello finem imponere. Videatur Balthazar Ayala Lib. 2. Cap. VIII. de Jure & officiis bellicis. Profuit certè Erico Daniam bello lacessere; ita etenim Haldanum amittendi regni metu, relictis Sveonum agris, patriam repetere coegit, Svetiamq; armis hostilibus liberavit.

E Pag. 123. vers. 11. *Circumpositis imminere provincijs*] Sic Svetonius Caligulæ Cap. 19. *Imminere Germaniæ* dixit. Cicero pro L. Manil. *Imminent duo Reges toti Asiæ.* Horatius Lib. 1. Od. XII. *Parthos Latio imminentes.* Curtius Lib. III. *Alexander Dario imminens.* Tacitus Histor. III. *Imminere excidio urbis*, hoc est, cupidè instare. Cl. Vir, Matth. Bernegger. ad illum Svetonij Locum Augusti Cap. 24. 185,2

28. *Tantam illis rabiem*] Ejusmodi rabiem 185,1
F Veteres Dani ᚼᛆᛘᚱᛂᛘᛘᛂ, Hamremme/ dixerunt, & tali furore percitos Hamramur. Glossarium Islandicum MS: Hamramur/ id est, Bistersterck; saa var den kaldet/ som bleff bijster. Inde nomen Hamremme/ Neutr: gen: id est, talis furor. Unde Hamast/ Bijster vred. Vocabant etiam Berserksgangur. Idem Glossarium; Berserksgangur / sic vocabatur *Berserkerorum* rabiosus furor, quando dimicaturi erant; quasi bacchantium incessus. Quinam autem fuerint Ber-

Berſercheri, Gloſſarium modò citatum nos A
hunc in modum edocet: **Berſerkur**] Maſcul. Gen. **Berſerks** in Genitivo. **Berſerker** in Plural. fuerunt olim viri famoſi, facinoroſi, robore plusquàm humano, quaſi ſemigigantes. Hiſtoria Gretteri: **Their ſkorudu å Rykum Bændum og gofgum til fiår edur kvenna ſkyldu huorer ogyll-der ſodrum: ſlingu marger af theſu Sman ſuiner/ liifſtiôn med ollu their toku konur/ manna/ og dætur/ og hiældu vid hond ſier viku edur halfañ månud/ og færdu ſydan aftur thener åttu their** B
ræntu hoar ſem their fôrn eda giordu adra ôſpekt/ their geingu Berſercks gang/ og eirdu ongvo thegar their voru reider. Hoc eſt: Illi indixerunt Monomachiam viris divitibus, & magni æſtimatis, hoc fine, ut illorum bonis unà cum uxoribus fruerentur. Uter horum qui occubuerit, impune alteri ceciderit. Rapuerunt uxores & filias hominum, easq; ſibi ad manus retinuerunt, per hebdomadam, aut medium menſem: deniq; reſtituerunt ijs, qui eas poſſidebant; C
prædati ſunt quocunq; irent, aut alias turbas excitarunt. Furebant, & nemini parcebant, quum eſſent irati. Tales fuerunt ſeptem hi filij Syvaldi Svetici, cujus hic meminit Saxo. Harthbenum etiam, cujus paulo inferius mentionem agit Saxo, & duodecim athletas ejus, Berſercheris annumerandos cenſeo.

6,18 Pag. 124. verſ. 12. *Ut novem cubitis proceritatis ejus dimenſio tenderetur*] Harthbenus proceritate æquabat Og, Regem Baſan, qui ſolus re- D
ſtiterat de ſtirpe gigantum, teſte Sacra Scriptura. Ejus etenim lectus ferreus in Rabbath monſtrabatur novem cubitos habens longitudinis, & quatuor latitudinis, ad menſuram cubiti virilis manus. Deuteron. Cap. 3. verſ. XI.

6,31 25. *Quorum ſangvine per vim potitus fuerat*] *Sangvine*, id eſt, progenie, videlicet filiabus, more Poëtarum. Solens ità loquitur Saxo. Sic Libr. V. *Tantum ſiquidem ab univerſis Fridlevi memoriæ ac nomini tributum, ut tàm tenero ejus ſan-* E
guini regnum daretur. Et alibi paſſim. Ad animalia tranſtulit Phædrus Lib. I. Fab. 27. ubi de Vulpe, quæ in Aquilæ pullos catulorum ſuorum raptum ulciſci conabatur:

Totamq; flammis arborem circumdedit,
Hoſti dolorem damno miſcens ſangvinis.

Et Calpurnius, Eclogâ VI, quæ *Litigium* inſcribitur:

——— *Genus eſt, ut ſcitis, equarum* F
Non jugale mihi, quarum de ſangvine ponam
Velocem Petaſon ———

37,38 Pag. 125. verſ. 18. *Cum ſine liberis eſſet*] Jam tùm forte defuncto Amundo filio, quem ex Thorilda ſuſceperat: de quo paulò ante.

89,8 Pag. 126. verſ. 10. *Torpidos ſurſum radios reflecte*] Intellige radios oculorum. *Radius* enim, pro fulgore oculorum, frequenti in uſu eſt bonis autoribus. Plinius; *Cujus ex oculis radij nocte micantes cernuntur.* Gellius Lib. 5. Cap. 16. *Stoici cauſas eſſe videndi dicunt, radiorum ex oculis in ea, quæ videri queunt, emiſſionem, aeriſq; ſimul intentionem.*

11. *Quare etenim cerebroſa adeò*] Nonius 189,19
Marcellus Cap. 1. pag. 495. *Cerebroſi dicuntur ad inſaniam faciles, quibus frequenter cerebrum movetur.* Lucilius Satyrarum XV:

Te primum cum iſtis inſanum hominem & cerebroſum.

Gloſſarium vetus pag. 36. *Cerebroſus*, ὀξύχολος. Martianus Capella Lib. VIII. p. 273. *Quòd rapido fervebas cerebroſa motu.*

Ibid. *Dementire cœpiſti*] Id eſt, Inſanire, aut 189,19
furere. Lucretius Lib. III. ---- *dementit enim, deliratq; fatur.* Apulejus Apologiâ: *Facilius fuit, Æmiliane, ac multò gravius, tete ut ipſum diceres interfuiſſe, & ex eo ſacro cœpiſſe dementire.* Tertullianus adverſus gentes: *Ut aliter dementire videatur, qui ſacras turres pervolat, aliter qui tecta viciniæ tranſilit.* Idem de Anima: *Nam & quum dementit homo, dementit anima, non peregrinante, ſed compatiente tunc animo.* Martianus Capella Lib. VIII. p. 272. *Næ tu*, ait, *infelix, vel Capella, vel quiſquis es, non minus ſenſus, quàm nominis pecudalis, hujus incongrui riſus adjectione dementire cœpiſti.* Ubi alij *dementare* legunt; quod tamen etiam uſurpant Latini Scriptores. Apulejus Apologia: *Confeſſa eſt ſeſe meâ Magiâ in amorem inductam dementare.* Gloſſæ Veteres: *Dementat*, Ἀφρενεῖ, ἀπορεῖ, καταγινώσκει.

23. *Generoſis pullulaſſe ramalibus*] Hoc eſt, à 189,31
generoſo ſtemmate originem duxiſſe. Martianus Capella Lib. VII. pag. 237. de Arithmetica loquens: *Quamvis ſingulos vos, univerſoſq; recenſeam ex meis ramalibus germinari. Ramale*, ſeu *ramus*, eſt familiæ ſoboles ex ſtirpe deducta; vel ſucceſſor in rectâ lineâ. Unde *ramum ducere* Perſio, Satyra III.

—— *An deceat pulmonem rumpere ventis*
Stemmate quòd Tuſco ramum milleſime ducis?

Idem de Græcis, Κλάδος. Gregorius Nyſſenus περὶ θεότητος υἱοῦ, καὶ πνεύματος, loquens de Iſaaco à patre ſacrificando: οὗτος τῆς διαδοχῆς ὁ κλάδος.

46. *Rei ſumma perhorruit*] Adeo tota per- 190,18
turbata eſt Suecorum acies, tantâq; formidine repleta, ut effusâ fugâ ſibi conſulendum duxerint.

Pag. 128. verſ. 6. *Quem ſequens ætas Hyldetand* 192,11n
cognominavit] Si hæc verba fixum hèic locum habere debeant, ſibi ipſe non conſentit Saxo. Nam paulo inferius, hoc eodem libro, exſertis verbis pronunciat, Haraldum, cognomento Hyldetand, ex Haldano & Guritha prognatum eſſe: quomodo ergo Borcarum & Gro, Alvildæ comitem, parentes habere potuit? Sed omnino ſtatuo vel μνημονικὸν ἁμάρτημα Saxonis hoc eſſe, vel tanquam Gloſſema, nimiâ librariorum curio-

curiositate in textum irrepsisse. Clariss. Vir, & A de patria nostra optimè meritus, Johannes Jsaacius Pontanus, ita conciliare bina hæc loca contraria nititur, ut dicat, Haraldum hunc Borcari filium *Hyldetand*, dictum, alterum vero Haldani & Gurithæ filium *Haldtand*, ab hoc longè diversum esse. Sed fallitur optimus Pontanus. Nam unus idemq; est Haraldus *Haldtand* & *Hyldetand*; quia eadem est cognominis ratio, ab eminenti videlicet dentium ordine, de quo vide mox infrà eodem hoc libro

B

192,13 9. *Fuere quondàm apud Danos fœminæ*] Bellatrices olim fœminas non Dania sola tulit, verùm aliæ etiam agnovêre gentes. Ut taceam Amazonas multorum scriptis decantatas, illustris est Pomponij Melæ de Sarmaticis mulieribus locus Lib. 3. Cap. 4. *Gens est habitu armisq; Parthicæ proxima, bellatrix, libera, indomita, & usq; eò immanis atq; atrox, ut fœminæ etiam cum viris bella ineant: atq; ut habiles sint, natis statim dextra aduritur mamma, ut indè expedita in ictus manu, quæ exeritur, virile fiat pectus: ARCUS TENDERE,* C *EQUITARE, VENARI, PUELLARIA PENSA SUNT. Ferire hostem adultarum stipendium est, adeò ut non percussisse, pro flagitio habeatur, sitq; eis pœnæ virginitas.* Apud Jaxamathas, teste eodem Mela, Lib. 1. Cap. 21. *Easdem artes fœminæ, quas viri exercent, adeò ut ne militiâ quidem vacent. Viri peditibus inhærent, sagittisq; depugnant; illæ equestre prælium ineunt. Nec ferro dimicant, sed quos laqueis intercepere, trahendo conficiunt. Nisi qui hostem in-* D *teremêre, virgines manent.* Nobis Viragines istæ **Skioldmøer** à scutis gestatis dictæ. Autor est Strabo Lib. VII. pag. 294. mulieres Cimbrorum veterum, unà cum viris, fortiter strenueq; obiisse *fera munera militiâi*, ut cum Lucretio loquar: Ἔθος ἦ εἰ τῶν Κίμβρων διηγοῦνται τοιοῦτον, ὅτι ταῖς γυναιξὶν αὐτῶν συστρατευούσαις &c. *Morem hunc fuisse Cimbris usitatum ferunt, ut mulieres suas in commilitium assumerent.*

E

192,17 13. *Corpus animumq; patientiâ ac labore durare solebant*] M. Junianus Justinus Lib. 38. de Mithridate: *Quibus rebus & insidias vitavit, & corpus ad omnem virtutes patientiam duravit.* Et paulò post: *Exercitum quoq; suum ad parem laboris patientiam quotidianâ exercitatione durabat.* Seneca Svasoriâ II: *Qui pueritiam durat ad futuræ militiæ patientiam.*

192,21 17. *Id vitæ genus incedere*] *Incedere* hic usurpasse videtur autor pro *ingredi*, hoc est, aggredi F & incipere, quod frequentius reperire licet apud bonos autores: quomodo *Ingredi viam vivendi*, Cicero in Officijs. *Ingredi Consulatum*, Quintilianus Lib. VI. Cap. 1. dixit.

192,23 20. *Armorum potius quàm amorum*] Saxoni frequens est Paranomasiæ usus, qua orationi decus conciliare nititur. Heic triplici jam luxuriat; utpote in vocibus *armorum* & *amorum*; *telas*, *telorum*; *lecto*, *letho*.

Ibid. *Manusq; quas in telas aptare debuerant*] 192,
Virgilius Lib. VII. Æneid. de Camilla:

Hos super advenit Volscâ de gente Camilla,
Agmen agens equitum, & florentes ære catervas,
Bellatrix, non illa colo calathisvè Minervæ
Fœmineas assveta manus, sed prælia virgo
Dura pati, cursuq; pedum prævertere ventos.

Ita Silius Italicus de belligera Virgine Hasbita, Lib. II. pag. 61.

Hæc ignara viri, vacuoq; assveta cubili,
Venatu & Silvis primos assveverat annos:
Non calathis mollita manus, operatave fuso,
Dictynnam, & saltus, & anhelum impellere plantâ
Cornipedem, ac stravisse feras immitis amabat.

35. *Magnalium ejus spectata deflexit opinio*] 193,
Magnalia propriè sunt ingentia facta & admiratione digna. Gr. μεγαλεῖα. Vox est non admodum frequens apud profanos autores, sed veteri Sacræ Scripturæ versioni, & Theologis antiquis, Patribusq; usitatissima. Exod. XIV. v. 13. Deut. X. v. 21. & Cap. XI. v. 2. II. Samuel. VII. v. 21, 23. II. Reg. VIII. v. 4. 1. Chronic. XVII. v. 19. Psal. CVI. v. 21. Auctor. II. v. 11. Tertullianus ad uxorem Lib. 2. Cap. 7. *Sensit magnalia, vidit experimenta.* Item adversus Marcionem Lib. 1. Cap. 2. Cyprianus Lib. I. Epist. 3. *Nec præpositum servum deseri à quibusdam miretur aliquis, quando ipsum Dominum magnalia & mirabilia summa facientem discipuli sui reliquerint.* Iterùm Tractatu de Habitu Virginum: *Quibus multa magnalia cum miraculo faceret.* Et quid attinet omnia Theologorum monumenta excutere? Johannes Sarisberiensis Prologo in Policraticum: *Magnalia Dei apud se quasi quâdam meditationis manu pertractet.*

44. *Insignes procerum titulos conferentibus*] 193,
Solebant olim Principum fœminarum, aut alias ditiorum matronarum pedissequæ coràm Herâ & Dominâ sua, temporis fallendi causâ, comparationem instituere virorum illustrium, divitum, fortium, formosorum, & cæterorum: quod frequens etiam viris erat inter Compotationes. Illud linguâ istius seculi vocabant **At fara i Mañ Jafnud.** Glossarium Islandicum MS. in voce **Olteite** id est: *Hilaritas convivalis:* **Bardamanna Saga: Egill mælto / thad var mier sagt thier hefdud thad fyrer Olteite ad thier tokud ydur Jafnadar mañ / og tohstu mier till Jafnadar Manß thier.** id est: **Egill sagde; det vaar mig sagt / at i haffde dette til Olstiempt / at i tog eder Lignelsis Mend /** [id est: *comparastis vobiscum viros*] **oc togst du mig til din Jæffnsmand.**

45. *Hæc candore beat mentum*] Prò *mentem*, 193,
quod in prioribus fuit codicibus, omninò legendum arbitror *mentum*; ut sensus sit: *Hæc videlicet forma, sive species*, cujus mentio statim præcessit, *beat mentum candore*, faciem tantùm exter-

externam venuſtate quadam & decore exornat, [*Mentum* pro facie, ſivè totâ formâ, pars pro toto: ſicut paulò ante ipſe autor dixit: *mentiq; ejus levitate conſpectâ, animadvertit oſculis, non armis, agendum eſſe.*] *Sed morum ſeverus arbiter*, qui nempe novit *omne decoris blandimentum ſolâ virtutis æſtimatione ſordeſcere*, ideoq; ſoli virtuti pretium ponit, *beat colorem*, hoc eſt formæ luculentiam & oris decorem illuſtrat *mente*, id eſt, virili & forti animo. Nam ſi diceret, *Hæc candore beat mentem*, contraria ſibi ipſi diceret; quia mox ſubjungit: *Huic*, intellige menti, *pretium non forma facit, ſed fortior auſus Armisq; parta claritas.*

93,30 Pag. 129. verſ. 27. *Species virtusq; reguntur*] Ità & hic locus concipiendus, quum anteà legeretur; *Virtus ſpeciesq; reguntur.* Abſq; eo ſit, quàm malè ſequentia ſibi conſtent, quis non videt, qui aliquid videt? Revera namq; formæ gloria fluxa ac fragilis, virtus conſtans & æterna.

94,27 44. *Et longos hirto crure manere pilos*] Martianus Capella Lib. VI. pag. 227.

Hanc ego crediderim ſentis ſpineſcere membris-
Neq; hirta crura vellere.

195,8 Pag. 130. verſ. 9. *Quasq; decurſa toties littora ſcabris lapidum fragmentis obtriverint*] Et ſæpè cruentaverint; qualiter illi apud Petronium conqueruntur: *Cùm horâ penè totâ per omnes ſcrupos grumorumq; eminentium fragmenta traxiſſemus cruentos pedes.*

95,30 21. *Dic ergò Venus unica*] Antonomaſia eſt, quum *Venus* pro quavis amica ponitur. Maro Eclogâ 3.

Parta meæ Veneri ſunt munera ———

Sed & formula hæc inter dictiones amatorias locum inveniet, quibus blandiebantur ſibi plerumq;, qui mutuo ſe amore proſequebantur. Sic etiàm his blanditiarum vocibus utebantur: *Mea vita, mea lux, meum ſuavium, anime mi, mel meum, ocellus meus*, vel *ocelle mi.* Teſtes Tibullus Lib. 4. Ovidius Lib. 3. de arte amandi. Propertius Lib. 2. Eleg. 2. & Eleg. 4, & 11, 15, 18, 19, 20. Martialis Lib. 1. Epigr. 69. Terentius Evnucho Act. 1. Scen. 2. & Actus 3. Sc. 2. Cicero Lib. 13. Epiſt. ad Fam. 5. Plautus Moſtellaria, Actus 1. Sc. 3, & 4. Trinummo Actus 2. Sc. 1. Pœnul. Act. 1. Sc. 2. Aſinar. Actus 3. Sc. 3. Agellius Lib. 15. Cap. 7. ex Epiſtola Auguſti ad Cajum, nepotem ſuum: *Ave mi Cai, meus ocellus jucundiſſimus.* Sed & Pœnul. Act. 1. Sc. 2. Milphio ità Adelphaſio meretrici delicias facit:

Mea voluptas, meæ delitiæ, mea vita, mea amœnitas;
Meus ocellus, meum labellum, mea ſalus, meum ſuavium.

Viciſſimq; ei Adelphaſium ſic abblanditur:

Meum mel, meum cor, mea coluſtra, meus molliculus caſeus.

A Itidemq; Aſinar. Actus 3. Sc. 3.

Da meus ocellus, mea roſa, mi anime, mea voluptas,
Leonida, argentum mihi. ————

32. *Morbo ſeu gladio, gurgite vel ſolo*] Carmen 195,41
eſt Dicolon diſtrophon, cujus primus verſus Jambicus Senarius, ſeu trimeter; Secundus quisq; Choriambicus Aſclepiadeus Tetrameter Acatalectus. His autem verbis quatuor pœnarum genera includuntur, quarum hic ordo eſt: B Si, inquit Signe, te, mi ſvaviſſime Hagbarthe, parens meus Rex Sigarus vel. 1. perpetuo carceri mancipaverit, ubi longo excruciatus morbo, & tandem ſqualore ac macie enectus, ſpiritum deponere cogaris; vel etiam. 2. gladio caput tibi recidendum jubeat, capitisq; pœna afficiat ſeu. 3. te culleo inſutum, aut lapide colla revinctum, in mare profundum abjiciat: vel 4. deniq; infelici te ſtipite ſuffigat, & omnia fractum membra rotis imponat corvis eſcam.

C 34. *Et me conſimili devoveo neci*] Non ſecus 196,2
ac apud Longum Sophiſtam, ſub finem Lib. 2. ποιμενικῶν: Χλόη Δάφνιδι τὰς Νύμφας ὤμοσεν, τὸν αὐτὸν ἕξειν θάνατον καὶ βίον: *Chloë Daphnidi per Nymphas juravit, eandem cum illo habituram ſe mortem & vitam.*

39. *Qui prima noſtri carpſit oris oſcula*] Ovi- 196,7
dius Epiſtola XI. de Canace:

Non ſuper incubui, non oſcula frigida carpſi.

D Corippus Africanus, de Juſtino Auguſto Lib. 3.

Incubuit lacrymans, atq; oſcula frigida carpſit.

40. *Et floris teneri primitias tulit*] Per *florem* 196,8
hìc intellige *virginitatem.* Catullus in Carmine Nuptiali:

Cum caſtum amiſit polluto corpore florem.

Ubi de Virgine loquitur, quæ corrupta eſt. Martianus Capella Lib. IX. pag. 305.

Aurora exoriens roſeis ſpectabit ocellis
Floris reſecti præmia.

E *Primitias floris* itidem dixit Venantius Fortunatus Lib. VI. de Nuptijs Sigeberti Regis, & Brunichildis Reginæ:

Virginitas in flore tumens complexa, marito
Primitijs placitura ſuis ————

Cicero Philippica II. *Florem ætatis* appellavit, ſicut & multi alij tàm Græci, quàm Latini autores. Philo Judæus de Profugis: Ἀκόλαστος γὰρ, ἢ μαχλὰς, ἢ τριοδῖτις σοβὰς, ἢ τὸ τῆς ὥρας ἄνθος ἐπευωνίζουσα. *Impudica vel proſtituta, vel* F *trivialis fœmina, vel ætatis florem vilivenditans.* Sic Achilles Tatius Lib. 1. μηδὲ τὸ ἄνθος πρὸ καιροῦ τῆς ἥβης ἀπολέσῃς: *neque florem ætatis tuæ ante tempus perditum eas.* Ovidius Metamorphos.

Ætatis breve Ver, & primos carpere flores.

Lucretius Lib. 4.

———————— flore fruuntur
Ætatis ————————

O Apulejus

Apulejus Apologiâ : *Venit igitur ad eum nova nupta, ſecura & intrepida, pudore deſpoliato, flore exoleto, flammeo obſoleto.* Tibullus Lib. 1. Eleg. 8.

At tu, dum primi floret tibi temporis ætas,
Utere, non tardo labitur illa pede.

Livius Lib. VIII. *Florem ætatis ejus fructum adventicium credidi ratus, pellicere adoleſcentem ſermone inceſto eſt conatus.* Plura in hanc ſententiam ſuppeditabit Nicolaus Abramus Notis ſuis doctiſſimis ad 2 Ciceronis Philippicam.

196,8 Ibid. *Et floris teneri primitias tulit*] *Primitiæ* pro primis rei alicujus initijs. Sic Ovidio, *primitiæ operum* : Statio, *armorum primitiæ* : Ammian. Marcellino, *adultæ ætatis primitiæ* dicuntur.

196,12 44. *In ſuâ digreſſione*] *Digreſſio* pro *exceſſu*, ſeu morte. Ità totus in eo autor noſter eſt, ut cum vulgo non loquatur, ſed ſuprà vulgum & ſapiat, & loquatur.

197,35 Pag. 131. verſ. 52. *Si propinquæ mortis inſtar alicujus ſpectaculi imagine pervidiſſet*] *Inſtar*, & hoc in loco, & paulo poſt ſubſequenti, ubi dicit; *agger elatior veteris fundi inſtar, protuberantis humi ſpeciem demonſtrat*, Nomen eſt, non Adverbium; & ſumitur pro ſimilitudine, ſpecie, imagine, & quicquid rem aliquam repræſentat. Ità Juſtinus uſurpavit Lib. XVIII, Cap. V. *Confluentibus deindè vicinis locorum, qui ſpe lucri multa hoſpitibus venalia inferebant; ſedesq́; ibi ſtatuentibus, ex frequentia hominum velut inſtar civitatis effectum eſt.* Undè illa loquendi formula; *ad inſtar*, hoc eſt, ad ſimilitudinem, ad exemplum. Idem Juſtinus Lib. XXXVI. Cap. 3. *Eſt namq́; vallis, quæ continuis montibus velut muro quodam, ad inſtar caſtrorum clauditur.* Sic *Inſtar equi* dixit Svetonius in Cæſare Cap. 61. *Nec patientem ſeſſoris alterius, primus aſcendit : cujus etiam inſtar pro æde Veneris Genitricis poſteà dedicavit.* Ubi magnus ille Eraſmus Roterodamus: *Inſtar, pro Signo, Subſtantivè.* Et Beroaldus: *Inſtar, effigiem conſimilem.* Sabellicus: *Inſtar, effigiem, ad illius æquationem.* Ità & *Inſtar navalis belli*, apud Florum reperies Lib. III. Cap. V. pag. 228. *Centum amplius navium claſſem, apparatumq́; belli gravem, in Pontico mari aggreſſa tempeſtas, tàm fœdâ ſtrage laceravit, ut navalis belli inſtar efficeret*, hoc eſt, ſpeciem, ſimilitudinem. Apulejus Lib. de mundo: *Ad hoc inſtar ſalutem mundi tuetur Deus.* Valerius Maximus Lib. IV. Cap. I. *Quid quod ædes ſuas diruit, quia excelſiore loco poſitæ, inſtar arcis habere videbantur.* Gloſſæ: *Inſtar, Similitudo, ὁμοίωμα, ἀπεικόνισμα.*

198,13 Pag. 132. verſ. 17. *Subjecta tenacula fauces*] Per *tenacula* hic intelligit funiculum ſeu laqueum, quo ſuſpenſis halitus præfocari ſolet. Utitur Terentianus Maurus in Præfatione:

Anguſtoq́; tenaculo
Certat vincere ponderis,
In præceps, facilem fugam.

25. *Axis uterque*] Joſephus Devonius Iſcanus Lib. 2. de Bello Trojano: 198,1

Amphitrioniaden, axis quem laudat uterque.

26. *Prædictæ rei fides præſentibus locorum indicijs exhibetur*] Prorſus igitur fruſtranea eſt opera Johannis Meſſenij, dum in libello quodam ſuo, quem, *Sveopenta protopolin*, ſeu Exegeſin de quinque primarijs & antiquiſſimis Svecorum Gothorumq; Emporijs, Upſalia, Sigtonia, Scara, Birca, & Stochholmia, inſcripſit, totus in eo eſt, ut contra Saxonem noſtrum (quem immeritò crebrò vellicare conatur) evincat, nequaquam hoc loci & circa Sigerſtadium, famoſum illud & admirabile amoris & fidelitatis ſpecimen ab Hagbarto & Signe editum: ſed potius in Svecia, propè Sigtoniam. Verba ejus afferam, ut quàm frivolis & ſtramineis pugnet haſtis, quivis cordatus videat. Ità autem libri citati capite XII. philoſophatur. *Cum planities Haborina admodum ſit vicina & contermina civitati Sigtonienſi, de ipſa hoc loco pertractans urbe, etiam mei ratus eſſe muneris, de planitie memorata, alias famoſiſſima, quædam inveſtigare, & rem geſtam veritati confirmare. Potiſſimum vero cum Saxo ille Sielandus in ſua contendat accidiſſe Dania, hoc admirabile amoris & fidelitatis ſpecimen, præter omnem veritatis ſimilitudinem circumſtantijs & loco ipſo reclamantibus. Enimverò præterquàm quod ipſa de Haboris & Signes vulgatiſſimis amoribus, plurimis ante ſeculis, concinnata & publicata cantio, ipſum Saxonem hiſtoriam contexentem erroris arguat ſæpiſſimè: etiàm M. Laurentius Nericius, Ubſalenſis Archiepiſcopus, fideliſſimus antiquitatis inveſtigator Sveticanæ, certiſſimis permotus indicijs & argumentis fallaciam in ſuo Chronico detegit Danici Scriptoris hoc modo : Hæc eſt Haboris hiſtoria ſuccinctè comprehenſa, quam Saxo multis & elegantibus perſequitur verbis ; verùm apud nos in Svecia alius longè ſermo de iſto vagatur Habore, velut etiàm ex pervetuſtis heroicis & eroticis Sveticè conſcriptis cantilenis liquidò conſtat. Nempe, Haborem non fuiſſe Svecum natione, ſed Norvagum, & Signem Regis Sveciæ filiam, atq́; Haborem Regis Norvegiæ filium in Uplandia, non procul Sigtonia, in planitie quadam, hodie etiam de illius nomine appellata, & è regione pagi cujusdam, trans flumen, in parœcia Hætuna, Foreſigtuna dicti, ubi quondam aula floruit regalis, collocata, fuiſſe ſuſpenſum. Quomodo igitur veritati conſentaneum, Haborem amoris illiciti pœnas perſolviſſe in Cimbrica Cherſoneſo? Imò mihi nuper à fide digniſſimis narratum hominibus, in ipſa planitie Haborina ſecus decurſum Meleri jacente, paucos ante annos quendam accolarum, caudicem patibuli, in quo Habor circiter annum ſalutis ducenteſimum vigeſimum ſecundum laqueo ſtrangulatus, ex terra eruiſſe, & plurimis hominum commonſtraſſe. Nec modicum etiam fidei noſtræ apponit ſententia, quod prorſus è diametro dictæ planitiei, fuerit regia habitatio, in qua Habor proditus, captus, & morti adjudicatus, trans amnem ſuſpendendus.* Quæ verba cum Vir excellentiſſimus & inſignis Hiſtoricus, D. Olaus Wormius, Lib. 2. Monu-

Monument. Danic. Cap. ult. nervosè admodum & solidè refutaverit, nolo hic actum agere; verum ipsius rationes & argumenta, quæ omninò digna sunt, nè illic tantum legantur, operæ est pretium, ut hic quoq; adducamus. Itaq; sic orditur Wormius: *Vides*, inquit, *candide lector, quibus arietibus hic homo, tantum autorem, de veritatis & existimationis arce deturbare conetur; ficulneis scilicet & planè ineptis, quos vix examine dignos quivis cordatus existimaret. Sed cum haud pauca etiamnum apud nos extent, quæ autoris nostri fidem firment, percurramus singula ejus momenta.* Saxo, ,, *inquit*, in sua contendit accidisse Dania hoc ad- ,, mirabile amoris & fidelitatis specimen, præter ,, omnem veritatis similitudinem, circumstantijs, ,, & loco ipso, reclamantibus. *Insigniter impudentem hunc hominem esse oportet, qui audacter adeò de loco hoc, quem nunquam vidit, & asserere, & propalare audet, cujus contrarium ocularis docet inspectio. Locum à Saxone adductum, & circumstantias examinet, nisi omnia ad amussim historiæ respondeant, causâ ceciderim. Accede, monstrabo tibi adhuc Sigari urbem & Regiam, imò tumulum; monstrabo aulam Signes; monstrabo Hagbarti monticulum, ubi suspendio multatus, omnia suis nominibus adhuc cuivis rustico accolæ notissima. Quin eodem in loco videbis Susam amnem, lucum, ex quo milites frondes decerpserunt, Valbrunnam, Haconis bustum, aliasq; omnes à Saxone nostro commemoratas circumstantias. Quæ si adeò clara in planitie Sigtoniana demonstraveris, te rationes probabiles hujus assertionis habere credam. Sed miror Saxonem nostrum tàm sagaci oculo prævidisse futurum, qui ipsi litem, hac de re intentaret, dum in hæc ,, prorumpit: Et ne cuiquam antiquitatis vestigia pror- ,, sus exolevisse credantur, prædictæ rei fides præsentibus ,, locorum indicijs exhibetur, cum & Hagbartus pago ,, vocabulum extinctus intulerit, nec longè à Sigari op- ,, pido locus pateat, ubi plano paululum agger elatior, ,, veteris fundi instar, protuberantis humi speciem de- ,, monstrat. Quæ omnia nostro etiamnum seculo, ab accolis monstrari, & in hodiernum usq; diem, de gestis eo in loco testari, mox ostendam. Pergit Saxonem erroris convincere ex Cantilenis ante aliquot secula concinnatis, atq; in subsidium vocat M. Laurentium Nericium, qui idem asserit: sed multò modestius honorificâ Saxonis nostri injectâ mentione. Hisce cantilenis quid tribuendum, docet ipse Nericius, dum vagabundos sermones pro fundamento eas agnoscere asserit: ac si nil esset aliud, Sveticis Cantilenis Danicas contrarias opponimus, ejusdem, si non majoris, fidei. ,, Sed addit,* planitiem non procul Sigtoniâ, ab eo ,, denominatam, unà cum aula regali, ibidem su- ,, spensum *eum arguere. At universæ Historiæ refragatur series. Sigarus enim Danus fuit, ejus filia Signe Dana, in Daniæ Sigerstadio habitantes: Hagbartus verò Svecus (vel ut ille vult, Norvagus) qui in Daniam, & quidem Sigerstadium, ad Signem venit, ibidemq; ea, quæ à Saxone referuntur, perpetravit, ubi etiam captus & capitis damnatus. Quomodo igitur in Sveciam translatus, ut ibi suspendio multaretur? aut* A *quomodo Signe in Sigerstadio Daniæ vidisset Hagbadum propè Sigtoniam in scalis Gemonijs; & ipse vicissim in Svecia conflagrantem regiam, in qua Signe detinebatur, ut uno eodemq; momento simul perirent? Quis tàm bardus, qui hæc non animadvertat? Sit planities in Svecia ab eo dicta, forsan quod ibidem vel natus vel educatus, vel facinoribus clarus extiterit; sed ab ejus suspendio denominatam, nullâ veritatis specie affirmare potest. Suam subjungit experien-* ,, *tiam;* accepisse se in ipsa planicie Haborina, pau- ,, B cos ante annos, quendam accolarum, caudicem ,, patibuli, in quo Habor circiter annum salutis ,, 222. laqueo strangulatus, ex terra eruisse. *Quis* ,, *tam obtusæ naris, qui hujus figmenti non odoretur fundamentum? Scribit Saxo noster quendam narrasse Absoloni, trabem se eo loci (propè Sigerstadium Sielandiæ) repertam vidisse, quam agrestis vomere glebam rimatus, offendit. Hinc Messenij relatio. Sit ita; quidam ibidem loci ante annos paucos invenerit lignum quoddam, nondum tamen caudicem patibuli* C *Haborini fuisse ostensum est. Mille quadringentis & ultra annis, lignum sub terra, pluvijs, putredini, terræq; erosioni subjectum, durare posse prius demonstrabit, quam ipsi fidem adhibeam. Deniq;* multum fidei ,, suæ sententiæ apponere *existimat*, quod è diame- ,, tro planitiei dictæ fuerit Regia habitatio, in qua ,, Habor proditus, captus, & morti adjudicatus. ,, *Fuisse ibidem Regiam ipsi credimus, sed ibidem proditum, captum, & morti adjudicatum negamus. Nec ipse unquam probabit, reclamantibus omnibus Histo-* D *riæ circumstantijs, ut suprà docuimus. Ego potius hanc regiam favere sententiæ Saxonis arbitror, qui in Svecia natum refert Hagbartum, & forsan in eadem hac regia, undè ab eo planitiei nomen. Sed hæc incertissima relinquens, unicum non possum non monere, ex quo totius Messeniani discursus apparebit veritas. Concludit Nericij sui verba hoc Epiphonemate:* Quomodo igitur veritati consentaneum, Haborem amoris illiciti pœnas persolvisse in Cimbrica Chersoneso? *Quibus aut Saxoni nostro assue-* E *re tentat, eum dixisse Haborem in Cimbrica Chersoneso suspensum esse, quod ne per somnium cogitavit, imò cujus contrarium tota historia ejus (exactissimè, locum in medio Selandiæ depingens) evincit: aut adeò est in Geographicis pucr acrudis, ut nesciat inter vastissimas vicini regni provincias distinguere, quarum limites vel ex vulgari mappa discere potuisset. Quid huic Historico de remotioribus scribenti fidendum, si tam bardus, aut cæcus in ijs, quæ præ foribus* F *sunt? Sed desino tam palbabiles nœnias extutere, cùm quivis vel leviter Saxonem nostrum cum novello conferens Scriptore, abundè videat, quantum distent ærva lupinis.* Hactenus Wormius. Quin etiam (ut hoc de meo addam) ipsa Chronologia Messenium erroris arguit: quippe qui constanter asserat, circiter Annum salutis 222, in Svetia Hagbarthum laqueo strangulatum; quùm juxtà veriorem nostratium calculum, Sigarus, qui isto supplicio filiæ suæ stupratorem Hagbartum, teste Saxone, affecit, Anno Christi 199. in

O 2 prælio

prælio propè Kalundeburgum cæſus occubuerit. Quomodò ergò demùm poſt totos viginti tres annos, in crucem ivit Hagbarthus, Rege demortuo, qui ipſum patibulo ſuffixit ? Ut verò illuſtrius totum hoc evadat negotium, dicti tractus topographicam ſubjungam delineatio- A nem, quam ante annos non ità multos, quàm fieri potuit accuratiſſimè, conſignavit Clariſs. Vir, & inſignis Mathematicus, D. Johannes Laurenbergius, Collega, & Amicus meus conjunctiſſimus.

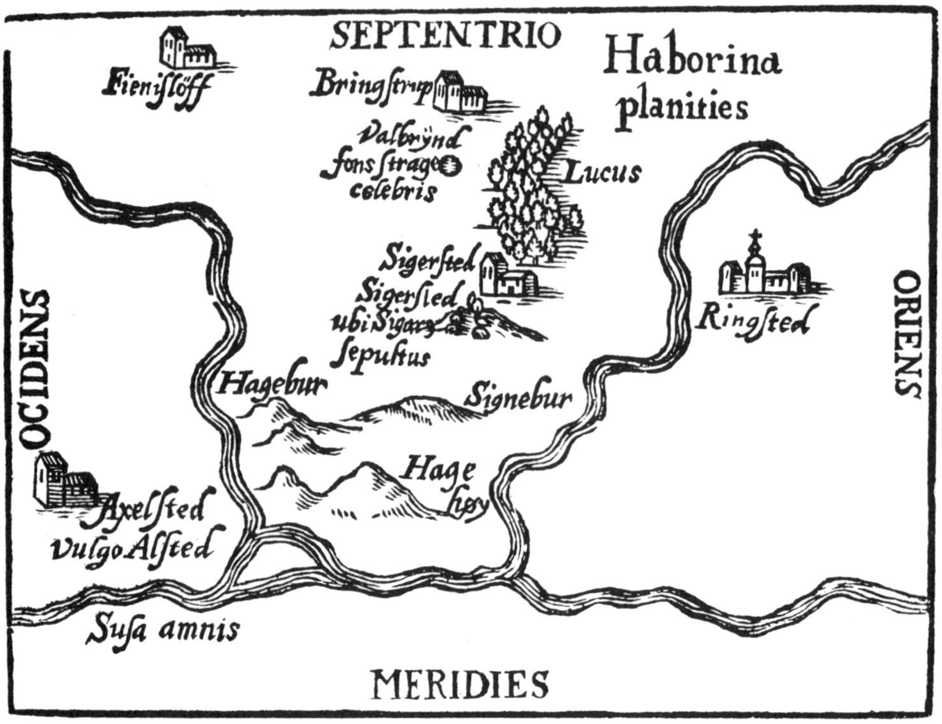

198,26 29. *Abſaloni*] Archiepiſcopo nempe Lundenſi, qui diligens ac curioſus antiquitatum patriæ ſuæ inveſtigator erat : quem etiàm hæc Saxoni narraſſe, vero proximum eſt.

198,31 35. *Alter ſiquidem familiaritatis, alter originis*] Nam alter, nempe Starchaterus, familiaritatis, quam cum Sigaro Daniæ Rege colebat ; alter videlicet Hako, patriæ ſuæ, unde oriundus erat, reſpectum agebat.

199,3 45. *Oppidum ab Hesberno conſtructum*] Urbem Calundam intelligit, quam unà cum adjunctâ arce & caſtello munitiſſimo, Nobiliſſimus Vir, & ſago togâq; juxtà præclarus, Esbernus Snare, Abſalonis Archiepiſcopi germanus, ad portum hunc condidit Anno Chriſti M. C. LXXI. Ejus meminit Saxo infrà Lib. XIV. *Eâ tempeſtate Esbernus urbem Kalundam molitus, novi munimenti præſidio portum hoſtili piraticâ liberum præſtitit.*

201,7 Pag. 134. verſ. 12. *Ut enim Gunnarus devictæ gentis ignaviam*] Variæ fuerunt antiquitus militares ignominiæ, quibus ignavos & rem malè gerentes milites notabant caſtigabantq;. Romanis hæ fuerunt : *Hordeum pro tritico datum ; ære ſeu ſtipendio privari ; extra caſtra tendere ; diſcingi ; militiam mutare ; ſtantes cibum potumq; capere* : quas ordine recenſet & exponit Lipſius Lib. 5. de Milit. Roman. Dialogo VIII. Fuit hæc quoq; militaris animadverſio, *jubere, ignominiæ causâ, militi venam ſolvi, & ſangvinem dimitti* : ut B Gellius tradit Lib. X. Cap. VIII. Apud Græcos Charondas lege ſtatuit, *eos, qui in bello ordines deſeruiſſent, in foro, per tres dies, ſedere in veſtibus muliebribus*. Diodorus Siculus. Spartani eos, qui ignaviæ in bellis comperti eſſent, variè notabant. *Non enim ſolùm* (ait Plutarchus in Ageſilao) *arcentur omni magiſtratu & imperio, ſed & dare alicui horum uxorem, aut ab eo accipere, infame eſt. Percutit autem & cædit eos, ſi quis vult obviorum : at illi ferunt, ſqualidi & humiles, palliaq; ge-* C *ſtant colore aliquo tincta & inſcripta. Partem etiàm barbæ, quæ eſt ad labrum ſuperius, ſivè muſtaca, radunt, partem verò alunt.* Gravi quoq; ignominiâ ſegnitiem ſuorum ultus eſt Oroles Rex Dacorum, de qua Juſtinus Lib. XXXIII : *Daci quoq; ſoboles Getarum ſunt : qui quum Orole Rege, adverſus Baſtarnas malè pugnaſſent, ad ultionem ſegnitiæ, capturi ſomnum, capita loco pedum ponere, juſſu Regis, cogebantur, miniſteriaq; uxoribus, quæ ipſis anteà fieri ſolebant, facere.* Ità & Cyrus Perſarum Rex *Lydis* D *iterùm victis, in æternam ignominiæ notam, arma & equos ademit, juſſitq; cauponas, & ludicras artes, & lenocinia exercere.* Idem Juſtinus Lib. 1.

13. *Rectoris loco canem eis præponi curavit*] Sic & Øiſtenus quidam, Vplandiæ Regulus, ſed verùis tyrannus, Trondhemenſibus canem rectorem olim præfecit, teſte Snorone Sturleſonio in Chronico Norvagico pag. 73. Interfecto etenim à Trondhemenſibus, quos varijs cladium generibus vexaverat, filio Øiſteni, is irâ & furore perci- 201,8

percitus, cum maximis copijs & validissimo exercitu in territorium Trondorum irrumpit; omniaq; passim loca ferro & igne populatur. Tandem devictæ Trondorum genti hanc detulit conditionem, ut vel servum nomine *Faxe*, vel canem suum, cui *Sær* nomen erat, in Regem sibi eligerent. Illi statim canem, abjectissimæ sortis homini prætulerunt: existimantes, se sub belluâ majori libertate fruituros. Ne vero Regem haberent omnis plane rationis expertem, incantationibus, & vi magicâ tantum Sapientiæ ipsi ingenerarunt, quantum tribus sufficeret hominibus. Duo verba latrando edebat, sed tertium articulatâ voce proferebat. Aureâ catenâ vinciebatur: si quando cœlum erat pluvium, aut lutosa via incedendum, humeris eum suis proceres gestabant. Palatium habuit in Vdreói, in colle, de ipsius nomine Særshøi/ appellato, situm. Tandem à lupis frustatim est discerptus.

1,32 37. *Moxq; ab Alvero tyrannide donatus*] Hoc est Præfecturâ aliquâ vel Satrapiâ. Sicut enim *Tyranni* vocabulum frequenter usurpat Saxo pro Rege, vel Dynasta, aut Satrapa: ità non hoc solùm in loco, sed & alibi passim, *tyrannidem*, pro regiâ potestate, seu quovis dominio, ponere consuevit.

1,34 39. *Animum cum loco mutare passus non est*] Ergo suo exemplo verum esse comprobavit πολυθρύλλητον istud: *Cœlum, non animum, mutant, qui trans mare currunt.*

2,14 Pag. 135. vers. 3. *Lævos curvatis de industriâ ramis annecteret*] Similis omnino crudelitatis supplicium fuit, quo in milite puniendo, qui adulterium cum hospitis uxore commiserat, usus est Divus Aurelianus Imperator, severitatis immensæ disciplinâ singularis. Duarum etenim arborum capita inflectens ad pedes militis deligavit, eademq; subito dimisit, ut scissus ille utrinq; penderet. Flavius Vopiscus in Vita Aureliani, pag. 211.

2,17 7. *In proprio plus lare Hanonem valere*] Danico Idiomate ad verbum sic sonat: **Hane er Hiemme Rigest**: Huc facit illud πολυθρύλλητον: *Gallus in suo sterquilinio plurimùm potest.* Quod desumptum est ex Senecæ Ludo de morte Claudij Cæsaris: *Claudius*, inquit, *ut videt virum valentem, oblitus nugarum, intellexit neminem sibi parem Romæ fuisse; illic non habere se idem gratiæ: Gallum in suo sterquilinio plurimùm posse.* Simili proverbio Germani vulgo dictitant: *Canem in suo sterquilinio, sive in suarum ædium vestibulo, ferociorem esse.* Sensus est: In alieno timidiores sumus omnes, in suo quisq; regno ferocior est & animosior. Et certè, Domus sua tutissimum cuiq; refugium. Hinc Xenophon VII. Pædiæ Cyri: ὀυδὲ ὁσιώτερον χωρίον ἀνθρώποις, ὀυδ' ἥδιον, ὀυδὲ ἰδιαίτερον ἐστὶν οἴκου ἰδίου. Hoc est: *Neq; sanctior locus hominibus est, neq; gratior, neq; magis proprius quisquam sua cuiq; domo.*

24. *Soluto virginitatis cingulo*] Editio Francofurtensis substituerat vinculo, magnâ cum injuriâ, & ipsius Saxonis & elegantioris Latinitatis. Quod enim hic Saxo *Cingulum virginitatis*, id concisius *Zonam solvere* dixit Catullus Epigramm. 2. *Quod Zonam solvit diu ligatam.* 202,35

Pag. 136. vers. 11. *Undecim simul admissos prosternit*] Igitur octidui spatio Haldanus XLVII. pugiles obtruncavit. Quæ summa ex numero præcedente, in unum collecto, emergit. Adde illa quæ sequuntur infra: 203,39

Unum quando duosq;,
Tres ac quatuor, & mox
Quinos, indeq; senos,
Post septem simul octo,
Undenos quoq; solus
Victor Marte subegi.

28. *Sudo prognati sangvine fratres*] Diu me hic locus exercuit, dubitantem & animo in varias sententias huc illuc distracto volventem, quid per *sudum sangvinem* intelligeret autor? Tandem quum nihil temere hic mutare ausim, retinendam hanc duxi vocem, quæ per Metaphoram hic posita videtur, pro *Splendido, claro & illustri* sangvine, hoc est, generoso & regio Stemmate. Papias: Sudum, *serenum post pluviam, splendidum, purum, divum, lucidum.* Solet etenim Saxo vocabulis translatis frequenter uti, unâq; voce, pro altera positâ: ut anteà, *incedere vitæ genus*, pro *ingredi*; *Digressionem* pro *excessu* sive morte usurpavit. 204,15

33. *Quem specular vernans varij cœlaminis ornat*] Hèic iterum translata se offert locutio. Capiendum verò omne hoc existimo de Clypeo ad tantam lævitatem expolito, variisq; figuris ità ad vivum depicto, vel ut ipse mox loquitur, *multicolore picturâ* exornato, ut in eo tanquam in nitidissimo speculo, pascere oculos, & varia bella, variaq; facinora Hildigeri, non sine summa voluptate, speculari & contemplari liceret. *Specular*, quod & *Speculare*, & *Specularium* dicitur, idem est quod Speculum. *Specularia* Senecæ Epist. 87. pro fenestris vitreatis: *Quantæ rusticitatis damnant nunc aliqui Scipionem, quòd non in suum Caldarium latis specularibus diem admiserit.* Et Martialis Lib. VIII. 204,20

Hybernis objecta Notis specularia puros
Admittunt Soles, & sine fæce diem.

Specularia etiam è speculari lapide translucido olim facta, quæ varium usum præstabant. Eleganter Augustinus in Sermone quodam: *Solis radius penetrat specular; nec cum ingreditur, violat, nec cum egreditur, dissipat. Quare & in ingressu & egressu ejus, specular integrum perseverat.*

O 3 Et

204,21 34. *Et miris laqueata modis tabulata coronant*] Antiquissimum scutorum genus, ab ipsa quasi naturâ suppeditatum, ex crudis arborum corticibus fuit. Valerius Flaccus Lib. VI. Argonautic. de Clypeis Germanorum, Pontum quondam & ostia Istri accolentium:

Quos duce Teutagono, crudi mora corticis armat.

Et Statius Thebaidos VIII. de Græcis:

Tela, rudes trunci; galeæ, vacua ora leonum:
Arborei dant scuta sinus ——————

Ubi *Sinus* vocat *Cortices*, qui non fuerunt plani, sed sinuati, ut natura arboribus circumdederat. Deinde ex vimine conficiebantur scuta: quibus omnes ferè orbis terrarum gentes usas reperio. Sic Sallustius scribit: *Lucrinos vimine scuta conficere, & corio tegere corpus: quod multis alijs populis in usu. ipsi γέῤῥας vocant.* Tacitus Annal. Lib. II. *Non loricam Germano, non galeam; ne scuta quidem ferro nervove firmata, sed viminum textus, vel tenues & fucatas colore tabulas.* Posteà scuta clypeiq; ex tabulis sectis, vel singulis, ijsq; corio obductis, vel pluribus coagmentatis & condensatis, ne facile tela penetrarent. Indicat præter Tacitum loco jam citato, Varro de Lingua Lat. *Scuta dicuntur à sectura, quòd sectis conficerentur tabulis.* Et Plinius Lib. XVI. Cap. 40. *Frigidissima* (inquit de arboribus) *quæcunq; aquatica, lentissima, & ideò scutis faciendis aptissima: quorum plaga contrahit se protinus, eluditq; suum vulnus, & ob id contumacius transmittit ferrum.* Talis fuit clypeus Hildigeri, qui ex *laqueatis tabulatis*, hoc est, ex tabulis sectis condensatis compactus erat.

204,24 37. *Medioxima nati*] Ordo verborum hic esse potest: *Species nati*, id est, imago sive figura filij mei, *conspicuo cælamine illita*, id est, vivis coloribus depicta & adumbrata *constat*, extat, conspicitur, *medioxima*, media, vel medio scuti loco, in clypei meditullio. *Medioximus, a, um*, Plauto alijsq; usitata vox est, ut plurimum medium aliquid denotans. Sic Cistellariâ, Actus 2. Sc. 3. *Medioximam mulierem* vocat, quem medio loco uxorem duxit:

—— *Medioxumam, quam duxit uxorem, ex ea*
Nata est hæc virgo Alcesimarcho quæ datur.

Eidem *Dij medioximi* Sc. 1. Cistell. dicuntur:

Atq; ità me Dij deæq; superi, atq; inferi & medioximi.

Nonius: *Medioxumum, id est, medio actum modo.* Festus: *Medioximum, id est, mediocre.* Occurrit etiam in posterioris ævi Scriptoribus. Ità Sidonius Apollinaris Lib. IX. Epist. 3. *Ibi te inter spiritales regulas, vel forenses, medioximum quiddam concionantem &c.* Marbodæus Cænomanensis Cap. VII, de Gemmis:

Chalcedon lapis est hebeti pallore refulgens
Inter Hyacinthum medioximus atq; Berillum.

204,26 39. *Cui manus hæc cursum metæ vitalis ademit*] Subobscurè indicare videtur, se planè invitũ, & casu quodam prorsus infelici, filium suum vitâ spoliasse; cujus interitum mox deplorans, de A mala sorte conqueritur, quæ unicum gaudium, quod ex nato sibi filio perceperat, subito in luctum converterit, & risum mœrore mutaverit, amisso filio unico, hærede, & matris solamine.

40. *Una paterni cura animi*] Qualis Ascanius ille, de quo Maro: 204,

Omnis in Ascanio cari stat cura parentis.

46. *Fatorum præscius ordo*] Miles quidem ex Cannensis cladis reliquijs, apud Livium Lib. 25, noxam, cujus argueretur, coram Cos: Marcello purgans: *Si non Deûm irâ, nec fato, cujus lege immobilis rerum humanarum ordo seritur, sed culpa perijmus ad Cannas; cujus tandem ea culpa fuit?* 204,

50. *Ob tam seram fraterni vinculi confessionem*] Quod tàm sero confessus esset se sangvinis propinquitate ipsi conjunctum esse. *Vinculum fraternum* dixit, pro germanitatis illo nexu, quo eos inter se junxerat stirpis ejusdem communio: quomodò *vincla jugalia* & *connubialia*, apud Virgilium & Statium Legimus. Valerius Maximus Lib. 2. Cap. 1. *Manifestum igitur est, tantùm religionis sangvini & affinitati, quantum ipsis dijs immortalibus tributum: quia inter ista tàm sancta vincula non minus quàm in aliquo sacrato loco nudare se, nefas esse credebatur.* Elegans est locus Eucherij, Episcopi Lugdunensis, sub initium Epistolæ Parænetica ad Valerianum cognatum, de contemptu mundi: *Benè alligantur vinculo sangvinis, qui vinculo consociantur amoris. Sic & nobis quoq; admodùm gloriari pro hoc ipso Dei munere licet, quos perinde charitas ut propinquitas nectit, coarctantq; in unum affectum duæ necessitudines, quarum alteram à parentibus carnis nostræ accepimus, alteram à nobis sumpsimus. Geminum hoc vinculum, quo confœderantibus nos hinc genere, hinc dilectione connectimur, hæc me paulò latius ad te exarare compulit.* *Vinculum congregale* dixit Terentianus Maurus de Syllabis agens: 204,

—————— *Syllabam Græci vocant*
Ore quod simul profectæ copulant unum sonum:
Vinculum nam signat ista congregale dictio.

Pag. 137. vers. 2. *Conditionem proco intulit*] Suspecta mihi primùm hæc fuit lectio, donec animadverterem recurrere eandem formulam infrà Lib. IX, ubi Saxo parili modo loquitur: *At Ludovicus summo amplificandæ religionis ardore confertus, conditionem barbaro intulit.* *Intulit* ergo pro *obtulit*, *detulit*, positum. Ità & paulò post hoc ipso libro: *Hæc ut erat gravitate atq; industria ante alias præstans, conditionem proco attulit, non ante se ei nupturam præfata, quàm Daniam sub dotis nomine recepisset.* Sic Svetonius Cæsar: Cap. XXVII. *Sororis suæ neptem, quæ C. Marcello nupta erat, conditione ei detulit.* Ubi *conditionis* vocabulo (sicut & Claud. Cap. XXVI. & Galbæ, Cap. V.) pro conjunctione, vel pactione nuptiarum sponsaliorumve usus est, ut & alij autores, præcipuè JCti. E quibus Cajus, in renunciatione nuptiarum hæc verba probata esse ait: *Con-* 205

Conditione tua non utar. Sed & Festus: *Conventa* A *conditio dicebatur, cum primus sermo de nuptijs, & earum conditione habebatur.*

06,12 41. *Cessim ebrietate labantes*] Hoc est, incertis & titubantibus vestigijs plus retrocedentes, quàm accedentes præ nimiâ ebrietate, quâ obruti adeo erant, ut neq; pes neq; manus suum faceret officium. Hoc etenim significat *cessim labare*, Sicut Justinus Lib. 2. Cap. 12. pag. 58. *cessim ire*, pro *cedere* dixit: *Aut si hoc parum tutum extat, vos commisso prælio ite cessim, inhibete remos,* B *& à bello discedite.* Ad quem locum Doctissimus Berneggerus, & de Justino, juxtà ac alijs autoribus in lucem editis, præclarè meritus, adducit Varronis Versus apud Nonium:

Vereor ne me quoq;, cum domum ab Ilio
Cessim revertero, præter canem cognoscat nemo.

Eadem ratione Plautus Casina Actus 2. Sc. 8. v. 7.

Recessim cedam ad parietem, imitabor nepam.

Et Amphitru. Act. 5. Sc. 1.

Ego cunas recessim rursum vorsum trahere & ducere.

Martianus Capella Lib. VIII.

Cessimq; formidantes
Abeunt pedes tremore.
Titubansq; moliensq;
Hæret, redit, recurrit:

Quæ verba in animo & oculis habuisse videtur Saxo. Glossarium: *Cessim, gradatim.* Apulejus Lib. 2. Metamorphos: *Lagena orificio cessim de-* D *biscente patescens:* ut rectè emendavit Colvius, *Cessim*, inquit, *id est, retrò.* Alfenus JCtus: *Interim superius plostrum cessim ire cœpit.*

06,25 54. *Dependentis pygam sagittâ confixit*] Pyga, πυγὴ Græcis, propriè nates sivè clunes denotat: interdùm etiàm caudam salacem. Undè *Pygiaca sacra*, sivè *Pygiciaca*, apud Petronium, pro obscæno Veneris exercitio. Horatius Lib. 1. Sat. 2.

Ne nummi pereant, aut pyga, aut deniq; fama.

Ne pereat pyga, id est, ne nates vapulent. Nam E de ijs loquitur, qui in adulterio deprehendebantur. Intelligit igitur Saxo non vestis laciniam, sed potius nates sive clunes, quibus confixis, magnum ruborem Haraldus contraxerat. Hesychius: πυγὴ, τὸ κάθισμα.

06,25 55. *Haraldus plus ruboris sibi quàm opis*] Deforme etenim hoc vulnus erat, non tàm quòd aversum, quàm quod illa corporis parte acceptũ. Ità Saxo suprà de Hildigisleo loquitur, qui *ambas na-* F *tes telo trajectus* fugâ sibi consuluit; *Quæ res*, inquit, *insectandorum risu Teutonum occasio extitit, quòd opprobrij notâ plagæ deformitas non careret.*

06,33 Pag. 138. vers. 7. *Cujus memini*] In præfatione videlicet: *Verùm apud Blekingiam apta meantibus rupes mirandis literarum notis interstincta conspicitur.*

207,4 16. *Perpes oppidi vocabulum indicat*] Nempe Hatherslof/quod oppidum hodieq; in Jutia Australi extat, antehac satis splendidum, sed annis superioribus, à Cæsarianis, in Daniam irrumpentibus, miserandum in modum devastatum.

20. *Pendente bello*] Sicut JCtis: *Pendente lite.* 207,8 Barn. Brissonius in Lexico Juris: *Pendere conditio, diesve dicitur, cujus adhuc eventus expectatur. Pendere etiàm, seu in pendenti est, quicquid in suspenso est.*

23. *Tacitâ fortunæ conscientiâ fretus*] Quia 207,11 sciret se singulari quadam indulgentia Othini, ferro quassari non posse, omniaq; tela ad se lædendum inhabilia esse, ut paulo antè commemoravit. Alioquin doctus erat Haraldus *horridum militem esse debere, non cœlatum auro argentoq;, sed ferro & animis fretum: quippe illa prædam verius, quàm arma esse, nitentia ante rem, deformia inter sangvinem & vulnera. Virtutem esse militis decus, & omnia illa victoriam sequi; & ditem hostem quamvis pauperis victoris præmium esse:* ut eleganter de apparatu armorum loquitur Livius Lib. IX.

44. *Universam aciem*] Locum hunc diffi- 207,30 cillimum sequenti explicatione illustravit Col- C lega meus, Joh. Laurenbergius, Mathematum Prof: simulq; totius aciei schema appositum, ex mente Saxonis, meam in gratiam delineavit. Tres, inquit, aciei turmæ, à Saxone descriptæ intelliguntur turmæ primipilares, seu Antesignanæ, quas reliqua militum manus consequitur. Duæ extremæ vicenariâ ratione densantur. Habent enim in corpore quadrato vicena capita, in universum singula, 400. Media peculiariter in Coni seu Pyramidis acumen digesta est, & alias utrimq; discretis ad formam laterum ambagibus obliquat. Omnes autem frontem possident à duobus inchoatam, & incremento unitatis surgentem: extremæ, usq; dum alas exæquent, seu illis in linea recta constituantur, & ultimo ordini numero lateris pares fiant. Hæc frons pyramidalis capita comprehendit 209: & universa turma 609: Media vero viginti virorum numero porrectior aut major est: nam à duobus ordinatim progressâ serie ad 35, totus ille cuneus, seu σφηνοειδὴς turma, continet Capita 629, quæ viginti virorum numero extremas turmas superat. Cornua terna denis ordinibus formata, figuram obtinent plæsiam, ut deni in singulis stent ordinibus. Alæ funditorum, ad latus ut plurimum locari solitæ, cæteris ordinibus annectuntur. Id προσεχὲς appellant παρεμβολὴν, & in agmine procincto frequenter usurpant: ne scilicet solæ extra corpus exercitus protuberantes, recessu suo ampliora requirant viarum spatia: quod gnaris locorum supputatoribus apprimè considerandum est. Reliquum aciei corpus, definito numero aut mensurâ non includitur. Postrema acies, primæ tùm figurâ, tum numero æqualis, tergo totius agminis astituitur, sed adversa fronte, ut si usus postulet, aut hostis retrò ingruat, facili singulorum militum conversione, totus exercitus in pristinam formam integretur.

O 4 SCHE-

SCHEMA ACIEI OTHINIANÆ
ex Saxonis Grammatici Lib. VII.

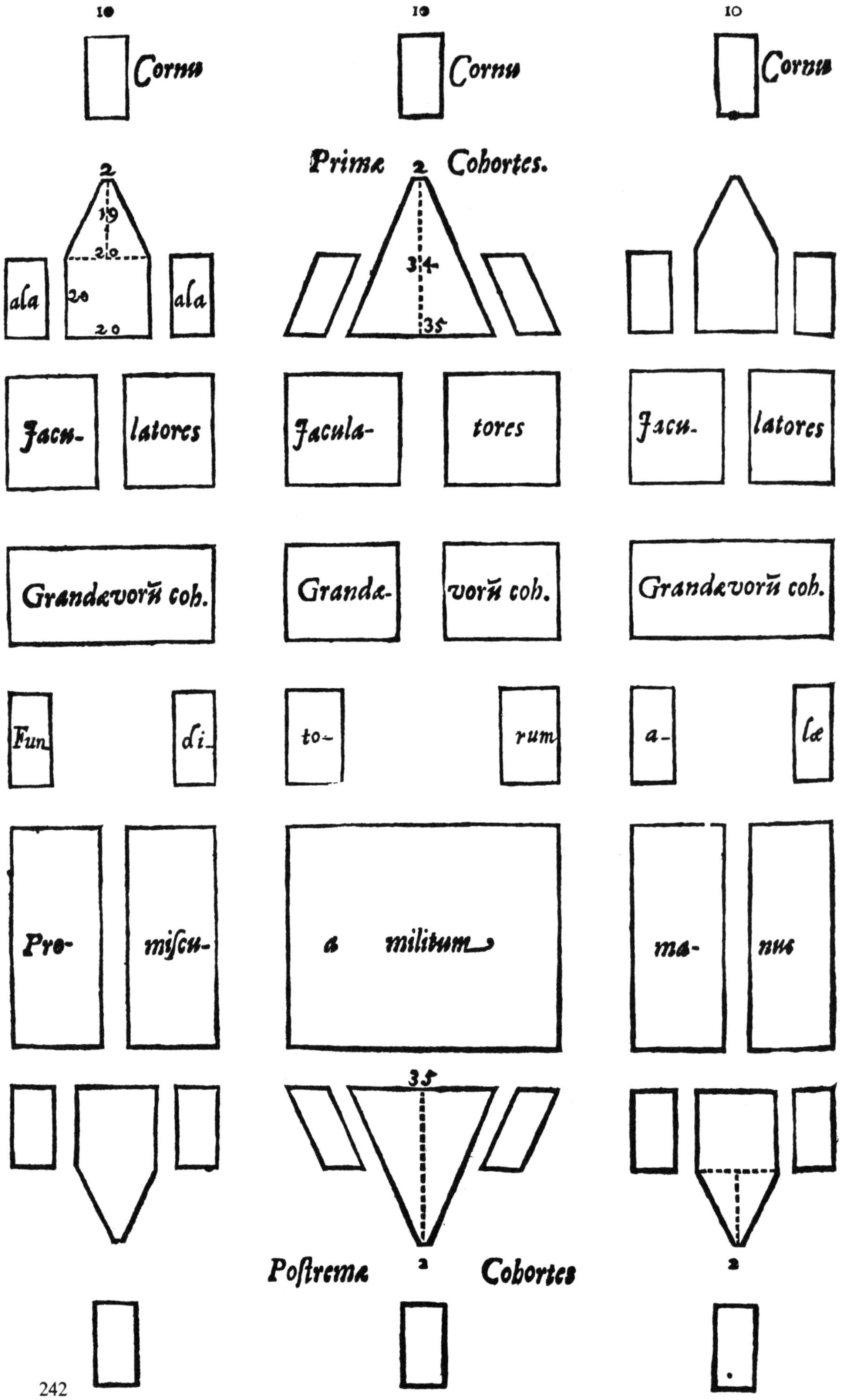

08,11 Pag. 139. vers. 10. *Multivolâ rates hosticas reflexione circumdaret*] Putabam legendum esse, *multivagâ reflexione*; sicut *multivagum Lunæ flexum*, Plinius Lib. 2. Cap. 10. *Multivagas Scytharum domos*, Seneca Tragœdus dixit. Nam *multivola mulier* Catullo est, quæ multa vult & cupit. *Naves* quidem *velivolas* eleganter appellavit Lucretius Lib. 5. v. 21.

Tum mare velivolis florebat navibus ponti.

08,21 19. *Fœmineâ admodùm præsumptione permotus*] *Præsumo*, est nimium mihi sumo, audax, impudens sum. Hinc *Præsumptio* apud mediæ ætatis Scriptores pro superbia, cum quis nimium sentit de suis viribus, & audaciâ, confidentiâ. Undè *Præsumptuosus*, plenus præsumptionis, audax, impudens. Sidon. Apollinaris Lib. 1. *C. Plinij disciplinam maturitatemq; vestigijs præsumptuosis insequuturus.*

08,25 24. *Subarmali tantum subucula fretus*] *Subarmalis* est ὑπωμὶς, cui contraria ἐπωμὶς. Martianus Capella Lib. V. pag. 136. *Subarmalis autem vestis illi, peplo quodam circa humeros involuto, latitaliter tegebatur.*

08,37 35. *Aquitaniam armis perdomuit*] Occasionem, quâ Haraldus noster expeditionem hanc in Aquitaniam susceperit, cum & ipse Saxo, & qui Saxonem additamentis suis illustrare hactenus aggressi sunt, alto silentio transmittant, nos eam ex Dudone Veromandensi strictim recensendam duximus, qui Lib. III. de Actis Normannorum, late eam persequitur. Ludovicus Rex Galliæ, Caroli Simplicis filius, Vatiniano, adversus Normannos, qui Aquitaniam incolebant, odio exardescens, totam gentem illam funditus delere, omnemq; Normanniam, suam in potestatem redigere, apud animum suum assiduè cogitabat. Inprimis Richardo Normannorum Duci, insidias struere non cessavit, frigidam suffundentibus, & malam Ludovici mentem furialibus stimulis subindè concitantibus, Herlvino Comite, alijsq; Consiliarijs & aulicis, qui neq; Northmannicæ genti optimè favebant. *Quare* Northmannorum *optimates miserunt ad Haraldum*, (quem Dudo *Haigroldum* vocat) *Regem Daciæ* (verba jam Dudonis cito) *nobilioris & ditioris potentiæ milites, ut Richardo, VVilhelmi Magni Ducis filio, consanguineo suo succurrere festinaret, quia Rex Franciscæ gentis, totius Northmanniæ Monarchiam vendicabat sibi, auferens omnem honorem puero Richardi propinqui sui, Legatos Northmannorum honorificè suscepit; constructisq; navibus, hisq; cibarijs & militibus repletis, ad littora Salinæ Corbonis, quà Diva rapido meatu procelloso mari se infundit, cum incredibili tyronum multitudine, citius quàm quivis venit.* Quid multis? Prælio cum copijs Gallicis commisso, Francos asperrimâ cæde prostravit, Regem Ludovicum fugavit & cepit, & in ipso certamine quater quaternos Comites, & in his Comitem Herlvinum, fratremq; ejus Lambertum, interemit. Hæc causa fuit expeditionis Aquitanicæ ab Haraldo susceptæ.

Pag. 140. vers. 6. *Ut quod alij armis, ipse oculis in hostem ageret*] Solent quippe truces isti ac torvi oculorum contuitus non minimum terroris hosti incutere. Plinius in divino illo Panegyrico de optimo Principum Trajano: *Nec tibi opima defuerint, si quis Regum venire in manus audebit: nec modò telorum tuorum, sed etiam oculorum, minarumq; conjectum, toto campo, totoq; exercitu opposito perhorrescat.* Sed & de se Julianus apud Ammianum Lib. XXI. *Spondeo, si ventum fuerit cominus, ità pavore torpescent, ut nec oculorum vestrorum vibratæ lucis ardorem, nec barritus sonum perferant primum.* Ità Galli de Germanis confessi sunt, *sæpe numerò sese cum his congressos ne vultum quidèm atq; aciem oculorum ferre potuisse:* Cæsar Lib. 1. Bell. Gall. Vide sis plura in Horis Subsecivis Camerarij, & in varijs Discursibus Jani Gruteri ad aliquot insigniora loca Taciti. 209,21

7. *Vibrante luminum acritate terreret*] Revera Oloni huic oculi fascinantes fuere: quales sunt illis, qui binas pupillas in oculis habent. Strabones quoq; glaucos, micantes, & terribiles oculos habentes, quæcunq; fixis & iratis oculis aspiciunt, fascino inficiunt. Et ego hisce oculis Romæ quendam Hispanum genere vidi, quem nominare non licet, qui cum truculentis oculis, tetro atq; irato vultu, servum, ob nescio quid, objurgasset, adeò servus ille timore ac terrore perterritus fuit, ut non modò fascino affectus, sed rationis usu privatus fuerit, & melancholico humore totum ejus corpus invadente, ità ad insaniam redactus fuit, ut in domo sui heri, propè Ecclesiam Divi Jacobi, sibi mortem consciverit, & laqueo vitam finiverit. Leonardus Vairus, de Fascino, Lib. 1. pag. 51. 209,22

Pag. 141. vers. 31. *Quo certius susceptorum mores*] Quinam sunt hoc in loco *Suscepti*, an *Susceptores*? Puto autorem intelligere *hospitio susceptos*, id est, hospites. 211,24

36. *Spiritusq; liberiùs meare cœperat*] Omninò legendum erit *meare*, pro *in ea re*. Nam & incomparabilis Historicus Q. Curtius, quem in nonnullis Saxo noster imitatus est, eadem ferè verba habet Lib. 3. Cap. X. pag. 48. Editionis Raderianæ: *Inter hæc liberiùs meare spiritus cœperat.* Item Lib. VIII. pag. 498. *Hic calor stupentia membra commovit, paulatimq; spiritus, quem continuerat rigor, meare liberè cœpit.* 211,29

52. *Spe metum levante*] Fortè Saxo oculos animumque intendit ad illud Valerij Maximi Lib. 2. Cap. 4. *Eo prædicto magnoperè confusus, quòd & longa & periculosa navigatio imperabatur: spe tamen dubia præsentem metum vincente, pueros ad ripam Tiberis protinus dedulit:* vel quod de Stephano Protomartyre circumfertur: 212,7

Ibat ovans animis, & spe sua damna levabat.

Pag.

212,21 Pag.142. verſ 18. *Leotarum Monſter cognomine*] Hoc antea cognomen deſiderabatur, quod ex Veteri Codice, cujus ad oram aſcriptum id fuit, ſupplendum duxi: quem propterea omninò exiſtimo ad MS exemplar emendatum eſſe. A

212,24 13. *Ferrum cavatis baculis condendum*] Ejusmodi virgæ, fuſtes, ſive conti, in quibus, tanquam in vaginâ, ferrum acutum, ſive pugiones latebant, *Dolones* dicebantur. Svetonius Claudij Cap. XIII. *Reperti & equeſtris ordinis duo, in publico, cum dolone ac venatorio cultro præſtolantes.* Servius enarrans illud Virgilij VII. Æneid. B

Pila manu, ſævosq; gerunt in bella dolones:

ait *Dolonem* flagellum eſſe, intra cujus virgam lateat pugio: *Dolones* autem à dolo, ſive fallendo dici, quòd decipiant ferro, cum ſpeciem præferant ligni. De tali Dolone Epigramma eſt. B. Ennodij, cui titulus, *De Spatha in fuſte:*

Utimur incluſo, per fraudes, enſe bacillo;
Mors ligni tunicis quàm benè tecta latet!
Subſidium portas, quod cunctis terror haberis,
Pacificum nobis, quod negat, obſequium eſt.

212,26 16. *Se Egentium Regem fuiſſe*] Neſcio an alijs nationibus in uſu ſit tàm auguſtæ [ſi dîs placet] majeſtatis dignitas. Nobis *Egentium Rex* dicitur **Staader Konge** / qui ferè omnibus in urbibus regnum apud nos poſſidet. Is homo plerumq; eſſe ſolet provectæ ætatis, albicante barbâ & capillo, qui longum ſecum ducens mendicorum agmen, ad fores divitum excubat, tandemque opimâ ciborum, vel interdum pecuniæ, prædâ receptâ, eam inter ſubditos ex æquo diſtribuit. Sceptri loco ingentem baculum ſive contum geſtat, quo murmur tumultuantis plebeculæ compeſcit.

213,11 37. *Familiarius, quàm utilius, colebat*] Quia ab eo poſtmodum interfectus; ut legere eſt ſequenti mox libro.

213,12 38. *Finitimorum Regum petulantiam opinionis ſuæ magnitudine caſtigavit*] *Caſtigavit*, id eſt, repreſſit, cohibuit; illuſtri nominis famâ, ac rerum à ſe fortiter geſtarum celebritate metum terroremq; illis incuſſit. Varius eſt verbi hujus uſus. Sic Galterus, qui claruit circiter annum M.C.LX. Libro I. Alexandreidos:

Jam rude donatus, fatisq; prementibus annos
Curvus, & inpexos caſtigat laurea crines.

Idem *Caſtigare pontum multo verbere* dixit eodem libro, fol. 9.

Haud ſegnes, per tranſtra parant aſſurgere dicto
Principis, & multo caſtigant verbere pontum.

Item *Caſtigare moras*, Lib. IV. fol. 46.

Aurea crure tenùs ſerpens deſcendit ad imos
Squama pedes, natum mordacis acumine dentis,
Caſtigare moras, & pennas addere plantis.

Gvillermus Brito Aremoricus Lib. VII. Philippidos, p. 305.

Indè retundavit rupem, quæ celſior omni
Planitie, ſummum ſe tollit in aëra ſurſum,
Et muris ſepſit, extremas deſuper oras,
Caſtigansq; jugi ſcrupuloſa cacumina, totum
Complanat medium. ——

41. *Ab ipſoq; maritimâ prælatione donatus*] Hoc eſt, ſummâ rei nauticæ adminiſtratione. Ità paſſim loqui amat Saxo cum medij & ſequioris ævi Scriptoribus. Ordericus Vitalis Eccleſiaſticæ Hiſtoriæ Lib. I. pag. 325. *Legifer etiam noſter ſic admonet homines, ne audeant in infirmâ ætate prædicare, ſeu temerè prælationes appetere.* Guillermus Brito Armoricus Philippidos Lib. V. pag. 287. 213,1

Et ſic natus erat regi patruelis; at illum
Nil juvat Eccleſiæ prælatio, nil ſacer ordo.

Idem *prælaticam ſedem* dixit pro ſede Epiſcopali, vel aliâ quavis dignitate Eccleſiaſticâ; Lib. VIII. pag. 324.

Nam quotiens, paſtore carens, prælatica ſedes
Civili leto, naturalive vacaſſet.

C Hinc *præferre* eſt aliquem dignitate aliquâ ornare, ſive alicui muneri præficere. Hericus Monachus Altiſſiodorenſis Vitæ S. Germani Lib. I. pag. 13.

Cum te frænandis Romana induſtria terris
Prætulit, & patriæ patremq; ducemq; tuendæ
Credidit eſſe virum. ——

Ubi *prætulit*, eſt, præfecit. Lupus, Abbas Ferrarienſis, Epiſtolâ XXVIII. de Aquitaniæ tutelâ: *Tertiæ verò prælatus eſt Reindardus, Comes Engoliſmæ conſtitutus.* D

Pag. 143. verſ. 2. *Civibus etiàm onuſtus exiſteret*] Corculum Muſarum Barthius, legendum ſuſpicatur *civibus onus ſuis*. Verùm *onuſtus* hêic idem Saxoni eſt, qui *oneroſus*. Expreſſit enim, etiàm hoc in loco, Valerium ſuum Maximum, cujus hæc ſunt verba Lib. IX. Cap. II. de Ocho Rege: *Crudeliorem mortis rationem excogitavit, quâ onuſtos ſibi, non perrupto vinculo religionis, tolleret; &c.* prout in MS. Codicibus legitur; & præcipue eo, quem Saxonem noſtrum ſemper ad manum habuiſſe nullus dubito, deſcriptum manu Abſolonis, Archiepiſcopi quondàm Lundenſis, qui hodieq; in Bibliotheca Hafnienſi aſſervatur, mihiq;, in emendando Saxone, maximo ſanè uſui fuit. Quin & ipſe Pighius, optimè de Valerio meritus, in Annotationibus ſuis, pag. 101. non diffitetur in Manu exaratis libris reperiſſe ſe τὸ *onuſtos* ſcriptum; quamvis ille, territus fortè monſtro vocabuli, eâ ſcilicet notione poſiti, *oneroſos* legere præoptet. Similis verò locutio occurrit infrà Lib. XI, in Hiſtoria Canuti Sancti: *Qui cum fratrum ſuorum turbam juveniliter intemperantem patriæ onuſtam.* Repetitur eadem vox multoties Lib. XIII. & XIV. Hinc *onuſtari*, pro *onerari*, dixit Junilius, Epiſcopus Afer, Comment. in Geneſin: *In Vere enim ſolent herbæ virentes apparere in terra, & ligna pomis onuſtari.* 213,3 E F

NOTÆ

NOTÆ VBERIORES IN LIBRUM VIII. HISTORIÆ DANICÆ SAXONIS GRAMMATICI.

214,3 Pag. 143. vers. 24. *Memoriæ magis, quàm literis traditam*] Ita scribendum duxi, pro *traditum*, quod priores Editiones constanter retinuerunt; *traditam* nempe *Historiam*. Nisi quis svadeat reponendum *tradito*, ut respondeat τῷ *eloquio*. Sensus autem hic erit; Historiam belli Svetici, quam Starchaterus, Danicæ admodùm Poëseos peritus, vernaculâ conscripsit linguâ, non consignatam extitisse literarum monumentis, quum Saxo eam describendam susciperet: verùm potius in recenti quasi memoriâ hominum hæsisse, atq; ita se eam ex aliorum relatione accepisse. Liceret etiam hunc locum ità concipere: *Historiam belli Svetici Starchaterum, qui & ejusdem prælij præcipuum columen erat, primum Danico digessisse eloquio, memoriæ magis, quàm literis traditum.* Sed cordatus Lector expendat.

A 28. *Neq; enim mihi multitudinem complectendi cupido incessit*] Evidentissima Valerij Maximi imitatio. Totidem enim verbis ille in Præfatione sua ad Tiberium: *Neq; mihi cuncta complectendi cupido incessit.* 214,6

31. *Ex Ducibus qui ad Haraldum coierant, clarissimi noscuntur*] Magna in nominibus Ducum & militarium virorum, qui tàm sub Haraldo, quàm Ringone, in Svetico hoc bello, stipendia B meruêre, obscuritas, magna confusio, & ἀσυστασία. Igitur operæ pretium duxi novam quandam Nomenclationem accuratâ serie digestam, & versione Danicâ vetustissimâ ex Codice MS. deprompta, juxtà ac Vellej recentiore, illustratam, oculis benevoli Lectoris subjicere, quæ sic habet: 214,9

I. RECENSUS DUCUM ET FORTIUM VIRORUM, QUI AD HARALDUM DANIÆ REGEM COIERANT.

Latine.		Danice.
1. Sven.	C	1. Suend.
2. Sambar.		2. Sambar.
3. Ambar.		3. Ambar.
4. Elli.		4. Elli.
5. Rati Fionicus.		5. Rathi aff Fyu/ (Fynbo)
6. Salgarthus.		6. Salgacth (Salgarthi)
7. Roë, *quem barbæ prolixitas cognomento insignem effecit.*	D	7. Ro hin Skeggede. (RoëLangskæg)
8. Scalk Scanicus.		8. Skalck Skoning.
9. Alf Aggi filius.		9. Alff Aggesen. (Aggissøn.)
10. Olvir Latus.		10. Olvir hin brede. (Hærde-bred.)
11. Gnepia vetulus.		11. Gnep (Gnep) hin gamle.
12. Gardhstang oppidi cultor.		12. Gordstang (Gaardstang Stadbyggere)
13. Blend, ultimæ Tyles incola.		13. Blend aff Tylnø. (Blend aff Tellø)
14. Brand, Micæ cognomen habens.	E	14. Brand Myg (fortè Mycke.)
15. Thorny.		15. Thorny.
16. Thorvingus.		16. Thorving.
17. Tatar.		17. Tathar (Tatar.)
18. Hialto.		18. Hialte.
19. Hortar.		19. Hortar.
20. Borrhy.		20. Borrhy.

21. Belgi.

LATINE.		DANICE.
	A	
21. Belgi.		21. Belgi.
22. Begathus.		22. Begat. (Begathe.)
23. Bari.		23. Bari.
24. Toli.		24. Toly/ (Thole.)
25. Haco genam scissus.		25. Hogen med Skrammen paa Kinden.
26. Hetha.	B	26. Hetha (Hethe.)
27. Wisna.		27. Wisna.
28. Tummi velificator.		28. Tumme Styremand.
29. Webiorga.		29. Wibiorge (Wegbiorge.)
30. Bo Brami filius.		30. Bo Bramson.
31. Brat Jutus.		31. Brath (Brat) Jude.
32. Orm Anglicus.		32. Orm aff Engeland. (Orm Engellender.)
33. Vbbo Fresicus.	C	33. Vbbe aff Frißland.
34. Ary, altero cassus lumine.		34. Arn/ med der eene Dye.
35. Alf.		35. Alff (Alß.)
36. Gother.		36. Gother.
37. Dal corpulentus.		37. Dal hin store/ (Dal hin Tycke.)
38. Duc Sclavicus.		38. Duck aff Tydskland. (Duck Wende.)
39. Barri.	D	39. Barri (Borri)
40. Gnizli.		40. Gnidsle (Gnizle)
41. Tolcar.		41. Tolkar.
42. Ymi.		42. Yme (Hymi)
43. Toki, Jumensi provincia ortus.		43. Toki (Toki/ aff Jvem-Hærredt.
44. Otritus Juvenis.		44. Otrick hin vnge (Otrite hin unge.)
45. Grimar.	E	45. Grimar.
46. Grenzli.		46. Grentsli/ (Grenzli.)
47. Ger.		47. Hoßger hin sorte. (Ger.)
48. Livicus.		48. Livick.
49. Hama.		49. Ham (Hame)
50. Hunger.		50. Hunger (Hunger.)
51. Humbli.		51. Humbli.
52. Bjàri.		52. Biart.
53. Homi.	F	53. Hømi (Helmi.)
54. Hosa.		54. Høse (Hose.)
55. Thulhijm.		55. Tulhim (Tulleff)
56. Hastinus.		56. Hastin.
57. Hythin gracilis.		57. Hythin hin Smale.
58. Dahar Grenski.		58. Dahar Grendski. (Grenske.)
59. Haraldus Olavi filius.		59. Harald Oluffsøn.

60. Har.

LATINE.		DANICE.
60. Har.	A	60. Har.
61. Herleuvar.		61. Herlewar (Herlewer)
62. Hothbroddus Effrenis.		62. Hodbrod hin Galne. (Horthbrod hin vilde.)
63. Hummehy.		63 Humhi (Hummehy.)
64. Haraldus.		64. Harald.
65. Haki.	B	65. Haki (Hack.)
66. Sigmundus, Bemonis filius.		66. Sigmund (Simund.)
67. Serker, Bemonis filius.		67. Serkar (Serker) Bemonds Søn.
68. Gandal sene editi.		68. Gandal den gamles Affkom.

II. EX PARTE RINGONIS COMPUTANTUR

LATINE.		DANICE.
1. Vlf.	C	1. Vlff.
2. Abgi.		2. Abgy. (Algi.)
3. Windar.		3. Windar.
4. Eyil luscus.		4. Eyll hin Surblinde. (Eyl hin Starblinde.)
5. Gothar.		5. Gøthar. (Gotar.)
6. Hildi.	D	6. Hilde. (Hildi.)
7. Guti Alf patre genitus.		7. Guthy Alffsen (Guti Alffsøn)
8. Stur robustus.		8. Stur hin Stercke. (Sture hin Stercke.
9. Sten, Wienicæ paludis accola.		9. Sten. (Steen aff Venersø.)
10. Gerth alacer.		10. Gerth hin Glade / (Greck hin Snare.)
11. Gromer Wermicus.	E	11. Grommer aff Wermeland / (Gromer / Wermick.)
12. Saxi.		12. Saxe.
13. Fletir.		13. Fletir.
14. Saligothus.		14. Salgot (Saligothe.)
15. Thord nutabundus.		15. Tord Snaffuere.
16. Throndar nasutus.		16. Thronder med den store Næse (Thronder med Næsen.)
17. Grundi.	F	17. Grunder (Grundi.)
18. Othi.		18. Othi.
19. Grinder.		19. Grinder.
20. Tovi.		20. Tovi.
21. Coll.		21. Koll (Colle.)
22. Biarki.		22. Biarki.

P 23. Hogni

LATINE.		DANICE.
23. Hogni ingeniosus.	A	23. Hogni hin Kloge.
24. Rokar fuscus.		24. Rokar hin brune.
25. Rani cui Hyld Pater erat.		25. Rani Hyldsøn.
26. Lyuthguthi.		26. Liudh/Buthi. (Liuthguthi.)
27. Sveno supernè tonsus.		27. Svend Kulle.
28. Rethyr accipiter.		28. Rethir Sporhøg. (Rethir Høg.)
29. Rolf uxorius.	B	29. Rolff hin giffte. (Rolf quindekier)
30. Ring Athylæ filius.		30. Ring Athilsøn.
31. Haraldus Thothni editus vico.		31. Harald aff Totte by. (Harald aff Thoten.)
32. Valsten Vicensis.		32. Valsten. (Valsten aff Vigen.)
33. Thorulf spissus.		33. Thorulff hin Tycke.
34. Thengil procerus.		34. Tengil hin Høye. (Thengil hin Lange.)
35. Hunsolvve.	C	35. Hunselff (Hunsolvi.)
36. Birvvil pallidus.		36. Birvil hin Blege. (Birvild Blegekind.)
37. Burgar.		37. Burgar.
38. Scumbar.		38. Skumbar.
39. Thorlevar pertinax.		39. Thorlevar hin Tretsomme (Thorleffuar hin Gramme.)
40. Torkil Guticus.	D	40. Torkild Guthe (Torkil Gudlandsfar.)
41. Gretir iniquus, irruptionumq; avidus.		41. Gretir hin Onde/ som altid vild strax sla paa sine Fiender/ huad heller de vaare paa Marcken/ eller i Byen. (Grethir hin Onde oc Hastige)
42. Haddir durus.	E	42. Haldir hin Haarde. (Haddir Haardesind.)
43. Roldar articulus.		43. Rolder hin Sperlemmede.
44. Thronder.		44. Thronder.
45. Thronski.		45. Thronski.
46. Thoki Moricus.		46. Thoki Norske. (Thocki aff Moren.)
47. Rafn candidus.		47. Naffn hin Huide. (Naffn huide.
48. Hasvvar.	F	48. Hassvar.
49. Biarni.		49. Barni. (Biarni.)
50. Blihar Simus.		50. Blihar hin Kirtnæsede.
51. Biórn è vico Soghni.		51. Biørn aff Sogni. (Biørn aff Sogen.)
32. Findar maritimo genitus sinu.		52. Findar aff Stranden. (Findar aff Marstrand.)

53. Bersi

LATINE.	DANICE.
53. Bersi apud Falu oppidum creatus.	A 53. Bersi aff Falu. (Bersi aff Falustad.)
54. Sivardus verris caput.	54. Sivard Svinehoffuit.
55. Ericus fibulator.	55. Erick Bratze. (Erick Huißlere.)
56. Alsten.	56. Alsten.
57. Harki.	57. Harky.
58. Ruthar.	B 58. Ruthar.
59. Ravvi.	59. Rawi.
60. Erlingar, cui *Colubra* cognomentum erat.	60. Erling Orm.
61. Od Anglus.	61. Og Engelske. (Od Engellender.)
62. Alf multivagus.	62. Alff Vandere/ som altid vilde færdis. (Alff Widefaren.)
63. Enar protuberans.	C 63. Enar Sidebug.
64. Ivarus Truvvar.	64. Iver Trucre.
65. Mar Ruffus.	65. Mar hin Rødskeggede.
66. Grombar annosus.	66. Grombar hin gamle.
67. Gram Brundelucus.	67. Gram Bruulund. (Gram Brundolck.)
68. Grim ex oppido Skierum.	68. Grim aff Skeerum. (Grim aff Skierum Stad.)
69. Berghar vates.	D 69. Bethar Spaamand. (Berghar Spaamand.)
70. Brahi.	70. Brahi.
71. Ranchil.	71. Ranckel.
72. Ar.	72. Atr. (Ar.)
73. Backi.	73. Backi.
74 Keklu.	74. Keklu. (Reklu.)
75. Karll.	E 75. Karl. (Ral.)
76. Croc agrestis.	76. Krock hin Bonactige. (Krocke Bonde.)
77. Guthfast.	77. Guthfast.
78. Gummi è Gislamarchia.	78. Gummi aff Gislemarcken. (Gummi af Gyllemarck.)
79. Ingi.	79. Inge.
80. Oly.	F 80. Oly.
81. Alvver.	81. Alffuer.
82. Folki Elrico patre nati.	82. Folki Elrikis Sønner. (Folcki Ericks Sønner.)
83. Sigmundus de Sigtima.	83. Sigmund aff Sigtim Stad.
84. Frosti cognomento Crucibulū.	84. Frostin Kruß.
85. Alf elatus.	85. Alff hin stolte.
86. Holti.	86. Holty.

P 2 Hen-

LATINE.	A	DANICE.
87. Hendil.		87. Hendil.
88. Holmar.		88. Holmar.
89. Levvy.		89. Lewi.
90. Hama.		90. Hama
91. Regnaldus Ruthenus.		91. Regnolt aff Rydßland. (Regnolt Ryſſer.)
92. Sivaldus.	B	92. Siwald.
93. Lefy, Pannoniorum victor.		93. Lewir ſom vant Ungern. (Lefy ſom twang Ungern.)
94. Thirikar.		94. Thirikar.
95. Thrygir.		95. Thrygir.
96. Thorvil.		96. Thorvil.

Atq; hæc ſunt nomina illuſtrium pugilum, & Martij ſpiritus Heroum, qui partibus utriusq; Regis ſtrenuè propugnarunt. Reliquum nunc eſt, ut eadem porro curâ accuratiore expendamus, ſed non per ſingula generum, verum per genera ſingulorum, ut cum vulgo Philoſophantium loquar. Inprimis cognominum, unde maxima lectionum varietas emerſit, rationem reddendam duximus.

214,14 35. *Blend ultimæ Thyles incola*] Notiſſimum eſt illud Poëtæ:

——————— *Tibi ſerviat ultima Thule.*

Thulen quidem Iſlandiam, & *Thulenſes* Iſlandos, Saxonem opinione magis, quàm rei veritate ductum appellaſſe, ſuperius ad Præfationem nobis dictum. Nam Iſlandiam non eſſe veterum *Thulen*, firmiſſimis evincit argumentis Arngrimus Jonas Iſlandus Lib. 1. Rerum Iſlandicarum pag. 15. Neq; hoc loco *Thule* Iſlandia dici poterit: quod iſtâ tempeſtate nondum Iſlandia coli aut habitari cœpta. Rectius itaq; Vellejus noſter, juxtà ac M. Chriſtiernus Petri, primus Saxonis interpres, reddidêre: Blend aff Telløe/ vel Blend aff Tyløe. Quænam vero iſtæ ſint inſulæ, juxtà ſcimus cum ignariſſimis.

214,14 36. *Brand Micæ cognomen habens*] Non exigua hoc in cognomine latet obſcuritas. *Micæ* enim, *formicæ*, an *myricæ* hic legendum ſit, planè C incerti ſumus. *Mica* nobis quidem Smule dicitur: quod prorſus alienum eſt ab illo Myg vel Mycke/ quod Danica verſio repræſentat. Facilè itaq; adducor ut credam, pugilem hunc cognominatum fuiſſe Myck ſive Myg/ quod Saxo *Micæ* vocabulo tantum exprimere voluit. Alioquin Myg vernacula noſtra dicitur *Culex*. Sed ea vocis ſignificatio Saxoni in mentem hic non venit, quia aliud innuebat cognomen iſtud antiquum, quod velut ignotum & ἄσημον Latio D donari non potuit.

44. *Tummi velificator*] Fortè hic ille *Tumi* eſt, cujus mentionem facit Monumentum Huneſtadenſe, quod nobis exhibet Clariſs. D. Wormius Lib. III. Monumentor. Danicor. & hoc loco inſerendum curavimus. Saxi primi hæc eſt inſcriptio: 214,2

Oſburn auk Tumi Deir ſeutu Stain denſi eftir Rui auk Leigfrud ſunu kunu henter.

E ESBERNUS ET TUMI LAPIDEM HUNC POSUERUNT RUI ET LEIGFRUD NURUI SUÆ.

In ſecundi tamen ſaxi inſcriptione, fœmina quædam Tumæ nomine inſignitur:

Asburn ſeti Stein denſi eftir Tumæ ſunkunu.

ESBERNUS LAPIDEM HUNC POSUIT NURUI SUÆ TUMÆ.

Pag.

215,6 Pag. 144. verſ. 4. *Poſt hos Ger, Livicus.*] Magna hic quoq; nominum confuſio. Vellejus voces, quæ per errorem librarij perperam coaluerant, ſeparandas exiſtimans, ità legit: *Poſt hos Ger, Livicus, Hama*: ideoq; ſic vertit: **Effter dennem ſom Ger/ Livick/ Hame** Quam ego lectionem admiſi. Cæterùm primus interpres ità legiſſe videtur: *Poſt Hosger lividus*: quæ ſic reddit: **Hoſger hin Sorte.** Ad oram tamen libri adſcriptum extabat: **Hoſger aff Liffland**; quaſi *Livicus*, idem eſſet ac *Livonicus*, ſeu ex *Livonia* oriundus.

216,1 28. *Gromer VVermicus*] Rectè vetus interpres vertit: **Gromer aff Wermeland.** At diſtinguit Wellejus, & ex cognomine nomen facit proprium; **Gromer/Wermick.**

216,7 33. *Sveno ſupernè tonſus*] Hoc eſt, toto vertice, & capitis eminentiore parte attonſus, & strictim quidem, tantùm non inſtar Monachorum, quibus raſi vertices. Germanis, **Mit einem Platte**: nobis **Kulled.**

216,14 39. *Roldar articulus*] Utraq; verſio habet: **Rolder hin Sperlemmede.** Videntur enim interpretes talem exprimere voluiſſe, qui artus graciles teneroſq; haberet, tenuiſq; texturæ homuncio eſſet, ut ſingulos artus ejus numerare haud difficile eſſet; vel fortè, qui totus nil niſi oſſa & pellis eſſet. Sed quid ſi legendum, *articuloſus?* ut ſit, validis artubus præditus, vel firmis & ſolidis articulis, hoc eſt, robuſto corpore.

216,18 43. *Ericus Fibulator*] Heîc iterùm in lectione variant interpretes. Vetus ille vertit: **Erick Bratzer**: & meo judicio rectiſſimè. *Fibula* etenim antiquâ linguâ Danicâ **Een Bratze** / quâ nempe antiquitus veſtimenta connectebant. Unde *Fibulator*, fibularum conficiendarum artifex. Sed Vellejus legit *Sibilator*: undè vertit, **Erick Hviſlere.** Quàm rectè, ipſe viderit.

45. *Enar protuberans*] Cui pinguis aqualiculus propenſo ſeſquipede extabat. 216,20

Ibid. *A Tyle*] Intellige provinciam aliquam Norvagiæ eo nomine, aut fortè inſulas ſuprà memoratas. Nam Iſlandia tunc non habitata. **Iſlandsbierg** / locus eſt in Norvegia, **vdi Wiggen.** 216,22

Pag. 145. verſ. 3. *Froſti cognomento Crucibulum*] *Crucibulum* [ut me edocuit Excellentiſs. Vir, D. Olaus Wormius, cui plurimum debet Saxo noſter] Chymicis Metallurgis vox eſt tritiſſima; quâ vas denotant triquetrum, ex argillâ tenaciſſima compactum, in quo igne vehementi metalla fundere ſolent. Ipſe Saxo Lib. VI. *Teſtam & Concham* vocat. Vulgò **Een Digel.** Rulandus in Lexico Alchimiæ: *Crucibulum eſt vas fuſorium, ex terra igni contumaciſſima factum, acutiore baſi & tereti, in ampliorem capacitatem, formâ triangulari, vel rotundâ deſinentem, ad fundenda & eliquanda mineralia & metalla, formatum.* Sic Geber Arabs libro de inveſtigatione magiſterij, Paragrapho de præparatione Veneris: *Præparatur Venus optimè per hunc modum. Ponatur Veneris ſtratum ſuper ſtratum de ſale communi optimè mundato, in crucibulo.* Optimè itaq; boni interpretis partes ſuſtinuit M. Chriſtiernus Petræus, 217,7 træus, qui vertit: Frosti Kruß. Pocula namq; ex terra confecta, ut *crucibula*, etiamnum hodie Kruse vocamus. Jam ad loca intermedia orationem convertamus.

214,32 Pag. 143. vers. 5. *Prælongis ensibus*] Cujusmodi utebantur olim Dani, & cæteræ versus Boream gentes. Certè, Gallis, Cimbris, Germanis, Celtis, prælongos enses, quas *Spathas* vocarunt, attribuunt Plutarchus, Strabo, Diododorus, Vegetius, alij. Videatur Cluverius Germaniæ Antiquæ, Lib. 1. p. 348.

214,33 53. *Aërij coloris parmulis*] Præter variarum rerum imagines, quibus scuta sua adornarunt, Danorum antiquissimi, ea etiam lectissimis tantum coloribus distinxerunt, ad exemplum aliarum gentium. De Germanis Tacitus: *Nulla cultus jactatio: scuta tantùm lectissimis coloribus distinguunt.* De Cimbrorum, Germanicæ gentis, equitibus, ità in Mario Plutarchus: θυρεοῖς ἢ λευκοῖς στίλβοντες: id est: *Scutis fulgebant candidis.* Sidonius Apollinaris Lib. IV. Epist: 20. de Gothorum rotundis scutis: *Quorum in orbibus nivea, fulva in umbonibus.* Virgilius IX. Æneid.

Ense levis nudo, parmaq; inglorius alba.

In lectissimis igitur coloribus apparet fuisse *candidum* & *cœruleum*, quem Saxo hic *aërium colorem* indigetat, nempe quo cœli templum pictum est.

215,26 Pag. 144. vers. 23. *Ipsamq; sequestræ pacis diruptionem*] Maro Lib. XI. Æneidos:

Bis senos pepigêre dies, & pace sequestrâ,
Per silvas Teucri, mistiq; impunè Latini,
Erravêre jugis ——————

Ad quem locum ità Servius: Pace sequestrâ, *id est, mediâ. Nam sequester est aut medius inter duos altercantes, aut apud quem aliquid ad tempus seponitur. Dictus autem à sequendo, quod ejus qui electus sit, utraq; pars fidem sequatur. Pacem ergò sequestram, inducias dicit, id est, pacem temporalem & mediam inter bellum præteritum & futurum.* Hactenus Servius. Ad eundem modum paulò aliter Germanus Valens Pimpontius: *Sequestrem vel sequestrum, Modestin. sub Tit. de Verb. Significat. eum accepit, apud quem plures rem aliquam, de quâ controversia est, deposuerunt: ità dictum, quòd ejus qui electus sit, utraq; pars fidem sequatur: est enim medius inter duos altercantes, apud quem aliquid seponitur. Hac auctoritate inducti Interpretes,* pacem sequestram, *inducias interpretantur, quòd mediæ sint inter bellum præteritum & futurum. Ego, quanquàm mihi non omninò hæc sententia displicet, quod pax paucorum, ut duodecim dierum, & induciæ in câdem penè causâ, & definitione sint: frigidiusculum tamen existimo, hic pacem ad sequestri instar, inter bellum diversi temporis, mediam collocare: nam potius inter altercantes, hoc est, Teucros & Rutulos, constituenda fortè fuit. Eo exemplo & ratione accipere pacem sequestram simpliciter præstiterit interme-* A *diam, intercedentem,* προξενοῦσαν καὶ μεσεγγυωμένην, *cujus interventu impunè adversæ partes & innocuè rebus suis vacare & superesse potuerint.* Et quæ sequuntur. Dudo Veromandensis de moribus & actis primorum Normanniæ Ducum Lib. 1. p. 63. *Petunt sequestrâ pace portus, causâ mutuandi raptum fœnus.* Josephus Devonius Lib. IV. de Bello Trojano:

Deligitur, qui dicta ferat, qui pace sequestrâ
Res Danâum, Spartæ spolium, raptamq; reposcat.

B Pag. 145. vers. 7. *Sivaldus undecim salum paronibus*] Paro, navis prædatoria. Isidorus Lib. XIX: *Paro, navigium piratarum apertum, & ex ijs ità vocitatum.* Cicero: 217,

Tunc se fluctifero tradit mandatq; paroni.

Et alibi: *Parunculis ad littus ludit celeribus.* Svidas habet παρῶναι, εἴδη πλοίων: lege παρῶνες.

8. *Bracteatam auro liburnam*] Liburnam auro incrustatam, auro obductam, inauratam, vel C aureis laminis inductam. *Bractea*, tenuissima quævis lamina, cujuscunq; metalli. Hymnus Natalitius Autoris incerti: 217,

——————— *Veniunt Eôi*
Principes, dignum celebrare cultum,
Mystica dona
Thus Deo, Myrrham Troglitin humando,
Bracteas Regi Chryseas tulêre.

Ad quem locum vide Notas eruditissimas Viri D de bonis autoribus præclarè meriti, M. Joannis Weitzij. D Paulinus Carm. 14.

Nam nisi fulva leves texisset bractea plantas.

Bracteatus, bracteâ obductus. Apud Senecam Epist. 41. *Leo bracteatus* dicitur ornatus bracteâ. Idem eleganti tralatione *bracteatam felicitatem* vocat, hoc est, non solidam, sed tenuem & adumbratam, ut Lipsius exponit. Haud secus ac Plinius in Panegyr. *Mentis aureæ dictum bracteatum*; Fulgentius, *Bracteatam eloquentiam.* Ammianus Marcellinus Lib. XIV. *Statuas auro cu-* E *rant imbracteari.* Et Lib. XVII. *Facis imitamentum in figura æreum, itidem auro imbracteatum, velut abundanti flamma candentis.* Ità Sidonius Lib. 2. Ep. 10. *Bracteatum lacunar.* Et Lib. 8. Epist. 8. *Gestatorias bracteatas.* Martianus Capella Lib. 1. *Comas bracteatas* dixit.

Ibid. *Linteo excipit*] id est, Velo instruit, adornat, navigationi aptam reddit. Sic mox: *Intenta antennis lintea. Lintea* enim pro velis, fre- F quentius usurpata Poetis. 217,1

16. *Prospectumq; pelagi explicata malis carbasa præstruebant*] Sic de Argivis navibus Josephus Devonius Lib. IV. de Bello Trojano: 217,2

Jam Pandionios collato robore portus
Argivæ tenuêre rates, spatiumq; negabat
Terra viris, velis aër, & puppibus æquor.

32. *At per solidum proficiscentibus*] Hoc est, terrestri itinere. *Solidum* enim hic absolutè pro terra ponitur. 218,3

Cuneo

8,20 48. *Cuneo frontem molitur*] Aciei frontem in cuneum disponit. *Frons* enim pars anterior aciei. Unde Tacitus Lib. 3. *In frontem statuerat ferratos.* Et in Vita Agricolæ: *Pugnare in frontem.*

8,23 51. *Qui regnum suo munere adeptus fuerit*] Nam mortuo Ingeldo, Sveciæ Rege, Ringonem, quem ex Haraldi sorore sustulerat, puerum admodum, Haraldus, paterno regno, datis ei tutoribus, præfecit, ut Saxo libro superiori commemorat. Sed Annales Islandici contendunt, Haraldi Hildetandi victorem fuisse, non Ringonem, verum Sigvardum Ring, Regneri Lodbrogi patrem.

8,31 Pag. 146. vers. 6. *Antiquum rediisse chaos*] Lucanus Lib. 1.

——— Sic cum compage soluta
Secula tot mundi suprema coëgerit hora,
Antiquum repetens iterùm Chaos, omnia mistis
Sidera sideribus concurrent. ———

Et Lib. VI.

Extimuit Natura chaos: rupisse videntur
Concordes elementa moras; rursusq; redire
Nox manes mistura deis ———

Alcimus Avitus Lib. IV.

Intereà magnâ pontus se mole movendo,
In Chaos antiquum, linquens mundana, redibat.

Hericus Monachus Altissiodorensis Lib. III. Vitæ S. Germani, fol. 33.

Fulmina mixta volant, jam confudisse putantur
Concordes elementa vices, mundiq; ruinâ
In priscum reditura Chaos. ———

Galterus Lib. IV. Alexandr. fol. 48.

Concurrunt acies, it tantus ad æthera clamor,
Et vulgi strepitus, quantum si dissona mundi
In chaos antiquum rediviva luce relabens,
Machina corrueret, rerum compage solutâ,
Horrisonumq; darent concussa elementa fragorem.

8,35 9.10. *Dies effusa telorum grandine tegebatur*] Ita Lucanus Lib. III. versu 545.

——— emissaq; tela
Aera texerunt ———

Virgilius Æneidos Lib. XII.

Ferrum alij torquent, & obumbrant æthera telis.

Carmen incerti in Xerxem, quod extat Lib. 2. Epigramm. Veter. pag. 50.

Perses magnus adest, totus comitatur euntem
Orbis: quid dubitas, Græcia, ferre jugum?
Mundus jussa facit, solem texêre sagittæ.
Calcatur Pontus, fluctuat altus Æthos.

Aristides Sophista de apparatu Xerxis ita: *Telis obtegebatur ipse sol; mare navibus, terra copiis pedestribus, aër sagittis redundabat.* *Grandinem* verò *telorum* Saxo translatè dixit, ut telorum densitatem innueret: quomodò eâdem Metaphorâ Virgilius eodem libro *tempestatem telorum* & *ferreum imbrem* posuit:

——— It toto turbida cœlo
Tempestas telorum, ac ferreus ingruit imber.

A Sic *grandinem saxi* Josephus Devonius de bello Trojano Libro VI.

At Phryges instantes prohibent, nunc grandine saxi,
Nunc ferri nimbo, nunc sparsæ fulmine massæ.

Ammianus Marcellinus Lib. XIX. pag. 145. *Numerosas gentes ad arma clamoribus dissonis concitarunt: quarum concursu, ritu grandinis hinc inde convolantibus telis, atrox committitur pugna.* Et pag.
B 147. *Nec minores in civitate luctus aut mortes, sagittarum creberrimâ nube auras spissâ multitudine obumbrante.*

37. *Centum quadraginta quatuor sagittæ pectus præliantis obsederant*] Multis igitur fortitudinis parasangis Vbbo hic noster Achillem illum Romanum, L. Sicinium Dentatum, post se reliquit, qui quinque tantum & quadraginta vulnera pectore exceperit, ut ex Varrone commemorat Valerius Maximus Lib. 3. Cap. 2. Honestissima
C vero illa sunt vulnera, quæ adverso corpore excipiuntur; ut aversa, pudenda. Videatur Matthæus Raderus ad Lib. III. Q. Curtij. Hinc non immerito, quod de Achille dixit Catullus, de Vbbone diceretur: 219,25

Hostibus haud tergo, sed forti pectore notus.

44. *Ut erat falcato curru vectus*] *Falcatorum curruum* crebra apud Curtium mentio extat. Sic Libro IV. *Hos quinquaginta falcati currus sequebantur.* Et mox ibidem: *Claudebatur hoc agmen*
D *alijs falcatis curribus quinquaginta.* Et paulò post: *His quoq; falcati currus erant quinquaginta.* Eodem libro: *Ingensq; ut crediderat, hostium terror, ducentæ falcatæ quadrigæ, unicum illarum gentium auxilium, secutæ sunt.* Quas ità statim describit: *Ex summo temone hastæ præfixæ ferro eminebant: utrinq; à jugo ternos direxerant gladios; & inter radios rotarum plura spicula eminebant in adversum: aliæ deinde falces summis rotarum orbibus adhærebant; & aliæ in terram dimissæ, quicquid obvium*
E *concitatis equis fuisset, amputaturæ.* Ferè eadem est Livij descriptio: *Armatæ autem* [nempè falcatæ quadrigæ] *in hunc maximè modum sunt. Cuspides circa temonem ab jugo decem cubita exstantes, velut cornua habebant, quibus quicquid obvium daretur, transfigerent. Et in extremis jugis binæ eminebant falces, altera æquata jugo, altera inferior, in terram devexa, ità ut quicquid à latere objiceretur, illa abscinderet, hæc ut prolapsos subeuntesq; contingeret. Item ab axibus rotarum utrinq; eodem modo diversæ deli-*
F *gebantur falces.* Videantur eruditissimæ in Curtium Notæ Matthæi Raderi. *Currus falcatos* cœlo adumbravit Steucchius in Commentar. ad Vegetium. 219,31

55. *Eidem se prostratorum manes muneris loco dedicaturum*] Othinus etenim bellis præesse creditus, existimabatur nullo modo melius placari posse, quàm sangvine prostratorum hostium, eorumq;, quos captivos secum abduxerunt. Sic enim Olaus Magnus Lib. III, Cap. 3. *Othinum,* 220,4

num, qui bellis præsidebat, cruore & morte captivo- A *rum placabant; opinantes bellorum præsidem aptius humano cruore placari.* Hinc bello cæsos, *Odino mactatos* dicebant. Vide quæ suprà notavimus.

220,7 Pag. 147. verſ. 4. *Jacebant circa currum Regis innumera extinctorum corpora.*] Non aliter ac Curtius Lib. 3. loquitur, de ingenti illa cæde, factâ circa Darij currum. *Circa Darij currum*, inquit, *jacebant nobilissimi duces ante oculos Regis egregiâ morte defuncti.* Et mox: *Circà eos cumulata* B *erat peditum equitumq; obscurior turba.*

220,25 23. *Uti arma, aurum, & quodcumq; opimum esset, liberaliter in nutrimentum rogi*] Fortium virorum arma cum ipsis funeribus, apud veteres consumebantur: nec solùm hæc; sed & cætera, quæ habuissent charissima. Silius Italicus de rogo, quem Annibal, Pœnorum Dux, Romano Consuli ad Cannas cæso struxit, ità Lib. X.

Sublimem eduxere pyram, mollesq; virenti
Stramine composuêre toros, superaddita dona C
Funereum decus expertis, invisus & ensis,
Et clypeus, terrorq; modò atq; insigne superbum,
Tum lateri fasces, captæq; in Marte secures.

Plura omnino de hoc ritu notatu dignissima suppeditat nobis Doctiss. Vir, Joh. Kirchmannus, Lib. III. de Funerib. Rom. Cap. 5. Videatur etiam Philippus Cluverus Lib. 1. Germaniæ Antiquæ, pag. 395, & seq.

222,4 Pag. 148. verſ. 23. *Hæreditatis nomine tentaturus*] Erat enim Omundus Sivardi Norvagiæ D Regis ex filio Olone nepos.

222,10 29. *Oddo quoq; Omundo manum junxerat*] *Manum*, id est, copias suas, cum exercitu Omundi conjunxerat, ut unitis viribus Ringonem adorirentur.

222,18 36. *Alter proræ præesse jussus*] Is Plauto *Proreta* dicitur, qui in prora tutelæ navis præsidet. Rudent. Act. IV. Sc. 3. *Si tu proreta isti navi es, ego gubernator ero.* Græcis πρωράτης & πρωρεύς. E Videatur Lazarus Bayfius de re navali, pag. 117.

223,26 Pag. 149. verſ. 26. *Omundum avidè petitum*] Ità haud dubiè legendum. Nam ab Omundo Rusla interfecta; & Ringo jam prius occubuerat.

224,4 45. *Quàm serum naturæ jaculum opperiri*] Quàm expectare mortem illam naturalem, quam senium & longævitas adfert. *Jacula, spicula, & alia tela*, morti solens tribuit Saxo.

224,17 Pag. 150. verſ. 2. *Parricidij pœnitentia adductus*] Hoc est, cædis regiæ à se perpetratæ. Rectè F enim *Parricidij* nomine venit facinus illud scelestissimum, quum Olonem interficeret Starchaterus. Nam Principes & Reges dicuntur *Patres patriæ*: quorum interfectio propterea non injuria *parricidium* vocatur, & instar parricidij punitur.

224,28 13. *Ut sine regressu pronas agit alveus undas*] Ovidius in eandem fere sententiam Lib. XV. Metamorphos.

Ipsa quoq; assiduo labuntur tempora motu,
Non secus ac flumen, neq; enim consistere flumen,
Nec levis hora potest: sed ut unda impellitur undâ,
Vrgeturq; prior veniente, urgetq; priorem;
Tempora sic fugiunt pariter, pariterq; sequuntur.

17. *Illa oculos hominum pariter gressusq; relidit*] De Iliade malorum, quæ secum ferre senectus solet, luculentissimi sunt versus Cornelij Galli, vel potius Maximiani, quem Boëthij tempore vixisse volunt, Elegia I. qui in multis mentem Saxonis nostri tàm proximè referunt, ut lac lacti, ovum ovo vox dixeris similius. Nam ubi Saxo habet: 224,

Illa oculos hominum pariter gressusq; relidit,
Eripit os animumq; viris ——————
Occupat occiduos artus, frustratur anhelæ
Vocis opus, vegetamq; premit torpedine mentem.
Dùm paritur tussis, dùm pellis scabida prurit.
Dens stupet exesus, stomachus fastidia gignit.
Evacuat juvenile decus: marcore colorem
Oblinit & piceâ crebras serit in cute rugas.
Jamq; minus vegetum corpus fulcimine tutor
Flaccida subjectis innixus membra bacillis.

Ad eundem planè modum ψευδεπίγραφος Gallus de Senectutis incommodis conqueritur:

Non habitus, non ipse color, non gressus euntis,
Non species eadem, quæ fuit ante, manet.
Jam minor auditus, gustus minor, ipsa minora
Lumina, vix tactu noscere certa queo.
En lethæa meam subeunt oblivia mentem,
Nec confusa sui jam meminisse potest.
Hinc miserum scabies, hinc tussis anhela fatigat:
Continuos gemitus ægra senectus habet.
Quæ modò profuerat, contraria redditur esca:
Fastidita jacet, quæ modo dulcis erat.
Pro niveo rutiloq; prius, nunc inficit ora
Pallor, & exanguis funereusq; color.
Aret sicca cutis ——————
Hinc est quod baculo incumbens ruitura senectus
Assiduo pigram verbere pulsat humum.
—————— *trunco titubantes sustinet artus.*

22. *Dùm pellis scabida prurit*] Leges Pedarias solens migrat Saxo. Sic primam hujus vocis produxit. *Scabidam* dixit pro *Scabiosa*, quæ vox magis usitata. Hieronymus adversus Jovium: *Utrum scabidum pecus sit, & morbidum: an vegetum atq; subsultans?* Accedit proximè ad illud Latinum, nostræ vernaculæ dictio Skabbed / quâ *scabiosum* exprimimus. 224

34. *Innixus membra bacillis*] Senes enim baculis gressus adjuvant. Ovidius VIII. Metamorph. 225

Membra levant baculis, tardiq; senilibus annis.

Titus Calpurnius Ecloga V.

Adspicis ut nobis, jam dudum mille querelas
Adferat, & baculum premat inclinata senectus.

Seneca

Seneca Hercule Furente.

Iners senectus adjuvat baculo gradus.

Columbanus Abbas Epistolâ ad Sethum:

Multa senem fragilis vexant incommoda carnis,
Nam macie turpi tabescunt languida membra.
Tunc genuum junctura riget, venasq; per omnes
Illius in toto frigescit corpore sanguis:
Sic baculo nitens artus sustentat inertes.

Adde Juvenalem Satyrâ X, cujus persimiles sunt de Senectute versus:

Sed quàm continuis, & quantis longa senectus
Plena malis? Deformem & tetrum ante omnia vultum,
Dissimilemq; sui; deformem pro cute pellem
Pendentesq; genas, & tales aspice rugas,
Quales umbriferos ubi pandit Tabraca saltus,
In vetula scalpit jam mater simia bucca.
Una senum facies; cum voce trementia membra,
Et jam læve caput, madidiq; infantia nasi.
Frangendus misero gingiva panis inermi.
Non eadem vini atq; cibi, torpente palato,
Gaudia. ——————————
Præterea minimus gelido jam corpore sanguis
Febre calet solâ: circumsilit agmine facto
Morborum omne genus ——————
Ille humero, hic lumbis, hic coxa debilis, ambos
Perdidit ille oculos, & luscis invidet; hujus
Pallida labra cibum digitis capiunt alienis.
—————————— *Sed omni*
Membrorum damno major dementia, quæ nec
Nomina servorum nec vultum agnoscit amici,
Cum quo præteritâ cœnavit nocte, nec illos
Quos genuit, quos eduxit. ——————

25,15 40. *Infracti rebus succurrat amici.*] *Infracti*, est senio & adversâ fortunâ fracti ac debilitati. *Infractæ fortunæ homines* vocat Valerius Max. Lib. IV. Cap. 7. *Accedit huc quòd infractæ fortunæ homines magis amicorum studia desiderant, vel præsidij, vel solatij causâ.*

25,23 48. *Dapsilitate studet multos superare potentes*] *Dapsilitas* est liberalitas. Hericus Monachus Altissiodorensis, in Præfatione ad Carolum Imperatorem: *Id tibi singulare studium effecisti, ut sicubi terrarum magistri florerent artium, quarum principalem operam Philosophia pollicetur, hos ad publicam eruditionem undecunq; tua Celsitudo conduceret, comitas attraheret, dapsilitas provocaret.* Daniæ nostræ à *dapsilitate* nomen imposuisse Julium Cæsarem, auctor est Ericus Rex Daniæ, sub initium Chronici sui: *Julius*, inquit, *Cæsar primò eam fertur Daciam appellasse, propter hospitalitatem & dapsilitatem hujus gentis. Dapsilis*, est, liberalis, munificus, largus; item copiosus. Columella: Uva *musto dapsilis*, id est, larga, copiosa, & musti ubertate luxurians. Græca hæc dictio est civitate Latinâ donata. Græcis enim δαψίλεια dicitur largitas, liberalitas, opulentia, affluentia rerum; & δαψιλής, benignus, abundans, co-

A piosus, uber, amplus, largus opum. Cato de moribus Lib. 1. vers. ult.

Dapsilis interdum notis, & carus amicis,
Quum fueris felix, semper tibi proximus esto.

Galtherus Alexandreidos Lib. 1.

Non opus est vallo, quem dextera dapsilis ambit.

Pag. 151. vers. 31. *Agitare pilam, mersa nuce vesci*] Videtur auctor mentem intendere ad ludos 226,20
istos puериles, *pilæ*, videlicet & *aleæ*, cujus species *nuces* etiam fuere. *Alea* etenim optimæ notæ
B scriptoribus latiori significatione denotat omnem ludum, qui in fortunæ consistit arbitrio. Quâ significationis generalitate etiam *Nuces* continentur; unde & ipsæ dicuntur *Alea.* Martialis Lib. XIV. Epigramm. 18.

Alea parva nuces, & non damnosa videtur,
Sæpè tamen pueris abstulit illa nates.

Idem Martialis Lib. IV. Epigr. 66. v. 22.

Supposita est blando nunquam tibi tessera talo,
Alea sed parcæ sola fuere nuces.

C Ovidius in Elegia de Nuce:

Quatuor in nucibus non amplius alea tota est.

Erat autem iste ludus fæminarum tantum, aut puerorum; non vero senum, quibus ad nuces iterum redire neutiquam fas erat. Unde Horatius Libr. 2. patrem quendam, filium suum à pueritie describentem, ità loquentem introducit:

——— *postquàm te talos, Aule, nucesq;*
D *Ferre sinu laxo, donare, & ludere vidi.*

Et iterùm Martialis Lib. V. Epigr. ult.

Jam tristis nucibus puer relictis
Clamoso revocatur à magistro.

Unde istud tritum, *Nuces relinquere*, quod Philologis nihil aliud est, quàm pueriles istas cupiditates exuere. Inde Persius Sat. 1.

—— *Et nucibus facimus quæcunq; relictis,*
Cum sapimus patruos ——————

Ubi Ant. Foquelinus ait: *Ludus nucum, puerilis cu-*
E *piditatis species est. Proverbium autem in eos olim usurpabatur, qui uxorem ducebant, quoniam ipso nuptiarum die nuces spargebant.* Laurent. Ramiresius, Hispanorum Doctissimus, ad Epigramm. 66. Lib. 4. Martialis: *Nuces*, inquit, *relinquere, est à puerorum moribus abscedere, ætate jam suadente.* Michael Casparus Lundorpius in eruditissimis symbolis ad ista Petronij verba: *Cujus anni ad tesseram venerunt: Nam puerorum*, inquit, *& adolescentium, nuces: virorum autem & senum tesse-*
F *ræ, id est, eorum, qui sui juris erant, nucesq; reliquerant. Etenim*, Nuces relinquere, *Proverbium apud Persium, de ijs qui virum affectant, aspirantq; ad maturæ vitæ libertatem.* Ut autem *relinquere nuces*, pueriles nugas abjicere vocamus: ità eâdem locutione dicimus *ad nuces redire, nuces repetere, nucibus iterùm indulgere*, de ijs, qui easdem nugas, & vitia puerilia reassumunt, & semper puerorum more agere consvescunt. Cæterum de nucibus ludendi variis modis, operæ pretium est adire

adire & consulere eruditissimum & aureolum A plane libellum Clariss. Viri, Andreæ Senftlebij, quem *Nuces Saturnalitias* inscripsit. Quod autem Saxo dixat *morsâ nuce vesci*, intelligendum arbitror, de eo, qui inter ludendum nuces lucratur, quibus post victoriam summa cum voluptate vescitur.

226,31 42. *Quid præmia ductus*] *Ductus* pro *ductamine*, sive ducendi officio; quod & *Ducatus* dicitur. Petrus Chrysologus Homiliâ de Magis: *Gaudent in terra se ad Deum, ducatu unici sideris,* B *pervenisse.* Increpat autem jure merito Starchaterus Hatherum, quòd seni & cæcutienti, non nisi præmio adductus, itineris ducem se præbere voluerit.

226,36 47. *Cui debueras ultrò dux esse vianti*] *Vio* est iter facio. Onomast. Vetus: *Vio*, ὁδεύω. Apulejus Florid. *Ut ferè religiosis viantium moris est.* Et Metamorph. Lib. X. *Vianti maritus domus expugnationem nunciaret.* Ammianus Marcellinus C Lib. XV. *Cottias extruxit compendiarias, & viantibus opportunas.* Solinus Cap. XL. *Exitium viantium.* Et Cap. XLII. *Accessus viantinm.*

227,7 Pag. 152. vers. 2. *Crustula spumantis patinæ bulligine tingis*] Rara equidem *Bulliginis* vox est, & plane barbara: sed quæ nihil aliud significare videtur, quàm jusculi adipati pinguedinem in bullas usq; effervescentem. Catholicon Johannis de Janua duo nobis ejusdem fere significationis vocabula repræsentat: *Bullio, Bullionis*; & D *Bullor, bulloris*; id est, tumor aquæ bullientis.

227,10 8. *Doctior assvetam cineri prosternere Gallam*] Fortè hic legendum *pallam*: ut sit sensus; Hatherum paratiorem esse ad sternendum in foco *pallam*, id est, pallium suum, ut ad ignem obdormiscat. Non aliter ac veteres Germani quietem capturi, Ursorum, Luporum aut Canum pelles, ad focum humi cubantes, sibi substernere solebant. Undè qui per ignaviam, pigritiamq;, & E inertiam, ursinam pellem nunquam relinquebant, vocabantur per contumeliam Bärenhäuter/ quasi dicas, *ursinarum pellium incubitores.* Lectionem nostram confirmare videntur sequentia:

Indormire Lari, somnos celebrare diurnos.

Cæteroquin *Galla* est instrumentum cerdonum, quo coria purgantur & peralbantur. *Galla* etiam dicitur quædam herba & fructus quercuum, unde fit pulvis ad aptanda coria, qui similiter F *Galla* vocatur. Glossar. *Galla*, Κηκὶς.

227,37 35. *Pro virgine chara*] Helga nempe, Ingelli sorore, cujus in gratiam, cum septem, vel potius novem, duellum inivit, eosq; omnes ferro consumpsit: de quo Saxo suprà Lib. VI.

228,15 51. *Vincit opus famam*] In eandem ferè sententiam Bernhardus Morlanensis Lib. I de contemptu Mundi, cœlestis patriæ mentionem faciens:

Laude studens ea tollere, mens mea victa fatiscit;
O bona gloria, vincor; in omnia laus tua vicit;

Quintilianus Declamat. VI. *Omnia licet huc revocemus præterita, & ad canendas unius laudes universorum vatum scriptorumq; ora consentiant, vincet tamen res ista mille linguas, ipsamq;, si sit aliqua corpore uno, facundiam, materia superabit.*

Pag. 153. vers. 10. *Hoc etiam anticipare licebit.*] 228, Gemina gemella sunt illa Cornelij Galli, jam dictâ Elegiâ:

Sed mihi venturos melius prævertere casus,
Atq; infelices anticipare dies.
Pœna minor certam subitò perferre ruinam;
Quod timeas, gravius sustinuisse diu.

13. *Mors optima tunc est Quum petitur*] Illorum enim obitus felix est, quorum sola mors est votum. Aliter Publ. Syrus: 228,

Dum vita grata est, mortis conditio optima est.

Sed idem alibi:

Bona homini mors est, vitæ quæ extinguit mala.

Boëthius Lib. I. de Consolat. Philos.

Mors hominum felix, quæ se nec dulcibus annis
Inserit, & mœstis sæpè vocata venit.

15. *Ne miseros casus incommoda proroget ætas*] 228, Quintilianus Declamat. IV. *O mors laudanda fortibus, expetenda miseris, non recusanda felicibus!* Boethius loco suprà citato:

Nunc quia fallacem mutavit nubila vultum,
Protrahit ingratas impia vita moras.

Seneca in Thebaide. v. 45, & sequent.

Desertor animæ, fortis in partem tui,
Omitte pœnas langvidas longæ moræ,
Mortemq; totam recipe, quid segnis traho?

26. *Terræ glebam morsu carpsisse fertur*] Viri 229, fortes in bello morituri solent terram mordicùs appetere. Id quod signum est ingenitæ ferocitatis; ut rectè sequentibus verbis innuit Saxo: *Ferocitatem animi moribundi oris atrocitate declarans.* Itâ Rex Agamemnon inter alias minas Priamo intentatas apud Homerum Iliad. II. vers. 418.

——— Πολέες δ' ἀμφ' αὐτὸν ἑταῖροι
Πρηνέες ἐν κονίῃσιν ὀδὰξ λαζοίατο γαῖαν.
——— *Multi & circa ipsum socij*
Proni in pulveribus mordicus capient terram.

Euripides alicubi:

——— γαῖαν ὀδὰξ ἑλόντες
πίπτουσι ———

Virgilius Lib. XI. Æneid. de Eumenio:

Sangvinis ille vomens rivos cadit, atq; cruentam
Mandit humum, moriensq; suo se in vulnere versat.

Virgilius itidem Lib. XI. de Mezentio:

Egregius animi, qui, ne quid tale videret,
Procubuit moriens, & humum semel ore momordit.

Ad quem locum frigida plane esse existimo, quæ ex Lucano notat Servius, dum vulneratis ait in more fuisse positum, ut vel terram, vel armamormorderent, ne dolorem eorum indicaret gemitus. Versus Lucani Lib. VIII. extant, de Pomponio jamjam morituro:

Continuitq́ animum, ne quas effundere voces
Posset, & æternam fletu corrumpere famam.

Servio tamen assentiri videtur Silius Italicus Lib. IX. de Scævola:

Volvitur ille ruens, atq́ arva hostilia morsu
Appetit, & mortis premit in tellure dolores.

Quintilianus Declamat. XII. *Terram morientes momorderunt.* Claudianus de Bello Getico p. 223.

Ille tamen, mandante procul Stilicone, citatis
Acceleravit equis, Italamq́ momordit arenam.

hoc est, *occisus in Italia*: quomodo hunc locum exponit Doctissimus Barthius in Notis suis aureolis ad eundem Poetam. Pindarus Thebanus Iliados Epitoma:

————— *Ictus in inguine Leucon*
Concidit infelix, prostratus vulnere forti,
Et carpit virides moribundus dentibus herbas.

Plinius Lib. VIII, Cap. 16. tradit *à moriente Leone humum morderi*: quo nullum est inter omnia animalia ferocius aut generosius. Hinc originem sumpsisse videtur Germanis hodieq; usitatissima de ijs loquendi formula, qui in præliis occumbunt: Sie haben ins Graß beissen müssen. Huc facit illustris ille locus ex Commentarijs prorsus divinis Evthymij, Monachi Zigaboni, ubi istum Psalmi LXXI. versum exponit: Et inimici ejus terram lingent] *Judæi*, inquit, *Christi occisores jugulabuntur. Solent enim, qui violentâ morte pereunt, præ gravi dolore terram mordicus apprehendere.*

29,26 46. *Trabem enim in modum præli oblongam*] Tale etiam machinamentum, necandæ matri Agrippinæ, excogitavit scelestissimus post homines natos Imperator, imò monstrum potius, quàm homo, NERO Claudius: *Nam cum eam ter veneno tentasset, sentiretq́ antidotis præmunitam, Lacunaria, quæ noctu super dormientem, laxatâ machinâ, deciderent, paravit.* Verba sunt Suetonij, in Vita Neronis, Cap. XXXV.

30,33 Pag. 154. vers. 39. *Ad regalium mancipiorum magisterium transfertur*] Innuit his verbis Saxo Ismarum Sclavorum Regem, aulicis suis, tanquam Ephorum quendam, præfecisse Jarmericum, & veluti perpetuam morum censuram in regios ministros ipsi commisisse. *Magisterium* etenim pro summa potestate, item pro disciplina sumi, suprà nobis abundè dictum est.

31,14 Pag. 155. vers. 3. *Quò viribus pervenire nequibat, arte assurgendum procurat*] Cum etenim viribus res obtineri non potest, dolus adhibendus, juxtà illud Lysandri apophthegma: *ἀν ἡ λεοντῆ μὴ ἐξίκηται την ἀλωπεκην πρόσαψον*, *Si leonina pellis non sufficit, vulpina addenda.* Nam is, quemadmodum in ejus vita memorat Plutarchus, irridere solitus est, qui velut ab Herculè prognati, bellum apertis viribus, citraq; dolum gerendum esse censebant, cum ipse magis existimaret boni ducis officium esse, quo Leonina pellis non attingeret, eo contendendum assutâ vulpinâ. Quod quidem propemodum indicat & Maro, cùm ait:

——— *Dolus an virtus quis in hoste requirat?*

Apud Polyænum Stratagem. Lib. II. Cap. 5. Cleandridas Thurijs numero paucioribus mandans, ne cum hostium multitudine congrederentur, inquit: *Ὅπȣ μὴ ἐξαρκεῖ ἡ λεοντῆ, τότε χρὴ καὶ τῆς ἀλωπεκῆς προσράπτειν*: *Ubi non sufficit pellis leonina, ibi vulpina adsuenda est.*

4. *Fiscellam itaq́ biblo ac vimine textam*] Juncea *fiscella*, vel vimine texta, celebre opus est pastorum; sed alios in usus, quàm hoc in loco. 231,15
Biblos, juncum significat. Lucanus Lib. III.

Nondum flumineas Memphis contexere biblos
Noverat. ————————

Quod Saxo hic *Biblo* dixit, Nemesianus *fluviali junco* expressit Eclogâ I.

Dum fiscella tibi fluviali, Tityre, junco
Texitur, & raucis resonant tua rura cicadis.

Venantius Fortunatus Lib. XI, Carm. 12.

Ista meis manibus fiscella est vimine texta,
Credite mi caræ mater & alma soror.

Fiscellam vero terrendis avibus contextam Græci *Μωρμολύκιον*, Latini *Terriculamentum*, Nos een Kaër dicimus.

Pag. 157. vers. 19. *Ejusdemq́ illatus accipiter*] 234,27
Quo nempè in venationibus & aucupijs usus fuerat. Magni etenim ab omni memoria id genus oblectamenti fecêre Reges, Principes atq; Magnates: adeò ut lege etiam prohiberent, ne quis spatham, vel accipitrem suum, in ipsam capitis redemptionem dare cogeretur: scilicet cum hic non minus vitæ esset solatium, quàm illa libertatis vindex atq; præsidium. Artem hanc cum accipitre aucupandi *Acceptoriciam* vocat Nobilissimus Vir, & Variarum Antiquitatum peritissimus, Henricus Spelmannus, Archæologi sui pag. 7. videlicet ab *Acceptore*, quo nomine antiquitus dicebatur *Accipiter*. Lucilius apud Charisium Lib. 10. *Exta acceptoris & ungvis.* De eâdem arte Libri extant Friderici II. Imperatoris, Manfredi Regis, & Alberti Magni, qui junctim prodicêre omnes Augustæ Vindelicorum, antè annos quadraginta.

27. *Rex mœnibus, quàm acie, tutius dimicandam existimans*] At miserrimum omnium claudi obsidione. Illustris est locus Hegesippi in Prologo de Judæis: ubi inter alia, quibus ostendit, eos sibi propriæ cladis auctores fuisse, & hoc postremo addit: quod eis *spes omnis in mœnibus, non in viribus fuerit; cum sit maximè omnium miserabile claudi obsidione: quæ etiam, si benè procedit, sæpius augere, quàm minuere pericula solet.* 234,35

30. *Fulgentes auro cetræ*] *Cetra, cetræ*, genus scuti rotundi. Varro περὶ Φιλονεικίας: *Quis rotundam facere cetram nesciat?* Servius ad illud Virgilij 234,38

Virgilij Libr. VII. Lævas cetra tegit--: *Cetra*, inquit, *scutum loreum, quo Africi & Hispani utuntur, utuntur & Galli, & Persæ, & Britanni.* Unde *cetrati* dicuntur milites cetris muniti. Latini *Peltas* & *cetras*, pro eodem ferè genere clypei, usurpant. Livius: *Nocte cetratos, quos Peltastas vocant, in insidijs abdicârant.* Fuit autem *cetra*, ἀσπὶς ληστρικὴ, *scutum latronum.*

235,13 44. *Trunco inter exanimes corpore rotabatur*] *Rotabatur*, hoc est, volvebatur huc illuc. Lucanus Lib. VI. vers. 220, & seq.

> *Pannonis haud aliter post ictum sævior ursa,*
> *Cum jaculum parvâ Libys amentavit habenâ,*
> *Se rotat in vulnus* ——————

236,13 Pag. 158. vers. 32. *Per summam cœli intemperantiam*] Novè dictum, *intemperantia cœli*, pro intemperie. Sunt tamen qui contendunt, *intemperiem* pro intemperantia vulgò poni, & *cœli soliq; intemperantiam*, potius quàm *intemperiem* dicendam.

236,14 Ibid. *Victualium raritate*] *Victualia* pro annona, reliquisq; ad victum necessarijs. Fulbertus Carnotensis Epist. VII. *Domos ejus, & terras, & fruges, & omnia victualia pervasit.* Ivo Carnotensis Epist. IX. *Gratis oblatâ portione victualium suorum.* Cæsarius Heisterbaccensis Lib. X. Cap. 49. *In adventu Domini, hæretici Mediolanenses, hæreticis, qui erant in Brixia, multa plaustra cum victualibus transmiserunt.* Matthæus Paris Histor. Anglicæ pag. 30. *Ubi reperientes copiam auri, argenti, jumentorum, cum gregibus, armentis, & victualibus collectis, & papilionibus & tentoriis, in castris à propriis sunt recepti.*

237,25 Pag. 159. vers. 31. *Aggone atq; Ebbone auctoribus*] Paulus Warnefridus Diaconus, vetustissimus rerum Longobardicarum scriptor, quem Saxo ipse paulò pòst ad testimonium citat, primos hosce Longobardorum Duces perperam nominat *Ibor* & *Ajonem* Lib. 1. Cap. 3. *Igitur*, inquit, *ea pars, cui sors dederat genitale solum excedere, exteraq; arva sectari, ordinatis super se duobus ducibus, Ibor scilicet & Ajone, qui & germani erant, & juvenili adhuc ætate floridi, cæteriq; præstantiores*: & quæ sequuntur.

237,29 35. *Quorum mater Gambaruc*] Paulus Diaconus *Gambaram* appellat, loco mox dicto: *Horum erat ducum mater, nomine Gambara, mulier, quantum inter suos, & ingenio acris, & consilijs provida: de cujus in rebus prudentiâ non minimum confidebant.*

237,33 40. *Sorte deligerentur*] Idem quoq; Warnefridus tradit, cujus hæc sunt verba, mox Cap. 2. Libr. 1. ubi de Scandinavia insula loquitur: *Intra hanc ergò constituti populi, dùm in tantam multitudinem pullulassent, ut jam simul habitare non valerent, in tres, ut fertur, omnem catervam partes dividentes, quæ ex illis pars patriam relinquere, novasq; sedes exquirere deberet, sorte perquirit.* Vetustissimum autem fuisse apud Boreales natio-

A nes ritum, ut quoties terra nimiâ populi multitudine exuberaret, sorte eligerent, qui patriâ excederent, alibi locorum sedes quæsituri, testis est Dudo de S. Quintino Lib. 1. Hist. Normann. *Hæ namq; gentes petulanti nimium luxu exardescentes, fœminasq; quàmplurimas singulari turpitudine commiscendo stuprantes, illinc suboles innumeras obscœnâ illiciti connubij commistione patrando generant. Hi postquàm adoleverint, pro rerum possessionibus contrà patres, avosq;, aut sæpius inter se, ferociter objur-*
B *gati, cùm fuerint exuberantes, atq; terram, quam incolunt, habitare non sufficientes, collectâ sorte multitudine pubescentium, veterrimo ritu, in externa regna extruduntur nationum, ut adquirant sibi præliando regna, quibus vivere possint pace prepetuâ.*

50. *Blekingiam advecti*] *Blekingiam* non agnoscit Warnefridus: verùm ejus loco *Scoringæ* 238,
cujusdam meminit, quæ fortè nostra erit *Scania*. Cap. VII. Lib. 1. *Igitur egressi de Scandinavia VVinili, qui & Longobardi, cum Ibor & Ajone ducibus, in*
C *regionem quæ appellatur Scoringa, venientes, per annos illic aliquot consederunt.* Videatur etiam Caput X. ejusdem, ubi denuo *Scoringæ* meminit.

Ibid. *Boringiam prætemavigantes*] Omni- 238,
nò legendum arbitror *Boringiam*, insulam maris Balthici, quatuor circiter milliaribus à Scania remotam, quæ nobis Boringholm dicitur. Ea etenim in Gutlandiam navigantibus è Scania sive Blekingia, primùm se offert; ut ex tabulis Geographicis liquet. Paulus Diaconus *Mauringam* appellat. Sic enim Cap. XI. *De qua* (Scorin-
D *gâ*) *egredientes, dùm in Mauringam transire disponerent, Assipitti eorum iter impediunt, denegantes eis omnimodis per suos terminos transitum.* Et Cap. XIII. *Igitur Longobardi tandem in Mauringam pervenientes.*

51. *Ad Gutlandiam se appulerunt*] Paulus Dia- 238,7
conus Cap. XIII. *Egressi itaq; Longobardi de Mauringa, applicuerunt in Golanda* (pro Gutlandia) *Ubi aliquanto tempore commorati dicuntur.*

E Ibid. *Ubi & Paulo teste*] *Paulo*, nempe, *Dia-* 238,7
cono, cujus verba hac de re extant Lib. 1. Cap. 8. *Refert hoc loco antiquitas ridiculam fabulam, quòd accedentes VVandali ad VVodan, victoriam de VVinilis postulaverint; illeq; responderit, se illis victoriam daturum, quos primo oriente Sole conspexisset. Tunc accessisse Gambaram ad Fream uxorem VVodan, & VVinilis victoriam postulasse: Freamq; consilium dedisse, ut VVinilorum mulieres solutos crines, ergà faciem, ad barbæ similitudinem componerent, maneq; primo cum*
F *viris adessent, seseq; à VVodan videndas pariter è regione, quâ ille per fenestram, Orientem versus, erat solitus aspicere, collocarent: atq; ità factum fuisse. Quas cum VVodan conspiceret oriente Sole, dixisse: Qui sunt isti Longobardi? Tunc Fream subjunxisse, ut quibus nomen tribuerat, victoriam condonaret; sicq; VVinilis VVodan victoriam concessisse.* Cæterùm *VVodan*, cujus hic fit mentio, ipse est *Othinus*, de quo Saxo passim: & *Frea*, ejus conjux, ipsa est, quæ & hic, & Lib. 1. Saxoni *Frigga* & *Frig* dicitur. *Longo-*

238,8 52. *Longobardorum vocabulum*] Paulus Diaconus Lib. 1. Cap. 9. *Certum tamen est Longobardos ab intactæ ferro barbæ longitudine, cùm primitus VVinuli dicti fuerint, ità postmodùm appellatos. Nam juxtà illorum Linguam* Lang/ *Longam;* Bart/ *Barbam significat.* Indè etiàm *Longobardos* dictos Isidorus tradit Etymolog. Lib. IX. Cap. 2. *Longobardos vulgò ferunt nominatos à prolixà barbâ & nunquam tonsâ.* Guntherus Lib. 2. Ligurini, pag. 29.

Dicitur à longis ea Longobardia barbis.

Straboni in Asia Lib. XI. referuntur Μακροπώγωνες, haud dubiè & ipsi à longarum barbarum augmento sic appellati. In nostris autem Langobardis occasionem antiquissimis temporibus, atq; causam nominis fuisse existimo eandem, quam Tacitus, in libello de Germania, Chattis maximè suo ævo adscribit, his verbis: *Et aliis Germanorum populis usurpatum, rarâ & privatâ cujusq; audentiâ, apud Cattos in consensum vertit; ut primùm adoleverint, crinem, barbamq; submittere, nec nisi hoste cæso, exsuere votivum obligatumq; virtuti oris habitum.* Æthicus equidem, & alij ejusdem ævi scriptores per O gentem vocarunt *Longobardos.* At rectius magisq; genuinè Strabo & Tacitus, Ptolomæusq; ac Procopius per A vocabulum eorum protulerunt. Unde etiam apud Paterculum, qui sub Tiberij ductu IX per annos in Germania, cum alibi, tum apud Albim militavit, vitiatum esse putaverim gentis nomen Longobardi. Quamquam nescius non sim in postremis editionibus Pauli Diaconi ubique, & in Procopij exemplaribus, sæpè *Longobardos* esse scriptos. Verùm id κρίσει edentium est factum. Manuscripta Diaconi exemplaria meliora habent *Langobardos*, & apud Procopium, quamvis variè, modò λογγιβάρδαι, modò λογγοβάρδοι, nonnunquàm v. λαγγοβάρδαι: tamen sæpissimè λαγγοβάρδοι, leguntur. Philip. Cluverus Germaniæ Antiquæ Lib. III. Cap. XXVI.

238,9 53. *Tandem ad Rugiam se applicantes*] Rursus P. Diaconus Lib. 1. Cap. 19. *Tunc Longobardi de suis regionibus egressi venerunt in Rugiland, quæ Latino eloquio Rugorum patria dicitur, atq; in ea, quia erat solo fertilis, aliquantis commorati sunt annis.* Et mox Cap. 20. *Egressi quoq; Longobardi de Rugiland, habitaverunt in campis patentibus, qui sermone Barbarico Feldt appellantur.* Egressum vero Longobardorum ex patria, Annales nostri referunt ad Ann. Chr. CCCLXXXIII. Exindè plusquam seculum, ad annum nimirum CCCCLXXXIV. consedêre in Insula Rugia. Demum circà Annum Chr. DXXVII. traducti in Pannoniam.

Pag. 160. vers. 2. *Petitis in Italia sedibus*] Longobardi in Italiam commigrârunt Anno Christi DLXVIII. evocante eos ex Pannoniâ Narsete Patricio, quem Justini Imperatoris Constantinopolitani, conjux Sophia Augusta aculeato nimis scommate offenderat. Videatur Paulus Diaconus Lib. II. Cap. 5. 7. Ottho Frisingensis Lib. V. Cap. 5. Cæterùm apud Gotlandiæ incolas cantitatum olim fuit vetustissimum quoddam rhytmicis metris, linguâ genti vernaculâ, carmen; quo sanè quod ad Longobardorum emigrationem, multo verius, multoq; accuratius, quàm est à Paulo præstitum, celebrantur omnia. Hoc etenim Carmine *Vinnulos*, nobis Vendelboer / fuisse, qui etiamnunc Cimbricæ Chersonesi est populus, satis intelligitur: nec eos apud Scoringiam aut Gotlandiam, instinctu Freæ Deæ, ut habet fabulosè Diaconus, eumq; secutus Saxo noster, occasione capillorum & barbæ prominentioris, nominatos *Longobardos*, sed illud demum vocabulum à devictâ ea gente traxisse, postquàm eum borealioris Germaniæ tractum armis suum fecissent. Deindè in eodem illo Historiali Carmine, etiam ducum nomina *Ago & Ebbo*, non ut effert corruptè Diaconus, & antè eum Prosper, *Ibor & Ajo*, nominantur. Agelmundus vero Agonis filius, primus gentis Rex, additâ aspiratione *Hagelmunder* dicitur. Ex ultimo deniq; versu intelligi datur concinnatum hoc carmen finitâ jam Imperij Longobardorum periodo, rerum per Germaniam Italiamq; latè potiente Carolo, qui ob res præclarè ampliterq; gestas Magnus est appellatus. Ipsum vero carmen in hunc se modum habet:

DE EXITU LANGOBARDORUM
RHYTHMI ANTIQUI, LINGUA GOTLANDICA,
CUM VERSIONE LATINA INGENIOSISSIMI POETÆ, VITI BERINGII VIBERGII.

Ebbe oc Aage de Hellede frø/
Siden de for hunger aff Skaane drø:
Da stædis næst vorum gute Gutland/
Met gamle oc unge baade Quindum oc Mand.
Deris Sneckum varum halff fierdum sti/
Oc hundrum Mandum inden huerium di.
De neffnede sig Vinnilender/ Jach siga kand /
Effter Ebbe/ som kom aff Vendelbo Land:

F *Ebbo Aggoq; Duces, quondam cùm fortè paternos*
Lassa Ceres frustraret agros, inimicaq; svetas
Flora negaret opes, Scanis de finibus acti
Externas alio quærebant sidere sedes.
Fluctivagæ placuêre acies, & classibus æquor
Captum, jam stabant naves, centumq; virorum
Quæque capax radebat aquas, & compede vinctus
Ingemuit pontus, decies septena propinquas

Q

Meden

Meden Aage var enum Gøding køn /
Dog de varum baadum einum Moders Søner.
Wir togum til vern baadum ſtore oc ſmaa/
At de ſkulde ey vorum Landum naa.
De bade os allum med quidendum røſt /
Hed wi ville komme dennum til trøſt.
Wi togum til giſel Høffuitzmendum baadum/
At de ſkuldum icke for mecker raadum.
Saa duelde de neſt wß/ maanedum to/
De varum der veder ſaa mekur fro.
Wir lodum dennem følgum med Snecker thi/
Oc hundrede Mandum inden huerum di:
Til Rylandum lodum de ſtandum da /
Jach kand med ſandenum ſigum fra/
Derum mact kundum ingen ſtandum moed /
De vundem hǻd Landum vnder derum foed:
Oc andrum Landum / huilckum der laagum neſt/
For lycken var dennem allum tidum beſt.
Der Høffuitzmandenum varum aff Dødum quald/
Gaff de ſig icke til lengrum taal.
Meden valdum til Konning einum fracker Mand/
Hagelmunder hand hæd / Jach ſige kand.
De ſloge de Longobarder indum derum Land/
Der bleff icke Leffuend einum eniſte Mand /
Saa lode de ſig Longobarder kaldum/
Pannonien beſtridum de oc med allum.
Oc togum ſaa indum Vallandum dernæſt/
Der timedis dennum lycken allum beſt.
Hǻd er vel ſtreffuit / hǻd er vel ſpurt /
Huad de haffue ſidum mandelichum giord.
Oc meſt ſiden de indum Vallandum kom/
Hǻd er vel kynd allum Verdum om.
Fordi aff dennem leed mangen Mand møde /
Til Carl Keyſer hin ſtora fick lagd dennum øde.

A *Neptunus ſtupuit ferientia claſſica gentes.*
Vandalicus dictus populus: nam Vandalus Ebbo
Indiderat ſociis nomen; ſed ſtirpe Godingâ
Aggo ſtetit: quamvis minor ortus diſpare terra
Rettulit Ebbonem materno ſangvine fratrem.
Ut Gothicum tetigêre ſolum, primo excita ſede
Gens ruit, & patriis fremuerunt murmura portis
Defenſura lares: ſed poſtquam Cimbrica tranſtra,
Et mites novêre duces, non horridus ultrà
It fervor, condunt lituos, pugnæq; relangvet
B *Impetus, & rabidas clementia temperat iras.*
Convenit in dextras, & binis menſibus actis
Concordem ſociant aciem; coiere Gothorum
Mille viri, centumq; rates, ſtructæq; phalanges
Vicinas toto populantur littore terras.
Bellanti patet omne gregi: ſuperataq; priſcos
Rugia declinat faſces: vagus incola mundi
Errat, & emiſſis extendit ſceptra colonis.
Jam tum defunctis ducibus, placuêre ſecures
Regis Hagelmundi: paret fortuna potenti
C *Ferro; victrices animæ famulantibus aſtris*
Oſtendunt latè dextras; nudantq; feraces
Longobardorum pacatis ſedibus oras,
Et ſibi devictæ depromunt nomina gentis.
Dic Clades, dic Drave tuas, quæq; alluit Iſter
Paſcua, Pannoniæq; domus, tuq; alta Vienna
Cæſariiq; lares, etiam vos Dana juventus
Stravit. & edomitâ victrix ſaltavit arenâ.
Reſtabat Latium totius curia mundi
Hæc quoq; ſuccubuit jam lapſis viribus ægra:
D *Adria teſtis erit, Veſulus cum cederet axis,*
Eridanusq; ſuas ſtupuit palleſcere ripas,
Laus viget, & toto volitant præconia cœlo,
Famaq; dicet anus, quot claris bella triumphis
Geſſerit hic populus, donec poſt ſecla ſequutam
Carolus afferret ſuccisâ ſtirpe ruinam.
Laudo tamen Cimbros, qui dum ſibi cætera ſubdunt,
A ſummo tantum voluerunt Cæſare vinci.

238,15 6. *Succreſcentium nemorum denſitate perhorruit*] Non abſimilis Galliæ quondam facies erat, quum eam Dani noſtri, Haſtingo duce, devaſtarent, teſte Dudone de S. Quintino, Lib. 1. quem Saxo noſter hic imitandum ſibi propoſuiſſe videtur: *Graſſante*, inquit, *malo, deſolatur Francia, penitus evacuata. Luget Liberi Cererisq; inops, quibus fuerat olim locupletiſſima. Mœret ſuis ſe incolis deſtitui, agricolisq; privari. Ejulat vomere non exarata, cultroq; inculta. Torpeſcit quieſcendo terra, labore boum non exarata. Ignorantur pervia, veſtigiis hominum non attrita. Silvarum, fruticumque, ac nemorum genere denſantur campi, volvente tempore.*

238,30 23. *Nunc gignendis glandibus idoneo*] Ità legendum cenſeo, modo ſenſus ſibi conſtare debeat. Ordo namq; hic erit: *Præſens ſeculi vultus miratur ſe ſolum quondam ariſtæ capax permutaſſe* E [ſcilicet ſolo] *nunc idoneo gignendis glandibus.* *Eadem* etenim eſt cum ſequenti conſtructio.

26. *Poſt ipſum Haraldus rerum aſſequitur ſummam*] Hoc loco Nobiliſſimus Vir, & præclarè de Hiſtoriis, & Antiquitatibus patriæ ſuæ meritus, Arvidus Hvitfeldius, in Hiſtoria Haraldi IV. pag. 27. & unà Vir Clariſs. M. Claudius Lyſchander, Hiſtoricus quondam Regius, aliiq; multi, lacunam quandam ſive hiatum atq; de- 238,3-
F fectum, minimum CCC III annorum (nonnulli CCCLXIX annorum) in Hiſtoria Saxonis eſſe contendunt. Nam ita Hvitfeldius loco jam dicto: *Circa hæc tempora deſiderantur multorum Daniæ Regum nomina & res geſtæ. Id quod manifeſtius eſt, quàm ut quis quam contradicere poſſit. Inprimis ſi expendimus exitum Longobardorum è Scania. (Anno autem Chriſti 382 Longobardi egreſſi ſunt è Dania) & converſionem Germanorum ad fidem Chriſti-*

Christianam, quæ incidit in An. Chr. D CC XX. juxtà supputationem Funccij; at juxtà aliorum calculum in An. Chr. D CC L. Ab exitu autem Longobardorum, ad Germanorum conversionem, elapsi sunt minimùm anni CCC. quibus certum est plures, quàm tres, in Dania Reges regnasse. Inter Biornonem & Haraldum IV, nulli collocandi sunt Reges, si Gassaro credimus. Ità unicuiq; eorum tribuendi sunt anni regni C LXXX, quot annos nemo illis, sine aperta hallucinatione, facilè assignaverit. Agnoscimus ergò hìc hiatum in Historia nostra, ac defectum hunc merito deploramus, quem supplere non possumus. Eâdem de re ejusmodi sunt Velleji verba pag. Versionis suæ CLXXXV. *Sicut sola nomina Biornonis & Haraldi tantùm supersunt, rebus eorum gestis ab Historicis omissis: ità nullum est dubium, quin multorum Daniæ Regum & nomina & præclara facinora ab Historiographis hoc inprimis loco sint exclusa. Quia ex quo tempore Longobardi egressi sunt è Dania, regnante illic Snione, usq; ad Gotricum elapsi sunt anni CC L.* (error hic est admissus; legendum est CCCLXXXIII.) *Interea temporis verisimile est, plures, quàm quatuor, Reges vixisse in Dania, quorum IV solùm mentionem facit Saxo.* Quatuor illi Reges à Saxone nominati, sunt 1. Snio. 2. Biorno. 3. Haraldus IV. 4. Gormo Senior. Præteriti à Saxone eorum judicio sunt, quos Lyschander in Genealogia Regum Daniæ restituit, octo Reges; 1. Roricus II. 2. Sveno. 3. Gotilacus. 4. Haraldus. 5. Eschillus. 6. Wermundus. 7. Omundus. 8. Balderus. Sed hos refellere videtur Vir Clariss. νῦν ὁ μακαρίτης, D. Johannes Isacius Pontanus, Histor. Dan. Lib. 1. p. 37. cujus verba in medium proferre operæ dùxi pretium, quæ sic habent: *Nobilissimus Hvitfeldius Biornonem ferrei lateris, vulgò* Jernside/ *cognomento afficit, authore, quo id habeat, non addito. Refertq; æram ejus, ex Gassari calculo, ad annum Christi D XVIII. Haraldum verò claruisse ejusdem Christi An. D CC XI. adeò ut colligendum inde addat, si inter Biornonem Haraldumq; Reges intermedij nulli fuerint, imperasse eorum quemque annos circiter centum & octuaginta. Quod sanè vix esse verosimile cum eodem fatear. At ipse Gassarum si rectis oculis inspexi, refertur Biornonis æra non ad D XVIII, sed ad Christi Annum D CLIV. Haraldi verò ad D CCXI. Gormonis qui Haraldum excipit, ad D CC XLI. atq; inde Gotrici ad D CC LXXIV. Ut ità hic calculus habere magnoperè alogi nihil, aut absurdi videatur: nisi inter Snionem & Biornonem, quæ ab eodem notatur temporis æra, ut Snio nimirum imperare cœperit anno Christi D LXX VII. Biorno verò, ut indicatum, anno D CLIV. majorem hiatum atq; intervallum faciat. Quod tamen haud tantum sit, ut eo nomine sollicitari debeat, qui à Saxone est positus, & ab omnibus huc usq; receptus, Regum census ac series. Et maximè cum ij, qui Snioni ad usq; Biornonem numero septem, ut sunt Rorichus, Sveno, Gotlachus, Haraldus, Eschyldus, Vermundus, Omundus, serie continuâ ab illis, qui hoc urgere jam nuper cœperunt, subjiciuntur; atq; inde qui Biornoni & Haraldo* A *ab ijsdem interjicitur, Ethelbalder, ejusmodi ferè sint, qui ad Daniam haud spectent. Nam primus Rorichus, à quo sequentes, ut à stirpe ac progenitore descendunt, Rex Alemannorum, non Daniæ fuit. Disertè enim Gregorio Turonensi Lib. 1. Cap. 3. & 34. Chrocus est Alemannorum Rex; aliis Chronologis Erocus item Cracus, nec aliter quàm Alemannorum Rex intelligitur. Adeò ut capite & archego, qui assumitur hujus fabulæ, Eroco everso, reliqui concidant necessum est. Nam Gotelacum, qui ijsdem ut purpura panno* B *intermiscetur, certum quidem est à probatis authoribus, & eorum antiquissimo Gregorio Turonensi jam memorato, Regem Danorum agnosci, & ad æram circiter Christi D XVI referri; At eum ab Eroco aut Chroco Alemannorum Rege prosapiam trahere, ejusq; ex filio nepotem habendum, quo iste insititius Regum Catalogus abire videtur, ecquis unquam alicujus nominis Chronologorum prodidit? Sed Crantzium objiciunt, qui primus huic æræ scrupulum injecit. Verum id quidem. At Crantzius, posito primum de Lon-* C *gobardorum è Scandia egressione testimonio ac calculo Prosperi, quo inter Chronologos, qui ejus emigrationis meminère, antiquior non occurrit, cum exindè longam sibi fingat eorundem apud Rugas moram, secutus fortasse Diaconum, quem falli ac fallere subindè his suprà demonstratum, mirum non est in Daniæ quoque Regum calculo, quem ad istum exigit, hallucinari; præsertim cùm æquè incerta sit priorum hæc Regum Daniæ æra, utpotè à veterum nullo commemorata, & à Saxone quoq; silentio præterita. Ut ità cæteri,* D *qui Saxonem secuti, per conjecturas hic agere, nihilq; demonstrare certi possint; & aliud hic Crantzius; aliud Gassarus, alijq; aliud adferant.*

33. *Externa atq; inusitata visendi cupidus*] 239,3
Quippe *insitum mortalibus studium magna & inusitata noscendi.* Plinius Secundus Lib. 2. Epist. pag. 102. Et Tullius Lib. 1. Officior. *Cognitionem rerum aut occultarum, aut admirabilium, ad benè beatèq; vivendum necessariam ducimus.*

37. *Ambitorem namq; terrarum Oceanum*] O- 239,7
E ceanum undiq; secus terram, veluti insulam, ambire passim tradunt veteres Geographi & Mathematici. Julius Firmicus Præfat. Lib. I. Mathes. *Quatenus Oceanus terræ spatium in modum insulæ, undarum suarum circumfusione concludat.* Seneca Rhetor Svasoriâ I. quâ deliberat Alexander an Oceanum naviget: *Sacrum quidem terris Natura circumfudit Oceanum.* Hinc ibidem Oceanum *totius orbis vinculum* eleganter dixit. Dionysius Afer mox sub initium Cosmogra-
F phiæ suæ:

Μνήσομαι ὠκεανοῖο βαθυῤῥόου. ἐν γὰρ ἐκείνῳ
Πᾶσα χθὼν, ἅτε νῆσος ἀπείριτος ἐστεφάνωται.

Memor ero Oceani altiflui: in illo enim
Tota terra, velut insula intermina, cincta est.

Hinc etiam *Oceanus* Eddicè dicitur *Annulus*, vel *Zona* regionum & insularum.

Q 2 *Ocea-*

239,7 38. *Oceanum navigandum*] Quem navigari A non posse, multi veterum existimabant. Videatur Seneca eàdem Suasoriâ.

239,7 Ibid. *Solem postponendum ac sidera*] Pedo apud eundem Senecam, loco jam dicto, de navigante Germanico:

Jam pridèm post terga diem, Solemq; relictum,
Jam pridem notis extorres finibus orbis,
Per non concessas, audaces, ire tenebras.

239,8 39. *Jugibusq; tenebris obnoxia*] Iterum Pedo:

Quo ferimur? ruit ipse dies, orbemq; relictum B
Ultima perpetuis claudit Natura tenebris.

239,33 Pag. 161. vers. 9. *A dijs loci præsidibus*] Singulis locis antiquitas Deos præfecerat, ex Pythagoræ disciplina. Unde *Genius* loci dictus est, quem Silius Italicus *Numen loci* alicubi vocat. Atq; hæc causa, cur terram, montes, & agros osculari antiqui & salutare solebant: non quod montibus & agris id præstarent, sed eorum præstitibus dijs, & famulis eorum. Q. Curtius Lib. III. de Alexandro: *Ipse in jugum editi montis ascendit, multisq; collucentibus facibus, patrio more sacrificium* DIIS PRÆSIDIBUS LOCI *fecit*: C Virgilius Lib. VII. Æneidos:

Incertus geniumq; loci, famulumne parentis
Esse putet. ————————

Et:

Sic deinde effatus, frondenti tempora ramo
Implicat, & Geniumq; loci, primamq; deorum
Tellurem, Nymphasq;, & adhuc ignota precatur D
Numina ————————

Ovidius:

Dijsq; petitorum, dixit, salvete, locorum,
Tuq; novos cœlo terra datura Deos.

240,31 47. *Totidemq; filiæ præclui formâ*] Martianus Capella Lib. 1. de Nupt. Phil. *Cum inter Deos fierent sacra conjugia procreationis undiq; numerosæ, liberiq; præclues, ac nepotum dulcium ætherea multitudo.*

241,22 Pag. 162. vers. 24. *Cornu abdomine illitum collambendum objiciens*] Haud sequius ac Amphisia E illa vates, ut ad imas Erebi umbras Æneæ descensum strueret, ingenti janitori, & πεντηκοντακεφάλῳ cani Cerbero:

Melle soporatam, & medicatis frugibus offam
Objicit ————————

de quo Princeps Poëtarum Maro Lib. VI. Æneid. vers. 420.

242,22 Pag. 163. vers. 8. *Inusitatæ belluæ dens*] Fortè vel ille dens Elephanti fuit, quem Petronius Ar- F biter inter instrumenta luxuriæ Romanæ recenset, dum inquit:

Quæritur in silvis Mauri fera, & ultimus Ammon
Afrorum excutitur, ne desit bellua dente
Ad mortes pretiosa suas: ————————

vel etiàm Amphibij illius dens fuit, quod *Rosmar* vulgò dicunt. Ejus etenim dentes in maximo fuisse pretio, apud antiquos Septentrionis incolas, ostendit Olaus Magnus Lib. XXI. Cap. 28. & Vir Cl. Johannes Isacius Pontanus, in urbis Amstelodamensis Historia.

15. *Osse humeros onerare*] *Osse*, id est, dente, cujus mox mentio facta. Synecdoche generis pro specie. Ita & eximius scriptor Sulpitius Severus maxillam, quâ heros ille divinus Samson Philisthæos prostravit, *Os* appellat Lib. 1. *Sed traditus, ruptis vinculis, arrepto osse asini, quod casus telum dederat, mille ex hostibus prostravit.* 242,3

23. *Vberioris thesauri secretarium aperitur*] *Secretarium* locus est occultus, ubi secreta, seu arcana habentur. Apulejus de Mundo: *Illi ignes, qui terræ secretarijs continentur, prætereuntes aquas vaporant.* Locum etiam significat, ubi causæ secretò audiuntur, & jus redditur. Lib. 3. Cod. *Ubi Senat. vel Clariss.* 16. C. *de Accusat.* Sulpitius Severus Dialog. II. de Virtut. B. Martini: *Deinde secretariũ ingressus, cum solus, ut illi erat consuetudo, resideret; cum quidem in alio secretario presbyteri sederent, vel salutationibus vacantes, vel audiendis negotijs occupati.* 242,3

Pag. 164. vers. 21. *Ità excogitatis in alterum malis*] Ottho, Poeta medij ævi, cujus fragmenta extant Lib. XXXI. Advers. Casp. Barthij Cap. IX. 244,1

Auctorem sua sæpe suum fraus fraudat, & in se
Labe suâ collisa ruit, ceu debita merces.

38. *Cacumen mali infixæ gemmæ fulgore signavit*] Gemmam hanc ex ijs fuisse unam existimo, quæ in tenebris lucent. Quas inter eminent Crystallus, Carbunculus & Carchedonius. Carbunculus quidem, qui supra cæteras gemmas excitatius lucet, & nocte rutilat, Soli dicatus esse creditur, quod ad maximi sideris imitationẽ flammas ejaculetur. Caussinus Polyhistor. pag. 525. De Carchedonio Petronius: *Quò Carchedonios optas, ignes lapideos, nisi ut scintillent?* Sic Persarum Rex Darius, Crystallo gemmâ in tentorio erectâ, signum profectionis militibus dabat, attestante Curtio Lib. III. Cap. 3. *Super tabernaculum, unde ab omnibus conspici posset, imago Solis* (ex auro affabre elaborata) *Crystallo inclusa fulgebat.* Est & lapis Solaris, qui *Solis oculus* appellatur, figuram habens pupillæ, ex qua lumen emicat. *Lychnis* etiam ex genere ardentium est lapillorum, sic appellata à lucernarum flagrantiâ. Isidorus Lib. XVI. Origin. Cap. 13. Lapilli itidem noctu lucentis instar flammæ, quem in Heracleidis mulieris Tarentinæ sinum ciconia dejecerit, beneficij mercedem, quod crure fracto ex lapsu, anno superioperiore, ab ea curata fuisset, meminit Ælianus de Animal. Lib. VIII. Cap. 21. Est deniq; & Indicus lapis, *Pantarba* dictus, admirabili fulgore lucens, de quo Philostratus Apollon. Lib. III. Cap. 14. Νύκτωρ μὴν τὴν ἡμέραν ἀναφαίνει καθάπερ τὸ πῦρ. ἔστι δὲ πυρσὴ καὶ ἀκτινώδης. εἰ δὲ μεθ᾽ ἡμέραν ὁρῷτο, βάλλει τοὺς ὀφθαλμοὺς μαρμαρυγαῖς μυρίαις. τὸ δὲ ἐν αὐτῇ φῶς πνεῦμ᾽ ἐστὶν ἀῤῥήτου ἰσχύος. *Noctu diem velut ignis ostendit, quoniam igneus est & radiosus. Si verò post diem aspiciatur, innumeris coruscationibus oculos ferit. Id autem,* 244,3

autem, quod in ipso lumen fulget, spiritus est potentiæ admirabilis. Quin & lapidem stupendo fulgore, Regi Galliarum aliquando exhibitum tradit Historicus incomparabilis, Jacobus Augustus Thuanus Lib. VI. *Dum Rex*, inquit, *Bononiæ esset, allatus est ad eum ex India Orientali, ab homine incognito, sed ut apparebat, moribus barbaro, lapis stupenda specie & naturâ, videlicet lumine & fulgore mirabiliter coruscantibus, quiq; totus veluti ardens incredibili splendore micabat, & jactis quoquò versus radiis, ambientem aërem, luce nullis ferè oculis tolerabili, latissimè complebat. Erat & in eo mirabile, quòd terræ impatientissimus, si coöperiretur, suâ sponte, & vi facto impetu, confestim evolabat in sublime; contineri verò includivè ullo loco angusto nulla hominum arte poterat, sed ampla liberaq; loca duntaxat amare videbatur. Summa in eo puritas, eximius nitor, nullâ sorde aut labe coinquinatus. Figuræ species nulla ei certa, sed inconstans & momento commutabilis; cumq; esset aspectu longè pulcherrimus, contrectari tamen sese impunè non patiebatur, & diutius contrà adnitentibus, aut obstinatius cum eo agentibus, incommodum afferebat. quod multi, multis spectantibus, sunt experti. Si quid fortassis ex eo enixius conando detrahebatur, [nam durus admodum non erat] nihilo minor fiebat.* Ejusmodi gemmam ad manum habuisse Torkillum, vero proximum videtur.

44,36 41. *Corneis naribus*] Id est valdè duris, vel quæ cornu similitudinem referrent. Sic Persius Satyra 1. *Corneam fibram* dixit cor prædurum, quod honestarum rerum intelligentiâ & amore caret. Catullus, *Corpora sicciora cornu.* Apud Dionem Chrysostomum κεϱατοποιεῖν τὰ βλέφαϱα, *cornea reddere*, sive *dura.* Sidonius Apollinaris in tertia Epistola, *Cornea crura, cornea substantia.* Idem Libri IV. initio, Gelonis tribuit *corda cornea.* Videatur Isaacus Casaubonus, lux & decus suæ ætatis, ad istum Persij locum.

245,4 46. *Extramundani climatis cognitionem*] *Extramundani* uno verbo. Utitur Martianus Capella Libr. 1. pag. XIV. *Extramundanas petere latitudines urgeatur.* Et pag. XLV. *Quoniam extramundanas beatitudines eum transcendisse cognoverat.* Sic & *ultramundanum* dixit, pag XLIII:

Ultramundanum fas est cui cernere patrem.

45,34 Pag. 165. vers. 21. *Vgarthilocus manus pedesq;*] Vgarthiloci hujus mentionem quoq; facit Edda, quæ & omnia ferè attribuit cuidam *Achuthoro*, seu *Asathoro*, quæ Saxo noster de Torkillo hic commemorat. Sunt autem nonnulli, qui narrationem hanc, fabulæ tantùm non affinem, exponunt de itinere à Torkillo, jussu Gormonis Regis, suscepto vel in extremam Bjarmiam, cujus incolæ olim non Idololatræ solùm erant pertinacissimi, sed & magi ac venefici malis artibus ad fascinandos homines instructissimi; unde etiam ab ijs tot præstigiæ, quarum meminit Saxo, Torkillo socijsq; objectæ fuerunt: vel etiam in aliam quandam insulam A longè dissitam, fortè Islandiam vel Grónlandiam, ubi tale Vgarthiloci Idolum colebatur. Alij existimant latere sub hac Mythologiâ veram Historiam religionis primùm in has terras per Torkillum introductæ; quippe qui per varias regiones, Ethnicismi tenebris densâque caligine adhuc oppressas, longinquâ peregrinatione susceptâ, tandem in Germaniam Christianis tunc sacris initiatam, ut ait Saxo, appulit, & apud ejus populum divini cultus ru- B dimenta percepit. Quem mox domum reversus, in patria propagavit. Cæterùm quod originem vocis *Utgarthiloci* attinet, ᚢᛏᚴᛆᚱ-ᚦᚢᚱ Vtgardur / priscâ linguâ Danicâ, *suburbium* notat. ᚼᛚᛆᚴ, Hlok / autem *Dæmonem* significat. Unde Rex Daniæ Regnerus Lodbrog, in Epicedio, quod sibi ipse, jam morti vicinus, in Anglia cecinit ᚼᛚᛆᚴᛆᚱ ᛐᛁᚭᛚ-ᚦᚢᛘ, Hlakar tioldum / q. d. Dæmonum C tentoria, *Scuta* vocat. Hinc *Utgarda Hlock*, erit Dæmon, seu Idolum, quod in suburbio, vel fortè civitate aliqua populosâ, sic dictâ, colebatur: quemadmodum & Saxoni nostro monstrum illud nunc Dæmon, nunc Gigas, nunc deus appellatur. Urbium autem nomina antiquitus in terminationem *Gard*, quæ vox civitatem, item regionem, denotat, exire solebant. Sic *Mychlegard* dicebatur κατ' ἐξοχὴν Constan- D tinopolis, quasi μεγάλη πόλις, magna civitas. In Russia sunt *Chunigard*, *Colmegard*; quod in *Grod*, posteà verterunt. Et teste Helmoldo sub initium Lib. 1. Hist. Sclavor. Russia Danis olim dicta *Ostrogard*, quasi regio versus Orientem sita.

36. *Universitatis Deum*] Deum, qui *universum* hoc, id est, cælum & terram condidit. 246,10
Psalm. CXXI. Sic Cicero Deum vocat *Parentem universitatis*, Libr. de Univers. *Atq; illum* E *quidem quasi parentem hujus Universitatis invenire difficile est.* Idem de Natur. Deor. *Universitas rerum, qua omnia continentur.*

Pag. 166. vers. 29. *Veritatis serio*] Eleganter 247,18
serium veritatis opponit *adulationis mendacio. Serium* etenim illud significat, quod cum veraci assertione conjunctum est, & sine risu ac joco. Unde rectè à Syr. *Sar*, quod *stabilire, firmare, certò asserere* notat, deducitur. Indè *Sarid, firmus, verax, certus.* Sic Hispanis *serio* est *deveras*; German. F In Warheit / in ernst. Ità Gallis *Serius*, *Grave & de conscience.*

49. *Cumq; Gotricus, qui & Godefridus est appel-* 247,36
latus] Ab externis nempe Scriptoribus; ut Aimoino Lib. IV. Cap. 90. *Eodem tempore Godefridus Rex Danorum venit cum classe sua.* Et Adamo Bremensi Lib. 1. Cap. 13. *Quorum Rex Godefrid ipsi Carolo bellum minatus est.* Eginharto in Vita Caroli Magni: *Quorũ Rex Godefridus adeo vanâ spe inflatus erat, ut totius sibi Germaniæ promitteret potestatem.*

Q 3 Alberto

Alberto Abbati Stadensi: *Godefrid Rex Danorum venit in confinium regni sui & Saxoniæ.* Nonnulli etiam *Sigfridum* appellant. Hos inter, familiam ducit incertus author, sed Historicus & Poeta antiquissimus, qui Annales de gestis Caroli Magni Imperatoris conscripsit, primo in lucem editus a Reinero Reineccio: cujus hi sunt versus ad ann. Ch. 777. de Witekindo Lib. 1. fol. 14.

Quò Carolus veniens, collectos repperit omnes
Penè duces, populumq; simul, totumq; Senatum
Saxonum, nisi quòd quidam VVidekindus abindè
Aufugit, Regem veritus: nam conscius idem
Audacis sibimet facti, multiq; reatus,
Sigfridum petijt, Danorum sceptra regentem.

Et Lib. II. pag. 19. ad Ann. Chr. DCCLXXXII.

Illic disponens complura negotia regni,
Danorum Regis Sigfridi nomine missas, &c,

Libro denique III. pag. 40. ad Ann. Chr. DCCXCVIII.

Cumq; Godeschalcus, Regis Legatus, & ipse
Ante dies, missus, paucos, ad regna tenentem
Danorum, Sigfridus erat cui nomen ———

Quin & *Godefridum* nominat sub finem Lib. V.

Ipseq; Danorum contra Regem Godefridum
Ultima disponens bella senex agere.

Unde satis demirari nequeo amicissimi Pontani μνημονικὸν ἁμάρτημα, qui alium quendam *Sigfridum* ab hoc *Godefrido* diversum faciat, ejusque fratrem fuisse asserat, cum unus idemq; sit *Sigfridus & Godefridus*, nec annales nostri alium agnoscant præter hunc Godefridum, quem exteri *Sigfridum* vocant.

248,17 Pag. 167. vers. 10. *Ad pristinum regni sui titulum revocare tentabat*] Hujus expeditionis incentorem habuisse existimo Widekindum uxoris suæ fratrem, qui ad Gotricum confugerat, auxilij adversus Carolum petendi gratiâ. Nam ita author incertus Lib. II. pag. 20.

Intereà patriæ quondàm VVidekindus ab oris
Qui fuerat profugus, Normannorumq; petivit
Auxilium, rediens vanâ spe sollicitabat
Saxones, initum cum Francis rumpere fœdus
Ut conarentur, multosq; vocavit in arma
E populo, fecitq; novum consurgere bellum.

248,18 11. *Victricia trans Rhenum castra receperat*] Anno Christi, ni fallor, DCCLXXXII. Autor anonymus Lib. 2. pag. 19.

——— *Posthæc Rhenum trajecerat amnem,*
Gallicaseq; dehinc Rex magnus in arva recepit.

248,19 13. *Ob res Gotrici comprimendas*] Meminerunt hujus expeditionis & alij scriptores. Adamus Bremensis Lib. I. Cap. 13. *Et quoniam mentionem Danorum semel fecimus, dignum memoria videtur, quòd victoriosissimus Imperator Carolus, qui omnia regna Europæ subjecerat, novissimum cum Danis bellum suscepisse narratur. Quorum Rex Godafrid, jam anteà Fresis, itemq; Nordalbingis, Obotritis, & alijs Sclavorum populis tributo subactis, ipsi Carolo bellum*

A *minatus est.* Eginhartus in vita Caroli Magni: *Ultimum quod contrà Nordmannos, qui Dani vocantur, primò piraticam exercentes, deindè majori classe littora Galliæ atq; Germanniæ vastantes, bellum susceptum est. Quorum Rex Godefridus adeò vanâ spe inflatus erat, ut totius sibi Germaniæ promitteret potestatem. Frisiam quoq; & Saxoniam haud aliter atq; suas provincias æstimabat. Jam Abotritos vicinos suos in suam ditionem redegerat; jam eos sibi vectigales fecerat. Jactabat enim se brevi Aquasgrani, ubi*
B *Regis comitatus erat, cum maximis copiis adventurum. Nec dictis ejus, quamvis vanissimis, omninò fides abnuebatur, quin putaretur tale aliquid inchoaturus, nisi festinatâ fuisset morte præventus.*

Ibid. *A Leone Romanorum Pontifice*] Leo hic est tertius ejus nominis; quem Paschalis cujusdam primicerij, & Campyli Presbyteri fraudibus circumventum, & in vincula conjectum, Carolus Magnus Romam profectus, expeditione Danicâ filio Pipino demandatâ, sedi Ponti- 248,2
C ficali restituit; ipse vicissim à non ingrato Pontifice, inter festas totius Populi Romani acclamationes, Imperatorio diademate insignitus, Idibus Decemb. Anno Salutis DCCC. ut plenius tradit Platina in Vita Leonis.

22. *Classe Fresiam domat*] Fresiæ ab exercitu Frothonis subactæ meminit quoq; Auctor incertus Lib. V. pag. 76. 248,2

Et quod Normannis vastantibus, insula quædam
Parvula Fresonum damna tulit gravia.

D Nisi hoc intelligendum sit de Fresia minore. *Nortmanni* vero sunt *Dani.*

27. *Ædificij structura disponitur*] Situm tributariæ hujus ædis ita describit magni illius Erasmi Præceptor, Cornelius Aurelius, Bataviæ Lib. II. *In utraq; Rheni ripa*, inquit, *ab eo ferme loco, quo Cattos Rhenanos deserens, versus Subsolanum, in præfatum usq; tendit procursum, plurima olim visebantur castella, villæ, pagiq; populosi, domus voluptariæ, quas à volucrum circumstrepentium gar-* 248,3
E *ritu, avium concentus vocabant. Hic domus illa stabat tributaria, quam Danorum Rex, subactis sibi Frisijs, ibidem erexerat, in qua regalis Quæstor censum quotannis ad jactum ærei scuti exigebat: de qua Saxo Grammaticus miranda ponit in Historia sua, quam de gestis Danorum accuratissimè scripsit.* De eâdem domo hunc in modum loquitur Sibrandus Siccama, JCtus eminentissimus, in Notis ad antiquas Frisiæ leges pag. 132. *Huic tributo exigendo domum extruxerunt* (Dani) *in Frisia Occidentali,*
F *propè Kinsem fluvium, in quâ Regius Quæstor præsidebat, cujus formam modumq; exigendi describit Saxo Grammaticus Historiæ Danicæ Lib. VIII. in fine: eosq; nos à Carolo Magno liberatos testatur ibidem Saxo:* & Jus Frisicum Kest. VII. & XI. *ac in* **Ferdpenningen & Huusslaga** *mutatum, quod Carolo Magno, ex jure fœderis, sub eadem probationis formâ, solvimus.*

29. *In hujus scuti cavum conjicere*] Scutum hoc, an potius tributum, *Clipschild* appellatum esse 249,

esse, tradit idem Sibrandus Siccama loco jamjam citato, indeq; ritum illum, ossa ex vulnere exeuntia, tinnitu scuti æreï probandi, profluxisse commemorat, de quo ità differentem audiamus Doctiss. illum JCtum, ad Titul. 22. Leg. Frisic. de DOLG: *Tria ossa è cranio vulnerato exeuntia componi debent. Primi ossis exitus sunt XXXII grossi, secundi exitus XVI grossi, tertij exitus VIII grossi. Tunc jurabit uno juramento, quod in scuto tinnire audiri potuit, cum genu impositum in scutum æreum scilicet caderet, alioquin componere non tenemur.* Et Addit Sap. Tit. 3. *Si ossa de vulnere exierint tantæ magnitudinis, ut in scutum jactum, duodecim pedum spatio distante homine possit audiri, &c. Puto barbarū illum ritum ex Danica tyrannide reliquum esse, quorū Reges postquam Franciam, Frisiam, & finitimas regiones sub jugum misissent, per judices tale tributum, quod ex sono nummi, in æneum scutū jacti, vel recipi, vel rejici mos erat, exigebant, quod* Clipschild *appellabant.*

43. *Proprij satellitis insidijs circumventus*] Eadem de infelici Gotrici nece tradit Eginhartus in Vita Caroli Magni: *Nec dictis ejus, quamvis vanissimis, omnino fides abnuebatur, quin putaretur tale aliquid inchoaturus, nisi festinata fuisset morte præventus. Nam à proprio satellite interfectus, & vitæ suæ, & belli à se inchoati finem acceleravit.* Et Albertus Abbas Stadensis ad Ann. Chri. DCCCX. *Intereà diversi veniunt nuncij, Godefridum à suo satellite, vel à proprio filio, cujus matrem, aliâ ductâ, dimiserat, interfectum.* Hunc interitum Gotrici, MS. Chronicon Islandicum, quod penes me est, itidem refert ad Ann. Chr. DCCCX. qui quintus fuit ante obitum Caroli Magni, his verbis: Drap Hrericks Frisa Hofdingia/ og Gudfrodar Jota Kongs: id est: Interitus Rerici Frisiorum Principis, & Gotofredi Jutorum Regis. 249,12

NOTÆ VBERIORES IN LIBRUM IX. HISTORIÆ DANICÆ SAXONIS GRAMMATICI.

250,2 Pag. 168. vers. 5. O*Lavus Gotrici filius*] Hunc nonnulli contendunt fuisse *Oligerum* illum *Danum*, cujus res gestas tantoperè celebrant Annales Francorum, quemq; Turpinus, Caroli Magni Cancellarius & Archiepiscopus Rhemensis, Cap. VII. Historiæ suæ de Vita Caroli & Rolandi, *Ogerium Dacum* nominat; & Cap. XXIX. *apud Belinum sepultum* tradit: *Apud Belinum*, inquit, *sepelitur Oliverius & Galdibodus Rex Frisiæ, & Ogerius Rex Daniæ, & Arastagnus Rex Britanniæ, & Garinus Dux Lotharingiæ, & alij multi.* At Saxo noster, disertis verbis, Olavi extincti corpus, collem ejus titulo celebrem, propè Lethram congestum, excepisse commemorat. Quare vix adduci possum ut credam, hunc Olavum eundem cum Ogerio fuisse; sed potius Ogerium hunc ex nobili quadam apud nos prosapia ortum, inq; exteras regiones militandi gratiâ profectum, tandem sub Carolo Magno stipendia in bello contra Sarracenos fecisse: quod veritati magis affine videtur.

250,6 9. *Huic succedit Hemmingus*] Hemmingum non Olao, sed Gotrico immediatè (ut vulgo loquuntur) successisse, & Adamus Bremensis, & Albertus Stadensis, & Francorum Chronologi ferè omnes tradunt. Et Adami quidem Lib. 1. Cap. 13, hæc sunt verba: *Tandem extincto cœlitus Godefrido, Hemming successit, patruelis ejus. Qui mox pacem cum Imperatore faciens, Egdorum fluvium accepit regni terminum.* Quem locum de verbo ad verbum ex Adamo exscripsit Albertus Stadensis ad Ann. Chr. DCCCX. Annales Francorum incerti authoris, à Pithœo editi, ad eundem annum: *Godofrido Danorum Rege mortuo, Hemmingus, filius fratris ejus, in regnum successit, ac pacem cum Imperatore fecit.*

10. *Pacem cum Cæsare Ludovico*] Quam Saxo noster ad Cæsarem Ludovicum refert pacem & pactionem, exteri horum temporum Scriptores in extrema Caroli tempora rejiciunt. Et fortè rectius. Nam Caroli adhuc Imperatoris fit mentio infra statim in Historia Regneri, ubi ejus exercitum in Saxonia profligasse dicitur. Pacis autem hujus ità meminit Aimoinus Lib. IV. Cap. 99. *Condicta inter Imperatorem & Hemmingum Danorum Regem pax, propter hyemis asperitatem, quæ inter partes commeandi viam claudebat, in armis tantùm jurata servatur; donec redeunte Veris temperie, & apertis viis, quæ immanitate frigoris clausæ fuerunt, congredientibus ex utraq; parte utriusq; gentis, Francorum scilicet & Danorum, decem primoribus, super fluvium Egidoram, in loco, qui vocatur Clatis, vicissim secundum ritum & morem suum, sacramentis juratis, pax confirmatur:* Hoc est, quod dicit Saxo; *jurisjurandi firmitate composuit.* Cæterùm formula ipsius fœderis apud Aimoinum, & alios, concepta exhibetur: cujus conditiones hoc præcipuè continebant, ut videlicet, in futurum, inter Francos & Danos, utriusque regni confinia Eidora flumen disterminaret. 250,7

13. *Post hos Sivardus cognomento Ring*] Mortuo Hemmingo Rege, quum ad lineam Godefridi rediret successio ordinaria: orta est inter duos ipsos nepotes de imperio gravis contentio. Sigvardus enim natus ex filia Gotrici Sivardo Norvago, à Scanis & Selandensibus accitus, regio 250,10

regio donatus est diademate. Ringo autem itidem Gotrici ex filio nepos, Jutorum ope & suffragio electus est. Is est, quem scriptores Francici, nec non Adamus Bremensis, Albertus Stadensis, & alij, falsò nuncupant *Amilonem*, quum haud dubiè *Annulonem* Latinè dicere voluerint veteres, ut vocabulum Danicum Ring exprimerent, quod annulum Danis Germanisq; significat. Hi itaq; ad internecionem pro corona dimicantes, successores reliquerunt, hic Haraldum Klack, ille Reginfredum seu Regnerum Lodbrog. Inter hos fuere certamina continua & magna, superiore tamen existente Regnero. Huic rei lucem addet Genealogia, quam hêic adjecimus.

Gormo

- N
  - Hemmingus.
- Gotricus, seu Godefridus.
  - Olaus
    - Ringo, seu Annulo, ex quo
      - 1. Haraldus. Klag
        - Guthorm
      - 2. Ericus.
      - 3. Hemmingus.
  - Hujus filia nupta Sigvardo Norvago.
    - Sivardus, qui cum Ringone conflixit.
      - Regnerus Lodbrog & Reginfridus. Hujus filij continua bella cum Haraldo Klag gesserunt
        - 1. Ivarus, qui Patri in Anglia successit, aliis *Inguar*.
        - 2. Ericus, aliis *Horich*.
        - 3. Regnoldus, aliis *Rodulfus*.
        - 4. Sigvardus, alijs Sigafridus.
          - Ericus Puer
        - 5. Biorno.
        - 6. Agnerus.
        - 7. Vitsercus.
        - 8. Vbbo.
        - 9. Fridlevus, aliis Godafridus.

250,19 21. *Domuitionis ejus occasione*] Ità scripsi, quum in vulgatis esset *dominationis ejus. Domuitio* enim hêic absentiam, sive peregrinationem, denotare potest. Et vox est non uni usurpata auctori. Pacuvius Hermiona: *Nam solus Danais hic domuitionem dedit.* Cornificius ad Herennium Lib. 3. *Jam domuitionem Reges Atridæ parant.* Apulejus Lib. 1. Metamorph. *Eiq; causas & peregrinationis diuturnæ, & domuitionis anxiæ, & spoliationis diurnæ aperio.* Hinc eidem *domuitionem capessere, parare, comparare.* Sic Lib. 3. Metamorph. *Jam deniq; nec Larem requiro, nec domuitionem paro.* Et Lib. IV. *Choragio itaq; perfecto, dejectis capitibus, domuitionem parant.* Et Lib. X. *Jamq; ex arbitrio dispositis coëmptisq; omnibus, domuitionem parabat.* Et alibi passim. Septimius Ro-

A manus de Bello Trojano Lib. 1. *Ulysses simulatâ ex pervicacia Agamemnonis iracundia, ob id domuitionem confirmans, magnum atq; insperabile cunctis remedium excogitavit.* Et Lib. 2. *Tædionè an recordatione suorum domuitionem cupiebant.* Philoxenus: *Domuitionem*, ἐπάνοδον.

Pag. 169. vers. 2. *Consertâ pugna Ringonem Sivardus aggreditur*] De pugna hac ità loquitur Aimoinus Lib. IV. Cap. 100. *Nec multò post Hemmingus Danorum Rex defunctus nuntiatur. Cui cum* 251,1
B *Sigifridus, nepos Godefridi Regis, & Amilo, Nepos Herioldi & ipsius, succedere voluissent, neq; inter eos, uter regnare deberet, convenire potuisset, comparatis copijs, & commisso prælio, ambo moriuntur. Pars tamen Amilonis adepta victoria, fratres ejus, Harioldum & Ragenfridum, Reges sibi constituunt. Quam necessariò pars victa secuta, eosdem sibi regnare non abnuit. In eo prælio 10940 cecidisse narrantur.* Paulò aliter Adamus Bremensis, & Albertus Stadensis; ille Lib. 1. Cap. XIV. hic ad An. Ch. DCCCXVII.
C *Per idem tempus Hemmingo Rege Danorum mortuo, Sigafridus & Annulo, nepotes Gotafridi, cum inter se de primatu regni convenire non possent, prælio sceptrum diviserunt. In qua congressione XI millibus hominum interemptis, Reges ambo ceciderunt. Pars Annulonis cruentâ victoriâ potiti, Reginfridum & Haraldum in regnum posuerunt. Moxq; Reginfridus ab Haraldo pulsus, classe piraticam exercuit, Haraldus cum Imperatore fœdus injit.*

7. *Avitæ ultionis studio*] Erat enim Uxor Sy- 251,24
D vardi Regis Norvagiæ, Regneri avia; sicut & avus ipse Syvardus.

11. *Muliebris improperij vindex*] *Improperare* 251,28
mediæ ætatis scriptoribus est, tum probro afficere aliquem, tum exprobrare, seu objicere alicui crimen. Hinc *Improperium* frequens est pro probro & convicio. Glossar. *Improperium*, ὄνειδος, ὀνειδισμός, ὀνείδισις *Impropero*, ὀνειδίζω. Vetus Dictionar. Improperare, *conviciari, deridere, injuriari*; Improperium, *dedecus, convi-*
E *cium, injuria, derisio.*

36. *Thoram Herothi regis filiam*] Communi- 252,17
cavit mecum, non multis ab annis, Excellentissimus Vir, & reconditæ eruditionis Polyhistor, D. Olaus Worm, Rhythmos quosdam celebrium Scaldrorum, de rebus gestis veterum principum ac Magnatum, unà cum adjunctis eorundem Rhythmorum enarrationibus & veluti Commentariis, à Magno Olavo, ex Anti-
F quitatibus Islandicis consignatis. In quibus multa occurrunt, quæ cum Saxonis nostri narratione conveniunt, multa etiam quæ in diversum abeunt. Principio Rhythmi illi, sive potius ἐξήγησις eorum, commemorant, *Herothum* hunc, quem Saxo Regem Sveciæ facit, *Comitem* duntaxat fuisse, non in Svecia, sed in Gothia. ᛁᛅᚱᛚ, Jarl/ enim *Comitem* linguâ antiquâ Danicâ denotat. Et ᚴᛅᚢᛏᛚᛅᚾᚦ, Gautland/ Guthlandiam. Ubi tamen existimo per hanc *Gaut-*

Gautlandiam, sive *Gutlandiam*, intelligendam esse, non Gothlandiam insulam, quæ inde ab antiquissimâ memoriâ & fuit, & hodieq; est Danicæ ditionis; verùm potiùs *Gothiam*, Seciæ provinciam, Gylland; ut sic conciliemus utcunq; Saxonis & Commentatoris discrepantes narrationes. Deinde ἐξήγησις non duas angves, quomodo Saxo tradit, sed unicum tantùm serpentem cubiculo Thoræ virginis appositum, & à Regnero interfectum commemorat. Ad ultimum innuit, Regnerum quindecim annos natum, fortissimum hoc facinus perpetrasse: Tota narratio ità habet: *Quum in Guthlandia, Regnerus Lodbrog, excussum manu telum incessentis se serpentis corpori strenuè adegisset, & jam ille moriens horrendum in modum se extenderet: Thora Heruthi, Comitis Guthlandiæ filia (cujus cubiculum angvis illa in gyros spirasq; se complicando assiduè circumvallaverat) extrà fores processit, interrogans, quinnam esset? Cui Regnerus hoc carmine respondebat:*

Het hefe ek leifdu life
ᚼᛂᛐ ᚼᛂᚠᛂ ᛂᚴ ᛚᛂᛁᚠᚦᚢ ᛚᛁᚠᛂ
Litfógur kona miinum
ᛚᛁᛐᚠᚮᚵᚢᚱ ᚴᚮᚿᛅ ᛘᛁᛁᚿᚢᛘ
Va ek at foldar fiske
ᚢᛅ ᛂᚴ ᛅᛐ ᚠᚮᛚᚦᛅᚱ ᚠᛁᛋᚴᛂ
Fimtan gamel vetra
ᚠᛁᛘᛐᛅᚿ ᚵᛅᛘᛂᛚ ᚢᛂᛐᚱᛅ
Hafa skal baul nema bite
ᚼᛅᚠᛅ ᛋᚴᛅᛚ ᛒᛅᚢᛚ ᚿᛂᛘᛅ ᛒᛁᛐᛂ
Bradrakin mer dauda
ᛒᚱᛅᚦᚱᛅᚴᛁᚿ ᛘᛂᚱ ᚦᛅᚢᚦᛅ
Heidarlags til hiarta
ᚼᛂᛁᚦᛅᚱᛚᛅᚵᛋ ᛐᛁᛚ ᚼᛁᛅᚱᛐᛅ
Hringleigin vel smiugu.
ᚼᚱᛁᚿᚵᛚᛂᛁᚵᛁᚿ ᚢᛂᛚ ᛋᛘᛁᚢᚵᚢ.

Ardua tentavi discrimina, damnaq; multa,
Victus amore tui, virgo decora, tuli.
Vix mea quindenas messes conspexerat ætas,
Angvis ubi assultum fortiter exciperem:
Nunc jacet horrendùm stridens, & vulnere victus
Lethifero, virus nec metus ullus inest.

53,11 Pag. 170. vers. 13. *Incomptam braccharum speciem*] *Braccæ* sunt femoralia; quomodò paulo ante Saxo appellavit. Vocabulum origine Gothicum. Erat autem *bracca*, sivè *braccha* (ità enim promiscuè scribitur) indumenti genus, quo frigidioris cœli gentes utebantur. *Sarmatis* tribuit Ovidius:

Pellibus & laxis arcent mala frigora braccis,
Oraq; sunt longis horrida tecta comis.

Vangionibus Lucanus Lib. 1.

Et qui te laxis imitantur Sarmata braccis

Reliquis Gallis Svetonius in C. Cæsaris Vita: *In curia Galli braccas deposuerunt, latum clavum sumpseruut.* Hinc *Gallia braccata* dicebatur. Plinius Lib. 3. Cap. IV. *Narbonensis provincia pars Galliarum, quæ interno mari abluitur, Braccata ante dicta.* Sveci hodieq; femoralia eet par Bracher dicunt. Nos Brog dicimus. Unde vocem hactenus corruptissimam in utraq; Editione Adami Bremensis restituere me posse confido. Nam Lib. 1. Cap. XXXIII, ubi anteà legebatur: *Scriptum est in Gestis Francorum, crudelissimus omnium fuit* Jngvar/ *filius Lodprachi:* meo periculo corrige, *filius Lodbracchi*, hoc est, nostri Regneri, qui ab hirsutis braccis dictus est *Lodbrog*, quasi Lodenbrog. Brog enim *braccas*, sive femoralia, nostra voce denotat, & Loden/ hirsutum.

Ibid. *Lodbrog eum per ludibrium agnominavit*] Ipse Regnerus in Epicedio suo, eandem adfert cognominis hujus rationem, ubi infit: 253,12

Hiuggum vier med hiorve
ᚼᛁᚢᚵᚵᚢᛘ ᚢᛁᛂᚱ ᛘᛂᚦ ᚼᛁᚮᚱᚢᛂ
Hitt var ai fyrer longu
ᚼᛁᛐᛐ ᚢᛅᚱ ᛅᛁ ᚠᚢᚱᛂᚱ ᛚᚮᚿᚵᚢ
Er a Gautlande geingum
ᛂᚱ ᛅ ᚵᛅᚢᛐᛚᛅᚿᚦᛂ ᚵᛂᛁᚿᚵᚢᛘ
At Graf vitnis morde
ᛅᛐ ᚵᚱᛅᚠ ᚢᛁᛐᚿᛁᛋ ᛘᚮᚱᚦᛂ
Da feingum vier Thoru
ᚦᛅ ᚠᛂᛁᚿᚵᚢᛘ ᚢᛁᛂᚱ ᚦᚮᚱᚢ
Thad an hietu mig firdar
ᚦᛅᚦ ᛅᚿ ᚼᛁᛂᛐᚢ ᛘᛁᚵ ᚠᛁᚱᚦᛅᚱ
Lodbrog ad thui vige.
ᛚᚮᚦᛒᚱᚮᚵ ᛅᚦ ᚦᚢᛁ ᚢᛁᚵᛂ.

Ensibus innumeras consvevimus edere pugnas,
Haud multum effluxit temporis,
Ex quo, in Gothia, inusitatæ magnitudinis
Serpentem fortiter aggressi sumus, neciq; dedimus.
Tunc Thoram mihi conjugem impetravi.
Ob hanc cædem, & hirtum illum atq; hispidum cultum,
Virum hirsutis braccis me exindè agnominarunt.

27. *Apud Campum, qui Latialiter laneus dicitur*] In Regneri Epicedio ᚢᛚᛚᛅᚱ ᛅᚴᚢᚱ Ullar akur dicitur, locus nempe in Svecia, ubi acre prælium commissum; Stropha VIII. 253,27

Hitt greniudu hrottar
ᚼᛁᛐᛐ ᚵᚱᛂᚿᛁᚢᚦᚢ ᚼᚱᚮᛐᛐᛅᚱ
Adur a ullar akre
ᛅᚦᚢᚱ ᛅ ᚢᛚᛚᛅᚱ ᛅᚴᚱᛂ
Eisteinn Kongur fielle.
ᛂᛁᛋᛐᛂᛁᚿᚿ ᚴᚮᚿᚵᚢᚱ ᚠᛁᛂᛚᛚᛂ.

Altùm mugierunt enses,
Antequàm in Laneo campo
Eistenus Rex cecidit.

Pag.

254,22 Pag. 171. verſ. 6. *Sivardo ſerpentini oculi vulgatum late cognomen*] Nobis enim dictus eſt Snogøye/ quaſi ὀφιώδης: quem ſic à circumſpecta prudentia dictum interpretor. Angues enim acutè vident. Quod veteres quidam fortè non animadvertentes, aliam cognominis rationem finxerunt. Arngrimus Jonas Rerum Iſlandic. Lib. II. Genealog. IX. A

254,39 23. *Scotiæ ac Petiæ*] Quam hic intelligat *Petiam* author, haud tam in proclivi eſt ſtatuere. Nomen certè prorſus ignotum Camdeno & Buchanano, accuratiſſimis ſuæ gentis ſcriptoribus. Niſi ſi quis capere velit de ſeptentrionali illa inſulæ Britannicæ parte, quam *Picti* olim incoluerunt: ut ſit *Pictia*, pro *Petia*. Auſtrales autem inſulas fortè indigetat minores illas, hinc inde in Oceano Britannico ſparſas, ut, Hebridas, Hebudas, Vectam, Monam, & alias. De Orcadibus Camdenus & Buchananus Lib. 1. Hiſtor. Scoticæ. B

255,9 33. *Inſularium Danorum claſſe*] *Inſulares* appellat, qui inſulas Selandiam, Fioniam, Lalandiam, Falſtriam, Mönam, Langelandiam, Fimmeriam, & alias incolunt. C

255,21 44. *Carolum tunc fortè illis imperij ſui finibus immorantem.*] Hic ipſus eſt Carolus, cui à rebus actis & auctis cognomentum Magni inceſſit. Is ſtatim ab infelici hac cum Regnero & Sivardo pugna, dum Aquiſgrani hyemaret, ſupremum obijt diem, Anno Chriſti DCCCXIV. D

255,25 48. *Salutari Regem prædictione monuit*] Karolum videlicet Imperatorem, non Regnerum Daniæ Regem. Sæpius enim Imperatores *Regum* nomine veniunt Hiſtoricis illius ævi; inprimis Lamberto Schafnaburgenſi, & alijs. Nonnulli hanc addunt obſervationem, quod *Reges* dicebantur usq; ad ſolennem illam inaugurationem per Pontificem Romanum, ſacrâ unctione & diadematis impoſitione, adminiſtratam: quâ peractâ, *Imperatores* & *Auguſti* poſtmodùm vocati. E

255,37 Pag. 172. verſ. 6. *Quos ex Svanlogha progenuerat*] Fortaſſe hæc erit paululum immutato nomine, *Aslauga*, illa Regis Sigurdi Fófniſbane filia, quam mortuâ priore conjuge Thora Herothi filia, matrimonio ſibi junxit Regnerus. Occaſionem verò, quâ hæc, ſive *Svanlauga*, ſive *Aslauga*, Regnero nupſit, operæ duxi pretium heic in medium adducere, ex antiquiſſima Hiſtoria Regneri Lodbrog, quam priſcâ linguâ Danicâ conſcriptam etiamnum Iſlandi, fugientis antiquitatis deſtinæ & veluti Statores Joves, curioſè aſſervant. Summa narrationis hæc eſt. Defunctâ priore conjuge ſuâ *Thorâ* cognomento *Hiortin*, Regnerus maritimo itinere in Norvegiam ſuſcepto, appulit in portum, cui vicina erat villa nomine Spangarheide; ubi conſpectâ luculentæ formæ virgine, *Craca* vulgò dicta, in navim ſuam ad ſe accerſi juſſit. Illa verò voto F Regis obſecundare noluit, niſi ſi fide juratâ promitteret, abſque omni dedecore & injuria ad ſuos reverſuram. Annuit petitis Regnerus. Cum vero Rex blanditiis illam palpare cœpiſſet, in hæc verba prorupit:

Drumdo viſt ef vere
ᚦᚱᚢᛘᚦᚮ ᚢᛁᛋᛏ ᛂᚠ ᚢᛂᚱᛂ
Vórdur faurdur jardar
ᚢᚮᚱᚦᚢᚱ ᚠᛅᚢᚱᚦᚢᚱ ᛁᛅᚱᚦᛅᚱ
Metur hia milldre Snotu
ᛘᛂᛏᚢᚱ ᚼᛁᛅ ᛘᛁᛚᛚᚦᚱᛂ ᛋᚿᚮᛏᚢ
A mer taka hondum
ᛅ ᛘᛂᚱ ᛏᛅᚴᛅ ᚼᚮᚿᚦᚢᛘ
Vamlouſa skall tu viſe
ᚢᛅᛘᛚᚮᚢᛋᛅ ᛋᚴᛅᛚᛚ ᛏᚢ ᚢᛁᛋᛂ
Ef viltu gridum thyrma
ᛂᚠ ᚢᛁᛚᛏᚢ ᚴᚱᛁᚦᚢᛘ ᚦᚢᚱᛘᛅ
Heim hófum hilme ſottan
ᚼᛂᛁᛘ ᚼᚮᚠᚢᛘ ᚼᛁᛚᛘᛂ ᛋᚮᛏᛏᛅᚿ
Hildan mig fara lata.
ᚼᛁᛚᚦᛅᚿ ᛘᛁᚴ ᚠᛅᚱᛅ ᛚᛅᛏᛅ.

Si Pater patriæ Regnerus
Aſſideret ſpecioſæ fœminæ,
Vix per ſomnium eam tangeret.
O inclyte Rex Regnere,
Tuum erit me abſq; omni dedecore
Hinc dimittere & injuria,
Modò inducias violare nolueris.
Nunc verè gloriari potero me
Regis hoſpitio exceptam fuiſſe.

Hæc autem Craca, non erat his ruſticanis orta parentibus, quomodo vulgus opinari ſolebat, ſed Regis Sigurdi Fófniſbane filia, nomine *Aslauga*. Cujus ipſa ſola erat conſcia. Licet verò paupere cultu incederet, Regnerus tamen, ut perſpicacis ingenij princeps, facile animadvertebat, eam ruſticana indole minime præditam. Quare eam ſibi conjugem aſciſcere exoptans, in hos Rhythmos vocem ſolvit:

Vil tu thennun thiggia
ᚢᛁᛚ ᛏᚢ ᚦᛂᚿᚿᛅᚿ ᚦᛁᚴᚴᛁᛅ
Er Thora Hiortur atte
ᛂᚱ ᚦᚮᚱᛅ ᚼᛁᚮᚱᛏᚢᚱ ᛅᛏᛏᛂ
Serk vid ſilfur ofmerk-
ᛋᛂᚱᚴ ᚢᛁᚦ ᛋᛁᛚᚠᚢᚱ ᚮᚠᛘᛂᚱᚴ-
tan
ᛏᛅᚿ
Soma al vel thier klede
ᛋᚮᛘᛅ ᛅᛚ ᚢᛂᛚ ᚦᛁᛂᚱ ᚴᛚᛂᚦᛂ
Thoru hendur huitar
ᚦᚮᚱᚢ ᚼᛂᚿᚦᚢᚱ ᚼᚢᛁᛏᛅᚱ
Hennar um theſſar gerfar
ᚼᛂᚿᚿᛅᚱ ᚢᛘ ᚦᛂᛋᛋᛅᚱ ᚴᛂᚱᚠᛅᚱ

Su

Su var Budlunga bragna
ᚺᚢ ᚢᛆᚱ ᛒᚢᚦᛚᚢᚿᚴᛆ ᛒᚱᛆᚴᚿᛆ
Brud' mier thek til dauda.
ᛒᚱᚢᚦ ᛘᛁᛂᚱ ᚦᛂᚴ ᛏᛁᛚ ᚦᛆᚢᚦᛆ.

Visne hanc pallam argento intextam
A me muneri capere, quam Thora,
Hiortin dicta, antehac possidebat?
Sanè non dedecent te tàm preciosa
Indumenta, quæ niveis Thora manibus
Affabrè fecit & elaboravit.
Illa profectò fœmina mihi regum maximo
Usq; ad extremum halitum vehementer placuit.

Cui Craca sequentes reposuit versus:

Thore ek ei than thiggia
ᚦᛆᚱᛂ ᛂᚴ ᛂᛁ ᚦᛆᚿ ᚦᛁᚴᚴᛁᛆ
Er Thora Hiortur atte
ᛂᚱ ᚦᛆᚱᛆ ᚼᛁᛆᚱᛏᚢᚱ ᛆᛏᛏᛂ
Serk vid silfur ofmerk-
ᛋᛂᚱᚴ ᚢᛁᚦ ᛋᛁᛚᚠᚢᚱ ᛆᚠᛘᛂᚱᚴ-
tan
ᛏᛆᚿ
Soma ei lig mir klede
ᛋᛆᛘᛆ ᛂᛁ ᛚᛁᚴ ᛘᛁᚱ ᚴᛚᛂᚦᛂ
Thui em ek Kraka kaullud
ᚦᚢᛁ ᛂᛘ ᛂᚴ ᚴᚱᛆᚴᛆ ᚴᛆᚢᛚᛚᚢᚦ
I kolsuortum vodum
ᛁ ᚴᛆᛚᛋᚢᛆᚱᛏᚢᛘ ᚢᛆᚦᚢᛘ
At ek hefe gridt ofgengit
ᛆᛏ ᛂᚴ ᚼᛂᚠᛂ ᚴᚱᛁᚦᛏ ᛆᚠᚴᛂᚿᚴᛁᛏ
Og geitur med sia reknar.
ᛆᚴ ᚴᛂᛁᛏᚢᚱ ᛘᛂᚦ ᛋᛁᛆ ᚱᛂᚴᚿᛆᚱ.

Non ausim ego dona a te capere,
Interulam argenteo limbo circumtextam,
Quam olim possedit cervi cognomine insignita
Thora:
Haudquaquam mihi talis competit ornatus.
Propterea enim Krakam me vocant
Pullis amictam pannis,
Quod per scrupos grumorumq; eminentium fragmenta
Incedens, penes littora caprarum agitavi greges.

9,12 Pag. 174. vers. 20. *Hostilium cadaverum excremento*] Fortè legendum *incremento*. Nam eo significatu rara admodùm in scriptoribus, etiam deperditæ Latinitatis, vox est. Consimilis est loquendi modus, qui mox occurrit: *Cujus latrocinij manum tantâ Vitsercus strage perculit, ut hostilium corporum cumulo circumfusus, nisi scalis supernè admotis comprehendi nequiret.*

9,16 24. *Nullis obitum modis effugere potuit*] Hæc sanè verba ipsi Historiæ nimium refragantur. Nam Ubbo nuspiam à patre interfectus, sed mox patri reconciliatus dicitur. Sequentia tamen innuunt pœnam subijsse Vbbonem motæ A seditionis: *At ubi Ivarus tumultum patriæ factiosi supplicio discussum comperit, Daniam petiit.* Vetus Codex in margine ascriptum habebat: *Vix ullis obicum nodis constringi potuit.* Sed hæc nimis audax emendatio; licet à mente Saxonis nihil abscedat. Ego locum hunc corruptissimum haud temerè emendandum duxi, donec meliora certioraq; edoctus essem.

29. *VVitsercum Svetiæ principantem*] *Principare* hoc loco est *imperare*: quomodo antè Saxo- 259,20
B nem locutus est Sidonius Apollinaris Carmine IX.

Non prolem Garamantici Tonantis,
Regnis Principibusq; principantem.

Sic & Carmine XXIII.

Quid quod Cæsaribus ferax creandis
Felix prole, virum simul dedisti
Natos cum genitore principantes.

Augustinus de Civitate Dei Lib. XIX. Cap. 14.
C sub finem: *Neq; enim dominandi cupiditate imperant, sed officio consulendi; nec principandi superbiâ, sed providendi misericordiâ.* Matthæus Paris in Vita Henrici II Anglorum Regis. pag. 91. *Quem quia principatur regulis Arragonum & Galatiæ, Imperatorem Hispaniarum appellant.* Ælnothus Monachus de Vita S. Canuti Cap. VIII. Pag. 23. *Ob quam ejus posteri, bis quinis regni partibus ablatis, vix duabus, irato Deo, principari merebantur.* Dudo S. Quintini Decanus, & rerum Aquitanicarum
D scriptor Lib. III. *Ne exteræ gentes super nos irruentes, hocque negotio hujus traditionis inaudito, principari super nos deliberantes, vendicent sibi Northmannicos fines.* Et pag. 138. *Super Francos præsumptuosâ temeritate elatus principatur, contumax præ omnibus.*

Pag. 175. vers. 6. *Apud Utgarthiam*] Per *Utgarthiam* nonnulli hic intelligunt ipsam Byzan- 260,19
tium, sive Constantinopolin, quæ & *Mychlegarthia* antiquitus dicta. Videtur autem *Garthia*
E sive *Garth*, quod nunc mollius pronunciando Gaard dicimus, civitatem olim denotasse aut regionem. Unde Helmoldus sub initium Lib. I. Russiam à Danis vocari *Ostregard* [Østregaard] scribit, quod in Oriente posita; item *Chunigard*, quod ibi sedes Hunnorum fuerit. In antiquis verò cantilenis multoties Constantinopolis dicitur Myckleggaard/ *Mychlegarthia*, quasi *μεγάλη garthia*; hoc est, magna & regia civitas.

17. *Sedulo mulctare servitio*] *Sedulo*, id est, 260,29
F *continuo, assiduo.* Quæ vocis significatio tantum non ignota est melioris ævi scriptoribus. Puto Saxonem eò respexisse, ut *sedulum* appellaret, quod fit instanter, & sine intermissione.

19. *Svetiæ præfert*] Hoc est Svetiæ præficit, 260,31
regimen ei Svetiæ committit; de qua vocis significatione anteà nobis dictum.

31. *Hellam quendam Hamonis filium*] *Hamo* hìc, 261,7
nî fallor, ipsus *Hama* est, quem supra Hellæ patrem, & Britanniæ Regem nominat.

261,10 34. *Gallicana virtute subnixum*] Id est, Gallorum submissis auxiliis. *Virtus* enim robur, potentiam, auxilium, vires, interdum significat. Gloss. Phil. *Virtus*; ἀρετὴ, ἀνδρεία, δύναμις, ἰσχύς.

261,20 43. *Recidivos patriæ tumultus incutiens*] *Recidivum* mediæ ætatis scriptoribus id dicitur, quod redit ac revertitur. Sic annum redeuntem *recidivum* appellat Tertullianus: *Reciprocarum frugum, & vividorum Elementorum, & recidivi anni fidem argumentantur.* Autor Carminis de Sodoma apud Cyprianum:

Sed recidiva hominum pariter cum gente secunda
Impietas, iterumq; mali nova pullulat ætas.

Corippus Africanus Lib. 1. de Laudibus Justini Augusti Minoris:

Rectorum Latij discussor providus orbis,
Successorq; boni, recidivaq; gloria, Petri.

Dudo de S. Quintino, Lib. III. Histori. Norman. *Clerus totius regionis extra suburbana Rotomagensis urbis exilijt, collaudansq; Deum, pro recidivæ tripudio prolis, deduxit eum ad altare:* Ubi *recidivæ, est, redeuntis.*

261,30 53. *Haraldum solenni lavacro usum*] Haraldum sacro Baptismate lustravit Otgarius Archiepiscopus Moguntinus, circà Annum. Chr. DCCCXXVI. ut habent Annales Pithœani, quos citat Nicolaus Serrarius Lib. IV. rerum Moguntiacarum pag. 621. *Mense Majo, apud Ingalenheim habito conventu, diversarum gentium legationes auditas absolvit* [Imperator Ludovicus Pius] *Quo tempore Herialdus* [Haraldus] *cum uxore, & magnâ Danorum multitudine, apud Moguntiam baptizatus est.* Et in ipsius Ludovici Vita: *Herialdus ex Nortmanniæ partibus cum uxore veniens, Danorumq; non parvâ manu, Moguntiaci, apud S. Albani, cum suis omnibus, sacri baptismatis unda est perfusus, plurimisq; muneribus ab Imperatore donatus.* Addit Theganus in Libro de Ludovici gestis; *Haraldi uxorem à Judith Imperatrice de fonte sacro levatam.* Adamus Bremensis ità rem gestam commemorat Lib. 1. Cap. XV. & ex eo totidem verbis Albertus Stadensis, ad Ann. Chr. DCCCXXVI. *Eodem quoq; tempore Rex Danorum Haraldus à filijs Gotafridi regno spoliatus, ad Ludhevicum supplex venit Imperatorem. Qui & mox Christianæ fidei Catechismo imbutus, apud Moguntiam cum uxore, fratre, & magna Danorum multitudine baptizatus est. Hunc Imperator à sacro fonte suscipiens, cum decrevisset in regnum suum restituere, dedit ei trans Albiam beneficium. Fratri verò ejus Erich, ut tum Piratis obsisteret partem Frisiæ concessit.* Observandum autem hoc loco, quòd sub filiorum Godefridi nomine, ipsius posteri & nepotes accipiendi. Nulla enim ipsi soboles supererat hoc tempore, ut rectè animadvertit Clariss. Vir Andreas Vellejus. Eandem historiam ex Autemaro referens Aimoinus Lib. IV. paulo aliter totum negotium edisserit: *Eodem*

A *tempore Harioldus,* inquit, *cum uxore & magnâ Danorum multitudine veniens Maguntiacum, apud S. Albanum, cum his quos secum adduxit, baptizatus est, multisq; muneribus ab Imperatore donatus, per Frisiam, quâ venerat via, reversus est. Veritus autem pijssimus Imperator, ne ob tale factum negaretur ei habitatio soli naturalis, dedit ei quendam Comitatum in Frisia, cujus vocabulum est Ruistri, quò se suosq; si necessitas exigeret, tutò recipere posset.* Sigebertus Gemblacensis ad Ann. Chr. 825. *Harioldus* B *Rex Danorum, cum uxore & filiis, & magna Danorum parte, Moguntiæ baptizatur & ab Imperatore muneribus, & parte Frisiæ in beneficium sibi data, honoratur.*

Pag. 176. vers. 18. *Omnem operum suorum cursum animosâ voce recensuit*] Rex Daniæ Regnerus Lodbrog, jam morti vicinus, inter viperarum morsus, sibi ipse Epicedion cecinit, quo rerum à se gestarum magnitudinem, omniumq; operum suorum cursum, ut Saxo ait, complexus C est. Continet autem Strophas XXIX: quarum in XXVI. non κατὰ ῥητὸν, sed qua sensum, extat clausula illa, cujus hic meminit Saxo: *Hic vellent nunc omnes filij Aslaugæ gladijs amarum bellum excitare, si exactè scirent calamitates nostras, quam non pauci angues venenati me discerpant.* 262

Hiuggum vier med hiorve
ᚼᛁᚢᚴᚴᚢᛘ ᚢᛁᛂᚱ ᛘᛁᚦ ᚼᛁᛆᚱᚢᛂ
D *Hier villdur nu aller*
ᚼᛁᛂᚱ ᚢᛁᛚᛚᚦᚢᚱ ᚿᚢ ᛆᛚᛚᛂᚱ
Burir Aslaugar braun-
ᛒᚢᚱᛁᛦ ᛆᛌᛚᛆᚢᚴᛆᚱ ᛒᚱᛆᚢᚿ-
dum
ᚦᚢᛘ
Bitrum hillde vikkia
ᛒᛁᛏᚱᚢᛘ ᚼᛁᛚᛚᚦᛂ ᚢᛁᚴᚴᛁᛆ
Ef vandliga vise
E ᛂᚠ ᚢᛆᚿᚦᛚᛁᚴᛆ ᚢᛁᛌᛂ
Um vidfarar ossar
ᚢᛘ ᚢᛁᚦᚠᛆᚱᛆᛦ ᛆᛌᛌᛆᚱ
Hue o faer ormar
ᚼᚢᛂ ᛆ ᚠᛆᛁᚱ ᛆᚱᛘᛆᚱ
Eitur fullir mig slyta
ᛂᛁᛏᚢᚱ ᚠᚢᛚᛚᛁᚱ ᛘᛁᚴ ᛌᛚᚢᛏᛆ
Modernis fek eg minum
F ᛘᛆᚦᛂᚱᚿᛁᛌ ᚠᛂᚴ ᛂᚴ ᛘᛁᚿᚢᛘ
Maugum suo ad Hiortun
ᛘᛆᚢᚴᚢᛘ ᛌᚢᛆ ᛆᚦ ᚼᛁᛆᚱᛏᚢᚿ
duga.
ᚦᚢᚴᛆ.

Integrum vero Epicedion, velut antiquæ Poëseos illustre exemplum, ad calcem libri sui de Literatura Runica, Excellentissimus Vir, D. Olaus Wormius, repræsentat.

Pag.

53,19 **Pag.** 177. verſ. 3. *Corio in exiles admodùm corrigias ſciſſim extracto*] Quis hæc legens, non revocat ſibi in memoriam perſimilem Eliſſæ ſive Didonis aſtum, cùm juxtà fabulas Græcorum, *Byrſam*, vel potius *Bydſram*, ſuam conderet? Ejus meminit Juſtinus Lib. 18. *Itaq; Eliſſa delata in Africæ ſinum, incolas loci ejus adventu peregrinorum, mutuarumq; rerum commercio gaudentes in amicitiam ſolicitat: deinde empto loco, qui corio bovis tegi poſſet, in quo feſſos longâ navigatione ſocios, quoad proficiſceretur, reficeret; corium in tenuiſſimas partes ſecari jubet, atq; ità majus loci ſpatium, quam petierat, occupat: undè poſtea ei loco Byrſæ nomen fuit:* Virgilius I. Æneidos:

Mercatiq; ſolum, facti de nomine Byrſam,
Taurino quantum poſſent circumdare tergo.

Similis per omnia extat Hiſtoria apud Sigebertum Gemblacenſem, ad A. C. 434. de Hengiſto Saxonum duce. *Deniq;*, inquit, *poſtulavit* [à Rege Britanniæ] *tantum terræ ſpatium ſibi dari, quantum unâ corrigiâ poſſit ambiri, ut ibi promontorium ædificaret. Cui cum Rex acquieviſſet, accepto ille corio tauri, incidit illud in longiſſimam corrigiam, & loco, quem præviderat, circumducens, intrà ambitum illius extruxit caſtellum, appellavitq; illud caſtellum corrigiæ.*

53,28 12. *Comprehenſi ipſius dorſum plagâ aquilam figurante*] Hunc locum quod attinet de Aquila in dorſo Hellæ, Regis Angliæ, figurata, res ità habet: Apud Anglos, Danos, aliasq; nationes Boreales, victor ignominiâ ſummâ debellatum adverſarium affecturus, gladium circa ſcapulas ad ſpinam dorſi adigebat, coſtasq; ampliſſimo per corporis longitudinem facto vulnere, utrinque à ſpina ſeparabat: quæ ad latera deductæ alas repræſentabant Aquilinas. Hoc genus mortis vocabant *Aquilam in dorſo alicujus delineare*: At riſte Orn paa eens Bag. Gloſſarium Iſlandicum MS. ejusmodi vulnus ſive plagam ᛒᛚᚯᚦᚯᚱᚴ, Blodørn / ſive ᛒᛚᚯᚦᚢᚠᛚᛂ, Blodugle / item ᛒᛚᚯᚦᚱᛁᚠᛁᛚ, Blodrifil / dictû teſtatur. In Jarlaſagu: ᚦᛆ ᚠᛁᚾᛉ ᚼᛁᚴᛆᛦ ᛆᛁᚱ ᛡᛆᛚᚠᚦᛆᚴ ᚯᚠ ᚱᚼᛁᛙᛆ ᛒᛚᚯᚦᚯᚱᚴ ᛆ ᛒᛆᚴᛆ ᛡᚯᚴᚢᛉ, ᛉᚼᚦ ᚦᚼᚴ ᛡᚼᛆᛆᚼ ᛆᚦ ᛡᛆᚴ ᛚᛆᚠᚦᛁ ᛙᚢᚼᚱᚦᛁ ᛆ ᛡᚯᛚ ᚢᛁᚦ ᛡᛙᚢᚠᛁᚢᛉ ᚯᚠ ᚱᚼᛁᛙᛏ ᚱᛁᚠᛁᚴ ᚯᚠ ᚠᚱᛆ ᚱᚢᚠᚠᛁᚴᚢᛉ ᚯᚠᛆᚴ ᛆ ᛚᚼᚴᚦᛆᛦ ᚯᚠ ᚦᚱᚼ ᚦᛆᚱ ᚢᛏ ᛚᚢᚴᚠᚢᛉ: *Tunc Comes Einarus in dorſo Halfdani Aquilinam excitavit plagam, ità ut gladium dorſo adigeret, omnesque coſtas à ſpina ſepararet, uſq; ad lumbos, indeq; pulmones extraxit.* In Ormſagu: ᚯᚱᛉᚢᚱ ᛒᚱᛆᛙᛆᛡᛙᛁ ᚯᚠ ᚱᛁᛙᚦᛁ ᛒᛚᚯᚦᚱᛁᚠᛁᛚ (blodrifiil) ᛆ ᛒᛆᚴ ᛒᚱᚢᛙᛆ ᚯᚴ ᛙᚴᛆᚱ ᚯᛚ ᚱᛁᚠᛁᛚ ᚠᚱᛆ ᛡᚱᚢᚠᚠᛁᚴᚢᛉ ᚯᚠ ᚦᚱᚯ ᚦᛆᚱ ᚢᛆ ᛚᚢᚴᚠᚢᛉ. *Ormerus evaginato gladio in dorſo Bruſi Aquilinam inflixit plagam, ſeparatis à dorſo coſtis, & pulmonibus exemptis.*

51. *Per aviti negotij veſtigia decurrit*] Hoc eſt, Ericus avi ſui Regneri res geſtas imitari conatus eſt, ijsdem virtutibus ac rebus præclarè geſtis excellere ſtuduit, quibus avus Regnerus, immortalem ſibi famam pepererat. Ericus enim Regneri illius ſuperioris nepos extitit. *Negotij* vocabulum variè uſurpat Saxo: quâ de re diximus nonnihil ad Libr. 1. 264,33

Pag. 178. verſ. 4. *Ad ſalutares Anſgarij monitus*] Hic eſt ille Anſgarius, quem Romanorum Imperator Ludovicus, Anno Chriſti D CCC XXVI. novæ à ſe in Saxonia fundatæ Corbejæ & paulo poſt in Daniam & Sveciam religionis Chriſtianæ propagandæ gratiâ, ablegavit. Adamus Bremenſis Lib. 1. Cap. 15. *Anno Villerici XXXIII. Ludovicus Imperator novam in Saxonia Corbejam exorſus, religioſiſſimos Franciæ Monachos ad illud congregavit cœnobium: inter quos præcipuus legitur ſanctiſſimus Pater ac Philoſophus Chriſti Anſgarius, vitæ atq; ſcientiæ merito clarus, & omni populo Saxonum acceptus.* & mox Cap. XVI. *Cum autem nemo Doctorum facilè poſſet inveniri, qui cum illis ad Danos vellet pergere, propter crudelitatem barbaricam, quâ gens illa ab omnibus fugitur: Sanctus Anſgarius, divino, ut credimus, ſpiritu accenſus, & quia ad martyrium aliqua occaſione malebat pertingere, cum ſocio ſe ultroneum obtulit Autherio, non ſolùm inter Barbaros, verùm etiam in carcerem & in mortem pro Chriſto ire paratus. Itaq; biennium in regno Danorum commorati, multos ex gentilibus converterunt ad fidem Chriſtianam.* Scripſit ejus inſignia facta Rembertus ejus Diſcipulus, ac in ſedem Epiſcopalem Succeſſor. Plura etiam de eo habentur in Vita ejusdem Remberti, quam habet Surius, ad diem 4. Febr. Tom. 1. Item Albertus Crantzius in Hiſtor. Eccleſiaſt. Saxon. Lib. XX, & Saxoniæ Lib. 2. Cap. 25, & 29. Tritheimius de Viris illuſtr. Ordin. Benedict. Lib. 4. Cap. 84. Et penes me eſt Vita S. Anſcharij à diſcipulis ipſius conſcripta, & ex Veteri MS. Codice tranſcripta; ubi inter alia Erici hujus Daniæ Regis fit mentio, quam Saxo ait ad ſalutares Anſgarij monitus ſacrilegæ mentis errorem depoſuiſſe. Verba ſic habent. *Jamq; ſuſceptâ Bremenſi Parochiâ, iterum cœpit ſpiritu fervere intimo, ſi quid poſſit in partibus Danorum pro Chriſti laborare nomine. Unde frequentius ſolebat adire Hericum, qui tunc ſolus Monarchiam regni tenebat Danorum, ut officio prædicationis in regno ejus frueretur. Aliquoties quoq; regiâ legatione ad eum mittebatur. Et quæ ad fœdera pacis, & utriusq; regni utilitatem pertinebant, ſtrenuè ac feliciter peragebat. Quâ de re cognitâ fide & bonitate Sancti viri, prædictus Hericus Rex mutuo eum affectu cœpit venerari, & libenter ejus conſilio uti, ac familiariſſimum in omnibus habere, ità ut* 264,39

R *etiam*

etiam inter secreta sua, dum de negotijs regni sui cum consiliarijs tractaret, eam interesse rogaret. Hac itaq; familiaritate potitus, cœpit illi etiam persuadere, ut fieret Christianus. Ille verò omnia, quæ ei ex divina intimabat scriptura, benignè audiebat, & bona prorsus ac salutaria esse laudabat; seq; his plurimum delectari, ac libenter velle Christi gratiam promereri dicebat. Cui pòst talia vota Sanctissimus Pater suggerere cœpit, ut Christo Domino hanc concederet benevolentiam, ut in regno suo Ecclesiam fieri permitteret, ubi Sacerdos omni tempore adesset, & verbi divini semina, & Baptismi gratiam, qui suscipere vellent, traderet. Quod ille benignissimo concessit affectu, & in portu quodam sui regni ad hoc aptissimo, & huic regioni proximo, Slesvvic *vocato, ubi ex omni parte conventus fiebat negotiatorium, Ecclesiam fabricare permisit, tribuens locum, in quo Presbyter permaneret, datâ pariter licentiâ, ut quicunque vellet, in regno suo, fieret Christianus.* Sed hunc Hericum fratrem Haraldi Klag fuisse, non Regneri nepotem, indicare videtur Clariss. Vir Andreas Vellejus in Observatione sua adjuncta Cap. XXV. Lib. I. Adami Bremensis: *Sciendum est*, inquit, *duos Ericos Reges in Dania rerum potitos, tempore Ansgarij. Primus erat frater Haraldi Klag; is sceptrum Erico filio Sigvardi delatum, ad se vi rapuit. Sed ut sunt violenta minus diuturna, brevi pòst à Guthormo, nepote suo ex fratre, cæsus, vitâ pariter ac regno spoliatus est. Redijt itaq; imperij dignitas ad Ericum filium Sigvardi, nepotem Regneri. Is filiam Guthormi duxit, & erat ætate admodum tenerâ, quum primùm regni susciperet administrationem. Quâ etiam de causa cognominatus est* Puer. *Quod ideò admonendum duxi, ut utriusq; Regis temporibus concionatum esse in Dania Ansgarium sciamus: quum unius saltem tempore ipsum hìc docuisse indicet Saxo. Et prioris quidèm Erici operâ ac studio Templum Slesvicense Anno Domini 848; alterius verò à paganismo ad fidem conversi, Zelo, Ripense primum fundatum atq; erectum, An. Domini circiter 860.* De posteriore verò Erico ità Adamus Bremensis Cap. 28. Lib. I. *Iste mox ut regnum Danorum suscepit, ingenito furore super Christicolas efferatus, Sacerdotes Dei expulit, & Ecclesias claudi præcepit. Ad quem Sanctus Dei confessor Ansgarius venire non trepidans, comitante gratiâ divina, crudelem Tyrannum sic placatum reddidit, ut Cristianitatem ipse susciperet, suisq; omnibus, ut Christiani fierent, per edictum mandaret, & insuper in alio portu regni, apud Ripam, exstruxerit Ecclesiam in Dania secundam.* Porrò de Ansgario videatur Adamus Bremensis à Cap. XV. Lib. I. ad ejusdem Cap. 32. Et Adolphus Cypræus Historiæ Eccles. Slesvic. Cap. I. & alij.

265,7 Pag. 178. vers. 12. *Hujusce muneris advocationem præstare*] Imitatur hic more solito Valerium Maximum Saxo; Cujus hæc sunt verba, Cap. IX. Lib. II. *Accedit his, quod etiam fortunâ longam præstandi hujusce muneris advocationem estis assecuti.* Sed & *Advocationem* sæpiusculè usurpat Dudo S. Quintini Decanus, pro *defensione, protectione, tutelâ, curâ, administratione.* Sic Lib. III Histor. Normann. pag. 122. *Respondit Rex, Tellus Normanniæ non nisi unius senioris unquam tuebitur advocatione.* Et pag. 139. *Sacrosancta Ecclesiæ Normanniæ advocatione dignus.* Et pag. 142. *Populum suæ advocationis fomento prudentius nutriebat.* Unde *Advocatus* eidem pro Protectore, defensore & præside multoties sumitur.

30. *Ab Agapito*] Videtur hic ex emendatione Historici eminentissimi, Andreæ Velleji, legendum *Adriano*; ejus scilicet nominis Tertio, qui sedi Romanæ unius duntaxat anni curriculo præfuit. Id quod cum ipsâ Chronologia exactius convenit. Adrianus enim Pontifex Romanus universalem Ecclesiæ Christianæ administrationem suscepit Anno Christi 884, teste Baronio, quo adhuc in Dania regnasse Frothonem asserunt Chronologi nostrates, Lyschander, Petræus, & alij: sed *Agapitus* demum Ecclesiæ præesse cœpit Anno 947. qui incidit in imperium Haraldi Blaatand. 265,

32. *Romanæ legationis præcucurrit adventum*] Utitur eodem Verbi Præterito Plautus Menæchm. Actus V. Scenâ VIII. 265,

Præcucurristi obviam, ut quæ fecisti, inficias eas.

Sic *adcucurrit* Tacitus Hist: Lib. 3. 22. 6. & Apulejus Metamorph. I. *decucurrit*, Cæsar de Bello Gall. 2. 19. & 21. *Excucurrisset* Svetonius Galbâ; 18, 6. *Procucurrissent* Livius 25, 11. 3. & 40, 30. 5. Cæsar de Bello Civil. 3. 93. *Concucurrit* Florus Lib. IV. Id observante in accuratissimo ad hunc auctorem Indice, Viro Doctissimo, Joanne Freinshemio.

35. *Hujus filius Gormo*] Hunc Gormonem & sequentem Haraldum quidam omittunt, expungentes, ut per errorem bis positos: Id quod etiàm Chronologiæ magis convenit, ut ajunt. Sed quàm rectè, ipsi viderint. 265,

37. *Apud Insulam*] Angliam intellige. Anglia enim seu Britannia, per excellentiam *Insula* dicta. Paulus Diaconus Lib. IV. de Gestis Longobard. Cap. XXIII. *Britannica, flos qui in Insula nascitur*: quomodo hunc locum restituit Cl. Barthius. Adamannus Scotus Lib. I. de Vita Columbæ: *Valedicens navigationem præparabat, & sine ulla morula transnavigans Jovam, devenit Insulam, hoc est, Britanniam.* 265,

Ibid. *Regiam adeptus est arcem*] Hoc est, rerum summam obtinuit. Sic Valerius Maximus Lib. VI. Cap. 2. *arcem occupare* dixit: *Quo interfecto, aliquantò tetrior arcem occupavit.* Phædrus Lib. I. Fabular. 265,

Hinc conspiratis factionum partibus,
Arcem tyrannus occupat Pisistratus.

Et Prudentius περὶ στεφανων, Hymno III. de S. Laurentio, *arcem possidere*, pro regnare & imperare, dixit:

Augustus arcem possidens,
Cui nummus omnis scribitur.

Adeò

66,1 44. *Adeò difficile prægrandia continentur im-* A *peria*] In eandem mentem legati Darij ad Alexandrum Lib. IV. Curtij: *Periculosum est prægrave imperium. Difficile est continere, quod capere non possis. Videsnè ut navigia, quæ modum excedunt, regi nequeant? Facilius est quædam vincere, quàm tueri. Quàm herculè expeditiùs manus nostræ rapiunt, quàm continent.* Proverbium etiam Gallis in usu est: *Qui trop embrasse, peu estreind.*

6,12 Pag. 179. vers. 1. *Sacræ cellæ strage puniens*] *Cellæ* hic nomine intelligendum venit *sacrarium,* B seu *ædicula sacra, templum, delubrum*: cujusmodi ferè sunt, quas *Capellas* barbarum nuncupavit seculum. Usus est eo significatu Valerius Maximus Lib. I. Cap. I. Pag. 25. *Cum Marcellus V. Consulatum gerens, templum Honori & Virtuti, nuncupatis votis, debitum consecrare vellet, à collegio Pontificum impeditus est, negante unam cellam duobus dijs rectè dicari. Cellæ* etiam dictæ habitationes Monachorum, qui in vasto illo Ægypti eremo olim, solitudinis sectandæ gratiâ, stabulaban- C tur: quâ significatione non semel hæc vox in Joanne Cassiano occurrit: ut Collat: 2. Cap. V. pag. 202. de Herone Sene: *Solitudinis cellæq; jugiter secreta sectatus est.* Unde & locus fuit in Ægypti eremo, cui nomen Cellæ, à cellis Monachorum, quæ frequentes in eo visebantur. Melchior Goldastus in Notis ad Ratperti Monachi Cap. I. & quidèm illa verba: *Protinùs ibi cellulas construentes*: *Cella*, inquit, *à celando, & in templis, & in domibus, appellatur pars aliqua re-* D *motior. Undè factum, ut pauperum & servorum mansiunculæ, cellæ appellarentur; ut docet multis exemplis Lævinus Torrentius Commentar. in Suetonij Tiberium Cap. 43. & Caligul. Cap. 41. In templis pars aliqua sacratior, in quam vulgo intrare non licebat. Cujusmodi erat in Capitolio Cella Jovis, auctoribus Gellio & Livio. Ità & Monachi, qui pauperes sese ac servos faciebant, Cellas vocarunt habitacula in recessu ac solitudine posita, & à frequentia hominum remota, in quas velut religionis gratiâ se confer-* E *rent. Germanis hodieq; in usu est* Cellen/ *pro habitaculis Monachorum.* Hactenus Goldastus.

56,18 6. *Hic à majoribus*] *Majores* hìc intelligendi sunt proceres regni, senatores, Megisthanes, quos interdum *Seniores* nominat Saxo.

9. *Quàm Daniam sub dotis nomine recepisset*] 266,21 Procul dubio legendum hic erit *Angliam*, pro *Daniam.* Quippè illam amiserat Gormo Anglicus, ut paulo ante Saxo indicavit; hanc vero ut recuperaret, quæ suæ adhuc erat ditionis, non admodum necesse erat.

12. *Nocturnis motibus*] Eleganter *nocturnos* 266,33 *motus* dixit pro Veneris exercitio, & libidinis nocturnæ commercio, seu libidinosâ prurigine, cujus meminit Juvenalis Sat. VI. *Tunc prurigo moræ impatiens. Moveri* autem & *motus* in rebus Venereis sæpenumero occurrit apud Juvenalem, Petronium, & alios.

24. *In capite nuptiarum*] *Caput*, pro princi- 266,36 pio, frequens est tàm in sacris, quàm in profanis Literis. Ita *Caput cœnæ* dixerunt antiqui.

34. *Propassis alis*] Hoc est diductis, disten- 267,9 tis, atq; expansis. Sic Apulejus Lib. VI. Metamorph. *Nam supremi Jovis regalis avis illa, repente, propassis utrinq; pinnis, affuit rapax aquila.* Apprimè huc facit Cap. XV. Lib. 15. Auli Gellij, quod, quià non adeò prolixum est, hoc loco integrum ascribere placuit: *Ab eo quod est* pando, passum *veteres dixerunt, non* pansum, *& cum præpositione,* expassum, *non* expansum. *Cæcilius in Synaristosis*:

Heri verò prospexe eum ex tegulis:
Hæc nuntiasse flammeum expassum domi.

Capillo quoq; esse mulier passo *dicitur, quasi porrecto & expanso, &* passis *manibus, & velis* passis *dicimus, quod significat diductis atq; distentis. Itaq; Plautus in Milite Glorioso, A literâ in E mutatâ, per compositi vocabuli morem,* dispessis, *dicit, pro eo, quod est* dispassis:

Credo ego isthoc exemplo, tibi esse eundem
actutum extra portam,
Dispessis manibus, patibulum cùm habebis.

Pag. 180. vers. 1. *Præteritâ filiâ*] Thyrâ scili- 267,31 cet: & præterito item filio Adelsteno, ut mox infrà:

2. *Angliam ijsdem testamento legaret*] Ejus- 267,31 modi Testamentum *inofficiosum* Jurisconsulti vocant; cùm scilicet parentes, sine causâ, liberos suos exhæredant, vel omittunt: de quo liberis permissum est conqueri, aut iniquè se exhæredatos, aut iniquè præteritos. Institut. Lib. II, Tit. 18. de Inoffic. Testament.

R 2 NOTÆ

NOTÆ VBERIORES IN LIBRUM X.
HISTORIÆ DANICÆ SAXONIS GRAMMATICI.

269,12 Pag. 181. vers. 5. IGitur Norvagiæ Rex] Haraldus nempè Pulchricomus, qui ex concubina quadam Thorâ Haquinum filium suscepit, ab educatore suo, Britanniæ Rege, *Adelsteni* cognomento insignem.

269,18 11. *Filio ejus Haquino, admodum tenero, educationis impensam pollicitus*] Longè aliam ab Adelsteno Haquinianæ educationis occasionem commemorat Chronicon Norvagicum antiquissimum, cui autor Snorro Sturlæsonius, in Vita Haraldi Pulchricomi: *Sub idem tempus, rerum in Anglia potiebatur Rex Adelstenus, cognomento Victoriosus. Is ad Haraldum Pulchricomum, Norvagiæ Regem, legatum misit, cui præter mandata, de magni momenti negotijs illic expediundis, gladium aureo manubrio, & vaginâ gemmis aureisq́ vinculis condecoratâ, insignem, pretiosi muneris instar, Regi exhibendum commisit. Hic ubi in Norvagiam appulit, Haraldi aulam rectâ petens, ejusq́ adeundi potestate factâ, ensem obtulit. Rex apprehenso gladij capulo, illum curiosius contemplari cœpit. Quod animadvertens legatus, nunc, inquit, ô Rex, ex voto Adelsteni, ensem complexus, ejus te clientelæ tradidisti, ipsiq́ homagium præstitisti. Olim namq́ se Regum clientelæ daturi, tacto gladij capulo, obsequium polliceri solebant. Haraldus summo sibi opprobrio ducens, alieno subjici imperio, haud levem animo concepit indignationem. Gnarus tamen frænare iram, (quæ morâ interire solet) legatum lautè tractatum, bonâ cum veniâ à se dimisit. Paulò pòst cum proceribus inito consilio, de ignominiâ hac & injuriâ opportunè vindicandâ, unanimi consensu decretum est, ut Haraldus filium suum Haquinum Adelsteno educandum transmitteret. Etenim abjectæ sortis & vilioris conditionis ille habebatur, qui alienis liberis officium educationis præstabat. Erat tum temporis in contubernio Haraldi Regis, Haukerus Habrok nomine, vir exploratæ fidei, adq́ res arduas obeundas promptissimus, & ob partam longinquis peregrinationibus variarum rerum experientiam, Regi gratissimus. Hujus fidei filium suum Haquinum in Angliam deferendum commisit. Haukerus peractâ feliciter navigatione, in insulam exscensionem faciens, Adelstenum cum magnatibus epulantem Londoniæ offendit. Sed priusquàm Regem inviseret, triginta militibus, quos sibi comites adjunxerat, seriò jussit, ut scutis suis capulos gladiorum, quos districtos sub longis cœlabant tunicis, contegerent, & qui ultimus ædes regias ingrederetur, primus omnium exiret. Mox Haukerus in palatium intromissus, salutato Rege, filiolum Haraldi genibus ejus imponit. Adelstenus puerum diligentius intuens, Hunc, inquit, minime servilibus oculis esse video. Et simul interrogat Haukerum, quid hæc pueri traditio portenderet? Cui Haukerus: Rex, ait, Haraldus spurium hunc suum à te educari petit. Ad illa verba accensus irâ Adelstenus, arrepto gladio, puerum interficere simulabat. At respondit Haukerus. Nunc tibi alumnum tuum per me licebit obtruncare, cujus te sinu excepti nutricium & educatorem profiteri cœpisti. Neq́ si unum huncce interemeris, totam Haraldi sobolem internecione delevisti. Atq́ hoc dicto Haukerus regiâ egressus, eâdem, quâ venerat, viâ, iter in patriam remensus, secundo vento ad suos reversus est. Quos redeuntes Haraldus gratanter excipiens, ob rem benè gestam, dignâ remuneratione prosequutus est. Verùm Adelstenus Haquinum sacris Christianis initiatum, honestorum morum documentis, & equestribus exercitijs informandum curavit. Undè & cognomen Haquini Adelstenij sortitus est.*

31. *Præceptoris occasus*] Id est, Adelsteni Regis, qui Haquinum compluribus honestatis præceptis imbuerat. 270,

37. *Haraldi Gunnildæ filij*] Hæc Gunnilda, Gormonis Daniæ Regis filia erat, & soror Haraldi Blaatand: quam pater Erico Blodøxe/ Haraldi Pulchricomi filio, Norvagiæ Regi, in matrimonium dederat. Ex ea tulit Ericus septem filios, Gamalium, Gutormum, Haraldum, Reginfredum, Erlingum, Sigurdum cognomento Sleffva, & Gudrodum; & unicam filiam Ragnildam. Haquinus vero Adelstenius, audito paterni fati nuntio, ex Anglia redux, fratrem Ericum, Blodøxe dictum, qui regiæ potestatis insignia sibi vindicabat, regno expulit; ipse vicissim ab omnium provinciarum incolis regio titulo ornatus. Tandem universâ Norvegiâ suam in potestatem redactâ, in Daniam cum instructissima classe irruptionem faciens, Jutlandiam, Sælandiam, Scaniamq; igni & ferro latè depopulatus, ingenti prædâ partâ, patriam repetit. Intereà Gunnilda, Haraldi vidua, tyrannidem Haquini metuens, in Daniam ad fratrem Haraldum Regem, cum filijs aufugit, quibus Rex latifundia prædiaq; nonnulla, unde victui necessaria suppeterent, possidenda concessit. Hi sæpè pyraticam circa littora Norvagiæ exercentes, inprimis provinciam Vigcensem infestis armis adoriri solebant. Quibus tamen Haquinus fortiter se opponens, in Daniam eos non sine exigua jactura, & internecione exercitus sui, retrocedere coëgit. Demum Haraldus Gunildæ filius, cujus hic mentionem facit Saxo, sexaginta navium classe ab avunculo donatus, Hevindo & Karlhofto socijs receptis, in Norvegiam navigationem remensus, adversus hostem navalis pugnæ copia non suppetente, terrestrem exercuit, in qua tamen victor extitit Haquinus. Hæc totidem verbis Chronicon Norvagicum Snorronis Sturlesonij. 270,

41. *Hevindo enim,*] Hevindo huic Chronicon Norvagicum pag. 84. cognomentum *Skreja* 270,

ja tribuit, & pro Karlhofto, Alfi cujusdam Askmanni meminit, in commilitium ab Haraldo, in expeditione hac Norvagica, susceptі.

0,18 46. *Clarius sui indicium exhibentem*] Haquinus etenim Adelsteinius, Rex Norvagiæ, in hoc prælio, capite gestabat *galeam inauratam*, quæ Solis radiis illustrata, eximio fulgore hostium oculos perstringebat. Gunnildæ filii regium hoc insigne rati, eò omnem impetum, totamq; vim armorum convertere cœperunt. Quo cognito Hevindus Findsón, Haquini ex sororis filia pronepos, latè splendentem galeam pileo obduxit. Tunc elatâ voce exclamans Hevindus Skreja: Quid? subduxit nè se è prælio Norvagiæ Rex? an verò occubuit? Evanuit etenim, nec uspiam apparet inaurata galea. Et cum dicto, Haquinum Regem, qui inter primos præliantium globos strenue pugnabat, ignarus districtâ bipenni petiit. Sed adactum Regi ferrum Thoralvus objectu clypei fefellit, adeo ut Hevindus nutabundus mento ferè terram contingeret. Hinc Rex tantâ vi in Hevindum gladij sui aciem egit, ut ferrum non modo galeam & caput, sed & medio corpori illapsum omnes artus diffinderet. Mox Thoralvus Alf Askmand Hevindi fratrem, interfecit. Chronicon Norvagicum pag. 85. & seq.

70,30 Pag. 182. vers. 1. *Interea Thoralvus*] Hic est Thoralvus ille Skolmsón, cognomento Fortis, qui tanquam fidus Achates, in hoc conflictu, à latere Haquini vix latum unguem discedens, Regis fatum clypei sui obstaculo repulit.

271,1 10. *Jaculum namq; vago*] De hoc jaculo paulò aliter Historia Norvagica pag. 86. Posteaquam occubuissent Hevindus Skreja, & Alf Askman, Haraldi exercitus effusâ fugâ sibi consuluit. Dùm vero Haquinus hostes acrius persequeretur, ex improviso spiculum quoddam, sive sagitta, quam *Flein* vocant, advolans, brachio regis infrà scapulas, grande vulnus inflixit. Memoriæ proditum est, Gunnildæ servum quendam, nomine Kispingum, in mediam aciem processisse atq; exclamasse; cedite locum Regis interfectori, ac derepentè jaculum corpori Regis adegisse.

271,7 16. *Gunnildam procurato maleficijs spiculo*] Erat certè, teste Snorrone Sturlæsonio, Gunnilda hæc, venefica nulli secunda, varias præstigias & maleficia in Findmarchia, ubi educata fuerat, edocta. Quare nullum est dubium, quin perniciosum hoc jaculum in hostile caput machinata sit.

271,8 17. *Haraldus itaq;*] Intellige Haraldum, postea Graafeld dictum, qui major natu inter Gunnildæ filios erat; quiq; cæso Haquino Adelsteinio, regnum Norvagiæ occupavit.

71,14 24. *Julinum nobilissimum illius provinciæ oppidum*] Julinum sic describit Sebastianus Munsterus Cosmograph. Lib. 3. pag. 771. *Julinum oppidum olìm nulli clarissimarum urbium secundum, multas etiam præclaris opibus & structuris exsuperans,* A *nobile VVandalorum emporium, tantis opibus mercatorum negotiis frequens, ut vix aliud par illi tum Europa videret, Constantinopoli excepta, quæ tum florebat. Ibi Russi, Dani, Sorabi, Saxones, & VVandali suos vicos & plateas incolebant. Incolæ ejus, quùm in flore essent, lege latâ vetuerunt, ne advenarum quisquam novæ religionis mentionem ullam faceret; quo factum est, ut omnium illi novissimi ad Christi fidem pervenirent. A Regibus Danorum olìm urbs ista multum passa est, potissimum autem Regi Svenoni ad tempora* B *Ottonum regnanti, sæpè se opposuit, bello sustinens totius regni molem, ter etiam Regem prælio cepit. VValdemarus quoq; Rex Daniæ, circa Annum Christi 1170, classe per Zvenum fluvium ingressus terram, Julinum oppidum, non satis à pristinis cladibus respirans, captum direptumq; incendit: ex quo die nunquàm redijt ad pristinum florem, quod jam à Saxonibus novæ civitates in eo littore firmarentur, præsertim Lubecum. Urbs itaq; ista olìm tam præclara & potens, nunc ad fatum suum pervenit. Et est rerum vicissitudo.* C *Vocatur hodie VVollinum. Circa annum domini 1151. Principes Pomeraniæ erexerunt ibi Episcopatum: sed qui postea, circà annum Christi 1181, fuit tranlatus Caminum. Situs hujus Julinensis urbis fuit haud procul à lacu magno Pomeraniæ, quem tres amnes Panus, Zvvinus, & Divinovv, collecti ante exitum in mare, conficiunt, etiamsi per Divinovv putent intelligendum exitum Oderæ ex lacu, sicut & Zvenus alius est exitus, per quem via patet ad mediterranea Pomeraniæ loca.*

Quibus subjungere placet longè accuratiorem D Julini descriptionem ex Davidis Chytræi Procemio in Metropolin suam: *Cum autem Julini, urbis vetustæ ac celeberrimæ, in quâ primam Episcopi Pomeraniæ sedem principes posuerunt, mentio à nobis facta sit, non ingratum studiosis antiquitatum patriæ futurum arbitrabar, si ea, quæ senex antiquâ virtute, & fide ac doctrinâ præstans, Joannes Lubbechius, conconsul Treptovij ad Regam, de Julino, vetustissima & florentissima olìm Pomeranici littoris urbe, nunc eversâ ac excisâ, sciscitanti mihi respondit, cum illis com-* E *municarem. Pridie Non Octobr. VVOLLINUM, natale solum, piæ memoriæ, Doctoris Johannis Bugenhagij Pomerani, avunculi mei, perveni, & apud sororem meam, Consulis ibidem quondam, Joachimi Czimdarsij, Patris Magistri Petri Czimdarsij, Professoris in Academia Griphsvvaldensi, utriusq; piè defuncti, viduam diverti. Et quia complurima de oppidi istius antiquissima celebritate, ac emporij ibidem famosissimi amplitudine, scriptis & dictis memoriæ tradita esse, non immemor eram: nè otio deside tempus ibi* F *tererem, & rei veritatem exquisitius indagarem, posterâ die, Nonis scilicet Octobr. comitatus aliquot antiquitatis studiosis, Viris venerabilibus, loci istius Pastoribus & Senatoribus, vetusta Julini, anno Christi 1170, auspicijs Danorum Regis VValdemari, ductu Absolonis Episcopi Roschildensis excisi, restantia vestigia, oculari, de loco ad locum, commonstratione perlustravimus, & quantum illa, mediocris quidem Civitas VVollin, ab antiqua illa celebratissima urbe, & Castro magno, Julino, mutata sit, ex rei præsentis inspectione deprehendimus.*

dimus. Sita est & fuit, nunc ut tunc, in insula dem Wollinischen Werder / quæ per pontem prælongum, ex continenti Ducatus Pomeraniæ, super fluvium Divenovv, ibi der Strom appellatum, aditum præbet. Estq; insula in longitudine quatuor milliarium. Ab ortu Divenovv, ab occasu Svveno fluvijs, à meridie lacu recenti, dem Frischen Hafe / palude novem circiter milliarium, & ad septentrionem, maris Balthici, die Ostsehe / Daniam versus spectantis, ambitu circumcincta. Insula frugum & pecorum admodùm ferax. Terra fertilis, aquæ & fluvij piscosi valdè: adeò quòd sæpe vidimus, uno tractu, projectis retibus, ducentorum vel trecentorum florenorum valore, pisces varij generis comprehendi, capi, & distrahi, tempore hyemali, glacie lacu recenti constricto. In hujus, inquam, insulæ frontispicio, ex antiquis adhuc extantibus aliquomodo ruinarum monumentis veteris Julini, apparet & datur videre, quòd florens Julinum habuerit in circumferentia sua ultra integrum milliare Germanicum commune. Templum etenim S. Michaëlis, hoc tempore, extra oppidum VVollin, in editiore paulum colle, Bethavim sepulchris defunctorum cum suo cœmiterio destinatum, tunc in medio urbis fuisse perhibetur antiqui Julini. Quod etiam ità deprehenditur. Tria namq; castella, vel Fortalicia, ad propugnandum hostiles insultus, in editioribus urbis partibus disposita, diversis quasi montibus tribus longiusculo intervallo, locata fuisse, excidij lateres adhuc ostendunt, quorum nomina etiamnum remanent. Primus Kakernel; Secundus Modorovv; Tertius der Schloßberg; Quartus versus Septentrionem, der Silberberg / mons cæteris proëminentior. In quo constructa fuisse perhibetur Arx, vel propugnaculum, multarum habitationum, ubi sæpè adhuc inter excisa fundamentalia saxa & lateres, argentea numismata reperiuntur. Item prægrandium hominum, instar Gigantum, grandia ossa & costæ aliquandò conspiciuntur. Fuit etiàm ibi alius, vel quartus mons, ad australem urbis partem inclinans, mons Calvariæ, der Galgeberg / in quo sontes ultimo supplicio affici solebant, non longius ab urbis dissitus portis, quàm quis manuali jactu pertingere posset. Hodiè hic locus, vel mons, tam longè à portis novi VVollin distat, ut aliquem eò exspatiantem benè defatiget. Et in radicibus hujus montis, antiquitus terminabatur, in parte Australi, vetus Julinum florens. Si itaq; templum Sancti Michaelis in medio urbis constitit, & ad quatuor mundi plagas, prædictos montes & Fortalicia, capita angularia, vel terminos habuit, ut ex ruinis liquet, satis constat magnitudinem veteris Julini excessisse spatium milliaris Germanici in ambitu suorum murorum. Nunc temporis, multò etiam quàm trigesima parte est contractior & minor, non aspernenda tamen civitas VVollinum. Et campus est, ubi Troja fuit; ubi olim ædificia magnifica steterunt, ibi nunc multa agrorum jugera coluntur quotannis, das Wollinsche Stadtfeldt am werder ad-occasum, bis an die Plotzinsche Stege. Eò usq; vetus pertendebatur Julinum. Ad Ortum hodiè etiam pristinum terminum obtinet Fluentum, den Strom. Brachium fluvij Divenovv ponte, ut dixi, stratum;

A Hujus fluenti, des Bruggen Stromes / hæc est natura & reciproca alteratio saporis aquæ. Quandò Austrini spirant venti, tunc fluvius Odera, qui infra Stetinum, duobus milliaribus, influit in recentem Lacum, ità commiscetur aquæ recentis lacus, ut recens sapida, & nihil salsedinis concipiat aqua totius fluenti des Stroms. Si verò intensiores paululum incumbant flatus Septentrionales, tunc aqua salsa ex vicino Balthico mari propellitur in lacum recentem, & hinc in Fluentum, den Divenovv Bruggen Strom / ejusq;
B omnem aquam instar marinæ salsam efficit: ità ut nunc recens, nunc salsa sit aqua fluenti, pro ut venti spirant, & maris fluxus & refluxus est in recentem lacum. Hæc de situ veteris Julini, nunc paucis addam de statu. Emporium fuit totius Europæ, post Constantinopolim, ut ferunt, longè celeberrimum, tantæ potentiæ, ut potentissimum Danorum Regem Svenonem primum, ter bello superatum, captumq;, exolutis lytris, nihil Daniæ potentiam extimescens, impavidè dimiserit. Populositatem, vel multitudinem civium ac
C incolarum, viginti duo millia civium capita, ibi ab Ottone Bambergense Episcopo, Anno 1124, baptizata declarant. Neque verò Julinum una tantum gens, sed diversarum nationum populi, discretæ linguæ, religionis & fidei homines, inhabitaverunt, & mercaturam exercuerunt, VVinithi, VVinni, Heneti, Svenones, Slavi, Vandali, Dani, Sveci, Cambrivij, Circipani, Judæi, Gentiles, Pagani, Rutheni, Græca fide utentes, & similes aliæ gentes complures, promiscuè ibi inveniebantur. Quibus omnibus & singulis, ibidem
D negociandi æqua erat potestas, & salvus dabatur conductus: solis Christianis, sub interdicto pœnæ mortis, exclusis. Et singulæ gentes suas distinctas plateas inhabitaverunt, quibus & nomina à se indidère. Sclavi, Vandali, VVinithi, Svenones, Rutheni, primarij inter eas perhibentur, pleriq; omnes poligami homines, alioqui honestis moribus, servientes quoq; Idolis suis. Coluerunt tamen publicè ex professo Idolum Triglaff / Deum Tricipitem: quòd primo capite cœlum, secundo terram, tertio aquas istius Dei gubernaculis regi, de-
E fendi, & conservari dicerent. Arbitror autem eos aliquid ex patriotis suis Rugianis & Vandalis, qui in Italia & Africa bella gesserant, de Trinitate & veritate veri Dei audivisse, & hinc hunc Triglaff extruxisse, cui & alios congubernatores Vicarios adjunxerunt Harvit & Barovit, præsides mercaturæ, quasi Martem & Mercurium. Item Bialbugk & Zernebugk / album & nigrum Deum. Hæc confusio dissoluta, postmodùm ex Idololatria, in tetras libidines, & multiplicem tyrannidem exorbitans, peperit excidium floren-
F tissimæ urbi Julino, ut primò fulmine cœlesti, aliquoties miserè afflicta, Ruthenos commoverit indè in patriam emigrare, & cum suis consortibus alias sedes in Russia quærere, ubi & Ducatum adhuc hodie VVollinensem fundaverunt. Consecutæ sunt aliæ seditiones & negociatorum dissipationes, quoad tandem à VValdemaro Rege Daniæ expugnata, & solo æquata, ad eas, quas nunc obtinet, angustias est redacta, impietatis, tyrannidis, & luxus, justo Dei judicio, pœnas luens meritas.

Inter

71,19 29. *Inter quos fuêre Bo, Vlf, Karlshefni, Sivaldus*] Genealogiam & prosapiam pyratarum Julinensium recenset hunc in modum Chronicon Norvagicum in Vita Haquini Jarl; p. 129. *Palnatokus patrem habuit Palnam Tokeson, matrem Ingeburgam, Ottari Gotlandiæ Comitis filiam. Is à Burislavo Sclaviæ principe, Satrapa & custos limitaneus totius VVandaliæ constitutus, tandem Dux & Imperator Pyratis Julinensibus summâ cum potestate præficitur. Hic in uxorem duxit Olavam Stephani Anglici filiam: ex qua Agonem genuit, Fioniæ à Patre postea præfectum. Eodem temporis tractu Scaniæ præfuit Strutharaldus; qui ex Toffva conjuge filios Hemmingum, Torkillum procerum, Sigvaldumq; cognomento Jarl, suscepit. Borringiam quoq; Insulam suo regimine tum temporis moderabatur VVæsettus. Cui sequentes extiterunt filij; Bo videlicet, cognomento Crassus, qui vasti corporis robore non solum stolidè ferox, sed & deformi & distorto vultu conspicuus erat, inq; matrimonio habebat Toffvam Strutharaldi filiam: & Sigurd Kappa, hoc est, Pugil, cui filia erat Torgunna, quæ Agoni Fionico Strutharaldi filio nupsit, mater Vogni, viri formæ venustate pariter ac virtute excellentissimi. Omnes hi Strutharaldi juxtà ac Væsetti filij, unà cum Vogno Agonis filio, Julinum profecti paulò ante obitum Palnatoki, legibus & statutis pyratarum Julinensium se subjecerunt. Mox defuncto Palnatoko, omnes Pyratæ Julinenses unanimi consensu Ducem elegerunt Sigvaldum Jarl Strutharaldi filium.* Igitur jam constat, quinam fuerint *Bo* iste atq; *Sivaldus*, quorum adeò crebra in Saxone fit mentio. Sed pro Karlshefni legendum puto, Karlshofuit/ quale occurrit nomen in Norvagico Chronico pag. 149. ubi Erici Blodestald/ filij nominantur Sivaldus & Karlshofvit. Cæterùm Pyratæ Julinenses, quorum celebratissima fama est, olim dicebantur Jomsvikinger. Julinum etenim Jomsburg dicebatur, & Vikinger / pyratæ.

71,26 35. *Quæ à Cæsaro Otthone gerebatur*] Otho Romanorum Imperator, Henrici filius, expeditionem hanc, cujus hic meminit Saxo, in Daniam suscepit, Anno Christi DCCCCXLVIII. secundùm Albertum Stadensem; cujus hæc est narratio à Saxonis aliquanto diversa, ideoq; dubiæ fidei: *Otto Rex, postquàm ferè omnia regna, quæ post mortem Caroli defecerant, suo imperio subjugârat, in Danos arma corripuit, quos antea pater ejus bello compressit. Enimverò tum rebellare moliti, apud Hedaby, legatos Othonis cum Marchione trucidarunt, omnem Saxonum coloniam funditus extinguentes. Ad quam rem ulciscendam, Rex cum exercitu statim invasit Daniam; transgressusq; terminos Danorum, apud Sliasvigh olìm positos, ferro & igne vastavit totam regionem, usq; ad mare novissimum, quod Nordmannos à Danis dirimit, & usq; ad præsentem diem, à victoria Regis, Ottesund dicitur. Cui egredienti Haraldus apud Sliasvig occurrens, bellum intulit. In quo, utrisque viriliter decertantibus, Saxones victoria potiti sunt: Dani victi ad naves cesserunt. Tandem conditionibus ad pacem inclinatis, Haraldus Ottoni subjicitur, regnumq; ab eo suscipiens, Christianitatem in Dania recipere spopondit, statimq; ipse cum uxore sua Gunhild & filio baptizatus est, quem filium Rex Otto à sacro fonte susceptum Svenotto vocavit.* Videatur Adamus Bremensis Lib. 2. Cap. 2. unde hæc Albertus transcripsit, sicut omnia sua solet.

55. *Tenacissimi operis terrenum molita est munimentum*] 272,7 De primo hujus munimenti fundatore, non omnes convenire video. Paulus Æmilius, rerum Gallicarum scriptor, Gottofredo Daniæ Regi, prima hujus valli tribuit fundamenta, sic disserens: *Danorum Rex Gothofredus finibus suis non contentus, dum imperium Germaniæ, bellis Francorum fessâ spe sibi destinat, congredi cum Carolo ausus, terra victus: quòd peninsulam incolens, mari plus valere se putaret, qua Francorum bello patebat, fossa aggereq; ac vallo præmunit, unâ omninò porta relicta. Intraq; munitiones ad Oceanum usq; utrinq; promotas, retraxit imperium multarum gentium conventu frequens.* Quod & Aimoinus Lib. 4. de Gestis. Francorum notavit. Idem asserit Christianus Cilicius belli Dithmarsici Lib. I. *Vallum,* inquit, *illud, adhuc nostro tempore muris & aggestâ terrâ insigne, quod à nostris* Dannewerck/ *hoc est, Danorum opus appellatur, & propter Caroli Magni exercitum adventantem à Godofredo Daniæ Rege structum, perductumq; est à sinu Oceani Britannici* Slye *dicto (haud procul Slesvico & Gothorpia) usq; ad Hollingstadium, quod Eidora amnis in Germanicum mare se exoneraturus alluit.* Hæc Caroli Magni cum Godofredo (nostratibus Gotrico) simultas, vigebat circa ann. Christi DCCCVIII. quo tempore extructum etiam fuisse hoc vallum veritati consonum est. Saxo noster ut & plerique alij, Thyræ, cognomento Danebod/ Ethelredi Regis Angliæ filiæ, Gormonis conjugi, caput Majestatis Danicæ vulgo appellatæ, hoc opus tribuit. Saxonem sequitur Crantzius Lib. 4. Daniæ de Haraldo disserens Cap. 21. in hunc modum: *Cupiens autem idem Rex Matri, pro sua virtute, perenne monumentum instruere, quod Daniam vallo communisset, ingens saxum in littore repertum, multarum manuum ope vix eruendum, aggressus est.* Item Sveciæ Lib. V. Cap. 8. *Erat is Haraldus, qui ad tempora primi Ottonis pervenit, cujus mater Thyra Angliæ Regis filia, longissimum illum jecit aggerem, qui hodie quoq; cernitur à mari ad mare porrectum. Pudebat, tædebatq; optimam fœminam, Saxones, quoties vellent, in Jutiam irrumpere, ideò claustris voluit cohibere.* Ericus Pomeranus Thyram, ligneam tantùm hanc munitionem fecisse refert: procul dubio aggestam molem ad latera sudibus & palis muniendo, vel etiam in summitate coronando; quo inclinat Hvitfeldius noster. Historia Julinensis refert, ab australi valli latere, fossam fuisse decem orgiarum latam, totidem profundam. Supra vero ex trabibus & lignis propugnaculum firmissima

juncturaextructum, ità, ut in eo, ex eadem materia, turres extiterint centum orgijs à se invicem distantes, ex quibus hostes armis excipere, seq; validè defendere potuerint. Quod procul dubio opus fuit reginæ Thyræ, de quo Ericus Pomeranus. Undè forsan Lætus noster colligit Lib.IV. rerum Danicarum, Haraldum, primum omnium firmiorem, terrâ constantem, hunc aggerem reddidisse, dum ita canit:

Hic ille est, solido, primus qui Cimbrica, vallo
Munijt arva, soliq; ingens è corpore dorsum
Eruit, immani quod se curvamine, longos
Incitat in tractus, mediumq; perambulat Isthmum,
Et maris Eoi ripas cum littore jungit
Hesperio, ac tenuem Slesvici respicit urbem.

Quod confirmat Historia Norvagica Snorronis Sturlæ, quæ refert Haraldum, profligato Otthone Imperatore, consilio Haquini Comitis, munimentum hoc validius ac firmius multò, aggeribus & fossis, reddidisse. Cum vero à quibusdam Thyræ, à quibusdam Haraldo hoc opus tribuatur; credibile, post obitum Gormonis, ab utrisq; hoc præstitum, matre scilicet & filio: hoc operas, illâ consilia suppeditante. Ità namque Johannes Adolphus Cypræus Annalium Eccles. Lib. 1. Cap. 10. *His rebus adducti, & autoritate Reginæ permoti, opus illud admirabile, & æternâ memoriâ dignum, aggredi constituerunt. Et ut in opere tanti momenti, laboris æqualitas servaretur, angustias illas Isthmi inter se partiti sunt, idq; sortibus opere diviso. Quarum una pars Scaniæ, alia Selandiæ, tertia Fioniæ excitanda, atq; vallanda, sorte obtigit. Scaniæ illa pars cecidit, quæ à porta illa, quæ vulgò Kalegatum appellatur, Hollingstatium usq; protenditur: Sælandis autem & Fionibus portio illa, quæ à porta versus Sliam vergit, obvenit. Cujus rei adhuc vestigia evidentissima supersunt, & antiquitatis studioso ad oculum demonstrari possunt. Et quò cibariorum copia suppeteret, commeatum ad alendam multitudinem eorum, qui foderent & opus facerent, Juti & Slesvicenses sublevarunt & comportarunt. Vallum autem etiam fossa alta circumdederunt & cinxerunt, quæ adhuc ubiq; conspicitur.* Hæc fusius adducta, quòd modum ac media, quibus hoc opus extructum, contineant; quæ apud alios non inveni. Hisce licet expresè asserant, Thyram Reginam & Haraldum hujus valli molem struxisse, atq; opus ad umbilicum perduxisse, ut Saxonum comprimerent petulantiam, in Cimbriam crebras irruptiones molientium: nihil tamen impedit, quo minus statuamus, à Gotrico primam ejus ductam lineam, & forsan rude opus inchoatum, quod posteà Thyra cum filio auxit, vel collapsum restituit; alij vèro ad summam perfectionem deduxerunt. In quâ sententia video etiam esse celeberrimum nostrum Historiographum Joan. Isaac. Pontanum Hist. Dan. Lib. 5. in Haraldo. Waldemarum namq; primum, Daniæ Regem, cognomento Magnum, etiam symbolam suam huic operi contulisse, &

A muri auctuarium addidisse, paulò infrà refert autor noster. Cujus verba ità expressit Lætus:

Hic vallo murum imposuit, quâ Cimbrica mole
Chersonesus ab externo sese hoste solebat
Tutari, ac subitos objectu arcere tumultus.

Murus ille, multis in locis, septem pedes latus observatur, & octodecim altus, quamvis magnâ ex parte, jam lateres eruti, & ipse dirutus sit, ità ut rudera saltim supersint. Lateres, ex quibus compactus, in pagis *Schubuja & Hasbuja* coctos fuisse, B ex fornacum reliquiis colligunt quidam; calcem verò ex Gotlandia navibus advectam statuunt. Cypræus suprà citatus asserit, Reginam Daniæ Margaretam, quam Nigram vocant scriptores, vallum tertiò reficiendum & instaurandum, murisq; ac fossis pedum viginti muniendum curasse, idq; circiter annum à nato Christo M. C. LXXXIII Canuto Woldemari filio regnante, hoc est, annis CCCLXXX postquàm Thyra Regina vallum instauraverat, temporibus C nimirum Friderici primi Imperatoris Romani. Sed quænam fuerit Margareta Nigra, apud nostros non invenio Historicos. Frater hujus Cypræi, Philippus nomine, in Genealogia Regum Daniæ, Anno MDCXXII Hafniæ edita, refert, Woldemarum I. instinctu prioris conjugis Margaretæ Nigræ, vallo Danico murum cocti lateris superjecisse. Obijt autem hic Woldemarus Anno M. C. LXXXIV. Quomodo igitur Margareta hæc, anno uno ante ejus D obitum, quod nunc ab ipso reparatum erat, iterum restaurare potuit? Tertia igitur hæc reparatio, eadem est cum secunda Waldemari, quæ non instinctu Margaretæ Reginæ, aut ab ea facta est; sed docente Hvitfeldio nostro, rogatu Episcopi Absolonis, Anno MCLXVIII absoluta est, ut Saxones & Sclavos regno arcerent. Inchoata verò videtur Anno MCLXIII. si fides habenda Chronico Erici Regis, quod ad annum dictum hæc recitat: *Tunc Rex malitias Teutonicorum* E *prævenire volens, munitionem Danevirke muro circumcinxit: ante enim lignis tantum munitus erat locus ille.* Tam grande, immensum, & admirabile humanæ industriæ & roboris monumentum, jam adeò concidisse, ut vix quibusdam in locis ejus adhuc conspiciantur rudera, vehementer dolendum. Dum enim in suo stetit vigore, vix erat, quod robore cum eo certare poterat, adeò ut insuperabile Cimbriæ propugnaculum suo ævo ab omnibus habitum sit. In ejus F præsidio, quandoq; sexaginta millia hominum collocata fuisse legimus. Cum enim Henricus Leo, circa annum MCLXXVII, irruptionem in Daniam moliretur, id dissuasit Bernhardus Razaburgensis, quod sciret *Danevirkæ custodiam Danorum sexaginta millibus mandatam esse*, referente Pontano Lib. 6. Rer. Danic. in Hist. Woldemari I. Hinc Sveno, cum se vi illud perrumpere haud posse videret, dolo & largitionibus sibi viam struere conatus est. Quod quibus medijs perfece-

perfecerit, docet Crantzius Daniæ Lib. 5. Cap. 38. *Quumq́ perventum esset*, inquit, *ad grande vallum, quod Danorum opus dixêre, præmisit, qui claustrorum custodẽ ingenti pecunia corrumperet, ut reseratis portis, sine oppugnatione transitum permitteret. Ille pactus pecuniam, justo se regi ministerium præbuisse ratus, pecuniam accepit. Sed tum Pontifex dignum esse ait, quod cum ipsa proditionis mercede, autor uni ex portis laqueo affigeretur.* Portis igitur & repagulis firmissimis obseratum olim fuisse, & hinc liquet. *Erant*, inquit Pontanus Rerum Danic. Lib. V. *in hoc aggere extructæ turres, vel speculæ potius, per intervalla ità dispositæ, ut ex ijs eminus adventantem hostem facilè esset animadvertere, atq́ aditu prohibere.* Nihil igitur hic, quod ad justi munimenti (juxta ejus sæculi normam) structuram desiderare quis potuit, abfuisse colligimus. De eo & hæc addit Jonas Coldingensis in sua Daniæ descriptione: *Visuntur etiamnum propè Slesvicum, ubi Cimbricæ Chersonesi Isthmus cernitur, fossarum & aggerum memorabilia vestigia concissa, quæ* Danewirck *(hoc est opus Danorum) nuncuparunt. Qui agger porfunditate, qua Holsatiam spectat, inadibilis, sexaginta pedes latus, totidemq́ altus, hostibus arcendis, instar obicis objectus, spatio Germanici milliaris à maris Orientalis littore, ad occidentalis Oceani ripas exactè perductus. Quem bono consilio majores confecere, eiq́ Liminarcham cum custodibus limitaneis, è perpetuis regni sumptibus, præfecêre, circà annum Christi D CCCC XL, ut eo vallo, tanquàm munimento solido, clausi, ab incursionibus atq́ latrocinijs vicinorum Saxonum tutiores essent.* Quæ omnia cum superioribus exactè consonant. Quanta enim Romani Imperij coacta vi, quantisq; machinamentis usus sit Ottho II. Romanorum Imperator, antequam molem hanc perrumpere, & in Cimbriam penetrare valeret, abundè docet Dithmarus Merspurgensis Chronici. Lib. 3. ubi narrat eum coactum fuisse in subsidium alios Germaniæ Principes vocare, ac inter eos avum ipsius Dithmari. Verba addam, ut res fiat manifestior. *Danos*, inquit, *sibi rebelles petens, ad Slesvig properavit, ibi etiam hostes suos foveam, quæ ad defensionem patriæ parata est, & portam, quæ VViglesdor vocatur, armis præoccupare videns, consilijs Bernhardi ducis & avi meimet, Henrici Comitis, omnes has munitiones viriliter exsuperat.* Claudebatur tum temporis, ut apparet, hæc moles, portâ unicâ, Dithmaro *VViglesdor* (forsan à Wigleto) quæ firmis adeò repagulis, vigilibusq; strenuis assiduè muniebatur, ut ab omni exterorum insultu, totiusq; Romani Imperij impetu, eâ tuti sibi viderentur Daniæ incolæ. Huc spectat & illud, quod supra de Svenone ex Crantzio retulimus, qui cum vi nequiret, dolo usus est, ejus septa ut penetraret. Joannes Adolphus Cypræus, portam hanc *Kalegatum* vocatam fuisse ait, appellatione inde petita, quod in loco undiq; patenti & aperto, nullisq; arboribus aut silvis impedito, sita sit, quasi,

A dicas Kael/ schlecht/ vnd offen. Quin addit, arcem etiam & castellum adhuc hodiè monstrari, ubi Thyra domicilium habuerit, non procul à pago Dennewirche / quod vallo contiguum est & cohæret, idq; ea, quæ supersunt rudera, vallorum vestigia, & fossas ostendere. Operis haud dissimilis fuisse videtur murus ille celeberrimus, Romanæ provinciæ limes, in Brittannia, quam *Vallum Barbaricum*, *Prætenturam*, & *Clusuram*, quidam antiquorum vocarunt. Antoni-
B nus & Cassiodorus *Vallum*, Beda *Murum*, Brittanni *Gualsever* & *Mursever*, Scoti *Sotisvvaith*, Angli *The Pictsvvall*, murum Picticum, & *The keepevvall*, custodiæ murum, Angliam à Scotia dividentem. In eo enim plures laborarunt, inter quos primus Jul. Agricola statuitur, post quem Hadrianus Imperator. Hunc enim murum per LXXX mill. passuum duxisse refert Spartianus, qui Barbaros Romanosq; divideret. Post hunc, sub Antonino Pio, Lollius Urbicus.
C At longè firmius Severus, qui teste Orosio, *magnam fossam, firmissimumq́ vallum, crebris turribus communitum, per CXXII mill. passuum à mari ad mare duxit.* Alij deinde operas suas contulerunt, donec de novo sexta exsurgeret prætentura; de qua, ut & tota hac re, fuse differentem lege Camdenum in Angliæ descriptione. Chinense regnum Septentrionem versus, montibus & muro longissimo cinctum ferunt Cosmographi, ut à Tartarorum irruptionibus tu-
D tum sit, opus ipsum extruente rege quodam Tzinzoo, literis ac linguis multorum, ad cœlum usq;, hanc ob causam, sublato. Quanto æquius nostros æstimamus tantum munimentum aggredi ausos, quod à Brittanico Oceano in mare Balthicum, per totam Cimbriæ latitudinem, se extendebat, tantæ molis & roboris, ut maximas Imperatorum ac Regum copias excludere, omniumq; hostium viribus resistere valeret. Sed cum apud exteros, suos etiam habeat ebuc-
E cinatores hoc opus, ne actum agam, hic receptui canam.

Pag. 191. vers. 10. *Filius ejus Haquinus*] Falli- 272,18
tur hic vehementer Saxo. Nullum etenim hoc nomine filium Haraldus Graafelder habuit. Sed Haquinus hic cognomento Ladejarl/ filius erat cujusdam Sigurdi Jarl, magni nominis viri, quem Gunnildæ filij, domo, in qua convivium celebrabat, incensâ, trucidarunt. Iste vero Haquinus post obitum Haraldi, regni Norvagici
F dominio potiebatur, sed regij nominis expers. Vide Chronicon Norvagicum p. 127. & 128. ubi inter alia hæc leguntur: Haraldus compertâ Haquini defectione, & quod verâ religione proscriptâ adulterinam pristino loco restituisset, ac insuper terris suis ac ditionibus multa intulisset damna, numeroso exercitu collecto, in Norvegiam cum mille ducentarum navium classe, irrumpit. Inprimis provinciam istam, cui summo cum imperio Haquinus præfuit, ferro

ferro & igne devaſtavit, donec ad inſulas perveniret Sollunder dictas. Haraldo in Daniam reverſo, Haquinus loca incendijs deformata priſtino nitori reſtituere cœpit; verum ad tributa Danis ſolvenda nunquam adduci potuit, quamdiu rerum ſummam in Norvagia obtineret.

272,28 20. *Julinæ piratica manu*] Hujus expeditionis cauſam Chronicon Norvagicum aſſignat audacibus Julinenſium Pyratarum votis, quibus ſe in epulo ferali à Svenone Tiuffveskeg, Rege Daniæ, inſtituto obligarunt. Cum etenim, ex veteri more Sveno Tiuffveskeg, aliàs Svenotto dictus, ab obitu parentis Haraldi, regnum occupaturus, in ejuſdem defuncti honorem convivium celebraret; non ſolum regni proceribus, ſed & Julinenſibus pyratis ad idem convivium invitatis, priusquam ſedem patris capeſſeret, memoriam patris plenis hauſtibus propinando, votum addit, ſe intrà triennium Angliam occupaturum, & Regem Ædelradum, aut interfecturum, aut régno expulſurum. Cujus exemplo, Julinenſes ſinguli, poſt hauſtum cratera vovebant, ſe intra exiguum temporis, Haquinum Jarl, Regem Norvegiæ, aut ſua ma- A nu obtruncaturos, aut unà cum Erico filio regno ſpoliaturos; aliaq;, quæ ſine vitæ diſcrimine præſtare demùm non potuerunt: de quibus ipſam Hiſtoriam conſulere operæ pretium erit.

14. *Duos ſiquidem præſtantiſſimæ indolis filios*] 272,3 Chron. Norvagicum unius tantum filij ab Haquino, potiundæ victoriæ cauſa, nefariâ litatione mactati, mentionem facit, cui nomen fuiſſe tradit Erlini, annos nati ſeptem.

B

51. *Ut erat vinculatus, arripuit*] *Vinculatus*, 273,2 eſt vinculis conſtrictus & oneratus. Petrus Chryſologus Serm. CXIX. *Suos jacere ibi demonſtrat immobiliter vinculatos.*

Pag. 184. verſ. 30. *Ubi nunc quoq; ſacrarium perſpicere eſt*] 274,2 Nempe in potiſſimâ Daniæ provincia, quam Cimbriam, ſeu Jutiam dicimus, non longe ab urbe Vedilâ, in pago Jellingâ: unde hodieq; cippi iſti ſepulchrales noſtratibus C *Jellinge Høye*/ hoc eſt, cippi ſive colliculi Jellingenſes nuncupantur. Totius vero monumenti typum, unà cum Inſcriptionibus, heic curioſi Lectoris oculis ſubjicere placuit.

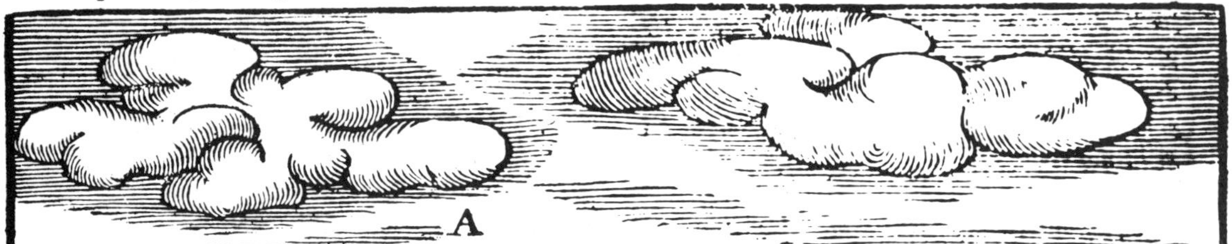

A. Templum, ſeu Sacrarium, duobus conjugum D ſocialibus buſtis interpoſitum, plumbo tectum.

B. Lapis Sepulchralis, qui in altitudine habet ulnas quinque & dimidiam, in circuitu novem. In uno latere formam hominis exhibet, in altero latere literas in tabula expreſſas.

C. Mons ad ſeptentrionem, qui habet altitudinem 46. ulnarum, latitudinem 360, uln. amplitudinem in ſuperiori parte 112, uln.

D. Fons funditus ex ſaxis exſtructus, in quo indies aqua hauritur à circumjacentibus populis, in circuitu habet 47 ulnas.

E. Mons ex altera parte, verſus Meridiem, eſt altus 37. ulnas, in circumferentia 431. ulnas, in ſuperficie eſt amplius 157 uln.

F. Litera ubi notata eſt, inſignis magnitudinis lapis, paulo minor quàm ille, qui apud templum

plum inter duos montes collocatus eſt. A Duo itaq; circà hoc monumentum conſpiciuntur inſcriptionibus decora ſaxa. Alterum grandius, coloris griſei, magnitudine ea, quam ſub litera B expreſſimus, in obtuſum deſinens apicem, ad radices montis meridionalis, in ipſo cæmiterio ſitum. Primum ejus latus, intricatis quibusdam ductibus in ſumitate exaratur, ad baſin vero, quatuor characterum tenet ordines, in extremitatibus illaqueatis quaſi, hoc pacto:

Secundum hujus Iconis oſtentat figuram ex varijs inciſurarum ductibus & perplexitatibus, miro artificio conflatum, unico literarum ordine ad baſin inſignitum. Tertium viri effigiem exhibet, ex cujus ventre, vitis floribus quaſi B onuſta oritur, hinc inde ad omnes hujus lateris ſe diffundens partes, tantum relinquens ad baſin ſpatij, quantum unico ordini literarum capiendo ſufficit, ut ex hac delineatione diſpaleſcit:

Inſcriptionis verò ſeries talis eſt. Primi lateris A hæc ſunt:

ᚼᛅᚱᛅᛚᚦᚱ : ᚴᚢᚿᚢᚵᛦ : ᛒᛅᚦ :
ᚵᛅᚢᚱᚢᛅ:
ᚴᚢᛒᛚ : ᚦᛅᚢᛋᛁ : ᛂᚠᛏ : ᚵᚢᚱᛘ :
ᚠᛅᚦᚢᚱ ᛋᛁᚿ:
ᛅᚢᚵ : ᛂᚠᛏ : ᚦᛁᚢᚱᚢᛁ : ᛘᚢᚦᚢᚱ :
ᛋᛁᚿᛅᛋᛅ:
ᚼᛅᚱᛅᛚᛏᚱ : ᚴᛂᛋᛋᛆᛦ : ᚢᛅᚿ : B
ᛏᛅᚿᛘᛅᚢᚱᚴ:

Haraldr Kunugr bad gaurva
kubl dauſi eft Gurm fadur ſin/
aug eft Thiuriu mudur ſinaſa/
Haraltr Keſſor van Tanmaurk.

HARALDUS REX JUSSIT EXTRUI
HUNC TUMULUM IN MEMORIAM
GORMONIS PATRIS SVI
ET THYRÆ MATRIS SVÆ
HARALDUS IMPERATOR VICIT DANIAM.

In Secundo hæc extant:

ᛅᛚᛅ : ᛅᚢᚵ : ᚿᚢᚱᚢᛁᛂᚵ.
Ala aug Nurvieg.
TOTAM ET NORVEGIAM.

In Tertio:

ᛅᚢᚵ : ᛏᛁᚿᛁ : ᚠᛆᛚᚴ : ᚴᚱᛁᛋᛏᚿᛆ.
Ang tini Folk Kriſtno.
ET EARUM INCOLAS AD FIDEM CHRISTIANAM CONVERTIT.

Alterum etiam Monumentum eodem in loco viſitur, quod templi valvis jam adjacet, ità ut feſſis ſeſſum ac quietem præbere valeat, & ſcamni vices ſuſtineat. Priori lapide politus magis hic eſt, ſed minor & figuræ diverſæ, oblongus nempe, & ferme quadratus. Colore eſt cœruleo trium ulnarum longitudine, latitudine unius cum ſemiſſe. Iconem cape:

ᚵᚢᚱᛘᛦ : ᚴᚢᚿᚢᚵᛦ : ᚵᛂᚱᚦᛁ : ᚴᚢᛒᛚ C
ᚦᚢᛋᛁ : ᛂᚠᛏ : ᚦᚢᚱᚢᛁ : ᚴᚢᚿᚢ : ᛋᛁᚿᛅ:
ᛏᛅᚿᛘᛅᚱᚴᛅᛦ : ᛒᚢᛏ.

Gurmur Kunugr gerdi kubl duſi / eſt Turui kunu ſina Tanmarkar but.

GORMO REX POSUIT TUMULUM HUNC TYRÆ UXORI SUÆ QUÆ DANIAM EXORNAVIT.

274,30 Pag. 184. verſ. 29. *Dulciſſimum vitæ ejus pignus baculi loco ſtatui imperans*] Conſimilem per D omnia Hiſtoriam de Wilhelmo quodam Tellio tradit Jos. Simlerus Lib. 1. de Republ. Helvetiorum p. 14. quam integram, & quidem ipſius verbis, heic aſſcribere operæ duxi pretium. Ità verò habet, ut ſequitur: *Interea accidit apud Urios, ut VVilhelmus Tellius, confœderatorum unus, aliquoties pileum illum ſtipiti impoſitum præteriret, nullo reverentiæ & honoris ſigno exhibito. Ob hanc cauſam à Præfecto accuſatus, ſuam ruſticitatem excuſabat, qui non exiſtimaſſet ullius hoc momenti eſſe. Sed Præfectus, qui hominem ſuſpectum haberet, è liberis ejus filiolum unicè charum patri deligit, & in vertice hujus pomum ſagittâ petere illum jubet, (erat enim Tellius optimus ſagittarius) ni illud dejiciat, capite pœnas daturum. Tellius verò hanc rem inauditi exempli dicere, ſeq; potius mori paratum, quàm ut ſagittâ fortè aberrante chariſſimum filium feriat. Cui præfectus, ni feceris, tibi unà cum filio pereundum erit. Quare cum nullus excuſationi aut precibus ullis locus daretur, arcu ſumpto Tellius, Deo haud dubiè jactum gubernante, pomum è vertice filij dejicit. Omnibus autem felici jactui gratulantibus, unus Præfectus ſatiari hac pœna non potuit. Verùm cum ſagittam alteram thoraci Tellij inſertam cerneret, quærit in quem uſum hanc quoq; è pharetrâ deprompſerit? Cui ille, id moris eſſe, in conſvetudine ſagittariorum poſitum, ut geminas ſagittas*

sagittas depromant. Sed res Præfecto suspecta erat. A *Itaq; hominem acrius urget, & tandem vitæ impunitate illi propositâ, verum elicit: eum scilicet hoc consilio sumpsisse alteram sagittam, ut si priori filium ferijsset, secundâ Præfectum peteret.* Hactenus Simlerus. Cæterùm quòd de pileo stipiti imposito suprà dixit, ità se res habet: Grisslerus quidam Præfectus Regis Hispaniarum, insignis tyrannus, ut Helvetiorum consilia exploraret, Altorffi in foro, quò maxima hominum totius regionis frequentia convenire solebat, pileum B prælongæ perticæ imposuit, jussitq; omnes nudato capite, flexisq; genibus, honorem eum pileo exhiberent, quo se præsentem afficere consvevissent. Existimabat autem eos, qui præ cæteris sibi infensi essent, nequaquàm adduci posse, ut tantum honorem pileo exhiberent; hac autem occasione posse se honesto titulo, in eos animadvertere, & tormentis ad exploranda consilia aliquos subjicere: quemadmodùm prolixius legere est apud eundem Simle- C rum Lib. I. pag. 12. Sic etiam insignis cujusdam sagittarij, qui tamen artem suam à Satana magistro edoctus fuerat, nomine Punker, meminit libellus, quem *Malleum Maleficarum* dixerunt: *Huic quidam de Optimatibus, dum artis ipsius experientiam certam capere voluissent, proprium filium parvulum ad metam posuit, & pro signo, super byrretum pueri, denarium: ipsiq; mandavit, ut denarium sine byrreto per sagittam amoveret. Cùm autem maleficus id se facturum, sed cum difficultate,* D *assereret, & libentius se abstinere velle, ne per diabolum induceretur in sui interitum: verbis tamen Principis inductus, sagittam unam collari suo circa collum immisit, & alteram balistæ imponens, denarium byrreto pueri sine omni nocumento excussit. Quo viso, dum ille maleficum interrogasset, cur sagittam collari imposuisset, respondit: Si deceptus per diabolum, puerum occidissem, cum me mori necesse fuisset, subitò alterâ te sagittâ transfixissem, ut vel sic mortem meam vindicassem.* Nota est Historia E Alconis Cretensis, qui sagittandi peritiâ celebris, cum Phalerum filium infantem adhuc draco spiris implicasset, jamjam devorandum, eâ peritiâ sagittam intendit, ut Draconem quidem sagittâ confixerit, puer verò incolumis superfuerit. Videatur Manilius Lib. V. Sidonius Apollinaris, & Clariss. Viri, Lamperti Alardi Notæ doctissimæ in Lib. I. Val. Flacci. pag. 71.

275,18 Pag. 185. vers. 10. *Sed ijs necessitatum procellis erutum, paulò post par mali tempestas implicuit*] F Frequentius *Procellæ* vocem, sicut & *tempestatis*, translatè usurpat Saxo, pro valido incursantium malorum impetu, aut pro eo, quod tranquillum rerum nostrarum statum perturbat, aut funditus evertit. Ità Libro proximè sequenti, *tristem procellam alicui infligere*, & *procellam seditionis*, dixit: Et Lib. XIII. *Procellam patriæ, turbinem & tempestatem pacis; procellam temporis; procellam invidiarum*: apud Senecam; *Impotentem fortunæ procellam*: apud Livium, *Equestrem procellam.* apud Silium Italicum, *Irarum procellam*, legere est. Eadem metaphorâ Ammianus Marcellinus, sub initium Lib. XIV. qui jam, cæteris deperditis, princeps est, hunc in modum utitur: *Fortunæ sævientis procellæ tempestates alias rebus infudêre communibus.*

11. *Qua Finni nivales saltus peragrant*] Intelligit artem illam, qua Finni lubricas plantis tabulas adaptando, ut ipse Saxo loquitur, per rupes & invios saltus celeri rapiuntur cursu, quod vulgo dicitur, at løbe paa Skier. Vide quæ suprà de soleis ligneis Finnorum & Norrigiorum, nobis affatim dicta & notata. 275,19

13. *Apud* Kollam rupem] Rupes hæc in Scania visitur, & nostratibus Kulden i Skaane appellatur; navigantibus à promontorio Scavenico ad Oresundam conspicua. Videantur Tabulæ Chorographicæ Scaniæ. 275,20

Pag. 186. vers. 19. *A Tokone*] Haraldum Daniæ Regem, à Palnatokone quodam interfectum, disertis verbis commemorat Snoro Sturlæsonius in Chronico Norvagico p. 129. Sveno, inquit, Haraldi filius, posteà Tiuffveskeg dictus, Educatorem habuit Palnatokonem, Fioniæ Dynastam. Is cum ad adultam pervenisset ætatem, à parente Haraldo petiit, ut factâ regni Danici divisione, sibi dimidia pars regenda committeretur. Quod cum abnueret Pater, Sveno expeditionem adversus pyratas simulans, ingenti classe paratâ, in sinum quendam Sælandiæ, à glacie Isefiordiam dictam, unà cum Educatore suo Palnatokone, appulit. Mox certamen navale magnis utrinq; viribus committitur; in quo tamen, fugato Svenone, Haraldus tam lethalia vulnera à Palnatokone excepisse dicitur, ut paulo post ex eisdem decesserit. 277,5

21. *Corpus ejus Roskildiam missum*] Eadem ferè de excessu Haraldi, & sepulturæ loco, tradit Adamus Bremensis Lib. 2. Cap. VIII. *Novissimis*, inquit, *Archiepiscopi* [Adaldagi] *temporibus res nostræ inter Barbaros fractæ. Christianitas in Dania turbata est, pulchrisq; divinæ religionis initijs invidens inimicus homo, superseminare Zizania conatus est. Nam tunc Svenotto, filius magni Haraldi, Regis Danorum, multas in Patrem molitus insidias, quomodo eum jam longævum, & minus validum, regno privaret, consilium habuit cum his, quos pater ejus ad Christianitatem invitos coëgit. Subitò igitur factâ conspiratione, Dani Christianitatem abdicantes, Sven Regem constituunt, & Haraldo bellum indicunt. At ille, ab initio regni sui, totam spem in Deo posuerat, tum verò & maxime Christo commendans eventum rei, cum bellum execraretur, armis se tueri decrevit. Et quasi alter David procedens ad bellum, filium lugebat Absolon, magis dolens illius scelus, quàm sua pericula. In quo miserabili & plusquam civili bello, victa est pars Haraldi. Ipse autem vulneratus ex acie* 277,7

S

acie fugiens, ascensâ navi elapsus est ad civitatem Slavorum, quæ Jumnó [Julinum intelligit] *dicitur, à quibus contra spem, quia Pagani erant, receptus, post dies aliquot ex eodem vulnere deficiens, in confessione Christi migravit. Corpus ejus in patriam reportatum ab exercitu, apud Roschild civitatem sepultum est, in Ecclesia, quam ipse primus construxit, in honorem Sanctæ Trinitatis. Regnavit autem Annos L. Obitus ejus contigit in festivitate omnium Sanctorum.*

277,13 28. *Prosperam sibi in divina sæviendi occasionem*] Planè Sveno alterum se Julianum præstitit, quem itidem metu repressum simulatè Christianum egisse, ac posteà mortuo Constantio Imperatore, palam à vera religione descivisse, tradit Ammianus Lib. 22. *Et quanquàm à rudimentis pueritiæ primis inclinatior erat* (Julianus) *ergà numinum cultum, paulatimq; adulescens desiderio rei flagrabat, multa metuens, tamen agitabat quædam ad id pertinentia, quantum fieri poterat occultissimè. Ubi verò abolitis, quæ verebatur, adesse sibi liberum tempus faciundi, quæ vellet, advertit, sui pectoris patefecit arcana: & planis absolutisq; decretis aperiri templa, arisq; hostias admoveri, & reparari deorum statuit cultum.* Nonne hæc verba ingenium Svenonis quoq; nostri ad vivum exprimunt?

277,16 31. *Amarissimum ejus reprehensorem occidisse*] Ita legendum duxi, ut de obitu Haraldi intelligatur, qui divini cultus amantissimus, contrà superstitionis reprehensor erat amarissimus.

277,28 43. *Sed cui propria damno*] Sensus est: Sveno suo sibi jumento, quod ajunt, malum sæpius arcessens, per se quidem captus, per Danos verò liberatus est.

278,2 54. *Quod Julini oppidi piratæ patriæ studijs*] Sic in veteri codice emendatum repperi, quum anteà hic locus planè obscurus esset. Enimverò hæc mens Saxonis: Sclavos anteà piraticæ tam rudes, tandem eam à Danis, quos Haraldus olim apud Julinum præsidij causâ collocaverat, edoctos, artem hanc in ipsos Danos refudisse, & eo maximè Danis nocuisse, quod ab ipsorum ingenijs traxerant, crudelitatem nempe in Danos exercendo, cujus exemplum ipsis Dani reliquerant.

278,13 Pag. 187. vers. 10. *Nocturnas à Danis circumiri vigilias*] Formula militaris est *circumire vigilias*: quod hodieq; Germani vocant **Runde gehen.** Vegetius Lib. 3. de re militari Cap. VIII. *Idoneos tribuni & probatissimos eligunt, qui vigilias circumeant, & renuncient, si qua emerserit culpa, quos* Circuitores *appellabant. Nunc militiæ factus est gradus, &* Circitores *vocantur.* Tacitus *obire vigilias* dixit, Lib. II. Historiarum: *Deflagrante paulatim seditione, addit consilium, vetitis obire vigilias centurionibus, omisso tubæ sono, quo miles ad belli munia cietur.*

278,16 13. *Quod secretius eum nosse admodùm oporteret*] Quod terti[illegible] Svenonis captionem atti-

A net, variantibus nonnihil circumstantijs eandem recenset Chronicon Norvagicum Snoronis Sturlæsonij: *Sveno*, inquit, *Haraldi filius, quum patre defuncto, totius regni Danici imperium obtinuisset*, omnes provincias suæ ditioni subjectas, juris dicundi causa, circumire cœpit. Intereà Sivardus Jarl, trium navium classe Julino solvens, [quælibet verò navis quinquaginta milites vehebat] in Daniam appulit; & quidem eum in locum, ubi Sveno splendi-

B dum convivium, cum sexcentis viris celebraret. Itaq; rem dolo aggredi constituens, navi, quæ oræ proxima erat, pontem adjunxit versatilem, cæteris navibus ad anchoras stare jussis. Hinc ægritudinem simulans Svenoni nunciat, esse nonnulla, ad statum & incolumitatem tàm regni, quàm ipsius Regis, pertinentia, quæ eum nosse admodùm oporteret. Sed classiarijs suis anteà in mandatis dederat, ut posteaquam Regem cum triginta comitibus advenientem, in

C navim recepissent, pontem ad se retraherent, cæteris ex regio comitatu exclusis. Quo facto levatis anchoris Julinum Regem captivum abduxerunt. Hic Sveno cum Burislavo Slavorum Rege fœdus & amicitiam inire, atq; insuper filiam ipsius Gunhildam in uxorem ducere coactus est. Sororem verò Svenonis Thyram, Haraldi filiam, vicissim Burislavus matrimonio sibi junxit. Atq; his conditionibus pax inter eos firmata. His peractis, Sveno cum nova nupta

D in Daniam navigavit.

30. *Tanta ei matronarum humanitas affuit*] 278,34
Sæpenumero matronas laboranti subvenisse Reipublicæ, literis memoriæq; proditum est. Sic quum, Vejis captis, vovissent Romani, se ex præda donum missuros Apollini Pythio, & auri tanta vis in ærario non suppeteret, unde religione se exsolverent; matronæ aurum & omnia ornamenta sua in ærarium detulerunt. Rem factam in hunc modum commemorat autor

E lacteo eloquentiæ fonte manans, Livius Lib. V. Decad. I. *Ità in æstimationem urbs agerq; venit: pecunia ex eâ coëmerent, negotium datum. Cujus quum copia non esset, matronæ cœtibus ad eam rem consultandam habitis, & communi decreto pollicitæ tribunis militum, aurum & omnia ornamenta sua in ærarium detulerunt. Grata ea res, ut quæ maximè, senatui unquam fuit: honoremq; ob eam munificentiam ferunt matronis habitum, ut pilento ad sacra ludosq;, carpentis festo profestoque uterentur.*

F Consimile exemplum aliud, idem quoq; nobis suppeditat autor, eodem Historiæ suæ libro jam memorato; quod ipsius verbis recitare operæ duxi pretium: *Jam antè in eo religio civitatis apparuerat, quòd in publico deesset aurum, ex quo summa pactæ mercedis Gallis fieret, à matronis collatum acceperant, ut sacro auro abstineretur. Matronis gratiæ actæ, honosq; additus, ut earum, sicut virorum, post mortem solennis laudatio esset.*

51. *Quæ quantum ejus corpori detraxit*] Videtur 279,18

tur hoc dicere Saxo: Intereà dum à Slavis captus marcore corporis afficeretur, pecunia patriæ incolumis servata est, quæ pro ejus liberatione posteà dissipata.

280,2 Pag. 188. vers. 17. *Latam Sturbiorno adversus Sveones opem*] Cujus rei paulò superius meminit Saxo ijs verbis: *Inter hæc Sturbjornus, ultionis aculeo lacessente, acceptam injuriam pensare cupiens, Haraldo in opem accito, memorem Danorum iram adversus invisam Erici dominationem distrinxit. Cujus rei gratia Haraldus Hallandia profectus. &c:*

280,5 20. *Arctiore materni sanguinis nexu*] Gyritha etenim, Bjorni Sveciæ Regis filia, Erici & Sturbjorni soror, mater erat Svenonis. Saxo suprà: *Haraldum verò duos ex Gyritha filios sustulisse, memoriæ proditum est. Quorum major Haquinus &c.* Alter verò hic fuit Sveno.

280,10 25. *Quæ quâ matre orta fuerit ignoro*] At Chronicon Norvagicum p. 131. & 169. indicare videtur, hanc fuisse Gunhildam, Burislavi Sclavorum Principis filiam, quam ducere Sveno coactus est, priusquàm liberam è captivitate sua Julinensi dimissionem impetrare potuerit.

280,21 35. *Quorum Rex Edvardus*] Adamus Bremensis Lib. 2. Cap. 25. *Adelredum* nominat, cui favere videtur Chronologia: *Post vindictam ergò scelerum*, inquit, *quæ in Ecclesias Dei & Christianos commiserat Sven rex victus, & à suis desertus, quippe quem Deus deseruit, errabundus, & inops auxilij: venit ad Nordmannos, ubi tunc filius Haconis Trucco regnavit. Is quoniam paganus erat, nullâ suprà exulem misericordiâ motus est. Ità ille infelix, & toto orbe rejectus in Angliam transfretavit, frustrà solatium quærens ab inimicis. Quo tempore Britannis Adelrad, filius Edgaris, imperavit. Is non immemor injuriarum, quas Dani ex antiquo Anglis inflixerant, exulem repulit. Quem tandem miseratus infortunij, Rex Scotorum benignè suscepit. Ibiq; Sven bis septem annos exulavit usq; ad mortem Erici.* Diversa enim hæc est Adami narratio à Saxone nostro, rectè sic monente Cl. Viro M. Andrea Vellejo. Saxo enim exilij tempus ponit annorum tantum septem, & ad Regem Norvagiæ Olaum, filium Trucconis divertisse ait, non ad Trucconem ipsum. Nam regiam is dignitatem nunquam usurpavit. Hector verò Boëtius, rerum Scoticarum Scriptor Lib. XI. adstipulatur Saxoni, quem etiam hoc in loco illum & legisse & secutum esse apparet. Ait enim crebris detrimentorum incursibus lacessitum Svenonem, exulem extorremq; ab Olao, Norvagiæ regimen gerente, spretum, auxilium, quod frustrà à Divo Edvardo Anglo petiverat, à Scotis ad veram pietatem, sacris eorum sacerdotum monitis, conversum impetrasse, eoq; fretum in regnum restitutum.

280,36 51. *Lavacri usum*] Intelligit sacrum illud lavacrum, quo primigeniæ scelerum sordes eluuntur. Tertullianus alicubi, *sacri lavacri gurgitem* appellat.

Pag. 189. vers. 15. *Privatim itaq; majores aggressus*] *Majores* heic denuò vocat Saxo proceres & Senatores regni: quâ notione frequens vocis hujus illi est usus: Gallis *Majores domus* olim dicebantur. 281,14

30. *Candentem ferri laminam*] De Popponis hocce miraculo Adamus Bremensis Lib. 2. Cap 26. hæc commemorat. *Ericus duo regna obtinuit Danorum Sveorumq;, & ipse paganus Christianis valdè inimicus. Ad eum fertur legatus fuisse Cæsaris, ac Hamburgensis Episcopi, quidam Poppo, Vir sanctus & sapiens, & tunc ad Slesvicum ordinatus, de regno Danorum, seu pace Christianorum, Cæsaris partes expostulans. Aiuntq; eum pro assertione Christianitatis, cum Barbari suo more signum quærerent, nil moratum, statim ferrum ignitum tractasse manu, & illæsum apparuisse.* Sed & aliud eodem tempore Popponem edidisse miraculum idem Adamus affirmat, mox ea subjungens: *Dumq; hoc facilè omnem gentilibus ambiguitatem erroris tollere videretur, iterum Sanctus Dei pro submovendo illius gentis paganismo, aliud dicitur ostendisse vel magnum miraculum: tunicam scilicet indutus ceratam, cum staret in medio populi circo, in nomine Domini præcepit eam incendi. Ipse verò oculis & manibus in cœlum tensis, liquentes flammas tàm patienter sustinuit, ut prorsus ambustâ veste, inq; favillam redactâ, hilari & jucundo vultu fumum incendij testatus sit. Cujus novitate miraculi & tunc multa millia crediderunt per eum, & usq; hodie per populos & Ecclesias Danorum celebre nomen Popponis effertur. Hæc aliqui gesta apud Ripam confirmant, alij apud Hedeby, quæ Slesvich dicitur.* Johannes Adolphus Cypræus Historiæ Ecclesiasticæ Cap. 13. scribit Popponem hæc miracula patrasse in Comitijs Viburgensibus, quò Haraldus Rex Proceres & totius regni Ordines convocaverat. Porrò videantur de hisce miraculis Popponis, Sigebertus Gemblacensis ad Annum Christi 966. Albertus Stadensis in Chronico. Matthæus Westmonasteriensis in Florileg. Histor. Anonymus in magno Chronico Belgico. Anonymus de S. Meinwerco, Ælnothus in vita S. Canuti, Cap. 1. Albert. Crantz. Dan. Lib. 4. Cap. 24. 281,31

42. *A maximo Pontifice Bremensi Adaldago*] Adaldagus Archiepiscopus Bremensis designatus A. C. 936. sedit annos 53. obijt anno Christi 988, 4. Cal. Maji. Ejus fit mentio à Cap. I. usq; ad 10. Lib. 2. Adami Bremensis. 282,6

43. *Honorem gerendi Pontificij*] *Pontificium* propriè sacra est illa potestas, quam *Pontificatum* alioquin dicunt. B. Ennodius Apologetico. *Nutricem pontificij Cathedram quasi ultimum sedile despectum.* Joan. Sarisberiensis Policratici Lib. 1. Cap. 4. *Nonnè reputabis indignum, si ad regnum, vel Pontificium, venator aspiret?* Wipertus, qui vitam Leonis IX. P. R. duobus libris luculenter conscripsit, Cap. VI. *Pontificio temporalibus* 282,7

S 2 copijs

copijs supra modum locupletato. Deindè etiam, in A genere, potestatem & auctoritatem significat. Gellius Lib. I. Cap. XIII. *Re semel statutâ deliberatâq; ab eo, cujus negotium id pontificiumq; esset.* Solinus Cap. XVI. *Pontificium mox intrà fines suos receperunt.* Petrus Chrysologus Serm. 5. *Duos filios habuit, conditoris pontificio, non necessitate generans.* Vide Jacobum Gutherium de Veteri Jure Pontificio Lib. I. Cap. IV. & Lexicon Juridicum Johannis Calvini in voce *Pontificium.*

282,14 48. *Norvagia Bernardi ex Anglia profecti*] B Bernardi hujus non meminit Chronicon Norvagicum : sed à Tangbrando quodam Christiana sacra Olaum Tryggonis edoctum fuisse tradit, pag. 125. Sigurdi quoq; Episcopi beneficio multos in Norvegia ad fidem Christianam conversos edocet pag. 161. Adamus Bremensis Gotebaldum, quendam ab Anglia venientem, sæpè etiam in Norvagia, pariter ac Svecia, evangelizasse commemorat, Lib. 2. Cap. 29. Wernerus Rolevvink in Fasciculo temporum, Nor- C vagiam primum ad fidem Christianam per Adrianum Legatum, & Cardinalem Albanensem, esse conversam, sub An. Ch. 1154. perperàm tradit. Verba ejus hæc sunt : *Norvegia, quæ est inferior regio Alamanniæ, convertitur ad fidem. Ubi primum prædicavit Adrianus legatus & Cardinalis Albanensis, & posteà Papa.*

282,26 Pag. 190. vers. 8. *Unnonis corpus Birca oppidum*] De Unnone hoc Archiepiscopo Bremensi, quem *Unni* vocat, multa extant apud Adamum D Bremensem, Lib. I. Cap. 47. & sequentib. Juxtà eundem mortuus & sepultus est Bircæ in Svecia, Anno Domini 936. Verba ejus ità habent: *Perfecto autem legationis suæ ministerio, cum tandem redire disponeret Evangelista Dei Unni, apud Bircam ægritudine correptus, ibidem fessi corporis tabernaculum deposuit. Anima verò, cum multo animarum triumpho stipata, cœlestis patriæ Capitolium semper lætatura conscendit. Tunc discipuli Pontificis, exequias ejus cum fletu procurantes, cætera quidem mem-* E *bra sepelierunt in eodem loco, vel oppido Birca, solum caput reportantes Bremam : quod decenti honore condiderunt in Ecclesia S. Petri, coram Altari. Obijt autem, peracto boni certaminis cursu, in Svecia, ut scribitur, Anno Dominicæ Incarnationis DCCCCXXXVI. Indictione IX. circa medium Sept.* Cæterùm Bircam, Svetiæ oppidum, primariam regni istius fuisse civitatem, & populosissimam atq; nobilem antiquis seculis extitisse, non est dubium. Sita autem fuit in mediâ Sveciâ, ipso Adamo F teste; & hodieq; ejus ruderum præcelsas monstrari moles, testatur Joh. Messenius p. 84. suæ Sveopentaprotopol.

282,31 11. *Petitis Syrithæ nuptijs*] Chronicon Norvagicum Snorronis Sturlæsonij pag. 152. Posteaquam Sigrida [Saxoni Syritha] Regina Sveciæ, cognomento *Storraade,* post obitum mariti Erici Victoriosi, Svæciæ Regis, plurimos jam annos in viduitate transegisset; eam tandem Rex Norvagiæ *Olaus Tryggonis* ambire per legatos cœpit. Cui quum petitionem suam non adeò displicere animadvertit, dono misit ingentem aureum annulum, quem antehac delubriâ se diruti valvis, antepagmenti loco, præfixum, illinc per artifices demendum curaverat. Syritha annulum hunc, ceu pretiosum munus excipiens, animo læto, inter thesauros suos asservari jussit. Paulò post regium hoc donum ab omnibus maximoperè commendatum, duobus aurifabris, qui fortè ad regiam ejus appulerant, ostendens, mox dolum annulo subesse comperit. Nam eo diffracto annulum æreum auri lamine incrustatum persensit. Quo viso, exclamavit : Olaus me non hac solùm vice decipiet, si modo facultas & occasio ipsi dabitur. Dehinc, ut convenerat, ad Kungellam civitatem Norvegiæ profecta, ibidem pactis nuptialibus cum Olao initis, in thorum ipsius concessit. Verùm à marito sæpius admonita de religione Ethnica deserenda, respondit, se nolle unquam ab eo numinum cultu desciscere, quem majores sui exercuerant. Quapropter Rex Olaus animò paulisper commotus, chirotheca, quam fortè in manibus tenuit, os faciemque Syrithæ percussit. Hac contumelia irritata Regina, surgens, in hæc verba prorupit: Nunquam id impune tibi erit; sed olim vitæ impendio tibi constabit. Et cum dicto in Svetiam discessit.

Pag. 191. vers. 4. *In quo Olai sagittarius Enarus*] Enaro huic cognomentum fuit *Tambeskielfuer.* Is annos tantum natus erat octodecim, cum navale hocce prælium committi cœpit, teste Snorrone Sturlæsonio, à quo bellum istud Norvagicum copiose descriptum est. 284,3

10. *Adeò certo ictu destinata feriebat*] Verba integra Curtij Lib. 7. *Catenes,* inquit, *tam certo ictu destinata feriebat, ut aves quoq; exciperet.* Indus quoq; per annulum sagittam mittere potuit, teste Plutarcho. Mira etiam de Domitiano Imperatore Svetonius; de Gratiano Ausonius; Olaus Magnus de Tocchone Gotho; Guilielmo Tellio Stumpfius, Avone Norvego Saxo, Lib. 6. 284,9

24. *Præcipiti saltu profundum petijt*] Præter Chronicon Norvag. pag. 179. Saxoni consentit Adamus Bremensis Lib. II. Cap. 26. *Audiens,* inquit, *Rex Nordmannorum Olaph, filius Tryggonis, de conjunctione Regum, iratus est contra Sven, ratus eum quasi derelictum à Deo, totiensq; depulsum, à sua etiam multitudine facilè posse depelli. Collectâ igitur classe innumerâ, bellum intulit Regi Danorum. Hoc factum est inter Scaniam & Seland, ubi solent Reges navali bello confligere. Est autem brevis trajectus Baltici maris propè Helsingburgum, in quo loco Seland & Scania videri potest, familiare patibulum piratis. Ibi ergò congressi Nordmanni à Danis victi & fusi sunt. Olaph Rex, qui fortè solus remansit, in mare se præcipitans, dignum vitæ finem invenit.* 284,2

Popponi

84,30 31. *Popponi Rimbrandus*] De Ordinatione & successione Episcoporum in Dania, paulo aliter Adamus Bremensis, qui tempora male confundit. Nam sic Lib. 2. Cap. 2. *Agapetus Papa Adaldago, Archiepiscopo Bremensi, sua vice, jus ordinandi Episcopos, tàm in Daniam, quàm in Septentrionis populos, Apostolicâ authoritate concessit. Igitur primus ordinavit in Daniam, Haroldum ad Slesvvich, Liafdagum ad Ripam, Reginbrandum ad Arhusiam.* Et Cap. 16. *Adaldagus Archiepiscopus ordinavit in Daniam plures Episcopos, quorum nomina quidem reperimus: ut, Hored, Liafdag, Ragimbrond: & post eos Harig, Stereolff, Folgbract, Adalbricht, Merha, & alij.* Quem hic Adamus vocat primò *Haraldum*, deinde *Hored, Henricus* est: quem *Reginbrundum & Ragimbrond*, Saxoni est *Rimbrandus*, qui Popponi: quem *Folgbract, Fulbertus*, qui Lefdago successit.

84,32 33. *Othincarus Albus*] Duos fuisse *Othincaros*, autor est Adamus Bremensis, seniorem nempe & juniorem. De priore agit Lib. 2. Cap. 16. *Ottincarum seniorem ferunt ab Adaldago in Sveoniam ordinatum strenuè in gentibus legationem suam perfecisse. Erat enim, sicut nos fama tetigit, vir sanctissimus, & doctus in his, quæ ad Deum sunt. Præterea quantum ad seculum, nobilis, & origine Danus. Undè & facilè quælibet potuit de nostrâ Religione persvadere. Cæterùm Episcoporum vix aliquem sic clarum antiquitas prodit, præter Liafdagum Ripensem, quem dicunt miraculis celebrem transmarina prædicasse, hoc est, in Sveonia, vel Norvegia.* De eodem, juxta ac altero juniore, mox infrà Cap. 26. *Claruit etiam tunc in Dania felicis memoriæ Odinchar senior, de quo suprà diximus, qui in Fionia, Selandia, Scania, ac in Svedia prædicans, multos ad Christianam fidem convertit. Ejus discipulus & nepos fuit alter Odinkar Junior, & ipse Nobilis, de regio semine Danorum, dives agri, adeò ut ex ejus patrimonio narrant Episcopatum Ripensem fundatum. Quem dudum, Bremæ, Scholis traditum, Pontifex Adaldagus suis fertur manibus baptizasse: suoq; nomine Adaldagus vocatus est. Is verò à Libentio Archiepiscopo, nunc ordinatus in gentes, apud Ripam sedem accepit. Nam & illustri vitâ sanctæ conversationis, Deo & hominibus acceptus erat, & Christianitatem fortissimè in Dania defendit.*

85,15 52. *In ipso perfectissimæ vitæ fulgore decessit*] Chronicon Norvagicum Svenonem, in Anglia, repentina morte defunctum tradit, sparsumq; in vulgus rumorem, quod à Sancto Edmundo interfectus sit. Quod & confirmat Adamus Bremensis Lib. 2. Cap. 36. *Sven Sex Danorum atq; Nordmannorum, veteres injurias tàm occisi fratris, quàm suæ repulsionis ulturus, classe magnâ transfretavit in Angliam, ducens secum filium Chnut, & Olaph filium Cracabeen, de quo suprà dictum est. Itaque multo tempore, multis prælijs adversus Anglos exactis, Sven veteranum Regem depulit Edilradum, & insulam tenuit in sua ditione, verum brevi tempore. Nam tertio mense, postquàm victoriam adeptus est, ibidem morte præventus occubuit.* Ad quem locum ità Clariss. Vellejus noster: *Bellum Anglicum, quod gestum est à Svenone post reditum in regnum Daniæ, paucis à Saxone, pluribus ab Hectore Boetio Lib. XI. Historiæ Scotorum, descriptum est. Quod de obitu hic refertur Svenonis, de eo altum est in Saxone silentium. Anglica historia dicit eum mortuum in Anglia & sepultum Eboraci. Alij dicunt eum in Anglia quidem mortuum, sed ex postremo ipsius voto, domum reductum ejus funus, atq; sepultum Roschildiæ.*

Pag. 192. vers. 12. *Debilioribus regnis ferrum injicere statuit*] Canutus Alexandri Magni artibus insistit, aut potius Philippi, hostes debiliores aggrediendo. 285,30

14. *Obstante religionis vinculo*] Per *Religionem* intelligit jusjurandum, quo se Sclavis obstringere coactus est Sveno tum captivus, cujus mentionem paulo ante fecit Saxo: *Cæterùm Barbari nondum rebus eum exuisse contenti, truculentius affectum, jurare etiam, iram remissurum, compellunt.* 285,31

16. *Ut in hac paterni gravaminis*] Ut in Sclavia, paterni carceris, quem *gravaminis* indigitat vocabulo; in Sembia, defectionis noxam puniret. 285,33

31. *Ramulum hasta sustulit*] Ità & olim Sext. Tempanius, decurio Equitum, cum res Romana bello Volscorum, temeritate Sempronij laberetur, gladium suum pro vexillo erigens, aciem inclinatam restituit, insuper hac animos militum voce confirmans; *Nisi hæc armata cohors sistat impetum hostium, actum de imperio est. Sequimini pro vexillo cuspidem meam.* &c. *Quum clamore comprobata adhortatio esset, vadit, altè cuspidem gerens*, inquit Livius, Lib. IV. Sic Camillus, langventibus suis, ab equo desiliens, signum in hostes infert; cujus pudore milites incenderentur. Livius Lib. 6. 286,12

37. *Postmodùm cognomine usurpavit*] Nempe ut *Tymmo Banner* posteà diceretur. Et hinc origo nobilissimæ apud Danos stirpis *Bannerorum.* Vox autem *Banner*, apud nostrates, sicut & Britannos, vexillum denotat, quod medij ævi scriptores *Bannerium* appellarunt. Autor vitæ Lodov. filij Ludovici Grossi: *Illa die faciebat antegardam Gaufridus de Rancone, unus de nobilioribus Baronibus provinciæ Pictaviensis, qui gerebat Regis Bannerium.* Albertus Argentinus in An. 1349. *Carolus Rex hoc audito, statim bannerium suum, quod dicitur Sturmfahn / super turrim Ecclesiæ Spirensis constituit.* Græci à Romanis desumptâ voce Βάνδον dixere: Svidas Βάνδον) ὅτω καλῶσιν οἱ Ῥωμαῖοι τὸ σημεῖον τὸ ἐν πολέμῳ: & Procopius Vandal. Lib. 2. τὸ σημεῖον, ὃ δὴ βάνδον καλῶσι Ῥωμαῖοι. Videatur eadem de voce Joh. Goropius Becanus Lib. 2. Gigantomachiæ. 286,18

S 3 Per

286,36 Pag. 193. verſ. 1. *Per involucrum*] Quaſi per A ænigma & obſcurum indicium. Cicero ad Qv. Fratr. *Involucris ſimulationum tegi, &c.*

287,6 8. *Deformi vindictæ ſpecie puniens*] Canutus eos, qui æmulum occiderant, ſuſpendio caſtigans, verum eſſe probavit illud Auguſti dictum in Rhymitaclem Thracum Regem, quod ab Antonio ad illum defecerat: *Proditionem amo, proditorem odio habeo.* Imperator Severus proditores præmij loco occidit, quum operâ eorum abuſus eſſet. Certè proditores genus B hominum cœlo & terris inviſum, gratum hoſtibus, ſed nunquam charum.

287,15 15. *Normanniæ Præfecti Roberti filiam Immam*] In eandem ſententiam Adamus Bremenſis Lib. II. Cap. 37. *Chnut Adelradi regnum accepit, uxoremq; ejus Ymmam nomine, quæ fuit ſoror Comitis Nordmannorum Rikardi, cui Rex Danorum ſuam dedit germanam Margaretam, pro fœdere. Quam deinde Chnut repudiatam à Comite, Ulff duci Angliæ dedit: ejusq; Ulff ſororem copulavit al-* C *teri duci Gudvino, callidè ratus Anglos per connubia Danis fideliores. Quæ res eum non fefellit. Et Richardus quidem Comes declinans iram Knut, Jeroſolymam profectus, ibidem obijt, relinquens filium in Nordmannia Robertum, cujus filius eſt iſte VVilhelmus, quem Franci Baſtardum vocant. Vlff ex ſorore Regis Canuti filios ſuſcepit Biörn Ducem, & Sven Regem. Gudvind è ſorore Ulff Ducis, genuit parricidas Sven, Toſte, & Haraldum.* Videatur etiam Chronicon Norvagicum Snorronis Sturlæſonij pag. D 187, & ſeqq.

287,28 28. *Eximiæ granditatis Urſus*] Digna eſt obſervatu ſententia Cl. Viri, Martini Delrij, quam de hoc Saxonis loco profert, Diſquiſit. Magicar. Lib. 2. Quæſt. 14. *Quoniam certus ſim*, inquit, *ex homine & fera verum hominem naſci non poſſe, quia ferinum ſemen perfectionis eſt expers, quæ ad tam nobilis animæ domicilium requiritur: in illo exemplo putârim hoc dicendum, quod Dæmon in talium ferarum effigie fœminas compreſſerit.* Nos verò hic E non urſum, ſed urſi, ſeu Biörnonis nomine, inſidiatorem & raptorem, originem fabulæ dediſſe ſtatuimus. Quod & ipſi fatentur Centuriarum Magdeburgenſium Scriptores, quamvis Saxonem immeritò, tanquam nugatorem, ſugillent: *Inter Metamorphoſes Ovidij referri poſſet, quod Saxo Grammaticus de urſo nugatur: quem ait in agro Svetico virginem quandam rapuiſſe, & in latebris ſuis ejus concubitu uſum eſſe: tandem à vicinis paſtoribus, quorum gregibus moleſtus fuerat, captum & in-* F *teremptum eſſe: virginem verò, quæ ex urſo gravida fuerat facta, filium enixam eſſe, cui à parente urſi nomen ſit impoſitum. Qui poſtquam adolevisſet, agnita ſuæ propaginis veritate, à patris interfectoribus funeſta egit ſupplicia. Fuit autem hic urſus, latro aliquis nobilis, qui id facinus perpetravit; poſteà hoc ſcelus Poëtæ tali modo finxerunt, cum autorem potentem apertè non liceret reprehendere.* Cent. Magdeb. Cap. 15. p. 693.

39. *Quid non excogitat amor*] Ità legendum 288,2 duxi adductus loco iſto Valerij Maximi Lib. 5. Cap. 4. de amore mulieris ergà matrem, quam in carcere proprijs aluit uberibus, quem locum Saxo exprimere conatus eſt: *Quò non penetrat, aut quid non excogitat pietas, quæ in carcere ſervandæ genitricis novam rationem invenit?* Ubi alij legunt, *exacuit*, & fortè rectius. Nam τὸ *excavat* duriuſculum eſt.

48. *Nuptiarum deformitatem*] Id eſt, defor- 288,1 mis urſi cum puella congreſſus. Nam hac notione *Nuptiæ* apud bonæ notæ ſcriptores; nempe pro omni concubitu. Petronius Satyrico: *Plaudentibus ergò univerſis, & poſtulantibus, nuptias fecerunt.* Ubi *nuptias facere*, eſt τὸ συνουσιάζειν. Indè Feſto, *nupta verba*, obſcœna. Lipſius Antiqv. Lect. Lib. 2. Cap. 9. Barthius Comment. in Muſæum. Joan. Bourdelotius, & Erhardus in Petr. Arbitrum, Taubmannus in Plauti Moſtell. Sic γάμον de Equo dixit Oppianus Lib. 1. κύνηγ. & Lib. 3. Sic γαμεῖν de Piſcibus dixit Ælianus Cap. 14. Lib. 1. Cap. 10. Lib. 2. Hiſtor. animal.

Pag. 194. verſ. 10. *Virium parte defunctum*] 288,2 Clariſs. Vir, Joannes Meurſius, ὁ μακαρίτης, Collega olim meus conjunctiſſimus, hic legendum cenſuit *defectum*: & meo judicio rectiſſimè. Solens etenim hac formulâ utitur Saxo.

14. *Primâ Feriâ*] Id eſt, Dominicâ die. Ità 288,3 enim Chriſtiani cujusque Septimanæ dies numerabant, nomina profana deorum gentilium, anteà diebus impoſita, deteſtantes.

17. *Sparſas repentè ſcindulas legit*] *Scindulæ* 288,3 hìc ſunt minuta ligni fruſta abſciſſa, aliàs *Schidia*, nobis Spaaner. Vitruvio, Vegetio, Columellæ, Plinio, Palladio, Cæſari, alijsq;, *Scindulæ* ſunt tabellæ vicem tegularum præſtantes, ſic dictæ, à ſcindendis angulatim arboribus. Unde *tectum ſcindulare*, hoc eſt, ſcindulis contectum. Apulejus Lib. 3. de Aſino: *Pamphile mea, jam vecors animi, tectum ſcindulare conſcendit.* Ità enim legendum monet Godeſchalcus Stevvechius ad hunc locum, pro *Scandulare*. Vitruvius Lib. X. Cap. I. *Ædificia conſtituuntur ſcindulis robuſteis aut ſtramentis.* Vegetius Lib. 2. Cap. 23. *Tempore hyemis de tegulis vel ſcindulis, porticus tegerentur ad Equites.* Cæſar Lib. 8. Belli Gallici: *Cupas ſevo, pice, ſcindulis complent.* Iſidorus Orig. Lib. 19. Cap. 19. *Aſſeres ab aſſe, quia ſoli ponuntur, neq; conjuncti. Scindulæ, eò quòd ſcindantur, id eſt, dividantur.* Ejusmodi *ſcindulis* contectam fuiſſe Romam annis 470 teſtis Cornelius Nepos apud Plinium Lib. XVI. Cap 10. Hinc qui *Scandularij* dicuntur in l. ult. ff. de jure immunitatis, *Scindularij* nuncupari debent. Videatur omninò doctiſſimi Stevvechij Commentarius ad Vegetij Lib. 2. Cap. 23. Aldhelmus de laudibus Virginitatis, Cap. 14. *Pyram ſtipitum in edito conſtructam, & flammantibus ſcindulis ſuccenſam.*

18. *Subjectam palmam cremandam præbuit*] 288,3 Non

Non secus ac Mutius ille Scævola, qui perosus A
dextram suam, quod ejus ministerio in cæde Regis uti nequivisset, injectam foculo exuri passus est. Valerius Maximus Lib. 3. Cap. 3.

88,36 19. *Scrupuloso cultu levia quoq; religionis momenta*] Valerium suum heic rursus expressit Saxo, cujus hæc sunt verba Lib. 1. Cap. 1. *Quod tam scrupulosâ curâ parvula quoq; momenta religionis examinare videntur.*

289,11 30. *Cujus facti circumspectissima sanctitate*] Latet in hoc Epitheto aliquid venerationis & B
augustæ majestatis. Ammianus Marcellinus Lib. XIV. *Populi Romani nomen circumspectum & verendum.* Sed Saxo imitatus est suum Valerium Max. Lib. I. Cap. I. *Decretiq; circumspectissimâ sanctione, impium opus censoris retexuit.*

289,14 32. *Detrimentorum violentia lacessitis*] Valerius Maximus Lib. 4. Cap. 8. de Tellia Agrigentino: *Domus ejus quasi quædam munificentiæ officina credebatur. Illinc enim privatim alimenta inopia laborantibus, dotes virginibus paupertate pressis,* C
detrimentorum incursu quassatis solatia erogabantur. Et paulò post: *Quid multa? Non mortalem aliquem, sed propitiæ fortunæ benignum diceres esse sinum.*

289,28 46. *Linguæ volubilitate*] *Volubilitas linguæ* proprie significat promptam dicendi facilitatem, quæ eorum esse solet, qui multis verbis, paucissimis rebus dicunt. Plinius Junior Epist. XX. Lib. 5. *Mos est plerisq; Græcorum, ut illis sit pro copia volubilitas: tam longas, tamq; rigidas periodos uno spiritu, quasi torrente, contorquent;* Ju- D
lius Candidus *loquentiam* appellavit. Plinius ibidem: *Itaq; Julius Candidus non invenustè solet dicere, aliud esse eloquentiam, aliud loquentiam. Nam eloquentia vix uni & alteri, imò si M. Antonio credimus, nemini: hæc vero, quam Candidus loquentiam appellat, multis, atq; etiam impudentissimo cuique, maximè contingit.*

Pag. 195. verf. 17. *Senior Regis adventum operiens*] *Senioris* hoc loco vocabulum eâdem forte notatione Saxo noster usurpasse videtur, quâ Johannes Biclarensis, posteà Episcopus Gerundensis, Chronici sui pag. 60. *Leonegildus Rex Aregenses montes ingreditur, Aspidium loci seniorem, cum uxore & filijs captivos ducit.* Et Synodus Bavarica sub Tassilone Bavariæ Duce, temporibus Caroli Magni celebrata, pag. 140. *Cum missi nostri ad placitum nostrum venerint, habeant obstricte quæsitum, de quo pago sint, & qui sint seniores eorum.* Et Tabulæ Gauslini Episcopi: *Pro remedio animæ Senioris nostri Othonis.* Flodoardus Histor. Eccles. Rom. Lib. I. *Accidit autem, ut eadem die, Legatus Domini Præsulis nostri Heriveri, nomine Therdoinus, ab eodem Seniore suo, pro rebus ipsis repetendis, ad regem cum muneribus deveniret.* Quibus in locis, ni fallor, *Senior*, est dominus, aut Princeps, vel qui alioquin summa cum potestate præest: quemadmodum Hispanis in usu est suum *Sennor*, Italis *Signor*, Gallis *Sire*. Verùm hæc æquo Lectori dijudicanda relinquo. 290,17

Pag. 196. verf. 8. *Apud Asum*]. *Asum*, quod Clarissimus Vellejus noster perperàm (quod pace tanti viri dixisse liceat) *Ahusiam* vertit, in provincia Scaniæ Gierßherridt vulgò dicta, situm est: olimq; oppidum fuit præclarum, multorum insignium & fortissimorum militum sepulturâ nobilitatum; jam verò fatali rerum vicissitudine ad pagi mediocris redactum est angustias. In muro cœmiterij Asumensis hodieq; visitur elegans saxum muro infixum, & portæ ad plagam septentrionalem adjunctû, literisq; Runicis inscriptum, quarum hic est sensus: 291,24

S 4 ᚠᚱᛁᛘᛏ:

ᚴᚱᛁᛋᛏ : ᛘᛆᚱᛁᛆᚼ : ᛋᚢᚿ : ᚼᛁᛆᛚᛒᛁ :
ᚦᛅᛘ : ᛅᚱ : ᚴᛁᚱᚴᛁᚢ : ᚦᛁᚿᛁ : ᚵᚢᚦᛁ :
ᛆᛒᛋᛁᛚᚭᚿ : ᛆᚱᚴᛁᛒᛁᛋᚴᚢᛒ : ᚭᚴ :
ᛅᛋᛒᛁᚭᚱᚿ : ᛘᚢᛚᛁ :

KRIST MARIÆ SUN hialpi dem er Kirckiu dini gudi / Absilon Arkibiskup og Asbiorn Muli.

Id est: CHRISTE MARIÆ FILI ADSIS IIS, QUI ECCLESIÆ TUÆ BENEFACIUNT, ABSOLONI ARCHIEPISCOPO ET ESBERNO MULE. Vide Cl. D. Wormii Monu. Lib. 3.

291,28 12. *Domi percussores invenit*] Quod Olaus Rex Norvagiæ non inscio Kanuto peremptus sit, asserit etiam Adamus Bremensis Lib. 2. c. 43. *Sciunt alij, eum, in gratiam Chnut Regis, latenter occisum, quod & verum esse non diffidimus, eò quod regnum ejus invasit.* Sed Chronicon Norvagicum testatur, quod ortâ inter Olaum & Regni primates, ob cædem quorundam Præfectorum, contentione privatâ, eruperit ea tandem in bellum apertum. In quo ad extremum deletus est exercitus Regis, & ipse Olaus, acceptis à ducibus belli, aliquot vulneribus, exspiravit in loco pugnæ, prope Sticklestadam, Anno Christi M. XXVIII. 4. Kal. Aug.

291,31 14. *Sex præpollentium regnorum possessor*] Nempè Daniæ, Sveciæ, Norvegiæ, Angliæ, Sclaviæ, Sembiæ: quod vix unquam alij contigit Regum Danorum, præterquam Frothoni III, cujus regnum Russiam ab ortu complectens, ad occasum Rheno flumine limitatum erat: Saxo Lib. V.

291,33 16. *Ejus principi Henrico filiam Gunildam*] Adamus Bremensis Lib. 2. Cap. 47. *Tempore illo Conradus Imperator filiam Chnut Regis Henrico filio accepit in matrimonium.* Exteri Scriptores ferè omnes *Gunildam* hanc, Canuti filiam, *Chunigundam* appellant. Erat fortè ipsi apposito cognomine nomen auctum, ità ut *Gunildam*, *Chunigunildam*, seu *Chunigundam* (Kionne/ Skionne Gunnild) dixerint, ob formæ præstantiam, quâ excellebat plurimum.

291,38 21. *Sibi trium imperium*] Sveciæ, Sclaviæ & Sembiæ. Adamus Bremensis loco jam dicto: *Cum quibus statim, regio fastu, Italiam ingressus est,* (Conradus) *ad faciendam regno justitiam, comitem habens itineris Chnut Regem, potentiâ trium regnorum, Barbaris gentibus valdè terribilem. Ille quidem, cum tres filios haberet, singulos super singula regna posuit, ipse aliquando visitans Danos, aliquando verò Nordmannos, sæpissimè autem sedit in Anglia.*

292,9 32. *Gutscalcus Sclavicus*] Hujus Gutscalci plurima fit mentio ab Helmoldo Cap. 19. & Adamo Bremensi Lib. 2. Cap. 48. qui patrem ejus appellant *Vdonem* sive *Vtonem*, quem Saxo hic *Pribignevum* vocat. Verba Adami ità ha-

A bent: *Principes VVinulorum Gnens & Anatrog erant pagani. Tertius Uto, filius Mistivoi, malè Christianus. Undè etiam pro crudelitate sua à quodam Saxonum transfuga interfectus fuit, filium habens Guthescalcum, qui per idem tempus, apud Luniborg, Monasterium Ducis, literalibus erudiebatur studijs. Verùm is comperta morte parentis, irâ & furore commotus, rejectis cum fide literis, arma corripuit, amneq; transmisso, inimicis Dei se conjunxit VVinulis. Hunc tandem, quasi principem latronum, Bernardus Dux*
B *capiens, in custodia tenuit, virumq; arbitrans fortissimum, juncto secum fœdere dimisit eum. Qui venit ad Cnut Regem, & cum eo profectus in Angliam, permansit ibi multo tempore.*

47. *Gerbrando substituitur Avaco*] Adamus Bremensis Lib. 2. Cap. 46. *Libentius* [Archiepiscopus Bremensis] *bonus in Præpositura, multò melior in cathedra, legationem suam ad gentes ferventi animo ingressus est. Et primò omnium concilians sibi Chnut Regem Danorum, Gerbrando subrogavit in* 292,23
C *Sæland Avaconem.*

Pag. 197. vers. 16. *Qui foris insignes exstarent, domi ignobiles viderentur*] Verè igitur Plinius in divino illo Panegyrico: *Enituit aliquis in bello, sed obsolevit in pace: alium toga, sed non & arma honestârunt: reverentiam ille terrore, alius amorem humanitate captavit: ille quæsitam domi gloriam in publico, hic in publico partam domi perdidit. Postremò adhuc nemo exstitit, cujus virtutes nullo vitiorum confinio læderentur.* 293,13

D Pag. 198. vers. 42. *Adversum testimonij fulmen*] Quicquid terrorem incutit, quicquid cum vi aliqua, vel impetu, conjunctum, translatè *fulmen* dicitur. Sic eleganter Quintilianus, vel potius Posthumius Junior, vel M. Florus, aut si quis alius, Declamatione quadam, *fulmen abdicationis*, quo severi patres adversus liberos utuntur, dixit: id quod repetit Declamatione CCLIX: *Fulmen istud patrum adversus ferociam adolescentiæ datum est, & adversus filios, qui peccare*
E *plus possunt.* Cn. & P. Scipiones *fulmina Imperij Romani* appellavit Cicero pro Balbo: Et *fulmina verborum* idem ad Papirium Lib. IX. Eloquentiam Ciceronis *fulmina* vocavit Columella in Præfat. Lib. I. *Nec Brutum, aut Cælium, Pollionemve, cum Messala & Catullo, deterruêre fulmina illa Ciceronis ab Eloquentiæ studio.* Unde *fulmina jaculari* Eloquentia dicitur Martiano Capellæ Lib. 5. *Deniq; creditum quod instar Jovis eadem fulmina jaculari.* Et Oratores ipsi *fulminare* seu
F *fulgurare.* M. Tullius de Oratore: *Nunquam*, inquit, *ab Aristophane Poëta fulgurare, tonare, permiscere Græciam dictus esset Pericles, si tenui genere usus fuisset.* Verba Aristophanis sunt: ἤστραπτ', ἐβρόντα, ξυνεκύκα τὴν Ἑλλάδα, id est, *fulgurabat, tonabat, convolvebat Græciam.* 295,22

43. *Si sponsione provocatus fuisset*] *Sponsio* apud antiquos genus erat stipulationis, quà plerumq; uti solebant post interdicta, cum litis quædam appendicula incidisset, aut etiam si alio 295,23

alio modo inter eos controverteretur. Fiebat A autem *Sponsio*, interpositâ stipulatione certæ pecuniæ, quam is, qui litem intendebat, daturum se, nisi veram causam haberet, promittebat. Actor enim primò *spondebat*, id est, spontè atq; ultrò sponsionem deferebat adversario, quem ideò *sponsione lacessere & provocare* dicebatur. Ab eo namq; postea summam eandem stipulabatur. Hic autem aut fateri cogebatur, aut si inficiaretur, restipulari. Tum actor iterùm stipulanti adversario spondebat. B

95,23 **44.** *Restipulatione uti licuit*] Vetus Codex, quo in nonnullis sum usus, ad oram ascriptum habebat *refragatione*. Sed longè rectius omnes Editiones legunt restipulatione: quia actore spondente, reo licitum erat, si inficiaretur, *restipulari*, hoc est, ab eo, cui quid ante à se stipulanti promisit, vicissim aliquid stipulari. Verùm hanc Saxo potestatem crimine læsæ majestatis reis prorsus interdictam fuisse asserit.

296,4 Pag. 199. vers. 7. *Dataq; nave*] Fuit hoc C etiam apud veteres inter supplicij genera. Sic Svetonius Cæsar. Cap. 66. *Vetustissimæ navi impositos, quocunq; vento, in quascunq; terras, jubebo avehi.* Ità puniti delatores à Trajano. Plinius in Panegyrico: *Congesti sunt in navigia raptìm conquisita, ac tempestatibus dediti, abirent, fugerentque vastatas delationibus terras: ac si quem fluctus ac procellæ scopulis reservassent, hic nuda saxa & inhospitale littus incoleret: ageret duram & anxiam vitam, relictaq; post tergum totius generis humani* D *securitate, mœreret.* Ità & sævitum olìm à Tyrannis Christiani nominis osoribus, in viros sanctos.

297,21 Pag. 200. vers. 5. *Inq; unius omnes proscriptione damnari*] Felicitas Reipublicæ, omniumq; civium salus, à Principis pendet salute & felicitate. Plinius in Panegyrico: *Ut in unius salutem collata omnium vota: cum sibi se, ac liberis, suis intelligerent precari, quæ pro te precarentur.* Et paulò pòst ibidem: *Debemus obsecrare, ut omnia* E *quæ facis, quæq; facias, prosperè cedant tibi, Reipublicæ, nobis; vel si brevius sit optandum, ut uni tibi, in quo & Respublica & nos sumus.*

297,38 21. *Ipse sibi trecenta ac sexaginta mulctæ nomine*] Caveant diligenter Legis latores, nè suis damnentur legibus. Quemadmodum Zaleuci filius in ipsam à patre latam primus deliquit: utq; suus constaret legi vigor, oculum filio unum, sibiq; alterum erui curavit. Ælianus Variar. Histor. Lib. XIII. Charondas Tyrius, in F frequentem Senatum, gladium inferre prohibuerat: ipse verò eandem legem violat, eoq; gladio se ipsum transfigit. In hanc classem referendi Licinius Stolo apud Plutarchum in Camillo: Tennes apud Heraclidem de Politiis: Pericles & Clisthenes, duces Attici apud Ælianum Lib. 13. Lycurgus apud eundem: & Solon apud Platon, Eutropius Eunuchus apud Socratem Histor. Ecclesiast. Lib. VI. Cap. V.

Pag. 201. vers. 16. *Apud Rothomagum*] Wilhelmus Malmesburiensis de gest. Angl. Lib. 2. Cap. XI. Canutum Sceptoniæ in Anglica defunctum, & Vintoniæ funeratum memorat: At *Cnuto*, inquit, *transcursâ vitæ metâ, Sceptoniæ defunctus, & VVintoniæ sepultus est.* 299,12

41. *Quam maximam semper exhibuerat*] Propensissimo in cultum divinum animo, inq; ædes & personas sacras mirè munificus fuit. Canutus hic noster, re & nomine Magnus. Templa, Cœnobia, non in Dania solum & Anglia, sed & in Gallia, & alibi terrarum, partim ipse extruxit, partim reparavit, partim denique sumptibus verè regijs locupletavit. Ita ad restaurationem templi Carnotensis in Gallijs, quod miserabili incendio conflagraverat, ingentem pecuniam transmisit, Anno Christi 1032. Cujus rei testis est Epistola Fulberti, Episcopi tùm Carnotensis, quâ gratias agit Canuto Regi. Ea extat inter Epistolas ipsius, ordine 97, fol. 92. scripta stilo & more istius ævi, quo etiamdum viguit Barbaries. Inscriptio ejusmodi est: *Nobilissimo Regi Danomarchiæ* CNUTONI, *Fulbertus, Dei gartiâ, Carnotensium Episcopus, cum suis Clericis & Monachis, Orationis suffragium. S. Quando munus tuum nobis oblatum vidimus, sagacitatem tuam ac religionem pariter admirati sumus. Sagacitatem quidem, quòd homo nostræ linguæ ignarus, longoq; à nobis terræ marisq; intervallo divisus, non solùm ea, quæ circà te sunt, strenuè capessas; sed etiam ea, quæ circa nos, diligenter inquiras. Religionem verò, quum te, quem Paganorum principem audieramus, non modò Christianum, verùmetiam ergà Ecclesiæ Dei servos benignissimum largitorem agnoscimus. Unde gratias agentes Regi Regum, ex cujus dispositione talia descendunt, rogamus, ut ipse regnum suum in vobis prosperari faciat, & animam tuam à peccatis absolvat, per æternum & consubstantialem sibi unigenitum Christum Dominum nostrum, in unitate Spiritus Sancti, Amen. Vale memor nostri, non immemor tui.* Meminit etiàm Guilielmus Malmesburiensis loco superius dicto: *Ejusdem*, inquit, *Archipræsulis, & Helnothi hortatu, Cnuto Rex ad transmarinas Ecclesias misit pecunias, maximè Carnotum, ubi tunc florebat Fulbertus Episcopus in sanctitate & Philosophia nominatissimus.* 300,2

Pag. 203. vers. 5. *Majorum virtute elaboratum finivit imperium*] Eundem in modum loquitur Justinus Lib. 1. *Filius ejus Ninyas contentus elaborato à parentibus imperio, belli studia deposuit.* 301,37

Pag. 204. vers. 1. *Cæduntur funditus Sclavi*] Sclavorum XV millia cæsa, memoriæ prodidit Adamus Bremensis Lib. 2. Cap. 59. *Magnus autem Rex pro justitia & fortitudine carus fuit Danis, verùm Sclavis terribilis, qui post mortem Chnut, Daniam infestabant. Ratibor Dux Sclavorum interfectus est à Danis. Ad cujus mortem ulciscendam jam tunc cum toto exercitu Vinuli venientes, usq; ad Ripam vastando progressi sunt. Et fortè Magnus, Rex tunc à Nordmannia rediens, Heidebyam appulit. Qui more* 303,11 *more Danorum, copijs undiq; collectis, egredientes è* A *Dania paganos, in campestribus Heideby, excepit. XV. millia feruntur ibi occisa, & facta est pax & lætitia Christianis omni tempore Magni.*

303,31 20. *Nam maternum inde genus traxerat*]. Ità censui legendum pro *paternum*. Estrita etenim, Svenonis mater, filia erat Svenonis Tivgskeg, & Sirithæ Reginæ Svetiæ, quæ relicta superstes fuit Regis Erici. Genealogiam subijciamus, quæ lucem addat Historiæ universæ hujus temporis:

Siritha Regina Svetiæ, relicta superstes Regis Erici, sustulit ex

- Erico
  - Olaum
    - 1. Astrita, nupta D. Olao.
    - 2. Emund.
    - 3. Anund. qui in Baptismo dictus est Jacobus.
    - 4. Ingerta, nupta Jarislao Ruteno.
- Svenone Tivgskeg
  - Estritam nuptam Vlfoni
    - Sveno Estritius
  - Canutum Magnum, cui genuit
    - Imma
      - Gunildam nuptam Henrico, Imperatori Romano
      - Canutū cognomento Durum
    - Alvina
      - 1. Haraldum Regem Angliæ.
      - 2. Svenonem Regem Norvegiæ

Sed & *paternum genus* è Svetia traxerat Sveno; B quum Vlfonem, quem patrem is habuit, è Svetia oriundum, paulò superius tradiderit Saxo: *Cujus munificentiæ gratia Vlfonem quondam è Svetia accersitum. &c.*

303,33 22. *Deturbato per occursum leporis equo*] Lepus semper inter quadrupedes infelicis ominis habitus est; & antiquissima fuit superstitio, sinistri aliquid evenire, si lepus occurrat, vel semitam transeat. Hinc Græca illa apud Svidam sententia: φανεὶς ὁ λαγὼς δυστυχεῖς ποιεῖ τρίβους, *Visus lepus infortunatas facit vias.* C *Non inficior*, inquit Camerarius, Horar. Subcesivar. Part. 2. Cap. Ult. *leporum incursus sæpè ominosos & fatales fuisse. Memini enim me ab oculatis & fide dignis testibus audire, aliquoties in obsidione Magdeburgensi, leporum magnam copiam intra castra & urbem conspectam fuisse, & qui eos inter velitationes insecuti fuerint, vel captos, vel malè mulctatos à præsidiarijs fuisse.* Infelix sanè fuit conspectus leporis, de quo Jacobus Mejerus scribit D Annal. Flandr. Lib. XII. Paulò etenim ante prælium inter Gandenses & Brugenses, hi pro tristi acceperunt omine, quòd leporem ibi fortè per medias stationes suas transcurrentem cernerent. *Expalluit*, inquit Mejerus, *Ratgerus Dux Brugensium, vultusq; nullam retinuit constantiam. Paulò post itaq; licet numero superiores magnâ clade à Gandensibus victi sunt.* Sigebertus Gemblaccensis, ad Ann. Christi M. C. XLIII. scribit de Fulcone Hierosolymorum Rege, quòd E dum venationi insistens, leporem insequitur ex improviso sibi apparentem, equus, cui insidebat, se super eum præcipitem dederit, ipsumque vitâ & regno privaverit. Lepore etiàm autore Romam aliquando captam, idem Sigebertus Gemblacensis commemorat ad An. Christi DCCCC. Arnulpho enim Rege, qui Berengario auxilium tulerat, Romam oppugnante, excitus è latebris clamore tumultuq; militum Lepus, urbem versus cursum arripuit. Hunc milites toto temerè agmine concito cum cœpissent sequi, cursuq; & clamoribus acrius deterrerent, Romani, qui pro propugnaculis stabant, urbem eo impetu peti veriti, cui se longè impares propter defendentium inopiam arbitrabantur, pari consensu, desertis mœnibus, ad terram se submisère. Barbari occasione freti, sellis equorum ad mœnia in cumulum aggestis, per eos nullo reluctante, leoninam urbem, nullo negotio ceperunt. Ità & Anno à nato Christo suprà millesimum ducentesimo octogesimo nono, Comes Holsatiæ Henricus, ejusque frater Johannes, cœpto adversus Dithmarsos bello, infeliciter præliati memorantur, occasione leporis, qui exercitui ad pugnam accincto forte fortuna occurrens, præliaturos in fugam egit. Quod quomodo acciderit, luculentâ narratione exponit Vir longè Clarissimus, Philologus & Historiographus celeberrimus, mihiq; fidelissimâ gratiâ conjunctissimus Amicus, D. Johannes Isacius Pontanus, Historiæ Danicæ Lib. VII. pag. 376. Holsati cum starent jam magno nobilitatis suæ ac populi numero, ad pugnam ac jugum Dithmarsis inferendum parati, contigit eorum copias de subito ac viâ transversâ leporem prætercurrere, eâq; occasione militem exclamare, *prætercurrere leporem*: idq; exaudientes, qui posteriores erant, clamoremq; in id excitatum putantes, ut se in cursum ac fugam darent, fugere hoc ipso cœperunt. Quos deinde intermedij [quòd existimarent aciem suorum ab hoste perruptam] continuò secuti, & eos vicissim primi, cum abiisse unà cum

cum postremis viderent, nec alia subsidia haberent, similiter subsecuti. Qui evadere fugiendo nequierunt, à Dithmarsis, quibus hoc casu alacritas accrevit, interfecti sunt. Adeo ut locum hic meritò habeat, quod vulgo creditum, etiàm his temporibus, occursum leporis omen esse parùm felix, præsertim iter ingressis; ideoque & proverbio olim dictum: *Lepus apparens infortunatum facit iter*: vel ut senario hoc potius è Græco, quod Svidas citat, exprimam,

Inauspicatum iter obvius facit lepus.

303,34 23. *Trunco adactus extingvitur*] Dissentit nonnihil à Saxone de obitu Magni Regis, Snoro Sturlæsonius Chronici Norvagici pag. 343, qui Magnum è Norvegia reducem, circà autumnum, in Jutiæ quodam pago *Sudertorp* dicto, supremum obijsse diem constanter asserit, Anno Christi M. XLIV.

NOTÆ VBERIORES IN LIBRUM XI.
HISTORIÆ DANICÆ SAXONIS GRAMMATICI.

304,2 Pag. 204. vers. 36. VAriis rerum casibus fluctuatus est] Valerius Maximus Lib. IX. Cap. VIII *Itaq; exiguo momento maximæ Reipublicæ casus fluctuatus est*: prout omnes ferè MS codices legunt; non, ut vulgò editur, *fluctuavit*. *Fluctuatus* scilicet passivè, pro activo *fluctuavit*: quomodo idem Valerius paulo ante Lib. VIII. Cap. I. *Eadem hæsitatione P. Dolabellæ animus fluctuatus est.*

304,3 37. *Summam successu magis quam viribus capit*] *Summa* hic absolutè positum pro summa rerum, pro summo imperio, potestate, adeoq; ipso regno. Petronius Arbiter *summam* usurpat pro perfectione, consummatione, & absolutione. Turneb: Lib. XIX. Cap. VI. Idem Petronius alibi: *Diuq; summa carminis penes Mopsum Thracem memorata est.* Sic ipse Saxo paulo post loquitur: *Ac veluti in unum corpus utraq; sacerdotij summa confluxit.*

304,29 Pag. 205. vers. 5. *Nam alteri Henricus, Eginus alteri*] Alteri, nempe *Dalbyæ*, Henricus: Alteri, *Lundiæ* videlicet, Eginus præfectus est. Adamus Bremensis Historiæ Ecclesiasticæ Cap. 215. juxtà editionem Lindenbrochij; *Henrico Lundensem, Egino vero Dalbyensem Episcopatum tribuit.* Sed perperàm. Verba ejus ità habent: *In eâdem regione Sconiæ nemo adhuc Episcopus fuit incardinatus, nisi quòd ab ab ijs partibus quidam venientes interdùm illam porcurabant diœcesim. Deinde Gerbrand Selandensis Episcopus, & post eum Avacho, simul utramq; gubernabant Ecclesiam. Nuper vero mortuo Avacone Rex Svein parochiam Sconiensem in duos Episcopatus segregavit, unum, id est, Lundensem Heinrico tribuens, alterum, id est, Dalbyensem Eginoni.* Sed omninò hic legendum, *Dalbyensem Heinrico tribuens, alterum, id est, Lundensem, Eginoni.*

304,30 11. *Henrico ob immoderatum potionis usum absumpto*] Id quoq; testatur Adamus Bremensis loco jam dicto: *Heinricus autem apud Orchadas fuit ante Episcopus, itq; in Angliâ Sacellanus Regis Knut fuisse narratur, cujus thesauros in Daniam perferens luxuriosè vitàm exegit. De quo narratur etiàm, quòd pestiferâ consvetudine delectatus inebriandi ventris, tandèm suffocatus crepuit. Hoc & de Avacone factum esse comperimus, similiterq; de alijs.*

305,5 22. *Humani calicis cupido haustu divini usum amittere meruit*] *Calicem divinum vocat*, quo in Dominicæ cœnæ administratione utuntur Episcopi & sacerdotes: nihilq; aliud intelligit, quam abrogatum fuisse bibulo illi Heinrico, ob immoderatum potionis usum, jus & potestatem sacra administrandi.

305,13 31. *Fugam Byzantio credidit*] Adamus Bremensis Lib. III. Cap. XIII. *Haraldus quidem frater Olaph Regis & Martyris, vivente adhuc germano, patriam egressus, Constantinopolin exul abijt. Ubi miles Imperatoris factus, multa prælia mari contra Saracenos & Schytas gessit, fortitudine clarus, & divitijs auctus vehementer.* Ejus meminit præcedenti libro Saxo: *Cujus frater Haraldus consimilem perfidiam veritus, adito Byzantio, suspectam patriæ fidem longinquo declinavit exilio.* Is autem fuit Haraldus Sigurdi filius, cognomento *Haardraade*, qui Magno Regi Norvagiæ defuncto successit.

305,13 Ibid. *A Cujus Rege homicidij crimine damnatus*] Imperator Orientis tum temporis erat Constantinus cognomento Monomachus, qui Zoæ Imperatrici matrimonio junctus, imperij juxta ac thori consors factus est, circa A. C. cIɔ XLIII. Snoro verò Sturlæsonius rem paulò aliter commemorat, causamq; Haraldi in carcerem conjecti fuisse tradit petitam à Zoe domum redeundi veniam & officij sui abdicationem, pag. 337. Chronici Norvag. Quum etenim Haraldus, quem Zoe Imperatrix, ob singularem fortitudinem, aliasq; virtutes & præclari animi dotes, toti exercitui summa cum potestate paulò antea præfecerat, ab itinere Hierosolymitano Constantinopolin redux, fando comperisset, fratris sui filium Magnum, tàm Daniæ, quàm Norvegiæ imperio potiri, patriæ revisundæ desiderio adductus, veniam à Zoe domum redeundi, demandatoq; officio sese abdicandi, petijt. Eo

Eo intellecto Zoe indignatione accensa, pecu- A
latus crimen Haraldo intentat, quasi maximam prædæ varijs in bellis acquisitæ partem
sibi perfidè vendicasset. Licet alij existiment,
Zoen Haraldi amore correptam, ipsi discessum paranti graviter succensuisse, ideoque
hoc crimine reum egisse, nè veram indigna-
tionis causam vulgo proderet. Mox Haraldus, jussu Zoës, & mariti Constantini Mono-
machi Imperatoris, in vincula conijcitur cum
duobus comitibus Haldardo & Ulfone Uspagi B
filijs. Verum primâ nocte, auxilio ditissimæ
cujusdam matronæ, quæ Haraldum flagran-
tissimo amore deperibat, è carcere liberati, palatium Imperatoris armati, adjunctis sibi Varin-
gis, Normannicæ gentis militibus, adeunt,
eumq; captum, oculis privant. Haraldus conscensis navibus, abductaq; secum Mariâ Zoës
ex fratre nepte, quam prius frustrà ambiverat,
Pontóq; Euxino, & palude Mœotica trajectis,
in Russiam terrestri itinere tandem pervenit. C

305,16 34. *Exuit vernam, ut socium ageret*] Valierus
Maximus Lib. V. Cap. VIII. *Exuit patrem, ut
consulem ageret: orbusq; vivere, quàm publicæ vindictæ deesse maluit.*

305,22 40. *Ipso squamarum nitore*] Inter res alias,
quæ in tenebris lucent, piscium quoq; squam-
mas esse docet Aristoteles Lib. 2. de animâ C. 7.
Οὐ πάντα δὲ ὁρατὰ ἐν φωτί ἐστιν, ἀλλὰ μόνον
ἑκάστου τὸ οἰκεῖον χρῶμα. ἔνια γὰρ ἐν μὲν τῷ D
φωτὶ οὐχ ὁρᾶται, ἐν δὲ τῷ σκότει ποιεῖ αἴσθη-
σιν. οἷον τὰ πυρώδη φαινόμενα καὶ λάμποντα.
ἀνώνυμα δ' ἐστὶ ταῦτα ἑνὶ ὀνόματι, οἷον μύκης,
κέρας, κεφαλαὶ ἰχθύων, καὶ λεπίδες, καὶ ὀφ-
θαλμοί. ἀλλ' οὐδενὸς ὁρᾶται τούτων τὸ οἰκεῖον
χρῶμα. Hoc est; *Non omnia quæ videntur, in
lumine videntur, sed unius cujusq; duntaxat proprius
color. Nonnulla enim cum in luce cerni non possint,
in tenebris possunt; ut quæ ignea apparent & splen-* E
*dent. Ea quidem nomine communi carent, ut sunt
fungus, cornu, piscium capita, squammæ, & oculi. Sed
nullius eorum proprius color videtur.* Cæterum in
tenebris etiam lucere constat vermiculos quosdam, gemmas, ligna putrida, herbas lunarias:
de quibus elegantissimum commentariolum
edidit Conradus Gesnerus, qui prodijt Tiguri
Anno Christi 1555.

305,28 47. *Valdemarus Rex*] Intelligit autor Valdemarum Daniæ Regem, ejus nominis Pri- F
mum, S. Canuti filium, qui anno circiter 191.
post regnavit, sub quo & vixit & scripsit Saxo.
Hunc autem Valdemarum curiosum fuisse Antiquitatum indagatorem, præterquam hoc in
loco, ostendit etiam superius in Præfatione, ubi
misisse eum ait, qui rupem istam apud Blekingiam literis Runicis inscriptam perlustrantes
characterum significationem curiosiori inda-
gatione colligerent.

Pag. 206. vers. 4. *Eaq; potitus, arma in Da-* 306,3
niam transfert] Haraldus iste Rex Norvagiæ,
potitus regno, beneficio Svenonis, malam ipsi
retulit gratiam. Nam contractis statim copijs
classem 60 navium adornavit, atq; mare Balti-
cum ingressus, civitates maritimas depopulatus est. Maximas clades acceperunt Arhusium
& Slesviga, quomodo & commemorat Ada-
mus Bremensis Lib. III. Cap. XIII. *Sed mox,* inquit, *ut ad suos venit,* [nempe Haraldus] *& Nord-*
*mannos sibi fideles esse persensit, facilè ad rebellan-
dum persuasus, omnia Danorum maritima ferro vastavit & igne. Et tunc Arhusia Ecclesia incensa, ac
Slesvig deprædata est. Suen Rex terga vertit. Inter
Haraldum & Svein prælium fuit omnibus diebus
vitæ eorum.* Creberrimas vero ejusdem Haraldi
in Daniam irruptiones describit Snoro Sturlesonius Chronici sui Norvagici pag. 345. & deinceps.

21. *Raritati consertione*] Hoc est, conglo- 306,2
batione, qua se quasi in unum locum pauci illi
condensârant. Sic paulo post loquitur Saxo:
perruptâ nexuum consertione.

24. *Cunctis hac necessitate duratis*] *Duratis,* 306,24
id est, confirmatis, erectis ad spem victoriæ.
Durare, est, animum obfirmare ad aliquid patienter ferendum, ut, ad sustinendos labores,
ad mala toleranda. Phædrus Lib. 1. Fab. Æsop.
sub finem:

Fatale exitium corde durato feram.

Lucanus Lib. V. vers. 797.

——————— *Nam cætera damna.*

Durata jàm mente malis, firmâq; tulerunt.

Glossæ veteres: *Duras,* καρτερεῖ, μακροθυμεῖ,
ὑπομένει.

41. *Hinc Danicis inde Norvagicis oculis*] Rur- 307,3
sus hic exprimit Valerium suum, qui simili per
omnia ἀντιστροφῇ Scævam Cæsaris militem
alloquitur Lib. III. Cap. II. ubi inter alia hæc
reperiuntur verba: *Hinc Romanis, inde Britanicis
oculis, incredibili, nisi cerneretis, spectaculo fuisti.*

48. *Absolon auctor*] Absolon nempe Archie- 307,9
piscopus Lundensis, hujus ipsius Skialmonis
Candidi, cujus Aslacus fortissimus ille remex
erat, ex filio Ascero nepos, Vir satis bonæ fidei,
& Saxoni nostro Historiæ scribendæ autor.

Pag. 207. vers. 23. *Regni æmulatione*] *Angli-* 308,4
cani videlicet. Invidebant enim fratri suo Haraldo hanc imperij felicitatem.

Ibid. *Majorem perosi*] Haraldum nempè, 308,4
Godovini Comitis filium, Canuti Duri Regis ex
Sorore nepotem. Is etenim una nocte cœso
per insidias omni præsidio Danico, regnum
Angliæ invasit & occupavit. Meminit Saxo
Lib. X. præcedenti: *Verum ut Magni votis Danica fides respondit, ita Svenonis credulitatem Anglia perfidia circumventam oppressit. Nam post ejus
ab Anglia profectionem Godovini filius Haraldus, spe
improbâ totius Angliæ regnum complexus, participato
cum*

eum incolis consilio, Danicum, ut erat per præsidia distributus, exercitum, compluribus separatim vicis, uno eodemq; tempore, magnifico conviviorum apparatu, per obsequij simulationem excipi jussit, meroq; ac somno sopitum, noctu per insidias trucidandum curavit. Ea nox parvulo temporis momento vetustam Danorum dominationem, diuq; majorum virtute elaboratum finivit imperium. Cæterum non abs re futurum duxi, si exhiberem hoc loco Genealogiam posterorum Regis Canuti in Anglia, descriptam à veteri Scholiaste, qui in Adamum Bremensem commentatus est, cujus hæc sunt verba ad Cap. XIV. Lib. III. ejusdem Adami: *Chnut Rex Danorum, sororem suam, quæ à Richardo Comite repudiata est, dedit Vlf, duci suo. Ex qua nati sunt Björn Dux, & Sven Rex. Vlf Dux sororem suum Godvino Duci Anglorum copulavit, ex quâ nati sunt Sven, Toste, & Harald, & ista Gythe, quam Rex Eduard in conjugem habuit.* Deinde Sven filius *Goduvini occidit Bjorn filium avunculi sui. Haraldus autem cum esset vir fortissimus, Griphum Hiberniæ Regem decollavit, Sven Regem Danorum ab Anglia pepulit, ipsumq; cognatum & dominum suum Eduardum pro nihilo habuit. Sequitur vindicta Dei, & plaga Nordmannorum, & excidium Angliæ.*

308,7 26. *Haraldum Norvagiæ Regem*] Haraldus Rex Norvagiæ, cognomento *Haardraade*, accitus ad societatem belli à Tostone, contra fratrem ejus Haraldum, sagittâ in pectore lethaliter vulneratus est. Funus à filio Olao, qui una prælio interat, Nidrosiam delatum est Anno 1066. Wellejus in Notis ad Adami Bremensis Cap. XIV. Libr. 4.

308,10 29. *Norvagica Classis*] Trecentarum navium. Habuit enim Haraldus iste Rex Nordmannorum, trecentas naves magnas, quæ omnes in Anglia remanserunt. Insuper massa auri, quam Haraldus è Græcia adduxit, ad Bastardum tali fortuna pervenit. Erat autem pondus auri, quod vix bisseni juvenes cervice levarent: teste veteri Scholiaste ad Cap. 14. Lib. 4. Adami Bremensis.

308,11 Ibid. *Normannorum Dux*] Gvilelmus cognomento Bastardus, sive Nothus, cujus meminit Adamus Bremensis Lib. IV. Cap. XIV. *Eodem quoq; tempore clades illa memorabilis in Anglia facta est: cujus magnitudo, & quod Anglia Danis ex antiquo subjecta est, summam nos eventuum præterire non sinit. Post mortem Sanctissimi Regis Anglorum Eduardi, contendentibus pro illo regno Principibus, Heroldus quidem Anglorum dux, vir maleficus, sceptrum invasit. Quod cum sibi frater ejus, nomine Toste, ereptum audiret, Regem Nordmannorum auxilio ducit Haraldum, Regemq; Scotorum; & occisus est ipse Toste, Harald, & Rex Hiberniæ, cum toto exercitu à Rege Anglorum. Vix, ut ajunt, dies octo transierant, & ecce VVilhelmus, cui pro obliquo sangvine cognomen est Bastardus, à Gallia transfretans in Angliam, lapso victori bellum intulit, in quo Angli primum victores, deinde victi à Nordmannis, usq; ad finem contriti sunt. Haraldus ibi cecidit, & post eum ex Anglia ferè centena millia.*

308,23 40. *Paterni eorum meriti oblitus*] Pater namque eorum Haraldus, Danicum exercitum in Anglia per præsidia distributum, compluribus separatim vicis, uno eodemq; tempore, magnifico conviviorum apparatu, per obsequij simulationem excipi jusserat, meroq; ac somno sopitum noctu per insidias trucidandum curaverat, cujus meminit Saxo Lib. præcedenti X.

308,25 43. *Nostri temporis dux*] Valdemarus nempe, ejus nominis primus, quem Canutus, cognomento Sanctus, Rex Vandalorum, & dux Slesvicensis, ex Ingeburgâ Valdemari, sive Jarislai, (utroq; enim nomine dictum ait Saxo] Rutenorum Regis, filia progenuit.

308,26 44. *Inde Eöus sangvis*] *Per Eoum sangvinem* intelligit *Rutenicum*. Russia etenim situ suo Daniam à Sole nascente respicit. *Sangvinem* pro *genere* sumi apud authores frequens est. *Eous* adjectivè pro *Orientalis*. Ammiano Marcellino, Prudentio, & alijs, *Eöum jubar*, &, *Eöum sidus*, Sol est oriens. Sedulius Lib. 2. vers. 24. *Eoi venêre Magi*. Juvencus Lib. I. vers. 226.

Gens est Eoi, Phœbo orto proxima, regni.

308,26 Ibid. *In salutarem principis nostri ortum confluens*] Valerius Maximus Lib. II. Cap. IX. *Quibus viris, si quis cœlestium, significasset futurum, ut eorum sangvis illustrium imaginum serie deductus, in ortum salutaris principis nostri confluerent.*

308,36 53. *Sola libidinis intemperantia maculabat*] Id confirmat Adamus Bremensis Lib. IV. Cap. XVI. *Illo tempore, clarissimus inter Barbaros fuit Sven, Rex Danorum. Ab illo Christianitas in exteras nationes longe lateq; diffusa est. Et cum multis virtutibus polleret, solâ ægrotavit luxuriâ.* Idem hic noster Sveno Esthritius magnam tulit laudem Pietatis & sapientiæ: utpote qui non ipse tantum literarum humaniorum cognitione excelleret, sed & convictu quoq; gauderet maximè Clericorum, & hominum antiquitatis atq; Historiarum studiosorum. Ab hoc Rege se accepisse fatetur Adamus Bremensis, quicquid refert de conversione gentium septentrionalium, loco antea citato: *Novissimis Archiepiscopi* [Bremensis, Adalberti] *temporibus, cum ego Bremam veni, auditâ ejusdem Regis Sapientiâ, mox ad eum venire disposui, à quo & clementissime susceptus, ut omnes: magnam hujus libelli materiam ex ejus ore collegi. Erat enim scientiâ literarum eruditus, & liberalissimus in extraneos* [Saxo; *liberalitate illustris*] *& ipse direxit prædicatores Clericos in omnem Svediam, Nordmanniam, & in insulas, quæ sunt in illis partibus. Cujus veraci & dulcissima narratione didici, suo tempore, multos ex barbaris nationibus ad Christianam fidem conversos.*

309,5 Pag. 208. vers. 5. *Siritha, quæ postmodùm Guthskalco Sclavico conjunx accessit*] Hæc est illa

T Siritha

Siritha, quam, marito Godeskalco, Sclaviæ principe, Leontij à paganis cæso, martyrium quoq; subijsse tradit Adamus Bremensis Lib. IV. Cap. XII. *Filia Regis Danorum, apud Michlenburg civitatem Obotritorum inventa, cum mulieribus nuda diu cæsa est. Hanc enim habuit, ut prædiximus, Godeschalcus Princeps uxorem, à qua & filium suscepit Henricum.*

309,25 24. *A quo quum Rex*] Is fuit Adalbertus, Bremensium Archiepiscopus, ordine XVI. qui comperto flagitioso illo Svenonis Regis incestu, severè eum admonuit, ut injusti concubitus nexum rescinderet; quod & præstitit. Rem totam fusius prosequitur Adamus Bremensis Lib. III. Cap. XII. *Quum Rex juvenis Svein tria, pro libitu suo, regna tenuerit, mox succedentibus prosperis, oblitus est cœlestis Regis, & consanguineam è Svedia duxit uxorem. Quod domino Archiepiscopo valdè displicuit, furentemq; Regem, missis ad eum Legatis, de scelere terribiliter increpavit. Postremò nisi resipuerit, excommunicationis gladio feriendum esse. Tunc ille conversus in furorem, minabatur omnem Parochiam Hamburgensem vastare & exscindere. Ad quas minas imperterritus noster Archiepiscopus, arguens & obsecrans, perstitit immobilis; donec tandem flexus tyrannus Danorum per literas Papæ, libellum repudij dedit consobrinæ. Nec tamen Rex Sacerdotum admonitionibus aurem præbuit. Sed mox ut consobrinam à se dimisit, alias, itemq; alias, uxores & concubinas assumpsit, & suscitavit ei Dominus inimicos in circuitu multos, sicut Salomoni fecit proprios servos.*

310,27 Pag. 209. vers. 9. *Ipsum famuli nomine designaturus*] Nemini ignotum esse poterit, in solennibus precationibus frequenter olim adhibitum fuisse nomen *famuli*, etiam de Regibus potentissimis. Dignum enim & justum est, ut humiles, viles, & abjectos se reputent in conspectu Dei Reges, per quem ipsi regnant. Psal. II. *Et nunc Reges intelligite, erudimini, qui judicatis terram, servite Domino in timore, & exultate ei cum tremore. Osculamini filium, ne quando irascatur, & pereatis in via.* Cæterùm formulæ istius innumera nobis exempla *Pontificale Romanum* exhibet, liber ob varias Antiquitates lectu dignissimus. Sic folio 54. de coronatione Romani Imperatoris: *Oremus! Deus, in cujus manu corda sunt Regum, inclina ad preces humilitatis nostræ aures misericordiæ tuæ, & huic famulo tuo Regi, veram appone sapientiam, ut haustis de tuo fonte auxilijs, & tibi placeat, & super omnia præcellat.* Per Christum Dominum nostrum, Amen. Et paulò pòst fol. 55. Oremus. *Deus omnipotens, cujus est omnis potestas & dignitas, te supplici oratione, atq; humillima prece deposcimus, ut huic famulo tuo N. prosperum imperatoriæ Majestatis concedas effectum. &c.*

311,33 51. *Baculo, quo utebatur, exclusit*] Consentaneâ severitate, sed majori in crimine, usus est quondam Ambrosius, Mediolanensium Archiepiscopus, in Theodosium Principem, quem ob cœdem 7000 hominum Thessalonicæ perpetratum, à sacris exclusit, Anno Christi CCCXCI: de cujus pœnitentia operæ pretium erit consulere Historicos Ecclesiasticos.

313,7 Pag. 210. vers. 40. *Terramq; suppliciter osculatus*] Luculentum erat olim pœnitentiæ, humilitatis, & pietatis indicium, antè Basilicæ ingressum, humi se prosternere, & vel sacra templorum limina postesq;, vel ipsam almam matrem exosculari. Imprimis id solenne erat *Romipetis*, hoc est, ijs, qui Romam ad sacras Apostolorum ædes visendas excurrere solebant. Prudentius in Hymno S. Laurentij.

Ipsa & senatus lumina
Quondàm, Luperci aut Flamines,
Apostolorum & Martyrum
Exosculantur limina.

Idem in Hymno S. Hyppolyti:

Oscula perspicuo figunt impressa metallo.

Venantius Fortunatus Lib. IV. de vita S. Martini:

Rursus Apollinaris pretiosi limina lambe
Fusus humi supplex ———

Quem morem paganos etiàm observasse tradit Arnobius Lib. I. *Cum per omnia supplices irent templa, cum deorum ante ora prostrati, limina ipsa converrerent osculis.* Tibullus:

Non ego si merui, dubitem procumbere templis,
Et dare sacratis oscula liminibus.

Porrò de sacris hisce osculis videantur Chrysostomus Homiliâ XXX in Epistolam 2. Pauli ad Corinthios: Sidonius Apollinaris Lib. I. Epistolâ V; & ad eum Notæ doctissimi Savaronis: Petrus Venerabilis Lib. I. de Ecclesijs, contrà Petrum de Bruis: Arator Hist. Apost. Lib. 2. Baronius in Notis ad Martyrologium pag. 487. Cassiodorus Hist. Tripart: Lib. 9. Cap. 13. & alij.

313,23 Pag. 211. vers. 2. *Incboamento psallendi facto*] Hoc est, initio canendi facto. *Psallere* proprium erat Clericorum. Sidonius Apollinaris Epistolæ VIII. Lib. I. *Fœnerantur Clerici, Syri psallunt.* Ubi salsè jocatur Apollinaris; cum Clericorum esset psallere, Syrorum, qui avarissimi sunt mortalium, fœnerari.

313,24 3. *Quum Græca precationi*] Nempe Κύριε ἐλέησον, *Kyrie eleison*; à quâ precandi formulâ psallendi semper initium facere solita fuit Ecclesia. Cœterùm, ut hoc etiam ὡς ἐν παρόδῳ interseram, notatu dignum est, quod Doctissimus Vir, Celtiberis non tacendus gentibus, suæque laus Hispaniæ, Don Laurentius Ramirez de Prado, Pentecontarchi sui Cap. XLIX. pag. 351. observavit, manifesta solennis hujus precationis vestigia in veterum quoq; scriptis extare; & inveniri apud Virgilium Lib. 12. Æneidos: — *tùm verò amens formidine Turnus, Faune, precor, miserere, inquit* ——— & apud recentiorem auctorem ctorum Arrianum in Epictetum Lib. 2. Cap. 7. A νῦν ἢ τρέμοντες τὸ ὀρνιθάριον κρατοῦμεν, καὶ τὸν θεὸν ἐπικαλούμενοι δεόμεθα αὐτοῦ, Κύριε ἐλέησον, ἐπίτρεψόν μοι ἐξελθεῖν: id est. *Nunc autem timentes aviculam moramur, & Deum invocantes, precamur ipsum supplices, Domine miserere, fac mihi exeundi potestatem.* Quin & illud hic observationem nonnullam mereri videtur, quod sanctiss. Hipponensium Antistes, Augustinus, colloquio cum Pascentio Arriano, quod extat libro epistolarum, Epist. CLXXVIII. B commemoret, Romanos à Gothis victos, assvevisse in Litanijs suis, loco ἐλέησον, ipsorum linguâ canere **Forbarmen**: non ut perperam legitur, *horaarmen*. Verba Augustini ità habent: *Sicut enim Græcâ linguâ, quod est homusion, una dicitur vel creditur à fidelibus Trinitatis omninò substantia: sic una rogatur, ut misereatur, à cunctis Latinis & Barbaris, unius Dei natura; ut à laudibus Dei unius, nec ipsa lingua Barbara sit ullatenus* C *aliena. Latinè enim dicitur*, Domine miserere: *Græcè* Κύριε ἐλέησον. *Sola ergò hæc misericordia ab ipso uno Deo, Patre, Filio, & Spiritu Sancto, linguâ debet Hebræâ vel Græcâ, & ipsâ ad postremum postulari Latinâ, non autem & Barbara? Si enim licet dicere non solùm Barbaris linguâ suâ, sed etiàm Romanis*, Sihoraarmen, *quod interpretatur*, Domine miserere: *cur non liceret in Concilijs Patrum, in ipsa terra Græcorum, unde ubiq; destinata est fides, linguâ propriâ, Homusion confiteri, quod est* D *Patris & Filij, & Spiritus Sancti una substantia?* Ubi pro *Sihoraarmen*, legendum existimo, **Thig forbarmen**/ additâ voce **Herre**/ quæ ab imperito librario omissa fuit: ut sic plenè legatur; **Herre thig forbarme** / pro, **Herre forbarme thig.** Hæc etenim lingua Gothica est, quam Augustinus *Barbaram* indigitat, eumq; captâ Româ didicisse, ad oram libri magnus ille Erasmus ascripsit.

313,24 Ibid. *Solennem rite Gloriam*] Hoc est Angelicum illum Hymnum: *Gloria in excelsis Deo.* E

315,21 Pag. 212. vers. 15. *Apud Suddatorp Juticarum partium oppidum*] In fata concessit Sveno Estrithæ filius, ob res præclare gestas *Magni* cognomentum sortitus, Anno Christi clↄ. LXXIV. IV. Calend. Maji. posteaquàm in pago quodam Jutiæ, Suddatorp dicto, lentâ febre correptus, aliquandiu decubuisset. Locum hunc Ælnothus, in Libello de Vita S. Canuti, ità quoque F expressit: *Ipso autem, in loco, qui Suddatorp, id est, villa cœnosa dicitur, vitâ egresso, præsentes aulici, regij corporis glebam regalibus procurantes exequiis, ad insulam maritimam, quæ ex eo, quòd maximè mari circumcingitur, linguâ Danicâ, Seland nuncupatur, ad locum præcipuum, qui Roskildis, id est, fons Roë, antiquitus vocabatur, deferunt: ibiq; in Ecclesia Sanctæ & Individuæ Trinitatis, & S. Lucij Martyris, insigni lapideo tabulato, à Svegno, tum ejusdem sedis Pontifice, constructa, debitis honorificantes exequiis recondunt. Actum anno in carnationis Dominica clↄ. LXXIV, qui erat annus regni ejus vicesimus octavus, quarto Kalendas Maji, regnante in perpetuum omnium dominatore Jesu Christo. Amen.*

53. *Amborum corpora conjunctis admodum tumulis occluduntur*] In Ecclesia Cathedrali Roeschildensi extat Epitaphium Episcopi hujus Wilhelmi: in quo non tantùm cædis, quâ se polluerat Sveno, & expiationis, quâ idem in Ecclesiam receptus est, cujus paulo antè meminit Saxo, sed & obitus atq; funeris mirabilis ipsius Episcopi, dum nimirùm exequias Regi extrà Roschidiam iturus ipsemet funeri funus accedit, mentio injicitur. Epicedium hoc, mixtis ex Jambis & Choriambis, rudi Minerva, ut tùm erat seculum, syllabis compositum, tale est: 316,23

VVilhelmus olim Episcopus Roschildensis
Præstantibus Dei relucebat donis,
Pietate, religione, percelebri vitâ,
Et sancta, & omni genere virtutum illustri.
Adeò ut incertum erat, unè officio tali
Dignior erat, an illo officium. Tàm spectatum
Episcopatus præstitit sui exemplum.
Hic fretus innocentiâ, atq; item justo
Injusti homicidij dolore permotus,
Quod à Rege factum erat, libidine magis quàm
Ratione, Regem ipsum, quamvis magnum, & tali
Regno potentem, comitatuq; stipatum
Magno, repulsum baculo, prohibuit templo,
Rebusq; sacris, donec pœnitens facti,
In gratiam cum Ecclesia ac Deo offenso
Redisset. His factis, tempore non ità multo
Pòst, mortui jam Regis sui deferebatur
Funus. quod ut rescivit appropinquare
Urbi, duo sepulchra confici jussit.
Duobus etiam feretris adornatis, ibat,
VVilhelmus obviàm, postquam ad funus ventum est,
Oratione facta, ut illi, quem in terris
Deo patri jam lucrifecerat, sanam
Per admonitionem, commori posset.
Mox membra collapsus, animam sanctam cœlo
Reddidit. Ac inde uterque suo lecto impostus
Hanc sacram ad sedem pariter [mirabile dictu]
Magno omnium stupore deportati sunt.
VVilhelmo honorificè sepulto, ac de more
Episcopalibus insignibus unà cum illo
Terrâ reconditis, novo Deus, funus,
Miraculo, hominum memoriæ consecravit.
Hæc ipsa namq;, ut obruta cumulo terræ,
Ultrò sepulchrum reddidit, translatum ergò
Huc funus est, ac magnâ cum religione
Hoc in loco commendatum sepulturæ.

Pag. 213. vers. 11. *Ignavumq; sibi Regem maluit imperare, quàm fortem*] Saxo paulo superius: 316,36 *Cujus fratrem Haraldum, natu majorem, obtusi admodùm cordis, inter juventæ initia, perpetuus inertiæ sopor oppressum tenebat.* Ob hanc ignaviam Haral-

T 2 Haral-

Haraldus hic vulgò dictus est Harald Hein. *Hein* autem, ᚼᛂᛁᚿ, veteri linguâ Danicâ significat *Cotem mollem & planam*, cujus nullus esse potest ad ferrũ acuendum usus. Glossarium Islandicum MS: ᚼᛂᛁᚿ, Hein] *Fæminini generis, Heinar in Genitivo, Cos mollis & plana.* Item Heinarbrynne *idem significat.* J Knitlinga Sagu: Haralder Sveinz Ulffonarsun/ var Madur tirrlåtur/fålatur/omålugur/ej taladur a Thyngum/ urdu adrer miog ad hafa tungu fyrer honum; lytill var han atquæde Madur/ vm that er thurfa thotte. Eingium var han hermadur/ hægur vid Folck: stöd lytil Stiorn af honum: for nær huor thui fram er villdi i Landinu: thui kolludu Daner honum Harald Hein. Id est: *Haraldus filius Svenonis Vlfonis, vir erat taciturnus, subtristis, verborum parcus, omni facundiâ destitutus, adeò ut in foro publico alij pro ipso verba facere cogerentur. Præterea parùm insignis erat, & planè ad res magni momenti gerendas inutilis: adeò ut nullum, aut ferè exiguum, in eo subsidium regni Danici incolis esset. In puniendis quoq; delictis remissior. Unde quilibet pro suo arbitrio, quicquid vellet, agebat. Propterea Dani eum nominabant Haraldum Hein, id est, cotem mollem.* Consentit Sveno Aggonis, primus Danicæ gentis Historicus, in Historia compendiosa Regum Daniæ, & quidem in Vita Canuti Magni: *Mortuo itaq; Svenone Rege, filius ejus Haraldus, quem ob effœminati animi mollitiem,* Cotem *cognominabant, successit in regno.*

318,17 Pag. 214. vers. 13. *Singularium congressionum usum evertit*] Hoc est, duellorum usum ac consvetudinem, quorum experimento, pleraque causarum judicia constabant, penitus abrogavit. Olim etenim lites omnes, tàm apud Danos, quàm alias nationes, ferro decernebantur. Stobæus Serm. 8. ex libro Nicolai de moribus gentium. *Umbrici cum controversias inter se habent, pugnant armati, sicut in bello: & qui suos adversarios interemerint, justiorem causam habuisse videntur. Singularia certamina* Agobardus etiam dixit: *Quid jàm de illâ singularium certaminum ambiguitate dicamus?* epistolâ nempè lectu dignissimâ, quâ luculenter ostendit, *impium esse, non testibus, aut veracium testimonio, sed ferro & igne lites dirimere*; compellatq; benignissimum Imperatorem, ut è regno tàm scelestam consvetudinem abolendam curet: fol. videlicet 103. Et L. An. Florus Lib. I. Cap. XIII. *Semel apud Anienem trucidati, quum singulari certamine Manlius aureum torquem Barbaro inter spolia detraxit.* Hinc *Singulariter congredi*, pro, duello certare. Aldhelmus de laudibus virginitatis c. XXVIII. Q. Septimius Romanus, auctor benè Latinus, Lib. 2. de bello Trojano, vocat *solitarium certamen: Ingressusq; eorum regionem, Teuthrantem, dominum locorum, solitario certamine interficit.* Et aliquot post paginis: *Ad postremum cogunt, ut progressus in medias acies, eundem Menelaum, con-* A *quiescentibus cæteris, solitario certamine lacesseret.*

34. *Regnando biennium emensus defungitur*] 318,3
Ælnothus Haraldum sexto imperij sui anno defunctum, perperàm tradit Cap. IV. de Vita S. Canuti; ubi & locum sepulturæ ejus nos edocet: *Sed & ipso*, inquit, [nempè Haraldo] *regni sui anno sexto, vitâ egresso, locus eum celebris, qui* Dalby, *id est*, Vallis villa, *linguâ Danicâ dicitur, futuræ resurrectioni reservandum accepit, &* B *exceptum, terræ matri, religiosis prosequutum exequijs, commendavit.*

Pag. 215. vers. 26. *Sacristæ somnum capienti*] 320,1
Sacrista est custos sacrarij. Occurrit hæc vox apud Cæsarium Heisterbaccensem Lib. I. Cap. XXXV. *Cum clausisset Oratorium [erat enim Sacrista] apparuit ei Salvator.* Et Libr. VIII. Cap. XIII. *Alio etiam tempore, cum Sacristæ Missam celebraturo astaret.*

Pag. 216. vers. 1. *Ascerianæ sepulturæ gratiâ*] 321,4
C Ascerus Episcopus Roschildensis XI, obijt Anno Christi cIↃ. C. L. vel ut alij, Anno Christi cIↃ. C. LVI. Obitus mentionem facit Saxo Libro XIV. Histor. Dan. *Per eadem tempora Ascero Roschildensium Antistite decedente, super subrogando Pontifice, plebis a clero suffragia dissidebant.*

13. *Sacrum naribus ignem excepit*] *Sacer ignis*, 321,1
πῦρ ἄγριον Hippocrati, est propriè exulceratum erysipelas: cujus duæ species sunt; una, quâ summa cutis sine altitudine exulceratur, D in quâ & crustulæ instar furfuris excitantur: altera, cujus exulceratio altius in cutem penetrat, e quâ, ruptis pustulis, purulenta sanies exit. Ejus origo est ex sangvine, cui bilis supervacuæ, ejusq; incalescentis, nonnihil sit admistum. Fernelius Lib. VII. de externis corporis affectibus, Cap. IV. *Sacrum* vero *ignem* dictum existimo, quasi magnam inflammationem, quia *sacrum* antiqui *magnum* dixère. Sic *sacrum os, sacram spinam* nominant Medicorum filij, & *Sa-* E *crum morbum*, quem aliàs *Herculeum* vocant. Anatomici etenim, quod magnum est, solenniter appellant *Sacrum*, objectâ religione, κατ᾽ εὐφημισμόν. Eâdem ratione Græci ἱερὰς νόσους vocant, quæ Plutarcho ἀπεγνωσμέναι: quiq; eodem modo dicunt ἱερὸν ὀστοῦν, ἱερὰν ἄγκυραν. Elegans hac de re locus est Cœlij Aureliani, Lib. I. Tardar. Passion. Cap. IV. *Epilepsia vocabulum sumpsit, quòd sensum atq; mentem pariter* F *apprehendat. Appellatur etiam* puerilis passio, *siquidem in ipsorum abundat ætatibus*: & sacra, *sivè quòd divinitus putatur immitti, sivè, quòd sacram contaminet animam, sivè quod in capite fit, quod multorum Philosophorum judicio, sacrum templum est partis animæ in corpore dominantis: sive ob magnitudinem passionis. Majora enim vulgus* sacra *vocavit. Indè* sacrum *dictum* mare, & sacra domus: *velut Tragicus Poeta*, sacram noctem, *hoc est, magnam, appellavit.* Cæterum *Ignem sacrum* Germani & Belgæ

Belgæ appellare solent Sanct Antonis Feur: A Nos Dani, den onde Ild.

322,4 38. *Cujus excolendi gratia coronam*] Ità hic legendum videtur: *Cujus excolendi gratiâ Rex coronam.* Nam sequitur: *existimans Regias opes potius sacrorum splendori, quàm humanæ avaritiæ servire oportere*: quod de Svenonis Episcopi opibus intelligi nequit.

22,32 Pag. 217. vers. 12. *A paterni avunculi temporibus*] Per *paternum avunculum* intelligit Canutum Magnum, Daniæ & Angliæ Regem, qui B sex præpotentium regnorum possessor effectus, clientelam suam sex millium numerum explentem, æstate pro tuendo imperio excubantem, hyeme contuberniis discretam alere consvevit. Saxo Lib. X. Adsidet Saxoni Sveno Aggonis, in Compendiosa Regum Daniæ Historiâ, ubi de S. Canuto Othoniensi agit: *Tempore, quo potestatis plenitudine floruit, paterni sui avunculi se doluit exhæredatum potentiâ. Collecto itaq; exercitu, classeq; congregatâ, quâ Angliam expugnaturus* C *invaderet, &c.*

22,35 14. *Angliam infelicitate amissam*] Cum nempè Haraldus Godovvini filius, unâ nocte, universum Danicum præsidium per insidias trucidandum curaret: cujus rei mentionem fecit Saxo Libro X. Videatur etiàm de Canuti in Angliam expeditione Ælnothus in vita S. Canuti, Cap. XI. & sequentibus.

323,4 21. *Parentemq; perosus, avum æmulatus est*] D *Parentem* cum dicit, intelligit Svenonem Estrithæ filium: quum verò *avum*, Svenonem Tiuffveskeg, qui tamen proavus ejus est.

24,21 Pag. 218. vers. 23. *Navigioq; in Flandriam relegatum*] Quid causæ fuerit, quòd Rex Canutus Olavum fratrem suum catenis coërcitum navigioq; in Flandriam relegatum, carcerali custodiæ mandandum curaverit, præter Saxonem, Ælnothus etiam Cap. XIII, prolixè commemorat. *Classe igitur paratâ,* [quâ nempè Canutus Rex expeditionem in Angliam E moliebatur] *Danorum exercitus occidentalis portus littoribus, velis sinuatim distensis advehitur: ibiq; regiæ classis adventum indies præstolatur. Rex verò in loco celeberrimo, qui ab ejusdem loci quondam Dominâ Hetha, Hetheby nomen accepit, quod Danica lingua Campi-villa dicitur, cum prudentibus & sapientibus pertractans, qualiter res cœpta, Deo auxiliante, ad decentem perveniret profectum. Sed vulgus impatiens moræ littoreæ detentionis, præstolationes domesticis inutiles negotiis querebantur; & aut licen*F*tiam ad propria remeandi, sivè, principem eis alium expeditionis, Rege aliis intento, facultatem eligendi, seu regi nuntios, cum sua quantocyus classe accelerandi, consilio crebrius inito, transmitti vociferabantur. Quorum strepitu frequenti, diuturnoq; clamoribus moti Principes, Regi nuntios transmittere, querelasq; parati exercitus regiis decernunt auribus insinuare. Cujus legationis Olaus, ejusdem gloriosi Regis frater germanus, haud felix exequutor effectus Regem cum comitibus adit, exercitus mandata depromit, causas questuum facundè perorans ostendit. Porrò Rex perspicacis industriæ, cuncta diutius pertractans, Roberto, occidentalium nobilissimo Duci, sibi scilicet per filiam Ethelam propinquo, fratrem suum eundem reservandum in Flandriam transmittit, exercituiq; per nuntios, quæ volebat, mandavit.*

Pag. 219. vers. 16. *Iniquâ plebem exactione pulsabant*] Omnem consternationis publicæ culpam in quæstores Regios, qui mandatum regium immitius, ac jussi fuerant, exequebantur, conjicit etiàm Ælnothus Cap. XVI *Veruntamen regalium negotiorum exsequutores, sivè exactores, plus justo in causis exaggerandis insistere, staterarum pondera adaugere, rerum quarumque pretia vili pendere, & ut vulgariter edisseram, unciarum valentiam vix solidi pretio admittere; judicia, ut tradunt, pervertere; nobilesq;, quemadmodùm & ignobiles, vi & potentiâ opprimere, contendere. Quorum insolentiam quamplurimi non ferendo exacerbati, majores natu irâ simul & invidiâ accensi, omnes in regium principem consilio & armis irrumpere, & tàm in eo, quàm & in illis nuntiis, circumquaque tansmissis, publicas, ut arbitrabantur, injurias vindicare.* 325,31

Pag. 220. vers. 9. *Regalis magnificentiæ convivio excipit*] Ælnothus Cap. XXVI. idem de Blaccone, quem ille *Piponem* vocat, tradit: *Mensæ igitur regali, & Regi proximus assidens, secundum illud David cum:* Qui edebat panem meum, magnificavit super me supplantationem: *regiis tandem non modo dapibus farcitus, & poculo inebriatus, sed & muneribus honoratus, veluti Judas proditor, hostilibus catervis occurrit, & quæ à Rege perceperant, non pandendo sed pervertendo, denunciat, & quâ cum fraude circumveniant, perorat.* 327,3

40. *Blacco in ipso aditu, quem irruperat, trucidatus*] De Blacconis interitu horrenda sunt, quæ Ælnothus literis memoriæq; prodidit Cap. XXVII. *Conspirante tandem legionis multitudine, undiq; accurrente, & Ecclesiæ parietibus circumquaque insistente, monstruosus Pipo deforis pro foribus assistit, regiarum Gazarum fidelissimum hactenus provisorem, veluti ad singulare certamen advocat, & si quid cordis, vel virium adsit, ut occurrat, interpellat. Quo haud segnius deintus occurrente, duris alternatim ictibus admissis sauciantur; illo deindè gloriosè occumbente, isto ad evidentioris ultionis indicium ad modicum supervivente. Nam domum dehinc delatus, & acerrimo dæmone invasus, vicina quæque tàm manibus, quàm morsu invadere, diripere, conterere; ore spumas ejicere, horribiliter vociferando acclamare; vana & inaudita proferre, scelus fraudulentum evidenter edicere; ad ultimum, linguâ mordicitus abscissâ, vitâ miserabili terribiliter excedere.* 327,35

T 3 Accer-

328,9 52. *Accersito Sacerdoti factorum arcana confessus*] Eandem sanctitatis laudem Canuto Regi, jamjam morituro, Ælnothus ascribit Cap. XXVII. *Porrò vespertinali tempore imminente, devotus Heros, vespertinalem synaxin auditurus, & se suosq; Domino, universorum opifici, commendaturus, Basilicam pretiosi Martyris Albani, haud longè sitam, cum participibus tàm certaminis, quàm & præmij, ut credi fas est, expetit.* Et paulò pòst: *Rex intereà devotissimus Regem sempiternum non Herodianâ inquirit fallacia, sed humilitate Davidica: se criminibus reum, illum verò verè confitendo verum Deum: & non solùm veræ confessioni insistens, sed & vitalis communionis Sacramento se muniens, tàm aureis, quàm argenteis muneribus ditat altaria.*

328,15 • Pag. 221. vers. 2. *Immissæ per fenestram lanceæ mortifico jactu confossus*] Itidem Ælnothus: *Inter hæc, cælesti sponso secretorum suorum jam proxime conscium futurum ad æternum advocante cubiculum, Rege insignissimo, pectore simul & ore ad aram converso, quidam ex impiorum catervâ, lanceâ per fenestram intromissâ latus ejus perforat, & ædem sacram sanguine cruentat. At ipse, Christi, etiam post vulnus exitiale, non immemor, Benedicto fratre, suo certaminum collegâ, vulneribus admodum saucio, assistente, amplexato & pacis osculo dato, brachijs in crucis modum extensis, membrisq; solo antè aram sacram expositis, sanguinis undâ ex lateris vulnere emanante, voce adhuc superstite, Iesum interpellat, ac spiritum creatori commendans, pretiosi glebam cadaveris, sanguine consecratam, reliquit.*

329,17 59. *Varias imbecillitatum affectiones remediorum salubritate prosequuta est*] Ælnothus Cap. XXXII. *His ergò temporibus, pacis securitate veluti opportunitate concessa divina, ad pretiosi Martyris pignora crebrescunt magnalia, & militis sui præconia superni Regis indies exauget potentia. Cæcis namq; visus redditur, manus arefactæ restituuntur, debilium gressus reparantur, Lazarica cutis emundatur, & omnibus opem in nomine Jesu petentibus, sanitatis pariter & cœlestis clementiæ auxilia conferuntur.*

329,35 Pag. 222. vers. 4. *Splendidum in Fastis locum obtinet*] Videlicet ad VI. Idus, id est, X. diem mensis Julij: ad quem etiàm refert S. Canuti passionem Molanus in Martyrologio suo, cujus hæc sunt verba: *In civitate Ottoniensi, Sancti Canuti Regis, & Protomartyris Danorum, qui anno cIↃ. LXXXVI. in Basilicâ Sancti Albani Martyris, manibus in modum crucis solo tenus expansis orans, mortem pro Christo passus est à suo familiari. Passi sunt cum eo Benedictus frater, & alij septendecim.* Auctor Martyrologij Romani perperam refert passionem ejus ad VII. diem Januarij, cum ita scribat: *In Dania Sancti Kanuti Regis & Martyris:* confundens videlicet Sanctum Canutum, Daniæ Regem, Svenonis Estrithij, sivè Magni, filium, Othoniæ Martyrio coronatum, cum Sancto Canuto Duce & Rege Obotritorum, filio Erici Boni, Daniæ Regis, qui regnante in Dania Nicolao, à Magno patruele, in silva Haraldsted, interfectus occubuit Die VII. Januarij, Anno 1130. Itaq; rectius Molanus in Appendice ad Vsuardi Martyrologium, ad d. VII. Januarij: *Ipso die, Sancti Canuti, Ducis Daniæ & Martyris, filij Erici Regis, qui passus est Anno Millesimo centesimo trigesimo.* Cæterùm operæ videtur pretium ea etiam in medium hic adducere, quæ Ælnothus Cap. XXIX. de Anno & die passionis S. Canuti tradit: *Anno incarnationis Domini, Millesimo Octogesimo sexto, in civitate Othensia, gloriosus Rex & protomartyr Danorum Canutus, pro Zelo Christianæ religionis, & justitiæ operibus, ut Christus à proprio convivâ traditus, in Basilica Sancti Albani Martyris, per eum paulò ante de Anglia in Daciam transvecti, post communionem, & confessionem delictorum, sacramento munitus Dominici corporis, antè aram, manibus solo tenus expansis, latere lanceatus, sexto Idus Julij, & sextâ feriâ, mortem pro Christo passus, requievit in ipso.* Clarissimus Vir, Johannes Pontanus, Histor. Dan. Lib. V. autor est, Otthoniæ, cum Anno cIↃ. IↃ. LXXXII, die XXII. Januarij, Chorus, ut vocant, Ecclesiæ Divi Canuti instauraretur, repertam fuisse tumbam cupream, auro obductam, gemmisq;, atq; aliis ornamentis pretiosis affabre elaboratam, in quâ reconditum fuit Canuti Regis ac Martyris sceleton, cum ejusmodi Epitaphio, quod & Ælnothus Cap. XXXV. recenset:

Jam cœlo tutus summo cum Rege Canutus,
Martyr in aurata, Rex atq;, reconditur arca.
Qui pro justitiæ factis occisus iniquè
Ut Christum vitâ, sic morte fatetur in ipsâ:
Traditus à proprio, sicut Deus ipse, ministro:
Atq; petens potum, telorum pertulit ictum:
Lancea nec nè latus, ut Christi, perforat ejus,
Spiritibusq; sacris moriens sociatur in astris.

Quandò autem corpus S. Canuti in arcula ista auratâ, cujus Epitaphium meminit, repositum sit, edocet nos Ælnothus Cap. XXXV, nempè Anno sexto imperij magnifici Regis Erici Boni, à Pontifice Humbaldo, XIII Calendas Maji. qui & plura de consecratione ejus refert c. XXXIII. & XXXIV. Certè suasor ero, ut qui Historiam S. Canuti Regis accuratius nosse velit, adjungat Ælnothi, quem sæpius ad testimonium citavimus, de vita & Martyrio ejusdem Regis, Libellum lectu dignissimum. De anno verò cædis S. Canuti non consentiunt autores. Ælnothus tradit Annum Christi cIↃ LXXXVI. Willielmus Mamelsburiensis cIↃ LXXXVII. Eccè tibi verba ejus de Gest. Reg. Angl. Lib. III. *Decessit anno Dominicæ incarnationis Millesimo octogesimo septimo. Ille fuit annus, quo Cnuto Rex Danorum interemptus est.* Chronicon Erici Pomerani annum ponit millesimum octogesimum: *Anno Domini cIↃ LXXXVIII. martyrizatus est S. Canutus, Rex Danorum.* & Anonymus in Histor. Reg. Dan. *Perijt S. Canutus Anno cIↃ LXXXVIII.* Cl. Vir,

Vir, M. Claudius Lyſchander, ὁ μακαρίτης, Hiſtoricus quondam Regius, in Opere Genealogico Regum Daniæ, extendit ad Annum cIↄXC. cujus calculum ſequitur in nová Chro- A nologia Danica Reverendus plurimum Vir, & Chronologus diligentiſſimus, M. Johannes Svaningius, mihi veteri neceſſitudine & Affinitate longe conjunctiſſimus.

NOTÆ VBERIORES IN LIBRUM XII. HISTORIÆ DANICÆ SAXONIS GRAMMATICI.

30,23 Pag. 222. verſ. 40. *Verni æſtiviq́ temporis fervore ſatum omne coäruit*] Nimium illum Solis æſtum, qui ſegetes corrumpere ſolet, eleganter deſcribit Quintilianus Declamatione XII: *Aut aſtricta citrà conatum ſata ſub ipſis tabuêre ſulcis, aut levi rore vocata radix in pulverem incurrit, aut peruſtis torrido Sole herbis, moribunda ſeges impalluit. Nullus imber ſitientis ſoli pulverem terſit, nulla ſuper arentes campos ſaltem umbra nubium pependit. Calidi ſpiravêre venti, maturitatem præcepit æſtus: etiam ſicubi jejunæ herbæ ſolum vicerant, vanis tantùm ariſtis ſpem feſellerunt, & inanes culmos triſtis agricola jactavit ventis nihil relicturis. Levia queror; prata exaruerunt, perierunt frondes, germina non exierunt: nuda terra, & rudes glebæ, & aridi fontes erant.* Vide ſis ibidem plura.

30,36 53. *Tanta ciborum penuria inceſſit*] Valerius Maximus Lib. VII. Cap. VI. *Tanta in Boſphorano tractu commeatus penuria inceſſit, uti à militibus ſingulis olei frumentique modiis totidem mancipia permutarentur.* Ammianus Marcellinus Libro XXII. *Eo anno, ſidere etiam tum inſtante brumali, aquorum inceſſit inopia metuenda.*

331,1 Pag. 223. verſ. 11. *Ea res locupletes inopiâ, pauperes morte mulctavit*] Eadem prorſus de miſerando hoc Daniæ ſtatu commemorat Ælnothus Cap. XXX. *Ex quo namq́ furoris ſui rabiem veſana multitudo in principem glorioſum evomuit, agri fructibus ſteriles, prata herbis attenuantur; ſilva glandibus rara, unda piſcibus infœcunda permanſit: peſtis armenta conſumpſit: homines morbus debilitat, fames aggravat; nobiles, & ignobiles, ac locupletes attenuans; imbecilles exanimans, ſecundum illud Hieremiæ: Defecerunt in fame, in capite omnium platearum. Et alibi: Devaſtata ſunt horrea, & defecerunt Apothecæ.* Singulare autem illud eſt, & notatu dignum, quod idem autor mox addit de Panico illo terrore, qui totam gentem Danicam tum temporis invaſerat: *Regionem quoq́ univerſam hoſtium metu occupante, ſexus uterque, veluti jamjam ingruentem adverſariorum adventum indies ſuſpicando, trepida titubat.*

331,2 2. *Nam divitum populus*] Imitatus eſt Saxo Martianum Capellam, qui Lib. 1. *populum deorum*, & *populum po*[illegible]*atum*: Lib. 2. *populum miniſtrorum*, & *populum angelicum* dixit; & Lib. VII. *populum aſtrorum.* Ita & Floro Lib. I. Cap. I. *populus virorum* dictus; & Quintiliano Declamat. V. *populus carceris.*

7. *Nobilibus in eundem uſum ingenuitatis inſignia erogare*] Quàm valida vis ſit famis, & quid non mortalia cogat pectora, elegantibus exprimit verbis Quintilianus Declamatione XII. *Felix peſtilentia, felix præliorum ſtrages, deniq́ omnis mors facilis: fames aſpera, vitalia haurit, præcordia carpit: animi tormentum, corporis tabes, magiſtra peccandi, duriſſima neceſſitatum, deformiſſima malorum. Hæc ad humile opus nobiles manus mittit, hæc alienis pedibus mendicantes poſternit: hæc ſæpè ſociorum fidem fregit, hæc venena populis publicè dedit; hæc in parricidium pios egit.* 331,7

Ibid. *Ingenuitatis inſignia*] Valerius Maximus Lib. V. Cap. VI. *Pueri inſignia ingenuitatis ad ſuſtentandam temporis difficultatem contulerunt.* Julius Firmicus Maternus Lib. III. Cap. IX. *Si verò in decimo loco ab Horoſcopo ſtella aliqua fuerit inventa, divina ingenuitatis & gloriæ inſignia conferuntur.* Apprimè huc faciunt, quæ de voce hac *ingenuitatis* annotavit Nobiliſſimus juxtà ac Doctiſſimus Caſp. Barthius Lib. XLVI. Adverſar. Cap. XXIII, ad iſtum locum Engoliſmenſis in Vitâ Caroli Magni: *Ibiq́ multitudo Saxonum baptizata eſt, & ſecundùm morem illorum, omnem ingenuitatem illorum & alodem mancipio gurpierunt: Ingenuitas*, inquit, & *Alode, juramenta ſunt è Saxonica linguâ detorta in Latinam, quibus ſeſe & ſua omnia pignori dabant Carolo Soxones, ſeſe ipſius fidelitate ſtabiles futuros.* Ingenuitatis *autem bona ea notabant, quibus domini erant ſucceſſione Saxones.* Alodes, *quæ illis aliundè advenerant, aut erant acquiſitæ. Ex linguâ igitur Saxonicâ apparet,* Ingenuitatem *non incommodè* angeborne Güter/ *hoc eſt, adgnata bona, in quibus ſcilicet, vel in quæ, quarumvè ſpem, ipſi geniti fuerint, ſignificare, ut quidem barbaram dictionem Latinè potuerunt aſſequi ſuæ linguæ interpretatione.* 331,8

18. *Arcem inter noſtros autoritatis*] *Arx* tranſlatè pro eo, quod ſummum eſt, & eminet, frequenter ſumitur. Quintilianus ſub finem Lib. XII. Inſtit. Orator. *Pollio & Meſſala, qui jam, Cicerone arcem tenente eloquentiæ, agere cœperunt.* Dialogus C. Plinij Cæcilij Secundi (niſi conjectura me fallit) de cauſis corruptæ eloquentiæ, falſo hactenus & Quintiliano & Tacito adſcriptus: *Tecum mihi, Materne, res eſt, quod cum natura* 331,18

tura tua in ipsam arcem eloquentiæ ferat, errare mavis, & summa adeptus, in levioribus subsistis. Sidonius Apollinaris Lib. VIII. Epist. VI. de C. Cæsare Dictatore: *Idem se nunquam satis duxit in utriusque artis arce positum.* D. Hieronymus in Prologo Geneseos: *Sed & Tullius, qui in arce Romanæ eloquentiæ stetit.* Idem Epistolâ XIII. ad Paulinum. *Huic prudentiæ & eloquentiæ si accederet vel studium, vel intelligentia Scripturarum, viderem te brevi arcem tenere nostrorum.* Priscianus Juliano Consuli & Patricio: *Quorum uterque arcem possedit Musicæ.* Joannes Sarisberiensis Policratici Lib. VIII. Cap. XIV. *Sed hujus vitij summitatem, & quasi arcem quandam, Nero Cæsar primus obtinuit.* Gvilielmus Neobrigensis Lib. 1. Cap. 6. *Piæ autem memoriæ Eugenius, qui tunc arcem Pontificij tenebat.* Hericus, Monachus Altissiodorensis Lib. I. Vitæ S. Germani:

Perfectiq; sequax primam tendebat ad arcem.

Aldhelmus de laudibus Virginitatis; Cap. VII. *Nonnulli edito virginitatis fastigio sublimati, & pudicæ conversationis arcibus exaltati.*

332,10 45. *Ut si quid iræ adversus populum concepisset, suo, non ejus periculo satiaret*] Videtur Saxo noster oculos animumq; intentos habuisse ad illum Valerij Maximi locum Lib. I. Memorabil. Cap. V. de Camillo, qui & pari pietate, quâ Rex Olavus, caput suum pro patriâ diris devovit, & pro ejus salute occumbere exoptavit: *Hujus tàm præclari operis auctor Camillus, cum esset precatus, ut si cui deorum nimia felicitas Pop. Romani videretur, ejus invidia suo aliquo incommodo satiaretur; subito lapsu decidit. Meritò autem de laude inter se, victoria, & pia precatio amplissimi viri certaverunt. Æquè enim virtutis est & bona patriæ auxisse, & mala in se transferri voluisse.*

332,14 50. *Celerem fati viam obtinuit*] Olai, cognomento Famelici, Danorum Regis obitum Chronicon Islandicum MS. quod penes me est, refert ad Ann. Chr. M. XCVI· Dauda Olafs Danakongß: *Mors Olai Danorum Regis.* quamvis alij ad An. Christi M. XCIX. rejiciant.

332,25 Pag. 224. vers. 6. *Segesq; tempestivi imbris beneficio visitata*] Nullus dubito, quin respexerit Saxo ad ista Vatis Regij, Davidis, verba, quibus Dei Opt. Max. universi hujus conditoris, misericordiam & benignitatem in terra fæcundanda deprædicat Psalmo LXV. Commate X. *Visitasti terram, & inebriasti eam; multiplicasti locupletare eam: sulcos ejus inebrias, humectas glebas ejus: imbribus mollificas eam; germini ejus benedices.* Hebræus textus habet, *Pakadta haarets*, id est, *Visitasti terram.* LXX. Interpr. eodem modo: Ἐπεσκέψω τὴν γῆν. Verbum *Pachad*, quod hêic in secunda persona Præteriti ponitur, significat generaliter *Visitavit*: estq; vel beneficij & gratiæ, ut hoc loco, ubi terra dicitur visitari à Deo, id est, illius beneficentiæ muneribus singulariter cumulari: vel iræ & pœnæ, ut significet, animadvertere in aliquem, & pœnas ab aliquo deposcere.

10. *Boni cognomen acciperet*] Ità & Phocion olim ob placidos mores *Bonus* appellatus. Valerius Maximus Lib. III. Cap. VIII. *Placidi, & misericordes, & liberales, omniq; suavitate temperati mores Phocionis; quos optimè profectò, consensus omnium,* Bonitatis *cognomine decorandos censuit.* Æmilius Probus in vita Phocionis: *Phocio Atheniensis etsi sæpè exercitibus præfuit, summosq; magistratus cepit; tamen multò ejus notior integritas vitæ, quàm rei militaris labor. Itaq; hujus memoria est nulla, illius autem magna fama: ex quo cognomine* Bonus *est appellatus.* Græcis Χρηστὸς dictus. Plutarchus in Vita, & principio libelli de Musica. Svidas in Φωκίων. 332,2

14. *Ut cæterorum vertices humeris superaret*] Ità & de statura Caroli Magni Helpericus vers. CLXXII. 333,2

Nobile namq; caput pretioso amplectitur auro
Rex Carolus, cunctos humeris supereminet altis.

Sic & sacræ literæ de Saule Rege, Samuel I. Cap. IX. vers. 2. *Ab humero, & sursum, eminebat super omnem populum.*

29. *Funemq; ducere nequeuntes*] Extitisse olim apud gentes Boream spectantes, *certamen funiculorum*, ut Saxo hic vocat, in quo veteres Athletæ, funem ductando, vires roburq; corporis experiri soliti sint; clarè patet cùm ex hoc loco, tum ex illa luctæ specie, quâ Ericus Disertus cum Westmaro decertavit, cujus extat descriptio suprà Lib. V. Saxonis, in Historia Frothonis III, Regis: *Erat autem tale certaminis genus,* inquit Saxo. *Circulus vimine, vel fune contextus, magno pedum manuumq; conatu decertaturis, raptim distrahendus exhiberi solebat, fortiori tribuens palmam. Quem colluctantium si quis alteri detraxisset, victoria donabatur. In quem modum agonizans Ericus, correptam acrius restem manibus concertantis excussit. Quod Frotho videns, Arduum, inquit, reor contrà fortem fune contendere.* Cui non absimile fuisse illud conjicio, quod nostrates hodieq; dicunt, At drage Kattestrub. Item modum illum ludendi, qui nobis nominatur, At dantze Harpestreng/ met eet Handklæde imellom sig etc. Certè apud Romanos fuit ludus puerorum, qui sparteam restim ductitantes tantisper trahebant, dùm aut rumperent, aut alteruter omissâ funis prehensione in nates caderet. Unde desumptum illud est, quod proverbij loco dicitur, *funem cum aliquo ducere*, sivè, *funem contentionis ducere*, pro, contendere cum aliquo, aut altercari. Elegans hac de re locus est Tertulliani Libro de Pudicitia, Cap. II. *Sed non decet ultrà, de autoritate Scripturarum, ejusmodi funem contentiosum alterno ductu in diversa distendere.* Johannes Sarisberiensis Lib. III. Cap. VIII. de Nugis Curialium: *Aut si nomen Comœdiæ gratiosius est, non duco contentionis funem, dum* 333,1

con-

constet inter nos, quòd totus ferè mundus, juxtà Petronium, exerceat histrioniam.

334,7 44. *Maternæ dilectionis officijs prosequebatur*] Magna vis est muliebris Zelotypiæ, quam furori Leonino rectè comparat Ovidius Lib. 2. de Arte amandi, vers. 333.

Sed neq; fulvus aper mediâ tam sævus in ira est,
Fulmineo rapidos dum rotat ore canes:
Nec lea, cum catulis lactentibus ubera præbet,
Nec brevis ignaro vipera læsa pede:
Fœmina quàm socij deprensâ pellice lecti
Ardet, & in vultu pignora mentis habet.
In ferrum flammasq; ruit, positoq; decore
Fertur, ut Aönij cornibus icta dei.

Undè & sæpenumero à fæminis in subsessores alieni matrimonii, percussores immissi; sicut Justinus de Olympiade tradit Lib. IX. Cap. VII. Et de Beronice Cap. III. Lib. XXVI. Itaq; instar miraculi sunt habenda, quæ hoc loco Saxo de Erici Botilda commemorat, quòd puellas à marito adamatas maternæ dilectionis officiis prosequuta sit, easq;, quoad vixit, inter pedissequas habuerit. Simile est illud, quod de Africani prioris uxore Æmilia, Valerius Maximus Lib. VI. Cap. VII. tradit, quæ tantæ comitatis fuit & patientiæ, ut cum sciret viro suo ancillulam ex suis gratam esse, dissimulaverit, nè domitorem orbis Scipionem impudicitiæ reum argueret. Tantæ etiam facilitatis fuit Livia Augusti conjux, quæ marito virgines, ad quas vitiandas promptior erat, undiq; conquisivit, teste Svetonio, Octavij Cap. LXXI. Digna quoq; memoratu sunt, quæ Plutarchus de Stratonica Dejotari uxore scribit, Libello de Virtut. Mulier. c. XLII. Hæc cum esset sterilis, maritumq; legitimos liberos, quos hæredes regni relinqueret, desiderare sciret, persvasit ei, ut aliâ ex muliere prolem susciperet, sibiq; eam subderet. Dejotaro sententiam admirante, uxorisq; arbitrio rem totam permittente, formosam ea ex captivis virginem, Electram nomine, adornavit, & Dejotaro copulavit, natosq; ex eâ liberos, tanquàm suos, amanter ac magnificè educavit. Plura, si cupias, exempla de ejusmodi fœminis maritorum extraneos amores juvantibus, tantùm abest ut impedientibus, vide in Notis doctissimis magni illius Berneggeri, heu nimis maturo nobis fato erepti! ad Justini Lib. IX. Cap. VII.

334,9 46. *Capitibus earum cultum proprijs manibus exhibebat*] Ornatricem se illis præstabat, formulâ antiquâ Romanâ. *Ornatrices* enim puellæ erant, quæ mulieribus cómas exornabant; de quibus Vlpianus. Sic Ovidius: *Tuta sit ornatrix.* Vetus Inscriptio:

CINERIBUS.
HAMILIÆ. ALBIONIÆ. QUINTÆ.
ORNATRICI.
FESTUS. M. SEPTIMII. GALLI.
DISPENSATOR.
CONTUBERNALI B. M. FECIT
ET SIBI.

334,39 Pag. 225. vers. 34. *Sed ejus usum facinoribus demeriti*] Rarissimus hac significatione verbi hujus est usus; pro, non amplius, sive male meriti. Præpositio autem *de* ut augendi & intendendi, sic etiàm minuendi vim habet; quomodo in verbis *dememinisse, desvescere,* & id genus alijs.

335,18 54. *Hamburgensis Antistes*] Liemarus videlicet; qui obijt Anno Christi clↃ. C. I. Hujus tempore, qui anteà *Hamburgenses,* deinceps *Bremenses,* Archiepiscopi denuo nuncupari cœperunt. Cui mutationi occasionem dedit *Ericus* hic *Bonus,* Rex Daniæ. Nam pertæsus imperij Archiepiscopi peregrini, proprium accepit, cui in Ecclesia Scaniæ Lundensi, ut Saxo refert, sedem attribuit. Affirmabat enim quod res est, commodius edoceri populum per suæ nationis homines, qui linguam, mores, & ingenia in quaque gente norunt, quàm per alienigenas, quibus ad declarandum animi sensa, aut opus sit interprete, aut longâ alioquin verborum circuitione. Cl. Andr. Vellejus in Catalogo Archiepiscopor. Bremens. & Hamb.

336,15 Pag. 226. vers. 38. *Regem cum admissis dementire cognoscunt*] In infinitum sermo excurreret, si vim illam ac potestatem, quam in omnem animæ nostræ habitum Harmonicus ille concentus exerceat, pluribus exemplis & documentis illustrare aggrederer. Unicum saltem adjiciam huic ipsi Saxonis narrationi consentaneum, de gentium illo domitore Alexandro Magno, qui Antigenide tibicine modulante, usq; adeo, velut lymphatico impetu incitatus, exarsisse dicitur, ut concussis armis se proripiens è mediis epulis, manus in astantes, sono nempè bellico illectus, intenderet. Nec multo post, mitiore sono tibiarum, ab armis ad epulas fuit revocatus. Plutarchus Lib. 2. de Fortunâ Alexandri.

337,8 Pag. 227. vers. 15. *Itaq; seductos majores*] Hoc est, seorsim abductos; quod κατ' ἰδίαν ἀπολαμβάνειν Græci dicunt. Valerius Maximus Lib. V. Cap. IX. *Seductam uxorem suppliciter rogavit.* Nostrates dicerent: **Tagendiß dennem til een aff side.** Vide quæ notavi ad Lib. XV.

338,12 Pag. 228. vers. 2. *Eorumq; custodiâ Rex salutem suam vallare consveverat*] Idem de Danis & Anglis testatur egregius scriptor, Paulus Rhamnusius Venetus, de bello Constantinopolitano Lib. II. pag. 87. eos nempè δωρυφώρους & satellites fuisse Græcorum Imperatorum: *Legati, aditu ad Imperatorem per præconem petito, inter Macherophoros [quod satellitium, Griffonum vulgò Græcis nominatum, ex DANIS & ANGLIS, antiquo Græcorum Cæsarum more, conscriptum, in stationibus erat] ab urbis porta pedibus, ad vicinum Blachernium Palatium dedu-*

deducuntur. Eos credo adhibitos fuisse ab Imperatoribus spiculatores & stipatores præ alijs, causâ fidelitatis: quemadmodùm hodieque HELVETII, in aula Regis Galliæ & Pontificis Romani, principem locum inter satellites obtinent, dum eorum fidei capitis vitæq; suæ custodiam committunt. A

338,4 Pag. 227. vers. 48. *Quem Imperator*] Is fuit Alexius Comnenus, qui Nicephoro Botoniatæ in imperio Byzantino succedens, regnavit Annos XXXVII, & quod excurrit. Obijt Anno Christi clɔ. C. XVII. Ejus tempore contigit expeditio Godefridi Bulionæi adversus Saracenos. Videatur Joh. Zonaras sub finem Annalium; Nicetas Choniates in Vita Johannis Comneni. B

338,37 Pag. 228. vers. 28. *Falsò Græcis sapientiæ prærogativam ascribi inquit*] Græcia sapientiæ, humanitatis, doctrinæ, eloquentiæ, omniumq; artium atq; virtutum laudem & sibi ipsa sumsit, & apud alias semper nationes meruit. Inde namq; Græcos commendant Rhodiorum legati, hunc in modum Romanos, qui pro Græcorum libertate pugnaverant, compellantes, apud Livium Lib. XXXVII: *Gentis vetustissimæ nobilissimæq;, vel famâ rerum gestarum, vel omni commendatione humanitatis doctrinarumq;, tuendam ab servitio regio libertatem suscepistis.* Inde etiam Cicero varijs in locis eandem gentem commendat. Sic Lib. III. de Oratore: *Nam apud Græcos, cuicuimodi essent, videbam tamen esse, præter hanc exercitationem linguæ, doctrinam aliquam, & humanitate dignam scientiam.* Pro L. Flacco, Orat. 24. *Veruntamen hoc dico de toto genere Græcorum, tribuo illis litteras, do multarum artium disciplinam, non adimo sermonis leporem, ingeniorum acumen, dicendi copiam: deniq; etiam, si qua sibi alia sumunt, non repugno.* Et in eadem: *Adsunt Athenienses, unde humanitas, doctrina, religio, fruges, jura, leges ortæ, atq; in omnes terras distributæ putantur.* Et paulò post: *Atq; hæc cuncta Græcia, quæ famâ, quæ gloriâ, quæ doctrinâ, quæ plurimis artibus, quæ etiàm imperio & bellicâ laude floruit, parvum quendam locum, ut scitis, Europæ tenuit.* Item Epist. ad Q. Fratrem Lib. 1. de Græcis ità loquitur. *Cum verò ei hominum generi præsimus, non modò in quo ipsa sit, sed etiàm à quo ad alios pervenisse putetur humanitas: certè ijs eam potissimùm tribibuere debemus, à quibus accepimus.* Plinius Secundus Epist. Lib. VIII. Ep. 24. ad Maximum: *Cogita te missum in provinciam Achajam, illam veram & meram Græciam, in qua primùm humanitas, literæ, etiàm fruges inventæ esse creduntur.* Ne plura bonorum autorum testimonia huic rei firmandæ accumulem. At hanc Græcis laudem derogare hic videtur Alexius Imperator, quòd ducis fidem notassent, cujus gentem toties alienam perfidiæ cognovissent; ut Saxo ait. C D E F

33. *Dexterâ manu venerabiliter exceptum*] 339, His verbis innuere videtur Saxo, Alexium Imperatorem Erico Regi, tanquàm peregrino, honoris causâ locum dextrum, in urbis ingressu concessisse; quem plerisque gentibus honestiorem semper habitum, etiàm Romanis, varij autores testantur. Svetonius de Nerone: *Tiridatem Regem perductum in theatrum, ac rursus supplicantem, juxtà se latere dextro collocavit.* Idem in Tiberio Cap. VI. *Dehinc pubescens, Actiaco triumpho, currum Augusti comitatus est, sinisteriore equo, cum Marcellus Octaviæ filius dexteriore veheretur.* Nihil certius quàm prælatum in hac sessione Marcellum, qui & ætate Tiberio major, & qui ad imperij spem ab avunculo jam admotus. Valerius Maximus de Tiberio honores omnes Druso fratri exhibente: *Præcepit etiàm dextrâ in parte Prætorium ei statui, & Consulare & Imperatorium nomen obtinere voluit, eodemq; tempore & fraternæ majestati cessit, & vitâ excessit.* Sallustius in Jugurthino: *Sed Hiempsal, qui minimus ex illis erat, ignobilitatem Jugurthæ, quia materno genere impar erat, despiciens, dextrâ Adherbalem assedit, ut medius ex tribus, quod & apud Numidas honori ducitur, Jugurtha foret. Dein tamen, ut ætati concederet, fatigatus à fratre vix in alteram partem transductus est.* In solenni hoc Regum consessu res ità ex more constituta, ut dextrâ Adherbal consideret, medius Jugurtha, sinister Hiempsal. Turbavit per ferociam iste, & superbe transijt ad dextram. Primus igitur locus, medius; proximus, dexter. Quin & Ovidius Lib. IV. Metam. de Perseo:

> *Dîs tribus ille focos totidem de cespite ponit,*
> *Lævum Mercurio, dextrum tibi, bellica Virgo;*
> *Ara Jovis media est, mactatur vacca Minervæ,*
> *Alipedi vitulus, taurus tibi, summe deorum.*

Minervam enim apertè suprà Mercurium collocat, idq; apertum ex ratione victimarum, quam addit: sicut & Hecaten, sive Dianam, suprà Juventam, istis versibus, Lib. VII.

> ———— *Statuitq; aras è cespite binas,*
> *Dexteriore Hecates, at lævâ parte Juventæ.*

Sic Bethzabæa Salomonem nuper rerum Israëliticarum potitum accedens, à dextris Regi considere jussa est. Verùm Turcæ honestiorem hodieq; habent locum sinistrum. Causam illi dant, quia illam partem gladius honestet: & qui ad dextram, obnoxium eum habeat, & subjectum alterius manu: sinister contrà, eum expeditum. At pro dextro loco pugnat Natura ipsa. Ea etenim meliora omnia & fortiora dextra fecit: & Plinius universè, nec vanè scripsit, *vires dextrâ parte esse majores.* Aristoteles item bene: Διὰ τὸ τὴν κίνησιν εἶναι ἐκ τῶν δεξιῶν, καὶ ἰσχυροτέραν διὰ ταῦτ' εἶναι τὴν φύσιν τῶν δεξιῶν. Et res visusq; approbat: & in corpore humano hepar splene melius: & è renibus, testiculis, manibus, pedibus, potiora omnia dextra. Causa,

Causa, quia calidiora. Aristoteles: *τῶν μερῶν θερμότερα τὰ δεξιά.* Sed & movere & agere, dextri est; moveri & pati, sinistri est. Videatur Justus Lipsius Lib. 2. Elector. Cap. 2.

39,17 49. *Divini patibuli particulam*] Particulam intelligit divinæ Crucis, quam rerum Christianarum scriptores *Patibulum* nominare solent, quod in eâ Salvator noster Iesus Christus pro mundi totius peccatis acerbissimam passionem & mortem sustinuerit. Prudentius Hymno X. Peristephanῶν, vers. 641.

Crux illa nostra est, nos patibulum ascendimus.

Aldhelmus de Laudibus Virginitatis; Cap. III.

Christus passus patibula,
Atq; lethi latibula,
Virginem virgo virgini
Commendabat tutamini.

Ubi de Christo commendante Johanni matrem suam loquitur. Et Cap. XIV. *Qui cum terna patibuli signacula in glarigeris sablonum litoribus sulcaret.* Sulpitius Severus Histor. Sacr. Lib. II. de inventione Crucis: *Hic verò major dignoscendi patibuli, in quo Dominus pependerat, difficultas omnium animos mentesq; turbaverat, nè errore mortalium, forsitan pro Cruce Domini, latronis patibulum consecrarent.* Paulinus Nolanus Epist. XI. ad hunc ipsum Severum Sulpitium: *Sed cum tres pariter Cruces, ut quondam fixæ Domino & latronibus steterant, repertæ fuissent; gratulatio repertarum cœpit anxiâ dubitatione confundi justo piorum metu, nè forsitan aut pro cruce Domini patibulum latronis eligerent, aut salutare lignum pro stipite latronis abjiciendo, violarent.* Plautus in Milite Glorioso, quomodo allegat Gellius Lib. XV. Cap. XV. Crucem dixit *patibulum*:

Credo ego isthoc exemplo tibi esse eundum actutum extra portam,
Dispessis manibus, patibulum cum habebis.

39,29 Pag. 229. vers. 6. *Tumulorum impatiens fuit*] De admirandâ hac Cypri insulæ natura, nulla planè apud Historicos ullos, aut Geographos, fit mentio, quod equidem sciam. Nec tamen extra omnem fidem, locum isthic talem inventum fuisse tunc temporis.

39,35 12. *Conjugem quoq; ejus idem peregrinationis labor finivit*] Botildam Reginam, Erici pientissimam conjugem, & sacri hujus itineris comitem, Hierosolymis supremum obiisse diem, & in valle Josaphat sepultam, Clarissimus Vir, M. Andreas Vellejus, ὁ μακαρίτης, ad oram suæ versionis ascribendum curavit, nescio quibus edoctus documentis. Alij Chronicon, quod Erico Pomerano, velut autori, perperam ascribitur, secuti, Botildam, unà cum marito, in Cypro insula & mortuam, & sepultam contendunt. Vallem autem Josaphat, quæ & *Vallis Cedron*, & *Vallis montium* vocatur, & vallis est lata atq; profunda, inter Hierosolymam & montem Oliveti interjecta, totam ab Oriente cingens urbem, commune totius civitatis cœmiterum fuisse, ubi & vulgus & Nobiles omnes sepeliebantur, testatur Christianus Adrichomius in descriptione urbis Hierosolymæ p. 95.

47. *Tanto oneri humeros subjicere recusavit*] 340,32 Fortè Ubbo, præter imbecillitatis conscientiam, quam Saxo causam recusati imperij fuisse monet, ad exemplum Regis istius respexit, quem ferunt traditum sibi diadema, priusquàm capiti imponeret, retentum diu considerasse, ac dixisse: *O nobilem magis, quam felicem pannum! quem si quis penitus cognoscat, quàm multis sollicitudinibus, periculis, & miserijs sit refertus, nè humi quidem jacentem tollere vellet.* Valerius Maximus Lib. VII. Cap. II.

52. *Eò quidem honore dignior*] Rectè, verè, 340,37 scitè, & secundùm omnium Politicorum, qui suprà vulgus sapiunt, sententiam, hîc pronunciat Saxo, Vbbonem propterea digniorem fuisse honore & dignitate Regiâ, quod eam spontè non ambiret, sed modestè recusaret. Sunt etenim, qui delatos sibi honores & imperij fasces obvijs ulnis amplectuntur, & lætâ mente eò convolant, atq; eo nomine felices se prædicant. Qui minimè probandi, & ad magistratus gerendos vix admittendi videntur. Nam vel ex levitate quadam, aut ex inani gloriæ cupiditate, aut avaritiâ, aut contentionis studio, aut otio molesto, aliorumq; negotiorum penuriâ, ad Reipublicæ negotia capessenda aspirant, quæ posteà per jocum & ludum tractant, sed tandem eorundem cum dolore atq; dedecore difficultatem experiuntur, suntq; in gubernatione prorsus infelices. Sunt vero rursus alij, qui dubitanter & inviti Magistratum adeunt: atq; hi plerumque melius eum gerunt, quàm qui cupidè sese immiscent. Quo fine, nec Galba Imp. dedit equestria & Senatoria officia nisi recusantibus. Sveton. in Galba. Vidit sapiens ille Princeps igniculos virtutum in hujusmodi hominibus latitantes: consideravitq; haud dubiè Epaminondam, cui recusanti omnia imperia ingesta sunt, quiq; honores ità gessit, ut ornamentum non accipere, sed dare ipsi dignitati videretur. Justinus Lib. VI. Sic T. Quinctius ruri, procul ambitione ac foro, vitam agens, invitus coâctusq; dux electus est, benè tamen præfuit. Livius Lib. VII. Decad. 1. Helvius Pertinax Imper. coactus imperavit, repugnansq; imperium suscipiens, tale cognomentum sortitus est. Avrel. Victor. Hisce exemplis haud dubiè motus Severus invitos, nec ambientes, dixit in Rempubl. esse collocandos. Lampr. Et Leoni Anthemioq; Impp. indignus esse videtur sacerdotio, nisi fuerit ordinatus invitus l. *si quemquam. 31. in fine C. de Episc. & Cler.* Vide Schonborneri Politic. Lib. II. Cap. VII.

NOTÆ

NOTÆ VBERIORES IN LIBRUM XIII.
HISTORIÆ DANICÆ SAXONIS GRAMMATICI.

342,3 Pag. 230. vers. 16. *Ut nihil ex pristina mansvetudine* A
decerperet] Ælnothus, Mona-
chus Cantuariensis, qui libel-
lum suum de Vita & Passione S. Canuti Martyris, huic ipsi Nicolao Regi inscripsit, eandem
mansvetudinis laudem inter cæteras ejus virtutes recenset, in Præfatione Opusculi sui: *Cujus
vestra excellentia pietatis modum, pro modulo mortalibus concesso, exequens, & justitiæ severitati mansvetudinis lenitatem præferens; ejus ob hoc, ipso opi-
tulante, gloriæ compos efficieris.*
342,4 18. *Cum fortuna animum mutari passus non
est*] Id quod tamen multis usuvenire solet, qui
suo exemplo verum esse πολυθρύλλητον illud
comprobant: *Honores mutant mores.* Eorum
ingenia graphicè, vivisq; , quod ajunt, coloribus depingit disertissimus Romuli nepotum
Tullius noster, in aureo suo Dialogo de Amicitia, quem Cælium inscripsit: *Non solùm ipsa fortuna cœca est, sed eos etiàm plerumq; efficit cæcos,
quos complexa est. Itaq; illi efferuntur fastidio ferè
& contumaciâ. Neq; quicquam insipiente fortunato
intolerabilius fieri potest. Atq; hoc quidem videre licet, eos, qui anteà commodis fuerunt moribus, imperio, potestate, prosperis rebus immutari.*
342,10 24. *Cujus castitatem Rex Norvagiensium Magnus*] Snoro Sturlesonius, autor Chronici Norvagici, linguâ vernaculâ antè aliquot annos editi, tradit, circà Ann. Christi M. C. in conventu
trium Regum Daniæ, Norvegiæ, Sveciæ; Magno Norvegiæ Regi desponsatam fuisse hanc
Margaretam, cum sic loquitur: *Æstate proximè
insequente, anno Christi 1100, apud civitatem Kong-
helle, non procul ab Albi præterfluente, solennis Regum conventus institutus est: ubi convenerunt Eri
cus Svenonis filius, Daniæ; Magnus Norvvegiæ, & Ingo Sveciæ Rex. Hi paululum extrà vallum, seorsim
a militibus suis, progressi, invicemq; colloquuti, fœdus
& amicitiam inter se inierunt: & in pignus dura-
turæ concordiæ, Magnus Norvegiæ Rex conjugio sibi
copulavit Margaretam, Ingonis Sveciæ Regis filiam,
quæ propterea dicta est* Fredkolle.
342,13 28. *Fugæ deformitatem etiàm cognomine usurpavit*] Ab hoc etiam casu *Nudipedis* cognomen
sortitus est, vulgòq; dictus *Magnus* Barfod. Verùm Snoro Sturlæsonius in Vita hujus ipsius
Magni, Norvegiæ Regis, aliam prorsus cognominis hujus adducit originem & occasionem,
dictumq; ex eo *Nudipedem* contendit, quod ipse,
juxta ac omnes ministri Aulici, habitu cultuq;
Anglorum, Danorum, aliorumq; populorum
occidentalium uterentur, & plerumq; nudis
incederent pedibus, vestimentisq; ad genua tantum demissis.

29. *Cujus manum Ingo saluti suæ perniciter* 342,
imminentem] Nemo in literis hisce interioribus
adeo hospes est, qui ignoret, *manum* quandoq;
sumi pro exercitu, copiisq; hostilibus. Justinus Lib. II. Cap. XII. *Miserat Xerxes quatuor millia armatorum Delphos, ad templum Apollinis diri-
piendum: quæ manus tota imbribus & fulminibus
deleta est.* Eod. Libro, Cap. XIII. *Sibi CCC. millia armatorum lecta ex omnibus copijs relinquat: quâ
manu cum gloriâ ejus perdomiturum se Græciam.*
B Lib. XII. Cap. X. *Ipse cum lectissima manu navibus conscensis, Oceani littora peragrat.* Lib. XIII.
Cap. V. *Excursurusq; cum validâ manu fuerat ad
Athenas delendas.* Lib. XXVII. Cap. II. *Quam
gentem se aliquantò majore manu Græciam ingres-
sam.* Tacitus Annal. II. *Missa extemplo manus,
quæ hostem à fronte eliceret.* Et Ibid. *Is validâ
manu fines Marcomannorum ingreditur.* Et Annal.
IV. *Mox castris in loco communitis, validâ manu
montem occupat.* L. An. Florus Lib. I. Cap. XII.
C *Assidui verò & anniversarij hostes ab Etruria Ve-
jentes: adeò ut extraordinariam manum adversus
eos promiserit.*
33. *Artuatim obtritus*] Glossarium Isidori: 342,1
Artuatim, membratim. Julius Firmicus Lib. VII.
Cap. I. *Si Luna in Horoscopo fuerit inventa, &
Mars sit in duodecimo ab Horoscopo loco, Saturnus
verò in anaphora Horoscopi positus, Sol quacunque ra-
diatione respiciat, pecus intrà viscera matris artuatim concisum à Medicis proferetur.* Pro eo usus est
D τῷ *membratim* Apulejus. Ut Libr. VI. Metamorph. *Vides istas rupinas proximas, & præacutas
in his præminentes silices, quæ te penetrantes, qua-
quâ decideris, membratim dissipabunt.* Item Lib.
VIII. *Corpus ejus membratim laceratum, multisq;
dispersum locis conspicitur.* Et Lib. IX. *Nec dubito
me lanceis illis & venabulis, imò verò & bipennibus,
quæ facile famuli subministrabant, membratim com-
pilassent.* Ejusmodi Adverbia multa in IM, collegit Vir Clariss. Geverhartus Elmenhorstius
E Indice in Apulejum. Tale est illud Saxonis nostri, quod sequitur, *viatim*, id est, per totam
viam.
39. *Teterrimum consangvineæ cædis piacu-* 342,2
lum edidit] Occiso nempè Canuto Duce, patruele suo: cujus cædis mentionem mox infrà
agit Saxo.
Pag. 232. vers. 3. *Limosam objecti lacunaris* 344,2
voraginem] *Lacunar*, pro, Lacunâ, rara admodùm
vox est, & melioris notæ autoribus planè inco-
F gnita. Joannes tamen Januensis in Catholico
suo: *Lacunar idem est, quod lacuna.*
24. *Finibus illis provisore vacuis*] *Provisor* 345,8
hic Præfectum significat, sivè Præsidem, Topar-
cham,

cham, aut quicunque summâ cum potestate ac imperio provinciam administrat. Ælnothus Præfatione ad Nicolaum Regem: *Principum duci præcipuo, Nobilium primicerio, pio, invicto, magnifico; Daciæ provisori serenissimo.*

345,15 31. *Nec minor æædituorum*] *Ædituï* hic sunt, vel qui ædes ipsas inhabitant, vel qui ædes tuentur; quos paulò pòst, *ædium excubitores* vocat. Digestor. Lib. XXVI. de Tutelis: *Tutores autem sunt, qui eam vim ac potestatem habent, exq; re ipsa nomen ceperunt. Itaq; appellantur Tutores quasi tuitores atq; defensores: sicut æditui dicuntur, qui ædes tuentur.* Agellius Lib. XII. Cap. X. omnino contendit pro *æditao* rectius usurpandum esse *æditumum*, utpotè verbum Latinum & vetus. Sed ego cum illo non duco funem contentionis. Lucretius Lib. VI. *ædituos* appellat *æædituentes.*

345,25 41. *Nulli facta ejus apertâ criminatione insequendi*] In eandem sententiam verba sunt verè aurea Ammiani Marcellini, ex occasione scelerum Valentiniani: *Hæc & similia altiore fastu Principes quidam agunt, quod amicis emendandi secus cogitata vel gesta, copiam negant, inimicos loqui terrent amplitudine potestatis.* At vero longè aliter Julianus Imperator, *qui agnoscens levitatem commotioris ingenij sui, præfectis proximisq; suis permittebat, ut fidenter impetus suos aliorsus tendentes atq; decebat, monitu opportuno frænarent: monstrabatq; subinde, se dolere delictis, & gaudere correctione:* quomodo verba habent ejusdem Ammiani Marcellini, Historici luculentissimi, Lib. XXII. pag. 239. *Nam ea demùm laus grata esse potestati debet excelsæ, quum interdum & vituperationi secus gestorum pateat locus.* Ejusd. Lib. XV.

345,28 44. *Quam educator ejus*] Videlicet Skjalmo Candidus, cui commissam fuisse Canuti tutelam superiore Libro XII. ostendit Saxo. *Skjalmoni verò Candido splendidissimæ atq; integerrimæ autoritatis viro, cui non solùm totius Sialandiæ, sed etiàm Rugiæ vectigalis à se factæ, procurationem detulerat, peragendæ circà Canutum educationis officium mandat.*

346,2 Pag. 233. vers. 5. *Se pecuniæ, sed eam Regi imperare*] Affine est illud Themistoclis responsum, quod extat apud Valer. Max. Lib. VII. Cap. II. Nam unicæ filiæ pater Themistoclem consulebat, utrum eam pauperi, sed ornato; an locupleti parùm probato collocaret? cui is; malo, inquit, virum pecuniâ, quàm pecuniam viro indigentem. Quo dicto stultum monuit, ut generum potius, quàm divitias generi legeret.

346,38 39. *Sangvinis, quo illum proximè contingebat*] Nam mater Henrici Siritha, amita fuit Canuti. Saxo suprà Lib. XI. *Sed & filia Siritha, quæ postmodùm Gutschalco Selavico conjux accessit, pellice pariter orta creditur.*

347,33 Pag. 234. vers. 20. *A quo etiàm Imperatoris gratia*] Is fuit Lotharius Saxo Imperator, apud quem, instante Henrico, & diligentius rem agente, Canutus Obotritorum Rex declaratus est. Albertus Stadensis, ipsum Canutum profectum ad Imperatorem Lotharium, oblatoq; immenso pretio, Vandalici regis nomen ac coronam impetrasse scribit, ad Annum Domini M. C. XXXIII.

Pag. 235. vers. 3. *Ne degenerati patris fulgor*] 348,32 Valde rara locutio. *Degeneratus pater* est, à quo degeneravit filius. Valerius Maximus Lib. V. Cap. VIII. de filio M. Scauri: *Itaq; si quid modò reliquum in pectore verecundiæ superesset, conspectum degenerati patris vitaret.*

Pag. 236. vers. 7. *Cupiens enim antiquitas tonitruorum causas*] 350,13 Plura ejusdem insaniæ exempla abunde nobis varia Historicorum monumenta suppeditant. Sic memoriæ proditum est, tonitrua allusisse Salmoneum quendam, Æoli filium, de quo Virgilius Æneid. VI. vers. 585.

Vidi & crudeles dantem Salmonea pœnas,
Dùm flammas Jovis, & sonitus imitatur Olympi,
Quatuor hic invectus equis, & lampada quassans,
Per Grajum populos, mediæq; per Elidis urbem,
Ibat ovans, divumq; sibi poscebat honorem
Demens, qui nimbos & non imitabile fulmen
Ære, & cornipedum cursu simularet equorum.

Vbi Servius: *Salmoneus fabricato ponte æreo, super eum agitabat obmunitos æreis canthis currus ad imitanda tonitrua.* Alij sunt, qui tympanis id dicant factum, quæ ex siccis corijs consuens Salmoneus, sonos quosdam edebat, tonitruis similes. Ideo Nazianzenus Orat. II. adversus Julianum: Καὶ Σαλμωνεύς τις ἐξ βύρσης βροντῶν: *Salmoneus quispiam è corio tonans.* Vide Hyginum Mythologici Cap. LXI. Apollodorum in I. Germanum Valentem Gvellium in Commentar. ad VI. Æneid. Joann. Ludov. de la cerda, ibidem. Salmoneo annecti poterit *Aremulus Silvius*, qui tonante cœlo militibus imperavit, ut telis clypeos quaterent, clariorem se sonum facere existimans. Anonymus de Origine gentis Romanæ, sive is S. Aurelius Victor est. Apud Agathiam Lib. V. *Anthemius* fulgura & tonitrua effingebat, excogitatis quibusdam collisionibus complosionibusq; rerum, quæ valdè essent sonoræ, atq; ità immanes quosdam fragores edebat percellendo sensui aptissimos. Apud Cedrenum Chosroes mahinas quasdam paraverat, quæ guttas demitterent tanquam pluviam, & tonitrui sonitus resonarent. Simillima etiàm Alladius apud Dionysium Lib. I. Antiquit. Quæ sint porro *Claudiana tonitrua*, Festus tradit. Græci labrum illud æneum, in quod clavi lapilliq; conjecti circumactiq; tonitrua imitabantur in scena, βροντεῖον appellant: nonnulli βροντεῖον locum post scenam esse malunt, in quo id fiat.

10. *Tantæ sonoritatis vim*] *Sonoritas* sonus 350,15 est clarus & immanis. Johannes Sarisberiensis Lib. II.

V

Lib. II. Cap. XVI. Policratici de Socrate, qui ex A aris Veneris viderat sibi offerri cygnum, *tantâ vocis sonoritate canentem, ut totum mulceret orbem.* Ità *Sonorum tonitru* Claudianus dixit 2. Paneg. 6.

352,30 Pag. 237. vers. 51. *Causabundus aggrederis*] *Causandi* vox propria in foro & judicio. Medij ævi scriptoribus usitata pro *culpare, reprehendere.* Columbanus Abbas versu 104.

Cumq; alium causes, propriam prior inspice vitam.

Papias:: *Causari, causas agere; vel Reprehendere, calumniari, culpare,* Videantur Melch. Goldasti B Notæ in Columbanum pag. 125. Hinc *Causabundus* est qui accusat, crimen intentat.

355,5 Pag. 239. vers. 33. *Notissimam Grimildæ ergà fratres perfidiam*] De insignità hac Grimildæ in fratres perfidià, tres hodieq; exstant vetustissimæ Cantilenæ, inter cætera antiqua carmina, quæ de priscorum Heroum gestis, summo studio collegit, Vir Clarissimus & Antiquitatum Danicarum indagator diligentissimus, M. Andreas Vellejus, Historicus quondàm Regius di- C gnissimus: qui & ipse in Præfatione, tribus hisce cantilenis præfixà, totius negotij summam, & rei gestæ seriem, breviter hunc in modum exponit. In mari Balthico sita est insula *Hvena,* Scaniam Selandiamq; pari propemodum spatio à se utrimq; remotam habens, rerum ingentium & sublimium glorià illustris, maximeq; nobilis. Nomen verò & appellationem sortita est hæc insula, à *Hvenilda* gigantissà, quæ eam inhabitaverat. Olim quatuor arcibus insignis D fuit; quarum fundamenta adhuc animadvertere est, sed rudera nulla sunt residua. Nomina verò earum adhuc recensentur, quarum una *Synderburgum* dicta, versus meridiem sita erat; eiq; oppositas partes tenebat *Nordburgum;* sicuti alia ortum hyemalem, *Carlshöi* nominata; *Hammera* verò æstivum respiciebat. Hanc quoq; insulam memoriæ proditú est incoluisse quondam Illustrem Heröa *Nóglingum,* cognomento *Niding;* qui filiam ex conjuge Botilda tulerat *Grimildam,* E virginem ortu nobilissimam, sed indole pessimà & animo ad omnes dolos fraudesq; exercitatissimo. Ea primùm nupserat Generoso Viro, Domino *Sigfrido Horn,* cujus apud Germanos in Athletarum Historia celebris est commemoratio. Priore marito defuncto, Grimilda ad secundas transiens nuptias, fratres suos *Haquinum,* cui à rebus fortiter ac præclarè gestis, cognomentum *Herois* incessit, & *Falquardum,* ab insignibus, quæ Citharam præferebant, vul- F gò *citharœdum* dictum, in insulam, ad solennem convivij genialis festivitatem invitavit. Quò quum advenissent, validissimos quosque, ex ingenti pugilum, quos alere solebat, numero, perfidè subornat, qui utrumque incautum, & nihil doli suspicantem, invadentes opprimerent. Verùm Haquinus invicto animi corporisq; robore egregiè se defendens, immissos à sorore percussores ad unum omnes obtruncavit, atq; intentatum capiti suo discrimen hoc modo evasit. Sed frater Haquini Falquardus non minus animosè dimicans, tandem cœsis cunctis pugilibus, qui ad se interimendum venerant, ipse speciosâ morte occubuit. Quamvis veteres Hvenensium annales Falquardum, quum fratrem suum Haquinum ab athletis Nordburgensibus peremptum falsò comperisset, epoto cornu, interfectorum à se pugilum sangvine repleto, voluntariam sibi necem conscivisse tradant. Cæterùm Grimilda, intellecto, Haquinum omni defunctum periculo, adhuc superstitem agere, furore percita, sed vultu lætitiam præ se ferens, Nordburgum contendit, ibidemq; cum fratre Haquino fœdus & amicitiam contrahit, hac conditione; ut si qui pugilum suorum humi eum semel prosternerent, nequaquam in pedes sese erigendo assurgeret, verùm genibus nixus defensionem suam exequeretur. Quo pacto inito, callidissima fœmina, in ipso arcis aditu, bovinum corium probè madefactum, pisis insterni curavit, ut lubrici tergoris offendiculo incautos fratris subigeret gressus. Mox totis viribus tres simul athletæ Haquinum adoriuntur, infirmoq; gressu vacillantem facilimè ad terram affligunt. Quos tamen ille omnes, lethali prius vulnere saucius, ferro consumpsit. Idem verò Haquinus paulò anteà, Grimildæ permissu, in uxorem duxerat nobilissimam virginem *Hvenildam;* ex quâ natus est ipsi filius nomine *Rancko,* qui patris patruiq; cœdem hoc astu egregiè ultus est. Etenim Grimildæ persuasit, in colliculo propè arcem Hammeram, ingentis pretij thesaurum reconditum delitescere, cujus custodiam, unà cum conditorij clavibus, pater moriens sibi demandasset. Ad eum visendum amitâ fortè deductâ, in antrum quidem cum ea ingreditur; sed mox cursu citato extrà cavum se proripiens, valvas pessulo obdito firmiter occlusit. Ubi illa paulò post fame & squalore enecta miserrimè perijt.

Pag. 240. vers. 43. *Petrus matre Botildâ natus*] Quemadmodum Rex Daniæ Sveno, non à patre Vlfone, filium Vlfonis; sed à matre Esthrita, *Esthritium* se nominari voluit: ità hic Petrus à matre Botildâ, vulgò *Botildæ filius,* in omnibus Annalibus Danicis appellatur, suppresso parentis nomine, quod & ipsum propterea planè ignoratur. Fuit autem Petrus, Episcopus Roschildensis, secundùm Nobilissimum Hvitfeldium; & in prælio Fotevicensi unà cum quinque Episcopis occubuisse dicitur Anno Christi cIↃ. C. XXXV. Hic quoq; est idem ille Petrus Botildæ filius, qui Monasterium Beati Petri, in oppido Nestvedensi, è bonis suis hæreditarijs fundavit: quod posteà in vicinam silvam translatum est, & tandem Illustri Scholæ dicatum à Nobilissimo Viro Dn. HERLUFO TROLLE, ejusque conjuge Nobilissima Dn. BIRGITTA GØIE. Idipsum testatur vetus 356,29 Mona-

Monasterij hujus Calendarium aureis literis in membranâ nitidè descriptum, quod mecum ex singulari gratiâ & favore communicavit Illustris & Generosus Heros, Dns. Christophorus Vlfeld de Svenstrop, Eques auratus, & regni Daniæ Senator amplissimus: cujus sub initium hæc leguntur verba. *Nomina Nobilium virorum ac mulierum & fundatorum nobis bona sua largientium; videlicet, Dominus Petrus filius Botildis, fundator loci: Domina Botildis mater ejus: Domina Unæ uxor ejus: Georgius Comes; & Dominus Hemmingus fraters Domini Petri: Domina Cecilia, uxor Georgij: Touæ, uxor Hemmingi: Dominus Georgius, filius Domini Petri: Domina Margareta uxor ejus: Dominus Kanutus, filius Petri: Domina Cecilia, uxor ejus: Dominus Job, filius Petri: Domina Asa, uxor ejus: Dominus Saxe & Kanutus, filij Domini Georgij: Domina Christina Soror eorum: Dominus Thuco, filius Kanuti; & Kanutus frater ejus; & Domina Cecilia soror eorum: Dominus Agho, filius Job: Dominus Eskillus, Episcopus Roschildensis; coadjutor & coöperator in fundatione Domini Petri: Dominus Nicolaus, Episcopus Roschildensis, & Dominus Thuco & Dominus Suno, fratres sui: Dominus Ingvarus Episcopus Roschildensis &c.* Eadem fere nomina occurrunt in ipsis Fundationis literis, quæ in Archivis illustris Scholæ Herlovianæ hodieq; asservantur. Harum ego exemplum nactus cum essem, in gratiam eorum, qui Antiquitatibus nostris pretium aliquod ponere norunt, hoc loco inserendum duxi: *Universis præsens Scriptum cernentibus, Nicolaus diviná miseratione Roskildensis Episcopus, Salutem in omnium Salvatore! Notum facimus universitati vestræ, quod nos Privilegia super donatione possessionum infra scriptarum, à Petro Botildis filio, & fratrum suorum, nec non & matris eorundem, Monasterio Beati Petri, Næstvveth piâ liberalitate indulta prospeximus, & ad petitionem Domini Abbatis Monasterij memorati, verbo ad verbum transcribi fecimus in hunc modum: In nomine Sanctæ & Individuæ Trinitatis, Ego Eskillus, Roskildensis Ecclesiæ, Dei gratiâ, Episcopus, notum esse volo omnibus Catholicæ Ecclesiæ filijs, tàm præsentibus, quàm & futuris in posterum, qualiter Petrus Botildis filius, fratres quoq; ejus Hemmingus atq; Georgius, unà cum matre suâ, charitate divinâ succensi, consolatorij spiritus rore perfusi, decorem domus Dei ampliaverint, & fundamento ejus, quæ ædificatur ut civitas, cujus participatio ejus in idipsum, gemmas, lapides politos & pretiosos superædificaverint. In hac ergò convalle lacrymarum ascensiones in corde suo disponentes, ut recipiant pro parvis magna, pro terrenis cœlestia, cohæredem & Dominum fecerunt, & Ecclesiam in Næstvveth, quæ juris eorum videbatur, nostrâ concessione, cum omnibus suis Appendicijs, Deo & Sancto Petro ad Monasticam inibi instituendam vitam, secundùm Beati Benedicti Regulam, per manus nostras delegaverunt. Ad stipendia quoq; ibidem Deo militantium suum participati sunt patrimonium, Petrus in Lathby & Bukketorp*

A *curiam suam, ut ipse possederat, cum omni familia & agris, pratis, & silvis, Mansum unum & dimidium & quadrantem dedit, & sextam partem silvæ, quæ Foxingsvvoræ dicitur, in Mon in villa Kelby quinque mansos & dimidium. Hemmingus in villa Alebech dimidium mansum, & in Falstria in Gætesby & Skælby & VValnæs duos mansus, eo jure pratorum silvarumq;, ut ipse habuerat. Mater verò eorum in Næstvveth parvâ medietatem villæ & silvæ, quæ Lathbyvvoræ nuncupatur, & Thorp; & in Nestvveth*

B *majori mansum unum, & quadrantem, & molendinum donavit. Hæc pro remedio animarum suarum suorumq; pro salute videlicet viventium, pro refrigerio decedentium, præfatæ Ecclesiæ contulerunt, & ut nulli unquam mortalium quicquam nec sibi, nec suis hæredibus, salvâ in omnibus Episcopali Reverentia, debeant, manu nostrâ roborari, bannoq; nostro confirmari petierunt. Huic eorum pio affectui justæque petitioni libenter annuens Ego Eskillus servorum Dei servus, simulq; cum ipsis in Resurrectione*

C *partem beatam habiturum me credens: volui in Domino juvare manus eorum; Memento ergò mei Deus in bonum, & eandem Ecclesiam in Nestveth, & eam quæ est in Chierby, nec non & eam, quæ est in Haslevæ, & omnia eis attinentia, Deo Sanctoq; Petro in eodem loco, unà cum prædictis fratribus manumisi: & ut servi Dei liberâ hæc quiete possideant, omne exhinc Episcopale tributum, eis quod moris est Ecclesiarum, remisi: nec deinceps seculari aut Ecclesiasticæ cuiquam personæ in aliquo subjaceant, præ-*

D *terquam Episcopo, in cujus sunt Diœcesi, debitam subjectionem, & quæ sanctos debet, obedientiam exhibeant. Ipse verò omni sollicitudine curam eorum gerat, consoletur, sustineat, si quid inter eos, quod absit, controversiæ, ortum fuerit, si Prælatus eorum nequiverit, per ipsum emendari & corrigi canonicè debebit. Quin ergò, annuente Deo, propter spem retributionis æternæ, ad memoriale perpetuum, tàm nostri, quam & successorum nostrorum, volumus Ecclesiam hanc in bonis omnibus augere, concedimus*

E *eisdem Fratribus nostri juris Decimam in toto quadrante de Thiuthabjergs hærith, in quo consistunt: itemq; Decimas suarum omnium in nostro Episcopio possessionum, & præsentium, & futurarum in perpetuum, ut si quando pro utilitate Ecclesiæ, intra vel extra provinciam, ad Synodum vel Concilium eundum fuerit, pro ut Episcopo visum fuerit, aut cum eo, aut ejus vice, Abbas suâ expensâ honestiori vadat. Hæc ut rata & inconcussa permaneant, præsentis Privilegij sanctione firmavimus, & sigilli no-*

F *stri impressione signavimus. Si verò aliqua Ecclesiastica secularisvè persona hæc nostra statuta violare tentaverit, & servos Dei inquietare temerario ausu præsumserit, secundum occasionem commonita si non resipuerit, divinæ ultioni subjaceat, cum Dathan & Abiron, quos terra deglutivit, dispereat, duplici contritione conteratur, de libro viventium eradicetur, induatur sicut diploide, confusione sua, sitq; Anathema Maranatha. Fiat fiat. Amen. Acta sunt hæc Anno Dominicæ Incarnationis M. C. XXXV. Indi-*

ctione IV. imperante Lothario, Romanorum Cæsare Augusto : anno V. Erici Danorum Regis, Episcopatus autem Eskilli, Roschildensis Ecclesiæ Venerabilis Episcopi, Anno II. in villa Næstvveth, his testibus : Salomon Præpositus, Richard ejusdem Ecclesiæ Prior, Hermannus Episcopi Capellanus, Elias, Ericus, Isaac, Boso, majoris Ecclesiæ Canonici : Laici quoq́ꝫ, Karolus Agonis filius, Tholf Godescalki filius, & Hemmingus filius ejus, & Ingulf Vbbi filius, Gundi Hemmingi filius, Lubbi in Stenchilstorp, Bo filius ejus, Sunni de Rivæbeck, Bo Asceri filius, & complures alij, 3. Calendarum Decembrium, Præsidente Catholicæ Ecclesiæ Universali, Innocentio Papa Secundo. Quia verò Originalia Privilegiorum sinè periculo non possent aliquibus exhiberi, testimonium super præmissis omnibus dignum duximus perhibere, & præsentem paginam transcriptorum, Sigilli nostri munimine communire. Datum Humbleoræ, XV Kalend. Julij, Anno Domini M. CC. XLV.

356,32 46. *Tunicam ejus crebris foraminibus absumptam*] Nihil vehementius misericordiam accendit, quàm signa illatæ injuriæ; ut vestes eorum, qui mala sunt passi. Eo consilio Antonius, qui posteà triumvir fuit, in funere Caji Julij Cæsaris, concioni vestem ostendit pugionibus ac gladiis perforatam: eoq; Bruti & Cassij causam evertit apud plebem; ut quæ hac re accensa ad conjuratorum ædes cucurrerit, quò eas incenderet. Apud Maronem quoq; haud absimile est exemplum. Nam quamvis Æneas jam ad misericordiam inclinare cœperat, tamen viso Pallantis baltheo, quem Turnus interemerat, recruduit ira. Quippe ait, Æneid. XII.

Ille oculis postquam sævi monumenta doloris,
Exuviasq́ꝫ hausit, furijs accensus, & irâ
Terribilis: tunè hinc spolijs indute meorum
Eripiare mihi?

Etiàm Clotildis Clodovæi filia, durè sæviterq; habita à marito Almarico, Visigothorum Rege, cum sudarium suo imbutum sangvine misisset ad fratres suos Childebertum, Clotharium, & Theodoricum, Francorum Reges, immane illud bellum excitavit, quo res Visigothorum penitus fuère attritæ & deletæ; ut apud Gregorium Turonensem legitur Lib. III. Cap. X. & inde apud P. Æmylium Lib. I.

359,13 Pag. 242. vers. 34. *Regio apud Isoram nomine insigniri nequiret*] *Isora* portus est Sialandiæ, quem augustissimus efficit maris sinus ad ipsum usq; oppidum Roschildense procurrens. Nostratibus vulgo dicitur Jsefiord/ vel Jsøre-fiord. Celebratissimus hic in Annalibus nostris locus est, cùm ob Regum electionem è veteri memoria ibidem peractam, tum propter res alias insignes, quæ subinde in eo contigerunt. Sic in Isora Rex Daniæ Hotherus electus est & constitutus. Saxo Lib. III. *Inde Sialandiæ portum Isoram ingenti classis numero occupat, imminentis fortunæ beneficio usurus. Ubi Rex ab occurrente sibi Danorum populo constitutus.* In Isora Poppo, Episcopus Arhusiensis, candentem ferri laminam, chirothecæ formam habentem, confirmandæ religionis ergò, intrepidè gestavit. Saxo Lib. X. *Hic Danorum concione publicè apud portum, cui glacici frequentia agnomen peperit, habitâ, cum eos, nè fana excolere vellent, sermone flectere nequiret, evidenti indicio certissimum assertioni suæ argumentum præbuit, doctrinæq́ꝫ fidem conspicuo sanctitatis miraculo probavit.* Apud Isoram Haraldus VI, cognomento Hein, Regium diadema adeptus est. Saxo Lib. XI. *Igitur Isoram, habendi delectus gratiâ, conveniunt. Ibi quidem ingens Oceani vastitas ostijs admodùm angustis excipitur, furensq́ꝫ fretum, coactu littorum, in arctas fauces terra compellit. Medium sinus arenæ tenent obscura nautarum celantes pericula. Nam ut abiens ea æstus aperit, ità rediens claudit.*

37. *Literas ad Lotharium facit*] *Literas facere*, pro, literas dare, ad aliquem scribere, usitata isti ævo loquendi formula. Lupus, Abbas Ferrariensis, Epist. VII. *Feci autem literas ad Andoinum & Ebronum de tua reversione.* Quin & Justinum sic locutum invenio Lib. XXVII. Cap. II. *Inde ad Antiochum fratrem literas facit, quibus auxilium ejus implorat.* 359,17

40. *Secus Jutiæ mœnia*] Intelligit munimentum illud longè celebratissimum, quod propè Slesvicum, contrà exterorum irruptiones, ab Illustrissima Regina, & Danicâ Semiramide, Thyra Danebod, exstructum erat, vulgò Danewerck dictum. Id quod sequentia declarant verba : *At Magnus utriusq́ꝫ hostis adventum accuratâ valli munitione præcurrens, validum portis præsidium applicuerat. Interjectis diebus, Nicolaus citeriora valli immenso Jutorum agmine circumfudit.* 359,20

Pag. 243. vers. 3. *Nicolaus occasivum Daniæ militem contrahebat*] Hoc est, Nicolaus Rex copias conscribebat ex provinciis Daniæ ad Solem occasum sitis, ut Jutia & Fionia : cum contrà Ericus ex Scania & Selandia, quæ Orientem spectant, auxilia compararet. 360,11

Pag. 244. vers. 21. *Tormentorum artificia mutuatus*] Per *tormenta* hic non intelligenda veniunt, ænea sivè ferrea illa; quorum hodiè magnus in bello usus. Ea etenim multis post annis inventa, & quidem autore humani generis hoste Diabolo. Verùm catapultæ, ballistæ, & id genus aliæ mahinæ, quæ jaculandis saxis inserviebant; id quod ex verbis sequentibus liquidò patet. Tormentum enim generale vocabulum est omnium machinarum, saxa, tela, & id genus varia torquentium. Cæsar 4. bell. Gall. *Atq́ꝫ inde fundis, tormentis, sagittis hostes propelli ac submoveri jussit.* Cicero ad Catonem: lib: 15. *Aggere, vineis, turribus oppugnavi, usùsq́ꝫ tormentis multis.* 361,34

Pag.

364,4 **Pag. 245. verſ. 51.** *Quò occupatius, hoc negligentius*] Non enim ſimul poſſumus facere multa, eademq; benè. Hinc rectè Xenophon. Lib. III. Inſtitut. Cyri. Ἀδύνατον τὸν πολλὰ τεχνώμενον πάντα ποιεῖν καλῶς. *Impoſſibile eſt eum, qui multis operam impendit, omnia rectè facere.*

365,14 Pag. 246. verſ. 44. *Pijſſimi viri interitum*] Nempè S. Canuti Ducis, quem Magnus, perjurus & perfidus parricida, tàm nefarie trucidaverat.

366,8 **Pag. 247. verſ. 22.** *Ad ultimum & regium abſumpſerunt*] Atq; ità & Magnus & Nicolaus, ſangvine ſuo profuſo, juſtas meritasq; occiſo Canuto dedêre pænas. Adeò rariſſimè impu-

A nitate ſcelera gaudent. Inprimis vero Deus Opt. Max. & juſtus Judex, punire ſolet injuſtas cœdes & homicidia. Omnes enim homicidæ injuſti rapiuntur ad pænas. Et licet aliquamdiu effugiant manus magiſtratus; tamen eos Deus mirabiliter ad pœnam retrahit. Hoc fit ità univerſaliter: *Qui gladium acceperit*, [ſcilicet non datum à legibus] *gladio peribit*. Sic olim percuſſorum Cæſaris neq; triennio quisquam amplius ſupervixit, neq; ſua morte defunctus

B eſt. Damnati ſunt omnes; alius alio caſu perijt; pars naufragio, pars prælio. Nonnulli ſemet eodem pugione, quo Cæſarem violaverant, interfecerunt. Svetonius in Vita Cæſaris.

NOTÆ VBERIORES IN LIBRUM XIV. HISTORIÆ DANICÆ SAXONIS GRAMMATICI.

367,10 **Pag. 247. verſ. 16.** *Perfidiæ exprobratione pulſabat*] Hoc eſt, perfidiæ illis crimen objectabat, perfidiæ eos ac proditionis accuſabat. *Pulſare*, pro accuſare, objurgare, affligere, vexare, defatigare, vel conſimili ſignificatione, apud alios bonæ notæ autores obvium eſt; inprimis verò apud ævi poſterioris ſcriptores. Valerius Maximus Lib. I. Cap. VI. *M. Craſſus plurimis & evidentiſſimis, antè tantam ruinam, monſtrorum pulſatus ictibus.* Sic *crimine pulſari*, apud Claudianum Libro de bello

D Gildonico: *Infamiâ pulſari*, apud Firmicum, Matheſeos Lib. VIII. Cap. XIX. *Lite pulſatus*, apud Symmachum Lib. X. Epiſt. XLV. *Dolore pulſari*, Evgippius in Vita Severini. Cap. LXIV. *Invidiâ pulſari*, Adrevaldus in Tranſlat. Benedicti Cap. VIII. Hanc vero nos ſyllogen debemus eruditiſſimo C. Barthio in Notis ad Phæbadium. pag. 104. Cui nos ſequentia addimus: Ammianus Marcellinus Lib. XIV. pag. 18. *Eodem tempore Serenianus pulſatæ majeſtatis imperij*

E *reus à Lege poſtulatus.* Et Lib. VX. *Gravi mole criminis pulſabatur.* Eodem Libro, pag. 43. *Vitam pulſaturus inſontis.* Et rurſus ibidem: *Pulſare inſontem.* Hericus, Monachus Altiſſiodorenſis Lib. VI. de Vita S. Germani:

——— *Immodicæ pulſatus verbere febris.*

Philoxenus Gloſſ. *Pulſat*, αἰτιᾶται, ὠθεῖ. Ibidem: *Pulſati*, καταικτιάμενοι, αἰτιαθέντες. Valerianus Cimelenſis, Sermone de Bono diſci-

F plinæ: *Ne noſtram negligentiam pulſet*, id eſt, accuſet. Valerius Maximus Lib. VI. Cap. II. *Pulſata eſt tunc eximij civis potentia, hinc invidioſâ querelâ, hinc lamentatione miſerabili.* Videantur quæ ſuprà annotavimus ad hæc verba Lib. I. *Nec tua bilis Pectora pulſet.*

368,40 **Pag. 249. verſ. 5.** *Solenni ritu prolui juſſi*]

C Hoc eſt, Luſtrici lavacri gurgite, & ſalutari Baptiſmatis fonte ablui & purgari.

25. *De ſceptrato cucullatus evaſit*] Magnus ſceptro & regno privatus cucullum Monachalem induit, & aſſumpto habitu religioſo, in Monaſterium ſe abdidit. Quis vero tàm obeſæ eſt naris, qui non hic ſtatim iſtius ævi ſordes olfaciat? Monſtra vocabulorum, *ſceptratus, cucullatus*: quæ tamen, & id genus alia, tenerius adamavit iſtius ſeculi barbaries, quàm ſimia ſuos pullos. Johannes Hantvillenſis Archithrenij Lib. III. Cap. XVII. 369,20

Abſit ut hæc lateat ſceptratos gloria ———

A ſceptro *ſceptratus*, ſicut à cucullo, *cucullatus* inflectitur. Senſus omnino eſt: Magnus ex Rege Monachus factus eſt.

35. *Tantis laudibus proſequi conſueverat*] Hinc *Emundi* cognomentum ſortitus eſt; quaſi diceres *Jactatorem*, qui inanes flaret glorias, qui fortius dicere, quàm facere ſolebat, cujusq; virtus in linguâ unicè ſita erat: verè *Miles glorioſus* Plauti. 369,29

46. *Petri Botildæ filij collegium nactus*] Id eſt, Petrum Botildæ filium, conjurationis adverſus Ericum Regem, ſocium, conſortem, & ὁμόψηφον nactus. Eo namq; ſenſu *Collegij* vox uſurpatur libro præcedente: *Qui ſe ſuperius Henrico ſceleſtiſſimi conſilij collegio ſociaverant.* Et paulò poſt: *Protinus collegio ſe peſtiferæ conjurationis abrupit.* Et hoc ipſo Libro: *Saxoniæ Satrapam in armorum militiæq; collegium ſollicitat.* *Collegium* etenim propriè *ſocietatem* ſignificat medij ævi ſcriptoribus. Eleganter ſanè autor Queroli: *In amicitiam & fidem ſtultum nè receperis. Nam inſipientum atq; improborum facilius ſuſtinetur odium, quàm collegium.* Prudentius Cathemer. Hymno circà Exequias: 370,4

V 3 Nam

Nam quod requiescere corpus
Vacuum sinè mente videmus:
Spatium breve restat, ut alti
Repetat collegia sensus.

Ad quem locum ità Æl. Anton. Nebrissensis: *Collegia alti sensus*, id est, societatem animi, qui altum sentit, & profundè intelligit. Sic *Collegium Fastorum*, pro Collegio Consulum, quorum nomina Fastis inserebantur, dixit Ammianus Marcellinus Lib. XVI. Et Libro XXIII. *In collegium trabeæ adsci sci.* Eucherius Epistola B de contemptu Mundi, ubi de duabus rebus agit, quæ maximè homines in negotijs seculi vinctos tenent, & eblanditis sensibus captos illecebroso amore constringunt, videlicet, Opum voluptate & Honorum dignitate: *Hæc utraque*, inquit, *alternis nodis irretitis gressum impediunt, fallax complexa collegium.* Ubi pro *irretitis*, forte *irretitum* est legendum, ut ad *gressum* referatur. Aldhelmns de Laudibus Virginitatis Cap. VII. *Inseparabilis Angelicæ sodalitatis collegio* C *perfrui mereatur.* Ità *Collegium Episcopale*, apud Optatum Afrum Milevitanum, Lib. 1. nihil aliud quàm Episcoporum universum ordinem & societatem significare, rectè observavit Cl. Vir, Mericus Casaubonus, magni parentis haud degener filius, in eruditissimis suis ad eundem autorem Notis.

370,37 Pag. 250. vers. 7. *Cui, ex patientiâ, Agni cognomen obvenit*] Non secus ac Q. Fabius Maximus ex morum clementia *Ovicula* dictus. Au- D tor de Viris Illustribus urbis Romæ. Nostratibus dictus est *Erich Lamb.* Helmoldus vocat *Ericum Spage.*

371,26 Pag. 251. vers. 1. *Ne singulariter in hostem procurreret*] Ne solus & absq; comitibus in hostem impetum faceret.

372,1 13. *Quâ reis patriæ bonorum pœna*] *Reos patriæ*, suo more & loquendi modo, eos hic appellat Saxo, qui hostilia adversus patriam arma tentassent; vel, ut ipsius verba Lib. V. habent, *qui* E *inimicum civibus scutum attulissent.* Nostrates dicunt, De som fore Affuindstold imod deris Fæderneland. Nam de his ipsis talem quondam Legem tulerat Frotho III, Rex Daniæ, *ut rerum ac vitæ periculo pœnas luerent.* De qua vide Lib. V. Ad eundem verò modum loquitur noster infrà Lib. XV. *Quorum patrimonium VValdemarus lege, quæ patriæ reos omnibus bonis damnat, adeptus.*

372,27 38. *Fabulosæ cujusdam opinioni credulus*] Ri- F diculâ planè superstitione quædam loca olim, quasi fatalia, & mali ominis, vitabant Reges Daniæ. Talem fuisse *Landoram*, innuere videtur Saxo. Sic & alia quamplurima in augustissimo hoc Daniæ regno loca Regibus fatalia esse, & non sine summo vitæ discrimine ab ijs adiri posse, credulum vulgus hodieq; existimat: ut sunt; in Selandia, *Heddinga* oppidulum, Pons *VVera*; in mari Balthico, *Samus* in- A sula; & nescio quæ non. Ità *Lincolnia* civitas suspecta quondam fuit Angliæ Regibus. Gvilielmus Neubrigensis Lib. I. Cap. XVIII. *Anno regni sui duodecimo, cum Rex Stephanus extortâ de manibus Comitis Cestrensis civitate Lincolniâ potiretur, ibidem in celebritate Natalis Domini ci solenniter voluit coronari: vetustam superstitionem, quâ Reges Anglorum eandem civitatem ingredi vetabantur, laudabiliter parvipendens. Deniq; incunctanter ingressus, nihil sinistri ominis, sicut illa* B *vanitas comminabatur, expertus est; sed regiæ coronationis solennibus adimpletis, post dies aliquot, cum exultatione, & superstitiosæ vanitatis derisione, egressus est.*

Pag. 252. vers. 54. *Non tàm pudicitiâ, quàm parentelâ conspicuam*] *Parentela* familiam, cognationem, progeniem, prosapiam, consanguinitatem significat Jul. Capitolinus in Gordiano: *Gordianus, priusquam ad bellum proficisceretur, duxit uxorem filiam Misithei, doctissimi viri,* C *quem causâ eloquentiæ dignum parentelâ suâ putavit.* Valerianus Cemeliensis Homiliâ 1. de Bono Disciplinæ, pag. 139. *Non ità Propheta gradum parentelæ, aut necessitudinem consangvinitatis exposuit, ut extraneos à gratiâ fraternæ dilectionis excluderet.* Cæsarius Heisterbachcensis Libr. I. Cap. XXXVIII. de Abbate Philippo: *Hic cum esset de honesta parentelâ natus.* Petrus Chrysologus Serm. CXL. *Una puella sic Deum in sui pectoris capit, recipit, oblectat hospitio, ut pacem terris,* D *cœlis gloriam, salutem perditis, vitam mortuis, terrenis cum cœlestibus parentelam, ipsius Dei cum carne commercium, pro ipsa domus exigat pensione.* Ivo Carnotensis Epist. CXXX. *Ordo autem parentelæ suprà scriptus est.* Dudo S. Quintini Decanus Lib. II. de Moribus & Actis Normannorum: *Parentelam diffusæ generositatis vestri Senioris, casusq; & labores vestros, nobis retulerunt plurimi.* Frequens etiàm vox est in veter. ll. Burgund. Salic. Longobard. 374,1

Pag. 254. vers. 28. *Per eadem tempora Romanus Antistes*] Is fuit Eugenius III; à quo primùm E indicta fuit in Palæstinam expeditio, circà Annum Christi cIↄ. C. XLV. Sed mox anno sequenti & altera adversus Boreales populos, adhuc paganos, ab eodem Pontifice Evgenio III. indicta fuit expeditio, cujus hic meminit Saxo noster. Otto Frisingensis, & ipse unus ex cruce signatis, ijs, qui huic expeditioni, tàm Orientali, quàm Boreali, nomina dabant sua, di- F versas pro tesserâ militari Sanctæ Crucis imagines datas fuisse commemorat Lib. I. Cap. XL. *Saxones verò*, inquit, *quia quasdam gentes, spurcitijs idolorum deditas, vicinas habent, ad Orientem proficisci abnuentes, cruces itidem, easdem gentes bello attentaturi, assumpserunt, à nostris in hoc distantes, quòd non simpliciter vestibus assutæ essent, sed à rota subterpositâ in altum protendebantur.* Videatur doctissimus Purpuratorum Patrum, & Chronographus diligentissimus, Cæsar Baronius, 376,22 nius, Annal. Ecclesiast. Tom. XII. pag. 210. ad Annos Christi 1145. & 1146. Cæterùm longè antè tempora hujus Evgenij, Vrbanus, Pontifex Romanus, Anno Domini cIↃ XCV, Concilio generali apud Clarum montem habito, expeditionem in Terram Sanctam primus edixit, moremq; hunc instituit, ut qui ad Hierusolymam, de manu ac servitute infidelium liberandam, proficiscerentur, vestibus suis in signum voti, & futuræ peregrinationis, Crucis notam imprimerent. Sic etenim VVilhelmus Tyrius, Archiepiscopus Metropolitanus, qui Historiam Belli Sacri verissimam & utilissimam conscripsit, Lib. I. Cap. XVI. *Convenerat autem apud omnes, & id ipsum de mandato Domini Papæ injunctum fuerat, ut quotquot prædictæ viæ voto se obligarent, vivificæ Crucis salutare signum vestibus imprimerent, & in humeris, illius sibi portarent memoriam, cujus passionis locum visitare proposuerant; illum imitantes, cui ad nostram redemptionem properanti, factus est principatus ejus super humerum ejus.*

376,24 30. *Universos Christianæ credulitatis hostes*] Christianæ religionis & fidei hostes. *Credulitas* enim hic fidem denotat; sicut etiàm infrà: *Exemplumq; ei corrigendæ credulitatis proponeret.* Eàdem notatione usurpasse hanc vocem reperies Salvianum Massiliensem Lib. III. contrà Avaritiam, pag. 126. *Licet credulitatem tuam verbis velis asseverare, non credis.* Et infrà: *Non quæro, ut mihi credulitatem tuam superioris vitæ actibus probes.* Et pag. 136. *Satis te firmum existimas credulitatis habere subsidium.* Ità etiàm apud Petrum Chrysologum, Sermone CLIX. *Sicut illi Magi, qui sunt fidei nostræ duces, credulitatisq; Principes.* Et Sermone sequenti: *Quia tunc ex Magorum fide est Gentium credulitas dedicata, & Judæorum notata crudelitas.* Usus est eodem vocabulo Gregorius Turonensis, de Gloriâ Confessorum, Cap. XXVII. de Martiali Episcopo: *Eversisq; simulacrorum ritibus, repletâ jam credulitate Dei urbe, migravit à seculo.* Valerianus Cemeliensis Epistolâ ad Monachos: *Ut doctrinæ ordine constituto, cum Romanis prædicari credulitatem vestram in toto orbe cupientes. &c.* Aliàs *Credulitas* in vitio ponitur: ut & *Credulus*, pro eo, qui facilè & citò nimis credit, proindeq;, ut est apud Plautum, astutùm fallitur.

378,26 Pag. 256. vers. 1. *Paterna in Canuto merita perosus*] Quòd scilicet Magnus Canuti pater, Waldemari patrem Canutum interfecisset. Vide suprà Lib. XIII.

379,8 21. *Et salutis disperatio*] Desperatio sæpè addit animos. Tacitus Lib. IV. Annalium: *His partæ victoriæ spes, & si cedant, insignitius flagitium: illis extrema jam salus, & adsistentes plerisque matres & conjuges, earumq; lamenta, addunt animos.* Imò sæpè Desperatio victoriæ causa fuit. Exemplo possunt esse Locrenses, qui numero quindecim millia, & vitæ & victoriæ spe abjectâ, centum viginti millia Crotoniatarum in fugam conjecerunt. Qua de re locus est Justini elegantissimus Lib. XX. Cap. III. *Itaq; cum in aciem processissent, & Crotoniensium centum viginti millia armatorum constitissent, Locrenses paucitatem suam circumspicientes [nam sola quindecim millia militum habebant] omissâ spe victoriæ, in destinatam mortem conspirant; tantusq; ardor ex desperatione singulos cepit, ut victores se putarent, si non inulti morerentur. Sed dum mori honestè quærunt, feliciter vicerunt; nec alia causa victoriæ fuit, quàm quòd desperaverunt.* Sic & olim Themistocles, timens, *nè interclusi hostes desperationem in virtutem verterent, & iter, quod aliter non pateret, ferro patefacerent*, Xerxem occupare transitum maturatâ fugâ jubet. Idem Justinus Lib. II. Cap. III. Ità etiàm Q. Metellus, *cum in hostem suos ire periculoso loco juberet, facientibus omnibus in procinctu testamenta, velut ad certam mortem eundem foret, non deterritus proposito, quem moriturum miserat, militem victorem recepit. Tantum effecit mistus timori pudor, spesq; desperatione quæsita.* Vell. Paterculus 2. Hinc Virgilius Æneid. 2.

Una salus victis, nullam sperare salutem.

Ideò rectè monet Vegetius de re militari Lib. III. Cap. XXI. non semper hostes locorum angustijs, aut armatorum multitudine circumdandos; *quòd clausis ex desperatione crescat audacia, & cum spei nihil est, sumat arma formido. Libenter enim cupit commori, qui sinè dubio scit se moriturum.* Item Lib. IV. Cap XXV. svadet civibus fugiendi potestatem esse concedendam. *Necessitatis enim quædam virtus est desperatio.* Vel ut alij legunt: *Necessitas quædam virtutis est desperatio,* Q. Curtius Lib. V. *Ignaviam quoq; necessitas acuit; & sæpè desperatio spei causa est.* Apud Tacitum, Histor. Lib. III. Vitellio quis autor est, *ut desperatione saltem in audaciam accingeretur.* Quamobrem cum desperatis pugnare summæ temeritatis est & periculi. Qui enim mori constituunt, illi mortem suam ulciscuntur acerrimè, & apud inferos cœnaturi, plures secum umbras ad istas Plutonis epulas adducunt. Unde rectè inquit Bodinus Lib. III. de Republ. Cap. VII. *Infeliciter cum desperatis hominibus bellum geritur, qui cum nullam, si vincantur, salutis aut præsidij spem habent, desperatione victoriam sæpissimè adipiscuntur.* Et Josephus de bello Judaico Lib. 1. Cap. 14. *Hostes audaciores facit victoriæ desperatio.* Ut & Jovius Lib. 2. Historiar. *Ultima necessitas desperatos in rabiem vertit; & plerumq;, qui penitus de vita desperant, ex timidis longè pugnacissimos facit.* Hinc rectè Vespasianus in quadam pugna cum Judæis, militibus suis imperat, nè cum hostibus mortis avidis manum consererent. *Nihil enim est impetuosius desperatis.* Josephus Cap. 3. Quod præceptum optimè inter alios novit Agesilaus Lacedæmonius, qui cum intellexisset in acie, hostes locorum conditione

V 4

tione clausos desperatione acrius dimicare, suorum ordines laxavit, & ad evadendum viam aperuit, rursusq; in abeuntes contraxit aciem, atq; ita sine suorum sangvine hostes cecidit.

384,35 Pag. 260. vers. 37. *Saltus contulis edunt*] Hæc mens est autoris: Frisij scrobes, quibus agros suos cingere solent, ubi ità usu venit, hastis, longurijs, sivè contis transiliunt. *Saltus edere* suo more dixit pro *transilire*: quemadmodum *dare saltus* Ovidius Lib. III. Metamorphos.

Doq; leves saltus, udæq; immittor arenæ.

Et paulo infrà:

Undiq; dant saltus, multâq; aspergine rorant.

Contulus autem diminutivum à τῷ *Contus*. Belgæ *Pols-stock* vocant. Hodieq; sunt ejusmodi conti in usu tàm Frisijs quàm Hollandis, cæterisq;, qui loca palustria incolunt.

386,25 Pag. 261. vers. 53. *Fridericum Romano recenter imperio functum*] Intelligit Fridericum, ejus nominis Primum, cognomento *Ænobarbum*, sivè *Barbarossam*, anteà Svevorum Ducem, qui Anno Christi cIↃ. C. LII. Imperator Romanus Aquisgrani coronatur: teste Ottone Frisingense Lib. I. Cap. I. de gestis ejusdem Friderici.

386,33 Pag. 262. vers. 7. *Conradi Cæsaris*] Ejus nominis III; in cujus aula Sveno hic noster, unà cum Friderico, posteà Imperatore, diu educatus fuerat.

387,1 15. *Mersburgum oppidum Teutonicæ nobilitatis frequentiâ repletum*] Illic enim tùm temporis Comitia Imperij magnâ solennitate peragebantur. Ad quæ Fridericus Imperator etiam Svenonem nostrum, sub specie quidem & prætextu veteris amicitiæ firmandæ, sed re verâ, ut vi & minis adigeret ipsum ad imperata facienda, [quomodo eventus docuit] evocaverat. Attingit Historiam hanc non ipse solum Fridericus Imperator in Epistola ad patruum suum Otthonem, Episcopū Frisingensem: sed & duo nobilissimi ejus seculi scriptores, Ottho modo nominatus, & Guntherus Poëta: qui tamen, quasi de compacto, eundem errorem omnes errant, *Svenonem* perperàm appellantes *Petrum*; *Canutum* verò *Gvidonem*, *Guvotonem*, *Gvirtonem*, & nescio quid non; quum fortè *Cnutonem*, more istius seculi, eum vocare in animo habuerint. Verba Friderici ità habent: *Post primam unctionem Aquisgrani, & acceptam coronam Teutonici regni, generalem Curiam, Merseburgk, in Pentecoste, celebravimus: ubi Rex Danorum Petrus* [qui nobis Sveno est] *ad Curiam nostram vocatus venit, & homagio ac fidelitate nobis factâ, coronam regni de manu nostrâ accepit.* Ottho Frisingensis rem ità commemorat Lib. II. Cap. V. de gestis Friderici: *Erat illo tempore in regno Danorum, inter duos consangvineos, Petrum scilicet, qui & Svevus,* [*Sveno*, rectius] *& Guvotonam* [*Cnutonem* dicere volebat] *de regno gravis controversia. Quos Rex ad se venire præcipiens, Curiam magnam in civitate Saxoniæ Martinopoli, quæ & Mer-*A *seburg, cum multâ Principum frequentiâ habuit. Eò præfati Juvenes venientes, ejus se mandato humiliter supposuerunt: eorumq; ad ultimum causa, judicio seu consilio primatum, sic decisa fuisse dicitur: ut Guvoto, relictis sibi quibusdam provincijs, regium nomen per porrectum gladium abdicaret:* [*est enim consvetudo Curiæ, ut regna per gladium, provinciæ per vexillum, à Principe tradantur, vel recipiantur*] *Petrus verò, accepto ab ipsius manu regno, fidelitate & hominio ei obligaretur. Ità corona re-*B*gni per manum Principis sibi impositâ, in die sancto Pentecostes, ipse coronatus, gladium Regis sub corona incedentis ipse portavit. Gvaldemarus etiam, qui ejusdem sangvinis particeps fuit, Ducatum quendam Daniæ accepit.* Ad eundem modum Guntherus, insignis isto ævo Poëta, qui vitam & res gestas Friderici Barbarossæ, luculento Poematio descripsit, Lib. I. Ligurini sui, totum hoc negotium exponit:

Posteà Saxoniæ fines ingressus, ad illam,
C *Quam Martinopolim vocat incola Teutonus, urbem,*
Concilium Procerum, toto de corpore regni
Convocat: ut digno celebretur Curia cœtu,
Tempore solenni, quo Spiritus almus ab alto
Cum sonitu veniens in pectora sancta piorum
Ignea distinctis effudit lumina lingvis.
Huc etiam geminos, Petrum simul atq; Gvidonem,
Danorum proceres, quos inter sangvine junctos
D *Moverat ejusdem regni dissensio litem,*
Evocat, ac tali causam ratione diremptam
Terminat, ut quædam provincia tota Gvidoni
Cederet, at regnum cum nomine Petrus haberet.
Ergò ubi vexillo partem, quam diximus, ille,
Hic autem gladio regnum suscepit ab ipso.
[*Hunc etenim longe servatum tempore morem*
Curia nostra tenet] *posito diademate Petrus*
Regali dextrâ tulit alti Principis ensem,
Præcessitq; sacram brevius diadema coronam.

E Pag. 263. vers. 45. *Nicolaus urbis Romæ Cardinalis*] De Nicolao hocce Cardinale, qui natione Anglicus, & Albanensis Episcopus fuit, operæ pretium est consulere Gvilielmum Nevbrigensem, Lib. II. Cap. VI. ubi totam ejus à puero vitam luculenter describit, & inter alia, de Legatione ista Danica pariter ac Norvagica, hæc subjungit verba: *Non multò pòst, sumptis industriæ ejus experimentis, ad gentes ferocissimas Dacorum & Norrigorum, cum plenitudine potestatis, direxit Legatum.* 389,3
F
47. *Maximi Pontificatus titulis insignivit*] Snoro Sturlæsonius circà Annum Christi cIↃ. C. LIII. Norvagiam Archiepiscopum accepisse testatur, in Historia trium fratrum simul imperantium, Sigurdi, Ingonis, & Oisteni, his verbis: *Per eadem tempora, dissensione quâdam inter Reges coortâ, in Norvagiam appulit Nicolaus, Urbis Romæ Cardinalis, Legatus Pontificius, qui primum in Norve-* 389,5

Norvegia Archipiscopatum erexit, Nidrosiâ sede Archiepiscopali, sivè Metropolitanâ, constitutâ. Primusq; ab ipso consecratus est Archiepiscopus Jonas Byrgeri filius, anteà Episcopus Stavangriensis. Meminit etiàm hujus legationis Baronius ad Annum Christi cIↃ. C. LIV. *Processu verò modici temporis, Eugenius III, Pontifex Romanus, cognitâ ipsius honestate, & prudentiâ, de latere suo eum ad partes Norvegiæ Legatum Sedis Apostolicæ destinavit, quatenus verbum vitæ in ipsa provincia prædicaret, & ad faciendum omnipotenti Deo animarum lucrum studeret. Ipse verò tanquàm minister Christi, & fidelis ac prudens dispensator mysteriorum Dei, gentem illam barbaram ac rudem, in lege Christiana diligenter instruxit, & ecclesiasticis eruditionibus informavit.*

389,16 Pag. 264. vers. 4. *Svetici Sacerdotij insigne*] Fortè *Pallium Episcopale* ut vocant, intelligit, quo investiri solebant tùm temporis novi Episcopi, sed magnis impensis redemptum.

389,21 10. *Decedente Evgenio Maximus Pontifex surrogatus est.*] Evgenio III, Pontifici Romano, defuncto, proximè successit Anastasius. Anastasio, quum anni unius Pontifex fuisset, successit hic Nicolaus, posteà dictus Adrianus. Gvilielmus Neubrigensis loco dicto: *Evolutis diebus non multis, Anastasio, qui Evgenio successerat, decedente, omnium in eum votis concurrentibus, Romanæ Urbis Pontificatum suscepit, factus ex Nicolao Adrianus.* Videatur etiàm Baronius ad Ann. Christi cIↃ. C. LIV. & LV.

389,28 17. *Militiæ negotium ingens, fructus exiguos fore*] Idipsum responsi loco Legati Vexoris, Regis Ægyptij, quondam à Scythis retulerunt, ut est apud Justinum Lib. II. Cum etenim is bellum adversus Scythas moliretur, missis prius legatis, qui hostibus parendi legem dicerent, Scythæ jam antea de adventu Regis à finitimis certiores facti, legatis respondent: *Miramur tàm opulenti populi ducem stolidè adversus inopes occupasse bellum, quod magis domi fuerit illi timendum; quòd belli certamen anceps, præmia victoriæ nulla, damna manifesta sint* Sic Josephus Devonius Lib. VI. de bello Trojano:

—— Bellum pendit, quòd causa pudori,
Congressus damnis, & commoda nulla triumphis.

Huc pertinet quoq; πολυθρύλλητον illud Augusti Cæsaris, quo minima commoda non minimo sectantes discrimine similes ajebat esse aureo hamo piscantibus, cujus abrupti damnum nulla captura pensare posset.

390,33 Pag. 265. vers. 7. *Cæsis nemoribus, truncarum arborum coagmentus*] Arboream illam struem, quâ agrestes, hostium irruptionem metuentes, faucium angustias præcludere solent, Latini unico vocabulo *Concædem* appellarunt. Tacitus I. Annal. *Castra in limite locat; frontem ac tergum vallo; latera concædibus munitus.* Vegetius Libro III. Cap. XXII. *Et rursus pòst se præcisis arboribus vias claudunt, quas concædes vocant.* Ammianus Marcellinus pag. 110. *Celsarum arborum obsistente concæde, ire protinus vetabatur.* Et Lib. XV. *Concæde arborum densâ undique semitis clausis.* Qui & ibidem talem concædem paucis describit: *Iisdem diebus, exercituum adventu perterriti Barbari, qui domicilia fixère cis Rhenum, partim difficiles vias, & suapte naturâ clivosas & incommeabiles, clausere solerter, arboribus immensi roboris cæsis.* Et Lib. XVII. *Ilicibus incisis, & fraxinis, roboreq; objectò magno, semitas invenere constratas.* Paulus Warnefridus Histor. Longobard. Lib. III. Cap. IV. *Concisas* dixit: *Factis etiàm concisis per devia silvarum.* Nostrates Braader dicunt: at hugge Braader udi Veyen.

Pag. 268. vers. 40. *Henrici Ducis*] Hic ille est Henricus, Saxoniæ Dux, cognomento *Leo*; qui posteà à Friderico I. Imperatore proscriptus, & in exilium pulsus. Videatur Helmoldus. 395,28

Ad socerum] Videlicet Conradum, cognomento Pium, Marchionem Misniæ, cujus filiam Adelheidam Sveno duxerat; sicuti paulo anteà tradidit Saxo. 396,2

Pag. 270. vers. 33. *Concubinarij filij*] *Filius concubinarius* is fortè erit, quem ex concubina susceperat Vox admodùm rara. 398,9

Pag. 271. vers. 27. *Saxonum Satrapæ Henrico*] Meminit quoq; rei gestæ Helmoldus, Chron. Sclavor. cujus verba apponenda putavi, quæ ità habent: *Ducem Henricum Leonem Curiâ redeuntem adierunt Principes Saxoniæ, interpellantes, ut fieret Svein auxilio, & reduceret eùm in regnum suum. Promisitq; Duci Svein pecuniam immensam. Collectâ ergò maximâ militiâ, Dux noster, hiemali tempore, reduxit Svein in Daniam, & statim apertæ sunt ei civitates Slesvich & Ripa. Non tamen ultra prosperari poterant in negotio.* 399,20

Pag. 272. vers. 15. *Hesbernus solus*] Fuit Hesbernus ille, Schjalmonis Candidi ex filio Ascero Rogh nepos, post dictus Snare/ ex hujus itineris inopina celeritate. Snar etenim Danis *celerem* significat. 400,20

Pag. 274. vers. 44. *Ringstadio susceptum expertus*] Anteà hic legendum putavi, *susceptum exspatiatus*, pro, ad suscipiendum. Verùm tolerari potest prior lectio. Etenim sensus est: Cognito Svenonem Ringstadium pervenisse: cum Canutus fando conperisset Svenonem è Lalandia Ringstadium appulisse. *Suscipi Ringstadio*; quemadmodum Actor. III. v. 21. de Christo dicitur; *Oportet Christum cœlo suscipi, sivè capi*: ὃν δεῖ οὐρανὸν δέξασθαι: sed non tanquàm loco alicui affixum: quod absit cogitare, nedùm dicere. Christus enim Deus & homo tàm secundum humanam, quàm divinam naturam, est ubiq;. 404,4

Pag. 275. vers. 15. *Infantilibus blandimentis jocatum*] Justinum suum, ut anteà sæpius, hoc loco 404,29 loco quoq; expressit Saxo. Sic etenim ille Lib. XVII. *Ibi eum, seu misericordiâ fortunæ ejus, seu infantilibus blandimentis inductus Rex, diu protexit.*

404,32 18. *Minutioribus poculis*] In eandem ferè sententiam Macrobius Lib. 2. Saturnal. Cap. I. *Hic ubi modestus edendi modus cessare fecit castimoniam ferculorum, & convivialis lætitia minusculis poculis oriebatur.*

404,36 22. *Tabulato non suppetente*] Quum ad manum non esset Abacus, seu Alveolus lusorius. Id enim hoc loco significat *Tabulatum*: quod alijs optimæ notæ scriptoribus *Tabula* dicitur. Hinc *Tabula alearis* Tertulliano de Carne Christi: *Tabella alearis* Cœlio Anreliano Lib. II. Tard. Passion. Cap. I. *Tabula aleatoria* Festo. *Tabulæ lusus* Ambrosio Sermone XXXIII & Prospero de gloria Sanctorum. *Ad tabulam ludere* P. Diacono Lib. I. Cap. XX. Videatur Sidonius Apollinaris Lib. I. Epist. II. Isidorus Origin. Libr. XVIII. Cap. LX. Concilij Elibertini Canon. LXXIX. Lucanus in Panegyrico ad Pisonem. Græcis eâdem notione Τάβλα, vel ut alij legunt, Ταύλη, Tabula est, in quâ luditur tesseris. Corona Pretiosa: Ταύλη, ταυλίον. *Fritillus.* Ital. *Tavolier.* Gall. *Tablier.* Quod convenit cum Danico nostro Tavl / quod etiàm pro alveolo lusorio sumitur. Hinc totiens in antiquis Cantilenis occurrit: Hand kaste Tærning i forgylten Tavl: pro quo hodiè Bretspil dicimus. Alioquin *Tabulatum* pro tabulâ quâcunque usurpavit Valerianus Cemeliensis Homilia XX. *Requiramus cujus sit vitium, quòd tenui tabulato hominis vita committitur, & dubijs casibus incerta tentantur.*

405,2 27. *Pòst ærumnas malorum meminisse*] Cicero Epist. XII. Lib. V. ad Familiar. *Habet præteriti doloris secura recordatio delectationem.* Seneca Tragicus Hercule Furente:

——— Quod fuit durum pati,
Meminisse dulce est. ———

Autor incertus de Moribus, Libro I. Epigram. Veterum:

Aspera perpessu fiunt jucunda relatu.

Evripides: Ἀλλ' ἡδύ τοι σωθέντα μεμνῆσθαι πόνων.

Svave est è periculis liberato malorum meminisse.

Ità & Æneas suos ad patientiam hortatur Lib. I. Æneid.

—— Forsan & hæc olim meminisse juvabit.

405,18 42. *A subornatis ferrum distringitur*] Helmoldus tragicam hanc scenam, & cœnam verè Thyesteam, [cui quodammodo comparari poterit convivium illud, quod olim Absalon in fratris sui Amnonis perniciem instruxit, de quo legere est Reg. II. Cap. XIII. v. 27, 28, & sequent.] hunc in modum exponit: *Post hæc Canutus & Voldemarus fecerunt convivium maximum in Selande, in civitate, quæ dicitur Roschilde, & invitaverunt cognatum suum Svein, ut exhiberent ei honorem, & recreationem, & consolarentur eum super omnibus malis, quæ irrogaverunt ei in die hostis & belli. At ille pro ingenitâ sibi crudelitate, ubi convivio assedit, & vidit reges convivas impavidos, & omni suspicionè vacuos, cœpit rimari aptum insidijs locum. Tertiâ ergò die convivij, cum jam tenebræ noctis adessent, annuente Svein, allati sunt gladij, & insilientes regibus incautis, Canutum repentè confodiunt. At ubi percussor libravit ictum in caput Valdemari, ille fortius exiliens lumen excussit, & salvante Deo, in tenebris elapsus est, uno tantùm vulnere saucius.*

Pag. 277. vers. 19. *Internitentium fulminum ictibus micans*] Eucherius Epistola de laude Eremi: *Expavit hinc micantia expressis ignibus fulgura, & tonitrua crebris fragoribus, mixto buccinarum clangore, reboantia.* 407,2

Pag. 279. vers. 23. *Ferrugineis succincta tunicis*] Per *ferrugineas tunicas* hic intelligit Saxo vel ferreas loricas, vel etiàm tunicas pullas, & ferruginei coloris, ut & horrorem incuterent, & simul ferreas loricas mentirentur. Id quod verba indicant mox sequentia: *Quam Svenonici ob eximiam ferri similitudinem vario loricarum genere excultam rati, in eam cohortem exercitus sui cunctum distrinxerunt.* 410,

Pag. 283. vers. 3. *Sacrificia deindè legitimis verbis confecta*] *Sacrificia* Saxonem dixisse pro *Sacramentis*, more loquendi isto ævo usitato, nullum est dubium: quo scilicet, Sacrosanctum illud Corporis & Sangvinis Christi mysterium, *Sacrificium pro vivis & mortuis esse*, statuerunt. 415,

Pag. 289. vers. 11. *Scuta pulsare cœperunt*] Antiquissimus hic mos militaris, quo milites ad terrorem hostibus incutiendum, clypeos gladijs, vel hastis percutiebant, & armis inter se collisis, ingentem excitabant tumultum. Tacitus Lib. II. Historiar. *Ingerunt desuper Othoniani pila, librato magis & certo ictu, adversus temerè subeuntes cohortes Germanorum, cantu truci, & more patrio nudis corporibus, super humeros scuta quatientium.* Livius Lib. 21. de Gallis: *Galli occursant in ripam cum varijs ululatibus, cantuq; moris sui, quatientes scuta super capita, vibrantesq; dextris tela.* Idem Lib. XXXVIII. de ijsdem loquens Gallis: *Procera corpora, promissæ & rutilatæ comæ, vasta scuta, prælongi gladij; ad hoc cantus ineuntium prælium, & ululatus, & tripudia, & quatientium scuta, in patrium quendam morem, horrendus armorum crepitus, omnia de industria composita ad terrorem.* Diodorus Siculus Lib. II. Clypeos hastis percutere iræ signum fuisse usurpatum Ægyptijs docet. Q. Curtius Lib. X. *Sequitur phalanx hastis clypeos quatiens.* Ammianus Marcellinus Lib. XIV. *Quibus occurrere benè pertinax miles explicatis ordinibus parans, hastiq; feriens scuta: qui habitus iram pugnantium concitat, & proximo jam gestu terret.* Idem Libro XV. *Militares omnes horrendo strepitu scuta genibus illidentes,* 423,2

quod

quod est prosperitatis plenum indicium. Nam contrà, cum hastis clypei feriuntur, iræ documentum & terroris. Libro XVI. *Ardoremq; pugnandi, hastis illidendo scuta, monstrantes.* Lib. XXI. *Unanimi consensu, voces horrendas, immani scutorum fragore, edentes.* Lib. XXXI *Horrendo fragore, sonantibus armis, pulsuq; minaci scutorum, territi barbari.*

4,36 Pag. 290. vers. 10. *Superati sinè prælio barbari*] *Barbaros* Saxo hic vocat Sclavos, sicut & ipsos Germanos, alibi passim: modo scilicet loquendi suo seculo usitato, non contemptu. Ità Romani vocarunt omnes extrà limites Imperij sui, Græcis exceptis: à quibus tamen ipsi vicissim audierunt *Barbari.* Cato apud Plinium Lib. XXIX. Cap. I. *Nos quoq;* [puta Romanos] *Græci Barbaros dictitant.* Et Pyrrhus Romanam conspicatus aciem: *Ordo hic,* inquit, *Barbarorum, non est barbarus.* Plutarchus in Pyrrho. Ægyptios item omnes, qui aliâ, quàm ipsi, linguâ utantur, appellare Barbaros, annotavit Herodotus Lib. II. Ità D. Paulus Apostolus ad Corinth. I. Cap. XIV. commate XI. *Si nesciero virtutem vocis, ero ei, cui loquor, barbarus; & qui loquitur, mihi barbarus.* Joh. Gvilielmus Stukius in Periplum maris Erythræi pap. 7. *Vox Barbari,* inquit, *& generatim usurpatur, & speciatim. Generatim enim quemvis rudem & imperitum absurdâ & inconditâ voce linguâq; utentem; item alienum & extraneum: deniq; Græcis eum, qui non est Græcus; Latinis eum, qui non est Latinus, significat. Speciatim idem vocabulum certis quibusdam populis, locis, atq; regionibus applicatur.* Sic autem & alios medij juxtà ac posterioris ævi scriptores locutos comperimus. Eccehardus Junior, Monachus S. Galli, qui extat inter rerum Alamannicarum scriptores Melchioris Goldasti, Cap. III. eo utitur sensu: *Barbaricè clamans,* inquit, hoc est, Alamannicè: quomodo rectè exponit Optimus Goldastus in Notis, pag. 287. *Barbari* etenim Alamanni, sivè Germani, κατ' ἐξοχὴν. Walafridus in Vita Galli, Prologo Lib. I. *Priori nomine nos appellant circumscriptæ gentes, quæ Latinum habent sermonem: sequenti nos usus nuncupat Barbarorum.* Et Cap. VI. de B. Gallo: *Non solùm Latinæ, sed etiàm barbaricæ locutionis cognitionem non parvam habuit,* id est, Alamannicæ linguæ. Et Cap. XXV. *Ad utilitatem barbarorum benè prolata interpretando transfunderet,* hoc est, Alamannorum. Paderbornensis Monachus Annalium de gestis Caroli Magni Lib. I.

——————— *quod barbara lingua*
Nominat Eresburg.

Et eodem libro:

Nomen Heristalli dederat cui barbara lingua.

Sidonius Apollinaris Lib. IV. Ep. XVI. ad Arvogastum: *Sic Barbarorum familiaris, ut tamen nescius barbarismorum.* Videndus doctissimus Savaro in Notis, & Commentarius Goldasti ad

A Einhardum. Quare non est, quòd tantoperè sugillet Saxonem nostrum Henricus Meibomius, cætera Vir doctus, qui Apologiæ suæ prò Othone IV. Imperatore, pag. 103. planè ipse nescit, quam infamiæ notam tàm divino scriptori nostro inurat, quod Germanos alicubi *Barbaros* vocaverit: cum is usus vocabuli ætate Saxonis fuerit; nec desint autores, quibus nitatur. Eandem planè litem bonis scriptoribus intenderat olim Irenicus Lib. II. Exegeseos Cap.
B XXXIV. *Itanè,* inquit, *Germani sunt barbari?* Sed nervosè respondet Vir subacti judicij, Fridericus Tilemannus, Discursus Philologici, pag. 253. quem Historiarum Studiosi nocturnà diurnâq; manu versare debent: *Barbari dicuntur à plurimis Germani, & à Bonfinio Decad. IV. Lib. V. Quod Irenico durum videri non debet; cum æquivocum sit vocabulum, & semper referendum ad Autorem, cui omnes barbari sunt, qui non eandem, sed penitus incognitam autori Dialectum eloquuntur, te-*
C *ste Apostolo in I. ad Corinth. XIV. Cap. v. XI. Atq; illo sensu Italia Plauto in Prologo Trinumi vocatur* Barbaria. *Et Hebræi Ægyptios, gentem humanissimam, sinè contumeliâ* [*nec enim mores, sed linguam attendebant*] *Barbaros appellant: ut in principio Psalmi CXIV. Rabbi David Kimhi annotavit: veluti & Hebræos à Græcis scriptoribus barbaros dici notissimum est.*

Pag. 291. vers. 18. *Mersi lapidis exemplo perituros*] Haud dissimili ritu Romani olim in feriendis 426,18
D fœderib⁹ uti solebant. Polybius in commemoratione fœderis inter Carthaginenses & Romanos icti sic scribit: *Romani Jovem lapidem, secundum vetustissimum ritum, ac per Martem jurarunt.* Ritus verò jurandi per Jovem lapidem, fuit hujusmodi: Fecialis sumpto in manibus lapide, postquàm de fædere inter patres convenerat, hæc verba dixit: *Si rectè, ac sine dolo malo hoc fœdus, atq; hoc jusjurandum facio, dij mihi cuncta felicia præstent. Sin aliter aut ago, aut cogito, cæ-*
E *teris omnibus salvis, in proprijs legibus, in proprijs laribus, in proprijs templis, in proprijs sepulcris, solus ego peream, ut hic lapis è manibus meis decidet.* Nec plura locutus, manu lapidem dejiciebat. Sic etiàm Festus: Lapidem silicem tenebant juraturi per Jovem, hæc verba dicentes: *Si sciens fallo, tùm me Diespiter, salvâ urbe arceq;, bonis ejiciat, ut ego hunc lapidem.*

26. *Circà tria tempora maximè cogitationem expendit*] In hanc sententiam Seneca ali- 426,27
F cubi: *Si prudens est animus tuus, tribus temporibus dispensetur: præsentia ordina, futura provide, præterita recordare. Nam qui nihil de præterito cogitat, perdet vitam; qui nihil de futuro præmeditatur, in omnia incautus incidit.*

Pag. 292. vers. 3. *Saxoniæ Satrapam*] Henricum 427,16
Leonem: quem Sveno anteà ad partes vocaverat, deq; societate belli gerendi sollicitaverat.

7. *Navigio Draconem simulante*] Navi- 427,20
gio, quod instar Draconis tortuosas habebat proras;

proras; quomodo Lib. VIII. loquitur Saxo de A navigio Thririkari cujusdam, qui Ringonis castra sequebatur: vel quod insigne Draconis habebat, & ut Nonnus alicubi loquitur, ἀντίτυπον μίμημα Δρακοντείοιο προσώπου. Naves etenim antiquitus nomina sortiri solebant vel à forma, vel ab insignibus: quod hodieq; est usitatissimum apud omnes gentes & nationes. A forma *Pristis* dicta navis quædam fuit. Nonius Marcellus de genere navium Cap. XIII. *Pristis navigij genus, à formâ Pristium marinarum,* B *quæ longi corporis sunt, sed angusti.* Insignia fuère vel imagines deorum, sub quorum essent tutelâ: vel animalium, ut centauri, draconis, chimæræ, tigridis, arietis, tauri, leonis, & cæterorum. Deorum verò nomina vel erant inscripta & picta navibus, vel eorum simulachra in puppe posita. Virgil. Lib. V. & X. Æneidos. Silius Italicus Lib. IV. & XIV. Actor. Apostol. Cap. ult. vers. XI. Lazarus Bayfius de re navali pag. 40. C

430,21 Pag. 294. vers. 17. *Per patrem vos*] Solennis hæc clausula est Orationum, quas habuisse ad exercitum suum Imperatores ac Duces constat. Sic in Oratione Darij, quâ Satrapas suos ad extremum prælium adhortatur, apud Curtium Lib. V. *Per ego vos decora majorum, qui totius Orientis regna memorabili cum laude tenuerunt: per illos viros, quibus stipendium Macedonia quondam tulit: per tot navium classes in Græciam missas: per tot Regum trophæa oro & obtestor, ut nobilitate vestrâ* D *gentisq; dignos spiritus capiatis.* Utitur etiàm Dido apud Virgilium Æneidos Lib. 4. sed orandi tantum causâ:

— Per ego has lacrymas, dextramq; tuam te,
Per connubia nostra, per inceptos Hymenæos
Oro. ——————————

Plura exempla brevitatis causâ recensere supersedeo.

434,17 Pag. 297. vers. 18. *Gallia Alexandro obtentui fuit,* E *Germania, autore Cæsare, Octaviani partibus obsecuta est*] Hoc XX. Schisma fuit, quod ortum est ob investituras: & accidit tempore Imperatoris Friderici Barbarossæ, & duravit annis XVII. Historiam verò hujus Schismatis à Johanne Majerio Belga olim descriptam, hoc loco, in gratiam curiosi Lectoris, inserendam duxi; quæ sic habet. Anno Domini M. C. LIX. ortum est Schisma inter Papam Alexandrum III. Senensem, electum suffragijs XXIII. Cardinalium, & F Octavianum Romanum, quem tres tantum Cardinales creârant, & Victorem appellârant. Alexander ità electus in bona existimatione ac opinione apud omnes se esse ratus, Imperatorem Barbarossam, qui tunc Cremonam in Lombardia oppugnabat, nuntio ad ipsum misso orabat, ut schisma hoc tollere vellet. Imperator Fridericus itaq; jussit, ut ambo Papæ, quo melius causam dissensionis cognoscere posset, Paviam venirent, eò & se venturum esse. Alexander vero venire recusavit. Quare Imperator commotus, Concilium Paviæ ad Ticinum indixit: ad quod Octavianus venit, & Papa Alexandro, ipsius competitore, indignante, confirmatus est. Offensus itaq; Alexander III. Imperatorem Fridericum Barbarossam excommunicat. Imperator verò intereà patrimonium S. Petri occupat. Coactus sic fuit Alexander in Galliam aufugere, & auxilium Regis implorare. Factum hoc est tempore Philippi Augusti, sub quo celebravit Concilium III. Claromontanum in Avernia. Quo Concilio Alexander III. Imperatorem & Antipapam Octavianum, Victorem appellatum, excommunicavit. Intereà Imperator occupat Mediolanum & Dertonam; nam adversus ipsum rebellârant. Postea legationem ad Regem Philippum Augustum mittit, an Schisma tolli posset. Locus igitur Concilij, ubi Principes convenire deberent, nominatur Divio, ad fines Burgundiæ. Nam Imperator Fridericus Burgundiam nomine dotis tenebat. Venit itaq; comitatus Rege Bohemiæ & Scotiæ, adducens Antipapam Victorem, & milites strenuos multos. Alexander autem III. locum suspectum habens, venire recusabat, dicens, quod liber aditus ei non pateret, & quod non esset locus Concilij, qui non suâ autoritate assignatus esset. Cogebatq; aliud Concilium apud Turonenses. Imperator suprà modum commotus, quod etiàm minis prolatis non dissimulabat, in Germaniam revertebatur. Et mortuo Antipapa Victore, creavit tres alios Antipapas. Alexandrum vero ità premebat, ut habitu mutato Venetias profugere coactus fuerit. Tandem reconciliationes admittebantur. Et quoniam intereà Hierosolyma, à Turcis & Sarracenis, erepta Christianis esset, Imperator in Turcas bellum asperum movit, omnibusq; præliis victor evasit, ad mortem usq; suam, quæ fuit indigna tanto Imperatore. Nam cum frigida lavaret, in flumine quodam submersus est. Exercitus ejus hoc casu desolatus & dissipatus Christianos in magno discrimine reliquit. Hactenus Majerius. De eodem Schismate videatur Illustris Cardinalis Baronius ad Annum Christi M. C. LIX. & seq. Item doctissima Epistola Arnulphi Lexoviensis ad Episcopos Angliæ, quæ extat pag. 28. & deinceps: sicut & illa, quæ præcedit ad Arnulphum ipsum.

Pag. 298. vers. 32. *Reges de rerum summâ certantes*] 436, Nempe Svenonem, Canutum, & Waldemarum; qui cum de imperio intestina & civilia bella gererent, conjunctis viribus vim hostilem propulsare nequaquam animum induxissent: ideoq; eos bello lacessere haud difficile fuisset.

Pag. 299 vers. 1. *Urbem in solido Lethricæ paludis*] 436, Hanc *Siöburgum* fuisse autumant nonnulli.

Ante-

37,35 48. *Antequam Maguntiæ Pontifex creatus* A *esset.*] Christianus ille, cujus hic mentionem facit Saxo, Friderici Barbarossæ, Imperatoris Romani, Cancellarius fuit: à quo etiam in Conradi, Archiepiscopi Moguntini, absentis & dejecti, locum suffectus Anno Christi cIↃ. C. LXIV. Luculentum ejusdem elogium ex Libro MS. depromit Nicolaus Serrarius Lib. V. Rerum Maguntinarum, pag. 823. *Fuit Christianus diversis naturæ dotibus ad miraculum usq; conspicuus; facundus, illustris, largus, magnanimus: Latinâ, Græcâ,* B *Italicâ, Belgicâ linguâ, ut suâ, utebatur; divinarum scripturarum non ignarus. Usus est ejus operâ plurimùm Imperator in legationibus obeundis, in bellis verò maximè.* Vide ibidem plura, quæ hic recensere longum nimis foret & Lectori tædiosum.

37,38 50. *Regis conniventiam assecutus*] *Conniventia* hoc loco *consensum* significat: quomodo etiàm loquitur Arnulphus Lexoviensis Epistola ad Episcopos Angliæ: *Donec iste noster ecclesiam regni sui consuluisse posset, & quod mente* C *concepit, assensus vestri conniventia confirmasset.*

38,25 Pag. 300. vers. 21. *Luminibus orbatus, sed ingenij sagacitate perspicuus*] Non possum mihi temperare, quin hoc loco admirandam Naturæ compensationem summis efferam laudibus; quæ velut fidelis mater, quod in aliquibus sensibus adimit, in alijs restituit. Id quod olim accidit Didymo Alexandrino, qui quum luminibus orbatus esset, unà cum pijs precibus, indefessum laborem, ac juges continuatasq; vigilias, non D ad legendum, sed ad audiendum adhibuit, ut quod alijs visus, hoc illi conferret auditus: eâque diligentiâ, docente Deo, in tantam divinarum humanarumq; rerum eruditionem & scientiam venit, ut Scholæ Ecclesiasticæ doctor extiterit: de quo scribit Ruffinus Histor. Ecclesiast. Lib. II. Cap. VII. Huc referri possunt duo memorabilia exempla, quæ Philippus Camerarius, insignis Historicus, recenset Centuriâ prima Operarum Subcisivarum, Cap. E XXXVII. Notum est, inquit, fuisse majorum nostrorum tempore Joannem Ferdinandum, natum in Flandria, patre Hispano, cœcum, & prætereà inopem. Quas tamen ambas difficultates admodum contrarias hominibus doctis, ità superavit, ut non solum Poëta & Philosophus insignis evaserit, sed & tàm eximius Musicus, ut cum maximâ audientium delectatione, varia genera Musica tractaret, atq; insuper cantilenas aliquot vocum artificiosissimas me- F moriter componeret. Hunc tamen longè superavit Nicasius de Werba Mechliniæ natus. Qui licet ab anno tertio ætatis suæ oculis captus, & ob id etiam elementorum literarum penitus ignarus fuisset: tamen nihilominus in omni doctrina divina & humana adeò profecit, ut admirationi omnibus esset, & cum Lovanij gradum Magisterij accepisset, Scholis aliquamdiu Mechliniæ cum laude præesset, & Lovanij aliquantò post licentiam in Theologia consecutus, quamvis cœcus, Evangelium tamen publicè docuerit. Quin & post hæc gradum Doctoris utriusque Juris in Academia Coloniensi quum accepisset, in gymnasio publicè ibidem Jura cum stupore omnium docuit, atq; libros utriusq; Juris, quos nunquam viderat & legerat, memoriter recitavit, donec Coloniæ moreretur Anno Christi cIↃ. CCCC. XCII.

40. *Pontificalis ordinis insigne*] Rectè & verè 439,4
Pontificalis dignitatis insigne vocat *Annulum* Saxo. Posteaquam etenim Adrianus, Pontifex Romanus, Carolo Magno investituram Episcoporum concessisset; mos ille tenuit, ut Imperatores Romani, præter alia Investituræ sacerdotalis solemnia, etiam per *Annulum & Baculum*, Episcopatus, Abbatias, aliaq; beneficia Ecclesiastica, conferrent. Canon IX. Concicij Aquisgranensis, Tomo III. Conciliorum. *Sacerdoti, dum consecratur, datur Baculus, ut ejus judicio subditam plebem vel regat, vel corrigat, vel infirmitates infirmorum sustineat. Datur & annulus propter signum Pontificalis honoris, vel signaculum secretorum.* Quare etiàm, si quando usu veniebat, ut propter delictum aliquod è gradu dejicerentur, tunc Annulum hunc, quo erant, investiti, deponere cogebantur. Sed si dejectus à gradu innocens reperiebatur, eundem annulum ab Episcopo coràm altari recipiebat. Videatur eruditissimus Tractatus eminentissimi Philologi, Johannis Kirchmanni, Amici mei non è multis, de Annulis, Cap. XX. Sed & ille mos ritusq; invaluit, [quem Kirchmannus meus planè prætermisit] ut mortuo alicubi Episcopo, aut Abbate, ejusdem Collegij, aut civitatis, principes ac primores, annulum & virgam pastoralem defuncti, ad aulam Imperatoris transmitterent, qui posteà sacra illa insignia, cuicunque vellet, conferret. Tangit hunc morem Andreas Abbas, posteà Bambergensis Episcopus, de Vita S. Othonis Lib. 2. Cap. V. & VI. *Nec multò pòst annulus & virga pastoralis Bremensis Episcopi ad curtem Regiam perlata est. Hoc siquidem tempore Ecclesia liberam electionem non habebat, sicut posteà sub Henrico V, mediante piæ memoriæ Callisto Papa, actum est: sed cum quilibet Antistes viam universæ carnis ingressus fuisset, mox capitanei civitatis illius, annulum & virgam pastoralem ad Palatium transmittebant; sicq; regia autoritas, communicato cum Aulicis consilio, orbatæ plebi idoneum constituebat Præsulem. Itaq; cum, ut diximus, virga Pastoralis & annulus Episcopi Bremensis Imperatori offerretur; mox ille accersito unicè dilecto sibi Othone, munera hæc ei conservanda tradidit. Post paucos verò dies, rursum annulus & virga pastoralis Ruperti Babebergensis Episcopi Domino Imperatori transmissa est.*

46. *Concilij nomine contractos fuisse*] Concilium hoc Paviæ celebratum est. Quum etenim Imperator Fridericus jussisset, ut ambo Papæ, quò melius causam dissensionis cognoscere 439,9

X scere

ſcere poſſet, Paviam venirent, Alexander verò A recuſaſſet: Imperator commotus, Concilium Paviæ ad Ticinum indixit, ad quod Octavianus venit, & Papa, Alexandro ipſius competitore indignante, confirmatus eſt. Johannes Majerius Tractatu de Schiſmatibus.

439,11 48. *Rolandum verò*] Alexander Antipapa, alio nomine dictus eſt etiàm Rolandus.

441,27 Pag. 302. verſ. 40. *Ingreſſos Bremam, civitatis Antiſtes*] Hartvvicus nempè, qui & ipſe comitem ſe Regi Waldemaro in Germanico hoc iti- B nere adjunxit: ut jam dicendum nobis erit.

441,30 44. *Complures quoq; Saxoniæ Principes*] Inter quos præcipui fuere Adolphus Comes Holſatiæ, Hartvvicus Archiepiſcopus Bremenſis, & Geroldus Epiſcopus Aldenburgenſis. De regio hoc comitatu ità loquitur Helmoldus Chronici Sclavorum Lib. I. Cap. XCI. *Præterea miſit Cæſar nuncios ad regem Daniæ, & ad regem Ungariæ, & ad regem Bohemiæ, ut venirent ad conſtitutum diem. Inſuper omnibus Archiepiſcopis, & Epiſcopis, & ſummis* C *poteſtatibus regni ſui, & religioſis quibuscunque, ſolenniter adeſſe mandavit. Grandis ergò erat exſpectatio univerſorum ad tàm celebrem Curiam, quò uterque Papa & tanti terrarum Reges conventuri ferebantur. Tunc abierunt ſimul VValdemarus cum Epiſcopis Daniæ, Hartvvicus Archiepiſcopus, Geroldus Epiſcopus, & Comes Adolphus, cum multis Saxoniæ nobilibus, ad præfixum colloquij locum.* Et Anonymus in Hiſtoriâ Archiepiſcoporum Bremenſium, quem ex Bibliotheca Ranzoviana D edidit Erpoldus Lindenbruck: *Anno Domini M. C. LXIII. Imperator tàm Rolandum, quàm Octavianum vocat ad judicium, curiam indicens Biſunziæ. Venit Imperator, venit Rex Daciæ VValdemarus; in cujus comitatu Dux Dorius erat, quem ipſe poſteà ſubmerſit, quia regnum affectavit. Ibi VValdemarus duo regna Daciæ & Sveciæ ab Imperatore ſuſcepit. Venit Hartvicus Bremenſis Archiepiſcopus, conquerens ibidem, quòd tria regna Daciæ, Sveciæ, Norvegiæ ſe de ſua ſede abſtraxerint violenter, cum* E *jure deberent ſuam Synodum obſervare.*

442,1 51. *Cum ab urbem Methin veniſſet*] Variant ſcriptores de loco Comitiorum. Saxo noſter *Methin* ponit, quæ in Gallia Belgica Mediomatricum urbs eſt: alijs Diviodurum. Helmoldus loco jam dicto, *Laonam: Et miſit*, inquit, *ad Regem Franciæ Ludovicum, ut occurreret ſibi ad colloquium apud Laonam, quæ eſt in terra Burgundionum, juxtà Ararim fluvium, ad redintegrandam unitatem Eccleſiæ.* F Autor incertus in Hiſtoria Archiepiſcoporum Bremenſium, cujus modò mentionem injeci, *Biſunziam, ſivè Veſontium* adducit: *Anno Domini M. C. LXIII. Imperator tàm Rolandum, quàm Octavianum vocat ad judicium, curiam indicens Biſunziæ.*

443,7 Pag. 303. verſ. 43. *Britanniæ Regis inclinata majeſtas*] Reſpicit his verbis Saxo ad homagium illud, quod Henricus II, Angliæ Rex, præſtitit Ludovico Francorum Regi, Anno Chriſti Salvatoris M. C. LV. cujus meminit Rogerus de Hoveden Annalium parte poſteriore; in Hiſtoria Henrici II. *Deinde*, ait, *transfretavit in Normanniam, & homagium fecit Ludovico Regi Francorum de Normannia & Aquitania, & Andegavia, & Cenomannia, & Turonica, & de omnibus earum pertinentijs.*

Pag. 304. verſ. 33. *A Maguntinis proprij Pontificis interfectoribus*] Arnoldus, Epiſcopus Moguntinus LXIX, Archiepiſcopus XXIX, & XIII. Elector, ſecundùm Serrarium, à Moguntinenſibus, ortâ ſeditione, occiſus eſt Anno Chriſti cIɔ. C. LX. Dodechinus, quem ad teſtimonium citat Serrarius Moguntiacarum rerum Lib. V. pag. 820: *Eodem anno Arnoldus Præſul Moguntinus revertitur, & in Nativitate D. Johannis Baptiſtæ à Moguntinenſibus occiditur in Monaſterio S. Jacobi.* Vberius Bruſchius: *Anno 1160, in die S. Joannis Baptiſtæ, ait, miſerè à ſuis Moguntinis civibus, incomparabili tyrannide,* [Arnoldus Epiſcopus] *trucidatus in cœnobio S. Jacobi, veſtibusq; exutus, & in ſterquilinium præcipitatus eſt. Undè à pauperibus quibusdam iterùm extractus, mortuus etiam per integrum triduum horribilibus modis tractatus. Tandem verò à Canonicorum Collegio clàm quæſitus, in urbem portatus, & cum ſummo luctu terræ mandatus eſt in D. Virginis collegiata Eccleſia.* 444,7

36. *Conjugis ſuæ patrimonium eſſe*] Beatricis videlicet, Reinaldi Allobrogum Comitis filiæ, cui pater moriens totam Burgundiam teſtamento reliquerat. Teſtis eſt Gunterus, incomparabilis illa ætate Poëta, Ligurini ſui Lib. V. v. 255. 444,10

Principis in thalamos ſucceſſerat illa Beatrix,
Principe digna viro, prolem paritura beatam.
Quam Comes Allobrogum, Regum de gente vetuſta
Ortus, & ipſe ſuis Reinaldus clarior actis,
Progenuit, morienſq; tuos, Burgundia, fines
Orbatæ in teneris & pupillaribus annis
Et validas urbes, munitaq; caſtra reliquit.

50. *Pontifex verò Maguntinus*] Haud dubiè Conradus I. qui ſtatim poſt immanem Arnoldi cædem electus fuit, & eodem hoc anno cIɔ. C. LXIII, quo Waldemarus Rex Daniæ reditum in patriam parabat, adhuc Cathedram Epiſcopalem tenebat, ſed paulò pòſt dejectus. Cujus in locum, adhuc viventis, ſuffectus eſt ab Imperatore Chriſtianus, ejus Cancellarius. Vide Serrarium Lib. V. Moguntiacarum rerum, pag. 822. 444,2.

Pag. 305. verſ. 24. *Præceps undas exſiluit*] Chronicon Norvagicum Snoronis Sturlæſonij, quod linguâ vernacula ab eminentiſſimo Viro, D. Olao Wormio editum, ante novennium in lucem prodijt, de Sivardo hoc, alijsque rebus Norvagicis, quæ hoc loco à Saxone commemorantur, multa habet, quæ ut à Saxone haud planè diſſentiunt, ità nec conſentanea per omnia referunt. Principio illud obſervationem 445,1 nem meretur, quòd Sivardus hic Norvagis dictus sit Sigurd / cognomento Slembidiacon / eam ob causam, quod à teneris ungviculis, literis addiscendis adhibitus, adhuc planè adolescens, Diaconus consecratus sit: sed tandem cum ad virilem ætatem pervenisset, relictis studijs, animum ad bellicas artes adjunxerit, rixisque & dissidijs excitandis unicè deditus fuerit. Deindè quod hanc narrationem atttinet de singulari Sivardi astutiâ, quâ periculum sibi intentatum evasit; eam sic prosequitur Sturlesonius: Cum Rex Norvagiæ Haraldus Gille toto sexennio regnasset, Sivvardus ex itinere Hierosolymitano & longinquâ peregrinatione redux in patriam, Regem adijt, seq; ijsdem, quêis ipse, parentibus ortum, paternumq; genus anteà in Dania, per ignitos vomeres, satis comprobasse, profitetur. Rex nullo eum responso dignatus, rem deliberatione ulteriore accuratius expendendam statuit. Idcirco convocatis regni proceribus, maturam cum iis consultationem instituit, & quid sibi hoc in negotio faciundum foret, diligenter inquisivit. Eò tandem omnium sententiæ propendebant, ut Rex Sivardum, ob cædem amici sui, Torkilli Somerlidij, in Orcadibus ab ipso patratam, in jus vocaret. Mox omnium judicio, tanquàm objecti criminis reus, morti adjudicatur. Hinc Regis jussu, Provinciarum Præsides juvenes quosdam viribus & audaciâ præstantes subornant, qui Sivardum ex hospitio suo evocatum, interciperent, inque alto mergendum ad promontorium Nordnæs transveherent. Sivardus dolum subesse persentiens, vincula, quibus exterior tunica astricta erat, sensim dissolvit, ut eo ad natandum expeditior esset. Cumq; ad promontorium pervenissent, exurgens Sivardus ad foros navis se proripuit, eo consilio, ut in undas se abjiciens, natatu evaderet. Verùm ubi animadvertit spiculatores, quibus sui custodia demandata erat, non exteriorem solùm vinculis jàm solutam, sed & interiorem tunicam, caligasq;, & cœtera vestimenta, retentandi gratiâ, apprehendisse: utrumque fortiter arreptum in mare præcipitem egit, & ipse unà statim undas insiluit, priusque se littori, quàm vehementissimo remigio concitata ratis cursum sistere posset, restituit. Cæterum planè similis est Historia Wilhelmi Tellij, quam describit Josias Simlerus Lib. I. de Republ. Helvetior. qui eodem acumine, quo Sivardus servatus, periculo, cui destinabatur, ereptus est. Cum etenim Grisslerus Hispaniarum regis in Helvetiâ Præfectus, Altorffi in foro, pileum prælongæ perticæ imposuisset, & publico decreto edixisset, ut omnes nudato capite, flexisq; genibus honorem eum pileo exhiberent, quo se præsentem afficere consvevissent: Tellius verò pileum illum stipiti impositum, nullo reverentiæ & honoris signo exhibito, sæpius prætereis-

A set: Præfectus vehementer iratus, Tellium, in perpetuos carceres conjiciendum, vinctum navi imponi jubet, & aliquot è sua familia ministris, qui eum ex Vriorum regione Cussenacum abducerent, committit. Jamq; medio lacu navigabant, cum subitò gravis tempestas navim concutere, & fluctibus pænè obruere cœpit. Ibi cum in summo vitæ discrimine omnes versarentur, quidam è servis Grifleri monet dominum, unicam salutis spem superesse, si vin- B ctus Tellius solvatur, & gubernaculo adhibeatur. Hunc enim navigandi peritissimum esse, & simul quoq; robore corporis multùm pollere. Necessitate urgente omnes id consilium probant, ac Tellium solvunt. Ille verò gubernaculo sumpto, vix multa vi è fluctibus navem eripit, & eam adversus Svitiorum terram dirigit: quo loco non multum à littore ingens saxum suprà undas eminet, quod Tellij saxum hodiè nuncupant. Huic cum appropinquasset, arre- C pto arcu suo [forte ponè ipsum in puppi jacebat] in saxum hoc desilit, & simul quanto maximo potest nisu, navim pedibus in fluctus repellit, atq; inde se fugâ in proximos montes proripit. Navis verò diu fluctuans tandem à servis Præfecti portui, quem Brunnam à fontibus nominant, appellitur.

27. *In amplexu pellicis per insidias interfecit*] 445,14
Consentit Chronicon Norvagicum Snoronis Sturlæsonij, quod factum hoc per circumstan- D tias paulò clarius exponit. Sivardus jam defunctus periculo, quod Haraldus Rex ipsi molitus fuerat; non audebat tamen in conspectum Regis prodire, auxiliumvè ejus implorare: sed totâ æstare clanculum hinc inde oberrans, de Rege interficiendo, non solùm cum amicis, sed & cum aulicis quibusdam, qui in Magni Regis contubernio & familia vixerant, consilia captabat. Hujus propositi sui exequendi talis emersit occasio. Fortè contigit, ut versperâ D. E Luciæ sacrâ, duo ex ministris aulicis, apud mensam Haraldi Regis, inter se colloquerentur: cumq; Rex inquireret, qua de re sermonem instituissent? unus eorum assurgens ità respondit: Altercatio quædam, Rex potentissime, inter me & commilitonem hunc meum exorta est, cujus decisionem tuo arbitrio committendam duximus. Ingenti autem vase mellis pleno, tanquam pignore deposito, certamus atq; contendimus de loco, ubi hanc noctem transi- F gere constituerit Majestas tua. Ego te in amplexu Reginæ tuæ & conjugis Ingeriæ pernoctaturum edico: ille contra decrevisse te in thoro Toræ Guttormi filiæ sommum capere affirmat. Rex ignarus doli, qui sub involucro hoc quæstionum latebat, subridens, incautè consilium suum prodidit, & ad percontantem aulicum se convertens, Tu, inquit, pignus perdidisti. Ex quo responso facile erat colligere, ubinam illa nocte quiescere vellet. Id quod illi mox

X 2

mox Sivardo indicantes unà cum ipso, aliisq; A sibi viris militaribus adjunctis, ad cubiculū Toræ properant, foribusq; effractis, districtis gladiis lectulum, in quo Rex alto somno sopitus [quippè benè potus cubitum concesserat] jacebat, petunt, primum ictum in caput Regis vibrante Ivaro Kolbeini filio. Undè statim evigilans Haraldus exclamavit; Nunc, ô Tora, insolitum & tristem ludum mecum incipis. At illa lectulo exsiliens; Durius te, inquit, tractant, inclyte Heros, qui pejus tibi cupiunt, & minore te B amore, quàm ego, prosequuntur. Et cum dicto Haraldus plurimis vulneribus confectus occubuit, Anno Christi cIↃ. C. XXXVI.

446,38 Pag 306. vers. 33. *Per incuriam nutricis fortè sinu delapsus*] Dissentit nonnihil Chronicon Norvagicum. Refert etenim, in acerrimo illo prælio, quod apud anteriorem Mungærdam, inter Duces ac proceres Ingonis & Magnum Norvagiæ Regem, magnis viribus commissum est, Tjostolfum quendam Alasonium, sub vexillo Regio, in sinu suo gestasse Ingonem, puerum adhuc bimulum: cum vero, hoste sibi ardentius imminente, sæpius periclitaretur, nec adeò exactam & accuratam curam atq; custodiam pueri gerere posset; Ingonem sinu ipsius delapsum, atq; ita humo inflictum esse, ut confracto dorso reliquum vitæ tempus gibbo oneratus exigeret, & uno pede claudicaret. Hinc agnominatus est **Krogbag**.

447,38 Pag. 307. vers. 18. *Gregorium summæ post Regem dignitatis*] Hic est ille Gregorius **Dagsøn**/ [Dagonis filius] Dux militiæ Ingonis, generosâ ortus prosapiâ, vir prudens, strenuus, copiis opibusq; florentissimus: qui quum injustam Haldori Brynolfi cædem ab Haquino perpetratam ulcisceretur, nocturno prælio in glacie, cujus firmitatem hostes clandestinis excisionibus debilitaverant, fortiter dimicans, guttur sagittâ trajectus, in undis submersus perijt Anno Christi 1161.

448,12 33. *Erlingus cum filio suo Magno*] Erlingi hujus, cognomento **Stacke**/ ob res præclarè gestas in Annalibus Norvagicis nomen est celebratissimum. Patrem habuit Gormonem Kyrpingium [Norvagis **Orm Kyrping**] matrem vero Ragnhildam Svenchonis filiam. Cum pubertatis annos excessisset, in Palæstinam, aliasq; ad Orientem sitas regiones, peregrinationem suscepit. Ex quâ in patriam reversus, uxorem duxit, annitente Rege Ingone, filiam Sivardi Regis Christinam. Ob sapientiam, eloquentiam, fortitudinem, cæterasq;, quibus excelluit, virtutes, apud Ingonem primum amicitiæ gradum adeptus erat. Ingoni certè addictissimus fuit, multaq; pro ipsius & patriæ totius salute bella gessit. De quo plura nosse qui desiderat, Chronicon istud Norvagicum Snoronis Sturlæsonij, toties à me citatum, diligenter evolvat, quod vitam & illustria facta tanti Herois luculenter conscripta complectitur.

34. *Arctam materni generis propinquitatem habente*] Ingeburga etenim Waldemari Regis mater, & Malfrida Magni Norvagiæ Regis avia, sorores erant, Haraldi filiæ de Garderige, qui Waldemari Jaresleifi nepos erat. 448,13

Pag. 315. vers. 50. *Divina vulnera meis æquata*] Blasphemiæ vicina est hæc oratio Saxonici equitis, qui sua vulnera & plagas bello acceptas, sacrosanctis JESU CHRISTI vulneribus, per quæ toti mundo salus & vita æterna parta est, comparare audeat. Expendat cordatus Lector. 459,25

Pag. 318. vers. 45. *Hujus quondam Ericus usu violentius intercluso*] Tangit hic Saxo historiam expeditionis, quàm Rex Daniæ Ericus III. cognomento Emund, adversus Rugianos suscepit, à se sub initium præsentis libri XIV. abundè satis commemoratam. Eâdem etenim occasione Ericus validâ obsidione Archonenses cinxit, & vallo opacæ admodum altitudinis, tractum, qui Archonensium fines propemodùm Rugia abscissos cum continenti committit, omnem illis aditum ad contrahenda auxilia interclusit. Quâ necessitate victi, Erico se dediderunt. Fontis autem hujus, quo Septentrionale urbis latus scatere indicat Saxo, nulla ibi extat mentio. Verum stagni cujusdam meminit, quod Archonenses, obsidione solutâ, ab Erico Rege, solenni ritu prolui jussi, majore pellendæ sitis, quàm initiandæ religionis ardore petebant. 464,36

49. *Exterior ædis ambitus accurato cœlamine renidebat*] Andreas quidam, Abbas Monasterij S. Michaelis prope Bambergam, Vitam S. Othonis, Bambergensis Episcopi, & primi Pomeranicæ gentis Apostoli, circà Annum Domini & Salvatoris nostri M. CD. LXXXVII, composuit: in quâ multa extant atq; leguntur de fanis & simulacris sivè Idolis ejusdem gentis, quæ omnia & singula Otho Episcopus, cum ibidem populi ad fidem Christianam convertendi gratiâ versaretur, pio Zelo destruxit. Inter alia notatu digna sunt, quæ Cap. XXXI. de magnificentissimo quodam in Stetinensi civitate templo commemorat Andreas, cujus externum ornatum parili modo, quo hic Saxo, describit. Verba autoris ità habent: *Erant in civitate Stetinensi Continæ quatuor*; [sic appellabant Pomerani templa Idolorum suorum] *sed una ex his, quæ principalis erat, mirabili cultu & artificio constructa fuit, interius & exterius sculpturas habens de parietibus prominentes, imagines hominum, & volucrum, & bestiarum tàm propriè suis habitudinibus expressas, ut spirare putares ac vivere. Quodq; rarum dixerim, colores imaginum extrinsecarum, nulla tempestate nivium, vel imbrium, fuscari vel dilui poterant, id agente industriâ pictorum.* 464,39

Pag.

465,6 Pag. 320. vers. 2. *Quatuor capitibus, totidemq;* A *cervicibus*] Andreas Abbas, quem modo laudavi, in Contina illa, sive fano Stetinensi fuisse scribit simulacrum triceps, quod in uno corpore tria capita habens, *Triglaff* vocabatur: quod S. Otho Episcopus destruens, ipsa capitella sibi cohærentia, corpore comminuto, secum inde pro trophæo asportavit, & posteà Romam pro argumento conversionis Pomeranorum transmisit.

466,18 Pag. 321. vers. 3. *Ex earum rerum manubiis diversi generis insignia*] B Non aliter Andreas Abbas in Contina sivè delubro Stetinensi omnem prædam, spoliaq; hostium, reposita fuisse tradit eodem Cap. XXXI. *In hanc ædem, ex prisca Patrum consvetudine, captas opes & arma hostium, & quicquid ex præda navali, vel etiàm terrestri pugna, quæsitum erat, sub lege decimationis congerebant. Crateres etiàm aureos vel argenteos, in quibus augurari, epulari, & potare nobiles solebant ac potentes in diebus solennitatum, quasi de sanctuario proferendos ibi* C *collocaverant. Cornua etiàm grandia taurorum agrestium deaurata & gemmis intexta potibus apta, & cornua cantibus apta, mucrones & cultros, multamq; supellectilem pretiosam, raram visu, & pulchram, in ornatum & honorem deorum suorum ibi conservabant.*

466,25 10. *Rex Danorum Sveno*] Haud dubiè Sveno ille cognomento *Tiuffvesk eg*, sivè furcatâ barbâ: qui sæpius à verâ & Christianâ religione ad Idolorum cultum deficiebat: ut ex Historia D ipsius liquet, quam fusè Saxo persequitur suprà Libro X.

466,27 12. *Infelici carcere pœnas persolvit*] Sic legendum duxi, pro *nece*. Nam bis à Sclavis captus, & tenebris carceralibus inclusus fuit, ut Saxo superius loquitur. Mortem verò ejus & vitæ finem non adeo infelicem fuisse, Saxo disertis tradit verbis Libro X. *Cæterùm Sveno senilis animæ laboribus fessus, divinis rebus infatigabilem ultimi temporis curam tribuit. Nec spiritu, quàm re-* E *ligione diuturnior fuit. Siquidem omni humanâ concussione vacuus in ipso perfectissimæ vitæ fulgore decessit.*

466,38 22. *Auspicia quoq; per eundem equum hujusmodi sumebantur*] Plane consentanea de equo Stetinensi, quem tamen non albi, sed nigri coloris fuisse indicat, Andreas Abbas loco jàm dicto commemorat. *Habebant etiàm caballum miræ magnitudinis & pinguem nigri coloris & acrem valde. Iste toto anno vacabat, tantæq; fuit sanctita-* F *tis, ut nullum dignaretur sessorem: habuitq; unum de quatuor sacerdotibus templorum, custodem diligentissimum. Quando ergò itinere terrestri contrà hostes, aut prædatum ire cogitabant, eventum rei hoc modo per illum solebant prædiscere. Hastæ novem disponebantur humi, spatio unius cubiti ab invicem disjunctæ. Strato ergò caballo, atq; frænato, sacerdos, ad quem illius pertinebat custodia, tentum fræno per jacentes hastas in transversum ducebat ter atq; reducebat. Quod si pedibus inoffensis hastisq; indisturbatis, equus transibat, signum habuêre prosperitatis, & securi pergebant.* Cæterum ex candidis, vel quomodo Saxo loquitur, *albi coloris* equis, auspicia quoq; solennia càpere soliti vetustissimi Germanorum. Autor est Tacitus Libro de moribus ejus gentis: *Proprium*, inquit, *gentis equorum quoque præsagia ac monitus experiri. Publicè aluntur ijsdem nemoribus ac lucis, candidi, & nullo opere mortali contacti: quos pressos sacro curru Sacerdos ac Rex, vel Princeps civitatis comitantur, hinnitusq; ac fremitus observant. Nec ulli auspicio major fides non solùm apud plebem, sed apud proceres, apud Sacerdotes. Se enim ministros deorum, illos conscios putant.* Dietmarus quoq; Chronici Lib. VI. suo ævo in Luiticiorum natione præsagium equinum notavit, eodem ferè ritu, quo Saxo describit: *Equum*, inquit, *qui maximus inter alios habetur, & ut sacer ab his veneratur, super fixas in terram duorum hastilium inter se transmissorum cuspides, supplici obsequio ducunt, & præmissis sortibus, quibus id prius exploravêre, per hunc quasi divinum, denuò augurantur.* Herodotus Lib. I. testis est, in Cyri exercitu, quum Babylonem is peteret, fuisse ἱεροὺς ἵππους λευκοὺς, *sacros equos candidos.*

35. *Nec sortium eis usus ignotus extitit*] De Germanis quoque disertè testatur Tacitus in 467,10
dicto jam libro de Germania, *auspicia eos sortesq; ut quos maximè observasse.* Quale autem sortilegij genus fuerit, simul describit: *Sortium consuetudo simplex. Virgam frugiferæ arbori decisam in surculos amputant; eosq; notis quibusdam discretos, super candidam vestem temerè ac fortuitò spargunt. Mox, si publicè consulatur, sacerdos civitatis; si privatim, ipse pater familiæ, precatus Deos, cœlumq; suspiciens, ter singulos tollit: sublatos secundùm impressam antè notam interpretatur.* Herodotus etiàm lib. IV. Scythici quoddam sortilegij genus recenset, ab illo Germanorum aliquanto diversum: *Apud Scythas permulti sunt divinatores, qui pluribus virgis salignis divinant, ad hunc modum: Grandes virgarum fasces postquàm attulerunt, humi positos dissolvunt, & separatim ponentes earum singulas, vaticinantur: simulq; dum hæc dicunt, virgas rursùm convolvunt, & singulatim in unum componunt, atq; hæc illis tradita à majoribus divinatio. Enares autem atq; Androgyni ajunt sibi à Venere traditam divinandi scientiam, qui tiliæ fronde vaticinantur. Tiliam ubi quis trifariam sciderit, digitis eam implicando, ac resolvendo tractat, atq; in hunc ritum de futuris prædicit.*

39. *Fortuitas in cinere lineas describebant*] 467,14
Hoc divinationis genus τεφραμαντεία dicitur: quam doctissimus Germanorum Caspar Peucerus in eruditissimo Commentario suo de varijs divinationum generibus, paulò aliter quàm Saxo, describit: *τεφραμαντεία fit*, ait, *cum cineri digito bacillove res, de qua divinandum est, velut sulcis ductis, inscribitur, isq; sub patulum cœlum, nullo*

nullo tectus operculo, exponitur. Quæ enim remanent literæ non dissipatæ ventis, aut obliteratæ, vel confusæ & oppletæ agitato cinere; eo quo se consequuntur ordine, docere de re quæsitâ existimantur.

467,26 51. *Sanctumq; Vitum Corvegiensem religiosâ nece insignem*] Sanctus Vitus Martyr, unà cum Modesto & Crescentiâ, sub Imperatore Diocletiano, martyrij palmam accepit. Martyriologium Romanum, ad diem XVII Kal. Julij: *In Lucania apud Silarum flumen natalis Sanctorum Martyrum Viti, Modesti, atq; Crescentiæ, qui sub Diocletiano Imperatore è Sicilia illuc delati, ibidem post ollam ferventis plumbi, post bestias & catastas divina virtute superatas, cursum gloriosi certaminis peregerunt.* Ejus corpus primum translatum est Româ Parisios Anno Christi DCCLV: inde verò in Saxoniam delatum Anno Christi DCCCXXXVI, Ludovici Imperatoris Anno XXIII. Sigebertus Gemblacensis ad Annos jam dictos: *Fulradus, Abbas Sancti Dionysij Parisiensis, Corpus Sancti Viti Martyris Româ Parisios transtulit.* Et paulo infrà: *Hoc tempore reliquiæ Viti Martyris à Parisiis ad Corbejam Saxoniæ transferuntur. Unde ipsi Franci testati sunt, quòd ab illo tempore gloria Francorum ad Saxones translata sit.* Witichindus Monachus Gestorum Saxonicorum Lib. I. *Pòst multa tempora Romam veniens quidam Fulradus nomine, & ibi gesta legens pretiosi martyris, notavit locum sepulchri: veniensq; levavit reliquias sacras, collocavitq; eas in pago Parisiaco. Indè regnante Luthovico Imperatore translatæ sunt in Saxoniam & ut legatus Caroli confessus est, ex hoc res Francorum cæperunt minui, Saxonum verò crescere.* Inprimis notatu digna sunt, quæ de Sancto Vito, [quem Rugiani in Idolum convertentes *Svantevith*, sive *Santevith*, suâ linguâ appellarunt] commemorat Helmoldus Chronici Sclavorum Lib. I. Cap. VI. *Sanctum*, inquit, *Vitum, quem nos martyrem ac servum Christi confitemur, Rugiani pro Deo venerantur, creaturam anteponentes creatori. Non est aliqua sub cœlo barbaries, quæ Christicolas ac Sacerdotes magis exhorreat. Solo nomine S. Viti gloriantur: cui etiàm templum ac simulachrum amplissimo cultu dedicaverunt, ei seorsim divinitatem tribuentes.* Et Libro II. Cap. XII. *Tenuis fama commemorat, Ludovicum Caroli filium, olim terram Rugianorum obtulisse B. Vito in Corbegia, eò quòd ipse fundator extiterit cœnobij illius. Inde enim prædicatores gentem Rugianorum sive Ranorum, ad fidem convertisse feruntur, illicq; oratorium fundasse in honorem Viti Martyris, cujus veneratione provincia insignita est. Postmodùm verò ubi Rugiani, mutatis rebus, à luce veritatis aberrarunt, factus est error pejor priore. Nam SANCTUM VITUM, quem nos servum Dei confitemur, pro Deo colere cæperunt, fingentes ei simulachrum maximum, & servierunt creaturæ potius quàm creatori. Adeò autem hæc superstitio apud eos invaluit, ut Zuantevith* A *Deus terræ Rugianorum, inter omnia numina Sclavorum primum locum obtinuerit, clarus in victorijs, efficax in responsis.*

Pag. 322. vers. 20. *Inter quas erat Stanitia magnitudine ac colore insignis*] Ad oram veteris Codicis appositum erat *Stuatira*: sed neutrum rectè. Fortè legendum erit: *Inter quas erat Svantoviti*; subaudi *aquila*: ità observante & monente Excellentissimo Viro, & multarum Antiquitatum peritissimo, D. Henrico Ernstio, Col- B lega & Amico meo conjunctissimo. 468,8

Ibid. *Cui tantum venerationis à populo Rugiano tributum est*] Magnâ quondam superstitione apud nationes quasdam, etiàm posteaquam veræ religioni nomina dedissent, vexilla & signa militaria colebantur. Tale fuit olim apud Gallos vexillum *Flammula*, sivè *Flamma aurea* dictum, quod ex auro & purpurâ erat, & in templo Divi Dionysij asservabatur, nec indè educi solebat, C nisi pro summis Regis regniq; necessitatibus; de quo Armoricanus in descriptione Bovinensis pugnæ sic loquitur: 468,9

At Regi satis est tenues crispare per auras
Vexillum simplex cendato simplice tectum,
Splendoris rubri, quali, celebri Litaniâ,
Utitur in certis Ecclesia sancta diebus:
Flamma *cui cum sit Francis vulgò*, aurea, *nomen,*
Omnibus in bellis habet omnia signa præire.
Quod Regi præstare solet Dionysicus Abbas,
D *In bellum sumptis quoties proficiscitur armis.*
Idq; gerit tollens equitum præfectus in altum,
Vectus equo cunctas svetus præcedere turmas.

Flammulæ autem hujus in bellis gerendæ jus soli retroactis temporibus habuerunt Comites Vilcassini. Videatur Sugerius Abbas, alijq; rerum Francicarum scriptores. Fortè ejusmodi quoq; vexillum fuit Ottonis Imperatoris, cui *Angelo* nomen fuit, quo viso milites erecti & ad E pugnam animati sunt: cujus meminit Witichindus Gestor. Saxonicorum Lib. I. *His optimis verbis erecti milites, Imperatoremq; in primis, medijs, & ultimis versantem videntes, coramq; eo* Angelum, [*hoc enim vocabulo effigieq; signum maximum erat insignitum*] *acceperunt fiduciam, magnamq; constantiam.* Quin & nostrates olim habuêre suum διοπετὲς, Vexillum nempe Danerbroge dictû, quod cœlo decidisse dicitur, quum Waldemarus II. Rex Daniæ adversus Livonos, adhuc gentiles, F bellum gereret, quos ad fidem Christianam convertere omni studio allaborabat. Tunc temporis etenim, exercitu ipsius in effusam fugam conjecto, signum hoc augustissimum cœlitus delapsum Annales nostri perhibent. Videatur Nobilis. Hvitfeldius in I. parte Continuationis Historicæ pòst Saxonem: & in Historia Johannis, Regis Daniæ: ubi vexillum hoc in infelici illo prælio cum Dithmarsis commisso, circà Annum Christi cIɔ. Iɔ. periisse scribit.

Pag.

472,39 Pag. 325. verſ. 46. *Dæmon in furvi animalis figura*] Dæmones etiàm Muſcarum figuris ex delubris Idolorum Volgaſtenſium prorupiſſe, autor eſt Andreas Abbas, quem paulò anteà laudavi, Lib. III. Cap. X. *Sed non prætereundum videtur, quid miraculi in deſtructione fanorum ipſorum apparuerit. Subitò enim aſtante populi frequentia, inſolitæ magnitudinis muſcæ, quæ nunquàm in terra illa viſæ ſunt, magno impetu ex delubris idolorum proruperunt, & tanta denſitate omnem civitatis ambitum operiebant, ut penè lucem diei tetrâ caligine obducere viderentur: ſed & oculos & labra univerſorum nimiâ importunitate vexantes, non parvum horrorem aſpicientibus ingerebant. Sed cum violentis manuum percuſſionibus abigerentur, nihilominus tamen diutius inſiſtebant: donec fidelibus laudes Dei concrepantibus, crucisq; vexillum circumferentibus, inviſum monſtrum portis apertis evolans, terram Barbarorum, qui Rutheni dicuntur, pernici velocitate petijt.*

474,39 Pag. 327. verſ. 22. *Nam hirundines*] Rectè exclamat Saxo noſter: *Dignum numen, cujus effigies tàm deformiter à volucribus fœdaretur!* Ità & Jeremias Propheta in Epiſtola, quæ extat Baruchi Cap. VI. Idolorum vanitatem deſcribit: *Super corpus ipſorum, & ſuper caput, advolant noctuæ, hirundines, & aviculæ.* Sic Lactantius gentilium inſaniam irridet, quod ſimulachra timerent, *cum aves ipſæ ſimulachris fabrefactis inſideant, nidificent, inquinent.* Lib. II. Divinar. Inſtitut. Cap. IV. Minutius Felix itidem in Octavio: *Quantò veriùs de dijs veſtris animalia muta naturaliter judicant, mures, hirundines, milvi? Non ſentire eos ſciunt, rodunt, inſultant, inſident; ac niſi abigatis, in ipſo dei veſtri ore nidificant. Araneæ verò faciem ejus intexunt, & de ipſo capite fila ſua ſuſpendunt: vos tergitis, mundatis, eraditis, & illos, quos facitis, protegitis & timetis.* Inſignis quoq; locus eſt ille Arnobij Lib. VI. *Ità non videtis ſub iſtorum ſimulachrorum cavis ſtelliones, ſorices, mures, blattasq; lucifugas nidamenta ponere atq; habitare? ſpurcitias huc omnes, atq; alia uſibus accommodata conducere, ſemiroſi duritias panis, oſſa in ſtupam tracta, pannos, lanuginem, chartulas, nidulorum in mollitiem, miſerorum fomenta pullorum? non in orbe aliquando ſimulachri ab araneis ordiri retia, atque inſidioſos caſſes, quibus volatus innectere ſtridularum poſſint impudentiumq; muſcarum? Non hirundines deniq; intrà ipſos ædium circumvolantes tholos, jacularier ſtercoris plenas, & modò numinum ora depingere, barbam, oculos, naſos, aliasq; omnes partes in quaſcunq; ſe detulerit deonerati proluvies podicis? Erubeſcite ergò vel ſerò, atq; ab animantibus mutis vias rationis accipite: doceantq; vos eadem nihil numinis ineſſe ſimulachris, in quæ obſcœna dejicere neq; vitant, leges ſuas ſequentia, & inſtincta veritate naturæ.* Quo facit etiàm illud Clementis Alexandrini, Admonitione ad Gentes: Αἱ δὲ χελιδόνες, καὶ τῶν ὀρνέων τὰ πλεῖστα, κατεξαι- A ρȣ̃σιν αὐτῶν τῶν ἀγαλμάτων εἰσπετόμενα, ȣ̓δὲν φροντίσαν: *Hirundines autem, & multæ aves, ſæpè advolantes, inquinant imagines, ratione nullâ habitâ, &c.*

475,30 52. *Dei qui ſibimet opitulari non poſſet*] Lactantius loco mox citato: *Quæ vanitas ab his aliquam ſperare tutelam, quæ tueri ſemet ipſa non poſſunt?* Sapientiæ Salomonis Cap. XIII. v. 14. & 15. de Idolo: *In pariete illud collocavit, ferroq; firmavit, ac nè decideret, proſpexit ei: ſciens illud* B *nè ſe ipſum quidem adjuvare poſſe, quippè opis alienæ indigum.* Videatur totum VI. Caput Baruci Prophetæ, quod apprimè huc facit, & idolorum vanitatem luculenter exponit.

480,26 Pag. 331. verſ. 34. *Parentem altario hônoratum*] *Altarium* dixit pro altari: cui ſimilia & alia apud alios, ex Nominativi fortè pluralis ſimilitudine, nata. Martianus Capella Lib. VIII. de ſignis cœleſtibus: *Invicem oriuntur cygnus & Aquila, & Sagitta, & Altarium.* Salvianus Maſſi- C lienſis de Gubernatione Dei, Lib. VI. *Chriſtum in altario dimittimus.* Ad quem locum ità Clariſs. Rittershuſius: *Vetus Gloſſarium indicat formam nominis eſſe diminutivam: Altare,* Ἐπίβωμις, *&, Altarium,* Βωμισκάριον. *Sed promiſcuè tamen uſurpatum reperio altarium pro altari.* Paulus Diaconus Lib. II. Cap. XIII. *In quâ etiàm altarium in honorem Beati Martini conſtructum.* Angelomus Stromat. in Libros Reg. *Ab altario fidei* D *expulſi.* Hildebertus Cenomanenſis Sermone V. *Sed fortaſſis hic dicitis: Non de altario vivant, qui altario deſerviunt.*

482,24 Pag. 333. verſ. 3. *Uniformem principijs, oſtijs bipertitum*] Indicat Saxo, fluvium hunc, indè à lacu, ſivè fonte, undè primùm emanat, unico duntaxat alveo decurrere, & Julinum Caminumq; præterfluere: verùm poſteà gemino diverticulo in ramos ſeſe & gemina quaſi brachia diffundere, & bipertito exitu in mare ſe E exonerare.

497,8 Pag. 343. verſ. 44. *Circipœnenſem ſtatuit attentare provinciam*] Hanc lectionem priori planè vitioſæ ſubjicere viſum. Per *Circipœnenſem provinciam* intelligit, quæ citrà Pœnum fluvium, quaſi Ciſpœnenſem, vel fortè, quæ circà Pœnum fluvium.

501,10 Pag. 346. verſ. 46. *Galliæ cœnobium, quod Claravallis nuucupatur, petivit*] Incidit hæc Eſkilli Archiepiſcopi profectio in Annum Salu- F tis cIↃ. C. LXXVIII. Clarevallenſis autem Monachus fieri dignatus eſt amore potiſſimum Bernhardi, Abbatis olim Claravallenſis, pietatis, virtutis, ac eruditionis nomine per id tempus celeberrimi, cum quo etiàm prius vixerat Eſkillus, contractâ cum eodem familiaritate & amicitiâ ſingulari. Et extat Bernhardi ad Eſkillum Epiſtola, inter epiſtolas ejuſdem, ordine CCCXIV, teſtis ſummæ inter hos conjunctionis & benevolentiæ. Honorificam quoq;

X 4 Eſkilli

Eskilli Archiepiscopi mentionem facit Gaufridus Monachus Clarævallensis, B. Bernardi Notarius, in vitâ ipsius, Lib. IV. Cap. IV. quæ extat in IV Tomo de Vitis Sanctorum, Laurentij Surij: *Vir magnus & magnificè honorandus Danorum Archiepiscopus Eskillus patrem sanctum unico venerebatur affectu, unicâ devotione colebat. Nec contentus est in filiis eum videre, cum novum cœnobium extruxisset, & impetrasset ab eo desideratum sacræ congregationis examen. Prævaluit apud eum desiderium vehemens, ut homo tantæ autoritatis, & in insulis illis tàm ecclesiasticâ quàm seculari autoritate singulariter potens, expositis suis omnibus, etiàm semet ipsum periculis multis traderet & labori. Nam de expensis dicere non est magnum: quamvis eundem audicrimus protestantem, quòd expenderit in itinere ipso argenti marcas amplius quam sexcentas. Venit igitur Claravallem persona sublimis: quam à finibus terræ non curiositas audiendæ sapientiæ, sed fidei Zelus & plenitudo devotionis attraxit. Ubi quantùm fleverit, qualem sese non modò ergâ eum, quem tàm unicè diligebat, sed etiàm erga minimos quoslibet fratrum exhibuerit, non est facile dictu.*

502,26 Pag. 347. verſ. 48. *Sverus quidam fabro patre genitus*] Snoro Sturlæsonius in Historia regum rerumq; Norvagicarum, omninò contendit Sverum hunc non fuisse fabri istius, *Unas* dicti, filium, sed Sigurdi Haraldsonij, Norvagiæ Regis, & Gunhildæ. Originem etenim ejus & educationem hunc in modum describit. Sivardus, vel Sigurdus, [Sigurd namq; Norvegis dictus] Haraldi filius, Rex Norvagiæ, ex fœmina quadam nomine Gunhilda filium genuit, cui *Sveri* nomen imposuit Id quod paulo ante cædem ipsius contigit. Ab excessu Regis, Gunhilda fabro cuidam nupsit, cui *Unas* nomen fuit, [Norvegis Unas Smed] qui fratrem habuit Episcopum Ferrógiensem. Sverus autem in Norvegia educatus ad annum usque quintum ætatis, ignorans se alium habere patrem, quàm Unam fabrum. Quum verò increbuisset rumor, Erlingum Schackium Magnumque Morvagiæ Regem, de universa stirpe regia per Norvagiam delenda consilia agitare: Gunhilda Sveri mater, unà cum marito Unâ, Ferógiam in insulam se contulit; ubi filium suum Sverum Roario, Ferrógiæ Episcopo, in bonis literis artiumq; liberalium cognitione instituendum erudiendumq; tradidit. Quem tandem Episcopus in Sacerdotem consecrare voluit, sacro huic muneri & ætate & eruditione prorsus aptum atq; maturum. Eo cognito, Gunhilda Sveri mater, se nolente id fieri lacrymis largiter effusis testata est. Quam filius Sverus compellans, quid causæ esset, quòd adeò mater lacrymis & lamentationibus indulgeret, sciscitari cœpit. Augustam etenim hanc & sacram dignitatem, potius gaudij, quàm doloris causam matri futuram existimabat. Ea statim respondens, iste honor, inquit, longè inferior est & vilior illo fastigio & eminentiâ, quæ tibi jure justissimo debetur. Natus etenim & ortus es parente ipso Norvagiæ Rege Sigurdo, non eo, quem tu nunc patrem esse tuum, perperàm tibi persuades. Id quod certis de causis celandum duxi, donec ad virilem pervenires ætatem. Obstupescens Sverus, si mater, ait, dictis tuis fides constaret, haud equidem stolâ sacerdotali jus regni Norvagici, sceptrumq; regium mutarem. Atq; exinde de imperio occupando serio cogitare cœpit. Hucusq; Snoronis Historia. Sed & dignissima lectu sunt, quæ apud Gvilielmum Neubrigensem Libro III. Cap. VI. de eodem hoc Svero extant; ubi inter alia titulus sigilli ejus talis fuisse dicitur:

Sverus Rex Magnus, ferus ut Leo, mitis ut agnus.

Pag. 348. verſ. 34. *Quo tigres occupandi consvetudinem habebat*] Apros intellige, aut alterius generis feras. Nam Tigres in Dania nunquàm visæ, nisi aliundè allatæ. 503,26

Pag. 350. verſ. 15. *Qui potis sit insidias*] *Potis sit* Saxo more antiquorum & Poetice dixit, pro *possit*. Plautus Persâ Act. 1. Sc. 1. 505,32

Facere amicum tibi me potis es sempiternum.

Catullus ad Ortall. Epigr. LX.

Nec potis es dulces Musarum expromere fœtus.

Ità enim Nominativo hoc *potis* autores & activè & passivè utuntur. Videantur pluria exempla in Observationibus Philologicis Clariss. Viri, M. Thomæ Bangij, Sanctæ Linguæ in Regia Hafniensi Academia Professoris eminentissimi, Amici longâ necessitudine conjunctissimi.

Pag. 352. verſ. 14. *Penes ferrum purgationis morem consistere*] Candens sivè ignitum hic ferrum intellige, quod purgandi se causâ rei gestare solebant: de quo jam antè satis superque dictum nobis. Vulgo Sterk Jern appellatum fuit. 508,11

28. *Patriæ legis institudo dilabendi inducias tribui*] Ex parte abrogata est hæc consvetudo. Vide Leges Cimbricas, Lib. II. Cap. XXII. & ad eas Commentarium Dn. Canuti, Episcopi Vibergensis. Leges Selandicas Lib. II. Cap. XXII. Sed legitimè convictus inducias fugiendi habeat extrà regnum, intrà mensem & diem. Vide etiàm Leges fundamentales, sivè Jus regni ab Olavo Rege Daniæ datum, [vulgo Handfestning] Articulo XIV. 508,24

Pag. 358. verſ. 26. *Calidum laterculum cistulâ crebis foraminibus distinctâ*] Ejusmodi cistulâ hodieq; arcendi frigoris causâ, suppedanei vice, fœminæ Batavicæ utuntur, vulgoq; *Stoefken* appellant. De ea extat tale Epigramma Clariss. Viri, mihiq; dum vixit, amicissimi, nunc τοῦ μακαρίτου, D. Johannis Isacij Pontani, Lib. VI. Poëmatum: 516,24

Suppedaneum; vulgò Stoefken.

Æthranion nuribus comes adsum fida Batavis,
Et frigus, quod fert aspera bruma, levo.

Apud

516,39 41. *Apud curiam fautor vigebat*] *Curia* pro aula Imperiali, vel Papali, frequentius uſurpatur. Innumera nobis exempla ſuppeditat Guntherus in Ligurino ſuo, eximius pro iſta ætate Poëta, quem conſulas licet; imò, ut perlegas, hortor: de quo adjungam Juſti Lipſij breve, ſed verum A elogium Poliorcet. Lib. II. Dialogo IV. *Guntherus*, inquit, *Poëta ſpiritus & ingenij haud ſpernendus, imo, ut illo ævo, admirandus.* Floruit Imperatore Friderico Barbaroſſa, cujus de rebus geſtis libros X. conſcripſit, Anno Chriſti M. C. LXXXI.

NOTÆ VBERIORES IN LIBRUM XV.
HISTORIÆ DANICÆ SAXONIS GRAMMATICI.

521,2 Pag. 361. verſ. 30. IN *rerum ſuarum raptores*] Slavos nimirùm; quorum piratæ Legatis Waldemari ſpoliatis, navigium eidem à ſocero transmiſſis onuſtum ceperant: cujus rei ſuperiore libro meminit Saxo.

521,3 Ibid. *Expeditione Sclaviam petere ſtatuit*] Ità legendum duxi pro *eam*, ut omninò vox eſſet, cui ſequens Relativum *quam* reſponderet. Alioquin locus eſt planè exulceratus.

521,4 34. *Sleſvicenſium Antiſtes Fredericus*] Fridericum hunc, qui facto naufragio, in mari Baltico perijt, Soræ, [ubi hæc ſcripſi] ſepultum, teſtantur Inſignia ejus in templi pariete Boreali depicta, cum hac inſcriptione:

FRIDERICUS. EPISCOPUS. SLESVICENSIS.

SEPULTUS. IN. MURO. SANCTUARII.

Et ſervatur in Sacrario templi Sorenſis Tabula quædam lignea ſuſpenſa, in quâ inter alia hæc ſcripta leguntur: *Dominus Fridericus, Epiſcopus Sleſvicenſis, in mari Baltico ſubmerſus, jacet in eâdem Capella.* Hujus etiam ſatis honorificam mentionem facit Johannes Adolphus Cypræus Hiſtoriæ ſuæ Eccleſiaſticæ Cap. XXVII. *Anno M. C. LXVII. Occoni mortuo ſucceſſit Fridericus, Epiſcopus Sleſvicenſis, qui & ab Eskillo Lundenſi legitimè ordinatus ac conſecratus fuit. Vir eruditus, magni animi & conſilij, rerum gerendarum peritiſſimus, ut qui non tantùm in literis verſatus, ſed & in re militari benè egregieq́; exercitatus eſſet.*

521,5 Ibid. *Perfectiſſimum honeſtatis ſpecimen*] Valerius Maximus Lib. IV. Cap. III. *M. autem Curius exactiſſima norma Romanæ frugalitatis, idemque fortitudinis perfectiſſimum ſpecimen.* Sic Rutilius Numatianus Gallus, Poëta ſuavis ac doctus, Protadium, *virtutis ſpecimen* appellat Itinerarij ſui pag. XXIV. verſ. 547. Plura in hanc ſententiam vide ſis in eruditiſſimis ad Rutilium Animadverſionibus Nobiliſſimi Viri Caſparis Barthij, cui plurimùm etiam noſter Saxo debet.

521,16 49. *Præcordialis amici*] *Præcordialis amicus* is eſt, quem ex penitiſſimis cordis receſſibus diligimus. Vox in ſequioris ævi ſcriptoribus ſæpius obvia. Vide quæ ſuprà notavimus ad illum Saxonis locum Lib. V. *VVeſtmarus ad præcordialem puellæ ſententiam relegatus.*

B Pag. 362. verſ. 40. *Seductis majoribus*] *Seductis*, hoc eſt, ſeorſim abductis & ab omnibus quaſi arbitris remotis. 522,18 *Seducere* enim hoc loco idem eſt, quod Græcis ἀπολαμβάνειν κατ' ἰδίαν Marci VI. verſ. XXXIII. Gloſſar. *Seducit*, εἰς τὸ κατ' ἰδίαν ἀποσπᾷ καὶ ἐξάγει. Plautus Aſinariâ Act. 2. Sc. 2. verſ. 95.

Nam me hodiè ſenex ſeduxit ſolum ſeorſim ab ædibus.

C Petronius Arbiter: *Aſcyltos poſtquàm depoſitum eſſe inviolatum vidit, ſeduxit me paululum à turba.* Perſius Sat. II.

Quæ niſi ſeductis nequeas committere divis.

Et Satyrâ VI.

———— *At tu meus hæres*
Quiſquis eris, paulùm à turba ſeductior audi.

Autor Queroli: *Aggrediamur hominem, atq; à publico ſeducamus, ut ſecretò diſſerat.* Sic Saxo ſuprà Lib. VIII. *Torkillus ſeductis ſociis hortari cœpit.* D Et Libro XII. *Itaq; ſeductos majores.* *Majores* autem hic ſunt præcipuæ dignitatis viri, quos in Sclavica hac expeditione comites ſibi ac commilitones, juſſu Valdemari Regis, aſciverat Abſalon.

Pag. 363. verſ. 28. *Pertranſito ponte*] Pontem innuit in Eidorâ flumine ſtratum, qui inſtar limitis cujusdam erat olim inter Daniam & Saxoniam: cujus dimidium Henricus Saxoniæ Dux, arrogantiſſimus mortalium, ſi quando 523,17 E cum Waldemaro Rege colloquium inſtitueret, præ mera ſuperbiâ, vix transgredi conſveverat; verùm nunc mutatâ fortunæ aleâ, totnm exceſſerat. De hac Henrici inſolentiâ loquitur Saxo libro præcedente XIV: *Poſterâ æſtate Henricus Bavariâ reverſus, apud Eidoram ſolenne cum Danis colloquium habuit. In quo ob proſperos rerum ſucceſſos adeò ſe inſolenter ac tumidè egit, ut medium pontis, ſicut antè conſveverat, viſendi Regis causâ, transgredi recuſaret, nè ſibi dignitate præſtare, quem peteret, fateretur:* F *immemor prorſus illum paternum avitumq; regimen gerere, ſibi alieni imperij præfecturam ceſſiſſe.*

Pag. 364. verſ. 3. *Exuviæ à ſoricibus corroſæ*] 524,6 *Exuviæ* hic veſtes ſunt, quas exuerat Abſalon. Q. Serenus Sammonicus Cap. XXXI. de urina ſiſtendâ:

Quon-

Quondam etiam nimium præceps urina fluendo
Irrigat exuvias, obscænoq; inficit imbri.

Cæterum inter prodigia olim reputabantur, si mures res insolitas arroderent. Sic Capuæ mures, in æde Jovis, aurum roserunt, & Antij, coronam auream. Julius Obsequens cap. XXXIX & XLIV. Sed hoc loco, quòd sorices Absalonis vestimenta arroserint, non tàm prodigium fuit, quàm omen, quomodo rectè Saxo ipse interpretatur.

527,27 Pag. 366. vers. 37. *Exploso Pontificis ministerio*] Hoc est, Episcopi Lundensis, non Pontificis Romani. Sensus etenim est, furiosam plebem Sacerdotum duntaxat in sacris faciundis operâ contentam, non opus habere Episcopi alicujus, aut Pontificis ministerio.

530,11 Pag. 368. vers. 33. *Misso per omnes stipite*] Antiquissimus hic Septentrionalium mos fuit signo aliquo conventum indicere. Sic apud Islandos, adhuc gentiles, conventus habendi signum erat *cestra* vel *malleus Jovis*, ᚼᛅᛘᛅᚱ ᛏᚼᛅᚱᛋ, Hamar Thors: verum, quum jam in fidem Christianam jurassent, pro ejus temporis religione, *Crux lignea*: quam quilibet colonus ad suum vicinum perferret, die, loco, & causâ conventus indictis: cujus signi intermissi aut neglecti, certa pœna. Arngrimus Jonas Lib. 1. rerum Islandicar. Cap. VII.

531,4 Pag. 369. vers. 13. *Scaniæ gyro pertransito*] *Gyrus* hic pro ambitu & circuitu positum: quasi diceret; Intereà dum Rex omnem in circuitu Scaniam peragraret; vel, dùm totam, quà patet, Scaniam circumiret. Ità *Gyrare*, & *Regyrare*, pro, sæpius circumire, usurpat Bernhardus Morlanensis, ingeniosissimus Dactylicorum versuum conditor, Lib. 2.

Institor est, fora gyrat & æquora, propria laudat.
Spirat ad æquora nauta, pedes fora sæpè regyrat.

533,9 Pag. 370. vers. 43. *Excellens corporis habitus venerabilem faciebat*] Incredibile dictu est, quantam venerationem & autoritatem Principibus conciliet eminens illa & grandis statura. Ejus rei exempla luculentissima nobis abundè suppeditat seculi nostri decus, & Bataviæ lumen, Gerardus Joannis Vossius, Amicus meus conjunctissimus, in aureo Opere Institution. Oratoriar. Lib. I. Cap. III. *Aristoteles*, inquit, *Lib. IV. Politicor. Cap. III. tradit, in quâdam Æthiopiæ parte, regna deferri ad eos, qui magnitudine cæteris præstant. A quo more non abludit, quod Strabo scribit in Meröe insula Reges designari, qui aut robore, aut formâ, aut opibus, aut virtute alendi pecora, reliquis antistant. Sulpitius Severus Lib. 1. Sacræ Historiæ ait de Saulo. Hic ex tribu Benjamin, Cis patre ortus, modestus animi, formâ excellenti erat; ut meritò dignitas corporis dignitati Regiæ conveniret. Itidem Florus de Pseudophilippo: Regiam formam & regium nomen animo regio implevit. Et Nepos in Iphicrate, ac Capitolinus in Pertinace, staturam proceram vocant Imperatoriam. Qui loquendi modus à vulgo originem traxit: ut Tacitus etiàm indicat Lib. 1. Historiar. Ipsa ætas Galbæ & irrisui & fastidio erat, assuetis juventæ Neronis, & imperatores formâ ac decore corporis [ut mos est vulgi] comparantibus.*

53. *In quanto Regis adventum poneret*] Rara loquendi formula, & quæ Græcismum sapit. 533,18
Nam apud Dionem & Ælianum legere est, Ἐν μεγάλῳ τίθεσθαι : ἐν ἐλαφρῷ ποιεῖσθαι; aliaq; apud alios autores. Sed & Svetonius, *In magno habere*, dixit in Cæsare, Cap. XXIII. *Ad securitatem ergò posteri temporis, in magno habuit obligare semper annuos magistratus*: quomodò rectè censet legendum, summus Vir & Criticus felicissimus, Isaacus Casaubonus, consentientibus Codicibus MS. quamplurimis. Tacitus etiàm, *In levi habere*, usurpavit: *Quocunq; casu acciderat, dum atrocia metuebantur, in levi habitum.* Sed fortassis in hoc dicendi modo Ellipsis τοῦ *pretij*, aut *negotij*, vel similis vocis, erit statuenda. Sic suprà Lib. XIII. Saxo, *In æquo ponere*, dixit.

Pag. 371. vers. 24. *Datis solenniter aquilis*] Per *aquilas* intelligere convenit vexilla, per quæ Feuda solenniter conferuntur. Firmant sequentia: 533,42
Qui si scissent, quanto oneri se exigui panni receptione substernerent. Solebant enim antiquitus regna per gladium, provinciæ per vexilla conferri. Otho Frisingensis Lib. II. Cap. V. *Est enim consuetudo Curiæ, ut regna per gladium, provinciæ per vexillum à principe tradantur, vel recipiantur.* Guntherus Lib. I. Ligurini:

Ergò ubi vexillo partem, quam diximus, ille,
His autem gladio, regnum suscepit ab ipso:
Hunc etenim longo servatum tempore morem
Curia nostra tenet. ——

Ad quem locum doctissimus Germanorum, & de multis autoribus præclarè meritus, Cunradus Rittershusius, ità commentatus est: *In actibus legitimis fermè omnibus Romani notas quasdam, solennesq; ritus, & symbola atq; insignia adhibebant. Hunc ergò morem Feudistæ quoq; in Vasallorum creatione, quam Investituram vocarunt, imitari voluerunt, ut gladio, vexillo, coronâ, sceptro, baculo, seu fuste, dignitates contulerint.*

NOTÆ VBERIORES IN LIBRUM XVI. ET ULTIMUM HISTORIÆ DANICÆ SAXONIS GRAMMATICI.

537,2 Pag. 373. vers. 40. *Monentibus arbitris*] Svadentibus regni proceribus ac Senatoribus, qui Canuto erant ab intimis consiliis; quasi dicat, ex decreto Senatus. *Arbiter* vetustè dicebatur pro teste. Unde illud, *Remotis arbitris*, pro sine teste, & in solitudine.

Inter-

Interdùm *Judicem* significat; quod & Festus A probat Lib. I. his verbis: *Arbiter dicitur Judex, quòd totius rei habeat arbitrium, & facultatem.* Propriè tamen videtur esse *speculator, inspector, spectator*: sicut apud Horatium Lib. I. Epist. II. Plautum Aulular. Actus IV. Sc. I. Milit. Glorios. Actus. II. Sc. II. Apulejum Metamorph. Lib. I. Saxoni verò nostro frequentissimè *Arbiter* significat secretorum consiliorum participem & Consiliarium. Exempla in superioribus libris passim obvia sunt. B

537,5 43. *Quod unctionis suæ tempore*] Per *unctionem* intelligit autor solennem Canuti in successionem regni Coronationem & inaugurationem, quæ vivo etiamnùm patre Waldemaro, peracta fuit Ringstadij, circà Solenne Johannis, Anno Christi M. C. LXXI. vel anno sequente, ut habet Chronicon meum MS. *Rex Canutus coronatus est in Regem Anno M. C. LXXII.* Ejus meminit Saxo Lib. XIV. *Rex omni Danicâ nobilitate sub edicto Ringstadium evocatâ, circà solenne* C *Johannis, quod in æstivo solstitio colitur, & parenti cœlestes honores, & filio regios celebrare constituit.* *Unctio* igitur hic pro coronatione, quod suscepturi sceptrum Reges sacro oleo ungerentur: qui mos hodieq; obtinet.

537,6 45. *Apud VVrnensem*] Ità omninò legendum, pro *Vernensem*. Celebre enim quondam fuit in Ducatu Slesvicensi Dicasterium sive Forum Wrnense, quod nunc, nisi fallor, esse desiit. Nobis Urneting / vel Urnehoffuets Landsting dicebatur. D

537,10 49. *Cladis apud Dysiam pontem peractæ*] Loquitur de conflictu Dysvicensi, cujus libro proximè præcedente luculentam egit mentionem Saxo. Is incidit in Annum Christi Millesimum Centesimum Octogesimum primum; ut nonnulli Chronologi calculum ponunt. Multi illic è plebe Scanicâ cæsi: compluribus amnis exitio extitit. Clarissimus Vir, M. Andreas Vellejus, in sua versione pontem hunc *Falchenbergensem* indigitat. E

537,33 Pag. 374. vers. 19. *Haraldum quendam regij sangvinis*] Haraldus hic cognomento *Skreng* dictus fuit. Chronicon MS. Anno Christi M. C. LXXXIII. *Haraldus Skrenck à Scanis princeps creatus.* Eum regio sangvine oriundum Saxo dicit, quòd originem duceret è prosapiâ Canuti Regis Roschildiæ interfecti: de quâ cæde Saxo suprà Lib. XIV.

537,34 *Sed obtusi cordis*] *Obtusi cordis* est stolidus, F vecors, hebes, bardus, blennus, bliteus. Ità loquitur etiam Saxo Lib. III. de Amletho: *Nec credi poterat obtusi cordis esse, qui tàm exculto manus artificio calluisset.* Locutio est Valeriana. Sic etenim Valerius Maximus Lib. VII Cap. III. ubi de Bruto agit: *Obtusi se cordis esse simulavit, eâq; fallaciâ maximas suas virtutes texit.* Isidorus Lib. X. *obtusos sensus* dixit: *Stultus, hebetior corde. sicut quidem ait: Ego me ipsum stultum etiàm existimo, fatuum esse non opinor, id est, obtusis quidem sensibus, non tamen nullis.*

28. *Ad novi principis opinionem*] Hic verò 538,5 cum Euripide exclamare licebit: Δεινὸν οἱ πολλοὶ κακούργους ὅταν ἔχωσι προστάτας: *Formidabile quiddam multitudo, cum nacta est præsides maleficos.* Huc etiàm facere videtur locus iste Livij lib. XXIV, quo vulgi ingenium eleganter exprimit: *Hæc*, inquit, *natura multitudinis est, aut servit humiliter, aut superbè dominatur: libertatem, quæ media est, nec spernere modicè, nec habere sciunt: & non fermè desunt irarum indulgentes ministri, qui avidos atq; intemperantes plebejorum animos ad sangvinem & cædes irritent.* Cui planè adsimilis ille est, qui Lib. XXVIII. occurrit, in Oratione Scipionis ad seditiosos milites: *Multitudo omnis, sicut natura maris, per se immobilis est; ut venti & auræ cient, aut tranquilli, aut procellosi.*

42. *Dubietati subjecit*] Dubium & incertum reliquit. Forma loquendi ad istius ævi genium. *Dubietas*, Ἀμφιβολία. Lupus Abbas, qui Caralo Calvo vixit, Epistola CXX. p. III. *Cum loco autem diem mensis exprimite, nè dubietate aliquâ confundamur.* Fulbertus Episcopus Carnotensis, Ep. I. p. 10. *Jam procul removendus est totius lubricæ scrupulus dubietatis.* 538,19

53. *Suscepti vulneris dolorem*] *Vulnus* per translationem sumi pro clade & damno, abundè dictum nobis ad ista verba, quæ Lib. I. Saxonis nostri habentur: *Cum ob accepti vulneris magnitudinem reparandarum intrà patriam virium non haberet copiam.* Livius lib. II. Belli Punici: *Non vulnus super vulnus, sed multiplex clades nunciabatur.* 538,29

Pag. 375. vers. 27. *Quo mediante*] Hoc est, intercedente, se interponente. Rara vox est, & ferè incognita melioris notæ autoribus; in aliis ubivis obvia. Joannes Januensis Catholico, in voce *Medio*: *A Medius dicitur Medio, as, are; id est, in medio locare, vel per medium dividere, vel medietatem auferre, vel conjungere, vel pacificare inter aliquos.* Unde *Mediator* vox Theologis perusitata, pro *intercessore, sponsore.* Gr. μεσίτης. Idem Joannes Januensis: *Mediator est, qui conjungit, & inter aliquos est medius, ut eos conjungat & pacificet. Unde Jesus Christus dicitur Mediator Dei & hominum, quòd inter Deum & hominem constitutus est medius, ut homines ad Deum perduceret.* 539,18

36. *Compluribus enim Cæsaris Legationibus*] 539,26 Cæsar hic fuit *Fridericus*, cognomento *Barbarossa*, qui crebris hisce Legatorum missiculationibus nihil aliud, ut rectè judicat Saxo, intendebat aut moliebatur, quàm ut Canuti simplicitatem ijsdem perfidiæ laqueis circumveniret, quibus olim patris Valdemari credulitatem implicatam habuerat, hoc est, *ut Daniæ regnum semper liberrimum ad Imperij feudum redigeret*, ut loquitur autor Compendiosæ Historiæ Serenissimorum Daniæ Regum, quem edidit Erpoldus Lindenbruch.

Persi-

539,30 40. *Perfidiæ laqueis*] Laqueus translatè omne id significat, quo homo capi & irretiri potest. Sic *laqueos judicij* Cicerò pro Milone dixit: *Atq; illam belluam judicij laqueos declinantem jam irretitam teneret.* Piè & acutè Gvigo Carthusianus in Meditationibus: *Laqueos comedis, bibis, vestis, dormis; omnia laqueus.*

539,37 47. *Sigfridum, qui sororem ipsius*] Sigfridus hic est Marchio Thuringiæ, qui Waldemari filiam Ingertham, Cæsare adstipulante, sibi desponderat.

541,14 Pag. 376. vers. 54. *Militaris roboris nervos sicut otio hebetari*] Inter Regulas militares hanc etiam producit Fl. Vegetius Lib. III. Cap. XXVI. *Exercitus labore proficit, otio consenescit.*

543,2 Pag. 377. vers. 10. *Jarimari cum eis consiliaturi*] Hoc est, Consulturi, deliberaturi. *Consiliare* est consilium dare, vel petere. Horatius Libr. III. Carm. Ode III. *Gratum eloqvuta consiliantibus Junone divis,* hoc est, consilium habentibus de Romulo in deorum numerum recipiendo. Ad eundem locum ità Petrus Gvaltherus Chabotius, vir in omni literaturâ perfectissimus: *Grammatici tradunt huic verbo vim dandi & capiendi consilij, undè oritur: hic est deliberare & consultare.* Cicero Epistolar. Lib. XV. Ep. IX. ad Attic. *Quid egeris tuâ cùm tristi, tùm etiam difficili ad consiliandum legatione, vehementer exspecto.* Tacitus Lib. II. Historiar. *Et redière omnes Bononiam rursus consiliaturi.* Eâdem notione *Consiliari* positum. Quintilianus Institut. Orator. l. III. c. VIII. *Proœmio, quale est in Judicialibus, non ubiq; eget; quià consiliatus est ei quisque, quem consulit.*

551,13 Pag. 384. vers. 13. *Ad pedes Regis suppliciter abjecit*] Homagium Canuto Regi Daniæ præstitit Bugislavus Dux Pomeraniæ, Anno Christi M. C. LXXXVI. Innuit id Chronicon meum MS. *Anno cIↃ. C. LXXXVI. Bugislavus senex, factus est homo Regis Canuti.* Ubi *homo* pro *Vasallo*, sivè *Cliente Feodali* sumitur: quo significatu frequentius occurrit in antiquis monumentis. Videatur Glossarium Viri genere, literis, ingenioq; juxtà nobilissimi, Henrici Spelmanni Angli, pag. 359. in voce *Homo.*

551,17 17. *Principis huc necessitatis deducti*] In excusis anteà Codicibus nullo plane sensu legebatur: *Principis huc necessitati miseratione permotus.* Nos ità hunc locum duximus restituendum, freti autoritate Valerij Maximi, quem ut alibi sæpius in Historia hac sua, ità & hic exprimere voluit Saxo noster. Verba Valerij sic habent Lib. VIII. Cap. I. *Satis jam graves eum pœnas sociis dedisse arbitrati sunt, huc deductum necessitatis, ut abjicere se tàm suppliciter, aut attollere tàm deformiter cogeretur.*

23. *Ingenti nubium volumine colliso*] Diligens sanè lector Martiani Capellæ Saxo fuit, adeo ut in succum & sangvinem tantùm non converterit. Ab ipso hæc certè mutuatus est, quæ totidem fere verbis extant Lib. V. Cap. I. *Hæc cum in progressu arma concusserat, velut fulgureæ nubis fragore colliso, fracta diceres crepitare tonitrua.* 551,2

25. *Quo eventu Sclavici regni interitum portendi*] Solent interdum regnorum interitum ostenta præcedere, & periturorum fata populorum vel Solis ac Lunæ defectus, vel insoliti terræ motus, vel horrenda tonitrua fulminumq; jactus, aut ardentes cœlo faces, & crinita siderum flamma præcurrere, ut eleganter observavit Quintilianus, sivè ut alij volunt, Posthumius Junior, Declamatione IV. quæ inscribitur *Mathematicus.* Ità pridiè quàm ultimum illud prælium, quo de rerum summâ decertatum est inter Perseum Macedonum Regem, & Æmilium Paulum, Romanorum Consulem, consereretur, Luna defecit: *triste id ostentum Perseo omnibus præsagientibus, finemq; Macedonici regni portendi vaticinantibus;* teste Justino Libro XXXIII. Cap. I. 551,2

Ibid. *A conjecturarum sagacibus*] *Conjectura* pro divinatione ut plurimùm sumitur. Apprimè huc facit locus Quintiliani Lib. III. Instit. Orator. Cap. VI. *Conjectura dicta est à conjectu, id est, directione quadam rationis ad veritatem: undè etiam somniorum atque ominum interpretes,* Conjectores *vocantur.* 551,2

26. *Bogislavi quoq; animus constantiæ pignoribus refertus*] Luculentissimum heic tandem & ultimum imitationis Valerianæ specimen repræsentat Saxo. Nam quod de Masanissâ Rege commemorat Valerius Maximus Lib. V. Cap. II. id omne ad Bogislavum artificiosè noster transfert. Sic etenim ille: *Massanissæ Regis pectus grati animi pignoribus refertum, memoriam inclyti muneris ad ultimum vitæ finem constantissimâ fide perduxit:* & quæ plura ibidem in hanc sententiam exstant. 551,2

FINIS.

SOLI DEO GLORIA.

INDEX

INDEX ABSOLUTISSIMUS

cum rerum memorabilium, tùm vocum ac locutionum rariorum, quæ in Notis occurrunt.

AB Epiſtolis, inter officia domus Auguſtæ olim fuit. 10. e.
Abſalon, Archiepiſcopus Lundenſis, Saxoni ſcribendæ Hiſtoriæ autor fuit. 1. b. 3. e.
Abſalon ex illuſtri Candidorum familia oriundus. 3. c. d.
in locum Eskilli ſurrogatur. 3. d.
quando vixerit. 3. e.
ejus laudes. 3. f.
ejus mors. 3. f. 8. c.
Soræ ſepultus. 8. c.
amore patriæ illuſtrandæ flagravit. 3. c. d.
Hiſtoriographos in monaſterio Sorano inſtituit. 3. d.
Abſiſtere cautibus, quid. 118. e.
Acceptoricia, ars cum accipitre aucupandi. 179. d.
Acervi cadaverum. 78. c. d. 2.
Acies in occiduo conſtituta. 154. a.
Acus ornatoria, diſerniculum. 61. a.
Ad focum epulabantur antiqui Heroës. 116. a. b.
Ad poſtremum. 40. b. c.
Adultæ oleo lampades. 127. a.
Adulterinus poſſeſſor, falſus. 132. d.
Ad vigilias evocare. 154. c.
Advocatio, pro defenſione. 194. f.
Advocationem muneris præſtare. 194. f.
Advocatus, pro defenſore. 194. a.
Ædes tributaria Godefridi Regis in Friſia. 186. d.
Æditui, qui ædes tuentur. 229. a.
Aërij coloris parmulæ. 174. b.
Æmulus, inimicus, adverſarius, hoſtis. 57. e.
Æneum, aenum, ferventis aquæ Judicium. 120. e.
Æolicus carcer. 54. b. c.
Ætatis opportunitas multos ſpe prædæ transverſos egit. 39. e. f.
Ætatis nulla pars virtuti incongrua. 40. a.
Affluens ſubſtantia, creſcens. 44. a. b.
Agaſo, equiſo. 150. d.
Agathon, pro illuſtri nomine. 38. d. e.
Agonizo, certo, pugno. 118. a.
Agricolarum pius quæſtus. 148. b. c.
Albicantes capilli. 149. b.
Alcool Chymicorum. 70. f.
Alea, pro quovis ludo. 177. f.
Alexander Magnus à tibicine ad furorem incitatus. 225. d.
Algu, pro algore. 53. b. c.
Aliena Latinæ vocis. 6. f.
Alieni appetitores proprio privari ſolent. 111. f.
Allubeſcere proco. 89. b.
Alociæ Inſulæ. 20. f. 21. a. b. c.
Altarium, pro altari. 247. b.
Ambimanum cenſeri, laus viri fortis. 109. b. c.
Ambroſij Archiepiſcopi in Theodoſium ſeveritas. 218. a.
Amentata haſta. 52. c.
Amica collocutio minuit dolorem. 89. c.
Amoris conjugalis exempla. 44. f. 45. a. 52. c. d.
Andreas Sunonis Abſoloni in Archiepiſcopatu ſucceſſit. 1. b. 8. c. d.
ei Saxo Hiſtoriam ſuam inſcribit. 1.
vir admodum literatus. 8. d.
Theologiæ ac Juris Doctor. 8. d.
Canuto Regi à ſecretis fuit. 8. d. 10. d.
opum contemptor. 11. b. c.
Hexaëmeron ſcripſit. 11. c. d.
Leges Scaniæ in linguam Latinam vertit. 11. a. b.
ejus frugalitas & abſtinentia. 11. c. d.
Andvertdir ſkulu Ærner kloaſt. Proverb. 76. f.
Anglia Cimbrica, hodieq; Anglen. 28. f.
Anglia Britannica ab Anglis Cimbricis, non ab Angulo, dicta. 29. a. b. c.
Animus Divinitatis argumentum. 88. e.
Animum cum loco mutare. 161. c.
Annibal Alpibus iter ſuum inſcripſit. 16. b.
Annulus Pontificij inſigne. 241. b. c.
Anſgarius in Daniam à Ludovico Imperatore miſſus. 193. b. e.
Aquili, monſtra nigra. 66. f.
Aquilæ adverſæ ſe ungvibus impetunt. 76. f.
Aquilæ pro vexillis. 250. e.
Aquilam in dorſo alicujus delineare. 193. d.
Aquitaniam perdomuit Haraldus Rex. 165. c.
Arbiter, conſiliorum particeps. 251. a.
Arcem obtinere, id eſt, rerum ſummam. 194. f. 223. f.
Arduum contra fortem fune contendere. 118. b.

Arenam premere. 105. a.
Arffve-öl. 61. d.
Arma, hastæ, equi, & ornamenta tumulis illata. 91. f. 176. b. c.
Armilla aurea trivijs affixa. 192. c.
Arte licet, quò viribus pervenire non licet. 179. f.
Artes pugnaces. 38. c.
Arx, pro eo, quod eminet, & summum est. 223. f.
Asamål / Asarum sermo. 12. b. 14. b. c.
Aspergo imbrium. 57. d.
Astare, pro assistere. 113. e.
Asum, non est Ahusia. 211. c.
Asserta, substantivè. 17. f.
Ater vestimenti color, sordidus & ignobilis. 76. d.
Athletæ singulari certamine congredi solebant. 63. b. c.
At tage Grenda sin i Siød. 39. d.
At stipta Litum. 43. c.
Avium venter, pro sepulchro. 115. f.
Aulicorum sors dubia. 30. b. c. d. e.
Aulruner / Runæ cerevisiariæ. 45. a.
Aurei nummi in via sparsi. 72. f.
Auri pulvere cibos respergere. 70. f.
Auri micæ. 70. f.
Aurum inter amatoria dona. 36. f.
Aurum sparsum per arva. 68. e.
Aurum Principibus luxuriosis olim in cibo. 71. d. e.
Aurum Islandis Krakasaad. 76. a.
Aurum cavato baculo includebat Brutus. 101. a.

BAlderi corpus ferro inviolabile. 88. d. e.
Balders brynd pagus in Selandia. 92. a.
Balderi pater Snio. 94. f.
Balderi tumulus non in Jutia, sed Selandia. 94. f.
Balderum Hotherus interficit. 93. e.
Bannerium, vexillum. 209. e.
Barbam quatere, signum mœstitiæ. 150. f.
Barbari, pro Sclavis. 239. a. b.
Barbitus, instrumentum Lyricum. 87. e.
Bardi, Gallorum vates. 13. f. 14. a.
Batzar, parvitas. 7. d.
Bautesteene / Saxa pro trophæis erecta. 15. c.
Bella famâ constant. 119. b.
Bellatrices fœminæ olim in Dania. 156. b.
Berserker / Berserksgangur. 154. f. 155. a.
Bjarco Gigas cum Rolvone sepultus. 73. d. e.
Biarkamal / genus carminis antiqui. 12. b.
Biårgruner / Runæ auxiliatrices. 45. b.
Biblos, Juncus. 179. b.
Bilis pro ira. 35. d. e.
Birca, Sveciæ oppidum vetustissimum. 208. e.
Blacconis horrendus interitus. 221. f. e.
Blanditiarum voces variæ. 157. d.
Blodørn / Blodøgle / Blodrisil / vulnus aquilam figurans. 193. d. e.
Blothen / Sacrificia ; Blota / Sacrificare. 54. e. f.
Blothmadur Othinus dictus, id est, sacrificulus. 54. f.
Boi tumulus in Selandia. 97. d. e.
Boni Duces non nisi ex occasione confligunt. 49. b.
Boni ob placidos mores quinam dicti. 224. a.
Botilda Regina in Cypro obijt. 227. e. f.
Braccæ, femoralia. 189. e.
Bracteata Liburna. 174. b. c.
Bragarbott / genus carminis antiqui. 12. b.
Briareus, Gyges, Cottus, centimani. 135. b.
Brunruner / Runæ fontanæ. 45. a.
Bruta inter se colloqvuntur. 112. f. a.
Bulligo, effervescens pingvedo. 178. c.
Busluhveen / Buslæ sagæ carmen. 46. f.
Bydsra Didonis. 193. a.
Bytttuaustur. 114. e.
Byzantium incognitum Othino. 97. d. e.

CÆcorum exempla, qui defectum naturæ ingenio compensarunt. 241. d. e.
Calagurritani proprias uxores & liberos comederunt. 52. f.
Calcare pro contemnere. 36. d.
Calleo, cum sexto casu. 87. a. b.
Calor pius, castus amor. 43. f.
Calumniam facere. 110. d. e.
Calundam arcem condidit Esbernus Snare. 160. c.
Campus gelati maris. 116. f.
Canes pecuarij & pastorales. 131. a.
Canis, venatoris insigne. 125. f.
Canis Trondhemensibus præfectus. 160. d.
Canutus Rex coronatus. 251. b.
Capillorum & barbæ abrasio viris militaribus usitata. 128. b. c.
Captivare, pro, captivum ducere. 69. a.
Captivum aurum, captiva vestis. 119. a.
Caput, pro principio. 195. b.
Carabus, parva scapha. 65. c.
Carere oportet & crimine & suspicione. 148. a.
Carminibus magna vis & efficacia inest. 47. a.
Carminibus in nimbos solvere cœlum. 57. c.
Carminibus aciem ferri obtundere. 107. a.
Caroli Magni statura. 224. b.
Cassare, pro, frustrari, irritum reddere. 55. b.
Castigare, pro, reprimere, cohibere. 166. d.
Castor & Pollux pro Romanis dimicantes. 53. a.
Catejæ, clavæ Germanorum. 90. f.
Causari, reprehendere, culpare. 230. a.
Cauterium pro adustione. 112. d.
Cavus, locus excavatus. 63. b.
Celebrare obtentum ensis ictu clavæ. 37. e. f. 38. a. b.

Cele-

Celebrare, pro, peragere, perficere. 151. d. e.
Cella, pro Sacrario. 195. b.
Centuriare exercitum. 55. e. f.
Cerea converti. 44. b.
Cereale poculum, Cereale gramen. 26. b.
Cerebrosus, pro insano. 155. a.
Certare, pro affirmare, certiorem reddere. 43. a.
Cervi Jugales. 88. a.
Cervix sidera æquat, pulsat. 44. a.
Cessim laborare. 163. a. b.
Cestuum certamen. 84. a. b.
Cestuum figuræ. 85.
Cetra, scuti rotundi genus. 179. f.
Chaös antiquum redijt. 175. b.
Characteres singulis Dæmonijs ascripti. 46. d.
Characteres antiqui, quare aboliti. 46. f.
Chartarum varia genera. 99. f. 100. a. b. c.
Chelæ, brachia. 78. c. d. e.
Chlamys castoreo limbo obsita. 146. e.
Chorda, pro nervo arcus. 134. b.
Christendoms old. 90. f. 91. e.
Christianismi primi in Daniam introductio. 6. d. e.
Cibus à macro petendus. 121. f.
Cimbrorum fœminæ vates. 42. d. e. f.
Cingulum virginitatis. 161. a.
Ciniflones, cinerarij. 146. a.
Circulari, quid proprie. 98. b. c.
Circulari campus, dicitur Athletis. 97. f.
Circumactus, pro, circumamictus. 34. c. d.
Circumire vigilias. 206. e. f.
Cistula frigoris arcendi causa foraminibus distincta. 248. f.
Clangor proprie olorum & anserum. 132. b. e.
Clava beata Grami Regis. 37. a. b.
Clavæ militares ex robore potissimùm. 90. b.
Clavæ ære, ferro, claviculis ferreis obducebantur. 90. d.
Claudicare, translate dictum. 130. a. b.
Clavigerum numen, Hercules. 90. b.
Clavis pugnare, mos antiquissimus. 90. b. c.
Clepsydra, horologium, epistomium. 72. b. c. d.
Clipschild/ scutum tributarium. 186. f. 187. a.
Clunes & pectus avium in delicijs. 150. d.
Cognitor pro Judice, vel alienæ causæ defensore. 9. c. d.
Cognoscere, de nuptis verbis. 119. d.
Colla devictorum pedibus calcare solenne olim fuit. 36. a. b.
Collactanea, collactaneus. 33. f. collactea, 33. f. 34. a. 99. b.
Collactei ardentius inter se amare solent. 99. b.
Collegium, pro societate. 233. f.
Collum, pro fastu. 36. f.
Colorare, velare, palliare. 71. f. 72. a.
Columnæ aureæ in fano Jovis Triphylij. 15. e.
Columnæ nepotum Sethi. 15. f.
Comæ studium antiquis. 60. f.
Comburi intrà ædes, contumeliosum. 78. a.
Comitis vox multa significat. 4. c. d. e. 5. a. b.
Comites & amici Augustorum. 4. e.
Commercium libidinis habere. 110. e.
Commolere, ad extremam tenuitatem redigere. 71. e.
Comparatio inter mendacium & tempestatem. 114. f.
Comparatio illustrium virorum inter compotationes. 156. d. e.
Concædes, arborea strues. 237. f.
Concha, patella, vas concavum. 113. a. b.
Conchylia in maximis delicijs. 150. e. f.
Conclavibus se incluserunt virgines pulchræ. 109. a. b.
Conciones in editis montium fastigijs celebratæ. 93. e. f.
Concubinarius filius. 237. c.
Conditio, pro pactione nuptiarum. 162. f.
Condylo puer interemptus ab Hercule. 25. e.
Condylus, quid. 25. b. c.
Confectio, & Confectura, quid. 93. b.
Connubiorum peregrinorum incommoda. 149. b.
Conjurati flatus, venti. 54. d.
Conjector, somniorum interpres. 60. a. b.
Conjectura, pro divinatione. 252. d.
Conniventia, pro consensu. 244. 6.
Conscientia formidabilis Judex. 115. b.
Conscientiæ malæ vis. 115. b.
Conscius, de rebus inanimatis. 62. c.
Consertio, pro conglobatione. 216. b. c.
Consilia improvida nocent. 115. c. d.
Consiliare, pro consultare. 252. b.
Consortio, pro consortium. 39. e. f.
Conspectioris ingenij pugil. 154. f.
Consputus, pro, contemptus.
Consternatio, pro tumultu, seditione, conjuratione. 30. d. e. f.
Consvetudo locorum amorem ingenerat. 58. f. 59. a.
Contextus naturæ, sangvinis. 43. f.
Continens terra. 131. c.
Contrectare, de rebus Venereis. 146. d.
Contuitus, de animo. 111. e.
Cor, pro animo. 99. a.
Corneæ nares, cornea fibra. 185. c.
Corripere, pro invadere. 40. d. c.
Credulitas, pro fide & religione. 235. e.
Credulitatis vitium stultitiæ affine. 52. e.
Crœsi Regis filius diu mutus. 105. c. d.
Crucibulum, vas triquetrum Chymicis. 173. b. c.
Crustatum glacie æquor. 117. a.
Cucullatus. 223. c.
Cuneus. 57. d.
Curetes, pro Curlandis. 48. a.
Curia, pro aula Imperiali vel Papali. 249. a.

Curru incolumi redire utile. 118. b. c.
Currus falcati. 175. c.
Cursus futuro militi necessarius. 86. a.
Cygnicum carmen. 133. b.
Cyprus tumulorum impatiens. 227. e.

DAci non sunt Dani. 27. e. f. 28. a.
Dani à Dahis & Scythis. 28. b.
Dani à Danais. 28. b.
Dani satellites Græcorum Imperatorum. 225. f.
Dania ante Danum non fuit deserta. 27. e. f.
Dania à Dano dicta. 27. e. f.
Dania à dando dicta. 28. c.
Daniæ miserandus status. 223. d.
Danus, Rex superbus. 106. c. d.
Dæmones per aerem homines portant. 49. b.
Dœmones muscarum figuris avolantes. 247. a.
Dapsilitas, liberalitas. 177. e.
Decor oris, pro forma. 87. f.
Defectus scriptorum Danicorum, & ejus causa. 2. b. c.
Deferre, pro, honorem deferre. 98. d. e.
Deformis, pro contempto. 153. a. b.
Degeneratus pater. 229. a.
Delabi equo. 123. a.
Dementiæ simulatio multis fœliciter cessit. 98. b. c.
Demeritus, pro malè meritus. 225. a.
Deni calami nervo adaptati. 57. a.
Dentes Rosmari in maximo olim pretio. 184. f.
Denupta & denubere. 60. c.
Dei opinativè dicti. 90. a. b.
Deorum collegium Byzantij. 49. f.
Deorum septentrionalium historia, 136. 137. 138. 139. & deinceps.
Deos prælijs interesse credebant gentiles. 51. d. e
Deputare, assignare. 99. e.
Derivare flumina in obsidionibus. 66. b.
Desperatio sæpe addit animos. 235. f.
Despicare fores, pro, fores spiculis effringere. 60. d.
Detitulare. 3. b.
Devium ingeniti erroris. 31. a. b.
Devocare, pro evocare defunctorum manes. 47. a. b.
Deus universitatis. 185. d.
Dexter locus honestior. 226. a. b. c.
Diale iter, unius diei. 148. d.
Dicere, pro, causas agere. 151. b.
Dignatio, cultus, honor. 50. b.
Digressio, pro excessu, morte. 158. b.
Dij salvatores & opitulantes. 52. a. b.
Dij sepulcrorum præsides. 96. f.
Dij præsides locorum. 184. b.
Discernere, discriminare capillos. 60. f.
Diluvialis inundationis excursus. 27. c.
Disparata, & Disparare. 21. d. e.
Dispendium lubricæ flexionis. 27. b. c.
Dissertatiuncula de Poësi antiqua Danica. 12. & 13. a. b. c. d. e. f.
Ditio, pro potestate. 44. d.
Documenta, quæ Saxo in contexenda historia secutus est. 1. c. & 11. e. f.
Divinationes olim certis familijs peculiares. 88. c.
Dolor hoc acriùs, quò occultiùs lacerat. 110. f. 111. a. b.
Dolones, conti cavati, in quibus latet ferrum. 166. a. b.
Domus est mundus. 125. a. b.
Domuitio, pro absentia. 188. e.
Dracones auro incubantes, unde. 62. e.
Drot/ quid significat. 11. f.
Drottquæt/ genus carminis antiqui. 11. f.
Druidæ Celtarum. 42. b.
Ductus, pro, ductamine. 178. a.
Duelli lex, ne duo unum aggrederentur. 105. b.
Dularkuste/ amiculum. 48. f.
Dulce post ærumnas malorum meminisse. 238. d.
Durare corpus animumq; patientia & labore. 156. e.

EDda Rhytmica Sæmundi Sigfusonij. 93. f.
Eddæ descriptio. 17. c. d.
Eddam aliam habuêre antiqui Islandi. 16. d. e. 17. a. b.
Educatores olim apud Græcos, Romanos, Danos. 33. d. e. f.
Egentium Rex, Staaderkonge. 166. c.
Ἐγγαστρίμυθοι, genij è ventre hariolantes. 43. a.
Eidoræ fluminis fons. 18. c.
Eirer Sunde/ antiquis Scaldris, hodiè Øresund/ fretum Danicum dictum. 21. e. f.
Electionis Regiæ apud Danos antiqvus ritus. 29. f. a.
Elicia, carmina. 47. b.
Emancipare conjugem, è servitute vindicare. 148. f.
Emptitia uxor, quænam. 122. c. d. e.
Endeme/ sterquilinium, convicij formula. 15. b.
Ennij statua in sepulchro Scipionis Africani. 130. b.
Enses & gladios defodere solebant veteres Dani. 105. c. d.
Eöus sangvis, pro Rutenico. 217. c.
Eöus, pro Orientali. 217. c.
Epicedion Regneri Lodbrog. 162. b.
Epistolaris, idem quod à libellis secretis. 10. d. e. seu scriba apud Græcos. ibidem. a.
Epitaphium Wilhelmi Episcopi Roschildensis. 219. a. b.
Epochæ septentrionalium à sepeliendi ritibus. 90. e.
Epulum solidativæ confectionis. 93. a. b.
Equi candidi auspicijs destinati. 245. a. b.

Equi

Equi urgente necessitate commanducati. 52. c. d.
Equina caro familiare alimentum gentilibus Danis. 52. b. c.
Eqvus bellatoris insigne. 125. e. f.
Erffdagulld. 70. a.
Eschillus Archiepiscopus ad Cœnobium Claravallense proficiscitur. 247. e. f.
Et cum dicto, formula Capellæ usitata. 41. e.
Ethelbalderus, quis. 95. a.
Excrementum, pro incremento. 191. e.
Executio. 11. a. pro administratione.
Explicare iter. 149. a.
Exsangves præstare, pro, interficere. 64. d.
Extinctum se simulare, stratagema. 66. e.
Extremus Comitum Absolonis Saxo. 6. d.
Extramundanus, uno verbo. 185. d.
Extremam escam degustare. 76. f.
Exuviæ, pro vestibus. 249. f.
Exuviæ, pro vestimentis. 13. e.
Evbages Celtarum. 42. a.

FAcies, pro habitu, forma. 132. a.
Falcium usus in prælijs. f.
Fame invictissima quæq; expugnantur. 64. b. c.
Fames sæpius vincit, quàm ferrum. 64. b.
Fames expugnat obsessos. 52. b.
Famem fungis, frondibus, herbis lenire. 52. f.
Famis valida vis. 223. b.
Famuli vox frequens in Orationibus. 218. d. e.
Fantua, pro fatua. 67. b. c.
Fartores, gulæ ministri. 145. c.
Fauni, Satyri. 66. d. e.
Fascis vinculo non firmatus, labilis est. Proverb. 118. f.
Fatum pro morte. 51. e.
Fatum latebris evitare non licet. 152. a. b.
Fatorum præscius ordo. 162. a.
Fatum & Stoicam necessitatem probarunt veteres Dani. 53. c. d. e.
Fœmineæ levitatis exempla. 41. b. c. d.
Feria prima, pro die Dominica. 210. c.
Ferinis pellibus integebant corpora Heroës antiqui. 34. d.
Ferire, pro reprehendere. 150. a.
Ferrum potens. 48. b.
Ferrugineæ tunicæ. 238. b.
Ferstett vijsa. 12. b. genus carminis antiqui.
Fides, pro fiducia. 53. a.
Fibulator, artifex fibularum conficiendarum. 173. a.
Figurare, indicare, exprimere. 98. e.
Filaga/ pro Comite, honestissima apud veteres Danos appellatio. 4. d. 5. a. b. c.
Finni optimi sagittarij & venatores. 126. d.
Finvita. 43. d.
Fionia unde dicta. 19. a.
Fiscella biblo texta. 179. b.
Flos, pro virginitate. 157. d.
Fluctuatus est, pro fluctuavit. 215. b.
Fluidi anni. 68. d.
Flammula, vexillum apud Gallos sacrū. 246. c.
Follis, folliculus, saccus, aut pera. 57. f.
Fons fumigans in Islandia 23. c.
Fons res impositas in lapides transmutans in Islandia & Norvegia. 23. d. e.
Fons pestilentis undæ in Islandia nullus. 26. a. b.
Fons cerevisiam referens. 26. c. d.
Fontes subitò exundantes & residentes in Islandia, & alibi. 23. b. c. d.
Fontes fervidi in Islandia. ibidem. e. f.
Fœderis feriendi ritus per sangvinem humanum. 48. a. b. c. d.
Fore, pro esse, vel fieri. 64. f.
Forma prosapiam pandit. 67. e.
Formarum voluptas. 87. f.
Formula post Digressionem. 27. d.
Formula profanos arcendi. 76. b.
Fortitudo præcipua apud Danos antiquos virtus. 28. d. e.
Fortunæ magis, quàm charitati cultum tribuere. 149. d.
Fossis cespite & stramine tectis hostem decipere. 64. c. d.
Frangere, debilitare. 51. b. c.
Fratris vocabulo compellabant amatores suos puellæ. a. b.
Fredag/ Freyæ dies. 43. e.
Fresiæ minoris descriptio. 18. e. f.
Freyam verbo lædere non licebat. 43. c. d.
Freya, amatorum proma conda. ibidem.
Fridericus Cæsar Svenonem ad comitia evocat. 236. c. d.
Fridericus Episcopus Slesvicensis in mari Balthico submersus. 249. c. d.
Fró Deus tempestatum & aëris potens. 54. f. & a.
Fró Deorum Satrapa. 92. b.
Frøblot/ sacrificium in honorem Fró Dei. 54. e.
Frons exarata armorum vestigijs. 106. e. f.
Frons, aciei anterior pars. 175. a.
Frothonis farina, Frodo Miøll/ id est, aurum. 70. e. f.
Fugam primûm in acie capessere, infame & capitale. 119. b. c.
Fulcra, pro lectis, & ipso thalamo. 35. f. 36. a.
Fundæ glacialis urna. 25. d.
Funditores, qui olim in prælijs. 57. a. b.
Fundere, pro effundere. 77. c. d.
Funerandi varij modi. 91. b. c. d. 92. c. d.
Funem ducere, certaminis genus. 224. c. d.
Furvæ hostiæ, quæ 54. b. c.
Furvis hostijs Bellonæ & Proserpinæ sacrificatum. 54. c. d.
Fusus, pro, tantùm non fuso. 51. a.
Fylki / provincia. 118. a. b.
Fylkisi Konga/ Reges populi. 103. e.

GAlla, quid. 178. e.
Gard, urbem, regionem denotat. 185. c.
Gemma malo infixa ad splendorem. 184. c.
Gemmæ in calceis olim. 147. d. e. f.
Genealogia & prosapia Julinensium piratarum, 199. a.
Gens, pro familia. 130. b.
Geruli, quinam dicti. 37. b.
Gerulus nuntiorum, verborum. 37. b.
Gerula cicutarum fœmina. 37. b. c.
Gestamen, pro clava, vel pro eo, quod geritur. 34. e. f. a. b. c.
Gestiblindus, Giestur blinde. 125. b. c.
Gigantes olim in Dania. 1. a. 27. a. d.
Gigantum ossa in Scotia eruta. 27. b. c.
Gigantum mos, nodosa ossa in se invicem conjicere. 73. b. c.
Gigantibus monstrosa membrorum multitudo ascripta. 135. b. c.
Gigas tricorpor. 133. b. c.
Glaciei miraculum fabulosum. 25. a.
Gladijs nomina imponebant veteres Athletæ. 73. a. b.
Gotricus, etiam Godefridus dictus. 185. f. & Sigfridus. 186. a.
Græca pro Latinis usitata medij & posterioris ævi scriptoribus. 38. f.
Græci στήλοις, sive cippis saxeis, variarum rerum monumenta incidi olim curarunt. 15. d. e.
Græcia sapientiæ laudem semper meruit. 226. b. c.
Grami appellatio, pro Rege. 32. f. 33. a. b. c.
Gramum Regem Herculi comparat Saxo. 34. b.
Grando telorum. 175. d. e.
Gratulari, pro gaudere. 30. a. b.
Gremij vox varia significat. 18. b. c. d.
Grex, pro plebe. 10. f.
Grimildæ erga fratres perfidia. 230. b. c. d.
Grip, raptum significat. 35. d. e. f.
Grönlandia, regio ignoti situs. 26. a. b.
Gundebadica lex. 120. d.
Gunilda, Canuti Regis filia, Chunigunda dicta. 212. d. .
Gyrus, ambitus; Gyrare, circumire. 250. d.

HAdingum Diabolus per aëra vexit. 49. a.
Hadingi raptus ad inferos. 55. a. b.
Hæla, Proserpina, Morta. 96. c.
Hafabragur/ genus carminis antiqui. 12. b.
Haldanus XLVII Athletas octidui spatio prostravit. 161. b.
Hamus nexilis, pro lorica hamata. 77. b.
Hami latentis fraus, Metaphorica locutio. 69. e.
Hamßleypur/ quinam. 97. b.
Hamramur/ furore perciti. 154. f.
Haraldus ab Otgario Archiep. Moguntino baptizatus. 192. c. d.
Haraldus à Palnatokone interfectus. 205. c.
Haraldus Godvini filius Angliam occupavit. 216. f.
Haraldus Rex ob ignaviam Hein dictus. 220. a. b.
Haraldina apud Blekingiam rupes. 15. c. 21. c. d. e. Runemo dicta: 21. Ejus descriptio. 21. e. f. delineatio. 22.
Hartgrepa, dura manus. 43. b.
Harthbenus novem cubitos longus. 155. c. d.
Haugbua/ Dæmones sepulchra inhabitantes. 97. a.
Hauabualetur/ Heyboeschrifft/ inscriptiones saxorum sepulchralium. 15. a.
Haugold/ secunda ætas septentrionalium. 90. f. 91. c.
Hnutukast/ jactus ossium nodosorum. 73. d.
Hecla mons in Islandia. 24. b.
Hecla non semper ignem eructat. 24. d. e.
Hellesponti Rex, pro Thraciæ Rege. 49. d.
Hernadardrapa/ genus carminis antiqui. 12. b.
Heßlisvoll/ campus duello destinatus. 98. b.
Hiarthvarus, Rex dialis. 83. b.
Hiarnus Scalder. 130. d.
Hipsicratea Mithridatem maritum virili more culta in exilium secuta est. 44. f.
Hirundines idola inquinant. 247. c. d.
Holmur/ circulus Athletarum. 98. a.
Holmganga. 98. a.
Honestas, pro fortitudine animi. 103 a.
Honores mutant mores. 228. b.
Hospitalitatis jura violare nefas. 102. a. b.
Hospitium publicum, privatum. 102. b. c.
Hospites in tertio gradu officiorum. 103. a. b.
Hospitis ingrati pœna. 103. c. d.
Humana carne vesci, horrendum. 52. e. f.
Hugruner/ Runæ cordiales. 45. b.
Humblus, vel Humelus, Dani & Anguli pater. 28. c. d.
Humanæ victimæ mactatæ. 92. c. d. e
Hunnorum ingens exercitus. 121. b. c.
Hypogæum, locus subterraneus. 134. d.

IAculum naturæ, pro morte. 176. e.
Jaculum vagum. 197. d.
Idolum Mahumet. 51. c. d.
Idololatria Ethnicorum nihil aliud quàm opinio. 90. b.
Ἰχὼρ, sangvis Deorum. 47. a. b.
Jellingense monumentum. 202. b. c. 203. b. 204. a. b.
Ignis linum non consumens. 26. e.
Ignis terret bestias. 77. b. c.
Ignis, pro amore, Poeticum. 99. b.
Ignibus nocturnis aliquem opprimere, indignum. 97. b. c.

Igno-

Ignominiæ militares. 160. b. d.
Illices oculi, illices voluptates. 43. d. e.
Imaginarij, qui dicti. 50. c.
Imagines olim in templis locutæ. 51. a.
Imbuere crumenas ære. 63. f.
Imminere provincijs. 154. e.
Impar dimicationis genus. 39. b.
Impetus fuga fractus. 51. c d.
Impingere, vim quandam denotat. 6. a. & f.
Imprecationes Ovidij exulis in Ibin. 53. a. b.
Improperare, improperium. 188. d.
Inaccessa montium. 27. b.
Inania pacta revocare licebit. 117. f.
Incantationibus olim corpora adversus vulnera durabant. 37. c.
Incendia Æthnæ. 24. a. b.
Incertare, pro incertum reddere. 43. b.
Incentivum. 24. c d.
Incedere vitæ genus. 156. e. f.
Incessit pecunia. 223. c. d.
Inchoamenta, pro initijs. 17. f.
Inconchare, pro absorbere. 113. d.
Incubare, pro pertinaciter inhærere, incumbere. 59. c. d.
Industria, pro prudentia. 99. b.
Inextricabiles amicitiæ hami. 149. c. d.
Infernus Islandicus fabulosus. 24. f. 25. a.
Inferre, pro offerre. 162. e.
Infractus, pro fractus. 177. d.
Infulæ, sacerdotum & regum insignia. 97. e. f.
Ingenij vox ad varia transfertur. 24. a. b.
Ingenuitas, quid. 223. d. e.
In hominem componi. 44. c.
Injicere manus regnis. 154. d. e.
Inops sensus. 6. a. b.
Inops lingua. 6. c.
Inops fraternitatis, comitis, sociorum. 116. f.
Insidiæ pestilentiores, quæ sub nomine necessitudinis latent. 61. a. b.
Insignia ingenuitatis erogare. 223. c. d.
Insperata magis accidunt, quàm sperata. 93. b.
Insula, pro Anglia. 194. e.
Insulares Dani. 190. c.
Instar, pro forma, imagine, specie. 133. c. 158. c. d.
Intemperantia, pro intemperie cœli. 180. b.
Interjectus, pro interjectione. 19. b.
Intercus, adjectivè. 132. c.
Intimatio. 114. a.
Intimare, occultè deferre, nunciare. 114. a.
Intorsit negotium, cum emphasi dictum, & quasi per violentiam. 6. f.
Invidia maximè conspicuis rebus insultat. 8. f.
Joculatores, agyrtæ circumforanei. 145. f.
Islandi optimi historici, & pertissimi antiquitatum septentrionalium. 16. c. d.
Islandia, glacialis insula Saxoni. 22. b. c.
Islandia quando incoli cœpta. 23. b.
Islandiæ varia nomina. 22. c. 23. a.
Islandicorum monumentorum, quæ hodieq; supersunt, recensus. 16. c. d.
Isora portus Selandiæ celeberrimus. 232. e. f.
Iter Bizantio in Daniam olim tritum. 49. e.
Julius Cæsar natatoriæ artis peritus. 83. d. e.
Julini descriptio. 194. a. b. & 198. a. b.
Julinenses piratæ dicti Jomsvitinger. 199. d.
Juris Ecclesiastici patrocinium plurimis Principum sangvine stetit. 11. c.
Juratoria fides. 102. f.
Jurare per Jovem lapidem. 239. d.
Jutia Daniam ingredientibus primum obvia. 18. a.
Jutia in Norici freti littus excurrit. 18. c.

Laboranti optima est mali mora. 116. e.
Lac raro virgunculis in mammis, nisi virum passis. 147. f.
Lacerare gallum. 150. f.
Lacuna in Saxone, & defectus. 182. e.
Lacunar, pro lacuna. 228. e.
Latialis facultas, pro, peritia linguæ Latinæ. 6. f.
Latialis Jupiter. 6. f. & 7. a. Latiarius. ibidem.
Latiaris. 7. a. 6.
Latialiter dissertare, pro, Latinè loqui. 7. c. d.
Lapidum acervis explorare copias. 125. d. e. f.
Lapsui vicinum est, quicquid senio constat. 61. e.
Laqueus, pro omnibus, quîs homo irretiri potest. 252. a.
Latrans, substantivè, pro Cane. 153. a. b.
Latrocinia olim honesta. 69. b. c.
Lavacrum, pro Baptismo. 207. f.
Leges Frothonis paucæ hodie in usu. 119. d. e.
Legislatores proprijs damnantur legibus. 213. e.
Leonis, vel Ursi, caro comesta, aut epotus sangvis, robur conciliat. 48. c.
Leonum carnibus vivunt Agriophagi. 48. c.
Lepus infelicis ominis. 214. b. c. d.
Lethra arx vetustissima Regum Daniæ. 74. d. e.
Lethrarum Reges, Daniæ Reges. 103. c.
Liba / vita Germanis antiquis. 5. a. b.
Liberalitatis Principum erga Doctos viros exempla. 130. d. e.
Liliulag / genus carminis antiqui. 12. b.
Limari, atteri. 77. a. b.
Limruner / Runæ arboreæ. 45. b.
Lintea, pro velis. 174. e.
Lingvis micare, serpentum. 63. a.
Literæ antiquæ Danorum, Runæ dictæ. 14. d. e.
Literæ Bellerophontis. 100. d.
Literarum luce clarescunt egregie facta. 3. f.
Literarum fructus res scitu dignas ad posteros transmittere. 4. a.
Literatorum gratiam promereri utile est. 4. b.
Literas facere. 232. b.

Lites armis & duello dirimerre, olim in usu. 120. c. d.
Liufiungslag/ genus carminis antiqui. 12. b.
Liventis aquæ fluvius. 55. e. f.
Livor post fatum facessat. 98. a.
Loci suspecta Daniæ Regibus, ceu fatalia. 234. f
Locellus, parvus loculus. 58. e.
Longum vivere, longum valere. 130. e.
Longobardi à longis barbis dicti. 181. a.
Longobardi, quando ex patria commigrarunt. 181. a.
Longobardi quando in Italiam. 181. b.
Lucra æquorea. 58. e. f.
Luculentia sermonis, pro splendore. 16. d.
Lumbare, subligar. 146.
Lundonia, Angliæ Metropolis. 70. d.
Lutum, cœnum, labes, sordes, convicij formula. 115. c. d.
Lymicus sinus, qui & fretum Lymfiortinum. 18. d.
Lymphantes, mente capti. 154. d.

MAgi Persarum. 14. a.
Magi humanos vultus, bestiarumq; formas, assumere & deponere olim noverant. 43. b. c. d.
Magisterium, pro magistratu. 9. d. e. variæ ejusdem vocis significationes. 9. e. f. 10. a. b.
Magistratum melius gerunt, qui inviti adeunt. 227. c. d. e.
Magnalia, ingentia facta. 156. b.
Magnus, Nudipes dictus. 228. e.
Maguntini proprium Episcopum interficiunt. 242. a. b.
Majores pro senioribus. 195. e. 207. a. 249. d.
Målruner/ Logorunæ. 45. a.
Manes eliciti querelas fundunt. 46. d.
Mandari, pro, nunciari. 118. d. e.
Manni, equi pusilli. 69. b. c
Manus non diu ictu exhilaratur, porverbium. 116. e.
Manus pro copijs. 176. d. 228. a.
Manum capitis periculo objicere, Proverbium. 118. f.
Manum spargere, exercitum dividere. 118. f.
Marmora Arundelliana. 16. a. b.
Marte priores, id est, superiores, victores. 53. c.
Massa, rude metallum. 148. b.
Mathematici pro Magis & Præstigiatoribus. 41. e. f.
Matrimonia inter inæquales raro fœlicia. 60. c. d.
Matronæ laboranti Reipublicæ sæpe subvenerunt. 206. d. e.
Maturitas ad animum transfertur, &, prudentiam interdum significat. 31. d.
Maturitas, pro prudentia. 117. f. & a.
Maximus Danorum Pontifex, pro Archiepisco Lundensi 3. c.
Maximilianus primus Imperator ad annum ætatis nonum plane mutus. 104. b.
Medioximus, medius. 162. d.
Medelfarsund/ augustum fretum, quo Jutia à Fionia separata. 18. f.
Mediare, pro intercedere. 251. d.
Mendacium regnis perniciem adfert. 112. f.
Mensa nihil sacratius apud veteres. 41. f. a. b.
Miles pro militibus, per Synecdochen. 117. b. c.
Milites Principi post prælium superesse olim rubori ducebant. 82. f.
Minorare, pro minuere. 66. c. d.
Miolner/ malleus Thoronis. 89. d.
Mistilteinn/ spina Baldero lethalis. 93. f.
Mithothin, Mid-Odinus. 5. a. b.
Μνημεῖα Græcorum. 2. c.
Mœnibus se defendere, an acie decernere præstet. 49. a.
Monumenta Romanorum. 2. c.
Monstra opponuntur hominibus. 44. c. d.
Montes complanare. 119. a.
Monomachiâ lites decernebant veteres. 120. e.
Morasteen, lapis regiæ electioni in Svetia dedicatus. 29. d. e.
Mors optima, qvum petitur. 178. b.
Morituri morsu terram carpunt. 178. d. e.
Mos signo conventum indicendi.
Motus nocturni, pro Veneris exercitio. 195. b.
Moveri, & motus, in rebus Venereis. 195. b.
Mulieres versilis propositi. 109. e.
Multivola reflexio. 165. a.
Murices ferrei. 144 f.
Musa, pro Cantilena. 149. e.
Musica olim in aulis Principum. 86. c.
Musicæ encomium. 87. d. 225. d.

NAtatio, præcipuum Juvenum exercitium. 83. d.
Natantes, pro piscibus. 154. a.
Navis velata infulis & olivæ ramis. 89. f.
Navi vetustæ imponere, supplicij genus. 213. c.
Naves ab insignibus nomina sortiebantur. 240. a.
Navigium Draconem simulans. 239. f.
Necromantici Mercurium habent in horoscopo. 46. b.
Necromantici raro fœliciter Manes evocant. 47. c. d.
Negotium terrestre, pro, prælio terrestri. 59. a. 193. a.
Nijdstong/ hasta imprecatoria. 116. a.
Nidingskapur/obscænitatis apparatus. 116. e. f.
Nihil utile, quod parum honestum. 145. b.
Nimietas, pro abundantia. 105. e. f.
Nobilitas Europæ totius e Scandia & Gothia. 68. b.

Noro-

Nodorum consertione res perplexa. 154. a.
Norner/ Parcæ. 134. f. 135. a.
Norvagia ad fidem Christianam conversa. 208. b.
Nucibus ludere, aleæ genus. 177. b. c.
Nulla gens non est laudis avida. 1. b. c.
Nuptiæ in exequias versæ. 41. b. c.
Nuptiæ, pro, omni concubitu. 210. b.
Nuptias facere. 210. b.
Nutricij dicti Educatores. 33. e. f.
Nympharum antra. 134. f. a.

OBtentus ensis, pro objectu ensis. 38. a. b.
Obtinere, pro Vincere. 64. a.
Obtusi cordis esse. 98. f. 251. f.
Oceanus orbis vinculum. 183. e. 4.
Occiduum, pro eo, quod occasui vicinum est, vel, quod ad occidentem spectat. 39. c. d.
Oculi torvi terrorem incutiunt hosti. 165. a.
Oculi fascinantes. 165. c.
Occursacula noctium, spectra nocturna. 66. c.
Odas suas veteres carmine intercalari distinxerunt. 46. e.
Odini duo tresve fuerunt. 49. c.
Odinus Asianus, sive priscus,
Odin hin gamle. 49. c. f.
Odinus Upsalinus. 49. f.
Odinus Mimeri caput arte Magica vocale reddidit. 50. a.
Odinus uno contentus ocello. 78. c.
Odium in propatulo exercere. 145. b.
Olavus Gotrici filius, non est idem cum Ogerio Turpini. 187. c.
Olaus Rex Norvegiæ propè Sticklestadam interemptus. 212. c.
Olaus Famelicus devovit se diris, pro patria. 224. c. d.
Omnes nationes ante Saxonis tempora suos habuere Scriptores. 1. c. d.
Onustus, pro oneroso. 166. d. e.
Opes in propatulo habere. 135. d.
Opinativus opponitur reali. 90. f.
Opinio, pro fama & celebritate. 8. d. e. f.
Ordahnipping/verborum contentiones. 117 b.
Oriens, pro toto illo in Europa tractu, qui Hellesponto finitimus. 49. d.
Oriundus Norvagiæ. 131. a. b.
Ornatrices puellæ. 225. f.
Os, pro dente. 184. a.
Oscellæ & petauri. 109. f. a.
Oscula prima carpere. 157. c.
Ostenta regnorum interitum præcedere solent. 252. b.
Osculari sacra limina, humilitatis indicium. 218. a. b.
Oth, Hebræis signum. 81. c.
Othinus onoculus semper apparuit. 47. b. c.
Othinus oculum Mimero oppignoravit. 47. e. f.
Othino victimæ humanæ mactatæ. 92. b. c. 175. 179. a.
Othincari duo. 209. b c.
Ottho Imperator expeditionem in Daniam suscepit. 199. e.
Otium incentivum libidinis. 108. d.

PAce vestrâ dicere liceat. 128. a.
Pagani, qui dicti. 144. f.
Παρασῖται. 52. a.
Parcæ militares 88. b. c.
Parcæ, & earum oracula. 134. f. 135. a.
Parentela, familia, cognatio, prosapia. 234. b.
Paro, navis prædatoria. 174. b.
Parricidium, de interfectione Principum. 176. f.
Paronomasia Saxoni frequens. 156. f.
Partes, pro orâ, plaga. 63. e.
Parvitas, pro vilitate, seu humilitate. 7. d. e. f.
Parvus, pauperem denotat. 7. a. b.
Passio, compassio. 101. e. f.
Passivus, passivi amatores. 100. e.
Pati, de rebus Venereis. 100. e.
Patibulum, pro cruce. 226. a. b.
Paticus, pathicus. 100. f.
Patientia ex fortitudine nata. 72. f.
Patricius spiritus. 102. a.
Pausa, quies, finis. 59. f.
Pausanæ, induciæ. f. 59.
Pausantes, pro defunctis. 59. b.
Pausare, pro quiescere, dormire. 59. b.
Pax universalis sub Nativitatem Christi. 129. a.
Pecunia ad milites, gloria ad Ducem redundare debet. 32. e. f. a. b.
Pecuniâ mortui instructi ad Valhallam. 96. d. e.
Pecus, pro cunctis animalibus domesticis. 53. b.
Pendente bello. 163. a.
Penuriæ vocabulum ad res varias transfertur. 7. d.
Per involucrum. 210. a.
Pergenuare, genibus repere. 148. e.
Persarum Reges sine muneribus adire nefas. 110. c.
Petia, pro Pictia. 190. b.
Petrus Botildæ filius Monasterium Nestvedense fundavit. 230. f.
Petulantia, pro Juvenili impetu. 146. d.
Physiculandi scientia. 42. d. e.
Physiculare, pro Physicare. 42. c. d.
Physiculatores. 42. b. c.
Picturæ ruditas. 103. f.
Piratica maximæ olim laudi. 98. d.
Pisces manibus capiuntur. 21. b.
Piscium in freto Danico & Constantinopolitano abundantia. 21. b.
Pœna malitiæ similis. 126. a. b.

Pœnale,

Pœnale, pro pœna. 67. c. d.
Pœnarum quatuor genera. 157. a. b.
Poës antiqua Danica qualis fuerit. 12. 13. a. b. c. d. e. f.
Pontem trajicere. 131. d.
Pontificium, pro Pontificatu, Sacerdotio. 207. f.
Pontis verſatilis uſus ferè olim ignotus. 131. d.
Popponis miraculum candentem ferri laminam geſtantis 207. a. b.
Popularis, homo abjectæ conditionis. 109. a.
Populus divitum, populus Deorum. 223. f.
Porcos rixantes conciliant lupi. 111. b. c.
Potis ſit, pro poſſit. 248. c.
Pretium interfecti ab interfectore requirere, ſolenne quondam fuit. 39. c. d.
Præcluis forma. 184. d.
Præcordialis, pro intimo. 109. c. d.
Præcurrit, adcurrit, decurrit &c. 194. c.
Præfatio Saxonis omnibus numeris abſoluta. 1. b.
In ea quænam potiſſimum tractat. ibidem. b. c. d.
Præferre, pro præficere alicui muneri. 166. c. 191. f.
Præfectura Sleſvicenſis olim beneficiaria. 104. d.
Prægrandia imperia difficile continentur. 195. a.
Prælatio maritima. 166. a.
Præminere, pro præeminere. 154. e.
Præſtes: præſtites Lares. 34. e. f.
Præſumo, præſumptio, præſumptuoſus. 165. b.
Primitiæ, pro primis rei alicujus initijs. 158. b.
Primitias floris teneri auferre. 157. d.
Principatus non ſangvini debetur, ſed meritis. 61. b. c.
Principare, imperare. 191. a.
Probroſus ales, qui proprium polluit nidum. 113. f.
Probatio per ignem, per aquam calidam, vel frigidam. 120. f.
Probationum, ſeu, purgationum varij modi. 120. e. f.
Procella, pro malorum incurſantium impetu. 205. f.
Proceræ ſtaturæ homines ſolent exagitari. 74. d.
Projicere, pro contemnere. 40. e. f.
Prodigioſi partus exemplum memorabile. 107. e. b. c. 108. a. b.
Propaſſis alis. 195. b.
Propior Virginis, quàm militum charitati, locutio Valeriana. 40. e.
Propugnare, cum Dativo, rarius. 51. d.
Proreta, qui proræ præſidet. 176. d.
Protheo mutabilior. 44. d.
Protheus ambiguus. 44. b.
Protheus magus fuit & veneficus. 44. d. e.
Proximum ſibi quemq; natura conſtituit. 61. e.
Prudentia peregrinando comparata. 114. c.
Pſallere, proprium Clericorum. 218. e.
Pulchritudo index nobilitatis. 67. f.
Pulſare, pro Vexare. 35. f.
Pulſare, pro accuſare, affligere, vexare. 233. c.
Punica aqua. 132. b.
Puniceum ſcutum, ſignum pacis. 89. e.
Pyga, pro natibus. 163. e.
Pythomantis. 43. a.
Pythonica ars. 42. f.
Pythonicus. Ibidem.

QUæſtio; An pro rerum ſumma duello confligere liceat? 105. e. f.
Quæſtio? Num in Magiſtratu deligendo ætatis ratio habenda? 109. f. 110. a b.
Quæſtio; An Principem bellis intereſſe expediat? 111. f.
Quæſtio; An præſtet bellum domi excipere, an hoſti inferre? 154. b.
Quicquid evenit, aliquando accidit. Proverb. 121. e. f.
Quo plura poſſidemus, plus affectamus. 125. e.

RAdius, pro fulgore oculorum. 155. f.
Ramale, ramus ex arbore deciſus. 47. f.
Ramale, pro ſtemmate. 155. d.
Ramis curvatis annectere, ſupplicij genus. 161. d.
Ramum ducere, originem ducere. 155. d.
Raro pingveſcet, qui cadit. Proverb. 121. f.
Recidivum, quod revertitur. 192. a.
Recordatio majorum. 3. c.
Ramruner/ Runæ Magicæ. 45. f.
Refutare, rejicere, contemnere. 69. e.
Reges Daniæ munera donabant aulicis. 75. a. b.
Regna Aquilonaria magnam habent ſermonis communionem. 22. b.
Regnerus Lodbrog victorias ſuas ſaxis incidi curavis. 15. c.
Regnerus, unde Lodbrog dictus. 189. b. c.
Reguli plures in Dania. 103. d.
Religio, pro jurejurando. 209. b.
Repedare, pro, redire, reverti. 93. c.
Repigrare, pro, retardare, cohibere. 151. a.
Rei patriæ. 234. d.
Res Daniæ geſtæ, pro Danorum. 6. c.
Res Danicas in hiſtoriam conferre. 6. e.
Res geſtas in ſcutis depingere, olim ſolenne. 102. c.
Reſcindere manumiſſiones. 32. a. b. c.
Reſtipulari, viciſſim aliquid ſtipulari. 213. b.
Rex, pro Vicario Regis. 101. b. 102. b.
Riſta Runer/ incidere Runas. 46. c.
Riſus morientis, indicium vindictæ. 73. f. a.
Roeskildia à Roe Rege. 71. f. a. b.

Roluo,

Roluo, unde dictus Krake. 73. c. d.
Rolvo dictus Beiter pella. 75. b.
Roisold/ prima ætas septentrionalium. 90. f. 91. a. b.
Romani superstitiosi. 43. e. f.
Rubellum vinum. 150. c.
Rumor, pro obscuro strepitu. 110. a.
Rotari, volvi huc illuc. 180. a.
Runer/ literæ antiquæ Danorum. 14. e. 45. b. c. d.
Runa maali lingua Danica à Runis dicta. 45. c. d.
Runæ, veterum Danorum Poëtæ. 12. b.
Runar duo significat, & veterum literaturam, & magiam Runis expeditam. 45. b. c.
Runi veteres medendi solertia se vulgo venditabant. 40. f.
Runarum schemata varia. 14. 15. a. b. c. d. c. d.
Runarum magicarum variæ species. 45. a. b. c. d.
Runarkieffle/ lignum, cui insculpebant Runas 46. a. c.
Runas tabellis ligneis sculpserunt. 100. d.
Runhendadrapa / genus carminis antiqui. 12. b.
Runicarum literarum duo genera. 45. c. d.
Runis abutebantur Magi ad incantamenta. 45. d. e.
Runomagiæ, sive Necromantiæ Runicæ exemplum. 45. b. c. d.
Rupices paginæ. 16. c.

SAcco inclusus non mordet. 122. b. Proverb.
Sacer ignis, erysipelas exulceratum. 220. c.
Sacerdotes Dijs suis aurum & argentum detrahebant. 50. d. e.
Sacra mensæ, legationis, regni. 41. f. a. b.
Sacrarium, pro ædicula sacra. 9. e. transfertur etiam ad animum. ibidem. f.
Sacrificia, pro Sacramentis. 238. d.
Sacrista, custos sacrarij. 220. b.
Sacrum, pro magno. 220. d. e.
Sagitta lignea conventus indictus. 120. a.
Sagittandi ars, præcipua Juvenum exercitatio. 84. a.
Sagittarij optimi, qui fuerint. 208. d.
Sagittariorum usus in prælijs. 57. c.
Sago jactare in aëra. 109. a.
Salem ex aqua marina decoquere. 132. e. f.
Salmoneus tonitrua alludebat. 229. b.
Saltus edere. 126. a.
Sangvis Deorum, qualis. 47. a. b.
Sangvis, sacrificium humano sangvine peractum. 55. a.
Sangvis, pro progenie. 155. d. e. 217. c.
Sanctus Vitus Martyr. 246. a. b.
Satrapa, Persica vox. 31. f.
Saxa varijs inscriptionibus ornata. 15. a.
Saxa pro trophæis erecta. 15. b.
Saxa duodecim electioni Regiæ olim destinata. 29. f. a. b. c.
Saxeum volumen. 16. c.
Saxum volatile nullum. 26. f. a.
Saxo, Clericus Absolonis. 6. d.
Saxo literatam militiam Valdemaro offert. 17. d.
Saxo Momi reprehensionem prævertit. 41. d. e.
Saxo multa debet Martiano Gapellæ. 62. c.
Saxonis obtrectatores ne hilum proficiunt. 16. e. f.
Saxonis fabulosa unde manârint. 17. e. f.
Saxonia, regnum. 106. b.
Scabida, pro scabiosa. 176. e.
Scabies nocens, mala. 53. f.
Scabiem Romani abominati sunt. 54. a.
Scalda, quid sit. 17. e. f.
Scaldri ad lyram carmina decantare soliti. 13. e.
Scelera rarissimè impunitate gaudent. 233. a.
Sceptratus. 233. c.
Schema. 44. f. a.
Schema aciei Othinianæ. 164.
Schisma inter Alexandrum & Octavianum Papam. 240. e. f.
Scindulæ, minuta ligni frusta. 210. d. e.
Scoti à Scotto Dano. 68. e. f. a.
Scriofinni, Scritofingi, Scritobini, Scredevindones. 26. c. d. e. f.
Scriptitatum olim in palmarum folijs, in cortice, ligno. 99. 100. a. b. c.
Scuta ex corticibus arborum. 162. a. ex tabulis sectis. 162. c. d.
Scuta pulsare, mos militaris. 238. d.
Secretarium, locus occultus. 184. b.
Selandia antiquis Seelundur / item Sialandia dicta. 19. d. e. f.
Seelandia potiùs dicenda, quàm Sædlandia. 19. c.
Seelandiæ insulæ origo ex Edda. 19. a. b. c. d. e.
Securitas valde nocet militari fortunæ. 66. b.
Seductus, seorsim abductus. 225. e. 249. b.
Sedulus, continuus, assiduus. 191. e.
Senes baculis gressus adjuvant. 176. f.
Senior, pro Domino, Principe. 211. a. b.
Sensatus, sensu valens. 99. f.
Sensus, pro animo, sive mente. 6. b.
Sepultura in magno pretio apud Gigantes. 98. f.
Sequestra pax. 174. d.
Sequior, pro deteriore. 134. a.
Sequioris ordinis vir. 133. c. d.
Seram industriæ patefacere. 99. a. b.
Serium veritatis. 185. e.
Servum habere amicum, inconsultum est. 115. c.
Siderea rupes, pro alta. 24. e.

Signa

Signa illatæ injuriæ misericordiam accendunt. 232. c. d.
Sigruner/ Runæ victoriales. 45. a.
Sigtrugus Rex nullo alio metallo, quàm auro, superari potuit. 36. f. 37. a. b. c.
Sigtrugus à Gramo clavâ auro nexâ interfectus. 37. e. f.
Silva Caledonia. 70. b.
Silvester II Pontifex deceptus oraculo statuæ. 50. c. d. e.
Simi, Simones. 67. b.
Singulares congressiones abolitæ. 220. d.
Sinus propriè serpentum. 62. c. d.
Sinus, genus vasis. 150. b.
Sistri figura. 87.
Sistrum, quale instrumentum. 86. a. b. c.
Skallvingl/ vertigo Poetica. 13. b.
Skemmur/Skemmu Meyar/ conclavia & custodes. 109. a. b.
Skawen / oppidulum in extrema Cimbria. 18. d.
Skidher/ Skydi/ Andruer/ soleæ ligneæ Finnorum. 27. a.
Skioldi egregia indoles. 31. d.
Skioldi Regis humanitas & continentia. 32. d. a. f.
Skioldunga visur/ genus carminis antiqui. 11. f. 12. a.
Skioldungi à Skioldo Odini filio dicti. 31. e. f. item à clypeis. ibidem.
Skioldungur dicti Daniæ Reges. 12. a.
Skothent/ genus carminis antiqui. 12. b.
Skydi / Skidher / Skijer / Xylosoleæ. 126. b. c. d.
Sleipnerus, Odini eqvus. 82. a.
Slesvicenses & Holsati, Dani potius quàm Germani. 105. b. c.
Solidum, pro terra firma. 147. f.
Solis æstus nimius segetes corrumpit. 223. b.
Solis lumen, ne noctu quidem, in Norvegia, occulitur. 22. b.
Solitarius, solus. 63. a.
Sonoritas, sonus clarus. 229. f.
Sopore conficere homines Magi solebant. 48. d. e.
Sordido cultu robusta sæpè obtegitur manus. 67. c.
Sorores dicebantur amatoribus puellæ. 33. a. b.
Sorores fratribus vestes olim conficiebant. 72. b. c.
Sortium usus apud Germanos. 245. c. d. e.
Specimen honestatis, virtutis. 249. e. f.
Spectra, quid sint. 67. e. f.
Specular, pro speculo. 161. e.
Specularia, pro fenestris, Senecæ. 161. e.
Spes metum vincit. 165. f.
Spicare, spiculo asperare. 60. d.
Spicum, pro spica. 60. b.
Spicus crinalis, pro pectine. 60. a. b.
Spinosi dentis acumen. 63. a.
Spiold/ Speldsesse / tabellæ ligneæ. 100. d.
Sponsio, stipulationis genus. 212. f.
Squamea terga serpentum. 63. a.
Squammæ piscium inter res noctu lucentes. 216. c. d.
Statua Memnonis magicè consecrata. 50. a. b.
Statuâ taciturnior. 149. f.
Statuæ vocales. 50. e. f.
Statuæ futura prædicebant. 50. c.
Statura procera autoritatem conciliat. 250. e.
Stinga Swefnthorn / claviculum soporifero charactere signatum injicere alicui. 48. e.
Stipendij vocabulum variè sumitur. 10. f.
Stipite perfodebant corpora mortuorum. 125. c.
Strava, convivum ferale. 61. f.
Strangulare laqueis fallaciarum. 107. b
Strandhog. 114. f.
Stridor ferarum. 58. e.
Stupidare, pro, stupidum reddere. 54. e.
Stuthola/ genus carminis antiqui. 12. b.
Sveno, alter Julianus. 206. b. c.
Svenonis Esthritij laus. 217. d. e.
Sverus Rex non fuit fabri filius. 248. c. d
Svip/ Genius. 67. e.
Suartruner/ Runæ Necromanticæ. 46. a.
Subarmalis vestis. 103. f. 165. b.
Subtel, vola pedis. 153. c.
Succinctus opibus. 63. f.
Sudus sangvis, pro splendido. 161. e.
Summa, pro, rerum summa. 215. c.
Sundmoria, & Nordmoria, provinciæ. 124. e.

Tabes, sanies & sangvis corruptus. 47. a.
Tabes, pro tabo. 77. a.
Tabulatum, pro alveolo lusorio. 238. a. b.
Tela post tergum jaculari, Parthorum. 129. a.
Tenaculum, pro retinaculo. 158. f.
Τεφραμαντεία, divinatio ex cinere. 245. f.
Teraphim Labanis. 50. d.
Testamentum inofficiosum. 195. e.
Testudo militaris. 89. c. d.
Textiles nodi, pro aulæis. 99. c.
Thule unde dicta Goropio. 16. a.
Thule non est Islandia. 172. d.
Thylenses minus rectè Islandi dicuntur. 16. f.
Thymmo ramulum pro vexillo erigit. 209 c. d.
Thymmo, Banner dictus. 209. e.
Thyra Regina vallum Danicum prima struxit. 200. e. f.
Tibia à tibijs animalium dicta. 140. a.
Timere ad, Idiotismus. 40. e.
Timor, maximum olim dedecus. 77. e.
Titulare. 3. b.
Tituli vox, quàm varia significet. 2. d. e. f. 3. a.
Toglag/ genus carminis antiqui. 12. c.

Tonsi,

Tonsi, remi. 133. e.
Tori varietas supplicij loco. 68. b. c.
Tormenta quæ omnis generis tela torquent. 232. f.
Torpere, incultum atq; socordiam denotat. 6. f.
Tortus crinis, in nodum coactus. 147. d.
Toubragur/ genus carminis antiqui. 12. b.
Traditio, quid significet. 8. b. c.
Tumulus cadaverum. 78. b. c.
Turbidare, pro turbida reddere. 54. e.
Tyrannus, pro Rege. 161. c.
Tyrannis, pro Regia potestate. 161. c.

VBbo recusat imperium. 227. a.
Væ terræ, cujus Rex puer est. 109. b. c.
Vafurloga. 43. b.
Valkost/ strues cadaverum. 78. e.
Valkyrier/ Parcæ militares. 88. b.
Valli Danewerck primus fundator, quis fuerit. 199. b. c.
Vallis Josaphat descriptio. 227. f.
Vallum Barbaricum in Anglia. 201. a. b.
Vdaenssakter / Ager immortalium. 104. c. d. e.
Venalis lingua. 151.
Venatica præda. 128. f.
Veneris vocabulum inter τὰ μέσα. 108. b.
Venus, pro concubitu. 108. b.
Venus errabunda, vulgivaga. 108. d. e.
Venus, pro quavis amica. 157. d.
Verrendi vocabulum singularem violentiam notat. 47. e.
Verrere mare. 132. d. e.
Versilis, vertilis. 25. b. c.
Versus Saxonis debito ordini restituti. 36. b. c. d. e.
Vestigio suspenso ambulare. 132. a.
Vetustas, pro senectute. 149. c. d.
Vetusti, pro senio confectis. 149. b.
Vexilla olim sacra. 246. b. c.
Viare, pro, iter facere. 178. b.
Vicinans. 26 a.
Victoriam stertendo nemo cepit. 121. b.
Victrix signum, quid sit. 81. b. c.
Victualia, pro annona. 180. c.
Wijsa/ carmina Donorum antiqua. 11. f.
Vikinger/ Piratæ. 152. c. d.
Vinculatus, vinculis astrictus. 201. b.
Vinculum fraternum, pro fraternitate. 161. b.
Violare, de violento contactu. 133. d.
Virginum mos libidini velamen prætexere. 43. c.
Virtus, robur, auxilium. 192. a.
Virtute invidiam vincere difficile. 135. e. f.
Visitare terram, pro fœcundare. 224. e.
Visus fidelior aure est. 78. f.
Vitesker. 28. a. Vitarum campus.
Unctio, pro coronatione. 251. b.
Undiquesecus, utrinquesecus. 22. a.
Unno Archiepiscopus Bircæ in Svecia sepultus. 208. d.
Voces animalium callere & interpretari. 112. a. b.
Vogstorin / anfractus. 18. a.
Volubilitas linguæ, pro eloquentia. 111. c.
Volucris rubella. 150. a.
Voto se obstringebant veteres inter pocula. 74. c. d.
Vox, pro lingua. 22. b.
Urceis egerere aquam è navibus. 114. c. d.
Urere, pro lædere. 62. d.
Urnense forum. 251. c.
Ursi nomine insidiator virginem comprimit. 210. d. e.
Utgarthia, Constantinopolis. 191. d.
Utgarthiloci fabula, quid significet. 185. a. f.
Utgarthiloci etymologia. 185. b. c.
Vulnus pro clade. 59. f. 104. d. e. 251. c.
Vultus, totiusq; corporis mutatio præstigiosa. 97. b. c.
Vultus temporis. 116. b. c.
Uxorius, mulierosus. 146. b.
Wera, pons Selandiæ. 129. e.
Wijgs Bota / quid. 39. c.
Wilhelmus Tellius, optimus sagittarius. 204. c. d.

XEnia in convivijs antiquorum. 92. a.
Xylosoleæ septentrionalium. 126 b.

YRpana procella. 57. a. b.
Yrpe Jell. 57. b.

ZElotypiæ muliebris magna vis. 225. a.

INDEX AUTORUM,

qui in superioribus Notis laudantur & illustrantur.

ABBo. 38. f.
Achilles Tatius. 157. f.
Acron. 63 c. 146. a. 150. e.
Acta Apostolorum. 42. f.
Adamannus Scotus. 194. e.
Adamus Bremensis. 2. a. 26. c. 28. a. 55. e. 71. d. 93. d. 118. a. 185. f. 186. f. 187. e. 188. a. b. 189. a. 192. e. 193. b. 194. e. 199. a. 205. e. f. 207. c. 208. b. f. 109. a. c. f. 210. b. 212. b. d. e. 213. f. 215. d. f. 216. a. 217. b. d. 218. a. b.
Ado Viennensis. 1. c.
Adolphus Cypræus. 194. f. 200. c. 207. d. 249. d.
Ælius Donatus. 145. d.
Ælianus. 52. a. 123. f. 184. c. 210. c. 213. e.
Ælnothus. 2. b. 8. f. 19. d. 30. c. 36. f. 63. f. 191. c. 207. e. 219. e. 220. a. 221. c. d. e. 222. a. b. c. 223. d. 228. a. 229. a.
Æmilius Macer. 153. a.
Æmilius Probus. 10. b. 224. a.
Agathias. 57. e. 229. e.
Agobardus. 120. d. 220. e.
Aimonius. 1. c. 2. a. 185. f. 187. d. 188. a. b. 192. f. 199. c.
Alanus ab Insulis. 36. c. 39. a.
Albertus Abbas Stadensis. 186. a. 187. a. e. 188. a. b. 192 e. 199. e. 207. d. 229. a.
Albertus Argentinus. 209. f.
Albertus Crantzius. 29. d. 30. a. 31. b. c. 49. c. 62. b. 120. c. 134. b. 193. d. 199. e.
Albertus Magnus. 88. a.
Albertus Metensis. 1. d.
Alexander ab Alexandro. 89. a. 100. c.
Alexander Gvagninus. 27. a.
Alcimus Avitus. 114. a. 175. c
Aldhelmus. 8. f. 39. a. 59. b. 69. f. 97. b. 100. f. 149. c. d. 210. f. 220. f. 224. b. 227. b. 234. b.
Alfenus JCtus. 163. d.
Alfricus. 1. d.
Amadæus Lausanensis. 39. a.
Ambrosius. 128. c.
Amœnus. 69. d.
Ammianus Marcellinus. 6. f. 9. a. e. 13. f. 21. d. 24. d. 31. e. 34. b. 35. f. 37. b. 42. a. 44. a. 47. e. 51. d. 67. d. 69. e. 70. d. 83. a. 87. b. d. 89. d. 93. c. 97. a. 105. e. f. 113. d. 117. a. 134. a. 145. c. 154. a. 158. b. 165. b. 174. d. 175. a. 178. b. 205. a. 206. b. 211. b. 217. c. 223. d. 229. b. c. 233. d. 234. a. 237. a. 238. f.
Andreas Abbas. 8. f. 241. d. e. 244. d. e. 245. a. e. f. 247. a.
Andreas Buræus. 26. e.
Andreas Sensflebius. 178. a.
Andreas Sunonis. 102. a.
Andreas Vellejus. 9. c. 37. f. 71. d. 87. f. 104. b. 131. c. 172. e. 173. a. 192. f. 194. c. 207. e. 209. a. 211. c. 217. d. 225. c. 227. e. 230. b. 251. d.
Angelomus Lexoviensis. 24. e. 90. c.
Antiquitates Tricassinæ. 33. f.
Antoninus. 70. d.
Antonius Foquelinus. 177. d.
Antonius Nebrissensis. 87. c.
Apicius Cœlius. 145. e.
Apulejus. 9. e. 10. a. 18. c. 24. a. 27. b. 30. c. 33. d. 34. c. 37. b. 42. d. 43. d. 46. b. 47. c. 51. c. d. 60. c. 60. f. 66. c. 86. b. 87. d. 99. b. 105. e. f. 106. a. 116. f. 127. a. 132. a. 134. a. 151. a. 155. b. 158. a. e. 163. d. 178. b. 184. b. 188. f. 194. c. 195. b. 210. d. 228. d. 251. a.
Aristides. 119. b. 175. f.
Aristophanes. 123. b. c. d. b. c. d. 212. f.
Aristoteles. 67. a. 83. f. 110. a. 148. b. 226. f.
Arnerus Skald. 32. e.
Arngrimus Jonas Islandus. 16. a. 17. e. 22. e. 23. b. e. 24. d. 25. a. 26. a. 31. d. a. 79. e. 92. e. 120. b. 134. b. 141. c. 172. d. 190. a. 250. c.
Arnobius. 8. a. 16. d. 43. a. 59. a. 105. e. f. 108. b. 128. a. 218. c. 247. d.
Arnoldus Abbas Lubecensis. 3. f. 8. d. e. 10. d. 11. c. d.
Arnoldus Huitfeldius. 11. f. b. 182. e.
Arnulphus Lexoviensis. 2. d. 8. b. 241. b.
Arrianus. 219. a.
Arrianus JCtus. 8. d. e.
Asconius Pedianus. 9. c.
Asterius. 45. a.
Athenæus. 14. a. 48. d. 66. c. 99. a. 133. b. 150. d.
Augustinus. 117. d. 130. a. 219. a. 27. a. 152. c. 161. f. 191 b.
Augustus Buchnerus. 112. b.
Avicenna. 71. c. 109. a.
Aurelius Victor. 181. b. 227. f.
Autmarus. 1. c.
Ausonius. 78. d. 148. a. 208. e.
Autor de Viris illustribus. 101. a.
Autor ad Herennium. 57. a.
Autor de contemptu mundi. 69. d.
Autor incertus de gestis Caroli Magni. 186. a.
Autor Etymologici. 65. f.
Autor Queroli. 152. a. 233. f. 249. f.

Baltha-

BAlthazar Ayala. 49. c. 154. d.
Baptista Mantuanus. 104. c.
Barnabas Brissonius. 110. c. 163. a.
Baruch Propheta. 50. d. e.
Beda Venerabilis. 1. d. 29. a. 39. a.
Benedictus Baldvinus. 147. a.
Bernhardus Morlanensis. 77. e. 113. e. 152. b. 178. f. 250. d.
Boëthius. 44. b. 178. c.
Bruno. 2. a.
Brynolfus Svenonius, Episcopus Scalholtensis. 16. f. 20. e. 23. c. e. f. 24. e. 26. d. 28. e. 31. b. 34. d. 37. b. 39. e. 43. d. f. 46 b. 74. a. e. 48. f. 49. d. 52 d. 53. c. 54. b. 55. c. 57. b. 60. a. 66. f. 67. e. d. 68. c. 69. b. c. 70. a. 73. d. f. 78. a. b. e. 88. a. c. 93 f. 97. c. 98. a. 103. a. 104. b. c. 106. b. e. 114. e. 115. c. 116. b. e. f. 118. b. f. 121. f. 122. a. 125. f.

CÆlius Rhodiginus. 25. d.
Cæsar Baronius. 234. f.
Cæsarius Heisterbachcensis. 39. c. 101. d. 109. d. 180. c. 220. b. 234. c.
Calphurnius Siculus. 41. c. 60. d. 76. c. 78. b. 88. b. 155. e. 176. f.
Calpurnius Flaccus. 87. f. 118. d.
Carisius. 132. d.
Caspar Barthius. 11. b. 37. c. 38. e. 44. e. 50. c. 64. a. d. 66. b. 67. b. 71. e. 77. c. 79. d. 97. a. 110. b. 117. d. 118. e. 119. f. 126. a. 144. d. 151. c. 166. d. 179. b. 194. e. 210. b. 223. d. 233. d. 249. e. f.
Caspar Peucerus. 67. f. 245. f.
Cassiodorus. 8. e. 87. c. 218. d.
Cato. 113. a. 145. a. 177. a.
Catullus. 4. c. 78. d' 115. e. 123. c. 132. e. 157. d. 161. a. 175. c. 185. d. 248. c.
Cedrenus. 229. e.
Censorinus. 54. d.
Christianus Adrichomius. 227. a.
Christophorus Brovverus. 100. c.
Christophorus Colerus. 7. f.
Chronicon Archiepiscoporum Lundensium. MS. 3. b.
Chronicon Cameracense. 113. d.
Cicero. 3. e. 4. b. 4. a. 6. c. ibidem. 7. a. 9. f. 17. a. 19. b. 31. d. 37. b. 39. f. 42. b. 50. c. 52. c. 53. b. 59. a. 61. a. 67. c. 68. f. 69. e. c. 77. e. 78. c. 83. a. b. 98. c. 102. d. f. 110. d. 111. c. 115. d. 117. a. 128. f. 130. a. c. 131. d. 132 c. 145. b. 146. d. 154. e. 156. f. 157. e. 174. b. 183. d. 185. d. 210. a. 212. e. f. 226. c. d. 228. b. 232. f. 238. d. 252. a.
Claudianus. 36. a. d. 39. e. 54. d. 68. f. 99. b. 117. f. 130. f. 149. b. 179. b. 230. a. 233. d.
Claudius Lyschander. 95. a. 182. e. 223. a.
Claudius Salmasius. 4. f. 147. b.
Clemens Alexandrinus. 47. a. 84. a. 147. e. 247. f.
Codinus. 63. d.
Cœlius Aurelianus. 220. e. 238. b.
Cointus Smyrnœus. 119. c.
Columbanus. 2. c. 177. a. 230. a.
Columella. 93. b. 98. b. 131. c. 145. e.
Conradus Gesnerus. 216. e.
Conradus Rittershusius. 250. e.
Corippus Africanus. 36. a. 157. c. 192. b.
Cornelius Aurelius. 186. d.
Cornelius Celsus. 39. b.
Cornelius Gallus. 67. f. 176. a. 178. a.
Cornelius Nepos. 49. a. 210. f.
Corona pretiosa. 238. c.
Curtius. 14. a. 30. f. 50. c. 72. d. 83. a. 98. e. 111. d. 112. c. 119. a. 135. a. 145. b. 147. f. 154. e. 165. e. 175. c. d. 176. a. 184. b. d. 195. a. 208. d. 236. d. f. 240. c
Cyprianus. 30. e. 59. d. 145. f. 156. c.

DAniel Heinsius. 18. d. 78. c. 101. c.
David Chytræus. 197. d.
Demosthenes. 102. c. 115. a.
Diodorus Siculus. 129. c. 160. b. 238. f.
Dio. 61. e.
Dio Chrysostomus. 60. f. 185. d.
Diogenes Laërtius. 123. a.
Dionysius Afer. 22. a. 25. e. 183. f.
Dionysius Halicarnassæus. 7. b. 72. f.
Dionysius Lambinus. 53. c. 118. e.
Dionysius Periegetes. 84. b.
Dioscorides. 71. b. 93. b.
Dithmarus. 92. f. 124. c. 201. d. 245. b.
Domitius Brusonius. 23. a.
Domitius Calderinus. 25. c.
Dudo Neustricus. 1. d. 28. b. 31. a. 38. c. f. 39. a. 44. e. 60. f. 69. b. 93. a. d. 149. c. 165. c. 174. a. 180. a. 182. e. 191. c. 192. c. 194. a. 234. d.

ECchehardus Junior. 3. a.
Edda, Islandorum Mythologia. 14. b. c. 16. d. e. 17. c. d. e. 19. d. 31. e. 32. e. 47. d. 70. f. 73. c. 78. b. 88. d. e. 89. d. e. 93. f. 95. c. 96. c. 97. c. 134. f. 136. a. b.
Egesippus. 69. e. 179. f.
Egilli Scallagrimi Epinicion. 33. d.
Egillus Scallagrimus. 70. f.
Eginhardus. 1. c. 185. f. 186. a. 187. a.
Egla, Historia Egilli Skallagrimi. 116. b.
Eligius. 7. c.
Endeleichius Rhetor. 89. c. 111. b.
Ennius. 38. d. 63. f.
Ennodius. 7. a. 9. d. 30. d. 166. b. 207. f.
Episcopus Arconensis. 77. e. f.
Erasmus Lætus. 200. a.
Erasmus Roterodamus. 100. d. 111. b. 148. d. 158. b.

Z 2

Erycius

Erycius Puteanus. 40. c.
Ethelverdus. 1. d. 28. f.
Eucherius. 24. b. 162. c. 234. b. 238. a.
Eugippius. 8. b. 106. a. 114. b. 233. d.
Eugraphius. 145. d. e.
Euhemerus Siculus. 15. d. e.
Eunapius. 129. d.
Euripides. 82. b. 98. c. 178. e. 238. e. 251.

Festus. 54. b. 60. c. 61. b. 162. e. 163. a. 210. b. 229. f.
Festus Avienus. 63. d. 65. d. 114. a. 132. f.
Flavius Josephus. 148. d.
Flavius Vopiscus. 100. f. 147. f. 161. e.
Flodoardus. 90. b. 211. b.
Florentius Vigorniensis. 65. e.
Florus. 27. a. 59. c. 60. a. 68. f. 70. e. 117. c. e. 158. e. 194. d. 220. e. 223. f. 228. b.
Franciscus Vatablus. 81 e. 101. c.
Freculfus. 1. c. 129. e.
Freigius. 7. a.
Fridericus Lindenbrogius. 26. e. 69. f. 122. d.
Fridericus Tilemannus. 239. b.
Frontinus. 69. a.
Fulbertus Carnotensis. 55. c. 180. c. 213. b. 251. c.
Fulgentius. 17. a. 60. b. 118. f. 152. a. 174. d.

Gallus Confessor. 118. e.
Galterus. 2. b. 8. a. 24. e. 26. b. 32. c. 39. a. 41. e. 44. f. 54. e. 55. b. 64. a. 75. b. 77. f. 166. e. 175. d. 177. a.
Gariopontus. 30. c. 151. b.
Gaspar Schoppius. 77. c.
Gaufredus. 1. d.
Gaufridus. 284. a.
Ganfridus Monemutensis. 1. d.
Gellius. 8. c. 41. f. 49. b. 61. f. 103. b. 105. c. 107. c. 123. a. 132. a. c. 155. a. 157. f. 160. b. 195. c. 208. a. 229. b.
Georgius Agricola. 23. f.
Georgius Buchananus. 70. b. 190. b.
Georgius Fabricius. 3. b.
Gerardus Johann. Vossius. 2. a. 25. c. 39. a. 130. 78. d. 250. e.
Gerbertus. 36. b.
Germanus Valens Pimpontius. 174. e. 229. d.
Geverhartus Elmenhorstius. 228. d.
Gildas Sapiens. 1. d.
Giraldus Cambrensis. 128. e.
Glaber Rodulphus. 1. d.
Glossæ Isidori. 9. d. 42. d. 66. f. 146. b.
Glossæ Isonis Magistri. 59. b.
Glossæ Philoxeni. 151. c. 192. a.
Glossarij MS. fragmentum. 66. a.
Glossarium. 6. b. 33. f. 50. c. 57. f. 60. a. 63. a. 66. f. 69. d. 69. e. 77. b. 99. b. 114. b. 146. b. 155. c. 158. f. 163. c. 178. f. 188. d. 216. d.
Glossarium Camberonense. 65. e.
Glossarium Islandicum 66. 2. 98. a. 166. b. 117. b. 146. e. 154. f. 156. f. 193. d. 220. a.
Godeschalcus Stevvechius. 57. b. 89. e. 210. e.
Grangæus. 50. b.
Gratius. 60. d.
Gregorius Nyssenus. 155. e.
Gregorius Turonensis. 1. c. 120. d. 232. e. 235. d.
Grettla. 48. f. 114. e. 27.
Guntherus Poëta. 2. a. ibidem. b. 17. d. e. 65. b. 153. b. 181. a. 236. b. 242. d. 249. a. 250. d.
Guido Pancirolus. 100. c.
Guigo Carthusianus. 252. a.
Guilandinus. 100. c.
Guilielmus Aremoricus. 39. a. 66. c. 69. a. 93. e. 101. e. 166. b. f.
Guilielmus Budæus. 103. a.
Guilielmus Cambdenus. 29. b. 68. e. 70. d. 190. b.
Guilielmus Mamelsberiensis. 1. d. 50. c. 124. d. 128. e. 213. a. 222. f.
Guilielmus Neobrigensis. 224. b. 234. a. 236. e. 237. c. 248. b.
Guilielmus Rhievallensis. 1. d.
Guilielmus Tyrius. 37. e. 235. b.

Hadrianus Junius. 107. b.
Halfrodus Poëta. 33. e.
Hector Boëtius. 27. a. 29. e. 129. a. 207. e.
Heliodorus. 47. d. 25. b.
Helmoldus Butzoviensis. 2. b. 8. f. 120. a. 185. d. 212. f. 237. c. d. 238. f. 242. b. 246. e.
Helpericus. 224. b.
Henricus Ernstius. 119. b. 246. a.
Henricus Faber 87. f.
Henricus Huntingdonensis. 1. d.
Henricus Meibomius. 239. a.
Henricus Spelmannus. 110. f. 113. d. 120. f. 179. d. 252. e.
Hericus Monachus. 2. a. 18. e. 35. f. 38. d. 39. a. c. d. 87. b. 101. f. 110. e. 112. d. 166. c. 175. c. 177. e. 224. b. 233. e.
Heribertus Rosvveidus. 65. f.
Hermannus Contractus. 2. a.
Hermannus Hugo. 100. c.
Hermannus Lignaridus. 48. f.
Hermes Trismegistus. 50. c.
Hero Ctesibius. 134. b.
Herodianus. 145. a.
Herodotus. 77. a. 81. f. 90. d. 245. c.
Hesiodus. 73. a.
Hesychius. 25. d. 38. e. 43. a. 134. e. 145. e. 163. e.
Hieronymus. 59. d. 69. e. 100. c. 106. b. 129. b. 176. e. 224. a.
Hieronymus Fabricius ab Aquapendente. 112. a.
Hieronymus Mercurialis. 84. e. 109. b.

Hiero-

Hieronymus Oforius. 100. a.
Higinus Gromaticus. 50. c.
Hilarius. 116. a.
Hildebertus Cenomanenfis. 247. d.
Hildefonfus Toletanus. 1. d.
Homerus. 48. e. 73. a. 88. e. 91. a. 102. d. 122. f. 146. c. 178. e.
Horatius. 3. f. 4. c. 7. a. 9. f. 35. e. 36. f. 38. d. 43. a. 44. b. 51. d. 53. f. 63. b. 69. c. 77. c. 106. a. 119. a. 123 b. 129. a. 135. d. 146. a. 150. b. 154. e. 163. d. 177. c. 251. a. 252. b.
Hrofvita. 1. d.
Hugo Grotius. 42. c. 60. b.
Hyginus. 229. d.
Hypnerotomachia Poliphili. 52. d.

IAcobus Auguftus Thuanus. 185. a.
Jacobus Gutherius. 208. a
Jacobus Lectius. 109. d.
Jacobus Mejerus. 102. e. 120. b. 214. d.
Jacobus Zevecotius. 60. e. 111. a.
Janus Gruterus. 10. e. 119. c. 165. c.
Joannes de Janua. 25. e. 67. a. 72. c. 146. c. 178. c. 228. f 251. d. e.
Joannes de VVeathamfted. 90. f.
Joannes Freinshemius. 32. a 64 e. b. 75. a. 97. a. 135. e. 194. d.
Joannes Gerundenfis. 1. d.
Joannes Meurfius. 28. e. 30. f. 37. f. 41. a. 63. d. 89. f. 106. e. 112. d. 125. f. 127. a. 149. d. 150. f. 210. c.
Joannes Mofchus. 65. e.
Jodocus Badius. 63. c.
Johannes Aventinus. 120. b.
Johannes Balæus. 109. d.
Johannes Biclarenfis. 211. a.
Johannes Bodinus. 67. f. 235. e.
Johannes Boëmius. 122. e. 123. f.
Johannes Bourdelotius. 73. a. 146. d. 210. b.
Johannis Calvini Lexicon. 9. e. 208. a.
Johannes Cajus. 128. b. 131. d.
Johannes Caffianus. 59. c. 106. a. 195. c.
Johannes Goropius Becanus. 16. a. 28. b. 209. f.
Johannes Guilielmus Stukius. 239. c.
Johannes Hantvillenfis. 71. d. 78. a. 101. c. 233. d.
Johannes Janus Alanus. 79. d.
Johannes Ifaacius Pontanus. 10. d. 28. f. 58. e. f. 78. f. 106. e. 130. d. 156. a. 183. d. 184. a. 200. f. 214. d. 222. b. e. 248. f.
Johannes Kirchmannus. 114. d. 129. d. 176. c. 241. d.
Johannes Laurenbergius. 56. a. 121. e. 160. a. 163. c.
Johannes Magnus Svecus. 28. d. 29. e. 34. f. 36. f. 37. e. 62. b. 129. a.
Johannes Meffenius. 29. e. 158. a. 208. f.
Johannes Pineda. 128. d.
Johannes Sarisberienfis. 2. d. 3. f 4. b. 7. d. e. 9. e. 41. f. 50. e. f. 60. d. e. 61. c. 61. a. 66. c. 72. a. 93. c. 145. f. 146. b. 151. f. 153. f. 156. d. 207. f. 224. b. f. 229. f.
Johannes Seldenus. 16. b. 50. e. 120. f. 124. f.
Johannes Sleidanus. 110. c. 124. e.
Johannes Stephanius. 106. e.
Johannes Svaningius. 18. b. 29. e. f. 37. e. e. 41. a. 66. a. 98. a. 106. e. 140. a.
Johannes Svaningius Junior. 223. a.
Johannes Tritheimius. 193. e.
Johannes Turpinus. 51. a. 187. c.
Johannes Vaftovius. 144. b.
Johannes VVeitzius. 2. f. 116. a. 174. d.
Johannes VVierus. 67 f 113. d.
Jonas Coldingenfis. 71. b.
Jornandes. 8. c. 26. c. d. 61. e.
Jofephus Devonius Ifcanus. 3. b 9. a. 36. e. 39. d. 40. b. 77. c. 78. e. 106. b. 158. a. 174. a. 175. a. 237. e.
Jofephus Judæus. 15. f. 235. e. f.
Jofephus Scaliger. 61. b. 69. d.
Jofias Simlerus. 204. f.
Ifaacus Cafaubonus. 4. c. 185. d. 250. c.
Ifambardus Diaconus. 2. c.
Ifidorus Gram. 57. d. 65. e. 69. d. 89. c. 128. a. 147. a. 174. b. 181. a. 184. e. 210. e. 251. f.
Ifidorus Hifpalenfis. 1. d.
Ifocrates. 110. a.
Ivo Carnotenfis. 1. d. 55. d. 93. d. 101. e. 109. e. 120. f. 180. e. 234. d.
Julius Cæfar. 16. b. 27. a. 89. b. 102. e. 127. c. 165. b. 194. c. 210. e. 232. f.
Julius Cæfar Scaliger. 20. d.
Julius Capitolinus. 69. e. 110. c. 234. b.
Julius Firmicus. 6. f. 7. a. 8. e. 10. a. 24. a. 31. e. 46. b. 55. a. 59. d. e. 100. e. 108. f. 110. e. 114. b. 131. e. 132. a. 145. f. 183. e. 223. c. 228. c. 233. d.
Julius Obfequens. 53. a. 250. a.
Julius Pollux. 25. d. 87. e.
Juftinianus. 33. e. 131. c.
Juftinus. 6. e. 9. d. 32. c. 40. b. c. e. 50. b. 60. a. 62. a. 63. f. 77. a. 97 e. f. 98. d. 101. a. 111. a. 117. f. 119. a. 125. e. 128. f. 130. a. 132. a. 135 f. 147. d. 154. f. 156. e. 158. c. 160. c. d. 163. a. 193. a. 213. e. 225. b. 227. e. 228. a. 232. c. 235. a. b. 237. d. 238. a. 252.
Juvenalis. 4. e. 41. b. 50. b. 57. f. 78. a. 99. 100. f. 113. a. b. 133. d. 144. b. 148. b. 177. b. 195. b.
Juvencus. 217. c.

LAberius Mimographus. 149. c.
Lactantius. 15. e. 43. e. 72. a. 125. b. 151. b. 247. c.
Lævinus Torrentius. 148. a.
Lambertus Schafnaburgenfis. 2. a. 98. e. 120. f. 131. b. 190. d.
Lampertus Alardus. 205. e.
Lampridius. 110. b. 119. d.
Laurentius Pignorius. 86. a. b. 129. d.
Laurentius Ramirezius. 128. d. 177. e. 218. f.
Laurentius Scavenius. 116. d.
Laurentius Valla. 30. a.
Lazarus Bayfius. 146. e. 176. e. 240. b.
Leo Imperator. 129. b.
Leonardus Vairus. 49. b. 165. d.
Leontius. 120. d.

Z 3 Levi-

Leviticus. 42. f.
Leven clavius. 64. b.
Lexicon Græcolatinum vetus. 25. f.
Lipsius. 7. f. 35. c. 57. b. c. d. e. f. 89. e. 131. e. 160. d. 210. b.
Livius. 9. a. 49. c. 52, a. f. 55. f. 57. f. 59. d. 64. c. 72. f. 77. c. 89. f. 100. e. 102. b. c. 105. a. e. 111. b. c. 114. a. 115. c. 117. f. 150. c. 131 d. 132. d. 134. c. 152. b. c. 158. a. 162. a. 163. b. 175. e. 180. a. 205. a. 206. e. 209. d. 226. c. 227. e. 238. e. 251. a.
Livius Andronicus. 39. f.
Longus Sophista. 65. d. e. 131. b. 157. c.
Lucanus. 2. e. 7. a. 13. f. 30. d. 52. b. c. 52. f. 57. c. 58. d. 62. e. 78. d. 115. f. 119. a. 133. e. 148. b. 150. f. 151. c. 175. b. 179. a. 179. b. 180. a. 189. f. 216. d.
Lucilius. 155. a.
Lucretius. 4. b. 6. a. 18. b. c. 27. b. 53. c. 57. d. 67. d. 70. f. 77. b. 108. e. 117. a. 118. e. 130. a. 133. e. f. 135. f. 147. b. 155. b. 157. f. 165. a. 229. b.
Ludovicus Aurelianus. 4. e. 30. f.
Ludovicus Cresollius. 74. e.
Ludovicus Guicciardinus. 108. b.
Ludovicus Lavaterus. 66. d. 67. e.
Lucianus. 1. a. 48. c. 102. c.
Luitbrandus. 59. f. 124. b.
Lupus, Abbas Ferrariensis. 7. e. f. 30. c. 86. b. 166. c. 232. c. 251. c.
Lupus Servatus. 8. a.
Lycophron. 127. a.

M*Acrobius.* 16. c. d. 55. a. 59. e. 125. a. 131. f. 238. a.
Magnus Olavius, Pastor Laufasiensis in Islandia. 12. f 16. e. 19. a.
Malleus maleficarum. 67. f. 205. e.
Manilius. 62. d. 69. c. 205. e.
Marbodæus. 24 f. 80. e. 162 f.
Marcianus Heracleotes. 21. a.
Marianus Scotus. 2. a.
Marius Victor. 128. a.
Martianus Capella. 7. c. 10. c. d. 17. f. 19. b. 21. d. 22. a. 24. b. 25. b. a. 26. a. 27. c. 34. a. d. e. 41. e. 42. b. c. 47. e. f. 54. e. f. 55. e. f. 60. b. 62. c. 63. a. e. 67. a. 87. f. b. 89. b. 93. a. 98. c. 105. f. 107. b. 133. b. 145. f. 149. b. 150. c. d. 151. b. 155. b. c. d. 157. c. d. 163. c. 165. b. 174. e. 184. d. 212. e. 223. f. 247. b. 252. a.
Martialis. 24. c. 35. a. b. 69. c. 124. a. 147. d. 150. c. e. 151. e. 152. c. 157. e. 161. f. 177. b.
Martinus Delrius. 120. f.
Martinus Opitius 5. b.
Matthæus Paris. 55. d. 180. c. 191. c.
Matthæus Raderus. 32. a. 175. c.
Matthæus Vossius. 65. a.
Matthæus VVestmonasteriensis. 29. b. 129. c. 207. e.
Matthias Berneggerus. 40. b. 68. b. 115. a. 130. c. 144. f. 154. e. 163. b. 225. e.
Matthias Martinius. 6. b.
Maximianus. 67. f.
Maximus Cæsaraugustanus. 1. d.
Maximus Tyrius. 41. c.
Meginfredus. 1. d.
Melchior Goldastus. 2. c. 69. d. 195. e.
Melchior Junius. 109. f. 112. d.
Mericus Casaubonus. 234. c.
Mesue. 71. c.
Michaël Casparus Lundorpius. 177. e.
Michaël Glycas. 36. b.
Minutius Felix. 43. a. 125. b. 247. d.
Modoinus. 18. e.
Monachus Florentinus, Episcopus Arconensis. 26. a.

N*Azarius.* 110. d. 127. a.
Nazianzenus. 135. e. 229. d.
Nemesianus. 127. b. 179. b.
Nennius. 4. d.
Nicander Colophonius. 71. a.
Nicephorus. 124. b.
Nicetas Choniates. 115. a. 119. b. 225. b.
Nicolaus Abramus. 158. a.
Nicolaus Caussinus. 184. d.
Nicolaus Hemmingius. 120. f.
Nicolaus Lyranus. 110. d
Nicolaus Remigius. 67. f.
Nicolaus Rigaltius. 77. c.
Nicolaus Serrarius. 241. a.
Nithardus. 1. c. 8 a.
Nonius Marcellus. 155. a. 162. e. 240. a.
Nonnus. 127. c. 240. a.
Novellæ Theodosij. 69. e.

O*Bertus Gifanius.* 99. a. 100. e. 117. b.
Olaus Magnus. 29. e. 88. a. 92. c. 126. a. 134. b. 139. c. 175. f.
Olaus VVormius. 5. b. 12. d. e. 14. e. 15. b. 20. f. 21. d. 26. f. 29. d. 45. a. 61. e. f. 79. e. 92. f. 98. a. 100. a 106. c. 111. a. 128. d. e. 129. e. 134. d. 142. b. d. 152. e. 158. f. 172. e. 173. b. 188. e. 192. f. 212. b. 236. a. 242. f.
Otfridus. 5. a.
Oppianus. 131. b. 210. b. c.
Optatus Afer Milevitanus. 234. c.
Ordericus Vitalis. 93. d. 98. e. 128. d. 166. a.
Ottarus Niger. 33. a.
Otho Frisingensis. 2. a. 129. a. 181. b. 234. e. 236. c. 250. d.
Ottho Heurnius. 47. d.
Ottho Poëta. 184. c.
Ovidius. 2. d. 8. f. 23. f. 30. b. 39. c. 41. c. 43. f. 44. b. c. 47. f. 60. d. 67. a. 69. d. 76. b. 84. e. 98. b. 103. e. 106. f. 108. d. 111. a. c. 116. c. 119. a. d. 124. a. 129. b. 130. c. 132. b. 235. e. 151. f. 157. e. 158. b. 176. f. 177. c. 184. d. 189. f. 225. a. 226. d.

Pacatus

PAcatus Drepanus. 67. b. 111. c.
Papias. 2. d. 65. c. 67. a. 153. c. 230. a.
Paulinus Nolanus. 227. c.
Paulus Apostolus. 90. b.
Panegyricus Constantino dictus. 24. d.
Paulus Diaconus. 7. c. 22. c. 26. b. 28. a. 180. d. 181. a. b. 194. e. 247. c.
Paulus Æmilius. 109. f. 120. d. 199. b. 232. e.
Paulus Jovius. 16. b.
Paulus JCtus. 8. d.
Paulus Orosius. 8. b. 66. b. 110. f. 111. c. 129. d. 201. c.
Paulus Rhamnusius. 225. f.
Pausanias. 122. f.
Persius. 4. b. 47. f. 148. c. 150. c. 155. d. 177. d. 185. c. 249. c.
Petronius Arbiter. 41. c. 44. d. 51. b. 52. e. f. 61. b. 69. e. 87. a. 93. b. 98. e. 112. e. 115. a. 128. a. 134. d. 146. d. 150. e. 151. f. 157. c. 184. f. 210. b. 213. c. 249. b.
Petrus Bellonius. 129. d.
Petrus Chrysologus. 3. a. 9. d. e. 30. a. 35. b. 36. c. 42. e. 58. f. 66. d. 67. d. 69. f. a. 101. d. 106. a. 108. e. 125. b. 178. a. 202. b. 208. a. 234. c. 235. d.
Petrus Colvius. 42. e. 127. a.
Petrus Cunæus. 148. d.
Petrus de Vineis. 124. b.
Petrus Gyllius. 21. b.
Petrus Laglandicus. 117. e. f.
Petrus Pithœus. 113. c.
Petrus Victorius. 45. a. 98. c.
Philargyrus. 7. a.
Philippus Camerarius. 31. c. 48. e. 73. b. 81. f. 165. b. 214. c. 241. d.
Philippus Cluverius. 174. a. 176. c. 181. e.
Philippus Presbyter. 62. e.
Philippus Rubenius. 147. a.
Philo Judæus. 157. e.
Philostratus. 184 f.
Philoxenus. 188. a.
Phocas Grammaticus. 126. a.
Phædrus. 63. c. 77. b. 153. a. 155. e. 194. 216. c.
Pindarus. 1. a. 41. b. 87. e. 135. e.
Pindarus Thebanus. 153. b. 179. b.
Platina. 186. c.
Placidus Lactantius, Statij interpres. 46. d.
Plato. 51. e. 67. a.
Plautus. 4. b. 9. f. 21. e. 43. b. 59. e. 93. b. 100. a. 101. d. 102. b. 106. a. 113. e. 115. d. 117. e. 124. b. 143. a. 149. f. 150. d. 157. e. 162. e. 163. b. 194. c. 227. d. 248. c. 249. b. 251. a.
Plinius. 4. d. 7. b. c. d. 23. f. 26. b. d. 32. a. 48. c. 50. d. 70. c. 71. b. 93. b. 94. a. 99. e. 112. f. 127. c. 129. c. 144. b. 147. b. 155. f. 162. c. 165. a. 179. c. 189. a.
Plinius Junior. 7. a. 67. f. 69. d. 100. a. 148. f. 149. a. 165. a. 174. d. 183. d. 211. e. 212. c. 213. c. d. 223. f. 226. e.
Plinius Valerianus. 59. e.
Plutarchus. 15. f. 32. d. 45. a. 67. b. 87. d. 89. a. 119. c. d. 122. f. 123. e. f. 128. c. 129. a. 145. c. 160. c. 174. b. 179. f. 224. b. 225. d. 239. b.
Polybius. 115. b. 119. c.
Polydorus Virgilius. 109. f. 110. d. 120. c.
Polyænus. 179. a.
Pomponius Mela. 48. d. 77. a. 156. b. c.
Porphyrio. 69. c.
Porphyrius. 15. f. 112. a. 134. f.
Procopius. 26. b. 126. d. 181. c. 209. f.
Propertius. 51. b. 84. b. 87. d. 157. e.
Prudentius. 2. e. 9. c. 18. d. 36. a. 44. f. 59. a. 65. c. 114. a. 116. a. 194. f. 217. c. 218. b. 227. a. 233. f.
Ptolemæus. 20. e. f. 21. c. 70. d.
Publius Mimus. 67. f. 111. a. 178. b.
Puteanus. 7. a.

QUeroli auctor. 42. a.
Quintilianus. 6. c. 30. b. 31. d. 35. c. 38. c. 41. f. 47. b. 51. c. 52. f. 52. e. 60. b. 98. a. b. e. 108. c. 132. b. 135. d. 148. a. 151. c. 156. f. 178. a. 179. a. 212. d. 223. b. 252. c. d.
Quintus Cicero. 41. b.

RAbbi Moses Ægyptius. 50. b.
Radevvicus. 2. a. 120. f.
Radulphus Ardentius. 55. e. 61. b. 66. c. 90. b.
Rhabanus Maurus. 7. b.
Rhegino. 1. c. 64. c.
Ricardus Argentinus. 67. f.
Ricardus Stanihurstius. 99. c.
Robertus Monachus. 37. d. e.
Robertus, Rex Franciæ. 99. f.
Robertus VValturius. 145. e.
Rogerus de Hoveden. 242. a.
Rupertus Tuitiensis. 8. a. 51. a.
Rutilius Numatianus. 249. e.

SAllustius. 6. f. 16. d. 24. a. 39. e. f. 48. f. 86. c. 135. e. 162. b.
Salomo Lexicographus. 69. d.
Sanctes Pagninus. 32.
Savaro. 59. e.
Salvianus Massiliensis. 16. c. 24. d. 57. e. f. 59. d. 145. d. 235. c. 247. c.
Samuel Benlanus. 1. d.
Scalda, Metrica Islandorum. 17. e.
Sebastianus Munsterus. 195. f.
Secundus. 1. c.
Sedulius Presbyter. 54. d. 217. c.
Seneca. 9. a. 26. d. 50. e. 52. 77. c. 97. a. 103. b. 110. c. 181. d. 125. b. 134. a. 145. f. 150. e. 151. c. 151. d. 161. e. 174. d. 205. f. 239. e.
Seneca Rhetor. 8. c. 41. b. 93. b. 133. d. 145. b. 148. a. 156. e. 183. e. 184. a.
Seneca Tragicus. 30. e. 41. d. 68. d. 91. b. 111. 151. d. 165. a. 177. a. 178. c. 238. d.
Septimius Romanus. 188. a. 220. f.
Septimius Serenus. 87. a.
Serapio. 71. c.
Serenus Sammonicus. 249. f.

Servius. 9. a. 59. e. 83. a. 90. a. 129. a. 150. b. 166. a. 174. d. 178. f. 179. f.
Severus Patriarcha. 7. d.
Severus Sanctus. 89. c. 111. b.
Sibrandus Siccama. 186. e. 187. a.
Sidonius Apollinaris. 8. d. 9. d. 24. d. 25. c. 59. f. 74. a. 84. c. 132. a. 134. b. 162. e. 163. b. 174. b. e. 185. d. 191. b. 205. e. 218. d. 224. a. 238. b. 239. f.
Sigebertus Gemblacensis. 2. a. 110. c. 192. a. 193. b. 207. d. 214. d. 246 b.
Sigismundus Baro ab Herbenstein. 88. b.
Silius Italicus. 18. d. 32. b. 41. c. 54. c. 62. f. 73. a. 76. c. 90. b. 102. c. 115. a. 118. f. 133. c. 135. f. 156. a. 167. b. 176. a. 184. b. 205 a. 240. b.
Silvester Giraldus Cambrensis. 23. d.
Simeon Dunelmensis. 1. d.
Snoro Sturlæsonius. 50. a. 101. d. 106. c. 109. b. 196. a.
Solinus. 24. b. 48. c. 69. e. 99. e. 178. c. 208 a.
Spartianus. 4. e. 32. d. 54. c. 97. a.
Statius Papinius. 34. a. 46. d. 77. a. 116. f. 133. f. 151. e. 158. b. 162. a.
Stephanus Guichardus. 66. a.
Stephanus Pighius. 7. f. 166. e.
Strabo. 14. a. 42. d. a. 48. a. 81. c. 90. d. 123. e. 156. d. 181. b.
Sveno Aggonis. 74. f. 105. a. 220. e. 221. b.
Suetonius. 4. d. 9. a. b. e. 30. d. 51. c. 60. a. 74. e. 83. e. 109. a. 114. f. 117. e. 130. b. 131. d. 148. f. 154. e. 158. d. 162. f. 166. a. 179. e. 189. f. 194. c. 208. e. 213. c. 225. d. 226. a. b. 227. e. 233. a. 250. b.
Suidas. 65. f. 100. e. 123. a. 274. b. 209. f. 214. b. 224. b.
Sulcardus. 1. d.
Sulpicius Lupercus. 67. c.
Sulpitia. 87. a. 153. c.
Sulpitius Severus. 21. d. 99. e. 184. a. b. 227. c.
Symmachus. 9. f. 51. b. 62. e. 233. d.
Synæsius. 41. a.

Tacitus. 11. a. 19. c. 22. c. 27. b. a. d. 30. e. 40. f. 41. f. 45. a. 48. a. 50. c. 50. b. 59. f. 63. f. 70. d. 77. e. 82. f. 87. f. 91. f. 98. d. 111. c. d. 112. b. 115. d. 116. f. 119. c. 123. f. 126. d. 132. a. 144. b. 146. c. d. 154. e. 162. d. 132. a. 144. b. 149. c. d. 154. e. 162. b. 174. b. 175. a. 181. b. 194. c. 206. f. 228. b. 235. c. 237. f. 238. d. 245. a. 250. c. 252. c.
Tatianus. 7. b.
Terentianus Maurus. 63. e. 158. f. 162. d.
Terentius. 32. a. 53. c. 61. c. 93. b. 109. e. 145. c. 157. e.
Tertullianus. 3. b. 24. a. 37. b. 43. a. 47. b. 55. a. 61. a. 132. d. 134. e. 155. b. 156. c. 192. a. 224. f. 238. b.
Testamentum Absalonis MS. 6. d.
Theganus. 1. c.
Theodorus Beza. 109. c.
Theodorus Marcilius. 61. a.
Theodosius μικρὸς. 7. c. d.
Theophilus. 7. b. 33. e.
Thomas Bangius. 248. d.
Thurgotus. 1. d.
Tibullus. 25. b. 35. b. 54. d. 133. b. 157. e. 158. a. 218. 6.
Trebellius Pollio. 97. f.
Tzetzes. 36. a. 44. d. e.

Valerianus Cemeliensis. 93. b. 121. a. 233. e. 234. c. 235. e. 238. c. d.
Valerius Flaccus. 62. c. 63. f. 84. d. 105. a. 133. a.
Valerius Maximus. 2. e. 4. b. 7. e 8. b. c. 9. f. 10. d. f. 17. b. c. 30. b. c. 32. c. e. 33. c. 39. e. 40. e. 41. f. 43. f. 44. e. f. 48. b. 51. e. f. 52. c. d. 52. e. 54. d. 55. e. f. 72. f. b. 77. a. 97. b. 98. c. f. 99. e. 101. a. 102. a. b. 104. e. 108 f. 123. d. 130. d. 131. f. 145. c. b. 149. a. 153. b. 154. d. 158. e. 162. b. c. 165. f. 166. d. 167. a. 175. b. 177. d. 194. f. 195. b. 211. a. b. 215. b. 216. d. 217. c. 223. c. 224. c. 225. c. 226. b. 227. b. 229. e. 233. d. 249. e. 251. f. 252. a. e.
Varro. 60. f. 61. b. 117. a. 125. b. 147. f. 150. b. 162. c. 179. f.
Vegetius. 49. b. 57. b. c. d. 64. b. c. 84. b. 86. a. 88. f. 132. f. 144. f. 206. e. 210. e. 235. c. 252. b.
Vellejus Paterculus. 9. b. 39. a. 66. b. 119. c. 181. c. 235. c.
Venantius Fortunatus. 6. a. 16. d. 39. a. 93. d. 100. c. d. 157. e. 179. c. 218. c.
Vetus Vocabularium. 100. f.
Victor Giselinus. 2. f.
Vincentius Lirinensis. 151. b.
Virgilius. 18. c. 34. e. 43. a. 44. a. 48. e. 53. a. b. 54. b. c. 55. b. 59. c. d. 62. d. 63. a. b. 66. a. 75. a. 66. b. 77. b. 84. e. 90. f. 91. f. 99. b. 102. e. 105. a. 106. f. 112. b. 114. f. 115. f. 116. c. f. 117. a. 119. a. 129. a. 130. e. 132. b. d. 133. a. 135. d. 146. c. 197. b. c. d. 175. e. 178. e. f. 180. a. 184. c. 193. b. 229. b. 232. d. 235. 6. 238. e. 240. d.
Vitruvius. 210. e.
Vulfgangus Lazius. 28. d.
VValafridus. 3. a. 39. a.
VVernerus Rolevinck. 208. b.
VVidichindus. 1. d. 246. c.
VVipertus. 207. f.

Xenophon. 78. c. 83. d. 161. f. 233. a.

Zachlas Ægyptius Propheta. 46. b. 47. c.
Zenodotus. 100. d.
Zonaras. 123. e. 226. 6.

Pag.4. Prolegomen. Cap.2. pro, unllo, lege, ullo.
Pag. 6. Proleg. Cap. 4. pro, iuaudiverant, lege, inaudiverant.
Pag. 8. Proleg. pro, CAP. VIII. lege, CAP. VII.
Pro, ſtipenda, lege, ſtipendia.
Pag. 9. Proleg. Cap. 8. pro Quin, lege, Quin &c.
Pag. 10. Proleg. pro, Osbium, lege, Osbjurn.
Pro, quid, lege, quod.
Pag. 12. Cap. 9. Proleg. pro, Navtre, lege, Navtæ.
Pag. 14. Proleg. Cap. 10. pro, ſocis, lege, locis.
Pag. 16. Proleg. Cap. 11. pro, Trinitatas, lege, Trinitatis.
Pag. 19. Proleg. Cap. 12. pro, contubernro, lege, contubernio.
Pag. 28. Proleg. Cap. 18. pro, favorum, lege, favorem; & pro, propenſam, lege, propenſum.
Pag. 29. Proleg. pro, repititur, lege, repetitur.
Pag. 34. Proleg. Cap. 20. pro, haad, lege, haud.
Pag. 35. Proleg. Cap. 21. pro, no, lege, non.
Pag. 37. Prol. pro, proximum, lege, proximorum.
Pag. 37. Prol. pro, Antequitates, lege, Antiquitates.
Pag. 38. Prol. cap. 23. pro, propriora, lege, propiora.
Pag. 44. Proleg. pro, ſeclus, lege, ſcelus.

Pag. 1. Notar. lit. c. pro, quornm, lege, quorum; & pro, ultimnm, lege, ultimum.
Pag. 4. pro, momumenta, lege, monumenta.
Pag. 7. b. pro, Archipiſcopum, lege, Archiepiſcopum.
Pag. 15. b. pro, exhibebit, lege, exhibuit.
Pag. 15. c. pro, ᛒᛅᚢᛏᚽᛋᛅᚽᚴᚽ, lege, ᛒᛆᚢᛏᚽᛋᛅᚽᚴᚽ.
Pag. 16. e. pro, ergegium, lege, egregium.
Pro μακερίτȣ, lege, μακαρίτȣ.
Pag. 18. c. pro, filices, lege, ſilices.
Pag. 19. a. pro, ᛏᚼᛆᛏ, lege, ᚦᛆᛏ. & ſic in cæteris eâdem paginâ vocibus, in quibus ᛅᚼ, perperam ponitur pro ᚦ.
Pag. 19. c. pro, minos, lege, minor.
Pag. 19. e. pro, ᚼᚽᛁᛆᚽᚱ, lege, ᚼᚽᛁᛅᚽᚱ.
Pag. 19. f. pro, ᚴᛆᚽᚠᛆᚦ, lege, ᚴᛆᚽᚠᚴᚦ.
Pag. 19 b. 2. pro, Svitiod / lege, Svidiod.
Pro, Farand i/ lege, farandi.
Pag. 19. e. 2. pro, quiſcete, lege, quieſcere.
Pag. 20. b. 1. pro, ᛅᚼᚢᚱᚦᚢ, lege, ᚦᚢᚱᚦᚢ.
Pag. 20. d. 1. pro, Genetivi, lege, genitivi.
Pag. 26. a. 1. pro, Acconenſis, lege, Arconenſis.
Pro, hnnc, lege, hunc.
Pro, Martianns, lege, Martianus.
Pag. 27. c. 2. pro, Græciæ, lege, Græcia.
Pag. 29. c. 1. pro, qnendam, lege, quendam.
Pag. 31. e. 1. pro, origine, lege, originem.
Pag. 32. a. 1. pro, Sanctus, lege, Sanctes.
Pag. 32. b. 2. pro, Italius, lege, Italicus.
Pag. 33. c. 1. pro, ᛚᛁᚼᛆᚱ, lege, ᛚᛁᛦᛆᚱ.
Pag. 33. a. 2. pro, dagna, lege, dagnar.
Pag. 34. a. 1. pro, pediſſegna, lege, pediſſequa.
Pag. 35. f. 1. pro, pulſatus, lege, pulſare.
Pag. 35. e. 2. pro, Herorum, lege, Heroum.
Pro, magificè, lege, magnificè.
Pag. 36. f. e. pro multu, lege, multa.
Pag. 42. b. 1. pro, eriam, lege, etiam.
Pag. 43. d. 1. pro, ᚠᛁᚴᚢᛁᛦᛅ, lege, ᚠᛁᚴᚢᛁᛦᛆ.
Pag. 43. d. 2. pro, canicula, lege, caniculæ.
Pag. 45. b. 1. pro, amplum, lege, amplam.
Pag. 46. f. e. pro, ᛅᚼᚢ, lege, ᚦᚢ.
Pag. 48. b. 2. pro, Hadindo, lege, Hadingo.
Pag. 48. e. pro, ᛅᚼᛆᚱᚴ, lege, ᚦᚭᚱᚴ.
Pag. 50. a. 2. pro, quæcumque, lege, quæcunque.
Pag. 51. c. 1. pro, eâ, lege, eo.
Pag. 52. e. 2. pro, Oratione, lege, Orationem.
Pag. 53. a. 1. pro, Rutilos, lege, Rutulos.
Pag. 57. b. 1. pro, contignere, lege, contingere.
Pag. 58. a. 1. pro, ᛏᚠᛅᛅᛁ, lege, ᚦᚭᛅᛅᛁ.
Pro, ᛋᚠᚴᚠᚢᛁ, lege, ᛋᚭᚴᚠᚢᛁ.
Pag. 58. pro, ᚢᚭᚠᛆ lege, ᛋᚭᚠᛆ.
Pag 59. a. 1. pro, ſuut, lege, ſunt.
Pag. 59. c. 2. pro, Perſona, lege, Porſena.
Pag. 61. b. 2. pro, indulta, lege, induta.
Pag. 62. b. 2 pro, exiſtimaſſe, lege, æſtimaſſe.
Pag. 63. d. 2. pro, opprobij, lege, opprobrij.
Pag. 64. a. 1. pro, Latinititis, lege, Latinitatis.
Pag. 65. e. 1. pro, aptem, lege, aptam.
Pag. 67. d. 1. pro, afflixeruut, lege, afflixerunt.
Pag. 67. b. 2. pro, intulernut, lege, intulerunt.
Pag. 68 f. 1. pro, autiquitatis, lege, antiquitatis.
Pag. 68. f. 2. pro, pertiſſimus, lege, peritiſſimus.
Pro, fpargi, lege, ſpargi.
Pag. 70. f. 1. pro, ᛘᛁᚭᛏ, lege, ᛘᛁᚭᛚ.
Pro, ᛒᚱᚢᛅᚢᛯ, lege, ᛒᚱᚢᛅᚢᛧ.
Pag. 70. b. 2. pro, ᚠᚠᚭᛏᚴᛁ, lege, ᚠᛚᚭᛏᚴᛆ.
Pro, ᛋᛅᚱᛆᚴᚽᛆᛋ, lege, ᛋᛅᚱᛆᚴᚦᛆᛧ.
Pag. 71. f. 2. pro, ceſiſſe, lege, ceſſiſſe.
Pag. 72. a 1. pro, aliqiud, lege, aliquid.
Pag. 74. c. 2. pro, Rolveni, lege, Rolvoni.
Pag. 76. a. 1. pro, ᚢᚽᚠᚠᛁ, lege, ᛋᚽᚠᚠᛁ.
Pag. 77. b. 2. pro, aut, lege, ut.
Pag. 77. c. 2. pro, doctrimâ, lege, doctrinâ.
Pag. 80. b. 1. pro, ᚠᛚ, lege, ᚭᛚ.
Pag. 80. c. 1. pro, ᛘᛁᚦᚱ, lege, ᛘᛁᚽᚱ.
Pag. 81. d. 1. pro, babere, lege, habere.
Pag. 81. f. 1. pro, illus, lege, illius.
Pag. 82. e. 1. pro, erfide/ lege, ervide.
Pag. 82 f. 1. pro, hiner/ ᚼᛁᚴᚽᚱ, lege, ᚽᚴᚢ, enn.
Pag. 82. c. 2. pro, ſttemmatis, lege, ſtemmatis.
Pag. 87. c. 2. pro, bomines, lege, homines,
Pag. 88. d. 2. pro, etiammum, lege, etiamnum.
Pag. 90. a. 2. pro, quæ, lege, qui.
Pag. 90. b. 2. pro, uuus, lege, unus.
Pag. 90. c. 2. pro, Craturæ, lege, Creaturæ.
Pro, Idololataræ, lege, Idololatræ.
Pag. 93. e. 2. pro, repedabuut, lege, repedabunt.

Pag. 96.

Pag. 96. b. 1. pro, nifi, lege, nisi.
Pag. 96. e. 1. pro, tunc, lege, tune.
Pag. 100. d. 1. pro, duce, lege, dulce.
Pag. 100. e. 2. pro, Passivæ, lege, Passiva.
Pag. 103. c. 1. pro, affectam, lege, affectum.
Pag. 104. c. 2. post illa verba ·
Et juxtà Baptistam Mantuanum
statim subjungendi sunt versus:
Omne quod excellens &c.
Pag. 109. a. 1. deleatur se.
Pag. 109. e. 2. pro, corpore, lege, corpora.
Pag. 111. 2. 1. pro, nnlla, lege, nulla.
Pag. 111. a. 2. pro, effectat, lege, affectat.
Pag. 111. e. 2. pro, qni, lege, qui.
Pag. 112. a. 2. pro, Philadelpholo, lege, Philadelpho loquentes.
Pag. 114. b. 2. pro, currarum, lege, curarum.
Pag. 115. b. 1. pro, thal Jarl/ lege, Pall Jarl.
Pag. 115. b. 2. pro, anicum, lege, amicum.
Pag. 117. f. 1. pro, Metahysicum, lege, Metaphysicum.
Pag. 118. a. 2. pro, Normarchia, lege, Nomarchia.
Pag. 121. b. 1. pro, ter- tertium, lege, tertium.
Pag. 122. a. 1. pro, occupandum, lege, occupandos.
Pro, pericula, lege, periculi.
Pag. 122. b. 2. pro, assignababur, lege, assignabatur.
Pag. 123. c. 1. pro, cincere, lege, cinere.
Pag. 125. d. 1. post illa verba: quæ Odino assignat, adde vocem Edda, & lege, quæ Odino assignat Edda.
Pag. 125. d. e. pro, inijsiet, lege, iniisset.
Pag. 128. e. 1. pro, Pusca, lege, Pusei: & pro, Pusci, lege, Pusei.
Pag. 128. b. 2. pro, pugnanpi, lege, pugnandi.
Pag. 113. b. 2. pro, nonumento, lege, monumento.
Pag. 131. d. 2. pro, Synechdochice, lege, Synecdochice.
Pag. 135. d. b. 1. pro, Fær, lege, Faer.
Pag. 135. c. 1. pro, ᚴᚭᛋᚴᛅ, lege, ᚴᚭᚱᚴᛅ.
Pro, ᚱᛅᚴᚢᛅᛣ, lege, ᚱᛅᚢᚴᛅᚱ.
Pag. 137. d. 1. pro, gerendo, lege, gerenda.
Pag. 138. c. 1. pro, impares, lege, imparem.
Pag. 139. b. 1. pro, prædicabant, lege, prædicabat.
Pag. 145. c. 1. pro, nunciaans, lege, nuncians.
Pag. 146. c. 1. pro, interpremur, lege, interpretemur.
Pag. 148. e. 2. pro, aliqs, lege, aliaqs.
Pag. 151. d. 1. pro, simile, lege, simili.
Pag. 152. a. 2. pro, laquacitatis, lege, loquacitatis.
Pag. 154. a. 2. pro, forsitam, lege, forsitan.
Pag. 156. f. 1. pro, Paranomasiæ, lege, Paronomasiæ
Pag. 156. f. 2. pro, Auctor, lege, Actor.
Pag. 160. d. 2. pro, veruis, lege, verius.
Pag. 163. d. e. pro, alias, lege, alas.
Pag. 163. e. 2. pro, Capita, lege, capita.
Pag. 163. f. 2. pro, astituitur, lege, adstituitur.
Pag. 165. b. 2. pro, confeffit, lege, confessi.
Pag. 165. f. 2. pro, dedulit, lege, detulit.
Pag. 170. e. 2. pro, Naffu/ lege, Raffn.
Pag. 176. b. 2. pro, vox, lege, vix.
Pag. 177. e. 1. pro, pollicetar, lege, pollicetur.
Pag. 178. c. 1. pro, viantinm, lege, viantium.
Pag. 184. e. pro, superio- periore, lege, superiore.
Pag. 189. d. 1. pro, ᛂᛅᚢᚦᛅ, lege, ᚦᛅᚢᚦᛅ.
Pag. 190. b. 2. pro, ᚼᚭᚴᛂᚢᛘ, lege, ᚼᚭᚴᚦᚢᛘ.
Pag. 190. f. 2. pro, ᚼᛂᚴᛚᛅᚱ, lege, ᚼᛂᚴᚴᛅᚱ.
Pag. 193. e. 1. pro, ᛒᛚᚭᚦᚱᛁᚹᛁᛚ, lege, ᛒᛚᚭ-ᚦᚱᛁᚹᛁᛚ.
Pag. 193. b. 2. post illa verba: novæ à se in Saxonia fundatæ Corbejæ, intersere vocem, præfecit, quæ omissa est.
Pag. 194. f. 2. pro, occapavit, lege, occupavit.
Pag. 195. d. 2 pro, eundem, lege, eundum.
Pag. 201. c. 1. pro, porfunditate, lege, profunditate.
Pag. 208. f. 1. pro, Svæciæ, lege, Sveciæ.
Pag. 212. e. 2. pro, juculari, lege, jaculari.
Pag. 213. a. 2. pro, Anglica, lege, Anglia.
Pag. 215. d. 1. pro, porcurabant, lege, procurabant.
Pag. 217. b. 1. pro, suum, lege, suam.
Pag. 223. c. 1. pro, tructu, lege, tractu.
Pro, aquorum, lege, aquarum.
Pag. 223. d. 2 pro, Soxones, lege, Saxones.
Pag. 226. e. 1. pro, tribribuere, lege, tribuere.
Pag. 229. c. 2. pro, mahinas, lege, machinas.
Pag. 231. b. 1. pro, fratres, lege, frater.
Pag. 232. a. 2. pro, glacici, lege, glaciei.
Pag. 232. f. 2. pro, mahinæ, lege, machinæ.
Pag. 233. e. 1. pro, VX, lege, XV.
Pag. 235. f. 1. pro, disperatio, lege, desperatio.
Pag. 237. b. 2. pro, silvararn, lege, silvarum.
Pag. 237. e. 2. pro, patavi, lege, putavi.
Pro, conperisset, lege, comperisset.
Pag. 238. b. 2. pro, Anreliano, lege, Aureliano.
Pag. 241. b. c. pro, Concicij, lege, Concilij.
Pag. 242. c. 2. pro sterquilium, lege, sterquilinium.
Pag. 247. e. 1. pro, orbe, lege, ore.
Pag. 248. d. 2. pro, institudo, lege, instituto.
Pro, crebis, lege, crebris.
Pag. 249. f. 1. pro, precordialem, lege, præcordialem.

APPENDIX
Frontispiece and Dedication of Stephanius' Saxo Edition

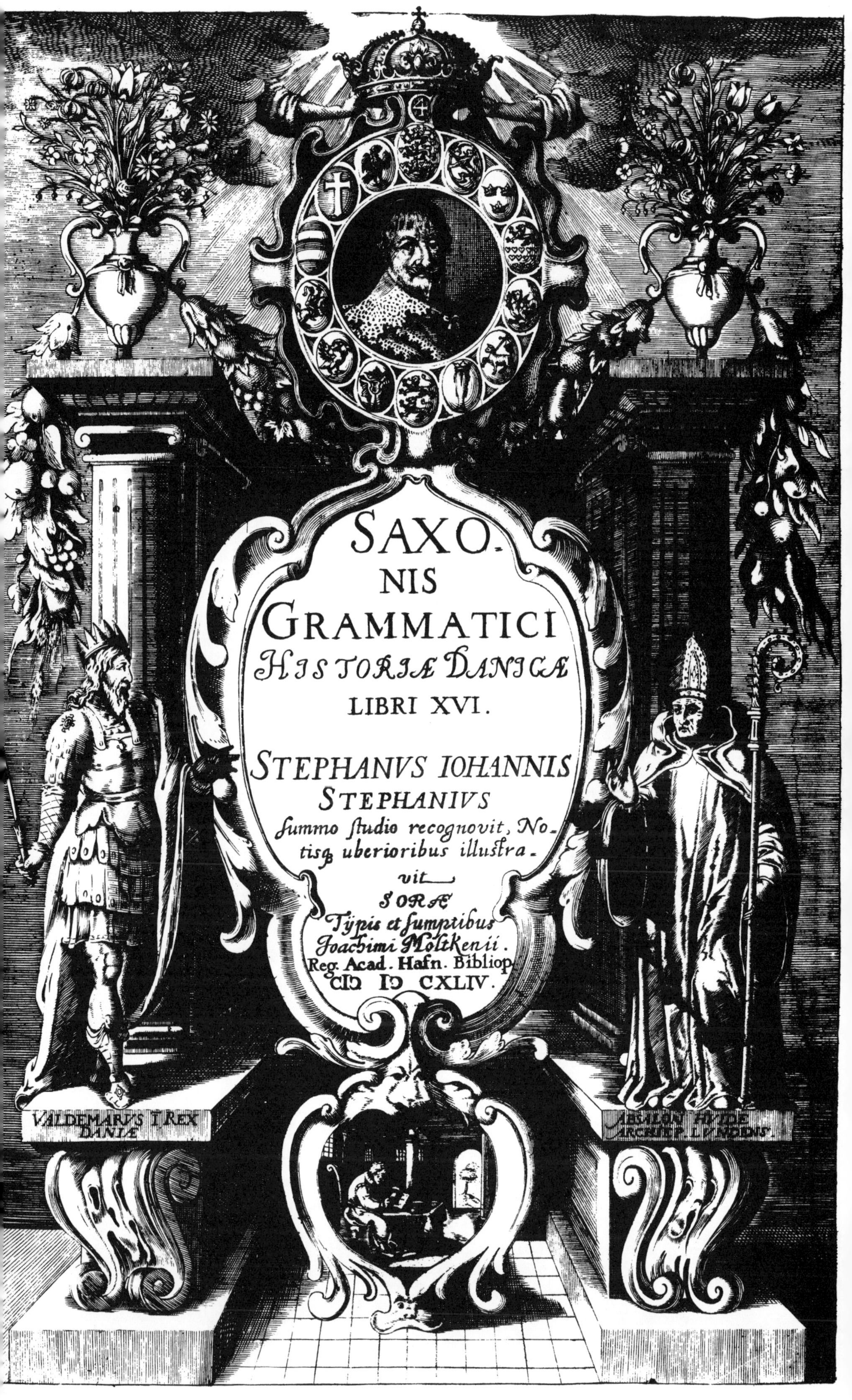
SAXO-
NIS
GRAMMATICI
HISTORIÆ DANICÆ
LIBRI XVI.
STEPHANVS IOHANNIS
STEPHANIVS
summo studio recognovit, No-
tisq; uberioribus illustra-
vit
SORÆ
Typis et sumptibus
Joachimi Moltkenii.
Reg. Acad. Hafn. Bibliop.
CIƆ IƆ CXLIV.
VALDEMARVS I. REX
DANIÆ
ABSALON HVIDE
ARCHIEP. LVNDENS.

SERENISSIMO AC POTENTISSIMO PRINCIPI,

CHRISTIANO IV.

DANIÆ, NORVEGIÆ, VANDALORUM, GOTHORUMQ; REGI,

DUCI SLESVICI, HOLSATIÆ, STORMARIÆ ET DITHMARSIÆ,

COMITI OLDENBURGI ET DELMENHORSTI,

PACIS ET MARTIS INDEFESSO CULTORI,

PATRIÆ PATRI, ET TOTIUS SEPTENTRIONIS CONSERVATORI ET AUGUSTO PERPETUO,

DOMINO MEO CLEMENTISSIMO,

PRÆCLARA HÆCCE INGENTIS HISTORICI MONUMENTA, NOTIS UBERIORIBUS ILLUSTRATA HUMILLIMÈ DICO CONSECROQVE.

SERENISSIME REX, DOMINE CLEMENTISSIME,

Offero Sacratissimæ Majestati Tuæ, florentissimum Historiæ Danicæ scriptorem Saxonem, Tuæ munificentiæ auspiciis, Tuoq́; sub imperio, qvo se Dania feliciorem non meminit, renatum, novoq́; splendori restitutum. Cujus admirandam facundiam qvum ad verissimas laudes suas ingentia Heroum facta provocassent; omnis ævi vota satiavit, orbemq́; terrarum famâ Danici nominis implevit. Si verò rerum natura pateretur, ut in nostra tempora tàm sublime rediret

)(2 inge-

ingenium; in Te, Rex Augustisſime, omnia virtutum exempla, qvæ posteritati repræsentavit, rediviva cerneret; Tuâq; felicitate stabilitā fateretur, tot seculorum gloriam, qvâ cæterarum se gentium magnitudini prisci Danorum Reges, exęqvaverant; qvorum sicuti Vita qvondā & Fortuna, ità nunc memoria cœlestis est. Plurima certè, rerum potiunte Majestate Tuâ, vidit ætas nostra, qvæ non modò divinam Saxonis eloqventiam fatigarent, sed & totius Antiqvitatis decora suæ celebritatis fulgore præstringerent. Adeò Dania Tua, ultrà pristinam sortem, belli pacisqve artibus à Te perducta, vix habet, qvod exoptet amplius, nisi, ut qvo Majestas Tua, optimi status auctor, Remp. loco fundaverit, eo vigeat inconcussa, & ad præsentem temporum securitatem perpetuitas accedat. Amplissimis eqvidem verbis extollit Saxo Frothonis Tertii Justitiam, Canuti Magni Pietatem, Prudentiam Gormonis, Valdemari Primi Constantiā & Fortitudinem: sed qvæ diversa multorum Principum laus est, in Te, Regum Maxime, omnium laudum svavissima concordia & concentus est. Enituit etenim, per omnia orbis Arctoi regna & ditiones, sincera PIETAS Tua, qvæ sanctissimis intenta curis id

semper

ſemper egit, ut verò numinis cultū, & incorruptâ religione, qvà patent, ſacratisſimi Imperii Tui limites efflorefcerent, necunqvā ſubditi Tui à cœlo divortium facerent. JUSTITIÆ Tuæ ſplendor eò maximè elucefcit, qvòd ęqvabili temperamento civibus Tuis jura reddas, ſaluberrimas ſancias leges, peſſimi exempli mores corrigas, nulli delictorum gratiam facias, innocentiæ debitū prę-ſtes patrocinium, parē deniq; clementiam benè meritis impertias. Innotuit itidem terris Borealibus altisſima PRUDENTIA Tua, tam in juvandâ, qvam exornandâ patriâ: cujus egregiam ad poſteros famam transfundent tot propugnacula, tot ædificia, in diverſis utriuſq; regni partibus exſtructa, aliaqve regalis magnificentiæ monumenta, etiamnunc publicis oculis & admirationi ſubjecta: ut Majeſtas Tua multo verius, qvàm Auguſtus, gloriari posſit, ſe veteris patriæ urbes atq; arces marmoreas reddidiſſe, qvum lateritias acceperit. At verò CONSTANTIAM & FORTITUDINEM, verè Imperatorias virtutes, bello nuper exorto Majeſtas Tua potenter exeruit, qvum ultricia arma adverſus vicinos ſumeret hoſtes, qvi nimiis ac diuturnis felicitatis ſucceſſibus elati, inq; ſummo fortunæ faſtigio nullum ruinæ incommodum ſuſpicati, poſſeſsionem Daniæ rapere velut vacantem præſumebant. Turbaſſent pavidas mentes tàm periculoſi rerum motus: verũ Majeſtas Tua tantam procellam animo prorſus interrito excepit. Principio etenim, Piisſime Rex, conſilia Tua ad Deum referebas, qvem juſtũ ſuperbæ violentiæ Vindicem futurum certâ ſpe ac cogitatione præceperas. Dehinc, ut vim illatam propulſares, & qvantum provideri humanâ ratione potuit, ſecuram præſtares nutantem patriam; totum provinciarum ambitum, qvas nondum hoſtilis inſederat exercitus, validisſimarũ legionum præſidio firmaſti. Qvæ ſanè ruentem adverſę partis impetum fortiter hucuſq; ſuſtinuerunt, & velut obice poſito repreſſerunt, nè univerſam Daniam, cujus occupandæ celeritatem improbâ ſpe devoraverat, bellicâ mole furor militaris obrueret. Mox ubi maria ſimul hoſtilibus navigiis infeſtari cognitum eſt, novi facinoris indignitate permotus, Ipſe ad arma Neptunia provolas, & maritimæ Te expeditioni accingis: haud ſecus ac patriæ ſalus inter decumanos Oceani fluctus ultimam Tibi pugnandi neceſsitatem adferret, & in æqvore tantùm ſpecioſæ victoriæ campum oſtenderet. Te igitur

duce

duce emiſſa eſt in utrumq; mare claſſis, qvã non viri, non arma, non vela, non venti, ſed auguſtiſsimæ Majeſtatis Tuæ præſentia animabat ac provehebat. Poſtqvam conſerere manus auſæ eſſent hoſticæ rates, pulcherrimum Fortitudinis ingenitæ ſpectaculum edidiſti, Rex invictiſsime. Prætoriam Tuam, in qvâ ſalus noſtra vehebatur, velut indagine circumventam, recentium Piratarum aſtus non ſemel opprimere tentavit. Tu contrà fretus auxilio Dei Tui, & juſtâ causâ, inter tonitrua & fulmina tormentorum, inter volitantia tela, ſtabas ſerenus animo vultuqve, non imperio tantùm, ſed & manu pugnans, publicæ magis anxius ſalutis, qvàm Tuæ incolumitatis. Nulla pericula, nulla vulnera exhorruiſti: qvia animus Tuus qvò excelſior, eò minus leges corporis admittit, nec æſtimas hanc vitam, qvòd aliam ex gloria & laude paratam Tibi videas, qvam ęternam eſſe benè Tibi perſvaſum eſt. Tandem glorioſam cœlitus victoriam adeptus, qvicqvid hoſtilium myoparonum Balthicas undas conſtraverat, feliciter profligaſti, & in deformem fugam conjeciſti. Hæc eſt tergemina victoria, tribus Svecorũ disjectis claſſibus parta: qvam juxta cum innumeris in Remp. meritis Tuis, ſempiternitati temporis

&

& nunqvam perituræ memorię dicabimus, qvamqve fideles rerum geſtarum cuſtodes Litteræ duraturis Annalium monumentis Æternitati conſecrabunt.

Ego autem Majeſtati Tuæ devoti cultus ſpecimen exhibiturus, Saxonem hunc noſtrum, Notis meis utcunq; illuſtratum, ad auguſtiſsimi nominis Tui pulvinar humillimè depono: qvem ut in tutelam Tuam benignè recipias, & me uná cum illo, demiſſo, qvantum poſſum, animo precor. Cujus voti fiduciam in Clementiâ Tuâ colloco, qvâ Te non ſolum ſtudia literarum, à qvibus immortalitatem exſpectas, ſed & meipſum, complecti perſenſi, qvum non ita pridem ampliſsimum illud Hiſtoriæ ſcribendæ munus mihi, licet indigno, demandares. Accipe igitur blandâ & ſerenâ fronte, Pater patriæ, Patrem Hiſtoriarū Septentrionalium, & Regum maximorum exemplo, bonas litteras, qvod facis, ab interitu vindica, & in his præcipuè Hiſtoriam, decus & ornamentum litterarum.

Deus Opt. Max. Sereniſſimam Majeſtatem Tuam porrò ſalvam & florentem ſervet, regnaq; Tua diuturnâ tranqvillitate ſtabiliat, & poſt lætiſſimum ex devictis hoſtibus triumphum, æviternam in cœlis beatitatem concedat! Ità ex animo voveo. Soræ, Prid. Non. Januar. Anno Meſſiæ, cIↄ Iↄc XLV.

Majeſtati Tuæ

humillimè ſubditus

Stephanus Johannis Stephanius.

Stephanus Johannis Stephanius.

Stephanius' autograph in *Inc. haun.* 3553.

DANISH HUMANIST TEXT AND STUDIES
Edited by the Royal Library, Copenhagen
ISSN 0105-8746

1. A Bibliography of Danish Contributions to Classical Scholarship from the Sixteenth Century to 1970. By Peter Allan Hansen. Copenhagen 1977. xviii + 335 pages. ISBN 87 7023 232 6. Danish kr. 190*.
2. Stephani Johannis Stephanii Notæ uberiores in historiam Danicam Saxonis Grammatici (Sorø 1645). Facsimile Edition with an Introduction by H. D. Schepelern. Copenhagen 1978. 362 pages. ISBN 87 980 1312 2. Danish kr. 150*.
3. Saxo Grammaticus: Danorum Regum heroumque Historiæ *(Gesta Danorum)* (Paris 1514). Facsimile Edition. In preparation.

* V.A.T. added for Danish residents.